EUL VERLAG

Antwortdifferenzierung bei der Erhebung von Werten mittels eines alternativen Rating-Verfahrens

Inauguraldissertation
zur
Erlangung des Doktorgrades
der
Wirtschafts- und Sozialwissenschaftlichen Fakultät
der
Universität zu Köln
2008

vorgelegt
von
Dipl.-Kfm. Matthias Gabriel
aus
Dortmund

Referent: Prof. Dr. G. Wiswede
Korreferent: Prof. Dr. L. Fischer
Tag der Promotion: 19. Dezember 2008

Reihe: Marketing · Band 37

Herausgegeben von Prof. Dr. Heribert Gierl, Augsburg, Prof. Dr. Roland Helm, Jena, Prof. Dr. Frank Huber, Mainz, und Prof. Dr. Henrik Sattler, Hamburg

Dr. Matthias Gabriel

Verbesserte Datenqualität in Umfragen

EUL VERLAG

Bibliographische Information der Deutschen Bibliothek

Die Deutsche Bibliothek verzeichnet diese Publikation in der Deutschen Nationalbibliothek; detaillierte bibliographische Daten sind im Internet über **<http://dnb.ddb.de>** abrufbar.

Dissertation, Universität zu Köln, 2008, unter dem Titel: Antwortdifferenzierung bei der Erhebung von Werten mittels eines alternativen Rating-Verfahrens

ISBN 978-3-89936-754-6
1. Auflage Dezember 2008

JOSEF EUL VERLAG GmbH
Brandsberg 6
53797 Lohmar
Tel.: 0 22 05 / 90 10 6-6
Fax: 0 22 05 / 90 10 6-88
http://www.eul-verlag.de
info@eul-verlag.de

Bei der Herstellung unserer Bücher möchten wir die Umwelt schonen. Dieses Buch ist daher auf säurefreiem, 100% chlorfrei gebleichtem, alterungsbeständigem Papier nach DIN 6738 gedruckt.

Vorwort

Jeder der schon einmal eine ähnliche Arbeit verfasst hat weiß, dass derartige Werke zwar immer nur den Namen einer Person tragen, jedoch viele weitere Beteiligte über die gesamte Erstellungsphase hinweg einen mehr oder minder großen Beitrag zum Zustandekommen geleistet haben. Dem für die vorliegende Arbeit relevanten Personenkreis soll an dieser Stelle der ihm gebührende Dank gezollt werden, wobei insbesondere die Tolerierung meines traditionell prozeduralen Zeitverständnisses alle Betroffenen vor eine enorme – manchmal wohl zu große – Herausforderung gestellt hat.

Prof. Dr. Günter Wiswede danke ich für das Einräumen der Möglichkeit, die Thematik mit größtmöglicher wissenschaftlicher Freiheit bearbeiten. Seine wohlwollende Unterstützung des Projektes und die fortwährenden Rückmeldungen haben außerordentlich zum Gelingen beigetragen. Es war herausfordernd, den Dingen in gebührender Tiefe und mit begrenzten Ressourcen auf den Grund gehen zu können.

Prof. Dr. Lorenz Fischer danke ich für die Übernahme des Koreferats sowie viele konkrete Ratschläge. Zusammen mit Prof. Dr. Detlef Fetchenhauer – der dankenswerter Weise den Vorsitz bei der Disputation übernommen hat – hat er die Sicherstellung der infrastrukturellen Rahmenbedingungen gewährleistet, ohne die sich der Erstellungsprozess sicherlich noch weiter erschwert hätte.

Last but not least bedanke ich mich bei Prof. Dr. Gerd Wiendieck, ohne den ich auf das Thema dieser Studie nicht aufmerksam geworden wäre. Außerdem hat er das Projekt um einige praxisrelevante Aspekte bereichert.

Manuel A. Rundt und Reiner Kukulies schulde ich Dank für technische und konzeptionelle Unterstützung bei der dieser Arbeit zugrunde liegenden empirischen Erhebung, deren Teilnehmern ich für ihre Partizipation auch an dieser Stelle nochmals meinen Dank aussprechen möchte.

Annette, Georg und Robert Gielen bin ich zu Dank für ihre stillschweigende Unterstützung verpflichtet, ohne die sich das gesamte Projekt nicht hätte erledigen lassen.

Friends are the family we choose – weshalb ein hinsichtlich seiner Bedeutung nicht annähernd adäquat zu beschreibender Dank an Dr. Elke Wolf und Thomas Renard auszusprechen ist. Ohne ihre fortwährenden tatkräftigen Hilfestellungen und moralischen Aufmunterungen (teilweise über den halben Erdball hinweg) vom Beginn der Arbeit bis zu ihrer Drucklegung, wäre diese Schrift niemals vollendet worden.

Ein ganz besonderer Dank gilt meinen Eltern Marlis und Wolfgang Gabriel, die mir alle Freiheiten eingeräumt haben, meinen Weg zu gehen und mich in jeder erdenklichen Weise unterstützt haben. Ihnen ist diese Arbeit gewidmet.

Köln, im Dezember 2008 Matthias Gabriel

Inhaltsverzeichnis

Verzeichnis der verwendeten Abkürzungen

A	Assimilations-Effekt
ABI	Ausbildung
ABW	Abwechslung
AG	Skalenübergreifend (Integration der fünf- und elf-stufigen Antwortskalen)
AKE	Assimilations-Kontrast-Effekte
ALG	Algorithmisches Ersetzen
ANOVA	Analysis of variance
ARA	Verankertes Rating
AT	Anteil akquieszenter Antworten
AUS	Ausgeglichenheit
BARS	Behaviorally Anchored Rating Scales
BAQ	Background Activity Questionnaire
BER	Beruf
BMPD	Biomedical Computer Programs
CA	Conjoint Analyse
CAPI	Computer Assisted Personal Interviewing
CATI	Computer Assisted Telephone Interviewing
CM	Conjoint Measurement
CSQ	Client/ patient Satisfaction Questionnaire
D	Durchführungsanweisung
d.h.	dass heißt
ed./eds.	Ein / (mehrere) Editor(en)
EG	Effektgröße
EG Kat	Kategorisierte Effektgröße
EPPS	Edwards Personal Preference Schedule
EQS	EQuations based Structural program
ERR	Extrem-Ranking und Rating
ERS	Evaluation Ranking Skala
et al.	et alii (und andere)
et vv.	Et vice versa (und umgekehrt)
EU	Europäische Union
EW	Eigenwert
EWA	Extrem-Wert-Anteile
EWP	Extrem-Wert-Paare
f	folgende
F	Anzahl zu extrahierender Faktoren
FAM	Familienleben
ff	fortfolgende
FHA	Fachhochschulabschluss
FHR	Fachhochschulreife
fowid	Forschungsgruppe Weltanschauungen in Deutschland
FST	Freundschaft
FRI	Frieden
FRZ	Freizeit
GB	Geringe Bildung
GES	Gesundheit
GF	Geringer gebildete Frauen
GM	Geringer gebildete Männer
HAB	Hauptschulabschluss
HB	Höhere Bildung
HF	Höher gebildete Frauen
HM	Höher gebildete Männer
Hrsg.	Herausgeber
HSA	Hochschulabschluss
HSR	Hochschulreife
i.d.R.	in der Regel
IVR	Interactive Voice Response
K	Kontrast-Effekt
K1	K1-Regel (Anzahl der Eigenwerte größer als eins)
KAB	Kein Schulabschluss
KIN	Kinder
L	Least (unbedeutendste Objekt)
LA	Lineare Interpolation nach Lautenschlager (1989a)
LC	Lineare Interpolation nach Cota et al. (1993b)
LIE	Liebe
LISREL	LInear Structural RELationships
LMR	Least-Most und Rating
LMRV	Least und dazu relative Bestimmung von Most mit anschließendem Rating
LOV	List of values
LR	Least und Rating
M	Most (bedeutendste Objekt)
MANOVA	Multivariate analysis of variance
MB	Mittlere Bildung
MEN	Menschlichkeit
MIR	Mittlere Reife
MLR	Most-Least und Rating
MLRV	Most und dazu relative Bestimmung von Least mit anschließendem Rating
MM	Materialismus
MMPI	Minnesota Multiphasic Personality Inventory
MODE	Motivation and Opportunity as DEterminants
MR	Most und Rating
MSA	Measure of sampling adequacy
MTB	Mittlere Anzahl an Top-Box Wahlen
MW	Mittelwert

N	Stichprobenumfang
NAT	Natur
NH	Nicht hervorgehoben (Wert ist nicht als Extrem-Wert identifiziert worden)
NRA	Normales Rating
NSP	Nettostichprobe
NV	Parallelanalyse über normalverteilte Zufallsvariablen
OD	Parallelanalyse über eine Zufallssortierung der Originalwerte
OLW	Originale Lösungswerte
OLWZ	Transformierte Lösungswerte
PDE	Prepared Data Entry
PER	Persönlichkeitsentwicklung
PIQ	Process Interrogation Questionnaire
PM	Postmaterialismus
PN	95. Perzentil der normalverteilten Zufallswerte (NV)
PO	95. Perzentil der zufallssortierten Originalwerte (OD)
pp.	Pages
PVS	Personal values scale
PVQ	Portrait values questionnaire
QRS	Quantitative Ranking Skala
RA	Regressionsansatz nach Lautenschlager et al. (1989)
RDR	Vollständiges Ranking mit anschließendem Rating aller Objekte
RF	Reihenfolge
RG	Regressionsansatz nach Longman et al. (1989)
RO	Reines Rating
ROV	Ranking ohne identische Platzierungen
RVS	Rokeach value survey
S	Skalenkategorien
S.	Seite
s.o./s.u.	Siehe oben / unten
S5/S11	Fünf-/ Elf-stufige Antwortskala
SA	Standardabweichung
SIC	Sicherheit
SIV	Survey of Interpersonal Values
sog.	So genannte
SOV	Study Of Values
SPSS	Statistical Product and Service Solutions
SPV	Survey of Personal Values
SSCI	Social Science Citation Index
STZ	Strikte Zuweisung
SVS	Schwartz Value Survey
TDE	Touchtone Data Entry
TM	TradeMark
u.a.	Und andere
UNA	Unabhängigkeit
USA	United States of America
V	Version
VALS™	Values and Lifestyles
Vgl.	Vergleiche
VGW	Vorgänger-Wert
VIS	Value importance scale
VK	Versionskette
VRE	Voice Recognition Entry
VVO	Variations in value orientations
WOH	Wohlstand
vs.	versus
z.B.	Zum Beispiel
ZD	Zweimaliges Durchlesen
z.T.	zum Teil
ZTP	Prozentsätze der transformierten Lösungswerte

1 Einleitung

Die Erhebung von Daten ist ein notwendiger Prozess, um Strukturen zu eruieren, Entscheidungen vorzubereiten bzw. zu treffen, das Potenzial von Maßnahmen zu evaluieren (insbesondere im anwendungsbezogenen Zusammenhang der Markt- und Meinungsforschung; vgl. Herrmann & Homburg 1999, S. 24ff) oder theoretische Konzepte im Wissenschaftsbereich zu entwickeln und zu prüfen (vgl. Bortz & Döring 2002). Dabei wird i.d.R. eine im Rahmen der gegebenen Restriktionen (z.B. in zeitlicher und finanzieller Hinsicht) bestmögliche Qualität der Daten angestrebt (vor allem hinsichtlich der Gütekriterien Praktikabilität, Objektivität, Gültigkeit und Zuverlässigkeit; vgl. Schroeckh 1995), die nicht unwesentlich durch methodische Gesichtspunkte determiniert wird.

Insbesondere im Bereich der Werte-Forschung gibt es dabei nicht das universell einsetzbare „optimale" Erhebungsverfahren. Daher wird in dieser Arbeit eine Vorgehensweise (Extrem-Ranking mit anschließendem Rating; vgl. McCarty & Shrum 1997) mit einigen ihrer möglichen alternativen Ausformungen (Reihenfolge der Bestimmung der Extrem-Werte, Sequenz des zugrunde liegenden Werte-Inventars sowie Kategorisierung der Antwortskala) getestet, um zu überprüfen, ob sich bereits veröffentlichte Erkenntnisse replizieren lassen, und insbesondere neue Anhaltspunkte über die Wirkung systematisch variierter Anordnungen zu gewinnen. Dabei wird auch auf praktische Aspekte der Messung (Belastungen für Befragte, interessante und abwechslungsreiche Aufgabenstellungen etc.) eingegangen.

1.1 Problemstellung – Entdeckungszusammenhang

Hauptansatzpunkt ist vorliegend das Problem, dass Befragungen zu positiven Konstrukten nicht oder wenig differenzierende Daten und dementsprechend „unbrauchbare" Ergebnisse liefern, weil die Teilnehmer in einem derartigen Fall dazu neigen, die Antwortskala nicht auszuschöpfen.

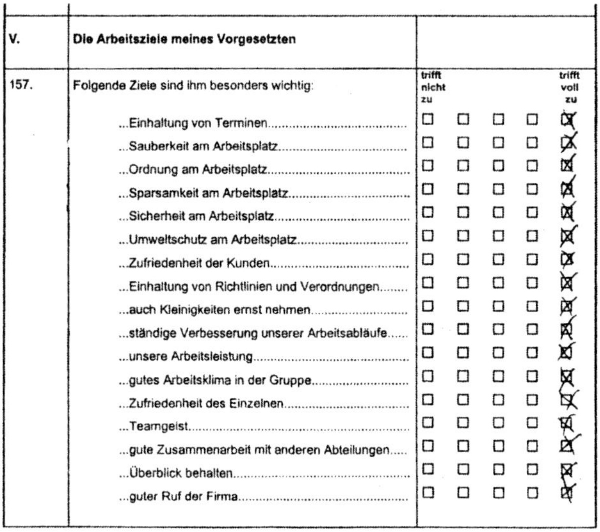

V.	Die Arbeitsziele meines Vorgesetzten					
157.	Folgende Ziele sind ihm besonders wichtig:	trifft nicht zu				trifft voll zu
	...Einhaltung von Terminen	☐	☐	☐	☐	☒
	...Sauberkeit am Arbeitsplatz	☐	☐	☐	☐	☒
	...Ordnung am Arbeitsplatz	☐	☐	☐	☐	☒
	...Sparsamkeit am Arbeitsplatz	☐	☐	☐	☐	☒
	...Sicherheit am Arbeitsplatz	☐	☐	☐	☐	☒
	...Umweltschutz am Arbeitsplatz	☐	☐	☐	☐	☒
	...Zufriedenheit der Kunden	☐	☐	☐	☐	☒
	...Einhaltung von Richtlinien und Verordnungen	☐	☐	☐	☐	☒
	...auch Kleinigkeiten ernst nehmen	☐	☐	☐	☐	☒
	...ständige Verbesserung unserer Arbeitsabläufe	☐	☐	☐	☐	☒
	...unsere Arbeitsleistung	☐	☐	☐	☐	☒
	...gutes Arbeitsklima in der Gruppe	☐	☐	☐	☐	☒
	...Zufriedenheit des Einzelnen	☐	☐	☐	☐	☒
	...Teamgeist	☐	☐	☐	☐	☒
	...gute Zusammenarbeit mit anderen Abteilungen	☐	☐	☐	☐	☒
	...Überblick behalten	☐	☐	☐	☐	☒
	...guter Ruf der Firma	☐	☐	☐	☐	☒

14

Abbildung 1: Antworten einer Person in einer Mitarbeiterbefragung zur Wichtigkeit ausgewählter Arbeitsziele ihres direkten Vorgesetzten (vgl. Wiendieck 2000)

Vorrangig bei der Erhebung von positiven Konstrukten wie z.B. Werten werden die abgefragten Dimensionen vielfach allesamt einer hohen – meistens sogar der höchstmöglichen – Ausprägung zugeteilt. Als ein konkretes Beispiel dient der vorstehende Ausschnitt einer Mitarbeiterbefragung, bei der die Arbeitsziele des direkten Vorgesetzten (vgl. Emsley 2003, S. 345ff) zu beurteilen waren (vgl. Wiendieck 1997, S. 391ff).
Wie aus der Abbildung 1 hervorgeht, scheint der Vorgesetzte das „Unmögliche" zu wollen, denn alle aufgeführten Ziele – die teilweise gegenläufigen Charakter besitzen – sind ihm nach Meinung der beurteilenden Person besonders wichtig.[1] Aus derartigen Antwortmustern lassen sich aber nur schwerlich konkrete Profile bzw. Verbesserungsvorschläge ableiten, weil die Daten zu wenig Streuung aufweisen. Obwohl es sehr wahrscheinlich Unterschiede im Hinblick auf die Relevanz der einzelnen Arbeitsziele für den Vorgesetzten gibt, wird nicht die gesamte zur Verfügung stehende Antwortskala ausgeschöpft, sondern die Urteile konzentrieren sich auf wenige – hier: eine einzige – Kategorien.
Es wäre sicherlich nicht weiter problematisch, wenn das skizzierte Antwortverhalten nur in Einzelfällen auftreten würde, jedoch haben in der herangezogenen Erhebung neun Prozent der Teilnehmer ein der Abbildung 1 entsprechendes Antwortverhalten gezeigt, und zwei weitere Befragte haben alle aufgelisteten Ziele der dritten Antwortoption (Mittelpunkt der Antwortskala) zugeordnet. Werden nur die Daten der Personen berücksichtigt, die sämtliche Items bewertet haben, so steigt der Anteil der überhaupt nicht differenzierenden Teilnehmer auf 13,63 % und macht damit etwa ein Siebtel der Befragten aus, die vollständig geantwortet haben – also einen nennenswerten Stichprobenanteil.
Das gleiche Muster (siehe Abbildung 2) tritt auch in einer Untersuchung zur Relevanz von Bewerbereigenschaften bei Unternehmen aus dem Marktforschungsbereich auf (vgl. Gabriel 2002).

Bewerten Sie jetzt bitte die Wichtigkeit aller 15 Eigenschaften bei einem potentiellen Bewerber (Diplom-Kaufmann/ -frau, Diplom Volkswirt/ -in).

	wichtig				unwichtig
1. Analytisches Denken	+2	+1	±0	–1	–2
2. EDV-Kenntnisse	+2	+1	±0	–1	–2
3. Flexibilität	+2	+1	±0	–1	–2
4. Fremdsprachenkenntnisse	+2	+1	±0	–1	–2
5. Führungsfähigkeit	+2	+1	±0	–1	–2
6. Kommunikationsfähigkeit	+2	+1	±0	–1	–2
7. Konfliktfähigkeit	+2	+1	±0	–1	–2
8. Kreativität	+2	+1	±0	–1	–2
9. Kritikfähigkeit	+2	+1	±0	–1	–2
10. Leistungsorientierung	+2	+1	±0	–1	–2
11. Lernbereitschaft	+2	+1	±0	–1	–2
12. Organisationsfähigkeit	+2	+1	±0	–1	–2
13. Problemorientiertes Denken	+2	+1	±0	–1	–2
14. Soziale Kompetenz	+2	+1	±0	–1	–2
15. Teamfähigkeit	+2	+1	±0	–1	–2

Abbildung 2: Antworten eines Teilnehmers an einer Befragung von Führungskräften in Marktforschungsunternehmen zur Relevanz fachübergreifender Bewerbereigenschaften (vgl. Gabriel 2002)

[1] Natürlich kann aus diesen Angaben nicht gefolgert werden, dass die/der Vorgesetzte sämtliche Zielsetzungen auch wirklich maximal verfolgt – hier interessiert lediglich die Einschätzung der befragten Person.

Die Konsequenzen aus den in den obigen Abbildungen gezeigten Datenmustern liegen vor allem in der erschwerten Ableitung aussagefähiger Profile bzw. Identifikation der wichtigsten und unwichtigsten Aspekte, um beispielsweise Verbesserungsmaßnahmen einleiten zu können. Bei explorativen Faktorenanalysen können sich sogar unzutreffende Beziehungen zu anderen Variablen ergeben, d.h. die Verdichtung der Rohdaten signalisiert inkorrekte Relationen zwischen abgefragten Konstrukten (vgl. McCarty & Shrum 1997; 2000).
Lösungen des skizzierten Problems könnten z.B. in der Restriktion der Anzahl an zulässigen Wahlen der Maximalkategorie oder einem vollständigen Ranking an Stelle der Ratings liegen. Dies kann aber wiederum zu anderen Schwierigkeiten bei der Datenerhebung führen, weil sich die Befragten dann möglicherweise in ihrem Freiheitsspielraum eingeengt fühlen und mit Reaktanz (vgl. Wiswede 1979) reagieren. Einen alternativen Ansatz zeigen McCarty & Shrum (1997; siehe Abschnitt 2.2.3) auf. Hierbei identifizieren die Befragten zunächst den für sie wichtigsten oder am stärksten zutreffenden Aspekt der Auflistung (Most) und wählen anschließend den unwichtigsten oder am wenigsten zutreffenden Gesichtspunkt (Least), aus. Erst nachdem diese beiden Aufgabenstellungen ausgeführt wurden, erfolgt ein Rating aller aufgeführten Aspekte. Mit diesem Verfahren des „Extrem-Ranking und Rating" (ERR-Technik) gelingt es McCarty & Shrum (1997; 2000), die Differenzierung von Antworten hinsichtlich der persönlichen Wichtigkeit von Werten bei einem diesbezüglich vielfach eingesetzten Erhebungsinstrument (Rokeach Value Survey; siehe Abschnitt 2.1.4.2.4) merklich zu verbessern. Dies manifestiert sich in niedrigeren Mittelwerten (auf einer Antwortskala von unwichtig nach wichtig), sowie größerer Streuung der Daten im Vergleich zum reinen Rating (d.h. ohne die vorherige Bestimmung der Extrem-Objekte der Auflistung).
McCarty & Shrum (1997, S. 249) sprechen sich für weitere Forschungen in Bezug auf ihr Vorgehen aus, in denen die Resultate mit anderen Stichproben (Umfang und Zusammensetzung) repliziert werden sollten. Dieser Anregung wird in der vorliegenden Arbeit gefolgt. Die aufgegriffenen Variationen und die damit verbundenen Zielsetzungen werden im nächsten Abschnitt skizziert.

1.2 Bestimmung und Abgrenzung der Ziele der vorliegenden Arbeit

Aus der im vorangegangenen Abschnitt beschriebenen Problematik, dass bei empirischen Erhebungen zu positiven Konstrukten wie z.B. Werten häufig Ergebnisverzerrungen entstehen, da Befragte hier dazu neigen, die Antwortskalen nur im positiven Bereich oder sogar ausschließlich beschränkt auf die positivste Kategorie zu nutzen und daher die Gefahr besteht, falsche Handlungsanweisungen aus den Ergebnissen abzuleiten, ergibt sich für die vorliegende Arbeit folgende zentrale Forschungsfrage:
Inwieweit lassen sich Ergebnisverzerrungen bei empirischen Erhebungen zu positiven Konstrukten durch Anwendung des von McCarty & Shrum (1997; 2000) vorgeschlagenen Verfahrens sowie Kombinationen von weiteren methodischen und auswertungstechnischen Variationen reduzieren?
In der Literatur wird angemahnt, dass methodische Forschung zu den Vor- und Nachteilen der einzelnen Erhebungsverfahren zur Messung von Werten dringend geboten ist (vgl. Kahle & Timmer 1983, S. 63). Dies wird in der vorliegenden Arbeit aufgegriffen und hinsichtlich einer spezifischen Mess-Prozedur in ein experimentelles Design umgesetzt.
Der Ansatz von McCarty & Shrum (1997; 2000) wird in dieser Studie in drei Punkten experimentell variiert: Durchführungsanweisung, Reihenfolge der Elemente im Werte-Inventar sowie Untergliederung der Antwortskala. Neben einer Replikation sollen dabei auch weitergehende Erkenntnisse zu seiner Tauglichkeit bei der Erhebung von Werten oder anderen positiven Konstrukten gewonnen werden.
Dazu werden zunächst im Rahmen einer Literaturanalyse die relevantesten Konzepte hinsichtlich ihres Forschungsstands aufgearbeitet. Diesbezüglich erfolgt eine Darstellung zu Werten – insbesondere aus sozialpsychologischer und messtechnischer Perspektive – sowie

der kognitiven Prozesse bei Umfrageteilnehmern, wenn sie Items beantworten. Es werden mögliche Antwortverzerrungen und Kontext-Effekte in diesem Zusammenhang skizziert, bevor eine Einordnung der vorliegend durchgeführten Online-Befragung in den Kanon empirischer Erhebungsverfahren vorgenommen wird. Die Berücksichtigung der aufgezählten Aspekte ist für eine angemessene Würdigung des gewählten Untersuchungsdesigns unabdingbar. Allerdings wird damit auch nicht der Anspruch erhoben, bereits einen umfassenden Erklärungsansatz für die Funktionsweise der ERR-Technik liefern zu können.

Primär steht eine Replikation der Ergebnisse von McCarty & Shrum (1997; 2000) unter verschiedenen Abwandlungen im Vordergrund, um die Wissensbasis bezüglich des Vorgehens sukzessive zu erweitern (vgl. Hubbard & Ryan 2000, S. 663ff und 676ff). So soll eruiert werden, ob sich eine Vertauschung der Reihenfolge bei der Auswahl der Extrem-Werte (erst den unbedeutendsten und anschließend den bedeutendsten Wert identifizieren), eine Beschränkung des Rankings auf lediglich einen der beiden Extrem-Werte (Most oder Least) sowie die relative Bestimmung des zweiten Extrem-Wertes, auf die Resultate der Prozedur auswirkt.

Als weitere wesentliche Änderung kommt zudem ein alternatives Messinstrument zum Einsatz. An Stelle des Rokeach Value Surveys bei Shrum & McCarty (1997; siehe Abschnitt 2.1.4.2.4.1) wird vorliegend auf den daraus abgeleiteten Ansatz von Stiksrud (1976; siehe Abschnitt 2.1.4.2.4.3) zurückgegriffen. Bei seiner Präsentation werden zwei unterschiedliche Sequenzen der Werte-Liste eingesetzt, um auch in diesem Zusammenhang Reihenfolge-Effekte eruieren zu können.

Darüber hinausgehende Modifikationen betreffen die Administration von Antwortskalen, bei denen weniger Optionen als Stimuli zur Verfügung stehen, die Durchführung einer Online-Erhebung bei einer nicht-studentischen Stichprobe und die Verlagerung der geografischen Basis nach Deutschland (vgl. Hubbard & Ryan 2000, S. 676).

Daneben sollen auch Erkenntnisse darüber entwickelt werden, wie sich eine Elimination der Ratings der Extrem-Werte auf die Resultate auswirkt. Dazu werden allerdings allein rechentechnische Vorkehrungen getroffen, d.h. die Administration der Beurteilungen des Werte-Inventars ohne die bereits als Extrem-Werte identifizierten Listeneinträge wird vorliegend nicht explizit durchgeführt, sondern allein anhand einer entsprechenden Recodierung der Daten simuliert.

Der letztgenannte Aspekt deutet bereits eine Ausweitung der Analysen von McCarty & Shrum (1997; 2000) an, die um die Gesichtspunkte des verzerrenden Antwortverhaltens (Akquieszenz), der Assimilations-Kontrast-Effekte (sowohl bezogen auf den Zusammenhang zwischen dem direkt vor dem Rating zu bestimmenden Extrem-Wert und dem ersten zu beurteilenden Listeneintrag, als auch dem Rating eines Wertes, dessen direkter Vorgänger als Extrem-Wert ausgewählt ist) sowie der Nutzung der Extrem-Rankings zur Festlegung einer Werte-Rangfolge ergänzt wird.

Ebenfalls als Erweiterung ist die explizite Auseinandersetzung mit inkonsistenten Antworten von Befragten bei der ERR-Technik einzustufen, denn diesbezüglich gibt es in den bisherigen Veröffentlichungen zu der Vorgehensweise noch einen weißen Fleck auf der entsprechenden Landkarte. Inkonsistente Antworten liegen bei dem Verfahren dann vor, wenn eine Person einen als bedeutendsten ausgewählten Wert beim anschließenden Rating einer niedrigeren Skalenkategorie zuordnet, d.h. als weniger wichtig beurteilt als einen oder mehrere andere Listeneinträge. Gleiches gilt, wenn der als unbedeutendster Wert ausgewählte Aspekt beim Rating einer höheren Skalenkategorie, d.h. in Richtung steigender Wichtigkeit, zugewiesen wird als eines oder mehrere andere aufgelistete Werte.

Im Rahmen dieser Arbeit wird nicht das Ziel verfolgt, mögliche Mechanismen zur Erklärung der Effekte des Ansatzes von McCarty & Shrum (1997; 2000) zu prüfen. Dies wäre Gegenstand weiterer qualitativer Analysen. Vorliegend soll erst einmal aus den Datenstrukturen bzw. konzeptionellen Überlegungen abgeleitet werden, welche Mechanismen diesbezüglich in Frage kommen könnten. Erst wenn sich das Verfahren auch unter den gegebenen Bedingun-

gen bewährt, würde es sich lohnen, seine Wirkungsweise noch detaillierter zu ergründen. Zunächst einmal muss also festgestellt werden, welche Vorgehensweise überhaupt zu präferieren ist, bevor eine weiter gehende Analyse der Prozesse, die zu den erzielten Ergebnissen führen, in Angriff genommen werden kann.
Auch die Übertragung des Vorgehens auf ein alternatives positives Konstrukt (z.B. Kundenzufriedenheit) ist nicht Gegenstand dieser Arbeit. Die Fokussierung erfolgt – u.a. mit Rücksicht auf eine bessere Vergleichbarkeit der Resultate – wie bei McCarty & Shrum (1997; 2000) allein auf Werte, wobei auch das Thema Werte-Wandel (siehe Abschnitt 2.4) ausgeklammert bleibt. Damit lassen sich die behandelten Gesichtspunkt wie folgt zusammenfassen:

Variationen:

- Vertauschung der Reihenfolge bei der Auswahl der Extrem-Werte
- Beschränkung des Rankings auf lediglich einen der beiden Extrem-Werte
- relative Bestimmung des zweiten Extrem-Wertes
- Verwendung des Ansatzes von Stiksrud anstelle des Rokeach Value Surveys
- weniger Optionen auf der Antwortskala als einzuordnende Stimuli
- Durchführung einer Online-Befragung
- Auswahl einer nicht-studentischen Stichprobe
- Fokussierung auf Deutschland anstelle der USA als geografische Basis

Erweiterung der Auswertung:

- (rechentechnische) Elimination der Extrem-Ratings
- Analyse der Werte-Strukturen
- Berücksichtigung verzerrenden Antwortverhaltens (Akquieszenz)
- Analyse von Assimilations-Kontrast-Effekten
- Nutzung der Extrem-Rankings zur Festlegung einer Werte-Rangfolge
- Behandlung inkonsistenter Antworten

Abbildung 3: **Vorliegend durchgeführte Variationen und Erweiterungen zum Ansatz von McCarty & Shrum (1997; 2000)**

Insgesamt soll festgestellt werden, ob das Verfahren von McCarty & Shrum (1997; 2000) bereits in der von ihnen vorgestellten Form ein für die Untersuchung von Werten bzw. positiven Konstrukten allgemein effektives Erhebungsinstrument darstellt, oder ob bestimmte Anpassungen zu „besseren" (im Sinne von niedrigeren Mittelwerten und höheren Streuungen, d.h. stärkeren Datendifferenzierungen)[2] Resultaten führen.

1.3 Vorgehensweise und Begründungszusammenhang

Auf den in Abschnitt 1.2 formulierten Zielen aufbauend, wird im empirischen Teil das Vorgehen von McCarty & Shrum (1997) anhand aus der Literatur abgeleiteter und im Konzeptteil (siehe Kapitel 2 und 3) diskutierter Gesichtspunkte systematisch variiert und in einen Fragebogen umgesetzt, der in einer Online-Erhebung den Mitgliedern einer Internet-Community präsentiert wird.
Dabei wird sowohl ein sehr allgemeiner Bezugsrahmen zugrunde gelegt (die Messung der einzelnen Items erfolgt unter einer generellen Perspektive [persönliche Wichtigkeit im Leben] und nicht bezüglich eines abgegrenzten Bereichs [z.B. Relevanz für den Umgang mit anderen Menschen oder im Arbeitsleben]; vgl. Fischhoff 1991, S. 839f), als auch auf ein alternatives Werte-Inventar zurückgegriffen, um zu prüfen, ob sich die von McCarty & Shrum (1997; 2000) berichteten Effekte mit diesem Konzept replizieren lassen.

[2] Natürlich wäre es angemessener, wenn eine „echte" Validierung der eingesetzten Prozeduren vorgenommen werden könnte, jedoch wird in dieser Arbeit – wie in den meisten (quantitativen) Untersuchungen, die sich mit dem Thema „Werte" beschäftigen – darauf verzichtet, weil eine entsprechende Umsetzung mit außerordentlichen Schwierigkeiten behaftet ist (vgl. z.B. Maio et al. 1996, S. 174).

Im Zusammenhang mit dem ersten experimentellen Faktor (Durchführungsanweisungen) wird ermittelt, welche Wirkungen unterschiedliche Instruktionen zur Administration der Aufgabenstellung entfalten, wobei die nachfolgend aufgeführten acht Variationen des originären Vorgehens (in der folgenden Aufstellung der Punkt [3] MLR) getestet werden, mit denen die Qualität des Forschungsinstruments (vgl. Schroeckh 1995, S. 23) weiter aufgehellt werden soll. Im Einzelnen werden dabei folgende Anweisungen fokussiert:

(1) Rating des Werte-Inventars hinsichtlich der persönlichen Wichtigkeit (RO);
(2) Zweimaliges Durchlesen der Werte-Liste, Rating sämtlicher Objekte hinsichtlich ihrer persönlichen Wichtigkeit (ZD);
(3) Angabe des persönlich bedeutendsten Listeneintrags, Auswahl des persönlich unbedeutendsten Elementes der Aufstellung und anschließendes Rating sämtlicher Objekte hinsichtlich ihrer persönlichen Wichtigkeit (MLR);
(4) Angabe des persönlich unbedeutendsten Listeneintrags, Auswahl des persönlich bedeutendsten Elementes der Aufstellung und anschließendes Rating sämtlicher Objekte hinsichtlich ihrer persönlichen Wichtigkeit (LMR);
(5) Identifikation des persönlich bedeutendsten Listeneintrags mit anschließendem Rating sämtlicher Objekte in Bezug auf ihre persönliche Wichtigkeit (MR);
(6) Identifikation des persönlich unbedeutendsten Listeneintrags mit anschließendem Rating sämtlicher Objekte in Bezug auf ihre persönliche Wichtigkeit (LR);
(7) Auswahl des persönlich bedeutendsten Listeneintrags, Bestimmung des – in Relation zum identifizierten bedeutendsten Punkt – persönlich unbedeutendsten Aspekts und anschließendes Rating sämtlicher Objekte hinsichtlich ihrer persönlichen Wichtigkeit (MLRV);
(8) Auswahl des persönlich unbedeutendsten Listeneintrags, Bestimmung des – in Relation zum identifizierten unbedeutendsten Punkt – persönlich bedeutendsten Aspekts und anschließendes Rating sämtlicher Objekte hinsichtlich ihrer persönlichen Wichtigkeit (LMRV).

Die erste Variante liefert dabei den Vergleichsmaßstab, gegen dessen Ergebnisse alle übrigen Anweisungen getestet werden. Über die zweite Durchführungsanweisung soll sichergestellt werden, wie sich eine Ausweitung der Beschäftigung mit den eingesetzten Stimuli auf deren Beurteilung auswirkt. Die Variationen (3) und (4) sowie (7) und (8) unterscheiden sich in der Reihenfolge, in welcher der bedeutendste und unbedeutendste Wert der Liste bestimmt werden. In den Durchführungsanweisungen (5) und (6) wird nur jeweils einer der beiden Extrem-Werte – bei (5) der bedeutendste und bei (6) der unbedeutendste – erhoben. Die Varianten (3) und (7) sowie (4) und (8) differieren hinsichtlich der Perspektive des zweiten zu identifizierenden Extrem-Wertes, denn während bei (3) und (4) eine unabhängige (absolute) Bestimmung vorzunehmen ist, wird bei (7) und (8) eine relative Festlegung in Bezug auf den ersten ausgewählten Extrem-Wert gefordert. Damit sollen Erkenntnisse über die Relevanz der (vermeintlichen) Auseinandersetzung mit der Werte-Liste sowie unterschiedlicher Rahmen (absolut, relativ und einseitig) innerhalb der ERR-Technik generiert werden.
Die exakten Formulierungen in den Durchführungsanweisungen zur Erhebung der persönlichen Wichtigkeit des vorgegebenen Werte-Inventars in Bezug auf das Extrem-Ranking sind der folgenden Abbildung 4 zu entnehmen. Weil sich die jeweils auszuführenden Teilschritte bei den einzelnen Varianten wiederholen – sie unterscheiden sich lediglich in der Reihenfolge ihres Auftretens – erfolgt eine Beschränkung auf die grundsätzlichen Formen, deren genaue Ausgestaltung (Least oder Most) innerhalb einer Durchführungsanweisung dem linken Bereich der Abbildung 4 entnommen werden kann (siehe ergänzend auch Abbildung 5).
Im Rahmen der zweiten Durchführungsanweisung sind die Teilnehmer angehalten, sich die Werte-Liste einmal von oben nach unten und anschließend von unten nach oben durchzulesen (siehe Bereich D2 in Abbildung 4). Die Bestimmung des ersten Extrem-Wertes erfolgt immer absolut, wobei sie für D3, D5 und D7 den bedeutendsten Listeneintrag betrifft und in D4, D6

und D8 den unbedeutendsten Wert ausmacht. Letztgenannte ist nicht separat abgebildet, unterscheidet sich von dem illustrierten Vorgehen aber lediglich dadurch, dass an Stelle des Wortes „bedeutendsten“ der Begriff „unbedeutendsten“ im Text erscheint. Während für D5 und D6 das Extrem-Ranking damit abgeschlossen ist, erfolgt bei D3 und D4 noch die Identifikation des komplementären Extrem-Wertes (D3: Least und D4: Most) in absoluter Form.
Die Formulierung der Anweisung zur relativen Auswahl des zweiten Extrem-Wertes ist im unteren Teil der Abbildung 4 illustriert. Diesbezüglich ist zunächst der Text wiedergegeben, der das Item zur Identifikation des unbedeutendsten Listeneintrags beschreibt, nachdem im ersten Teilschritt der Most-Wert festgelegt wurde (D7). Abschließend ist die Instruktion aufgeführt, mit der die Festlegung des bedeutendsten Wertes des Inventars angeleitet wurde, nachdem im ersten Schritt der Least-Wert ausgewählt worden war (D8).

Aufgabenstellung:

Umsetzung im Erhebungsbogen:

Zweimaliges Durchlesen D2

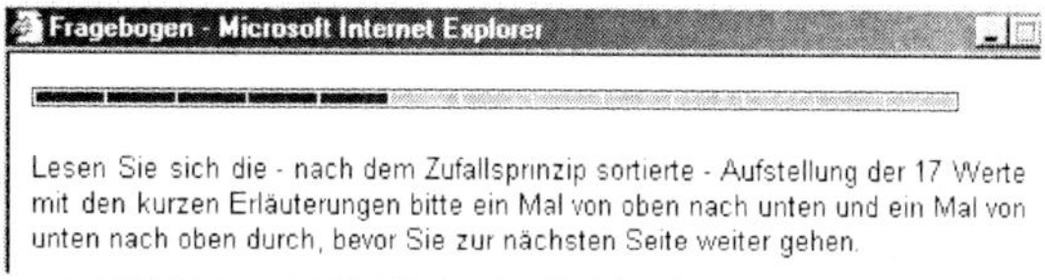

Absolute Bestimmung des ersten Extrem-Wertes
D3, D5 und D7: Most
(Die Auswahl von Least in D4, D6 und D8 besitzt keine eigene Abbildung)

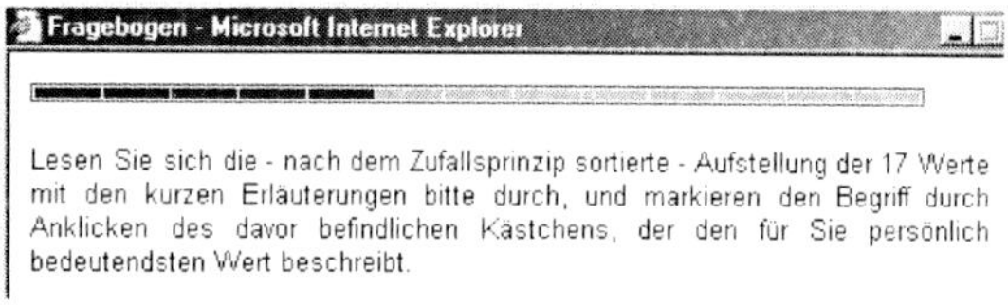

Absolute Bestimmung des zweiten Extrem-Wertes
D3: Least
(Die Auswahl von Most in D4 ist nicht abgebildet)

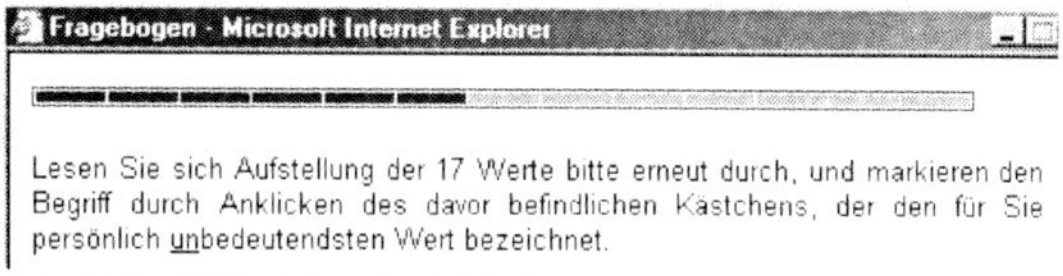

Relative Bestimmung des zweiten Extrem-Wertes
D7: Least

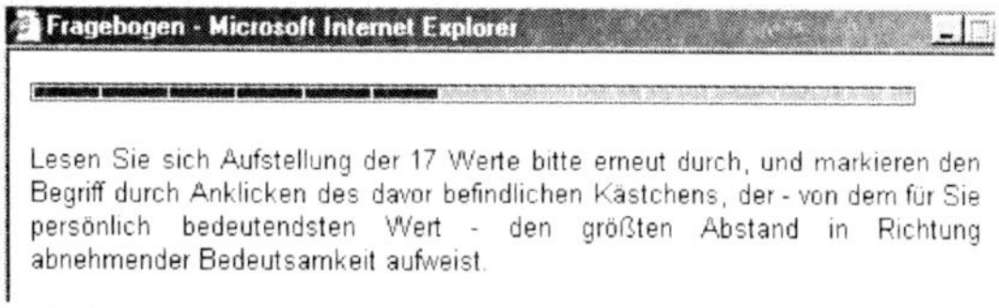

Relative Bestimmung des zweiten Extrem-Wertes
D8: Most

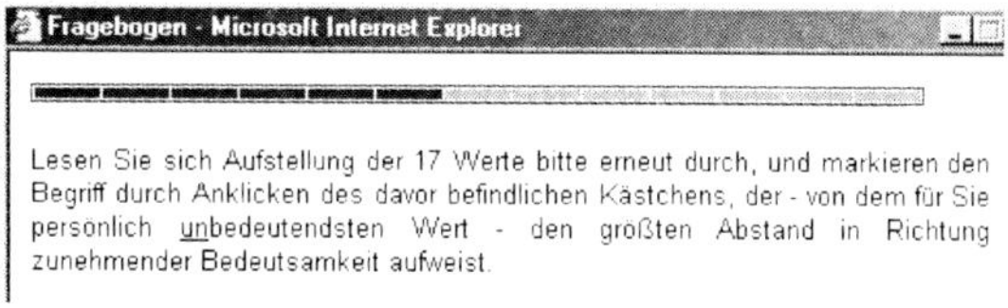

Abbildung 4: Formulierung der Items zur Bestimmung der Extrem-Werte in den jeweiligen Durchführungsanweisungen

Alle Variationen werden zudem mit zwei unterschiedlich gestalteten Antwortskalen (zweiter experimenteller Faktor: fünf und elf Kategorien[3]) und zwei alternativen Reihenfolgen (dritter experimenteller Faktor) des Werte-Inventars durchgeführt. Mit Ersterem kann geprüft werden, ob sich eine stärkere Differenzierung der Daten auch über eine höhere Anzahl an Antwort-

[3] In Zusammenhang mit Antwortskalen werden die Begriffe Antwortkategorien, Antwortoptionen und Antwortalternativen synonym verwendet und dienen lediglich der Vermeidung eines monotonen Sprachstils.

möglichkeiten erreichen lässt, wohingegen durch die zweite Vorgehensweise Kontext-Effekte kontrolliert werden können. Somit kommen insgesamt 32 unterschiedliche Versionen des Erhebungsbogens zum Einsatz, die in der folgenden Übersicht zusammenfassend abgebildet sind. Ihre detaillierte Ausgestaltung wird erst im Kapitel 4 beschrieben, wenn die empirische Umsetzung Ausführungsgegenstand ist. Zur Erläuterung sei an dieser Stelle lediglich angeführt, dass die erste Reihenfolge der Werte-Liste mit dem Eintrag AUS (Ausgeglichenheit) beginnt und mit dem Punkt KIN (Kinder) auf Position 17 endet, während die Abfolge unter der zweiten Reihenfolge genau umgekehrt verläuft, d.h. mit KIN startet und mit AUS endet. Dementsprechend addieren sich die Platzziffern für jeden Wert in beiden Reihenfolgebedingungen zu 18.

	Zweiter Faktor Untergliederung Antwortskala			
	Fünf-stufig (S5)		Elf-stufig (S11)	
	Dritter Faktor Reihenfolge der Werte			
Erster Faktor Durchführungsanweisungen (D)	AUS-KIN RF1	KIN-AUS RF2	AUS-KIN RF1	KIN-AUS RF2
D1 Rating Only (RO)	Version 01	Version 04	Version 03	Version 02
D2 Zweimaliges Durchlesen (ZD)	Version 05	Version 06	Version 07	Version 08
D3 Most-Least-Rating (MLR)	Version 09	Version 10	Version 11	Version 12
D4 Least-Most-Rating (LMR)	Version 13	Version 14	Version 15	Version 16
D5 Most Rating (MR)	Version 17	Version 18	Version 19	Version 20
D6 Least-Rating (LR)	Version 21	Version 22	Version 23	Version 24
D7 Most-Least-Rating relatiV (MLRV)	Version 25	Version 26	Version 27	Version 28
D8 Least-Most-Rating relatiV (LMRV)	Version 29	Version 30	Version 31	Version 32

Abbildung 5: Übersicht der 32 eingesetzten experimentellen Versionen

Hinsichtlich der Kontext-Effekte werden vorliegend primär Assimilations-Kontrast-Effekte untersucht, und zwar sowohl in Bezug auf den Zusammenhang zwischen der direkt vor dem Rating auszuführenden Extrem-Wert-Bestimmung (Most oder Least) und der Beurteilung des ersten Listeneintrags, als auch im Hinblick auf die Einstufung eines Wertes, wenn der ihm vorangehende Listeneintrag als Extrem-Wert identifiziert wurde.

Daneben werden auch Zustimmungstendenzen (Akquieszenz) unter die Lupe genommen, zu denen die in den Abbildungen 1 und 2 illustrierten Antwortmuster eine hohe Ähnlichkeit aufweisen.

Um Aussagen zu Auswirkungen des Erhebungsmodus tätigen zu können, wird die Untersuchung in Form einer Online-Befragung durchgeführt, während bei McCarty & Shrum (1997; 2000) eine schriftliche Administration vorlag.

Außerdem werden strukturelle Unterschiede in den Beurteilungsmustern bei den einzelnen Durchführungsanweisungen analysiert, um feststellen zu können, ob sich durch den Einsatz der ERR-Techniken[4] andere Datenstrukturen als bei einem alleinigen Rating ergeben. Die diesbezüglichen Faktorenanalysen sind Gegenstand von Abschnitt 5.4.2.

Im Weiteren wird noch eruiert, ob ein Verzicht auf das Rating der als Extrem-Werte ausgewählten Listeneinträge zu abweichenden Resultaten im Vergleich zu den ERR-Techniken führt. Damit könnte zum einen die Belastung der Befragten etwas reduziert werden und zum anderen eine eventuelle Redundanzproblematik (warum sollte ein Teilnehmer es notwendig finden, ein bereits als Extrem-Wert identifiziertes Element auch noch einem Rating zu unterziehen; siehe Abschnitt 3.2.2.5) ausgeschaltet werden.

Abschließend wird ein weiterer von McCarty & Shrum (1997; 2000) bislang nicht diskutierter Gesichtspunkt ihres Vorgehens aufgegriffen, der die Nutzung der Daten des Extrem-Rankings

[4] Wenn vorliegend von ERR-Techniken (Mehrzahl) gesprochen wird, so sind damit die vorgenommenen Variationen der Durchführungsanweisung – ohne D1 (RO) und D2 (ZD) – gemeint.

betrifft. Diese werden bei den Autoren augenscheinlich allein zur stärkeren Differenzierung der Ratings erhoben, erfahren aber keine eigene Auswertung. Im Abschnitt 5.4.6 wird deshalb ein Vorschlag unterbreitet, auch diese, im Rahmen des Verfahrens sowieso anfallenden Daten, zur Rangfolgebildung der Werte-Liste heranzuziehen.
Bei dem gewählten Vorgehen steht die von Krosnick (1992, S. 203) angedeutete Möglichkeit zur Analyse von Effekten über eine Modifikation der Rahmenbedingungen im Vordergrund. Dabei ist darauf zu achten, ob und wann die Wirkungen nicht auftreten – und mit diesen Erkenntnissen sind im Umkehrschluss notwendige und hinreichende Bedingungen für ihr Auftreten zu spezifizieren. Dies ist vorliegend zum einen durch die Reihenfolgevariation der Bestimmung der beiden extremen Werte der Auflistung (erst Most, dann Least / erst Least, dann Most), aber auch durch die Beschränkung auf jeweils einen der beiden Extrem-Werte (nur Most / nur Least) gegeben. Mit der letztgenannten Abwandlung dürfte die Bildung eines (vollständigen) Bezugsrahmens (siehe Abschnitt 3.3.2.4) inhibiert sein, woraus sich ableiten lässt, ob beide Extrem-Wert-Bestimmungen erforderlich sind, oder ob nicht die Erhebung eines einzigen – wobei dann noch zu spezifizieren wäre, ob Most oder Least – ausreicht. Nach Krosnick (1992, S. 203) bestehen diesbezügliche Möglichkeiten beispielsweise darin, die Umstände (die vorliegend über die verschiedenen Anweisungen verändert wurden) oder situative Faktoren zu variieren, aber auch eine Eruierung durch die Analyse der Heterogenität der Befragten in Bezug auf die Anfälligkeit für bestimmte Effekte vorzunehmen. Aus diesen Modifikationen lassen sich dann ergänzende Informationen gewinnen.
Die mittels des skizzierten drei-faktoriellen experimentellen Designs erhobenen Daten werden durch verschiedene Analysen ausgewertet (siehe Kapitel 5), so dass die in Abschnitt 1.2 genannten Zielsetzungen verfolgt werden können. Das genaue Vorgehen wird im kommenden Abschnitt beschrieben.

1.4 Aufbau der Arbeit

Der Gesamtprozess eines Forschungsvorhabens ist unabhängig vom eigentlichen Anreiz und Ziel immer eine große Herausforderung, weil zwar generelle Konzepte zur Vorgehensweise existieren (vgl. beispielsweise das Ablaufschema in Diekmann 1995, S. 166f), aber keine eindeutigen „Wenn-Dann“-Anweisungen vorliegen, die den Navigationsprozess in einfach abzuarbeitende Abschnitte unterteilen könnten (vgl. Vandenberg 2006, S. 194f). Trotzdem ist es bewährte Praxis und sinnvoll, im ersten Schritt die relevante Literatur des ausgewählten Themas aufzuarbeiten, um erforschenswerte Lücken aufdecken zu können, denen sich das eigene Forschungsvorhaben widmen soll (vgl. Vandenberg 2006, S. 194). Dies wird vorliegend in den Abschnitten 2.1 hinsichtlich der konzeptionellen Dekomposition von Werten und 2.2 in Bezug auf die Messung dieses Konstrukts umgesetzt. Daneben werden Modelle zur Antwortabgabe in Umfragen (Abschnitt 3.1), Antwort-Tendenzen in Befragungen (Abschnitt 3.2), Kontext-Effekte (Abschnitt 3.3) sowie der vorliegend gewählte Erhebungsmodus (Abschnitt 3.4) diskutiert. Ergänzend wird in Abschnitt 3.5 das Untersuchungsumfeld „Online-Community“ näher spezifiziert.
Im zweiten Schritt geht es dann, sofern Forschungslücken ausgemacht werden konnten, darum, sich auf einen Ausschnitt für das eigene Forschungsvorhaben zu fokussieren, denn es können nicht alle Probleme in einer einzigen großen Studie aufgegriffen und abgehandelt werden (vgl. Vandenberg 2006, S. 194). Vorliegend stehen also die Variationen eines bestimmten Vorgehens zur Messung von Werten im Mittelpunkt, wobei ein – im Vergleich zur Ausgangsstudie – alternatives Werte-Inventar zum Einsatz gelangt, die Anwendung in Deutschland erfolgt, eine Administration im Rahmen einer Online-Erhebung vorgenommen wird und diverse Variationen der Durchführung getestet werden, um (1) die Tendenz der Ergebnisse aus den USA (vgl. McCarty & Shrum 1997; 2000) in Deutschland zu replizieren, (2) eine nicht-studentische Stichprobe zu befragen, (3) eine Übertragung auf den Online-Bereich zu bewerkstelligen, (4) diverse Durchführungsanweisungen hinsichtlich ihrer Effektivi-

tät zu prüfen, (5) das Problem inkonsistenter Antworten anzugehen, (6) Reihenfolgevariationen im Werte-Inventar zu testen und (7) den Einfluss einer unterschiedlichen Kategorienzahl der Antwortskala zu eruieren.

Die diesbezügliche empirische Umsetzung wird im Kapitel 4 vorgestellt, in dem zunächst eine Spezifikation der Forschungsfragen erfolgt (Abschnitt 4.1), anschließend der vorliegend geübte Verzicht auf statistische Signifikanztests zu ihrer Prüfung erläutert (Abschnitt 4.2), und der Aufbau des aktuellen Untersuchungsdesigns präsentiert wird (Abschnitt 4.3).

Im folgenden Schritt gilt es sicherzustellen, dass die den Forschungsfragen angemessenen Methoden zur Anwendung kommen, welche die konzeptionellen Bedingungen zur Repräsentation der Variablen und ihrer Verbindungen widerspiegeln (vgl. Vandenberg 2006, S. 194). Schlussendlich ist darauf zu achten, die dem gewonnenen Datenmaterial adäquaten statistischen Verfahren anzuwenden, um interpretationsfähige Ergebnisse generieren zu können (vgl. Vandenberg 2006, S. 194). Diese Punkte werden – inklusive der Interpretation der ermittelten Ergebnisse – im fünften Kapitel umgesetzt.

Nach Vandenberg (2006, S. 194) ist im letzten Schritt damit zu rechnen, dass bei der Durchführung des eigenen Forschungsprogramms zur Klärung der aufgeworfenen Fragen und Probleme neue Lücken auftreten werden, die in späteren Arbeiten angegangen werden müssen. Diese Aspekte werden zum Schluss der Arbeit in Kapitel 6 erörtert.

Abbildung 6: Schematische Darstellung der logischen Struktur der Arbeit

2 Konzeptionelle Aspekte im Rahmen der sozialpsychologischen Werte-Forschung

Hier werden zunächst die relevanten Facetten von Werten und deren Messung, der personeninternen Prozesse bei der Beantwortung von Items, mögliche Antwortverzerrungen, Kontexteinflüsse und die Spezifika einer Online-Erhebung systematisch aufbereitet.
Nach Feather (1975, S. 1f) stellen Werte ein Basiskonzept dar, d.h. sie betreffen die als wünschens- und erstrebenswert angesehenen Dinge bis hin zu tief verwurzelten Standards, die zukünftige Richtungen determinieren und vergangene Aktionen rechtfertigen (vgl. Braithwaite & Scott 1991, S. 661) in Theorien und empirischen Arbeiten der Bereiche Soziologie, Politikwissenschaft, Erziehungswissenschaft, Sozialpsychologie, Anthropologie, Geschichte, Philosophie Ökonomie und Religion. Außerdem sind Werte eines der Schlüsselkonzepte im Sozialisationsprozess, womit sie Einzug in die Forschungsfelder Kultur, Religion, Politik, Arbeitsleben und Familie gehalten haben (vgl. Braithwaite & Scott 1991, S. 661).
In der vorliegenden Arbeit soll, in Anbetracht der vielschichtigen Anwendung des Konzepts, kein vollständiger Gesamtüberblick gegeben werden, sondern eine Fokussierung auf die Messung von Werten – insbesondere unter sozialpsychologischer Perspektive – vorgenommen werden. Trotzdem werden die wichtigsten Ansätze zum besseren Verständnis und zur Einordnung in den jeweiligen thematischen Kontext kurz skizziert. Prinzipiell dient die Erhebung von Werten in der vorliegenden Arbeit der besseren Vergleichbarkeit mit dem Vorgehen bei McCarty & Shrum (1997; 2000) und als ein Beispiel für ein positives Konstrukt, dessen messtechnische Erfassungsprobleme den Hauptuntersuchungsgegenstand dieser Ausführungen ausmachen.
Der Analyse von Werten stehen nach Hechter (1993, S. 1ff) mehrere Hindernisse im Wege: (1) Werte sind nicht beobachtbar; (2) gegenwärtige Theorien geben wenig Anhaltspunkte darüber, wie Werte das Verhalten steuern; (3) verhaltensnahe Erklärungen sind nicht überzeugend, wenn der Prozess der Entstehung von Werten noch unklar ist und zu spezifische Wert-Erklärungen sich einer Tautologie nähern sowie (4) die Messung von Werten mit erheblichen Problemen verbunden ist. Hitlin & Piliavin (2004, S. 360) fügen zwei weitere Aspekte an: (5) Werte sind vielfach mit anderen sozialpsychologischen Phänomenen konfundiert (siehe auch 2.1.2) und (6) besitzen Werte historisch und kulturell variable Inhalte, so dass ihr Bedeutungsgehalt keinesfalls zeitlos und stabil ist.
Rokeach (1973) und – an ihn angelehnt – Feather (1975, S. 3) unterscheiden bei Werten zunächst eine personen- und eine objektbezogene Ebene, d.h. eine Person, die etwas bewertet und das Objekt (etwas), das diesem Prozess unterzogen wird. Prinzipiell müssten die beiden Konzepte bei der vorliegenden Messung aber als zusammengehörig betrachtet werden, denn eine Person gibt dort Auskunft über die Wichtigkeit von verschiedenen Werten in ihrem Leben. Davon zu trennen ist aber – mit Ausnahme sozial erwünschter Antworten – die Bewertung der eigenen Person, denn ein Befragter macht lediglich Angaben zur momentanen Wichtigkeit bestimmter Werte in seinem Leben, bewertet jedoch nicht, ob er eine Person mit einer derartigen Werte-Struktur positiv, negativ oder neutral einschätzt. So gesehen beschränkt sich die Erhebung auf die kognitive Komponente, während affektive und insbesondere konative Gesichtspunkte ausgeblendet bleiben. Es geht vorliegend außerdem allein darum, welche Werte eine Person besitzt und nicht, welche Werte sie besitzen sollte (in Anlehnung an kulturelle oder sonstige normative Vorgaben) – allerdings sind entsprechende Angaben häufig normativ imprägniert (siehe Abschnitt 3.2.2.1).
Die theorielose Forschung im Werte-Bereich ist vielfach kritisiert worden (vgl. z.B. Braithwaite & Scott 1991, S. 669 und Spates 1983). Wie aber im Laufe dieser Ausführungen noch gezeigt wird, hat diese Situation – insbesondere durch die Arbeiten von Schwartz (1992; 1994; siehe 2.1.4.2.5) – eine spürbare Verbesserung erfahren. Außerdem hat bereits Schlöder (1993, S. 20) derartige Verbindungen thematisiert, weil Werturteile immer affektiv geprägte

Bevorzugungen zum Inhalt haben oder mit solchen verbunden sind, und gleichzeitig auch Beurteilungen von Sachverhalten, Ereignissen und Handlungen unter dem Gesichtspunkt des Richtigen und Falschen, des Gültigen und Ungültigen, des Guten oder Bösen darstellen. Werte implizieren somit Maßstäbe des Richtigen, Angemessenen, Guten und Schönen. Das Problem der Werte verweist aus dieser Perspektive auf Theorien, in denen Standards der Bewertung von Verhalten und Interaktionen (hier wäre auch noch die Theorie sozialer Vergleichsprozesse von Festinger 1954 zu nennen), insbesondere auch die moralischen Regeln des Zusammenlebens thematisiert werden, also etwa auf sozialpsychologische Ansätze zur Gerechtigkeit (vgl. Mikula 1980) und zum altruistischen Verhalten (vgl. Schwartz 1977 und Bierhoff 1980) oder die Psychologie der Moralentwicklung in der Nachfolge von Piaget und Kohlberg (vgl. Kurtines & Gewirtz 1984).
Daneben stellt auch die Entscheidung sich wissenschaftlich mit einem Problem auseinanderzusetzen letztendlich eine Wertfrage (Welches Problem ist es wert sich mit ihm zu beschäftigen?; vgl. Bahm 1974) dar,[5] wobei aber in diesem Kontext – zumindest aus der Perspektive des kritischen Rationalismus – der Begründungszusammenhang wertfrei zu bleiben hat (vgl. Prim & Tillmann 1997 sowie Schnell et al. 2005, S. 86ff).
Bevor aber auf diese Aspekte detailliert eingegangen wird, erfolgt zunächst eine Diskussion allgemeiner Gesichtspunkte im Zusammenhang mit dem Konstrukt „Werte".

2.1 Werte als positives Konstrukt

Obwohl auch McCarty & Shrum (1997, S. 239f) keine explizite Definition dessen, was unter einem positiven Konstrukt zu verstehen ist geben, kann in Anlehnung an ihre Ausführungen davon gesprochen werden, dass einem derartigen Gegenstand eine inhärente bejahende bzw. zusagende Tendenz anhaftet.
Ein erster Hinweis auf die Einordnung von Werten als positives Konstrukt kann aus Bem (1970, S. 16) abgeleitet werden, denn dort wird bei der Abgrenzung von Werten und Einstellungen (siehe hierzu auch 2.1.2.1.1) explizit darauf hingewiesen, dass es bei einer positiven Einstellung oder einer positiven beurteilenden Überzeugung darauf ankommt, deren funktionelle Position im gesamten Überzeugungssystem einer Person zu kennen, um entscheiden zu können, ob es sich dabei um einen Wert handelt oder nicht. Bem (1970) betont also ausdrücklich die positive Richtung von Einstellungen, wenn sie auch als Werte aufgefasst werden können. Dies dürfte für alle hier herangezogenen Werte zutreffen, obwohl sich kritisch einwenden ließe, dass die positive Eigenschaft von Werten kontextabhängig ist, denn das individuelle Streben nach Wohlstand (positiv) kann auch kriminelle Formen annehmen, die für die Gesellschaft negative Konsequenzen (z.B. in zusätzlichen Überwachungskosten) hat. In Bezug auf Einstellungen und Werte merken aber Hitlin & Piliavin (2004, S. 363) kritisch an, dass „Values carry with them an inherent positivity, in contrast with attitudes, which carry both positive and negative valences. This difference leads to measurement concerns [...], as respondents often provide little variance with respect to discriminating among values".
McKenna (1979, S. 16) führt den positiven Charakter von Werten auch darauf zurück, dass es eben in einer Gesellschaft nur wenige Menschen gibt, die einen Krieg dem Frieden vorziehen würden bzw. glauben, dass Unehrlichkeit in der Präferenzordnung vor Ehrlichkeit platziert wäre. Über diesen geteilten Konsens stellen Werte eben ein positives Bezugssystem dar.
Dass es sich bei Werten um ein positives Konstrukt handelt, wird auch an den unterschiedlichen Varianten des Instruments von Scott (1965) deutlich. In der Langfassung umfasst dieses Erhebungsverfahren 240 Items, die 12 Dimensionen auf einer drei-stufigen Skala („immer hoch schätzen"; „abhängig von der Situation" und „immer ablehnen") messen. Dabei sind positive (kulturelles Interesse besitzen) und negative (restriktive und begrenzte Interessen besitzen) Formulierungen ausbalanciert, um einen Zustimmungsbias (siehe 3.2.2.2.1) kontrol-

[5] Diesbezüglich ist von einer Meta-Perspektive (vgl. Prim & Tillmann 1997) zu sprechen.

lieren zu können (vgl. Braithwaite & Scott 1991, S. 726ff). In der Kurzform werden für jede Skala nur noch vier bis sechs Items eingesetzt, die – bis auf drei Ausnahmen – alle positiv formuliert sind. Insofern ist davon auszugehen, dass Werte per se zunächst einen positiven Charakter haben und erst mit zunehmendem Itemumfang auch negative Aspekte (in ihre Erhebung) einbezogen werden.

Ebenso deuten Beatty et al. (1985, S. 184) an, dass Werte einen hohen Positivitätsanteil aufweisen, was für die Konstruktion von Intervall- oder Ratio-Skalen schwierig ist und somit die Probleme mit einem Ranking von Werten (siehe 2.2.2.1.2.3) nicht ohne weiteres beheben kann. Gleichzeitig ist aber auch die Nicht-Differenzierung bei Beurteilungen von Objekten auf Rating-Skalen besonders bei der Erhebung von Werten gängig, weil diese von der Tendenz her einen positiven Charakter besitzen und damit sämtlich als inhärent wünschenswert eingestuft werden (vgl. Beatty et al. 1996, S. 102).

Borg & Noll (1990, S. 37) machen klar, dass es sich bei den vielfältigen Befunden und z.T. widersprüchlichen Erklärungen in den Bereichen Zufriedenheit (vorliegend nicht weiter berücksichtigt) und Wichtigkeit (von Werten) vor allem um eine Folge der schiefen Verteilung der Daten handelt, denn fast alle Aspekte des Lebens, nach denen üblicherweise in Erhebungen gefragt wird, werden als „wichtig" oder zumindest nicht als „unwichtig" beurteilt. Daten vom Typ „wichtig und zufrieden" dominieren daher in den empirischen Verteilungen von Ratings deutlich. Für sie findet sich stets eine positive Korrelation, die am einfachsten dissonanztheoretisch (vgl. Festinger 1957) zu erklären ist: Dinge mit denen man unzufrieden ist, werden in ihrer Wichtigkeit abgewertet oder – durch Reevaluation – als doch zufrieden stellend beurteilt. Diesem Vorgehen sind allerdings Grenzen gesetzt, denn gesundheitliche Probleme lassen sich nun einmal nicht immer „schön färben" und im Falle eines guten Gesundheitszustands wird dieser als Hygienefaktor im Sinne von Herzberg et. al. (1959) eingestuft, d.h. sein Vorliegen als selbstverständlich angesehen.

Nach Klein et al. (2004, S. 476) gibt es bei Beurteilungsfragen zu bestimmten Konstrukten (hier: die Inglehart-Items; siehe 2.2.2.4.1) eine konstitutive Tendenz, hohe Ratings zu vergeben. Auf der anderen Seite könnte man aber argumentieren, dass bei einer Kennzeichnung der Pole der Rating-Skala mit extremeren Begriffen (z.B. „außergewöhnlich wichtig" anstatt „wichtig") eine stärkere Variation der individuellen Ratings erzielt würde (vgl. hierzu auch Friedman & Friedman 1997). Dies würde aber wohl nur den Anteil reiner „Nicht-Differenzierung" vermindern, während der Effekt der „Nicht-Differenzierung" auf die Instabilität der Rankings nur noch stärker zutage treten würde (vgl. Klein et al 2004, S. 476). Außerdem wäre es wohl zusätzlich erforderlich, die Anzahl an Kategorien der Antwortskala zu erhöhen, um wirklich eine stärkere Differenzierung zu erzielen.

Nach Giger (2005, S. 30f) ist die persönliche Bedeutung von Werten – z.B. als Orientierungs- und Entscheidungshilfe – generell hoch. Nur 1 % der Teilnehmer an der Erhebung von SensoNet[6] 2003 haben Werten eine kleine Bedeutung in ihrem Leben zugestanden (13 % eine mittelmäßige, 64 % eine große und 22 % haben Werten eine herausragende Bedeutung konstatiert) – kein einziger Befragter hat die Option „gar keine" als zutreffend angegeben. Diese Einschätzung spiegelt sich auch im persönlichen Umgang mit Werten wider, denn nur für 2 % der Befragten bei Giger (2005, S. 30f) sind Werte weder bewusst, noch unbewusst ein Thema – knapp zwei Drittel denken hingegen oft über die Werte, die ihr Leben bestimmen oder bestimmen sollen, nach und für fast ein Drittel der Teilnehmer sind die Werte, an denen sie sich orientieren, so selbstverständlich, dass sie nicht über sie nachzudenken brauchen. Ob diese Zahlenangaben als „positiv" oder „negativ" einzuschätzen sind, bliebe noch zu eruieren, denn damit wird lediglich deutlich, dass Werte keineswegs immer sehr bewusst sind (vgl. Giger 2005, S. 30f), was natürlich auch Konsequenzen für die Erhebung dieses Konstrukts

---

[6] SensoNet ist ein Netz von einigen hundert Menschen, die sich „überdurchschnittlich stark für die Zukunft interessieren und willens sind, in Umfragen vertieft über ihre Zukunftsbilder Auskunft zu geben" (Giger 2005, S. 127). Weitere Informationen sind unter www.sensonet.org zu finden.

besitzt. Werten wird außerdem eine steigende Bedeutung als Orientierungs- und Entscheidungshilfe zugeschrieben, und zwar sowohl retrospektiv, als auch projektiv (vgl. Giger 2005, S. 31).
Das theoretische Spannungsfeld: Subjekt – Objekt – Intersubjektivität bei der Analyse von Werten wird von Schlöder (1993, S. 24f) thematisiert. Er argumentiert, dass dabei der an der Einstellungstheorie orientierte Wertebegriff die subjektive Komponente repräsentiert, also die Komponente, die der einzelnen Person zugeordnet ist. Entsprechend legen die theoretischen Konzepte den Schwerpunkt auf die intra-personale Struktur und Dynamik von Werten. Dieser Gesichtspunkt wird in der vorliegenden Arbeit weiter verfolgt, während die im Objektbezug von Werten liegende handlungsleitende Funktion und der die Bedingungen und Funktion einer intersubjektiven Regulation von Wert-Haltungen abbildende Aspekt der Norm vernachlässigt werden müssen.
Ein Beispiel für ein positives Konstrukt, das nicht dem Werte-Bereich entstammt, ist dem Führungsverhalten zuzurechnen. Werden Eigenschaften von Führungspersonen hinsichtlich ihrer Wichtigkeit auf einer Rating-Skala (z.B. 1 = nicht wichtig bis 5 = sehr wichtig) eingestuft, so wird allen Items zumindest eine moderate Wichtigkeit zugeschrieben, was zu einer geringen Spannweite hinsichtlich der überhaupt ausgewählten Skalenkategorien führt und in entsprechend hohen Mittelwerten resultiert. Damit wird aber nicht der erforderliche Grad an Datendifferenzierung erreicht, um Stärken und Schwächen sinnvoll abgrenzen zu können (vgl. American Management Association 2005, S. 57).
Nach diesen ersten Ausführungen zum Thema „Werte", mit denen der positive Charakter dieses Konstrukts umrissen werden sollte, stehen nachfolgend dessen definitorische Aspekte im Vordergrund.

2.1.1 Definition von Werten

2.1.1.1 Allgemeine Gesichtspunkte

Werte sind in der sozialwissenschaftlichen Forschung höchst unterschiedlich definiert. Kmieciak (1976, S. 147ff) spricht in Anlehnung an Lautmann (1969) von ungefähr 180 Gebräuchen des Werte-Begriffs. Dabei handelt es sich sowohl um mehr oder weniger synonyme Begriffsverwendungen (Wert-Haltungen, Wert-Einstellungen oder Wert-Orientierungen; siehe 2.1.2.1), als auch um inhaltlich unterschiedliche Konzepte wie Bedürfnisse, Ansprüche, Wünsche oder Normen (siehe 2.1.2.2).
Nach Ansicht von Williams (1979, S. 19) liegt das Hauptdilemma der Definition von Werten im Rahmen von entsprechenden Forschungsarbeiten darin, dass eine Wahl zu treffen ist, die zwischen einer weiten und einer engen Abgrenzung liegen kann. Eine spezifische Definition erlaubt dabei keine Berücksichtigung wichtiger Phänomene, die Bestandteil von Werten sind, während eine zu weite Definition dazu führt, dass Werte mit Präferenzen, Wünschen, Gefallen oder Zufriedenheit gleichgesetzt werden, so dass das distinktive Kriterium der partiellen Autonomie des Wünschenswerten im Rahmen von Werten, Wünschen und Anliegen übergangen wird.
Konkret lassen sich bei einer Definition von Wert drei – einander nicht ausschließende – Bedeutungsbereiche unterscheiden: Wert (1) als Gut, (2) als Maßstab und (3) als Ziel (vgl. Scholl-Schaaf 1975, S. 49ff). Bei (1) wird der Wert im Objekt selbst – oder zumindest unmittelbar an ihm haftend – gesehen, während unter (2) eine Disposition, ein inneres (internalisiertes) Konzept oder ein Maßstab verstanden wird, bei dem Wert mit subjektivem Befinden gleichgesetzt und nach außen projiziert wird. Die Zielperspektive von Werten (3) betont deren direktionale Komponente in Form der Gerichtetheit des Subjekts auf ein materielles oder immaterielles Objekt (vgl. Scholl-Schaaf 1975, S. 55).
Den unter (2) angesprochenen dispositiven Charakter von Werten betont Schlöder (1993, S. 20), der Werte als mehr oder weniger stabile Dispositionen von Personen, zu abstrakten

oder konkreten Gegenständen positiv oder negativ Stellung zu nehmen, beschreibt. Werte sind Personen zugeordnet. Sie kommen in deren Wert-Urteilen zum Ausdruck, d.h. in Parteipräferenzen, Bevorzugungen von Freizeitbeschäftigungen, Wichtigkeitsrangreihen von politisch-gesellschaftlichen Zielen und anderen geäußerten „Wert-Prioritäten".

In Bezug auf das Definitionskriterium der Allgemeinheit liegt Werten mit Maag (1991, S. 23) ein zweifaches Verständnis zugrunde. Zum einen wird deren lebensbereichsübergreifender Charakter betont und zum anderen die Wünschbarkeit für die meisten Gesellschaftsmitglieder, wobei die erstgenannte Auffassung die weitere Verbreitung erfahren hat. Dieses Verständnis ist zudem mit dem Definitionsmerkmal der Nichtobjektbezogenheit vereinbar. Angesichts zunehmender gesellschaftlicher Differenzierungen (vgl. dazu die Beiträge in Hondrich 1982) wird allerdings immer häufiger überlegt, ob dieses Kriterium noch aufrechtzuerhalten ist, oder ob Werte nicht verstärkt in verschiedenen Lebensbereichen unterschiedlich bedeutsam sind (vgl. Hillmann 2003, S. 63ff und Jaide 1983). Vorliegend wurde von dem allgemeinen Konzept ausgegangen, denn die Abfrage der persönlichen Wichtigkeit erfolgte global und nicht bezogen auf einen bestimmten Bereich (z.B. in der Freizeit oder im Berufsleben).

Die Dimensionalität von Werten ist nach Maag (1991, S. 25) ein zentraler Diskussionspunkt in der Werte-Forschung (vgl. dazu auch Schwartz 1992; 1994). Theoretisch wird als Werte-Dimension häufig eine Wert-Orientierung (siehe 2.1.2.2.1) verstanden, wie z.B. Materialismus (siehe 2.2.2.4.1). Präziser erscheint es jedoch, stattdessen von Teildimensionen oder Werte-Bereichen zu sprechen. Demgegenüber kann dann eine Werte-Dimension, synonym mit Werte-Komplex oder Werte-System (vgl. z.B. Friedrichs 1968 und Lautmann 1969), als Bündelung von Werten charakterisiert werden, die das Ergebnis verdichtender Analysetechniken (z.B. einer Faktorenanalyse) ist. Diese Differenzierung wird bei der Diskussion in Abschnitt 2.1.5 erneut aufgegriffen.

Eng mit der Dimensionalität verbunden ist das Problem der Anzahl an Werten, die in einer entsprechenden Liste berücksichtigt werden sollten. So geht Rokeach (1973; siehe 2.1.4.2.4) von zwei Aufstellungen mit jeweils 18 Werten aus, während in der List of Values (siehe Abschnitt 2.1.4.2.4.4) lediglich neun Werte enthalten sind, und in der abgespeckten Version bei Inglehart (1977; siehe 2.2.2.4.1) gar nur vier Werte abgefragt werden. Theoretisch stichhaltige Begründungen für die jeweils gewählte Menge an Werten werden dabei nicht gegeben, sondern überwiegend pragmatische Erwägungen ins Feld geführt (vgl. z.B. Kahle & Timmer 1983, S. 62 und Rokeach 1973).

Auch das Kriterium der Hierarchie von Werten weist Verbindungslinien zur Frage der Dimensionalität auf. Hier steht die Sichtweise der Anordnung der Werte im Mittelpunkt, d.h. diese werden zum einen als in der Person vollständig hierarchisch organisiert betrachtet (z.B. Rokeach 1973 – was hinsichtlich der Messung dazu führt, ein Ranking-Verfahren anzuwenden, weil sich entsprechende Strukturen nur darüber adäquat ermitteln lassen), und zum anderen als in einer Person durchaus gleichberechtigt nebeneinander liegend angenommen (z.B. Schwartz 1994 – was messtechnisch ein Rating-Verfahren nahe legt). Dieser Aspekt ist für die vorliegende Arbeit von zentraler Bedeutung und wird in Abschnitt 2.2.2 detailliert beleuchtet.

Zum Schluss dieser einleitenden Betrachtungen soll noch das alternative definitorische Vorgehen von Giger (2005, S. 18) erwähnt werden, der alle hier thematisierten Abgrenzungskriterien vermischt und Werte als das definiert, „was uns was wert ist". Dass eine derartig weite und tautologische Sichtweise für eine sinnvolle Operationalisierung und messtechnische Umsetzung wenig hilfreich ist, braucht nicht extra betont zu werden, weshalb nachfolgend entsprechend elaboriertere Definitionsvorschläge präsentiert werden.

2.1.1.2 Ausgewählte definitorische Ansätze

Nach den allgemeinen Vorbemerkungen sollen im Folgenden einige exemplarische sozialpsychologisch Definitionen detaillierter diskutiert werden. Dabei wird eine chronologische Darstellung verfolgt, um die Entwicklungsschritte bei der Erforschung des Konzepts abbilden zu können. Die Auswahl ist zudem eng an den unterschiedlichen Messverfahren (siehe 2.2) orientiert, die den eigentlichen Fokus dieser Arbeit bilden (siehe Kapitel 1). Überschneidungen mit den Konzeptdarstellungen (siehe 2.1.4) lassen sich dabei nicht immer vermeiden. Durch die Auswahl wird versucht, dass Spektrum der in der Literatur verfolgten Abgrenzungen anzudeuten und keinesfalls eine vollständige Abdeckung aller konzeptionellen Vorgehensweisen angestrebt.
Nach Spates (1983, S. 29) stammt die erste soziologische Definition von Werten von Thomas & Znaniecki (1921, S. 21) und beschreibt das Konzept als „any datum having an empirical content accessible to the members of some social group and a meaning with regard to which it is or may be an object of activity", so dass damit Dinge wie Nahrungsmittel, ein Gedicht oder auch Mythen abgedeckt waren. Hier steht also der Objektbezug noch eindeutig im Vordergrund. Diese Perspektive wird in den weiteren vorgestellten Definitionen nun sukzessive verändert und erweitert.

- Smith (1949)

Smith (1949) betont in seiner Definition die enge Verbindung von Werten und Einstellungen (siehe 2.1.2.1.1) und beschreibt Erstere in Anlehnung an Postman et al. (1948, S. 149ff) als „highly generalized attitudes that define a person's orientation to life in terms of the things he deems most important" (Smith 1949, S. 477). Somit erfolgte ein Perspektivenwechsel in der Betrachtung von Werten vom Objektbezug bei Thomas & Znaniecki (1921) zu den Einstellungen und Lebensorientierungen von Personen.

- Kluckhohn (1951)

Nach Kluckhohn (1951, S. 395) ist ein Wert als „eine explizite oder implizite, für das Individuum kennzeichnende oder für eine Gruppe charakteristische Konzeption des Wünschenswerten, die die Selektion von vorhandenen Arten, Mitteln und Zielen des Handelns beeinflusst" aufzufassen. Die Definition war seinerzeit sehr einflussreich, weil sie sowohl auf Handlungen und Belohnungen, als auch Gruppen und Individuen setzte (vgl. Hitlin & Piliavin 2004, S. 363) und erstmals[7] den Aspekt der Wünschenswertigkeit aufgriff (vgl. Schlöder 1993, S. 49). Nach Maag (1991, S. 17) wird in der empirischen Messung (siehe 2.2.4) bei Kluckhohn (1951) allerdings eine einseitige Fokussierung auf das, was der Einzelne für sich selbst als wünschenswert oder wichtig hält gelegt, so dass gesellschaftliche Wert-Orientierungen vernachlässigt werden. Darin manifestiert sich auch das Problem sozial erwünschter Antworten (siehe 3.2.2.1), das bei der Erhebung von individuellen Wunschvorstellungen – im Gegensatz zu Wunschvorstellungen der Allgemeinheit –wesentlicher stärker gegeben ist (vgl. Maag 1991, S. 22).

- Scott (1965)

Scott (1965, S. 3) betont in seiner Definition die moralischen Ideale von Werten, also individuelle Konzepte idealer Beziehungen (oder dem Stand der Dinge), die dazu genutzt werden, aktuelle Relationen hinsichtlich „gut" oder „schlecht" bzw. „richtig" oder „falsch" einzuordnen. Damit löst er sich weitgehend von der personeninternen Perspektive und stellt die sozialen Aspekte von Werten in den Vordergrund.

[7] Implizit ist dieser Aspekt allerdings schon bei Thomas & Znaniecki (1921, S. 21) enthalten, denn ein Konzept kann nur dann handlungswirksam werden, wenn es gewünscht wird. Der Begriff „Handlung" würde ohne den Begriff „Wunsch" gar nicht existieren, sofern reflexhaftes und triebdurchbrüchiges Verhalten sowie Gewohnheiten ausgeklammert werden (vgl. Wiswede 2004, S. 221).

- Rokeach (1973)

Die Definition von Rokeach (1973, S. 5), nach der Werte „enduring beliefs that a specific mode of conduct is personally or socially preferable to an opposite or converse mode of conduct or end-state of existence" sind, ist eine der am häufigsten verwendeten Umschreibungen, wenn Werte thematisiert werden, und wurde auch vorliegend – durch Beispiele ergänzt – eingesetzt (siehe Abschnitt 2.1.4.2.4.3 und Anhang 1 bis 16. Während Kluckhohn (1951) also die Handlungen an sich betonte (er vertrat eine funktionalistisch-deterministische Sicht, in der Werte kulturelle Unumgänglichkeiten darstellen, die notwendigerweise zu irgendeiner Art von Handlung führen; vgl. Hitlin & Piliavin 2004 S. 362), sah Rokeach in Werten eher eine bedeutungsgebende Funktion für Verhalten. Dieser grundsätzliche Gegensatz in den Sichtweisen von Kluckhohn (1951) und Rokeach (1973) wird auch von Moors (2003, S. 279) hervorgehoben, der die erstgenannte Perspektive als eine Fokussierung auf absolute Werte – und damit einen Rating-Ansatz zur Messung – und die zweitgenannte Ansicht als Konzentration auf relative Werte – die einen Ranking-Ansatz als Erhebungsverfahren nahe legt – klassifiziert (siehe dazu auch 2.2.2).

In Bezug auf Werte vertritt Rokeach (1973, S. 3) die drei Thesen:

(1) Die Gesamtzahl an Werten einer Person ist relativ klein
(2) Alle Menschen haben die gleichen Werte in unterschiedlichen Ausmaßen
(3) Werte sind in Wert-Systemen integrativ verbunden (siehe 2.1.5)

Nach Feather (1975, S. 4f) hat Rokeach in der Diskussion um seine Definition vor allem die folgenden Punkte hervorgehoben: (1) Werte sind relativ überdauernde Konstrukte, aber nicht unwiderruflich stabil, d.h. ihre Bedeutung kann sich für eine Person durchaus ändern. (2) Der Überzeugungsbegriff ist weit zu fassen und an Stelle einer deskriptiven (wahr/falsch) oder evaluativen (gut/schlecht) Interpretation eher als prä- oder proskriptiv (Sollensfrage) zu gebrauchen (vgl. Rokeach 1968a, S. 15ff). (3) Der Aspekt der Wünschenswertigkeit betrifft kognitive, affektive und verhaltensbezogene Komponenten, was Werte nach Rokeach (1968a) stark in Richtung Einstellungen (vgl. das Drei-Komponenten-Modell der Einstellung nach Rosenberg & Hovland 1960) verschiebt (siehe zur Abgrenzung von Einstellungen und Werten auch 2.1.2.1.1). Trotzdem hat Rokeach (1968b) aber betont, dass Werte als Überzeugungen (siehe 2.1.2.1.5) hinsichtlich des Wünschenswerten immer auch ein bestimmtes Wissen über die als erstrebenswert angesehenen Aspekte beinhalten müssen, wegen ihres nicht neutralen Charakters (das Halten von Werten und ihre Ansprache oder Aktivierung ist mit persönlichen Gefühlen verbunden) auch immer einen Anteil einer affektiven bzw. gefühlsmäßigen Komponente enthalten und dass Werte bei ihrer Aktivierung auch zu bestimmten Aktionen (Verhalten) führen können.

Weiterhin klassifiziert Rokeach (1973) Werte in zwei Gruppen, terminale (end-state of existence) und instrumentelle (mode of conduct) Werte. Während sich die Erstgenannten auf die Ziel-Zustände der Existenz beziehen und in intra-personale (auf das Selbst bezogene) sowie inter-personale (auf die Gesellschaft bezogene) Werte weiter unterteilt werden können, betreffen die instrumentellen Werte die „Arten der Lebensführung".

Hinsichtlich der Komponente „überdauernd" ist festzuhalten, dass damit eine gewisse Kontinuität der menschlichen Persönlichkeit und von Gesellschaften gegeben ist, jedoch keine Unveränderlichkeit angenommen wird. Dieser Aspekt hat natürlich messtechnische Konsequenzen, denn damit sollten Erhebungen zu unterschiedlichen Zeitpunkten zu einigermaßen vergleichbaren Ergebnissen führen (vgl. McKenna 1979, S. 14). Andererseits macht dies den Ansatz einwandsimmun, denn damit könnten alle Differenzen auf individuellen oder gesellschaftlichen Wandel von Werten zurückgeführt werden und nicht in Schwächen des Messinstruments begründet liegen.

Der definitorische Ansatz von Rokeach (1973, S. 25) kann folgendermaßen zusammengefasst werden: Wenn eine Person einen Wert besitzt, dann kann man sagen, dass sie eine überdauernde prä- oder proskriptive Überzeugung darüber hat, dass ein spezifischer Verhaltensmodus oder existenzieller Endzustand stärker präferiert wird, als die jeweiligen gegenteiligen (oppositionellen) Konzepte. Diese Überzeugungen transzendieren Einstellungen gegenüber Objekten und Situationen und fungieren als Standard, der Verhalten leitet und determiniert. Dabei erfüllen Werte Anpassungs-, Selbstverteidigungs-, Wissens- und Selbstaktualisierungsfunktionen, wobei terminale und instrumentelle Werte zwar miteinander in Beziehung stehen, aber getrennt in relativ überdauernden hierarchischen Strukturen anhand eines Wichtigkeitskontinuums organisiert werden.

- Stiksrud (1979)

Nach Stiksrud (1979, S. 341) sind Werte „als Daten individuellen Erlebens definierbar, von denen Personen behaupten, dass sie danach streben und ihnen große Bedeutung beimessen". Auch diese Definition ist sehr allgemein gehalten und läuft damit Gefahr, dass hierunter nicht allein Werte subsumiert werden. Weil Stiksrud (1979) seine empirische Arbeit aber vor allem mit Berufsanfängern durchgeführt hat, wird die umfassende Definition verständlich, denn in dieser Sozialisationsphase dürfte das Verständnis für abstrakte Konstrukte wie Werte noch nicht so ausgeprägt sein.

- Mitchell (1983)

Mitchell (1983, S. vii) definiert Werte als „the entire constellation of a person's attitudes, beliefs, opinions, hopes, fears, prejudices, needs, desires, and aspirations that, taken together, govern how one behaves". Dieser Vorstellung liegt ein umfangreiches kommerzielles empirisches Erhebungsinstrument (VALS^{TM}) zugrunde, wobei hier die verschiedensten Konstrukte arbiträr zusammengewürfelt werden, so dass sich hinterher wohl kaum abgrenzbare Gebiete ergeben. Damit lässt sich aber der aufwendige Fragebogen rechtfertigen, der – aus Vereinfachungsgründen – sehr konkrete Sachverhalte (Einstellungen) abfragt, die dann erst zu Werten statistisch verdichtet werden. Die Definition ist somit ziemlich einwandsimmun und für die vorliegende Arbeit wenig hilfreich. Sie wird deshalb hier auch nur als Negativbeispiel angeführt.

- Alwin & Krosnick (1985)

Alwin & Krosnick (1985, S. 535) lehnen sich in ihrer Definition von Werten an Williams (1968) an und bezeichnen Werte als „Standards des Wünschenswerten, die in sozialen Interaktionen wirksam werden, um eine Präferenz unterschiedlicher Verhaltensziele oder Handlungsalternativen herauszubilden". Nach dieser Perspektive sind Werte ein zentraler Baustein für die kognitive Organisation von Individuen und dienen als Basis für die Bildung von Einstellungen, Überzeugungen und Meinungen (vgl. Rokeach 1979a; 1980).

- Schwartz & Bilsky (1987)

Schwartz & Bilsky (1987, S. 551) haben fünf Aspekte herausgefiltert, die den meisten Definitionen von Werten gemeinsam sind: (1) Konzepte oder Überzeugungen, über (2) wünschenswerte Endzustände oder Verhaltensweisen, die (3) spezifische Situationen berühren, (4) die Auswahl und Bewertung von Verhalten und Ereignissen steuern sowie (5) nach ihrer relativen Wichtigkeit organisiert sind, und fügen diese fünf Teilbereiche zu einer definitorischen Aussage zusammen. Schwartz (1992, S. 5ff) betont weiterhin, dass Werte kognitive Repräsentationen dreier universeller menschlicher Bedürfnisse sind: (1) biologisch verankerte Bedürfnisse des Organismus, (2) sozial interaktive Bedürfnisse zur interpersonellen Koordination sowie (3) sozial institutioneller Bedarf (Verlangen) nach Wohlstand und Überleben.
Aus ihrer Kategorisierung von Werten leiten Schwartz & Bilsky (1987, S. 557) ihre Definition von Werten auch in Form eines so genannten „Eintragungs-Satzes" ab, der aber erst bei der Darstellung ihres Ansatzes näher beschrieben wird (siehe 2.1.4.2.5, Seite 52).

Es gibt zwar keine universell akzeptierte Definition von Werten (vgl. Rohan 2000, S. 255), jedoch hat sich nach Munson (1984, S. 16) in den letzten Jahren ein tragfähiger Konsens in dieser Frage herauskristallisiert.
In empirischen Arbeiten ist es allerdings erforderlich, eine exakte Operationalisierung der zu erhebenden Konstrukte vorzunehmen, damit die Befragten genau einschätzen können, welche Aspekte sie bei der Beantwortung der Items anzugeben haben (vgl. Bortz & Döring 2002). Aus der Fülle der aufgelisteten – mehr oder weniger – unterschiedlichen definitorischen Ansätze wurde vorliegend auf die Konzeption von Rokeach (1973, S. 5) zurückgegriffen, weil in ihr die notwendige Balance zwischen abstrakter Umschreibung und konkreter Ausfüllung des Konstrukts gesehen wurde, wobei allerdings der letztgenannte Aspekt durch die Integration zweier (eigener) Beispiele forciert wurde (siehe Anhang 5).
Bevor allerdings auf diesen Gesichtspunkt vertieft eingegangen werden kann, sind zunächst noch die Abgrenzungen von Werten zu anderen sozialpsychologischen Konzepten aufzuzeigen (siehe 2.1.2), die Funktionen von Werten zu beleuchten (siehe 2.1.3), ihre konzeptionellen Umsetzungen weiter zu vertiefen (siehe 2.1.4), das Problem der hierarchischen Struktur zu diskutieren (siehe 2.1.5) und eine Verbindung zum konkreten Verhalten von Personen herzustellen (siehe 2.1.6).

2.1.2 Abgrenzung zu verwandten Konstrukten

An dieser Stelle sind zwei Aspekte maßgeblich, zum einen die Abgrenzung von Konzepten in der direkten Umgebung von Werten wie beispielsweise Einstellungen (siehe 2.1.2.1), und zum anderen die Differenzierung hinsichtlich Variablen, die mit dem hier thematisierten Sachverhalt zwar begrifflich und inhaltlich eng verbunden sind – weil sie den Wortstamm „Wert" enthalten – jedoch auf speziellere Facetten des Konstrukts rekurrieren als vorliegend thematisiert, z.B. Wert-Haltung (siehe 2.1.2.2).
Hinsichtlich der Frage, um was es sich bei Werten nicht handelt, führen Hitlin & Piliavin 2004, S. 360) die Konstrukte Einstellungen, Charakterzüge, Normen und Bedürfnisse an. Dabei kommt der Abgrenzung zu Einstellungen sicherlich die zentralste Rolle zu, denn diese beiden Konzepte werden manchmal nicht klar und eindeutig voneinander unterschieden (vgl. beispielsweise Rokeach 1973).

2.1.2.1 Begrifflich eindeutig abgegrenzte Konstrukte

Hierunter sind diejenigen sozialpsychologischen Variablen zu subsumieren, die im Umfeld von Werten anzuordnen sind, sich aber von diesen eindeutig unterscheiden lassen, auch wenn diesbezüglich nicht immer eine stringente Trennung vorgenommen wird. Die Reihenfolge der Gegenüberstellungen orientiert sich an der Wichtigkeit der jeweiligen Vergleiche in der Literatur. Prinzipiell könnte man noch zwischen personeninternen (z.B. Einstellungen) und -externen (z.B. Normen) Merkmalen unterscheiden, worauf vorliegend aber verzichtet wurde.

2.1.2.1.1 Werte und Einstellungen

In Einstellungen werden Überzeugungen (siehe Abschnitt 2.1.2.1.5) mit Beurteilungen verbunden, so dass sie – wie Werte – abstrakte Generalisierungen darstellen. Der Abstraktionsgrad von Werten ist jedoch höher, weil sie keinen eindeutigen Referenzpunkt oder die Fokussierung auf ein bestimmtes Objekt aufweisen, sondern einen – nahezu unbeschränkten – Bereich von Objekten (und Personen sowie Orten) aufspannen (vgl. Kahle & Timmer 1983, S. 45), was Rokeach (1973) als Transzendenz von Werten beschreibt (vgl. Williams 1979). Einstellungen umschreiben ihrerseits günstige oder ungünstige Bewertungen eines Objekts (vgl. Eagly & Chaiken 1993). Weiterhin fokussieren Werte „Ideale", während sich Einstellungen auf konkrete (soziale) Objekte beziehen. Manche Forscher, z.B. Bem (1970) sehen Werte als Spezialfall eines Einstellungsobjekts – obschon der etwas „flüchtigeren" Art – das aber nichtsdestotrotz an die Einstellungsforschung angepasst werden kann. Nach Katz (1960) nehmen Werte eine der vier Funktionen[8] von Einstellungen an, indem sie Aspekte darstellen, die zentral für das Selbstkonzept einer Person sind. Kristiansen & Zanna (1988) gehen davon aus, dass Einstellungen entweder Werte ausdrücken oder aber deren Wahrnehmung beeinflussen können (Halo-Effekt). Als Konsens lässt sich festhalten, dass Werte eine höhere Position in der individuellen Beurteilungshierarchie einnehmen als Einstellungen (vgl. Hitlin & Piliavin 2004, S. 361). Im Vergleich zu Einstellungen spielen Werte eine zentralere Rolle bei Aspekten des Menschseins (vgl. Erickson 1995; Hitlin 2003; McKenna 1979, S. 19f und Smith 1991), und sind weniger direkt durch das Verhalten impliziert (vgl. Schwartz 1996). Das durch diese Annahme postulierte hierarchische Modell (Einstellungen mit instrumentellen Funktionen für Werte und diese wiederum als Hauptbaustein der Selbstsicht) impliziert beispielsweise, dass mit Werten verbundene Einstellungen änderungsresistenter sind, was auch durch Forschungen belegt werden konnte (vgl. Edwards & Ostrom 1969 sowie Ostrom & Brock 1969). Insgesamt werden Werte als dauerhafter (beständiger) angesehen als Einstellungen (vgl. Hitlin & Piliavin (2004, S. 361). Demnach haben Werte primär Orientierungsfunktion für die Selektion bei der Einstellungsbildung und bei der Entscheidung über Handlungsalternativen. Gegenüber Einstellungen werden sie dadurch abgegrenzt, dass sie als allgemeiner und stabiler, in der Anzahl begrenzter und nicht notwendigerweise objektbezogen charakterisiert sind (siehe z. B. Feindt 1987, S. 749; Irle 1975, S. 76ff; Nerdinger 1984, S. 87ff und Scholl-Schaaf 1975, S. 8)

Auch McKenna (1979, S. 18ff) setzt sich mit der Abgrenzung von Werten von verwandten Konzepten auseinander. In Bezug auf Werte und Einstellungen lehnt er sich dabei eng an die Ausführungen von Rokeach (1973) an, der beide Begriffe zwar als ähnlich, aber dennoch distinkt kategorisiert hatte. Insbesondere die Fokussierung der Organisation von Überzeugungen auf ein einzelnes Objekt oder Situation (vgl. Fishbein & Ajzen 1975) wird dabei als kennzeichnend für Einstellungen hervorgehoben, von denen sich Werte durch ihre Präferenzaussagen bezüglich Verhaltensmodi (modes of conduct) oder Endzuständen der Existenz (end-state of existence) unterscheiden. Die hieraus von Rokeach (1973) abgeleitete Differenz in den Messvorschriften (Einstellungen als summierte Ratings objektbezogener Überzeugungen; Werte als Antwort auf ein einzelnes Statement; vgl. McKenna 1979, S. 19) ist aber nicht ohne weiteres nachvollziehbar, denn es würde nichts dagegen sprechen, die vielen Facetten eines Wertes (z.B. Sicherheit in Form von persönlicher Unversehrtheit, finanziellem Spielraum, Zukunftsperspektive) auch über mehrere Items zu erfassen und dann im Sinne eines Multi-Attribut-Modells (vgl. zu den Probleme eines derartigen Ansatzes Chrzan & Golovashkina 2006) zu einem einzigen Urteilswert zu aggregieren. Außerdem wird die Transzendenz von Werten als Abgrenzungsmerkmal zu Einstellungen betont, da Erstgenannte als Standard oder Kriterium für eine ganze Anzahl unterschiedlicher Urteile oder Entscheidungen herangezogen werden, während Einstellungen ihre Relevanz nur bei bestimmten Objekten oder Situationen entfalten. Dementsprechend existieren auch deutlich mehr Einstellungen als Werte (vgl. McKenna 1979, S. 19).

Obwohl Rokeach darauf insistiert, dass unter Werten und Einstellungen verschiedene Sachverhalte zu subsumieren sind, könnte man Werte auch als höherrangige Einstellungen klassifizieren, denn nach dem Konzept von Fishbein & Ajzen (1975, S. 216) sind alle generellen persönlichen Gefühle der Vorteilhaftigkeit oder Unvorteilhaftigkeit bezüglich eines Stimulusobjekts als Einstellung zu bezeichnen – ähnlich auch das Konzept der Werte als Meta-Einstellungen von Levitin (1973). Eine leicht differierende Ansicht vertritt Bem (1970, S. 16), der Werte als Endzustände und nicht als Mittel betrachtet, deren Wünschenswertigkeit entweder unzweifelhaft als gegeben angenommen werden kann oder sich direkt aus eigener Erfahrung bzw. von externen Autoritäten ableiten lässt. Um zu entscheiden, ob eine positive Ein-

[8] Damit ist die Nützlichkeitsfunktion angesprochen, die insbesondere auf den Belohnungswert des Objekts rekurriert. Weitere Funktionen bestehen in der Ökonomie- oder Wissensfunktion, Ich-Verteidigungsfunktion und der expressiven Funktion (vgl. Katz 1967 und Wiswede 2004, S. 111f).

stellung oder eine beurteilende Überzeugung auch einen Wert darstellt, muss allerdings bekannt sein, welche funktionelle Rolle sie im gesamten Überzeugungssystem einer Person innehat, denn die hochrangige Einstellung einer Person kann für eine andere Person einen Wert darstellen. Bei diesem Ansatz sind alle Werte Einstellungen, aber nur bestimmte Einstellungen lassen sich auch als Werte qualifizieren (vgl. McKenna 1979, S. 21).
Zusammenfassend lassen sich die wichtigsten Abgrenzungen von Werten zu Einstellungen wie folgt beschreiben (vgl. Rokeach 1973, S. 17ff):

(1) Werte liegen Einstellungen und Handlungen zugrunde;
(2) Werte sind objekt- und situationsübergreifend, während Einstellungen objekt- und situationsspezifisch vorliegen;
(3) Werte haben die Funktion von Standards;
(4) Werte sind zentrale Merkmale der Persönlichkeit – und deshalb eng mit dem Selbstkonzept einer Person verbunden (vgl. Feather 1975, S. 10).

Rankings von Werten konnten die Einstellungen von Personen zu ethnischen Gruppen (vgl. Rokeach 1973) Abtreibungen (vgl. Kristiansen & Zanna 1988), Nuklearwaffen (vgl. Kristiansen & Matheson 1990) sowie gegenüber der Umwelt (vgl. Seligman et al. 1994) vorhersagen (vgl. Maio et al. 1996, S. 172). Ein interessanter Aspekt dieser Forschungsrichtung (Wert-Einstellung) ist die Tatsache, dass Werte und Einstellungen oftmals mit verschiedenen Verfahren erhoben werden, die Werte also über ein Ranking und Einstellungen mittels Rating gemessen werden (vgl. Maio et al. 1996, S. 172). Weil die Messung von Einstellungen durch Ratings eine weitgehend akzeptierte Vorgehensweise darstellt (vgl. Himmelfarb 1993), bleibt zu fragen, ob Werte am besten durch ein Ranking oder ein Rating gemessen werden sollen (vgl. Maio et al. 1996, S. 172f)?

2.1.2.1.2 Der Zusammenhang zwischen Werten und Interessen

Nach Bergmann & Eder (1992, S. 7) können Interessen „als relativ stabile, kognitiv, emotional und werthaft in der Persönlichkeit verankerte Handlungstendenzen, die sich nach Art, Richtung, Generalisierbarkeit und Intensität unterscheiden" definiert werden. Somit ähneln sich Interessen und Werte relativ stark, jedoch sind Letztere als grundlegendere Kategorie anzusehen, d.h. der Wert-Begriff ist umfassender (vgl. Kmieciak 1976, S. 189ff).
Bei der Unterscheidung dieser beiden Konstrukte führt Rokeach (1973) an, dass Werte sowohl einen Sollenscharakter besitzen, als auch weniger zahlreich, unspezifischer und universeller sind. Wie bei der Abgrenzung von Werten und Einstellungen, so legt Rokeach (1973) auch bei der Unterscheidung von Werten und Interessen den Fokus auf die konzeptionelle Bandbreite: Interessen sind demnach stärker auf spezielle Aktivitäten bezogen, während Werte eher Empfindungen gegenüber generellen Lebenszielen und Verhaltensmustern repräsentieren. Daneben wird Werten von Rokeach (1973) auch eine stärkere normative Beeinflussung attestiert (siehe 2.1.2.1.7), d.h. Werte beruhen stärker darauf, was sein sollte, während Interessen wesentlich weniger wahrscheinlich als „richtig" oder „schlecht" beschreiben werden, sondern lediglich eine dauerhaft positive Einstellung einer Person zu einem bestimmten Gebiet reflektieren (vgl. McKenna 1979, S. 25).

2.1.2.1.3 Unterschiede von Werten und Bedürfnissen

Bei Bedürfnissen geht es um fehlende Dinge (Objekte, z.B. Nahrungsmittel; Aktivitäten, z.B. Geselligkeit oder Ziele, z.B. Leistung), die von einem Antrieb begleitet sind, an diesem Zustand etwas zu verändern (vgl. Murray 1938, S. 123f). Werte sind demnach Überzeugungen hinsichtlich der persönlichen und/oder moralischen Wünschenswertigkeit der oben angeführten „Dinge" (vgl. Super 1971). Nach Rokeach (1973, S. 20) stellen Werte die kognitiven Repräsentationen und Transformationen von Bedürfnissen dar. Bestimmte Bedürfnisse können vielfach nur durch spezielle persönlich oder sozial begrenzte Kanäle befriedigt werden, wobei nach Rokeach (1973) Bedürfnisse dementsprechend in Werte transformiert werden, die so-

wohl persönlich als auch sozial wünschenswert sind (ein Bedürfnis nach Aggression kann beispielsweise in die Werte „ambitioniert" oder „Frieden" transformiert werden, womit die sozial unerwünschte Befriedigung des Bedürfnisses in Form von Gewalt gegen andere Personen oder Objekte abgeleitet werden kann).
Bedürfnisse beeinflussen das menschliche Verhalten in anderer Art und Weise als Werte. Erstere konnotieren biologische Ursprünge (und unterliegen damit im Gegensatz zu Werten dem Sättigungsprinzip), während Werte zudem ein Aspekt des sozialen Lebens sind (vgl. Kahle & Timmer 1983, S. 46). Werte dienen als sozial akzeptierter und kulturell definierter Weg, die eigenen Bedürfnisse zu artikulieren – das Bedürfnis nach sexuellen Kontakten kann kulturell über den Wert „Liebe" konstituiert werden (vgl. Rokeach 1973). Der Ausdruck und die Befriedigung von Bedürfnissen kann reflexiv durch kulturell festgeschrieben Werte erfolgen, allerdings stellen die Werte nicht die Bedürfnisse an sich dar (vgl. Hitlin & Piliavin 2004, S. 362), sondern sind lediglich deren kognitive Repräsentation und Transformation (vgl. Rokeach 1973 – anders: Maslow 1954). Dabei sind Werte nicht auf individuelle Bedürfnisse beschränkt, sondern repräsentieren ebenfalls gesellschaftliche und institutionelle Anforderungen (funktionalistische Komponente von Werten; vgl. Feather 1975, S. 10).
Bedürfnisse ähneln Werten außerdem darin, dass beide Konstrukte eine starke motivationale Komponente beinhalten und gehen als eine von vielen Quellen in Werte ein (vgl. Kahle & Timmer 1983, S. 46f).

2.1.2.1.4 Werte und Attributionen

Unter Attribution wird die Ursachenzuschreibung für Ereignisse verstanden, wobei diese Ereignisse vor allem Handlungen betreffen (vgl. Herkner 1980). Zu diesem Konstrukt grenzen sich Werte dadurch ab, dass sie nur eine potenzielle Informationsquelle (neben der Ursachenzuschreibung auf Grund der eigenen Werte [internal] oder der Werte einer beteiligten Person [external] für ein bestimmtes gezeigtes Verhalten, können vor allem situative Aspekte als entsprechende Erklärungen herangezogen werden; vgl. Kelley 1972) darstellen, die Personen bei Attributionsprozessen nutzen. Dabei können Attributionen allerdings auch als Grundlage für Rückschlüsse auf das Werte-System einer anderen Person eingesetzt werden (vgl. Kahle & Timmer 1983, S. 44f).

2.1.2.1.5 Werte und Überzeugungen

Überzeugungen repräsentieren die Informationen, die eine Person über ein bestimmtes Objekt besitzt, und können nach Fishbein & Ajzen (1975, S. 12) als eine „Verbindung von einem Objekt mit bestimmten Attributen" definiert werden. Dies unterscheidet sie von Werten, die nicht direkt faktenbezogen – und somit keine Verbindung zu Attributen aufweisen – sind (vgl. Kahle & Timmer, 1983, S. 45).
In der Definition von Rokeach (1973, S. 5) werden Werte als überdauernde Überzeugungen definiert. Obwohl der Begriff „Überzeugung" traditionell nicht mit einer evaluativen Komponente versehen war (vgl. beispielsweise Fishbein & Ajzen 1975), hat Rokeach (1968a) einen generellen konzeptionellen Rahmen vorgestellt, der drei Typen von Überzeugungen unterschied: deskriptive, evaluative und präskriptive/ postskriptive. Während der erstgenannte Typ Objekt-Attribut-Relationen beschreibt, die als wahr oder falsch kategorisiert werden können, beschreiben evaluative Überzeugungen die Beurteilung eines Objekts als gut oder schlecht, angenehm oder unangenehm. Werte korrespondieren mit dem letztgenannten Typ, und repräsentieren Urteile hinsichtlich der Wünschenswertigkeit von Objekten. Damit wird ein bereits seit langem diskutierter Punkt in der philosophischen und psychologischen Forschung zu Werten thematisiert, ob Werte durch das was ist (d.h. evaluative Überzeugungen) oder durch das was sein sollte (d.h. präskriptive/ postskriptive Überzeugungen) indiziert werden (vgl. McKenna 1979, S. 13). Aus der konzeptionellen oder phänomenologischen Perspektive dürfte diese Unterscheidung relativ eindeutig sein (vgl. beispielsweise Smith 1991), während sie

empirisch durchaus schwer fassbar ist, denn kognitive Konsistenztheorien (z.B. die Balancetheorie von Heider 1958 oder die Kongruitätstheorie von Osgood & Tannenbaum 1955) legen eine enge Korrespondenz zwischen Überzeugungen über das, was gut oder schlecht ist und dem was wünschenswert oder nicht ist, nahe (vgl. McKenna 1979, S. 13f).

2.1.2.1.6 Differenzierung zwischen Werten und Charakterzügen

Ein Charakterzug lässt sich nach Allport (1961, S. 347) als eine neuropsychische Struktur definieren, bei der die Kapazität besteht, mehrere funktional äquivalente Stimuli zu rendern und glaubhafte konsistente Formen adaptiven und expressiven Verhaltens zu initiieren und auszuführen. Charaktereigenschaften sind somit als feste Bestandteile der Persönlichkeit konzipiert.[9] Dabei werden Verhaltensweisen, die auf Charakterzügen basieren, oftmals mit denjenigen, die auf Werten beruhen, verwechselt (vgl. Hitlin & Piliavin 2004, S. 361). Die Unterscheidung ist aber insofern wichtig, weil auf Werten basierendes Verhalten mehr kognitive Kontrolle über die ausgeführten Aktionen impliziert (vgl. Roccas et al. 2002).
Die letztgenannten Autoren differenzieren die beiden Konzepte folgendermaßen: Charakterzüge sind überdauernde Dispositionen[10], während Werte überdauernde Ziele darstellen. Charakterzüge können sowohl positiver (warmherzig) als auch negativer (aggressiv) Natur sein, wohingegen Werte als primär positiv eingestuft werden (siehe Abschnitt 2.1). Außerdem werden Werte herangezogen, wenn eigenes oder fremdes Verhalten auf seine Legitimität hin überprüft wird (vgl. Hitlin & Piliavin 2004, S. 361 und Abschnitt 2.1.2.1.4). In diesem Sinne argumentiert auch Rokeach (1973), der es beruhigender findet, Personen als Konstellation von Werten zu betrachten, die – zumindest teilweise – veränderbar sind, als von unumstößlichen Charakterzügen ausgehen zu müssen.
Dieser Punkt ist aber insofern strittig, als auch in der Persönlichkeitspsychologie nicht durchgängig von unveränderbaren Eigenschaften ausgegangen wird, sondern Kontextvariablen (vor allem in sozialen Situationen) als Verhaltensdeterminanten ebenfalls ein Einfluss zugestanden wird (vgl. Wiswede 2004, S. 427). Nach Kahle & Timmer (1983) grenzen sich Charakterzüge von Werten darüber ab, dass sie mehr mit Stilen als mit Substanz zu tun haben und außerdem schwerer veränderbar sind als Werte – ein Umstand der auch von Rokeach (1973) betont wird, der von einer stärkeren Fixierung von Charakterzügen spricht.
Eine perspektivenorientierte Sichtweise zur Unterscheidung der beiden Konzepte nimmt McKenna (1979, S. 24) ein, der betont, dass sich eine bestimmte Persönlichkeitseigenschaft (z.B. Dominanz) zwar aus der externen Perspektive diagnostizieren lässt, während sie sich aus der internen Perspektive vielleicht eher als Wertschätzung für Macht, Unabhängigkeit und Ambitioniertheit darstellt. Werte und Charakterzüge hängen demnach von den unterschiedlichen Perspektiven auf die Persönlichkeitsstruktur und ihre Dynamik ab (vgl. McKenna 1979, S. 24).

2.1.2.1.7 Die Verbindung zwischen Werten und Normen

Nach Wiswede (2004, S. 404) beschreiben Normen eine Regel oder Richtschnur für das Verhalten der Mitglieder einer Gesellschaft oder Gruppe, die den sozial angemessenen, erwünschten oder vorgeschriebenen Weg zur Zielerreichung markiert, dessen Einhaltung von den übrigen Gesellschaftsmitgliedern erwartet wird und im Falle der Nichterfüllung auch sanktioniert wird (vgl. Broom & Selznick 1968, S. 54f). Diesen Verpflichtungscharakter betont auch Maag (1991, S. 22), denn während die Nichtbefolgung von Normen sanktionierbar ist, weisen Werte demgegenüber lediglich den Status des „Wünschenswerten" auf. Normen

---

[9] Nach Wiswede (2004, S. 427) werden Persönlichkeitseigenschaften oftmals mit Charakterzügen gleichgesetzt (Persönlichkeitseigenschaften im essenziellen Sinne), manchmal aber auch eher als hypothetisches Konstrukt verstanden.

[10] Bei Dispositionen handelt es sich um Verhaltenstendenzen, die auf Persönlichkeitsmerkmalen oder Lernprozessen beruhen (vgl. Wiswede 2004, S. 91).

sind folglich als relativ spezielle Erwartungsäußerungen zu definieren (vgl. Maag, 1991, S. 22), wohingegen Werte als relativ generelle oder auch gesellschaftliche Erwartungsäußerung aufzufassen sind (vgl. Opp 1983, S. 118). Aufgrund ihrer Verbindlichkeit für Verhaltensforderungen werden Normen deshalb als Mittel zur „Erreichung" von Werten betrachtet (vgl. Bosetzky & Heinrich 1985, S. 76 und Eichner 1981, S. 113).
Im Gegensatz zu situativ verankerten Normen, haben Werte situationsübergreifende Wirkung. Beide Größen sind zwar Gruppenphänomene, die ein gewisses Maß an Übereinstimmung benötigen, dennoch werden Werte typischerweise als individuelles Konstrukt gemessen (vgl. Burgess 1992, S. 52f). Normen stellen eine „Sollvorschrift" dar, während Werte persönliche oder kulturelle Ideale abbilden: Personen, die in Übereinstimmung mit ihren Wert-Vorstellungen handeln, fühlen sich in der Regel nicht dazu gedrängt; dies tun sie aber, wenn ihr Verhalten auf normativem Druck beruht (vgl. Hitlin & Piliavin 2004, S. 361), wobei diesbezüglich auch der Grad an Internalisierung der Norm als intervenierende Variable fungiert (vgl. Scott 1971). Diese Facette wird auch von Kmieciak (1976, S. 157) hervorgehoben, nach dem Werte eher persönlich und internal zu kategorisieren sind, wohingegen Normen eher external und an einen Gruppenkonsens gebunden sind. Dies bedeutet allerdings nicht, dass Normen nicht auch internalisiert werden können.

2.1.2.2 Aus Werten abgeleitete Konstrukte

Die im Folgenden thematisierten Abgrenzungen sind nicht immer trennscharf in der Literatur verwendet worden (z.B. der synonyme Gebrauch von Werten und Wert-Orientierungen bei Waschulewski 2002) und dürften vielfach auf sprachlichen Verallgemeinerungen beruhen, die sich im Wortstamm „Wert" manifestieren. Die Unterschiede zeigen sich vor allem auf der evaluativen Ebene, denn während Werte an sich noch keine Urteilsabgabe enthalten – wobei dies dann in Frage zu stellen wäre, wenn in empirischen Untersuchungen eine Erhebung anhand einer bestimmten Dimension (z.B. der persönlichen Wichtigkeit) vorgenommen wird – setzen sowohl Wert-Orientierungen als auch Wert-Haltungen diesbezügliche Äußerungen voraus.

2.1.2.2.1 Werte versus Wert-Orientierungen

Schlöder (1993, S. 49) lehnt sich bei seiner Definition von Wert-Orientierung an Kluckhohn (1951, S. 411) an, nach der diese gegenüber Werten durch zusätzliche Merkmale gekennzeichnet sind, indem sie (1) allgemein sind, (2) organisiert sind und (3) endgültige Urteile über die Welt („definitely existential judgments") enthalten. Sie sind damit generalisierte und organisierte Konzeptionen der Natur, der Stellung des Menschen in ihr, der Beziehung der Menschen untereinander und von wünschenswerten und nicht-wünschenswerten Zuständen, die die Beziehung des Menschen zur Umwelt und die zwischenmenschlichen Beziehungen betreffen.
Von Einstellungen unterscheiden sich individuelle Wert-Orientierungen vor allem durch ihre größere Zentralität im persönlichen Überzeugungssystem und eine höhere Änderungsresistenz (vgl. Klein & Arzheimer 2000, S. 560). Bei gesellschaftlichen Wert-Orientierungen ist dabei „das Objekt der Beurteilung die Gesellschaft und deren soziale Strukturen" (Bürklin & Klein 1998, S. 140).

2.1.2.2.2 Wert-Haltungen als Ausformung von Werten

Wert-Haltungen als persönliche Dispositionen (siehe Fußnote 10 auf Seite 23) zu Wert-Urteilen sind verwandt mit Meinungen, Überzeugungen, Vorlieben und Interessen. Von daher hat dieser Gesichtspunkt einen engen Bezug zur Sozialpsychologie der Einstellungen. Daneben ist aber der zweite Aspekt des Wert-Urteils hervorzuheben, durch den sogleich wieder eine gewisse Distanz zu dieser Theorietradition hergestellt wird (vgl. Schlöder 1993, S. 20): Während man Einstellungen (attitudes) in der Thurstone-Tradition meist als überdauernde Ge-

fühlsqualitäten von Personen gegenüber Objekten definiert (vgl. Thurstone 1928), sind Wert-Haltungen vor allem Dispositionen zu Urteilen (vgl. Schlöder 1993, S. 20).
Wert-Haltungen lassen sich entweder aus einem Wert oder aus Wertungen (Urteilen) ableiten, wobei sich Erstere nach Scholl-Schaaf (1975, S. 67) als „internalisierte Werte, d.h. internalisierte Präferenzmodelle, die zwischen primär emotional bestimmten Subjekten und von diesen selegierten Weltausschnitten [allgemein] gelten" definieren lassen, wohingegen eine aus Wertungen vorgenommene Ableitung als „erworbene und zentrale Dispositionen zu Wertungen" umschrieben werden kann (Scholl-Schaaf 1975, S. 65).
Es besteht eine große Nähe zwischen Einstellung und Wert-Haltung, denn bei beiden handelt es sich um erworbene und relativ überdauernde Dispositionen, wobei aber die Wert-Haltungen einen allgemeineren Geltungsanspruch aufweisen (vgl. Waschulewski 2002, S. 14).

2.1.3 Funktionen von Werten

Nach den begrifflichen Klarstellungen wird jetzt noch kurz eine inhaltliche Facette von Werten beleuchtet – deren Funktionalität – denn Werte sind kein Selbstzweck, sondern erfüllen bestimmte Aufgaben.
Die wichtigste Funktion von Werten besteht nach Rokeach (1973, S. 12ff) in der Bereitstellung von Maßstäben oder Standards der Lebensführung, die zur Beurteilung eigenen und fremden Verhaltens sowie in sozialen Vergleichsprozessen (vgl. Festinger 1954) herangezogen werden. Außerdem besitzen Werte eine Motivationsfunktion, indem sie Zwecke und Ziele des Handelns bestimmen.
Maag (1991, S. 23) ergänzt eine Steuerungsfunktion sowie eine Anpassungsfunktion bei der Bewältigung von Konflikten und eine Begründungsfunktion für erfolgtes Verhalten. Daneben haben Werte primär Orientierungsfunktion für die Selektion bei der Einstellungsbildung und bei der Entscheidung über Handlungsalternativen (vgl. Maag 1991, S. 23).
Kahle & Timmer (1983, S. 47ff) rekurrieren ebenfalls auf eine Adaptationsfunktion, fassen diese aber wesentlich weiter als Maag (1991, S. 23), indem sie die Anpassung an die gesamte Umwelt – z.B. über soziale Interaktionen und Rollenübernahmen (vgl. Wiswede 1977) – darunter subsumieren. Außerdem ergänzen Kahle & Timmer (1983, S. 47ff) die Funktionen der Abstraktion oder Generalisierung (Oberbegriffe für eine ganze Klasse von Objekten, Verhaltensweisen, etc. konstituieren; vgl. Feather 1975), Selbst-Definition (Aufrechterhaltung und Verbesserung der Selbstachtung) und Führung (Leitbilder zur Interaktion mit der Umwelt zu besitzen).
Prinzipiell besitzen Werte damit ähnliche Funktionen wie Einstellungen (siehe Fußnote 8 auf Seite 20) jedoch ist der substanzielle inhaltliche Bezug bei Werten enger (vgl. Feather 1975, S. 10 und Rokeach 1973, S. 12ff).

2.1.4 Werte aus sozialpsychologischer Perspektive

2.1.4.1 Konzeptübergreifende Aspekte (Werte-Einstellung-Meinung)

Das Bedeutungsspektrum von Werten umfasst nach Adler (1956, S. 272): (1) Werte in ihrer Absolutheit als ewige Ideen; (2) Werte als in Dingen befindliche Qualitäten; (3) Werte als in dem Menschen befindliche Qualitäten (ableitbar aus seiner biologischen und/oder kognitiven Ausstattung) sowie (4) Werte als Aktionen. Ideengeschichtlich ist die psychologische Auseinandersetzung mit Wert-Fragen vielmehr in der Werte-Philosophie verankert, deren Gründung in die Mitte des 19. Jahrhunderts fällt. Zu Beginn des 20. Jahrhunderts repräsentierten vor allem die Arbeiten des Phänomenologen Max Scheler [1874-1928], der eine materielle Werteethik im Emotionalen zu gründen sucht, aber auch die Werke von Dilthey, Jaspers und Spranger, eine geisteswissenschaftlich orientierte Psychologie, in der Werte eine zentrale Stellung einnehmen (vgl. Lisbach 1999, S. 14). Bekanntlich wirkte diese Orientierung aber nur schwach in die empirisch geprägte Psychologie hinein, die spätestens seit den 40er Jahren

des 20. Jahrhunderts das wissenschaftliche Denken über menschliches Erleben und Verhalten dominierte. So erklärt sich, dass das Interesse an Wert-Fragen zunächst auf eine relativ isolierte Werte-Forschung innerhalb der Sozialpsychologie beschränkt war.
Dies ist insofern bemerkenswert, als immer wieder auf den Nutzen von Werten für eine empirisch ausgerichtete psychologische Forschung hingewiesen wurde (vgl. Lisbach 1999, S. 15). Erst Ende der 60er Jahre des 20. Jahrhunderts begann sich ein reges Interesse an Werten innerhalb der Psychologie auszubreiten. Für diesen Trend mag es eine Reihe von Ursachen gegeben haben, wobei Graumann & Willig (1983) drei Komplexe unterscheiden: (1) Die Unzufriedenheit mit einer zu sehr am positivistischen Denken orientierten Methodologie. So haben der realitätsferne Charakter künstlicher Experimentalsituationen, die Unverbundenheit der untersuchten Fragestellungen und die Mehrdeutigkeit der so gewonnenen Erkenntnisse zu einem Unbehagen geführt, das ein günstiges Klima für Neuorientierungen geschaffen hat. Das Werte-Konstrukt, mit seinem interdisziplinären Potenzial, das dem Individuum seine gesellschaftliche Kontextualität belässt, erschien als tragfähige Alternative zum Einstellungskonstrukt. (2) Die positivistische Grundeinstellung, die sich abgesehen von den erwähnten methodologischen Auswirkungen in der Psychologie vor allem in behavioristischen, dem kognitiven Werte-Konstrukt naturgemäß eher fern stehendem Denken geäußert hat, war selbst problematisch geworden. Der Werturteilsstreit und die Herausbildung des Konstruktivismus haben zu Erschütterungen des Positivismus geführt, die dessen geistige Vorherrschaft in Frage gestellt haben. (3) Wissenschaftsextern hat die Geschwindigkeit des sozialen, wirtschaftlichen, technologischen und ökologischen Wandels zu Desintegrationserscheinungen in der Gesellschaft geführt. Für derartige Phänomene hatten zwar bereits die Klassiker der Soziologie eine brauchbare Terminologie bereitgestellt (man denke etwa an Marx' Entfremdungsbegriff oder an Durkheims Konzept der Anomie), doch zogen nichtsdestotrotz die neuen Desintegrationsereignisse auch neue Versuche der Problembeschreibung nach sich (vgl. Lisbach 1999, S. 15f).

2.1.4.2 Spezielle sozialpsychologische Ansätze in der Werte-Forschung

In diesem Abschnitt stehen ganz explizit die Konzeptionen von Werten (inklusive deren messtechnischer Erfassung) im Mittelpunkt, die im Rahmen der Sozialpsychologie vorgestellt wurden. Bei der Darstellung wird ebenfalls wieder eine chronologische Auflistung verfolgt, damit der Entwicklungshorizont sichtbar bleibt, denn die einzelnen Ansätze bauen teilweise aufeinander auf – oder stellen zumindest entsprechende Bezüge her.

2.1.4.2.1 Die Lebensformen nach Spranger

Bei diesem frühen Ansatz handelt es sich um eine psychologische Konzeption (unterteilt in differential- und sozialpsychologische Ansätze sowie ergänzende gestalttheoretische Überlegungen) von Werten und Wert-Richtungen[11] (vgl. Schlöder 1993, S. 51ff). Sie stellt eine Grundlage für Allports (1961) Theorie der Wert-Orientierungen und die damit verbundene Skala zur Erhebung von Wert-Interessen (vgl. Vernon & Allport 1931) dar (vgl. Schlöder 1993, S. 52). Dabei geht Spranger (1921) davon aus, dass der sinnvolle Zusammenhang seelischer Funktionen durch ihre Beziehung auf Werte begründet ist, denn die „verschiedenen Teilaspekte und Funktionen stehen deshalb in einer sinnbestimmten Struktureinheit, weil sie auf „wertvolle Gesamtleistungen" bezogen sind" (Schlöder 1993, S. 52). Nach Spranger (1921) lässt sich das Seelische nicht auf biologische Funktionen der Art- und Selbsterhaltung reduzieren, sondern wird auch durch Umgebungsvariablen der Person (Kultur) bestimmt. Darin kommt zum Ausdruck, dass viele Dinge, die als wertvoll erlebt werden, dies unabhängig von ihrer biologischen Bedeutung sind und dass in der Wertschätzung auch eine starke

[11] Dieser Begriff ist in Abschnitt 2.1.1.2.2 nicht explizit abgegrenzt worden und wird hier synonym zu dem Terminus Wert-Orientierung verwendet.

subjektive Komponente eingebunden ist, die dazu führt, dass Dinge geschätzt werden können, die objektiv wertlos sind (vgl. Schlöder 1993, S. 53).
Sinngebend in diesem Zusammenhang sind nach Spranger (1921) ökonomische, theoretische, ästhetische und religiöse „Geistesakte". Die individuellen Geistesakte werden durch gesellschaftliche Akte (Herrschaft und Sympathie), die eine Verbindung zwischen den Individuen konstituieren, ergänzt. Je nach individueller Gewichtung sind somit sechs Wert-Richtungen denkbar, die mit den entsprechenden Personentypen korrespondieren: (1) der theoretische Mensch, (2) der ökonomische Mensch, (3) der ästhetische Mensch, (4) der soziale Mensch, (5) der Machtmensch und (6) der religiöse Mensch (vgl. Waschulewski 2002, S. 52ff und die Übersicht in Abbildung 7 auf Seite 29), die in der Terminologie von Weber (1904) als „empirische Idealtypen" bezeichnet werden können (vgl. Schlöder 1993, S. 54). Letztere haben die Aufgabe, die Distanz zwischen ideellen Formen und konkreten Erlebnisakten von Personen zu überbrücken (vgl. Schlöder 1993, S. 57). „Der entscheidende Gesichtspunkt von Sprangers Theorie besteht darin, dass in den objektiven gesellschaftlichen Gegebenheiten allgemeine Wertgesichtspunkte enthalten sind, die für das individuelle Erleben und für die Persönlichkeitsentwicklung kennzeichnend sind" (Schlöder 1993, S. 57). Kritisch an der Taxonomie ist ihr idealtypischer Charakter zu sehen, denn zum einen treten in der Realität Mischformen mit unterschiedlichen Schwerpunktsetzungen auf, und zum anderen vernachlässigt sie hedonistische Lebensformen (vgl. Hillmann 2003, S. 39).
Der empirischen Umsetzung des Ansatzes von Spranger (1921) stand dessen starke Fixierung auf a priori definierte Strukturen entgegen, die eine – für empirische Analysen unerlässliche – Anknüpfung an spezifische Wertinhalte oder gesellschaftliche Probleme erschwerten (vgl. Schlöder 1993, S. 58f). Außerdem ist der Ansatz von Spranger (1921) auch deshalb kritisiert worden, weil er zu starr sei, d.h. der Ausbildung einer Lebensform im Spannungsfeld von Individuum und Gesellschaft werde zu wenig Rechnung getragen (vgl. Allport 1959, S. 228ff).
Um die Brauchbarkeit des Ansatzes von Spranger (1921) auch in der heutigen Zeit zu demonstrieren, hat Waschulewski (2002) eine neue Operationalisierung der Wert-Richtungen in Form eines Fragebogens vorgenommen, und in Bezug auf zwei Außenkriterien (Studienfachwahl und Werbespotpräferenz) getestet. Im Endergebnis kommt Waschulewski (2002, S. 297) zu dem Schluss, dass die Typologie der Lebensformen, wenn sie von bestimmten historischen Spezifitäten befreit sowie sprachlich und inhaltlich auf die heutige Zeit übertragen wird (vgl. diesbezüglich auch einen ähnlichen Modifikationsvorschlag von Kopelman et al. 2003 für die Study of Values in Abschnitt 2.1.4.2.2), durchaus in der Lage ist, eine Antwort auf gegenwärtige wissenschaftliche Fragestellungen zu geben, wobei die einzelnen Wert-Orientierungen im konkreten Fall zwar zwischen den verschiedenen Fachrichtungen differenzieren – eine Charakterisierung der Studierenden eines Faches anhand ihrer Ausprägungen auf allen sechs Wert-Orientierungen liefert Waschulewski (2002) leider nicht – hinsichtlich der Werbespotdifferenz aber nicht zu brauchbaren Unterscheidungen führen.
Weil es in der vorliegenden Arbeit primär um die messtechnische Erfassung von Werten geht, soll die empirische Ermittlung der Wert-Orientierung von Waschulewski (2002) im Mittelpunkt der Betrachtungen stehen. Bei ihr wurden den Probanden 10 ambivalente Stimuli (Bilder oder kurze Texte) vorgelegt, zu denen jeweils eine Frage (z.B. Portrait: Was vermuten Sie, welchen Beruf diese Frau ausübt?) gestellt wurde, und zunächst sechs mögliche Antwortalternativen (z.B. „dass sie eine afrikanische Schriftstellerin ist" oder „dass sie Geschichtsprofessorin an einer Universität in den USA ist") auf einer sieben-stufigen Rating-Skala (1 = überhaupt nicht; 4 = weiß nicht; 7 = sehr stark) hinsichtlich ihrer Zutreffenswahrscheinlichkeit („Meinen", „Denken" oder „Glauben" Sie ...) einzuschätzen waren. Über die 10 Stimuli hinweg werden so alle sechs Lebensformen mit jeweils 10 Items erhoben, welche die Kernaussagen der jeweiligen Wert-Orientierung insgesamt – allerdings in unterschiedlicher Gewichtung – abdecken. So soll beispielsweise die Antwortalternative „dass sie Geschichts-

professorin an einer Universität in den USA ist" bei der Beurteilung eines Portraits einer älteren dunkelhäutigen Frau die Kernaussagen[12] des theoretischen Typs „Erkennen wollen", „Objektivität", „Regelhaftigkeit des Verhaltens", „Logik" und „Ewigkeit" abbilden (vgl. Waschulewski 2002, S. 169ff). Anschließend wurde noch erhoben, welche der sechs vorgegebenen Antwortalternativen der befragten Person (1) am besten, (2) am zweitbesten, (3) am wenigsten und (4) am zweitwenigsten gefallen hat. Damit wird auch von Waschulewski (2002) sowohl ein Rating als auch ein Ranking zur Bestimmung der Wert-Orientierung durchgeführt, dass aber im Gegensatz zum vorliegend vertretenen Ansatz in umgekehrter Reihenfolge (erst das Rating, dann das Ranking), mit einer geringeren Anzahl an Items (6 statt 17) und mit einem Ranking der jeweils extremen und zweit-extremen Antwortvorgaben einhergeht, während beim Verfahren von McCarty & Shrum (1997; 2000) nur die jeweils extremsten Werte anzugeben sind.
Aus den potenziell 10 Items zur Bestimmung einer Wert-Orientierung wurden mittels statistischer Kennzahlen (z.B. Streuung) und Verfahren (z.B. Faktorenanalyse) diejenigen extrahiert, die zu einer „funktionierenden" Festlegung taugten und ungewichtet aggregiert (vgl. Waschulewski 2002, S. 229ff). Um dabei sowohl die Rating- als auch die Ranking-Daten einbeziehen zu können, wurden die Rankings durch „Quasi-Ipsativierung" (Waschulewski 2002, S. 224; dabei werden die Rangwerte pro Item durch den Mittelwert der Ratingwerte für die Gesamtstichprobe des jeweiligen Ranges ersetzt)[13] standardisiert. Dieses Verfahren wurde deshalb angewandt, weil die Personen bei den Ratings mehrfach gleich hohe Punktzahlen angekreuzt hatten und die Ermittlung der zentralen Wert-Richtungen allein auf der Basis von Ratingpunktzahlen sehr schwierig geworden wäre (vgl. Waschulewski 2002, S. 224). Auch bei der Erhebung von Waschulewski (2002) tritt also das Problem mangelnder Antwortdifferenzierung bei den Befragten auf, was aber auch an der Ambiguität der Stimuli gelegen haben könnte, denn einer „simplen" Portraitaufnahme können viele (unterschiedliche) Beschreibungen durchaus plausibel zugeordnet werden. Vielleicht hätte in diesem Fall eine offene Erhebung zu aussagekräftigeren Daten geführt, wenn die Befragten ohne Antwortvorgaben die Stimuli hätten beurteilen müssen, und erst nach den spontanen Äußerungen die geschlossenen Optionen abgefragt worden wären. Letztendlich wurden für die einzelnen Wert-Orientierungen eine unterschiedliche Anzahl an Items herangezogen (theoretisch: 7; ökonomisch: 7; ästhetisch: 6; sozial 8; Macht: 6 und religiös: 6).

2.1.4.2.2 Die Study of Values (SOV) von Allport und Mitarbeitern

Nach McKenna (1979, S. 1) markiert die Study of Values (SOV) von Vernon & Allport (1931) den Beginn des Werte-Studiums in der zeitgenössischen Psychologie und hat seitdem die Werte-Forschung dominiert. Der Ansatz lieferte intern konsistente Werte-Messungen, die auch über einen längeren Zeitraum eine hohe Stabilität aufwiesen und fungierte als Prädiktor für eine ganze Reihe von Kriterien (z.B. Geschlechterrollenverhalten; vgl. Dukes 1955, S. 26f). Die SOV wurde 1931 entwickelt und veröffentlicht, 1951 einer Revision unterzogen und in der dritten Auflage 1960 noch mit geringfügigen Normkorrekturen versehen, wobei aber die Testinhalte seit 1951 unverändert geblieben sind (vgl. Braithwaite & Scott 1991, S. 670 und Waschulewski 2002, S. 70).
Nach Braithwaite & Scott (1991, S. 672) ist die SOV neben dem RVS eines der populärsten Messinstrumente für menschliche Werte, mit einer Fülle von verfügbaren Daten, das seine Tauglichkeit in einer Reihe von verschiedenen Anwendungskontexten belegt hat. So wurde beispielsweise durch Anderson (1948, S. 349ff) das Problem der Selbsteinstufung und der

---

[12] Dabei handelt es sich um die auf ihre wesentlichen Punkte („die groben Linien"; Waschulewski 2002, S. 52) komprimierte Darstellung der durch Spranger (1921) vorgelegten Typencharakterisierung.

[13] Wie bei dem Vorgehen von Kohn (1969; siehe 2.2.2.4.4) wurde nur ein Teil der Items (4 von 6) in eine Rangfolge gebracht, so dass den beiden nicht ausgewählten einfach der geteilte Mittelrang 3,5 zugewiesen wurde und somit jedes Item einen eindeutiger Rangplatz einnahm (vgl. Waschulewski 2002, S. 225).

Kategorisierung anhand der Testscores beim SOV im Zusammenhang mit der Berufswahl untersucht. Den Befragten wurden vor der Untersuchung die sechs Typen des Instruments erklärt und sie mussten die beiden herausfiltern, die sie am besten kennzeichnen sowie jene beiden, die am wenigsten typisch für sie selbst sind (vgl. Anderson 1948, S. 350). Diese Rankings wurden dann mit ihren Testscores beim SOV verglichen, wobei teilweise starke Diskrepanzen – insbesondere bei jüngeren Befragten – zwischen den Selbst- und Testeinstufungen auftraten (vgl. Anderson 1948, S. 350ff).

In Anlehnung an Spranger (1921) wird bei Vernon & Allport (1931) davon ausgegangen, dass die Charakterstruktur einer Person durch ihre dominante Wert-Richtung geprägt wird und dass dementsprechend die Wert-Richtungen auch die Einschätzungen der Umwelt bestimmen. In ihrem Erhebungsinstrument werden folglich in einem Fragebogen einige Beurteilungssituationen aufgelistet, aus deren Beantwortung Rückschlüsse gezogen werden, welche der sechs Wert-Richtungen von einer Person bevorzugt wird.

Für Allport (1959, S. 213ff) nehmen Wert-Richtungen eine wichtige Funktion im Rahmen der Entwicklung einer „reifen Persönlichkeit" ein. Letztere ist dadurch gekennzeichnet, dass eine „hohe Ausdehnung des Selbst", die Fähigkeit zur „Selbsterkenntnis" und insbesondere eine „vereinheitlichende Weltanschauung" vorliegt, durch die verschiedene Interessen und Motive einer Person in einem einheitlichen System integriert werden, das quasi eine Leitlinie darstellt (vgl. Schlöder 1993, S. 60f). Die unterschiedlichen Formen der Weltanschauung beziehen sich dabei auf die Typologie von Spranger (1921; siehe 2.1.4.2.1) und differenzieren dementsprechend sechs Wert-Richtungen:

Wert-Richtung	Intentionalität (zentraler Wert)	Oberstes Ziel	Verhaltensstil
Theoretisch	Dasein / Sosein	Vermehrung des Wissens (Wahrheit)	Betonung von Rationalität, Intellektualismus
Ökonomisch	Nützlichkeit	Vermehrung wirtschaftlicher Effizienz	Pragmatismus
Ästhetisch	Form und Harmonie	Anmut, Vollkommenheit	Individualismus, Selbstgenügsamkeit
Sozial	Menschenliebe	Wohlergehen anderer	Philanthropismus, Altruismus
Politisch	Macht	Einfluss, Herrschaft über Menschen	Selbstsicher, machtbewusst
Religiös	Einheit	Begreifen des Kosmos als Ganzem, Herstellung einer Beziehung zwischen sich selbst und einer umfassenden Totalität	Weltbejahend, mystisch, asketisch

Abbildung 7: Skizzierung der Wert-Richtungen von Spranger (1921) in Anlehnung an Schlöder (1993, S. 61)

Jede Wert-Richtung erfüllt demnach eine dreifache Funktion, indem sie (1) einen bestimmten Objektbezug (Intention) vorgibt, (2) Denk- und Handlungsziele definiert (Motivation) und (3) die Grundlage von allgemeinen Charakterstrukturen (entspricht der dominanten Wertorientierung) bildet, die sich ihrerseits in Verhaltensstilen manifestieren (vgl. Schlöder 1993, S. 62).

Die empirische Umsetzung des Konzepts der Wert-Richtungen erfolgte in dem von Vernon & Allport (1931) veröffentlichten Testverfahren zur Messung der dominanten Interessen der Persönlichkeit (SOV; vgl. Allport et al. 1960), das von Roth (1972a; 1972b) nahezu wörtlich ins Deutsche übersetzt wurde (vgl. Scholl-Schaaf 1975, S. 44). Mit diesem zweiteiligen Fragebogen sollte ermittelt werden, welche der sechs Wert-Richtungen (siehe Abbildung 7) von Personen bei der Beurteilung von Sachverhalten präferiert wird. Weil Spranger (1921) postu-

lierte, dass jede der sechs Wert-Richtungen bei einem Menschen vorkommt, jedoch ihr Ausprägungsgrad unterschiedlich ist, erfolgt die Auswertung der Antworten bei der SOV in Form einer Rangprofilmethode, bei der für jede Wert-Richtung die insgesamt erzielten „Bevorzugungspunkte" ungewichtet aufaddiert werden (vgl. Vernon & Allport 1931, S. 240ff). Im ersten Teil (30 Items) sind Wahlentscheidungen zwischen zwei Alternativen zu treffen (Beispiel: Welche der folgenden Studienrichtungen wird sich schließlich als wichtiger für die Menschheit erweisen? Mathematik [entspricht einer theoretischen Wert-Richtung] oder Theologie [entspricht einer religiösen Wert-Richtung]), deren Bevorzugungsgrad durch die Zuordnung von 3 Punkten (mögliche Aufteilungen: 3:0; 2:1; 1:2; 0:3) ebenfalls anzugeben ist (vgl. Vernon & Allport 1931, S. 240), während im zweiten Teil (15 Items) jeweils vier Antwortalternativen in eine Rangfolge zu bringen sind (Beispiel: Welche Hauptzwecke sollte eine Regierung ihrer Meinung nach verfolgen? (a) mehr Hilfe für Arme, Kranke und Alte [sozial] (b) Entwicklung von Produktion und Handel [ökonomisch] (c) Beachtung höchster ethischer Grundsätze in Politik und Diplomatie [religiös] (d) Festigung des eigenen Ansehens bei anderen Staaten [politisch]), bei der die bestplatzierte Option mit 4 Punkten kodiert wird und die am Schluss platzierte noch einen Punkt bekommt (vgl. Roth 1972b, S. 9).
Somit stehen in jedem der beiden Teile 60 Alternativen zur Wahl (Teil I: 30x2; Teil II: 15x4), die gleichmäßig auf die sechs Wert-Richtungen verteilt sind, so dass diese mit jeweils 10 Antwortoptionen gemessen werden. Im ersten Teil kann eine Wert-Richtung demnach maximal 30 Punkte (sie wird in allen 10 Vergleichen mit dem maximalen Bevorzugungsgrad von 3 Punkten gewählt) und im zweiten Teil maximal 40 Punkte (in den 10 Fällen, in denen sie sich unter den Antwortalternativen befindet, wird die entsprechende Wert-Richtung immer als bestmögliche Option (4 Punkte) ausgewählt) erzielen. Die maximal mögliche Punktzahl einer Wert-Richtung beträgt folglich 70 (30 Punkte im ersten und 40 Punkte im zweiten Teil) wohingegen ihr Minimalscore einen Betrag von 10 (0+10) aufweisen kann (vgl. Vernon & Allport 1931, S. 240ff). Itemselektionskriterien waren (1) eine vergleichbare Popularität der Antwortalternativen in der Gesamtbevölkerung, (2) diagnostische Effizienz in Form eines statistisch signifikanten Trennschärfewertes, (3) möglichst hohe Variabilität an Items und Situationen sowie (4) die Auswahl von den Befragten vertrauten Situationen (vgl. Vernon & Allport 1931, S. 237ff).
Die (SOV) ist vielfach eingesetzt worden (vgl. Schlöder 1993, S. 63), wobei im Handbuch Normwerte für verschiedene Berufsgruppen und Reliabilitätskoeffizienten für die einzelnen Teil-Skalen angegeben sind (vgl. Roth 1972a, S. 18ff). Als empirisch problematisch erwies sich nach Schlöder (1993, S. 63) die sechsdimensionale Struktur, denn sowohl Spranger (1921) als auch Vernon & Allport (1931, S. 236) setzen voraus, dass es sich bei den sechs Wert-Richtungen um sechs qualitativ unterschiedliche und analytisch eindeutig zu trennende Aspekte des Bezugs zur Welt handelt, was sich allerdings empirisch nicht bestätigen ließ, denn in faktorenanalytischen Auswertungen konnten sowohl mehr als auch weniger als die sechs postulierten Dimensionen gefunden werden (vgl. Graumann & Willig 1983, S. 334). Weiterhin erfasst die Skala lediglich relative Wertausprägungen und nicht deren absolute Stärke (siehe Abschnitt 2.2.2.1.2.3 zum Problem ipsativer Daten bei einem Ranking), was keine Aussagen über die Motivstärke zweier identisch kategorisierter Personen (gleiche Wert-Dominanz) zulässt (vgl. Reich & Adcock 1976). Nach Schlöder (1993, S. 64) ist diese Kritik nur teilweise berechtigt, da die Lebensformen von Spranger (1921) eher strukturelle als motivational-energetische Qualitäten aufweisen und ihre absolute Höhe der Ausprägung vielmehr ein Problem der strukturellen „Reinheit" als deren Intensität darstellen. Auch Graumann & Willig (1983, S. 333) sehen in der engen Anbindung an Spranger (1921) eine überzeugende theoretische Basis der SOV, auch wenn nur dessen Auffassung, dass Menschen am besten durch das Studium ihrer subjektiven Werte zu „erkennen" sind und seine Klassifikation übernommen wurden.

Nach Rokeach (1982) weist das Vorgehen von Vernon & Allport (1931) insbesondere das Problem der inhaltlichen Unbestimmtheit der Werte-Dimensionen auf, denn die Vorliebe für eine Dimension (z.B. ökonomisch) kann mit ganz unterschiedlichen inhaltlichen Einstellungen (z.B. reine oder soziale Marktwirtschaft) einhergehen während unterschiedliche Wert-Dominanzen (z.B. ökonomisch und sozial) auf ähnlichen inhaltlichen Präferenzen (gerechte Einkommensverteilung) beruhen können, was das Messinstrument – aufgrund seiner fehlenden Spezifizierung – für Forschungsfragen im Zusammenhang mit Folgen von Wert-Ähnlichkeiten (z.B. unterschiedliches Konsumverhalten) unbrauchbar macht (vgl. Schlöder 1993, S. 64).
Konzeptionell gibt es an Allport et al. (1960) auszusetzen, dass sie den Begriff des Interesses (dominant interests of personality) für das zu erfassende Persönlichkeitsmerkmal benutzen (siehe zur Abgrenzung von Interessen und Werten auch Abschnitt 2.1.2.1.2). Die damit einhergehende Betrachtung von Werten und Interessen als verbundene Größen ist zwar auf der theoretischen Ebene durch die grundlegende Annahme einer Wechselbeziehung zwischen Intentionalität, Motivationsstruktur und Wert-Richtung gedeckt, jedoch auf der Befragungsebene problematisch, denn dort können Urteile subjektiven („ich ziehe den Sachverhalt X dem Sachverhalt Y vor") oder objektiven („Sachverhalt X ist besser als Sachverhalt Y") Charakter haben. Im ersten Fall sagt die Person etwas über sich selbst aus, während sie bei einer objektiven Feststellung nur etwas über den Sachverhalt selbst aussagt. Da die SOV überwiegend mit subjektiven Interpretationen arbeitet, wurde Allport et al. (1960) der Vorwurf gemacht, dass sich das Verfahren auf Interessen und nicht auf Werte bezieht (vgl. Schlöder 1993, S. 64). Dabei handelt es sich nicht um eine logische Spitzfindigkeit, wie aus der bestehenden Unklarheit darüber, ob es um die Erfassung eines rein subjektiven Interesses oder von objektiv gültigen und intersubjektiv geteilten Wert-Urteilen geht, deutlich wird (vgl. Schlöder 1993, S. 64f).
Die fehlende Differenzierung der SOV zwischen Werten, Interessen, Motiven und Einstellungen ist auch von Adam & Brown (1953, S. 50ff) kritisch angemerkt und außerdem von den Allport et al. (1960, S. 3) eingeräumt worden, denn sie beschreiben die Aufgabe ihres Tests als „to measure the relative prominence of six basic interests or motives in personality". Allerdings ist – wie Anastasi (1976) festgestellt hat – diese Konzeptverwischung in der psychologischen Forschung eher die Regel als die Ausnahme. Trotzdem bleibt es fragwürdig, wenn in der SOV nur etwa 20 % der Fragen Aspekte des Wünschenswerten betreffen und die anderen Items Präferenzen, Interessen, Überzeugungen Entscheidungen und Verhaltensabsichten berühren (vgl. Braithwaite & Scott 1991, S. 672). Außerdem hat die Fokussierung auf College-Studenten und die geschlechtsspezifische Ladung einiger Items (z.B. „Nehmen Sie einmal an, Sie sind ein Mann mit den entsprechenden Fähigkeiten, würden Sie dann gerne ein … sein?") Anlass zur Kritik gegeben (vgl. Braithwaite & Scott 1991, S. 672), wobei der letztgenannte Aspekt auch einen Ansatzpunkt für den nachfolgend beschriebenen Modifikationsvorschlag geliefert hat.
Kopelman et al. (2003, S. 203ff) haben die SOV – durch einige Veränderungen in den Formulierungen – an die Erfordernisse der heutigen Zeit angepasst. Ausgehend von der Beobachtung, dass die SOV – in Bezug auf die Zitierhäufigkeit – um 1970 das drittpopulärste nicht-projektive Persönlichkeitsmessinstrument (nach MMPI und EPPS) war, bis 1990 aber fast in Vergessenheit geraten war, versuchen die Autoren durch Modifikationen (Inhalt und Formulierung) bei einem Drittel der 45 Items eine Wiederbelebung zu inszenieren (vgl. Kopelman et al. 2003, S. 203f).
Die Szenarien des Instruments basieren auf den Dingen, die für die menschliche Existenz wirklich wichtig sind, d.h. den ausgewählten Beruf, die Art und Weise der Freizeitgestaltung, die geschaffenen Freunde und die Lesestoffe – allesamt Aspekte, die sich in den Jahren seit der Veröffentlichung der SOV verändert und weiterentwickelt haben (vgl. Kopelman et al. 2003, S. 204). Weil es seit der Erstveröffentlichung (vgl. Vernon & Allport 1931) nur eine

wirkliche Revision im Jahre 1951 gegeben hat (zwei weitere Anpassungen haben primär das Handbuch (1960) und im Jahre 1970 das Auswertungsraster modifiziert; vgl. Kopelman et al. 2003, S. 205), ist es nicht weiter verwunderlich, dass viele Befragte die SOV als antiquiert, überholt und altmodisch bezeichnet haben (vgl. Kopelman et al. 2003, S. 204). Dabei wird vor allem ein Modernisierungsbedarf hinsichtlich bestimmter Pronomen (z.B. „man“), ausgeweiteter religiöser Beispiele (zusätzlich zur Kirche auch Synagogen und Moscheen) sowie dem Einbezug gegenwärtiger – nicht ausschließlich männlicher – Personen der Zeitgeschichte (statt Galileo nun Marie Curie oder im Bereich Wirtschaft statt Henry Ford jetzt Bill Gates) gesehen (vgl. Kopelman et al. 2003, S. 205). Dabei wird die SOV vor allem deshalb als „erhaltenswert“ eingestuft, weil sie im Gegensatz zu den Ansätzen mit abstrakten Begriffen von Rokeach (1973; Ranking) und Schwartz (1994; Rating) auf Verhaltensszenarien basiert, d.h. keine Beurteilung von spezifischen Termini sondern konkrete Entscheidungen fordert (vgl. Kopelman et al. 2003, S. 205), die von einigen Autoren immer wieder – zur Überwindung der Schwächen der abstrakten Ansätze – gefordert wurden (vgl. beispielsweise Peng et al. 1997, S. 341).

In einem Test der Originalversion der SOV und der modifizierten Variante ergaben sich hinsichtlich der sechs Werte-Richtungen (s.o.) keine statistisch signifikanten Unterschiede, so dass eine weitgehende Äquivalenz der substanziellen und psychometrischen Bestandteile der beiden Instrumente anzunehmen ist (vgl. Kopelman et al. 2003, S. 209f). Argumentativ vertreten Kopelman et al (2003, S. 210f) die Linie von Inglehart (siehe Abschnitt 2.2.2.4.1), zur Messung von Werten konkrete Entscheidungssituationen als notwendige Voraussetzung anzusehen, weil sich ansonsten die wahren Präferenzen nicht ermitteln lassen. Dabei wird auch der indirekte Charakter (siehe hierzu auch 2.2.1.2) dieses Vorgehens betont, denn die eigentlichen Werte-Profile werden in den Items nicht erwähnt, sondern erst im Zuge der Auswertung – basierend auf der theoretischen Fundierung von Sprangers Werte-Typen – zugewiesen, weil sich die Befragten dieses Musters nach Ansicht von Kopelman et al. (2003, S. 210) auch gar nicht richtig bewusst sind. Dementsprechend ist auch keine direkte Erhebung im Sinne von Rokeach und Schwartz möglich.

Das Original-Messinstrument (in der Fassung von Roth 1972b) weist folgende Besonderheit auf, die zwar die Auswertung vereinfacht, jedoch unter methodischen Gesichtspunkten fragwürdig erscheint: Die Kästchen zum Eintragen der Punktwerte liegen nicht in zwei (Teil I) oder vier (Teil II) Spalten nebeneinander angeordnet, sondern – entsprechend der Werte-Richtungen in sechs Spalten, so dass mehr (maximal vier Freiräume) oder weniger (direkt nebeneinander platziert) Platz zwischen den zeilenmäßigen Anordnungen der Antwortoptionen besteht. Somit wird in der spaltenmäßigen Anordnung deutlich, wenn Optionen zusammengehören, denn die Hilfslinien laufen auf jeder Seite am unteren Rand in mit Buchstaben (R, S, T, X, Y, Z) bezeichneten Kästchen zusammen. Letztendlich sollte man natürlich niemanden manipulative Absichten unterstellen, aber die Form und Anordnung der Items mit ihren Antwortoptionen ist – zumindest nach heutigen Maßstäben – ungewöhnlich und bietet mehr Anlass zu Kritik, als eigentlich nötig gewesen wäre, wenn die Antwortkästchen einfach entsprechend ihrer Anzahl neben- und untereinander angeordnet worden wären. Durch die gewählte Vorgehensweise lassen sich die Profile (Wert-Richtungen), die sich aus der Gesamtsumme in jedem einzelnen Buchstabenkästchen ergeben, natürlich relativ leicht berechnen, was den Test auch für die Durchführung zu Hause mit direkter Auswertung durch den Probanden, attraktiv gemacht hat. Der in der Anweisung zur Auswertung (Roth 1972b, S. 13) gegebene Hinweis, dass die Buchstaben am unteren Rand jeder Seite in wechselnder Reihenfolge erscheinen, trifft für das vorliegende Testheft nicht zu.

Auch der Umgang mit Missing Values erfolgt mechanistisch, indem jeder Option der Mittelwert der maximal möglichen Punktzahl zugewiesen wird, also jeder Option in Teil I 1,5 Punkte und jeder Optionen in Teil II 2,5 Punkte zugesprochen werden (vgl. Roth 1972b, S. 13).

Zwei weitere Instrumente sind konzeptionell und methodologisch (sechs ipsative Werte-Skalen) an die SOV angelehnt, der „Survey of interpersonal values" (SIV; vgl. Gordon 1960; Unterstützung, Konformität, Erkenntlichkeit, Unabhängigkeit, Wohlwollen und Führung) sowie der „Survey of personal values" (SPV; vgl. Gordon 1967; „Practical mindedness", Leistung, Abwechslung, Entscheidungsfähigkeit, Ordentlichkeit und Zielorientierung). Wegen der sehr vagen Definition von Werten als „the basic motivational patterns of an individual" (Gordon 1960, S. 1) sind die beiden Instrumente natürlich ebenso der Kritik ausgesetzt wie die SOV (vgl. McKenna 1979, S. 4ff). Jeder Test besteht aus 30 Items, die in Triaden präsentiert werden und bei denen die Befragten den wichtigsten und den unwichtigsten Wert identifizieren. Damit können den drei Werten eindeutige Rangplätze zugewiesen werden. Kritik bezieht sich auf die ipsative Datenstruktur und die nach Cronbach (1965) fehlende Validitätsverbesserung bereits vorliegender Instrumente, d.h. der Test trägt nicht dazu bei, die Messgenauigkeit vorhandener Instrumente zu übertreffen (vgl. McKenna 1979, S. 5f). Trotzdem wurde der SIV von verschiedenen Forschern in unterschiedlichen Kontexten (z.B. am Arbeitsplatz, mit Häftlingen und in nicht westlichen Kulturkreisen) eingesetzt (vgl. Gordon & Kakkar 1966, S. 339f). Problematisch erwies sich dabei die Ambivalenz der Messergebnisse, denn es ist nicht klar, ob der SIV wirklich Konzepte des Wünschenswerten misst (vgl. Braithwaite & Scott 1991, S. 738).
Scott (1968) führte eine Vergleichsstudie zur Reliabilität und Validität ipsativer und normativer Versionen der SOV (Allport et al. 1960) durch, wobei die Original-Items beibehalten wurden und lediglich die Antworten in auf einer Rating-Skala abzugeben waren. Beide Varianten erzielten vergleichbare Reliabiltäts- und Validitätsergebnisse (vgl. Scott 1968, S. 239), so dass nicht von der Überlegenheit eines der beiden Messverfahren (ipsativ oder normativ) ausgegangen werden kann. Neben dem Versionsvergleich bei der SOV führte Scott (1968, S. 236ff) auch einen entsprechenden Vergleich für die vom ihm entwickelte PVS (Personal Values Scales) durch, der ebenfalls sowohl hinsichtlich Reliabilität als auch Validität keine signifikanten Differenzen erbrachte.

2.1.4.2.3 Das Konzept der Lebenswege von Morris

Der Ansatz von Morris (1956) – Werte indirekt (siehe 2.2.1.2) über die Präferenz für verschiedene Lebenswege zu ermitteln – ist den strukturellen Konzeptionen von Spranger (1921) und Allport (1961) zwar ähnlich, unterscheidet sich von diesen aber in inhaltlicher Hinsicht (vgl. Schlöder 1993, S. 68). Morris (1956, S. 10f) differenziert zwischen Objektwerten (vorziehenswerte Dinge, egal ob sie faktisch wirklich präferiert werden oder nicht), operativen („operative values"; Dispositionen des Präferenzverhaltens) und verstandesmäßig erfassten („conceived values"; Antizipation der Verhaltenskonsequenzen eines Individuums) Werten. Die beiden letztgenannten Werte stehen in einem Spannungsverhältnis zueinander, das von völliger Übereinstimmung bis totaler Distinktheit reichen kann (vgl. Morris 1956, S. 12ff). Damit kann diese Unterscheidung dann auch als eine Variante des Gegensatzpaares „faktisch gewollt (gewünscht)" und „normativ gesollt (wünschenswert)" betrachtet werden (Schlöder 1993, S. 68). Zentrales Konzept bei Morris (1956, S. 2ff) ist der „Lebensweg" (way of life), der umfassende Strategien der Lebensführung bezeichnet, und zu Beginn seiner Forschungen aus sieben verschiedenen Formen, die sich anhand der Ausprägungen von drei Basiskomponenten der menschlichen Persönlichkeit (dionysian[14], promethean[15] und buddhistic[16]) unterschieden, bestand. Im Laufe der Zeit stellte sich immer mehr heraus, dass die sieben verschie-

---

[14] Beschreibt die individuellen Tendenzen bestehende Wünsche herauszulassen und ihnen nachzugeben (vgl. Morris 1956, S. 2).

[15] Die Summe aller Aktivitäten des Individuums, die Welt zu modifizieren und zu erneuern (vgl. Morris 1956, S. 2).

[16] Tendenzen im Individuum sich selbst über die Kontrolle seiner Wünsche zu regulieren (vgl. Morris 1956, S. 2).

denen Wege der Lebensführung nicht geeignet waren, das entsprechende Spektrum amerikanischer Studenten abzubilden, weswegen ihre Anzahl kontinuierlich aufgestockt wurde (vgl. Morris1956, S. 3f). Morris (1956, S. 14ff) nahm zusätzlich an, dass die Präferenz für eine bestimmte Ausgestaltung der Lebensführung von den Werten eines Individuums (conceived values) abhängt.
Um zumindest grobe Anhaltspunkte über dieses Konzept zu haben, sollen an dieser Stelle die von Morris (1956, S. 1) angegebenen Hauptgesichtspunkte, anhand derer sich die letztendlich 13 Lebenswege unterscheiden lassen, wiedergegeben werden:

Lebensweg	Hauptsächlich angesprochene Gesichtspunkte
1	Preserve the best that man has attained
2	Cultivate independence of persons and things
3	Show sympathetic concern for others
4	Experience festivity and solitude in alternation
5	Act and enjoy life through group participation
6	Constantly master changing conditions
7	Integrate action, enjoyment, and contemplation
8	Live with wholesome, carefree enjoyment
9	Wait in quiet receptivity
10	Control the self stoically
11	Mediate on the inner life
12	Chance adventuresome deeds
13	Obey the cosmic purposes

Abbildung 8: Hauptkriterien der 13 Lebenswege von Morris (1956)

Für die empirische Erhebung werden den Befragten die Lebenswege in „Kurzbeschreibungen" (die knappste Umschreibung betrifft den Lebensweg 12 und beträgt immerhin 106 Wörter; vgl. Morris 1956, S. 18 – womit der Umfang allerdings deutlich höher ausfällt als beispielsweise für die Skizzierung der Werte-Typen im PVQ (siehe Seite 55) vorgelegt, die das Prinzip und den Inhalt jedes Lebenswegs erläutern. Die Teilnehmer sollen sich die Charakterisierung eines Lebensweges durchlesen und anschließend den Grad, zu dem ihnen dieser Lebensweg gefällt, auf einer sieben-stufigen Likert-Skala (1 = I dislike it very much, 2 = I dislike it quite a lot, 3 = I dislike it slightly, 4 = I am indifferent to it, 5 = I like it slightly, 6 = I like it quite a lot und 7 = I like it very much) angeben (vgl. Morris 1956, S. 15ff). Es geht dabei um Wunschvorstellungen, d.h. es wird nicht danach gefragt, wie eine Person derzeit lebt – oder meint leben zu müssen – sondern schlichtweg um die Art des Lebens, die sie persönlich gerne führen würde. Die Reihenfolge der Lebenswege ist dabei vorgegeben und von den Teilnehmern einzuhalten („Do them in order. Do not read ahead", Morris 1956, S. 15). Nachdem alle 13 Lebenswege beurteilt wurden, werden die Teilnehmer auch noch gebeten, eine Rangfolge der Lebenswege zu bilden, indem der am meisten präferierten Art zu leben eine „1" zugewiesen wird, der zweitschönsten Alternative eine „2" usw., bis zur am wenigsten gewünschten Lebensführung, die mit einer „13" zu kennzeichnen ist (vgl. Morris 1956, S. 18). Damit liegt hier also wieder eine Umkehrung der Reihenfolge von Ranking und Rating vor, bei der außerdem sämtliche Lebenswege in eine Rangfolge zu bringen sind. Ein derartiges Vorgehen ist in diesem Fall aber auch äußerst sinnvoll, denn die Skizzen der Lebenswege verteilen sich – ob ihres Umfanges – auf mehrere Fragebogenseiten, so dass ein Ranking zunächst ein komplettes Durchlesen erfordern würde, was bei der Informationsfülle (vgl. Miller 1956) aber extrem zeitaufwendig wäre und sicherlich die Nicht-Berücksichtigung vieler Details bei der Bildung der Sequenz zur Folge hätte. Deshalb dürfte die vorgeschaltete Einzelbeurteilung in Form eines Ratings zu einer adäquaten Erstbewertung führen, die dann in einem zweiten Schritt wesentlich leichter in eine Gesamtreihenfolge einzuordnen ist. Zum

Schluss dieses Befragungsteils wurde den Teilnehmern noch die Möglichkeit eingeräumt, einen eigenen Wunschlebensweg zu skizzieren, wenn dieser unter den 13 Vorgaben nicht enthalten war (vgl. Morris 1956, S. 18).

Über die fünf von Morris (1956, S. 24) präsentierten nationalen Datensätze (ungewichtete Addition der Mittelwerte) hinweg erhält der Lebensweg 1 die größte Zustimmung (erreicht aber lediglich in Indien den Spitzenplatz) während Lebensweg 11 die höchste Ablehnung (kommt aber nur in zwei Ländern – Norwegen und China – auf den letzten Platz) erfährt.

Nach Braithwaite & Scott (1991, S. 686) liegt der Verdienst der Lebenswege von Morris (1956) vor allem in der Pionierleistung auf dem Gebiet der interkulturellen Werte-Forschung. Sie umfassen ein weites Spektrum an Werten und beinhalten auch nicht westlich orientierte Lebensphilosophien. In der heutigen Zeit sollten aber die allein auf Männer bezogenen Formulierungen entsprechend angepasst werden (vgl. Braithwaite & Scott 1991, S. 686). Andere Kritikpunkte an dem Instrument ergeben sich vor allem aus psychometrischen Gründen, denn die Beschreibung der einzelnen Lebenswege ist außerordentlich komplex, so dass den Befragten nicht nur eine Vielzahl an Ideen präsentiert wird, sondern diese auch noch wortreich umschrieben werden (vgl. Braithwaite & Scott 1991, S. 687).

Weiterhin gibt auch bei diesem Ansatz eine einzige Antwort die Werte-Präferenz wieder, so dass nicht klar wird, wie ein Befragter die einzelnen Facetten eines Lebenswegs gewichtet hat (vgl. Braithwaite & Scott 1991, S. 687). Die Arbeiten von Dempsey & Dukes (1966) sowie Gorlow & Barocas (1965, S. 280) deuten darauf hin, dass die einzelnen Gedanken und Formen in einem Lebensweg nicht zu einer kohärenten Gesamtantwort führen, und wegen ihrer Abstraktheit und teilweise poetischen Umschreibung – insbesondere von jüngeren Befragten – nur schwer zu beurteilen sind (vgl. McKenna 1979, S. 4). Dempsey & Dukes (1966, S. 877f) haben das Instrument deshalb revidiert und verkürzt (alle Lebenswege wurde auf weniger als 50 Wörter beschränkt), um einige der beschriebenen Schwierigkeiten zu umgehen. Dieser Ansatz hat sich aber in der Werte-Forschung nicht durchsetzen können (vgl. McKenna 1979, S. 4). Außerdem könnte es sein, dass sich die Lebenswege mehr auf das Gewünschte als das Wünschenswerte beziehen (vgl. Braithwaite & Scott 1991, S. 687).

Insgesamt sind die Probleme mit den Lebenswegen von Morris (1956) nach McKenna (1979, S. 4) in mancher Hinsicht entgegengesetzt zu denen der SOV von Vernon & Allport (1931) – während Morris (1956) eine relativ ausgeklügelte konzeptuelle Fundierung seiner Forschung vorgenommen hat (Werte als distinkte Empfindungen mit spezieller Verankerung in den Lebenswegen), bleiben seine Lebenswege hinter der Standardisierung der SOV zurück.

2.1.4.2.4 Der Rokeach Value Survey (RVS)

Die in den 70er und 80er Jahren des 20 Jahrhunderts einflussreichste Wert-Konzeption hat Rokeach (1973) mit seinem Value Survey (RVS) vorgelegt (vgl. Rankin & Grube 1980, S. 233 und Schlöder 1993, S. 72). Der Wert-Begriff (siehe 2.1.1.2) in seinem Ansatz wird aus der theoretischen Perspektive sozialer Einstellungen entwickelt und erhebt nicht den Anspruch, allgemeingültige Dimensionen menschlichen Strebens zu spezifizieren, sondern versucht – durch die Charakterisierung von Werten als Bestandteilen von Überzeugungssystemen – eine Grundlage für empirische Untersuchungen zu schaffen (vgl. Schlöder 1993, S. 72). Rokeach ist der Meinung, dass Werte deshalb einen besonderen Platz in der Theorie einnehmen, weil sie als zentrale (nach Feather 1975, S. 7 bestimmt durch den Modifikationsaufwand, der erforderlich wird, wenn sich ein Element des Systems verändert), dynamische und ökonomische Einheiten sowohl die Einstellungen als auch das Verhalten von Personen beeinflussen (vgl. Feather 1975, S. 4).

2.1.4.2.4.1 Das Originalinstrument nach Rokeach (1973)

Nach McKenna (1979, S. 10f) handelt es sich beim RVS um die bedeutendste Entwicklung auf dem Gebiet der Messung von Werten seit der SOV von Allport et al. (1960) und das wahrscheinlich am häufigsten gebrauchte Instrument zur Messung von Werten (vgl. auch Braithwaite & Law 1985, S. 250; Coombs-Richardson & Tolson 2005, S. 265; Crosby et al. 1990, S. 124; Kamakura & Mazzon 1991, S. 208 sowie Munson 1984, S. 19).[17] Das Werk von Rokeach sei deshalb einzigartig, weil es die erste systematische Kombination von Theorie, Messung und empirischer Forschung ist (vgl. McKenna 1979, S. 11). Obwohl die SOV mit dem Bezug auf den theoretischen Ansatz von Spranger (1921) viele weitere Forschungen angeregt hatte (siehe 2.1.4.2.2), spielte die theoretische Komponente nur bei der Selektion der zu messenden Werte eine wirkliche Rolle, während sie nie direkt zur Generierung von Forschungshypothesen oder als Leitlinie zur Interpretation gewonnener Daten eingesetzt wurde (vgl. McKenna 1979, S. 11). Rokeach hingegen hat eine gut durchdachte Analyse des Werte-Konzepts vorgestellt, die ihrerseits als sehr fruchtbare Ressource für die Entwicklung von Hypothesen gedient hat (vgl. McKenna 1979, S. 11). Er hat außerdem Anstrengungen unternommen, das Werte-Konzept wieder in den Mainstream psychologischer Forschung zu integrieren, indem er auf die Beziehungen zwischen Werten und verwandten psychologischen Konstrukten (z.B. Einstellungen) und wichtigen sozialpsychologischen Theorien (z.B. Theorie der Selbstwahrnehmung) rekurriert hat (vgl. McKenna 1979, S. 11 und Abschnitt 2.1.2).

Die Erfassung von Wert-Vorstellungen erfolgt bei Rokeach (1973, S. 26ff) durch eine Rangordnung von jeweils 18 in alphabetischer Reihenfolge präsentierten terminalen und instrumentellen Werten, die von den Befragten bezüglich des Grades persönlicher Wichtigkeit zu sortieren sind. Die Instruktion gibt diesbezüglich vor, die Liste der Werte sorgfältig zu studieren und denjenigen auszuwählen, der als Leitmotiv im persönlichen Leben am wichtigsten ist (vgl. Feather 1975, S. 21). Dann den zweitwichtigsten etc. Dabei sollte langsam gearbeitet und sorgfältig nachgedacht werden. Im Falle der Ansichtsänderung war es zulässig, die Antworten umzusortieren. Das endgültige Resultat sollte aber wahrheitsgemäß zeigen, wie man als Person wirklich fühlt (vgl. Rokeach 1973). Diese Vorgehensweise bildet die von Rokeach (1973) vertretene Annahme, dass Werte in einem Individuum in einer Abfolge relativer Wichtigkeit arrangiert sind, am besten ab (siehe Abschnitt 2.1.5).

Die Anzahl an Werten ist nach Rokeach (1973) durch die sozialen und biologischen Basisbedürfnisse der Menschen begrenzt, sodass er – auch um die empirische Umsetzung nicht durch die Sortierung endlos langer Listen unmöglich zu machen – von eineinhalb Dutzend terminalen Werten ausgeht und diesen die gleiche Anzahl instrumenteller Werte gegenüberstellt. Damit wird ein Messinstrument konstruiert, das einen tragfähigen Kompromiss zwischen umfassender Spezifizierung und gleichzeitiger Beschränkung des Umfangs auf das Notwendigste aufweist (vgl. Feather 1975, S. 19). Terminale Werte setzen dabei den Fokus auf die Person oder soziale Beziehungen, während instrumentelle Werte sich mit moralischen Aspekten oder der Entwicklung der persönlichen Kompetenz bzw. des Selbst beschäftigen (vgl. Feather 1975, S. 5).

Insbesondere bezüglich der Moral wird der Sollenscharakter (vgl. dazu auch Köhler 1938 und Heider 1958) instrumenteller Werte deutlich, wobei zwischen den beiden Richtungen Moral und Kompetenz durchaus Konflikte auftreten können, wenn es beispielsweise darum geht, eine Meinung eher „höflich" oder „ungeschminkt" zu vertreten (vgl. Feather 1975, S. 5). Die Trennung in terminale und instrumentelle Werte ist nach Rokeach (1973, S. 12) zwar fundamental – und beruht auf dem Ansatz, Werte als objektübergreifend (transzendierend) aufzufassen (vgl. McKenna 1979, S. 14f und 2.1.1.2) – jedoch sind die beiden Systeme funktional miteinander verbunden, d.h. beispielsweise, dass ehrliches Verhalten auch dazu dienen kann, einen Zustand innerer Harmonie zu erreichen (vgl. Feather 1975, S. 7). Die terminalen Werte werden immer vor den instrumentellen Werten abgefragt und beide Listen (siehe Abbildung 9), sind außerdem alphabetisch sortiert (vgl. McKenna 1979, S. 30).

---

[17] Diese Position wird heute vom Schwartz Value Survey und seinen Erhebungsvarianten eingenommen (siehe Abschnitt 2.1.4.2.5).

	Terminale Werte		Instrumentelle Werte	
	(Original)	*(Übersetzung)*	*(Original)*	*(Übersetzung)*
1	A comfortable life (a prosperous life)	Ein komfortables Leben (ein Leben in Wohlstand)	Ambitious (hard working aspiring)	Strebsam (fleißig, zielbewusst)
2	An exciting life (a stimulating, active life)	Ein aufregendes Leben (ein stimuliertes, aktives Leben)	Broad-minded (open-minded)	Verständnisvoll (offen)
3	A sense of accomplishment (lasting contribution)	Leistung (bleibender Beitrag)	Capable (competent, effective)	Fähig (kompetent, effizient)
4	A world at peace (free of war and conflict)	Eine friedliche Welt (ohne kriegerische Konflikte)	Cheerful (lighthearted, joyful)	Fröhlich (unbeschwert, heiter)
5	A world of beauty (beauty nature and the arts)	Eine Welt voll Schönheit (Schönheit von Natur und Kunst)	Clean (neat, tidy)	Sauber (adrett, reinlich)
6	Equality (brotherhood, equal opportunity for all)	Gleichheit (Brüderlichkeit, Chancengleichheit)	Courageous (standing up for your beliefs)	Mutig (für die eigenen Überzeugungen eintreten)
7	Family security (taking care of loved ones)	Sicherheit der Familie (Fürsorge für die, die man liebt)	Forgiving (willing to pardon others)	Versöhnlich (anderen verzeihen)
8	Freedom (independence, free choice)	Freiheit (Unabhängigkeit, freie Wahl)	Helpful (working for the welfare of others)	Hilfreich (sich um das Wohl anderer kümmern)
9	Happiness (contentedness)	Glück (Zufriedenheit)	Honest (sincere, truthful)	Ehrenhaft (ehrlich)
10	Inner harmony (freedom from inner conflict)	Innere Harmonie (Freiheit von inneren Konflikten)	Imaginative (daring, creative)	Einfallsreich (Bereitschaft zum Risiko, kreativ)
11	Mature love (sexual and spiritual intimacy)	Liebe (sexuelle und geistige Intimität)	Independent (self-reliant, self-sufficient)	Unabhängig (Selbstvertrauen, selbstgenügsam)
12	National security (protection from attack)	Staatliche Sicherheit (Schutz vor Angriffen)	Intellectual (intelligent, reflective)	Intellektuell (klug, nachdenklich)
13	Pleasure (an enjoyable, leisurely life)	Vergnügen (ein angenehmes, freizeitorientiertes Leben)	Logical (consistent, rational)	Logisch (widerspruchsfrei, rational)
14	Salvation (saved, eternal life)	Erlösung (Errettung, ewiges Leben)	Loving (affectionate, tender)	Liebevoll (zärtlich, sanft)
15	Self-respect (self esteem)	Selbstachtung (positive Selbsteinschätzung)	Obedient (dutiful, respectful)	Gehorsam (pflichtbewusst, respektvoll)
16	Social recognition (respect, admiration)	Soziale Anerkennung (Respekt, Bewunderung)	Polite (courteous, well mannered)	Höflich (freundlich, gesittet)
17	True friendship (close companionship)	Freundschaft (enge Partnerschaft)	Responsible (dependable, reliable)	Verantwortungsvoll (verlässlich, zuverlässig)
18	Wisdom (a mature understanding of life)	Weisheit (ein reifes Verständnis des Lebens)	Self-controlled (restrained, self-disciplined)	Selbstbeherrscht (kontrolliert, diszipliniert)

Abbildung 9: Die terminalen und instrumentellen Werte des RVS (Original: Rokeach 1973; Übersetzung nach Schlöder 1993, S. 74f)

Das Instrument wird von den Befragten selbständig bearbeitet und beansprucht bei den meisten Personen eine Zeit von 10-20 Minuten (vgl. McKenna 1979, S. 30). Rokeach (1973, S. 31ff) hat das Verfahren in verschiedenen Untersuchungen angewandt und nach inhaltlichen und methodischen Gesichtspunkten überprüft.
Die Auswertung des RVS besteht in der populationsweisen Angabe von durchschnittlichen (Median oder Mittelwert) Rangplätzen für jeden der 18 Werte. Diese Scores fungieren dann als normativer Standards, mit denen sich jeder einzelne Teilnehmer vergleichen kann (vgl. McKenna 1979, S. 30). Mit der vorliegenden Ergebnisinterpretation wird die gleiche Vorgehensweise gewählt, wie bei den Skalenwerten des SOV von Allport et al. (1960). Die Rangordnung der Werte erzeugt ipsative Daten, bei denen die Position eines bestimmten Wertes allein seine relative – und keinesfalls seine absolute – Wichtigkeit widerspiegelt. Genau wie die SOV nimmt der RVS an, dass ein Individuum ein limitiertes Maß an „Werte-Energie" besitzt, das es auf einen spezifizierten Satz von Werten aufteilt. Der RVS geht dabei von der zusätzlichen Annahme aus, dass es keine Werte mit identischer Wichtigkeit gibt (vgl. McKenna 1979, S. 31).
Der RVS ist vielfach und in verschiedenen Kontexten zum Zwecke der Werte-Beurteilung eingesetzt worden (vgl. McKenna 1979, S. 26). Obwohl Popularität nicht notwendigerweise ein Qualitätskriterium für ein Instrument darstellt, kann doch davon ausgegangen werden, dass ein entsprechender Test bestimmte Anforderungen der Forschung sowie der Praxis erfüllt (vgl. McKenna 1979, S. 26).
Die Reliabilität des RVS kann nicht über die ansonsten üblichen internen Konsistenzschätzungen (z.B. Cronbach Alpha) erfolgen, weil jeder Wert eine einzelne Skala bildet (vgl. McKenna 1979, S. 31). Dementsprechend wurden für den RVS Stabilitäts- und Test-Retest-Reliabilitäten berechnet, die sowohl für einzelne Werte als auch für das gesamte Werte-System zur Anwendung gelangten und im Wesentlichen aus Korrelationsberechnungen bestanden (vgl. McKenna 1979, S. 31f). Die entsprechenden Koeffizienten (vgl. Rokeach 1973, S. 28 und Feather 1975, S. 20) indizieren, dass die Stabilitätswerte für die Einzelwerte beider Listen nicht so hoch ausfallen wie für andere „traditionelle objektive" Verfahren zur Messung von Werten und / oder Interessen (vgl. McKenna 1979, S. 32ff).
Trotz der von Rokeach (1973) angegebenen adäquaten Test-Retest-Reliabilitätswerte für den RVS zweifelt jedoch Mueller (1974, S. 289) die Validität der Skalen an, weil zwei oder drei abstrakte Begriffe oder Phrasen nicht ausreichen, um bei allen Befragten identische Definitionen der Werte zu bewirken. Mueller (1974, S. 289) hat die beiden Werte (Skalen) „Gleichheit" und „Freiheit" über multiple Items auf Rating Skalen gemessen und mit den Daten des gleichzeitig durchgeführten RVS verglichen. Obwohl zwischen den beiden Werten von Rokeach (1973) und den Skalenwerten Korrelationen von 0,39 (Gleichheit) und 0,25 (Freiheit) ergaben, zeigten die Interkorrelationen (Skala Gleichheit und Skala Freiheit [$r = 0{,}43$; $p<0{,}01$] sowie Rokeach Gleichheit und Rokeach Freiheit [0,20; $p>0{,}05$]), dass beide Instrumente verschiedene Konstrukte messen (vgl. Mueller 1974, S. 290). Wenn Befragte also mit verhaltensspezifischen Beschreibungen konfrontiert werden, sind sie gezwungen, die gleiche Definition für einen Wert zu benutzen wie alle übrigen Befragten, was bei einer abstrakten Beschreibung wie bei Rokeach (1973) oder Stiksrud (1979) nicht gewährleistet ist. Damit ist aber die Validität derartiger Skalen (Single Item) in Frage gestellt (vgl. Mueller 1974, S. 290).
Die Konstruktvalidität des RVS wird durch die Ergebnisse vieler Studien mit einer ganzen Reihe von Forschungsfragen unterstützt (vgl. McKenna 1979, S. 39).
Probleme und Kritik im Zusammenhang mit dem Ansatz von Rokeach werden darin gesehen, dass keine Vorannahmen über die Grundqualitäten und Dimensionen von Werten getroffen werden, sondern lediglich eine formale Einteilung in terminale und instrumentelle Werte vorgenommen wird, aus der empirisch Inhalt, Art und Anzahl von Wert-Haltungen abgeleitet werden (vgl. Schlöder 1993, S. 78). Es ist beispielsweise nicht klar, ob sich die aus ihrem Handlungsbezug hergeleitete Trennung in terminale und instrumentelle Werte aufrechterhal-

ten lässt (vgl. Ryff 1979, S. 151f). So stellten Schwartz & Bilsky (1990) fest, dass die Unterscheidung von Mittel und Zweck immer relativ zum Kontext erfolgt, und daher Mittel zu Zwecken werden können und umgekehrt. Auch empirisch ist das Bild diesbezüglich nicht eindeutig, denn während Heath & Fogel (1978) in ihrer Untersuchung, bei der die 36 Werte auf die beiden Kategorien terminal und instrumentell aufzuteilen waren, die Einteilung von Rokeach nicht replizieren konnten, gelang Schwartz & Bilsky (1987, S. 555ff) dies sehr wohl. Die Unterscheidung in terminale und instrumentelle Werte ist außerdem nicht unwidersprochen geblieben, denn jeder nicht als ultimativ (terminal) einzustufender Wert muss notwendigerweise instrumentellen Charakter besitzen (vgl. Gorsuch 1970b, S. 139). Daneben werden die terminalen Werte alle über Substantive beschrieben, während die instrumentalen Werte mit Adjektiven bezeichnet sind (vgl. Schwartz & Bilsky 1987, S. 560). Auch dies kann natürlich die Gruppierung erleichtern.

Die konzeptionellen und methodischen Probleme des RVS betreffen nach McKenna (1979, S. 49ff) vor allem die ambivalenten Stimuli und Testinstruktionen, fragwürdige Annahmen über die Beschaffenheit von Werte-Systemen (siehe Abschnitt 2.1.5) und die sich aus dem Ranking (vgl. zur diesbezüglichen Kritik an einer vollständigen Hierarchiebildung auch Braithwaite & Law 1985; Cooper & Claire 1981; Graumann & Willig 1983, S. 344; Schlöder 1993, S. 80 und Six 1985) ergebende Generierung ipsativer Daten (siehe Abschnitt 2.2.2.1.2.3). Wenn die Antworten unterschiedlicher Personen gruppiert oder verglichen werden, müsste jeder Stimulus die gleiche Bedeutung für jeden Befragten aufweisen. Um die abstrakten Begrifflichkeiten ein wenig zu vereinheitlichen, werden im RVS zwar kurze Erläuterungen für jeden Wert gegeben, jedoch ist weiterhin ein großes Interpretationsspektrum möglich, indem beispielsweise Frieden zum einen lediglich aus der persönlichen Perspektive und zum anderen innerhalb eines breiteren sozialen Kontexts, der auch den Frieden anderer Personen mit einbezieht, betrachtet wird (vgl. McKenna 1979, S. 49). Hinsichtlich der Instruktion „to rank order the values in terms of their personal importance to you" ist ebenfalls von mehreren potenziellen Unklarheiten auszugehen. So könnte die Bedeutung der „persönlichen Wichtigkeit" als „Konzeption des Wünschenswerten", „persönliche Ideale" oder „Verhaltensrelevanz" interpretiert werden (vgl. McKenna 1979, S. 51). Auch das Anwendungsobjekt der Werte (werden sie in eine Rangfolge bezüglich Standards zur Beurteilung des Selbst, der Evaluation anderer Personen oder Institutionen gebracht?) bleibt unklar (vgl. McKenna 1979, S. 51), sollte aber vorliegend eindeutig auf die eigene Person bezogen worden sein.

Weiterhin wird nicht deutlich, welche innere semantische Struktur (wie komplex sie sind und welche Elemente sie enthalten) die Werte aufweisen und wie ihre Beziehung untereinander ausgestaltet ist (vgl. Braithwaite & Scott 1991, S. 676 sowie Schlöder 1993, S. 79). Dies bemängelt auch Feather (1975, S. 23), der beispielsweise die Nichtaufnahme von Gerechtigkeit oder Loyalität thematisiert. Laut Braithwaite & Law (1985, S. 253ff) sind im RVS die Facetten physisches Wohlergehen und individuelle Rechte sowie Sparsamkeit und Sorglosigkeit unterrepräsentiert. Zusätzlich wird von Feather (1975, S. 23) angemerkt, dass die Werte zu sehr auf die US-amerikanische Mittelklasse bezogen sind, und somit eine Übertragung auf andere Kulturkreise schwer fallen dürfte. Nach Feather (1975, S. 23) wäre auch über den Einbezug „negativer" Werte – hierzu gibt er selbst zwar kein Beispiel, man könnte aber z.B. Egoismus anführen – nachzudenken. Insgesamt hält Feather (1975, S. 23) Listenzusammenstellungen durch ihren Willkürcharakter immer für problematisch, bescheinigt Rokeach (1973) aber wenigstens die Kriterien der Zusammenstellung – die terminalen Werte wurden aus verschieden Listen entsprechender Begriffe selektiert und die instrumentellen Werte basieren auf der Aufstellung der Persönlichkeitseigenschaften von Aronson (1968) – genau angegeben zu haben, was die Beurteilung der Passgenauigkeit des RVS für spezifische Untersuchungen dem Forscher überträgt (vgl. McKenna 1979, S. 28). Dementsprechend kann die Methode der Item-Selektion für den RVS als intuitiv rationaler Ansatz beschreiben werden (vgl. McKenna 1979, S. 28), der aber immer den Kritikpunkt zulässt (vgl. beispielsweise

Braithwaite & Law 1985, S. 251 und Jones et al. 1978, S. 256f), dass die aufgestellten Listen verzerrt sind, indem bestimmte Dinge fehlen (bei Rokeach z.B. die Werte „Gesundheit" und „Wahrhaftigkeit"; vgl. Kitwood & Smithers 1975, S. 177) oder enthaltene Begriffe ähnliche Konnotationen (z.B. Vergnügen und ein komfortables Leben) aufweisen (vgl. Kitwood & Smithers 1975, S. 177 und McKenna 1979, S. 28). Auch die willkürliche Festlegung der Anzahl an aufgenommen Werte in die jeweilige Liste auf 18 ist kritisiert worden, wobei diesbezüglich die (noch) sinnvolle Durchführbarkeit einer Ranking-Aufgabe als Erklärung angeführt wird (vgl. McKenna 1979, S. 28).

Durch den allgemeinen Charakter der beiden Werte-Listen ist der RVS aber in der Gesamtbeurteilung von Feather (1975, S. 23) ein ansprechendes Instrument für die Sozialforschung. Zu diesem positiven Gesamturteil gelangt auch Schlöder (1993, S. 79f), wobei er insbesondere das in sich konsistente, zugleich differenzierende und umfassende Begriffssystem zur Analyse von Wert-Vorstellungen hervorhebt. Auch von Schlöder (1993, S. 80) wird das Messinstrument RVS wegen seiner „vielseitigen und ökonomischen Verwendbarkeit" relativ positiv eingeschätzt, wenn er auch die 36 gewählten Begriffe in inhaltlicher Hinsicht nicht in der Lage sieht, eine vollständige und universell einsetzbare Wert-Taxonomie zu konstituieren. Außerdem kann nicht vorausgesetzt werden, dass die Interpretation der Wert-Begriffe bei verschiedenen Befragtengruppen übereinstimmt.

Nach Vinson et al. (1977a, S. 247) könnte die Präsentation von jeweils 18 Werten die Fähigkeiten der Befragten zur akkuraten Informationsverarbeitung überschreiten, und aus diesem Grunde die Ranking-Ergebnisse verzerren (vgl. dazu auch Beatty et al. 1985, S. 185). Rokeach (1974, S. 232ff) hat als Ergebnis mehrerer Faktorenanalysen[18] des RVS die Schlussfolgerung gezogen, dass die 36 Werte nicht weiter reduziert werden können (vgl. dazu auch Feather 1975, S. 46ff und die Verkürzung auf 24 Werte für konsumpsychologische Fragestellungen von Munson & McQuarrie 1988, S. 382ff). Die Ergebnisse von Dwyer (1974, zitiert nach Feather 1975, S. 43) mit einer Stichprobe von australischen Farmern untermauern die faktorenanalytischen Resultate von Rokeach (1973, 1974) ebenfalls.

Cochrane & Rokeach (1970) haben sich mit dem Effekt der Reihenfolge (siehe dazu auch Abschnitt 3.3.2.1) der Werte-Listen (jeweils alphabetisch) beim RVS beschäftigt. Ausgangspunkt war die Feststellung, dass in einer US-amerikanischen Repräsentativstichprobe von 1409 Personen, die Median-Ränge der ersten neun instrumentellen Werte im Durchschnitt vier Skalenpunkte besser ausfielen als die Median-Ränge der Werte in der zweiten Hälfte der Liste der instrumentellen Werte (vgl. Cochrane & Rokeach 1970, S. 159). Der Rangkorrelationskoeffizient zwischen den gebildeten Rangfolgen und der initialen alphabetischen Anordnung war für die Liste der terminalen Werte vernachlässigbar (+0,07), erreichte aber für die instrumentellen Werte ein Ausmaß von 0,43 – das sich auch nach Bildung diverser Subgruppen (Hautfarbe, Geschlecht und Bildung) nicht wesentlich veränderte (vgl. Cochrane & Rokeach 1970, S. 159). Nach diversen Tests kommen Cochrane & Rokeach (1970, S. 160) zu dem Schluss, den aufgetretenen positionsspezifischen Zusammenhang zwischen den Rangfolgen der Befragten und der Originalanordnung der instrumentellen Werte auf offensichtliche Zufälle in der Wichtigkeits- und lexikografischen Reihenfolge zurück, und negieren eine erforderliche Revision des RVS. Trotz der Kritik am Vorgehen von Cochrane & Rokeach (1970) gelangen Greenstein & Bennett (1974, S. 394f) mit ihrem Ansatz, die Reihenfolge der Werte-Liste für jeden der 212 Befragten unterschiedlich zu gestalten und die Korrelationen auf Vektorvergleichen (zufällige Ausgangsanordnung und vom Befragten gebildete Rangfolge) zu basieren, ebenfalls zu dem Schluss, dass der RVS für praktische Zwecke frei von Reihenfolgeeffekten (faktisch sei etwa 0,1 % der Antwortvariation diesem Bias zuzuordnen) ist (vgl. Greenstein & Bennett 1974, S. 395).

[18] Faktorenanalysen ipsativer (d.h. mittels Ranking erhobener) Daten sind kritisch zu sehen, denn diese multivariate Analysemethode setzt intervallskalierte Daten voraus (siehe Abschnitt 5.4.2.3.6).

Rokeach (1973, S. 5) setzt sich aber nicht mit isolierten Werten auseinander, sondern postuliert ein spezifisches Werte-System (vgl. McKenna 1979, S. 26f und 2.1.5), das er als eine „überdauernde Organisation von Überzeugungen hinsichtlich präferierter Verhaltensweisen und Zielzuständen der Existenz auf einem Kontinuum relativer Wichtigkeit" definiert. Auch an dieser Definition hat sich Kritik entzündet (vgl. Kitwood & Smithers 1975, S. 177f), denn die messtechnische Umsetzung postuliert eine eindimensionale lineare Hierarchie, die nicht notwendigerweise vorhanden sein muss (vgl. beispielsweise den Ansatz von Schwartz 1992 in Abschnitt 2.1.4.2.5). Nach McKenna (1979, S. 16f) hat sich Rokeach zu diesem Punkt nicht geäußert, aber Feather (1975) nimmt an, dass durch die Orientierung an einer einzigen Dimension (relative Wichtigkeit) mehrere Dimensionen in einem einzigen Urteil zusammengefasst werden, z.B. die drei Dimensionen (Evaluation, Aktivität und Dominanz) des semantischen Differentials (vgl. Osgood et al. 1957) derartig verdichtet werden (siehe hierzu auch die Ausführungen in Abschnitt 2.2.2.1.2.3, insbesondere Seite 76).
McKenna (1979, S. 26f) untermauert, dass die primäre Zielsetzung des RVS auf die Erhebung von Werte-Systeme ausgerichtet ist, denn wenn die Messung einzelner Werte intendiert worden wäre, hätte notwendigerweise die Präferenz für einen Wert (z.B. Ehrlichkeit) in Bezug auf seinen oppositionellen Wert (z.B. Lügen) erhoben werden müssen – vorliegend wird aber nur die relative Wichtigkeit eines positiven Wertes innerhalb eines Satzes anderer positiver Werte gemessen, d.h. die Bedeutung eines einzelnen Wertes ergibt sich nur in Relation zu den übrigen abgefragten Werten (vgl. McKenna 1979, S. 27). Einen anderen Problembereich von Werte-Inventaren sprechen McKenna (1979, S. 113) sowie Braithwaite & Scott (1991, S. 676) an, wenn sie bestimmte Werte (z.B. Frieden, Vergnügen oder Glück) als mit zu vielen unterschiedlichen Konnotationen versehen bezeichnen, die nicht sinnvoll in einem einzigen Item erfasst werden können, und deshalb für den Einsatz multipler Items plädieren. Diese Ansicht vertritt auch Gorsuch (1970b, S. 139), der bei der Messung über ein einziges Item – was auch bei Stiksrud (1979) der Fall ist – die Gefahr sieht, Differenzen zu finden, die eher unterschiedliche Sprachgebräuche reflektieren als auf Variationen des zugrunde liegenden psychologischen Konstrukts zu basieren (vgl. dazu auch Drolet & Morrison 2001, S. 198ff).
Ein weiteres Problem in diesem Zusammenhang ist in der fragwürdigen Bedeutung verschiedener Werte-Vergleiche zu sehen, die beim Ranking notwendigerweise durchzuführen sind (vgl. McKenna 1979, S. 50). So haben Kitwood & Smithers (1975, S. 176) beispielsweise argumentiert, dass manche Werte Antworten auf unterschiedliche Fragen liefern. „Eine friedliche Welt (ohne kriegerische Konflikte)" könnte eine Antwort auf die Frage: „In welcher Welt möchte ich leben?" sein, während „Weisheit (ein reifes Verständnis des Lebens)" die Antwort auf die Frage „Welche Art von Individuum möchte ich gerne sein?" darstellen könnte. Wenn Befragte aber Dinge in eine Reihenfolge bringen sollen, die unterschiedliche Fragestellungen ansprechen, wird dadurch nicht nur die Aufgabenstellung erschwert, sondern auch ein Werte-System von zweifelhafter Qualität erzeugt (vgl. McKenna 1979, S. 50). Basierend auf der Tatsache, dass Befragte in ziemlich zuverlässiger Art und Weise auf die Stimuli reagieren (vgl. die Ausführungen zur Reliabilität) legt nahe, dass das Instrument nicht gänzlich ambivalent ist, ohne allerdings die ablaufenden Vergleichsprozesse näher zu spezifizieren (vgl. McKenna 1979, S. 50).
Rokeach (1979a und 1980) selbst hat seinen Ansatz in späteren Arbeiten zwar um weitere Aspekte (Zentralität und Primat von Werten gegenüber Einstellungen; gesellschaftliche Aspekte von Werten; Bedeutung von Werten für Selbstkonzept und Selbstwertgefühl; Konkretisierung der Rolle von Werten als Verhaltensdeterminanten) ergänzt, die vorliegend aber hauptsächlich interessierende Messung (Ranking von Listen) unverändert belassen. Nach Schlöder (1993, S. 78) wird durch die Ergänzungen und Präzisierungen der umfassende und integrative Charakter von Rokeach's Ansatz noch deutlicher, und mit dem Einbezug des Selbstkonzepts tritt auch die intra-personale Funktion von Wert-Haltungen stärker in den Vordergrund. Außerdem wird durch die höhere Gewichtung sozialer und institutioneller As-

pekte eine Verbindung zu soziologischen Konzeptionen hergestellt. Nach Braithwaite & Scott (1991, S. 673) ist eine Version „G" (ebenfalls mit gummierten Labels) zu den bereits vorhandenen Varianten hinzugekommen, bei welcher der terminale Wert „happiness" durch „health" und der instrumentale Wert „cheerful" durch „loyal" ersetzt wurden.

2.1.4.2.4.2 Die Anwendung und Konzeptprüfung des RVS durch Feather

Feather (1975) hat – aufbauend auf dem RVS – ein umfangreiches Forschungsprogramm (Flinders program) in Australien initiiert, in dem vielfältige Anwendungen (Bildungssektor, Integration von Emigranten, etc.) von Werten analysiert wurden.

Dabei hat Feather (1975, S. 20ff) beispielsweise auch die Test-Retest-Reliabilität der terminalen und instrumentellen Werte des RVS sowohl auf der Ebene der Werte-Systeme (Stabilität der Werte-Systeme über die Zeit) als auch auf der Ebene der Einzel-Werte (Stabilität der Ränge über die Zeit) analysiert und dabei entsprechende Analysen für einem Zeitraum von 5 Wochen und 2,5 Jahren durchgeführt (Rokeach 1973, S. 28 hat lediglich einen Testzeitraum von drei bis sieben Wochen erforscht), in denen sich zu beiden Zeitpunkten für die terminalen Werte geringfügig höhere Reliabilitäten der Mediane ergaben. Dieses – ebenfalls zu den Befunden von Rokeach (1973) kompatible – Ergebnis lässt sich u.a. dadurch erklären, dass terminale Werte vom Individuum bereits früher im Sozialisationsprozess gelernt werden (vgl. Malle 2005, S. 117ff), und somit schon in jüngeren Jahren eine große Stabilität aufweisen. Außerdem ist die Liste der terminalen Werte „vollständiger", so dass die Befragten beim Ranking sicherer agieren können. Daneben kann auch die „Überschneidungsfreiheit" als Erklärungsansatz herangezogen werden, denn die terminalen Werte sind stärker voneinander abgegrenzt, was dazu führt, dass die instrumentellen Werte einen größeren Einordnungsspielraum über die Zeit aufweisen, der eine geringere Reliabilität zur Folge hat (vgl. Feather 1975, S. 29 und Rokeach 1973, S. 34).

Aus den Ergebnissen von Feather (1975) sind auch für die Beurteilung der vorliegend diskutierten Technik (siehe 2.2.3) einige interessante Gesichtspunkte abzuleiten. So ist nach Feather (1975, S. 24) davon auszugehen, dass Befragte weniger Schwierigkeiten haben, Werte im oberen und unteren Wichtigkeitsspektrum in eine Rangreihe zu bringen, als im mittleren Bereich des Beurteilungskontinuums (siehe dazu auch Louviere 2006, S. 183f). Diese Annahme wird durch die Ergebnisse von Hollen (1967, zitiert nach Feather 1975, S. 24) gestützt, der herausgefunden hat, dass die zuerst als unwichtigste und wichtigste eingestuften Werte am wenigsten ihre Rangposition in einem Retest verändert haben, während die im mittleren Bereich platzierten Werte diesbezüglich eine deutlich höhere Fluktuation aufwiesen. Rokeach (1973, S. 39) bewertet diese Befunde dahingehend, dass die Befragten in die Rankings am oberen und unteren Ende der Skala mehr Vertrauen setzen als in die des mittleren Bereichs.

Feather (1975, S. 26) weist ebenfalls darauf hin, dass das Ranking nicht immer fehlerfrei von den Befragten absolviert wird, weil beispielsweise ein Rangplatz mehr als einmal vergeben oder ein Rangplatz überhaupt nicht belegt wird. Das Auftreten dieser Fehler ist bei Nutzung der Form D (gummierte Etiketten) des RVS wesentlich weniger wahrscheinlich als bei Form E (aufgelisteten Werten Rangplätze zuweisen). Feather (1975, S. 26) bezieht jedenfalls in seine Analysen auch nur diejenigen Befragten mit fehlerfreien Daten ein.

Hinsichtlich des Effekts der Präsentationsreihenfolge der beiden Werte-Listen (terminale Werte zuerst, anschließend instrumentelle Werte et vv.) kommt Feather (1975, S. 38) zu dem Ergebnis, dass dadurch das Ranking eines spezifischen Wertes nur marginal beeinflusst wird.

Im Hinblick auf die theoretische Untermauerung der Bildung von Wert-Rangfolgen stellt Feather (1975, S. 294) auf so genanntes Selbstbeschreibungsverhalten (Handlungstheorien / Wert-Erwartungs-Theorien [welche Konsequenzen erwartet ein Individuum aus einer bestimmten Einstufung]) ab. Dabei reglementiert der RVS die Befragten auf die vorgegebenen in eine Wichtigkeitsrangfolge zu bringenden Begriffe, und beraubt die Person gleichzeitig der

Möglichkeit, ihre eigene Antwort auf die Frage nach den ihnen wichtigen Werten zu geben (vgl. Feather 1975, S. 294f). Allerdings hätte auch eine offene Abfrage der persönlich wichtigen Werte eigene Schwierigkeiten, wie das wahrscheinlich fehlende Bewusstsein über die entsprechenden Werte, die Kategorisierung der qualitativen Antworten um sie vergleichbar zu machen, etc. (siehe dazu auch Abschnitt 2.2.1.1).
Feather (1975, S. 280ff) betont außerdem den Testinstrumentcharakter des RVS und mahnt – neben den bereits an anderer Stelle thematisierten Aspekten der Reliabilität, Durchführungsanweisung (Ranking, Rating oder Paarvergleich), Reihenfolge, situativen Anforderungen und Dimensionen, die den beiden Werte-Sätzen zugrunde liegen – drei weitere Forschungsbereiche im Zusammenhang mit dem RVS an. (1) Es ist im Detail zu studieren, welche Prozeduren die Befragten anwenden, um zu ihren beiden Rangreihen der Werte zu gelangen, um zu sehen, wie die Teilnehmer an die Aufgabenstellung herangehen. Dazu wäre beispielsweise zu beobachten, wie Teilnehmer vorgehen, die schnell zu einer Rangfolge gelangen im Gegensatz zu solchen, die sehr lange brauchen. Auch bestimmte Schwierigkeiten mit einzelnen Werten und die angestellten Vergleichsprozesse ließen sich so aufdecken. Daneben bedarf das Verhalten bei der Rangzuordnung – beginnen sie am Anfang ihrer Rangreihe mit dem wichtigsten oder unwichtigsten Wert oder arbeiten sie die präsentierte Liste von oben nach unten durch und vergeben sukzessive einen Rangplatz; diskriminieren sie besonders zwischen den extremeren Werten und finden die Einordnung der mittleren Werte dann als schwierig – weiterer Aufklärung. Derartige Analysen setzen allerdings einen qualitativen Ansatz voraus, der vorliegend nicht angedacht war. Nichtsdestotrotz sind die angesprochenen Punkte auch in dieser Arbeit von hoher Relevanz, um die zugrunde liegenden Prozesse weiter aufzuhellen (siehe 3.1 und 6.2). (2) Es sollte mehr Wissen darüber generiert werden, wie die einzelnen Werte von den Teilnehmern aufgenommen und interpretiert werden, und das Ausmaß funktionaler Äquivalenz zwischen Individuen, Gruppen oder größeren Kollektiven festgestellt werden, weil diese Sachverhalte insbesondere im interkulturellen Zusammenhang und beim Vergleich von Stichproben aus unterschiedlichen Gesellschaftssegmenten (Schichten) eine wichtige Rolle spielen. (3) Es müssen Erklärungsansätze für die unterschiedlichen Muster bei terminalen und instrumentellen Werten gefunden werden, weil die Korrelationen bei den Erstgenannten oftmals höher ausfallen als bei den instrumentellen Werten, beispielsweise in Test-Retest-Reliabilitätsanalysen. Daneben bedarf auch die Trennung zwischen terminalen und instrumentellen Werten weiterer theoretischer Analysen und Rechtfertigungen.

2.1.4.2.4.3 Die Modifikation von Rokeach durch Stiksrud (1976)

Das in der vorliegenden Untersuchung eingesetzte Werte-Inventar von Stiksrud (1976) ist demjenigen von Rokeach (1973) vergleichbar, obwohl es nur eine einzige Liste enthält – also nicht zwischen terminalen und instrumentellen Werten differenziert – und insgesamt auch lediglich 17 Werte umfasst. Konstruiert wurde es in Analogie zu Rokeach (1973) durch eine unstrukturierte schriftliche Befragung von 300 Personen nach ihren persönlichen Wert-Vorstellungen, d.h. den zehn wichtigsten Lebenswerten, die man erstrebt und verwirklichen will (vgl. Stiksrud 1976, S. 64ff). Aus den Nennungen der Befragten wurden inhaltsanalytisch 17 Werte abgeleitet, die zwar sprachlich allgemein gehalten, aber dennoch so spezifisch formuliert waren, dass sich die Testperson eine mögliche Verwirklichung vorstellen kann (vgl. Stiksrud 1976, S. 96ff). Die Aufstellung (siehe Abbildung 10) wurde also weder einer idealisierten Werte-Typologie entnommen, noch aus der kulturell bedeutsamen Literatur kompiliert (vgl. Stiksrud 1979, S. 346).
Da in der vorliegenden Erhebung auch ein „neues" Vorgehen – zumindest die Variationen von McCarty & Shrum (1997; 2000) sind neu – angewandt wird, kann hier nach Stiksrud (1979, S. 341) auch auf pragmatische Validität rekurriert werden, die bei einem Verfahren dann gegeben ist, wenn dessen praktische Nützlichkeit für Vorhersage- bzw. Differenzierungszwecke aufgezeigt werden kann, wenn ein neues diagnostisches Verfahren theoretisch

sparsamer und ökonomischer in der Anwendung ist. Die Kriterien der Nützlichkeit eines Tests, d.h. dem Ausmaß, in dem ein Test in seiner diagnostischen Funktion nicht durch einen anderen substituiert werden kann und der „Utility", d.h. der relativen Effektivität beim Klassifizieren von Personen und der damit einhergehenden Kostenersparnis – lassen sich dabei als Spezialfälle unter dem allgemeineren Konzept der pragmatischen Validität subsumieren (vgl. Stiksrud 1979, S. 341f). „Die Fähigkeit der diagnostischen Methode, bestimmte Merkmalsgruppen im Sinne eines differenzialpsychologischen Ansatzes unterscheidbar zu machen, sei hier als ein mögliches Kriterium für die pragmatische Validität des Untersuchungsverfahrens gewertet" (Stiksrud 1979, S. 342).
An Rokeach (1967) und seinem RVS (siehe 2.1.4.2.4.1) kritisiert Stiksrud (1979, S. 343f) zwar die fehlende Ableitung aus einer Systematik über fundamentale Charaktertypologien oder Völkercharaktere, billigt ihm aber zu, dass das Instrument inhaltlich ein weites Themenspektrum repräsentiert und empirisch gut fundiert ist. Die – nach Stiksrud (1979, S. 344) erstmals von Lovejoy (1950) vorgeschlagene – Unterscheidung in terminale und instrumentelle Werte sei allerdings überflüssig, denn was für eine Person einen Zweck darstelle, kann für ein anderes Individuum ein Mittel bedeuten und umgekehrt. Stiksrud (1979, S. 344) bemängelt zudem die alphabetische Ausgangsanordnung der beiden Werte-Listen bei Rokeach (1973).
Konsequenterweise wird im Werte-Inventar von Stiksrud (1976) nicht zwischen terminalen und instrumentellen Werten unterschieden, auf eine Vorlage der Liste in alphabetischer Reihenfolge verzichtet und die subjektive Färbung bei der Konstruktion weitestgehend ausgeschaltet. Hinsichtlich der Testtechnik (Ranking) und Auswertung wird allerdings die Vorgehensweise von Rokeach (1973) übernommen (vgl. Stiksrud 1979, S. 344).[19] Auch die Prozedur, im Anschluss an den eigentlichen Werte-Begriff noch eine kurze Erklärung in Form von prägnanten Schlagwörtern anzufügen, wird von Stiksrud (1976, S. 111) mit dem Hinweis adaptiert, dass damit die Bildung der Rangfolge – im Gegensatz zum Gebrauch vollständiger Sätze – erleichtert wird.
Die Reihenfolge der Präsentation der Werte bei Stiksrud (1976, S. 124) ist der folgenden Abbildung 10 zu entnehmen, in der auch ihre empirisch ermittelten Rangplätze wiedergegeben sind (vgl. Stiksrud 1976, S. 134 und S. 215).
Weil das Werte-Inventar von Stiksrud (1976) als Ranking-Aufgabe konzipiert ist, konnte seine Instruktion für die vorliegende Erhebung nicht übernommen werden. Sie wird der Vollständigkeit halber trotzdem an dieser Stelle wiedergegeben und lautet: „Sie sehen unten eine Reihe von Haft-Etiketten, auf die *17 Wertvorstellungen in ungeordneter Reihenfolge* geschrieben worden sind. Ihre Aufgabe ist es nun, diese auf der linken Seite entsprechend ihren persönlichen Ansichten und Gefühlen in eine neue Rangfolge zu bringen. Die Haft-Etiketten sind leicht lösbar. Scheuen Sie sich nicht, eine schon einmal geklebte Reihenfolge wieder umzukleben. Arbeiten Sie sorgfältig und langsam, so dass das für *Sie persönlich Wichtigste, Erstrebenswerteste und Bedeutsamste an erster Stelle* (als ganz *oben*) steht, das Zweitwichtigste soll an zweiter Stelle zu lesen sein, usw." (Stiksrud 1979, S. 345; Hervorhebung im Original). Hieran ist auffällig, dass keine explizite Definition von Werten vorgegeben wird, sondern bei den Testpersonen bereits ein Vorverständnis des Begriffs „Wert" vorausgesetzt wird (vgl. Stiksrud 1979, S. 345f).
Die Rangkorrelation zwischen Vorlagenanordnung und durchschnittlicher Rangordnung der Werte für die gesamte Testpopulation beträgt lediglich 0,17 und belegt, dass die vorgelegte Reihenfolge tatsächlich zufällig ist und erst von den einzelnen Probanden in eine individuell

[19] Die Anzahl von 17 Werten wird auch bei Stiksrud nicht weiter erläutert und über eine subjektive Zusammenfassung der insgesamt abgegebenen Nennungen zu „Repräsentativwerten" (im Erleben der Individuen präsent; verwirklichbar und einen positiven Aufforderungscharakter besitzend) begründet (vgl. Stiksrud 1976, S. 111ff).

gültige Rangordnung gebracht wird (vgl. Stiksrud 1979, S. 346; Objektivität des Test-Stimulus nach Michel 1964, S. 22).

Nr.	Wert	Erläuterung	Rangplatz Alle	W	M
1	Freizeit	Hobby, Reisen, Urlaub, Verein	13	12	13
2	Freundschaft	Kontakte, Verständnis, Vertrauen	3	2	5
3	Ausgeglichenheit	Zufriedenheit, Gelassenheit	7	7	6
4	Beruf	Interessante Arbeit, Erfolg	5	6	4
5	Abwechslung	Viel sehen und erleben	15	15	16
6	Liebe	Seelische und körperliche Intimität	2	1	3
7	Wohlstand	Geld, Haus, Auto, Stereoanlage usw.	17	17	17
8	Natur	Tiere, Wald, Meer, Berge, Wandern	16	16	15
9	Sicherheit	Finanziell, sozial, materiell	12	13	9
10	Ausbildung	Berufliche Fortbildung, Examen, Aufstieg	8	8	10
11	Familienleben	Harmonisches Zuhause, Angehörige	4	5	2
12	Gesundheit	Vitalität, Leistungsfähigkeit	1	3	1
13	Unabhängigkeit	Freiheit, Selbständigkeit	10	11	11
14	Frieden	Gutes Auskommen, Völkerverständigung	11	10	12
15	Kinder	Pflege, Sorge, Verantwortung	14	14	14
16	Menschlichkeit	Toleranz, Hilfsbereitschaft	6	4	7
17	Persönlichkeitsentfaltung[20]	Begabung, Charakter, Interessen	9	9	8

Abbildung 10: Die Reihenfolge der Werte (inklusive Erläuterung) in der Auflistung von Stiksrud (1976, S. 124) und ihre Rangplätze in seiner empirischen Erhebung

Anmerkung: Alle = Gesamtstichprobe (N=297); W = Frauen (N=136); M = Männer (N=161)

Stiksrud (1976, S. 213ff) überprüft die pragmatische Validität seines Werte-Inventars anhand der Unterschiede zwischen weiblichen und männlichen Befragten, und findet eine Bestätigung für die vorhergesagten unterschiedlichen Rangplätze in Abhängigkeit vom Geschlecht.

Er geht abschließend noch auf die Nützlichkeit von Werte-Inventaren als diagnostische Methode ein (vgl. Stiksrud 1979, S. 350ff). Dabei geht es vor allem um die Kritik an der strikten Hierarchie, die durch die Nicht-Zulassung von Werte-Identitäten forciert wird (vgl. dazu auch Kitwood (1976; Kitwood & Smithers 1975, S. 176). Weiterhin wird durch die begriffliche Allgemeinheit bzw. Spezifität bestimmter Werte verhindert, dass diese auf demselben Niveau vergleichbar sind. Pointiert ausgedrückt dürfte man nicht fragen, ob man lieber Musik, Eis oder Jeans mag, da dies die logische Validität des Verfahrens in Frage stellt (vgl. Stiksrud 1979, S. 352; Kitwood 1976). Weitere Problembereiche konstituieren nach Kitwood (1976) die Ipsativität und Projektivität des Werte-Verfahrens. Aus dieser Kritik entwickelt Kitwood (1976) eine alternative Methode zur Erfassung von Werten und Werte-Systemen, die eng an das Vorgehen von Kohlberg (1968) zur Erforschung moralischen Werturteilens angelehnt ist. Dieses Verfahren wird allerdings von Stiksrud (1979, S. 352f) als Erhebungsmethode zur direkten Erfassung subjektiver Werte-Präferenzen kritisiert und als für differentiell-psychologische Fragestellungen ungeeignet eingestuft, weshalb es im Rahmen der vorliegenden Ausführungen auch keine gesonderte Berücksichtigung erfährt.

---

[20] Dieser Wert ist für die vorliegende Erhebung in Persönlichkeitsentwicklung umbenannt worden, da Entfaltung zu sehr auf Kosten anderer Menschen ausgerichtet sein könnte, während Entwicklung doch eher die individuelle Perspektive beinhaltet (siehe Abschnitt 4.3).

2.1.4.2.4.4 Die konsumorientierte Umsetzung des RVS in der List of Values (LOV) von Kahle

Die List of Values (LOV) komprimiert und modifiziert die terminalen Werte des RVS zu einem kleineren Subsatz, der sowohl eine Generalisierung über wichtige Lebensrollen und Situationen, als auch eine stärkere Personenorientierung als der RVS aufweist (vgl. Beatty et al. 1985, S. 186; siehe dazu auch Abschnitt 2.3). Zwei Werte (a sense of accomplishment und self-respect) stimmen in den Erhebungsinstrumenten überein (siehe Abbildung 9, Seite 37 und Abbildung 11, Seite 46), während in den übrigen Fällen Werte aus der Liste von Rokeach (1973) zu abstrakteren Werten kombiniert wurden. So ist der Wert „Sicherheit" in der LOV im terminalen Werte-Inventar von Rokeach (1973) in den Ausprägungen „familiäre" und „nationale" enthalten und könnte zudem noch die ökonomische Sicherheit, die bei Rokeach (1973) über „a comfortable life (a prosperous life)" abgebildet ist, einbeziehen (vgl. Kahle & Timmer 1983, S. 63).
Die LOV stellt damit zwar keinen originär sozialpsychologischen Ansatz dar, weist aber eine hohe Konsistenz zur Werte-Forschung im Rahmen dieser Disziplin auf, und fokussiert sich auf die Bildung von Segmenten auf Grundlage verschiedener, gut validierter, psychischer Konstrukte (vgl. Bradburn et al. 2004, S. 250 und Weinstein 1994), die – wie beim RVS – über jeweils ein einziges Item erhoben werden (siehe Abbildung 11). Der erstmalige umfassende Einsatz der LOV – deren theoretischer Ansatz neben Rokeach (1973) auch an Maslow (1954), Feather (1977) sowie diversen anderen Veröffentlichungen (vgl. Kahle & Kennedy 1988, S. 50) zur Werte-Forschung angelehnt ist –in einer Umfrage (Replikations- und Erweiterungsstudie zur Sichtweise der Amerikaner auf ihre Gesundheit; vgl. Veroff et al. 1981) erfolgte zu Beginn der 80er Jahre des 20. Jahrhunderts (vgl. Kahle & Timmer 1983, S. 43ff).
Die Konstruktion der LOV wurde mit dem Ziel in Angriff genommen, ein Instrument zu kreieren, mit dem ein besseres Verständnis dafür ermöglicht wurde, herauszufinden, wie Personen Werte benutzen, um sich in ihre sozialen Umwelten einzupassen, sich selbst im Gleichgewicht zu halten und wie Personen mit unterschiedlichen Wert-Orientierungen ihr Leben gestalten (vgl. Kahle & Timmer 1983, S. 59). Das Instrument besteht aus 9 Werten – und weist damit genau den halben Umfang der terminalen Werte-Liste von Rokeach (1973) auf (vgl. Kahle & Timmer 1983, S. 61) – und ist in der folgenden Abbildung 11 mit der deutschen Übersetzung von Grunert & Scherhorn (1990, S. 99) aufgeführt.

Nr.	LOV (original)	LOV (deutsche Übersetzung)
1	Being well respected	Anerkannt und respektiert werden
2	Excitement	Ein aufregendes, abwechslungsreiches Leben
3	Fun and enjoyment in life	Die Welt und das Leben genießen
4	Security	Sichere Lebensumstände
5	Self-fulfillment	Selbstentfaltung, Weiterentwicklung
6	Self-respect	Selbstachtung, Selbstvertrauen
7	Sense of accomplishment	Leistungsfähig sein, etwas erreichen
8	Sense of belonging	Zugehörigkeit, Geborgenheit
9	Warm relationships with others	Enge Beziehungen zu anderen Menschen

Abbildung 11: Die List of Values (Kahle 1996, S. 138) und ihre deutsche Übersetzung nach Grunert & Scherhorn (1990, S. 99) alphabetisch nach dem Original sortiert

Die Administration der LOV kann entweder in Form eines vollständigen (vgl. Beatty et al. 1985, S. 186) oder reduzierten (vgl. Kahle & Timmer 1983, S. 61) Rankings, ausschließlichen Ratings (wenn eine Skala mit neun Antwortoptionen eingesetzt wird, könnte aus dem Rating theoretisch auch eine eindeutige Rangfolge der Werte resultieren; vgl. Kahle & Kennedy 1988, S. 52) oder auch in Form einer Kombination von Ranking und Rating erfolgen

(vgl. Bearden & Netemeyer 1999, S. 115ff sowie Abschnitt 2.2.2.4.3). Nach den Ausführungen von Kahle & Kennedy (1988, S. 54) ist die LOV in den ersten Jahren nur als Einzelauswahlproblem (Heraussuchen des persönlich wichtigsten Wertes, manchmal auch noch des zweitwichtigsten Wertes; vgl. Kahle & Timmer 1983, S. 61) durchgeführt worden,[21] während das Rating erst zu einem späteren Zeitpunkt hinzugekommen ist, und seitdem sowohl nominal- als auch intervallskalierte Daten zur Verfügung stehen. Damit sind dann multivariate und kausalanalytische Berechnungen möglich, die eine gute Ausgangsbasis für Segmentierungsanalysen unter dem Einbezug von Werten bilden (vgl. Kahle & Kennedy 1988, S. 54)[22].
Hinsichtlich der Anzahl an Werten, die in ein zu beurteilendes Werte-Inventar aufgenommen werden sollen, gehen Kahle & Timmer (1983, S. 62) von einer willkürlichen Entscheidung der forschenden Person bzw. Institution aus. Wenn aber einmal davon ausgegangen wird, dass Menschen nur sieben (plus/minus zwei) Items gleichzeitig in ihrem Kurzzeitgedächtnis speichern können (vgl. Miller 1956 und Peterson & Peterson 1959), dann sind die neun Items der LOV sicherlich einfacher zu handeln als die jeweils 18 terminalen und instrumentalen Werte bei Rokeach (1973). Mit der damit einhergehenden zeitlichen Entlastung können die Befragten nach Kahle & Timmer (1983, S. 62f) ihre Werte-Struktur sorgfältiger bestimmen als unter der von Rokeach (1973) favorisierten Verfahrensweise eines vollständigen Rankings einer größeren Anzahl an Werten. Den Nachteil dieses Vorgehens, den Verlust an interpretierbarer Information, sehen Kahle & Timmer (1983, S. 63) auch, geben aber zu bedenken, dass die Qualität einer größeren Datenmenge natürlich nicht zwangsläufig höher ausfällt, sondern in blindem Deskriptivismus oder Datenfriedhöfen münden kann. Diesbezüglich mahnen Kahle & Timmer (1983, S. 63) an, dass methodische Forschung zu den Vor- und Nachteilen der einzelnen Erhebungsverfahren zur Messung von Werten (dringend) geboten ist.
Durch die Reduktion der zu beurteilenden Stimuli auf neun Items stellt die LOV ein sehr sparsames und „ansprechendste Instrument“ zur Erhebung von Werten dar, das zudem sehr einfach durchzuführen ist, weil es primär auf einem Rating basiert (vgl. Grunert & Scherhorn 1990, S. 98). In der Anwendung von Grunert & Scherhorn (1990, S. 99) wurden die Befragten zuerst gebeten, die Wichtigkeit der aufgelisteten Werte in ihrem Leben auf einer neun-stufigen Likert-Skala anzugeben und anschließend die beiden für ihr Leben wichtigsten Werte heraussuchen, aus denen zum Schluss der wichtigste überhaupt festzulegen war. Die Prozedur ist damit quasi eine Umkehrung der ERR-Technik, beschränkt auf die Identifikation von Most (siehe Abschnitt 2.2.3) und hinsichtlich der Bestimmung der bedeutendsten Werte teilweise auch an Kohn (1969; Abschnitt 2.2.2.1.1) angelehnt. Im Gegensatz zur ERR-Technik wird bei der ursprünglichen Anweisung zur LOV als zweiter Wert nicht der unbedeutendste Wert bestimmt, sondern der zweitwichtigste (vgl. Kahle & Timmer 1983, S. 65). Es überrascht kaum, dass durch die Auswahl des zweitwichtigsten Werts wenig neue Information generiert wird, denn in den meisten Fällen bestand eine Verbindung zwischen den beiden gewählten Werten in Bezug auf die Verhaltens- und Einstellungsvariablen der Studie (vgl. Kahle & Timmer 1983, S. 65).
Bei der Auswertung erfolgte oftmals eine Verkürzung der LOV auf 8 Werte, denn „Excitement“ wurde nur sehr selten als wichtigster Wert identifiziert (bei Kahle & Timmer 1983, S. 61 beispielsweise nur in 0,2 % der Fälle) und deshalb mit „Fun and enjoyment in life“ zusammengefasst, weil dieser Wert von den Personen, die „Excitement“ als wichtigsten Wert gewählt hatten, sehr viel häufiger als zweitwichtigster Wert identifiziert wurde als jeder der anderen sieben Werte und auch die lexikalische Definition von „fun“ mit „excited activity“ eine Übereinstimmung erkennen ließ (vgl. Kahle & Timmer 1983, S. 61). Die Zusammenfassung wahrt in den meisten Fällen die Repräsentativität der Stichprobe, und ermöglicht somit

---

[21] Die Ausführungen hierzu sind widersprüchlich, denn während Kahle (1986, S. 41) diese Aussage bestätigt, ist nach Bearden & Netemeyer (1999, S. 115ff) das Rating schon immer eine Option gewesen.

[22] Dieser Artikel ist mit identischem Wortlaut ein Jahr später (1989) im Journal of Consumer Marketing erschienen (vgl. Kahle & Kennedy 1989), wobei hier allein auf die Erstveröffentlichung zurückgegriffen wird.

potenziell wichtige Informationen für die Diversivität von Personen zu erhalten und möglichen Verzerrungen bei der Datenanalyse durch eine extrem kleine Gruppierung vorzubeugen. Auf die mit diesem Vorgehen verbundenen Risiken (Verdeckung von Beziehungen bzw. Bias in andere als die oben beschriebene Richtig) weisen Kahle & Timmer (1983, S. 61) allerdings hin.
Hinsichtlich der Liste der terminalen Werte von Rokeach (1973) unterscheidet sich die LOV vor allem durch ihren Anwendungsbezug der ausgewählten Werte, denn diese sind so zusammengestellt worden, dass sie prinzipiell für mehrere wichtige Rollen (vgl. Wiswede 1977) im Leben Gültigkeit haben können, also einen höheren Generalisierungsgrad aufweisen (vgl. Kahle & Timmer 1983, S. 63). Diesen Aspekt betonen auch Kahle & Kennedy (1988, S. 53), denn im Vergleich zum RVS hängt die LOV stärker mit dem alltäglichen Leben der Personen zusammen. Im RVS wird beispielsweise dem Wert „eine friedvolle Welt" ein hoher Stellenwert eingeräumt, ohne das dieser Wert jedoch von vielen Konsumenten in ihrem aktiven Tagesgeschehen besonders verfolgt wird (vgl. Kahle & Kennedy, 1988, S. 53). Der durchschnittliche Anteil an Werten einer Liste, die einen Einfluss auf das alltägliche Verhalten ausüben beträgt 78,4 % bei der LOV und 64,4 % beim RVS. Damit ist – wie vorhergesagt – die alltägliche Verhaltensrelevanz der Werte der LOV als höher einzustufen (vgl. Beatty et al. 1985, S. 191f). Nichtsdestotrotz werden auch 15 der 18 terminalen Werte des RVS von mehr als der Hälfte der Befragten als für ihr alltägliches Verhalten relevant eingestuft, so dass auch diesem Instrument wohl eine Bedeutung für ausgeübtes Verhalten nicht abgesprochen werden kann (vgl. Beatty et al. 1985, S. 192).[23]
Außerdem ist die LOV leichter durchzuführen (das Ranking beim LOV benötigt weniger als die Hälfte der Zeit, die für den RVS einkalkuliert werden muss; vgl. Beatty et al. 1985, S. 187), weil wesentlich weniger Werte zu beurteilen sind, so dass ihr Anwendungsfeld bevorzugt in Erhebungen mit begrenzten finanziellen, zeitlichen oder räumlichen Ressourcen liegt (vgl. Beatty et al. 1985, S. 198). Nach dem Konzept der „magischen Nummer Sieben plusminus Zwei" (vgl. Miller 1956), können die neun Items der LOV problemlos im Kurzzeitgedächtnis gespeichert werden, was beim RVS nicht ohne weiteres möglich ist (vgl. Kahle & Kennedy, 1988, S. 53). Daneben vermeidet – oder zumindest vermindert – die LOV noch weitere methodische Probleme des RVS, beispielsweise sozial erwünschtes Antwortverhalten (siehe Abschnitt 3.2.2.1) und ipsative Daten (siehe Abschnitt 2.2.2.1.2.3), die eine Anwendung vieler statistischer – insbesondere multivariater – Analyseverfahren nicht gestatten (vgl. Kahle & Kennedy, 1988, S. 53).
Der Hauptunterschied der Prozedur bei der LOV zum Vorgehen bei Rokeach (1973) liegt in der Vollständigkeit des Rankings: Während bei Rokeach (1973) alle 18 terminalen und instrumentalen Werte in eine Reihenfolge zu bringen sind, reicht bei der LOV die Auswahl des wichtigsten bzw. der beiden wichtigsten Werte aus. Rokeach (1973) hatte ebenfalls postuliert, dass das Ranking der extremeren Werte zuverlässiger erfolgt als das Ranking der „mittleren" Werte, weil Personen vermutlich ihre ausgeprägteren Werte besser differenzieren können als ihre zweitrangigen Werte (siehe Seite 43).
In der Untersuchung von Beatty et al. (1985, S. 187ff) wurden sowohl die 18 terminalen Werte des RVS als auch die 9 Werte der LOV einem Ranking unterzogen und außerdem zwei Skalen zur sozialen Erwünschtheit (vgl. Bem 1974 sowie Crowne & Marlowe 1964; siehe 3.2.2.1) integriert. Als Ergebnis der Studie lässt sich festhalten, dass die LOV einen begründeten Grad an konvergenter, diskriminativer und Konstrukt-Validität aufweist (vgl. Beatty et al. 1985, S. 189). Bezüglich der sozialen Erwünschtheit ist zu konstatieren, dass beide Instrumente von entsprechendem Antwortverhalten betroffen sind, wenn auch die Unterschiede zwischen hohen und niedrigen sozialen Erwünschtheits-Scores und den Werten „nur" in drei

[23] Zudem darf der Zeitaspekt auch nicht außer Acht gelassen werden, denn in einer globalisierten Welt besitzen auch Dinge wie nationale Sicherheit (man denke nur an den aktuellen Konflikt im nahen und mittleren Osten) wohl eine nicht unerhebliche Verhaltensrelevanz im täglichen Leben.

(LOV) und zehn (RVS) Fällen ein statistisch signifikantes Ausmaß zeigen und auch die maximalen Rangkorrelationen zwischen den betroffenen Items und einer Skala zur sozialen Erwünschtheit mit 0,15 (LOV) sowie 0,26 (RVS) relativ gering ausfallen (vgl. Beatty et al. 1985, S. 189ff). Außerdem führen Beatty et al. (1985, S. 191) an, dass soziale Erwünschtheit bei der Messung von Werten auch akzeptiert werden muss, denn Werte sind nun einmal das, was Personen als wünschenswert erachten (siehe 2.1.1). Insofern wird sich dieser Faktor auch in den Messergebnissen wiederfinden.

Die LOV stellt auch eine Alternative zur kommerziellen Values and Lifestyle Typologie (VALS™; vgl. Mitchell 1983) dar, und hat wegen ihres öffentlichen Zugangs sowie ihrer engen Verbindung zum Konsumentenverhalten (vgl. Kroeber-Riel & Weinberg 2003) und zur Trendforschung (vgl. dazu z.B. Giger 2005 und Wiswede et al. 2004b), ein hohes Interesse – vor allem im akademischen Bereich – erfahren (vgl. Bradburn et al. 2004, S. 247ff und Kamakura & Novak 1992). Trotz ihres unveröffentlichten Berechnungsmodus hat die VALS™ Typologie wesentlich dazu beigetragen, das Bewusstsein für Werte und ihre Erforschung im Wirtschaftsleben zu schärfen, insbesondere im Bereich der Werbung (vgl. Kahle & Kennedy 1988, S. 49).

Im Marketingbereich gab es gleichwohl Vermutungen darüber, dass Werte Interessen (siehe 2.1.2.1.2), Zeitnutzungsaktivitäten[24] und Rollen (vgl. Wiswede 1977) auf direktem Wege beeinflussen und damit auch Auswirkungen auf das Konsumentenverhalten haben (vgl. Kahle & Kennedy 1988, S. 50). So wurde eine ganze Reihe konsumtiver Verhaltensweisen mit Werten in Verbindung gebracht (siehe dazu auch 2.3), wie die Nutzung der Massenmedien (vgl. Beatty et al. 1985), Zigarettenkonsum (vgl. Grube et al. 1984) und der Kauf von Computern (vgl. McQuarrie & Langmeyer 1985). Dabei stand nicht nur die Suche nach bestimmten Werten, die das Kaufverhalten positiv beeinflussen im Vordergrund, sondern es wurde auch versucht, Produkteigenschaften so zu betonen, dass sie wichtige Werte einer Zielperson erfüllen (vgl. Kahle & Kennedy 1988, S. 50). Nach Kahle (1986, S. 39) schätzen Personen abstrakte Klassifikationen, weil diese ihnen die Informationsverarbeitung erleichtern, und Werte stellen eine der am höchsten abstrahierten Formen menschlichen Wissen dar. Wenn es über die Werbung nun gelingt, das abstrakte Konzept eines Wertes mit einem bestimmten Produkt, Service oder einer Idee zu verknüpfen, dann sollte dies die Leichtigkeit, mit der das entsprechende Objekt verarbeitet und erinnert werden kann erhöhen, oder anders formuliert: Die Funktion des Marketing besteht dann darin, Konsumenten bei der Erfüllung ihrer Werte zu helfen (vgl. Kahle 1985 und Kahle & Kennedy 1988, S. 50), wobei der hier skizzierte Vorgang aus lerntheoretischer Perspektive der instrumentellen Konditionierung (vgl. Fischer & Wiswede 2002, S. 57ff) gleicht.

Hinsichtlich der VALS™ konstatieren Kahle & Kennedy (1988, S. 52f), dass sich dieser zu sehr auf demografische Variablen verlässt und durch die allgemeinen Einstellungsfragen des Instruments keine wirklich enge Verbindung zum Konsumentenverhalten besteht. Ein wesentlicher Nachteil der VALS™ liegt in ihrem Skalenniveau begründet, denn dies ist lediglich nominal, und begrenzt damit das Spektrum potenzieller statistischer Analysen (vgl. Kahle & Kennedy, 1988, S. 52). Im interkulturellen Zusammenhang werfen Kahle & Kennedy (1988, S. 52f) der VALS™ vor, dass ihre speziellen Fragen zu sehr auf US-amerikanische Verhältnisse zugeschnitten sind, und sie damit für den Einsatz in anderen Kulturkreisen nur eingeschränkt nutzbar ist. Außerdem ist die Durchführung der LOV wesentlich einfacher und dort sind alle Variablen zugänglich, was bei der VALS™ nicht der Fall ist und ihre unabhängige Validierung unmöglich macht (vgl. Kahle & Kennedy (1988, S. 53).

---

[24] Siehe dazu beispielsweise die beiden Studien zur Zeitverwendung in Deutschland in den Jahren 1991/92 (vgl. Holz 2000) und 2001/02 (vgl. Bundesministerium für Familien, Senioren, Frauen und Jugend & Statistisches Bundesamt 2003) sowie unter einer konsumorientierten Perspektive: Wiswede et al. (2004a) und Gesellschaft für Konsum-, Markt- und Absatzforschung Nürnberg e.V. (2004).

Im Folgenden werden die Vorteile der LOV im Vergleich zum Vorgehen bei Rokeach und VALS™ diskutiert (vgl. Kahle et al. 1986). Grunert & Muller (1996, S. 175) führen bei ihren Studien mit der LOV eine interessante Variation des Erhebungskontextes (siehe Abschnitt 3.3) durch, indem sie die neun Werte der LOV zum einen unter einer so genannten „Real-Wert"-Perspektive und zum anderen unter einer „Ideal-Wert"-Perspektive beurteilen lassen (vgl. Grunert & Muller 1996, S. 175). Dabei bilden die „realen" Werte die gegenwärtige (alltägliche) Situation der Befragten ab, während die „idealen" Werte einen Zustand betreffen, in dem die Befragten keinerlei Restriktionen unterworfen sind.[25] Letztendlich machen die Autoren damit auf einen Umstand aufmerksam, der die exakte Anweisung in einer Erhebungssituation betrifft: Schaffung einer – zumindest einigermaßen – identischen Perspektive bei den Befragten, um aussagefähige aggregierte Werte (Mittelwerte etc.) berechnen zu können.

Grunert & Muller (1996) haben aber nicht geprüft, welche Perspektive die Befragten denn einnehmen, wenn kein expliziter Rahmen vorgegeben wird? Außerdem wurde die Reihenfolge der beiden Perspektiven nicht variiert, denn es wurde immer zuerst die Real-Situation abgefragt, bevor auf die Ideal-Situation eingegangen wurde. Im Sinne der Konversationslogik (siehe Abschnitt 3.2.2.5) und der Tatsache, dass man sich wohl im Alltag selten so verhält, wie man es idealerweise gern tun würde, werden Unterschiede in den Einordnungen geradezu herausgefordert. Wahrscheinlich werden durch die Ideal-Perspektive die sozialen Werte wesentlich stärker in das Bewusstsein gerückt, als dies unter der „egoistischen Alltags-Perspektive" der Fall ist.

Real-Lebens-Werte werden durch die Anweisung „Here is a list of things that a person my strive for or want in their day-to-day life" abgefragt, während die Ideal-Lebens-Werte über die Einleitung „Now let's look at the same nine items from a different angle. Imagine an ideal life for yourself. In other words, a life where you were free to do and achieve anything you wanted; where you didn't need to worry about day-to-day concerns" erhoben wurden (Grunert & Muller, S. 175). Für die hier interessierende Frage, unter welcher Perspektive Befragte die persönliche Wichtigkeit von Werten beurteilen, wenn keine explizite Sichtweise vorgegeben ist, bleibt fraglich warum ein Befragter bei der Bearbeitung eines Werte-Inventars an einen Idealzustand denken sollte, und nicht seine aktuelle Situation als Maßstab heranzieht? Die Unterscheidung in egoistische und soziale Perspektive erscheint bei dieser Fragestellung gehaltvoller, allerdings ist die Option der Perspektivenfreiheit insgesamt vielleicht doch am günstigsten.

Bei Grunert & Muller (1996) hatten die Befragten aus den neun Werten zunächst die beiden für sie wichtigsten herauszusuchen, und im nächsten Schritt aus den beiden extrahierten den insgesamt wichtigsten anzugeben. Diesem Wert wurde der Höchstwert der Skala (10) zugewiesen (es erfolgte also eine ganz klare und eindeutige aber nicht selbst bestimmte Verankerung, die natürlich auch die Möglichkeit von Inkonsistenzen (siehe Abschnitt 3.2.2.3) unterband). Erst danach wurden die acht verbleibenden Werte einem Rating unterzogen, so dass hier eine Variante der ERR-Technik vorliegt, die sich allein auf die positive Richtung (Most) konzentriert (in der vorliegenden Untersuchung die Versionen 17 bis 20; siehe Abbildung 5). Aus den oben angesprochen Gründen ist es nicht weiter verwunderlich, dass sowohl die als am bedeutendsten identifizierten Werte, als auch die Ratings unter den beiden forcierten Sichtweisen (Real und Ideal) unterschiedlich ausfielen und daneben ihr Zusammenhang mit dem Involvement für verschiedene Produkte modifiziert wurde (so verringerte sich beispielsweise der Korrelationskoeffizient zwischen dem Wert „ein aufregendes Leben" und dem Involvement bezüglich einer Mitgliedschaft in einem Fitness-Club von 0,401 unter der Real-Lebens-Perspektive auf 0,319 unter einer Ideal-Lebens-Perspektive; vgl. Grunert & Muller 1996, S. 181).

[25] Das Vorgehen lässt sich damit vielleicht am ehesten mit den Kürzeln „Wie bin ich" (Real-Selbst) und „Wie würde ich gerne sein" (Ideal-Selbst) umschreiben.

Natürlich trifft es zu, dass ein Forscher bei einer allgemeinen Einleitung nicht ganz sicher sein kann, wie die Befragten die Werte-Aufgabe interpretieren (vgl. Grunert & Muller 1996, S. 180), aber aus den Ergebnissen zu folgern, dass in den Köpfen der Leute eine Werte-Dichotomie existiert (vgl. Grunert & Muller 1996, S. 181), die eine explizite Definition der Messumgebung erforderlich macht, erscheint wohl nicht angebracht. Es ist jedenfalls nicht einsichtig, warum die Befragten bei der Beurteilung der persönlichen Wichtigkeit von Werten einen Idealzustand zugrunde legen sollten und nicht einen Bezug auf ihr Alltagsverhalten (vielleicht mehr oder weniger durch soziale Erwünschtheit gefärbt). Solange für die Existenz der beiden Perspektiven keine schlüssigen Beweise vorgelegt werden, macht es wenig Sinn, die Erhebungssituation weiter zu reglementieren und zu verkomplizieren. Denn wie bereits ausgeführt, dürften Real und Ideal nicht die einzigen perspektivischen Möglichkeiten darstellen (alternativ ist an die Dichotomie Ego und Gesellschaft zu denken), so dass vor einer entsprechenden Anwendung weitere Spezifikationen erforderlich wären.

2.1.4.2.5 Das Vorgehen von Schwartz

Der Ansatz von Schwartz & Bilsky (1987; 1990) kann als inhaltliche Differenzierung und Weiterführung des Vorgehens von Rokeach (1973) aufgefasst werden (vgl. Schlöder 1993, S. 80). Konsequenterweise stimmt ihre Auffassung von Werten mit derjenigen von Rokeach (1973; siehe Abschnitte 2.1.1.2 und 2.1.4.2.4.1) – und im Übrigen vieler anderer Autoren (z.B. Williams 1968) – überein (vgl. Schwartz & Bilsky 1987, S. 551).
So wie Rokeach (1973) den gesamten Wertebereich in terminale und instrumentelle Werte gegliedert hat, dividieren auch Schwartz & Bilsky (1987, S. 551) das Werte-Spektrum in mehrere Facetten: (1) Dichotomie nach Rokeach (2) Interessenbezug und (3) motivationaler Bereich. Beim Interessenbezug wird zwischen individualistischen (bezogen auf eine Person; z.B. Ehrgeiz) und kollektivistischen (bezogen auf eine Gruppe; z.B. Hilfsbereitschaft) Interessen unterschieden, wobei aber Werte wie z.B. Weisheit durchaus auch beiden Dimensionen zuzuordnen sind (vgl. Schwartz & Bilsky 1987, S. 551). Die Unterteilung des motivationalen Bereichs erfolgt unter der Maxime, dass Werte drei universelle Erfordernisse repräsentieren, denen sich jeder Mensch im Leben ausgesetzt sieht, um mit der Realität „fertig zu werden". Nach Schwartz & Bilsky (1987, S. 551) müssen diese drei Erfordernisse alle vom Individuum wahrgenommen, durchdacht und erfüllt werden können, wenn es in einer Gesellschaft „überleben" will und betreffen (a) biologisch fundierte organische Bedürfnisse (z.B. Sexualität), (b) soziale Interaktion (z.B. Kommunikation) und (c) sozial institutionelle Anforderungen (z.B. Wohlfahrt). Im Laufe ihrer kognitiven Entwicklung werden Individuen fähig, die Erfordernisse in Form von Zielen und Werten bewusst zu vertreten, wobei ihnen im Rahmen ihrer Sozialisation auch die kulturell geteilten Bedingungen beigebracht werden, die es ihnen ermöglichen, mit anderen Personen über die Ziele und Werte zu kommunizieren (vgl. Schwartz & Bilsky 1987, S. 551). Beispielsweise müssen sexuelle Bedürfnisse in Werte wie Liebe oder Intimität transformiert werden, die Bedingungen des Ressourcenaustauschs erfordern eine Übersetzung in die Werte Gleichheit oder Ehrlichkeit und die Anforderungen an das Bestehen einer Gruppe eine Überführung in Werte wie nationale Sicherheit oder Weltfrieden (vgl. Schwartz & Bilsky 1987, S. 551). Werte sind aus dieser Perspektive – analog zu Kluckhohn & Strodtbeck (1961; siehe Abschnitt 2.2.4.1, Seite 137) also notwendig, um grundlegende menschliche Probleme lösen zu können (vgl. Schlöder 1993, S. 82).
Nach einer Literaturdurchsicht zu den Themengebieten „Bedürfnisse", „soziale Motive", „institutionelle Anforderungen" und „funktionale Erfordernisse sozialer Gruppen", machen Schwartz & Bilsky (1987, S. 551ff) sieben[26] universale und klar voneinander abgegrenzte motivationale Bereiche von Werten aus:

[26] In Schwartz & Bilsky (1990) werden acht (zusätzlich: power), in Schwartz (1992) zehn (power, achievement, hedonism, stimulation, self-direction, universalism, benevolence, tradition, conformity, security; siehe Abbildung 13) und in Schwartz & Boehnke (2004) elf Bereiche (ergänzend: Spiritualität) genannt.

Motivationaler Bereich	Charakterisierung	RVS Items
Freude (enjoyment)	Jeder Organismus hat bestimmte physische Bedürfnisse zu befriedigen und erlangt Freude, wenn dies geschieht.	T 13, T 1, T 9 und I 4
Sicherheit (security)	Sichern des physischen Überlebens sowie Vermeiden von Bedrohungen der eigenen Integrität und derer wichtiger Gruppen (Familie, Nation).	T 10, T 7, T 12 und T 4
Leistung (achievement)	Entwicklung und Nutzung von Fertigkeiten, um sich aus der physischen und sozialen Umwelt die Ressourcen zu beschaffen, die zum „Gedeihen" notwendig sind und damit sozial wahrgenommen und geachtet zu werden.	I 3, I 1 und T 16.
Selbstbestimmung (self-direction)	Intrinsischer Wunsch nach dem Erkunden sowie Verstehen der Realität und sich dabei als – unabhängig von äußeren Anreizen – selbst und frei entscheidendes Wesen zu erleben.	I 10, I 11, I 12 und I 13
Eingeschränkte Konformität (restrictive-conformity)	Das reibungslose Funktionieren sozialer Interaktionen setzt voraus, dass Individuen unbändige Triebe zurückhalten und Handlungen, die Interessen anderer Personen verletzen könnten, unterdrücken.	I 15, I 16, I 5 und I 18
Prosozial (prosocial)	Positives und aktives Kümmern um das Wohlergehen anderer.	I 8, I 7, I 14 und T 6
Reife (maturity)	Viele Ziele erreichen Personen nur mit einer gewissen Lebenserfahrung, indem sie Verständnis entwickeln, Frieden schließen und die soziale und physische Realität so schätzen, wie sie ist.	T 18, I 2, T 11, T 5 und I 6

Abbildung 12: Übersicht zu den sieben motivationalen Bereichen des SVS nach Schwartz & Bilsky (1987, S. 551ff). Die Verweise in der letzten Spalte beziehen sich auf die Nummern der Auflistung in Abbildung 9 (T = terminale Werte; I = instrumentelle Werte)

Aus der vorstehenden Kategorisierung von Werten leiten Schwartz & Bilsky (1987, S. 557) ihre Definition von Werten in Form eines so genannten „Eintragungs-Satzes“ ab: Ein Wert ist das Konzept eines Individuums über ein transsituationales ZIEL [terminal / instrumental], das INTERESSEN [individualistisch / kollektivistisch / Mischform] ausdrückt, die sich auf einen bestimmten MOTIVATIONALEN BEREICH [Freude, Sicherheit, Leistung, Selbstbestimmung, eingeschränkte Konformität, Prosozial und Reife] beziehen und auf einem WICHTIGKEITSKONTINUUM [sehr wichtig bis unwichtig] als Leitprinzip des eigenen Lebens beurteilt werden. Die hervorgehobenen Begriffe bilden die drei oben beschriebenen Dimensionen (Zieltyp, Interessenbezug und motivationaler Bereich) sowie den gewöhnlichen Rahmen, innerhalb dessen Werte beurteilt werden, ab (vgl. Schwartz & Bilsky 1987, S. 553).

Auf diese Weise kann jeder Wert anhand der Kombination seiner Ausprägungen auf den verschiedenen Dimensionen beschrieben werden (z.B. Gleichheit = terminal, kollektivistisch und prosozial; vgl. Schwartz & Bilsky 1987, S. 553). Damit eine ihre Struktur verdeutlichende (zweidimensionale) räumliche Anordnung der Werte erreichbar ist, werden sie einer multidimensionalen Analyse (Smallest Space Analysis; vgl. Guttman 1968) unterzogen, um die Werte als Punkte in einem mehrdimensionalen Raum so zu lokalisieren, dass ihre empirische Relation in Form von Korrelationen der Wichtigkeitseinstufungen widergespiegelt wird (vgl. Schwartz & Bilsky 1987, S. 553ff).

Dabei gehen Schwartz & Bilsky (1987, S. 553ff) von einem Hypothesensatz aus, der (1) Ziele als eine der beiden trennenden Dimensionen annimmt (Ziele stellen also eine Achse des zweidimensionalen Raums dar), (2) den motivationalen Bereichen ebenfalls eine separierende Funktion zuweist (hierbei wird angenommen, dass sich die Bereiche in Form eines Kreises anordnen lassen, in dem jeder Bereich einen bestimmten Sektor ausfüllt), (3) den Interessen-

bezug ebenfalls über eine kreisförmige Aufteilung vornimmt und (4) spezifische Beziehungen zwischen den motivationalen Bereichen annimmt, die sich in deren räumlichen Platzierung niederschlagen (es werden vier Gegensatzpaare postuliert: [a] Selbstbestimmung versus beschränkte Konformität, [b] Leistung versus Sicherheit, [c] Leistung versus prosozial und [d] Freude versus prosozial).
Die Annahmen wurden in zwei Studien (israelische Lehrer und deutsche Studenten) empirisch überprüft, wobei zunächst ein Ranking des kompletten RVS vorzunehmen war, bevor der Abstand zweier aufeinander folgender Werte auf einer Skala von 1 (so gut wie identische Wichtigkeit) bis 7 (der höher eingestufte Wert ist wesentlich wichtiger) anzugeben war. Damit sollte die Beschränkung von Ranking-Daten aufgehoben werden, bei denen das Ausmaß des Abstands zwischen zwei Werten nicht spezifiziert ist (vgl. Schwartz & Bilsky 1987, S. 555).[27] Für jede Person wurden anschließend Wichtigkeitswerte berechnet, indem dem letztplatzierten Wert eine „1" zugewiesen und bei allen folgenden Werten der Abstand in Rating-Punkten hinzuaddiert wurde, so dass eine potenzielle Skalenweite von 120 Punkten (Platz 18 = 1 und alle 17 Abstände mit der maximal möglichen Differenz von „7" beurteilt) vorlag. Außerdem wurde mit dieser Prozedur sichergestellt, dass der unwichtigste Wert aller Befragten eine identische Beurteilung (=1) erhielt. Mit dem resultierenden Datensatz wurde eine nichtmetrische multidimensionale Skalierung berechnet, bei der drei- oder vierdimensionale Lösungen vorgegeben wurden (vgl. Schwartz & Bilsky 1987, S. 555).
Die sich in den einzelnen Bereichen befindlichen Werte sollten dann die postulierte Aufteilung (s.o.) abbilden (vgl. Schwartz & Bilsky 1987, S. 555). In beiden Studien wurde eine vierdimensionale Lösung gewählt, weil diese (1) im Rahmen der theoretischen Annahmen eindeutig interpretierbar waren und (2) einen akzeptablen Fit aufwiesen, der durch eine fünfdimensionale Lösung nur noch unwesentlich hätte verbessert werden können (vgl. Schwartz & Bilsky 1987, S. 555f). Die Ergebnisse stützen alle aufgestellten Annahmen, d.h. sowohl eine Trennung zwischen terminalen und instrumentalen Werten – lediglich in der deutschen Stichprobe wurde der instrumentale Wert „gehorsam" den terminalen Werten zugeordnet – als auch eine Aufteilung in sieben motivationale Bereiche sowie die Anordnung bezüglich der Interessen erfolgt vorhersagekonform (vgl. Schwartz & Bilsky 1987, S. 555ff).
Im zwischenstaatlichen Vergleich von Israel und Deutschland gibt es kleinere Differenzen (Zuordnung der motivationalen Bereiche zu den Interessensbezügen; Platzierung einzelner Werte in den Motivationssektoren nur für Freude und restriktive Konformität in Übereinstimmung mit den Vorhersagen), die zum einen auf die unterschiedlichen Personengruppen und zum anderen auf die kulturellen Verschiedenheiten zurückgeführt werden können. So wird Frieden in der israelischen Stichprobe dem Sicherheits-Bereich zugeordnet, während der Wert bei den deutschen Studenten im Bereich Selbstbestimmung platziert ist. Dies reflektiert die Tatsache, dass der (individuelle) Frieden für Israelis im Wesentlichen vom Überleben des eignen Staates abhängt (siehe dazu auch Abschnitt 2.2.4), wohingegen (innerer) Frieden in Deutschland eher dadurch erlangt wird, ein einzigartiges Mitglied in einer hoch regulierten Gesellschaft zu werden (vgl. Schwartz & Bilsky 1987, S. 559).[28]
Der Ansatz von Schwartz & Bilsky (1987) kann zunächst als eine notwendige Ergänzung und Vertiefung von Rokeach (1973) gewürdigt werden, indem die inhaltliche Unbestimmtheit und Unverbindlichkeit der Werte durch die Annahme ihrer Verankerung in drei spezifischen „Grunderfordernissen" des Menschen – die eine ähnliche Funktion wie Sprangers (1921) Wertdimensionen oder Morris' (1956) grundlegende Verhaltenstendenzen aufweisen – überwunden wird (vgl. Schlöder 1993, S. 87). Allerdings sind die drei Grunderfordernisse nicht

[27] Das Messverfahren wurde allerdings in späteren Erhebungen umgestellt (vgl. Glöckner-Rist 2004).

[28] Hier geht es also um die Frage, was in den Werten – oder welche Werte – universelle, d.h. kulturübergreifende, Gültigkeit besitzt und wo diesbezügliche Unterschiede auftreten. Damit ist primär der Bereich interkultureller Forschung angesprochen, der auch den vermehrten Einsatz von Schwartz (1992) in diesem Zusammenhang erklären könnte.

theoretisch abgeleitet, sondern werden als abstrakte Gesichtspunkte der Einteilung von gegebenen Werten (terminale und instrumentale Werte von Rokeach 1973) zugrunde gelegt, womit z.B. ihre Anzahl oder Vollständigkeit nicht begründbar ist (vgl. Schlöder 1993, S. 87). Schwartz (1992, 1996) und Schwartz & Bilsky (1990) haben den Ansatz mit mehreren Stichproben unterschiedlicher Kulturen und Nationalitäten überprüft und dabei im Laufe der Zeit sowohl das ursprüngliche Messinstrument stark modifiziert (nur noch 21 Werte der ursprünglichen Liste von Rokeach, aber insgesamt eine Erweiterung auf 56 Werte) als auch die Anzahl motivationaler Bereiche auf 10 (11 wenn Spiritualität mit einbezogen wird, was aber bisher wohl nur in einzelnen Untersuchungen praktiziert wurde; vgl. Glöckner-Rist 2004 sowie Schwartz & Boehnke 2004, S. 23). So benannte Schwartz (1992, S. 5ff) – nach weiteren Studien in mehreren Ländern – einige motivationale Bereiche um und ergänzte die Aspekte Tradition, Stimulation und Macht. Die Messung erfolgte in Schwartz (1992, S. 17) auch nicht mehr über ein Ranking mit anschließendem Abstands-Rating, sondern allein über eine neunstufige Rating-Skala (-1 = meinen Werten entgegengesetzt; 0 = nicht wichtig; 1 und 2 ohne Bezeichnung; 3 = wichtig; 4 und 5 ohne Bezeichnung; 6 = sehr wichtig; 7 = äußerst wichtig). Diese Skala ist in die positive Richtung verzerrt, d.h. hier wurde eine „schiefe" Skala eingesetzt, um dem positiven Charakter von Werten Rechnung zu tragen. Bardi & Schwartz (2003, S. 1210) begründen den Einsatz der asymmetrischen Skala damit, dass diese das Diskriminationsverhalten von Personen in Bezug auf die Wichtigkeit von Werten am besten nachbildet, wenn deren natürliche Wünschenswertigkeit berücksichtigt wird. Dieses Vorgehen hat sich in nicht näher beschriebenen Pretests bewährt (vgl. Schwartz & Bardi 2001, S. 271). Schwartz (1992, S. 37ff) generiert aus den empirischen Daten zehn motivationale Bereiche[29] – theoretisch wurden 11 Bereiche vorhergesagt, allerdings konnte Spiritualität nicht das geforderte Ausmaß universeller Gültigkeit aufweisen und wurde ausgeschlossen – die entlang der beiden Achsen „Selbst-Überlegenheit–Selbst-Erhöhung" und „Offenheit für Veränderungen–Erhaltung" auf zwei Dimensionen angeordnet werden.

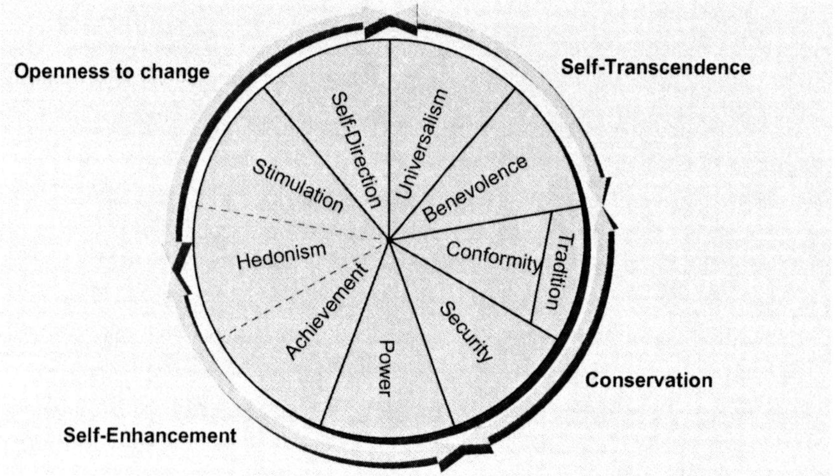

Abbildung 13: Theoretisches Modell der Anordnung der zehn motivationalen Werte-Bereiche nach Schwartz (1992, S. 45)

---

[29] Die Ursprünge der motivationalen Bereiche werden in Schwartz (1994, S. 22) expliziert und die Zuordnung der Items zu den jeweiligen Bereichen geht aus Glöckner-Rist (2004) vollständig hervor.

Unter messtechnischen Gesichtspunkten weist die Vorgehensweise von Schwartz & Bilsky (1987; 1990) starke Parallelen zum Ansatz von McCarty & Shrum (1997; 2000) auf. Neben den unterschiedlich ausgestalteten Antwortskalen liegen die Hauptdifferenzen in der Begrenzung der Wahlmöglichkeit der Höchstkategorie „äußerst wichtig" – Schwartz & Bilsky (1987) geben hier den Hinweis, dass es üblicherweise nicht mehr als zwei solcher Werte bei einer Person gibt (vgl. Glöckner-Rist 2004) – dem direkten Rating der als Least sowie Most identifizierten Werte, wobei für den unwichtigsten Wert auch eine explizite Zuweisung zur Kategorie „-1" in der Anleitung gefordert wird und dem Umfang der Listen (vgl. Glöckner-Rist 2004). Werden also in die beiden Kategorien, denen der bedeutendste und unbedeutendste Wert (-1) zugeordnet wurden, noch andere Werte eingestuft, so lässt sich nach diesem Verfahren nicht sagen, welcher Wert bei einer Person die Extrem-Position eingenommen hat. Auch Inkonsistenzen können so nicht aufgedeckt werden, da keine explizite Kennzeichnung der Extrem-Werte erfolgt.
Nach Schwartz (1992, S. 16 und S. 21) soll mit diesem Vorgehen auch „nur" sichergestellt werden, dass eine einheitliche Skalenverankerung erfolgt. Dies könnte – insbesondere durch die Zuordnung von „-1" – zu verzerrten Strukturen führen, vor allem wenn die Personen keinen explizit „opponierenden" Wert in der Liste finden, und wenn der letztplatzierte Wert bei einer nicht forcierten Zuordnung nicht in die Extremkategorie „-1" sondern höher eingestuft worden wäre. Für den von Schwartz & Bilsky (1990) bevorzugten interkulturellen Zusammenhang, ist eine „negative" Messung möglicherweise angebracht, denn hier können Befragte tatsächlich Werte, die in anderen Kulturkreisen eine große Rolle spielen, ablehnen – hier ist beispielsweise an den Wert „Gehorsam" zu denken, der in eher diktatorisch regierten Ländern sicherlich anders eingestuft wird, als in demokratischen Nationen.
Anhand der verwendeten Auswertungsroutine ist zudem ersichtlich, dass zur Indexberechnung die Zahlen -4 bis +4 verwendet werden, sodass die Bezeichnung „-1" hätte vermieden werden können. Weiterhin werden die Indizes nur aus den 45 „am besten differenzierenden" Variablen gebildet, d.h. nicht so gut bewährte Items werden zwar zur Validierung der Ergebnisse der Similarity Structure Analysis (vgl. Schwartz et al. 2001, S. 525) herangezogen, aber die Indizes basieren nur auf einer Auswahl aus den 56 bzw. 57 eingesetzten Werten.
Obwohl sich der Schwartz Value Survey (SVS; vgl. Schwartz & Bilsky 1987; 1990 und Schwartz 1992) in interkulturellen Studien als tragfähig erwiesen hat, weichen doch ca. 5 % der Stichproben (insbesondere in ländlichen Gebieten unterentwickelter Länder) in beachtenswerter Weise von den theoretischen Vorhersagen ab (vgl. Schwartz et al. 2001, S. 519). Da die Studien zu den Werten ausschließlich mit diesem Erhebungsinstrument (SVS) durchgeführt wurden, könnte dessen Einsatz – wegen seiner abstrakten Begrifflichkeit – im Zusammenhang mit den angesprochenen Bevölkerungsgruppen inadäquat sein (vgl. Schwartz et al. 2001, S. 520).
Aus diesem Grund wurden die Werte alternativ mit dem Portrait Values Questionnaire (PVQ) gemessen, der wesentlich konkreter und weniger komplex als der SVS konstruiert ist (vgl. Schwartz et al. 2001, S. 523) und als indirektes Messverfahren (siehe Abschnitt 2.2.1.2) zu klassifizieren ist. Inhaltlich werden beim PVQ kurze verbale Portraits von 29 Personen dargeboten, die eine Zielsetzung, ein Bestreben oder einen Wunsch beschreiben, der direkt auf die implizite Wichtigkeit von einem der 10 im SVS verankerten Werte-Bereiche hindeutet, ohne dass dieser explizit erwähnt werden muss (vgl. Schwartz et al. 2001, S. 523). Bedeutsam ist in diesem Zusammenhang ebenfalls, dass sich die beschriebenen Ausprägungen eher auf Ziele und nicht auf Persönlichkeitseigenschaften beziehen, denn jemand, der Kreativität als hohen Wert ansieht, kann selber nicht kreativ sein, während demgegenüber jemand, der kreativ ist, diese Fähigkeit nicht zwangsläufig als Leitprinzip seines Lebens einstufen muss (vgl. Schwartz et al. 2001, S. 523).
Die Kurzcharakteristik „Nachdenken über neue Ideen und kreativ zu sein ist ihm wichtig. Er mag es, Dinge in seiner eigenen Art und Weise zu erledigen" skizziert beispielsweise eine

Person, für die Selbstbestimmung einen wichtigen Wert ausmacht, während „Es ist wichtig für ihn, reich zu sein. Er möchte viel Geld und teure Sachen besitzen" eine Person etikettiert, für die Macht einen wichtigen Wert darstellt (vgl. Schwartz et al. 2001, S. 523). Die Befragten müssen nun den Grad der Ähnlichkeit zu sich selbst für jede Personenbeschreibung auf einer sechs-stufigen Skala („ist mit sehr ähnlich", „ist mir ähnlich", „ist mir ein bisschen ähnlich", „ist mir ein klein wenig ähnlich", „ist mir nicht ähnlich" und „ist mir überhaupt nicht ähnlich") angeben (vgl. Schwartz et al. 2001, S. 523).[30] Die Autoren betonen, dass es belangreich ist, das ein Vergleich des Portraits mit sich selbst und nicht umgekehrt (sich selbst mit dem Portrait vergleichen) stattfindet, denn die Gegenüberstellung einer anderen Person mit dem eigenen Selbst fokussiert den Prozess nur auf die Aspekte, die zur Beschreibung der Vergleichsperson dargeboten werden, und stellt bei der Ähnlichkeitseinstufung sicher, dass nur die für die Wert-Orientierung relevanten Sachverhalte berücksichtigt werden (vgl. Schwartz et al. 2001, S. 523).

Im umgekehrten Fall (Vergleich der eigenen mit einer anderen Person) ist man eher auf sich selbst fixiert, was dazu führen kann, dass man über alle möglichen Aspekte des Selbst nachdenkt (vgl. Holyoak & Gordon 1983; Srull & Gaelick 1983 und Tversky 1977), und wenn diese Facetten in den Portraits nicht auftauchen, die eigentlich interessierenden Übereinstimmungsdimensionen unbeachtet lässt (vgl. Schwartz et al. 2001, S. 523).

Die beiden Instrumente SVS und PVQ unterscheiden sich in drei wesentlichen Punkten (vgl. Schwartz et al. 2001, S. 524): (1) Der PVQ misst Werte auf indirektem Wege, während der SVS direkte, bewusst auf den Wert bezogene Urteile hervorbringt (siehe dazu Abschnitt 2.2.1.2). Dabei ist auch die Aufgabenstellung völlig unterschiedlich: Beim PVQ sind Ähnlichkeitsurteile abzugeben, wohingegen beim SVS ein persönliches Wichtigkeitsurteil zu fällen ist; (2) Die Stimuli im PVQ sind Personen, die in einem wohl definierten Kontext erscheinen, während beim SVS abstrakte Begriffe als Items fungieren; (3) Dem SVS liegt eine teilweise bezeichnete neun-stufige numerische Antwortskala – in der auch eine negative Zahl (-1) vorkommt – zugrunde, während beim PVQ lediglich eine aus sechs vollständig bezeichneten Antwortalternativen auszuwählen ist. Dementsprechend sind beim PVQ weniger differenzierte Antworten erforderlich, die außerdem nicht in numerische Werte „übersetzt" werden müssen, was auch dazu führt, dass die Durchführung des PVQ nur einen Zeitbedarf von etwa 10 Minuten aufweist (vgl. Schwartz et al. 2001, S. 524).

Beim Vergleich der beiden Erhebungsinstrumente haben Schwartz et al. (2001, S. 525ff) zuerst die mittels Similarity Structure Analysis (vgl. Guttman 1968) aufbereiteten Ergebnisse des PVQ mit denen des SVS in einem europäischen Land gegenübergestellt, und eine hohe Übereinstimmung ermittelt, so dass eine Brauchbarkeit beider Verfahren zur Messung[31] von Werten postuliert wird. Auch der zweite Vergleich mit einer repräsentativen Studie dunkelhäutiger Südafrikaner erbrachte ermutigende Resultate, denn mittels PVQ ließ sich die prototypisch postulierte Werte-Struktur replizieren, während dies mit dem SVS vorher nicht gelang. Daraus folgern Schwartz et al. (2001, S. 528), dass das partielle Scheitern der Theorie im früheren Versuch ein messtechnisches und kein theorieimmanentes Problem dargestellt hat. Ein direkter Vergleich beider Erhebungsinstrumente (mit ausbalancierter Reihenfolge) in

---

[30] An dieser Stelle kann kritisch angemerkt werden, dass im Sinne der Symmetrie vielleicht besser mit der Dichotomie „ähnlich-unähnlich" gearbeitet worden wäre. Möglicherweise wäre es sowieso besser, an dieser Stelle mit bipolaren Items zu arbeiten, und die theoretisch konfliktären (d.h. gegenüberliegenden) Werte-Typen gegeneinander zu stellen, um eine Tendenzaussage abzufragen. Damit könnte man eventuell auch die Anzahl an Fragen reduzieren.

[31] Messung bedeutet in diesem Zusammenhang, dass sich die 10 theoretisch vorgegebenen motivationalen Bereiche möglichst überschneidungsfrei rekonstruieren lassen, die antagonistischen Bereiche gegenüberliegend platziert sind und die entsprechenden Items (hier die Personencharakterisierungen) in die vorhergesagten Bereiche fallen. Es geht also nicht primär darum festzustellen, wie häufig entsprechende Typen-Ausprägungen vorkommen, sondern die Ergebnisstruktur steht im Mittelpunkt. Allerdings geben die Indizes Auskunft über relative Wichtigkeit der einzelnen Werte-Typen (vgl. Schwartz et al. 2001, S. 525ff).

Israel mittels Multitrait-Multimethod-Technique (vgl. Campbell & Fiske 1959) führte ebenfalls zu ähnlichen Ergebnissen, so dass sich die Werte-Struktur durchaus mit beiden Verfahren (SVS und PVQ) erheben lässt, wenn auch dem SVS wegen seiner extensiven empirischen Testung eine Präferenz einzuräumen ist (vgl. Schwartz et al. 2001, S. 538f).
Bubeck & Bilsky (2004, S. 38) konnten die theoretisch vorhergesagte Struktur der Werte-Typen mittels des PVQ auch für Jugendliche (10 bis 17 Jahre) nachweisen, was zum einen die Universalität der postulierten Werte-Typen weiter erhöht und zum anderen die Brauchbarkeit des PVQ als Erhebungsinstrument für die Gruppe Nicht-Erwachsener belegt. Demgegenüber gelang es Hinz et al. (2005, S. 188ff) zwar mittels eines 40 Items umfassenden PVQ die zweidimensionale Struktur der Werte-Typen zu replizieren, erreichten jedoch mit der Anwendung unterschiedlicher statistischer Verfahren (Hauptkomponentenanalyse mit den Rohdaten[32], Hauptkomponentenanalyse mit ipsativen[33] Daten und Multidimensionale Skalierung mit Rohdaten) verschiedene Anordnungen der Werte-Typen in der Ebene und konnten in keinem Fall das von Schwartz (1992, 1994) postulierte Arrangement nachbilden. Dementsprechend sind auch in diesem Forschungsfeld weitere Arbeiten erforderlich, um die Präzision der Messung zu erhöhen.

2.1.5 Das Kriterium der hierarchischen Struktur von Werten

Die meisten Forscher, die sich mit Werten beschäftigt haben, haben festgestellt, dass Werte nicht notwendigerweise merklich oder separat von Individuen gehalten werden (vgl. Ng 1982, S. 169), sondern als ein Bestandteil eines integrierten Werte-Systems aufzufassen sind (vgl. Shrum & McCarty 1997, S. 140; Homer & Kahle 1988, S. 644; Albert 1968). Williams (1979, S. 20) definiert das Werte-System als einen organisierten Satz von Präferenzstandards, der zur Selektion von Gegenständen und Handlungen, Lösung von Konflikten und zur Bewältigung von Erfordernissen und Ansprüchen im Rahmen der psychologischen Verteidigung getroffener oder vorgeschlagener Wahlen, dient (vgl. auch Stiksrud 1976, S. 66).[34] Werte sind in diesem Zusammenhang die Bausteine zur Lenkung des antizipatorischen oder zielgerichteten Verhaltens, ebenso wie zur nachträglichen Rechtfertigung bereits ausgeführten Verhaltens (vgl. Festinger 1957). Nach Rokeach (1979b, S. 49) unterscheiden sich Individuen nicht so sehr dadurch, dass sie bestimmte terminale und instrumentelle Werte „besitzen", sondern vielmehr in der persönlichen Art und Weise, wie sie derartige Werte hierarchisieren oder priorisieren (vgl. dazu auch Ng 1982, S. 169).
Maag (1991, S. 26) zufolge wurde hinsichtlich der Frage der Organisation von Werten in der Forschung lange von einem kognitiv hierarchischen Gefüge von Werten ausgegangen. In Rekurs auf Modelle zur Bedürfnisentwicklung wird dabei angenommen, dass Werte nicht unabhängig voneinander existieren, sondern sich ihre Wichtigkeit in Abhängigkeit von ihrem Realisationsgrad bestimmt. Die bekannten Konzeptionen von Rokeach (siehe Abschnitt 2.1.4.2.4.1) und Inglehart (siehe Abschnitt 2.2.2.4.1) wurden in diesem Sinne in Anlehnung an das Bedürfnismodell von Maslow (1954) entwickelt (vgl. Maag 1991, S. 26). Die Messung erfolgt entsprechend der hierarchischen Vorstellung jeweils anhand von Rangordnungen. Die Ableitung über die Wichtigkeit von Bedürfnissen und ihre Übertragung auf Wert-Orientierungen wird u.a. deshalb für problematisch gehalten, weil damit komplexen Wert-Realisierungen nicht Rechnung getragen werden kann. Infolge gesellschaftlicher Differenzierungs-

---

[32] Jedes Portrait wurde allerdings auf einer sechs-stufigen Skala (von mir sehr ähnlich bis mir sehr unähnlich) beurteilt, was eine Abweichung zu dem Vorgehen von Schwartz et al. (2001) darstellt.

[33] Bei ipsativen Daten weist die Summe der Antworten für alle Befragten den gleichen Wert auf. Dies wird erreicht, indem vom Rohwert eines Befragten sein Mittelwert über alle Antworten subtrahiert wird (siehe auch Abschnitt 2.2.2.1.2.3).

[34] Dabei macht es einen Unterschied, ob Werte – eventuell über Einstellungen (siehe Abschnitt 2.1.2.1.1) – das Verhalten determinieren oder zur Rechtfertigung von Handlungen (beispielsweise über Ex-Post-Rationalisierungen) dienen.

prozesse sind aber immer mehr unterschiedliche individuelle Wert-Entwicklungen[35] wahrscheinlich (vgl. Klages 1984). Eine Realisierung von Werten bedeutet daher nicht zwangsläufig ihren Bedeutungsverlust oder das Anstreben alternativer Werte. Insbesondere bei unterschiedlichen Wichtigkeiten in mehreren Lebensbereichen können Werte eine inhärente Ausgleichs- oder Balancefunktion haben, und damit in einer Gesamtbewertung einen gleichrangig hohen Stellenwert einnehmen (vgl. Jaide 1983).
Eine weitere Annahme des Werte-Systems liegt darin, dass die Intensität, mit der ein bestimmter Wert verfolgt wird, von seiner relativen Position zu den übrigen Werten des Systems abhängt (vgl. McKenna 1979, S. 17). Dies impliziert, dass das Werte-System einer Person abgeschlossen ist, und die darin befindlichen Werte um „knappe Ressourcen" (Zeit, Energie, etc.) konkurrieren. Das Problem der Unterstellung relativer Werte-Stärke liegt darin, dass es normative Vergleiche ausschließt, weil Unterschiede in der individuellen Ressourcenausstattung ignoriert werden, und damit auch die Möglichkeit absoluter Intensitätsdifferenzen zwischen verschiedenen Personen (vgl. McKenna 1979, S. 17).
Nach McKenna (1979, S. 17f) lassen sich die Funktionen von Werte-Systemen in (1) Urteilsstandard (Leitlinie für Gedanken und overtes Verhalten, z.B. durch das Eintreten für bestimmte politische Ideen), (2) generellen Entscheidungsrahmen (wenn strittige Entscheidungen zu treffen sind, können Werte als Orientierungshilfen für die Festlegung auf eine Alternative dienen) und (3) Quelle für die Initiierung und Richtung von Verhalten (Komponente, die sich in Anlehnung an motivationale Funktionen von Einstellungen bei Smith et al (1956) sowie Katz (1960) in Ökonomie- oder Wissensfunktion, Ich-Verteidigungs- und expressive Funktion unterteilen lässt) differenzieren.
Zu den Annahmen über das Werte-System ist weiterhin anzuführen, dass in den Fällen, in denen ein Ranking für die Konstruktion eines Werte-Systems als adäquates methodisches Vorgehen postuliert wird, zum einen die Unterstellung eines eindimensionalen Systems (allein hinsichtlich der persönlichen Wichtigkeit) und zum anderen die fehlende Möglichkeit identische Wichtigkeiten für zwei (oder mehrere) Werte zu vergeben, impliziert sind (vgl. McKenna 1979, S. 52f und van Herk & Bijmolt 1999, S. 2). Daneben ist auch die Unterstellung gleicher „Werte-Energie" bei allen Personen, die auf die einzelnen Werte des Systems aufgeteilt wird, problematisch, denn es wurden beispielsweise bei der nicht-ipsativen Messung genereller Aktivitätsniveaus immer wieder individuelle Differenzen ermittelt, so dass auch bezüglich der angesprochenen Energiebasis nicht von einem identischen Niveau bei sämtlichen Individuen auszugehen ist (vgl. McKenna 1979, S. 52).
Besonders relevant ist im vorliegenden Zusammenhang natürlich die fehlende Möglichkeit, identische Einstufungen vornehmen zu können, da dies beim Rating selbstverständlich realisierbar ist und – wenn die Anzahl der einzuordnenden Objekte die Anzahl an Antwortkategorien übersteigt, auch zwingend erforderlich ist (vgl. Rankin & Grube 1980, S. 236). Rokeach (1973) und auch Feather (1975) argumentieren diesbezüglich, dass das Zulassen identischer Werte-Platzierungen beim Ranking nur dazu führen würde, den Befragten einen leichten Ausweg aufzuzeigen. Sie mutmaßen, dass die strikte Ranking-Vorgabe die Befragten zwingt, tiefer und genauer nachzudenken und zu feineren Unterscheidungen zwischen ähnlich wichtigen Werten führt. Nach McKenna (1979, S. 53) ist diese Argumentation zwar plausibel, jedoch ist es ebenfalls vorstellbar, dass Personen zwei Werten eine identische Wichtigkeit zuordnen. Befragte deshalb zu einer artifiziellen Differenzierung zu zwingen, könnte zu einer verzerrten Repräsentation des Werte-Systems führen. Die Methode scheint damit eher die Beschaffenheit des Konstrukts zu determinieren als umgekehrt (vgl. McKenna 1979, S. 53).
Der Einsatz des (einen oder anderen) Erfassungsinstruments hängt damit vorrangig von der vermuteten Dimensionalität (theoretischer Hintergrund sowie hierarchische oder nicht-hierarchische Organisation) der Werte-Struktur ab (vgl. Alwin & Krosnick 1985, S. 536). Lassen

[35] Diesbezüglich dürfen aber auch subkulturelle Differenzierungen – wie sie sich z.B. in verschiedenen Lebenszykluskonzepten niederschlagen – nicht vernachlässigt werden (vgl. Mitchell 1983).

sich multidimensionale Werte-Gefüge feststellen, so ist die Implementierung der Rating-Skala die adäquate Form, Werte zu erfassen. Zeigen sich hingegen eindimensionale hierarchische Strukturen, so ist ein Rangordnungsverfahren geeigneter (vgl. Hollerbach 1998, S. 232f). Demgegenüber stellen Schwartz & Bilsky (1987, S. 561) fest, dass es konsistente Anzeichen dafür gibt, dass die globale Wichtigkeitshierarchie von Werten unabhängig vom eingesetzten Beurteilungsverfahren (Ranking oder Rating) ist, wenn die Daten gruppenspezifisch zusammengefasst werden (vgl. Feather 1973 und Rankin & Grube 1980, S. 241ff).
Nichtsdestotrotz dürfte die Erfassung der individuellen Werte-Hierarchien durch das angewandte Verfahren beeinflusst werden, wobei es die Nutzung eines Ratings an Stelle des Rankings beim Messen von Werten erlauben würde, eine unbegrenzte Aufstockung der Anzahl zu beurteilender Werte vorzunehmen (vgl. Schwartz & Bilsky 1987, S. 560). Bevor dieser messtechnische Aspekt aber im Abschnitt 2.2 aufgegriffen wird, sollen zum Abschluss dieses Kapitels erst noch die Zusammenhänge zwischen Werten und Verhalten thematisiert werden.

2.1.6 Werte als Erklärungsbasis gezeigten Verhaltens

Die Sichtweise, dass Werte eine wichtige Rolle beim Verhalten von Menschen spielen, ist in den Gebieten Psychologie, Soziologie und Organisationsverhalten weitgehend akzeptiert (vgl. Munson 1984, S. 14). Dabei spielen Werte sowohl als Antezedenz, als auch als Konsequenz von menschlichem Verhalten eine wichtige Rolle, d.h. die Forschung darf sich nicht allein darauf konzentrieren, Werte ausschließlich als abhängige Variable zu betrachten (vgl. Munson 1984, S. 17). Werte bieten nach Kamakura & Mazzon (1991, S. 208) ein wirksames und reichhaltiges Potenzial, um menschliches Verhalten zu erklären, weil sie als Standards oder Verhaltenskriterien fungieren (vgl. Williams 1968), in ihrer Anzahl begrenzt sind (vgl. Rokeach 1979a) und über die Zeit verhältnismäßig stabil sind (vgl. Inglehart 1985; Rokeach 1974 sowie Rokeach & Ball-Rokeach 1989). Deshalb werden die Konzepte „Werte" oder „Werte-Systeme" – insbesondere von Verhaltenswissenschaftlern – in vielen Untersuchungen und Zusammenhängen eingesetzt (vgl. Kamakura & Mazzon 1991, S. 208).[36]
Braithwaite & Scott (1991, S. 745) bremsen allerdings den Optimismus, dass Werte dazu dienen können, als Verhaltenserklärung zu fungieren, denn die entsprechenden Vorhersagen haben oftmals zu sehr ernüchternden Ergebnissen geführt (vgl. Pitts & Woodside 1983). Diese Befunde dürften vor allem aus der Verwendung von Single-Item-Messungen (z.B. bei Rokeach 1973 und Stiksrud 1976; vgl. auch Scott 1968, S. 231) resultieren, denn abstrakte Konstrukte wie Werte können sehr schnell eine große Distanz zum konkreten Verhalten aufweisen, so dass der Messung über ein einziges Item dann die notwendige Reliabilität und Validität fehlt (vgl. Braithwaite & Scott 1991, S. 745).
Einen Anwendungsfall für die Verbindung von Werten und Konsumverhalten (Einkauf von Bio-Produkten; vgl. dazu auch Honkanen et al. 2006, S. 420ff) beschreiben Homer & Kahle (1988, S. 638ff), bei dem die Verbindungen zwischen Werten (gemessen über die LOV, siehe Abschnitt 2.1.4.2.4.4), Einstellungen zum Lebensmittelkauf (Ernährungsverhalten, Einkaufsfrequenz, Geldausgaben für Lebensmittel und Einstellungen zu naturbelassenen Lebensmitteln) und dem Verhalten (Kauf in einem konventionellen Supermarkt oder im Bio-Laden) fokussiert werden. Getestet wurden die Zusammenhänge über ein Strukturgleichungsmodell (Pfadanalyse mit LISREL), unter der Annahme einer Verdichtung der neun Werte der LOV in eine interne und externe Dimension (vgl. Homer & Kahle 1988, S. 641ff).

---

[36] So hat die Einstellungs-Verhaltens-Forschung gezeigt, dass Einstellungsdaten dann erklärungskräftig sind, wenn sie spezifisch genug erhoben werden – Werte sind jedoch gerade nicht spezifisch (siehe Abschnitt 2.1.2.1.1). Hier besteht also das Dilemma, dass übergreifende Wert-Vorstellungen kaum in der Lage sind, konkretes Verhalten zu erklären, weil die Brücke zwischen ihnen und Verhaltensweisen zu groß ist. Je spezifischer die Konstrukte jedoch erhoben werden, dsto tautologischer wird der Zusammenhang (vgl. hierzu beispielsweise die pointierte Kritik an dem entsprechenden Vorgehen im Bereich der Motivation in Fischer & Wiswede 2002, S. 110).

Um das Kaufverhalten auch wirklichkeitsnah zu erheben, wurden die Interviews vor den entsprechenden Geschäften durchgeführt. In das Modell fanden dabei im Hinblick auf das Kaufverhalten die Variablen „ausgegebener Geldbetrag“ und „Kauffrequenz in Bio-Läden“ Eingang (vgl. Homer & Kahle 1988, S. 642). Bei der Analyse erreichen die Pfadkoeffizienten zwischen den Indikatorvariablen und den ihnen zugrunde liegenden Konstrukten alle ein akzeptables Niveau mit signifikanten t-Werten (vgl. Homer & Kahle 1988, S. 642). Die Rolle der Werte bei der Formierung von Einstellungen zur Ernährung und zum Kauf von Lebensmitteln wurde ebenfalls unterstützt, genau so wie die Verbindung zwischen den Einstellungen und dem Kaufverhalten (vgl. Homer & Kahle 1988, S. 642f). Weil es keine signifikante Verbindung zwischen den Werten und dem Kaufverhalten gab, wurde auch die intervenierende Position der Einstellungen bestätigt, wobei das gesamte Modell einen akzeptablen Fit-Wert aufwies (vgl. Homer & Kahle 1988, S. 643).

Im Anschluss an die kausalanalytischen Berechnungen wurden noch Diskriminanzanalysen durchgeführt, um den Einfluss spezifischer Werte auf Einstellungen zur Ernährung (positiv vs. negativ) und zum Kaufverhalten (häufig vs. weniger häufig / hohe vs. niedrige Ausgaben für Bio-Produkte) zu testen (vgl. Homer & Kahle 1988, S. 644). Die Ergebnisse belegen die generellen Mittelwertunterschiede hinsichtlich der Werte-Profile in den jeweiligen Gruppen, d.h. Personen mit einer positiven Einstellung zur Ernährung lassen sich anhand ihrer Werte-Struktur von denjenigen Befragten, die keine positive Einstellung zur Ernährung besitzen, differenzieren, ebenso wie die Teilnehmer mit hoher und niedriger Einkaufsfrequenz und großen bzw. kleinen Ausgaben für kontrolliert biologisch angebaute Lebensmittel (vgl. Homer & Kahle 1988, S. 645). Damit lässt sich klar erkennen, dass Werte unterschiedliche Dimensionen besitzen, die für die Ausformung und Entwicklung von Einstellungen sowie Verhaltenstendenzen relevant sind, d.h. Werte zeigen nach diesen Ergebnissen einen beträchtlichen Einfluss auf Einstellungen (vgl. Homer & Kahle 1988, S. 645).

Shrum & McCarty (1997, S. 142ff) postulieren zwar, dass sich robuste Verbindungen zwischen Werten und Verhalten dann zeigen werden, wenn „bessere“ Messverfahren zur Beurteilung (Ermittlung) der Werte entwickelt werden – dazu haben sie einen Vorschlag unterbreitet (siehe 2.2.3), der in dieser Arbeit weiter spezifiziert werden soll – räumen aber auch ein, dass daneben ein besseres Verständnis für individuelle Differenzen in der Konsistenz von Werten und Verhalten geschaffen werden muss, und der Fokus auf den gesamten Prozess, durch den Werte auf das Verhalten Einfluss nehmen, zu legen ist.

Viele der anwendungs- und verhaltensbezogenen Veröffentlichungen haben sich auch explizit mit Messproblemen auseinandergesetzt und werden daher erst im weiteren Verlauf der Arbeit ausführlich(er) gewürdigt.

Abschließend bleibt festzuhalten, dass der übermäßige Gebrauch der positiven Skalenkategorien (Werte als positives Konstrukt) natürlich nicht weiter verwunderlich ist, wenn man sich vor Augen hält, was Werte eigentlich sind (siehe 2.1.1). Deshalb gilt es ein Instrumentarium zu entwickeln, das zur Differenzierung der Daten – aus statistischen Erfordernissen – führt, ohne dass die psychologischen Realitäten dadurch verwischt werden (vgl. Braithwaite & Law 1985, S. 263). Diesem Gesichtspunkt ist der folgende Unterabschnitt gewidmet, in dem bisher praktizierte Verfahren zur Messung von Werten vorgestellt werden.

2.2 Messung von Werten

Allgemein ist unter Messung die Zuordnung eines empirischen Relativs zu einem numerischen Relativs zu verstehen (vgl. Bortz 2005, S. 17). Im Rahmen der Messung von Werten steht vor allem die Kontroverse zwischen Ranking und Rating im Mittelpunkt, die – wie in den vorangegangenen Abschnitten ausgeführt – prinzipiell in den unterschiedlichen Sichtweisen der Werte-Systeme (ein- oder mehrdimensional) ihren Ursprung hat. Die folgende Darstellung bleibt allerdings nicht auf die reinen messtechnischen Aspekte beschränkt, sondern skizziert auch die jeweiligen Ansätze kurz, um die Dinge nicht losgelöst von ihren konzeptionellen Grundlagen zu illustrieren und somit die entsprechenden Zusammenhänge zu verdeutlichen und das Verständnis der Ausführungen zu erleichtern.

Edwards (1967a, S. 33) merkt zur Beschreibung von Personen über bestimmte „Eigenschaften“ – also auch hinsichtlich der Wichtigkeitseinschätzung bestimmter Werte – an, dass es diesbezüglich keinerlei Limitierungen gibt, d.h. Menschen können immer detaillierter charakterisiert werden, ohne dass jemals eine vollständige Kennzeichnung möglich wäre. Es existiert also quasi keine Sättigung bei der Erhebung, wodurch zwangsläufig eine Begrenzung der Anzahl an Werten in den Inventaren vorzunehmen ist. Über deren inhaltliche Minimalanforderungen besteht jedoch kein Konsens, d.h. welche Werte auf jeden Fall in einer entsprechenden Auflistung enthalten sein sollten, bleibt unklar.

Die adäquate Umsetzung theoretischer Konzepte in Befragungsinstrumente wird in der Werte-Forschung nach wie vor als zentrales Problem betrachtet (vgl. Kmieciak 1980, S. 24 und Maag 1989, S. 313ff). Ähnlich äußern sich Hitlin & Piliavin (2004, S. 365ff), die postulieren, dass die Messung von Werten – wie die Erhebung vieler anderer sozialpsychologischer Konstrukte – unvollkommen ist, weil es einen deutlichen Mangel an Standardisierung bei der theoretischen und empirischen Forschung gibt und insbesondere vier methodische Problembereiche virulent sind:

(1) Die Frage, ob Werte am besten über ein Ranking oder Rating erhoben werden sollen;
(2) Das Problem der Zugänglichkeit von Werten bei den befragten Personen;
(3) Der Kontext, unter dem die Antworten gegeben werden;
(4) Die Schwierigkeiten bei Längsschnittstudien (Perioden-, Kohorten- und Alters-Effekte; vgl. Schnell et al. 2005, S. 237ff).

Der letztgenannte Punkt ist vorliegend – wegen des Querschnittscharakters der durchgeführten Untersuchung – nicht von Relevanz.

Hinsichtlich der Messproblematik wurde zu Beginn der Werte-Forschung vor allem die Frage aufgeworfen, ob Werte am besten über ein Ranking oder ein Rating erhoben werden sollen, die zu widersprüchlichen Ergebnissen geführt hat (vgl. Shrum & McCarty 1997, S. 142 und Abschnitt 2.2.2). Obwohl diese Fragestellung noch nicht abschließend geklärt ist, lässt sich in den jüngeren Studien ein Trend zu einem irgendwie gearteten Rating bei der Messung von Werten feststellen (vgl. Shrum & McCarty 1997, S. 142 und die dort aufgeführten Beispiele; Hitlin & Piliavin 2004, S. 367 sowie die derzeitige Popularität des SVS; siehe Abschnitt 2.1.4.2.5), während nach Alwin & Krosnick (1985, S. 535) in der Zeit vor dem SVS noch das Ranking, das bei der Erhebung von Werte-Strukturen am häufigsten verwendete Messverfahren ausmacht.

Neben dem Ranking-Rating Disput ist auch die Zugänglichkeit bzw. Verfügbarkeit von Werten relevant. So wissen Personen in der Realität nicht immer, wie die von ihnen favorisierten Werte lauten, obwohl dieser Tatbestand von Psychologen (vgl. Rohan 2000; Rokeach 1973 und Schwartz, 2005) in ihren Definitionen als „bewusste Repräsentation der Bedürfnisse“ integriert ist (siehe Abschnitt 2.1.1). Außerdem ist das Verständnis darüber, was unter einem konkreten Wert (z.B. Familie) genau zu verstehen ist, sicherlich nicht bei allen Personen als gleich vorauszusetzen. Daneben geben Hitlin & Piliavin (2004, S. 367) zu bedenken, dass sich Akademiker mit abstrakten Konstrukten wie Werten besser auskennen und auseinandersetzen können, als Nicht-Akademiker, was ebenfalls zu verzerrten Messergebnissen führen kann. Schwartz & Bardi (2001) haben versucht, dieser Tatsache dadurch Rechnung zu tragen, dass sie ein weniger abstraktes Messinstrument – den Personal Value Questionnaire (PVQ; siehe Abschnitt 2.1.4.2.5) – entwickelt und eingesetzt haben. Weil Werte üblicherweise durch Selbstauskünfte der Befragten erhoben werden, sind sie natürlich für alle Einseitigkeiten, mit denen diese Erhebungstechnik behaftet ist, ebenso anfällig. So sind – wie bereits aus der Einstellungs-Forschung (siehe Abschnitt 2.1.2.1.2) bekannt – verbale Aussagen nicht notwendigerweise valide Indikatoren eines zugrunde liegenden Konstrukts (vgl. Schuman 1995, S. 68f).

Auch der konkrete Kontext (siehe Abschnitt 3.3), unter dem die Personen ihre Antworten abgeben, dürfte einen wichtigen Einflussfaktor für die Messergebnisse darstellen. In einer Untersuchung von Seligman & Katz (1996, S. 65f) konnte festgestellt werden, dass Werte wie „Freiheit" und „Weisheit" unterschiedlich wichtig eingestuft werden, je nachdem ob vorher ein Priming (siehe Abschnitt 3.3.2.3) auf den Bereich „Abtreibung" oder „Umweltbelange" gegeben war. Die beiden Forscher gehen davon aus, dass durch verschiedene Kontexte auch unterschiedliche Schemata[37] aktiviert werden, die ihrerseits divergierende Werte-Systeme virulent werden lassen. Dementsprechend schlussfolgern sie, dass die abstrakte Natur der Werte-Inventare von Rokeach (1973) und Schwartz (1994), einen Einfluss auf die als wichtig eingestuften Werte der Befragten ausübt.

2.2.1 Allgemeiner Überblick

Nach Lisbach (1999, S. 16ff) lassen sich vier Verständnisse (sowie die damit verbundenen Forschungsbereiche und Messvorschriften) des Werte-Begriffs unterscheiden:

(1) Werte als individueninterne Variable;
(2) empirisch-deskriptive Werte-Forschung;
(3) Werte als Dispositionen;
(4) Messung (Paper-und-Pencil-Tests) individueller Wert-Haltungen.

Bei (1) sind Werte als innerhalb der Person liegende Beurteilungsmaßstäbe angesprochen, während unter (2) die strenge empirische Ausrichtung auf die Frage, wie Individuen und Gruppen zu einem bestimmten Zeitpunkt „werten", im Mittelpunkt steht. Ziel ist es dabei nicht, eine „richtige Moral" zu finden, sondern Konstellationen von Werte-Systemen auszumachen und ihre Wirkungen auf das Fühlen, Denken und Handeln zu bestimmen. Bei (3) steht nicht wertendes Verhalten (z.B. eine Auswahl treffen) an sich zur Debatte, sondern die Disposition (Wert-Haltung, Werte-Orientierung oder Werte-System), dieses zu zeigen. Unter dem letzten Punkt (4) wird die Erhebung von Werten durch projektive Verfahren (vgl. Zoppi & Epstein 2002), inhaltsanalytische Auswertungen[38] (vgl. Diekmann 1995, S. 481ff), klinische Interviews (vgl. Zoppi & Epstein 2002, S. 355f), Verhaltensbeobachtung und schriftliche Befragungen subsumiert.
Wegen der Vorteile, welche die letztgenannte Möglichkeit für die Messung mit sich bringt (geringer Aufwand, auch bei großen Stichproben anwendbar und sowohl für Längsschnitt-, Querschnitt- als auch Validierungsstudien einsetzbar; vgl. Schnell et al. 2005), hat sich dieses Erhebungsverfahren im Wesentlichen durchsetzen können. „Dies darf aber nicht darüber hinwegtäuschen, dass sie wie die anderen Verfahren auch auf einer speziellen, oftmals fragwürdigen Theorie darüber basieren, wie sich das hypothetische Konstrukt der Wert-Haltung in beobachtbarem Verhalten (sei es eine verbale Äußerung oder das Ankreuzen einer Antwortalternative) aktualisiert. Vor allem die direkte Befragung, wie sie von Rokeach (1973) und Schwartz (1992) vorgenommen wurde, setzt voraus, dass die Wichtigkeit von Werten dem Bewusstsein zugänglich sind [sic!]" (Lisbach 1999, S. 17f).
Trotz der weit reichenden Akzeptanz der Relevanz von Werten für menschliches Verhalten – sowohl auf individueller, als auch gesellschaftlicher Ebene – sind die Entwicklungen auf diesem Gebiet immer wieder durch definitorische Probleme und Zweifel an der empirischen Umsetzbarkeit behindert worden (vgl. Braithwaite & Scott 1991, S. 661). So ist es vor allem Rokeach (1968b; 1973) und seinem umfassenden Ansatz zu verdanken, dass sich die Forschung wieder in eine innovative Richtung entwickelt hat, obwohl immer noch keine Konver-

[37] Darunter sind das Wissen über ein bestimmtes Objekt, Ereignis oder eine Handlung zu verstehen (vgl. Herkner 1991, S. 168).

[38] Auf die Probleme beim Einsatz dieser Erhebungsprozedur hat bereits Stiksrud (1976, S. 234) hingewiesen. Trotz seiner relativ jungen Stichprobe, ist es den Probanden schwer gefallen, sich frei und ungezwungen über den intimen Teil des Wertes „Liebe" zu äußern, während sie bei einem vorformulierten Statement keine Schwierigkeiten zeigten, den Wert – ihrer Präferenz entsprechend – in einer Rangordnung zu platzieren.

genz auf konzeptioneller Ebene in Sicht ist, was sich in den nach wie vor vorhanden zahlreichen unterschiedlichen Messvorschläge manifestiert (vgl. Braithwaite & Scott 1991, S. 661). Streitpunkte sind u.a. die Fragen, ob ein Wert das Attribut einer Person ausmacht, die den Wert „ausgeführt" hat oder das Objekt, auf das sich die Ausführung bezieht, sowie die Unterscheidung zwischen Werten als wünschenswert („sollte") oder gewünscht („wollen") – wobei die letztgenannte Differenzierung seit der Arbeit von Kluckhohn (1951) konsensual auf den Aspekt der Wünschenswertigkeit festgelegt ist (vgl. Braithwaite & Scott 1991, S. 661).
Obwohl damit eine Übereinstimmung auf konzeptioneller Ebene getroffen ist, folgt daraus keine Konvergenz für die empirische Erfassung von Werten (vgl. Braithwaite & Scott 1991, S. 662). Ein Streitpunkt in diesem Zusammenhang betrifft die Aspekte, die als wünschenswert einzustufen sind, denn diese konnten alle Dinge vom Interaktionsverhalten einer Person mit ihren Mitmenschen über persönliche Lebensstile und Philosophien bis zu den Ansichten, wie eine Welt aussehen sollte, betreffen. Damit waren adäquate Operationalisierungen durch die Unmöglichkeit der Spezifizierung der Werte-Dimensionen und das Sicherstellen einer systematischen Item-Sammlung behindert. Außerdem bleiben die meisten Ansätze Stückwerk, weil nur bestimmte – willkürlich als wichtig erachtetet – Dimensionen abgedeckt werden (vgl. Braithwaite & Scott 1991, S. 662). Dies hat sich mit der theoretischen Fundierung durch Schwartz & Bilsky (1987; 1990; siehe Abschnitt 2.1.4.2.5) aber grundlegend verändert.
Weiterhin ist im Rahmen der Operationalisierung auch das angemessene Abstraktionsniveau für die Items, immer wieder Gegenstand von Disputen gewesen. Zwar ist es ein weitgehend geteilter Konsens, dass Werte eher als „generell" denn als „speziell" aufzufassen sind, also situationsübergreifend wirksam sein und Objektklassen betreffen sollten (Transzendenz; siehe Abschnitt 2.1.4.2.4.1), dennoch wurde bislang nicht eindeutig geklärt, ob Werte aus den Antworten auf spezifische Einstellungs-Items abzuleiten oder direkt mit generellen Fragen gemessen werden sollten. Dabei ist insbesondere offen geblieben, ab welchem Punkt auf dem Kontinuum „speziell-generell" eine Einstellung in einen Wert übergeht (vgl. Braithwaite & Scott 1991, S. 662). An diesem Punkt sorgte Rokeach (1967; 1973) mit seinem Ansatz für die lange vermisste konzeptionelle und operationelle Synergie im Rahmen der Werte-Forschung (vgl. Braithwaite & Scott 1991, S. 662).
Bedenken gegen das Vorgehen von Rokeach (1973) resultieren aber aus der Verwendung von so genannten Single-Item-Messungen, d.h. jeder der 36 Werte wird lediglich durch ein bis zwei Begriffe (z.B. Freiheit) betitelt, und durch ein bis zwei eingeklammerte Phrasen erläutert (z.B. Unabhängigkeit, Entscheidungsfreiheit) und nicht durch multiple Items repräsentiert, die mehrere Facetten abdecken (vgl. Braithwaite & Law 1985; Gorsuch & McFarland 1972 sowie Mueller 1974). Gemäß der psychometrischen Theorie kann kein einzelnes Item ein Konstrukt umfassend messen, denn jedes Item reflektiert bestimmte Fehler, die teilweise auf andere – aber nicht gemessene – Konstrukte attribuiert werden können oder aus zufälligen Fluktuationen bestehen. Dementsprechend sollten Konstrukte am besten über multiple Items gemessen werden, die eine umfassende Abbildung ihrer theoretischen Grundlagen ermöglichen und irrelevante Aspekte ausklammern. Ein derartiges Vorgehen charakterisiert den konventionellen Ansatz, um zu einer zuverlässigen und gültigen Messung eines Konstrukts zu gelangen (vgl. Braithwaite & Scott 1991, S. 665).
Von dieser Tradition bei der Messung abstrakter Konzepte, die hoch ambivalent und offen für eine Vielzahl an Interpretationen sind, ist Rokeach (1973) mit seinem Ansatz abgewichen (vgl. Braithwaite & Scott 1991, S. 665). Hintergrund sind möglicherweise ökonomische Gründe gewesen (vgl. Gorsuch & McFarland 1972), denn eine Ausweitung über die jeweils 18 Werte hinaus würde die Messung enorm verkomplizieren, wenn diese weiterhin über ein Ranking erfolgen würde (vgl. Braithwaite & Scott 1991, S. 665). Natürlich wird die Frage der Ökonomie durch das fundamentalere Kriterium der Validität (vgl. diesbezüglich speziell zum RVS: McKenna 1979) überlagert, denn was nutzt eine ökonomische Messung, wenn nicht das gemessen wird, was eigentlich gemessen werden soll (vgl. Braithwaite & Scott 1991, S. 665)?

Ob einzelne Items bei der Erhebung von Werten wirklich die gleiche Validität wie multiple Items aufweisen, kann nicht eindeutig beantwortet werden, denn dies hängt nach Gorsuch & McFarland (1972) vom Item und der Untersuchungsfrage ab. Beispielsweise fallen die Messergebnisse für die Werte „salvation" und „equality" des RVS hoch konsistent aus (vgl. z.B. Billig & Cochrane 1979; Bishop et al. 1972 und Feather 1975), während sich hinsichtlich „helpful" und „freedom" stark diskrepante Resultate zeigen (vgl. Feather 1977).
Nach Gröppel-Klein & Germelmann (2005, S. 5) bestehen bei der zielpersonenspezifischen Messung von Werten prinzipiell zwei Möglichkeiten, nämlich der Einsatz eines (quantitativen) Standardinstruments (z.B. RVS, SVS oder LOV) oder die offene (qualitative) Abfrage von Gedanken und Gefühlen zu den relevanten Produkten und Dienstleistungen, bis sich die Werte offenbaren. Im letztgenannten Fall kann beispielsweise die Laddering-Technique (vgl. Bourne & Jenkins 2005, S. 411ff; Burgess 1992, S. 64; Reynolds & Gutman 1984, S. 155ff und Veludo-de-Oliveira et al. 2006, S. 297ff) zum Einsatz kommen, bei der Werte mittels „Means-end-chains" (vgl. Reynolds & Gutman 1988 und Grunert & Grunert 1995) mit den Produkten verknüpft werden, wobei dieser Ansatz natürlich dann besonders geeignet ist, wenn der Fokus auf einem spezifischen Objekt und nicht vorrangig auf der Person liegt (vgl. Durgee et al. 1996, S. 91). Diesbezügliche Problembereiche können Sørensen & Askegaard (2007, S. 66ff) entnommen werden.
Im Folgenden wird daher zunächst kurz auf die qualitativen Messverfahren eingegangen, bevor anschließend die gängigen quantitativen Erhebungsmethoden ausführlich vorgestellt werden, wobei diesbezüglich insbesondere die Auseinandersetzung, ob ein Ranking oder ein Rating das adäquatere Vorgehen darstellt, intensiv beleuchtet wird.

2.2.1.1 Qualitative Messverfahren

Innerhalb der qualitativen Verfahren diskutieren z.B. Grunert et al. (1989, S. 32f) die Möglichkeiten von Beobachtungen sowie der Inhaltsanalyse von Massenmedien, um die Werte-Orientierungen von Konsumenten zu messen. Bei den Beobachtungen schlagen Grunert et al. (1989) beispielsweise eine teilnehmende Beobachtung vor, wie sie auch im Rahmen der ethnologischen Forschung von Völkerkundlern angewandt wird (vgl. Vidich & Lyman 1994). Ein derartiges Vorgehen wird vor allem dann als fruchtbar angesehen, wenn im Rahmen interkultureller Forschung noch wenig über die Werte-Orientierungen der zu untersuchenden Nationen (Ländergruppen, Kulturkreise) bekannt ist, und sich der Forscher eine erste Orientierung verschaffen will. Gleichwohl sind bei dieser Vorgehensweise insbesondere die „Rolle des Forschers" und die „Analyse der Beobachtungen" zwei Problembereiche, die nur schwer zu lösen sind. Die intersubjektive Nachvollziehbarkeit (vgl. Bortz & Döring 2002) ist allerdings ein Problem (Interpretation der fremden Werte im Lichte der eigenen Werte und Vorstellungen), dass den meisten qualitativen Ansätzen inhärent ist (vgl. Grunert et al. 1989, S. 32).
Auch die Inhaltsanalyse von Beiträgen in Massenmedien ist nicht frei von Schwierigkeiten. Dort kommt es vor allem darauf an, die Werte der Gesellschaft und nicht lediglich die Werte der Journalisten, zu identifizieren (vgl. Grunert et al. 1989, S. 34) In der Studie von Grunert et al. (1989) wird der Versuch unternommen, den Werte-Wandel in drei europäischen Ländern anhand der Auswertung von getesteten Produkten in so genannten Verbrauchertest-Zeitschriften (in Deutschland beispielsweise die Zeitschrift „Test" der Stiftung Warentest; vgl. Lösenbeck 2003) zu überprüfen. Dabei werden in Anlehnung an die Bedürfnishierarchie von Maslow (1954) drei Produktkategorien definiert und unterschieden: Basis-Produkte (beziehen sich auf Grundbedürfnisse des täglichen Lebens, z.B. Grundnahrungsmittel), Ergänzende Produkte (sind nicht unbedingt erforderlich, erleichtern aber das tägliche Leben, z.B. Haushaltsgeräte) und Stimulierende Produkte (die allein für Freizeitaktivitäten genutzt werden, z.B. Fotoausrüstungen). Die Autoren sehen ihre Einteilung selber als „debattierbar" an (vgl. Grunert et al. 1989, S. 34), können allerdings in den drei betrachteten Ländern (Deutschland,

Belgien und Großbritannien) über einen Untersuchungszeitraum von 25 Jahren durchaus Unterschiede aufzeigen, wenn das Verhältnis des Tests Ergänzender und Basis-Produkte sowie Stimulierender und Ergänzender Produkte betrachtet wird (vgl. Grunert et al. 1989, S. 34f).
So werden zwar in allen drei Ländern überwiegend Ergänzende Produkte getestet, allerdings ist die Entwicklung in Richtung Stimulierender Produkte in Großbritannien – im Gegensatz zu Deutschland und Belgien – nicht zu erkennen. Gleichzeitig steigt der Quotient aus Ergänzenden und Basis-Produkten allein in Großbritannien, so dass die Autoren folgern, dass sich Großbritannien auf einer anderen (niedrigeren) Werte-Stufe befindet als die beiden anderen Länder (vgl. Grunert et al. 1989, S. 35). Die Ergebnisse haben nach Ansicht von Grunert et al (1989) sowohl direkte Implikationen für das Marketing, als auch Hinweischarakter für mögliche Segmentierungen. Das Ganze erscheint aber sehr vage zu sein, weil zum einen nur interkulturelle Unterschiede auf einer sehr abstrakten Ebene angesprochen sind, die keinerlei Rückschlüsse auf die genauen Werte-Orientierungen innerhalb der einzelnen Länder zulassen, länderspezifische Besonderheiten nicht berücksichtigt werden (z.B. die Finanzausstattung der Verbraucher-Test-Organisationen) und außerdem völlig unklar bleibt, wie Massenmedien auf einen Werte-Wandel reagieren (vgl. Grunert et al. 1989, S. 35).
Rokeach (1973) hat bei der Entwicklung seines Messvorschlags (siehe Abschnitt 2.1.4.2.4.1) zwei alternative Konzepte (Verhaltensbeobachtung und offene Fragen) als untauglich zurückgewiesen. Bei der Verhaltensbeobachtung werden die Probanden in speziell strukturierte Situationen gebracht, wobei aus dem dort gezeigten Gebaren Rückschlüsse auf die zugrunde liegenden Werte der Person gezogen werden. Diese Vorgehensweise ist nach Feather (1975, S. 19) sehr zeitaufwendig, auf den Einsatz in kleinen Gruppen beschränkt, mit erheblichen Interpretationsproblemen verbunden, nicht einfach zu quantifizieren und wird möglicherweise auch durch die Werte des Beobachters beeinflusst. Gegen den Einsatz offener Fragen spricht, dass Befragte oftmals nicht Willens oder in der Lage sind, ihre Werte zu beschreiben bzw. sich nur sehr selektiv (z.B. im Rahmen der sozialen Erwünschtheit) äußern (vgl. Feather 1975, S. 19).
Insgesamt hat also das qualitative Vorgehen bei der Messung von Werten keine große Rolle gespielt, insbesondere wenn Aussagen über Gruppen (z.B. Werte-Orientierung in einem Land) zu treffen waren. Hier dominieren eindeutig die im nächsten Abschnitt diskutierten quantitativen Erhebungen – entweder in Form eines der vorgestellten Standardverfahren oder anhand spezifischer (oftmals auf einen bestimmten Bereich bezogener) selbst konstruierter Instrumente – weil sich damit auch größere Stichproben effizient untersucht lassen (vgl. Schnell et al. 2005, S. 273ff).

2.2.1.2 Quantitative Messungen

Bei diesem Vorgehen ist zunächst eine Unterscheidung zwischen direkten und indirekten Messverfahren vorzunehmen (vgl. Stiksrud 1976, S. 66). Die inhaltliche Konstitution von „Werten" erfolgt bei der SOV (siehe Abschnitt 2.1.4.2.2) beispielsweise deduktiv (indirekt) aus einer Typologie (vgl. Stiksrud 1979, S. 342), die ihrerseits aus einer direkten Erhebung bestimmter Wert-Richtungen besteht. Stiksrud (1979, S. 342f) merkt dazu an, dass als Werte kategorisierte Inhalte, von den Befragten selbst zu formulieren sind – d.h. die Gesichtspunkte müssen entweder offen angegeben oder exakt beschrieben (die Teilnehmer brauchen lediglich noch eine Auswahl aus einer Liste oder eine Einstufung hinsichtlich eines vorgegebenen Kriteriums vorzunehmen) werden, damit von einer höheren Face-Validity[39] sowie einem ausgeweiteten inhaltlichen Spektrum ausgegangen werden kann – und spricht sich damit eindeutig für eine direkte Messung von Werten – und gegen die SOV – aus.

[39] Darunter ist der Grad zu verstehen, mit dem ein Instrument „augenscheinlich" das misst, was es zu messen vorgibt. Im Gegensatz zur Inhaltsvalidität, die sich auf die Test-Konstruktion bezieht, steht bei der Face-Validity der Eindruck des Tests nach seiner Entwicklung im Vordergrund (vgl. Phillips 2005, S. 131 und Turner 1979, S. 85ff).

In diesem Kontext setzen sich Mumford et al. (2002, S. 348ff) beispielsweise mit einem Vergleich der direkten und indirekten Messung von Werten zur Vorhersage von Leistungen auseinander. Basierend auf der Feststellung, dass Werte bei der Untersuchung von Entscheidungen oder Präferenzen mit hoher Wahrscheinlichkeit eines der ausschlaggebenden erklärenden Konstrukte darstellen (vgl. Mumford et al. 2002, S. 348), analysieren die Autoren die prädiktiven Fähigkeiten eines direkten (SVS; siehe Abschnitt 2.1.4.2.5) und eines indirekten (Szenariobasierte Entscheidungen) Messverfahrens zur Leistungsvorhersage (vgl. Mumford et al. 2002, S. 353ff). Bei einer direkten Werte-Messung wird den Befragten eine Liste von Werte- oder Ziel-Statements vorgelegt, die hinsichtlich ihrer Wichtigkeit oder Attraktivität einzuschätzen sind (vgl. Mumford 2002, S. 349). Kritisiert wird ein derartiges Vorgehen – insbesondere in der Form des RVS (vgl. Rokeach 1973 und Abschnitt 2.1.4.2.4.1) – weil es von der Annahme klar artikulierter Prioritäten und nur jeweils einem Item pro Wert ausgeht. Außerdem wird die Anfälligkeit für sozial erwünschte Antworten und der Aufwand sowie Zeitbedarf beim Ranking eines Werte-Inventars mit vielen (Rokeach = 2x18) Objekten moniert (vgl. Mumford et al. 2002, S. 349). Mit dem Instrument von Schwartz (1994) werden diese Kritikpunkte aufgegriffen und zum Teil ausgemerzt, allerdings konnten die generellen Nachteile der direkten Verfahren, die in dem Satz von Annahmen über die Charakteristik von Werten liegen (Menschen kennen ihre Werte, Menschen haben klar artikulierbare Werte-Präferenzen, Menschen beurteilen Ereignisse anhand der ihnen bewussten Werte und Feedback, affektive Resultate oder Zielerreichung können ohne weiteres mit Werten in Beziehung gebracht werden), auch mit dem SVS nicht behoben werden (vgl. Mumford et al. 2002, S. 350).

Im Gegensatz zu den direkten Verfahren, gehen die indirekten Messansätze zur Erhebung von Werten davon aus, dass Menschen keine genauen Kenntnisse über ihre Werte besitzen oder allenfalls schwach artikulierte Werte-Strukturen zeigen (vgl. Mumford et al. 2002, S. 350). Innerhalb dieser Sichtweise bilden sich die geäußerten Werte-Strukturen durch Erfahrungen und Ereignisinterpretationen heraus (vgl. Shah & Higgins 1997, S. 455ff). Dementsprechend werden Werte auch nicht offen abgefragt, sondern über die Entscheidungen von Personen bei bestimmten Problemstellungen erschlossen,[40] wobei die in den Antwortalternativen abgebildeten Werte den Teilnehmern nicht explizit verdeutlicht werden (vgl. Mumford 2002, S. 351).

Bei der Gegenüberstellung der beiden Ansätze zur Messung von Werten ist zu fragen, ob die resultierenden Werte-Strukturen vergleichbar sind, oder ob durch die Konzentration auf vorgegebener Werte bei den direkten Verfahren und die Berücksichtigung sowohl bewusster als auch unbewusster Werte bei den indirekten Verfahren, unterschiedliche Strukturen abgebildet werden (vgl. Mumford et al. 2002, S. 351). Weil direkt gemessene Werte sowohl auf persönliche als auch soziale „Ideale“ fokussieren, sind sie nach Mumford et al. (2002, S. 351) besser geeignet soziale Trends nachzuzeichnen, während indirekte Messungen brauchbarer sind, um differentielle Unterschiede zwischen Personen zu eruieren – insbesondere wenn die Werte nur schwach artikulierbar sind. Die Teilnehmer an der Untersuchung von Mumford et al. (2002, S. 352ff) bearbeiteten in der ersten Sitzung mehrere Testbatterien psychometrischer Instrumente (inklusive der direkten und indirekten Werte-Messungen) und lösten in der zweiten Sitzung drei schlecht definierte Probleme in den Bereichen Management, Neugründung und Marketing, bei denen mit großer Wahrscheinlichkeit ein Einfluss der Werte auf die Aufgabenmotivation und Leistung angenommen werden konnte.

Die indirekte Messung der Werte bei Mumford et al. (2002, S. 354) erfolgt mit der Intention, Werte als Grundlage von Entscheidungen im Leben zu beurteilen. Dementsprechend werden zuerst die acht Bereiche (Arbeit, Familie, Freunde, Freizeit, Politik, Religion, Ausbildung/Philosophie und soziales Klima/Kultur) näher spezifiziert, in denen Menschen in ihrem

[40] Siehe hierzu auch das in Abschnitt 2.2.2.4.1 beschriebene Vorgehen von Inglehart (1977).

Leben wichtige Entscheidungen zu treffen haben, bevor für jeden Bereich 5 bis 10 Werte – aus vorhandenen Inventaren – herangezogen werden, die entsprechende Festlegungen bestimmen (vgl. Mumford 2002, S. 354). In den 28 kurzen Szenarien für alle Bereiche werden anhand weniger Sätze bestimmte Konstellationen beschrieben, zu denen anschließend mehrere Fragen mit einer unterschiedlichen Anzahl an Antwortoptionen (die jeweils einen Wert reflektierten, z.B. finanzielle Sicherheit, Status, Kooperation und soziale Normen) gestellt werden. Bei der Beantwortung waren immer ein Drittel der Alternativen auszuwählen, so dass die den Personen wichtigsten Werte erfasst werden, ohne allerdings eine genaue Rangfolge festzuhalten (vgl. Mumford et al. 2002, S. 354ff).
Die Analyse der Leistungen bei der Lösung der schlecht strukturierten Aufgaben erfolgt durch mehrere Rater hinsichtlich der Kriterien Qualität und Originalität (vgl. Mumford et al. 2002, S. 356ff). Zur Prüfung der Ergebnisse werden zunächst die Korrelationen zwischen den einzelnen Skalen innerhalb der direkten und indirekten Messungen berechnet (vgl. Mumford et al. 2002, S. 358ff). Dabei zeigt sich, dass die Skalen der indirekten Variante eine geringfügig höhere Unabhängigkeit aufweisen und die Antworten bei beiden Verfahren nicht übermäßig durch sozial erwünschte Antworten (Korrelation mit Marlowe-Crowne Skala; siehe 3.2.2.1) oder die Intelligenz der Befragten verzerrt sind (vgl. Mumford et al. 2002, S. 359ff).
Beide Messverfahren offenbaren insgesamt ein aussagekräftiges Muster an Zusammenhängen mit den verwendeten weiteren Indices (vgl. Mumford 2002, S. 362). Bezogen auf die Messung der Leistungen bei den Aufgabenstellungen ergibt sich für die indirekten Skalen – im Vergleich zu den direkten Skalen – ein stärkerer und konsistenterer Zusammenhang (vgl. Mumford et al. 2002, S. 365).[41] Einschränkend zu ihrem indirekten Ansatz weisen auch Mumford et al. (2002, S. 369) darauf hin, dass dieser lediglich zur Leistungsvorhersage und an einer studentischen Stichprobe unter Laborbedingungen getestet wurde. Insgesamt scheinen beide Messverfahren unterschiedliche Informationen hinsichtlich der Werte zu liefern, was sich aus der nicht so hoch ausgeprägten Korrelation zwischen direkten und indirekten Skalen ergibt (vgl. Mumford et al. 2002, S. 369). Allerdings sind die Prozesse zur Generierung der verschiedenartigen Informationen bislang weder für die direkten noch für die indirekten Messverfahren offensichtlich, so dass diesbezüglich noch einiger Forschungsaufwand betrieben werden muss (vgl. Mumford et al. 2002, S. 370). Ob aber insgesamt bei Menschen von zwei Werte-Systemen (einem bewussten und einem mehr unbewussten) auszugehen ist, erscheint fraglich (vgl. Mumford et al. 2002, S. 371).

2.2.2 Kontroverse Ranking – Rating

Dieser – im Rahmen der Werte-Forschung zentrale messtechnische – Problembereich (vgl. Klein & Arzheimer 1999, S. 550) wird nachfolgend ausführlich beleuchtet, weil in der ERR-Technik beide Vorgehensweisen kombiniert werden (siehe Abschnitt 2.2.3). Zunächst wird detailliert auf die Messung von Werten über ein Ranking eingegangen wird, bevor die Erhebung über ein Rating fokussiert wird. Zum Schluss dieses Abschnitts werden dann Studien diskutiert, in denen beide Vorgehensweisen parallel zur Erfassung der hierarchischen Struktur von menschlichen Werte-Systemen eingesetzt wurden, wobei dieser Aspekt anschließend noch auf Bereiche außerhalb der Werte-Forschung ausgedehnt wird. Auf eine erneute Illustration der in diesem Zusammenhang bereits erläuterten sozialpsychologischen Ansätze (siehe Abschnitt 2.1.4.2) wird hier verzichtet – es werden lediglich modifizierende Abwandlungen diskutiert.

[41] Hier spielt allerdings auch die Reichweite der Konzepte (vgl. Wiswede 1998) eine Rolle, denn die allgemeinen direkten Verfahren dürften diesbezüglich einen wesentlich größeren Umfang besitzen als die spezifischen indirekten Ansätze. Solange die indirekten Verfahren in dieser Hinsicht ständige Anpassungsprozesse des Instruments an die jeweilige Aufgabenstellung erforderlich machen, sind die allgemeineren direkten Verfahren vorzuziehen, da hier kein zusätzlicher Konstruktionsaufwand notwendig wird und die Ergebnisse unterschiedlicher Studien auch besser vergleichbar sind.

Wichtige Variablen um die Äquivalenz von Rating und Ranking-Methoden zu bestimmen, liegen in der Zusammensetzung der Objektliste sowie der Anzahl an Skalenkategorien begründet (vgl. Russell & Gray 1994, S. 91). Wenn die Items – wie im Falle eines positiven Konstrukts (Werte; siehe Abschnitt 2.1) – nur schwer zu differenzieren sind, würde das Ranking lediglich zu artifiziellen Resultaten führen. Steigt hingegen die Differenzierbarkeit der Stimuli, so werden die Vorteile eines Rankings gegenüber einem Rating virulent (vgl. Russell & Gray 1994, S. 91). Sind die Objekte hinsichtlich der Beurteilungsdimension stark unterschiedlich ausgeprägt, ist das Rating relativ unsensibel gegenüber derartigen Differenzen, insbesondere wenn es (sehr viel) weniger Skalenpunkte als Objekte gibt, weil die Probanden dann gezwungen sind, Objekte identischen Kategorien zuzuordnen, die sie eigentlich als unterschiedlich einstufen (vgl. Russell & Gray 1994, S. 91). Abhilfe könnte hier eine Ausweitung der Anzahl an Skalenkategorien schaffen (so viele wie Objekte), wobei aber die Nutzungsschwierigkeiten mit zunehmender Anzahl an Kategorien bei den Befragten zunehmen, und Probleme verursachen, die denen eines Rankings einer großen Anzahl an Objekten ähnlich sind (vgl. Russell & Gray 1994, S. 91).
Weil Werte ein recht abstraktes Konstrukt darstellen, ist ihre korrekte Messung ein relativ schwieriges Unterfangen, was an der Vielzahl an Studien, die sich diesem Problem gewidmet haben, abgelesen werden kann. Obwohl sich dabei einige Untersuchungen explizit mit einem Vergleich unterschiedlicher Messinstrumente auseinandersetzen (vgl. beispielsweise Beatty et al. 1985; Kahle et al. 1986 sowie Novak & MacEvoy 1990) gilt das Hauptanliegen meistens der Frage, ob die Befragten eine mehr oder weniger umfangreiche Liste von Werten in eine Rangfolge (vom persönlich bedeutendsten bis zum unbedeutendsten Wert) bringen sollen, oder jeden einzelnen Wert auf einer Rating-Skala einzustufen haben (vgl. McCarty & Shrum 1997, S. 240).
Dabei haben nach Kamakura & Mazzon (1991, S. 209) Vergleiche zwischen der Datengewinnung durch Ranking oder Rating bei der Messung von Werten nicht zu eindeutigen Ergebnissen geführt, d.h. keines der beiden Verfahren hat sich als das eindeutig Überlegene herausgestellt. Die Resultate auf aggregierter Ebene (Reihenfolge der Mittelwerte beim Rating im Vergleich zur durchschnittlichen Rangfolge beim Ranking) sind ähnlich (vgl. Alwin & Krosnick 1985; Feather 1973 und Moore 1975). Die Test-Retest-Reliabilität bei Anwendung eines Rankings ist etwas besser als die eines Ratings, obwohl die Unterschiede nur marginal ausfallen (vgl. Munson & McIntyre 1979; Rankin & Grube 1980, S. 240) sowie Reynolds & Jolly 1980). Beim Ranking zeigt sich zudem ein geringerer Messfehler (vgl. Miethe 1985) obwohl dieses Verfahren die geringere prädiktive Validität aufweist als das Rating (vgl. Rankin & Grube 1980, S. 236ff).
Nach Alwin & Krosnick (1985, S. 537) hat sich die Forschung zum Vergleich von Ranking und Rating bei der Erhebung von Werten auf den Value Survey von Rokeach (1967; siehe Abschnitt 2.1.4.2.4.1) konzentriert, wobei die Rating-Prozedur analog zu dem bei diesem Instrument eigentlich vorgesehenen Ranking abgeleitet wird (vgl. McKenna 1979). Die Ergebnisse der Forschungsanstrengungen lassen sich folgendermaßen zusammenfassen:

(1) die aggregierten oder durchschnittlichen Präferenzordnungen der Werte nach den beiden Verfahren (Ranking und Rating) besitzen eine hohe Ähnlichkeit (vgl. Feather 1973; 1975 und Moore 1975);
(2) die individuellen Präferenzordnungen weichen hingegen für Ranking und Rating voneinander ab (vgl. Moore 1975 sowie Rankin & Grube 1980, S. 243f), was hauptsächlich in der beim Rating gegebenen Möglichkeit gleicher Beurteilungen unterschiedlicher Werte begründet ist;
(3) die Ergebnisse von Zeitreihenanalysen fallen für das Ranking geringfügig besser aus als für das Rating (vgl. Munson & McIntyre 1979; Rankin & Grube 1980, S. 240 und Reynolds & Jolly 1980);

(4) die Vorhersagevalidität der Ratings ist etwas höher als diejenige der Rankings (vgl. Rankin & Grube 1980, S. 240ff).

Nach diesen Resultaten sind die beiden Verfahren (Ranking und Rating) gleich gut geeignet, aggregierte Präferenzordnungen festzustellen (vgl. Alwin & Krosnick 1985, S. 537f). Bei anderen Forschungszielen (z.B. der Verbindung zwischen individueller Wert-Orientierung und Verhalten) im Zusammenhang mit Werte-Präferenzen, können die Verfahren hingegen unterschiedliche Eignung besitzen, so dass über ihre Validität immer nur in Bezug auf das konkrete Forschungsziel entschieden werden kann (vgl. Diekmann 1995, S. 224f).
Weiterhin ist zu beachten, dass die Ranking- und Rating-Aufgabenstellungen möglicherweise sehr unterschiedliche Aufforderungscharakteristiken der Erhebung etablieren (vgl. Russell & Gray 1994, S. 81). Nach Feather (1973) induziert die Anweisung eines Rankings bei den Befragten eine Tendenz, relative Beurteilungen zwischen den einzustufenden Objekten vorzunehmen, d.h. der zugeordnete Rangplatz eines Items reflektiert nur dessen Position im Rahmen des angebotenen Objektpools und nicht seine absolute Stellung innerhalb des generellen Speichers derartiger Objekte im Gedächtnis der befragten Personen. Im Kontrast dazu wird bei der Anweisung, eine Objektmenge hinsichtlich eines Kriteriums einem Rating zu unterziehen, den Probanden die Möglichkeit zu stärker absoluten Beurteilungen eingeräumt, indem beispielsweise jedes Item unabhängig mit einem nicht im Auswahlsatz enthaltenen „Anker-Item“ verglichen werden kann (vgl. Russell & Gray 1994, S. 81f).
Shrum & McCarty (1997, S. 142f) führen die aktuelle Entwicklung des verstärkten Rückgriffs auf das Rating bei der Ermittlung von Werten, im Wesentlichen auf das Intervallskalenniveau (siehe Abschnitt 2.2.2.2.1) der so gewonnenen Daten zurück, das gegenüber dem ordinalen Skalenniveau ipsativer Ranking-Daten anspruchsvollere statistische Auswertungen (z.B. Faktoren- und Diskriminanzanalysen sowie Strukturgleichungsmodelle) ermöglicht. Allerdings sind auch die Rating-Daten nicht frei von Problemen, denn in der standardmäßigen Anwendung zeigen die erhobenen Angaben oftmals nur sehr wenig Differenzierung zwischen den Werten, weil diesen Entitäten eine positive Grundhaltung innewohnt (siehe Abschnitt 2.1), die dazu führt, dass nur wenige Personen Werte als „unwichtig“ einstufen, was zu einem Deckeneffekt (es werden fast ausschließlich sehr hohe Beurteilungen vergeben; vgl. Alliger et al. 1988) bei den Ratings führt (vgl. Shrum & McCarty 1997, S. 142f). Die mangelnde Differenzierung und daraus resultierende kategorienmäßige Begrenzung in den Daten hat zur Konsequenz, dass möglicherweise relevante Beziehungen zwischen Werten und weiteren Variablen überdeckt werden, und z.B. geringe Korrelationen nicht eine schwache Relation zwischen Werten und Kriteriumsvariablen reflektieren, sondern lediglich ein Zeichen unzureichender Messverfahren darstellen, die – wegen fehlender Differenzierung innerhalb der Daten – nicht in der Lage sind, die wirklichen Einflüsse korrekt aufzudecken (vgl. Shrum & McCarty 1997, S. 143).
Nach diesen einleitenden Vorbemerkungen wird nachfolgend zunächst die auf einem Ranking basierende Messung von Werten gewürdigt.

2.2.2.1 Ranking-Verfahren zur Gewinnung von Daten in Erhebungssituationen

2.2.2.1.1 Anwendungsbeispiele zum Einsatz eines Rankings

Im Rahmen der Werte-Forschung haben verschiedene Autoren auf ein Ranking als Messverfahren zurückgegriffen, wobei vorliegend im Wesentlichen die Ansätze von Rokeach (1973) und Kohn (1969) diskutiert werden. Rokeach (1973; siehe Abschnitt 2.1.4.2.4.1) – als stärkster Befürworter eines Rankings bei der Erhebung von Werten – geht davon aus, dass Werte im gegenseitigen Wettbewerb miteinander stehen, und Individuen sich im Konfliktfall entscheiden müssen, welchen Wert sie verfolgen wollen, so dass ein Ranking – und eine daraus ableitbare klare hierarchische Struktur (siehe Abschnitt 2.1.5) – das nahe liegendste Messver-

fahren ist. Diese Argumentation wird beispielsweise auch von Inglehart (1977) angeführt (siehe Abschnitt 2.2.2.4.1).
Weil das Ranking beim RVS (jeweils 18 terminale und instrumentelle Werte) sehr aufwendig ist, sind einige Varianten entwickelt worden (vgl. Gröppel-Klein & Germelmann 2005, S. 5). So erfolgt eine Beschränkung der Anzahl an zu rangordnenden Werten auf die im konkreten Kontext wichtigsten (vgl. Kamakura & Mazzon 1991 sowie Kamakura & Novak 1992) oder es wird die LOV (siehe Abschnitt 2.1.4.2.4.4) eingesetzt, bei der insgesamt lediglich neun – ausschließlich personenorientierte – Werte abfragt werden. Bei einer Beschneidung der Werte-Anzahl darf aber nicht außer Acht gelassen werden, dass die Vergleichbarkeit der Ergebnisse und die Variabilität des abgefragten Werte-Sets eingeschränkt sind (vgl. Gröppel-Klein & Germelmann 2005, S. 2).
Kamakura & Mazzon (1991, S. 209ff) schlagen ihrerseits kein „neues" Erhebungsverfahren vor, sondern sie werten – auf der Basis von Rankings – erhobene Daten des RVS durch ein auf der Maximum-Likelihood-Schätzung beruhendes Rechenverfahren (Rank-Logit-Modell) aus, um daraus Segmentierungen der Stichprobe ableiten zu können. Ihr Vorgehen ist damit eng an das von Kahle et al. (1986) und Novak & MacEvoy (1990) bei der LOV angelehnt (siehe Abschnitt 2.1.4.2.4.4), unterscheidet sich aber von diesen dadurch, dass nicht nur der an der Spitzenposition gelegene Wert, sondern die gesamte Werte-Hierarchie einer Person, einbezogen wird (vgl. Kamakura & Mazzon 1991, S. 210). Da eine Annahme des von Kamakura & Mazzon 1991, S. 216) verwendeten Modells aber gleiche Fehlervarianzen für alle Rangpositionen betrifft, räumen sie selber ein, dass für die Extrem-Positionen – also die besonders wichtigen bzw. unwichtigen Werte – wohl andere Sicherheiten bei den Befragten vorliegen als bei den eher ambivalent beurteilten Werte im Mittelblock der entsprechenden Liste (siehe Seite 43), so dass die Voraussetzungen des Modells durchaus verletzt sein könnten. Gerade diese Annahme (relative sichere Bestimmung der Extrem-Werte) macht sich der MLR-Ansatz von McCarty & Shrum (1997) zunutze, obwohl natürlich hier darüber nachgedacht werden muss, ob nicht die Bestimmung der beiden extremsten Werte auch ein nicht unerhebliches Auswahlproblem für die Befragten darstellt. Auf diesen Aspekt wird in Abschnitt 5.3.2.2 eingegangen.
Bei der Messung von Werten mit dem RVS sind zwei Problembereiche besonders fokussiert worden, zum einen die Frage Ranking vs. Rating (siehe dazu auch Abschnitt 2.2.2.4.2) und zum anderen das subjektive Ideal eines jeden Wertes (vgl. Munson 1984, S. 19). Hinsichtlich des letztgenannten Aspekts ist mit Munson (1984, S. 20f) danach zu fragen, inwieweit die geäußerte Wichtigkeit für einen spezifischen Wert mit dem individuellen Erfüllungsgrad dieses Wertes in der Wahrnehmung der befragten Person übereinstimmt. Aus der Diskrepanz zwischen der aktuellen Ausprägung und der Wichtigkeitseinschätzung lassen sich weitere Schlussfolgerungen hinsichtlich des Werte-Systems von Personen ziehen. Es sollte jedenfalls nicht vorkommen, dass Wichtigkeitseinschätzungen als Surrogat für „aktuelle Erfüllung des Wertes" oder einen subjektiven Idealzustand fungieren.
Searing (1979, S. 154ff) hat die Werte von britischen Politikern erhoben und dabei einen zu Rokeach (1973) vergleichbaren Ansatz gewählt, und in mehreren Schritten ein eigenes Instrument mit vier Listen von jeweils neun Werten entwickelt (vgl. Searing 1979, S. 157ff). Der Grund für die Konstruktion eines eigenen Werte-Inventars liegt nach Searing (1979, S. 158) darin, dass bei der Erhebung von Werten in speziellen Gruppen (hier: Politiker), nur solche Konstrukte abgefragt werden sollten, die im Rahmen des Gruppenkontextes zentral sind. Hier lässt sich natürlich kritisch fragen, ob Politiker „andere" Werte verfolgen als Normalbürger oder beispielsweise Top-Manager? Bei der speziellen Klientel wären außerdem manche Items des RVS (z.B. an exciting life) vielleicht nicht „so gut angekommen" (vgl. Searing 1979, S. 157ff). Diesbezüglich lässt sich anmerken, ob Politiker in ihrer beruflichen Rolle andere Werte vertreten als in ihrer Rolle als Privatperson, und ob man in diesem Fall überhaupt noch von Werten sprechen kann, sondern vielmehr von politischen Ideologien (vgl.

Wiswede 2004, S. 249). Wäre Letzteres der Fall, würde dies natürlich auch die Entwicklung eines eigenen und angepassten Instrumentariums zur entsprechenden Messung erforderlich machen.
Innerhalb der vier Aufstellungen sind die Werte alphabetisch angeordnet und enthalten in den Listen A und B eher die Ziele (terminale Werte nach Rokeach 1973) und in den Listen C und D die entsprechenden Mittel (vgl. Searing 1979, S. 159ff). Die erstgenannten Listen wurden insgesamt als einfacher zu sortieren eingestuft (vgl. Searing 1979, S. 162).
Sehr interessant sind die Aussagen von Searing (1979, S. 165) zur Bearbeitung der Aufgabenstellung (den Abgeordneten wurden die vier Listen auf einem einzigen Blatt zur persönlichen Bearbeitung während des Interviews übergeben, so dass der Interviewer die Möglichkeit hatte, ihr Verhalten zu beobachten). Jeder Befragte bearbeitete die Listen der Reihe nach in der vorgesehenen Abfolge A, B, C und D. Innerhalb der Listen lasen die Abgeordneten zunächst alle Werte und ordneten dem ihnen wichtigsten Wert die Platzziffer „1" zu. Anschließend wurden die acht verbliebenen Werte erneut durchgeschaut und die Position „2" bestimmt usw. Allerdings haben etwa ein Drittel der Befragten nach der Bestimmung der ersten zwei oder drei Top-Positionen das Vorgehen gewechselt, und diejenigen Werte unter den verbliebenen identifiziert, die sie als die unwichtigeren eingestuft haben, wobei auch hier zuerst die Position „9" bestimmt wurde, dann „8" und „7". Den übrigen Werten wurden dann die mittleren Ränge zugewiesen (vgl. Searing 1979, S. 165).
Weiterhin haben sich die Politiker gegenüber dem Ranking so geäußert, dass diese Ordnungsaufgabe ihnen mehr Strukturen auferlegt, als sie tatsächlich in ihrem gewöhnlichen Umgang mit den Gegenständen zeigen. Insbesondere wurde betont, dass die Anordnung der Werte sie zu Entscheidungen zwischen Werten gezwungen hat, die sie vorher gar nicht als kompetitiv wahrgenommen hatten (vgl. Searing 1979, S. 161).
Im Rahmen seiner Abhandlungen zum RVS setzt sich Feather (1975, S. 292ff; siehe Abschnitt 2.1.4.2.4.2) ebenfalls mit Faktoren auseinander, die das Ranking der Werte beeinflussen können und diskutiert: (1) Kontexthinweise (siehe dazu auch Abschnitt 3.3) während der eigentlichen Ausführung, (2) auf das Testmaterial bezogene Hinweise und (3) Persönlichkeitseigenschaften der Befragten. Unter (1) versteht Feather (1975, S. 293) u.a. Aspekte in der Person des Experimentators, der sozialen Situation (Gruppen- oder Einzeltest) und der Anonymität. Auch die motivationalen Gesichtspunkte der Testsituation spielen nach Feather (1975, S. 293) eine Rolle, denn der RVS ist kein subtiles und unauffälliges Messinstrument, weshalb Kosten- und Nutzenaspekte auf Seiten der Befragten eine wichtige Funktion für die Aufgabe der Rangfolgebildung ausüben (siehe dazu auch die Ausführungen zum Satisficing in Abschnitt 3.2.2.4.1). Bei (2) sind hauptsächlich Inhalt und Umfang der Werte-Listen sowie ihre interkulturelle Einsetzbarkeit angesprochen. So kann beispielsweise die Befragung ganz spezieller Gruppen (bei Feather 1975, S. 172ff z.B. Strafgefangene) die Veränderung der Werte-Listen erforderlich machen. Auch Seligman & Katz (1996, S. 53ff) erweitern in ihrer Versuchsreihe die Anzahl der Werte, um bestimmte Zusammenhänge zu Einstellungen besser überprüfen zu können. Als für die vorliegende Arbeit wichtigster Faktor wird von Feather (1975, S. 293) die Durchführungsprozedur (Ranking, Rating oder Paarvergleich) angeführt. Weiterhin schlägt Feather (1975, S. 293) den Test alternativer Durchführungsanweisungen vor, deren Ausprobieren in seinen Augen lohnend wäre, wie beispielsweise: Heraussuchen der fünf wichtigsten und fünf unwichtigsten Werte, das Zulassen gleicher Ränge und die Untersuchung von Intransitivitäten, wenn Paarvergleiche eingesetzt werden. Relevante Persönlichkeitseigenschaften (3) betreffen nach Feather (1975, S. 393f) vor allem den Umgang mit sozial erwünschtem Antwortverhalten, die Fähigkeiten mit der Ranking-Aufgabe fertig zu werden und das Verständnis der – teilweise abstrakten – Begriffe.
Nach Rokeach (1973, S. 62) gibt es viele Gründe, warum ein Wert im oberen oder unteren Bereich der persönlichen Rangfolge erscheint, denn ein hoher Rangplatz kann beispielsweise aus dem Umstand resultieren, dass eine Person nichts von dieser Sache besitzt, aber etwas

haben möchte oder dass sie zwar etwas davon aufweist, aber noch mehr davon ihr Eigen nennen will. Niedrige Rangplätze lassen sich dann dadurch erklären, dass die Person den entsprechenden Wert besitzt und als selbstverständlich ansieht oder dass sie noch nicht reif genug ist, über diesen Wert zu entscheiden.
Im Gegensatz zu Rokeach (1973) ist bei Kohn (1969) kein vollständiges Ranking von Objektlisten gefordert, sondern lediglich eine Auswahl der drei wichtigsten und unwichtigsten Items vorzunehmen. Kohn (1969) setzt sich in seinen Arbeiten mit der Überlegung auseinander, dass die Zugehörigkeit zu einer höheren Schicht (sozialen Klasse[42]) eher mit einer stärkeren Wertschätzung von Selbstbestimmung/Selbstbestimmtheit einhergeht, während die Mitgliedschaft in einer niedrigeren Schicht (sozialen Klasse) eher mit einer Anerkennung der Konformität mit extern vorgegebenen Standards verbunden ist. Dazu werden mehrere (auch internationale) Studien durchgeführt, wobei die weiter unten präsentierte Fragetechnik in einer mündlichen Befragung von 1500 Vätern mit Kindern im Alter von 3 bis 15 Jahren in den USA zum Einsatz gelangte (vgl. Kohn 1969, S. 47f).
Als Ergebnis der Studie lässt sich festhalten, dass die Klassenzugehörigkeit, die Beurteilung der Werte, die Väter für ihre Kinder als wichtig erachten, konsistent zu den Annahmen bestätigt: Je höher die soziale Klasse, desto stärker wird Selbstbestimmheit als wichtigster Wert angesehen und je niedriger die soziale Klassenzugehörigkeit ist, desto stärker wird die Konformität mit extern vorgegebenen Standards wertgeschätzt. Diese Aussagen treffen unabhängig von Alter und Geschlecht der Kinder zu, und liegen ebenso in verschiedenen Segmenten (Rasse, Religionszugehörigkeit, Region, Familiengröße etc.) vor (vgl. Kohn 1969, S. 71f).
Bei der Frage nach der Relevanz von Eigenschaften zur Beurteilung der eigenen Person bestätigen sich im Wesentlichen die Ergebnisse der Wert-Orientierung für die eigenen Kinder. Väter, die einer höheren sozialen Klasse angehören, weisen eine hohe Wertschätzung für Selbstbestimmung auf und sind ebenso davon überzeugt, dass diese Orientierung in einer Gesellschaft möglich und wirksam ist. Bei einer Zugehörigkeit zu einer niedrigeren sozialen Klasse verfolgen die Väter stärker Konformität und sind gleichzeitig auch der Überzeugung, dass Konformität alles ist, was ihre eigenen Kapazitäten und die Anforderungen der Welt ihnen zubilligt (vgl. Kohn 1969, S. 86f).
Kohn (1969) machte in der Untersuchung – neben der Ermittlung der Wert-Orientierung – auch an weiteren Stellen von der Aufgabenstellung, Rangfolgen zu bilden, Gebrauch, wobei er sie in verschiedenen Formen einsetzt. Das generelle Vorgehen wird anhand der Frage nach den Verhaltensweisen im Job illustriert (vgl. Kohn 1969, S. 248), bei der zunächst die drei wichtigsten Verhaltensweisen aus einer Liste mit 14 Vorgaben (z.B. einen guten Eindruck auf andere Personen machen; schnelles Denkvermögen; im Voraus planen; oder schnell und beweglich sein) herauszusuchen waren, die zur guten Ausführung des eigenen Jobs erforderlich sind. Im zweiten Teil der Frage ist dann aus diesen drei Angaben diejenige Verhaltensweise herauszufiltern, welche die allerwichtigste ausmacht. Anschließend sind nach dem gleichen Muster die drei am wenigsten wichtigen Verhaltensweisen anzugeben, sowie aus dieser Auswahl wieder diejenige zu bestimmen, die am unwichtigsten ist. Insgesamt sind also vier Teilfragen zu beantworten. Eine genaue Reihenfolge der drei erst- und letztplatzierten Arbeitsbestandteile ist auf diesem Wege nicht abzuleiten, sondern eindeutig sind nur die wichtigste und unwichtigste Verhaltensweise identifiziert, denn die in den Dreiergruppen jeweils verbleibenden Items brauchten nicht weiter sortiert zu werden.
Beachtenswert ist in diesem Zusammenhang, dass kein Rating der Aspekte erfolgte, sondern allein 6 der 14 Verhaltensweisen auszuwählen waren. Über deren relativen Abstände (wie weit liegen z.B. die als wichtigste und unwichtigste eingestuften Verhaltensweisen wirklich auseinander?) können somit keine weiteren Angaben gemacht werden. Um Gesamtergebnisse

[42] Die soziale Klasse wird über einen gewichteten Index mit den Dimensionen berufliche Position (7 Ausprägungen) und Bildung (7 Ausprägungen) bestimmt, der zu einer Aufteilung in fünf Klassen führt, die letztendlich zu zwei Klassen (Mittelklasse und Arbeiterklasse) aggregiert werden (vgl. Kohn 1969, S. 10ff).

für die Probandengruppe angeben zu können, wird allen Items ein Punktwert zugeordnet, der entsprechend ihrer Auswahl variiert (vgl. Kohn 1969, S. 48). Wird eine Verhaltensweise als wichtigste identifiziert, bekommt sie 5 Punkte zugewiesen und den zwei weiteren wichtigen Verhaltensweisen werden 4 Punkte zuteil. 3 Punkte erhält jedes Item, das sich nicht unter den wichtigsten oder unwichtigsten Verhaltensweisen einer Person befindet. Die als unwichtigste Verhaltensweise identifizierte Eigenschaft wird mit einem Punkt belegt und die beiden weiteren als unwichtig klassifizierten Verhaltensweisen bekommen 2 Punkte (vgl. Kohn 1969, S. 48). Jetzt lässt sich für jeden der Aspekte ein Gesamtmittelwert berechnen, der einen Wertebereich zwischen 1 (alle Befragten haben ein und denselben Aspekt als unwichtigsten Punkt identifiziert) und 5 (alle Befragten haben ein und denselben Gesichtspunkt als wichtigsten Punkt identifiziert) aufweist. Damit wird von einer identischen Gewichtung innerhalb der drei Gruppierungen, die aus mehr als einem Item bestehen (Punktwerte 2 bis 4), ausgegangen. Diese Vorgehensweise ist simplifizierend und dürfte auch nicht unwesentlich von der Anzahl der Items abhängen, die den Umfang der Mittelkategorie (nicht als wichtig oder unwichtig ausgewählte Aspekte) determinieren. Allerdings lassen sich damit wohl auch Deckeneffekte vermeiden, weil die niedrigst- und höchstmöglichen Kategorien pro Befragtem nur einmal vergeben werden. Hieraus wird dann ein entsprechender Index der thematisierten Verhaltensweisen konstruiert.
Kritisch ist zu diesem Ansatz anzumerken, dass er zwar schnell und relativ einfach durchzuführen sein dürfte, jedoch werden – durch die nur um eine Einheit abgestuften Punktwerte sowie die Annahme von identischen Beurteilungen innerhalb der jeweiligen Item-Gruppe – nur Pseudomittelwerte erzeugt. Man aggregiert also eigentlich ipsative Daten, weil selbst in dem Fall, in dem die gleiche Verhaltensweise als wichtigste ausgewählt wird, die graduellen Einstufungen der Personen durchaus unterschiedlich ausfallen könnten. Gerade dies wird aber von Kohn (1969, S. 48f) bestritten, der die Mittelwertbestimmung als Hauptvorteil seiner Vorgehensweise ansieht, die zum einen eine wesentliche leichtere Vergleichbarkeit der Aspekte impliziert und zum anderen den Einsatz parametrischer statistischer Analyseverfahren erlaubt. Die Intervallskalenqualität der nach dem oben beschriebenen Muster gebildeten Daten sieht Kohn (1969, S. 49) zwar kritisch – auch er geht nicht davon aus, dass die Distanzen der Fünf-Punkte-Skala identisch sind, was sie bei Zugrundelegen einer Intervallskala aber sein müssten (vgl. Bortz 2005, S. 19ff) – kategorisiert aber mit Verweis auf Blalock (1964, S. 94) den durch dieses Vorgehen begangenen Fehler als sehr gering und in keinem Verhältnis zu dem erreichten Nutzen stehend. Nach Hitlin & Piliavin (2004, S. 365) wurde der Ansatz von Kohn (1969) selbst aber nicht weiterverfolgt (siehe hierzu aber Abschnitt 2.2.4.2.2)

2.2.2.1.2 Beurteilung des Rankings für die Erhebung von Werten

Das Verfahren der Rangordnung von Werten ist vielfach kritisiert worden (vgl. z.B. zum RVS Clawson & Vinson 1978, S. 398), weil damit gewonnene Daten weniger Informationsgehalt (gleich wichtige Werte werden künstlich auseinander gezwängt und kognitiv weit voneinander entfernt liegende Werte haben möglicherweise nur die Distanz von ein paar Rangplätzen) besitzen als über Intervall- oder Ratio-Skalen erhobene Daten. Andererseits führte die Substitution des Rankings durch ein Rating zu einer Verengung der Einstufungen der Werte auf einige wenige Kategorien am oberen Ende der Antwortskala (vgl. Beatty et al. 1985, S. 184 und Vinson et al. 1977a; 1977b), was meistens eine statistisch signifikant geringere Reliabilität dieser Daten im Vergleich zu einem Ranking oder einem vollständigen Paarvergleich zur Folge hat – während die beiden letztgenannten Verfahren diesbezüglich oftmals keine statistisch signifikanten Unterschiede aufweisen (vgl. Reynolds & Jolly 1980, S. 534f).
Bei einem Ranking nur die erstplatzierten (wichtigsten) Werte zuordnen zu lassen und diese als Segmentierungskriterium zu nutzen, stellt hingegen nach Williams (1968, S. 287) den eher unwahrscheinlichen Fall für eine adäquate Abbildung dar. Auch Rokeach (1973, S. 11ff) ar-

gumentiert in diese Richtung, wenn er feststellt, dass ein einmal in das Werte-System einer Person integrierter Wert, über eine hierarchische Einbettung zu einem Teil des organisierten Ganzen wird. Dieses Gesamtsystem fungiert dann als ein „Generalplan" zur Lösung von Konflikten, Fällen von Entscheidungen etc. Es sind also nicht einzelne Werte die Personen oder Gruppen differenzieren, sondern unterschiedliche Werte-Hierarchien (vgl. Rokeach & Ball-Rokeach 1989, S. 775).

Die Frage, ob eine Rangordnung die optimale Prozedur zur Messung von Werten darstellt, lässt sich nach Braithwaite & Law (1985, S. 262f) eher ablehnend beantworten. Ihre Befragten haben sehr viele Werte als gleich wichtig eingestuft, mache Werte als keinesfalls konfliktär zueinander bezeichnet und einige überhaupt nicht miteinander in Beziehung gesetzt, so dass ein striktes Ranking eine entsprechende Struktur nicht adäquat abbilden würde. Dabei verschweigen Braithwaite & Law (1985, S. 263) allerdings auch nicht den Hauptnachteil einer Rating-Prozedur, der in der oftmals unterschiedslosen Nutzung der positiven Kategorien durch die Teilnehmer liegt. Um ein derartiges (nicht-differenzierendes) Verhalten zu limitieren, sehen Braithwaite & Law (1985, S. 263) die Entwicklung von adäquaten Bezeichnungen für die einzelnen Antwortalternativen und geeigneten Instruktionen zur Aufgabenbewältigung für die Teilnehmer als vorrangige Forschungspriorität an. Denn es scheint so, dass nicht das Halten bestimmter Werte, sondern eher die Fähigkeit, den eigenen Werten Prioritäten zuzuordnen, der Schlüssel für das Verständnis des Zusammenhangs zwischen Werten und Verhalten ist (vgl. Braithwaite & Law 1985, S. 263). Diese Aussage unterstreicht einmal mehr die Bedeutung, die den eingesetzten Messverfahren bei der Erhebung von Werten zukommt.

2.2.2.1.2.1 Ranking als Verfahren zur Feststellung von Präferenzen

Nach Fowler (1998, S. 361) lassen sich alle Ranking-Aufgaben unter vier Kategorien subsumieren:

(1) Den Befragten wird eine Liste mit Alternativen vorgelegt, die sie alle von oben nach unten hinsichtlich eines bestimmten Kontinuums in eine Reihenfolge bringen sollen;
(2) Die Teilnehmer bekommen eine Liste mit Alternativen, aus der Sie jetzt aber die hinsichtlich einer bestimmten Dimension erstplatzierte, zweitplatzierte usw. Alternative zu benennen haben;
(3) Durchführung einer Reihe von Paarvergleichen (siehe Abschnitt 2.2.4.2.1), so dass immer das Verhältnis von jeweils 2 Optionen bei einer Abfrage bestimmt wird;
(4) Ein vollständiges Rating, bei dem alle Aspekte der Liste hinsichtlich einer spezifischen Antwortskala eingeordnet werden.[43]

Die erste Option ist vor allem bei kurzen Listen attraktiv – wenn die Aufstellung umfangreicher wird, oder im Rahmen einer telefonischen Befragung, ist diese Vorgehensweise langwierig, ermüdend (vgl. Gröppel-Klein & Germelmann 2005, S. 16) bzw. kaum durchführbar.[44] Gleiches gilt für Paarvergleiche (siehe Abschnitt 2.2.4.2.1), wobei sich dort auch schnell Inkonsistenzen (siehe Abschnitt 3.2.2.3) ergeben können.

In der Praxis wird daher meistens auf die vierte Möglichkeit zurückgegriffen, weil trotz der Existenz von gleichen Objekt-Kategorisierungen oftmals eine grobe Ordnung abgelesen werden kann (vgl. Fowler 1998, S. 362). Prinzipiell lässt sich aus der obigen Klassifizierung auch das in dieser Arbeit im Mittelpunkt stehende Vorgehen von McCarty & Shrum (1997; 2000; siehe Abschnitt 2.2.3) ableiten, bei dem die Optionen (2) und (4) kombiniert und in Bezug auf

---

[43] Hieraus ist allerdings oftmals – und mit Sicherheit in den Fällen, die denen die Anzahl der Alternativen diejenige der Kategorien der Antwortskala überschreitet – keine eindeutige Rangfolge abzuleiten.

[44] Russell & Gray (1994, S. 80) postulieren, dass bis zu 20 Objekte einem Ranking unterzogen werden können, aber bei einer noch höheren Anzahl auf ein Rating zurückgegriffen werden sollte, weil ein Ranking dann zu schwierig und zeitaufwendig wäre.

die Auswahl des erst- und letztplatzierten Items begrenzt sowie in festgeschriebener Reihenfolge (erst Ranking und dann Rating) einsetzt werden.
Bradburn et al. (2004, S. 328f) geben beim Einsatz von Ranking-Aufgaben zu bedenken, dass diese Fragetechnik bei langen Itemlisten sehr schwierig sein kann. Durchführbar ist ihrer Meinung nach aber immer eine Angabe der drei am meisten und der drei am wenigsten favorisierten Items. Die sequenzielle Zuordnung wird von ihnen – für eine überschaubare Menge an Alternativen – ebenfalls dargestellt (vgl. Bradburn et al. 2004, S. 328). Ranking-Fragen sind nach ihrer Ansicht vor allem dann sinnvoll, wenn Items zu beurteilen sind, zu denen generell eine hohe Zustimmung zu erwarten ist, so dass es leicht zu Deckeneffekten kommen kann, und somit nur wenig Differenzierung in den Daten widerspiegelt. Der Vorschlag von Bradburn et al. (2004, S. 329) zur Umgehung des Problems unzureichender Differenzierung zielt allerdings in die entgegengesetzte Richtung zu dem von McCarty & Shrum (1997; 2000) favorisierten Vorgehen, denn sie raten in den Fällen, in denen zu viele Items vorhanden sind, um ein Ranking sinnvoll durchführen zu können, dazu, die Items erst einem Rating zu unterziehen und anschließend die drei oder vier Items zu benennen, welche die Befragten als die wichtigsten ansehen.
Rankings sind vor allem in schriftlichen Befragungen einfach einzusetzen, weil die Befragten alle Alternativen (gleichzeitig) im Blick haben, und das Ranking selbstbestimmt vornehmen können (vgl. Bradburn et al. 2004, S. 165 und Brady 1990, S. 1017). Am Telefon dürfte der Einsatz dieser Fragetechnik nach Bradburn et al. (2004, S. 166) allerdings sehr schwierig durchzuführen sein, und auf partielle Rankings beschränkt bleiben. Auch in schriftlichen Befragungen halten Bradburn et al. (2004, S. 166f) ein Ranking nur bei fünf bis sieben Alternativen für angebracht, weil die Befragten ansonsten verwirrt werden. So geben nach Bradburn et al. (2004, S. 167) Befragte beim Ranking von mehr als vier oder fünf Items an, das sie entsprechende Aufgabenstellungen als sehr schwierig empfinden, und sich insbesondere hinsichtlich der Mittelpositionen bei der Reihenfolge sehr unsicher sind (siehe zu diesem Problem auch die Ausführungen auf den Seiten 43 und 70 dieser Arbeit). Wenn die Anzahl der in eine Rangfolge zu bringenden Items größer als sieben ist, sollten andere Techniken angewandt werden, z.B. eine Beschränkung auf die Items, die sich an den Rändern (die Besten / die Schlechtesten) der Verteilung befinden. Dabei transformieren die Befragten nur eine bestimmte Anzahl (1 bis 3 je Seite) in eine Reihenfolge und lassen die restlichen Items unberücksichtigt. Dieser Technik liegt die Annahme zugrunde, dass die meisten Personen relativ klare Vorstellungen darüber haben, was sie als gut bzw. schlecht einstufen, aber nur relativ ungenaue Auffassungen von den Rangplätzen im Mittelfeld aufweisen.
Ohne auf Kohn (1969) zu verweisen, beschreiben Bradburn et al. (2004, S. 167) in diesem Zusammenhang das von ihm gewählte Vorgehen (siehe Abschnitt 2.2.2.1.1). Bradburn et al. (2004, S. 168) lassen allerdings im Gegensatz zu Kohn (1969) keine identischen Ränge zu, wenn aus den drei wichtigsten und unwichtigsten Items noch die jeweiligen Positionen zwei und drei angegeben werden sollen, so dass zur Ableitung einer eindeutigen Reihenfolge lediglich zwei Items platziert werden müssen (Charakteristikum ipsativer Daten; siehe Abschnitt 2.2.2.1.2.3). Diese Technik legen Bradburn et al. (2004, S. 168) aber nur dann nahe, wenn die Rangfolgen an der Spitze und am Schluss genauer spezifiziert werden müssen, was abhängig von der zu untersuchenden Fragestellung ist. Prinzipiell ließe sich diesbezüglich natürlich auch noch an weitere Vorgehensweisen denken, indem abwechselnd ein wichtigstes und unwichtigstes Item auswählen sind, wobei man bei den Extremen anfängt und sich zur Mitte hin bewegt.
Rankings sind vor allem dann schwierig, wenn sich die in eine Reihenfolge zu bringenden Items oder Objekte stark voneinander unterscheiden, oder wenn alle gleich wünschenswert (positive Konstrukte) bzw. nicht wünschenswert sind (vgl. Bradburn et al. 2004, S. 168).

2.2.2.1.2.2 Vorteile der Ranking Prozedur

Durch ein Ranking wird eine eindeutige hierarchische Struktur erzeugt, wenn die Vergabe identischer Rangplätze ausgeschlossen ist (vgl. Russell & Gray 1994, S. 80). Außerdem dürfte die Aufgabenstellung intuitiv verständlich sein, denn Personen sind Ranglisten (Hitparaden, Top-Ten-Listen etc) aus ihrem täglichen Leben bekannt (vgl. Hakanen 2002, S. 245 und Kladroba 2005, S. 5ff). Daneben kann bei Verwendung gummierter Labels (z.B. RVS Form D) – die eine einfache Reorganisation einer getroffenen Reihenfolge erlauben – der Schwierigkeitsgrad der Aufgabenstellung reduziert werden, weil damit die Rangfolge der Objekte auch optisch präsent ist (vgl. Stiksrud 1976).

Die Vorteile ipsativer – d.h. auf einem Ranking beruhender – Messungen liegen nach Hicks (1970) in ihrer geringeren Anfälligkeit für Antwortverzerrungen und dem Einsatz bei Konstrukten, die aus theoretischer Sicht ipsativen Charakter haben, bei denen also eine klare Hierarchie vorliegt (siehe hierzu die Ausführungen in Abschnitt 2.1.5). Allerdings liegt die Beweislast für die Vorlage dieser Konstellation beim Testanwender und -nutzer (vgl. McKenna 1979, S. 54).

Rankin & Grube (1980, S. 242) erläutern Argumente, warum auch bei nicht-normalverteilten und ipsativen (ordinalen) Daten Varianzanalysen (ANOVA) berechnet werden können, und führen insbesondere die Robustheit des F-Tests an. Mosteller & Rourke (1973) schlagen als sinnvolle Strategie vor, sowohl parametrische als auch nicht-parametrische Tests durchzuführen, deren Resultate zu vergleichen und das größte Vertrauen in die Ergebnisse zu setzen, die konsistent sind (vgl. Rankin & Grube 1980, S. 242). Weitere Ansätze zur multivariaten dimensionalen Analyse haben Jackson & Alwin (1980) sowie Brady (1990) unterbreitet.

Homant (1969, S. 885) hat postuliert, dass ein Ranking in den Fällen sinnvoll ist, in denen davon auszugehen ist, dass ein bestimmtes Verhalten durch die relative – und nicht absolute – Wichtigkeit der Werte einer Person bestimmt wird.

Außerdem erfassen Ranking-Skalen die Unterschiede zwischen den Items „feiner" als eine Rating-Skala, wobei allerdings durch die Forced-Choice Situation (eine Platzziffer darf nur ein einziges Mal vergeben werden) eine Pseudo-Genauigkeit suggeriert werden kann, die in Wirklichkeit gar nicht vorliegt (vgl. Hollerbach 1998, S. 230f).

Ein Ranking führt – als Konsequenz des dem Verfahren inhärenten Effektes ipsativer Daten – zu negativen Korrelationen zwischen den Werten, während ein Rating positive Korrelationen fördert (vgl. Alwin & Krosnick 1985, S. 542).

Penner et al (1968, S. 417f) haben aufgezeigt, dass die Reliabilität des RVS vergleichbar mit derjenigen ist, die über Paarvergleiche ermittelt wird, weswegen sich Homant (1969, S. 886ff) mit der Konstruktvalidität der durch ein Ranking gemessenen Werte des RVS befasst hat. Dazu werden die Rankings mit den entsprechenden Beurteilungen (Ratings) der Werte hinsichtlich der drei – auf 15 Skalen abgebildeten – Dimensionen eines semantischen Differentials (Evaluation, Aktivierung, Dominanz) verglichen, wobei eine Korrelation mit der evaluativen Komponente, aber keine Beziehungen zwischen Werten und Aktivierung sowie Dominanz postuliert werden (vgl. Homant 1969, S. 886). Anhand der Ergebnisse lässt sich auf eine gute Konstruktvalidität des RVS schließen, während sich die vorhergesagte Korrelation mit den einzelnen Dimensionen des semantischen Differentials nur ansatzweise zeigt (vgl. Homant 1969, S. 888f). Dies dürfte ein wichtiger Hinweis auf die mehrdimensionale Struktur jedes einzelnen Wertes sein, die sich nicht allein durch eine spezifische Komponente beschreiben lässt.

Abschließend ist noch zu konstatieren, dass beim Ranking durch die Einforderung einer hierarchischen Ordnung, bei den Probanden möglicherweise intensive Nachdenkprozesse angeregt werden, die sie ermutigen könnten, ihre diskriminativen Fähigkeiten voll auszunutzen – insbesondere wenn die Vergabe identischer Rangplätze untersagt ist (vgl. Russell & Gray 1994, S. 81).

2.2.2.1.2.3 Nachteile eines Rankings von Werten

Der schwerwiegendste Nachteil von Ergebnissen, die auf einem Ranking basieren, liegt in deren ipsativer Datenstruktur (vgl. Hicks 1970, S. 167ff). Bei einer derartigen Messung ist die Summe der Beurteilungen aller Objekte (hier: Werte) für sämtliche Befragten gleich – wenn die Personen mit Missing Values und Identitäten ausgeschlossen werden (vgl. Gorsuch 1970b, S. 139f). Für die zu beurteilenden Objekte gilt zudem, dass die Einstufung eines Objekts, einen geringeren Score für die verbliebenen Objekte impliziert, wenn davon ausgegangen wird, dass die Objekte nach absteigenden Platzierungen ausgewählt werden (vgl. McKenna 1979, S. 53). Damit werden die Items bei einem Ranking aber nicht unabhängig voneinander gemessen (vgl. Hollerbach 1998, S. 230f), sondern führen zu einer linearen Abhängigkeit innerhalb der Liste der aufgeführten Objekte (vgl. Clemans 1965; Jackson & Alwin 1980). Dementsprechend wird durch ipsative Daten die Stärke der Ausprägungen der Items nicht erfasst (vgl. Munson 1984, S. 19), d.h. es werden nur relative Abstufungen ermittelt,[45] wohingegen Rating-Skalen zwar die Stärke erfassen, aber nicht die Beziehungen der einzelnen Items untereinander (vgl. Hollerbach 1998, S. 230f). Letzteres ist im Rahmen von Ratings aber dann möglich, wenn mehr Skalen-Kategorien als einzustufende Objekte zur Verfügung stehen, und jedes Item einer anderen Antwortalternative zugeordnet wird – wovon aber nicht notwendigerweise auszugehen ist.

Die ipsativen Punktwerte weisen spezielle Charakteristika auf, denn mit ihnen können keine systematischen Gruppenunterschiede erfasst werden (vgl. Ng 1982, S. 170). Weiterhin wird eine Hierarchie der Werte innerhalb der Individuen vorausgesetzt und auch die Anwendung statistischer Auswertungsverfahren ist begrenzt (vgl. Gorsuch 1970b, S. 140f). Wenn also beispielsweise keine Werte-Hierarchie bei den Befragten existiert, müssen sie in der Erhebungssituation eine entsprechende Rangfolge kreieren, die dann aber nicht mehr ihrer wahren Werte-Struktur entspricht, sondern aus den situativen Anforderungen heraus „geboren" wurde (vgl. Gorsuch 1970b, S. 140). Deshalb sollten ipsative Messverfahren lediglich in den Fällen zum Einsatz gelangen, in denen sie bedeutsame Antwortverzerrungen besser als andere Verfahren reduzieren können – wobei der Nachweis vom Anwender des Verfahrens zu führen ist (vgl. Rankin & Grube 1980, S. 234).

Die Nützlichkeit ipsativer Messungen bei der Erhebung von Werten wird vor allem durch zwei psychometrische Probleme beeinträchtigt: (1) Normative Vergleiche von absoluten Werte-Ausprägungen sind unpassend und (2) werden Möglichkeiten ausgeschlossen, empirische Beziehungen zwischen getesteten Attributen zu determinieren (vgl. McKenna 1979, S. 53f). Der erstgenannte Aspekt betrifft Aussagen über generelle hohe oder niedrige Einordnungen von spezifischen Werten in bestimmten Gruppen, denn diese Verbindungen können allein aus dem Zusammenspiel mit den übrigen Werten erklärt werden und dementsprechend vollständig artifiziellen Charakter haben – wäre eine anders gestaltete Werte-Liste zum Einsatz gelangt, wären die starken und schwachen Werte möglicherweise gänzlich anders ausgefallen (vgl. McKenna 1979, S. 53f).[46] Beim zweiten Gesichtspunkt bezieht sich die Einschränkung auf die nicht genau bestimmbare Beziehung zwischen verschiedenen Werten, die aus der unbekannten Höhe der noch vorhandenen methodischen Varianz in jeder Korrelation resultiert. Damit sind erhebliche Einschränkungen bei der Anwendung

---

[45] Ein spezifischer Rangplatz für ein Objekt ist nur in Relation zu den Rangplätzen der anderen Objekte interpretierbar und gibt keine Hinweise auf absolute Differenzen zwischen den Objekten. So kann das am höchsten eingestufte Objekt lediglich „das geringste Übel" darstellen, d.h. vom Beurteiler aber überhaupt nicht hoch geschätzt werden – die übrigen Objekte werden allerdings noch schlechter beurteilt (vgl. Russell & Gray 1994, S. 80).

[46] Ng (1982, S. 170) hebt explizit die Restriktion der Werte-Listen beim Ranking hervor, denn sinnvolle Vergleiche sind – aufgrund der gegenseitigen Abhängigkeit der Werte beim Ranking – nur bei identischen Werte-Listen möglich, während bei einem Rating auch dann zweckmäßige Vergleiche angestellt werden können, wenn die Werte-Liste verkürzt oder erweitert wurde.

faktorenanalytischer Verfahren und der diskriminativen Validität gegeben (vgl. McKenna 1979, S. 54).
Weil die interne Repräsentation von Werten bei Personen nicht notwendigerweise so fein strukturiert vorliegt, als dass sie den Anforderungen eines Rankings genügen würde (vgl. Maio et al. 1996, S. 179), kann dieses Erhebungsverfahren zu verzerrten Ergebnissen führen. Personen scheinen eher abstrakte und stärker generelle Unterscheidungen zwischen Werten vorzunehmen, so dass feiner strukturierte Unterscheidungen möglicherweise nur dann getroffen werden, wenn in einer spezifischen Situation Werte-Konflikte vorliegen, womit die Differenzierungen auch von bestimmten situativen Gegebenheiten abhängen können (vgl. Maio et al. 1996, S. 179; Seligman & Katz 1996). Aus praktischer Sicht ist nach Maio et al. (1996, S. 179) jedenfalls zu konstatieren, dass ein Rating von Werten zu deren „besseren" Abbildung führt als ein Ranking. Insofern könnten bei der Messung von Werten mit einer traditionellen Rangfolgebildung viele Hypothesen allein deshalb keine Unterstützung erfahren, weil die Ausgangsdaten nicht den „wahren Tatsachen" entsprechen. Die in einer Meta-Analyse gefundenen schwachen Zusammenhänge zwischen Werten, Einstellungen und Verhalten (vgl. Kristiansen & Hotte 1996), könnten also stärker ausfallen, wenn Werte über ein Rating anstatt mittels Ranking erhoben würden (vgl. Maio et al. 1996, S. 179f).
Nach Feather (1975, S. 22) wird das Ranking des RVS von den meisten Befragten als eine schwierige Aufgabe beschrieben, weil alle aufgeführten Werte prinzipiell einen positiven Charakter aufweisen (siehe Abschnitt 2.1) und sämtliche Items gleichzeitig gegeneinander abgewogen werden müssen (vgl. Hollerbach 1998, S. 230f). Wegen dem höheren Schwierigkeitsgrad eventuell aufkommende Frustrationen beim Ranking, fungieren deshalb vielleicht auch als Initiator von Antworten, die nicht allein auf dem Iteminhalt basieren und deshalb auch Instabilitäten Vorschub leisten können (vgl. McKenna 1979, S. 61). Außerdem darf nicht vergessen werden, dass ein Ranking – insbesondere bei Listen mit vielen oder wenig unterschiedlichen Objekten – zeitintensiv ist (vgl. Alwin & Krosnick 1985, S. 536; Kim & O'Mahony 1998, S. 243 sowie Munson & McIntyre 1979, S. 49), so dass ebenso Aspekte der Verfahrensökonomie tangiert werden. Auch für Telefonbefragungen ist ein Ranking kaum geeignet, denn zu seiner sinnvollen Durchführung werden visuelle Hilfen benötigt (vgl. Groves & Kahn 1979, S. 122ff sowie Raboteg-Šarić et al. 1997, S. 776).
Aus methodischer Sicht lässt das Rangordnungsverfahren zudem keine Falsifizierung der Eindimensionalitätsthese zu, da den Befragten durch den Rangordnungs-Stimulus eine Unidimensionalität der Items vermittelt wird (vgl. Hollerbach 1998, S. 230f sowie Klein & Arzheimer 1999, S. 552) und insbesondere bei einer geringen Zahl von Items das Prinzip der Unabhängigkeit der Messung verletzt wird (vgl. Maag 1991, S. 26f).
Dementsprechend sind Verfahren der Rangordnung – insbesondere beim RVS – vielfach kritisiert worden (vgl. u.a. Ng 1982, S. 170), weil dadurch gewonnene Daten weniger Informationsgehalt (gleich wichtige Werte werden künstlich auseinander gezwungen und weit auseinander liegende Werte haben möglicherweise nur die Distanz von ein paar Rangplätzen) besitzen als über Intervall- oder Ratio-Skalen erhobene Daten. Ein zweites Problem liegt in den Instruktionen begründet, denn diese verzerren die Reihenfolge in Bezug auf deprivierte und saturierte Werte (vgl. Clawson & Vinson 1978, S. 398). Die Anweisung, die Werte in eine Wichtigkeitsrangfolge bezüglich ihres Leitprinzips für das eigene Leben zu bringen (vgl. Rokeach 1973, S. 358), erlaubt keine Trennung zwischen dauerhafter Wertschätzung und situativen Notwendigkeiten. So werden Personen mit niedrigem Einkommen „Ein komfortables Leben" relativ hoch einstufen, während dies bei wohlhabenden Personen wahrscheinlich nicht der Fall sein wird (vgl. Clawson & Vinson 1978, S. 398). Die Person mit geringem Einkommen „braucht" also diese Bedingungen, während sie eine wohlhabende Person bereits besitzt – trotzdem könnten beide Personen diesen Wert gleich hoch schätzen. Drittens fehlen in den beiden Listen des RVS einige Werte, die von einem substanziellen Anteil der amerikanischen Bevölkerung gehalten und durchaus hoch eingeschätzt werden, wie Gesundheit, Physische

Attraktivität, Jugendlichkeit etc., auf die gerade im Zusammenhang mit Werbung immer wieder zurückgegriffen wird (vgl. Clawson & Vinson 1978, S. 399).
Weitere Nachteile des Rankings liegen in der Begrenzung des Listenumfangs, damit die Befragten nicht überfordert werden und dem Verbot gleichrangiger Einstufungen, das Ärger hervorrufen könnte, wenn zwei oder mehrere Werte eigentlich als gleich wichtig eingestuft werden (vgl. Feather, 1975, S. 37).
Nach Ng (1982, S. 169) ist ein Ranking auch auf die Befragten beschränkt, deren Hierarchie – zumindest größtenteils – auskristallisiert ist und nicht in Kulturen einsetzbar, in denen ein Gleichgewicht von zwei Werten gestattet ist. Bei einer noch nicht sonderlich ausgeprägten und verankerten Werte-Hierarchie sind Ranking-Daten – Gegensatz zu Rating-Scores – von minderer Qualität (vgl. Huismans & Kość 1980, zitiert nach Ng 1982, S. 169).

2.2.2.2 Die Verwendung von Rating-Skalen zur Erfassung von Antworten in Umfragen

In Marketing-Umfragen gelangen meistens Rating-Skalen zum Einsatz (vgl. Munson & McIntyre 1979, S. 49; McCarty & Shrum 1997, S. 239), so dass zur Anwendung dieses Instruments sehr viele Forschungsergebnisse vorliegen, die nachfolgend – ausschnittsweise für die in der hier referierten Untersuchung relevanten Variationen – diskutiert werden.
Ein Rating stellt nach Kammerer (1999, S. 7) „die subjektive Beurteilung eines Bewerters eines Untersuchungsobjektes bezüglich eines Merkmals durch Zuteilung definierter, ordinal skalierter Evaluativa dar".
Bei der Abgabe von Antworten auf Rating Skalen ist außerdem zu beachten, dass dabei von den Befragten zwei Entscheidungen zu fällen sind, nämlich zu einem hinsichtlich ihrer generellen Richtung („negativ", „neutral" oder „positiv") und zum anderen bezüglich ihrer Stärke (vgl. Albaum 1997, S. 332).

2.2.2.2.1 Die Diskussion um das Skalenniveau von Rating-Skalen

Speziell bei Likert-Skalen gibt es eine beständige Kontroverse über ihr Skalenniveau, d.h. die Frage ob entsprechend erhobene Daten ordinal- oder intervallskaliert sind (vgl. Baker et al. 1966; Bintig 1980). Der hierbei angesprochene Unterschied betrifft die Distanz zwischen den Skalenpunkten, die bei Intervallskalen für jeweils zwei benachbarte Punkte identisch ist, während bei Ordinalskalen lediglich eine eindeutige Reihenfolge der Skalenwerte angegeben werden kann (vgl. Bortz 2005; Wirtz & Caspar 2002). Die Einstufung hat vor allem Konsequenzen für die Anwendbarkeit bestimmter statistischer Analyseverfahren, da viele dieser – insbesondere multivariaten – Verfahren, intervallskalierte Daten voraussetzen (vgl. Bortz 2005, S. 441).
McCarty & Shrum (1997, S. 249) sehen ebenfalls das Problem, dass die Daten aus einer psychometrischen Perspektive nicht ohne weiteres als intervallskaliert betrachtet werden können. Sie geben allerdings zu bedenken, „dass derartige Daten (z.B. aus Rating-Skalen oder Semantischen Differentialen) bei der Datenanalyse typischerweise als intervallskaliert behandelt werden und in den meisten sozialwissenschaftlichen Studien auch als solche ausgewiesen werden" (McCarty & Shrum 1997, S. 249). Dieser Einschätzung wird auch bei der Auswertung der Daten der vorliegend referierten Untersuchung gefolgt.

2.2.2.2.2 Das Kriterium der Anzahl an Antwortoptionen

Eng mit dem im vorhergehenden Abschnitt diskutierten Problem des Skalenniveaus ist die Festlegung der Anzahl an Antwortkategorien verbunden, denn je differenzierter die Befragten ihre Einschätzungen abgeben können, desto eher kann Intervallskalenniveau angenommen werden (vgl. Preston & Colman 2000, S. 3f). Natürlich kann diesbezüglich kein linearer und monoton steigender Zusammenhang vorausgesetzt werden, denn mit zunehmenden Differenzierungsmöglichkeiten steigen auch die kognitiven Belastungen für die Befragten an, weil es immer schwieriger wird, eine präzise Kategorisierung der eigenen Gedanken vorzunehmen

(vgl. Tourangeau et al. 2000). Insofern dürften die beiden vorliegend eingesetzten fünf- und elf-stufigen Antwortskalen diesen Bereich ganz gut abgedeckt haben.
Nach Hui & Triandis (1989, S. 300) führt eine Erhöhung der Anzahl an Antwortkategorien dazu, dass nun auch Personen, die bei „kleinen“ Skalen „Übersetzungsschwierigkeiten“ (die eigenen Gedanken und Verortungen an die Skalenoptionen anpassen) haben, die feinere Unterteilung nutzen können, um ihre Antworten stärker zu differenzieren, was zur Folge hat, dass die Häufungen an den Skalenendpunkten verschwinden.
Die Unterscheidung einer geraden oder ungeraden Anzahl an Optionen (Mittelkategorie Ja oder Nein) dürfte insbesondere weil keine „Weiß nicht“ Option zur Verfügung gestellt wurde wichtig sein, denn in diesen Fällen kann die mittlere Option entsprechend interpretiert und genutzt werden. Dabei kann die Existenz einer mittleren Kategorie (ungerade Anzahl an Antwortoptionen) das Skalenniveau beeinflussen, denn diese Option wird – sofern vorhanden – nach Bishop (1987) häufiger gewählt und weist nach Raajmakers et al. (2000) eine semantische Ambiguität der Art auf, dass zum einen eine „neutrale“ Position gemeint sein könnte, in ihr zum anderen aber auch Unentschlossenheit oder Meinungslosigkeit zum Ausdruck kommen könnte (vgl. Cox 1980; Lissitz & Green 1975; Matell & Jacoby 1971, 1972). Schmalensee (1994) bringt das Dilemma auf den Punkt, indem sie anführt, dass die Festlegung der Anzahl an Antwortoptionen subjektiver Willkür folgt, weil sich in der Literatur bislang keine favorisierte Anzahl herauskristallisiert hat, und die Menge der Antwortkategorien deshalb weitgehend durch das konkrete Forschungsvorhaben determiniert werden sollte.
Dementsprechend wurde vorliegend insbesondere darauf geachtet, eine Antwortskala einzusetzen, deren Anzahl an Optionen, die zu beurteilende Objektmenge (hier: 17 Werte) nicht übersteigt.
Hinsichtlich unterschiedlicher Skalenweiten (fünf und neun Kategorien) kommen Daamen & de Bie (1992, S. 108) zu dem Ergebnis, dass die Range-Skewness Effekte (siehe Abschnitt 3.1.2.1.4) nicht durch die Möglichkeit zur stärkeren Differenzierung (vgl. Schönpflug 1972, S. 146) reduziert werden, d.h. die vier zusätzlichen Antwortoptionen haben keinen abmildernden Einfluss ausgeübt.[47] Insofern wäre es natürlich möglich, dass auch vorliegend die Erhöhung der Anzahl an Antwortkategorien keine stärkere Differenzierung nach sich zieht – allerdings darf dabei nicht unbeachtet bleiben, dass bei Daamen & de Bie (1992) Wahrscheinlichkeitsschätzungen im Rahmen bestimmter Kontextsetzungen im Vordergrund standen, während vorliegend ja eine ganz andere Fragestellung verfolgt wird.

2.2.2.2.3 Die Verankerung von Rating-Skalen

Nach Bortz & Döring (2002, S. 178f) gibt es verschiedene Formen, Rating-Skalen durch Beispiele zu verankern, z.B. durch Example Anchored Scales, bei denen die Skalenpole mit ganz konkreten Verhaltensmustern (z.B. Er versucht, jeder Schwierigkeit aus dem Weg zu gehen – Es reizt ihn, Schwierigkeiten zu überwinden; vgl. Bortz & Döring 2002, S. 177) belegt sind. Diese haben sich insbesondere in der klinischen Forschung und der Persönlichkeitspsychologie bewährt, wobei die Verankerung auch mittels typischer Zeichnungen, Testreaktionen oder Fotografien erfolgen kann.
Rating-Skalen, deren Abstufungen durch konkrete Falldarstellungen verdeutlicht werden, finden nicht nur in der klinischen Psychologie, sondern auch in zahlreichen anderen Einsatzgebieten wie z.B. bei der Beschreibung beruflicher Tätigkeiten, der Bewertung von Arbeitsleistungen oder im sozialen Bereich Verwendung (vgl. Bortz & Döring 2002, S. 179 sowie Smith & Kendall 1963). Die Ermittlung der Skalenwerte für die Falldarstellungen von „Behaviorally Anchored Rating Scales“ (BARS, vgl. DeCotiis, 1978) basierte ursprünglich auf dem „Law of Categorial Judgement“ (vgl. Bortz & Döring 2002, S. 156f) und wurde inzwischen erheblich verbessert (vgl. Campbell et al. 1973; Champion et al. 1988; DeCotiis,

---

[47] Mit aus diesem Grund erfolgte vorliegend der Einsatz einer elf-stufigen Antwortskala.

1978 und Kinicki & Bannister, 1988). Einen Literaturüberblick zu dieser Rating Technik findet man bei Schwab et al. (1975) und eine Analyse der psychometrischen Eigenschaften bei Kinicki et al. (1985).
Bei Carpenter & Blackwood (1979, S. 62ff) geht es nicht um die Skalenpunkte, sondern hier wird für ein nicht in der Liste enthaltenes Objekt ein mittlerer Punktwert (50 auf einer Skala von 0-100) vorgegeben, anhand dessen sich die Befragten orientieren und nun alle 16 Objekte hinsichtlich ihrer persönlichen Vorliebe einordnen können. Trotz dieser Verankerung über ein mittleres Objekt – was im Rahmen der Erhebung von Werten (positives Konstrukt) sehr problematisch sein dürfte, so dass hier eine Fokussierung auf die Extreme sinnvoller erscheint – kommt es auch bei einer Variation der Reihenfolge der Objekte zu Positionseffekten, d.h. 11 der 16 Tiere wiesen ihren geringsten durchschnittlichen Punktwert dann auf, wenn sie an erster Stelle der Liste platziert waren (bezogen auf die Maximalposition trat der niedrigste Mittelwert für ein Tier dann auf, wenn es an Position 4 aufgeführt wurde. Die höchsten Mittelwerte für alle Tiere zeigten sich für eine Position in der zweiten Hälfte der Aufstellung (vgl. Carpenter & Blackwood 1979, S. 62). Insgesamt zeigte sich, dass es trotz des angebotenen Referenzpunktes zumindest des Ratings eines weiteren Objektes (Tier) bedurfte, bevor die Befragten eine stabile Basis zur Punktvergabe etabliert haben (vgl. Carpenter & Blackwood 1979, S. 64).
Allerdings führen auch Carpenter & Blackwood (1979, S. 64) einschränkend an, dass eine stabile Verteilungsbasis möglicherweise niemals erreicht wird, weil mit jeden neuen Objekt der Liste eine Redefinition in Bezug auf das folgende Objekt vorgenommen wird.

2.2.2.2.4 Das Problem der Labelung der Antwortoptionen

Auch das Weglassen numerischer Label für die einzelnen Antwortkategorien (also z.B. „1" für „unwichtig" und „5" für „wichtig") trägt zur Intervallskaleneigenschaft der Antwortskala bei, denn in diesem Fall können die „kognitiven" Abstände der einzelnen Optionen von den Befragten selbst festgelegt werden, wobei angenommen wird, dass das vorgegebene Antwortspektrum äquidistant eingeteilt wird (vgl. Krosnick & Fabrigar 1997, S. 149ff).
Ein weiterer Aspekt der Bezeichnung der Antwortoptionen betrifft die Labelung der Mittelkategorie. Davon wurde vorliegend Abstand genommen, weil „weder unwichtig noch wichtig" eine zu platzintensive Angelegenheit geworden wäre (insbesondere bei einer 11er Skala hätte diese Bezeichnung wohl über mehreren Kategorien gestanden, und wäre kaum eindeutig zu interpretieren gewesen). Außerdem ist nicht einzusehen, warum dann nicht alle Skalenpunkte mit einer Bezeichnung versehen wurden – dieses Vorgehen hätte die Befragten möglicherweise irritiert. Jedenfalls deuten die Ergebnisse von Schaeffer & Barker (1995) darauf hin, dass eine zusätzliche verbale Labelung des Skalenmittelpunktes den Positivitätsbias reduziert. Ob dies allerdings an der Verdeutlichung der Aussage des Skalenmittelpunktes lag, oder ob nicht allein die Hervorhebung der Antwortoption (über eine Attraktivitätssteigerung) für diesen Effekt gesorgt hat, bleibt unklar. Letzteres erscheint jedenfalls nicht unplausibel, und war der Hauptgrund, warum in der vorliegenden Untersuchung lediglich die Skalenendpunkte mit verbalen Bezeichnungen versehen wurden.
Daneben sollte ebenfalls sichergestellt sein, dass alle Antwortskalen in einer einheitlichen Richtung (von links nach rechts „ansteigend") gepolt sind, um die Befragten auch in dieser Hinsicht nicht unnötig zu verwirren (vgl. Krosnick & Fabrigar 1997, S. 141ff).

2.2.2.2.5 Anwendungen von Ratings bei der Messung von Werten

Um das Spektrum der Erhebungsinstrumente von Werten über die bereits diskutierten Verfahren (siehe Kapitel 2.1.4) zu erweitern, werden in diesem Abschnitt noch zwei alternative Werte-Inventare vorgestellt, die vor allem im soziologischen Bereich Anwendung gefunden haben. Ihre Integration in diese Arbeit ist darin begründet, dass damit zum einen die Problematik der Formulierung der Items (konkret vs. abstrakt) verdeutlicht werden kann und zum

anderen auch eine Anwendung demonstriert wird, in der nicht die persönliche Wichtigkeitseinschätzung im Vordergrund steht, sondern die Beurteilung von Werten als gesellschaftlich wünschenswert. Insgesamt soll dadurch der weite Spielraum bei der Zusammenstellung von Werte-Inventaren und den dazugehörigen Durchführungsanweisungen aufgezeigt werden, und somit das gewählte eigene Vorgehen nachvollziehbarer werden.
Ein Instrument zur Erhebung von Werten, das allein auf Rating Skalen basiert, ist von Herbert (1991, S. 11f) vorgestellt worden. Die genaue Anweisung lautet dabei: „Wenn Sie nun einmal davon ausgehen, was Sie eigentlich in Ihrem Leben anstreben: Wie wichtig [Sieben-stufige Skala von 1 = unwichtig bis 7 = außerordentlich wichtig] sind dann die auf diesen Kärtchen stehenden Aussagen für Sie persönlich?" (Herbert 1991, S. 11). Die 23 Wert-Items des so genannten Speyrer Werte-Inventars haben folgenden Wortlaut:

Werte-Dimension	Item
Konformismus	„Das tun, was andere auch tun"
Konservatismus	„Am Althergebrachten festhalten"
Nationalstolz	„Stolz sein auf die deutsche Geschichte"
Religiosität	„An Gott glauben"
Akzeptanz	„Gesetz und Ordnung respektieren"
Sicherheitsorientierung	„Nach Sicherheit streben"
Konventionelle Leistungsethik	„Fleißig und ehrgeizig sein"
Lebensstandard	„Einen hohen Lebensstandard haben"
Macht	„Macht und Einfluss haben"
Familie	„Ein gutes Familienleben führen"
Partnerschaft	„Einen Partner haben, dem man vertrauen kann"
Gesundheit	„Gesundheitsbewusst leben"
Umweltbewusstsein	„Sich unter allen Umständen umweltbewusst verhalten"
Freundschaft	„Gute Freunde haben, die einen anerkennen und akzeptieren"
Kontaktfreude	„Viele Kontakte zu anderen Menschen haben"
Emotionalität	„Bei Entscheidungen sich auch von seinen Gefühlen leiten lassen"
Autonomie	„Von anderen Menschen unabhängig sein"
Hedonismus	„Die guten Dinge des Lebens in vollen Zügen genießen"
Individualismus	„Sich und seine eigenen Bedürfnisse besser gegen die anderen durchsetzen"
Selbstentfaltung	„Seine eigene Phantasie und Kreativität entwickeln"
Soziale Hilfsbereitschaft	„Sozial Benachteiligten und gesellschaftlichen Randgruppen helfen"
Toleranz	„Auch solche Meinungen tolerieren, denen man eigentlich nicht zustimmen kann"
Politisches Engagement	„Sich politisch engagieren"

Abbildung 14: Die Dimensionen und Items des Speyrer Werte-Inventars (Herbert 1991, S. 12f)

Mit der Fokussierung auf „Anstreben" ist bei diesem Verfahren eine ausgeprägte Zukunftsorientierung angesprochen, die wenig über die tatsächliche derzeitige Wichtigkeit der einzelnen Werte aussagen dürfte. Dies sollte vorliegend unbedingt vermieden werden, denn die darin implizierten Wunschvorstellungen wären eventuell kaum durch konkrete Erfahrungen gedeckt gewesen, so dass hierin eine zu hohe spekulative Komponente enthalten, und außerdem eine Ausweitung sozial erwünschten Antwortverhaltens zu befürchten gewesen wäre. Die Items sind bei Herbert (1991) zwar wesentlich konkreter formuliert als in der hier referierten Erhe-

bung (siehe Anhang 6), wodurch die Aussagen allerdings auch nur jeweils eine einzige Facette der Werte-Dimension ansprechen. Vorliegend wurden die verwendeten abstrakten Begriffe zusätzlich dadurch erläutert, dass deren mögliche Facetten in Klammern ergänzt wurden. Damit sind die Teilnehmer auf die für den jeweiligen Wert relevanten Aspekte aufmerksam gemacht worden, konnten so sämtliche Dimensionen in ihr Urteil einfließen lassen und sind von einer vergleichbaren kognitiven Basis bei der Abgabe der Ratings ausgegangen.
Maag (1991, S. 62ff) hat im Rahmen der Untersuchungen eines Sonderforschungsbereichs[48], die Wert-Orientierungen von berufstätigen Personen sowohl in schriftlichen als auch mündlichen Interviews erfasst. Ihre Vorgehensweise lässt sich folgendermaßen skizzieren (vgl. Maag 1991, S. 66):
18 Werte waren auf Kärtchen geschrieben, wurden gemischt und den Befragten in zufälliger Reihenfolge vorgelegt (in der schriftlichen Befragung ausschließlich in einer Reihenfolge). Als Antwortskala waren 10 Kategorien zwischen „überhaupt nicht wünschenswert" bis „sehr wünschenswert" vorgegeben, auf denen die einzelnen Vorgaben zu beurteilen waren („Dass sich die meisten Menschen in unserer Gesellschaft im Allgemeinen danach richten, halte ich für ..."). Der Einleitungstext zu diesem Fragenkomplex lautete wie folgt: „Jeder hat ja Vorstellungen darüber, welche Verhaltensweisen in unserer Gesellschaft wünschenswert sind und welche nicht. So eine Vorstellung wäre zum Beispiel, dass man „ordentlich sein" soll. Das kann man ganz allgemein für wünschenswert halten oder auch nicht. Auf diesen Kärtchen stehen einige solcher Vorstellungen. Bitte sagen Sie mir zu jedem, für wie wünschenswert Sie es halten, dass sich die Menschen in unserer Gesellschaft im Allgemeinen danach richten. Benutzen Sie dazu bitte die von 1 bis 10 reichende Skala" (Maag 1991, S. 66).
Bei Maag (1989) steht also nicht die Selbsteinschätzung („Wie wichtig ist die Vorstellung für mich persönlich") im Fokus der Erhebung, sondern das als gesellschaftlich wünschenswert angesehene Verhalten aus der Sicht des einzelnen Individuums. Dieser Perspektive wurde vorliegend nicht gefolgt, da allein die Beurteilung der eigenen Person im Mittelpunkt stehen sollte, weil diesbezüglich die valideren Auskünfte erwartet wurden. Bei der Konzentration auf die gesellschaftliche Perspektive wäre außerdem nicht auszuschließen gewesen, dass manche Befragte die Online-Community (siehe Abschnitt 3.5) als Bezugsobjekt (Gesellschaft) gewählt hätten, womit dann die Gefahr unterschiedlicher Referenzgrößen bei den Teilnehmern verbunden gewesen wäre.
Mit dem Instrument werden neun theoretische Werte-Bereiche angesprochen, von denen in der vorliegenden Erhebung z.B. die Indikatoren „auf Sicherheit bedacht sein" und „unabhängig sein" ebenfalls berücksichtigt werden – wenn auch nicht unter den theoretischen Werte-Bereichen von Maag (1991).
Ihr Ansatz ist darauf angelegt, eine klare Trennung – und nicht wie bei Klages (1984) und Inglehart (1983) eine Vermischung – der einzelnen Werte-Bereiche zu gewährleisten (vgl. Maag 1991). Letztendlich ist aber wohl auch das gewählte Vorgehen diesbezüglich nicht ganz trennscharf, denn das unter „Gleichheit" eingeordnete Item „alle Menschen gleich behandeln", ließe sich durchaus auch unter „Gerechtigkeit" subsumieren.
Diese Ausführungen zeigen erneut die Schwierigkeiten der Operationalisierung verschiedener Werte-Bereiche, die in der hier vorgestellten Erhebung durch einen schlagwortartig erläuterten Einzelbegriff zu umgehen versucht wurden. Wie bei Herbert (1991) auch, verwendet Maag (1991) sehr konkrete Formulierungen für ihre Items (Indikatoren), und aggregiert sie anschließend unter bestimmten Werte-Bereichen. Ob allerdings der Werte-Bereich Postmaterialismus durch die Indikatoren „gefühlsbetont sein" und „Mitbestimmung bei Entscheidungen vergrößern" adäquat abgebildet wird, ist sicherlich diskussionswürdig.
Eine explorative Faktorenanalyse nach dem Hauptkomponentenverfahren und schiefwinkeliger Rotation (siehe dazu die Ausführungen in Abschnitt 5.4.2.1) erbrachte eine Drei-Faktor-

[48] Dieser thematisierte Wohlfahrtsansprüche und betraf damit u.a. auch wertbeeinflusste Anspruchshaltungen des Bürgers an den Staat.

Lösung (vgl. Maag 1991, S. 80ff). Faktor 1 beschreibt dabei liberale Werte, Faktor 2 traditionelle Werte und Faktor 3 moderne Werte. Die Zuordnung und Faktorladungen sind in der obigen Aufstellung (siehe Abbildung 15) integriert. Bis auf die beiden Items zum Postmaterialismus, die auf verschiedenen Faktoren (F1 und F3) laden, sind alle anderen theoretischen Konstrukte mit beiden Items auf identischen Faktoren lokalisiert.

Indikator	Theoretischer Werte-Bereich	Faktor	Faktorladung
A. im Streitfall Kompromisse schließen	Toleranz	F1	0,43
B. auf Sicherheit bedacht sein	Materialismus	F2	-0,71
C. sich selbst verwirklichen	Selbstverwirklichung	F3	0,53
D. im Umgang mit anderen fair sein	Gerechtigkeit	F1	0,73
E. etwas leisten	Leistung	F2	-0,73
F. auf Wohlstand Wert legen	Materialismus	F2	-0,69
G. pünktlich sein	Pflicht/Akzeptanz	F2	-0,81
H. alle Menschen gleichberechtigt behandeln	Gleichheit	F1	0,79
J. unabhängig sein	Selbstverwirklichung	F3	0,61
K. tolerant sein	Toleranz	F1	0,67
L. das Leben genießen	Hedonismus	F3	0,73
M. gefühlsbetont sein	Postmaterialismus	F3	0,56
O. gerecht sein	Gerechtigkeit	F1	0,75
P. Mitbestimmung bei Entscheidungen vergrößern	Postmaterialismus	F1	0,51
Q. pflichtbewusst sein	Pflicht/Akzeptanz	F2	-0,71
R. soziale Unterschied zwischen den Menschen abbauen	Gleichheit	F1	0,61
S. sich anstrengen	Leistung	F2	-0,66
T. tun und lassen, was man will	Hedonismus	F3	0,75

Abbildung 15: Übersicht zu den verwendeten Items bei Maag (1991) und ihre werte-bezogene Aggregation

Maag (1989, S. 317f; 1991, S. 94f) geht auch auf die – im Kontext dieser Arbeit besonders interessierende – individuelle Skalenausnutzung bei der Einschätzung der 18 Indikatoren als gesellschaftlich wünschenswert ein. Auf den Aspekt der Perspektive ist hier nochmals hinzuweisen, da es sicherlich wesentlich „einfacher" ist, einen Wert als gesellschaftlich nicht ganz so wünschenswert zu klassifizieren (wenn sich jeder selbst verwirklicht, ergibt sich für eine Gesellschaft insgesamt vielleicht kein optimales Ergebnis), während dies bezogen auf die individuelle Wichtigkeit schwerer fallen könnte (hier dürfte Selbstverwirklichung – zumindest in moderater Form – nämlich einen durchaus wichtigen Wert kennzeichnen). Insofern sind ihre Angaben nur eingeschränkt für die Problemstellung der vorliegenden Arbeit nutzbar, zeigen aber durchaus Parallelen, denn auch bei Maag (1991, S. 95) fällt die häufige Zuordnung der extremen Kategorie „10" (sehr wünschenswert) zu den Werten auf. Sowohl hinsichtlich der Häufigkeit der sechs- bis zehnmaligen, als auch der elf- bis achtzehnmaligen Zuordnung nimmt diese Antwortkategorie den Spitzenplatz der gesamten Skala ein. Dass sie bei ein- bis fünfmaliger Nutzung nur im Mittelfeld landet, unterstreicht das Bild.

Allerdings wurden „nur" in 2,6 % der Fälle sämtliche 18 Indikatoren in dieser Kategorie eingestuft. Die komplette Ausnutzung der gesamten Skalenbreite – Maag (1991, S. 95) gibt nur die Spannweite der genutzten Kategorien an, so dass über die Verteilung der dazwischen liegenden Kategorien keine Schlussfolgerungen gezogen werden können – erfolgt bei Berücksichtigung aller 18 Indikatoren in 14,6 % der Fälle. Maag (1991, S. 94f) stellt außerdem

Daten für neun Indikatoren – da jeder theoretische Wertebereich über zwei Indikatoren erhoben wurde, wird der jeweils am höchsten auf den Faktor ladende Indikator[49] ausgewählt – vor, bei denen sich der Anteil identischer Bewertungen, d.h. einer Spannweite von Null, (wobei hier nicht klar ist, welcher Skalenpunkt genau gewählt wurde, denn theoretisch kämen 1, 6, 7, 8, 9 und 10 in Betracht; siehe Maag 1991, S. 95 Tabelle 8.3) auf 4,7 % erhöht, während der Anteil einer kompletten Skalenausnutzung (Spannweite 9) auf 12,6 % zurückgeht. Insgesamt gelangt auch Maag (1991, S. 202f) zu dem Ergebnis, dass eine Erfassung von Wert-Orientierungen allein durch ein Ranking nicht adäquat ist – insbesondere, wenn nur wenige Items zur Messung herangezogen werden – sondern davon auszugehen ist, dass sowohl hierarchische (über ein Ranking abbildbar) als auch gleichrangige Wertpräferenzen (über ein Rating erhebbar) existieren.
Nach Klein et al. (2004, S. 481) gibt es drei Gründe, warum beim Einsatz von Rating Skalen keine Präferenzordnungen hervortreten:

(1) momentan werden alle Optionen einfach als gleich attraktive eingestuft – dann wäre eine durch ein Ranking forcierte Ordnung per definitionem ungültig;
(2) die Rangordnung ist zu schwach ausgeprägt und wird von den Befragten beim Rating nicht ausreichend reflektiert – wie von den Befürwortern des Rankings angenommen;
(3) es gibt überhaupt keine stabile Ordnung der Präferenzen – eine Rangordnung wäre also rein zufällig, und resultiert allein aus situativen Aspekten im Moment der Befragung.

2.2.2.2.6 Evaluation der Rating-Prozedur zur Erfassung von Werten

Ein Rating erweist sich nach Schwartz (1994, S. 26f) einem Ranking von Werten als konzeptionell überlegen, weil seine Ergebnisse mehr nützliche statistische Eigenschaften besitzen, es die Verwendung längerer Werte-Listen erlaubt, eine „negative“ Beurteilung von Werte gestattet (wichtig bei kulturübergreifenden Untersuchungen) und von den Befragten keine Hierarchisierung als gleich wichtig angesehener Werte verlangt. Auch auf einer phänomenologischen Ebene sieht Schwartz (1994, S. 43) Vorteile, weil ein Rating besser den Einbezug von Werten in Verhaltenssituationen (Entscheidungen) nachbildet. Hierbei ist es wohl kaum notwendig, dass Personen alle ihre relevanten Werte in eine Reihenfolge bringen, um eine Situation zu lösen, sondern bestimmte Werte sind in diesem Zusammenhang mehr oder weniger zwingend, ohne dass sich die Person möglicher Konflikte bewusst sein muss. Dies ist eine klare Analogie zu einem Rating.
Maio et al. (1996) postulieren, dass ein Rating zu valideren Ergebnissen führt, weil Personen in einer Ranking-Aufgabe mehr trivialere – und damit weniger valide – Unterscheidungen zwischen den Werten treffen, was ebenfalls zu geringeren empirischen Beziehungen zu verbundenen Einstellungen führt.
Wenn eine Rating-Prozedur an Stelle eines Rankings eingesetzt wird, weist Erstere jedoch nach Kamakura & Mazzon (1991, S. 209) das Problem auf, dass sie den Willen und die Fähigkeit der Befragten, abgestufte Wichtigkeitsurteile für eine Anzahl von Werten abzugeben reduziert, d.h. den Werten werden nur wenig unterschiedliche Skalenkategorien zugewiesen und im Gegensatz zum Ranking sind jetzt auch gleiche Beurteilungen für verschiedene Werte zulässig (vgl. Feather 1973). Obwohl Ratings damit anfälliger für Antwort-Tendenzen (siehe Abschnitt 3.2) sind, werden sie häufiger als Rankings in internationalen Studien eingesetzt (vgl. van Herk & Bijmolt 1999, S. 2), was insbesondere an der Vertrautheit der Befragten mit diesem Instrument liegen dürfte (vgl. Chrzan & Golovashkina 2006, S. 719).

---

[49] Wie das für die beiden Postmaterialismus-Indikatoren, die ja auf zwei verschiedenen Faktoren lokalisiert sind, gelöst wurde, geht aus dem Text nicht hervor.

2.2.2.2.6.1 Vorteile des Ratings

Nach van Herk & Bijmolt (1999, S. 5) besitzen Rating-Skalen die Vorteile, dass:

(1) die Items mit identischen Antworten versehen werden können;
(2) sie leicht in Umfragen durchzuführen sind;
(3) sie schnell auszufüllen sind;
(4) sie mit weniger Schwierigkeiten für die Befragten verbunden sind als Rankings (vgl. auch Munson & McIntyre 1979).

Weiterhin beeinflussen Rating-Skalen das Befragtenverhalten nicht hinsichtlich der Dimensionalisierungen (ein Ranking erlaubt nur eine eindimensionale Sortierung) und ermöglichen durch ihr metrisches Skalenniveau (siehe Abschnitt 2.2.2.2.1) auch eine problemlose Überprüfung von Dimensionalitätsannahmen (vgl. Hollerbach 1998, S. 230f). Ebenso werden Befragte mit geringerer kognitiver Kompetenz bei der Beantwortung von Rating-Skalen meistens nicht überfordert(vgl. Hollerbach 1998, S. 230f).
Im Vergleich zu Rankings können Rating-Skalen von den Befragten wesentlich ökonomischer bearbeitet werden. Munson & McIntyre (1979, S. 49) schätzen beispielsweise, dass die Bestimmung eines Rankings etwa dreimal soviel Zeit benötigt, wie eine vergleichbare Rating-Aufgabe, und damit eine erhebliche Belastung für die Befragten darstellt. Außerdem können Ratings problemlos in Telefonerhebungen integriert werden und liefern keine ipsative Daten (vgl. Alwin & Krosnick 1985, S. 536f).
Nach Schwartz (1994, S. 26f) ist im Rahmen der Werte-Forschung ein Rating sowohl aus methodischen als auch konzeptionellen Gründen dem Ranking vorzuziehen, denn es erlaubt den Einsatz auch längerer Werte-Listen ohne dabei die Struktur der Kern-Werte zu beeinflussen. Außerdem werden Befragte beim Rating nicht gezwungen zwischen für sie absolut gleichwertigen Alternativen eine Reihenfolge zu generieren oder in ihren Augen unvergleichbare Werte (z.B. Gesundheit als individueller Wert und soziale Ordnung als gesellschaftlicher Wert) miteinander in Beziehung zu setzen (vgl. Kitwood & Smithers 1975, S. 176). Daneben können mittels Rating auch „negative" Werte – die Personen in ihre Entscheidungen und Verhaltensweisen nicht vertreten – erfasst werden, was besonders im interkulturellen Vergleich von Vorteil ist, wenn Werte in einem Land populär sind, aber in einem anderen Land (strikt) abgelehnt werden (vgl. Schwartz 1994, S. 26). Das dem Rating im Zusammenhang mit der Messung von Werten anhaftende Problem der eingeschränkten Skalennutzung, lässt sich mit einer Verankerungsmethode abmildern (vgl. Schwartz 1994, S. 26 und Abschnitt 2.1.4.2.5).
In konzeptioneller Hinsicht können Rating-Daten den Einfluss von Werten in konkreten Verhaltenssituationen vielleicht sogar besser abbilden als die durch ein Ranking erhobenen Angaben (vgl. Schwartz 1994, S. 26 – anderer Ansicht: Ball-Rokeach & Loges 1996). Bei einem Ranking müssen die Befragten klare und definitive Grenzen zwischen zwei Werten ziehen, während sie in einer spezifischen Situation vielleicht nur oberflächlich über die genauen Beziehungen ihres Werte-Systems (siehe Abschnitt 2.1.5) im Bilde sind, d.h. der Gewichtungs- und Kombinationsprozess zur Festlegung einer Werte-Priorität – wenn diese als Entscheidungs- oder Verhaltensgrundlage herangezogen wird – läuft gewöhnlich nicht sehr präzise und bewusst ab (vgl. Alwin & Krosnick 1985). Aus diesem Grund könnten Personen von zwei nahezu gleichrangigen Werten den einen in Situation A bevorzugen und den anderen in Situation B präferieren, was sich in einem Ranking nur unzureichend dokumentieren lässt (vgl. Kristiansen & Zanna 1994). Schwartz (1994, S. 27) kommt deshalb in Anlehnung an Crosby et al. (1990) zu dem Schluss, dass ein durch ein vorgeschaltetes Durchlesen der gesamten Liste „verankertes" Rating näher an der „Psychologik" des Entscheidens liegt. Dieses ermöglicht die Wichtigkeit jedes einzelnen Wertes einer vorgegebenen Liste separat zu bestimmen, dabei aber die Wichtigkeit der restlichen Werte „locker" im Gedächtnis zu haben (vgl. Schwartz 1994, S. 27).

Für die Messung von Werten liegt also nach Maag (1991, S. 27) der Einsatz von Rating-Skalen nahe, denn mit ihnen sind Abstufungen der Beurteilungsintensität möglich und vielfältigere individuelle Wertemuster bestimmbar. Der Haupteinwand gegen Rating-Skalen, nämlich ihre Anfälligkeit für Antwort-Tendenzen (siehe Abschnitt 3.2), erscheint dabei im Vergleich mit den Nachteilen von Rangordnungen (siehe Abschnitt 2.2.2.1.2.3) weniger gravierend, zumal Antwortstile auch bis zu einem gewissen Grad überprüfbar sind. Als weitere Alternative für die Skalierung kommen auch Paarvergleiche in Betracht (siehe z.B. Flanagan 1982, S. 436; Kluckhohn & Strodtbeck 1961). Bei der Vorgabe aller möglichen Vergleichskombinationen können die Antworten dabei außerdem nach den Regeln der Transitivität auf Konsistenz überprüft werden, womit gleichzeitig ein Hinweis auf die Validität der Daten vorliegt (vgl. Maag 1991, S. 27).
Bei einer Rating-Skala ist zudem gewährleistet, dass jedes Item unabhängig von den anderen gemessen wird, denn im Gegensatz zu einem Ranking nimmt die Wahrscheinlichkeit, dass ein Item eine gewisse Prioritätsstufe erlangt, nicht ab, je mehr Items schon bewertet wurden (vgl. Hollerbach 1998, S. 230). Damit können auch bei einem Rating – so lange es sich nicht um einen selbst auszufüllenden Fragebogen handelt – die Items sukzessive präsentiert werden (vgl. Brown 1974, S. 19), wenn das Untersuchungsziel oder der Stimulus (z.B. vorgespielte Musikstücke) dies erforderlich machen sollten (vgl. Russell & Gray 1994, S. 80).

2.2.2.2.6.2 Nachteile des Ratings

Auf die Verzerrung der Messergebnisse bei der Erhebung von Werten mittels Rating-Skalen hat bereits Morris (1956, S. 13f) hingewiesen. So können Befragte in ihrer Antwort lügen, sozial erwünscht antworten oder einfach eine Alternative ankreuzen, ohne die Frage überhaupt gelesen zu haben. Derartiges Verhalten kommt nach Morris (1956, S. 13) unzweifelhaft manchmal vor – kann aber bei ausreichend großen Stichproben und freiwilliger Teilnahme an einer Untersuchung vernachlässigt werden. Trotzdem sollte dieser Aspekt niemals aus den Augen gelassen werden (vgl. Morris 1956, S. 14).
Sacchi (2000, S. 542) kritisiert an der Rating-Methode, dass es dort den Befragten ermöglicht wird, ihren Bewertungsstandard von Item zu Item zu wechseln, was eher zur Messung flüchtiger Einstellungen als tief verankerter handlungsleitender Wert-Orientierungen führt.
Bedingt durch die Tatsache, dass Werte generell „wünschenswert“ sind, kommt es beim Rating einer Werte-Liste vermehrt zu Nicht-Differenzierungen (vgl. McCarty & Shrum 1997, S. 240) oder Zustimmungstendenzen (siehe Abschnitt 3.2.2.2.1), d.h. die meisten (alle) Items der Liste werden ähnlich (hoch) eingestuft. Damit könnten zwei – oder mehr – Items identische Beurteilungen erhalten, ohne dass sie vom Probanden als wirklich deckungsgleich eingestuft werden, sondern allein weil sie in den gleichen Bandbereich fallen oder die Befragten nicht motiviert sind, feinere Unterscheidungen zu treffen. Dieses Problem weitgehend undifferenzierter Daten legt natürlich die Anwendung einer Ranking-Prozedur nahe, wobei auf der anderen Seite nicht unbeachtet bleiben darf, dass durch ein Verbot der Vergabe identischer Rangplätze der Differenzierungsdruck auf die Teilnehmer steigt und ihre eigentliche Diskriminationsfähigkeit möglicherweise überfordert, so dass die resultierende Rangfolge keine wirklichen Differenzen widerspiegelt sondern lediglich Rauschen zu den Daten hinzufügt (vgl. Russell & Gray 1994, S. 81).
Eine Rating-Anweisung verlangt von den Befragten nicht, die Werte in ihrer Gesamtheit zu beurteilen, sondern es werden „lediglich“ Einzelurteile gefordert, wobei diese – bedingt durch die Werten inhärente positive Natur – nur wenige Klassifikationen von Werten als „unwichtig“ oder „unbedeutend“ beinhalten. Aus den Rating-Daten kann deshalb kein Erkenntnisgewinn erzielt werden, da sich durch die Tendenz der Befragten, alle Items gleichermaßen als wichtig zu beurteilen, keine Varianz zeigt und somit auch keine Werte-Struktur erfasst werden kann (vgl. van Deth 1983, S. 411). Dies wird durch Forced-Choice Situation beim Ranking ausgeschlossen, d.h. Befragte müssen sich hier entscheiden, welches Item ihnen wichti-

ger ist, auch wenn sie es eigentlich gar nicht können oder wollen (vgl. Hollerbach 1998, S. 231f). Werden allerdings die beschriebenen Fälle aus dem Datensatz eliminiert, so erhält man nach Krosnick & Alwin (1988, S. 533f) einem Ranking vergleichbare Ergebnisse.
Krosnick & Alwin (1985, S. 537) geben weiterhin zu bedenken, dass sich Nachteile beim Rating durch die reduzierte Motivation der Befragten, präzise Abstufungen zwischen den zu beurteilenden Aspekten vorzunehmen, sowie dem Auftreten von Antwortmustern, zeigen können. In die gleiche Richtung argumentiert Feather (1973, S. 239), der bei einer Vereinfachung der Aufgabenstellung für die Befragten eine Reduktion deren Einsatzbereitschaft annimmt, die in der Konsequenz dazu führt, dass präzise Abgrenzungen über die relative Wichtigkeit der einzelnen Werte unterbleiben (vgl. van Deth 1983, S. 410). Ob der daraus von Hollerbach (1998, S. 231f) abgeleitete generelle Vorwurf, dass Rating-Daten von schlechterer Qualität als Ranking-Ergebnisse sind, allerdings haltbar ist, muss angezweifelt werden (vgl. Klein et al. 2004, S. 479ff). Befragte können sich auch bei der Beantwortung von Rating-Skalen Mühe geben – z.B. wenn sie hoch in das Thema involviert sind – und entsprechend präzise Unterscheidungen treffen. Die vielfach unterstellte höhere Motivation der Teilnehmer bei einem Ranking kann sich beispielsweise in den Fällen ins Gegenteil verkehren, in denen die Befragten eine Überforderung perzipieren und deshalb das Gefühl haben, die Aufgabenstellung nicht adäquat bearbeiten zu können (vgl. vgl. Russell & Gray 1994, S. 81).
Ein weiterer gravierender Nachteil des Rating-Verfahrens ist seine Anfälligkeit für Antwort-Tendenzen (vgl. Berg 1967; Block 1965, Alwin & Krosnick 1985 und Phillips 1973 sowie Abschnitt 3.2). Wenn die auf einer Rating-Skala einzustufenden Items alle als nahezu gleich wichtig kategorisiert werden (positives Konstrukt; siehe Abschnitt 2.1) oder dem Problem der sozialen Erwünschtheit (vgl. Rokeach 1973 und Abschnitt 3.2.2.1) unterliegen, tendieren die Befragten dazu, nur einen kleinen Ausschnitt der Skala für ihre Antworten zu nutzen (vgl. Feather 1973). Wo genau die Befragten ihre Antworten dann konzentrieren, hängt von weiteren Faktoren ab, z.B. der Anfälligkeit für eine Tendenz zu extremen Antworten (vgl. Hamilton 1968 und Abschnitt 3.2.2.2.2) oder der individuellen Interpretation der Bedeutung der Antwortkategorien (vgl. Cronbach 1946; 1950 und Messick 1968). Durch ein entsprechendes Verhalten der befragten Personen werden sowohl die statistischen Relationen der Items untereinander (z.B. bei Faktorenanalysen), als auch die Beziehungen zwischen den Items und anderen Variablen beeinflusst (vgl. McCarty & Shrum 1997, S. 239).
Aus der Literatur (vgl. z.B. Hui & Triandis 1989; Smith & Schwartz 1997 sowie van Herk & Verhallen 1995) ist bekannt, dass Menschen unterschiedlicher Kulturen in der Art und Weise, in der sie auf Rating Skalen reagieren, differieren. Dementsprechend präferieren einige Autoren (vgl. z.B. Kamakura & Mazzon 1991) bei interkulturellen Studien den Einsatz von Rankings.

2.2.2.3 Zusammenfassender Vergleich der Stärken und Schwächen von Rankings und Ratings in Erhebungen

Zu den beiden grundsätzlichen Vorgehensweisen im Rahmen der Erhebung von Werten ist nach Hitlin & Piliavin (2004, S. 367) zu konstatieren, dass in der Literatur gegenwärtig mehr Arbeiten zu finden sind, die eine Rating-Prozedur einsetzen. Um die spezifischen Vor- und Nachteile der beiden Formen der Datengewinnung abschließend einschätzen zu können, werden sie einander in der folgenden Übersicht nochmals komprimiert gegenüberstellt.

	Vorteile	Nachteile
RANKING	Aufgabenstellung ist intuitiv verständlich	Verfahren ist zeitintensiv
	Geringe Anfälligkeit für Antwortstile	Schwierig bei umfangreicher Objektliste
	Sequenz wenn hohe Zustimmungswahrscheinlichkeit anzunehmen ist	Differenzierung kann artifiziellen Charakter haben (Identitäten unzulässig)
	Reihenfolge beim Vorliegen einer eindeutigen hierarchischen Struktur	Ipsative Datenstruktur (absolute Abstände zwischen Objekten unklar)
	Extremobjekte einfach bestimmbar	Objektliste sollte visuell präsent sein
	Wenige, sich gut unterscheidende Objekte	Die Messung der einzelnen Objekte erfolgt nicht unabhängig voneinander
	Eindeutige Differenzierung der Objekte	Liste muss in Gesamtheit vorliegen
	Motiviert Befragte, über ihre wahre Hierarchie genau nachzudenken	
RATING	Generell einfach, leicht und schnell durchzuführen (Verfahrensökonomie)	Die Daten enthalten oftmals wenig Differenzierung
	Befragte sind mit der Aufgabe vertraut	Deckeneffekt bei den Beurteilungen
	Keine Überforderung von Personen mit geringer kognitiver Kompetenz	Das Verfahren motiviert nicht dazu, präzise Abstufungen vorzunehmen
	Parametrische Statistikprozeduren sind anwendbar (Intervallskalenniveau)	Wechsel des Beurteilungsstandards von Item zu Item ist möglich
	Lange Item-Listen sind einsetzbar	Anfällig für Antwortstile / -verzerrungen
	Sukzessive Präsentation der Objekte ist möglich	Anzahl Antwortkategorien zu gering bei stark unterschiedlichen Objekten
	Unabhängige Messung jedes Items	
	Lässt identische Einstufungen zu	

Abbildung 16: Übersicht zu den Vor- und Nachteilen von Ranking und Rating (Details: siehe Text)

Insgesamt ist aus den vorangegangenen Abschnitten deutlich geworden, dass beide Erhebungsverfahren (Ranking und Rating) sowohl Stärken, als auch Schwächen aufweisen. Neben der theoretischen Annahme bezüglich des bei den Befragten zugrunde liegenden Werte-Systems (streng hierarchisch oder mit gleich wichtigen Werten) determinieren auch die Rahmenbedingungen der Studie (z.B. Telefonbefragung) die Festlegung für die im konkreten Untersuchungsfall am effektivsten einzusetzende Erhebungs-Prozedur. Um diesen Sachverhalt für die vorliegend behandelte Thematik der Werte weiter aufzuhellen, werden nachfolgend noch Studien vorgestellt, die einen direkten Vergleich beider Erhebungsverfahren vorgenommen haben.

2.2.2.4 Vergleichende Untersuchungen zur Datenerhebung über Rankings und Ratings

Die Mehrheit der Studien zum Vergleich von Rating und Ranking basieren auf Zwischen-Subjekt-Designs, in denen ein Befragter die Items entweder auf einer Rating-Skala einordnet oder in eine Rangfolge bringt (vgl. beispielsweise Alwin & Krosnick 1985; Barnard & Ehrenberg 1990; Braithwaite & Law 1985 sowie Krosnick & Alwin 1988). Damit ist – in auf einem derartigen Design beruhenden Untersuchungen – ein direkter Vergleich zwischen Ranking und Rating nicht möglich.

Es gibt allerdings auch Arbeiten, in denen die Instrumente beiden Messverfahren (Ranking und Rating) unterzogen werden (vgl. z.B. Maio et al. 1996; Rankin & Grube 1980 sowie Russell & Gray 1994). Leider sind die Ergebnisse dieser Studien hinsichtlich des zu präferierenden Erhebungsverfahrens nicht eindeutig (vgl. van Herk & Bijmolt 1999, S. 9f). Rankin & Grube (1980, S. 240) postulieren eine höhere Reliabilität für Rankings in einer Test-Retest-

Situation, während Maio et al (1996, S. 175ff) Ratings präferieren, weil ihre Probanden 32 % der Werte identisch einstufen, was gegen eine hierarchische Werte-Struktur spricht. Russell & Gray (1994) sehen Vorteile für das Ranking wenn sich die Items stark voneinander abheben (unterscheiden). Werden die Befragten instruiert beim Rating die einzelnen Items miteinander zu vergleichen, dann nähern sich die Resultate beider Erhebungsverfahren einander an.
Außerdem divergieren die Stichproben – Studenten bei Moore (1975), Rankin & Grube (1980) sowie Maio et al. (1996); Hausfrauen bei Barnard & Ehrenberg (1990) und nationale Zufallsstichproben bei Alwin & Krosnick (1985), Krosnick & Alwin (1988) sowie Russell & Gray (1994) – und es werden kaum soziodemografische Kriterien zur Erklärung der Unterschiede zwischen den Ergebnissen der beiden Erhebungsverfahren herangezogen.
Nach van Herk & Bijmolt (1999, S. 3) gibt es auch keinen Konsens darüber, welches der beiden Erhebungsverfahren (Ranking oder Rating) im internationalen Kontext sinnvollerweise anzuwenden ist. Aus der Literatur (vgl. z.B. Hui & Triandis 1989; Smith & Schwartz 1997 sowie van Herk & Verhallen 1995) ist bekannt, dass Menschen unterschiedlicher Kulturen in der Art und Weise, wie sie auf Rating Skalen reagieren, differieren. Dementsprechend präferieren einige Autoren (vgl. z.B. Kamakura & Mazzon 1991) den Einsatz von Rankings. Weil aber beim Ranking eine vollständige hierarchische Struktur des Werte-Systems einer Person vorausgesetzt wird (siehe Abschnitt 2.1.5), plädieren beispielsweise Ng (1982) und Schwartz (1992) für den Einsatz von Rating Skalen, da die obige Prämisse der vollständigen hierarchischen Struktur im internationalen Kontext nur mit einer geringen Wahrscheinlichkeit erfüllt ist. Insbesondere die Tatsache, dass beim Rating identische Beurteilungen für unterschiedliche Werte möglich sind, wird also auch im internationalen Rahmen als wesentlicher Vorteil dieses Erhebungsverfahrens angesehen (vgl. van Herk & Bijmolt 1999, S. 3).
Weil in der vorliegend eingesetzten – und variierten – Prozedur (siehe Abschnitt 4.3) die beiden grundsätzlichen Vorgehensweisen kombiniert werden (siehe Abschnitt 2.2.3), dienen die nachfolgenden Ausführungen vor allem dazu, diesbezügliche Effekte anhand bereits publizierter Daten zu verdeutlichen.

2.2.2.4.1 Gegenüberstellungen beim Instrument von Inglehart

Obwohl der Werte-Wandel in der vorliegenden Arbeit keine Rolle spielt (siehe Abschnitt 2.4), soll das damit hauptsächlich in Verbindung gebrachte Instrument von Inglehart (1977) hier jedoch integriert werden, weil diesbezüglich auch einige Untersuchungen zum Vergleich von Ranking und Rating durchgeführt wurden, deren Ergebnisse für die vorliegend bearbeitete Fragestellung von Interesse sind.
Die von Inglehart aufgestellte These eines generationsspezifischen Werte-Wandels vom Materialismus zum Postmaterialismus – die materielle Sicherheit ist in den westlichen Industrieländern für die nach dem zweiten Weltkrieg geborenen Personen weitgehend unproblematisch, so dass sie eher Dinge wie Liebe, Achtung und Selbstverwirklichung betonen – basiert auf zwei Hypothesen, von denen die Maslow (1954) angelehnte Mangelhypothese postuliert, dass sich die hierarchische Ordnung der Wert-Prioritäten danach richtet, welche Bedürfnisse nicht befriedigt sind, d.h. die Dinge, die am knappsten sind, erfahren die höchste Wertschätzung (vgl. Inglehart et al. 1998, S. 10). Demgegenüber behauptet die Sozialisationshypothese, dass sich die politisch-gesellschaftlichen Werte in den formativen Jahren bis zur Adoleszenz ausbilden und danach relativ stabil bleiben (vgl. Inglehart et al. 2004, S. 8).
Die Umsetzung in ein Erhebungsinstrument erfolgt entsprechend den theoretischen Annahmen von Inglehart (1977) in einer hierarchischen Organisation von Werten auf einer Dimension mit den Endpolen Materialismus (MM) und Postmaterialismus (PM) über die (vollständige oder teilweise) Rangordnung von Items (vgl. Maag 1991, S. 52). Unter mehreren Versionen des Instruments (vgl. van Deth 1983, S. 409) ist in der Umfrageforschung eine Kurzversion mit vier Indikatoren (A: Aufrechterhaltung von Ruhe und Ordnung in diesem Lande (MM) / B: Mehr Einfluss der Bürger auf die Entscheidungen der Regierung (PM) / C: Kampf

gegen die steigenden Preise (MM) / D: Schutz des Rechtes auf freie Meinungsäußerung (PM)) am gebräuchlichsten, die von den Befragten in eine Rangfolge zu bringen sind (vgl. Maag 1991, S. 54). Die analytische Auswertung resultiert in der Verrechnung zu einem Index, als deren Ergebnis die Befragten entsprechend ihren Prioritäten als „reine" Materialisten, „reine" Postmaterialisten oder „Mischtypen" mit eher materialistischer bzw. eher postmaterialistischer Orientierung klassifiziert werden (vgl. Inglehart 1979 und Küchler 1984).

Weil bei der Messung gesellschaftlicher Wert-Orientierungen (vgl. Inglehart 1983) die Beurteilung der Gesellschaft und deren soziale Strukturen im Mittelpunkt stehen (vgl. Bürklin & Klein 1998, S. 140) postulieren Inglehart (1981) und Sacchi (2000, S. 550), dass eine entsprechende Messung nur möglich und sinnvoll sei, wenn Konfliktsituationen (Konkurrenz um knappe Ressourcen) zugrunde gelegt werden (vgl. Klein & Arzheimer 2000, S. 560). Gegen diese Sichtweise – welche die Begründung für den Einsatz eines Rankings ausmacht – lässt sich allerdings einwenden, dass theoretische Konstrukte auch als solches gemessen werden können, ohne dass ein Umweg über nachgelagerte Funktionen (hier: Handlungsintentionen) genommen werden muss (vgl. Klein & Arzheimer 2000, S. 561).

Außerdem ist nicht klar, ob bei den etablierten Konfliktfällen wirklich noch Werte und nicht ihnen nachgelagerte Issueprioritäten (Vorstellungen der Bürger über Prioritäten in Bezug auf die Behandlung politischer Probleme durch Regierungen; vgl. Bauer-Kaase & Kaase 1998, S. 262) gemessen werden (vgl. Klein & Arzheimer 2000, S. 561). Ein Ranking prohibiert zudem die gleichzeitige Verwirklichung mehrerer Ziele, so dass es zur Beurteilung von Gesellschaften eigentlich passender wäre, wenn den Befragten mögliche gesellschaftliche Werte-Muster zur Präferenzprüfung vorgelegt würden, sie also Ausprägungen spezifischer Werte-Kombinationen in eine Rangfolge zu bringen hätten, wie dies beispielsweise im Rahmen des Conjoint-Measurements (siehe Abschnitt 2.2.4) geschieht (vgl. Klein & Arzheimer 2000, S. 561). Damit könnte ein Nachteil des klassischen Rankings, die Unterstellung von Zielkonflikten und Trade-Offs zwischen den Werten, die in der Realität nicht notwendigerweise vorkommen müssen, vermieden werden (vgl. Klein & Arzheimer 2000, S. 561f).

Die Hauptkritikpunkte an Ingleharts Instrument beziehen sich auf die definitorische Gleichsetzung von Werten und Bedürfnissen (siehe dazu auch Abschnitt 2.1.2.1.3) sowie die Messung von Wert-Prioritäten über die Rangordnungsmethode. Letzteres entspricht zwar einer folgerichtigen Umsetzung seiner theoretischen Vorstellung von einer eindimensionalen hierarchischen Werte-Organisation, jedoch verletzen Rankings – insbesondere bei einer geringen Zahl von Items – das Prinzip der Unabhängigkeit der Messung und führen daher auch zu einer eventuell unzutreffenden dimensionalen Bestimmung des Werte-Raums (vgl. Maag 1991, S. 57f). So stehen den Eindimensionalitätsbefunden aus Rankings, auch auf Ratings basierende mehrdimensionale Strukturen entgegen, deren Gegensätze und Gemeinsamkeiten im Nachfolgenden weiter aufbereitet werden.

2.2.2.4.1.1 Die Wahlanalyse von van Deth (1983)

Van Deth (1983, S. 408ff) hat sich mit der Frage, ob ipsative und nicht-ipsative Messungen politischer Werte identische Ergebnisse produzieren oder nicht – auch in Bezug auf die Eignung der beiden Vorgehensweisen zugrunde liegenden Datenstrukturen zur Aufstellung eines Index – im Rahmen einer Studie zur niederländischen Parlamentswahl 1981 auseinandergesetzt. Dazu wurden die 12 Items des Inglehart-Index in persönlichen Interviews mit entsprechenden Kartensätzen zuerst einem Rating auf einer sieben-stufigen Skala (1 = gänzlich unwichtig; 7 = sehr wichtig) unterzogen, bevor sie direkt anschließend – allerdings ohne dass für die Befragten ihre Rating-Angaben weiterhin sichtbar waren – auch noch in eine Rangfolge (vom wichtigsten zum unwichtigsten Item) zu bringen waren. Dabei wurde die Sequenz der beiden Aufgabenstellungen (Rating und Ranking) nicht variiert (vgl. van Deth 1981, S. 412f).

Als Ergebnis ist zunächst festzuhalten, dass die Items wirklich „positiv" beurteilt werden, denn der Mittelwert der Ratings liegt für alle Items oberhalb des Erwartungswerts einer sieben-stufigen Skala von 4,0 (vgl. van Deth 1983, S. 412f). Die Struktur der Ratings wird mit mehreren multivariaten Verfahren (z.B. Faktorenanalyse) analysiert, wobei im Wesentlichen zwei Gruppen identifiziert werden, von denen eine die materialistischen und die andere die postmaterialistischen Items mit hohen Ladungen enthält (vgl. van Deth 1983, S. 414f). Allerdings verdeutlichen weitere Berechnungen auch, dass es wohl nicht nur ein einziges Kontinuum mit Materialismus auf der einen Seite und Postmaterialismus auf der anderen Seite gibt, sondern zwei getrennte Dimensionen vorliegen (vgl. van Deth 1983, S. 414ff).
Ein direkter Vergleich der mittels Rating und Ranking gewonnenen Daten bei van Deth (1983, S. 416ff) indiziert mit Korrelationskoeffizienten von 0,82 für Median und Mittelwerte der Daten zunächst eine akzeptable Übereinstimmung der Ergebnisse beider Verfahren. Werden allerdings die zugrunde liegenden Strukturen (hier erfasst über einen Vergleich der beiden ersten Positionen) betrachtet, so können keine identischen Muster abgeleitet werden, obwohl sich die Differenzierung in Materialisten und Postmaterialisten in allen Analysen eindeutig widerspiegelt (vgl. van Deth 1983, S. 421).
Die Übereinstimmungsvalidität zwischen den Ranking- und Rating-Daten wird mit drei Indices und deren Korrelationen berechnet, wobei sich aber nur relativ schwache Konkordanzen zwischen den beiden Messverfahren von 0,25 bis 0,40 zeigen (vgl. van Deth 1983, S. 421ff). Wird die Identifikation der einzelnen Typen (reiner Materialist, reiner Postmaterialist und Mischform) als Kriterium herangezogen, so werden nach den Daten von van Deth (1983, S. 423f) zwischen 52,5 % (reine Materialisten) und 75,7 % (reine Postmaterialisten) der jeweiligen Anteile durch beide Messverfahren deckungsgleich zugeordnet. Es liegt also bei weitem keine perfekte verfahrensunabhängige Selektion vor, wenn auch der Anteil der Personen, die nach einem Ranking als reine Materialisten und nach einem Rating als reine Postmaterialisten identifiziert wurden, mit 3,5 % der reinen Materialisten nicht sehr hoch ausfällt.
Im umgekehrten Fall (reiner Postmaterialist nach Ranking und reiner Materialist nach Rating) beträgt der Anteil dieser diametral zugeordneten Personen 0,9 % der reinen Postmaterialisten, was insgesamt zu Fehlzuordnungen bei den reinen Typen von weniger als einem Prozent der Befragten führt (vgl. van Deth 1983, S. 423). Diese Gruppe zeichnete sich weiterhin dadurch aus, dass ihr allgemeines Interesse an politischen Fragestellungen nicht sehr ausgeprägt ist, was einen plausiblen Grund für ihre doppeldeutigen Einstufungen darstellen könnte (vgl. van Deth 1983, S. 424). Insgesamt zeigen Rankings und Ratings eine moderate Übereinstimmungsvalidität hinsichtlich der drei Indextypen (vgl. van Deth 1983, S. 424).
Als Hauptergebnis seiner Studie hält van Deth (1983, S. 424f) fest, dass das Fragenformat (Ranking oder Rating) die Unterscheidung zwischen materialistischen und postmaterialistischen Werten nicht beeinflusst, d.h. weder die ipsative Datenstruktur der Rankings noch die fehlende Differenzierung bei den Ratings verhindern eine sinnvolle Kennzeichnung der Werte-Bereiche.[50] Welche Klassifikation stärker den wahren Verhältnissen entspricht kann nicht entschieden werden, denn für beide Positionen lassen sich empirische Argumente finden (vgl. van Deth 1983, S. 425). Wenn also zeitliche oder finanzielle Restriktionen vorliegen, können auch mit einem Rating akzeptable – d.h. einem Ranking vergleichbare – Ergebnisse bei der Messung der politischen Wert-Orientierung generiert werden. Andererseits zeigen die Resultate von van Deth (1983, S. 425), dass ein Rating gegenüber einem Ranking vorzuzie-

[50] Dieser Aussage stehen indes die Ergebnisse einer Untersuchung für Österreich von Denz (2000, S. 80ff) entgegen, in der ein mittels Ranking erhobener Werte-Wandel, für die Jahre von 1990 bis 1999 einen Anstieg postmaterieller Wert-Orientierungen anzeigt, während die Messung für die Jahre 1994 bis 1999 über ein Rating (fünf-stufige Skala: 1 = besonders wichtig; 5 = ganz unwichtig) zu dem Resultat führt, dass sich im Durchschnitt sowohl die postmaterialistische als auch die materialistische Wert-Orientierung vermindert haben (vgl. Denz 2000, S. 82ff). Allerdings könnten diese Differenzen in Stichprobeneffekten begründet sein.

hen ist, so lange keine Möglichkeiten existieren, mit der ipsativen Datenstruktur (siehe Abschnitt 2.2.2.1.2.3) des letztgenannten Verfahrens adäquat umzugehen.

2.2.2.4.1.2 Die kontroversen Einschätzungen von Bean & Papadakis (1994) sowie Inglehart (1994) und Hellevik (1994)

Auch Bean & Papadakis (1994a, S. 272ff) haben sich – in einer postalischen Umfrage in Australien – mit der Dimensionalität des Inglehart-Index befasst und sowohl Ranking-, als auch Rating-Daten seiner vier ursprünglichen – und acht zusätzlichen – Items erhoben.
Bei ihnen erfolgt zuerst ein Rating der vier Items auf einer fünf-stufigen Skala (1 = extremely important; 2 = very important; 3 = fairly important; 4 = not important; 5 = not at all important) bevor drei Items nach absteigender Wichtigkeit auszuwählen sind (vgl. Bean & Papadakis 1994a, S. 285). Die interne Reihenfolge wurde dabei nicht variiert, so dass die Abfolge der Items immer durch (A) Ordnung, (B) Beteiligung (C) Inflationsbekämpfung und (D) Meinungsfreiheit fixiert war (siehe Seite 90). Im Anschluss wird die gleiche Prozedur für die acht weiteren Items durchgeführt.
Wissend, dass die Verwendung von Daten eines Rankings für Faktorenanalysen nicht zulässig ist (siehe Abschnitt 5.4.2.1), haben Bean & Papadakis (1994a, S. 272ff) entsprechende Analysen trotzdem gerechnet, um eine vollständige Vergleichbarkeit mit den Ergebnissen von Inglehart (1977) zu gewährleisten. Inglehart (1977, S. 43) hat betont, dass das Problem der Ipsativität von Ranking-Daten bei einem Stimulusumfang von 12 Items zu vernachlässigen sei. Die unrotierten Ergebnisse der Rankings bei Bean & Papadakis (1994a, S. 273ff) bestätigen die Annahmen von Inglehart (1977), denn alle materialistischen Items besitzen eine negative Ladung auf dem ersten unrotierten Faktor und alle postmaterialistischen eine positive. Auch die Varianzerklärung dieses ersten Faktors fällt vergleichbar zu den 18 Prozent bei Inglehart (1977, S. 44) aus (vgl. Bean & Papadakis 1994a, S. 273). Wird die ermittelte Lösung rotiert, ergeben sich sieben Faktoren, die allerdings kein kohärentes Muster aufweisen, denn auf einigen Faktoren befinden sich hoch ladende materialistische Items, die unterschiedliche Vorzeichen aufweisen (vgl. Bean & Papadakis 1994a, S. 273ff).
Bei einer faktorenanalytischen Verdichtung der auf Werte zwischen 0 und 1 reskalierten Ratings zeigt sich eine zufrieden stellende einfach zu interpretierende Lösung, bei der alle materialistischen Items mit Ladungen größer als 0,4 auf einem Faktor laden und auf dem zweiten eine Ladung kleiner 0,4 aufweisen, während sich dies für die postmaterialistischen Items genau umgekehrt verhält (vgl. Bean & Papadakis 1994a, S. 275ff). Wenn – in Analogie zu Inglehart – lediglich der erste Faktor der unrotierten Lösung betrachtet wird, laden alle 12 Items auf diesem mit positiven Werten größer als 0,40 (vgl. Bean & Papadakis 1994a, S. 277f). Aus den Resultaten geht eindeutig hervor, dass sich die materialistischen und postmaterialistischen Orientierungen nicht notwendigerweise gegenseitig ausschließen oder gegenüberliegende Pole darstellen (vgl. Bean & Papadakis 1994a, S. 277). Es ist somit nicht nur theoretisch plausibel, dass Individuen sowohl ökonomische Sicherheit als auch Meinungsfreiheit wertschätzen, sondern auch die empirischen Daten der Ratings zeigen, dass sich materialistische und postmaterialistische Orientierungen bei vielen Befragten überschneiden (vgl. Bean & Papadakis 1994a, S. 277).
Die Studie von Bean & Papadakis (1994a) ist sowohl von Inglehart (1994) selbst als auch von Hellevik (1994) kommentiert worden. Beide Erwiderungen kritisieren vor allem den Gebrauch von Ratings bei der Messung von (politischen) Werten (vgl. Inglehart 1994, S. 290; Hellevik 1994, S. 293). Inglehart (1994, S. 290ff) bemängelt, dass mit Ratings lediglich Antwortmuster gemessen werden können, während allein Rankings in der Lage sind, Daten zu Prioritäten zu liefern. Er führt dazu an, dass die meisten Befragten nur dann eine Bevorzugung von materiellen gegenüber postmateriellen Zielen (oder umgekehrt) äußern, wenn sie dazu – durch eine Rangfolgebildung – gezwungen werden (vgl. Inglehart (1982, S. 449). Bei einem Rating können die Befragten die Itemliste durchgehen und gleiche Beurteilungen für

ein Item nach dem anderen vergeben, wodurch eine systematische Inflation positiver Korrelationen zwischen den Items auftritt (vgl. Inglehart 1994, S. 290). Rankings sind zwar sowohl zeitaufwendiger, als auch schwieriger durchzuführen als Ratings, aber im Rahmen politischer Entscheidungen geht es nun einmal um Festlegungen hinsichtlich ähnlich bedeutender Ziele, die aber eben nicht alle gleichzeitig verfolgt werden können – deshalb sind Prioritäten absolut erforderlich (vgl. Inglehart 1994, S. 290).

Es ist fraglich, ob diese Dinge immer als Alles oder Nichts zu verstehen sind, oder ob nicht – wie auch Bean & Papadakis (1994b, S. 296f) anmerken – viel stärker auf einen Konsens (Interessenausgleich) und nicht auf einen Konflikt hingearbeitet wird (vgl. Klein 1995, S. 211). Außerdem werden ja auch bei einem Rating nicht immer alle Ziele gleich beurteilt. Man kann sich überdies fragen, welchen prozentualen Erfüllungssatz die Befragten beispielsweise für das zweitplatzierte Ziel annehmen? Ist es nur ein Ersatz für Ziel Nr. 1 oder werden zumindest teilweise auch Ressourcen hierfür geopfert. Zudem könnte es ja sein, dass ein Befragter nur ein einziges Ziel wirklich realisiert sehen möchte und ihn die anderen Dinge nicht so interessieren. In diesem Fall müsste er eine artifizielle Reihenfolge beim Ranking angeben, die aber gar nicht seiner Intention entspricht. Inglehart (1994, S. 290) äußert jedenfalls klar und unmissverständlich, dass er Ratings für die Messung von Werte-Prioritäten als nicht zweckdienliches („useless") Instrument einstuft. Da seine Materialist-Postmaterialist-These von Anfang an auf Werte fokussiert war, ist dementsprechend auch allein ein Ranking in der Lage, die notwendigen Prioritätsdaten zu generieren (vgl. Inglehart 1994, S. 290f).

Hellevik (1994, S. 293ff) argumentiert in seiner Entgegnung auf Bean & Papadakis (1994a, S. 264ff), dass er nach seinen Forschungsarbeiten (vgl. Hellevik 1993) auf diesem Feld zu genau dem gegenteiligen Schluss wie die beiden Autoren kommt, dass nämlich Rankings gegenüber Ratings vorzuziehen sind. Er merkt an, dass mit beiden methodischen Verfahren unterschiedliche Aspekte von Werte-Präferenzen angesprochen und erhoben werden, zum einen deren absolutes Unterstützungsniveau (Rating) und zum anderen relative Prioritäten (Ranking). Weil im politischen Rahmen – und bei Entscheidungen generell – eben Festlegungen zwischen ähnlich gewichteten Zielen getroffen werden müssen (Zielkonflikte), stellt nur das Ranking die zu bevorzugende Erhebungstechnik dar, da es die realen Verhältnisse adäquater abbildet (vgl. Hellevik 1994, S. 293).

Auch Hellevik (1994, S. 293) thematisiert die methodischen Probleme des Ratings und hebt besonders die Akquieszenz-Problematik hervor, bei der einem Item unabhängig vom Inhalt immer zugestimmt wird (siehe Abschnitt 3.2.2.2.1). Dabei wird die fehlende Differenzierung zwischen den Antworten vor allem bei weniger gebildeten Befragten vermutet (vgl. Hellevik 1994, S. 293).

In ihrer Antwort auf die Kommentare von Inglehart (1994) und Hellevik (1994) gehen Bean & Papadakis (1994b, S. 296) vor allem auf das Argument der Antwortverzerrungen beim Rating ein. In ihrem Datensatz lassen sich jedenfalls nach einer Dichotomisierung der Bildungsvariablen (bis 10 Jahre Schulbildung und mehr als 10 Jahre Schulbildung) keine nennenswerten Unterschiede für die beiden Gruppen hinsichtlich der Inter-Item-Korrelationen, den mittleren Faktorladungen auf dem ersten unrotierten Faktor sowie den durchschnittlichen Ratings und Standardabweichungen ausmachen, woraus Bean & Papadakis (1994b, S. 296) den Schluss ziehen, dass entsprechende Antwortverzerrungen in ihrem Datensatz nur ein geringes Problem darstellen.

2.2.2.4.1.3 Die Studie von Hollerbach (1998)

In der Untersuchung von Hollerbach (1998, S. 235f) werden vier Antwortgruppen gebildet, die sich in der Anzahl gleicher Ratings für die 4 Inglehart-Items (siehe Seite 90) unterscheiden: „Parallele Beantworter" (Anteil: 50,0 %) vergeben in mindestens 3 der 4 Fälle eine identische Antwort, „halb parallele Beantworter" (15,5 %) vergeben zweimal 2 gleiche Ratings,

„fast hierarchische Beantworter" (25,1 %) weisen 3 verschiedene Ratings bei den 4 Items auf und „hierarchische Beantworter" (9,5 %) stufen alle 4 Items unterschiedlich ein, so dass sich aus ihren Daten auch eine eindeutige Rangfolge bilden lässt. Die Antwortgruppen differieren (Korrelations- und Faktorenanalyse) in der latenten Dimensionalität ihrer Werte-Struktur, so dass nicht davon auszugehen ist, dass Ranking und Rating zu gleichen Ergebnissen in dieser Hinsicht führen (vgl. Hollerbach 1998, S. 233).
Bei den „parallelen Beantwortern" wurde obendrein untersucht, ob Zustimmungstendenzen (siehe Abschnitt 3.2.2.2.1) oder tatsächlich parallele Werte-Organisationen vorliegen. Hierzu werden Angaben zur Bildung (Schulabschluss) und zum politischen Interesse herangezogen. Dabei deutet sich ein Zusammenhang zwischen Werte-Organisation bzw. Antwortdifferenzierung und sozioökonomischen Variablen derart an, dass starke Rollendifferenzierungen und komplexere Alltagserfahrungen (Anforderungen im Berufs- und Familienleben) eher zu paralleler Werte-Organisation führen (vgl. Hollerbach 1998, S. 244ff). Die eigentliche Überprüfung der Fragestellung (Zustimmungstendenz vs. parallele Werte-Strukturen) erfolgt über den Einsatz eines weiteren Instruments zur Erfassung von Werte-Strukturen, dem Speyrer Werte-Inventar (vgl. Klages 1984 und Herbert 1991; siehe Abschnitt 2.2.2.2.5).
Insgesamt lassen sich nur wenig Anhaltspunkte für eine Zustimmungstendenz finden, so dass die Kritik, dass Rating-Skalen zur Erfassung von Werten nicht geeignet sind, weil sie eher Zustimmungstendenzen erfassen, zurückzuweisen ist (vgl. Hollerbach 1998, S. 247). Somit ist nach ihren Resultaten die Rating-Skala zur Messung von Werte-Strukturen die geeignetere Alternative. Sie erfasst einen größeren Werte-Raum – mit parallelen und multidimensionalen Werte-Strukturen – der aus modernisierungstheoretischen Gesichtspunkten dem komplexen Alltag heutiger Industriegesellschaften eher zu entsprechen scheint. Der Einsatz des Rankings ist insofern erst dann gerechtfertigt, wenn theoretische Annahmen über hierarchische und auch eindimensionale Werte-Strukturen bestätigt sind und zudem die Items vorher auf ihre Validität überprüft wurden (vgl. Hollerbach 1998, S. 250).

2.2.2.4.1.4 Der Disput zwischen Klein & Arzheimer (1999) und Sacchi (2000)

Klein & Arzheimer (1999, S. 550ff) haben die Untersuchungen zum Inglehart-Index dahingehend erweitert, dass sie die Reihenfolge der vier Haupt-Items (siehe Seite 90) variiert haben. Vom Vorgehen her lehnen sich Klein & Arzheimer (1999, S. 554f) an Bean & Papadakis (1994a) an, indem sie die vier Items zunächst auf einer sieben-stufigen Skala beurteilen und anschließend in eine Rangfolge bringen lassen. Dazu sind zwar geringfügige Veränderungen in der Original-Frageformulierung erforderlich, die jedoch nach Krebs & Hofrichter (1989) keinerlei nennenswerte Auswirkungen auf die Messergebnisse haben sollten (vgl. Klein & Arzheimer 1999, S. 555). Der Index wurde in zwei Wellen eines Panels zu einer politischen Wahl abgefragt, wobei in der zweiten Welle die Modifikation der Präsentationsreihenfolge der vier Items beim Ranking erfolgte (vgl. Klein & Arzheimer 1999, S. 554).
Die Ergebnisse für das Rating spiegeln eindeutig die – für ein positives Konstrukt zu erwartende – Zustimmungstendenz wider, denn der Modus für alle vier Items fällt mit dem maximalen Skalenwert („7") zusammen und die Mittelwerte liegen in einem Intervall von 5,5 bis 6,2 (vgl. Klein & Arzheimer 1999, S. 555). Alle Ziele werden von den Befragten also als wichtig – das Recht auf freie Meinungsäußerung erreicht in dieser Hinsicht die Spitzenposition – eingestuft, wobei aber durchaus Unterschiede zu erkennen sind (vgl. Klein & Arzheimer 1999, S. 555). Beim Ranking wird die Aufrechterhaltung von Ruhe und Ordnung am häufigsten als bedeutendstes Ziel der Liste identifiziert, das beim Rating den zweithöchsten Mittelwert aufweist (vgl. Klein & Arzheimer 1999, S. 555f). Diese Resultate verdeutlichen, dass auf der Aggregatebene differierende Zielreihenfolgen ermittelt werden, was dem in der Literatur wiederholt publizierten Befund identischer Präferenzordnungen (vgl. Alwin &

Krosnick 1985; Feather 1973 und Moore 1975) widerspricht.[51] Als mögliche Erklärung für die Diskrepanzen der beiden Verfahren führen Klein & Arzheimer (1999, S. 556) an, dass auch beim Ranking Antwortverzerrungen auftreten können, indem die Präsentationsreihenfolge der Items unreflektiert übernommen wird (siehe zu den diesbezüglichen Problemen bei den instrumentellen Werten des RVS die Ausführungen auf Seite 40).
Hinsichtlich der Antwort-Tendenzen ist für die Daten bei Klein & Arzheimer (1999, S. 556ff) zunächst zu konstatieren, dass 20,7 % der Befragten beim Rating für alle vier Items identische Skalenzuordnungen vergeben haben, wobei 19,1 % ausschließlich die höchstmögliche Kategorie wählten. Der Anteil dieser Nicht-Differenzierer unter den Hauptschulabsolventen beträgt 37,5 %, während er unter den Realschulabsolventen 21,4 % und unter den Abiturienten 6,9 % ausmacht, so dass die kognitiven Fähigkeiten in diesem Zusammenhang eine wichtige Rolle spielen könnten (vgl. Klein & Arzheimer 1999, S. 557).[52] Auch hinsichtlich ihres Politikinteresses unterscheiden sich die verschieden differenzierenden Befragten, denn bei einem hohen Interesse beträgt der Anteil an Nicht-Differenzierern lediglich 17,8 %, wohingegen er bei Befragten mit geringem oder sehr geringem Interesse bei 32,4 % liegt (vgl. Klein & Arzheimer 1999, S. 557).
Die Gruppe der Nicht-Differenzierer beim Rating, weist beim Ranking eine deutlich höhere Verweigerungsquote (7,6 %) als die restlichen Befragten (2,7 %) auf.[53] Dies legt die Vermutung nahe, dass die kognitive Überforderung dieser Befragtengruppe, die bei einem Rating schon einheitliche Antworten gibt, bei einem Ranking erst recht gegeben ist (vgl. Klein & Arzheimer 1999, S. 557). Um einen diesbezüglichen Effekt zu testen, wird die Reihenfolge der Items des Inglehart-Index in der zweiten Erhebungswelle für die Hälfte der Teilnehmer – durch eine Überführung der ursprüngliche Sequenz A-B-C-D in B-A-D-C (siehe Seite 90) – variiert (vgl. Klein & Arzheimer 1999, S. 557).[54] Dies führt dazu, dass die Orientierung des Antwortverhaltens an der Reihenfolge der Platzierung bei den Nicht-Differenzierern stärker ausfällt als in der differenzierenden Gruppe (vgl. Klein & Arzheimer 1999, S. 558). So erhöht sich der Prozentsatz an Wahlen als wichtigstes Ziel für das ursprünglich an zweiter Stelle der Liste lokalisierte Item „mehr Bürgereinfluss" bei den nicht differenzierenden Personen von 12,1 % auf 25,0 %, wenn dieses Ziel an erster Stelle der Liste aufgeführt wird. In der Komplementärgruppe ist lediglich eine Anteilserhöhung von 14,6 % auf 19,8 % auszumachen (vgl. Klein & Arzheimer 1999, S. 558f).
Natürlich stellt die systematische Rangvergabe in Anlehnung an die Präsentationsreihenfolge der Items nicht die einzige Strategie zur Lösung der Aufgabenstellung durch die Nicht-Differenzierer dar, sondern die Rangplätze könnten auch rein zufällig vergeben werden (vgl. Klein & Arzheimer 1999, S. 558). Eine Überprüfung über die typmäßige Einteilung der Befragten in Materialisten, Postmaterialisten und Mischtypen in den beiden Befragungswellen zeigt eine wesentlich geringere Übereinstimmung in der Gruppe der nicht differenzierenden Befragten im Gegensatz zu denjenigen Teilnehmern, die ihre Antworten beim Rating stärker gestreut haben. Insofern ist davon auszugehen, dass auch ein zufälliges Ranking eine Ausweichstrate-

[51] Diese Studien haben sich aber mit dem RVS (siehe Abschnitt 2.1.4.2.4) beschäftigt, der persönliche Werte misst – und diese unterscheiden sich von abstrakten Zielen auf politischer Ebene. Außerdem differiert die Länge der Listen: vier Items bei Inglehart und 18 beim RVS.

[52] In einer weiteren Untersuchung (vgl. Klein et al. 2004, S. 475) hat etwa ein Drittel der Befragten alle vier Items beim Rating auf einer fünf-stufigen Antwortskala identisch beurteilt (30,4 % haben viermal die maximale Wichtigkeit zugeordnet, 2,9 % die zweithöchste Kategorie und 0,2 % den mittleren Skalenpunkt; vgl. Klein et al. 2004, S. 476ff).

[53] Im Jahre 2004 beträgt der Anteil an Antwortverweigerern in der Gruppe der Nicht-Differenzierer 12,8 %, während er in der Reststichprobe bei 3,7 % liegt (vgl. Klein et al. 2004, S. 479).

[54] In der Erhebung des Jahres 2004 sind die Items so sortiert, dass die beiden materialistischen Items (A und C) einmal vor (A-C-B-D) den zwei postmaterialistischen Aspekten (B und D) platziert waren und ihnen einmal nachfolgten (B-D-C-A, siehe Seite 86). Es konnte kein Effekt der Präsentationsreihenfolge beim Rating festgestellt werden, während sich beim Ranking sehr wohl eine Auswirkung der Reihenfolge für die Items A, B und C zeigte (vgl. Klein et al. 2004, S. 476f).

gie bei der Beantwortung der entsprechenden Frage darstellt, wenn die Ziele als „gleich wichtig“ wahrgenommen werden (vgl. Klein & Arzheimer 1999, S. 558f).
Werden die Rating-Daten, in Anlehnung an das Vorgehen von Inglehart beim Ranking, so aggregiert, dass Personen, die beide materialistischen Items höher einstufen als die beiden postmaterialistischen Items, zu den Materialisten zusammengefasst werden – im umgekehrten Fall sind sie Postmaterialisten – und alle übrigen Konstellationen unter dem Mischtyp subsumiert, dann lassen sich auch die Typenbildungen durch beide Verfahren (Rating und Ranking) miteinander vergleichen (vgl. Klein & Arzheimer 1999, S. 559). Bei diesem Vorgehen gibt es erhebliche Unterschiede bei den Anteilen der drei Typen, insbesondere die reinen Ausprägungen sind bei einem Rating deutlich schwächer vertreten als beim Ranking. Diese Entwicklung ist insofern nachvollziehbar, als durch den fehlenden Zwang zu unterschiedlichen Einstufungen beim Rating mehr gemischte Präferenzen durch gleiche Beurteilungen unterschiedlicher Items resultieren (vgl. Klein & Arzheimer 1999, S. 599).[55]
Hinsichtlich der intra-personellen Zuordnung treten vor allem Wechsel von den reinen Typen nach Inglehart zu den Mischtypen beim Rating auf (55,3 % der Ranking Postmaterialisten und 78,4 % der Materialisten behalten ihren Status beim Rating), während die nach einem Rating reinen Typen auch beim Ranking nach Inglehart ganz überwiegend den reinen Typen zuzurechnen sind (vgl. Klein & Arzheimer 1999, S. 560). Der Anteil an typmäßig nicht konsistent eingeordneten Befragten beträgt 24,1 % und entspricht damit in etwa dem Anteil der Nicht-Differenzierer (vgl. Klein & Arzheimer 1999, S. 560). Beide Gruppen sind aber nicht identisch, denn von den Typ-Wechslern gehören zwar 29,9 % zu den Nicht-Differenzierern – bei den restlichen Befragten macht der Anteil nur 16,9 % aus – jedoch sind mehr als 2/3 offensichtlich in der Lage, auf Rating-Skalen differenzierte Urteile abzugeben (vgl. Klein & Arzheimer 1999, S. 561).[56] Daraus kann geschlossen werden, dass diese Befragten bei einem Ranking dazu gezwungen werden, Antworten zu geben, die nicht ihren wahren Präferenzen entsprechen. Dies wird auch dadurch untermauert, dass unter den Typ-Wechslern mehr als 1/5 Abiturienten sind, die kognitiv durchaus differenzierungsfähig sind und nicht unbedingt stereotyp antworten (vgl. Klein & Arzheimer 1999, S. 561).
Als Quintessenz ihrer Analysen sprechen sich Klein & Arzheimer (1999, S. 562f) eindeutig für den Einsatz eines Rating-Verfahrens bei der Erhebung von (politischen) Werten aus, weil auch beim Ranking ein Reihenfolge-Effekt zu beachten ist und ein Rating die Anwendung komplexerer statistischer Verfahren sowie eine unverzerrte Bestimmung der Dimensionalität des Werte-Raums ermöglicht.
Sacchi (2000, S. 541ff) hat die Studie von Klein & Arzheimer (1999) einer kritischen Würdigung unterzogen und einige Aspekte bemängelt. Er weist u.a. darauf hin, dass die fixierte Reihenfolge der beiden Aufgabenstellungen (erst Rating und anschließend Ranking) nicht unproblematisch ist, denn dadurch wird das erst an zweiter Stelle auszuführende Verfahren „benachteiligt“ (vgl. Sacchi 2000, S. 542ff). So könnten für die von Klein & Arzheimer (1999, S. 557) festgestellte hohe Verweigerungsquote beim Ranking nicht die damit verbundenen hohen kognitiven Anforderungen verantwortlich sein, sondern die perzipierte Redundanz der Angaben auf Seiten der Befragten (vgl. Sacchi 2000, S. 544).
Nach Sacchi (2000, S. 544) sind Platzierungseffekte beim Ranking eine bekannte methodenspezifische Form unzuverlässigen Antwortverhaltens und auch bezüglich des Inglehart-Index

[55] Werden Ranking und Rating-Daten der Werte-Studie 1999 in Österreich (vgl. Denz 2000) miteinander verglichen so ergibt sich ein ähnliches Bild. Nur bei Teilnehmern, bei denen eine starke Wert-Orientierung vorliegt, ist ein Zusammenhang zwischen den Resultaten bei den beiden Verfahren festzustellen (vgl. Denz 2000, S. 85).

[56] Insgesamt indizieren die Ergebnisse zu dieser Fragestellung in der zweiten Studie 2004, dass nicht nur eine Reduktion der Reliabilität bei Durchführung eines Rankings auftritt, sondern – zumindest für die Gruppe der nicht differenzierenden Befragten – auch dessen Validität beeinträchtigt wird, denn die Verteilung der Materialisten und Postmaterialisten kehrt sich in dieser Gruppe in Abhängigkeit von der Präsentationsreihenfolge der Items sogar um (vgl. Klein et al. 2004, S. 479f).

nicht gänzlich neu. Fraglich sei nur, welches der beiden Messverfahren (Ranking und Rating) stärker von derartigen Effekten betroffen ist.
Die Schlussfolgerung, dass Rankings den Befragten Restriktionen auferlegen, die sie daran hindern, ihre „wahren" Präferenzen zu offenbaren, ist nur unter der Prämisse haltbar, dass alle diejenigen Befragten, die beim Rating nicht viermal eine identische Kategorie wählen, durchweg differenzierte Urteile abgeben. Klein & Arzheimer (1999) wenden somit nach Sacchi (2000, S. 545) zur Unterscheidung von zufälligen und reflektierten Antworten lediglich ein formales – und keinesfalls robustes – Kriterium (Variation der individuellen Bewertungen) an. Weshalb sich eine unreflektierte, zufällige Beantwortung der Fragen aber auf jeden Fall in einer Gleichbewertung aller Vorgaben niederschlagen soll, ist begründungsbedürftig, denn auch Zufallsantworten könnten variieren (vgl. Sacchi 2000, S. 545). Letztendlich ist Sacchi (2000, S. 546) zuzustimmen, dass die Fähigkeit differenziert zu antworten, eine fehlende Motivation nicht ersetzen kann.
Sacchi (2000, S. 551) mahnt jedenfalls an, dass so lange die konkurrierenden Messverfahren nicht umfassend validiert sind, allein theoretische Überlegungen bei der Entscheidung zwischen Ranking und Rating eine Rolle spielen sollten.
Klein & Arzheimer (2000, S. 554) weisen in ihrer Replik auf Sacchi (2000) auf die unterschiedlichen Kognitionen hin, die mit einem Rating (Messung absoluter Wichtigkeiten) und einem Ranking (Messung relativer Wichtigkeiten) verbunden sind.[57] Sie argumentieren, dass über ein Rating Wert-Orientierungen im engeren Sinne, d.h. die Stärke der Orientierung auf bestimmte gesellschaftliche Werte, erhoben werden, während durch ein Ranking Wert-Prioritäten, d.h. die relative Bedeutsamkeit eines Satzes vorgegebener gesellschaftlicher Werte für ein Individuum, gemessen werden. Da beide Varianten gesellschaftliche Wert-Orientierungen abbilden, bleibt lediglich die Frage, welches Verfahren dem zu untersuchenden Phänomen theoretisch angemessener und methodisch vorteilhafter ist (vgl. Klein & Arzheimer 2000, S. 555). Weil sich diese aber im Rahmen eines Methodenexperiments nicht beantworten lässt, geht es ihnen in erster Linie darum, zu untersuchen, welche Unterschiede die beiden Erhebungsverfahren auf individueller Ebene generieren (vgl. Klein & Arzheimer 2000, S. 555).
Zusammenfassend kommen Klein et al. (2004, S. 481) zu dem Schluss, dass das Aussortieren von Befragten mit „non-attitudes" (vgl. Smith 1984), Antwortstilen oder -verzerrungen eine Herausforderung für beide Verfahren (Rating und Ranking) darstellt – ein Ranking allein löst das Problem nicht (vgl. Klein et al. 2004, S. 481). Dieser Problembereich wird vorliegend primär unter der Perspektive inkonsistenter Angaben (siehe Abschnitt 5.2.1.3) beleuchtet, wobei aber auch der Antwortstil Akquieszenz (siehe Abschnitt 5.4.3) berücksichtigt wird.

2.2.2.4.2 Komparative Analysen mit dem Rokeach Value Survey

Die Erhebung des RVS über ein alternatives Verfahren – d.h. nicht mittels Ranking – ist schon sehr bald nach der Veröffentlichung des Instruments in Angriff genommen worden. So hat MacDonald (1974) zitiert nach McKenna (1979, S. 38) versucht, die Faktorstruktur des RVS aufzuhellen, indem er ihn statt mit einem Ranking über ein Rating auf einer vierstufigen Skala durchführen ließ. Eine Hauptkomponentenanalyse mit quadrierten multiplen Korrelationen als Kommunalitätsschätzungen und einer Varimax-Rotation (siehe Abschnitt 5.4.2.1) zeigte zwei stabile Faktoren, und zwar sowohl für die terminalen als auch die instrumentellen Werte. Die Schlussfolgerung von MacDonald (1974) lautet, dass die Werte im RVS nicht unabhängig voneinander sind und sich auf sinnvolle Faktoren reduzieren lassen, wenn ein nicht-ipsatives Messverfahren zur Anwendung kommt.
Nachfolgend werden nun weitere Studien zum direkten Vergleich unterschiedlicher Messvorschriften beim RVS präsentiert, wobei die Fixierung der Reihenfolge der getesteten Verfahren

---

[57] Welche Kognitionen damit allerdings konkret angesprochen sind, wird nicht weiter erläutert. Diesbezüglich wären qualitative Forschungsarbeiten notwendig. Vorliegend sollen demgegenüber anhand von Antwortmodellen für Umfragesituationen (siehe Abschnitt 3.1), mögliche Unterschiede aber angedeutet werden.

als Unterscheidungskriterium dient. Dementsprechend werden zunächst diejenigen Untersuchungen diskutiert, in denen die Erhebungsverfahren ausschließlich in einer festgelegten Reihenfolge administriert werden, bevor anschließend die Arbeiten fokussiert werden, in denen die Sequenz der eingesetzten Verfahren variiert wird.

2.2.2.4.2.1 Simultaner Einsatz unterschiedlicher Erhebungsverfahren beim RVS ohne Reihenfolgevariation

Die Werte des RVS werden bei Crosby et al. (1990, S. 127) in einer postalischen Befragung erhoben, in der zuerst ein Ranking und anschließend ein Rating durchzuführen waren. Leider beschreiben Crosby et al. (1990, S. 127f) die von ihnen eingesetzte genaue Anweisung zur Messung der Werte nicht weiter, so dass lediglich klar wird, dass zuerst die terminalen Werte in eine Rangfolge zu bringen und direkt anschließend auf einer sieben-stufigen Rating-Skala (außerordentlich wichtig; überhaupt nicht wichtig) einzustufen waren. Im Anschluss wird die gleiche Prozedur mit den instrumentellen Werten durchgeführt (vgl. Crosby et al. 1990, S. 128). Aus ihren Resultaten lässt sich zunächst hervorheben, dass auch dort die Ratings der Werte keine Normalverteilung aufweisen (vgl. Crosby et al. 1990, S. 128).

In den getesteten Modellen der konfirmatorischen Faktorenanalysen (siehe Fußnote 349 auf Seite 363) von Crosby et al. (1990, S. 128ff) wird jeder Wert als eine Funktion einer Werte-Dimension, eines Methodenfaktors (schiefe Verteilung der Rating-Daten) und einer zufälligen Fehlerkomponente aufgefasst. Das Modell mit unabhängigen Werten (keine systematischen Korrelationen sowohl zwischen den einzelnen terminalen als auch instrumentellen Werten) erhielt keine Unterstützung durch die erhobenen Daten, d.h. es ist weder von nicht-unabhängigen terminalen noch von nicht-unabhängigen instrumentellen Werten auszugehen, so dass beide Werte-Gruppen auf mehreren Dimensionen organisiert sind (vgl. Crosby et al. 1990, S. 127ff).

Bei den Modellen, die abhängige Werte voraussetzen, werden zunächst die Ergebnisse früherer Untersuchungen (vgl. Feather & Peay 1975; Rokeach 1973 sowie Vinson et al. 1977a) herangezogen, um die Werte des RVS zu gruppieren (vgl. Crosby et al. 1990, S. 125). Bezüglich der instrumentellen Werte wird dabei eine zweidimensionale Struktur in externale (9) und internale (9) Werte angenommen, während für die Organisation der terminalen Werte eine Aufteilung in gesellschaftliche (6) und persönliche (12) Werte postuliert wird (vgl. Crosby et al. 1990, S. 125ff).

Die gewählte Gruppierung mag zwar durch vorhergehende empirische Ergebnisse gestützt sein, jedoch fehlt eine theoretische Herleitung der getroffenen Annahmen. Außerdem könnten in anderen kulturellen Kontexten durchaus alternative Modellannahmen nahe liegender sein. So haben beispielsweise Valette-Florence & Jolibert (1990, S. 114f) die von Crosby et al. (1990) herangezogenen Ergebnisse von Vinson et al. (1977b) aus dem amerikanischen Raum, in Frankreich nicht bestätigen können. Kritisch ist auch der einbezogene Methodenfaktor zu beurteilen, denn dieser muss ja nicht notwendigerweise auf die schiefe Verteilung der Ratings beschränkt sein, sondern könnte auch durch die Ausstrahlung des Rankings auf die anschließenden Ratings determiniert sein. Insofern könnte sich bei einem alleinigen Rating eine gänzlich andere Modellstruktur als optimal erweisen.

McKenna (1979) hat sich ausführlich mit dem RVS unter methodischen Gesichtspunkten (Ranking versus Rating) auseinandergesetzt. Um das Instrument forschungstechnisch voranzubringen, fokussiert die Arbeit von McKenna (1979, S. 11) eine spezifische Schwachstelle des RVS – seine ipsative Datenstruktur – und nimmt deshalb einen expliziten Vergleich zwischen Ranking- und Rating-Versionen des RVS hinsichtlich ihrer komparativen Reliabilität und Validität vor. Um die komparative Validität zu messen werden zwei Kriterien herangezogen, die Ratings von Freunden sowie ein Persönlichkeitstest (Background Activity Questionnaire; BAQ) bei dem die Häufigkeit verschiedener Verhaltensweisen – die eine Verbindung zu spezifischen Werten aufweisen – erhoben wird (vgl. McKenna 1979, S. 63f).

Die Untersuchungspopulation bei McKenna (1979) machen 104 Studenten (Undergraduates; 46 männlich und 59 weiblich) eines amerikanischen Colleges aus, das sehr eng an eine religiöse Gruppierung (Baptisten) angebunden ist. McKenna (1979, S. 65) beschreibt den durchschnittlichen Studierenden als – verglichen mit anderen Colleges – politisch und religiös wesentlich konservativer. Dies kommt sowohl in den Präferenzen für politische Parteien im BAQ, als auch hinsichtlich der Beurteilung des Wertes „Salvation" (Mittelwert von 9,81 auf einer zehn-stufigen Skala, bei der 10 „extrem wichtig" bedeutet und ein durchschnittlicher Rangplatz von 1,25 – wobei 1 den höchsten zu vergebenden Rang darstellt) zum Ausdruck (vgl. McKenna 1979, S. 65f).
Als Instrumente kommen bei McKenna die Form E des RVS (vgl. Rokeach 1980) sowie die Value Importance Scale (VIS) zum Einsatz, bei der die 36 Werte des RVS auf einer zehn-stufigen Rating-Skala einzuordnen sind (vgl. McKenna 1979, S. 66). Auf der Skala war jede Antwortoption mit einer Nummer versehen und jeweils 2 Nummern zusätzlich mit einer verbalen Beschreibung gekennzeichnet (vgl. McKenna 1979, S. 66).[58] McKenna (1979, S. 66) führt für diese Art der Kennzeichnung an, dass durch die numerischen und verbalen Anker die Bedeutung jeder einzelnen Antwortoption exakt verdeutlicht werden sollte. Die Anzahl an Skalenstufen wurde in Anlehnung an Nunnally (1978) gewählt, der vorgibt, dass die Reliabilität einer Antwortskala bis zu sieben Antwortkategorien ansteigt, dann mehr oder weniger konstant bleibt und sich über 11 Stufen hinaus nur noch wenig steigert (vgl. McKenna 1979, S. 66). Jeder Teilnehmer wurde zusätzlich gebeten, drei Freunde zu gewinnen, die den VIS – natürlich mit modifizierten Kategoriebezeichnungen („This is one of my friends ...") – stellvertretend für ihn ausfüllen sollten.[59]
Alle Befragten absolvierten vier Test-Runden (vgl. McKenna 1979, S. 68ff), wobei in der ersten Sitzung der RVS und anschließend der BAQ auszufüllen waren. Nach fünf Tagen fand die zweite Sitzung statt, in welcher der VIS durchgeführt wurde und die drei Fragebögen (nur VIS) für die Freunde mitgegeben wurden. Dabei wurde explizit darauf hingewiesen, dass die Aufgaben ernsthaft durchzuführen sind, die Teilnehmer ihre Freunde nicht beeinflussen und auch nicht anwesend sein sollten, wenn diese den Fragebogen ausfüllen und die Freunde den komplettierten Fragebogen direkt an den Untersuchungsleiter zu schicken hatten anstatt ihn den Teilnehmern zurückzugeben (vgl. McKenna 1979, S. 70). Die dritte Test-Session erfolgte fünf Wochen (bessere Vergleichbarkeit der Daten, weil auch in anderen Werte-Untersuchungen ein entsprechendes Intervall gewählt wurde; vgl. Feather 1975 und Rokeach 1973) nach der ersten Runde und beinhaltete die erneute Durchführung des RVS. In der letzten Sitzung, die fünf Tage nach der dritten und damit genau fünf Wochen nach der zweiten stattfand, wurde erneut die VIS abgearbeitet (vgl. McKenna 1979, S. 71).
Das Untersuchungsdesign lässt sich dementsprechend folgendermaßen zusammenfassen:[60]

[58] Die Bezeichnungen lauten: 1+2 = UNIMPORTANT. This value is of little or no importance in my life. 3+4 = SLIGHTLY IMPORTANT. This value is of only limited and minor importance in my life. 5+6 = MODERATELY IMPORTANT. This value is important but not a central principle in my life. 7+8 = VERY IMPORTANT. This value is a major guideline in my life. 9+10 = EXTREMELY IMPORTANT. This is one of my central values around which my life is organized (McKenna 1979, S. 135).

[59] Über die „Nähe" der Freunde wird nichts ausgesagt (so sollten nahe stehende Personen eine „bessere" Einschätzung vornehmen können als entfernte Bekannte) und außerdem erscheint die ganze Prozedur generell sehr „schummelanfällig", z.B. im Sinne eines sozial erwünschten Antwortverhaltens.

[60] Für ein vollständig balanciertes Design wäre es sicherlich gut gewesen, wenn die Reihenfolge von RVS und VIS auch noch variiert worden wäre.

Session	Zeitpunkt	Werte-Fragebogen	Weiteres
1	0	RVS (Ranking)	BAQ
2	5 Tage nach Session 1	VIS (Rating)	Mitgabe der Bögen für 3 Freunde
3	5 Wochen nach Session 1	RVS (Ranking)	
4	5 Wochen nach Session 2	VIS (Rating)	

Abbildung 17: Überblick zum Untersuchungsdesign von McKenna (1979)

Die Korrelationen der durchschnittlichen Werte-Systeme zwischen den einzelnen Instrumenten und Sitzungen können der folgenden Tabelle entnommen werden (vgl. McKenna 1979, S. 76):

	VIS (2)	VIS (4)	RVS (1)	RVS (3)
VIS (2)		0,96	-0,94	-0,91
VIS (4)	0,99		-0,97	-0,96
RVS (1)	-0,99	-0,98		0,99
RVS (3)	-0,98	-0,99	0,99	

Tabelle 1: Korrelationskoeffizienten der mittleren Werte-Systeme in der Studie von McKenna (1979, S. 76)

Anmerkung: Die Koeffizienten in der oberen Diagonalmatrix beziehen sich auf das instrumentelle Werte-System, diejenigen in der unteren Diagonalmatrix auf das terminale Werte-System. Die negativen Korrelationskoeffizienten zwischen VIS und RVS resultieren aus deren unterschiedlichen Polungen; während beim RVS wichtige Werte durch niedrige Ränge repräsentiert werden, ist dies beim VIS (Rating) genau umgekehrt, denn dort zeigen hohe Ratings eine große Wichtigkeit an. Die Zahlen von (1) bis (4) beziehen sich auf den Zeitpunkt der Durchführung (siehe Spalte „Session" in Abbildung 17).

Die hohen Korrelationskoeffizienten unterstützen die Ergebnisse von Feather (1973), nach denen das Testformat keinen substanziellen Einfluss auf die durchschnittlichen Werte-Systeme ausübt. Daneben wird zusätzlich demonstriert, dass diese eine konvergente Validität über die Zeit aufweisen (vgl. McKenna 1979, S. 76).

Die Test-Retest-Reliabilität der einzelnen Werte bei McKenna (1979, S. 76ff) erreicht zu Feather (1971) und Rokeach (1973) vergleichbare Werte. Statistisch signifikante Unterschiede zwischen den beiden Versionen VIS (Rating) und RVS (Ranking) lassen sich für vier terminale und drei instrumentelle Werte ausmachen. Für die beiden Werte-Systeme führt ein Mittelwertvergleich der Korrelationen (T-Test für zwei verbundene Stichproben) zwischen VIS und RVS bei den terminalen Werten zu einem statistisch nicht signifikanten Ergebnis, während die Stabilität der Werte-Systeme bei den instrumentellen Werten für den VIS statistisch signifikant höher ausfällt als für den RVS.

Zum Vergleich der Eigen- und Fremdbeurteilungen wurde für jeden Wert der Durchschnitt aus den Ratings der drei Personen gebildet, die einen Teilnehmer evaluiert hatten (es gab keine Missing Values; vgl. McKenna 1979, S. 86). Dabei zeigen die Beurteilungen der Freunde eine höhere Variabilität und geringfügig kleinere Durchschnittswerte. Außerdem wurde die Übereinstimmung der Beurteilungen durch die drei Freunde berechnet, die – bei einer erlaubten Abweichung von einem Skalenpunkt – sowohl für 17 der 18 terminalen, als auch instrumentellen Werte als gegeben zu konstatieren war (vgl. McKenna 1979, S. 90ff).

Auch hinsichtlich der komparativen Validität für einzelne Werte kommt McKenna (1979, S. 97) zu dem Schluss, dass Ratings zu leicht besseren Ergebnissen führen als Rankings. Weil die komparative Validität von VIS und RVS mit BAQ Items ebenfalls zu keiner eindeutigen Bevorzugung für eines der beiden Erhebungsverfahren (VIS und RVS) führt, gibt es weitere

Unterstützung für die Hypothese der Gleichheit der Prädiktorqualität von VIS und RVS (vgl. McKenna 1979, S. 105).
Zusammenfassend stellt McKenna (1979, S. 106ff) fest, dass die Stabilitäts- und Validitätskoeffizienten für den VIS zwar überwiegend (bis auf zwei Ausnahmen, Salvation und Equality) höher ausfallen als für den RVS – und somit ein Trend für die Überlegenheit dieser Durchführungsform angenommen werden kann – jedoch die Vielzahl statistisch nicht signifikanter Unterschiede keine der beiden Vorgehensweisen als eindeutig vorziehenswürdig kennzeichnet. Nach McKenna (1979, S. 107) können Werte – selbst wenn sie theoretisch einer hierarchischen Struktur (siehe Abschnitt 2.1.5) folgen – deshalb genau so effektiv durch ein normatives Testformat gemessen werden, wie durch ein ipsatives. Wenn Antwortverzerrungen ein Problem normativer Messungen darstellen, das durch ein ipsatives Verfahren behoben werden kann, dann sollte die Unterdrückung von Fehlervarianz – bei Konstanz aller anderen Faktoren – dazu führen, dass für das ipsative Instrument höhere Validitäten festzustellen sind. Dies lässt sich nach McKenna (1979, S. 107ff) allerdings nicht bestätigen, zumal auch die problematische Datenqualität ipsativer Messungen (lediglich Ordinalskalenformat) nicht vernachlässigt werden darf (siehe Abschnitt 2.2.2.1.2.3)
Ein weiterer Aspekt betrifft die Messung einzelner Werte, die bei ipsativen Erhebungen nur in Verbindung zu den anderen abgefragten Werten betrachtet werden kann, während bei einem normativen Verfahren eine separate Antwort für jeden einzelnen Wert – unabhängig von den übrigen abgefragten Werten – möglich ist. Somit haben die Befragten beim Rating beispielsweise die Möglichkeit, die Wichtigkeit von Vergnügen als hoch anzusetzen, ohne gleichzeitig als hedonistisch oder selbstzentriert zu erscheinen, was allerdings bei einem Ranking – insbesondere wenn weitere sozial wünschenswertere Werte in der Liste vorhanden sind – ungleich schwieriger ist (vgl. McKenna 1979, S. 111).
McKenna (1979, S. 117f) erklärt die vergleichbare Stabilität und Validität beider Messverfahren (RVS und VIS) damit, dass die Antwortprozesse unter beiden Vorgehensweisen simultan wirksam waren, d.h. beispielsweise, dass die Befragten die Werte erst nach hoher, mittlerer und geringer Wichtigkeit gruppiert (absolutes Wichtigkeitskriterium wie beim Rating) und anschließend ein Ranking innerhalb jeder Gruppe (relatives Wichtigkeitskriterium) vorgenommen haben. Beim Rating (VIS) waren demgegenüber möglicherweise auch gemeinsame Betrachtungen von zwei oder mehreren Werten involviert, d.h. es wurde nicht nur der aktuelle Wert auf der Rating-Skala eingestuft, sondern dazu auch die bereits getätigte Einordnung eines anderen Wertes (z.B. des direkten Vorgängers) herangezogen. Diese Annahmen sind natürlich spekulativ und würden qualitative Erhebungen erfordern.
Einschränkend muss für die postulierte Gleichheit der Ranking und Rating Prozeduren des RVS bei McKenna (1979, S. 119) aber angemerkt werden, dass das Zeitintervall zwischen den beiden Test-Varianten mit fünf Tagen nur sehr kurz bemessen ist und auch keine Variation in der Reihenfolge (RVS-VIS) vorgenommen wurde. Weil zudem die Gleichheitskoeffizienten geringer ausgeprägt sind als die Reliabiltäten, dürfte eine methodische Differenz zwischen den beiden Verfahren nicht wegzudiskutieren sein (vgl. McKenna 1979, S. 119). Dementsprechend kann nicht behauptet werden, dass der VIS als eine parallele Testform zum RVS verwendet werden könnte, wenn es um die Messung einzelner Werte geht (vgl. McKenna 1979, S. 119). Auf der Ebene der Werte-Systeme zeigen beide Testformate bei McKenna (1979, S. 119f) einen hohen Grad an Übereinstimmung, der konsistent zu den Ergebnissen von Feather (1973) ausfällt. Wurden bei Feather (1973) lediglich Gruppenunterschiede betrachtet, so konnte McKenna (1979, S. 120) nachweisen, dass die Kongruenz auch bei individuellen Werte-Systemen gegeben ist.
Raboteg-Šarić et al. (1997, S. 776) haben zur Aufdeckung der terminalen und instrumentellen Werte-Systeme und -orientierungen – sowie deren Beziehungen zu Intelligenz, Schulerfolg und prosozialem Verhalten – in einer Studie bei kroatischen Jugendlichen (311 14-Jährige; 174 Mädchen und 137 Jungen), einen modifizierten (Rating anstatt Ranking) schriftlichen und

selbst auszufüllenden RVS eingesetzt. Dabei sind die alphabetisch sortierten 18 terminalen und 18 instrumentellen Werte zunächst einem Rating auf einer sieben-stufigen Likert-Skala (1 = überhaupt nicht wichtig für mich; 7 = extrem wichtig für mich) zu unterziehen gewesen, bevor anschließend die fünf wichtigsten Werte anzugeben waren.
Zur Sequenz der terminalen und instrumentellen Werte-Blöcke enthält die Veröffentlichung keine Angaben. Prinzipiell liegt bei diesem Ansatz also eine Umkehrung der Rank-then-Rate-Technik vor, wobei allerdings kein wirkliches Ranking auszuführen ist, weil die interne Rangfolge der fünf extrahierten wichtigsten Werte nicht weiter spezifiziert werden musste. Warum gerade fünf Werte als die jeweils wichtigsten zu identifizieren sind, wird nicht weiter begründet. Außerdem bleibt offen, ob alle Teilnehmer tatsächlich fünf Werte bei dieser Aufgabenstellung genannt haben und wie hoch die Konsistenz zwischen den Ergebnissen beim Rating und Ranking ausgefallen ist. Insofern sind aus den Untersuchungsergebnissen leider keine Erkenntnisse für das Auftreten von Inkonsistenzen bei der vorliegenden Erhebung ableitbar.
Der Vergleich der beiden Erhebungsinstrumente erfolgt über eine Rangreihe der Mittelwerte (Rating) und den Prozentsatz an Nennungen als einer der fünf wichtigsten Werte (Teilauswahl). Dabei ist – sowohl für die terminalen, als auch instrumentellen Werte – zu konstatieren, dass die Teilauswahl zu einer schärferen (besseren) Trennung der einzelnen Werte führt, weil die Verteilung der Ratings – wie erwartet – linksschief ist. Die Rangkorrelationskoeffizienten beider Reihen fallen mit 0,96 (terminale Werte) und 0,88 (instrumentelle Werte) sehr hoch aus (vgl. Raboteg-Šarić et al. 1997, S. 779), was aber nach dem gewählten Vorgehen – die Reihenfolge erst Rating dann Teilauswahl wurde nicht variiert, so dass hier auch ein Konsistenzstreben der Befragten angenommen werden kann – nicht verwunderlich ist. Für die anschließende Überprüfung der latenten Struktur der beiden Werte-Blöcke werden dann nur noch die Rating-Ergebnisse genutzt, weil allein mit ihnen (Intervallskalenniveau) eine Faktorenanalyse berechnet werden kann (siehe Abschnitt 5.4.2.1). Sowohl für die terminalen, als auch die instrumentellen Werte wird eine Fünf-Faktor Struktur (Hauptkomponentenanalyse nach dem Eigenwertkriterium mit Varimax-Rotation) erzielt (vgl. Raboteg-Šarić et al. 1997, S. 779ff).
Auf Grundlage der ermittelten Faktoren werden sieben Subskalen (drei aus 12 terminalen und vier aus 16 instrumentellen Werten) konstruiert, indem die auf den jeweiligen Faktor hoch ladenden Werte herangezogen und ungewichtet gemittelt miteinander verknüpft werden (vgl. Raboteg-Šarić et al. 1997, S. 782). Die übrigen Werte werden von der weiteren Analyse ausgeschlossen, da sie auf Faktoren hoch laden, die nur sehr wenige Items enthalten und nicht sinnvoll interpretierbar sind (vgl. Raboteg-Šarić et al. 1997, S. 781). Diese Subskalen werden nun zur Überprüfung der Konstruktvalidität in Korrelationsanalysen mit den drei theoretischen Konzepten Intelligenz, Schulerfolg und prosoziales Verhalten in Beziehung gesetzt. Dabei wurde erwartet, dass Werte-Typen, die interpersonale, kollektive oder anschlussbezogene Aspekte hoch schätzen, ein divergierendes Muster zu denjenigen Werte-Typen zeigen, bei denen ein individualistischer oder leistungsorientierter Fokus im Vordergrund steht (vgl. Raboteg-Šarić et al. 1997, S. 782). Obwohl die Ergebnisse der Korrelationsberechnungen in die vorhergesagte Richtung weisen, zeigt sich hier deutlich die Schwierigkeit, handfeste Zusammenhänge zwischen Werte-Strukturen und anderen Konstrukten herzustellen, weshalb auch in der vorliegenden Untersuchung auf die Aufdeckung derartiger Zusammenhänge verzichtet wurde. Die Ergebnisse weisen nur ansatzweise auf die von Schwartz (1992) und Bilsky & Schwartz (1994) postulierten zwei Werte-Dimensionen hin, die zum einen eher individualistische und zum anderen eher kollektivistische Haltungen anzeigen.
Reynolds & Jolly (1980, S. 531ff) haben drei verschiedene Erhebungsverfahren zur Ermittlung von Werte-Profilen (Ranking, Rating und Paarvergleich) anhand deren Test-Retest-Reliabilität auf ihre Tauglichkeit für Marktsegmentierungszwecke (vgl. Kahle 1986, S. 37ff) verglichen. Sie nehmen die Ergebnisse von Munson & McIntyre (1979; siehe Abschnitt 2.2.2.4.2.2) als Ausgangspunkt ihrer Überlegungen und kritisieren daran vor allem,

dass der dort verwendete Korrelationskoeffizient von Spearman nicht der am besten passende Indikator ist – dieser liefert bis auf wenige Ausnahmefälle verzerrte Schätzwerte – und stattdessen Kendall's tau Anwendung finden sollte, insbesondere wenn „bescheidene" Stichprobenumfänge vorliegen, was bei Munson & McIntyre (1979) der Fall ist (vgl. Reynolds & Jolly 1980, S. 531). Weiterhin bemängeln Reynolds & Jolly (1980, S. 532) am Vorgehen von Munson & McIntyre (1979), dass die Wahl der Erhebungsformen nicht gut gewählt wurde, weil diese nur relative Vergleiche untereinander erlauben, denn keine der drei dort getesteten Methoden (Ranking, einfaches Rating und verankertes Rating) ist in der Lage, einen absoluten Vergleichsmaßstab (maximale Reliabilität) zu etablieren, an dem die Verfahren hätten kontrastiert werden können. Zur Gewinnung eines derartigen Standards schlagen Reynolds & Jolly (1980, S. 532) einen vollständigen Paarvergleich vor, aus dem sich ohne weitere Probleme eine Rangordnung der Objekte ableiten lässt. Begründet wird der Einsatz dieses Verfahrens als Benchmark mit dem minimalen Aufwand an durchzuführenden Informationsverarbeitungsprozessen bei den einzelnen Vergleichsaufgaben, die in „einfachen" Beurteilungsangaben und dementsprechend weniger fehlerhaften Einschätzungen resultieren (vgl. Reynolds & Jolly 1980, S. 532).
Das verankerte Rating bei Munson & McIntyre (1979) wird von Reynolds & Jolly (1980, S. 532) wegen dessen schlechten Ergebnissen in der Originalstudie nicht berücksichtigt, dafür erheben sie zusätzlich für jeden Befragten die Bearbeitungszeit und das Aufgabeninteresse, um neben den statistischen Belangen auch die praktische Bedeutsamkeit der verschiedenen Verfahren beurteilen zu können. An der Studie von Reynolds & Jolly (1980, S. 532) nahmen 54 Grundstudiumsstudenten teil, die nach dem Zufallsprinzip auf sechs Gruppen (Faktor 1 [Methode]: 3 Erhebungsprozeduren [Ranking, Rating und vollständiger Paarvergleich]; Faktor 2 [Format]: 2 verschieden umfangreiche Werte-Listen [18 terminale Werte von Rokeach (1973) und eine Zufallsauswahl von 12 Werten desselben Instruments]) verteilt wurden. Ranking und Rating (Kriterium: wahrgenommene persönliche Wichtigkeit auf einer sieben-stufigen Skala von 1 = überhaupt nicht wichtig bis 7 = außerordentlich wichtig) wurden mit konventionellen schriftlichen Erhebungsinstrumenten durchgeführt, während die Paarvergleiche (153 für die 18 Werte und 66 für die 12 Werte) am Computerbildschirm administriert wurden (vgl. Reynolds & Jolly 1980, S. 532f). Die zweite Sitzung fand etwa 2 Wochen nach der ersten Erhebung statt, wobei die Teilnehmer exakt die gleichen Prozeduren erneut zu bearbeiten hatten, wie in der ersten Session (vgl. Reynolds & Jolly 1980, S. 533).
An den Ergebnissen von Reynolds & Jolly (1980, S. 533ff) fällt zunächst einmal auf, dass die durchschnittliche Bearbeitungszeit für das Ranking von 12 Werten länger gedauert hat als für das Ranking von 18 Werten. Insgesamt beansprucht das Rating zwar die geringste Durchführungszeit in allen Bedingungen, die Unterschiede zum Ranking erreichen jedoch kein statistisch signifikantes Ausmaß, so dass in zeitlicher Hinsicht lediglich die Methode des vollständigen Paarvergleichs deutlich hinter den beiden anderen Verfahren zurückbleibt (vgl. Reynolds & Jolly 1980, S. 533f). Auch bezüglich des thematischen Interesses sind bei den Methoden zwar Unterschiede auszumachen, diese erreichen jedoch kein statistisch signifikantes Niveau, sondern weisen diesbezüglich allein für den Umfang an Objekten (12 bzw. 18) entsprechende Werte auf (vgl. Reynolds & Jolly 1980, S. 533ff). Die eigentliche Frage der Erhebung von Reynolds & Jolly (1980) betrifft allerdings die Test-Retest-Reliabilitäten, die mit unterschiedlichen Korrelationskoeffizienten gemessen werden. Wird der Rangkorrelationskoeffizient von Spearman zugrunde gelegt, ergeben sich bei Reynolds & Jolly (1980, S. 534) keinerlei Abweichungen zu den Ergebnissen von Munson & McIntyre (1979), d.h. alle drei Methoden weisen vergleichbare mittlere Reliabilitäten auf. Auch der Rangkorrelationskoeffizient nach Kendall führt zu vergleichbaren mittleren Reliabilitätswerten für die drei Verfahren (vgl. Reynolds & Jolly 1980, S. 534). Allerdings kann allein der Vergleich der Mittelwerte zu Fehlschlüssen führen, die aus Differenzen der Messskalen und instabilen Fehlervarianzen resultieren. Dementsprechend kann nur eine Varianzanalyse der sachgemäß

transformierten Reliabilitäten ein genaues Vergleichsergebnis liefern (vgl. Reynolds & Jolly 1980, S. 534). Hierbei ergibt sich – wenn Kendall's tau herangezogen wird – ein signifikanter Haupteffekt für die Methode, was dazu führt, dass unter diesen Bedingungen die Ratings eine statistisch signifikant geringere Reliabilität aufweisen als Rankings und Paarvergleiche (vgl. Reynolds & Jolly 1980, S. 534).
Insgesamt lässt sich also nach den Ergebnissen von Reynolds & Jolly (1980, S. 535f) die von Munson & McIntyre (1979) geäußerte Vorziehenswürdigkeit des Rating-Ansatzes bei der Erhebung von Werten nicht aufrechterhalten. Allein hinsichtlich des Bedarfs an Bearbeitungszeit kann die Rating-Skala punkten, jedoch weder in Bezug auf das Interesse noch die Reliabilitäten erzielt das Rating bessere Werte als das Ranking. Allerdings räumen auch Reynolds & Jolly (1980, S. 536) ein, dass das letzte Wort in der Frage nach der optimalen Erhebungsmethode zur Ermittlung von Werte-Profilen noch nicht gesprochen sei, jedoch halten sie die ursprüngliche Ranking-Technik von Rokeach (1973) in dieser Hinsicht für deutlich vorteilhafter als das „quick and dirty" Rating über entsprechende Likert-Skalen.[61]

2.2.2.4.2.2 Balancierte Sequenz verschiedener Erhebungsverfahren beim RVS

Um den Verfahrenseffekt beim RVS (beim Rating wird jeder Wert separat auf einer Wichtigkeitsskala eingestuft, womit seine absolute Bedeutsamkeit wesentlich stärker in den Vordergrund rückt als seine relative Wichtigkeit, die hingegen beim Ranking und bei Paarvergleichen fokussiert wird, weil dort Vergleichsprozesse integrale Beurteilungsbestandteile sind) zu prüfen, hat Feather (1973) das Erhebungsverfahren systematisch variiert, und zum einen die Reihenfolge der terminalen und instrumentellen Werte umgekehrt (normalerweise werden die terminalen Werte immer vor den instrumentellen Werten beurteilt; vgl. Rokeach 1973) sowie zum anderen den Bearbeitungsmodus ausgeweitet, d.h. neben dem traditionellen Ranking werden Ratings und Paarvergleiche durchgeführt. Somit waren insgesamt 18 verschiedene Erhebungssituationen (zwei Reihenfolgen und drei Prozeduren) gegeben, wobei keine Konstanz der Prozedur über die beiden Werte-Listen gefordert war, so dass die terminalen Werte nicht notwendigerweise mit dem gleichen Verfahren (z.B. Ranking) zu beurteilen waren, wie die instrumentellen Werte (z.B. vollständiger Paarvergleich).
Insgesamt nahmen 368 Psychologie-Studenten einer australischen Universität an der Erhebung teil. Dabei entspricht die Ranking-Prozedur derjenigen der Form E (Zuweisung von Platzziffern) bei Rokeach (1973). Das Rating erfolgt über eine acht-stufige Likert Skala, bei der die Optionen durch die Zahlen 1 bis 8 gekennzeichnet und nur die beiden Randwerte noch mit einer zusätzlichen verbalen Erläuterung (1 = überhaupt nicht wichtig; 8 = sehr wichtig) versehen sind. Die Reihenfolge innerhalb der Werte-Liste wird nicht variiert und stimmt mit der alphabetischen Sortierung bei Rokeach (1973) überein. Eine weitere Besonderheit und Abweichung zum vorliegenden Vorgehen ist auch darin zu sehen, dass die Befragten beim Rating explizit aufgefordert wurden, nicht davor zurückzuschrecken, die extremen Bereiche der Skala zu nutzen („Do not hestiate to use the extremes"; Feather 1975, S. 33). Beim Paarvergleich werden den Teilnehmern 153 Werte-Paare in einer zufälligen Reihenfolge vorgelegt, wobei jeder Wert in der üblichen Form mit einer kurzen verbalen Erläuterung versehen ist, und derjenige der beiden Werte einzukreisen war, der eine höhere persönliche Wichtigkeit aufweist (vgl. Feather 1975, S. 33).
Auswertungstechnisch werden die Mittelwerte und Mediane der Ranking- und Rating-Ergebnisse ermittelt, sowie die Anzahl an „gewonnenen" Wahlen beim Paarvergleich. Damit werden durchschnittliche Werte-Systeme für jede der drei Prozeduren berechnet, und mittels Rangkorrelationen auf ihre Übereinstimmung geprüft (vgl. Feather 1975, S. 33). Es treten

[61] Man muss auch die Anzahl der Skalenkategorien berücksichtigen, die bei Reynolds & Jolly (1980) nur etwa halb so hoch wie bei Munson & McIntyre (1979) ist. Außerdem wird der Paarvergleich unter völlig anderen technischen Voraussetzungen durchgeführt, so dass es auch diesbezüglich möglicherweise eine Verzerrung bei den Vergleichen gibt.

keine wesentlichen Unterschiede zutage, so dass davon auszugehen ist, dass der Erhebungsmethode für die Berechnung durchschnittlicher Werte-Systeme keine spezielle Wirkung beizumessen ist (vgl. Feather 1975, S. 33).[62]
Feather (1975, S. 37) gelangt zu dem Schluss, dass zur Messung der Werte-Orientierung entweder ein Ranking oder ein Rating herangezogen werden sollte. Er selbst favorisiert dabei ein Ranking mit gummierten Label (Form D bei Rokeach 1973), weil diese Variante einfach zu bearbeiten, vielfältig einsetzbar und die Hierarchie der Werte gut abbildend ist sowie – wegen des oftmaligen Einsatzes des Rankings im Zusammenhang mit dem RVS – eine gute Vergleichsbasis zu anderen Studien gewährleistet (vgl. Feather 1975, S. 37).
Um die Entscheidung bezüglich des Erhebungsverfahrens beim RVS (Ranking oder Rating) auf eine breitere Datenbasis zu stellen, haben Rankin & Grube (1980) diverse Reliabilitäts- und Validitätsmessungen mit entsprechenden Versionen des Instruments durchgeführt. Die 236 Teilnehmer an der Studie bearbeiteten an zwei sechs Wochen auseinander liegenden Terminen jeweils eine Ranking und Rating Version des RVS – wobei die Reihenfolge der beiden Instrumente in der ersten Runde ausbalanciert war und beim zweiten Termin nach dem Zufallsprinzip erfolgte – und füllten in der ersten Sitzung zusätzlich einen Einstellungsfragebogen aus (vgl. Rankin & Grube 1980, S. 235).
Beim Ranking kam die Version D (gummierte Labels) des RVS zum Einsatz, während die Ratings auf einer Skala von 1 (Das absolut wichtigste Leitprinzip in meinem Leben: Alles was ich tue, basiert auf diesem Prinzip) bis 99 (Überhaupt nicht wichtig für mich: Nichts woran ich glaube und was ich tue, basiert auf diesem Wert) abgegeben wurden (vgl. Rankin & Grube 1980, S. 235). Die – im Vergleich zu Feather (1973; 1975), McKenna (1979) und Moore (1975) – stärker untergliederte Rating-Skala ist nach Rankin & Grube (1980, S. 236) notwendig, weil die Einstufung von 18 Werten auf einer Skala mit fünf, acht oder zehn Antwortkategorien die Befragten zwingt, Werte identisch zu beurteilen, was dann dazu führen kann, dass die Korrelationen zwischen den Ranking und Rating-Versionen künstlich vermindert werden. Durch den Einsatz einer entsprechend differenzierten Skala lässt sich dieses Problem umgehen, denn die Teilnehmer können Werten gleiche Beurteilungen zuordnen, sind aber nicht von Vornherein – durch Limitierungen des Messinstruments – dazu gezwungen. Problematisch an der bei Rankin & Grube (1980, S. 236) eingesetzten Skala könnte die Nummerierung gewesen sein, denn intuitiv wird eine größere Bedeutung wohl eher mit höheren numerischen Werten assoziiert. Nach ihren Angaben trat dieser Fall der Skalenumkehrung aber nur bei einem einzigen Befragten auf, der von den Analysen ausgeschlossen wurde (vgl. Rankin & Grube 1980, S. 236).
Hinsichtlich der konvergenten und diskriminativen Validität kommen Rankin & Grube (1980, S. 239f) zu dem Ergebnis, dass beide Formen zwischen den individuellen Werten – und damit zwischen den Messverfahren – vorhanden sind. Gleiches gilt für die Test-Retest-Reliabilitäten, die mit Beträgen von 0,62 und 0,51 für die Rankings und Ratings der terminalen Werte sowie 0,60 und 0,45 für die instrumentellen Werte allerdings Unterschiede zwischen den beiden Messverfahren anzeigen (vgl. Rankin & Grube 1980, S. 240). Diese können jedoch durch das ipsativen Daten inhärente Interdependenzproblem (vgl. Hicks 1970 und Abschnitt 2.2.2.1.2.3) erklärt werden, das zu höheren Test-Retest-Reliabilitäten führt (vgl. Rankin & Grube 1980, S. 240). Auf der Ebene der Werte-Systeme konnten Rankin & Grube (1980, S. 240) Korrelationen von 0,96 bis 0,99 feststellen, so dass die beiden Messmethoden hinsichtlich der Reliabilität der Werte-Systeme vergleichbare Beurteilungen erzielen.
Die Konstruktvalidität der beiden Messverfahren wird bei Rankin & Grube (1980, S. 241ff) sowohl über die Prüfung a priori postulierter Gruppenunterschiede, als auch durch Korrelatio-

[62] McKenna (1979, S. 60) bemängelt an den Analysen von Feather (1973), dass der RVS primär auf individuelle Werte-Systeme abzielt, und somit nicht die Unterschiede zwischen mittleren Werte-Systemen von Gruppen, sondern zwischen individuellen Werte-Systemen, die mit den Verfahren erhoben wurden, hätten analysiert werden müssen (siehe dazu auch Abschnitt 2.2.2.4.2.1).

nen mit weiteren Kriteriumsvariablen bestimmt. Beim letztgenannten Vorgehen erfolgt eine Beschränkung auf vier Sachverhalte, bei denen aus den Ergebnissen bereits publizierter Studien von Verbindungen zwischen Einstellungen und Werten ausgegangen werden konnte (vgl. Rankin & Grube 1980, S. 241). Sowohl über einen multiplen Regressionsansatz als auch varianzanalytisch lassen sich kaum Unterschiede zwischen den beiden Messverfahren (Ranking und Rating) ermitteln, weil sie vergleichbare Konstruktvaliditäten aufweisen (vgl. Rankin & Grube 1980, S. 241ff). Insgesamt kommen Rankin & Grube (1980, S. 243f) zu dem Schluss, dass die beiden untersuchten Erhebungsverfahren zwar geringfügige Differenzen hinsichtlich der eingesetzten Reliabilitäts- und Validitätskriterien zeigen, jedoch von keinem eindeutig abzuraten wäre, wobei sie – zurecht – auf die Begrenzung der Aussage auf die verwendete Antwortskala beim Rating (0 bis 99) verweisen. Beide Messverfahren haben ihre Stärken und Schwächen, so dass situations- und forschungsfragenbezogene Kriterien über den jeweiligen Einsatz entscheiden sollten (vgl. Rankin & Grube (1980, S. 244). Letztendlich sind die über ein Rating erhobenen Daten zwar weniger zeitaufwendig für die Befragten zu generieren und statistisch inhaltsreicher auswertbar, andererseits kann die gummierte Version (Form D) des RVS durchaus auch motivierenden Charakter für die Teilnehmer besitzen, und zu wohl durchdachten Antworten führen (vgl. Rankin & Grube 1980, S. 244).

Ng (1982, S. 169ff) hat die Analyse von Rankin & Grube (1980) um den Aspekt der interkulturellen Einsatzmöglichkeit des RVS erweitert, und kommt zu dem Schluss, dass die Rating-Prozedur in diesem Kontext das zweckmäßigere Instrument ist.

Bei Moore (1975, S. 405ff) wird an einer studentischen Stichprobe in Israel eine Rating- (fünf-stufige Skala mit den Endpunkten „sehr hohe Wichtigkeit" und „überhaupt keine Wichtigkeit") mit der Original-Version des RVS (Form F) verglichen, wobei die Reihenfolge der Bearbeitung ausbalanciert ist. Was bei den Ergebnissen auffällt, ist die Tatsache, dass sich die durchschnittlichen Ratings der Werte alle in einem Rahmen von 1,53 bis 3,72 bewegen, was bei auf einer fünf-stufigen Skala gemessenen Werten eher niedrige Mittelwerte indiziert (vgl. Moore 1975, S. 406). Auch die durchschnittlichen Ränge der terminalen (4,62-14,62) und instrumentellen (4,87-15,60) Werte lassen darauf schließen, dass die Studierenden sehr unterschiedliche Präferenzen gezeigt haben (vgl. Moore 1975, S. 406).

Sowohl hinsichtlich der Gesamtdurchschnitte als auch für jeden einzelnen Wert werden dann Korrelationen zwischen den beiden Messverfahren berechnet, die für die terminalen Werte zu einem Koeffizienten von 0,98 und bei den instrumentellen Werten von 0,93 führen (vgl. Moore 1975, S. 407). Die Koeffizienten für die individuellen Werte fallen demgegenüber deutlich niedriger aus, wobei sie für die terminalen Werte eine Spannweite von 0,31 bis 0,65 aufweisen und für die instrumentellen Werte eine Bandbreite von 0,33 bis 0,78 besitzen (vgl. Moore 1975, S. 407). Die Reihenfolge der beiden Verfahren (Ranking und Rating) zeigt keinen statistisch signifikanten Einfluss auf die Korrelationsergebnisse, wohl aber auf die Höhe der Ratings einiger Werte (vgl. Moore 1975, S. 407). Wenn das Ranking dem Rating vorangestellt ist, fallen die Beurteilungen der Werte konsistent niedriger (durchschnittlicher Rückgang von 0,33 für die terminalen und 0,28 für die instrumentellen Werte) aus, wobei diese Tendenz bei 31 der 36 Werte auftritt (vgl. Moore 1975, S. 407; siehe dazu auch Abschnitt 2.2.4).

Moore (1975, S. 407) zieht aus seinen Ergebnissen den Schluss, dass Ratings von Werten für Gruppenvergleiche die vorzuziehende Messmethode darstellen, weil sie mehr Informationen liefern als ordinale Ranking-Daten. Auf der Ebene der einzelnen Werte ist eine entsprechende Folgerung allerdings nicht möglich, weil sich das Verfahren als sensitiv gegenüber prozeduralen Änderungen (vor oder nach einem Ranking) gezeigt hatte (vgl. Moore 1975, S. 407).

Die Studie von Maio et al. (1996, S. 173ff) erweitert die bisherigen Arbeiten zum Vergleich von Ranking und Rating bei der Messung von Werten dahingehend, dass die relative Validität der beiden Verfahren in Bezug auf die Korrelation zu konzeptionell verwandten Einstellungen – d.h. es gibt im Gegensatz zur Untersuchung von Krosnick & Alwin (1988) mehr als nur eine

Kriteriumsvariable – über ein Inner-Subjekt-Design analysiert wird. Außerdem werden die Ergebnisse der unterschiedlichen Messverfahren für den Wert „honesty" mit diversen Beurteilungen der ethischen Akzeptanz von verschiedenen „unehrlichen" Verhaltensweisen in Beziehung gesetzt (vgl. Maio et al. 1996, S. 173). Dazu wurden 211 Studenten mit drei Testteilen zur Erhebung von Werten, Einstellungen und der Akzeptanz verschiedener Verhaltensweisen konfrontiert, deren Reihenfolge über alle Befragten ausbalanciert war (vgl. Maio et al. 1996, S. 173f).

„Weil uns kein theoretischer Ansatz bekannt war, der spezifische Werte-Einstellungs-Relationen vorhersagt, wurden die Voraussagen intuitiv durch zwei der Autoren abgeleitet" (Maio et al. 1996, S. 174). Hinsichtlich der Auswirkungen der Beurteilungen von „honesty" wurde angenommen, dass Personen, die diesen Wert hoch schätzen, auch die aufgeführten unehrlichen Verhaltensweisen als ethisch unakzeptabler einstufen (vgl. Maio et al. 1996, S. 174).

Die Messung der Werte erfolgt zunächst durch ein Rating mit anschließendem Ranking (vgl. Maio et al. 1996, S. 174f) – die Variation dieser Reihenfolge wird erst in der weiter unten beschriebenen Folgestudie vorgenommen. Im ersten Schritt werden beide Messverfahren auf 24 Werte (17 terminale Werte des RVS – der 18.te Wert „Freundschaft" wurde wegen eines Tippfehlers ausgeschlossen – vier Werte der Ringmessung sozialer Werte von Liebrand & McClintock (1988) – Kooperation, Wettbewerb, Altruismus und Individualismus – sowie drei durch die Autoren hinzugefügte Werte – Gesundheit, Heiligkeit des Lebens und kollektives Wohlergehen) angewendet, bevor im zweiten Schritt die 18 instrumentellen Werte des RVS zu bearbeiten sind (vgl. Maio et al. 1996, S. 174f). Alle Werte sind mit einer kurzen eingeklammerten Erläuterung versehen und auf einer Skala von 1 (überhaupt nicht wichtig) bis 17 (sehr wichtig) einzuordnen gewesen. Der breite Rahmen der Skala sollte es den Befragten erlauben, ihre Beurteilungen der einzelnen Werte möglichst stark zu differenzieren (vgl. Maio et al. 1996, S. 174f). Die Einstellungs-Items zu 30 kontroversen Themen (z.B. legalisierte Abtreibung und Todesstrafe) waren auf einer neun-stufigen Skala von -4 (extremely unfavorable) bis +4 (extremely favorable) zu beurteilen, während die 74 verschiedenen Verhaltensweisen auf einer fünf-stufigen Skala von 1 (extrem unethisch) bis 5 (extrem ethisch) zu kategorisieren waren (vgl. Maio et al. 1996, S. 175).[63]

Die Ergebnisse indizieren, dass die Werte generell mit den Einstellungen und ethischen Beurteilungen in der vorhergesagten Richtung verbunden sind, und zwar sowohl in Bezug auf ihr Ranking, als auch ihr Rating. Von den 36 vorhergesagten Beziehungen weisen 29 ein statistisch signifikantes Ausmaß in der angenommenen Richtung bei mindestens einer der beiden Erhebungsprozeduren auf, womit die a priori postulierten Zusammenhänge durch das generelle Korrelationsmuster gestützt werden (vgl. Maio et al. 1996, S. 175). In einer getrennten Analyse ergibt sich allerdings, dass die Rating-Daten stärkere Korrelationen zeigen als die Ranking-Daten, und damit eine höhere prädiktive Validität aufweisen (vgl. Maio et al. 1996, S. 178).

Weiterhin wird untersucht, ob das Ausmaß an Differenzierung bei den Ratings der Werte die relative Validität der Ratings und Rankings moderiert (vgl. Maio et al. 1996, S. 178). Dazu werden die Ratings der Probanden anhand der Anzahl an identisch eingestuften Werten in drei Gruppen aufgeteilt (im Gesamtdurchschnitt werden 7,64 Werte (32 %) des ersten Werte-Satzes identisch eingestuft). Entgegen den Ergebnissen bei Krosnick & Alwin (1988) weisen die Korrelationen für die beim Rating mittel und gering differenzierenden Befragten stärkere Zusammenhänge als beim Ranking auf, während sich die Rankings und Rating von hoch differenzierenden Befragten nicht statistisch signifikant voneinander unterscheiden (vgl. Maio et al. 1996, S. 178).

[63] Damit kamen für das Rating drei verschiedene Skalen zum Einsatz, von denen eine auch noch einen Vorzeichenwechsel der numerischen Bezeichnungen aufwies. Natürlich kann argumentiert werden, dass die einzelnen Teilfragebögen ja separat gereicht wurden, und deshalb dieser Sachverhalt keine Bedeutung hatte – andererseits überrascht diese Variabilität schon etwas.

Ergänzend gehen Maio et al. (1996, S. 178) auch auf mögliche Zusammenhänge der Reihenfolge der beiden Prozeduren zur Beurteilung der Werte ein, denn die hohen Korrelationen könnten auch aus einer gemeinsamen Methodenvarianz zwischen den Ratings der Werte und den Ratings der Einstellungen sowie den ethischen Ansichten oder der Tatsache, dass die Ratings immer vor den Rankings auszuführen waren, resultieren (vgl. Maio et al. 1996, S. 178). Dementsprechend haben Maio et al. (1996, S. 178) eine weitere Untersuchung durchgeführt, in der 18 Werte der Ursprungsstudie zuerst einem Ranking und dann einem Rating unterzogen wurden und die anschließend zu beurteilenden 18 – mit den Werten zusammenhängenden – Einstellungen ebenfalls sowohl in eine Rangfolge zu bringen, als auch auf einer Rating-Skala zu beurteilen waren (vgl. Maio et al. 1996, S. 178). Trotz dieser Modifikationen zeigen die Ratings nach wie vor eine höhere prädiktive Validität als die Rankings (vgl. Maio et al. 1996, S. 178).
Als Quintessenz ihrer Ergebnisse geben Maio et al. (1996, S. 179f) an, dass die Korrelationen zwischen Werten und Einstellungen bei den Befragten insgesamt geringer ausfallen, wenn erzwungene Differenzierungen zwischen Werten (Ranking) vorliegen als wenn die Teilnehmer freiwillig Beurteilungsunterschiede zwischen den Werten (Rating) angeben, weil sie die Struktur der Werte eben entsprechend wahrnehmen. Rankings und Ratings weisen nur in den Fällen eine identische Validität auf, in denen die Befragten beim Rating – also unreglementiert – eine starke Differenzierung vorgenommen haben (vgl. Maio et al. 1996, S. 179). Ratings haben dementsprechend nach den Resultaten von Maio et al. (1996, S. 179) möglicherweise deshalb im Vergleich zu Rankings eine höhere prädiktive Validität, weil das letztgenannte Vorgehen die Teilnehmer zwingt, in manchen Fällen unrichtige oder inkonsistente Differenzierungen zwischen Werten vorzunehmen, die eigentlich als gleich oder ähnlich wahrgenommen werden (siehe Abschnitt 2.1.5).
Ausgangspunkt der Überlegungen von Munson & McIntyre (1979, S. 48ff)[64] sind vor allem praktische Gesichtspunkte bei der Messung von Werten im interkulturellen Marketing-Kontext. Sie vergleichen drei verschiedene Ansätze zur Bearbeitung des RVS hinsichtlich ihrer Reliabilität und konvergenten Validität: (ROV) Ranking ohne Vergabe identischer Platzierungen (Original-Anweisung); (NRA) Normales Rating auf einer sieben-stufigen Skala (1 = äußerst unwichtig; 7 = äußerst wichtig) und (ARA) Verankertes Rating, bei dem von den Befragten zuerst die gesamte Liste der Werte gescannt wird und der wichtigste Wert der Kategorie 7 zugeordnet wird und der unwichtigste Wert mit „1" eingestuft wird.[65] Das verankerte Rating (ARA) wurde vor allem deshalb eingesetzt, um dem bei der Beurteilung von Werten auf Likert-Skalen immer wieder auftretenden Deckeneffekt (vgl. Munson 1977; Vinson & Munson 1976; Vinson et al. 1977) zu begegnen (vgl. Munson & McIntyre 1979, S. 49 und Abschnitt 2.2.2.2.6.2).
Das Untersuchungsdesign bei Munson & McIntyre (1979, S. 50) beinhaltet drei Gruppen, die zu zwei Terminen (Abstand 14 Tage) jeweils zwei verschiedene Bearbeitungsmethoden mit den terminalen und instrumentellen Werten des RVS auszuführen hatten. Verglichen werden ROV-NRA, ROV-ARA und NRA-ARA, so dass die erste Gruppe beispielsweise im ersten Termin beide Werte-Listen des RVS sowohl in Form eines Rankings als auch eines einfachen Ratings zu beantworten hatte (um Reihenfolge-Effekte auszuschalten wurde die Gruppe gesplittet und die Aufgaben entsprechend aufgeteilt) und im zweiten Termin die gleichen Aufgabenstellungen – aber in umgekehrter Reihenfolge – ausführen musste (vgl. Munson & McIntyre 1979, S. 50).[66] Somit konnte eine Test-Retest-Reliabilität für jede der drei Prozedu-

---

[64] Siehe zur Kritik an ihrem Vorgehen die Ausführungen von Reynolds & Jolly (1980) in Abschnitt 2.2.2.4.2.1 auf Seite 103f.

[65] Dieses Vorgehen ist von Lenartowicz & Roth (2001, S. 312f) in einer leicht modifizierten Form ebenfalls im Zusammenhang mit dem RVS angewandt worden.

[66] Leider werden von Munson & McIntyre (1979) die Ergebnisse hinsichtlich der Reihenfolgevariation nicht mitgeteilt.

ren über entsprechende Korrelationen bestimmt werden. Die Test-Retest-Reliabilität für die terminalen Werte des RVS ist für alle drei Verfahren größer als für die instrumentellen Werte und stimmt in ihrer Richtung mit den von Rokeach (1973) ermittelten Größen überein (vgl. Munson & McIntyre 1979, S. 50f).

Als Erklärung für die höhere Reliabilität geben Munson & McIntyre (1979, S. 50) an, dass die Ziele (terminale Werte) eine größere Stabilität als die Mittel (instrumentelle Werte) aufweisen sollten, weil Erstere die Vorgabe für die instrumentelle Umsetzung darstellen. Hinsichtlich der Verbesserung der Messung durch ein verankertes Ratings erfüllen sich die Erwartungen allerdings nicht, denn diese Form erzielt die niedrigste Reliabilität der drei getesteten Methoden und blieb statistisch signifikant hinter den Werten für ein Ranking – sowohl der terminalen als auch der instrumentellen Werte – zurück, was für das einfache Rating nicht zutrifft (vgl. Munson & McIntyre 1979, S. 50).

Bezüglich der konvergenten Validität ist zu konstatieren, dass sich normales Rating und Ranking nicht statistisch signifikant voneinander unterscheiden (die Korrelationen der beiden Verfahren zum ersten Zeitpunkt differieren nur unwesentlich von denen beim zweiten Termin), während sich verankertes Rating und Ranking in dieser Hinsicht für beide Werte-Listen statistisch signifikant voneinander unterscheiden (vgl. Munson & McIntyre 1979, S. 50). Damit kommen Munson & McIntyre (1979, S. 50) zu dem Schluss, dass ein Rating ein geeignetes Messverfahren für die Erhebung von Werten mit dem RVS ist, und das ursprüngliche Ranking ersetzen sollte, denn die erstgenannte Technik ist aus praktischen Gesichtspunkten für die meisten Marketing-Anwendungen vorzuziehen. Einen Deckeneffekt sehen Munson & McIntyre (1979, S. 50) dabei nicht als Problem für die Leistungsfähigkeit des Ratings an – ohne diese Behauptung jedoch mit Daten zu untermauern – im Gegenteil, sie bezeichnen sogar entsprechende Versuche, um Deckeneffekte abzumildern als „unwarranted" (Munson & McIntyre 1979, S. 50), was angesichts der zahlreichen Hinweise (siehe Abschnitt 2.2.2.2.6.2) auf diese Problematik überrascht. In ihren Augen ist ein Rating in Form eines „normalen" Likert-Ansatzes die zu favorisierende Vorgehensweise bei Marketing-Anwendungen des RVS, insbesondere im interkulturellen Zusammenhang (vgl. Munson & McIntyre 1979, S. 50f).

2.2.2.4.3 Die List of Values als Vergleichsgrundlage

Beatty et al. (1996, S. 101ff) haben die inter-individuellen Unterschiede zwischen einem Ranking-dann-Rating Ansatz und einem reinen Rating bei der Messung von Werten bei Studenten (N=788) und deren Eltern (N=421) in vier westlichen Ländern (USA, Frankreich, Dänemark und Deutschland) mit der LOV (siehe Abschnitt 2.1.4.2.4.4) untersucht. Das genaue Vorgehen wird aus ihren Ausführungen leider nicht ersichtlich, denn es wird lediglich berichtet, dass eine Teilnehmergruppe die Aufgabe hatte, die neun Werte des LOV zuerst einem Ranking und – nach einer zur LOV nicht in Beziehung stehenden kognitiven Füllaufgabe – nochmals einem Rating zu unterziehen, während eine zweite Gruppe die Werte allein auf einer Rating-Skala zu beurteilen hatte (vgl. Beatty et al. 1996, S. 101).

Nicht-Differenzierung wird bei Beatty et al. (1996, S. 101f) so operationalisiert, dass mindestens 50 % der neun Werte identisch eingestuft werden. Weil in der bestehenden Literatur kein konsistentes Klassifizierungskriterium hinsichtlich nicht-differenzierender Antworten vorliegt, wird diese Grenze aus inhaltlichen Überlegungen gewählt, denn Befragte, die nicht zwischen mindestens der Hälfte der einzuordnenden Objekte differenzieren, können nach Ansicht von Beatty et al. (1996, S. 101f) keine sinnvollen Aussagen über ihre Werte treffen. Der Deckeneffekt (vgl. Munson & McIntyre (1979, S. 50) wird über die Mittelwerte der Befragten operationalisiert und berechnet (vgl. Beatty et al. 1996, S. 102).

Das Ausmaß an Nicht-Differenzierung wird durch die Verwendung einer Ranking-dann-Rating-Prozedur lediglich im studentischen Teil der Stichprobe statistisch signifikant vermindert, während bei den einbezogenen Elternteilen zwar auch eine Tendenz in diese Richtung

festzustellen ist, jedoch keine statistisch bedeutsame Verbesserung gegenüber der Gruppe, die ein reines Rating durchführte, auftritt (vgl. Beatty et al. 1996, S. 102f). Dieser Unterschied wird von den Autoren zum einen damit erklärt, dass die jüngeren Studierenden bisher weniger Gelegenheit hatten, ihre Werte-Struktur zu artikulieren, und die primäre Ranking-Aufgabe in dieser Hinsicht eine Sensibilisierungsfunktion innehat, die bei einem ausschließlichen Rating nicht gegeben ist, und es dort somit zu weniger differenzierten Angaben kommt. Alternativ könnte allerdings auch die unterschiedliche Erhebungssituation relevant gewesen sein, denn während die Studierenden den Fragebogen überwiegend in einer Klassensituation ausfüllten, wurde dies von den Eltern zu Hause erledigt, womit mehr Zeit zur Verfügung stand, die beispielsweise zu einem vorherigen Durchlesen des kompletten Instruments genutzt werden konnte (vgl. Beatty et al. 1996, S. 103).
Bezüglich des Deckeneffekts finden Beatty et al. (1996, S. 103) ebenfalls nur einen partiellen Rückhalt für eine Verbesserung durch einen Ranking-dann-Rating-Ansatz, denn entsprechende Mittelwertvergleiche erbringen bei den Studenten in 17 von 36 Fällen ein statistisch signifikantes Resultat – am stärksten fallen die Wirkungen in den amerikanischen und deutschen Stichproben aus – während dies bei den Eltern lediglich in vier der 36 Fälle auftritt. Beatty et al. (1996) kommen anhand ihrer Ergebnisse zu dem Schluss, dass ein dem Rating vorgeschaltetes Ranking positive Effekte – insbesondere bei jüngeren Befragten – für die Datenqualität besitzt, und deshalb auch andere Ansätze, z.B. die ERR-Technik von McCarty & Shrum (1993) oder Schwartz (1992) weiterverfolgt werden sollten, die weniger zeitaufwendig als das bei ihnen eingesetzte Vorgehen sind. Außerdem weisen Beatty et al. (1996, S. 103f) darauf hin, dass die untersuchte Stichprobe genau spezifiziert werden muss, weil Interaktionseffekte zwischen der Population und dem eingesetzten Messverfahren auftreten können.
Eine andere Vorgehensweise wählen Grunert & Scherhorn (1990, S. 98f), welche die LOV in einer deutschen Version anwenden, bei der die Daten – in Form eines Ratings auf einer neunstufigen Likert-Skala und der anschließenden Identifikation der beiden wichtigsten Werte, aus denen im letzten Schritt der bedeutendste Wert überhaupt anzugeben ist – über persönliche Interviews erhoben werden. Die Prozedur stellt somit eine Umkehrung der ERR-Technik – beschränkt auf den bedeutendsten Listeneintrag – dar.
Van Herk & Bijmolt (1999) haben ebenfalls einen direkten Vergleich zwischen Rating und Ranking vorgenommen, wobei sie die LOV zum einem mit einer neun-stufigen Skala administriert haben – durch die Identität der Skalenpunkte und der Anzahl an Werten war auch beim Rating ein vollständiges Ranking der Werte möglich – und zum anderen einem Ranking unterziehen ließen. Außerdem haben sie einen interkulturellen Ansatz (Daten aus Großbritannien, Frankreich, Deutschland, Italien und Spanien) verfolgt, sich explizit mit Antwortmustern auseinandergesetzt und über den Einbezug von Fragen zum Konsumverhalten versucht, die prädiktive Validität der beiden Messverfahren zu bestimmen. Eine Limitierung erfährt ihre schriftliche Erhebung zum persönlichen Gesundheitsverhalten aber durch die Beschränkung auf männliche Befragte (Alter: 15-19 Jahre; vgl. van Herk & Bijmolt 1999, S. 5ff).
Neben dem generellen Ziel der Bestimmung der Angemessenheit von Ranking und Rating im internationalen Kontext, untersuchen van Herk & Bijmolt (1999, S. 4f) vier weitere Fragen: (1) Ist das Antwortverhalten auf Ratings und Rankings von Werten in fünf europäischen Ländern (alle Mitglied der EU) gleich? (2) Treten prototypische Antwortmuster beim Rating auf, und lassen sich diese durch soziodemografische Variablen erklären? (3) Werden durch diese Antwortmuster die Korrelationen zwischen Rating und Ranking beeinflusst? (4) Ist die prädiktive Validität des Ratings oder des Rankings der Werte des LOV höher, und wird diese gegebenenfalls auch durch die Antwortmuster beeinflusst?
Nach van Herk & Bijmolt (1999, S. 12) wird die Prädiktive Validität in der Literatur zum Thema Werte eher vernachlässigt. Für den RVS (siehe Abschnitt 2.2.2.4.2) haben Rankin & Grube (1980, S. 241ff) allerdings herausgefunden, dass die auf einem Rating basierenden Er-

gebnisse bessere Prädiktoren für Einstellungen sind als Rankings – obwohl die Unterschiede nur sehr gering ausfielen. Auch in der Untersuchung von Maio et al. (1996) zeigte sich eine größere prädiktive Validität für Ratings als für Rankings. Erstere korrelierten höher mit Einstellungsmessungen und mit verschiedenen Verhaltensbeurteilungen als Rankings. In dieser Studie zeigte sich auch ein Zusammenhang der prädiktiven Validität mit Antwortmustern. Für wenig und moderat differenzierende Befragte haben Ratings eine höhere prädiktive Validität als Rankings. Diesbezüglich offenbart sich erneut, dass die Rankings eine Unterscheidung bei den einzelnen Werten erfordern, die offenbar für diese Befragten nicht gegeben ist (keine hierarchische Werte-Struktur). Bei stark differenzierenden Befragten – deren Rating-Ergebnisse tendenziell einem Ranking entsprechen – sind die prädiktiven Validitäten vergleichbar.
Bei van Herk & Bijmolt (1999, S. 14) wird immer zuerst ein Rating der neun Werte auf einer neun-stufigen Skala (nur die Skalenpole mit Labeln versehen, wobei „1" = „sehr wichtig" und „9" = „sehr unwichtig") vorgenommen, bevor diese in eine Reihenfolge zu bringen sind. Die soziodemografischen Variablen umfassen das Bildungsniveau und das in fünf Intervalle aufgeteilte Haushaltseinkommen in der nationalen Währung. Die prädiktive Validität wird über fünf mit Ja oder Nein zu beantwortende Fragen zur Einstellung bezüglich des Kaufverhaltens von persönlichen Pflegeprodukten berechnet (vgl. van Herk & Bijmolt 1999, S. 14).
Als generelles Resultat bleibt festzuhalten, dass die Befragten in jedem der fünf Länder zwei oder mehr der neun Werte gleich wichtig beurteilt haben (vgl. van Herk & Bijmolt 1999, S. 16). In keinem der beteiligten Länder wird ein Mittelwert von annähernd 5,0 über alle Werte erreicht, der auf einer neun-stufigen Skala einem hierarchischen Ordnungsverhältnis für die Werte entsprechen würde.
Der Zusammenhang zwischen den Rating- und Ranking-Ergebnissen wird über den Rangkorrelationskoeffizienten von Spearman auf der Ebene der individuellen Angaben berechnet (vgl. van Herk & Bijmolt 1999, S. 19). Von den in einer Kovarianzanalyse als Einflussgrößen ebenfalls einbezogenen soziodemografischen Variablen und Antwortmustern weisen Letztere den größten Haupteffekt auf, wobei die Korrelation am geringsten bei der Nein-Sage-Tendenz und am höchsten bei der moderaten Ja-Sage-Tendenz sowie der moderaten Extremitätsvermeidung ausfällt. Dieses Ergebnis ist konträr zu der eigentlichen Erwartung, dass die höchste Korrelation zwischen den Rankings und Ratings in der Gruppe mit vollständiger Diskrimination auftritt (vgl. van Herk & Bijmolt 1999, S. 19). Dieses Resultat verdeutlicht, dass eine einzelne Prozedur (Ranking oder Rating) wohl zur vollständigen Beschreibung einer Stichprobe nicht ausreicht, und kann als weitere Unterstützung für das Vorgehen von McCarty & Shrum (1997; 2000) eingestuft werden.
Auf Basis der empirischen Resultate lässt sich schlussfolgern, das Ratings und Rankings dann zu vergleichbaren Ergebnissen führen, wenn die Befragten in ihrem Antwortverhalten beim Rating eher die extremen Kategorien vermeiden, jünger sind, ein höheres Bildungsniveau aufweisen, ein höheres Einkommen beziehen oder in Deutschland bzw. Frankreich leben (vgl. van Herk & Bijmolt 1999, S. 20).
Hinsichtlich der prädiktiven Validität fallen die Korrelationen (Einstellungen zu Konsumaspekten bei Pflegeprodukten mit spezifischen Werten des LOV) über alle fünf Items für die Rating-Daten statistisch signifikant höher aus als für die Ranking-Daten. Bei der Betrachtung der clusteranalytischen Gruppierungen erreicht der Unterschied aber nur für zwei Gruppen (volle Diskrimination und moderate Ja-Sage-Tendenz) ein statistisch signifikantes Ausmaß (vgl. van Herk & Bijmolt 1999, S. 21).
Als Quintessenz ihrer Erhebung stellen van Herk & Bijmolt (1999, S. 23) fest, dass Rating und Ranking von Werten dann als alternative Prozeduren anzusehen sind, wenn (1) die Befragten keine Antwortmuster (Ja- und Nein-Sage-Tendenz) zeigen sowie (2) ihre wahre Werte-Struktur streng hierarchisch organisiert ist, d.h. keine identische Beurteilung von zwei oder mehr Werten vorliegt. Weil Ratings allerdings einfacher durchzuführen sind (hier ist z.B. auch an die Schwierigkeiten eines Rankings mit mehr als 10 Items in einer Telefonbefragung

zu denken) und die prädiktive Validität dieser Daten höher ist als diejenige für Rankings, empfehlen van Herk & Bijmolt (1999, S. 25) den Einsatz von Ratings.

2.2.2.4.4 Der Vergleich von Ranking und Rating mit dem Instrument von Kohn

Alwin & Krosnick (1985) sowie Krosnick & Alwin (1988) haben die von Kohn (1969) zugrunde gelegte Fragestellung (siehe Abschnitt 2.2.2.1.1) aufgegriffen, um in einer Befragung die Überlegenheit des einen oder anderen Messverfahrens (Ranking oder Rating) für die Erhebung von Werten experimentell zu testen. Es geht allerdings nicht – wie z.B. bei Rokeach (1973) – um ein vollständiges Ranking der Optionen (Platz 1 bis 13), sondern aus der Itemliste sind zunächst die drei aus Elternsicht für Kinder am wichtigsten angesehenen Eigenschaften zu benennen, aus denen dann die wichtigste überhaupt anzugeben ist. Die gleiche Prozedur wird anschließend mit den drei für Kinder am wenigsten wichtigen Wesenszügen wiederholt, aus denen im letzten Schritt der insgesamt unwichtigste herauszufiltern ist.

Obwohl vielfach die Ansicht vertreten wird, dass verschiedene Messverfahren (z.B. Ranking und Rating) auch zu unterschiedlichen Verteilungen der Daten führen (vgl. Krosnick & Alwin 1988, S. 527), wird ebenso darüber spekuliert, ob nicht die Korrelationen zwischen den Variablen bei Variation des Messverfahrens unverändert bleiben (vgl. Stouffer & deVinney 1949). Diese Sichtweise wird auch als „form-resistant correlation hypothesis" bezeichnet (vgl. Schuman & Presser 1981, S. 4). Die Messung von Werten stellt einen Forschungsbereich dar, bei dem diese Annahme getestet wurde (vgl. Krosnick & Alwin 1988, S. 527). Auf diesem Gebiet haben viele Studien gezeigt, dass Rating und Ranking zu vergleichbaren aggregierten Wichtigkeitseinschätzungen für die einzelnen Werte gelangen, d.h. die globalen Präferenzordnungen fallen ähnlich aus (vgl. Feather 1973, 1975 und Moore 1975). Nichtsdestotrotz haben Alwin & Krosnick (1985, S. 540ff) herausgefunden, dass die beiden Messverfahren (Ranking und Rating) zu unterschiedlichen Korrelationen zwischen den einzuordnenden Objekten führen.

Wenn es zutrifft, dass die Vergabe identischer Ratings lediglich eine einfache Konfliktlösung bei der Beurteilung ähnlich attraktiver Optionen darstellt (siehe Abschnitte 2.1 und 2.2.2.2.6.2), dann sollten die Befragten, die bei Alwin & Krosnick (1985) die wünschenswerten Eigenschaften von Kindern differenziert beurteilt haben – d.h. die Antwortskala mehr oder weniger vollständig ausgeschöpft haben – ein dem Ranking vergleichbares Ergebnis produzieren, das durch den Einbezug derjenigen Befragten, die bei der Beurteilung der Eigenschaften ihre Antworten kaum differenziert haben und nahezu alle Eigenschaften als wichtig eingestuft haben, verwässert wird und somit zu einer schwächeren negativen Korrelation zwischen den Selbstbestimmungs- und Konformitätswerten führt.[67] Die Nicht-Differenzierung der Antworten dürfte nach Krosnick & Alwin (1988, S. 529f) vor allem bei Befragten mit niedrigen kognitiven Fähigkeiten auftreten, und über das Bildungsniveau operationalisierbar sein: Bei Teilnehmern mit niedriger Schulbildung (hier: Anzahl an Schuljahren) sollte die Nicht-Differenzierung zwischen den Eigenschaften häufiger vorkommen, als bei Personen mit höherer Schulbildung. Wenn diese Annahme zutrifft, dann könnte dadurch erklärt werden, warum beim Rating die Korrelation zwischen Bildung und der Wertschätzung für Selbstbestimmungs-Werte bei Kindern unterdrückt wird, während dies für die Korrelation von Bildung und Konformitäts-Werten nicht zutrifft.

Nimmt man die auf einem Ranking basierenden Ergebnisse zur elterlichen Einschätzung wünschenswerter Eigenschaften bei Kindern als Maßstab, dann beurteilen Befragte mit niedriger Bildung die Wichtigkeit der Selbstbestimmungs-Werte geringer, als Personen mit einer höhe-

[67] Diese Annahme kann trügerisch sein, denn allein ein differenziertes Antwortverhalten (Ausnutzung der Skalenbreite) garantiert ja noch nicht eine abwägende und durchdachte Urteilsabgabe. So könnte auch beim Vorliegen einer extremen Antwort-Tendenz (siehe Abschnitt 3.2.2.2.2), eine hohe Differenzierung auftreten, die aber keinesfalls auf durchdachte Angaben schließen lässt.

ren Bildung. Weil aber gleichzeitig die weniger gebildeten Befragten anfälliger für Antwort-Tendenzen (Nicht-Differenzierung) sind, beurteilen sie bei einem Rating auch die Selbstbestimmungs-Werte hoch. Damit dürften insbesondere die Nicht-Differenzierer unter den weniger gebildeten Personen dafür verantwortlich sein, dass die zu erwartenden Differenzen zu höher gebildeten Befragten (sie beurteilen die Selbstbestimmungs-Werte bei Kindern wichtiger als Konformitäts-Werte) verdeckt werden. Dies würde weiterhin die „scheinbare" Korrelation zwischen Bildung und dem Faktor der Selbstbestimmungs-Werte reduzieren (vgl. Krosnick & Alwin 1988, S. 530). Weil aber – wie Ergebnisse früherer Studien zeigen (vgl. Kohn 1969) – die Befragten mit geringerer Bildung die Konformitäts-Werte bei Kindern im Vergleich zu Personen mit höherer Bildung als wichtiger beurteilen, würde eine Nicht-Differenzierung der Antworten bei einem Rating diesen Effekt lediglich verstärken, so dass eine entsprechende Antwort-Tendenz wohl nicht dazu führen würde, dass die Korrelation zwischen Konformitäts-Werten und Bildungsniveau gedrückt wird (vgl. Krosnick & Alwin 1988, S. 530).
Krosnick & Alwin (1988, S. 531f) berechnen den Grad an Nicht-Differenzierung über die maximale Anzahl identisch eingestufter Eigenschaften.[68] In 42,1 % ihrer Fälle sind von den Befragten mindestens neun der 13 Eigenschaften einer einzigen Kategorie zugeordnet worden (bei 9,8 % sogar sämtliche Eigenschaften). Um die Differenzierung bei der Eigenschaftsbeurteilung weiter zu analysieren, werden zusätzlich die Varianz und der Gesamtdurchschnittswert für jeden einzelnen Befragten berechnet. Dabei sollten die Nicht-Differenzierer sowohl höhere Mittelwerte (Konzentration auf das obere Ende der Wichtigkeitsskala) als auch geringere Varianzen (Beschränkung auf wenige Skalenpunkte) aufweisen (vgl. Krosnick & Alwin 1988, S. 531f). Annahmekonform tritt die Nicht-Differenzierung eher bei Personen mit niedriger Bildung auf, denn es ergibt sich sowohl eine statistisch signifikante positive Korrelation zwischen dem Bildungsgrad und der Varianzhöhe (je höher die Bildung, desto stärker haben die Befragten ihre Antworten differenziert), als auch eine statistisch signifikante negative Korrelation zwischen der Bildung und dem Gesamtmittelwert (je höher die Bildung, desto niedriger fällt der Gesamtmittelwert aus; vgl. Krosnick & Alwin 1988, S. 532).
Im nächsten Schritt wird der Effekt einer Eliminierung der Nicht-Differenzierer aus dem Datensatz auf die Korrelationen der latenten Variablen einer konfirmatorischen Faktorenanalyse geprüft (vgl. Alwin & Krosnick 1985). Wenn die Befragten mit wenig bis gar nicht differenzierten Antworten aus dem Datensatz entfernt werden, steigt die Vergleichbarkeit der Ergebnisse des Rankings und Ratings „dramatisch" an (Krosnick & Alwin 1988, S. 533). Die Korrelation zwischen Selbstbestimmtheits- und Konformitäts-Werten ist in der gesamten Stichprobe nur geringfügig negativ (r = -0,12) und erhöht sich mit zunehmendem Ausschluss der Nicht-Differenzierer bis zu einem Maximalwert von r = -0,47 wenn alle Befragten mit acht oder mehr gleichen Beurteilungen aus der Analyse ausgeschlossen wurden (vgl. Krosnick & Alwin 1988, S. 533). Damit unterdrücken die Nicht-Differenzierer den Grad an Ähnlichkeit der Ergebnisse der durch die unterschiedlichen Prozeduren (Ranking und Rating) festgestellten Korrelationen zwischen den latenten Selbstbestimmtheits- und Konformitäts-Werten. Auch der erwartete Zusammenhang zwischen Bildung und den latenten Variablen wird nach der Streichung der Nicht-Differenzierer wesentlich stärker, d.h. der Unterschied zwischen den höher und niedriger gebildeten Personen in Bezug auf ihre Wertschätzung der Selbstbestimmtheit bei Kindern wird größer (vgl. Krosnick & Alwin 1988, S. 533f).
Insgesamt werten Krosnick & Alwin (1988) die Ergebnisse ihrer Analysen als Unterstützung für die Hypothese, dass die Antwort-Tendenz „Nicht-Differenzierung" zumindest teilweise

68 Dieses Maß ist natürlich nicht unbedingt sehr „differenzierend", da keine Aussagen über die restlichen Eigenschaften getroffen werden: Sind diese alle in einer einzigen Kategorie verortet, oder auf mehrere Kategorien verteilt? Außerdem dürfte es ebenfalls einen Unterschied machen, ob die Maximalkategorie oder eine andere – die ausschließliche Wahl der Mittelkategorie (3) könnte beispielsweise für „Meinungs- oder Interessenlosigkeit" stehen – Kategorie betroffen ist.

für die Diskrepanzen zwischen der Messung über Rankings und Ratings verantwortlich ist. Dies stimmt mit der Ansicht vieler „traditioneller“ Werte-Forscher überein, die eine fehlende Motivation auf Seiten der Befragten, sich differenziert mit den zu beurteilenden Eigenschaften (Werten) auseinanderzusetzen – wenn eine Rating-Aufgabe zu bearbeiten ist – annehmen, und deshalb die Ranking-Prozedur vorziehen (siehe Abschnitt 2.2.2.2.6.2).
Obwohl die Daten von Krosnick & Alwin (1988, S. 536) konsistent zu der gerade vorgestellten Lesart ausgefallen sind, wäre jedoch auch eine völlig entgegengesetzte Interpretation zulässig, die davon ausgeht, dass die Rating-Daten validere Indikatoren für die Werte-Struktur der Befragten sind als die Ranking-Daten. In diesem Fall würden die Nicht-Differenzierer eben nicht aus einer Antwort-Tendenz heraus alle Eigenschaften gleich wichtig einstufen, sondern weil dies ihre tatsächliche Werte-Struktur korrekt widerspiegelt. Dann würde aber die Ranking-Methode dazu führen, dass diese Befragten Unterscheidungen treffen müssen, mit denen sie in Wahrheit überhaupt nicht übereinstimmen. In diesem Fall hätten die Angaben beim Ranking eine geringere Validität und würden Kontraste postulieren, die nicht vorhanden sind. Aus den vorliegenden Daten ist es jedenfalls nicht möglich, diese Deutung auszuschließen (vgl. Krosnick & Alwin 1988, S. 536).
Auf die unterschiedlichen Auswirkungen für die geschlechtsspezifische Faktorstruktur (Hauptkomponentenfaktorenanalyse mit Varimax-Rotation; siehe Abschnitt 5.4.2.1) von Werten bei deren Erhebung durch Rankings und Ratings, weisen DeCasper & Tittle (1988, S. 375ff) hin. Sie haben 10 berufs-, 11 heirats- und 12 elternschaftsbezogene Werte in mündlichen Interviews mit Highschool Studenten sowohl einem Ranking, als auch einem anschließenden Rating auf einer neun-stufigen Skala (0 = überhaupt nicht wichtig; 8 = höchst wichtig) unterzogen, wobei die Wichtigkeit immer im Hinblick auf den jeweiligen Werte-Bereich (Beruf, Ehe oder Eltern) abgefragt wird und die Gesamtstudie unter dem Fokus von Karriereentscheidungen steht (vgl. DeCasper & Tittle 1988, S. 376f).[69]
Erst einmal ist festzuhalten, dass sich die Faktorstrukturen von Ratings und Rankings grundsätzlich unterscheiden und im Falle eines Ratings tendenziell weniger Faktoren extrahiert (Eigenwert größer oder gleich 1) werden als bei den ipsativen Daten eines Rankings (vgl. DeCasper & Tittle 1988, S. 377). Die Faktorladungen der Rating-Daten sind alle – mit einer Ausnahme – positiv, wenn ein Minimalwert von 0,30 zugrunde gelegt wird, während beim Ranking typischerweise auch bipolare Faktoren (enthielten sowohl positive als auch negative Faktorladungen) auftreten (vgl. DeCasper & Tittle 1988, S. 377). Die unterschiedliche Anzahl an Faktoren wird von DeCasper & Tittle (1988, S. 378) als Indikator für die divergierenden Werte-Strukturen aus zwei verschiedenen Perspektiven (inter-individuell durch Ratings und intra-individuell durch Rankings) gesehen. Damit wird auch die bipolare Struktur der Faktoren beim Ranking erklärbar, denn Personen, die einen Wert hoch bzw. niedrig einstufen sind bei dieser Erhebungstechnik gezwungen, bei anderen Werten niedrigere bzw. höhere Einordnungen vorzunehmen (vgl. DeCasper & Tittle 1988, S. 378).

2.2.2.5 Untersuchungsbereiche zum direkten Vergleich von Ranking und Rating außerhalb der Werte-Forschung

An dieser Stelle werden exemplarisch – und keineswegs vollständig – weitere Anwendungsbereiche der hier fokussierten Streitfrage aufgezeigt, um zu verdeutlichen, dass sie auch außerhalb der Werte-Forschung Relevanz besitzt.
Obwohl die Einstufung eines Objekts bei den beiden Vorgehensweisen Ranking und Rating in gleichen – oder zumindest ähnlichen – Beurteilungen resultieren kann, dürften die Prozesse, mit denen die Einschätzungen gewonnen werden, unterschiedlich ablaufen. Darüber hinaus ist

[69] Hier ist zunächst einmal danach zu fragen, ob eine derartige Analyse mit den ordinal skalierten Daten eines Rankings überhaupt zulässig ist. Dies dürfte kritisch zu beurteilen sein – zumal die von Inglehart (1977, S. 43) angeführte notwendige Untergrenze von 12 Objekten für diesen Fall (siehe Abschnitt 2.2.2.4.1), nicht immer erreicht wird – weshalb die berichteten Ergebnisse mit Vorsicht zu betrachten sind.

es wahrscheinlich, dass auch die Prozedur der einen Urteilsfindung, Auswirkungen auf die jeweils andere Beurteilungsform hat (vgl. Schwarz & Wyer 1985, S. 31), was insbesondere für die Ergebnisse von Vergleichsstudien mit einem Inner-Subjekt-Design (jeder Teilnehmer wird mit beiden Aufgabenstellungen – aber nicht notwendigerweise in der gleichen Reihenfolge – konfrontiert) von Bedeutung ist.
Die Arbeiten zur theoretischen Durchdringung von Informationsverarbeitungsprozessen (vgl. beispielsweise Carlston 1980; Lingle & Ostrom 1979 und Wyer et al. 1984) zeigen, dass Prozesse und Konzepte, die bei der ersten Urteilsfindung zum Einsatz kommen, auch als Basis für nachfolgende Beurteilungen herangezogen werden.
Nach Schwarz & Wyer (1985, S. 31f) kann die Rangordnung einer Liste von Stimuli auf zwei grundsätzlichen Wegen vorgenommen werden, indem (1) die Sortierung beginnend mit dem wichtigsten Item und anschließend dem zweitwichtigsten etc. durchgeführt wird oder (2) über ein Arrangement fußend auf dem unwichtigsten Gesichtspunkt, gefolgt vom zweitunwichtigsten etc. „Es gibt Gründe dafür anzunehmen, dass diese unterschiedlichen Ranking-Prozeduren zu Differenzen bei nachfolgenden Rating-Aufgaben führen, wenn die Stimuli auf einer Skala (z.B. hinsichtlich ihrer Wichtigkeit) einzuordnen sind" (Schwarz & Wyer 1985, S. 31). Die Autoren diskutieren vier plausible Hypothesen, mit denen auftretende Ergebnisunterschiede beim Rating erklärt werden können:

(1) Feature-Vergleich;
(2) Perspektive;
(3) Instruktion;
(4) Ankerbildung.

Die Hypothese (1) betrifft die Auswirkungen des Ranking-Prozesses auf die Attributauswahl, anhand derer das anschließende Rating der Objekte vollzogen wird. Bei der Rangfolgebildung beginnend mit dem wichtigsten Item könnten die Personen zunächst an einen Ideal-Stimulus (besteht nur aus wichtigen Aspekten, die maximal ausgeprägt sind und muss nicht als Objekt in der Auflistung enthalten sein) denken,[70] der anschließend als Vergleichsmaßstab (Abweichungen vom Ideal) für das Ranking der realen Objektliste fungiert.[71] Dabei werden dann Features identifiziert, welche die Objekte als relativ unwichtiger – im Vergleich zum Ideal-Standard – erscheinen lassen. Der umgekehrte Fall tritt ein, wenn die Sortierung nach dem unwichtigsten Stimulus erfolgt, denn jetzt wird zunächst ein „negativer" Ideal-Standard (Objekt mit den minimal vorstellbaren Ausprägungen) konstruiert, so dass beim Ranking die Features identifiziert werden, welche die Objekte als relativ wichtiger – im Vergleich zum Standard – erscheinen lassen (vgl. Schwarz & Wyer 1985, S. 32). Wenn anschließend ein Rating durchgeführt wird, dann basieren die Beurteilungen auf dem Ausschnitt der Features, die während des Rankings virulent geworden sind, d.h. den Objektschwächen beim Start mit dem bedeutendsten Item und deren Stärken beim Beginn mit dem unbedeutendsten Objekt. Dies führt dazu, dass die Ratings nach einem Ranking beginnend mit dem bedeutendsten Objekt vergleichsweise niedriger ausfallen, als wenn das Ranking mit dem unbedeutendsten Gegenstand angefangen hat (vgl. Schwarz & Wyer 1984, S. 32).

---

[70] Dies dürfte vorliegend eher unwahrscheinlich sein, da Werte so abstrakt sind, dass wohl kaum jemand an Dinge gedacht haben dürfte, die über die 17 präsentierten Werte hinausgegangen sind. Vielleicht ist allerdings eine Verbindung zum Wert „Ehrlichkeit" hergestellt worden, denn dieser wurde ja als Beispiel aufgeführt, so dass er möglicherweise als Maßstab verwendet wurde (siehe Anhang 5).

[71] Der Ansatz – den zuerst gewählten extremen Stimulus als Vergleichsmaßstab für die übrigen Stimuli zu verwenden – wird durch die ERR-Technik aufgegriffen, wobei hier aber ein Bezugsrahmen etabliert wird, indem die beiden extremsten (bedeutendste und unbedeutendste) Objekte zu identifizieren sind. Während Schwarz & Wyer (1985, S. 42f) davon ausgehen, dass auch über die aufgelisteten Stimuli hinaus, weitere Extrem-Objekte (Ideal-Standards) „berücksichtigt" werden können, wird bei der ERR-Technik angenommen, dass sich die Befragten allein auf die in der Liste aufgeführten Items konzentrieren.

Da bei der Perspektiven-Hypothese (2) die Auswirkungen auf die Art und Weise der Verankerung der Magnitude-Skala im Vordergrund stehen, wird sie – wegen der vorliegend eingesetzten Rating Skala – nicht weiter erörtert, zumal ihre Konsequenzen für das Rating mit denen der ersten Hypothese übereinstimmen (vgl. Schwarz & Wyer 1985, S. 32f).
Beim dritten Punkt (3) stehen die Effekte der eigentlichen Aufgabenbeschreibungen im Mittelpunkt, wobei besonders die Instruktionen für das vorzunehmende Ranking dazu führen können, dass diese Aufgabenstellung „anders" erledigt wird, als es nach den enthaltenen Objekten eigentlich zu erwarten wäre. So kann die Anweisung, das Ranking mit dem unwichtigsten Aspekt zu beginnen, dazu führen, die negativen Aspekte der Objekte stärker zu betonen, während ein umgekehrtes Ranking zur Folge haben kann, dass eher die ihnen innewohnende Bedeutung im Vordergrund steht. Als Konsequenz werden die Stimuli beim anschließenden Rating im ersten Fall als wichtiger eingestuft als im zweiten Fall (Ranking beginnend mit dem unwichtigsten Aspekt). Dieser Effekt kann auftreten, weil sich die Befragten beim Rating auf unterschiedliche Aspekte der Objekte (siehe auch Hypothese 1) konzentrieren oder weil die Instruktion eine generelle Antwortverzerrung induziert, die unabhängig von den Features der zu beurteilenden Stimuli ist (vgl. Schwarz & Wyer 1985, S. 33).
Bezüglich der Anker-Hypothese (4) könnte das Ranking dazu führen, dass beim nachfolgenden Rating, der Skalen-Pol der Seite bevorzugt wird, mit dem die Rangfolgebildung startet.[72] Nach Tversky & Kahneman (1974, S. 1128) wird in diesem Fall der Anker durch den Initialwert (Startpunkt) für die Beurteilung gebildet, d.h. es kommt darauf an, ob zuerst die wichtigsten oder die unwichtigsten Objekte herauszusuchen sind. Im Endeffekt führt diese Hypothese zu den gleichen Vorhersagen wie die Dritte (3), d.h. beim Ranking vom wichtigsten zum unwichtigsten Objekt werden diese beim anschließenden Rating allesamt positiver eingestuft, während bei der umgekehrten Rangfolgebildung (vom unwichtigsten zum wichtigsten Objekt) das Rating zu eher negativeren Resultaten führt (vgl. Schwarz & Wyer 1985, S. 34). Dies unterstreicht die zentrale Rolle des Priming (siehe Abschnitt 3.3.2.3).
Damit führen die Hypothesen (1) und (2) im Vergleich zu den Hypothesen (3) und (4) zu entgegengesetzten Vorhersagen, bezüglich der Effekte eines vorgeschalteten Rankings auf ein nachfolgendes Rating (vgl. Schwarz & Wyer 1985, S. 32ff). Gegenüber dem in dieser Arbeit fokussierten Ansatz (ERR-Techniken) bleibt zu konstatieren, dass bei Schwarz & Wyer (1985, S. 34ff) immer ein vollständiges Ranking durchzuführen ist (allerdings lediglich mit 6 Objekten), und beim Rating vier weitere Items in die Liste integriert sind. Ob Wiedererkennungseffekte oder mögliche Redundanzwahrnehmungen der unterschiedlichen Zusammenstellungen einen Einfluss gehabt haben, wird nicht erörtert. Außerdem handelt es sich bei Feststellung der persönlichen Wichtigkeit von Werten, um eine Einschätzung des eigenen Selbst, die zu den Themen bei Schwarz & Wyer (1985) nur wenige Gemeinsamkeiten aufweisen dürfte, da die dort fokussierten Bereiche (Umweltaspekte und Eigenschaften des idealen Lebenspartners) diesen Aspekt nicht in den Vordergrund gestellt haben.
Anhand der experimentellen Resultate lässt sich keine generelle Bevorzugung für einen der getesteten hypothetischen Ansätze feststellen, denn insbesondere nach dem Austausch der Magnitude-Skala gegen eine vollständig bezeichnete fünf-stufige Rating-Skala, verschwinden die gefundenen Anker-Effekte (vgl. Experiment 5 bei Schwarz & Wyer 1985, S. 42f). Es bleibt aber festzuhalten, dass ein Ranking wohl nicht die subjektive Wahrnehmung der Stimuli beim anschließenden Rating beeinflusst (Hypothese 1), sondern allein einen „technischen" Einfluss ausübt (vgl. Schwarz & Wyer 1985, S. 43). Dieses Ergebnis ist mit der vorliegend verfolgten Sichtweise des Primings auf Unterschiede bei der Bestimmung der

[72] Allerdings ist hier kritisch zu hinterfragen, warum – im Sinne eines Primacy-Effekts – das Ranking vom unwichtigsten zum wichtigsten Aspekt dazu führen soll, dass der „unwichtige" Pol als Vergleichsmaßstab herangezogen wird, denn es könnte im Sinne eines Recency-Effekts genau so gut sein, dass die zuletzt in eine Rangfolge gebrachten positiven Objekte, den anschließenden Vergleichsmaßstab determinieren.

Extrem-Werte kompatibel, denn auch hier wird eine stimulusunabhängige Wirkung des Rankings auf das Rating angenommen (siehe Abschnitt 3.3.2.3).
Als Quintessenz ihrer Resultate formulieren Schwarz & Wyer (1985, S. 45), dass es durchaus auch andere Möglichkeiten geben könnte, Ratings durch vorangestellte Aufgabenstellungen zu „verändern", um ähnliche Effekte wie in ihren Experimenten zu erzielen. Insofern kann auch der in Abschnitt 2.2.3 vorgestellte Ansatz von McCarty & Shrum (1997; 2000) als ein solcher Versuch eingeordnet werden, wobei hier allerdings eine Objekt-Liste mit spezifischen Eigenschaften (positives Konstrukt) vorliegt. Modifikationen ihrer Vorgehensweise stellen den Fokus der vorliegenden Arbeit dar.
Das Problem Ranking oder Rating ist nicht auf die Werte-Forschung beschränkt, sondern taucht beispielsweise auch bei der Beurteilung von Großstädten auf (vgl. Nissan 1994, S. 47ff). Hier steht die Frage im Mittelpunkt, ob eine Stadt direkt (Rangzuweisung der Kriterien) oder indirekt (Rating der Kriterien und anschließende Rangbildung) beurteilt werden soll – wobei mit der letztgenannten Methode auch absolute Unterschiede bei den einzelnen Dimensionen angegeben werden können.
Im Rahmen der Recognition-Forschung ist ebenfalls der Einsatz der beiden Verfahren (Ranking versus Rating) untersucht worden (vgl. Brown 1974, S. 15). Dort ergeben sich Hinweise darauf, dass ein Ranking unverzerrtere Schätzungen für diese Art der Gedächtnisleistung (Wiedererkennung) erbringt, weil es nicht davon betroffen ist, dass nur eine begrenzte Anzahl der Antwortkategorien – wie bei einer Rating Skala – genutzt wird. Zweitens wird von den Befragten beim Ranking verlangt, dass sie die Items in eine plausible Reihenfolge bringen können, während sie beim Rating zunächst entscheiden müssen, wie die einzelnen vorgegebenen Kategorien zu nutzen sind, um diese dann konsistent anzuwenden. Insbesondere die inkonsistente Kategoriennutzung schränkt nach Brown (1974, S. 19) die Robustheit des Ratings ein. Andererseits sind die Rating-Aufgabenstellungen von den Versuchspersonen bei Brown (1974, S. 19) den entsprechenden Rankings vorgezogen worden – insbesondere bei einer umfangreichen Objektliste – weil ein Ranking auch eine Abstufung bei weitgehend identischen Objekten erfordert. Ferner ist das Rating in diesem Forschungsbereich gleichfalls die insgesamt ökonomischere Aufgabenstellung (vgl. Brown 1974, S. 19).
Einen wesentlichen Aspekt beim Rating macht die Frage aus, ob die umgebenden Items (Kontext), die Beurteilung eines bestimmten Items beeinflussen können (vgl. Brown 1974, S. 18). In einer Studie von Tulving & Thomson (1971) konnte gezeigt werden, dass der Kontext unter bestimmten Bedingungen (Verfügbarkeit und Zugänglichkeit; siehe dazu auch Abschnitt 3.2.2.4) sowohl die Einschätzung der Gedächtnisleistung als auch die Art und Weise der Nutzung der Kategorien der Rating-Skala beeinflusst (vgl. Brown 1974, S. 18f).
Bei Russell & Gray (1994, S. 79) sind Bilder der Beurteilungsgegenstand, für den ebenfalls sowohl ein Ranking, als auch ein Rating eingesetzt wird, um ästhetische oder affektive Reaktionen (Gefallen, Interesse und Anmutung) zu messen. Die Autoren diskutieren die widersprüchlichen Ergebnisse zu den beiden Verfahren, die anzeigen, dass der methodische Ansatz gravierende Effekte für die erzielten Resultate besitzt. Auch die verschiedenen Skalen zur Beurteilung von Bildern (z.B. likability und pleasingness) wurden zunächst als äquivalent angesehen, bevor sich herausstellte, dass mit ihnen ebenso Ergebnisunterschiede virulent werden (vgl. Russell & George 1990). Russell & Gray (1994, S. 80) beziehen in ihre Arbeit die Erkenntnisse der Werte-Forschung auf diesem Gebiet (siehe Abschnitte 2.2.2.1 bis 2.2.2.4) explizit mit ein, d.h. obwohl inhaltlich eine ganz andere Fragestellung behandelt wird, werden die methodischen Erfahrungen dieses Forschungsfelds berücksichtigt. Dies begründet, warum vorliegend ebenfalls den Erkenntnissen aus Bereichen außerhalb der Sozialpsychologie ein entsprechender Raum zugestanden wird, und sie in das Design der Untersuchung einfließen.
Nach Russell & Gray (1994, S. 82) sind die im Rahmen der Werte-Forschung entdeckten Korrelationen zwischen den mittleren Beurteilungen beim Ranking und Rating entsprechen-

der Listen (vgl. beispielsweise Feather 1973; Moore 1975 und Rankin & Grube 1980, S. 236ff; hier geht es um Zwischen-Subjekt-Designs, für ein Inner-Subjekt-Designs kann auf McKenna 1979 verwiesen werden) erwartbar, denn unter der Annahme, dass für beide Erhebungsverfahren die Objekte zumindest in geringem Ausmaß monoton hinsichtlich des Beurteilungskriteriums variieren – also konvergente Validität nach Campbell & Fiske (1959) aufweisen – tritt eine hohe Korrelation zwischen mittleren Rankings und Ratings zwangsläufig auf, insbesondere bei einem großen Stichprobenumfang. Hohe Korrelationskoeffizienten zwischen den mittleren Beurteilungen können trotzdem beträchtliche Differenzen auf der Individualebene kaschieren, denn die individuellen Ranking und Rating Reihenfolgen müssen nicht notwendigerweise übereinstimmen (vgl. Russell & Gray 1994, S. 82).
Bei dem von Russell & Gray (1994, S. 83f) gewählten Untersuchungsdesign sind sowohl ein Rating, als auch ein Ranking zur Evaluation von 15 Gemälden vorzunehmen. Daneben haben Russell & Gray (1994, S. 83) die Rating-Anweisungen dahingehend variiert, dass sie ihre Befragten zum einen aufgefordert haben, bei der Beurteilung der 15 Gemälde auch diejenigen heranzuziehen, die sie bereits in der Vergangenheit betrachtet hatten (absolute Bewertung) und sich zum anderen beim Beurteilungsprozess ausschließlich auf die 15 präsentierten Stimuli zu konzentrieren (relative Bewertung). Als Hypothesen formulieren Russell & Gray (1994, S. 83), dass bei einer relativen Beurteilung die Streuung der Einschätzungen höher ausfällt (die Probanden diskriminieren stärker zwischen den Gemälden) als bei einer absoluten Bewertung und dass als Konsequenz der stärkeren Streuung bei der relativen Beurteilung eine höhere Konkordanz zu den Rankings auftritt.
Als Stimulus fungierten bei Russell & Gray (1994, S. 83) 15 postkartengroße – anderweitig wäre eine simultane Betrachtung nicht zu gewährleisten gewesen – Reproduktionen von Gemälden fünf verschiedener Stilrichtungen, in denen je ein Kunstwerk als Stillleben, Portrait und Landschaft konzipiert war. Die eine Hälfte der Befragten führte zunächst ein Ranking der 15 Stimuli gefolgt von einem Rating durch, während für die zweite Hälfte diese Reihenfolge vertauscht war. Auch das absolute und relative Rating wurde hälftig auf die Teilnehmer verteilt, wobei zusätzlich ein ausgewogenes Verhältnis von Männern und Frauen in jeder Versuchsbedingung sichergestellt war. Die Anordnung der 15 Postkarten auf dem Tisch jeder Versuchsperson erfolgte zufällig, und beim Rating griff der Versuchsleiter jeweils ein Gemälde heraus und legte es dem Teilnehmer zur Beurteilung auf einer fünf-stufigen Gefallens-Skala vor.
In der absoluten Variante lautete die Instruktion: „Versuchen Sie jedes Gemälde mit anderen Ihnen bekannten Bildern zu vergleichen. Denken Sie dabei an die Bilder, die Ihnen bislang am meisten gefallen haben. Diese würden einen Wert von „5" auf der Antwortskala bekommen. Gleichermaßen denken Sie bitte auch an die Bilder, die ihnen bislang am wenigsten gefallen haben und stufen sie diese als „1" ein. Wie würden Sie jetzt jedes der Bilder, die Sie hier sehen, auf der Antwortskala einstufen?" (Russell & Gray 1994, S. 84).
Unter der Bedingung eines relativen Ratings war die Anweisung folgendermaßen formuliert: „Vergleichen Sie bitte die Gemälde nur untereinander, d.h. unabhängig von anderen Bildern, die Sie kennen. Geben Sie dem Gemälde oder den Gemälden, das / die Ihnen am besten gefällt / gefallen ein Rating von „5" und denjenigen, die Ihnen am wenigsten gefallen eine „1" auf der Antwortskala" (Russell & Gray 1994, S. 84). Diese strikte Zuweisung der Extrem-Objekte zu bestimmten Kategorien wird vorliegend zwar nicht experimentell durchgeführt, jedoch in einer entsprechenden Recodierung der Daten simuliert (siehe Abschnitt 5.4.5.2).
Beim Ranking war keine Unterscheidung in den Instruktionen gegeben und alle Probanden wurden gebeten: „Bitte schauen Sie sich die 15 vor Ihnen ausgebreiteten Gemälde an. Zeigen Sie nun wie sehr Ihnen jedes der Gemälde gefällt, indem Sie die Bilder in eine Reihenfolge bringen, bei der das Gemälde, das Ihnen am besten gefällt ganz oben platziert ist, dasjenige, das Ihnen am zweitbesten zusagt darunter lokalisiert ist usw., bis das Bild, das Ihnen am

wenigsten gefällt an der untersten Stelle der Reihe angeordnet ist" (Russell & Gray 1994, S. 84).
Hinsichtlich der Ergebnisse ist zu konstatieren, dass sich die Standardabweichungen der Ratings nicht signifikant unterscheiden, egal ob diese Aufgabe zuerst oder als zweites zu erledigen war. Weiterhin gibt es keinen signifikanten Interaktionseffekt zwischen der Reihenfolge und den unterschiedlichen Instruktionen (vgl. Russell & Gray 1994, S. 84ff). Die Standardabweichungen der absoluten (1,17) und relativen (1,30) Rating-Anweisungen unterscheiden sich hingegen statistisch signifikant (p = 0,0003) in der vorhergesagten Richtung. Außerdem führt die relative Instruktion bezüglich der mittleren Ratings zu statistisch signifikant (p = 0,0128) höheren Durchschnittswerten (2,90) als die absolute Anweisung (2,76). Hingegen lassen sich keine statistisch signifikanten Reihenfolge- und Interaktionseffekte zwischen Sequenz und Instruktion für die Mittelwerte – ebenso wie bei den Standardabweichungen – nachweisen. Der Zusammenhang zwischen den Rangwerten und Ratings einer Person wird über eine Korrelation berechnet, wobei 75 % der Probanden einen Koeffizienten von 0,80 oder größer besitzen (vgl. Russell & Gray 1994, S. 86f). Die Vorhersage, dass die Korrelationen zwischen Ranking und Rating im Falle relativer Anweisungen höher ausfallen als unter der absoluten Instruktion, wird ebenfalls statistisch signifikant (p = 0,0041) mit einem Mann-Whitney-U-Test bestätigt (vgl. Russell & Gray 1994, S. 88).
Das Ranking und Rating Problem wird von Pascoe & Attkisson (1983) sowie Attkisson et al. (1983) im Zusammenhang mit der Erhebung von Patientenzufriedenheit untersucht. Den Ausgangspunkt bilden dabei die fehlende Differenziertheit sowie das hohe Niveau bei der Abgabe von Zufriedenheitsurteilen (siehe Abschnitt 1.1), so dass nur sehr schwer die Programmbestandteile identifiziert werden können, bei denen aus Sicht der Betroffenen Verbesserungen vorzunehmen sind (vgl. Pascoe & Attkisson 1983, S. 335f). Die linksschiefen und undifferenzierten Verteilungsergebnisse beruhen nach Pascoe & Attkisson (1983, S. 335) – zumindest partiell – auf methodischen Problemen (siehe Abschnitt 2.2.2.2.6.2), denen durch einen Ranking-dann-Rating-Ansatz („Evaluation Ranking Skala"; ERS) entgegengewirkt werden soll. Dabei wird davon ausgegangen, dass die kombinierte relative und absolute Beurteilung verschiedener Service-Komponenten dazu führt, mehrheitlich hohe und undifferenzierte Zufriedenheitsurteile zu vermeiden (vgl. Pascoe & Attkisson 1983, S. 337) Dies beruht nach Attkisson et al. (1983, S. 358) im Wesentlichen auf der zunehmenden Vertrautheit mit den Kriterien durch das vorgeschaltete Ranking („organisierender" Effekt auf die Herangehensweise an das Rating), und wird nicht durch dessen mögliche direktive Wirkung auf das Rating verursacht.[73]
Aus den Untersuchungen der Autoren wird vorliegend lediglich auf die Studie näher eingegangen, in der sowohl Ranking, als auch Rating für die gleiche Dimensionen (Zufriedenheit) durchzuführen waren, denn in den übrigen Erhebungen sind beide Verfahren auf jeweils unterschiedliche Dimensionen (Wichtigkeit oder Zufriedenheit) angewendet worden (vgl. Attkisson et al. 1983, S. 351ff).
Die Erhebung erfolgt mittels persönlicher Interviews, in denen die Befragten sechs Dimensionen zur Beurteilung eines Gesundheitszentrums, hinsichtlich ihrer relativen (Ranking durch Sortieren eines Kartensatzes) und absoluten (Rating auf einer – im Gegensatz zu den Magnitude-Schätzungen bei Schwarz & Wyer 1985 – optisch vorliegenden Skala von 0 [Schlimmste vorstellbare Gesundheits-Center] bis 100 [Beste vorstellbare Gesundheits-Center]) Zufriedenheit mit diesen Aspekten zu bewerten hatten (vgl. Pascoe & Attkisson 1983, S. 340). Als Kontrolldaten fungieren die mit einem bereits vielfach erprobten Zufriedenheitsfragebogen in diesem Bereich (CSQ-8; 8 Items, die allein auf einer vier-stufigen Rating-Skala zu beurteilen waren; vgl. Larsen et al. 1979) erhobenen Angaben einer Voruntersuchung (vgl. Pascoe & Attkisson 1983, S. 339). Verglichen werden die ungewichtet gemittelten Gesamtzufrieden-

[73] Dem Mechanismus wird auch im experimentellen Design dieser Arbeit über die Durchführungsanweisung 2 mit einem zweimaligen Durchlesen der Werte-Liste (ZD) Rechnung getragen.

heitsurteile der beiden Messverfahren, wobei die unterschiedlichen Skalierungen durch eine Lineartransformation (siehe Fußnote 469 auf Seite 505) vergleichbar gemacht werden (vgl. Pascoe & Attkisson 1983, S. 341).
Bezüglich der Mittelwerte und Standardabweichungen bestätigten sich die erwarteten Unterschiede in der postulierten Richtung, d.h. mittels ERS werden geringere Mittelwerte und höhere Standardabweichungen als mit dem CSQ-8 erzielt (vgl. Pascoe & Attkisson 1983, S. 341). Weiterhin ist die Verteilung der Gesamtzufriedenheitswerte beim ERS annähernd normalverteilt, während diejenige des CSQ-8 signifikant von einer Normalverteilung abweicht (vgl. Pascoe & Attkisson 1983, S. 342f). Insgesamt kann der vorhergesagte Haupteffekt des Messverfahrens statistisch signifikant bestätigt werden, wobei Pascoe & Attkisson (1983, S. 343) dieses Ergebnis nicht den unterschiedlichen Prozeduren (mündliche Form beim ERS und schriftliche Form beim CSQ-8)[74] zurechnen, sondern allein den verschiedenen Aufgabenstellungen.
Bei der folgenden Untersuchung liegt zwar keine Vergleichsstudie vor, sondern es handelt sich „lediglich“ um einen Anwendungsfall, der jedoch eine interessante Variationsmöglichkeit zeigt, der vorliegend durch eine simulierte Berechnung ebenfalls nachgegangen wird (siehe Abschnitt 5.4.5). Bei Frahm (2004, S. 196f und S. 217f) erfolgt die Bestimmung der Präferenz für Markenprodukte in Anlehnung an Park & Srinivasan (1994, S. 275ff) derart, dass zuerst für die jeweilige Produktkategorie danach gefragt wird, welche der präsentierten Marken an erster und letzter Stelle gekauft würden, wenn alle Marken identische Preise und Packungsgrößen aufwiesen. Im nächsten Schritt werden alle nicht gewählten Marken auf einer zehn-stufigen Rating-Skala (1 = gefällt mir am schlechtesten; 10 = gefällt mir am besten; vgl. Frahm 2004, S. 307) beurteilt, wobei die als kaufwahrscheinlichste und kaufunwahrscheinlichste identifizierten Marken, automatisch ein Skalenwert von 1 (Kauf an letzter Stelle) und 10 (Kauf an erster Stelle) zugewiesen bekommen. Diese Daten gehen als ein Baustein in ein Modell zur Bestimmung des Markenwerts von Produkten ein, wobei aber weder Park & Srinivasan (1994) noch Frahm (2004) eine Begründung für ihre Vorgehensweise liefern.
Chiu & Alliger (1990, S. 493ff) diskutieren das Problem Ranking oder Rating im Rahmen der Mitarbeiterbeurteilung, die sehr anfällig für personelle, situative und psychometrische Verzerrungsfaktoren ist (vgl. z.B. Landy & Farr 1980). Die Systeme zur Leistungsbeurteilung lassen sich entweder in relative (die zu beurteilenden Personen werden direkt miteinander verglichen) oder absolute (jede einzuschätzende Person wird individuell auf einigen Dimensionen bzw. Skalen beurteilt) Ansätze klassifizieren (vgl. Chiu & Alliger 1990, S. 494; siehe zu den Vor- und Nachteilen der beiden Vorgehensweisen die Ausführungen in den Kapiteln 2.2.2.1.2 und 2.2.2.2.6). Chiu & Alliger (1990, S. 496) haben beide Ansätze zur „Quantitative Ranking Skala“ (QRS) kombiniert, bei der jede Skalenkategorie nur von maximal einem Beurteilungsobjekt belegt sein darf. In ihrer Studie werden 130 Studenten gebeten, sieben ihrer Lehrer des letzten Jahres in der Highschool auf einer zehn-stufigen Skala hinsichtlich fünf Dimensionen auf üblichen Rating-Skalen oder der QRS zu beurteilen (vgl. Chiu & Alliger 1990, S. 496f).[75]
Bezüglich der Beurteilungsverzerrungen durch Halo-Effekte schneiden beide Erhebungsverfahren gleich ab, während die QRS beim Milde-Effekt (Leniency) einen um mehr als einen

[74] Nach Pascoe & Attkisson (1983, S. 343) hätte – anhand der bisherigen Resultate in diesem Bereich – die mündliche Erhebung das Niveau der Zufriedenheitsbeurteilungen anheben müssen (vgl. LeVois et al. 1981, S. 146f), so dass die Differenz bei einer schriftlichen Administration des ERS (oder mündlichen Erhebung des CSQ-8) noch stärker zugunsten des ERS ausgefallen wäre (vgl. Pascoe & Attkisson 1983, S. 343).

[75] Dieser Ansatz ist folglich für umfangreiche Objektlisten nur dann durchzuführen, wenn eine hinreichend unterteilte Skala vorliegt, deren minimale Kategorienzahl der Anzahl der Objekte entspricht. In dem Fall, in dem die Anzahl der Skalenpunkte exakt mit der Anzahl an Objekten übereinstimmt, würde aber ein reines Ranking durchgeführt, so dass die QRS keine zusätzlichen Informationen generieren würde, denn es könnten keine absoluten Abstände mehr gemessen werden – diese würden durchweg „1“ betragen.

ganzen Skalenpunkt niedrigeren Durchschnittswert aufweist, d.h. weniger stark von dieser Art Antwort-Bias betroffen ist (vgl. Chiu & Alliger 1990, S. 498f). In puncto Schwierigkeit werden zwar beide Verfahren im Durchschnitt als relativ einfach eingestuft, jedoch fällt der Mittelwert für QRS (2,92) fast einen ganzen Skalenpunkt höher als für das normale Rating (1,95) aus (vgl. Chiu & Alliger 1990, S. 498f). Dies deutet auf Probleme bei der Abbildung der Reihenfolge hin, wohingegen aber beide Verfahren als in etwa gleich fair beurteilt werden (vgl. Chiu & Alliger 1990, S. 498f). In einer Folgestudie ist die Anzahl an Beurteilungsobjekten reduziert worden (die Skalenpunkte blieben konstant bei 10), so dass nur fünf bzw. drei Lehrer einzuordnen waren, womit die Freiheitsgrade beim Ranking angewachsen sind (vgl. Chiu & Alliger 1990, S. 500ff). Je mehr Spielraum den Befragten allerdings eingeräumt wird, desto stärker haben sich die Ergebnisse der beiden Rating-Prozeduren angenähert, so dass die Autoren ein Verhältnis zwischen der Anzahl an Objekten und der Anzahl an Skalenkategorien von 0,7 nahe legen (vgl. Chiu & Alliger 1990, S. 502).

Auch Miner (1988, S. 291ff) setzt sich mit der Frage des am besten geeigneten Vorgehens bei der Beurteilung von Mitarbeitern auseinander, und schlägt eine „rated-ranking" Technik vor. Damit sollen vor allem die Nachteile eines reinen Rankings im Rahmen von Mitarbeiterbeurteilungen – keine konkreten Hinweise für Verbesserungen, nur Urteile im Vergleich zu anderen Mitarbeitern, die insbesondere abteilungsübergreifende Vergleiche erschweren und rechtliche Bedenken (vgl. Latham & Wexley 1981, S. 8f) – umgangen werden. Positive Aspekte eines Rankings (Elimination von Mildefehlern und zentralen Antwort-Tendenzen, Ausweitung der Urteilsvarianz und -differenzierung sowie adäquate Reliabilität) werden nach Miner (1988, S. 291f) von den dem Verfahren anhaftenden Nachteilen überwogen, weil insbesondere die relativen Distanzen zwischen den einzelnen Rangplätzen unklar bleiben und kein absolutes Leistungsniveau ermittelbar ist.

Aus methodischer Sicht handelt es sich bei dem Vorschlag von Miner (1988, S. 293ff) um ein Ranking (mit der Möglichkeit identische Rangplätze – auch mehrfach – zu vergeben), an das sich ein Rating anschließt. Sowohl Ranking, als auch Rating folgen dabei einem alternierenden Muster, d.h. zuerst wird die Person, die ein Leistungsmerkmal am besten erfüllt bestimmt, danach diejenige, die ihm am wenigsten genügt usw. bevor die Personen in der gleichen Abfolge auf einer sieben-stufigen Rating-Skala einzuordnen sind (vgl. Miner 1988, S. 295). Diese Prozedur wird hinsichtlich vier verschiedener Leistungsmerkmale durchgeführt (deren Reihenfolge zufällig variierte), und mit einer globalen Leistungseinschätzung – nach identischem Ranking-Rating Muster – abgeschlossen (vgl. Miner 1988, S. 294ff).

Bedingt durch die Administration in Form mündlicher Interviews mit den ihre Mitarbeiter beurteilenden Vorarbeitern, werden inkonsistente Antworten vollständig ausgeschlossen, wobei die Erwähnung dieses Punktes durch Miner (1988, S. 295) zeigt, dass wohl auch im Rahmen dieser Prozedur inkonsistente Antworten zu verzeichnen waren, die aber bei einem vollständigen Ranking auch eine höhere Wahrscheinlichkeit aufweisen, als wenn nur die beiden Extremobjekte (Most und Least) zu bestimmen sind, weil mehr Zusammenhänge zu beachten sind. In welchem Umfang und an welcher Stelle (Platzierung) die inkonsistenten Einordnungen aufgetreten sind, wird nicht weiter dokumentiert.

Alles in allem erweist sich der „rated-ranking" Ansatz von Miner (1988, S. 304f) dem reinen Ranking nicht als überlegen, und vor allem die besondere Erhebungssituation (mündliche Interviews) verlangt nach einer Übertragbarkeit auf die ansonsten in diesem Zusammenhang vorrangig durchgeführten schriftlichen Beurteilungen (vgl. Miner 1988, S. 303). Dies gilt gleichfalls für das Ausschalten inkonsistenter Antworten, die bei einer schriftlichen Befragung wohl unweigerlich auftreten würden. Die Feststellung absoluter Leistungslevel ist mit dem Verfahren allerdings möglich (vgl. Miner 1988, S. 304) – wäre es aber auch mit einem reinen Rating.

Einen Vergleich von Rating und Ranking-dann-Rating im Bereich der sensorischen Forschung (Beurteiler müssen mehrere Produkte unterschiedlicher Intensität, hinsichtlich einer oder mehrerer Bewertungsdimensionen, einordnen) stellen Kim & O'Mahony (1998, S. 242) vor. Bei dieser Aufgabe taucht ebenfalls das Problem auf, mit welcher Messprozedur die besten – im Sinne von diskriminativer Stärke – Ergebnisse erzielt werden können, denn die Basisannahme bei der Generierung der numerischen Beurteilungen ist auch in diesem Anwendungsbereich, dass unterschiedliche Skalierungen das Ausmaß der Ergebnisdifferenzierung beeinflussen, weil ihnen verschiedene kognitive Antwortmechanismen zugrunde liegen (vgl. Kim & O'Mahony 1998, S. 242). Die Autoren drehen allerdings die Perspektive um, indem sie nicht nach den Effekten kognitiver Mechanismen suchen, sondern Durchführungsvarianten gegebener Skalierungsprozeduren betrachten (vgl. Kim & O'Mahony 1998, S. 242) – einem Ansatz der über die etablierten Durchführungsanweisungen auch in der vorliegenden Arbeit verfolgt wird.

Probleme bei der sensorischen Messung können in zweierlei Hinsicht auftreten, zum einen durch eine schlechte Untersuchungsplanung, wenn Intensitätswechsel aufgrund erfolgter Adaptationseffekte nicht mehr wahrgenommen werden können und zum anderen durch die Ausprägungen der Stimuli, die so dicht beieinander liegen, dass sie nicht mehr ausreichend differenziert wahrgenommen werden können (vgl. Kim & O'Mahony 1998, S. 242). Damit sind die auch in der dieser Arbeit betrachteten Assimilations-Kontrast-Effekte angesprochen (siehe Abschnitt 3.3.2.2).

Bei der sensorischen Prüfung dürfen die Tester – im Falle eines Rankings – eine Produktprobe so oft überprüfen, wie sie wollen, denn es wird davon ausgegangen, dass früher getestete Produkte der Reihe, nicht in ihren vollen Ausprägungen bei den Personen präsent bleiben (vgl. Kim & O'Mahony 1998, S. 243). Beim Rating werden hingegen die Urteile sofort gefällt – obwohl auch diese im Nachhinein revidiert und angepasst werden können – weil die Geschmacksprobe bei der Urteilsabgabe noch gegenwärtig ist (vgl. Kim & O'Mahony 1998, S. 243). Es werden Auswirkungen der Verbindung beider Verfahren untersucht, indem die Produkte (zehn Stimuli mit sechs unterschiedlichen Kochsalzkonzentrationen) – durch Platzierung der Proben vor entsprechenden Nummern – zuerst in eine Rangfolge zu bringen und anschließend auf einer neun-stufigen Skala entsprechend ihren Intensitäten abstandsmäßig zu ordnen sind (vgl. Kim & O'Mahony 1998, S. 243).

Auch hier – bei physikalischen Stimuli – steht also eine Erhöhung der Datendifferenzierung im Vordergrund. Dabei stellt sich heraus, dass Ranking-dann-Rating bei Laien-Testern nicht dazu führt, inkonsistente Urteile vollständig zu vermeiden – wenn sich deren Anzahl auch merklich reduzieren lässt – insgesamt aber bessere Unterscheidungen induziert als ein alleiniges Rating (vgl. Kim & O'Mahony 1998, S. 245f). Die Autoren stufen ihren Ansatz als sehr vielversprechend ein, weil er schon mit Laien-Testern so gut funktioniert (vgl. Kim & O'Mahony 1998, S. 247), was möglicherweise mit der intensiveren Beschäftigung mit der Aufgabenstellung und häufigerem Testen der Proben bei diesem Vorgehen zusammenhängt.

Ein mit Werten vergleichbares Konzept – insbesondere wenn man die Definition der terminalen Werte von Rokeach (1973; siehe Abschnitt 2.1.1.2) betrachtet – stellen „generelle Lebensziele" dar, mit deren Messung sich u.a. McKeachie & Guetzkow (1952) befasst haben. Weil die dem Instrument ursprünglich zugrunde liegende Methode der vollständigen Paarvergleiche (siehe Abschnitt 2.2.4.2.1) bei 20 Zielen die – zeitaufwendige und teilweise langweilige – Bearbeitung von 190 Dyaden erforderlich macht, haben McKeachie & Guetzkow (1952, S. 25) ein alternatives Rating-Rangordnungs-Verfahren vorgeschlagen. Damit ist zwar die – mit dem Paarvergleich mögliche – Aufdeckung von Inkonsistenzen nicht mehr erreichbar, jedoch sind jetzt künstlich herbeigeführte Präferenzen von eigentlich als gleichwertig eingestuften Zielen auflösbar (vgl. McKeachie & Guetzkow 1952, S. 25).[76]

[76] Letztendlich lassen auch McKeachie & Guetzkow (1952, S. 26) bei ihrem Vorgehen keine identischen Einstufungen zu, sondern verlangen eine nachträgliche Differenzierung (Ranking) der beim Rating in gleichen Kategorien eingeordneten Ziele. Wird auf theoretischer Ebene die gleichwertige Stellung verschiedener Ziele zugelassen (siehe dazu auch Abschnitt 2.1.5), könnte auf das anschließende Ranking auch verzichtet werden.

Verfahrenstechnisch werden den Probanden die 20 Lebensziele auf nummerierten Kärtchen mit der Bitte ausgehändigt, diese so auf einer mehr-stufigen Skala (mit 11 Unterteilungen aber lediglich an den Polen [0 = lehne vollständig ab; 19 = stimme voll und ganz zu] nummeriert) anzuordnen, dass ihre relative Position auf der Skala der eigenen Reaktion auf das jeweilige Ziel entspricht. Interessant ist in diesem Zusammenhang vor allem die Anweisung, jedes platzierte Statement mit denen sich in seiner Nachbarschaft bereits befindlichen Zielen zu vergleichen, um sicherzustellen, dass eine korrekte Rangfolge der von oben nach unten abnehmenden persönlichen Akzeptanz der Ziele vorliegt. Dabei wird ausdrücklich darauf hingewiesen, dass einige der Items auch an identischen Stellen der Skala lokalisiert sein können (vgl. McKeachie & Guetzkow 1952, S. 26). Wenn alle Kärtchen mit den Zielen zugeordnet sind, übertragen die Befragten die Nummern der Ziele in die Skala, wobei im Falle gleicher Positionen, die jeweiligen Lebensziele mit von links nach rechts abnehmender Akzeptanz einzutragen sind (vgl. McKeachie & Guetzkow 1952, S. 26).
Neben dem Bearbeitungszeitvorteil der Technik gehen McKeachie & Guetzkow (1952, S. 27) vor allem von einer größeren Anwendungsflexibilität aus, denn der Austausch von Items oder die Ergänzung der Aufstellung kann wesentlich einfacher erfolgen, als wenn der Kartensatz eines vollständigen Paarvergleichs angepasst werden muss.
Katter (1968, S. 2ff) beschäftigt sich mit den Auswirkungen von Ranking und Rating beim Abgleich von Einträgen einer Datenbank mit vorgegebenen Suchkriterien, so dass dem Nutzer eine nach Relevanz sortierte Liste der Treffer seiner Suchabfrage vorgelegt werden kann. Dazu beurteilen mehrere Studenten neun Kurzzusammenfassungen von Journalbeiträgen anhand von 8 Relevanzkriterien auf einer neun-stufigen Rating-Skala (1 = hat absolut keine Relevanz bis 9 = hat maximale Relevanz; alle dazwischen liegenden Kategorien mit einem entsprechend abgestuften Label versehen). Im Anschluss an eine 15-minütige Pause führen die Studenten dann ein Ranking der Journalbeiträge durch, indem sie zunächst den bezüglich des Kriteriums relevantesten Artikel identifizieren, anschließend den am wenigsten passenden, dann den zweitrelevantesten usw. (vgl. Katter 1968, S. 3f).
Im Rahmen der Auswertung wird geprüft, welches Verfahren die höheren Relevanzwerte generiert. Beim Ranking sind die Befragten gezwungen auch hohe Relevanzzuordnungen zu vergeben, während beim Rating etwa 40 % der Einstufungen nur eine niedrige Bedeutung anzeigen (vgl. Katter 1968, S. 4). Die Stärke des Effekts hängt natürlich sehr stark von der Relevanzverteilung der zugrunde liegenden Artikel ab, denn theoretisch wäre auch ein Suchergebnis denkbar, bei dem Ranking und Rating perfekt übereinstimmen würden (vgl. Katter 1968, S. 5).
Bezogen auf die Fragestellung kommt Katter (1968, S. 5ff) zu dem Schluss, dass ein Rating zu deutlich besseren Relevanzzuordnungen führt, weil keine Restriktion bei der Kategorienzuordnung vorliegen und – da die Verteilungsschiefe von Suchergebnissen nahezu jeden Wert annehmen kann – eine adäquatere Abbildung erfolgt.
In einem zweiten Experiment steht die Verankerung einer Kategorienskala im Vordergrund, die bei Katter (1968, S. 6ff) – im Gegensatz zur ERR-Technik – über ein „mittleres" Item erfolgt, d.h. den Studenten wird ein Beispiel-Item mit einem bereits fixierten Skalenwert von 50 vorgelegt (siehe hierzu auch die Studie von Carpenter & Blackwood 1979 in Abschnitt 2.2.2.2.3). Dieses Vorgehen führt allerdings dazu, „that the single-item anchor at the midpoint was not adequate to provide the desired freeing of the judgements from the context effects produced by biased sampling of document requirement pairs" (Katter 1968, S. 10).
Diesbezüglich könnten nach Katter (1968, S. 10) zusätzliche Anker an den Extrempunkten der Skala eine Verbesserung bewirken, also genau jenes Vorgehen, das durch eine Bestimmung der (un)bedeutendsten Objekte gewährleistet wird. Insofern könnte in dem Beitrag ein weiterer Baustein zur Entwicklung der im nächsten Abschnitt beschriebenen Technik zur Verbindung von Ranking und Rating liegen, die im Fokus der vorliegenden Arbeit steht.

2.2.3 Der Ansatz von McCarty & Shrum

2.2.3.1 Allgemeine Vorbemerkungen

Mit diesem Verfahren wird eine Methode vorgestellt, die einerseits die Befragten zur Abgabe komparativer Urteile im Sinne eines Rankings ermutigen soll, gleichzeitig aber das Intervallskalenniveau der Daten sicherstellt, ohne dabei – den beim Rating oftmals auftretenden (siehe Abschnitt 2.2.2.2) – undifferenzierten Angaben Vorschub zu leisten (vgl. McCarty & Shrum 2000, S. 274). Ein derartiges Verfahren könnte damit auch in anderen Bereichen als der Ermittlung von Werte-Strukturen zum Einsatz kommen, in denen ebenfalls – wegen der starken Ähnlichkeit der zu beurteilenden Sachverhalte – bei der Anwendung von Rating-Skalen mit einer unbefriedigenden Differenzierung der Daten zu rechnen ist, wie beispielsweise bei der Evaluation von Produkten, Dienstleistungen und Marken sowie der Messung der Kundenzufriedenheit (vgl. Shrum & McCarty 1997, S. 241).[77]

Der Ausgangspunkt für die Überlegungen von Shrum & McCarty (1997) liegt darin, bei einer Rating-Prozedur auch die relative Bedeutung der einzuordnenden Sachverhalte für die Befragten zu einem entscheidungsrelevanten Kriterium zu machen, die ansonsten bei dieser Form der Messung eher vernachlässigt und primär dem Ranking immanent ist (vgl. Abschnitt 2.2.2.1.2.2). Wenn die Teilnehmer ihre Urteile in einem derartigen Kontext abgeben würden, könnten die Ergebnisse von Rating-Prozeduren substanziell verbessert werden, indem eine höhere Differenzierung der Daten erreicht wird. Dabei gibt es zwei Vorgehensweisen, die dieser Anforderung gerecht werden könnten (vgl. McCarty & Shrum 1997, S. 241f):

(1) Die Werte zuerst mittels Ranking und anschließend durch ein Rating jeweils vollständig beurteilen zu lassen (Ranking-dann-Rating, vgl. Munson 1984 und die in Abschnitt 2.2.2.4 vorgestellten Studien). Hierbei werden Auswahl- und Vergleichsvorgänge während der Ranking-Aufgabe initiiert („to compare and contrast"; McCarty & Shrum 2000, S. 274), deren Ergebnisse und Strukturen beim anschließenden Rating immer noch im Gedächtnis aktiv sind, und dieses leiten.

Aus messtechnischer Perspektive eröffnet die Ranking-dann-Rating-Prozedur also eine ansprechende Alternative zu einem einfachen Rating, weil durch das Ranking Vergleiche unter den zu sortierenden Objekten angeregt werden, und die anschließenden Rating-Daten eine Anwendung parametrischer statistischer Methoden erlauben (vgl. McCarty & Shrum 2000, S. 275). Mit diesem Vorgehen wird zwar das Problem ordinal skalierter (ipsativer) Daten des Rankings umgangen – ohne damit allerdings auch die weiteren Nachteile dieses Verfahrens (siehe Abschnitt 2.2.2.1.2.3) abstellen zu können – aber gleichzeitig den Befragten ein hoher Zeit- und Bearbeitungsaufwand abverlangt. Dies ist insofern problematisch, als die langwierige Ranking-Aufgabe lediglich dazu dient, dass sich die Befragten mit den Werten auseinandersetzen, während die eigentlichen statistischen Berechnungen auf Grundlage der Ratings vorgenommen werden.[78]

(2) Eine adäquate Technik könnte auch darin bestehen, die Befragten zu veranlassen, sich im Vorfeld der Ratings mit den Werten befassen, ohne dabei aber eine aufwendige Rangreihung sämtlicher Werte vornehmen zu müssen. Stattdessen werden lediglich – in Anlehnung an Munson & McIntyre (1979; siehe Abschnitt 2.2.2.4.2.2) – zunächst der bedeutendste und anschließend der unbedeutendste Werte der Liste bestimmt. Damit wird sichergestellt, dass sich

[77] Eine Übertragung ist deshalb möglich, weil McCarty & Shrum (1997, S. 241) davon ausgehen, dass die fehlende Differenzierung bei der Erhebung von Werten über Ratings, eher aus der positiven Natur dieses Verfahrens herrührt, und nicht einen inhärenten Aspekt des Konstrukts selbst darstellt (siehe Abschnitt 2.1).

[78] Außerdem ist danach zu fragen, wie die Teilnehmer ein solches Vorgehen bewerten, denn in ihren Augen dürfte eine gewisse Redundanz in beiden Aufgabenstellungen vorliegen, so dass hier auch andere Verhaltensweisen für das Rating resultieren könnten, z.B. in Form von Reaktanz – insbesondere bei entsprechend umfangreichen Objektlisten.

die Befragten mit der vorliegenden Objektliste beschäftigen und eine ausdrückliche Festlegung der in ihr enthaltenen extremen Objekte (das positivste und negativste) vornehmen, bevor sie sich der Rating-Aufgabe zuwenden und jeden Wert einzeln auf einer entsprechenden Skala beurteilen. Diese Methode benötigt zwar mehr Zeit als ein alleiniges Rating, ist aber wesentlich weniger aufwendig als ein komplettes Ranking mit anschließendem Rating, und stellt den von McCarty & Shrum (1997; 2000) verfolgten Weg dar.
Für die Annahme von Auswahl- und Vergleichsvorgängen beim Ranking gibt es sowohl theoretische Argumente als auch empirische Belege (vgl. McCarty & Shrum 2000, S. 274). Einige Forscher (z.B. Schwarz & Wyer 1985 und Sudman et al. 1996; siehe Abschnitt 2.2.2.5) haben angemerkt, dass Ratings kontextabhängig sind und sich aus der Perspektive, welche die befragte Person gerade einnimmt, ableiten lassen. Wie Parducci (1974) mit seinem Range-Frequency Ansatz (siehe Abschnitt 3.1.2.1.4) und Sudman et al. (1996) anhand psychophysikalischer Sachverhalte gezeigt haben, verankern Befragte eine Rating Skala anhand extremer einzuordnender Stimuli. Deshalb dürfte die Kenntnis der Spannweite der jeweiligen Stimuli (Liste) hinsichtlich eines speziellen Kriteriums, einem Befragten helfen, die Position eines bestimmten Items besser evaluieren zu können (vgl. McCarty & Shrum 2000, S. 275).
Außerdem haben Studien zu sozialen Urteilen (vgl. Schwarz & Wyer 1985; siehe Abschnitt 2.2.2.5) gezeigt, dass ein vorgeschaltetes Ranking hinsichtlich der Wichtigkeit von Einstellungs-Items, die Extremität der nachfolgenden Ratings beeinflusst hat. Die Ergebnisse von Schwarz & Wyer (1985) lassen sich am besten durch die Annahme eines Prozesses erklären, bei dem die Ranking-Aufgabe dazu führt, dass die Befragten Vergleichsmechanismen einsetzen, die dann auf das anschließende Rating generalisiert werden (vgl. McCarty & Shrum 2000, S. 275).
Krosnick & Alwin (1988, S. 533) haben die Ergebnisunterschiede von Ranking und Rating mit der fehlenden Differenzierung beim letztgenannten Verfahren in Beziehung gesetzt und gezeigt, dass eine Elimination der Befragten, die eine einzige Skalenkategorie für die meisten bzw. alle Werte verwendet haben, dazu führt, dass die Resultate der verbleibenden Personen mit denjenigen, die ein Ranking vorzunehmen hatten, vergleichbar sind (siehe Abschnitt 2.2.2.4.4).[79] Auf diesen Ergebnissen aufbauend, regen McCarty & Shrum (2000, S. 274) den Einsatz ihrer MLR-Technik zur Erhöhung der Differenzierung der Beurteilungen bei der Messung von Werten an.
Nach McCarty & Shrum (2000, S. 275) lassen die vorgestellten Befunde den Schluss zu, dass die Ranking-dann-Rating-Prozedur zu einem Anker-Effekt für das Rating von Werten führt. Die Befragten bekommen also durch das Ranking eine Vorstellung über die Spannweite der zu beurteilenden Stimuli.[80] Zudem sollte aus dem Ranking eine Fokussierung auf Vergleichsprozesse[81] resultieren, die dazu führt, dass die Befragten quasi instruiert werden, die gesamte Liste beim Rating im Auge zu behalten, d.h. die Werte nicht nur in Bezug auf die Antwortskala sondern auch relativ zu einander zu beurteilen (vgl. McCarty & Shrum 2000, S. 275).

---

[79] Dabei ist allerdings kritisch zu hinterfragen, ob es Sinn eines Messverfahrens sein kann, von vornherein eine bestimmte Menge an Daten auszuschließen – andererseits zeigen ja auch die Inkonsistenzen in der vorliegenden Erhebung, dass einige Beurteilungen nicht brauchbar sind und ausgeschlossen werden (sollten). Insofern können weniger, aber dafür „valide" Daten sicherlich zu aussagefähigeren Ergebnissen führen, als wenn das Rauschen mit berücksichtigt würde. Trotzdem ist der Ausschlussvorgang natürlich absolut subjektiv, denn die Daten der verbliebenen Personen könnten genauso verzerrt sein, weil sie beispielsweise lediglich auf Konsistenz und nicht auf ihre wahren Werte geachtet haben.

[80] Selbst wenn es zu nicht zu einer Verankerung kommen sollte, so dürfte zumindest die Vertrautheit mit den Stimuli steigen.

[81] Die Vergleichsobjekte werden allerdings nicht weiter spezifiziert. Man könnte auch argumentieren, dass sich die Gegenüberstellungen beim Rating auf die Beziehungen der Werte zur Antwortskala konzentrieren. Hier soll aber anscheinend der Vergleich der Werte untereinander gemeint sein. Im Sinne der Balancetheorie (vgl. Heider 1958) könnten sowohl die beiden Extrem-Werte als Maßstab gelten, als auch die Vorgänger-Werte in der Liste oder eine wechselnde Kombination.

McCarty & Shrum (1997; 2000) haben ihrerseits einen Ansatz vorgeschlagen, bei dem die Befragten lediglich die beiden extremen Objekte der Liste auswählen müssen und anschließend alle Items einem Rating unterziehen. Bei ihrem Vorgehen – ähnlich dem Anker-Ansatz von Munson & McIntyre (1979) – schauen sich die Befragten zunächst sämtliche aufgelisteten Elemente an und identifizieren dasjenige, das ihnen am wichtigsten ist. Anschließend gehen sie die Liste erneut durch und wählen das für sie unwichtigste Item aus. Im Anschluss beurteilen die Teilnehmer alle Listeneinträge hinsichtlich ihrer persönlichen Wichtigkeit auf einer Rating-Skala (vgl. McCarty & Shrum 2000, S. 276).

Um die Anwendbarkeit und Vorteilhaftigkeit dieser Vorgehensweise zu testen, haben McCarty & Shrum (1997; 2000) mehrere Studien durchgeführt, die nachfolgend skizziert werden.

2.2.3.2 Erste Anwendungen der MLR-Technik

In ihrem ersten Experiment zur Demonstration der Leistungsfähigkeit des MLR-Ansatzes, haben McCarty & Shrum (1997, S. 243) den Satz der 18 terminalen Werte des RVS (siehe Abschnitt 2.1.4.2.4.1) mit drei unterschiedlichen Instruktionen (1) ausschließliches Rating der Werte; (2) sowohl ein Ranking, als auch ein nachfolgendes Rating sämtlicher Werte und (3) Ranking der Extreme durch Bestimmung des bedeutendsten und unbedeutendsten Wertes mit anschließendem Rating aller 18 Werte (MLR), drei Gruppen von „undergraduate" Studenten vorgelegt. Die Rating-Skalen umfassen dabei in allen drei Fällen einen Wertebereich von 0 (Überhaupt nicht wichtig für mich) bis 100 (So wichtig, wie überhaupt etwas wichtig sein kann; vgl. McCarty & Shrum 2000, S. 280).

Deckeneffekte werden dabei anhand der Höhe der durchschnittlichen Ratings aller Werte sowie des Anteils der Top-Box-Urteile (Wahl der höchstmöglichen Rating Kategorie[n]; vgl. Gillett 1991, Gold & Salkind 1974) analysiert, während die Differenziertheit der Angaben über die Standardabweichung der Urteile jedes Befragten und einen so genannten P_d-Wert[82] abgebildet wird (vgl. McCarty & Shrum 1997, S. 242). Wenn die MLR-Prozedur – im Vergleich zu einem „traditionellen" Rating[83] – wirklich zu reduzierten Deckeneffekten und erhöhter Differenzierung der Daten führt, dann sollte sie gegenüber einem alleinigen Rating (1) geringere Durchschnittsurteile und einen schmaleren Anteil an Top-Box-Urteilen für die Werte aufweisen, (2) eine höhere mittlere Standardabweichung zeigen und (3) einen größeren durchschnittlichen P_d-Wert besitzen, sowie zu vergleichbaren Resultaten wie der Ranking-dann-Rating Ansatz führen (vgl. McCarty & Shrum 1997, S. 243).

Die drei Prozeduren unterscheiden sich bei einer varianzanalytischen Auswertung in der erwarteten Richtung (statistisch signifikanter Haupteffekt). Auf Gruppenebene führt ein reines Rating im Vergleich zu MLR und Ranking-dann-Rating zu statistisch signifikant höheren mittleren Wichtigkeitsurteilen, während die beiden letztgenannten Verfahren nicht statistisch signifikant voneinander abweichen. Wird der Prozentsatz der Nutzung der Maximalkategorie (100) herangezogen, ergeben sich vergleichbare Resultate (vgl. McCarty & Shrum 1997, S. 244 sowie Tabelle 2 auf Seite 134).

Die drei Prozeduren gelangen auch bezüglich der Differenziertheit der Daten zu hypothesenkonformen Ergebnissen, d.h. die Gruppe der Befragten, die ein traditionelles Rating absolviert

[82] Die Abkürzung steht für „Probability of distribution". Hierbei werden die aufsummierten quadrierten prozentualen Anteile, mit denen jede der möglichen Skalenkategorien gewählt wird, von 1 subtrahiert. Je gleichmäßiger sich die Urteile auf die zur Verfügung stehenden Kategorien aufteilen, desto mehr nähert sich diese Größe dem Wert „1" an. Wenn für das Rating aller Werte hingegen nur eine einzige Kategorie genutzt wird, beträgt der P_d-Wert null (vgl. Linville et al. 1986, S. 184 sowie Abschnitt 5.2.2).

[83] Eine alternative Form des Ratings könnte beispielsweise auch darin bestehen, den Beurteilungsprozess zu teilen (vgl. Albaum 1997). Dann werden pro Item zwei Fragen gestellt, wobei zuerst die Richtung der Antwort (z.B. Zustimmung) erhoben wird und anschließend – sofern keine indifferente Angabe erfolgt – deren Stärke (z.B. sehr stark). Beim „traditionellen" Rating werden diese beiden Teilaufgaben in einer einzigen Angabe zusammengefasst (vgl. Albaum 1997, S. 332).

hat, weist statistisch signifikant geringere Standardabweichungen in ihren Daten auf, als MLR und Ranking-dann-Rating, während diese beiden Verfahren wiederum nicht statistisch signifikant differieren (vgl. McCarty & Shrum 1997, S. 244f). Beim P_d-Wert wird das Ergebnismuster allerdings dahingehend durchbrochen, dass sich die Gruppe mit dem reinen Rating nur statistisch signifikant von der Ranking-dann-Rating-Gruppe unterscheidet, die MLR-Gruppe jedoch zwischen die beiden genannten fällt und zu keiner der beiden Gruppierungen einen statistisch signifikanten Unterschied aufweist (vgl. McCarty & Shrum 1997, S. 245 und Tabelle 2 auf Seite 134).

Interessant sind noch die Zeitangaben[84] für die drei Techniken, denn die terminalen Werte des RVS umfassen ja nur ein Objekt mehr als das vorliegend eingesetzte Werte-Inventar von Stiksrud (1979). Wird der durchschnittliche Zeitbedarf für das reine Rating (300 Sekunden) als Vergleichsmaßstab genommen, so benötigen die Personen unter der MLR-Bedingung etwa 30 % mehr Zeit (397 Sekunden), während beim Ranking-dann-Rating mehr als die doppelte Zeit (626 Sekunden) gebraucht wird (vgl. McCarty & Shrum 1997, S. 249). Insofern wird der (vermeintliche) Zuwachs an Datenqualität beim Einsatz der MLR-Technik nur mit einem moderaten Mehrbedarf an Bearbeitungszeit erkauft.

Ranking-dann-Rating und MLR gelangen also zu vergleichbaren Ergebnissen, wobei das letztgenannte Verfahren immer mindestens 60 % der insgesamt erzielten Verbesserung (Differenz zwischen den Resultaten beim reinen Rating und Ranking-dann-Rating) erreicht (vgl. McCarty & Shrum 1997, S. 244f sowie Tabelle 2).

Um auszuschließen, dass die im ersten Experiment erzielten Effekte allein aus der Verwendung eines speziellen Werte-Inventars (terminalen Werte des RVS) und einer Skala mit sehr vielen Antwortkategorien (101) resultieren, wird im zweiten Experiment ein alternatives (halb so umfangreiches) Werte-Inventar (LOV; siehe Abschnitt 2.1.4.2.4.4) mit einer ebenfalls verkürzten Antwortskala (10 Antwortoptionen: 1 = sehr unwichtig; 10 = sehr wichtig)[85] eingesetzt (vgl. McCarty & Shrum 1997, S. 245). Hinsichtlich der Durchführungsanweisungen erfolgt diesmal eine Beschränkung auf ein reines Rating und MLR (vgl. McCarty & Shrum 1997, S. 245).

Die Ergebnisse des zweiten Experiments fallen bezüglich aller vier – analog zum ersten Versuch berechneten – abhängigen Variablen konsistent zu den dort erzielten Resultaten aus, wobei diesmal auch die Differenz beim P_d-Wert ein statistisch signifikantes Ausmaß aufweist (vgl. McCarty & Shrum 1997, S. 245f und Tabelle 2). Dies bedeutet, dass die beiden Effekte (geringerer Deckeneffekt und stärkere Differenzierung durch MLR) kein Artefakt eines bestimmten Werte-Inventars (Anzahl der Werte) und der Antwortskala (Anzahl an zur Verfügung stehenden Antwortoptionen) sind.

Auch im Hinblick auf die getesteten Strukturgleichungsmodelle, ergibt sich nach McCarty & Shrum (1997, S. 248), dass die größere Differenzierung der Daten bei Anwendung von MLR, im Vergleich zum reinen Rating zu einer Erhöhung der Passgenauigkeit des Messmodells führt.

Zusammenfassend stellen McCarty & Shrum (1997, S. 248) fest, dass sowohl das Ranking-dann-Rating als auch MLR die Befragten „zwingen", die gesamte Liste der Werte durchzugehen und Vergleiche sowie Gegenüberstellungen vorzunehmen, während dies bei einem reinen Rating vermieden werden kann. Die genannten Prozesse bei den beiden erstgenannten Techniken führen im Endeffekt dazu, dass sich die wahrgenommene psychologische Distanz zwischen den Werten bei den Befragten erhöht, was sich in stärker differenzierten Ratings niederschlägt (vgl. McCarty & Shrum 1997, S. 248). Als Konsequenz können bei einem typischen reinen Rating von Werten wichtige Beziehungen der Werte untereinander und zu ande-

[84] Dabei wird allerdings nicht klar, welche weiteren Angaben die Befragten noch zu leisten hatten bzw. wie die Zeitmessung erfolgte, d.h. ob die Angaben nur für den RVS oder den gesamten Fragebogen gelten.

[85] Ob die übrigen Antwortoptionen ebenfalls gekennzeichnet waren und/oder die Nummerierung der Antwortskala sichtbar war, geht aus den Ausführungen nicht hervor.

ren Variablen unentdeckt bleiben, weil in diesem Fall die Antwortskala nur zu einem geringen Teil ausgenutzt wird (vgl. McCarty & Shrum 1997, S. 248; siehe Abschnitt 5.4.2).

2.2.3.3 Die Replikationsstudien zum weiteren Nachweis der Tauglichkeit

Wegen der Begrenzungen in den ersten beiden Studien von McCarty & Shrum (1997) hinsichtlich der Stichprobencharakteristik („homogene" College-Studenten) und der Befragungsmethode (Gruppenerhebung im Hörsaal) haben McCarty & Shrum (2000, S. 276) ihren Ansatz auf eine breitere Basis gestellt, indem (1) eine postalische Umfrage durchgeführt wird, der (2) eine generelle Bevölkerungsstichprobe zugrunde liegt und die (3) statistische Beziehungen zwischen den Werten untereinander sowie zu anderen Variablen untersucht.
In Anlehnung an die von Krosnick & Alwin (1988, S. 532) vorgestellten Ergebnisse zum Zusammenhang zwischen Bildung und differenziertem Antwortverhalten (Teilnehmer mit einer höheren Bildung differenzierten ihre Antworten auf die Frage nach der Bedeutung elterlicher Wert-Vorstellungen für Kinder tendenziell stärker als weniger gut gebildete Befragte; siehe Abschnitt 2.2.2.4.4) haben McCarty & Shrum (2000) ebenfalls die Variable „Bildung" als einen Ersatz für „kognitive Gewandtheit" benutzt.
In dieses Vorgehen wird auch eine motivationale Komponente einbezogen, denn unmotivierte Befragte sind weniger geneigt, Differenzierungen vorzunehmen, und beurteilen deshalb die Items ähnlicher (vgl. McCarty & Shrum 2000, S. 277 sowie Krosnick & Alwin 1988, S. 534). Beide Variablen können einen Einfluss auf die Differenziertheit der Rating-Ergebnisse ausüben, und damit als Beurteilungskriterium für die Effizienz der unterschiedlichen Anweisungen herangezogen werden (vgl. McCarty & Shrum 2000, S. 277f).
So wäre es beispielsweise möglich, dass die Wirkung der kognitiven Gewandtheit – die von McCarty & Shrum (2000, S. 278ff) in Analogie zu Krosnick & Alwin (1988) über den Bildungsstand operationalisiert wird – auf die Differenziertheit der Ratings in beiden Varianten (RO und MLR) identisch ist. Dies würde bedeuten, dass die Rating-Methode und kognitive Gewandtheit unabhängige und additive Effekte auf die Differenzierung der Antworten ausüben. So könnten kognitive gewandte und motivierte Personen immer differenziertere Ergebnisse aufweisen als ihr Gegenpart, unabhängig von der zugrunde liegenden Rating-Instruktion.
Andererseits könnte die Rating-Methode aber auch mit der kognitiven Gewandtheit interagieren, so dass der Einfluss der letztgenannten Variablen bei den verschiedenen Rating-Anweisungen unterschiedlich ausfällt. Wenn beispielsweise die Auswirkung der kognitiven Gewandtheit auf die Antwortdifferenzierung bei der MLR-Variante weniger evident ist als unter der alleinigen Rating-Anweisung, würde dies bedeuten, dass die MLR-Aufgabe die Motivation der Teilnehmer erhöht, und die Befragten bei einem simplen Rating weniger motiviert wären differenziert zu antworten.[86] Wäre alternativ der Einfluss der kognitiven Gewandtheit unter der MLR-Aufgabenstellung stärker als beim ausschließlichen Rating, könnten die Instruktionen im ersten Fall zu komplex für Befragte mit weniger ausgeprägten kognitiven Fähigkeiten sein. Dann wäre die MLR-Prozedur nur in den Fällen angebracht, in denen die Befragten ein entsprechend hohes kognitives Niveau aufweisen und ausreichend motiviert sind (vgl. McCarty & Shrum 2000, S. 277f).
Analog zu ihren Erhebungen im Jahre 1997, erwarten McCarty & Shrum (2000, S. 279), dass MLR zu einem weniger ausgeprägten Deckeneffekt führt als ein alleiniges Rating, was sich in geringeren mittleren Ratings für die Werte, einer höheren durchschnittlichen Standardabweichung der Einstufungen und einem größeren mittleren P_d-Wert manifestiert. Außerdem werden höher gebildete Personen einen schwächer ausgeprägten Deckeneffekt und mehr Differenzierung bei ihren Ratings zeigen, und zwar unter beiden Instruktionen. Daneben wird ein

[86] Die motivationale Komponente könnte auch mit dem Faktor „Abwechslung" verbunden sein, denn in einem Fragebogen mit sehr vielen Rating-Aufgabenstellungen, könnte eine Identifikation der beiden extremen Objekte einer Liste auch einen diesbezüglichen Effekt ausüben.

Einfluss des Differenzierungsgrades auf das Messergebnis der Werte angenommen, indem zum einen deren latente Struktur passgenauer vorhergesagt wird und zum anderen die Relationen der Werte zu anderen Kriteriumsvariablen ausgeprägter hervortreten, wenn differenziertere Daten vorliegen. Um stärker generalisierbare Ergebnisse zu erzielen, wird in Übereinstimmung mit den Untersuchungen im Jahre 1997, sowohl das zugrunde liegende Werte-Inventar (RVS und LOV) – und damit einhergehend der Anzahl an zu beurteilenden Werten (18 und 9) – als auch die Skalenunterteilung (101 und 10 Kategorien) variiert (vgl. McCarty & Shrum 2000, S. 279).

In der dritten Studie haben 785 Personen (Rücklaufquote 28,4 %; Alter von 18 bis 98 Jahre bei einem Median von 46 Jahren und 53 % männlichen Geschlechts) auf einen schriftlichen Fragebogen (RVS in den Varianten RO und MLR; zu den weiteren darin abgefragten Themen gibt es keine Angaben), der einer repräsentativen Stichprobe eines bevölkerungsreichen Staates im mittleren Westen der USA zugeschickt wurde, reagiert, von denen aber 87 Teilnehmer wegen fehlender Daten bei mindestens einem Wert noch eliminiert werden mussten (vgl. McCarty & Shrum 2000, S. 280f).[87] Zwei Drittel der Befragten ist die MLR-Prozedur zugeschickt worden und einem Drittel das reine Rating, wobei die Rücklaufquoten in beiden Subsamples keine Unterschiede aufweisen – eine Tatsache, die ebenfalls bezüglich des mittleren Alters, Bildungsstands und Einkommens zutrifft (vgl. McCarty & Shrum 2000, S. 281).

Unter beiden Verfahren (MLR und RO) werden die Befragten gebeten, jeden der aufgeführten terminalen Werte des RVS im Sinne eines Leitprinzips des eigenen Lebens auf einer 101-stufigen Skala (0 = Überhaupt nicht wichtig für mich; 100 = So wichtig, wie überhaupt etwas wichtig sein kann) zu evaluieren. Bei MLR ist allerdings vorher der persönlich bedeutendste Wert aus der Liste zu identifizieren und auf einer vorgegebenen Linie zu notieren, ehe dieser Vorgang auch noch mit dem unbedeutendsten Wert wiederholt wird (vgl. McCarty & Shrum 2000, S. 280).

Hinsichtlich des Deckeneffekts und der Antwortdifferenzierungen lassen sich sowohl bei einer multivariaten Varianzanalyse (MANOVA) mit allen drei abhängigen Variablen (Mittelwerte, Standardabweichungen und P_d-Wert), als auch bei getrennten Varianzanalysen (ANOVA) für die einzelnen Variablen, statistisch signifikante Effekte nachweisen. Im ersten Fall resultieren statistisch signifikante Haupteffekte für die Rating-Anweisung und den Bildungsstand, während der Interaktionseffekt zwischen beiden Variablen kein statistisch signifikantes Niveau erreicht (vgl. McCarty & Shrum 2000, S. 281).

Die einfachen Varianzanalysen offenbaren einen statistisch signifikanten Einfluss der Rating-Methode auf alle drei abhängigen Variablen. Zum einen weist die MLR-Gruppe einen weniger ausgeprägten Deckeneffekt (geringerer Mittelwert bei den 18 Werten) auf und zeigt zum anderen eine statistisch signifikant höhere mittlere Standardabweichung (was für eine stärkere Differenzierung spricht), sowie zu guter Letzt auch einen statistisch signifikant größeren durchschnittlichen P_d-Wert (die Bearbeiter der MLR-Variante haben mehr diskrete Antwortkategorien gewählt als diejenigen beim reinen Rating; siehe Tabelle 2).

Im Hinblick auf den Bildungsstand lässt sich der statistisch signifikante Haupteffekt der MANOVA primär als Resultat des P_d-Wertes erklären, denn die Befragten mit mehr als 14 abgeschlossenen Ausbildungsjahren, weisen diesbezüglich statistisch signifikant größere Werte auf als diejenigen mit 14 oder weniger Ausbildungsjahren. Damit scheinen die Auswirkungen der Rating-Methode und des Bildungsstands auf die Differenzierung der Beurteilungen unabhängig und linear zu sein, d.h. dass die Art der Rating-Methode den Einfluss der Bildung auf die Urteilsdifferenzierung weder steigert noch abschwächt (vgl. McCarty & Shrum 2000, S. 281f).

---

[87] Zu inkonsistenten Antworten geben die Autoren – wie im Übrigen bei allen anderen ihrer Veröffentlichungen auch – keine Hinweise. Dementsprechend bleibt unklar, ob derartige Fälle ausgeschlossen werden, oder ob das Vorliegen eines entsprechenden Antwortmusters überhaupt geprüft wird.

Hinsichtlich der Korrelationen der Werte mit weiteren Variablen, werden Verbindungen zum Alter, der Bildung und dem Einkommen überprüft, weil für diese Größen bereits – aus früheren Untersuchungen von Rokeach (1973) – Ranking-Ergebnisse vorliegen (vgl. McCarty & Shrum 2000, S. 282ff). Die MLR-Prozedur weist bei 20 der 54 (18 Werte und 3 Kriterien) möglichen Korrelationen statistisch signifikante Zusammenhänge auf, während dies beim reinen Rating lediglich für 13 zutrifft (vgl. McCarty & Shrum 2000, S. 282ff). Aus diesem Missverhältnis schlussfolgern McCarty & Shrum (2000, S. 282), dass die MLR-Technik möglicherweise eine höhere Fähigkeit besitzt, Beziehungen zwischen Werten und anderen Kriteriumsvariablen aufzudecken als ein reines Rating, und dieser Unterschied vermutlich auf die erhöhte Differenzierung der Antworten bei diesem Verfahren zurückzuführen ist. Untermauert wird diese Annahme durch den Vergleich der Größen des Effekts bei den beiden Prozeduren, denn in fünf Fällen fällt die Korrelation zwischen einem Wert und einer Kriteriumsvariable bei MLR statistisch signifikant höher aus als beim reinen Rating, während dies umgekehrt lediglich in zwei Fällen festzustellen ist (vgl. McCarty & Shrum 2000, S. 283f).
Zum Schluss werden noch die Ergebnisse der beiden Rating-Verfahren bei McCarty & Shrum (2000) mit denen des Rankings bei Rokeach (1973) verglichen, was – angesichts der verschiedenen Populationen und der Zeitspanne von fast 30 Jahren zwischen beiden Erhebungen – allerdings nicht ganz unproblematisch erscheint,[88] worauf auch McCarty & Shrum (2000, S. 285) selber hinweisen. Von den 20 statistisch signifikanten Korrelationen der MLR-Anweisung bei McCarty & Shrum (2000, S. 284), fallen 16 (80 %) konsistent zu den Ergebnissen von Rokeach (1973) aus, während dies für das reine Rating lediglich bei 6 der 13 (46 %) Korrelationen zutrifft. Außerdem werden für die verbleibenden sieben statistisch signifikanten Korrelationen des alleinigen Ratings, gravierende Inkonsistenzen zu Rokeach (1973) festgestellt, weil dort ein signifikanter Effekt in der entgegengesetzten Richtung vorliegt (vgl. McCarty & Shrum 2000, S. 284f). Insgesamt gelangen McCarty & Shrum (2000, S. 285) zu dem Befund, dass mit MLR im Vergleich zu RO sowohl bessere und validere Ergebnisse erzielt werden können, als auch eine größere Ähnlichkeit zu den Resultaten eines Rankings besteht.
Im Rahmen der vierten Studie wird die LOV in einer postalischen Befragung (geschichtete Stichprobe eines bevölkerungsreichen Staates im mittleren Westen der USA) administriert (wobei 2/3 der Erhebungsbögen MLR und 1/3 RO beinhalten). Von den 759 zurückgeschickten Fragebögen (Rücklaufquote von 38,6 %) konnten allerdings lediglich 395 (MLR = 191; RO = 204) ausgewertet werden, denn in den übrigen fehlte die Beurteilung mindestens eines Wertes (vgl. McCarty & Shrum 2000, S. 286).[89] Während die altersmäßige Zusammensetzung der Rückläufe (von 18 bis 92 Jahre mit einem Median von 46 Jahren) ähnlich der dritten Studie ausfällt, gibt es hinsichtlich der geschlechtsspezifischen Aufteilung bei den beiden Rating-Verfahren die Besonderheit, dass die Variante des reinen Ratings ausschließlich von männlichen Teilnehmern bearbeitet werden konnte. Außerdem ist die Antwortskala auf 10 Kategorien (1 = sehr unwichtig; 10 = sehr wichtig) beschränkt gewesen. Der Median an abgeschlossenen Ausbildungsjahren beträgt 15 – und ist damit um ein Jahr höher als in der dritten Untersuchung – wobei allerdings zwischen den beiden Rating-Gruppen (RO und MLR) keine statistisch relevanten Unterschiede bezüglich dieser Variablen, sowie Alter und Einkommen, auftreten (vgl. McCarty & Shrum 2000, S. 285f).
Es werden die gleichen Erwartungen (MLR „besser" als RO) geäußert wie in Studie 3, und ebenso identische Berechnungen (MANOVA und ANOVA) durchgeführt. Auch in dieser Erhebung entsprechen die Resultate den Erwartungen, denn es gibt statistisch signifikante Haupteffekte für die Rating-Methode und den Bildungsstand, aber keinen statistisch signifi-

---

[88] Siehe hierzu auch die Ausführungen zum Instrument von Inglehart in Abschnitt 2.2.2.4.1.

[89] Es erfolgen leider keine Angaben zur Verteilung dieser Fälle, wobei es interessant gewesen wäre, zu erfahren, ob MLR oder RO stärker unter derartigen Effekten zu leiden hatten, denn die Anzahl an evozierten Missing Values stellt ja auch ein Qualitätskriterium für ein Erhebungsverfahren dar (vgl. Schnell et al. 2005).

kanten Interaktionseffekt zwischen beiden Größen (vgl. McCarty & Shrum 2000, S. 286). Erneut werden für die MLR-Methode ein statistisch signifikant geringerer Deckeneffekt (kleinerer Gesamtdurchschnittswert für die Werte), eine höhere Streuung (größere durchschnittliche Standardabweichung bei den Ratings) und ein größerer mittlerer P_d-Wert (mehr genutzte Skalenkategorien) festgestellt als für das reine Rating (vgl. McCarty & Shrum 2000, S. 286f sowie Tabelle 2). In Analogie zur dritten Untersuchung ist auch hier für den P_d-Wert der größte Beitrag zur Erklärung der Unterschiede hinsichtlich des Haupteffektes für den Bildungsstand zu konstatieren, so dass für die zweite Studie gleichfalls davon auszugehen ist, dass der Bildungsstand zwar einen Einfluss auf die Differenziertheit der Angaben der Befragten hat, dieser aber unabhängig vom verwendeten Rating-Verfahren ist (vgl. McCarty & Shrum 2000, S. 287).

Die Daten der Studie 4 werden ferner einer latenten Strukturanalyse unterzogen, um die Qualität der Messergebnisse der beiden Rating-Prozeduren zu evaluieren (vgl. McCarty & Shrum 2000, S. 287ff). Dazu werden zunächst die Ergebnisdaten der beiden Ratings separat betrachtet, wobei eine explorative Faktorenanalyse drei latente Faktoren hervorbringt, die als Initialanordnung in das Strukturgleichungsmodell (generalisierte kleinste Quadrat Schätzung) übernommen werden (vgl. McCarty & Shrum 2000, S. 287). Diese Ausgangslösung wird dann sukzessive durch das verwendete Computerprogramm (EQS / BMDP; vgl. Bentler 1993) modifiziert, um das Modell mit dem besten Fit zu generieren (vgl. McCarty & Shrum 2000, S. 287). In die Modelle der beiden Verfahren wird anschließend ein zusätzlicher Faktor integriert, der als Methoden-Bias-Faktor festgeschrieben und als unkorreliert mit den bereits bestehenden Faktoren spezifiziert wird, wobei also zusätzlich sichergestellt ist, dass alle neun Werte die gleiche Ladung auf diesem Faktor besitzen (vgl. McCarty & Shrum 2000, S. 287). Dieser Methodenfaktor wird für Rating-Daten empfohlen, weil diese Antwortverzerrungen ausweisen können, die ansonsten zu „unechten" Korrelationen zwischen den Items führen würden (vgl. Alwin & Krosnick 1985 und Abschnitt 2.2.2.4.2.1).

Für jede der beiden Rating Anweisungen werden also zwei Modelle entwickelt, das am besten auf die Daten passende Drei-Faktor-Modell sowie ein Vier-Faktor-Modell aus den drei Faktoren des ersten Modells und einem Methodenfaktor, der die Antwortverzerrungen erklärt (vgl. McCarty & Shrum 2000, S. 287). Mit den Modellen werden zwei Vergleiche berechnet, zum einen mit den Daten der Rating-Methoden um deren Qualität anhand des drei-faktoriellen Modells zu überprüfen und um die Verbesserung der Messqualität beim Einbezug des vierten Methodenfaktors festzustellen (vgl. McCarty & Shrum 2000, S. 287f). Würde sich im letztgenannten Fall die Passgenauigkeit des Modells stark erhöhen, wäre dies ein klarer Hinweis darauf, dass die betrachtete Methode mit nicht unerheblichen Antwortverzerrungen behaftet ist. Zum Zweiten werden Korrelationen der Faktoren mit relevanten Kriteriumsvariablen untersucht, wobei hier die Zielsetzung ebenso darin besteht, herauszubekommen, welche Korrelationen des Drei-Faktor-Modells auch bei demjenigen mit vier Faktoren Bestand haben (vgl. McCarty & Shrum 2000, S. 288).

Das Drei-Faktor-Modell für das reine Rating erzielt hinsichtlich aller Passgenauigkeitskriterien akzeptable Werte und alle Faktorladungen weisen ein statistisch signifikantes Ausmaß (5 %-Niveau) auf. Allein die hohe Korrelation der Faktoren untereinander – zwei Korrelationskoeffizienten sind größer als 0,50 – ist suspekt (vgl. McCarty & Shrum 2000, S. 288ff). Durch den Einbezug des Methodenfaktors lässt sich der Fit des Modells weiter erhöhen und auch die Korrelationen der Faktoren untereinander fallen nun wesentlich geringer aus (vgl. McCarty & Shrum 2000, S. 288ff).

Der Vergleich der beiden Modelle für die MLR-Daten zeigt ein konträres Bild. Auch hier weist zwar das Drei-Faktoren-Modell eine akzeptable Passgenauigkeit auf, allerdings hat der Einbezug des vierten Methodenfaktors bei weitem nicht den Einfluss, wie im Falle des reinen Ratings. Es treten – im Vergleich zum Drei-Faktoren-Modell – nur geringfügige Differenzen bei den Fit-Statistiken auf und die Koeffizienten des Methodenfaktors sind alle nicht statis-

tisch signifikant, was ein deutliches Anzeichen dafür ist, dass bei diesem Verfahren nur ein geringes Ausmaß an Antwortverzerrungen durch den Methodenfaktor erklärt wird (vgl. McCarty & Shrum 2000, S. 289). Weil das Drei-Faktoren-Modell den sparsameren der beiden Ansätze darstellt, dürfte es auch das stärker akzeptable sein – das vier-faktorielle Modell zeigt aber ganz eindeutig, dass ein methodischer Bias bei der MLR-Prozedur weniger kritisch ist als beim reinen Rating (vgl. McCarty & Shrum 2000, S. 289).
Die Korrelationen der Faktoren mit weiteren Kriteriumsvariablen (8 Einstellungs- und 18 Verhaltens-Items sowie Fernsehzeit für 11 Programmkategorien) werden erneut auf der Modell-Ebene analysiert, d.h. es erfolgt ein Prüfung, ob eine statistisch signifikante Korrelation für das Drei-Faktor-Modell einer Rating-Anweisung konsistent mit derjenigen des Vier-Faktor-Modells ausfällt (vgl. McCarty & Shrum 2000, S. 289ff). Damit wird Klarheit über das Ausmaß gewonnen, in dem signifikante Korrelationen „unecht" sind, weil sie im Wesentlichen durch methodisch bedingte Antwortverzerrungen bei den Befragten verursacht werden. Korrelationen, die sich im Drei-Faktoren-Modell als relevant erweisen – aber nicht im Vier-Faktoren-Modell – sind deshalb wahrscheinlich auf Antwortverzerrungen zurückzuführen, während Korrelationen, die im Vier-Faktoren-Modell Relevanz haben, aber nicht in demjenigen mit drei Faktoren, potenziell wahre Beziehungen abbilden, die lediglich durch die unterschiedliche Skalennutzung der Befragten maskiert werden (vgl. McCarty & Shrum 2000, S. 289).
Aus den Daten der Studie geht hervor, dass bei neun der beobachten Beziehungen beim reinen Rating, Inkonsistenzen zwischen den beiden Modell-Ansätzen auftreten. In vier Fällen sind die Korrelationen im Drei-Faktoren-Modell signifikant größer als im Vier-Faktor-Modell während dies in fünf Fällen umgekehrt ist (vgl. McCarty & Shrum 2000, S. 294). Bei MLR hingegen tritt nur in einem einzigen Fall eine signifikante Differenz für die Korrelationen eines Wertes mit einer Kriteriumsvariable bei den beiden Modell-Ansätzen auf, wobei hier eine geringere Korrelation für das Vier-Faktoren-Modell vorliegt. Das wichtigste Ergebnis ist aber, das die meisten der beobachteten Beziehungen im Drei-Faktoren-Modell robust gegenüber dem Einbezug eines Methodenfaktors sind. Eine Gegenüberstellung der Resultate für MLR und RO zeigt, dass im erstgenannten Ansatz die Korrelationen auch dann evident sind, wenn Antwortverzerrungen nicht kontrolliert werden (vgl. McCarty & Shrum 2000, S. 294).
Generell legen die Ergebnisse von McCarty & Shrum (2000, S. 294f) nahe, dass in den Fällen, in denen Befragte die Objekte einer Liste zunächst vergleichen und einander gegenüberstellen – indem sie das für sie wichtigste und unwichtigste Objekt identifizieren – die psychologische Distanz zwischen den Objekten ansteigt, was sich in niedrigeren Mittelwerten und höheren Streuungen der anschließenden Ratings niederschlägt. Werden die Objekte (Werte) lediglich einem einfachen Rating unterzogen, so zeigen sich deutlich höhere Durchschnittswerte und geringere Streuungen der Antworten (vgl. McCarty & Shrum 2000, S. 294f). Damit konnten die Ergebnisse von McCarty & Shrum (1997) repliziert und auf eine weitere Erhebungsform (schriftliche Umfrage) sowie einen ausgeweiteten Personenkreis (keine Beschränkung auf Studenten) generalisiert werden (vgl. McCarty & Shrum 2000, S. 295). Zudem wird deutlich, dass die Unterschiede in Bezug auf den Deckeneffekt und die Differenziertheit der Urteile, weit reichende Konsequenzen für die statistischen Analysen mit Rating-Daten von Werten besitzen, denn die mittels der MLR-Technik gewonnenen Daten weisen wesentlich geringere Antwortverzerrungen auf.
Außerdem scheinen reine Ratings stärkere Beziehungen zu anderen Kriteriumsvariablen anzudeuten, die aber in Wirklichkeit gar nicht gegeben sind, so dass bei diesem Verfahren eine sehr viel stärkere Kontrolle auf Antwortverzerrungen vorgenommen werden muss. Deshalb dürfte die MLR-Prozedur auch dazu beitragen, robuste Beziehungen zwischen Werten und anderen Variablen aufzudecken (vgl. McCarty & Shrum 2000, S. 295).
Weiterhin zeigt sich, dass die kognitive Gewandtheit (gemessen über die Anzahl an Ausbildungsjahren) keinen direkten Einfluss auf die Resultate (Differenzierungsgrad) der MLR-Pro-

zedur entfaltet, womit die Anwendung des Verfahrens nicht auf bestimmte Personenkreise beschränkt ist (vgl. McCarty & Shrum 2000, S. 295).

	Kriterium	RO	MLR	RDR	RO=100 RO-MLR	RO=100 RO-RDR	% MLR von RDR
S1	N	**62**	**62**	**73**			
	Mittelwert	84,87	78,49	75,42	-7,52	-11,13	67,51
	Top-Box (%)	19,1	13,0	12,0	-31,94	-37,17	85,92
	Standardabweichung	12,87	17,91	19,43	39,16	50,97	76,83
	P_d	0,81	0,84	0,86	3,70	6,17	60,00
S2	N	**199**	**195**				
	Mittelwert	8,72	8,08		-7,34		
	Top-Box (%)	38,6	27,2		-29,53		
	Standardabweichung	1,00	1,48		48,00		
	P_d	0,56	0,67		19,64		
S3	N	**234**	**464**				
	Mittelwert	81,67	75,16		-7,97		
	Standardabweichung	16,79	20,14		19,95		
	P_d	0,66	0,78		18,18		
S4	N	**204**	**191**				
	Mittelwert	8,18	7,56		-7,58		
	Standardabweichung	1,40	1,94		38,57		
	P_d	0,60	0,70		16,67		

Tabelle 2: Zusammenfassung der Ergebnisse der vier Studien von McCarty & Shrum (1997; 2000)

Anmerkung: S1 bis S4 (Studie 1 bis Studie 4); P_d = Testwert zur Prüfung der Verteilung der Daten (siehe Fußnote 82 auf Seite 126); RO = Nur Rating; RDR = Vollständiges Ranking, dann Rating sämtlicher Werte; MLR = Bestimmung des wichtigsten und unwichtigsten Wertes vor dem Rating; RO-MLR (prozentuale Abweichung des Resultats für MLR wenn RO = 100 % gesetzt wird); RO-RDR (prozentuale Abweichung des Resultats für RDR wenn RO = 100 % gesetzt wird); % MLR von RDR (erreichte Verbesserung durch MLR gegenüber RO im Vergleich zu RDR)

Kritisch geben McCarty & Shrum (2000, S. 295) allerdings zu bedenken, dass die Rücklaufquoten in ihren Studien nicht sehr hoch sind, und aus diesem Grunde Verzerrungen vorgelegen haben könnten, indem beispielsweise die weniger gebildeten Bevölkerungsteile nicht partizipiert haben und deshalb der oben skizzierte Einfluss des Bildungsstandes nicht korrekt abgeleitet werden konnte. Da allerdings eine Zufallszuweisung der unterschiedlichen Rating-Verfahren sichergestellt war, und die Rücklaufquoten der jeweiligen Gruppen vergleichbar ausfallen, erscheint dieser Einwand in ihren Augen nicht so gravierend (vgl. McCarty & Shrum 2000, S. 295f).

2.2.3.4 Kritische Würdigung des Ansatzes und Feststellung weiteren Klärungsbedarfs

McCarty & Shrum (1997; 2000) haben ein Konzept vorgeschlagen, bei dem die Befragten im Rahmen des Rankings lediglich die beiden extremen Objekte der Liste auswählen müssen, anschließend aber alle Items einem Rating unterziehen. Bei diesem Vorgehen schauen sich die Befragten zunächst sämtliche aufgelisteten Elemente an und identifizieren dasjenige, das ihnen am wichtigsten ist. Dann gehen sie die Liste erneut durch und wählen das für sie unwichtigste Item aus. Nachfolgend beurteilen die Teilnehmer alle Listeneinträge hinsichtlich

eines vorgegebenen Kriteriums (z.B. persönliche Wichtigkeit) auf einer Rating-Skala (vgl. McCarty & Shrum 2000, S. 276).
Der skizzierte Ablauf ist natürlich nur idealtypisch, denn die zweite Listendurchsicht könnte sich ein Teil der Befragten auch sparen und direkt den entsprechenden Wert (aus dem Gedächtnis) angeben. Wenn die drei Aufgabenstellungen aus den Instruktionen bereits ersichtlich sind (siehe dazu in Abschnitt 4.3.2 die Form bei einer schriftlichen Erhebung im Rahmen des Pretests, die eine sinnvolle und platzsparende Lösung darstellen dürfte) könnten die Befragten auch beide Extrem-Werte in einem einzigen Durchgang heraussuchen. In der vorliegenden Erhebung ist allerdings sichergestellt, dass die Fragen sequenziell gestellt werden – und die Instruktionen nicht schon vor der eigentlichen Bearbeitung komplett sichtbar und bekannt sind (siehe Abschnitt 4.3).
Außerdem könnten die Einträge zum Ende der Liste ein höheres Gewicht bekommen, da ein Teilnehmer – wenn er die Aufstellung bereits mehr oder weniger gründlich durchgegangen ist und noch kein entsprechendes Element gefunden hat – einfach einen der verbleibenden Werte ausgewählt, um die Liste nicht erneut abarbeiten zu müssen. Das idealtypische Vorgehen auf Seiten der Befragten kann also – in schriftlichen Erhebungen – nicht automatisch vorausgesetzt werden, wird von McCarty & Shrum (1997; 2000) aber „angenommen".
Mit dem genannten Gesichtspunkt ist auch der Erhebungsmodus angesprochen, der durch die vorliegende Untersuchung auf den Online-Bereich (WWW-Befragung) ausgeweitet wird, denn McCarty & Shrum (1997; 2000) haben bislang ausschließlich Ergebnisse zur schriftlichen Administration vorgestellt.
Als Begründung für ihren Ansatz heben Shrum & McCarty (1997, S. 143) hervor, dass damit – ebenso wie bei der vollständigen Rangfolgebildung – Vergleichsprozesse zwischen den Objekten initiiert werden, diese Technik aber wesentlich weniger Zeit benötigt und nicht so schwierig wie ein komplettes Ranking auszuführen ist, bei dem ja gerade die Bestimmung der mittleren Positionen in einer Sequenz ein hohes Konfliktpotenzial besitzt (siehe Seite 43). Aus den Ergebnissen der publizierten Studien, in denen das Verfahren angewendet wurde, lassen sich begründete Evidenzen dafür ausmachen, dass die MLR-Technik gehaltvollere und aussagekräftigere Daten liefert als ein reines Rating (vgl. Shrum & McCarty 1997, S. 145). Mögliche Schwachstellen ihres Konzepts sprechen McCarty & Shrum (2000, S. 295f) allerdings nicht explizit an, räumen aber ein, dass noch weiterer Forschungsbedarf besteht. An diesem Punkt setzt die vorliegende Arbeit an, indem die Durchführungsanweisungen des Verfahrens, die Kategorisierungen der Antwortskala und die Reihenfolge des zugrunde liegenden Werte-Inventars systematisch variiert werden.
Auch zu den (möglichen) kognitiven Abläufen bei der Bearbeitung eines Werte-Inventars in der von ihnen postulierten Form, äußern sich die Autoren nicht, sondern verweisen auf die Prozesse beim vollständigen Ranking (vgl. McCarty & Shrum 2000, S. 297ff). Die genauen mentalen Mechanismen können zwar auch in der vorliegenden Arbeit nicht eruiert werden – dies hätte ein qualitatives Untersuchungsdesign erfordert – jedoch wird zumindest versucht, anhand publizierter Modelle zum Antwortverhalten in Befragungssituationen (siehe Abschnitt 3.1), entsprechende Abläufe anzudeuten, die Konzepte wie Vertrautheit mit dem Stimulus, einen Hinweis in Richtung Priming auf Unterschiede und dessen Transfer, die explizite Festlegung des Bezugsrahmens sowie Abwechslungsaspekte umfassen (siehe Abschnitt 3.1.4).
So können beispielsweise die Gründe, warum ein Befragter einen Wert als den für ihn bedeutendsten[90] Wert identifiziert, nach Kahle & Timmer (1983, S. 63f) in acht Kategorien eingeteilt werden: (1) Salienz in der Erhebungssituation; (2) Abstraktion, wenn Befragte angeben, dass dieser Wert (unabhängig davon, welcher letztendlich ausgewählt wird) alle anderen aufgeführten Werte beinhaltet; (3) Superordination, die analog zur Abstraktion zu sehen ist; (4)

[90] Die Ursachen für eine Auswahl als unbedeutendster Wert werden von den beiden Autoren nicht thematisiert, können aber als vergleichbar angenommen werden.

Bedürfnisse, also das, was eine Person in der Befragungssituation gerade am meisten in ihrem Leben vermisst; (5) Simple Selbstbeschreibung (also das, was eigentlich gefordert ist); (6) Impression Management (als Ausdruck sozialer Erwünschtheit; siehe Abschnitt 3.2.2.1); (7) Lebenshintergrund der Person und (8) Aktuelle Trends. Außerdem könnte man zusätzlich an (9) Positionseffekte denken (vielleicht noch nicht so stark bei neun Werten, wohl aber bei 17); (10) der Verfügbarkeit bzw. Zugänglichkeit (eventuell unter Salienz [1] zu fassen; siehe Abschnitt 3.2.2.4) und (11) Antwortstrategie – denn die Person könnte den Wert ja auch rein zufällig (z.B. den Wert, der an der Stelle ihrer Glückszahl positioniert ist) bestimmt haben (davon wird zwar in Befragungssituationen nicht ausgegangen, aber auszuschließen ist dieses Verhalten nicht, insbesondere wenn die Entscheidung „schwer“ fällt). Insgesamt muss auch nicht zwingend eine „reine“ Strategie vorliegen, sondern eine Person könnte zwei oder mehrere Punkte kombinieren, indem z.B. mit dem Vorgehen A die Liste zunächst auf zwei oder drei Alternativen reduziert und dann mit Strategie B der wichtigste Wert ausgewählt wird.
Durch die Bestimmung der beiden Extrem-Objekte einer Auflistung könnte auch an die Etablierung eines Bezugsrahmens (siehe Abschnitt 3.3.2.4) bei den befragten Personen gedacht werden, nach dessen Aufspannen, das Gefeitsein vor Überraschungen – weil man die Items in der Liste „kennt“ (Vertrautheit mit dem Stimulus) und eine explizite Festlegung der oberen und unteren Begrenzungen vorgenommen hat – sichergestellt ist. Dies dürfte ebenfalls einen Einfluss auf die Resultate der Ratings ausüben.
Daneben könnte die Identifikation der beiden extremen Items auch in Form eines Primings (siehe Abschnitt 3.3.2.3) auf Unterschiede wirken, denn durch deren Bestimmung ist es erforderlich, zwei Elemente auszuwählen, die sich von den Übrigen abheben. Bei diesem Prozess sind also genau die Attribute angesprochen, hinsichtlich derer Differenzen zwischen den Objekten ausgemacht werden (können). Damit wird die vermeintlich homogene Menge der Werte (siehe Abschnitt 2.1) „aufgebrochen“ und die Features, bezüglich denen Unterschiede zu konstatieren sind, bilden auch beim Rating einen Fokus – und nicht nur die Einordnung im Hinblick auf die jeweiligen Skalenkriterien und -anker.
Einen weiteren – bislang von McCarty & Shrum (1997; 2000) ausgesparten – Punkt, stellt das Auftreten inkonsistenter Angaben (ein nicht als Least identifizierter Wert erhält eine geringere Beurteilung beim Rating als der Least-Wert bzw. ein nicht als Most ausgewählter Wert erhält beim Rating eine höhere Einstufung als der Most-Wert) dar (siehe Abschnitt 5.2.1.3). Gerade in Bezug auf diesen Aspekt ist aber durchaus mit Auswirkungen beim MLR-Ansatz zu rechnen, denn die Befragten könnten – anstatt sich auf die persönliche Relevanz der Werte zu konzentrieren – primär auf ein konsistentes Antwortverhalten achten. Weil bisher grundlegende Angaben zur Auftretenshäufigkeit derartiger Fälle beim Einsatz der MLR-Technik fehlen, wird diese Größe vorliegend ebenfalls diskutiert.
Außerdem könnte daran gedacht werden, die beiden Extrem-Werte vom Rating auszusparen und ihnen einfach eine bestimmte Kategorie – abhängig oder unabhängig von den übrigen Ratings einer Person – zuzuweisen. Auch dieser Aspekt wird vorliegend aufgegriffen und über entsprechende Recodierungen des Datensatzes simuliert.
Die Anzahl an Kategorien der eingesetzten Rating-Skalen, ist bisher immer größer gewesen als die Menge der einzuordnenden Werte (McCarty & Shrum 1997; 2000 haben die 18 Werte des RVS in den Studien 1 und 3 auf einer 101-stufigen Skala und die neun Werte der LOV in den Studien 2 und 4 auf einer Rating-Skala mit zehn Antwortoptionen beurteilen lassen). Vorliegend werden ebenfalls zwei unterschiedlich kategorisierte Skalen (fünf und elf Stufen) eingesetzt, die in ihren Differenzierungsmöglichkeiten aber beide hinter der Menge der Werte (17) zurückbleiben. Damit ist es jetzt keinesfalls mehr möglich, beim Rating eine eindeutige Rangfolge der Objekte zu kreieren. Weil die Kategorienzahl ein wichtiges Merkmal bei der Berechnung der Standardabweichung ausmacht, wird es interessant sein, festzustellen, ob die MLR-Technik auch bei relativ wenigen Antwortoptionen zu den oben angesprochenen Effekten führt.

Ein vorliegend interessanter Aspekt wird in Fußnote 2 bei McCarty & Shrum (2000, S. 276) erwähnt, denn sie haben ihren Ansatz 1997 als „LM" gekennzeichnet, und ihn 2000 in „ML" umbenannt. Die Autoren geben aber keinen Hinweis, ob sie eine Kombination der beiden Extrem-Wert-Bestimmungen in der Reihenfolge erst Least, dann Most für sinnvoll halten, oder gar getestet haben. Insofern greift die Variation der Durchführungsanweisungen in dieser Arbeit einen Punkt auf, der von McCarty & Shrum (2000) wohl eher als reines Bezeichnungsproblem eingestuft wird.
Die genauen kognitiven Mechanismen der Beurteilung der Items bei der MLR-Prozedur sind vorliegend kein Untersuchungsgegenstand, jedoch werden Einschätzungen zur Einordnung der Schwierigkeit dieser beiden Teilaufgaben erhoben. Damit werden erste Erkenntnisse über die subjektive Wahrnehmung der Probanden hinsichtlich der Bestimmung der beiden Extrem-Werte einer Auflistung und dem Rating ohne bzw. nach der Auswahl der (un)bedeutendsten Objekte generiert.
Ein anderer Diskussionspunkt betrifft die Nutzung der identifizierten extremen Items, denn McCarty & Shrum (1997; 2000) äußern sich nicht zu deren weiteren Verwendung, sondern beschränken ihre Analysen allein auf die Ratings der Werte. Insofern gilt es Überlegungen anzustellen, wie die – ohnehin vorliegenden und zur Generierung der Effekte beim Rating wohl auch notwendigen Angaben – sinnvoll in die Auswertung einbezogen werden können.
In diesem Zusammenhang ist außerdem danach zu fragen, ob zur Auslösung der Effekte, die Bestimmung beider Extrem-Objekte notwendig ist, oder ob nicht die Identifikation eines einzigen – im Sinne einer ökonomischen Erhebung – ausreicht.
Insgesamt scheint die MLR-Technik nach den bislang bekannten Ergebnissen ein taugliches Instrument zu sein, um eine Differenzierung der Antworten und die Aufdeckung latenter Strukturen zu erreichen – allerdings sind, wie die Ausführungen dieses Abschnitts gezeigt haben, noch Fragen offen, von denen einige in der vorliegenden Arbeit angegangen werden.

2.2.4 Weitere Messverfahren

Neben den bereits skizzierten Vorgehensweisen gibt es noch andere Möglichkeiten sich dem Thema Werte empirisch zu nähern, die aus der Marketing-Perspektive beispielsweise im Kapitel 3 von Bearden & Netemeyer (1999, S 115ff) nachgelesen werden können. In diesem Abschnitt erfolgt allerdings eine Konzentration auf den Bereich der Sozialwissenschaften.
Die Darstellung dient der Abrundung des Möglichkeitsspektrums zur Erfassung von Werten, bei der allerdings kein vollständiger Überblick im Vordergrund steht, sondern weitere Facetten, die bei der Konzeption der eigenen Untersuchung eine Rolle gespielt haben, thematisiert werden.

2.2.4.1 Weitere standardisierte Instrumente

Mit ihren „Variations in Value Orientations" (VVO) präsentieren Kluckhohn & Strodtbeck (1961) ein Konzept, dessen Fokus auf der Feststellung von Wert-Orientierungen liegt. Diese werden von ihnen als „Prinzipien, die aus einem transaktionalen Zusammenspiel der unterscheidbaren Elementen des Evaluationsprozesses – kognitive, affektive und direktionale – resultieren, die einen Ordnungscharakter für den fortwährenden Fluss menschlicher Taten und Gedanken liefern und in Beziehung zu den Lösungen alltäglicher menschlicher Probleme stehen" definiert (Kluckhohn & Strodtbeck 1961, S. 4). Ausgehend von der Annahme, dass es eine begrenzte Anzahl an Basisproblemen gibt, für die Menschen schon immer und überall Lösungen finden mussten (vgl. Kluckhohn 1953, S. 346), werden fünf entsprechende Problemkreise identifiziert, zu denen jeweils drei Lösungsalternativen vorgeschlagen werden:

(1) Welches sind die angeborenen Prädispositionen des Menschen? (Das Böse [veränderlich oder unveränderlich], Neutral oder Gut [veränderlich oder unveränderlich]);
(2) Welche Beziehung besteht zwischen dem Menschen und der Natur? (Unterjochung, Harmonie oder Herrschaft);

(3) Welches ist die signifikante Zeitdimension? (Vergangenheit, Gegenwart oder Zukunft);
(4) Welcher ist der geschätzte Persönlichkeitstyp? (Existieren, Entwickeln oder Machen);
(5) Welches ist der dominante Modus in der Beziehung zwischen Menschen? (Lineality, collaterality, or individuality).

Hieraus wird deutlich, dass die individuelle Weltsicht oder Lebensphilosophie den Nährboden für die Ausformung bestimmter Wert-Haltungen bietet (vgl. McKenna 1979, S. 7).
Kluckhohn & Strodtbeck (1961, S. 10) konfrontieren die Teilnehmer mit 22 Dilemmata zu alltäglichen Problemen, für die zwei oder drei alternative Orientierungen angeboten werden. Ein Beispiel dafür ist die Aufgabe, einen Delegierten für ein auswärtiges Meeting auszuwählen (hierbei stehen die Beziehungen zu anderen Personen im Fokus). Die drei Alternativen lauten: (1) Ist es am besten, wenn eine Versammlung einberufen wird, und alle Beteiligten so lange diskutieren, bis eine weitgehende Übereinstimmung erreicht ist, so dass bei einer Wahl nahezu alle Teilnehmer für einen einzigen Delegierten votieren (collaterality); (2) Ist es am besten, wenn die älteren und wichtigen Führer die Hauptverantwortung für die Auswahl des Delegierten übernehmen, weil sie diejenigen sind, welche die größte Erfahrung mit derartigen Situationen besitzen (lineality) oder (3) Ist es am besten, eine Versammlung einzuberufen, die Namen möglicher Delegierter aufzulisten und darüber abzustimmen und diejenige Person zu entsenden, welche die Mehrheit der Stimmen auf sich vereinigen konnte, selbst wenn manche Personen Einwände gegen den Delegierten haben (individuality)?
Die Erhebung erfolgt mittels Interviews, in denen die angebotenen Lösungen für jedes Dilemma in eine Rangfolge zu bringen sind. Die Beziehungen zu anderen Personen werden mit sieben Items, die Mensch-Natur-Orientierung, Zeitorientierung und Aktivitätsorientierung jeweils mit fünf Items erhoben (vgl. Braithwaite & Scott 1991 S. 714). Anschließend werden die Antworten bezüglich der möglichen Orientierungen für jeden der vier Bereiche aggregiert und ergeben eine ipsative Reihenfolge (vgl. Braithwaite & Scott 1991, S. 714).
Ein alternatives Konzept zur Messung der Werte-Orientierung einer Person wird von Bales & Couch (1969) verfolgt. Im Rahmen seiner Interaktionsanalysen fand Bales (1955) heraus, dass etwa 20 % aller Interaktionsakte in die Kategorie „Meinungsäußerung" fallen und davon ungefähr jeder Vierte (also insgesamt jeder zwanzigste Interaktionsvorgang) ein Statement betrifft, das explizit eine Werte-Prämisse anspricht. Bei einer entsprechenden Aussage handelt es sich um ein Statement in einem konkreten Interaktionskontext, das eine existierende Norm thematisiert oder eine „neue" Norm vorschlägt (vgl. Bales & Couch 1969, S. 4). Weil es hier nicht um Werte an sich, sondern um Aussagen zu Werten geht, versuchen die Autoren, anhand von vor der eigentlichen Untersuchung durchgeführten Ratings von Werte-Aussagen, vorherzusagen, welche Werte-Aussagen Personen in der eigentlichen Diskussion treffen, oder welchen entsprechenden Statements anderer Teilnehmer, sie zustimmen bzw. diese ablehnen (vgl. Bales & Couch 1969, S. 4). Ein Beispiel, für ein von ihnen verwendetes Werte-Item lautet: „Einem wohlgeratenes Kind muss man nicht zweimal sagen, dass es etwas bestimmtes tun soll!". Statt also wie in einem Werte-Inventar zu fragen, wie wichtig für eine Person „Akzeptanz von Autorität" ist, legen Bales & Couch (1969) den Personen verschiedene Aussagen zu diesem Bereich vor, und erfassen deren Beurteilungen auf einer sieben-stufigen Skala.[91]
Für Bales & Couch (1969) ist es wichtig, zu unterscheiden, ob eine Person in einem konkreten Interaktionskontext eine Werte-Aussage trifft, oder ob sie lediglich auf ein von einer anderen Person geäußertes diesbezügliches Statement reagiert. Außerdem ist ihnen bewusst, dass es einen Unterschied macht, ob eine Person – ohne jeglichen Kontextbezug –

[91] Eigentlich liegt den Items lediglich eine sechs-stufige Skala zugrunde, bei der Ablehnung (1 bis 3) oder Zustimmung (5 bis 7) mit jeweils drei Kategorien erfasst werden. Weil aber eine Antwortverweigerung mit dem Wert „4" kodiert wird, stehen jedem Befragten sieben Optionen offen. Dieses Vorgehen ist allerdings kritisch zu beurteilen, denn damit werden Item Nonresponses als indifferente Angaben codiert und behandelt.

auf ein schriftliches Statement antwortet (ihm [graduell] zustimmt oder es ablehnt), oder ob sie in einer konkreten Interaktionssituation auf eine verbale Aussage reagiert, bei der sie weiß von wem die Aussage kommt, welches die generellen Diskussionspunkte in der Gruppe sind, welche konkreten Aktionen eine Aussage impliziert bzw. wer welche Aktionen gegen wen unternimmt, wenn die Aussage akzeptiert wird. Dabei ist zu berücksichtigen, dass Befragte auch dann auf Aussagen reagieren, wenn sie sich über deren Sinn bzw. Inhalt nicht ganz sicher sind, weil sie die entsprechende Lücke dann in einem Inferenzprozess (vgl. Fischer & Wiswede 2002, S. 183) schließen (vgl. Bales & Couch 1969, S. 4).
Auch Bales & Couch (1969) haben bei ihrem Vorgehen mit den Problemen Deckeneffekt und Top-Box (siehe Seite 127) zu tun, denn von den 252 abgefragten Items mussten einige – die genaue Anzahl bleiben die Autoren schuldig – aufgrund mangelnder Differenzierung (Antwortanteil von weniger als 20 Prozent auf einer der beiden Seiten) der Angaben eliminiert werden. Nach einer weiteren Reduktionsrunde, in der Itemgruppen auf inhärente Zusammenhänge geprüft wurden, blieben schließlich 143 Items übrig, zu denen noch der Gesamtwert einer 30 Items umfassenden Skala zur Erfassung autoritärer Persönlichkeiten addiert wurde, was zu 144 Variablen führt, die einer Faktorenanalyse unterzogen werden (vgl. Bales & Couch 1969, S. 6). Hieraus ergibt sich nach der Rotation eine Vier-Faktor-Lösung mit den Faktoren „Zustimmung zu Werte-Statements, die einer Akzeptanz von Autorität wohlwollend gegenüberstehen" (Beispiel: s.o.), „Zustimmung zu Werte-Statements, die eine nutzenorientierte gegenüber einer werte-einschränkenden Aussage vorziehen" (Beispiel: „Lasst uns trinken und fröhlich sein, wer weiß ob wir morgen nicht schon tot sind"), „Zustimmung zu Werte-Aussagen, die Gleichheit begünstigen" (Beispiel: „Jede Person sollte eine identische Chance und das gleiche Mitspracherecht besitzen") sowie „Werte-Statements, die Individualität bevorzugen" (Beispiel: „Wer immer ein Mann sein will, muss ein Nonkonformist sein").
Das Value Profile von Bales & Couch (1969) ist unter messtechnischen Gesichtspunkten auch deshalb interessant, weil dort nicht mit einer Skala von „unwichtig" bis „wichtig" operiert wird, sondern die Zustimmung (6 Kategorien von starker Ablehnung bis starke Zustimmung) zu einer Reihe von Statements (40) zu den oben angegebenen vier Bereichen erhoben wird. Problematisch an dem Ansatz ist – neben der antiquierten Formulierung der Items – dass nur in einigen der Statements eine „Sollens-Komponente" enthalten ist, so dass manche Items korrekterweise eher als Einstellungen oder Überzeugungen (siehe zu deren Abgrenzungen zu Werten die Abschnitte 2.1.2.1.1 und 2.1.2.1.5) zu charakterisieren sind (vgl. Braithwaite & Scott 1991, S. 694). Eine Kurzform mit 12 Items (nur die drei am höchsten ladenden Items jedes Bereichs werden berücksichtigt) – der allerdings eine Antwortskala mit lediglich fünf Kategorien zugrunde liegt – hat Withey (1965).
Renner & Salem (2004, S. 91) stellen den kulturübergreifenden Ansatz der Werte-Forschung zwar nicht in Frage, halten aber die Erstellung und den Einsatz kulturspezifischer Erhebungsinstrumente für gerechtfertigt, weil ansonsten die Gefahr besteht, entsprechende Besonderheiten „zu übersehen" (Renner 2003a, S. 107). So ist beispielsweise „Religiosität" im SVS (siehe Abschnitt 2.1.4.2.5) nicht verankert, spielt aber eine wichtige Rolle zur Differenzierung zwischen Mitgliedern der österreichischen Gesellschaft (vgl. Renner 2003a, S. 119). Vor diesem Hintergrund entwickelte Renner (2003b) den Österreichischen Wertefragebogen, bei dem davon ausgegangen wird, dass sich interindividuelle Unterschiede, die von zwischenmenschlicher und gesellschaftlicher Bedeutung sind, im Laufe der Zeit auch sprachlich manifestieren und (in Lexika) dokumentiert werden (vgl. Renner & Salem 2004, S. 97f). Nach einer entsprechend aufbereiteten Recherche, lassen sich fünf Faktoren (Intellektualität [z.B. Weltoffenheit], Harmonie [z.B. Gemeinschaft], Religiosität [z.B. Gottesglaube], Materialismus [z.B. Wohlstand] und Konservatismus [z.B. Nationalbewusstsein]) identifizieren (vgl. Renner 2003a, S. 108), die über 54 Items im Österreichischen Wertefragebogen operationalisiert sind (vgl. Renner & Salem 2004, S. 98). Dort wird jedes Item mit einer kurzen Beschreibung seiner Bedeutung versehen und ist auf einer fünf-stufigen Likert-Skala (1 = Starke Ablehnung,

2 = Ablehnung, 3 = Neutral, 4 = Zustimmung und 5 = Starke Zustimmung) hinsichtlich seiner subjektiven Bedeutung als leitendes Motiv für das Leben zu beurteilen (vgl. Renner 2003a, S. 115; Renner & Salem 2004, S. 100).
Bei den fünf Faktoren ist nach Renner (2003a, S. 113f) außerdem die Parallelität zu den sechs Werte-Typen von Spranger (1921; siehe Abschnitt 2.1.4.2.1) offensichtlich, dessen „theoretischer Mensch“ teilweise dem Faktor „Intellektualität“ entspricht, dessen „sozialer Mensch“ dem Faktor „Harmonie“ ähnelt, dessen „religiöser Mensch“ dem Faktor „Religiosität“ gleicht, dessen „ökonomischer Mensch“ dem Faktor „Materialismus“ ähnelt und dessen „politischer Mensch“ sich in den positiven und negativen Polen des Faktors „Konservatismus“ wieder findet. Allein Spranger's „ästhetischer Mensch“ wird nicht durch einen eigenen Faktor repräsentiert, denn dieser Begriff (Ästhetik) lädt nur moderat auf dem Faktor „Intellektualität“ (vgl. Renner 2003a, S. 114).

2.2.4.2 Alternative Verfahren zur Erhebung von Werten

Hier stehen die Vorgehensweisen im Fokus, bei denen die Messung nicht vorrangig über Ratings oder Rankings erfolgt, sondern mittels anderweitiger Techniken wie Paarvergleiche etc. Die Grenzen sind dabei nicht immer ganz eindeutig, denn bei den Conjoint Ansätzen erfolgt i.d.R. die Präferenzfeststellung auch über ein Ranking oder ein Rating der abgefragten Profile – jedoch stehen dort alternative Berechnungsprozeduren bereit, die eine Ableitung von Präferenzen in einer Art und Weise ermöglichen, die beim reinen Ranking oder Rating nicht gegeben ist. Insofern ist es sinnvoll, diese Ansätze gesondert zu betrachten.

2.2.4.2.1 Vollständiger Paarvergleich

Hier werden die Befragten gebeten, aus jeweils zwei gleichzeitig präsentierten Objektbegriffen denjenigen herauszusuchen, den sie in Bezug auf ein bestimmtes Kriterium für besser (oder schlechter) geeignet halten. Mit dieser Technik wird versucht alle Objekte entlang eines Kontinuums anzuordnen (vgl. Miller & Salkind 2002, S. 342). Diese Methode hat ihren Ursprung bei Thurstone (1927) und durch Bradley & Terry (1952) sowie David (1969) wichtige Verfeinerungen erfahren (vgl. Chrzan & Golovashkina 2006, S. 721). Um aus den Einzelurteilen eine Präferenzreihenfolge der Objekte zu bilden, bedient man sich der hierarchischen Bayes-Analyse (vgl. z.B. Stewart 1987), die eine Anzahl an Paarvergleichen erfordert, die lediglich dem 1,5 fachen der Objektanzahl entspricht (Chrzan & Golovashkina 2006, S. 721).
Bei der generellen Vorgehensweise werden alle zu bewertenden Objekte zueinander in Beziehung gesetzt, indem jeweils zwei von ihnen miteinander verglichen (welches der beiden Objekte zieht der Befragte hinsichtlich einer bestimmten Bewertungsdimension vor) werden. Dies führt zu N(N-1)/2 auszuführenden Paarvergleichen, wobei N die Anzahl der zu bewertenden Objekte angibt (vgl. Miller & Salkind 2002, S. 342). Die Summe (oder der Anteil) an Zustimmungen für ein Objekt bestimmt dann seine Position in der Reihenfolge aller Objekte, wobei im Falle der Gleichheit, der direkte Vergleich den Ausschlag gibt.
Die paarweise Gegenüberstellung aller möglichen Kombinationen der Alternativen. bietet sich bevorzugt dann an, wenn die Items durchgängig einen sehr identischen Charakter besitzen, also entweder alle wünschenswert (positives Konstrukt; siehe Abschnitt 2.1) bzw. nicht wünschenswert sind. Durch die Zerlegung der Gesamtaufgabe in mehrere Teilaufgaben, kann sich der Befragte ganz auf die jeweilige Vergleichsaufgabe konzentrieren, was eher den Charakter eines einfachen diskreten Auswahlprozesses annimmt.
Wenn bei einem Befragten eine konsistente Präferenzstruktur vorliegt, sollten die Vergleichsergebnisse dem Transitivitätsaxiom genügen (vgl. Bortz 2005), d.h. wenn Alternative A der Option B vorgezogen wird, und B den Vorzug vor C erhält, dann sollte auch A gegenüber C präferiert werden. Dieses Axiom wird allerdings oftmals verletzt (vgl. z.B. Fisher et al. 1968, S. 84), was dann in den Problembereich der Behandlung inkonsistenter Antworten (siehe Ab-

schnitt 3.2.2.3) mündet. Es scheint also nicht so leicht zu sein, eine Hierarchie adäquat abzubilden, und selbst wenn dies bei einem Ranking ohne gleiche Ränge (offensichtlich) funktionierte, heißt dies noch lange nicht, dass die entsprechende Struktur auch wirklich wahrheitsgemäß und stabil die Realität abbildet.

Von der Anwendung der Methode der vollständigen paarweisen Vergleiche ist dann abzusehen, wenn eine große Anzahl an Alternativen in eine Reihenfolge zu bringen sind, weil die Anzahl der durchzuführenden Paarvergleiche mit zunehmender Optionsmenge geometrisch anwächst, wobei nach Bradburn et al. (2004, S. 171) vier Items die maximale Anzahl in einer „normalen" Umfragesituation darstellen, die von einem Befragten bei paarweisen Verglichen noch zu handeln ist. Sie geben allerdings auch zu bedenken, dass diese Methode bei telefonischen Umfragen Vorteile aufweisen könnte, weil die Befragten immer nur zwei Alternativen im Gedächtnis behalten müssen.

Insofern stellen Paarvergleiche nach Feather (1975, S. 37) das unattraktivste der drei Verfahren (Ranking, Rating und Paarvergleiche) zur Erhebung von Werte-Strukturen dar, weil sie zeitraubend, ermüdend und ipsative Daten erzeugend sind, sowie Gleichbeurteilungen nicht zulassen. Andererseits besitzen die Paarvergleiche den höchsten Detaillierungsgrad und könnten auch noch zusätzliche Auswertungen (z.B. in Form eines Transitivitätsindexes) ermöglichen.

2.2.4.2.2 Konstantsummenverfahren, Auswahlbegrenzungen und Q-Sortierung

Bei diesen limitierenden Verfahren dürfen die Befragten entweder nur eine bestimmte Punktesumme zur Beurteilung sämtlicher Alternativen vergeben (vgl. Hauser & Shugan 1980, S. 280) oder die Vergabe der Maximalkategorie ist auf eine Obergrenze festgelegt. Die letztgenannte Form wurde beispielsweise beim SVS (siehe Abschnitt 2.1.4.2.5) eingesetzt, bei dem nur zweimal die höchste Beurteilungsoption vergeben werden darf. Schwartz (1992, S. 18) begründet das Vorgehen damit, dass vorher immer diejenigen Befragten von der Analyse ausgeschlossen wurden, die entweder die Maximalkategorie mehr als 21-mal zugeordnet hatten oder irgendeine Kategorie öfter als 35-mal angekreuzt hatten („kein ernsthafter Versuch zwischen den Werten zu differenzieren" – wobei dies aber auch nicht in der Anweisung stand.). Dies betraf im Mittel 2 % der teilnehmenden Personen, und könnte durch die „neue" Anweisung obsolet werden. Zur Generierung der beiden Größenordnungen (21 und 35) macht Schwartz (1992) keinerlei Angaben (was für einige Zahlen in dem Konzept gilt) – sie beruhen wahrscheinlich auf der empirischen Verteilung.

Carpenter & Blackwood (1979, S. 60ff; siehe Abschnitt 2.2.2.2.3) haben ebenfalls die Aufteilung einer bestimmten Punktezahl auf die einzelnen Antwortalternativen als Ordnungskriterium geprüft. Dabei wird sowohl eine alleinige Allokationsaufgabe, als auch eine Distribution im Anschluss an ein Ranking, durchgeführt. Im ersten Fall sind 100 Punkte bei drei Items auf jeweils zwei Alternativen aufzuteilen, wobei in allen drei Fällen jede Antwortoption ihren höchsten Punktwert erzielt, wenn sie an erster Stelle auftritt, womit ein zu den Rating-Aufgaben vergleichbarer Effekt festzustellen ist (vgl. Carpenter & Blackwood 1979, S. 60).

Im zweiten Fall (erst Ranking, dann Punkteverteilung) kommen drei Items mit drei Antwortoptionen zum Einsatz, was dazu führt, dass die Positions-Effekte abgeschwächt werden (vgl. Carpenter & Blackwood 1979, S. 61f).

Das Vorgehen nach dem Konstantsummenverfahren führt – weil entsprechende Trade-Offs vorzunehmen sind – zwar dazu, dass nicht ausschließlich hohe Ratings vergeben werden, wird allerdings von den Befragten nicht sehr geschätzt (vgl. Bottomley et al. 2000, S. 513) und ist nach Myers (1999 – zitiert nach Chrzan & Golovashkina 2006, S. 720) auf Objektlisten mit maximal 10 Einträgen begrenzt.

Bei der – von Stephenson (1953) vorgestellten – Q-Sortierung, werden die zu beurteilenden Objekte so in Klassen (Skalen-Kategorien) einsortiert, dass sich eine der Normalverteilung ähnliche Distribution ergibt. Wird die vorliegend verwendet Liste mit 17 Werten und eine

fünf-stufige Antwortskala zugrunde gelegt, so könnten die Befragten beispielsweise aufgefordert werden, jeweils zwei Werte in die Kategorien „unwichtig“ (1) und „wichtig“ (5) einzuordnen, jeweils drei Werte den Kategorien „etwas unwichtig“ (2) und „etwas wichtig“ (4) zuzuweisen und sieben Werte in die mittlere Kategorie (3) zu platzieren. Damit hätte man eine kategoriale Aufteilung der Werte erzwungen, die einer Normalverteilung relativ nahe kommt, und für alle Befragten gleich ist (vgl. Chrzan & Golovashkina 2006, S. 720f).
Auch hier spricht der Einordnungszwang gegen eine „freie“ – das interne Zusammenspiel der einzuordnenden Objekte berücksichtigende – Meinungsäußerung, zumal eine derartige Verteilung bei einem positiven Konstrukt eher fraglich sein dürfte.

2.2.4.2.3 Conjoint Measurement

Um den Nachteilen sowohl des Rankings, als auch des Ratings aus dem Wege zu gehen (siehe dazu Abschnitt 2.2.2.3), ist nach Shamir & Shamir (1995, S. 108f) der Conjoint-Ansatz[92] die geeignete Methode. Dabei werden die Antworten von Befragten auf Stimuli, die Kombinationen multipler Entscheidungsattribute darstellen, erhoben und Teilnutzenwerte für die einzelnen Attribute berechnet (vgl. Teichert 1999, S. 472f). Insgesamt erlaubt die Conjoint-Analyse (CA) damit, die Werte-Strukturen in einer wesentlich komplexeren und detaillierteren Art und Weise zu untersuchen, als dies durch ein einfaches Ranking oder Rating möglich wäre, weil bei ihr Entscheidungen zwischen verschiedenen Szenarien, die unterschiedlich ausgeprägte Werte-Kombinationen enthalten, zu treffen sind (vgl. Shamir & Shamir 1995, S. 109).
Kennedy et al. (1988, S. 140ff) setzen drei[93] der neun Werte der LOV (siehe Abschnitt 2.1.4.2.4.4) im Rahmen einer CA ein, um die damit erhobenen Wert-Orientierungen zur Segmentierung des Automobilmarktes zu nutzen und untersuchen die Zusammenhänge zwischen den jeweiligen Werte-Strukturen und den Präferenzen für bestimmte Merkmale sowie Typen von Automobilen.
Voraussetzung für eine Segmentierung ist die adäquate Erfassung der individuellen Wert-Orientierungen, die zur Gruppierung herangezogen werden sollen (vgl. Kennedy et al 1988, S. 140). Einige Messverfahren setzen diesbezüglich nur auf wenige Werte (z.B. die vier Werte des Inglehart-Index; siehe Abschnitt 2.2.2.4.1), während andere eine solche Vielzahl an Items in ihrem Instrument vereinen, dass die Anzahl potenzieller Kombinationsmöglichkeiten (aus den 18 terminalen oder instrumentellen Werten des RVS (siehe Abschnitt 2.1.4.2.4.1) können mehr als 6,4 Billiarden unterschiedlicher Profile resultieren) eine vollständige Anwendung unmöglich macht (vgl. Kennedy et al. 1988, S. 140).
In diesem Zusammenhang bietet sich der Einsatz der CA an, weil damit die Präferenzen für bestimmte Kombinationen an Merkmalen bestimmt werden können (vgl. Kennedy et al. 1988, S. 141). Dadurch ist es den Befragten nicht möglich – wie bei einem Rating von Werten oftmals zu beobachten (siehe Abschnitt 2.2.2.2.6.2) – alle Items als „sehr wichtig“ einzustufen, sondern es müssen Präferenzen für die Verknüpfung mehrerer Werte in spezifischen Ausprägungsformen geäußert werden (vgl. Kennedy et al. 1988, S. 141). Diese Angaben können

---

[92] Nach Teichert (1999, S. 476f) ist begrifflich zwischen Conjoint-Analyse (CA) und Conjoint-Measurement (CM) zu unterscheiden. Bei der CA wird ein i.d.R. linear additives Nutzenmodell sowie ein Modell zur Transformation von Nutzenurteilen in Wahlentscheidungen spezifiziert. Das Modell wird als gültig unterstellt und axiomatisch nicht umfassend geprüft. Beim methodisch gleichen CM stellt hingegen die empirische Prüfung des Nutzen- bzw. Entscheidungsmodells die Zielsetzung dar. Die Anzahl an Variablen sollte ebenfalls „überschaubar“ sein und aus nicht mehr als sieben Objekten mit durchschnittlich weniger als drei Ausprägungen bestehen. Ist dieser Rahmen nicht einzuhalten, kann auf neuere Formen der CA (z.B. Hybrid-Modelle oder Hierarchisches Design) zurückgegriffen werden (vgl. Teichert 1999, S. 503).

[93] Dazu werden in einem ersten Schritt die neun Werte der LOV mittels Faktorenanalyse auf drei Faktoren (F1: Fun and enjoyment in life, warm relationship with others, excitement; F2: Sense of belonging, security, being well respected; F3: Sense of accomplishment, self-fulfillment, self-respect) verdichtet, von denen jeweils der erstgenannte Wert ausgewählt wird, weil dieser auf dem Faktor die höchste Ladung aufweist (vgl. Kennedy et al. 1988, S. 145f).

sowohl über eine Rangfolgebildung, als auch über ein Rating erhoben werden, wobei sich aber das Ranking als die reliablere und – für die Befragten – einfacher durchzuführende Vorgehensweise herauskristallisiert hat (vgl. Green & Srinivasan 1978, S. 111f). Weil bei einer CA die Anzahl an zu beurteilenden Profilen mit der Objektmenge und den Differenzierungen der Ausprägungen exponentiell wächst – und damit die Befragten in vielerlei Hinsicht (zeitlich, intellektuell, motivational vgl. Green & Srinivasan 1990, S. 6) überfordert würden – ist es sinnvoll, sich auf einen überschaubaren Kreis an Werten sowie eine nicht zu starke Differenzierung ihrer Ausprägungsvarianten zu beschränken (vgl. Kennedy et al. 1988, S. 144ff).

Die Eingrenzung auf drei Werte (siehe Fußnote 93) erlaubt die Anwendung der Vollprofilmethode (vgl. Green & Srinivasan 1990, S. 6) im Rahmen der CA, mit der eine sehr realistische Beschreibung der Stimuli möglich ist, ohne gleichzeitig eine Informationsüberlastung bei den Teilnehmern zu riskieren (vgl. Kennedy et al. 1988, S. 144f). Dazu wird auch die Anzahl der Konditionen, in denen die Werte vorliegen, auf drei („hoch", „moderat" oder „wenig") begrenzt (vgl. Kennedy et al. 1988, S. 145). Mit diesen beiden Beschränkungen werden 27 verschiedene Stimuli (drei Werte in drei Ausprägungen führen zu 3^3 Kombinationsmöglichkeiten) konstruiert, von denen jeder Befragte – durch Einsatz eines Partialdesigns – aber lediglich neun Werte-Sätze beurteilen muss (vgl. Kennedy et al. 1988, S. 145f). Den Teilnehmern werden die neun Werte-Kombinationen auf Karten mit der Bitte ausgeteilt, sich die einzelnen Werte-Profile genau anzuschauen und zunächst die drei Karten auszuwählen, die ihren persönlich wichtigsten Werten am nächsten kommen (vgl. Kennedy et al. 1988, S. 146). Im Anschluss sind die drei Karten zu extrahieren, die Werte-Profile zeigen, die mit den eigenen am wenigsten übereinstimmten – somit sind die neun Werte-Kombinationen in drei Gruppen unterteilt (wichtig, unwichtig und neutral; vgl. Kennedy 1988, S. 146). Als nächstes werden die drei Karten innerhalb jeder Gruppe von den Teilnehmern in eine Rangfolge abnehmender Wichtigkeit gebracht, so dass eine eindeutige Sequenz aller neun Werte-Profile für jeden Befragten vorliegt (vgl. Kennedy et al. 1988, S. 146).

Nach der Conjoint-Aufgabe hatten die Teilnehmer vier verschiedene Eigenschaftssätze für Attribute, die bei einem Autokauf eine Rolle spielen, in eine Rangfolge zu bringen, sowie drei Print-Werbeanzeigen von Automarken auf einer neun-stufigen Rating-Skala hinsichtlich ihres Gefallens zu beurteilen (vgl. Kennedy et al. 1988, S. 146).

Die individuellen Ergebnisse der CA werden mit einer Clusteranalyse aggregiert, die zur Bildung von vier Segmenten führt, in denen sich folgende Durchschnittsprofile der drei Werte im Hinblick auf ihre relative Wichtigkeit zeigen:

	Segment 1	**Segment 2**	**Segment 3**	**Segment 4**
Fun and enjoyment in life	70 %	20 %	9 %	29 %
Sense of belonging	18 %	64 %	22 %	6 %
Sense von accomplishment	12 %	16 %	69 %	65 %

Tabelle 3: Anteile der drei LOV-Werte in den vier Clustern bei Kennedy et al. (1988, S. 148f)

Während sich die Segmente 1 und 2 sehr deutlich voneinander unterscheiden, weisen die Cluster 3 und 4 zwar hinsichtlich des ihnen wichtigsten Wertes ähnliche Einschätzungen auf, offenbaren aber Differenzen bei den zweit- und drittplatzierten Werten (vgl. Kennedy et al. 1988, S. 147ff). Die Gruppierungen differieren außerdem in Bezug auf ihre Präferenzeinschätzungen für bestimmte Attributkombinationen als wichtigste Gesichtspunkte bei einem Autokauf sowie den in Werbeanzeigen präsentierten Fahrzeugtypen (vgl. Kennedy 1988, S. 150ff). So äußern beispielsweise die Personen in Segment 4 eine eindeutige Präferenz für den Kombi, während die Mitglieder des Segments 3 eher für eine viertürige Limousine votieren. Trotz der ähnlichen relativen Wichtigkeit von „sense of accomplishment" in beiden Clustern, lassen sich also stark unterschiedliche Präferenzen für bestimmte Autotypen ausmachen (vgl. Kennedy 1988, S. 151f). Andererseits kann bei der Präferenz für einen Kombi wohl auch nicht allein die Wert-Orientierung herangezogen werden, sondern diesbezüglich dürften noch andere Variablen – wie z.B. Familienplanung oder Hobbys – eine wichtige Rolle spielen (vgl. Kennedy et al. 1988, S. 152f).

Insgesamt zeigen die Resultate von Kennedy et al. (1988, S. 147ff) dass sich mit einer CA bei einer reduzierten LOV ebenfalls eine gut Basis für Segmentierungen ergibt. Allerdings wird in der Studie kein Vergleich der CA mit einem Ranking- oder Rating-Ansatz durchgeführt, so dass keine Aussagen zur relativen Vorteilhaftigkeit dieses Konzepts getätigt werden können.

Den letztgenannten Aspekt greifen Shamir & Shamir (1995, S. 107ff) auf, die eine CA (israelische Stichprobe und vier politische Werte) berechnen, und deren Ergebnisse einem Ranking derselben Werte gegenüberstellen. Ein Vergleich der Ranking-Daten mit den aus den Nutzenwerten der CA gebildeten Platzierungen der vier Werte zeigt, dass in der aggregierten Sicht beide Verfahren zu ähnlichen Ergebnissen führen, was auch für die Beziehungen zu soziodemografischen Variablen und Items zu politischen Einstellungen gilt (vgl. Shamir & Shamir 1995, S. 121f).

Die Vorteile des Conjoint-Ansatzes bei der Messung von Werten liegen in einer konkreteren und weniger abstrakten Beschreibung sowie besser erklärenden Darstellung, die weniger anfällig für sozial erwünschtes Antwortverhalten ist (vgl. Shamir & Shamir 1995, S. 120). Die Ursache dieser Effekte sehen Shamir & Shamir (1995, S. 120) vor allem darin, dass die Präferenzen nicht hinsichtlich der einzelnen Werte geäußert werden (müssen), sondern sich auf Szenarien mit Kombinationen dieser Werte beziehen und der wesentlich konkreteren Formulierung der Werte bezüglich ihres Erfüllungsgrades.

Wenn man die Vorgehensweise bei den angesprochenen CA vergleicht, so fällt auf, dass in keinem Fall persönliche – sondern entweder konkrete politische (Shamir & Shamir 1995) oder konsumorientierte (Kennedy et al. 1988) – Werte als Stimuli eingesetzt werden, deren Anzahl zudem auf maximal vier Items begrenzt ist. Eine Übertragung auf den Bereich der persönlichen Werte erscheint schwierig, weil diese vielschichtiger sind, eine höhere Anzahl betreffen und ihre szenariotechnische Abbildung problematisch erscheint.[94] Dies dürfte auch erklären, warum – nach dem Kenntnisstand des Verfassers – keine Veröffentlichungen in diesem Bereich existieren.[95] Somit ist die CA – trotz ihrer Attraktivität – auch vorliegend keine Anwendungsoption. Allerdings wäre es reizvoll, die auf der ERR-Technik basierenden Ergebnisse, einmal mit einer CA zu replizieren.

2.2.4.2.4 Best-Worst Scaling

Ausgangspunkt des Vorschlags von Louviere & Woodworth (1990) ist die Beobachtung, dass Befragte – wenn es ihnen gestattet ist, eine Reihe von ausnahmslos relevanten Sachverhalten (z.B. verschiedene Umweltprobleme) hinsichtlich der persönlichen Besorgnis unreglementiert auf einer Rating-Skala zu beurteilen – dazu tendieren, viele (alle) Objekte der höchstmöglichen Skalenkategorie zuzuordnen (vgl. Finn & Louviere 1992, S. 12). Obwohl sicherlich einige Personen wirklich bei sämtlichen Aspekten einen hohen Befürchtungsgrad aufweisen, führt ein derartiges Antwortverhalten lediglich dazu, dass eine Prioritätenbildung (wenn keine ausreichenden finanziellen Mittel zur Bekämpfung aller Probleme zur Verfügung stehen) erschwert – und eigentlich nur eine generelle Paranoia diagnostiziert – wird (vgl. Finn &

---

[94] Außerdem dürfte die Reihenfolge der Items bei der CA einen noch größeren Effekt besitzen als bei einem Rating, denn jetzt üben nicht nur die Items an sich, sondern auch noch deren unterschiedliche Ausprägungen entsprechende Effekte aus (vgl. Kumar & Gaeth 1991 sowie Perry 1996 – anderer Ansicht: Tharp & Marks 1990, S. 563ff).

[95] Der einzige Artikel, der sich mit „conjoint*" und „value*" als Schlagwörtern noch recherchieren lässt (Stand 29.08.2006), ist von Roozen et al. (2001) verfasst worden. Darin wird der RVS einem normalen Rating unterzogen und anschließend mit den Ergebnissen von Szenarien zu ethischen Aspekten von Entscheidungsprozessen in Beziehung gesetzt (vgl. Roozen et al. 2001, S. 92ff). Dementsprechend bezieht sich die CA allein auf die ethischen Fragestellungen und nicht auf die Messung der Werte.

Louviere 1992, S. 12). In diesen Fällen kann die Aufteilung der Gesamtliste in mehrere Subsätze und die Bestimmung der darin jeweils enthaltenen besten und schlechtesten (in Bezug auf die Fragestellung, also z.B. „Dringlichkeit der Bekämpfung") Alternativen, zu einer differenzierenderen Rangfolgebildung der Objektliste führen (vgl. Finn & Louviere 1992, S. 12f).
Im Gegensatz zur MLR-Technik steht hier also allein eine mehrmalige Bestimmung der besten und schlechtesten Objekte bei unterschiedlichen Zusammenstellungen im Vordergrund (ausschließlich diskrete Auswahlentscheidungen), ohne dass die Objekte auch noch einem Rating zu unterziehen wären. Unter der Annahme konsistenten Antwortverhaltens und einer geeigneten Konstruktion der Subsätze[96], lässt sich eine Skalierung mit einer Kategorienweite von der doppelten Anzahl des Gesamtvorkommens der Objekte plus 1 konstruieren (im konkreten Fall also von 13 Kategorien [2 x 6 + 1, so dass die Skala von –6 (das Objekt wird in allen Subsätzen, in denen es vorkommt als schlechtester Aspekt ausgewählt) bis +6 (das Objekt wird in allen Subsätzen, in denen es vorkommt als bester Aspekt ausgewählt) läuft]; vgl. Finn & Louviere 1992, S. 14ff). Somit wird für jedes Objekt die Differenz seiner Best- und Worst-Nennungen gebildet, die seine Einstufung auf der Skala determiniert.
Die genaue Anweisung zur Bearbeitung der Aufgabenstellung lautet dann beispielsweise: „Identifizieren Sie bitte denjenigen Sachverhalt, der Ihrer Meinung nach das größte Problem und denjenigen der das geringste Problem darstellt aus den nachfolgenden Auflistungen. Wählen Sie pro Zusammenstellung bitte nur einen Aspekt in den Least- und Most-Spalten aus" (Finn & Louviere 1992, S. 24).[97]
Flynn et al. (2007, S. 176) schreiben beispielsweise zu den kognitiven Prozessen bei der Anwendung dieses Verfahrens, dass jede mögliche Beste-Schlechteste-Kombination einer Liste gebildet wird, und bei jedem Paar die Nutzenunterschiede berechnet werden. Diese Divergenzen bestehen aus einer fixen Komponente (unbeobachtbare, aber gleich bleibende Nutzenniveau jedes Attributs) sowie einer Zufallskomponente. Gewählt wird dann dasjenige Paar, das die Nutzendifferenz maximiert. Dieses Vorgehen erscheint allerdings sehr aufwendig. Stattdessen könnten die Personen vielleicht einfach nur zwei Einzelentscheidungen fällen, weil dadurch nicht sämtliche Vergleichskombinationen analysiert werden müssten, was bei acht Listeneinträgen immerhin zu 28 Paarvergleichen führen würde.
Finn & Louviere (1992, S. 20ff) betonen als Vorteile ihres Ansatzes die geringen Kosten (wobei diese bei MLR-Technik noch niedriger ausfallen dürften – insbesondere hinsichtlich der Belastung der Teilnehmer und in Bezug auf „gefühlte" Redundanzen), die Vermeidung der Skaleninterpretationsprobleme herkömmlicher Rating-Skalen, die komplexere Technik gegenüber der traditionellen Umfrageforschung und die Umsetzbarkeit der Ergebnisse in konkrete Handlungsempfehlungen (es ist eben nicht alles gleich wichtig), die sich auf konventionellem Wege nicht erreichen lässt.
Problematisch an dem Vorgehen erscheint die ausschließliche Nutzung von Subsets, denn Rankings sind immer nur relativ, so dass eigentlich auch einmal die komplette Liste vorgelegt werden müsste. Wenn allerdings konsistent geantwortet wird, scheint zunächst nichts dagegen zu sprechen, mit Teilsätzen zu arbeiten. Möglicherweise wirkt die mehrmalige Aufgabenstellung allerdings in gewissem Maße ermüdend oder erzeugt ein Redundanzgefühl („Warum soll ich denn jetzt erneut ankreuzen, dass mir dieses Objekt besonders wichtig ist, das habe ich doch schon x-mal gemacht"). Das lediglich ordinale Skalenniveau der Daten erscheint nicht weiter problematisch, da sich über die Anwendung einer multinomialen logistischen Regres-

[96] Diese erfolgt ähnlich der Zusammenstellung eines orthogonalen Designs bei der Conjoint-Analyse (vgl. Teichert 1999). Im konkreten Fall bei Finn & Louviere (1992, S. 24) werden beispielsweise für 11 Objekte insgesamt 12 Subsätze mit vier (6x), sechs (3x) und acht (3x) Objekten zusammengestellt, so dass jedes Objekt in sechs Subsätzen enthalten ist und jede mögliche Kombination zweier Objekte dreimal vorkommt.

[97] Interessanterweise ist hier jetzt nicht mehr von Best / Worst sondern Least / Most die Rede.

sion (vgl. Finn & Louviere 1992, S. 17; Logit-Analyse) entsprechend intervallskalierte Daten generieren lassen.
Das Vorgehen ist allerdings relativ zeitintensiv (vgl. Chrzan & Golovashkina 2006, S. 720f), so dass der oben betonte Ökonomie-Aspekt zu relativieren ist. Diesbezüglich müsste ein Rating mit vorgeschaltetem Extrem-Ranking „schneller“ durchzuführen sein.
Jedenfalls betont auch Louviere (2006, S. 183), dass keinesfalls ein vollständiges Ranking notwendig ist, um zusätzliche Präferenzinformationen zu generieren. Während er allerdings für ein Best-Worst Scaling plädiert, wird vorliegend der MLR-Technik der Vorzug gegeben – vielleicht könnte auch das Extrem-Ranking des gesamten Stimulus als erste Aufgabe beim Best-Worst Scaling einen Nutzen haben. Dies ist vor allem damit zu begründen, dass durch die Bestimmung der insgesamt unbedeutendsten und bedeutendsten Alternativen den Teilnehmern am Anfang der Bearbeitung die gesamte Objektliste vorliegt, d.h. ihnen ist der komplette Stimulusumfang von Beginn an bekannt.
Beim Best-Worst Scaling sind einige Aspekte der Auflistung erst in „späteren“ Subsätzen enthalten, während andere Aspekte bereits in den ersten Sätzen mehrfach vorkommen (vgl. Marley & Louviere 2005, S. 464f). Durch die relative Bestimmung (immer nur in Bezug auf die im Satz enthaltenen Aspekte) können dadurch Verzerrungen entstehen, wenn eigentlich „wichtige“ Aspekte erst „spät“ in der Liste auftauchen. So treten bei Finn & Louviere (1992, S. 24) zwei der 11 Aspekte erst im vierten Subset auf – zu diesem Zeitpunkt sind drei andere Objekte der Liste bereits zweimal in einem Subset enthalten gewesen (allerdings nie alle drei gemeinsam), so dass im Extremfall ein Aspekt bereits doppelt als Extrem-Wert identifiziert werden konnte. In diesem Fall könnte allein aus der frühen Präsentation ein Vorteil erwachsen, weil ein Aspekt bereits einige Subsets „gewonnen“ hat, und deshalb einen Bonus für spätere Vergleiche mitbringt. Man könnte das Objekt beispielsweise lediglich aus Konsistenzgründen bevorzugen, weil man sich erinnert, es schon (mindestens) einmal ausgewählt zu haben. So könnte Objekt „g“ bereits in den Sets 2 und 3 als Extrem identifiziert worden sein, und damit gegen die beiden „bisher unbekannten“ Objekte „f“ und „i“ einen Auswahlvorteil mitbringen (vgl. Finn & Louviere (1992, S. 24).

2.2.4.2.5 Sonstige Ansätze

An dieser Stelle sind noch das – ähnlich wie Schwartz (1992) – facettenorientierte Vorgehen von Sagie & Elizur (1996, S. 575), bei dem drei Werte-Modalitäten (materialistisch, affektiv und kognitiv) eines Werte-Bereichs postuliert werden, die allesamt auf einer Ebene liegen und den jeweiligen Bereich überschneidungsfrei ausfüllen, sowie die Unbound Rating Skala (vgl. Marder 1997) zu nennen, bei der keine Skalenkategorien vorgegeben werden, sondern ein freier Raum gelassen wird, in den ein Befragter so viele I (important), U (unimportant) oder eine 0 (neutral) eintragen kann, wie es seiner persönlichen Einschätzung für das abgefragte Item entspricht. Das letztgenannte Vorgehen könnte aber insofern einen interessanten Aspekt abbilden, als damit Restriktionen aufgehoben werden, während viele andere Verfahren ja gerade über zusätzlich etablierte Einschränkungen die Nachteile von Rating Skalen aufzuheben versuchen.
Zum Schluss dieses Abschnitts soll noch ein im Umfeld einer Unternehmensberatung verankerter Ansatz skizziert werden, um auch einen kurzen Einblick in die nicht-wissenschaftlich orientierte Vorgehensweise bei der Messung von Werten zu geben.
Eine gänzlich andere Vorgehensweise bei der Ermittlung von Werten – die sie als „a thematically shared and culturally based orientation derived from significant events primarily instilled in youth and often linked to external events occurring as early as gestation“ definieren – und ihrem Einfluss auf das Konsumentenverhalten wählen Beller et al. (2005, S. 17).
Sie gehen in ihrer Konzeption davon aus, dass nicht demografische (altersbasierte generationenspezifische) Aspekte für die Tauglichkeit einer Segmentierung von Konsumenten relevant

sind, sondern historische Ereignisse[98] und kulturelle Icons[99] (vgl. Beller et al. 2005, S. 3). Anhand welcher Ereignisse und Icons die fünf von ihnen aufgestellten Gruppen (Patriot (geboren 1920-1937), Performer (1938-1957), Techtician (ein Kunstwort aus den beiden Begriffen Technician und Tactician; 1958-1971), Believer (1972-1983) und Transformer (1984-1995)) gebildet werden, bleibt ebenfalls im Dunkeln.
Dementsprechend ist ihr Ansatz stark subjektiv gefärbt und objektiv nicht nachvollziehbar. Außerdem ist es inkonsistent, auf der einen Seite eine demografische Segmentierung ablehnen, aber auf der anderen Seite eine rein altersbezogene Schichtung vorzuschlagen. Nichtsdestotrotz stellt ihre vorrangige Konzentration auf die „iconisierte" Umwelt der werte-mäßig einzuordnenden Personen eine alternative Form der Werte-Ermittlung dar, bei der vor allem eine konsumorientierte Anwendung im Mittelpunkt steht. Wie aus den kritischen Anmerkungen aber deutlich geworden ist, wird dieses Konzept lediglich der Vollständigkeit halber erwähnt, um das Möglichkeitsspektrum besser anzudeuten.

2.3 Anwendungsfelder für den Einsatz von Werten

Zunächst einmal ist mit Schlöder (1993) festzuhalten, dass sich die Konsequenzen menschlicher Werte in fast allen sozialwissenschaftlich interessanten Phänomen[100] manifestieren. An dieser Stelle werden nun exemplarisch einige Bereiche kurz angerissen, um einen groben Überblick zu den vielfältigen Einsatzgebieten zu geben, wobei in jüngster Zeit insbesondere das Interesse für die Werte von Konsumenten bestimmter Produkte oder Dienstleistungen zugenommen hat (vgl. u.a. Beatty et al. 1985; Kahle et al. 1986; Novak & MacEvoy 1990; Pitts & Woodside 1983 sowie Reynolds & Jolly 1980).
Die Frage des „optimalen" Messverfahrens im Zusammenhang mit der Erhebung von Werten ist also auch deshalb relevant, weil diese zunehmend in angewandten Forschungsbereichen wie Konsum (vgl. Valette-Florence & Jolibert 1990 sowie Weeks & Kahle 1990) oder Gesundheit (vgl. Eiser & Gentle 1988) eine Rolle spielen, und infolgedessen eine möglichst valide Erhebung des Konstrukts angestrebt wird, um stimmige Aussagen zu generieren (vgl. Maio et al. 1996, S. 172). Dabei sind die Verbindungen zwischen Werten und einer ganzen Reihe von Einstellungen sowie Verhaltensweisen von verschiedenen Forschern untersucht und nachgewiesen worden (vgl. für einen Überblick Burgess 1992, S. 39ff).
Prinzipiell haben die Studien meistens moderate Verbindungen zwischen den Werten und den Einstellungen bzw. dem Verhalten von Personen aufzeigen können, wobei auch immer wieder inkonsistente Ergebnisse zwischen einzelnen Untersuchungen aufgetreten sind (vgl. McCarty

[98] Wie unmittelbar beim Auftreten eines Ereignisses festgestellt werden kann, ob es historisch bedeutsam ist oder nicht, wird nicht weiter ausgeführt.

[99] Nach Beller et al. (2005, S. 4) bringt jede kulturelle Zeitperiode Kunst, Personen, Plätze und Dinge (das alles subsumieren sie unter „Icons") hervor, die eine Bedeutung der historischen Momente besiegeln. In den Icons sind dann alle Werte, Trends und Zeitaspekte vereinigt, d.h. sie stellen quasi die Essenz des (historischen) Moments dar. Wenn diese Icons erkannt und analysiert werden – wobei diesbezügliche Mechanismen allein den Autoren vorbehalten sind – erlauben sie den Forschern, eine eindeutig Identifikation der Werte vorzunehmen, welche die Personen mit sich tragen, und zwar während ihres gesamten Lebens (vgl. Beller et al. 2005, S. 5), womit auch Lernprozesse negiert werden.

[100] Nach Kamakura & Mazzon (1991, S. 208) werden Werte oder Werte-Systeme zur Vorhersage von Konsumentenverhalten (vgl. Allen & Ng 1999; Allen et al. 2002; Henry 1976 und Vinson & Munson 1976), im Rahmen der Organisationsforschung (vgl. Clare & Sanford 1979 und Munson & Posner 1980), zur Erklärung von sozialem Engagement (z.B. Spenden; vgl. Manzer & Miller 1978), Analyse der Nutzung von Massenmedien (vgl. Becker & Connor 1981), des Drogenkonsums (Drogenabhängigkeit; vgl. Toler 1975), der Neigung sich politisch zu engagieren (vgl. z.B. Barnea & Schwartz 1998; Braithwaite 1994; Feather 1973 und Tetlock 1986) sowie der Feststellung interkultureller Differenzen (vgl. Munson & McIntyre 1979 und Schwartz & Bilsky 1987) eingesetzt. Wilson (2005, S. 210) hat diese Aufstellung jüngst um Überzeugungen im Rahmen der Bereiche Gerechtigkeit (vgl. Feather 1994 sowie Feather & Dawson, 1998) und Ökonomie (vgl. Dickinson 1991 und Heaven 1990) erweitert, aber auch Umwelteinstellungen (vgl. Poortinga et al. 2004 und Schultz & Zelezny 1998) als wichtigen Aspekt betont.

& Shrum 2000, S. 272). Die schwachen Beziehungen zwischen Werten und Verhalten können dabei allein aus einer entsprechenden Relation beider Variablen oder aber aus Messproblemen mit den Werten resultieren, denn weil Werte ein relativ abstraktes Konzept darstellen, hat sich ihre Messung als schwierige Aufgabe herauskristallisiert (vgl. McCarty & Shrum 2000, S. 272 und Abschnitt 2.2).
Auch die Anwendung der Messinstrumente hat sich gewandelt, denn während früher der RVS entweder dazu eingesetzt wurde, die Werte-Struktur bestimmter Populationen zu beschreiben (vgl. Inglehart 1985; Rokeach 1973 und Rokeach & Ball-Rokeach 1989) oder Unterschiede in den Werte-Systemen zwischen vorab definierten und abgegrenzten Gruppen zu erklären (vgl. Becker & Connor 1981; Pitts & Woodside 1983; Tetlock 1986 und Toler 1975), so wird das Instrument heute auch dazu benutzt, eine Stichprobe anhand ihrer Werte-Struktur in homogene Gruppen zu segmentieren, die intern ein ähnliches Werte-System aufweisen, sich aber diesbezüglich von den übrigen Gruppen deutlich abheben (vgl. Kahle et al. 1986 und Novak & MacEvoy 1990).
Werte können dabei sowohl als abhängige (werden durch bestimmte Lernprozesse erworben und ausgeformt), als auch als unabhängige (beeinflussen Überzeugungen, Einstellungen und Verhalten in vielfältiger Art und Weise) Variable betrachtet werden (vgl. Feather 1975, S. 11), wobei Scholl-Schaaf (1975) zusätzlich ihren möglichen intervenierenden Charakter betont. An dieser Stelle ist ausschließlich die Fokussierung auf die „unabhängige" Variable maßgeblich, d.h. Lern- und Sozialisationsprozesse zur Bildung und Beeinflussung des Werte-Systems (siehe auch Abschnitt 2.4) werden in dieser Arbeit nicht weiter aufgegriffen.
Bei der Untersuchung von Anwendungsbezügen der Werte-Forschung muss aber immer berücksichtigt werden, dass aus individuell unterschiedlichen Einschätzungen von Werten oder Wert-Systemen zweier Personen, durchaus identische Verhaltensweisen folgen können (eine Person kauft ausschließlich Bio-Produkte wegen deren Geschmack, wohingegen eine andere Person diese allein aus gesundheitlichen Gründen erwirbt), während ebenso aus übereinstimmenden Werten oder Wert-Systemen divergierendes Verhalten resultieren kann, weil das Verhalten einer Person beispielsweise hauptsächlich durch sozialen Druck (eine Person kauft nur deshalb Bio-Produkte, weil ihr familiäres Umfeld dies von ihr erwartet) determiniert wird (vgl. Munson 1984, S. 22). Dies erschwert natürlich die Versuche, z.B. im Marketing-Bereich eindeutige Verbindungen zwischen Werten und spezifischen Konsumverhaltensweisen aufzudecken, und für eigene absatzpolitische Zielsetzungen zu nutzen, denn es ist wohl davon auszugehen, dass jede wert-orientierte Konsumentscheidung auch durch intervenierende Einstellungen beeinflusst wird (vgl. Munson 1984, S. 22f). Insofern ist immer auch danach zu fragen, welche Bedürfnisse das Produkt oder die Dienstleistung eigentlich erfüllt, welche speziellen Werte mit dem Kauf und der Nutzung des Angebots verbunden sind und welche relevanten intervenierenden Einstellungen angesprochen sind, wenn Konsumverhalten und Werte miteinander in Beziehung gesetzt werden (vgl. Munson 1984, S 23).
So können Werte auch für eine Vielzahl von Konsumentscheidungen keine – oder nur eine sehr untergeordnete – Rolle spielen, weil der Mensch als „kognitiver Geizhals" (vgl. Taylor & Fiske 1978 sowie Fußnote 208 auf Seite 237) nicht alle Produkte mit seinem Werte-System in Verbindung bringen wird (vgl. Munson 1984, S. 23). Trotzdem dürften Werte bei vielen Entscheidungen eine leitende Funktion ausüben, denn eine Fokussierung auf die Werte Natur und Gesundheit, kann – auch in Verbindung mit Einstellungen gegenüber der Umwelt – beispielsweise dazu führen, dass ausschließlich gentechnisch unveränderte Lebensmittel aus kontrolliert biologischem Anbau als Kaufalternativen in Betracht gezogen werden, unabhängig davon welche speziellen Produkte und Marken dann letztendlich erworben werden (vgl. Baker et al. 2004, S. 999ff).
Nachfolgend werden einige Anwendungsbereiche von Werten beispielhaft skizziert, um das Einsatzspektrum dieses Konstrukts zu verdeutlichen. Dabei besteht allerdings kein Anspruch, eine vollständige Abdeckung des Möglichkeitspotenzials nachzuzeichnen, denn in dieser

Arbeit stehen die messtechnischen Aspekte des Konstrukts im Vordergrund, und nicht anwendungsorientierte Fragen. Trotzdem soll mit den nachfolgenden Ausführungen verdeutlicht werden, welch vielfältige Fragestellungen durch die Messproblematik tangiert werden.

2.3.1 Konsumentenverhalten

Die Relevanz des (positiven) Konstrukts „Werte" (siehe Abschnitt 2.1) in akademischer und praktischer Hinsicht manifestiert sich nach McCarty & Shrum (1997, S. 240) u.a. darin, dass diese in den 80er und 90er Jahren des 20. Jahrhunderts eine verstärkte Aufmerksamkeit erfahren haben (siehe dazu auch Homer & Kahle 1988). Angenommen wird dabei, dass die meisten Marketing-Bemühungen effizienter ablaufen würden, wenn die Rolle von Werten bei den Zielpersonen berücksichtigt wird, weil die Bedeutungen und Motive hinter vielen Verhaltensweisen von Konsumenten, auf ihren Werten basieren (vgl. Beatty et al. 1985, S. 184; Kahle & Kennedy 1988, S. 55 sowie Maag 1991, S. 47).

Werte können im Rahmen des Konsumverhaltens an verschiedenen Stellen Wirkung entfalten und bereits bei der Feststellung eines Problems (z.B. Fehlen eines Computers) einen Einfluss ausüben, wenn dieser wegen seiner Erleichterungs- (RVS: ein komfortables Leben führen) oder Unterhaltungsfunktion (RVS: ein aufregendes Leben) erworben werden soll (vgl. Howard & Woodside 1984, S. 3). Hieraus wird bereits deutlich, dass die Auswahlkriterien für ein bestimmtes Produkt (Computer nutzen um das Haushaltsbudget einfacher verwalten zu können oder um sich spielerisch zu unterhalten) bei verschiedenen Personen in Abhängigkeit ihres Werte-Systems variieren können. Außerdem können Werte die Informationssuche von Konsumenten steuern, indem beispielsweise aus „Sicherheitsgründen" nur Markengeräte in den evoked set[101] übernommen werden (vgl. Howard & Woodside 1984, S. 6f).

In Bezug auf das Konsumentenverhalten sind Werte mit den verschiedensten Größen (Auswahl-, Entscheidungs- und Kaufprozesse bei unterschiedlichen Produktkategorien)[102] in Verbindung gebracht worden, wobei sich aber – wenn überhaupt – nur schwache Beziehungen gezeigt haben,[103] d.h. der Varianzanteil an den Verhaltensvariablen, der durch Werte erklärt werden konnte, ist eher gering (vgl. Shrum & McCarty 1997, S. 139f und Valette-Florence & Jolibert 1990, S. 119). Dies lässt vermuten, dass weitere Aspekte das Zusammenspiel der beiden Variablen beeinflussen, die im folgenden Abschnitt thematisiert werden.

2.3.1.1 Zusätzliche Variablen im Beziehungsgeflecht von Werten und Konsumentenverhalten

Nach den Ergebnissen von Shrum & McCarty (1997, S. 154) sind die Beziehungen zwischen Werten und Verhalten nicht einfach und linear, sondern durch vielfältige Aspekte beeinflusst, wobei insbesondere Einstellungen eine vermittelnde Wirkung entfalten.

Außerdem gilt es sich immer zu vergegenwärtigen, dass es antezedierende Variablen in Bezug auf die Werte-Verhaltens-Relation geben kann, z.B. in Form soziodemografischer Größen wie

---

[101] Dabei handelt es sich um die Objekte (Produkte), die ein Konsument als mögliche Alternativen heranzieht, wenn eine konkrete Entscheidung in einem Bereich ansteht (vgl. May 1979, S. 222). Vgl. zu den Problemen bei der Zusammenstellung derartiger Auswahlsätze auch Myers (1979, S. 236f).

[102] Vgl. für den Automobilbereich beispielsweise Henry (1976, S. 121ff), der eine reduzierte und modifizierte Version der VVO von Kluckhohn & Strodtbeck (1961; siehe Abschnitt 2.2.4.1) zur Messung der Wert-Orientierungen amerikanischer Familien im Hinblick auf den Besitz und die Nutzung von Automobilen verwendet hat, Vinson et al. (1977b, S. 44ff), die den Einfluss von Werten (über den RVS erhoben) auf die Beurteilung von Eigenschaftsausprägungen von Automobilen geprüft haben, sowie Allen (2001) und die bereits in Abschnitt 2.2.4.2.3 vorgestellte Studie von Kennedy et al. (1988).

[103] Shrum & McCarty (1997, S. 142) postulieren, dass sich robuste Verbindungen zwischen Werten und Verhalten dann zeigen werden, wenn „bessere" Messverfahren zur Beurteilung (Ermittlung) der Werte entwickelt werden, ein besseres Verständnis für individuelle Differenzen in der Konsistenz von Werten und Verhalten vorliegt und der Fokus auf den gesamten Prozess, durch den Werte auf das Verhalten Einfluss entfalten, gelegt wird.

Alter, Einkommen und Bildung, die sowohl die Werte, als auch das Verhalten beeinflussen können (vgl. Shrum & McCarty 1997, S. 154f).
In diesem Fall sind vier unterschiedliche Szenarien möglich (1) Werte können einen unabhängigen Einfluss auf das Verhalten ausüben, (2) Werte können einen vermittelnden Einfluss zwischen demografischen Variablen und dem Verhalten besitzen, (3) zwischen Werten und Verhalten kann überhaupt keine Beziehung bestehen, sondern die Relation ergibt sich allein aus der geteilten Varianz zwischen den soziodemografischen Variablen und dem Verhalten oder (4) die Kovarianz der soziodemografischen Variablen mit den Werten und dem Verhalten verdeckt die eigentliche Werte-Verhaltens-Beziehung (vgl. Shrum & McCarty 1997, S. 154f).
So ist beispielsweise das Involvement (vgl. Wiswede 2004, S. 285f) bei der Beziehung zwischen Werten und Konsumverhalten ebenfalls mit zu berücksichtigen (vgl. Shrum & McCarty 1997, S: 145f), denn während Werte beim Erwerb (Bedarfsinvolvement im Sinne von Wiswede 2007) eines hochpreisigen und langlebigen Gebrauchsguts (z.B. Sicherheit als Hauptentscheidungskriterium beim Automobilkauf; vgl. Vinson et al. 1977b, S. 47ff) wohl durchaus eine Rolle spielen, dürfte der Kauf eines niedrigpreisigen Gebrauchsguts (z.B. Kaugummi) weniger werte-geleitet erfolgen.[104]
Ein Einfluss der Werte auf das Verständnis und die Interpretation in einigen Einstellungs- und Verhaltensbereichen von Konsumenten ist ebenfalls von Beatty et al. (1985, S. 192ff) nachgewiesen worden. So sind z.B. diejenigen Befragten, die Zugehörigkeit und Geborgenheit hoch schätzen, stärker in Freizeitaktivitäten involviert, insbesondere solchen, die mit anderen Personen oder Gruppen ausgeführt werden (vgl. Beatty et al. 1985, S. 193). Einige der Relationen zwischen Werten und Konsumverhalten sind allerdings nicht sehr „gradlinig", wobei das Gesamtbild aber nahe legt, dass die Kenntnis der Wert-Orientierungen helfen kann, das Konsumverhalten in den Bereichen Freizeit und Medien zu verstehen und vorherzusagen (vgl. Beatty et al. 1985, S. 193).

2.3.1.2 Einsatz von Instrumenten zur Erhebung von Werten bei konsumpsychologischen Fragestellungen

Hinsichtlich der Messung von Werten im Konsumbereich stellt sich die Frage, ob diese über eines der in Abschnitt 2.1.4.2 vorgestellten „Standardinstrumente" bewerkstelligt werden sollte (z.B. Becker 1998, S. 57f), oder eine an die spezielle Fragestellung angepasste Variante einzusetzen ist (z.B. Durgee et al. 1996, S. 90ff).
Beatty et al. (1985, S. 185) postulieren beispielsweise, dass für die Werte, die in einem Messinstrument zusammengefasst werden, das im Konsumbereich angewendet wird, immer auch deren Einfluss auf diejenigen Variablen, die aus Marketing-Sicht erhoben werden, zu spezifizieren ist. Ihrer Meinung nach sind viele auf gesellschaftliche Zusammenhänge abzielende Werte (z.B. eine friedvolle Welt) für das eher an individuellen Gegebenheiten interessierte Marketing nicht sonderlich aussagekräftig. Dem muss aus sozial- und wirtschaftspsychologischer Sicht allerdings entgegengehalten werden, dass zunehmend gerade gesamtgesellschaftliche Fragen (wie die „großen" Reformvorhaben in Deutschland oder der weltweite Klimawandel) einen erheblichen Einfluss auf das Konsumverhalten nehmen (vgl. Trendsensor und die GfK mit Kaufzurückhaltung). Insofern ist es sinnvoll, diese Aspekte bei einer umfassenden Analyse nicht zu vernachlässigen.
Außerdem dürfte es sehr schwer sein, genau zu spezifizieren, welcher Wert denn nun einen Einfluss ausüben könnte – dies vielleicht sogar schon tut – und welcher nicht. Jedenfalls könnte die Aussage von Beatty et al. (1985, S. 187), wonach Werte des RVS wie nationale Sicherheit und eine friedvolle Welt im Kontext des Konsumentenverhaltens keine direkte

[104] Dieser kann aber ebenfalls mit Werten in Verbindung stehen, wenn beim Kaugummikauf beispielsweise der Wert „Gesundheit" (Zahngesundheit) im Vordergrund steht – der ja durch einige Produkte in diesem Warenbereich auch speziell betont wird (vgl. Pfander 1999, S. 20).

Relevanz aufweisen und wichtige Zusammenhänge zwischen Werten und Konsum „vernebeln", fragwürdig sein, wenn die Auswirkungen der Terror-Ereignisse in Amerika, Spanien und London zu Beginn des 21. Jahrhunderts betrachtet werden (vgl. Wiswede et al. 2004b). Einen alternativen Ansatz haben auch Richins & Dawson (1992, S. 303f) gewählt, indem sie die Materialismus-Dimension, die von Inglehart (1983) im Rahmen seines Instruments zur politischen Wert-Orientierung (siehe Abschnitt 2.2.2.4.1) gemessen wird, für den Konsumbereich neu analysiert und mit einem eigenen Messvorschlag[105] versehen haben. Ausgangspunkt des Vorgehens von Richins & Dawson (1992, S. 305f) ist die perzipierte Distanz der Ziele bei Inglehart (1983) zu den täglichen Konsumaktivitäten von Personen, die von Letztgenannten zu weit entfernt sind, nicht so einfach durch individuelles Verhalten zu beeinflussen sind und keine große Wirkung auf Konsumentscheidungen ausüben. Außerdem wird bei Inglehart nicht direkt die komplexe multidimensionale Struktur des Materialismus erhoben, sondern lediglich eine Zuordnungsvorschrift gegeben, die zudem nur auf ordinalen Daten beruht, die eine Feststellung individueller Differenzen in Bezug auf die Ausprägungsstärke des Materialismus[106] nicht zulässt (vgl. Richins & Dawson 1992, S. 306f). Die Autoren berichten über akzeptable Reliabilität und Validität ihrer Skala (vgl. Richins & Dawson (1992, S. 310ff).

2.3.1.3 Konkrete konsumpsychologische Anwendungsbezüge

Werte stellen – unabhängig von der Lebenszyklusphase, in der sich das Produkt oder die Dienstleistung befindet – eine sinnvolle Variable zur Marktsegmentierung dar (vgl. Kahle & Kennedy 1988, S. 55). Informationen über Werte sind in jeder Hinsicht ein wichtiger Faktor, um eine effektive und konsistente Marketing-Strategie zu entwickeln, und können – zusammen mit soziodemografischen Angaben – dem Marketing-Manager einen entscheidenden Vorteil sowohl auf nationalen, als auch internationalen Märkten verschaffen (vgl. Clawson & Vinson 1978, S. 400). Dabei kann ein durch Umwelt-Scanning entdeckter Werte-Wandel ein Frühwarnsystem für neue Trends darstellen (vgl. Kahle & Kennedy 1988, S. 55 sowie Wiswede et al. 2004b).

Werte können vor allem dann eine wichtige Rolle spielen, wenn es darum geht, spezielle Subkulturen anzusprechen, deren Bildung ja oftmals anhand typischer Werte-Muster erfolgt (vgl. Munson 1984, S. 25f).

Aus den Ergebnissen ihrer Studie zur Eigenschaftsbeurteilung von Automobilen leiten Vinson et al. (1977b, S. 48f) drei Anwendungsfelder für Werte im Rahmen des Marketings ab: (1) Marktanalyse und -segmentation, (2) Produktplanung und (3) Promotionsstrategien. Weil die grundlegenden Wert-Orientierungen von Personen unterschiedlicher geografischer Regionen – und auch bezogen auf das Alter, die Bildung und weitere soziodemografische Variablen – variieren, kann das Wissen über die Werte die demografischen und psychografischen Variablen bei der Marktsegmentierung hervorragend ergänzen, und somit helfen, spezifische Konsumentengruppen präziser zu lokalisieren und anzusprechen (vgl. Vinson et al. 1977b, S. 48f).

---

[105] Es werden Überzeugungen hinsichtlich der drei Bereiche „Akquisitionszentralität", „Rolle der Akquisitionen für das Glücklichsein" und „Rolle von Besitz zur Definition von Erfolg" über insgesamt 18 Items auf einer fünf-stufigen Rating-Skala erhoben (vgl. Richins & Dawson 1992, S. 307f).

[106] Nach Richins & Dawson (1992, S. 307) ist Materialismus ein Wert, denn Materialisten „machen aus Dingen eine Religion", glauben, dass der Besitz von Dinge die ultimative Quelle des Glücks ist und sie organisieren ihr Leben in einer Art und Weise, dass es einen Lebensstil kreiert. Materialismus wirkt auf die Entscheidungen und das Verhalten von Menschen in einer Vielzahl von Situationen, inklusive – aber nicht ausschließlich darauf beschränkt – dem Konsumbereich. Im Rahmen konsumtiver Prozesse beeinflusst Materialismus die Typen und Mengen an gekauften Produkten, außerhalb dieses Bereichs kann beispielsweise auch die Zeitnutzung durch den Materialismus gesteuert werden, indem mehr Zeit in Arbeit und weniger in Freizeit investiert wird, um ein höheres Einkommen zu erzielen.

Dies ist auch vor dem Hintergrund auftretender Werte-Verschiebungen in einer Gesellschaft ein sinnvolles Unterfangen, weil sich damit Möglichkeiten für neue oder modifizierte Produkte – als Beispiel könnten hier ökologisch angebaute Lebensmittel angeführt werden, die u.a. durch ein verändertes Gesundheitsbewusstsein und Einstellungen zur Natur an Bedeutung gewonnen haben (vgl. Wiswede et al. 2004b) – ergeben können, auf die ein Unternehmen entsprechend reagieren kann (vgl. Vinson et al. 1977b, S. 49). In den Promotionskampagnen für derartige Produkte könnten dann gezielt die Eigenschaften hervorgehoben werden, welche die relevanten Werte der Zielgruppe ansprechen. Außerdem könnte die Medienwahl so gestaltet werden, dass z.B. bevorzugt in den Printmedien geworben wird, in denen ein hoher Leseranteil mit den relevanten Wert-Orientierungen vermutet wird (vgl. Vinson et al. 1977b, S. 49). Den letztgenannten Gesichtspunkt des Einsatzes von Werten zur effektiven Gestaltung von Werbekampagnen, haben beispielsweise Hetsroni & Asya (2002) in der inhaltsanalytischen Untersuchung aufgegriffen.
Becker & Connor (1982, S. 21ff) haben individuelle Werte (gemessen über den RVS) mit Preissensitivität (dichotomisiert: auf einer fünf-stufigen Skala dem Geschäftsattribut „Preis" die höchste Wichtigkeit zugestanden oder nicht) und der Geschäftswahl (Vollsortimenter oder Discounter) im Warenbereich Möbel in Beziehung gesetzt. Nach ihren Ergebnissen unterscheiden sich preissensitive von nicht-sensitiven Konsumenten hinsichtlich der durchschnittlichen Median-Ränge bei den instrumentellen Werte „obedient" und „broadminded" sowie den terminalen Werten „a world at beauty", „true friendship" und „self-respect" statistisch signifikant voneinander. Wird die von Rokeach (1973) vorgeschlagene Faktorstruktur als Interpretationsgrundlage verwendet so ergibt sich zusammenfassend, dass preissensitive Möbelkäufer eher „self-constrictive" als „self-expansive", eher sozial als individuell orientiert, eher außen- statt innenorientiert sind, stärker traditionelle religiöse Werte einbeziehen und weniger mit persönlicher Kompetenz befasst sind (vgl. Becker & Connor 1982, S. 23). Wird nun Preissensitivität mit den beiden Geschäftstypen in Verbindung gesetzt, so zeigt sich ein statistisch signifikanter Effekt in der vorhergesagten Richtung, d.h. 82 % der Preissensitiven kaufen beim Discounter und 67 % der Nicht-Preissensitiven beim Vollsortimenter (vgl. Becker & Connor 1982, S. 23). Aus diesen Ergebnissen schließen Becker & Connor (1982, S. 23), dass Werte die Einstellung zu Preisen als Attribut von Geschäften beeinflussen, und diese Einstellung ihrerseits Auswirkungen auf die Geschäftswahl hat. Warum hier nicht der direkte Weg von Werten zur Geschäftswahl – untersucht und – genommen wird, erläutern die beiden Autoren nicht.

2.3.2 Personelle und organisationale Gesichtspunkte

Werte finden aber nicht nur im Konsumbereich Anwendung, sondern sind auch im organisationalen Kontext (z.B. für die Ausgestaltung des Verhältnisses eines Vorgesetzten zu seinen Mitarbeitern) relevant (vgl. Munson 1984, S. 26ff und die weiteren dort aufgeführten Beispiele). Diesbezüglich werden Werte, infolge einer veränderten Bedeutung von Leistung im Beruf sowie verstärkter Selbstentfaltungs- und Partizipationsbestrebungen, für die Personalführung in Unternehmen – insbesondere bei Veränderungsmaßnahmen – diskutiert (vgl. Rosenstiel 1984; 1986), weil der Mitarbeitermotivation eine zentrale Bedeutung beigemessen wird und Fluktuationen von Mitarbeitern aufgrund deren hoher Kosten zu vermeiden sind (vgl. Rosenstiel & Stengel 1987a; 1987b und Willmanns et al. 2006).
Wenn die Wert-Haltungen bestimmter Personengruppen im interkulturellen Vergleich fokussiert werden, lässt sich diese Fragestellung auch wieder mit einem Standardinstrument (RVS; siehe Abschnitt 2.1.4.2.4) oder anhand einer spezifischen Neuentwicklung eines entsprechenden Inventars bearbeiten.
In einer Studie von Coombs-Richardson & Tolson (2005, S. 263ff) steht der Aspekt, wie gut sich ein Individuum (Lehrer) anhand seiner Wert-Orientierung in einen organisationalen Rahmen einfügt, im Vordergrund. Lehrpersonen fungieren außerdem als Multiplikatoren von

Werten im Rahmen der Sozialisation von heranwachsenden Mitgliedern der Gesellschaft, wobei zu klären ist, welche Werte diesen beigebracht werden sollen (vgl. Coombs-Richardson & Tolson 2005, S. 264)? Dabei spielt angesichts der zunehmenden Globalisierung auch die interkulturelle Kommunikation eine immer wichtigere Rolle, und damit das Verständnis für die Wert-Orientierung in anderen Ländern (vgl. Coombs-Richardson & Tolson 2005, S. 265). Vorliegend wird der RVS in seiner ursprünglichen Form (Ranking) eingesetzt, und ergibt neben vielen Gemeinsamkeiten („familiy security" als wichtigster Wert und „obedience" als unwichtigster instrumenteller Wert) auch einige Unterschiede (größere Bedeutung für „salvation" und „national security" in den USA und stärkere Betonung von „broadminded" in Australien) in den Wert-Orientierungen der Lehrer beider Länder (vgl. Coombs-Richardson & Tolson 2005, S. 265ff).

2.3.3 Weitere Anwendungsbereiche

Hitlin & Piliavin (2004, S. 379) führen aus, dass Werte (aus soziologischer Sicht) – neben den bereits in diesem Kapitel thematisierten Feldern – auch eine wichtige Position in den angewandten Bereichen Altersforschung (vgl. Kane & Degenholtz 1997), Wirtschaft (vgl. Scott 2000; 2002) und Gesundheitswesen (vgl. Karel 2000) einnehmen.
Für das Freizeitverhalten haben Daigle et al. (2002) eine schriftliche Befragung zum Vergleich von Überzeugungen, Einstellungen (gemessen über Fragen die aus der Theorie des geplanten Verhaltens von Ajzen (1991) abgeleitet waren) und Werten (SVS) bei unterschiedlichen Gruppen von Freizeitbeschäftigungen in der Natur (Jagen, Wildtiere beobachten und andere Outdoor-Aktivitäten) durchgeführt. Die generellen Wert-Haltungen der drei Gruppen (Jäger, Wildtierbeobachter und andere Outdoor-Aktivisten) zeigen, dass Wildtierbeobachter etwas stärker auf das Wohl anderer achten und offener für Veränderungen sind, während Jäger eher Selbst-Erhöhung und konservative Ideale hoch schätzen und die übrigen Outdoor-Aktivisten zwischen diese beiden Gruppen fallen. Damit können Divergenzen zwischen den Überzeugungen und Einstellungen in den drei Gruppen durch die Heranziehung der Wert-Haltungen teilweise erklärt werden, und fallen konsistent zu den Ergebnissen anderer Studien, die sich mit konsumtiven und nicht-konsumtiven Freizeitverhalten beschäftigen (vgl. beispielsweise Zwick & Solan 1996), aus.
Dass Werte auch supranational eine bedeutende Rolle spielen können, verdeutlichen Blumenwitz et al. (2005, S. 5f) in ihrem Sammelband, in dem die Problematik der Europäischen Union als Werte-Gemeinschaft unter der Perspektive des Beitritts der postkommunistischen Länder (z.B. Rumänien und Bulgarien am 01.01.2007) und des potenziellen Beitritts der Türkei erläutert wird. Die Fragestellung bezieht sich auf ein mögliches Untergraben der bisherigen kulturellen Basis der EU durch die neu eingegliederten und noch zu integrierenden Staaten, denn „Europa ist nicht nur ein geographischer Begriff, nicht nur eine Gemeinschaft der Politik, der Wirtschaft und des Marktes" genau so wenig wie es nur schwer vorstellbar ist, dass die bisherige „Gemeinschaft sich damit begnügt, ein gigantischer „Euro-Supermarkt" zu werden" (Blumenwitz et al 2005, S. 6).

2.4 Vorliegend nicht behandelte Aspekte im Zusammenhang mit Werten

Eine weitere in der Literatur diskutierte Facette von Werten betrifft den Wert der eigenen Person: Was bin ich (mir/anderen) wert? Wann habe ich mich in meinem bisherigen Leben als wertvoll erlebt / erfahren? Diesem Themenkomplex widmet sich beispielsweise die Arbeit von Becker (2005), die das Werterleben von Personen im Laufe ihres Lebens anhand der Methode „Persönliche Gespräche" (vgl. Langer 2000) empirisch erhebt.
Die Gespräche mit den Untersuchungsteilnehmern werden dabei in einer personenzentrierten, den Gesprächspartner begleitenden Art und Weise geführt, bei der nach einer Eingangsfrage vollständig und offen geantwortet werden kann, wobei Nachfragen nur dann gestellt werden, wenn es zur genaueren Einordnung einer Aussage unumgänglich ist (vgl. Becker 2005, S. 77).

Anschließend werden die protokollierten Interviews verdichtet und themenbezogene Aussagen formuliert, die sich aus dem Gespräch im Hinblick auf die Forschungsfrage ableiten lassen (vgl. Becker 2005, S. 80).
Neben dem Überblick bezüglich vielfältiger Situationen und Erlebensbereiche, in den Menschen sich wertvoll gefühlt haben, können als Ergebnis der Arbeit von Becker (2005, S. 326f) folgende sechs übergeordnete Aussagen zum Wert-Erleben generiert werden: (1) Wichtigkeit von Bezugspersonen und -gruppen; (2) Spüren eigener Leistung, Autonomie, Kompetenz und Wirkmächtigkeit im Beruf, Studium oder Schule verbunden mit der Einschätzung eines sinnvollen eigenen Handelns; (3) Qualität zwischenmenschlicher Beziehungen im Arbeits- und Freizeitbereich; (4) Mögliche religiöse Dimension; (5) Achtsamer und bewusster Umgang mit sich selbst und (6) Eigene Körperlichkeit und Privatsphäre. Diese Methode wäre sicherlich auch geeignet Wert-Orientierungen von Personen zu erheben, muss aber den qualitativen Verfahren (siehe Abschnitt 2.2.1.1) zugerechnet werden und ist für den Einsatz in einer quantitativen Online-Erhebung nicht brauchbar.
Auch das viel diskutierte Thema Werte-Wandel (vgl. beispielsweise Hillman 2003, S. 187ff und Halman et al. 2008, S. 3ff) spielt vorliegend keine Rolle, und wird nur randständig bei der Vorstellung des Instruments von Inglehart (1977) im Rahmen der Vergleichsstudien von Ranking und Rating (siehe Abschnitt 2.2.2.4.1) berücksichtigt. Grundsätzlich können sich nach Williams (1979, S. 31f) Werte auf zehn möglichen Wegen verändern: (1) Neukreierung (2) Abrupte Zerstörung (3) Stetige Abschwächung (4) Ausweitung (5) Ausarbeitung (6) Spezifizierung (7) Begrenzung (8) Explikation (9) Konsistenz und (10) Intensität. Wie aus dieser Aufstellung ersichtlich, würde die Berücksichtigung des Wandels von Werten eine Erhebung zu mindestens zwei Zeitpunkten erforderlich machen, die im Rahmen der vorliegenden methodisch orientierten Studie nicht zu bewerkstelligen war, so dass auf diesen Themenbereich komplett verzichtet wurde.
Weil Werte sowohl psychologische als auch soziologische Konzepte darstellen, kann ebenso von kulturellen, sozialen, institutionellen, organisationalen und Gruppen-Werten auf der einen Seite sowie individuellen Werten auf der anderen Seite gesprochen werden (vgl. Rokeach 1979b, S. 50f). Wenn individuelle Werte also sozial geteilte kognitive Repräsentationen persönlicher Bedürfnisse und Mittel diese zu befriedigen darstellen, sind institutionelle Werte sozial geteilte kognitive Repräsentationen institutioneller Ziele und Anforderungen. Damit machen individuelle und institutionelle Werte aber nur die beiden Seiten derselben Münze aus (vgl. Rokeach 1979b, S. 50f).
Die Messung institutioneller Werte kann nach Rokeach (1979b, S. 53ff) über Inhaltsanalysen, die individuellen Werte institutioneller Gatekeeper, die individuellen Werte spezieller Kunden der Organisation, die wahrgenommenen Werte der Institution aus Sicht der Gatekeeper sowie die perzipierten Werte aus der Sicht gewöhnlicher Kunden, vorgenommen werden, wobei Rokeach (1979b) davon ausgeht, dass individuelle und institutionelle Werte substanziell ähnlich sind, und die Letztgenannten einen wichtigen Faktor für die Determinierung der individuellen Werte ausmachen sowie ebenfalls hierarchisch organisiert.
Vorliegend wurde darauf geachtet persönliche Werte zu erheben und beispielsweise nicht die Werte der Online-Community, die in der Satzung oder Hausordnung dokumentiert sind (siehe Abschnitt 3.5).
Ein nicht unwesentliches Problem stellen Werte sicherlich auch bei Personen mit einem Migrationshintergrund (vgl. Statistisches Bundesamt 2008) dar, denn diesbezüglich dürften sowohl die Werte des Herkunftslandes als auch des aktuellen Aufenthaltslandes relevant sein, die durchaus konfliktär[107] zueinander stehen können (vgl. zu diesem Aspekt beispielsweise die Ausführungen in Feather (1979, S. 97ff).

---

[107] Die Themenbereiche Werte-Konflikte und Werte-Ambivalenzen bleiben ebenfalls ausgeklammert (vgl. dazu beispielsweise den Band von Röttgers & Koslowski 2002).

Vorliegend steht allein die messtechnische Erfassung von Werten im Vordergrund, wobei sich die empirische Erhebung auf eine Querschnittsbetrachtung beschränkt, so dass die Werte von Personen zu einem bestimmten Zeitpunkt fokussiert werden. Wie es bei den Teilnehmern zu der letztendlich geäußerten Wichtigkeitseinschätzung gekommen ist, d.h. welche Sozialisationsprozesse (vgl. z.B. in Bezug auf den schulischen Einfluss Taylor 2006) hier wirksam waren, ist ebenfalls nicht Gegenstand der vorliegenden Ausführungen, genauso wie Werte bestimmter Lebensbereiche (z.B. Arbeitswerte; vgl. Schwartz 1999) und die kulturellen Dimensionen von Hofstede (2001).

3 Methodische Gesichtspunkte bei Erhebungen

Im Gegensatz zu den in Abschnitt 2.2 behandelten speziellen Problemen bei der Messung von Werten, stehen nachfolgend vorrangig allgemeine methodische Gesichtspunkte im Fokus, die allerdings an manchen Stellen auch generelle messtechnische Bereiche tangieren.
Prinzipiell haben wohl die meisten Autoren, die sich mit der Beantwortung von Fragen in empirischen Untersuchungen befassen, ein bestimmtes Modell im Kopf, das das Verhalten der Befragten abbildet. Es wird beispielsweise implizit vorausgesetzt, dass die Befragten das Item korrekt verstanden und vergleichbar mental repräsentiert haben (vgl. Helfrich 1986, S. 179). Hier können z.B. kognitive und/oder motivationale Gesichtspunkte eine Rolle spielen. Im Allgemeinen nehmen die Urheber einer Umfrage an, dass die Antworten der Befragten akkurat sind, also nach bestem Wissen und Gewissen gegeben wurden und wahren Tatsachen entsprechen – gleichfalls wird erwartet, dass im Falle fehlender Information, dies von den Umfrageteilnehmern ebenfalls mitgeteilt wird (vgl. Beatty & Herrmann 2002, S. 71). Nichtsdestotrotz werden übereinstimmende Antworten von zwei Befragten nur selten auch wirklich identische Informationshintergründe repräsentieren, sondern die eine Person denkt vielleicht sehr intensiv über ihre Antwort nach, und versucht alle relevanten Aspekte zu bedenken und einzubeziehen, während ein anderer Teilnehmer nur eine sehr grobe Abschätzung vornimmt. Die Annahme, dass alle Antworten das gleiche Qualitätsniveau besitzen und einen Anteil „wahren“ Wissens wiedergeben, ist in diesem Zusammenhang eine unzulässige Vereinfachung (vgl. Beatty & Herrmann 2002, S. 71).
Bei der Beantwortung von Fragebogen-Items ist nach Schneider-Düker & Schneider (1977, S. 288) davon auszugehen, dass diese vom Individuum an eigene Denkschemata assimiliert, d.h. individuell interpretiert, werden.[108]
Nach Ostrom et al. (1992, S. 297) beantworten Personen Umfrage-Items nicht einfach passiv – so als ob sie eine Antwort in einem Lexikon nachschlagen würden – sondern sie formen aktiv kognitive Repräsentationen über die Umfrage und den konkret abgefragten Sachverhalt, die als Leitlinien zur Antwortabgabe dienen.
Obwohl viele Befragte nicht fähig sind, einige der kognitiven Prozesse höherer Ordnung, die sie routinemäßig bei der Beantwortung von Umfrage-Items einsetzen, akkurat zu beschreiben, geschweige denn ihre Existenz wahrzunehmen, bedeutet dies natürlich nicht, dass man aus Forschersicht dieses Problemfeld ausblenden kann (vgl. Nisbett & Wilson 1977, S. 233ff und Callegaro 2005, S. 26).
Außerdem wird man eine Befragungssituation nicht mit einer normalen Konversation (siehe hierzu aber Abschnitt 3.2.2.5) gleichsetzen können, denn der erstgenannte Fall ist eine spezielle Ausprägung eines Dialogs, weil dort ein bestimmtes Ziel verfolgt wird, eine spezifische

[108] Um diese Prozesse (Selektion und Inferenz) zu prüfen, mussten die Probanden bei Schneider-Düker & Schneider (1977, S. 288f) ein Item zunächst laut vorlesen, anschließend eine Ablenkungsaufgabe bearbeiten und danach das Item reproduzieren und beantworten. Dabei erfolgen 40,6 % der Itemreproduktionen vollkommen korrekt, 2,7 % werden völlig vergessen und 56,7 % verändert wiedergegeben, wobei ein offensichtlicher positiver Zusammenhang mit der Itemlänge und der Silbenzahl besteht, d.h. je länger ein Item ist (je mehr Silben es enthält), desto mehr Intrusionen (Umformulierung und Einfügung neuer Wörter; vgl. Wintermantel 1973) treten auf (vgl. Schneider-Düker & Schneider 1977, S. 289f).

Struktur zugrunde liegt und charakteristische Regeln gelten (vgl. Bradburn 1992, S. 315). Bei der Analyse der Konversationsaspekte ist allerdings keine alleinige Fokussierung auf die Besonderheiten der Befragungssituation zu legen, weil ansonsten die Gemeinsamkeiten mit anderen Konversationssituationen ignoriert und entsprechende Erkenntnisse keine Beachtung erfahren würden (vgl. Bradburn 1992, S. 315). Im vorliegenden Zusammenhang ist diesbezüglich außerdem zu beachten, dass eine (schriftliche und selbst auszufüllende) Online-Befragung durchgeführt wird, in der kein Interviewer zugegen ist.

3.1 Modelle zum Antwortverhalten in Befragungssituationen

Diese Prozessabbildungen bilden den Rahmen, um Anhaltspunkte dafür zu finden, welche unterschiedlichen Einflüsse die Messergebnisse spezifizieren. Hier steht im Wesentlichen der Ablauf bei der eigentlichen Beantwortung von Umfrage-Items im Vordergrund, d.h. die Entscheidung überhaupt an einer Erhebung zu partizipieren (vgl. Groves et al. 1992, S. 475ff), wird vorliegend weitgehend außen vor gelassen. Die Option eine einzelne Antwort zu verweigern (Item-Nonresponse) wird nur am Rande diskutiert (siehe Abschnitt 3.1.1.10), weil diese Freiheit in der vorliegend referierten Untersuchung nicht gegeben war (siehe Abschnitt 4.3).
Obwohl die Umfrageteilnehmer – über die erhobenen Angaben hinaus – nicht weiter zu charakterisieren (hinsichtlich Involvement, Satisficing, etc.) sind, ist grundsätzlich davon auszugehen, dass sie keine passiven, statischen Mehrkomponentenmaschinen sind, sondern als aktive, dynamische organische Systeme anzusehen sind, die mit allen Freiheiten ausgestattet sind, also beispielsweise auch inkonsistente Antworten geben und eine Satisficing Strategie beim Antwortverhalten anwenden können (vgl. Esposito & Jobe 1991, S. 543).
Weil jedes Verhalten in einen speziellen Kontext eingebettet ist (vgl. Bronfenbrenner 1977), erfolgt auch die Beantwortung von Umfrage-Items nicht im luftleeren Raum, sondern vor einem ganz speziellen situativen Hintergrund, der aber sehr schwer adäquat zu beschreiben ist (vgl. Esposito & Jobe 1991, S. 538).
Nach Tourangeau et al. (2000, S. 4) sind die anfänglichen Modelle zum Antwortprozess in Umfragen von den „Psychometricians" (Thurstone, Guttman, Likert, etc.) entwickelt worden, die ersten systematischen Techniken zur Einstellungsmessung erforschten, um bei einer Person die Stärke ihrer persönlichen Überzeugung von einer Meinung zu erheben.
Im Rahmen des Prozesses ist mit Schnell (1986, S. 30) allerdings zunächst einmal die Motivation der Befragten zu klären, überhaupt auf eine Frage zu antworten,[109] denn diesbezüglich gibt es in der Literatur kaum befriedigende Erklärungen (vgl. aber die Ausführungen bei Lansing et al. 1961, S. 188ff). Dillman (1978, S. 12ff) versucht eine austauschtheoretische Begründung über Kosten und Nutzen (siehe dazu auch Abschnitt 3.1.1.5), während Esser (1983, S. 60) den Entschluss zur Meinungsäußerung als Folge eines generalisierten Verhaltensstils versteht. Als weitere Faktoren, die positiv auf die Bereitschaft zur Beantwortung von Fragen wirken, lassen sich z.B. Bedürfnisse der Selbstpräsentation (siehe Abschnitt 3.2.2.1), Reziprozitätsnormen und Konsistenzneigungen (siehe Abschnitt 3.2.2.3) aufzählen (vgl. Schnell 1986, S. 31), wobei derartige „Deutungen" aber die Frage nach den „wahren" Ursachen kaum klären können. Neben der Motivation spielen auch kognitive Faktoren bei der Beantwortung eine Rolle, d.h. die prinzipielle Fähigkeit des Befragten, die an ihn gerichtete Frage überhaupt zu „verstehen" und die Existenz[110] der gewünschten Information (vgl. Callegaro 2005, S. 5 und Schnell 1986, S. 31).

---

[109] Davor müsste allerdings erst geklärt werden, warum Befragte eigentlich an Erhebungen teilnehmen, denn dies dürfte auch einen nicht unerheblichen Einfluss auf die nachfolgende Beantwortung der einzelnen Items haben (vgl. z.B. Groves et al 1992).

[110] Letztendlich kann eine Antwort allerdings auch erst aus existierenden Teilkomponenten zusammengesetzt werden, wenn beispielsweise bei Einstellungsfragen eine Abwägung der verfügbaren Meinungsbestandteile vorgenommen wird, die dann zu einer – vorher noch nicht explizit im kognitiven System präsenten – Antwort aggregiert werden (siehe Abschnitt 3.1.1.3).

Weiterhin ist zu bedenken, dass das individuelle Antwortverhalten eines Teilnehmers, für den an bestimmten Informationen interessierten Urheber der Umfrage, nicht ersichtlich ist, da es sich um Prozesse handelt, die verborgen auf der kognitiven Ebene im Individuum ablaufen. Diesbezüglich hat sich bereits McGee (1967, S. 26ff) mit den Determinanten der Antwort auf eine Frage auseinandergesetzt, und sechs mögliche Aspekte eruiert: (1) Zufall, (2) Stimulusvariablen, (3) verfügbare Antwortalternativen, (4) bruchstückhafte vorangegangene Antworten (fractional antedating responses), (5) Variablen innerhalb der Antwortperson und (6) Artefakte des Tests.

Jede Antwort auf eine Frage kann zufällig erfolgen, d.h. ohne langes Nachdenken wird einfach irgendeine der verfügbaren Antwortalternativen ausgewählt. In diesem Fall dürften die oben angesprochenen motivationalen Faktoren (z.B. Incentives, Fragebogenlänge, perzipierte Redundanzen, Stimmigkeit der Fragen mit dem Thema oder Überschreiten einer Intimitätsgrenze) eine wichtige Rolle spielen, aber auch Dinge wie Zeitdruck (vgl. Hornik 1981, S. 243ff) können relevant sein. Die bei McGee (1967) unter (2) genannten Stimulusvariablen (die Reaktion ist allein auf den Iteminhalt bezogen), sollten die eigentliche Antwortquelle sein, an der sich die befragten Personen orientieren (siehe hierzu aber die empirischen Ergebnisse von Schneider-Düker & Schneider 1977 in Abschnitt 3.1.2.2.2.4). Je stärker dies zutrifft, desto weniger Antwortverzerrungen (siehe Abschnitt 3.2) sind zu erwarten. Oftmals sind Items allerdings ambivalent oder anderweitig „problematisch" formuliert,[111] so dass ihr Inhalt nicht eindeutig zu erschließen ist und verschiedene Personen zu unterschiedlichen (in ihren Augen inhaltlich korrekten) Schlussfolgerungen gelangen, die hingegen nicht unbedingt der vom Forscher intendierten Auslegung entsprechen müssen (vgl. Turner & Martin 1984, S. 279).[112]

Der vierte Punkt spricht den Aspekt an, dass mindestens zwei Antworten auf ein Item gegeben werden, eine kognitive – bezogen auf den Frageninhalt – und eine an das jeweils vorliegende Antwortformat angepasste „motorische" Reaktion. Daneben sind aber noch weitere Antwortbestandteile denkbar, z.B. emotionale (siehe Abschnitt 3.1.1.9) – insbesondere bei tabuisierten Umfragethemen.[113] Mit den Subjekt-Variablen sind nach McGee (1967) Gesichtspunkte wie Ängstlichkeit (führt möglicherweise zu einem Milde-Stil), Bedürfnis nach Bestätigung, Autorität und kognitive Leistungsfähigkeit angesprochen. Weiterhin kann auch ein Einfluss einer Frage auf den subjektiven Zustand des Teilnehmers gegeben sein, denn jedes Item selbst enthält bestimmte Informationen die dazu führen können, dass spezielle Überzeugungen oder Intentionen aktiviert werden, die mit alternativen Formulierungen nicht hervorgerufen worden wären (vgl. Turner & Martin 1984, S. 279f).

Der Artefakt-Faktor, d.h. die Erhöhung oder Verminderung von Antworthäufigkeiten durch beispielsweise die Reihenfolge der Fragen (siehe Abschnitt 3.3.2.1) oder Zeitdruck, spiegelt sich u.a. in der Forschung zur Akquieszenz (siehe Abschnitt 3.2.2.2.1) wider. So steigt z.B. die Tendenz, Items zu bejahen, mit zunehmendem Zeitdruck, d.h. je weniger Zeit dem Befragten zur Verfügung steht, desto eher wird eine zustimmende Antwort gegeben (vgl. McGee 1967, S. 24f).

---

111 Auf Seiten der Befragten können vor allem durch bestimmte Formulierungen unterschiedliche Assoziationen ausgelöst werden, wie das Beispiel bei Loftus & Palmer (1974, S. 586f) zeigt, die signifikant höhere Geschwindigkeitsschätzungen erzielen, wenn bei der Beschreibung eines Unfalls der Terminus „smashed" an Stelle von „collided", „bumped", „hit" oder „contacted" verwendet wird. Auch die grammatikalische Struktur eines Satzes in aktiver oder passiver Formulierung hat sowohl Auswirkungen auf die Gedächtnis-, als auch die Inferenzprozesse (vgl. Turner & Martin 1984, S. 284).

112 Prinzipiell steht bei diesem Aspekt die Minimierung der Fehlervarianz der Antworten im Vordergrund.

113 Mit dieser Taxonomie geht McGee (1967) bereits auf die „Vorantworten" in den kognitiven Modellen zur Antwortgenerierung ein (siehe Abschnitte 3.1.1.2 bis 3.1.1.4), d.h. es wird keine direkte Verbindung Frage-Antwort angenommen, sondern die Ausformung der Antwort erfolgt in Teilschritten, bis zum Schluss eine Entscheidung für eine der aktuell als „passend" eingestuften Antwortmöglichkeiten, z.B. die Abgabe einer sozial erwünschten und nicht der inhaltlich besten Antwort, erfolgt (vgl. Schönpflug 1972, S. 168).

Eine weitere, in diesem Zusammenhang zu berücksichtigende, Variable stellt die Differenzierung nach der Erhebungsmethode (siehe Abschnitt 3.1.4) dar, denn in Face-to-Face-Interviews liegt sicherlich ein anderes Antwortverhalten (Interviewer anwesend, soziale Situation, Möglichkeiten zur Nachfrage, etc.; vgl. dazu beispielsweise Reinecke 1991, S. 58ff, der sowohl ein handlungs- als auch einstellungstheoretisches Modell prüft) vor als in telefonischen Befragungen oder bei vom Probanden selbst auszufüllenden Fragebögen (Off- und Online – Anonymität; vgl. Faira & Dickinson 1996, S. 66f). Darüber hinaus kann auch die Anwesenheit dritter Personen (Partner, Kinder etc.) einen Einfluss auf die Antwortabgabe des Befragten ausüben (vgl. Diekmann 1995, S. 401f).
Weiterhin dürfte der Fragentyp eine beachtenswerte Rolle beim Antwortprozess spielen. Dabei ist zunächst nach offenen und geschlossenen Fragen zu unterscheiden, aber ebenso nach Fakten- und Einstellungsfragen (siehe Abschnitt 3.1.2). Obendrein tritt ein Item selten isoliert auf, sondern ist Teil des gesamten Erhebungsinstruments, und wird deswegen wohl auch im Lichte der vorher bereits beantworteten Fragen wahrgenommen und interpretiert (siehe Abschnitt 3.3).
Nach Ericsson & Simon (1984) – die kognitive Prozesse über eine Protokollanalyse (siehe Fußnote 134 auf Seite 174) erhoben haben – erschweren verschiedene Konstellationen die Abgabe zuverlässiger Antworten in Umfragesituationen, die (leider) auch bei der Erhebung von Werten eine Rolle spielen. So sind introspektive Angaben besonders dann wenig zuverlässig, wenn sie interne Zustände betreffen, d.h. wenn die Personen derartige Sachverhalte im alltäglichen Leben gar nicht – oder nur sehr beschränkt – berücksichtigen (vgl. Turner & Martin 1984, S. 299). Außerdem erschweren globale Aussagen, bei denen es erforderlich ist über eine ganze Reihe von Situationen und Erfahrungen zu generalisieren und interpretieren, zuverlässige Angaben (vgl. Turner & Martin 1984, S. 299). In diesen Fällen sind Befragte gezwungen, über ihre eigenen mentalen Prozesse zu spekulieren (vgl. Ericsson & Simon (1984).
Auch Louviere (2006, S. 184) – der sich schwerpunktmäßig mit diskreten Wahlen beschäftigt – betont die Wichtigkeit und Fruchtbarkeit der theoretischen Fundierung der Datengenerierungsprozesse von Individuen, und sieht in seinem Best-Worst-Scaling (siehe Abschnitt 2.2.4.2.4) einen diesbezüglichen Beitrag. Ob man hier allerdings (überhaupt oder bereits) von einer Theorie sprechen kann, muss noch geklärt werden, zumal er die bisher vorliegenden Modelle des Befragtenverhaltens gar nicht erwähnt. Er spricht lediglich davon, dass die Bestimmung der besten und schlechtesten Alternative aus einer Liste für die Befragten eine kognitiv relativ leicht zu bewerkstelligende Aufgabe ist (vgl. Louviere 2006, S. 184). Dessen ungeachtet fordert er die Forscher auf, bei der Auswahl diskreter Optionen aus Listen mehr auf die dabei ablaufenden Prozesse zu achten, und nicht mechanische Datenanalyse zu betreiben (vgl. Louviere 2006, S. 184). Dem wird vorliegend durch den Einbezug der Antwortmodelle Rechnung getragen.
Daneben zweifelt Louviere (2006, S. 185) auch die Notwendigkeit immer komplexerer statistischer Auswahlmodelle zur Lösung der empirischen Fragen im Bereich der diskreten Entscheidungsfindung an, und setzt demgegenüber stärker auf verhaltenstheoretische Erkenntnisse, um Modelle und empirische Analysen voranzutreiben.
Da derzeit nur feststeht, dass McCarty & Shrum (1997; 2000) die angesprochenen Effekte (geringere Mittelwerte und höhere Standardabweichung beim Rating von Werten; siehe Abschnitt 2.2.3) mit ihrem Vorgehen hervorgerufen haben – die Autoren selber bieten für die aufgetretenen Daten keinen Erklärungsansatz an – erscheint es sinnvoll und wichtig, den Antwortprozess modellhaft abzubilden, weil ein derartiges Vorgehen hilfreich ist, mögliche Anknüpfungspunkte für den Aufschluss der Funktionsweise zu finden (vgl. Japec 2002, S. 1621). Um diesbezüglich von den bisher vorgestellten Antwortmodellen zu profitieren, werden auch die – an dieser Stelle eigentlich nur zweitrangigen – Ansätze zur Bearbeitung von autobiografischen Fakten- und Wissensfragen einbezogen, weil es zum einen durchaus

vorstellbar ist, dass die Befragten die persönliche Wichtigkeit von Werten auch an der bisherigen Beschäftigung mit ihnen festmachen und zum anderen ein möglichst umfassender Überblick gegeben werden soll, um zukünftige Forschungsansätze auf diesem Gebiet zu erleichtern.
Dementsprechend werden zunächst diejenigen Modellansätze vorgestellt, die als fragenunabhängig einzustufen sind (siehe Abschnitt 3.1.1), bevor eine Differenzierung nach autobiografischen Fakten- und Wissensfragen (siehe 3.1.2.1) sowie Items zur Erhebung von Einstellungen (siehe 3.1.2.2) vorgenommen wird. Im Weiteren erfolgt noch die Berücksichtigung der Anzahl an Fragen, die durch den jeweiligen Ansatz erfasst werden sollen (siehe 3.1.3), um letztendlich ein Antwortmodell für den vorliegenden spezifischen Erhebungsmodus zu spezifizieren (siehe 3.1.4).

3.1.1 Übergreifende Modelle

In der Forschung (vgl. Schwarz & Sudman 1996; Sirken et al. 1999; Sudman et al. 1996 und Tourangeau 1984) sind mittlerweile viele Erkenntnisse über die kognitive Komplexität der Aufgabenstellung, ein Item in einer Umfrage zu beantworten, generiert worden. Außerdem hat eine Bewusstseinsschärfung für die Annahme stattgefunden, dass Antwort nicht gleich Antwort ist – d.h. die Mutmaßung, dass alle substanziellen Antworten das gleiche Qualitätsniveau aufweisen und einen wirklichen Wissensstand reflektieren, ist zu einfach und so nicht haltbar (vgl. Beatty & Herrmann 2002, S. 71). Dementsprechend ist es wichtig, potenzielle Schwachstellen in Erhebungsinstrumenten aufzuspüren, was anhand einer modellhaften Abbildung geleistet werden kann.
Vorliegend werden zuerst diejenigen Ansätze diskutiert, die sich nicht auf einen speziellen Frageninhalt (Fakten oder Einstellungen) beschränken, sondern quasi „universellen" Charakter aufweisen. Dabei wird in Anlehnung an Callegaro (2005, S. 6) eine chronologische Darstellung verfolgt, um die Entwicklungsschritte auf dem Gebiet verdeutlichen zu können.

3.1.1.1 Der wahrnehmungsorientierte Ansatz von Getzels (1954)

Getzels (1954, S. 80ff) bemängelte seinerzeit, dass es zwar eine Reihe von Veröffentlichungen gibt, die sich den Aspekten der Fragenformulierung, Stichprobenziehung und Antwortauswertung widmen, aber der essentielle psychologische Prozess der Frage-Antwort-Interaktion innerhalb einer befragten Person nur wenig Aufmerksamkeit erfährt. Vereinfacht ausgedrückt wird eine Frage gestellt und die Antwort der Person in eine bestimmte Richtung – im Rahmen der Einstellungsforschung beispielsweise als Unterstützung einer bestimmten Position – interpretiert (siehe dazu auch Abbildung 32 auf Seite 193), ohne zu hinterfragen, was exakt die Antwort widerspiegelt, d.h. welcher Anteil einfach nur eine spontane Reaktion repräsentiert, welches Ausmaß beispielsweise die Verteidigung der eigenen Persönlichkeit ausmacht und inwieweit die Anforderungen der spezifischen Befragungssituation einen Einfluss ausgeübt haben (vgl. Getzels 1954, S. 80f).
Sein Vorgehen orientiert sich an Erkenntnissen der Wahrnehmungsforschung (Reaktion auf einen visuellen Stimulus; vgl. Bruner & Postman 1948) und nimmt einen drei-stufigen Zyklus an. Beginnend mit einer existierenden Hypothese über den betrachteten Gegenstand – d.h. Personen gehen nicht unvoreingenommen in eine derartige Situation – wird mit der Informationsaufnahme aus der Umgebung fortgefahren, bevor am Ende eine Kontrolle oder Bestätigung der aufgenommenen Information erfolgt, d.h. die Einschätzung hinsichtlich ihrer Kongruenz mit der bestehenden Hypothese (vgl. Getzels 1954, S. 82).
Antwortprozesse auf Fragen gehen – analog zur Wahrnehmung – ebenfalls von einer bereits existenten Hypothese bezüglich des Befragungsgegenstandes bei den Personen aus, d.h. wenn ein Befragter antwortbereit ist, ist er dies in einer vorgegebenen Art und Weise (vgl. Getzels 1954, S. 82f). Dabei kann allerdings nicht von einer Antwort „auf Knopfdruck" (stelle eine Frage und bekomme die Antwort) ausgegangen werden, sondern eine Frage ist immer auch in

einen Kontext (siehe Abschnitt 3.3) eingebettet (oder wird vom Befragten dahin assimiliert) und eine Antwort in eine Antwortperson (vgl. Getzels 1954, S. 83). Die erste Stufe des Frage-Antwort-Prozesses nach Getzels (1954, S. 83ff) setzt an der Hypothese der befragten Person an, und betrifft ihre innere Reaktion (z.B. erröten oder stammeln), aus der sich unter Berücksichtigung der Situation, Fragestellung und spezifischen individuellen Motivation eine Antwort ergibt. Dementsprechend wird die „Hypothese" der befragten Person – die ihre unmittelbare Reaktion kennzeichnet – an die Erfordernisse der Situation angepasst, um im Falle sozial „besetzter" Gegenstände (die eine starke Bindung an „falsche" oder „richtige" Antworten aufweisen; siehe Abschnitt 3.2.2.1) eventuell nicht ungefiltert geäußert zu werden, sondern im Lichte der Erfordernisse, aus denen heraus die Frage gestellt wurde (vgl. Getzels 1954, S. 83). Dieser Abgleich findet auf der zweiten Stufe statt, d.h. hier erfolgt eine Assimilation des aufgeworfenen Stimulus an den situativen Kontext indem die angestoßene Hypothese hinsichtlich der Situationsanforderungen geprüft wird. Auf der dritten und letzten Stufe wird dann die Antwort des Befragten in einer Art und Weise gegeben, die es ihm ermöglicht, ohne „Schaden" aus der Situation herauszukommen (vgl. Getzels 1954, S. 83).

Situation	Therapeutisches Interview	Meinungsumfrage	Einstellungsgespräch
Kontext:	Freizügig: Es sind keine negativen Sanktionen zu befürchten	Herausfordernd: Der Fragesteller hat offensichtlich keine Probleme, fremde Leute anzusprechen	Eigeninteresse: Ein Werturteil wird gefällt
Antwort:	„Fremde Personen rufen bei mir Gefühle der Nervosität und Minderwertigkeit hervor"	„Kommt auf die fremde Person an"	„Fremde Personen stellen für mich kein Problem dar, ich treffe gerne neue Leute"

Abbildung 18: Beispiel für an den Situationskontext angepasstes Antwortverhalten nach Getzels (1954, S. 84)

Aus diesem Modell ergibt sich, dass eine Antwort nicht unbedingt auf der Motivation beruht, die der Fragesteller eigentlich intendiert hat – also eine umfassende, erschöpfende und den Sachverhalt absolut zutreffend beschreibende Reaktion – denn es besteht für einen Interviewten überhaupt keine Notwendigkeit, sich zu „entblößen" (vgl. Getzels 1954, S. 83f). Illustrieren lassen sich diese Gedankengänge anhand der folgenden Beispielfrage „Wie gerne treffen Sie mit Ihnen fremden Personen zusammen?", auf die ein Befragter die interne Hypothese „Fremde Personen rufen bei mir Gefühle der Nervosität und Minderwertigkeit hervor!" aktiviert (vgl. Getzels 1954, S. 84). Die konkret gegebene Antwort könnte dann aber situationsspezifisch so ausfallen, wie in Abbildung 18 verdeutlicht:

Das aufgestellte Modell wird durch Forschungsergebnisse zu den Auswirkungen von Interviewercharakteristiken (z.B. Ethnie; vgl. Katz 1942, S. 248ff), normativen Erwartungen (z.B. patriotisches Verhalten; vgl. Hyman 1944, S. 557) und dem Einfluss des generellen situativen Kontexts (z.B. eine Zustimmung in einem vertraulichen oder offiziellen Gespräch äußern; vgl. Schanck 1932, zitiert nach Getzels 1954, S. 87) untermauert (vgl. Getzels 1954, S. 85ff). Zusammenfassend lässt sich mit Parry & Crossley (1950, S. 72) festhalten, dass „ungültige" Antworten auf Fragen stark von den spezifischen Umständen der Erhebung determiniert werden, und oftmals das Resultat empfundenen sozialen Drucks sind.

Die Struktur des Antwortmodells von Getzels (1954, S. 88ff) ist nicht eindeutig bestimmbar, denn aus seinen Ausführungen geht nicht hervor, ob die Situation eine Prozessvariable (Hypothese-Situation-Antwort) darstellt oder lediglich intervenierenden Charakter für die Verbindung Hypothese-Antwort besitzt. Außerdem kommt es bei ihm primär auf das soziale

Konfliktpotenzial[114] des Untersuchungsgegenstandes an, das die situationsgebundene Abweichung der Antwort determiniert. Ein derartiges Potenzial ist aber nicht für alle Stimuli und Personen eindeutig bestimmbar, und außerdem könnten selbst im Falle neutraler oder konkordanter Stimuli – in denen nach Getzels (1954) keine Anpassung der Antwort an die Situationsanforderungen erfolgt – durchaus ein entsprechendes Verhalten an den Tag gelegt werden, wenn eine Person lieber gar nichts von sich offenbaren will. Über die Verbindung der einzelnen Modellstufen macht Getzels (1954) ebenfalls keine Angaben, so dass bei diesem frühen Ansatz noch viele grundlegende Fragen offen bleiben.

3.1.1.2 Cannell et al. (1981) als Pioniere der kognitiven Ausrichtung

Bei Cannell et al. (1981, S. 392ff) steht das mündliche Face-to-Face-Interview – und die sich in seinem Verlauf ergebenden möglichen Ursachen für „unpräzise" Antworten – im Mittelpunkt. Als einen wichtigen Verzerrungsfaktor diskutieren die Autoren die Auswirkungen der Formulierung der gestellten Fragen, die sie anhand eines modifizierten – bereits zu einem früheren Zeitpunkt (vgl. Cannell et al. 1968; Cannell et al. 1977a sowie Oksenberg & Cannell 1977) entwickelten – Modells des Antwortprozesses darstellen.

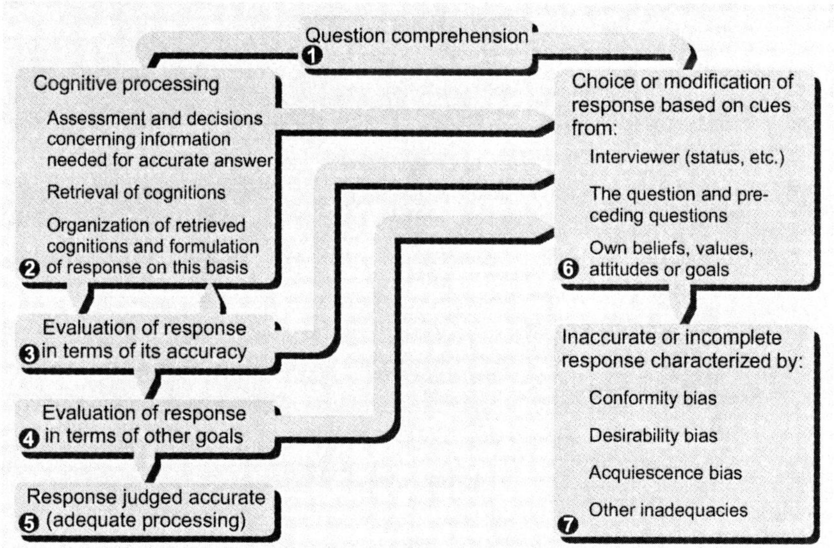

Abbildung 19: Ablaufdiagramm des dualen Prozessmodells von Cannell et al. (1981, S. 393)

Im Modell existieren zwei grundsätzliche Wege, von denen der eine zu einer akkuraten Antwort seitens des Befragten führt (linke Ast in Abbildung 19) während der andere Weg den Prozess zu einer nicht korrekten Antwort (rechte Pfad in Abbildung 19) beschreibt. Die beiden Wege sind einseitig miteinander verbunden, so dass ein zunächst korrekt begonnener Antwortprozess an jeder Stelle auch auf dem Pfad der „fehlerhaften" Antwort fortgesetzt

[114] Sozial konfliktäre Sachverhalte betreffen Aspekte, zu denen zwar normative soziale Erwartungen bezüglich „falscher" und „richtiger" Antworten bestehen, bei denen aber in weiten Bevölkerungsteilen noch keine zufrieden stellende Internalisierung der normativen Erwartungen stattgefunden hat, d.h. die Befragten sind sich bewusst, dass von ihnen eine Einstellung erwartet wird, die sie möglicherweise noch nicht wirklich besitzen (vgl. Getzels 1954, S. 88).

werden kann.[115] Die Ausrichtung als „dual process model" (ein Weg der Antwortgenerierung durch systematische Informationsverarbeitung und ein anderer Weg der weitgehend oberflächlichen Informationsverarbeitung), weist Parallelen zu entsprechenden psychologischen Modellen im Rahmen der Einstellungsforschung (Elaboration Likelihood Model von Petty & Cacioppo 1984; Heuristisch systematische Modell von Chaiken 1980; MODE Modell von Fazio et al. 1982; 1986) oder der Unterscheidung zwischen gedächtnis- und situationsbasierten (on-line) Entscheidungen bei Hastie & Park (1986) auf.

Der Ablauf beginnt mit dem Verständnis (Wortbedeutungen, Satzstruktur, etc.) der gestellten Frage. Weiterhin ist zu eruieren, welcher Aspekt (z.B. nur finanzielle – oder generelle persönliche – Sicherheit?) in welchem Umfang (bezieht sich meine Angabe auf die letzten vier Wochen oder mein gesamtes bisheriges Leben?) im Item genau angesprochen ist, d.h. ein Teilnehmer muss die vom Urheber intendierte Bedeutung der Frage durchschauen (vgl. Cannell et al. 1977a, S. 53).

Auf der zweiten Stufe sind die notwendigen Verarbeitungsprozesse angesprochen, die eine Festlegung der zur Antwort benötigten Information, ihre Auffindung sowie ihre abschließende Organisation in Form einer vorläufigen Antwort beinhaltet (vgl. Cannell et al. 1981, S. 394). Im nächsten Schritt muss der Befragte entscheiden, ob die vorläufige Antwort die Ziele der gestellten Frage erfüllt. An dieser Stelle ist im Modell die einzige Rücksprungmöglichkeit vorgesehen, denn bei einer Klassifikation der vorläufigen Antwort als „nicht adäquat", kann der Befragte auf die vorhergehende Stufe (kognitive Prozesse der Informationsverarbeitung) zurückgehen, und einige – oder alle – der dort zu absolvierenden Punkte erneut durchlaufen. Wird die vorläufige Antwort als passend eingeordnet, erfolgt ihre Durchleuchtung in Bezug auf weitere antwortunabhängige Ziele des Befragten (z.B. Vermeiden sozial unerwünschter Angaben). Liegen an dieser Stelle keine Bedenken gegen die gefundene Antwort vor, so wird sie vom Befragten kommuniziert.[116]

Die aufgezeigte Prozessstruktur verdeutlicht, dass einer Person allerhand abverlangt wird, wenn sie die Antwort auf ein Umfrage-Item abgibt (vgl. Tourangeau 1987, S. 152). Deshalb verwundert es nicht, dass es Personen gibt, die den vorgestellten Prozess nur sehr oberflächlich (siehe Abschnitt 3.2.2.4) oder fehlerhaft (dabei wird zunächst keine Absicht unterstellt, eine unpassende Antwort abzugeben, sofern davon ausgegangen werden kann, dass sich der Bearbeitungsaufwand in überschaubaren Grenzen bewegt und die Frage die Person auch sonst nicht in Verlegenheit bringt) bewältigen, was dann in unerwünschte bzw. nicht korrekte Antworten der Befragten münden kann (vgl. Cannell et al. 1981, S. 395).

Die Mechanismen, die dazu führen, dass im Antwortprozess keine „korrekte" Antwort generiert wird, sind im rechten Teil der Abbildung 19 aufgelistet. Sie belegen, an welchen Stellen im „normalen" Antwortverhalten ein Wechsel stattfinden kann, der als Konsequenz eine (zumindest teilweise) inadäquate Antwort zur Folge hat. Dabei sind zunächst Probleme beim Verständnis der gestellten Frage zu beachten, die in einer fehlerhaften Interpretation (z.B. es geht nicht um für mich persönlich wichtige Werte, sondern um gesellschaftlich relevante Werte), fehlenden intellektuellen Fähigkeiten (Werte sind ein relativ abstraktes Konstrukt, und setzen zu ihrer Beurteilung ein Mindestmaß an kognitiver Kapazität voraus) oder mangelnder Motivation (kein inhaltliches Interesse, sondern lediglich eine Fokussierung auf die aufwandminimale Erlangung der ausgesetzten Belohnung) begründet sein können. Weiterhin sind dann Schwierigkeiten zu erwarten, wenn beim Abgleich der gefundenen Antwort (Stufe

[115] Diese Einseitigkeit könnte im Falle konfliktärer Motivationen dann fraglich sein, wenn schlussendlich die anfängliche Tendenz „eine wahrheitsgemäße Antwort abzugeben" doch obsiegt, d.h. die temporär ins Auge gefasste sozial erwünschte Antwort wieder verworfen wird, weil z.B. die Zusicherung der Anonymität doch glaubwürdig erscheint.

[116] Dass an dieser Stelle zusätzlich eine Anpassung an die vorgegebenen Antwortoptionen im Fragebogen notwendig werden kann, wird im Modell nicht explizit hervorgehoben. Insofern erscheint eine Ergänzung in diesem Punkt durchaus geboten (siehe Abschnitt 3.1.1.3).

3) mit anderen persönlichen Zielen (z.B. dem Bedürfnis „konsistent" zu erscheinen) Modifikationen vorgenommen werden (vgl. Cannell et al. 1981, S 395). Hat sich der Befragte einmal von dem linken Weg der angemessenen Antwortabgabe (Stufen 1 bis 5) entfernt und auf nicht-inhaltliche situative Variablen konzentriert, wird die von ihm gegebene Antwort – zumindest in Teilen – unzutreffend sein, und die gestellte Frage nicht in dem vom Forscher intendierten Sinne beantworten (siehe aber Fußnote 115).

Cannell et al. (1981, S. 395) führen also „falsche" Angaben im Interview nicht primär auf Persönlichkeitseigenschaften (siehe Abschnitt 2.1.2.1.6) zurück, sondern auf situative Aspekte (Person des Interviewers, Fragebogen, institutioneller Urheber der Umfrage etc.) während des Frage-Antwort-Prozesses. Nach ihren Ausführungen sind kognitive und motivationale Schwierigkeiten bei der Bearbeitung von Fragen in Erhebungssituationen weit verbreiteter und mit schwerwiegenderen Folgen behaftet, als gemeinhin angenommen (vgl. Cannell et al. 1981, S. 395f). So sind Fragen oftmals vieldeutig, oder stellen erhebliche Anforderungen an die kognitiven Fähigkeiten (z.B. Erinnerungsvermögen) der Rezipienten. Außerdem dürfen die psychologischen Konsequenzen einer Antwort für das Individuum nicht vernachlässigt werden, die vielfach zu einer Anpassung des eigentlich zu kommunizierenden Inhalts führen (vgl. Cannell et al. 1977a, S. 54). In dem Modell ist eine Antwortverweigerung zwar nicht explizit vorgesehen, dürfte aber als eine Form der Modifikation angesehen werden können.

Nach Tourangeau et al. (2000, S. 7f) weist der Ansatz von Cannell et al. (1981) zwei wesentliche Nachteile auf: (1) Er hat nie einen zentralen Stellenwert in seinen bzw. ihren Forschungsaktivitäten gespielt und ist niemals richtig detailliert ausgearbeitet worden. Zudem befasste sich die überwiegende – durch das Modell inspirierte – Forschung eher mit der generellen Motivation der befragten Person als sich mit spezifischen Analysen der einzelnen Modellkomponenten zu beschäftigen. (2) Die nur sehr skizzenhafte Zusammenfassung der kognitiven Prozesse, die zur Beantwortung einer Frage notwendig sind, in der zweiten Stufe des Modells (vgl. auch Callegaro 2005, S. 10). Im Gegensatz dazu unterscheidet der Ansatz verschiedene Stadien, die ablaufen nachdem die befragte Person zu einer vorläufigen Antwort gelangt ist (Bewertung hinsichtlich Akkuratheit, Kompatibilität mit anderen Zielen und eine sich eventuell anschließende Modifikation). Damit scheint das Modell anzunehmen, dass Personen eine Frage auf jeden Fall korrekt beantworten können – sofern sie dazu motiviert sind – und konzentriert sich auf die Entscheidung, ob sie dies wollen oder nicht (vgl. Tourangeau et al. 2000, S. 7).

Prinzipiell wäre auch noch daran zu denken, bewusste von unbewussten Prozessen zu unterscheiden. Die Anpassung einer Antwort im Sinne sozialer Erwünschtheit wird vom Befragten wissentlich vorgenommen, während er eine Erinnerung als nach bestem Gewissen stimmig und erschöpfend kategorisieren kann, obwohl er bei intensiverem Nachdenken eine noch bessere Antwort hätte finden können. Ob in diesem Fall allerdings nur eine Satisficing-Strategie (siehe Abschnitt 3.2.2.4.1) vorliegt oder der Befragte wirklich der Meinung ist, dass es keine bessere Antwort gibt, müsste natürlich ebenfalls noch differenziert werden.

Insgesamt greift die in Tourangeau et al. (2000) geäußerte Kritik – insbesondere hinsichtlich des erstgenannten Gesichtspunktes – wohl etwas kurz, denn das Modell wurde offensichtlich nicht einmal so eben schnell auf lediglich fünf Seiten skizziert, sondern hat einen längeren Entwicklungsprozess durchlaufen (vgl. Cannell et al. 1968; Cannell et al. 1977a sowie Oksenberg & Cannell 1977). Dass das Modell im Rahmen der Forschungsaktivitäten seiner Urheber keinen zentralen Stellenwert eingenommen hat und hauptsächlich hinsichtlich seiner motivationalen Komponente zu weiteren Forschungen Anlass gegeben hat, ist ja kein Fehler des Modells – es sei denn, man unterstellt, dass es keine anderen Ansatzpunkte bietet, was aber wohl nicht zutreffen dürfte.

3.1.1.3 Der Vorschlag von Tourangeau (1984) und seine Erweiterungen

Der Ansatz von Tourangeau (1984) dürfte eines der am häufigsten zitierten Modelle zur Illustration der Antwortabgabe in Umfragen darstellen,[117] und ist seit seiner Vorstellung zwei Modifikationen (expliziter Einbezug von Kontext-Effekten durch Tourangeau & Rasinski 1988 sowie eine stärkere Detaillierung einzelner Prozesse in Tourangeau et al. 2000) unterzogen worden, wobei allerdings die Anzahl der Modellstufen (vier) unverändert blieb.

Tourangeau et al. (2000, S. 7f) setzen in ihrem Konzept auf vier Komponenten, die den Antwortprozess auf eine Frage in einer Erhebung beschreiben: Verständnis der Frage, Auffinden der zur Beantwortung relevanten Information (im Gedächtnis), Nutzung der gefundenen Information, um eine Antwortentscheidung zu treffen (Abgleich der gefundenen Antwort mit dem Inhalt der Frage) sowie Auswahl und Mitteilung der Antwort.[118] Werden offene Fragen gestellt, dann ist dieses Modell dahingehend zu erweitern, dass keine Anpassung an vorgegebene Optionen vorgenommen wird, sondern eine eigenständige Antwort zu formulieren ist. Bei einer Antwortverweigerung (siehe dazu Abschnitt 3.1.1.10) wird der Prozess entsprechend abgekürzt und z.B. nicht mehr im Gedächtnis nach den benötigten Informationen gesucht.

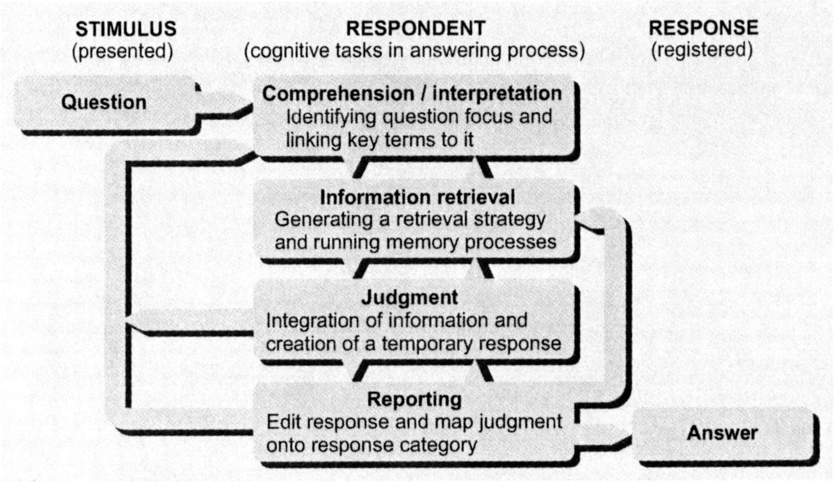

Abbildung 20: Schematische Übersicht des vier-stufigen Ansatzes von Tourangeau (1984; Tourangeau et al. 2000) angelehnt an die Darstellung von Snijkers (2002, S. 7) und Groves et al. (2004, S. 202)

Die Komponenten sind in ihrem grundsätzlichen Zusammenspiel in Abbildung 20 aufgeführt und werden hinsichtlich der auf den einzelnen Stufen „möglicherweise" ablaufenden mentalen Prozesse in Abbildung 21 überblicksartig zusammengefasst. Insgesamt erfolgt die For-

[117] Nach Jobe & Herrmann (1996, S. 195) stellt das Modell von Tourangeau (1984; Tourangeau & Rasinski 1988) das am häufigsten referenzierte Modell im Rahmen der Umfrageforschung dar. Eine Recherche des Beitrags von 1984 als zitierte Referenz in der Datenbank „Social Sciences Citation Index" am 26. April 2007 erbrachte 88 Treffer, während für Tourangau & Rasinski (1988) 276 Quellen nachzuweisen waren. Cannell et al. (1981; siehe Abschnitt 3.1.1.2) sind mit 96 Einträgen vertreten. Dabei ist allerdings zu berücksichtigen, dass in den Veröffentlichungen auch noch andere Themenbereiche angesprochen sind, so dass sich ein Zitat nicht notwendigerweise auf das enthaltene Antwortmodell beziehen muss.

[118] Schroeckh (1995, S. 30) spricht in diesem Zusammenhang von einer „Verdopplung des Rückgriffs auf subjektive Evidenzerlebnisse", denn es muss zum einen die eigene Erfahrung (Erinnerung) einbezogen werden, und diese zum anderen einer Zuordnungshandlung (Kategorieauswahl) unterzogen werden.

mulierung relativ vage, wobei davon ausgegangen wird, dass nicht immer sämtliche der aufgezeigten Tätigkeiten bei der Beantwortung notwendigerweise – und in der angegebenen Reihenfolge – durchlaufen werden müssen. Welche Prozesse im konkreten Fall ausgeführt werden, hängt nach Tourangeau et al. (2000, S. 8) davon ab, wie akkurat (Motivation) der Befragte antworten möchte und wie schnell (Zeitdruck) die Antwort zu geben ist (vgl. Sanbonmatsu & Fazio 1990) sowie „vielen weiteren Faktoren".[119] Bei jeder Komponente kann es dabei zu Antwortverzerrungen kommen, indem beispielsweise die Frage nicht korrekt verstanden wird, wichtige Informationen nicht erinnert werden, falsche Schlussfolgerungen aus den erinnerten Fakten gezogen werden oder die Antwort nicht in der passenden Kategorievorgabe verortet wird (vgl. Tourangeau 1984, S. 73f).
Weiterhin können aufgetretene Verzerrungen im Antwortverhalten auch dadurch bedingt sein, dass sich die Befragten in einem positiven Licht darstellen wollen (self-serving-bias), dem Urheber einen Gefallen tun möchten (vgl. Rosenthal & Jacobson 1966), in dem sie die ihm vermeintlich am besten passende Alternative auswählen, auf den Aufforderungscharakter der Situation reagieren (vgl. Orne 1962 und Weber & Cook 1972) oder einfach nur sozial erwünscht (siehe Abschnitt 3.2.2.1) antworten (vgl. Tourangeau 1984, S. 91).
In der ersten Phase des Modells von Tourangeau (1984, S. 75) steht das Verständnis eines Items im Mittelpunkt, bei dem zunächst gefordert ist, dass sich die angesprochene Person der Frage zuwendet und ihr sowie den Instruktionen Aufmerksamkeit schenkt.[120] Dabei muss auch der Sinn des Items verstanden und sein Anliegen (welche Information wird erwartet) klar werden (vgl. Tourangeau & Rasinski. 1988, S. 300 und Schwarz 1990, S. 100). Dass dies keine triviale Aufgabenstellung ist, zeigen viele Beispiele aus den Bereichen Linguistik (vgl. beispielsweise Clark 1985; Grice 1989; Lewis 1979 und Sperber & Wilson 1986) und Kommunikationsforschung (vgl. Clark & Schober 1992; Schulz von Thun 1987 und Watzlawick et al. 1968) immer wieder auf. So kann nach Belson (1981) beispielsweise die Phrase „angesehen haben" im Rahmen einer gestützten Erinnerung von Zeitschriften bei den Teilnehmern von „Titelblatt im Regal gesehen" bis „vollständig gelesen" ausgelegt wird und auch Aspekte wie „muss ich gekauft haben" und „muss ich regelmäßig beziehen" beinhalten (vgl. Belson 1968, S. 9). Dementsprechend dürfte auch ein großer Teil an nicht korrekten Antworten auf Verständnisprobleme bei der Erfassung der Begrifflichkeiten oder Instruktionen von Fragen zurückgehen, auch weil die Personen die Anweisungen oftmals nur „überfliegen" (vgl. Tourangeau et al. 2000, S. 9).[121]
Weiterhin sind bei dieser Komponente – in Anlehnung an die psychologischen Abläufe bei der Wahrnehmung (vgl. Fischer & Wiswede 2002, S. 183) – Top-Down- und Bottom-Up-Prozesse angesprochen, denn eine Frage kann zum einen anhand ihrer spezifischen Formulierungen interpretiert werden (Bottom-Up) oder eher aus dem generellen Wissen und Verständnis (Top-Down) des Befragten heraus. Beide Ansätze ergänzen sich und haben einige Gemeinsamkeiten, wie den Einfluss des Fragenkontexts, den Gebrauch des beim Befragten vorhandenen Wissens und die Auswirkung von Inferenzprozessen während des Vorgangs des

---

[119] Bezüglich der Distinktheit (Grad an Überlappung der Stadien) der einzelnen Komponenten und möglichen Verbindungen (Rücksprünge) zwischen ihnen, belassen es Tourangeau et al. (2000, S. 14f) bei diesen generellen Bemerkungen, denn es gibt ihrer Aussage nach keine eindeutigen Beweise oder theoretische Argumente, die eine Position favorisieren. Sie gehen aber davon aus, dass jedes adäquate Modell eines Antwortprozesses, zumindest einige Überlappungen zulassen muss, genau so wie es Rücksprünge zu vorhergehenden Stufen oder das Überspringen (die Verkürzung) einzelner Stadien akzeptieren muss (vgl. Tourangeau et al. 2000, S. 15 und Groves et al. 2004, S. 203).

[120] Während das Konzept von Tourangeau (1984) noch weitgehend auf mündliche Interviews zugeschnitten war, ist dieser – insbesondere für schriftliche Befragungen wichtige – Gesichtspunkt in den Ausführungen von Tourangeau et al. (2000, S. 9) ergänzt worden.

[121] Dies könnte auch eindrucksvoll durch die Ergebnisse einiger Pretests belegt werden Jedenfalls erschien es aus diesem Grunde nicht unwichtig, die abstrakten Werte-Begriffe mit ein paar Erläuterungen zu versehen, um das allgemein geteilte Verständnis zu erhöhen. Damit war zumindest eine Basis geschaffen, die natürlich immer noch individuellen Inferenzprozessen unterliegen konnte.

Verstehens (vgl. Tourangeau 1984, S. 77). Der Hauptunterschied zwischen Top-Down und Bottom-Up liegt dabei in der Sichtweise des Ursprungs der genutzten Information: Wird eine bereits existente Organisationsstruktur (z.B. ein Skript) auf den zu verstehenden Text gelegt unter deren Perspektive alle weiteren gegebenen Informationen einsortiert werden (Top-Down) oder erfolgt der Verständnisprozess allein aufgrund der im Text enthaltenen Informationen, die zu einem Gesamtbild aggregiert werden (Bottom-Up).[122]

COMPONENT	SPECIFIC PROCESS
Comprehension	Attend to questions and instructions
	Represent logical form of questions
	Identify question focus (information sought)
	Link key terms to relevant concepts
Retrieval	Generate retrieval strategy and cues
	Retrieve specific, generic memories
	Fill in missing details
Judgment	Assess completeness and relevance of memories
	Draw inferences based on accessibility
	Integrate material retrieved
	Make estimate based on partial retrieval
Response	Map judgment onto response category
	Edit response

Abbildung 21: Die spezifischen kognitiven Prozesse in den vier Stufen des Antwortmodells von Tourangeau et al. (2000, S. 8)

Tourangeau et al (2000, S. 31; siehe auch Rips 1995) unterscheiden beim Verständnis einer Frage zwischen der Darstellung des Satzes (für eine sprachkundige Person geläufige grammatikalische und logische Struktur des Satzes sowie die lexikalische Bedeutung der einzelnen Wörter; representation of the sentence) und der Repräsentation über den Satz (Inferenzschlüsse, die auf Grund von zusätzlichem Wissen gezogen werden; representation about the sentence). Während die erste Komponente relativ konstant (und übergreifend) bei sprachkundigen Personen vorhanden sein dürfte, weist die zweite teilweise große interindividuelle Differenzen auf, die u.a. vom Standpunkt, den die Personen vertreten oder ihrem Wissen zu den Sachverhalten abhängig sind (vgl. Tourangeau et al. 2000, S. 31).

Alle Verständnisprozesse dürften neben den intellektuellen Fähigkeiten der Befragten vor allem vom Zeitaufwand, den die Personen zu investieren bereit sind, abhängen. Aber auch die Zielsetzung der Umfrage stellt eine wichtige Einflussgröße dar (vgl. Tourangeau et al. 2000, S. 33).

Nachdem der Teilnehmer die Frage gelesen – oder gehört – und interpretiert hat, steht er vor dem Problem, eine Antwort auf den angesprochenen Sachverhalt zu finden (vgl. Tourangeau 1984, S. 79). Dazu ist es i.d.R. bei allen Fragen erforderlich, Gedächtnisinhalte abzurufen.[123]

Die Gedächtnisforschung unterscheidet zwischen verschiedenen Informationsspeichern, die sich in sensorische, Kurzzeit- und Langzeitspeicher differenzieren. Daneben wird auch noch nach episodischem und semantischem Gedächtnis unterschieden (vgl. Tulving 1972). Das

---

[122] Was passiert, wenn ein Skript oder (ähnliches) Schema (noch) nicht vorhanden ist, also z.B. mit einer abgefragten Situation überhaupt noch keine Erfahrungen gesammelt wurden, wird im Modell nicht weiter problematisiert. Außerdem ist zu fragen, ob die beiden Perspektiven nicht auch wechselseitig Anwendung finden könnten, indem zwischen den Konzepten hin- und hergesprungen wird.

[123] Zu diesem Themenfeld sind mittlerweile in vielen Wissenschaftsdisziplinen (z.B. Biologie, Medizin und Psychologie) mannigfaltige Forschungsanstrengungen unternommen worden, deren Ergebnisse im Rahmen dieser Arbeit allerdings nicht präsentiert werden können. Hier geht es lediglich um ein paar grundsätzliche Gesichtspunkte zu diesem Modellmodul.

Erstgenannte speichert die Erinnerungen für Erfahrungen, also Ereignisse, die durch eine bestimmte raum-zeitliche Festlegung determiniert sind, während das semantische Gedächtnis eher generelle Inhalte (z.B. Wortbedeutungen, die unabhängig von der Situation, in der sie gelernt wurden, gespeichert werden) beinhaltet. Diese Unterscheidung ist vor allem wichtig, um kontextabhängige Erinnerungseffekte zu erklären, denn die aktivierte Speicherumgebung ist ein bedeutsamer Aspekt dafür, ob sich eine Person an einen Sachverhalt erinnern kann oder nicht bzw. welche Interpretation ihr einfällt (vgl. Tourangeau 1984, S. 79).
Diesbezüglich betrachtet Tourangeau (1984, S. 80) das Gedächtnis als assoziatives Netzwerk, d.h. die im Langzeitgedächtnis gespeicherten Fakten sind dort nicht als lange Liste organisiert, sondern miteinander verwoben, so dass eine Verbundstruktur entsteht. Diese Analogie ist für die Umfrageforschung deshalb nützlich, weil sie mit den meisten Modellen zum Sprachverständnis (vgl. Herkner 1991) kompatibel ist und Annahmen darüber erlaubt, wie Inhalte erinnert aber auch (wieder) vergessen werden können.
Hinsichtlich der Speicherung gibt es Hinweise aus dem Bereich der Linguistik, dass Personen nicht den Text selber speichern, sondern ihre – mit Inferenzschlüssen versehene – Interpretation, denn die Erinnerung an Kerngedanken gelingt wesentlich besser als die detaillierte wortgetreue Wiedergabe (vgl. vgl. Bransford & Johnson 1972; Linton 1982 sowie Schwarz 1990, S. 101) Ob die Durchsetzung mit selbst hinzugefügten Details oder Verallgemeinerungen bereits bei der Speicherung des Sachverhalts vollzogen wird oder erst wenn sich die Befragten später an die Sache erinnern (müssen), ist noch nicht geklärt. Es spricht allerdings einiges dafür (vgl. beispielsweise Loftus & Palmer 1974), dass die Auffüllprozesse erst beim Erinnern stattfinden.
Im Anschluss müssen die angesprochenen Personen dann zu einer Urteilsbildung gelangen (vgl. Tourangeau 1984, S. 84). Manche Items in Fragebögen erfordern in dieser Hinsicht einige kognitive Anstrengungen, weil neben den Erinnerungsleistungen auch noch vielfältige Verknüpfungen zwischen den erinnerten Teilinformationen hergestellt werden müssen, um eine Frage adäquat beantworten zu können – zu den Inferenzschlüssen in diesem Zusammenhang: siehe Hastie (1983) – während andere Fragen (z.B. die Angabe des eigenen Geschlechts im Rahmen soziodemografischer Items) in dieser Hinsicht deutlich weniger anspruchsvoll ausfallen (vgl. Tourangeau 1984, S. 84).
Die Auffindungs- und Entscheidungsprozesse (retrieval and judgment) unterscheiden Tourangeau et al. (2000, S. 9f) für Fakten- und Einstellungsfragen. Bei dem erstgenannten Fragentyp (autobiografische Fragen; siehe 3.1.2.1; Beispiel: Wie häufig haben Sie im letzten Jahr einen Arzt konsultiert?) müssen die Teilnehmer die relevanten Informationen aus ihrem Langzeitgedächtnis abrufen. Dazu ist es notwendig, eine bestimmte Suchstrategie anzuwenden, spezifische Hinweisreize zu generieren, die Einzelinformationen zu sammeln und eventuelle Lücken durch Inferenzprozesse zu schließen (vgl. Tourangeau et al. 2000, S. 9). Dabei können die Distinktheit der zu erinnernden Ereignisse (je unterschiedlicher diese ausfallen, desto einfacher sind sie als getrennt erinnerbar), die Passgenauigkeit zwischen den Bezeichnungen in der Frage und den Gedächtniskodierungen, die Anzahl und Qualität an Hinweisreizen in der Frage (sind z.B. unter Arzt auch Psychiater, Zahn- und Krankenhausärzte zu verstehen?), die Erfahrungsquelle (direkt oder aus zweiter Hand) und die Zeitdauer seit dem Ereignis (siehe zur Verbindung von Auftreten und Abfrage auch Abschnitt 3.1.2.1.1) eine Rolle für die Qualität der Erinnerungsleistung spielen (vgl. Tourangeau et al 2000, S. 9f).
Bezüglich der Entscheidung ist zu konstatieren, dass zunächst festgelegt werden muss, ob die erinnerten Fakten in den Antwortbereich der Frage fallen und ob sie (schon) ausreichend zur ihrer Beantwortung sind. Fällt den Personen die Erinnerung schwer, so können auch aus dieser Tatsache Konsequenzen abgeleitet werden, indem angenommen wird, dass die in der Frage angesprochenen Ereignisse nur selten vorkommen, schon sehr lange zurück liegen müssen oder überhaupt nicht stattgefunden haben (vgl. Brown et al. 1985). Die dritte Entscheidung betrifft Situationen, in denen fehlende Details ausgefüllt werden müssen, indem bei-

spielsweise auf typische Ereignisse zurückgegriffen wird. Weiterhin ist es erforderlich, die Einzelinformationen zu einer einzigen Antwort zu aggregieren, und deshalb Bestimmungen darüber zu treffen, welche Ereignisse berücksichtigt werden und ob eine Schätzung (z.B. Erinnerung nur der jüngsten Ereignisse und Extrapolation auf den gesamten Abfragezeitraum) vorzunehmen ist.

Bei den Erinnerungs- und Entscheidungsprozessen zur Beantwortung von Einstellungsfragen ist das Gedächtnis ebenfalls nach relevanten Sachverhalten zu durchforsten. Wenn eine fertige Einstellung zu dem thematisierten Sachverhalt bereits existiert, muss diese lediglich aus dem Gedächtnis abgerufen werden und die Frage kann beantwortet werden, ohne die eigentlich zugrunde liegenden Ansichten aktivieren zu müssen (vgl. Lingle & Ostrom 1979; siehe hierzu auch die entsprechende Unterscheidung im Ansatz von Strack & Martin 1987 in Abschnitt 3.1.1.4). Auf der anderen Seite können Personen, die wenig – oder gar nichts – über den abgefragten Sachverhalt wissen oder sich überhaupt nicht dafür interessieren, eine Einstellung allein aus oberflächlichen Hinweisreizen konstruieren, wie dies die dualen Prozess Modelle (siehe Abschnitt 3.1.1.2, Seite 162) postulieren. Weil Befragte mit großer Wahrscheinlichkeit nicht alle ihre relevanten Überzeugungen bezüglich eines Einstellungsobjektes suchen und auffinden (z.B. aus zeitlichen oder motivationalen Gründen) werden, kann diese Stufe des Antwortprozesses als eine Art Stichprobenziehung aufgefasst werden, bei der die am leichtesten zugänglichen Erkenntnisse oder situative Hinweisreize überrepräsentiert sind (vgl. Kruglanski 1980; Groves & Kahn 1979; Tourangeau & Rasinski 1988, S. 300 und Abschnitt 3.2.2.4).

I.d.R. wird eine Einstellung nicht wohlgeformt und unumstößlich vorhanden sein, sondern ist erst als Antwort auf die Frage zu generieren. Fischhoff (1991) geht diesbezüglich von einem Kontinuum aus, an dessen einen Ende fest geformte und sofort artikulierbare Einstellungen liegen, während am anderen Ende überhaupt keine präexistenten Einstellungen vorhanden sind. Selbst wenn die Befragten klar herauskristallisierte Einstellungen besitzen, heißt dies noch lange nicht, dass diese auch genau auf den abgefragten Sachverhalt anwendbar sind. Wird dort beispielsweise eine Facette thematisiert, über die der Befragte noch nie nachgedacht hat (eine fixierte Einstellung zu Abtreibungen liegt vor, aber der Fall einer Abtreibung nach dem Eintritt einer Schwangerschaft in Folge einer Vergewaltigung war dabei noch nie relevant; vgl. Tourangeau et al. 2000, S. 13), ist ein Abgleich der bisherigen Einstellung mit der neuen Information erforderlich.

Hinsichtlich der Beurteilung gehen Tourangeau et al. (2000, S. 180f) davon aus, dass Befragten immer mehrere relevante Sachverhalte zur Beantwortung einer Einstellungsfrage einfallen, und diese zu einem Gesamturteil aggregiert werden müssen, das vereinfacht als ein Durchschnittsurteil aller aufgefundenen Informationen angenommen wird. Dabei wird nicht vorausgesetzt, dass die Befragten einen wirklichen Mittelwert bilden, sondern es wird ein sukzessiver Anpassungsprozess postuliert, bei dem zuerst erinnerte Sachverhalte in Bezug auf die Frage eine Initialbeurteilung formen, die im Lichte weiterer erinnerter Gesichtspunkte angepasst wird, bis ein abschließendes Urteil zur Beantwortung der Frage zustande kommt (vgl. auch Lopes 1982).[124] Auch bei der Entscheidung für eine Antwort kann es dazu kommen, dass ein Gefühl vorliegt, noch nicht alle notwendigen Dinge bedacht zu haben und weitere Nachdenkprozesse zu initiieren. Ebenso kann die Antwort allein auf den ersten verfügbaren Gedanken basieren, sich auf Schemata (vgl. Hastie 1981) stützen, Stereotype (vgl. Hamilton 1981 und Linville 1982) wiedergeben oder in einem „Auffüllen“ nicht erinnerbarer Information (Inferenzschlüsse) bestehen.

[124] Nach der Informations-Integrations-Theorie von Anderson (1974, 1981) erfolgt dieser Prozess durch die Skalierung der Überzeugungen (z.B. auf einem Kontinuum der Zentralität), ihre Gewichtung (z.B. in puncto Glaubwürdigkeit) und Kombination zu einem Gesamturteil nach einer bestimmten Integrationsregel (z.B. in Form eines Summen- oder Durchschnittsmodells).

Die letzte Komponente betrifft die Auswahl und Kommunikation einer Antwort. Nach Tourangeau et al. (2000, S. 13) sind hierbei zwei Gruppen von Prozessen relevant: Editieren einer gefunden Antwort anhand frageninhaltsunabhängiger Kriterien (z.B. Konsistenzstreben) und Anpassung der Antwort an vorgegebene Kategorien. Der letztgenannte Punkt umfasst beispielsweise den Unterschied in der Grenzziehung zwischen den Antwortoptionen „ist mir wichtig“ und „ist mir weniger wichtig“. Wenn mehrere Kategorien passend sind, dann werden einige Teilnehmer wahrscheinlich sehr genau überlegen, welche Option sie wählen sollen, während andere einfach die „erstbeste“ Alternative auswählen (vgl. Tourangeau et al. 2000, S. 14; siehe Abschnitt 3.2.2.4). Weiterhin spielt in diesem Zusammenhang auch die Möglichkeit der Antwortverweigerung eine Rolle bzw. die Gelegenheit „weiß nicht“ anzugeben. Daneben werden in Umfragen vielfach sensible Themen angesprochen (z.B. abweichendes Verhalten), auf die Befragte nicht immer wahrheitsgemäß antworten (vgl. Tourangeau et al. 1997).

Kontext-Effekte werden ausführlich in Abschnitt 3.3 diskutiert, so dass an dieser Stelle lediglich ein geraffter Überblick zu den diesbezüglichen Einflüssen auf den vier Stufen des Antwortmodells von Tourangeau et al. (2000) gegeben wird.

Stufe	Nr.	Variable	Effekt
Interpretation	1	Vertrautheit mit dem Gegenstand	Nichtvertraute oder ambivalente Sachverhalte sind anfälliger für interpretative Übertragungseffekte
	2	Zugänglichkeit der Einstellung	Schwer oder gar nicht zugängliche Einstellungen sind anfälliger für interpretative Übertragungseffekte
Erinnerung	3	Unterschiedliche oder konfliktäre Überzeugungen	Anfällig für Übertragungseffekte
	4	Expertenwissen und Involvement	Beides vermindert die Anfälligkeit für Übertragungseffekte
	5	Frageform (direkte Meinung oder verwandte Beurteilung)	Verwandte Beurteilungen sind anfälliger für Übertragungseffekte
	6	Offensichtlichkeit des Kontextes	Wenn zu offensichtlich, dann lässt die Anfälligkeit nach
	7	Gedankentiefe (Modus und Geschwindigkeit der Interviewdurchführung)	Selbst auszufüllende Fragebögen sowie langsame Interviewführung reduzieren Kontext-Effekte
Beurteilung	8	Komplexität des Gegenstandes	Mehrdimensionale Sachverhalte sind anfällig für Übertragungseffekte; Vergleichende Beurteilungen sind anfällig für Kontrast-Effekte
	9	Ähnlichkeit und Extremität der Kontext-Items	Extreme oder unähnliche Anker begünstigen Kontrast-Effekte
Antwortabgabe	10	Charakteristik des Ankers (Benennung, Mittelpunkt versus Extrempunkt)	Die Benennung jeder Antwortoption kann Ankereffekte reduzieren (Stufe: Antwort an Optionen anpassen); Extreme Anker begünstigen Kontrast-Effekte
	11	Wichtigkeit der Verbindung zwischen den Items	Die Betonung erhöht den Konsistenz-Effekt für involvierte Befragte; bei nicht involvierten Befragten erhöht sich der Mäßigungs-Effekt

Abbildung 22: Übersicht zu den stufenspezifischen Kontext-Effekten und ihren Wirkungen nach Tourangeau & Rasinski (1988, S. 308)

Auf der Interpretations-Stufe können Kontext-Effekte in zweierlei Hinsicht wirksam werden: Vorhergehende Items können einen Auslegungsrahmen für spätere Fragen bestimmen – im Zuge des dem Rating vorgeschalteten Rankings wird vorliegend von einem Bezugsrahmen gesprochen, denn hier werden die beiden Extrempole der Liste bestimmt – und sie können Anhaltspunkte für Redundanzen liefern, die dann – um sich bei der Beantwortung eines Folge-Items nicht zu wiederholen (siehe Abschnitt 3.2.2.5) – dessen Antwortspektrum entsprechend formen (vgl. Tourangeau & Rasinski 1988, S. 301f).
Kontext-Effekte können auch bei der Suche und Berücksichtigung gefundener Informationen aus dem Gedächtnis auftreten (vgl. Tourangeau & Rasinski 1988, S. 303). Dabei ist vor allem bedeutsam, dass diese Prozesse – sobald eine Aktivierung eingeleitet wurde – mehr oder weniger automatisch ablaufen, d.h. vom Individuum nicht mehr wahrgenommen und bewusst gesteuert werden (Priming – siehe Abschnitt 3.3.2.3; vgl. Posner 1978). Nach Tourangeau & Rasinski (1988, S. 304) gibt es vor allem zwei Argumente, die dafür sprechen, dass Kontext-Effekte eher in der Auffindungs- bzw. Erinnerungsphase als während der Interpretationsphase auftreten. Zum einen ist dies in der Vertrautheit mit dem Befragungsgegenstand und der eindeutigen Formulierung der Items in ihrer Untersuchung begründet, die keinen Anlass zu der Annahme geben, dass die Teilnehmer Verständnisprobleme oder Schwierigkeiten bei der Identifikation der relevanten Einstellungen gehabt haben. Zweitens treten die Kontext-Effekte verstärkt auf, wenn die vorhergehenden Items verstreut sind, so dass ihre Blockung vor der interessierenden Frage vielmehr für eine diesbezügliche Interpretationswirkung spricht.
Auf der Stufe der Urteilsbildung ist explizit von einem Kontext-Effekt früherer Fragen auszugehen, wenn die Standards oder Dimensionen, die bei ihrer Beantwortung genutzt werden, auch bei der aktuellen Frage zum Einsatz gelangen (vgl. Tourangeau 1992, S. 37).
Im Rahmen der Antworteditierung können Konsistenz-Effekte dann verstärkt vorliegen, wenn eine enge (auch logische) Verbindung zwischen den Items gegeben ist (vgl. McGuire 1960), wenn diese Relation salient gemacht wird (vgl. Rosen & Wyer 1972, S. 424) oder wenn die Befragten so stark in die Thematik involviert sind, dass ihnen konsistentes Verhalten wichtig ist (vgl. Tourangeau & Rasinski 1988, S. 308).
Hinsichtlich der Kontext-Effekte gelangen Tourangeau & Rasinski (1988, S. 308) zu dem Fazit, dass aufgrund der Vielfalt der ihnen unterliegenden Mechanismen und der sie umgebenden widersprüchlichen empirischen Ergebnisse, nicht immer eindeutig spezifiziert werden kann, welcher Typ von Kontext-Effekt in einer bestimmten Situation auftreten wird. Hinzu kommt, dass die Prozesse, die zu Kontext-Effekten führen, so komplex sind, dass eine simple Vorhersage ihres Auftretens selten möglich ist (vgl. Tourangeau & Rasinski 1988, S. 308).
Sicherlich das am weitesten ausformulierte– insbesondere wenn die Kontext-Effekte mit einbezogen werden – und am häufigsten herangezogene Modell zur Beschreibung der Antwortabgabe in Erhebungen (siehe Fußnote 117 auf Seite 164). Trotzdem sind bei weitem noch nicht alle relevanten Aspekte berücksichtigt, und spezifische Vorhersagen bleiben vage („hängt von vielen Faktoren ab"). Überdies fehlen Aussagen zur Verbindung von Items (vgl. Smith 1992, S. 181), obwohl die umfangreiche Auflistung der Kontext-Effekte diesbezüglich sicherlich einige Anhaltspunkte liefern kann.

3.1.1.4 Das Modell von Strack & Martin (1987)

Obwohl sich Strack & Martin (1987, S. 123) bei ihrem Vorschlag auf Tourangeau (1984; siehe Abschnitt 3.1.1.3) beziehen, sehen sie ihr Modell als eigenständigen Erklärungsansatz an, der vor allem einen komfortablen und kohärenten Weg zur Berücksichtigung von Kontext-Effekten (siehe 3.3) aufzeigen soll.[125] Im Gegensatz zu Tourangeau (1984) liegt bei Strack & Martin (1987) ein duales Prozess-Modell vor, in dem zwei Pfade – in Abhängigkeit einer vorliegenden Rückgriffsmöglichkeit – beschritten werden können (siehe Abbildung 23).

[125] Tourangeau & Rasinski (1988) haben erst ein Jahr später eine Veröffentlichung zu den Wirkungen derartiger Effekte vorgelegt (siehe Abschnitt 3.1.1.3).

Strack & Martin (1987, S. 124) unterteilen den Antwortprozess in vier Stufen: (1) Interpretation und Verstehen der gestellten Frage, (2) Generierung einer vorläufigen Antwort zu dem abgefragten Thema, (3) Einpassung der generierten Antwort in das vorgegebene Möglichkeitsspektrum und (4) Adaptierung der abzugebenden Antwort aus Motiven, die nicht im Inhalt der Frage begründet sind. Diese Unterteilung führt zu ihrem Modell (siehe Abbildung 23), in dem keine Richtungspfeile eingezeichnet sind, so dass direkte Rückkopplungsprozesse nicht ausgeschlossen werden können.[126]

Im Rahmen des Fragenverständnisses werden auch bei Strack & Martin (1987, S. 124) zunächst die syntaktischen und semantischen Inhalte der Frage thematisiert, ohne deren Durchdringung bei den Befragten überhaupt keine vernünftige Beantwortung möglich ist. Dabei gilt es vor allem, die Bedeutung der verwendeten Formulierungen zu erschließen (z.B. Bank = Sitzmöbel oder Finanzdienstleister?). Die psychologische Forschung geht von zwei Prozessen bei der Interpretation einer Information aus, zum einen automatischen (vgl. Shiffrin & Schneider 1977) und zum anderen willentlichen Problemlöseaktivitäten. Unter den automatischen Prozessen lassen sich bei der Analyse von Kontext-Effekten alle Priming-Einflüsse subsumieren (siehe Abschnitt 3.3.2.3), während die aktiven Prozesse durch die Frage selbst, die angebotene Antwortskala sowie vorhergehende Fragen (dort aktivierte Konzepte und gegebene Antworten) stimuliert werden (vgl. Strack & Martin 1987, S. 126f). Eine Frage wird dementsprechend so im Lichte vorhergehender Items interpretiert, dass der Fragesteller keine Informationen bekommen möchte, die er schon. kennt (vgl. Strack & Martin 1987, S. 130 – die mit dem sog. „given new contract" nach Clark & Haviland 1977 argumentieren und Abschnitt 3.2.2.5).

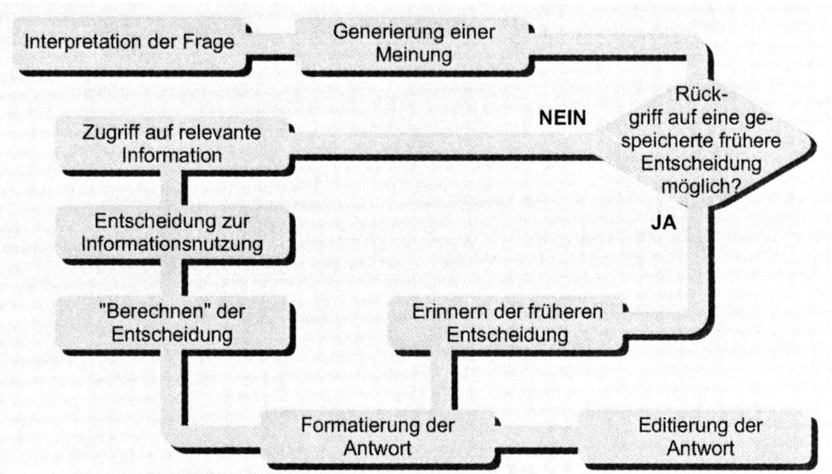

Abbildung 23: Der Antwortprozess auf ein Umfrage-Item in der Diktion von Strack & Martin (1987, S. 125)

Nachdem die Frageninhalte entschlüsselt und interpretiert sind, ist im nächsten Schritt eine Meinung zu der angesprochenen Thematik zu generieren (vgl. Strack & Martin 1987,

[126] Strack & Martin (1987, S. 143) sprechen nur von den Prozessen an sich, ohne auf deren Sequenz einzugehen während Sudman et al. (1996, S. 56) – die sich explizit auf das Modell von Strack & Martin (1987) beziehen, aber dort noch keine Richtungspfeile integriert haben – bezüglich der Reihenfolge der Abarbeitung der zu erledigenden Aufgabenstellungen anmerken, dass diese nicht zwingend so ablaufen muss, sondern ein Hin- und Herspringen zwischen den einzelnen Komponenten vorkommen kann.

S. 132ff). Dabei kann lediglich in Ausnahmefällen (z.B. ein für die Person zentraler oder bereits an anderer Stelle abgefragter Themenbereich) auf eine schon im Gedächtnis verankerte[127] Einstellung zurückgegriffen werden,[128] so dass diese im Regelfall erst nach der Konfrontation mit der Frage gebildet wird (vgl. Strack & Martin 1987, S 133 sowie Tourangeau & Rasinski 1988, S. 300). Dazu müssen die Befragten relevante Gedächtnisinhalte abrufen und die erinnerten Teilinformationen zu einer Gesamtinformation zusammenfügen, welche die Grundlage für ihre spätere Antwort darstellt (diesbezüglich kann auf die Ausführungen im vorhergehenden Abschnitt 3.1.1.3 verwiesen werden). Weil umfangreiche Informationssuchaktivitäten in einer Befragungssituation eher unwahrscheinlich sind, spielen hier Heuristiken (siehe Abschnitt 3.2.2.4) eine wichtige Rolle (vgl. Bodenhausen & Wyer 1987 und Wyer & Srull 1981). Dabei dürften vorhergehende Fragen einen wichtigen Informationsaktivator für die Beantwortung folgender Items darstellen, der dazu führen kann, dass Befragte jetzt über ein alternatives Exemplar der angesprochenen Kategorie nachdenken, sich mit spezifischen Gesichtspunkten befassen, einen normativen Standard einbeziehen, eigenes Verhalten erinnern oder eine spezifische Stimmungslage aktiviert ist (vgl. Strack & Martin 1987, S. 133f).

In den meisten Fällen muss die Antwort auf ein Umfrage-Item an eine vorgegebene Form (Antwortskala) angepasst werden, d.h. die Befragten können nicht ihrer eigenen Beurteilung folgen, sondern müssen diese mit den vorgegebenen Antwortoptionen in Übereinstimmung bringen (vgl. Strack & Martin 1987, S. 141).

Riphahn & Serfling (2003, S. 15) stützen sich – neben Sudman et al. (1996, S. 57) – ebenfalls auf das von Strack & Martin (1987) präsentierte Modell, wobei sie eine zusätzliche Komponente („Kommunikation der Antwort"; siehe Abschnitt 3.1.1.3) integriert und die Beziehungen mit Richtungspfeilen versehen haben.[129] Riphahn & Serfling (2003, S. 19) vertreten insgesamt einen reinen Rational-Choice Ansatz[130] (siehe Abschnitt 3.1.1.5) und berücksichtigen – neben den Befragtenaspekten – auch die Einflüsse der Situation und des Interviewers sowie

---

[127] Bei der Verfügbarkeit kann zwischen temporärer und permanenter (chronischer) Verfügbarkeit differenziert werden, wobei der erstgenannte Aspekt insbesondere vom Inhalt und der Gestaltung des Fragebogens abhängig ist, während der zweite Gesichtspunkt eher von den Merkmalen der Befragten bestimmt wird (vgl. Sudman et al. 1996, S. 72).

[128] Diese – vor allem im MODE Modell von Fazio et al. (1982; 1986; Fazio & Williams 1986) vertretene – Sichtweise geht davon aus, dass eine Einstellung aus einer Assoziation zwischen einem Subjekt oder Objekt (dem Einstellungsgegenstand) und seiner Beurteilung besteht. Dementsprechend erfolgt bei einer Konfrontation einer Person mit dem Gegenstand der Einstellungsmessung eine automatische Aktivierung seiner Beurteilung (der persönlichen Einstellung), die dann lediglich noch mitgeteilt werden muss (vgl. Tourangeau et al. 2000, S. 167, die diese Sichtweise als den „traditional account" bezeichnen). Der traditionelle Ansatz und die Position von Fazio et al. (1986) sind nicht unwidersprochen geblieben. So lässt sich die durch wiederholte Aussprache festgestellte schnellere Reaktionszeit – die von Fazio et al. (1982) als stärkere Verbindung zwischen dem Einstellungsgegenstand und seiner Beurteilung interpretiert wird und zu einer automatischen Aktivierung oder schnelleren Auffindungsprozessen führt – auch dahingehend deuten, dass andere kognitive Prozesse (beispielsweise raschere Äußerung oder Wahrnehmung) schneller ablaufen (vgl. Tourangeau et al. 2000, S. 168).

[129] Dieses Konkretisierung wird aber sofort wieder dahingehend abgeschwächt, dass Befragte „die beschriebenen Aufgaben nicht zwangsläufig in der dargestellten Reihenfolge abarbeiten" (Riphahn & Serfling 2003, S. 14). Trotzdem unterbleibt die Integration entsprechender Rücksprungschleifen.

[130] Damit machen sie das Modell einwandsimmun, denn mit dieser Prämisse lässt sich jegliches Fehlverhalten (Antwortverweigerung oder bewusst falsche Angaben) über seine höhere Nutzenstiftung erklären (vgl. Riphahn & Serfling 2003, S. 15), wobei Nutzen und Kosten in einer Befragungssituation – wenn überhaupt – nur sehr schwer zu messen sind. Bei Riphahn & Serfling (2003, S. 29) werden die beiden unbeobachtbaren Variablen „vermutete Kosten" und „vermuteter Nutzen" wie folgt spezifiziert: Hohe kognitive Kosten werden bei Fragen erwartet, die detaillierte Informationen abfragen, sensible oder peinliche Themen berühren oder deren Antwort missbräuchlich verwendet werden könnte (z.B. in Form einer Kontrollmitteilung an die Finanzbehörden). Ein hoher Nutzen tritt nach diesem Ansatz dann ein, wenn die Befragten die Möglichkeit der Selbstpräsentation – wie diese gemessen wird bleibt völlig offen – schätzen, mit der Antwort eine negative Sanktion durch den Interviewer vermieden werden kann sowie eine gesellschaftliche Anerkennung für die Teilnahme erfolgt.

die Interaktions-Effekte zwischen der befragten Person und dem Interviewer. Ihr Modell wird – wegen der offensichtlichen Analogien zu Strack & Martin (1987) und Tourangeau (1984) sowie Schwächen hinsichtlich der Explikation der genauen Verbindungen der Konstellationen (Interviewer-Situation-Befragter) mit unterschiedlichen Antworten – vorliegend nicht weiter einbezogen.

3.1.1.5 Die Rational-Choice Perspektive bei Esser (1990)

Befragungen stellen in der Regel so genannte low-cost Situationen (geringe Anstrengung hat keinerlei negative Konsequenzen) dar, d.h. bei ihnen ist maximierendes Kalkulieren (siehe Abschnitt 3.2.2.4.1) eher nicht zu erwarten – es sei denn, die Variable „soziale Erwünschtheit" (siehe Abschnitt 3.2.2.1) kommt ins Spiel (vgl. Esser 1990, S. 231). Eine Anwendung des Rational-Choice[131] auf das Befragtenverhalten impliziert, dass die Befragten ihre Antwort danach auswählen, welche der (möglichen) Antwortalternativen die für sie – in einem weiten Sinne – günstigste Option darstellt (vgl. Esser 1990, S. 232). Unter dieser Perspektive hängt die Wahl der Antwort davon ab, welche Vermutungen oder Alltagstheorien die Befragten über die Auswirkungen spezifischer Angaben besitzen, d.h. wie die Befragungssituation subjektiv eingeschätzt wird (welche Folgen kann ein bestimmtes Antwortverhalten mit sich bringen?) und wie die Konsequenzen vor dem Hintergrund der eigenen Präferenzen beurteilt werden (vgl. Esser 1990, S. 232). Dabei geht Esser (1990, S. 232f) – in Anlehnung an Lindenberg (1989, S. 176) – von einem drei-stufigen Prozess aus: (1) Kognition der Situation, (2) Evaluation der Konsequenzen und (3) Selektion einer bestimmten Handlung nach einer bestimmten Regel.

Im Rahmen der Kognition sind die Beurteilung der Situationsumstände und Gedächtnisprozesse angesprochen. Sollte bereits auf dieser Stufe eine Antwort „gefunden" worden sein – z.B. weil alle Alternativen gleichwertig sind,[132] oder sich eine Option besonders hervorhebt – dann werden die weiteren Stufen nicht mehr durchlaufen (vgl. Esser 1990, S. 232). Esser (1990, S. 232) postuliert, dass sich die kognitive Umfrageforschung auf diese Situation konzentriert, was in Anbetracht der in diesem Kapitel diskutierten Modelle, allerdings als nicht zutreffend zu charakterisieren ist. Die Evaluation der Handlungsalternativen bezieht sich auf deren Konsequenzenbewertung vor dem Hintergrund der eigenen Präferenzen, wobei davon ausgegangen wird, dass jede verfügbare Alternative einer derartigen Beurteilung unterzogen wird (vgl. Esser 1990, S. 232f). Auf dieser Stufe erfolgt die Berechnung der subjektiven Nutzenerwartungen, d.h. für jede Handlungsalternative wird für alle in Frage kommenden Ergebnisse das Produkt der subjektiven Eintrittswahrscheinlichkeit und des Nutzens (bzw. der Kosten) kalkuliert und über alle betrachteten Konsequenzen aufsummiert, so dass ein subjektiver Nutzenwert für jede Antwortalternative zur Verfügung steht (vgl. Esser 1990, S. 233).[133] Ausgewählt wird im nächsten Schritt diejenige Alternative, welche die größte Nutzenerwartung aufweist (vgl. Esser 1990, S. 232).

Die Vorzüge dieses Erklärungsansatzes liegen nach Esser (1990, S. 232) darin, dass er einfach (nur wenige Grundelemente mit beliebigen Kombinationsmöglichkeiten), anschlussfähig (enthält sowohl Elemente ökonomischer als auch psychologischer Handlungserklärungen),

---

[131] Hierbei wird eine Übertragung des ökonomischen Erklärungsansatzes, d.h. der Orientierung an Kosten und Nutzen von Entscheidungen oder Verhalten, auf soziale Aspekte vorgenommen. Als Grundmodell fungiert eine Wert-Erwartungs-Theorie, bei der Individuen im Sinne eingeschränkter Rationalität handeln. Problematisch ist hierbei die alleinige Konzentration auf Kosten und Erträge, bei der Variablen wie Gewohnheiten, Normen oder Kontrollüberzeugungen außen vor bleiben (vgl. Wiswede 2004, S. 444).

[132] Allerdings ist auch in diesem Fall noch eine Entscheidung zu treffen.

[133] Das Bedenken der Konsequenzen ist allerdings ebenfalls mit Aufwand verbunden, so Befragte diesbezüglich möglicherweise auch nicht immer alle potenziellen Wirkungen berücksichtigen werden, bzw. nur zu Beginn eine generelle Abschätzung für die gesamte Erhebung vornehmen. Dann wäre der Rational Choice Gedanke auf die grundsätzliche Teilnahmeentscheidung an einer Untersuchung beschränkt.

vollständig (berücksichtigt alle relevanten Phasen) und aussagekräftig (eine Reihe von Regelmäßigkeiten des Befragtenverhaltens sind leicht rekonstruierbar) ist.
Neben den grundsätzlichen Bedenken beim Rational-Choice Ansatz (siehe Fußnote 131 auf Seite 173) gibt es zwei wesentliche Vorbehalte gegen seine Anwendung im Rahmen der Umfrageforschung (vgl. Esser 1990, S. 233): (1) Menschliches Verhalten folgt so gut wie nie der Maximierungsregel des Homo Oeconomicus, da Personen weder vollständig informiert sind noch über die entsprechenden Informationsverabeitungskapazitäten zur Generierung der günstigsten Alternative verfügen; (2) Präferenzen und Erwartungen von Menschen sind nicht stabil, sondern werden in jeder Situation neu „definiert". Esser (1990, S. 234) verteidigt die Gültigkeit des rationaltheoretischen Erklärungsansatzes damit, dass er die beiden Kritikpunkte als Spezialfälle und Vertiefungen der Theorie der rationalen Wahl deklariert, die ihrerseits mit dem theoretischen Gerüst erklärt werden können. Dies insbesondere deshalb, weil die Einwände gegen das Modell keine eigene theoretische Grundlage besitzen, sondern lediglich empirische Evidenz aufweisen – ohne eine derartige Fundierung ist es aber nicht möglich, genauere Bedingungen für die Entstehung und Veränderung von Gewohnheiten sowie Situationsdeutungen anzugeben bzw. zu erklären, wann Menschen davon abweichen (vgl. Esser 1990, S. 234). Eine weitere Argumentation stützt sich auf den Ansatz von Simon (1957, S. 257ff), nach dem die Selektion von Handlungen aus einer Menge von Alternativen dann abgebrochen wird, wenn eine hinreichend befriedigende Option identifiziert wurde, statt einem „maximizing" also ein „satisficing" (siehe Abschnitt 3.2.2.4.1) betrieben wird, so dass nicht notwendigerweise eine vollständige Information gegeben sein muss (vgl. Esser 1990, S. 236). In dieser Hinsicht kann auch über die Kostenkomponente argumentiert werden, denn es wäre irrational (Umgang mit knappen Ressourcen), für alle denkbaren Alternativen zur gleichen Zeit ein Maximizing zu betreiben (vgl. Esser 1990, S. 238).
Insgesamt sind bei diesem Ansatz die subjektiven Nutzenwerte bei der Beantwortung eines Fragebogens – zumal wenn dies online oder durch schriftliches Selbstausfüllen geschieht – empirisch nur sehr schwer zu ermitteln. Allerdings lässt sich mit diesem Denkmodell jegliches Fehlverhalten (Antwortverweigerung oder bewusst falsche Angaben) über seine höhere Nutzenstiftung erklären – wie dies beispielsweise Riphahn & Serfling (2003, S. 15) tun – womit dann aber letztendlich kein spezifischer Erkenntnisgewinn verbunden ist.

3.1.1.6 Die flexible Sichtweise bei Willis et al (1991)

Willis et al. (1991, S. 251ff) beschreiben die Nützlichkeit des Einsatzes von qualitativen Techniken (Think-aloud[134] und Verbal probing[135]) bei der Überprüfung von Items in Fragebögen und legen dabei ebenfalls ein vier-stufiges Modell des Antwortprozesses (Entschlüsseln und Verstehen der Frage, Beurteilung und Entscheidung, Abruf oder Schätzung von Informationen und Antwortabgabe) auf eine gestellt Frage zugrunde.
Sie schränken allerdings ein, dass die bisherige Forschung (siehe Abschnitte 3.1.1.2 und 3.1.1.3) zwar sequenzielle Stufen kognitiver Prozesse bei der Beantwortung von Items annimmt, aber deren Existenz und Anzahl noch nicht präzise ergründet ist. Insofern verstehen

[134] Bei dieser Vorgehensweise wird der Befragte gebeten, alle ihm bei der Beantwortung einer Frage in den Sinn kommenden Gedanken auszusprechen, die dann vom Interviewer protokolliert werden (vgl. Ericsson & Simon 1984). Dabei wird angenommen, dass die Verbalisierungen nicht nennenswert mit den kognitiven Prozessen bei der Generierung interferieren (vgl. Willis et al. 1991, S. 253).

[135] Diese – vielleicht am besten mit „mündlichem Nachbohren" zu beschreibende – Technik setzt vor dem Interview entwickelte Sondierungsfragen (z.B. „Was bedeutet der Begriff konkret für Sie?" oder „Auf welchem Wege haben Sie sich daran erinnert, wie häufig Sie im letzten Jahr einen Zahnarzt aufgesucht haben?") ein, um kognitive Prozesse bei den Befragten offensichtlich zu machen (vgl. Willis et al. 1991, S. 253f; siehe auch Abschnitt 3.1.2.2.2.5). Dieses Vorgehen wird primär im Vorfeld von Befragungen angewandt, um einzelne Fragen oder ganze Fragebögen auf inhärente Schwierigkeiten zu testen (vgl. Royston & Bercini 1987, S. 829).

sie ihr Modell auch eher als eine Auflistung der wichtigsten Prozessklassen (vgl. Willis et al. 1991, S. 251).
Auf der Entschlüsselungs- und Verständnisstufe formt der Befragte eine interne Repräsentation der gestellten Frage, die als Initialzündung für die Lenkung der Gedächtnisprozesse fungiert. Im zweiten Schritt (Beurteilung und Entscheidung) finden die wesentlichen Kontrollprozesse statt, die zur Steuerung der Informationssuche notwendig sind. Diese können sowohl vor, als auch nach dem Auffinden episodischer Informationen wirksam werden. Im Vorfeld gehört dazu eine Einschätzung, ob sich die benötigten Informationen im Gedächtnis befinden und ob sich die Erinnerungsanstrengungen überhaupt lohnen. Im Anschluss an die Auffindung und Aktivierung gespeicherter Informationen wird deren Adäquatheit zur Beantwortung der Frage überprüft, indem entschieden wird, ob weitere Suchprozesse erforderlich oder Anpassungen (z.B. im Sinne sozialer Erwünschtheit) vorzunehmen sind.

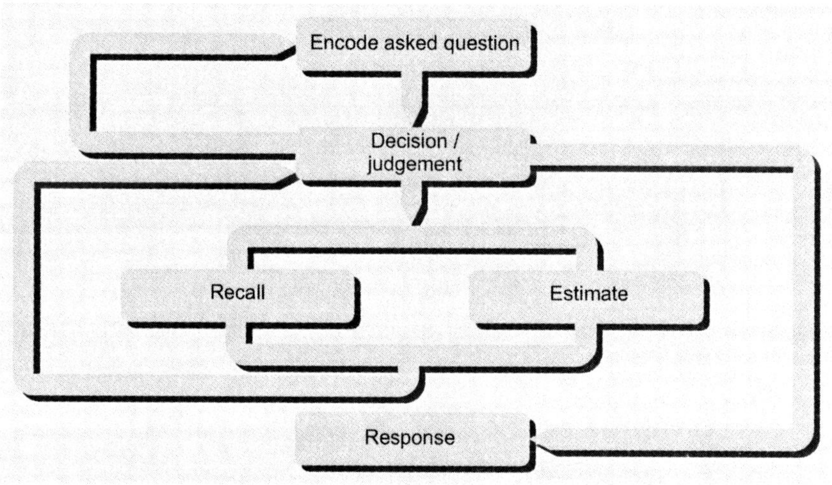

Abbildung 24: Ablaufdiagramm des flexiblen Prozessmodells von Willis et al. (1991, S. 253)

Auf der dritten Stufe werden die für notwendig erachteten Gedächtnisleistungen ausgeführt, bevor im letzten Schritt eine Übersetzung der internen Antwort in eine externe erfolgt, d.h. hier sind – im Unterschied zu Cannell et al. (1981) sowie Tourangeau (1984) – keine expliziten Anpassungsprozesse mehr vorgesehen, weil die Editierung der Antwort bereits Bestandteil der Beurteilungs- und Entscheidungsstufe ist (vgl. Willis et al. 1991, S. 252f).
Auch das Überspringen von Schritten haben Willis et al. (1991, S. 253) vorgesehen, indem von der Beurteilungs- und Entscheidungsstufe eine direkte Verbindung – d.h. ohne die Zwischenschaltung von Gedächtnisprozessen – zur Antwortabgabe existiert (siehe rechten Bereich in Abbildung 24). Dieser Weg könnte dann relevant werden, wenn der Aufwand zur Erinnerung der relevanten Informationen als zu hoch eingeschätzt und eine Antwort ohne elaboriertes Nachdenken abgegeben wird, die beispielsweise aus einem „Weiß nicht", einer Antwortverweigerung oder einer willkürlichen Schätzung bestehen kann.
Den letztgenannten Aspekt hat Willis (1996) weiter ausgeführt, und sich mit dem Einsatz von Strategien[136] auf allen Stufen des Antwortprozesses bei Erhebungsfragen beschäftigt (siehe dazu auch Abschnitt 3.1.2.1.2). Generell können Befragte völlig strategielos (wenn die Ant-

[136] Willis (1996, S. 154) definiert diese sehr umfassend als aktiven Prozess, der unter der Ausführungskontrolle des Befragten steht (siehe dazu auch Abschnitt 3.2.2.4). Die Aspekte langfristig und situationsübergreifend gehen dabei auf Tedeschi et al. (1985) zurück.

wort bereits im Gedächtnis vorliegt und „nur noch" erinnert werden muss) oder komplett strategiebasiert (z.B. mittels Erinnerung an alle fraglichen Ereignisse oder einer groben Schätzung, wenn es um die Anzahl eines bestimmten Verhaltens in einem abgeschlossenen Zeitraum geht) die an sie herangetragenen Aufgaben lösen (vgl. Willis 1996, S. 153f; siehe dazu auch die beiden Pfade im dualen Prozessmodell von Strack & Martin 1987 in Abschnitt 3.1.1.4).
Beispielsweise können nach Willis (1996, S. 158) bei der Entscheidung für eine Antwort und deren Abgabe Strategien wie Verifizierung (Feststellung, dass eine mögliche Antwort nicht korrekt sein kann, z.B. in Form eines inkonsistenten Ratings nach dem Extrem-Ranking; vgl. Cannell et al. 1981), Modifizierung (z.B. im Falle einer sozial unerwünschten Antwort; vgl. Bradburn et al. 2004 und Abschnitt 3.2.2.1) oder Satisficing (den Suchprozess abbrechen, wenn eine zufrieden stellende – nicht die optimale – Antwort gefunden wird; vgl. Krosnick 1991 und Abschnitt 3.2.2.4.1) angewendet werden, insbesondere wenn es sich um sensitive Fragen handelt.
Wills (1996, S. 159) regt an, sich so mit Strategien zu beschäftigen, dass herausgefunden werden kann, welche Form Befragte unter welchen Bedingungen (zumindest wahrscheinlich) anwenden, und welche Antwortstrategien eine aussagefähige Beantwortung der Fragen am besten garantieren – diese sollten dann im Erhebungsbogen entsprechend stimuliert werden. Im Rahmen der Entschlüsselung können beispielsweise die generellen Anweisungen (Bearbeitungshinweise und Einleitung) zu einem Fragebogen als strategische Hinweise aufgefasst werden, wie man sich bei der Beantwortung der Fragen verhalten sollte. Hier gibt der Forscher quasi eine Strategie vor, z.B. „Denken Sie nicht zu lange nach, die erste Antwort ist oft die beste" oder „Geben Sie bitte nur Antworten auf die Fragen, bei denen Sie sich sicher sind eine qualifizierte Meinung äußern zu können".

3.1.1.7 Der Ansatz über eine Informations-Austausch-Theorie von Sander et al. (1992)

Sander et al. (1992) stellen eine Informations-Austausch-Theorie vor, die ausschließlich auf mündliche (Face-to-Face oder Telefon) Interviews bezogen ist und sowohl die kognitiven Prozesse auf Seiten des Interviewers (zwei Submodelle: Stellen der Frage und Beseitigen von Unklarheiten), als auch die Abläufe auf Seiten des Befragten (Antwortverhalten) sowie die Wechselbeziehungen zwischen den beteiligten Personen (Interviewer-Befragten-Interaktion) abbildet (vgl. dazu auch das Vorgehen von Japec 2002). Insgesamt werden also vier Teilmodelle thematisiert, von denen vorliegend aber lediglich das Modul zum Befragtenverhalten (vgl. Jobe & Herrmann 1996, S. 198) dargestellt wird, weil die in dieser Arbeit referierte Untersuchung auf einer Online-Erhebung basiert, in der kein Interviewer zugegen ist.
In dem Konzept wird zunächst für die Steuerung des gesamten Interviews ein Einfluss der Etikette sprachlicher Konversationen (siehe Abschnitt 3.2.2.5) vorausgesetzt, denen auch das Antwortverhalten der befragten Person unterliegt (vgl. Jobe & Herrmann 1996, S. 197). Entgegen den weiteren vorgestellten Modellen legt die Informations-Austausch-Theorie eine größere Anzahl an Stufen und detailliertere Annahmen über deren Verbindungen zugrunde, indem einerseits parallele andererseits aber auch überlappende und gänzlich interaktive Verarbeitungsprozesse zugestanden werden (vgl. Jobe & Herrmann 1996, S. 197).
Außerdem ist mit Mullin et al. (1994) davon auszugehen, dass die Länge des Referenzzeitraums – diesbezüglich gab es vorliegend keine Vorgaben – eine Wirkung auf die Antwortabgabe ausübt. Je länger der fragliche Zeitraum ausfällt, desto eher werden Selbst-Schemata an Stelle von direkt erinnerter Information zur Generierung der Antwort genutzt, die i.d.R. einem „self-serving-bias" unterliegen, und daher auch schon auf dieser Stufe das Auftreten einer sozial erwünschten Antwort erklären können, das bei den anderen Modellen (z.B. Cannell et al. 1981; siehe Abschnitt 3.1.1.2 oder Tourangeau 1984; siehe Abschnitt 3.1.1.3) erst in der Editionsphase der Antwortabgabe eine Rolle spielt (vgl. Jobe & Herrmann 1996, S. 197).

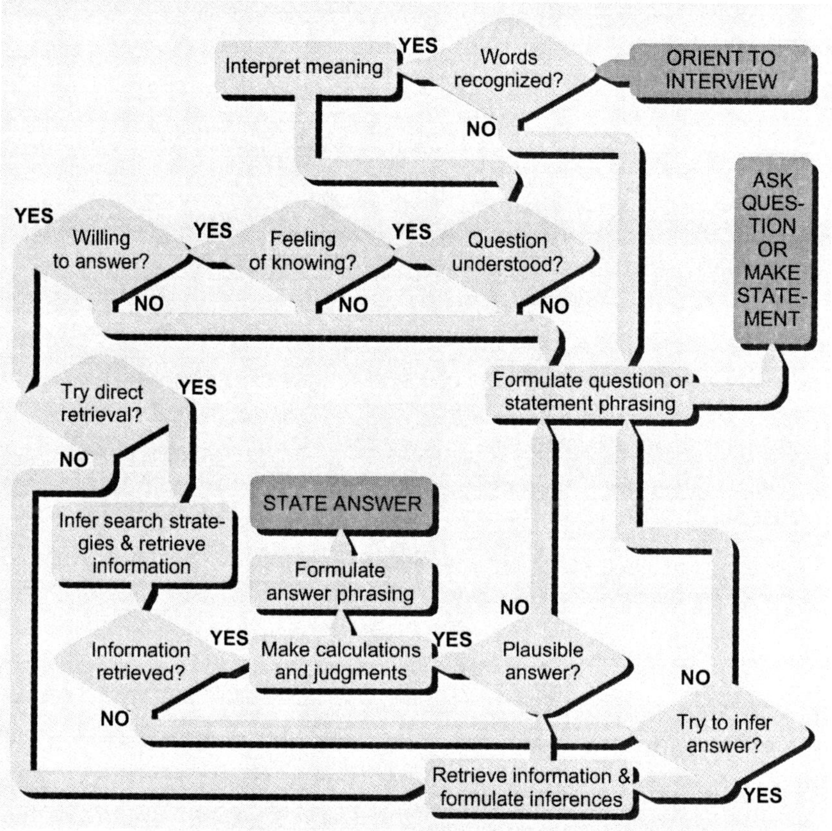

Abbildung 25: Das Befragten-Modul der Informations-Austausch-Theorie von Sander et al. (1992) angelehnt an die Darstellung von Jobe & Herrmann (1996, S. 198)

Insgesamt macht dieser Ansatz auf einen weiteren sozialpsychologisch wichtigen Sachverhalt (Interaktionsprozesse zwischen Fragensteller und Antwortperson) in Interviewprozessen aufmerksam, der aber für selbst auszufüllende Fragebögen weniger relevant ist (vgl. Sander et al. 1992, S. 818).[137]

3.1.1.8 Das Kognitive-Abschätzungs-Modell von Forsyth & Hubbard (1992)

Die Entwicklung des Kognitiven-Abschätzungs-Modells von Forsyth & Hubbard (1992) erfolgt im Rahmen der Generierung eines Bewertungsrasters für Umfrage-Items, mit dem Item-Bestandteile identifiziert werden sollen, die das akkurate Antwortverhalten von Befragten beeinflussen, und zwar sowohl in eine positive (die Qualität der Antwort wird erhöht, indem die Angaben genauer erfolgen, weil z.B. zusätzliche relevante Aspekte in die Urteilsfindung einbezogen werden), als auch in eine negative (die Antwortgüte wird beispielsweise durch die Verwendung ambivalenter Begriffe herabgesetzt) Richtung. Das Raster wird dabei wie eine

[137] Andererseits tritt auch in schriftlichen Befragungen „ein Interviewer auf", der sich im Erhebungsbogen und dem Urheber manifestiert. So kann die Bereitschaft (wahrheitsgemäß) zu antworten, bei einer wissenschaftlichen Untersuchung höher ausfallen als im Rahmen einer kommerziellen Marktforschungsstudie.

Checkliste zur Funktionsprüfung technischer Geräte eingesetzt (vgl. Lessler & Forsyth 1996, S. 261).
Im Gegensatz zu Cannell et al. (1981; siehe Abschnitt 3.1.1.2) und Tourangeau (1984; 3.1.1.3) haben Forsyth & Hubbard (1992) die erste Stufe zunächst in jeweils eigenständige Verständnis- und Interpretationskomponenten unterteilt, so dass ihr Ansatz aus fünf Stufen (Prozesse des Verständnisses, der Interpretation, des Gedächtnisses, der Beurteilung und der Antwortabgabe) besteht (siehe zu einem weiteren fünf-stufigen Modell auch Schwarz 1990 in Abschnitt 3.1.2.1.3).[138]
Um das Ziel einer detaillierten Charakterisierung von Umfrage-Items zu erreichen, gliedern Forsyth & Hubbard (1992, S. 474) alle fünf Stufen in weitere Untereinheiten, die sich auf ganz bestimmte Aspekte[139] beziehen und insgesamt 102 Prüfkriterien beschreiben. Die Funktionsweise der Technik zeigen Forsyth & Hubbard (1992, S. 471) an einem Beispiel des Haushaltsfragebogens des Nationalen Instituts gegen Drogenmissbrauch auf. In diesem Fragebogen werden am häufigsten Probleme beim Verständnis- (sowohl bezogen auf den Fragentext als auch die Antwortoptionen) und Interpretationsprozess (Bezugszeitraum ohne fixierte Grenzen) festgestellt, was für die vorgenommene Differenzierung der ersten Stufe spricht.[140]
Mit der detaillierten Aufstellung von Forsyth & Hubbard (1992, S. 474) liegen vielfältige Anhaltspunkte über mögliche kognitive Prozesse bei Befragten während der Beantwortung von Umfrage-Items vor, die auch zur weiteren Aufschlüsselung der Wirkmechanismen bei der ERR-Technik genutzt werden können.

3.1.1.9 Die Rolle affektiver Prozesse bei Helgeson & Ursic (1994)

Helgeson & Ursic (1994) liefern zwar kein eigenes Antwortmodell, orientieren sich aber an einem Denkmodell von Dewey (1933, S. 106ff), das durchaus mit den in diesem Kapitel vorgestellten Ansätzen kompatibel ist.[141] In ihrem Beitrag werden außerdem weitere Variablen – insbesondere die Rolle affektiver und kognitiver Prozesse bei der Beantwortung von Items, aber auch Charakteristika des Fragebogens – in die Analyse einbezogen.
Helgeson & Ursic (1994, S. 494ff) verfolgen mit ihrer Analyse vier Ziele: (1) In Bezug auf Rating Skalen die Fragebogenstruktur zu identifizieren, die am stärksten für affektive Antwortabgaben anfällig ist; (2) Personenvariablen aufzudecken, die das affektive Ausfüllen eines Fragebogens beeinflussen; (3) Determinieren, ob eher affektive oder kognitive Prozesse beim Ausfüllen eines Fragebogens vorherrschend sind und (4) Bestimmen, wie ein affektives Beantworten von Erhebungsfragen die Ergebnisse beeinflusst. Dazu werden neun Hypothesen anhand eines drei-faktoriellen experimentellen Designs (Fragebogenlänge [100, 50 und 10

---

[138] In einer späteren Version, die nach Callegaro (2005, S. 17) erst das vollständig entwickelte Instrument markiert, haben sich Lessler & Forsyth (1996, S. 262ff) – ohne weitere Begründung – auf die vier Komponenten von Tourangeau (1984) beschränkt.

[139] So wird im Rahmen des Verständnisprozesses beispielsweise zwischen Schwierigkeiten bei den Instruktionen, dem Fragetext oder den Antwortoptionen unterschieden, wobei Letztgenannte noch in terminologische und strukturelle Probleme differenziert werden. Auf der Ebene struktureller Unklarheiten werden unscharfe Grenzziehungen, überlappende oder unvollständige Antwortkategorien, sowie deren nicht dominante Sortierung aufgelistet, die dann eine relativ eindeutige Zuordnung eines konkreten Umfrageitems ermöglichen (vgl. Forsyth & Hubbard 1992, S. 474).

[140] Allerdings muss hier einschränkend angefügt werden, dass in dem Fragebogen mehrheitlich faktisches Verhalten erhoben wird. Die damit verbundene Problemfokussierung könnte dazu führen, dass bei der Abfrage von Einstellungen, andere Item-Gesichtspunkte eine höhere Bedeutsamkeit erlangen könnten.

[141] Dewey (1933) unterscheidet fünf Phasen reflektierenden Denkens: „Suggestion", „intellectualization", „guiding idea (hypothesis)", „reasoning" und „testing the hypothesis by action", die in ihrer Sequenz nicht fixiert sind. Zudem kann eine sechste Phase („reference to the future and to the past") durchlaufen werden (vgl. Dewey 1933, S. 116f). Urteile und Entscheidungen werden dann anhand der reflektiven Denkprozesse getroffen (vgl. Dewey, 1933, S. 119ff), so dass deutliche Parallelen zu den vorliegend referierten Antwortmodellen gezogen werden können.

Items], Skalenanker [mit/ohne „extremely“] und Antwortkategorien [3, 5 und 7]) überprüft. Als abhängige Variable fungiert bei Helgeson & Ursic (1994, S. 502) die Einordnung der über eine Protokollanalyse (siehe Fußnote 134 auf Seite 174) erhobenen Gedankengänge bei der Beantwortung der relevanten Fragen in die vier Kategorien affektiv, kognitiv, neutral oder sonstige.

Der Einsatz affektiver Antwortstrategien bei Befragungen ist schon allein deshalb gut nachvollziehbar, weil es eben einfacher ist auf ein existierendes Gefühl zurückzugreifen als anstrengende kognitive Prozesse zu bemühen (vgl. Helgeson & Ursic 1994, S. 506).

Da die Literatur zur Fragebogenlänge (vgl. Laurent 1972; Dillman et al. 1993; Berdie 1973, S. 278ff) nahe legt, dass die Befragten bei längeren Fragebögen weniger kognitiven Aufwand investieren – dies könnte bei einem entsprechenden Involvement, z.B. einem originären Interesse an den Ergebnissen, natürlich anders gelagert sein, wenn sich die Befragten freuen, dass so viele Facetten angesprochen werden – wurden die Werte-Fragen im vorliegenden Erhebungsbogen sehr früh gestellt und die Befragung insgesamt kurz gehalten.

Bei der Benennung der Skalenanker wurde vorliegend bewusst auf eine extreme Formulierung verzichtet, da diese möglicherweise dazu geführt hätte, dass die Extremkategorien weniger häufig gewählt worden wären, und damit schon allein aus diesem Grund geringere Mittelwerte zu verzeichnen gewesen wären. Nach den Ergebnissen von Helgeson & Ursic (1994, S. 503) ist davon auszugehen, dass bei der Verwendung extremer Skalenanker eher mit weniger kognitiv gefärbten Antwortprozessen zu rechnen ist.

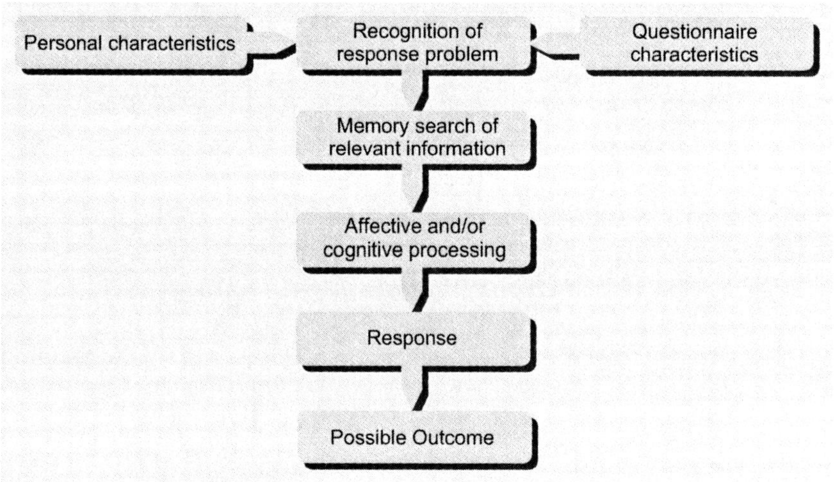

Abbildung 26: Der Entscheidungsprozess bei der Fragebogenkomplettierung nach Helgeson & Ursic (1994, S. 494)

Hinsichtlich der Anzahl an Antwortkategorien nehmen Helgeson & Ursic (1994, S. 495) an, dass eine steigende Auswahlmöglichkeit die Antwort der Befragten erschwert, und deshalb eher automatische und mit wenig Aufwand verbundene affektive Antwortabgaben bevorzugt werden,[142] um sich die Aufgabe zu erleichtern.[143] Diese Vermutung ist aber empirisch nicht

[142] Zu möglichen Auswirkungen dieses Verhaltens auf die Streuung der Daten machen Helgeson & Ursic (1994) keine Angaben.

[143] Diesbezüglich könnte aber auch ein Sponsorship-Effekt wirksam werden, d.h. man ist bemüht, bei einer wissenschaftlichen Umfrage wahrheitsgemäße Antworten abgeben – auch wenn in deren Einleitung steht, dass man nicht zu lange nachdenken sollte.

haltbar, denn die Anzahl an Antwortoptionen steht in keiner direkten Verbindung zu affektivem Antwortverhalten (vgl. Helgeson & Ursic 1994, S. 503). Im Gegenteil, mit zunehmender Anzahl an vorgegebenen Kategorien antworten die Befragten zunächst auf der kognitiven Schiene, und beziehen erst im weiteren Verlauf auch affektive Gedächtnisinhalte mit ein (vgl. Helgeson & Ursic 1994, S. 503f).

Die für die vorliegende Untersuchung besonders interessanten Aspekte betreffen allerdings die Vermutungen, dass bei affektivem Antwortverhalten (gefühlsorientiert, anhand subjektiver und emotionaler Bewertungen oder frei assoziiert in Bezug auf symbolträchtige Items) eine höhere Inner-Item-Varianz sowie geringere Durchschnittsratings erzielt werden (vgl. Helgeson & Ursic 1994, S. 495), denn diese beiden Effekte werden ja auch durch den Einsatz der ERR-Technik erwartet (siehe Tabelle 2 auf Seite 134). Insofern könnten die bei McCarty & Shrum (1997; 2000) erzielten Effekte auch lediglich darauf beruhen, dass affektive Prozesse stärker in die Antwortabgabe integriert werden als beim reinen Rating, und dadurch geringere Mittelwerte und höhere Streuungen auftreten. Nach diesem Ansatz wären die Ergebnisse also nur bedingt eine direkte Folge (Konsequenz) der Technik (Anweisung), sondern beruhen vielmehr auf einem Perspektivenwechsel bei der Antwortabgabe: Werden alleinige Ratings vorwiegend kognitiv gesteuert, so gewinnen bei einem sich an ein Ranking anschließenden Rating die affektiven Einflüsse an Gewicht, was zu geringeren Durchschnittswerten und einer höheren Datenstreuung führt.

In der Studie von Helgeson & Ursic (1994, S. 507) sind mehr Antwortentscheidungen auf der Basis von weitgehend automatisierten und damit einfacheren affektiven Prozessen getroffen worden als durch besonnenes Nachdenken. Hier dürfte zum einen eine Parallele zu den dualen Prozess-Modellen zu ziehen sein (auch im Rahmen der Antwortmodelle) und zum zweiten muss sicherlich auch das Befragungsthema (Einstellungen zu Fast-Food-Restaurants) berücksichtigt werden. Demgegenüber sollten die vorliegend thematisierten Werten als ein Aspekt des Selbst(Bildes) – schon allein deshalb, weil sie die eigene Person betreffen – ein höheres Involvement beinhalten (dem Elaboration Likelihood Modell entsprechend also sowohl eine höhere Fähigkeit, als auch eine stärkere und Motivation auf Seiten der Befragten voraussetzen).

In ihrer Erklärung der gefundenen Effekte führen Helgeson & Ursic (1994, S. 507) im Übrigen an, dass die höhere Varianz der Daten auch in der Vagheit affektiver Prozesse begründet sein kann. Wenn kognitive Prozesse die Entscheidungsgrundlage für die Antwortabgabe bilden, so kommt es eventuell zu einer Regression auf die Mitte, und damit einhergehend, zu einer geringeren Streuung der Ratings. Wie bereits Edell & Burke (1987, S. 430f) im Rahmen der Werbewirkungsforschung festgestellt haben, scheinen affektive Urteile eher dem Individuum zuzurechnen zu sein, während kognitive Urteile vorrangig eine Folge der Stimuluscharakteristik sind. Dementsprechend sorgen also primär die individuellen Unterschiede der Befragten für eine größere Streuung bei den Antworten (vgl. Helgeson & Ursic 1994, S. 508). Ob diese Aussage aber auch bei Einschätzungen der eigenen Person (Wichtigkeit von Werten) Gültigkeit besitzt, müsste erst noch geprüft werden. Außerdem würde damit der Frageformulierung jegliche eigenständige affektive Wirkung abgesprochen, womit wohl auch die bisher erzielten Resultate zu Kontext-Effekten (siehe Abschnitt 3.3) neu aufzurollen wären.

3.1.1.10 Der Ansatz über Antwortverweigerungen bei Beatty & Herrmann (2002)

Obwohl in der diesen Ausführungen zugrunde liegenden Untersuchung, eine einzelne Antwortverweigerung (Item-Nonresponse) nicht möglich war – den Teilnehmern stand lediglich der endgültige Ausstieg (Unit-Nonresponse) offen (siehe Abschnitt 4.3) – soll das Antwortverhalten auch aus dieser Perspektive beleuchtet werden, um weitere potenzielle Ansatzpunkte zur Erklärung der Wirkungsweise der ERR-Technik finden zu können. Dazu wird ein

Modell von Beatty & Herrmann (2002, S. 77; siehe Abbildung 27) referiert, in dem das Zustandekommen einer Antwortverweigerung im Vordergrund steht.[144]

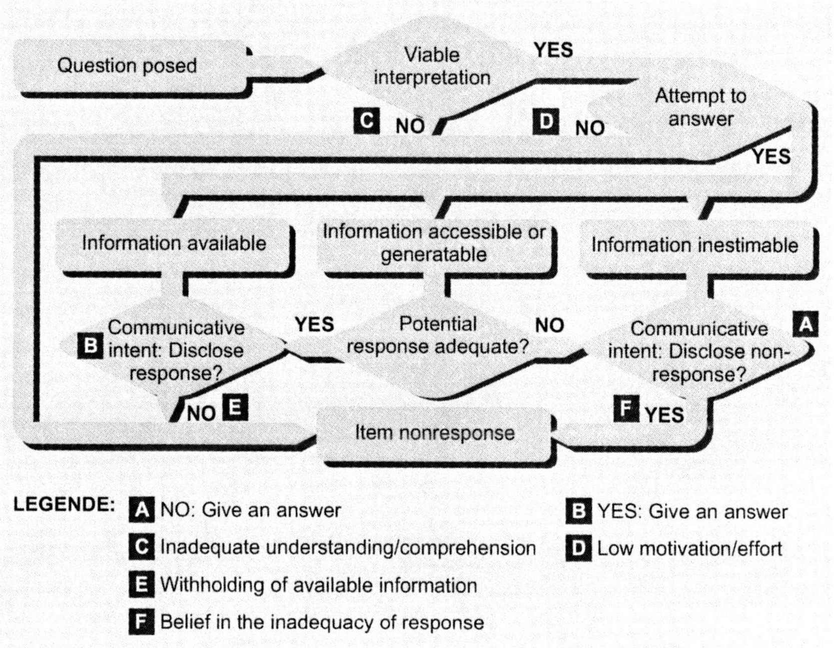

Abbildung 27: Die Erklärung von Antwortverweigerungen nach dem Modell von Beatty & Herrmann (2002, S. 77)

Beatty & Herrmann (2002, S. 72) unterstellen, dass Befragte zunächst immer eine grundsätzliche Entscheidung fällen müssen, ob sie eine Frage beantworten wollen oder nicht. Wenn sie sich für die letztgenannte Möglichkeit entscheiden, sind auf Seiten der Umfrageurheber statistische Probleme (Behandlung von Missing Values) zu lösen, die es idealerweise zu vermeiden gilt (vgl. Diekmann 1995, S. 551ff).

Aus psychologischer Sicht sind die Konsequenzen einer Antwortablehnung hingegen weit weniger klar. Der Initiator einer Erhebung ist daran interessiert, dass die Antworten einen bestimmten Präzisionsgrad übersteigen, weil sie ansonsten für seine Zwecke wertlos sind. Damit ist von ihm zu bestimmten, welcher Grad an kognitiver Eindeutigkeit – z.B. in Bezug auf den inhaltlichen Umfang eines Items – vorliegen muss, damit sich seine Studienziele verwirklichen lassen (vgl. Beatty & Herrmann (2002). Gerade diese Festlegung erfordert eine Auseinandersetzung mit der Entscheidung eines Befragten, eine Antwort zu verweigern, denn diese Option sollte ein Teilnehmer nur dann in Betracht ziehen, wenn seine objektive Fähigkeit zur Beantwortung der Frage unterhalb des vom Forscher gesetzten Standards zurückbleibt (vgl. Martin & Harlow 1992, S. 81ff). Oftmals wird aber das individuelle Verhalten anders ausfallen, d.h. Teilnehmer geben auch dann keine Antwort wenn sie dazu – aus Forschersicht – eigentlich in der Lage wären (Auslassungsfehler) und beantworten eine

---

[144] Bei Beatty & Herrmann (2002, S. 77) wird die Antwortabgabe nicht explizit im Modell berücksichtigt. Sie ist hier an den Stellen A und B (siehe Abbildung 27) ergänzt worden, wobei allerdings keine Aussage über die Qualität der Reaktion eines Befragten möglich ist.

Frage auch in den Fällen, in denen sie es letztlich nicht tun sollten (Begehungsfehler), weil ihr Wissensstand, ihr Erinnerungsvermögen, ihre Einstellungsstärke nicht ausreichen (vgl. Diekmann 1995, S. 385f) oder es sich um eine hypothetische Situation handelt.
Zusammenfassend wird die Entscheidung zur Beantwortung einer Frage in einer Erhebung (1) vom kognitiven Zustand (die Verfügbarkeit der abgefragten Information), (2) einem Adäquatheitsurteil (welches Präzisionsniveau muss die Antwort aufweisen) und (3) der kommunikativen Absicht (die Motivation des Befragten, die erbetene Information bereitzustellen) abhängen (vgl. Beatty & Herrmann 2002, S. 72).
Die psychologische Forschung hat relativ konsistent demonstriert, dass Wissen keine Frage des Entweder oder, sondern des graduellen Vorhandenseins ist (vgl. Hasher & Griffin 1978 und Reder 1988). Nach Beatty & Herrmann (2002, S. 73; vgl. auch Beatty et al. 1998 sowie Herrmann 1995) lässt sich die kognitive Disponibilität des benötigten Wissens bei Befragten in vier Kategorien einteilen: (1) Verfügbar: Die ersuchte Auskunft kann mit minimalem Aufwand erinnert werden; (2) Zugänglich: Die benötigt Information kann mit einigem Aufwand erinnert werden;[145] (3) Generierbar: Die gewünschte Information ist so nicht verfügbar, kann aber anhand anderer Gedächtnisinhalte konstruiert werden und (4) Unbestimmbar: Die erfragte Information ist völlig unbekannt und es gibt auch keine verfügbare (verlässliche) Basis für eine Schätzung.
Von den oben angeführten Entscheidungsvariablen für die Beantwortung eines Umfrage-Items stellt der kognitive Zustand die wesentlichste Determinante dar. Für die beiden Extremzustände (Verfügbar und Unbestimmbar) ist dies offensichtlich – wenn das notwendige Wissen verfügbar ist, weiß der Befragte die Antwort definitionsgemäß, im Falle der Unbestimmbarkeit weiß er die Antwort nicht. Hieraus darf aber nicht geschlossen werden, dass eine Person auch eine entsprechende Antwort gibt (Verfügbar) oder nicht (Unbestimmbar), denn zwischen dem Wissen und der Antwort des Befragten existiert keine einfache lineare Verbindung (vgl. Bradburn et al. 1987 und Eisenhower et al. 1991 S. 128ff), so dass in dem Modell (siehe Abbildung 27) auch aus jedem der vier kognitiven Zustände eine substanzielle oder verweigerte Antwort folgen kann.
Bei den Zwischenstufen (Zugänglich und Generierbar) muss ein Teilnehmer antizipieren, ob die Qualität seiner Antwort den Anforderungen des Forschers genügt. Dieser Abwägungsprozess ist immer dann notwendig, wenn eine potenzielle Antwort mit einem Unsicherheitsfaktor behaftet ist (vgl. Beatty & Herrmann 2002, S. 74). Dabei spielen individuelle Unterschiede eine wesentliche Rolle, denn zwei Befragte mit identischem Unsicherheitsniveau bezüglich der Angemessenheit ihrer vorläufigen Antworten, werden nicht notwendigerweise beide das gleiche Antwortverhalten an den Tag legen. Perzipiert die eine Person, dass die Frage nur beantwortet werden sollte, wenn ein äußerst präzises Wissen vorliegt, dann wird sie auf eine Antwortabgabe verzichten, während die andere Person bei der Annahme, dass auch schon eine grobe Schätzung eine adäquate Antwort darstellt, durchaus eine Antwort abgeben wird (vgl. Diekmann 1995, S. 385f). In beiden Fällen ist aber zusätzlich noch die kommunikative Absicht zu hinterfragen.
Als letzte Variable bei der Beantwortung eines Items in einer Erhebung ist nach Beatty & Herrmann (2001, S. 75) die kommunikative Absicht des Teilnehmers zu hinterfragen, die unabhängig davon ist, wie der Befragte seine Fähigkeit zur Abgabe einer substanziellen Antwort einschätzt. Selbst wenn eine Person eine Antwort auf eine gestellte Frage geben könnte, kann sie dies nicht tun, weil sie den notwendigen kognitiven Aufwand scheut (vgl. Krosnick 1991 und Abschnitt 3.2.2.4.1), an dem Thema nicht interessiert ist oder ihr die Komplexität der Frage zu hoch erscheint (vgl. Eisenhower et al. 1991).
Auch der Befragungsmodus kann einen Einfluss ausüben, da es– wegen des geringeren sozialen Drucks – leichter fällt, eine schriftlich gestellte Frage unbeantwortet zu lassen als eine

[145] Zur konkreten Ausformung der Grenze, ab der nicht mehr von einem minimalen Aufwand auszugehen ist, äußern sich die Autoren nicht.

Frage in einem Face-to-Face-Interview (vgl. Dillman 2007). Einer der am häufigsten vermuteten Gründe für das Zurückhalten einer Antwort liegt in dem Gefühl ihrer sozialen Unerwünschtheit (vgl. DeMaio 1984 und Abschnitt 3.2.2.1). Wenn sich eine Person entschieden hat nicht zu antworten, so stehen ihr zwei Reaktionsmöglichkeiten offen. Zum einen kann sie die Frage offen lassen (sofern dies ohne einen Abbruch der gesamten Umfrage möglich ist), zum anderen kann sie aber auch eine Phantasieantwort geben, von der sie weiß, dass sie auf jeden Fall nicht korrekt ist. So wird jemand, der nicht zugeben möchte, dass er illegale Drogen konsumiert, eine entsprechende Frage zu deren Gebrauch wahrscheinlich eher falsch als gar nicht beantworten, denn die letztgenannte Strategie könnte vom Forscher als „taktische Antwort" gewertet werden, und den Befragten zumindest als „konsumverdächtig" erscheinen lassen. Hingegen ist anzunehmen, dass in den Fällen, in denen ein Befragter seine finanziellen Verhältnisse nicht offen legen will, eher keine Antwort als eine falsche Antwort gegeben wird (vgl. Beatty & Herrmann 2002, S. 75).

Das Modell in Abbildung 27 setzt zu dem Zeitpunkt an, zu dem die Person mit der Frage konfrontiert wird. Sie muss diese verstehen und interpretieren, um herauszubekommen, was der Urheber der Umfrage genau von ihr wissen will. Wenn der Person dies nicht gelingt, kann aus Gründen der Unverständlichkeit der Entschluss zur Antwortverweigerung resultieren.[146] Wenn der Befragte allerdings zu dem Schluss kommt – entweder direkt oder nach einigen Anstrengungen – kann mit dem Antwortprozess fortgefahren werden (vgl. Beatty & Herrmann 2002, S. 76).

Im nächsten Schritt hat ein Teilnehmer zu entscheiden, ob er überhaupt antworten will und welchen Aufwand er in die Generierung der Antwort investieren möchte. Hier spielen vor allem motivationale Faktoren (Fragebogenlänge, Komplexität der Frage, Involvement, Satisficing etc.) eine Rolle (vgl. Beatty & Herrmann 2002, S. 76).

Die auf der folgenden Stufe relevanten kognitiven Prozesse (Informationssuche, -filterung und -verknüpfung) sind hinsichtlich der vier möglichen informativen Zustände (Verfügbar, Zugänglich, Generierbar und Unbestimmbar) bereits weiter oben – auch in Bezug auf ihre Konsequenzen für das Antwortverhalten – erläutert worden.

Nach dem Modell (vgl. Beatty & Herrmann 2002, S. 76f) sind vier Erklärungsansätze für Antwortverweigerungen auszumachen: (1) Unverständlichkeit der Frage, (2) zu geringe Motivation der Antwortperson, (3) Zurückhaltung aus nicht inhaltlichen Gründen sowie (4) Zweifel an der Qualität der Antwort. Es existieren ebenfalls vier Strategien, um die Anzahl an fehlenden oder wenig aussagekräftigen Antworten niedrig zu halten: (1) Keine Möglichkeiten zur Antwortverweigerung anbieten (vgl. Cannell et al. 1979 und Günzel et al. 1983, S. 181 – dieses Vorgehen wurde auch in der vorliegenden Untersuchung praktiziert; siehe Abschnitt 4.3), (2) Keine „weiß nicht" Option anbieten (vgl. Poe et al. 1988), (3) „Weiß nicht" nur als explizite Alternative aufnehmen, d.h. diese Option wird z.B. in mündlichen Interviews nicht explizit vorgegeben, von den Interviewern aber als Antwort akzeptiert (vgl. Bishop et al. 1986 und Schuman & Presser 1981) und (4) Die Teilnehmer zu ermuntern, nur dann eine Antwort abzugeben, wenn sie sich wirklich sicher sind (z.B. durch den Einbau von Filterfragen – die aber ihrerseits zu negativen Effekten führen können; vgl. Martin & Harlow 1992). Während die beiden erstgenannten Strategien darauf abzielen Auslassungsfehler zu minimieren, sollen die Strategien (3) und (4) Begehungsfehler abwenden (vgl. Beatty & Herrmann 2002, S. 78).

Im Modell wird der Einfluss der übrigen Fragen (Kontext) der Erhebung völlig außer Acht gelassen. Gerade wenn man an mehreren Stellen auf kritische Fragen stößt, gibt man sich zunächst vielleicht Mühe und antwortet nach bestem Wissen und Gewissen, während man bei

[146] Hier ließe sich aber kritisch einwenden, dass eine Person auch weitere Bemühungen unternehmen könnte, ein Verständnis zu erlangen, indem sie z.B. Kontakt mit dem Urheber aufnimmt. Insofern resultiert aus der schlüssigen Interpretation nur dann eine Antwortverweigerung, wenn alle als tragbar eingestuften Versuche, ein Verständnis zu erlangen, erfolglos geblieben sind.

zunehmender Häufigkeit möglicherweise genervt ist oder meint, sich jetzt auch einmal eine Verweigerung leisten zu können. Als kommunikative Absicht könnte dann noch das Konsistenzstreben eine relevante Option ausmachen.

3.1.2 Besonderheiten in Abhängigkeit vom Fragetyp

Neben dem Einfluss unterschiedlicher Formulierungen und dem Kontext von Items (siehe Abschnitt 3.3) auf die gedanklichen Organisationsprozesse bei der Beantwortung von Fragen in Erhebungen, können auch die dabei aufgeworfenen unterschiedlichen Arten intellektueller Probleme (z.B. die Erinnerungen bei Faktenfragen oder die Introspektionen bei Einstellungs-Items) entsprechende Auswirkungen entfalten (vgl. Turner & Martin 1984, S. 295). Nach Cannell et al. (1977b, S. 307) ist es nicht möglich, Befragte grundsätzlich in akkurate und nicht-akkurate Antwortpersonen einzuteilen, sondern es ist eher davon auszugehen, dass jeder Umfrageteilnehmer manche Informationen korrekt angibt und andere eben nicht. Dabei ist zu beachten, dass verschiedene Problemstellungen auch mit unterschiedlichen Fehlerquellen verbunden sind, so dass eine differenzierte Herangehensweise zur Vermeidung von „falschen“ Antworten erforderlich ist (vgl. Turner & Martin 1984, S. 295).

So sind nach Strube (1987, S. 89f) Fragen zu generellen Meinungen oder Einstellungen (Werten) für fehlerhafte Prozesse weniger anfällig – als konkrete Ereignisabfragen („Wie oft haben Sie im letzten Jahr einen Arzt aufgesucht?“) – weil ihre Antworten aus einer Mixtur (konkrete Ereignisse, Meinungen von Bezugspersonen, etc.) von Gedächtnisinhalten bestehen.[147] Bei einer Befragung zu den eigenen subjektiven Zuständen wird in der Regel davon ausgegangen, dass die Teilnehmer gültige Beschreibungen liefern, d.h. es wird vorausgesetzt, dass die Personen ihre Gefühle und Einstellungen kennen sowie adäquat wiedergeben (vgl. Turner & Martin 1984, S. 298).[148]

Nichtsdestotrotz müssen die Fragen sorgfältig strukturiert und formuliert werden, damit den Personen ihre Aufgabe so einfach wie möglich gemacht wird – andernfalls ist eine erhebliche Motivation notwendig, damit sich die Teilnehmer mit den Fragen in der gewünschten Art und Weise auseinandersetzen (vgl. Turner & Martin 1984, S. 295). Je schwerer oder vieldeutiger sich ein durch ein Item aufgeworfenes Problem darstellt, desto wahrscheinlicher sind auf Seiten der Befragten Prozesse der Umdeutung oder Vereinfachung der Fragestellung zu erwarten, damit die Bearbeitung in der reservierten Zeit bewältigt werden kann (vgl. Schneider-Düker & Schneider 1977, S. 286ff).

3.1.2.1 Modelle bei autobiografischen Fragen

Obwohl autobiografische Elemente bei der Anwendung der ERR-Technik nur eine untergeordnete Rolle spielen, sollen Antwortmodelle für derartige Fragen an dieser Stelle trotzdem aufgeführt werden, um vorhandene Analogien nutzen zu können und einen möglichst umfassenden Überblick zu den bisher vorliegenden Ansätzen zu geben. Außerdem ist nicht auszuschließen, dass Befragte bei der Einschätzung der persönlichen Wichtigkeit von Werten, vorrangig die Häufigkeit bestimmter ausgeübter Verhaltensweisen in der Vergangenheit als Kriterium heranziehen.

3.1.2.1.1 Die Verbindung von Ereignis- und Abfragezeitpunkt bei Strube (1987)

Strube (1987, S. 86ff) betont in seinem Modell – dass bezüglich des Antwortverhaltens während eines Interviews weitgehend mit dem Ansatz von Tourangeau (1984; siehe Abschnitt 3.1.1.3) übereinstimmt – die Verbindung zwischen dem Auftreten eines Ereignisses und dessen späterer Abfrage im Rahmen einer Erhebung. Die Verknüpfung der beiden Zeit-

[147] Diese Argumentation ist nicht ganz einsichtig, denn eine größere Anzahl an vorhandenen Quellen zur Generierung einer Antwort, beinhaltet auch potenziell mehr Möglichkeiten, fehlerhafte Prozesse zu initiieren.

[148] Dass diese fundamentale Annahme stark vereinfachend ist, wird durch die anschließende Diskussion von Antwort-Tendenzen in Abschnitt 3.2 sowie Kontext-Effekten in Abschnitt 3.3 verdeutlicht.

punkte ist deshalb wichtig, weil die Kodierung zum Zeitpunkt des Auftretens die zukünftigen Auffindungsprozesse im Gedächtnis determiniert und außerdem nicht mehr beeinflussbar ist, während die Auffindungsprozesse in einer Umfrage durch bestimmte Hinweisreize („Denken Sie auch an …") in gewissen Grenzen lenkbar sind (vgl. Strube 1987, S. 88f).
Für die (allerdings weniger faktenorientierte) Werte-Forschung wäre deshalb zu fragen, ob Ereignisse originär wirklich bereits unter einer entsprechenden Perspektive kodiert werden – und dementsprechend erinnert und zugeordnet werden können – oder ob die Aussagen über die persönliche Wichtigkeit von Werten nicht weitgehend auf Konstruktionsprozessen (mit Inferenzen, etc.) beruhen müssen, weil die in Frage kommenden Situationen und Handlungen im Allgemeinen unter anderen Kategorien kodiert wurden, und erst in einer Erhebung auf diesen Bereich transferiert werden. Auf diesen wichtigen Aspekt kann vorliegend aber nicht weiter eingegangen werden, denn dazu wäre – neben der grundsätzlichen Diskussion der Übertragung des Ansatzes von Strube (1987) auf die Erhebung von Einstellungen – ein qualitatives Untersuchungsdesign erforderlich gewesen.

Zeitpunkt	Stimulus	Prozess	Einflussvariablen
des Ereignisses	Ereignis	Kodierung	Existierende Schemata, Kontext, Erwartungen, etc.
		Restrukturierung der Repräsentation	Interferenzprozesse
der Befragung	Frage	Verstehen	Gegenwärtige Schemata, Kontext und Erwartungen
		Auffinden und Rekonstruktion	Analog zum Verstehen und Suchstrategien
		Beurteilung und Entscheidung	Strategien, Heuristiken und Kombinationsregeln
	Antwort	Editierprozesse	Gesteuerte Selbstpräsentation

Abbildung 28: Die Zusammenhänge der Variablem im Konzept von Strube (1987, S. 87)

Das Modell ermöglicht damit eine perspektivische Ergänzung (Betonung der Verbindung von Ereigniskodierungen und darauf bezogene Erhebungsfragen) der übrigen vorgestellten autobiografischen Modellansätze, müsste seine Brauchbarkeit für einstellungsähnliche Befragungsgegenstände aber erst noch nachweisen.

3.1.2.1.2 Die Bedeutung von Pauschalisierungen nach Blair & Burton (1987)

Blair & Burton (1987) konstruieren zwar kein eigenständiges Modell, beschäftigen sich aber sehr intensiv mit dessen möglichen Komponenten und haben Forschungsziele zur Entwicklung eines besseren Verständnisses des Antwortprozesses auf Fragen zu Verhaltenshäufigkeiten aufgezeigt, die von anderen Forschern (z.B. Schwarz 1990; siehe nächster Abschnitt) aufgegriffen werden.
Nach Blair & Burton (1987, S. 280) haben sich Umfrageforscher aus historischer Perspektive bei der Erklärung von Angaben zur Häufigkeit ausgeübten Verhaltens weniger um die kognitiven Prozesse, die bei den Befragten zur Generierung und Offenbarung einer Antwort angewendet werden, gekümmert, sondern den Fokus auf die Korrektheit der Antwort und ihre Beziehungen zu verschiedenen Interviewer-, Befragten- und Aufgabencharakteristiken gelegt. Hinsichtlich des Verhaltens wird in bedrohliche (z.B. Anzahl krimineller Akte) und nichtbedrohliche (z.B. Einkaufsfrequenz) Handlungen unterschieden, wobei für die erstgenannte Klasse vor allem motivationale Gesichtspunkte zur akkuraten Antwortabgabe diskutiert werden (vgl. dazu das Modell von Cannell et al. 1981 in Abschnitt 3.1.1.2), während für nichtbedrohliches Verhalten insbesondere Gedächtnisprozesse thematisiert werden (vgl. Blair & Burton 1987, S. 281).

Implizit wird dabei in den meisten Ansätzen davon ausgegangen, dass die Teilnehmer allein eine episodische Aufzählung (d.h. sie gehen in ihrem Gedächtnis bis zum durch die Erhebung gesetzten Begrenzungstermin – z.B. innerhalb der letzten fünf Jahre – zurück und summieren die einzelnen Vorkommnisse auf) vornehmen, um die Häufigkeit des abgefragten Verhaltens zu „berechnen" (vgl. Schwarz 1990, S. 101). In ihren Untersuchungen (z.B. in Form von retrospektiven Protokollanalysen – siehe Fußnote 134 auf Seite 174 – bei der Frage nach der Häufigkeit von Restaurantbesuchen) konnten Blair & Burton (1987, S. 287f) eindeutig zeigen, dass mehrere unterschiedliche Prozesse bei der Beantwortung einer entsprechenden Frage ablaufen (wobei z.B. hinsichtlich der abgefragten Restaurantbesuche lediglich 28 % der Antworten über eine episodische Aufzählung gegeben wurden), von denen Pauschalisierungen den größten Anteil ausgemacht haben.[149]

3.1.2.1.3 Die Ergänzung von Tourangeau (1984) durch Schwarz (1990)

Das Modell von Schwarz (1990, S. 99) erweitert den Ansatz von Tourangeau (1984; siehe Abschnitt 3.1.1.3) um eine fünfte Komponente (siehe dazu auch Abschnitt 3.1.1.8). Diese wird als neue dritte Stufe (im Anschluss an die Erinnerung oder Rekonstruktion relevanter Verhaltensäußerungen) eingefügt und beinhaltet entweder einen zeitlichen (fällt das erinnerte Verhalten in den fraglichen Referenzzeitraum?) oder repräsentativen (ist das erinnerte Verhalten typisch für meine generelle Reaktion?) Abgleich einer aufgefundenen Information (vgl. Schwarz 1990, S. 101ff). Auf der vierten Stufe kommen Strategien ins Spiel, die als alternative Antwortmechanismen eingesetzt werden können, indem Erinnerungs- oder Rekonstruktionsprozesse durch „anderweitiges generelles Wissen" oder „hervorstechende Informationen" (z.B. in Form von Heuristiken; siehe Abschnitt 3.2.2.4) substituiert werden (Schwarz 1990, S. 99). Die gefundene vorläufige Antwort muss jetzt noch an den Fragensteller kommuniziert werden, was eine eventuelle Editierung (beispielsweise im Hinblick auf die gewünschte Selbstdarstellung) und eine Anpassung an vorgegebene Antwortalternativen erforderlich machen kann (vgl. Schwarz 1990, S. 107).

Die nachfolgenden Ausführungen beschränken sich auf die Besonderheiten und Ergänzungen, die Schwarz (1990) gegenüber dem bereits diskutierten Ansatz von Tourangeau (1984; siehe Abschnitt 3.1.1.3) vorgenommen hat.

Nachdem eine Person ein bestimmtes Verhalten erinnert oder konstruiert hat, muss geklärt werden, ob das Ereignis innerhalb des durch die Frage gesetzten Referenzzeitraums stattgefunden hat oder nicht (vgl. Schwarz 1990, S. 104). Dementsprechend ist der vorgegebene Zeitraum exakt zu bestimmen – dies ist keineswegs trivial, denn der Zeitrahmen „innerhalb der letzten 12 Monate" kann sich in der Interpretation der Befragten z.B. auf das vergangene Kalenderjahr oder die letzten 12 Monate ohne bzw. mit dem aktuellen Monat beziehen (vgl. Schwarz 1990, S. 104). Bei der Zuordnung eines Ereignisses zu einen bestimmten Zeitraum können zwei generelle Fehler auftreten, Vorwärts- und Rückwärts-Teleskopie (vgl. Neter 1970, S. 16f). Im erstgenannten Fall werden Ereignisse, die eigentlich bereits außerhalb des zu berücksichtigenden Zeitrahmens liegen, fälschlicherweise in diesen integriert, während bei der Rückwärts-Teleskopie, Ereignisse, die im fraglichen Zeitraum passiert sind, mental nach „hinten datiert" werden, so dass sie irrtümlicherweise keine Beachtung erfahren (vgl. Morwitz 1997, S. 8ff). Dabei wirkt insbesondere die Klarheit und Lebhaftigkeit (Vividness) einer Erinnerung verzerrend, denn je deutlicher sich Befragte an ein Ereignis erinnern können, desto weniger weit zurückliegend schätzen sie es ein (vgl. Brown et al. 1985; 1986 sowie Schwarz 1990, S. 105).

[149] Ein derartiges Verhalten kann auch für den vorliegenden Befragungsgegenstand nicht ausgeschlossen werden, denn auch hier mussten unterschiedliche Aspekte (wann zuletzt „gelebt", wie intensiv ausgeführt, etc.) zu einer Antwort zusammengefügt werden, bei der Pauschalisierungen durchaus eine strategische Vorgehensweise dargestellt haben könnten. Dies wäre aber in weiteren qualitativen Untersuchungen zu klären, und kann an dieser Stelle lediglich angedeutet werden.

3.1.2.1.4 Weitere Konzepte zur modellhaften Abbildung von Antworten in Umfragen

Vielfach ist die Feststellung gemacht worden, dass Befragte nur einen Teilbereich der zur Verfügung stehenden Antwortskala für ihre Angaben nutzen – um sich z.B. die Aufgabe zu vereinfachen (vgl. Tourangeau et al. 2000, S. 239). Eine Erklärung für dieses Phänomen versucht das Range-Frequency Modell (vgl. Parducci 1965; 1974) zu geben, das aber im Wesentlichen auf die Beurteilung physikalischer Stimuli (z.B. Größe von Quadraten) abzielt. Nach diesem Ansatz wird der Eintrag einer Antwort auf einer Skala von zwei Prinzipien bestimmt, Range und Frequency. Erstgenanntes bezieht sich auf die Anpassung aufeinander folgender Kategorien an entsprechende Subeinheiten des Stimulus, wobei die extremsten Stimuli den Endpunkten der Skala zugewiesen werden und als Anker für die verbleibenden Skalenpunkte fungieren (vgl. Parducci 1974, S. 129). Die Häufigkeit verweist auf die Tendenz der Befragten, jedem Skalenpunkt einen bestimmten Anteil an Stimuli zuzuweisen, wobei i.d.R. eine Gleichverteilung angenommen wird (vgl. Parducci 1974, S. 129f).[150]

Nach Daamen & de Bie (1992, S. 100ff) gibt es drei wesentliche Unterschiede zwischen Umfrage-Items und psychophysikalischen Stimuli:

(1) die in Umfragen thematisierten Sachverhalte betreffen meistens keine wahrnehmbaren Objekte, sondern eher Überzeugungen oder Meinungen;
(2) Umfrage-Items variieren häufig in mehr als nur einer einzigen Dimension;
(3) bei psychophysikalischen Messungen existiert selten ein Maximum, d.h. es sind immer noch größere oder „intensivere“ Objekte denkbar, während beispielsweise Wahrscheinlichkeiten einen Maximalwert (100 %) aufweisen.[151]

Wenn die Stimuli ungleiche Abstände aufweisen, also in einer bestimmten Region gehäuft auftreten, dann postuliert der Range-Frequency Ansatz, dass die Befragten feinere Differenzierungen in den Bereichen vornehmen werden, in denen mehrere Stimuli vorliegen (vgl. Tourangeau et al. 2000, S. 240).

Ohne explizite Vorgabe der beiden Voraussetzungen (Nutzung der gesamten Skala und möglichst gleichmäßige Verteilung der Objekte auf alle Antwortalternativen) dürfte dieses Konzept allerdings in Umfragen relativ wenig Relevanz besitzen, weil auch andere Antwortstile (Extremantworten, nur Mittelkategorien, etc.; siehe Abschnitt 3.2) diesem Verhalten entgegengesetzt verlaufen. Es bleibt natürlich fraglich, inwieweit der Charakter eines positiven Konstrukts diesbezüglich eine entscheidende Rolle spielt.

Daamen & de Bie (1992, S. 97ff) versuchen den Range-Frequency Effekt bei physikalischen Stimuli (vgl. Parducci 1974) auf Häufigkeitsschätzfragen zu übertragen, um ihn näher an „normale Items in Umfragen“ zu bringen. Sie sprechen auch nicht von „Range-Frequency“, sondern von „Range-Skewness“, um anzudeuten, dass die Häufigkeitsverteilung der Items eben schief ist, d.h. entweder mehr Stimuli an der unteren oder oberen Grenze der Antwortskala einsortiert werden (vgl. Daamen & de Bie 1992, S. 99). Prinzipiell tangiert dieses Problem auch die Sachlage bei einem positiven Konstrukt, denn dort liegt ebenfalls eine schiefe Verteilung vor, weil sämtliche Objekte oder Attribute als eher wichtig eingestuft werden.[152]

---

[150] Dies ist für Einstellungsfragen eine eher zweifelhafte Annahme, zumal dann, wenn es sich thematisch um ein positives Konstrukt wie Werte handelt (siehe Abschnitt 2.1). Auch Daamen & de Bie (1992, S. 98) sind hinsichtlich des Frequency Effekts („gleiche Anzahl an Stimuli pro Kategorie“) skeptisch und bezeichnen ihn als etwas, dass Personen nicht notwendigerweise wahrnehmen – wahrscheinlich wird niemand wirklich kalkulieren, wie viele Stimuli idealerweise in eine Kategorie einsortiert werden sollten.

[151] Letztendlich dürften aber auch viele Einstellungs-Items keine oberen und / oder unteren Grenzen aufweisen, wie die Skalenverankerungen (siehe Abschnitt 2.2.2.2.3) bei der Personenbewertung (z.B. wie mein Nachbar oder wie Adolf Hitler; vgl. Lau et al. 1979) belegen.

[152] Im Gegensatz zur Range-Frequency wird hier nicht davon ausgegangen, dass die Befragten bestrebt sind, die Antwortskala vollständig und gleichmäßig auszunutzen, sondern die Dinge entsprechend der subjektiven Empfindung einsortieren. Dies gilt insbesondere für die Ratings der beiden Extrem-Werte, denen nicht notwendigerweise die oberen und unteren Skalenkategorien zugeordnet werden müssen, auch wenn es Forscher gibt, die entsprechend verfahren (vgl. z.B. Frahm 2004).

In der Studie von Daamen & de Bie (1992) werden jedenfalls dem Modellansatz entsprechende Wahrscheinlichkeitsurteile abgegeben. Wenn dabei die Stimuli an einem Ende der Skala vermehrt auftreten, werden die Ratings weiter von diesem Ende entfernt gesetzt, so dass eine weitergehende Skalenausnutzung (Differenzierung) vorliegt. Außerdem hat sich bei physikalischen Stimuli herausgestellt, dass Unterschiede bei der Häufigkeit der Kontext-Reize einen stärkeren Einfluss auf die Ratings besitzen, wenn die Anzahl der verfügbaren Kategorien sinkt (Category effect nach Wedell & Parducci 1988; vgl. Daamen & de Bie 1992, S. 99).

In der psycho-physikalischen Forschung wird die Tendenz von Befragten, ihre Angaben nur auf wenige Antwortkategorien zu verteilen und dabei die extremen Ausprägungen der Antwortskala zu vermeiden, „Response concentration bias" genannt (vgl. Poulton 1989, S. 172). Dabei wird zusätzlich angenommen, dass die Personen wissen, wohin der Skalenmittelpunkt fällt und eine Verteilung der Daten hervorbringt, die sich zu eng um diesen Mittelpunkt bewegt. Im vorliegenden Fall muss – trotz der auch hier vorhandenen Antwortkonzentration (siehe Tabelle 17 auf Seite 334) – aber berücksichtigt werden, dass (1) keine physikalischen Stimuli zu beurteilen waren, (2) die eigene Person das Untersuchungsobjekt ausmachte und (3) ein positives Konstrukt den Untersuchungsgegenstand darstellte, was dazu führte, dass – wie erwartet – Antworten am extremen positiven Skalenpol gehäuft auftreten.

Neben dem „Response concentration bias" gibt es auch noch einen „Stimulus concentration bias", bei dem die Antworten nicht um den Skalenmittelpunkt konzentriert sind, sondern gehäuft um den Beurteilungswert eines zentralen Stimulus auftreten (vgl. Poulton 1989, S. 106f).

Dabei konnte die Tendenz zum übermäßigen Gebrauch des positiven Endes der Antwortskala u.a. für Beurteilungen von Mitarbeitern (vgl. Landy & Farr 1980; siehe Abbildung 1 auf Seite 1), Politikern (vgl. Lau et al. 1979) sowie College-Kursen und Professoren (vgl. Sears 1983) festgestellt werden.

Die Ursache für diesen Positivitätsbias steht nicht klar und eindeutig fest (vgl. Tourangeau et al. 2000, S. 241). Zajonc (1968a) nimmt beispielsweise an, dass Menschen generell Beziehungsmuster präferieren, in denen alle Relationen positiv sind (diesbezüglich sind auch die Aussagen der Balancetheorie zu beachten; vgl. Heider 1958 und Newcomb 1956). Dies führt auch dazu, dass positive Relationen angenommen werden, wenn keine gegenteiligen Informationen vorliegen – in der aktuellen Erhebung wird man sich durch die Bestimmung des Least-Wertes, dieser Alternative allerdings durchaus bewusst werden. Sears (1983) argumentiert, dass diese Verzerrung die Tendenz dokumentiert, uns ähnliche Personen positiv zu beurteilen, wobei Menschen meistens zumindest einen gewissen Grad an Ähnlichkeit zwischen sich und anderen Personen perzipieren (vgl. Festinger 1954). Nach Tourangeau et al. (2000, S. 241) könnten auch Selbstpräsentationsgesichtspunkte für diesen Bias verantwortlich sein, weil es Befragten möglicherweise widerstrebt, negative Beurteilungen abzugeben oder zu kritisch in ihren Antworten zu erscheinen.

3.1.2.2 Modelle bei Einstellungsfragen

Sowohl bei Fakten-, als auch bei Einstellungsfragen[153] müssen die kontaktierten Personen ihr Gedächtnis bemühen, um eine Antwort geben zu können. Die diesbezügliche Besonderheit der letztgenannten Items liegt in der Tatsache, dass die Befragten möglicherweise noch nie über den thematisierten Sachverhalt nachgedacht haben (vgl. Tourangeau et al. 2000, S. 62). Außerdem beziehen sich Einstellungsfragen nur selten auf klar umrissene Fakten oder Konzepte (vgl. Tourangeau et al. 2000, S. 165). Dieser subjektive Charakter von Einstellungsfragen macht es schwierig – wenn nicht gar unmöglich – die entsprechenden Umfrageergebnisse zu verifizieren (vgl. Tourangeau et al. 2000, S. 166). Wenn daneben zum abgefragten Sach-

[153] Siehe zum Konstrukt Einstellungen auch die Ausführungen in Abschnitt 2.1.2.1.1.

verhalt auch noch multiple Überzeugungen bei der befragten Person existieren, dann hängt ihr Antwortverhalten zusätzlich von entsprechenden situativen Variablen (Kontext; siehe Abschnitt 3.3) ab. Aus diesem Grund macht es nach Tourangeau et al. (2000, S. 166) auch keinen Sinn, über die Korrektheit der Antworten auf entsprechende Fragen zu diskutieren.
Die modellhafte Abbildung des Antwortverhaltens bleibt davon allerdings unbenommen, und wird nachfolgend getrennt für nicht auf das eigene Selbst bezogene Items (Abschnitt 3.1.2.2.1) und das eigene Selbst betreffende Fragen (Abschnitt 3.1.2.2.2) dargestellt.

3.1.2.2.1 Einstellungsobjekt ist nicht die eigene Person

Zaller & Feldman (1992, S. 583) kritisieren die bisherigen Abbildungen von Einstellungen und bescheinigen dem Modell von Converse (1964) als Schwarz-Weiß-Abbildung (Attitudes versus Non-attitudes) sowie der beispielsweise von Achen (1975) vertretenen Ansicht, dass fluktuierende Antworten in Umfragen sehr wohl auf wahren und stabilen Einstellungen basieren, wenig Brauchbarkeit. Sie nehmen die Instabilität von Einstellungen über die Zeit sowie Antwort-Effekte (siehe Abschnitt 3.2) zum Anlass, ein – auf drei Axiomen basierendes (siehe Abbildung 29) – alternatives Antwortmodell vorzuschlagen, das nicht alle dokumentierten psychologischen Erkenntnisse erklären kann, dafür aber aufgrund seiner Einfachheit vor allem für die politische Meinungsforschung interessant ist.

Axiom	Text
Ambivalence	Most people possess opposing considerations on most issues, that is, considerations that might lead them to decide the issue either way.
Response	Individuals answering survey questions by averaging across the considerations that happen to be salient at the moment of response, where saliency is determined by the accessibility axiom.
Accessibility	The accessibility of any given consideration depends on a stochastic sampling process, where considerations that have been recently thought about are somewhat more likely to be sampled.

Abbildung 29: Die drei Axiome des Ansatzes von Zaller & Feldman (1992, S. 585f)

Zunächst kritisieren die Autoren, dass auf den Punkt gebrachte Einstellungen (Ankreuzen einer Antwortoption auf eine entsprechende Frage) bei weitem nicht das konfliktäre Feld dieser Einstellung im kognitiven System abbilden, sondern lediglich eine temporär brauchbare Antwort in einer einzelnen Konversation darstellen (vgl. Zaller & Feldman 1992, S. 584 und Axiom 1 in Abbildung 29). Die „Überlegungen" dort sind keinesfalls mit einem Schema gleichzusetzen, denn der erstgenannte Begriff gehört eher in den alltagssprachlichen Gebrauch und benötigt keinen Rückgriff auf mentale Strukturen oder Prozesse, wie sie im Schema-Konzept verankert sind (vgl. Zaller & Feldman 1992, S. 585).
Im nächsten Schritt befassen sich auch Zaller & Feldman (1992) mit der Frage, wie die diversen Überlegungen im Kopf eines Befragten in die Wahl einer vorgegebenen Antwortalternative transformiert werden. Hier gäbe es nach Taylor & Fiske (1978) die Möglichkeit, die erste in den Sinn kommende Antwort auszuwählen, nach Tversky & Kahneman (1982) eine dominante Überlegung heranzuziehen oder einen Summen- bzw. Durchschnittswert zu bilden, wie dies beispielsweise Anderson (1974) in seiner Information Integration Theory vorschlägt. Diesbezüglich entwickeln Zaller & Feldman (1992, S. 586) zwei weitere Axiome (siehe Abbildung 29), die eine Antwort auf ein Umfrage-Item davon abhängig machen, wie viele Informationen in der aktuellen Entscheidungssituation tatsächlich zugänglich (siehe dazu auch Abschnitt 3.2.2.4) sind.
Der Test der Axiomatik erfolgt über eine Telefonumfrage, bei der Antworten auf in unterschiedlicher Reihenfolge gestellte offene und geschlossene Fragen, sowie die Erhebung der sie begründenden Gedankengänge – die entsprechend der drei Axiome codiert sind – miteinander in Beziehung gesetzt werden. Zaller & Feldman (1992, S. 607ff) führen eine Liste von

17 empirischen Phänomen (z.B. stärkere Ambivalenz geht mit einem höheren Niveau an Antwortinstabilität einher) an, die sich – aus den erhobenen Daten – mit ihrem Modell erklären lassen. Insgesamt bringt der Vorschlag von Zaller & Feldman (1992, S. 606f) aber kaum Erkenntnisse, die über den Ansatz von Tourangeau (1984; siehe Abschnitt 3.1.1.3) hinausgehen, zumal seine Präzision geringer ausfällt und die mentalen Prozesse deutlich weniger Aufmerksamkeit erfahren.

3.1.2.2.2 Auf das eigene Selbst bezogene Erhebungen (inklusive Persönlichkeitstests)

Die bislang diskutierten Modelle sind mehrheitlich entweder zur Ermittlung von Einstellungen oder zur Abfrage von Verhaltenshäufigkeiten aufgestellt worden. Vorliegend geht es jedoch um das Selbst als Einstellungsobjekt, so dass auch diese Besonderheit eine spezielle Berücksichtigung erfahren muss – sofern sie nicht bereits in den allgemeinen, übergreifenden Modellen des Antwortprozesses integriert ist (siehe Abschnitt 3.1.1). Dabei ist aber zu beachten, dass es sich bei der vorliegend erhobenen Wichtigkeitsbeurteilung von Werten nicht um einen Persönlichkeitstest im eigentlichen Sinne handelt, bei dem die spezifische Messung einer oder mehrere Eigenschaften (z.B. Neigung zum Lügen [MMPI-2]) über jeweils mehrere Items im Vordergrund steht (vgl. Butcher et al. 2001).

3.1.2.2.2.1 Die sieben Faktoren und drei Wege bei Nowakowska (1970)

Nowakowska (1970, S. 420ff) bemängelt die seinerzeitige Konzentration auf inhaltsunabhängige Faktoren bei der Erforschung der Determinanten einer Antwort auf ein Item in einem Persönlichkeitstest, und fordert eine Ausweitung auf Aspekte des Frageninhalts. Ausgangspunkt ihrer Überlegungen ist die Verbindung zwischen der Antwort auf ein spezifisches Item und den Schlussfolgerungen, die daraus über den Antwortenden gezogen werden (vgl. Nowakowska 1970, S. 420; siehe auch Abbildung 32 auf Seite 193). Als Faktoren, die diese Relation stören können, sind vor allem Antwortverzerrungen (siehe Abschnitt 3.2), die subjektiven Interpretationen der Items und ihre intellektuelle Evaluation (z.B. Ambiguität und Schwierigkeit) zu nennen (vgl. Nowakowska 1970, S. 421). Der erstgenannte Aspekt betrifft inhaltsunabhängige Faktoren der Beantwortung, während die letztgenannten Gesichtspunkte konkret auf den Inhalt eines Items bezogen sind (vgl. Nowakowska 1970, S. 421).

Als Untersuchungsobjekt bei Nowakowska (1970, S. 422ff) dient der „16 Personality Factor Questionnaire“ (vgl. Cattell et al. 1957), bei dem direkt im Anschluss an die Beantwortung einer Frage, deren Evaluation über eine Skala mit 17 siebenfach gestuften bipolaren Items (z.B. Ich denke nur selten über den thematisierten Sachverhalt des Items nach; Ich denke sehr oft über den im Item thematisierten Sachverhalt nach) durch die Teilnehmer vorzunehmen war.

Die Antworten auf die 17 Items sind einer Faktorenanalyse (Hauptkomponentenanalyse mit Varimax-Rotation; siehe Abschnitt 5.4.2.1) unterzogen worden, und auf sieben Faktoren verdichtet worden: (1) emotionale und motivationale Einstellung, (2) frühere spezifische Erfahrungen, (3) intellektuelle Bewertung von Frage und Antwort, (4) Wert der Frage, (5) Soziale Erwünschtheit, (6) spezifischer emotionaler Kontext und (7) Häufigkeit des Verhaltens (vgl. Nowakowska 1970, S. 430ff).

Die Faktoren werden von Nowakowska (1970, S. 434ff) anschließend in einem Modell zur Beantwortung eines Fragebogen-Items (siehe Abbildung 30) zusammengefasst, in dem drei hypothetische Wege der Antwortfindung enthalten sind, von denen jeder zunächst zu unterschiedlichen Vor-Ergebnissen führt, die dann zu einer endgültigen Antwort aggregiert werden. Dabei basiert allein die Vor-Antwort des ersten Pfades (rechter Bereich in Abbildung 30) auf dem Frageninhalt (value of the question), während die vorläufigen Resultate der beiden anderen Wege von diesem unabhängig bestimmt werden, und einerseits auf einem sozialen Erwünschtheitsschema (Weg 2) beruhen und andererseits von einer Präferenz für eine spezifische Antwortkategorie (Weg 3; Antwortverzerrung) determiniert werden (vgl. Nowakowska 1970, S. 434).

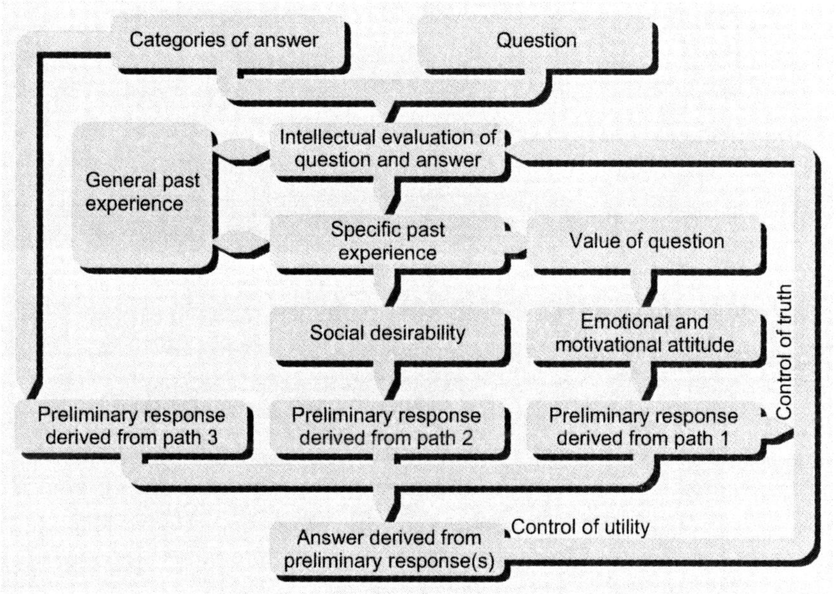

Abbildung 30: Ablaufschematische Darstellung des Modells von Nowakowska (1970, S. 435) zur Beantwortung von Items in Persönlichkeitsfragebögen

Die ersten beiden Pfade besitzen in den Faktoren 3 (intellektuelle Bewertung von Frage und Antwort) und 2 (frühere spezifische Erfahrungen) einen gemeinsamen Ursprung, wobei der Letztgenannte gebrauchsfertige Reaktionsmuster für bestimmte Klassen von Stimuli und Situationen enthält. Er wird damit sehr stark von Gedächtnisinhalten (z.B. Schemata) determiniert und nimmt im Modell darauf Einfluss, ob der erste oder zweite Weg – oder auch beide – durchlaufen werden (vgl. Nowakowska 1970, S. 434f). Wenn die Verfügbarkeit und Stärke sozial akzeptierter Schemata überwiegen, wird die Person auf dem zweiten Pfad bleiben und ihre Vor-Antwort hauptsächlich durch den Faktor fünf (soziale Erwünschtheit) determiniert, andernfalls – entsprechende Schemata stehen nicht zur Verfügung oder sind nur schwach ausgeprägt – wird der erste Weg beschritten (vgl. Nowakowska 1970, S. 435).
Gelangt eine Person auf dem Pfad 1 zu einer Vor-Antwort, so wird diese in einer Rückkopplungsschleife auf ihren Wahrheitsgehalt geprüft, und beinhaltet damit die subjektive Sicherheit der Person hinsichtlich ihrer gegebenen Vor-Antwort (vgl. Nowakowska 1970, S. 435). Die Vor-Antwort auf dem dritten Weg wird ausschließlich durch Präferenzen für eine bestimmte Antwortvorgabe des Items determiniert und erfolgt unabhängig von weiteren Faktoren – also auch vom eigentlichen Frageninhalt (vgl. Nowakowska 1970, S. 435).
Aus den Vor-Antworten, wird im letzten Schritt die endgültige Antwort gebildet, die aber – vor der Abgabe – noch auf ihre Nützlichkeit geprüft wird, und somit zu mindestens einem weiteren Modelldurchlauf führt (vgl. Nowakowska 1970, S. 436). Damit basiert die endgültige Antwort auf zwei Niveaus, demjenigen für ihren Wahrheitsgehalt (nur wenn Pfad 1 durchlaufen wurde, denn bei sozial erwünschtem Antwortverhalten auf Weg 2 oder einem Antwortstil über Pfad 3 ist diese Prüfung nicht relevant) sowie dem Niveau der Nützlichkeit (alle drei Pfade; vgl. Nowakowska 1970, S. 436). Die Kontrolle des Wahrheitsgehalts (Vor-

Antwort des ersten Pfades) kann zu verschiedenen endgültigen Antworten führen, indem die gebildete Vor-Antwort unmodifiziert übernommen wird oder aber doch noch Adjustierungen – beispielsweise in Richtung einer stärker sozial erwünschten Antwort – ausgeführt werden (vgl. Nowakowska 1970, S. 436).
Probleme bei der Antwortabgabe entstehen vor allem dann, wenn sowohl Pfad 1 als auch Pfad 2 durchlaufen werden und die resultierenden Vor-Antworten zu widersprüchlichen Ergebnissen führen. In diesen Fällen sind weitere Abwägeprozesse notwendig, zu denen das Modell aber keine Angaben macht, sondern die vollständige Übernahme einer der beiden Vor-Antworten postuliert (vgl. Nowakowska 1970, S. 436f).
Prinzipiell operiert das Modell von Nowakowska (1970, S. 438) also über die Annahme der Generierung so genannter „vorläufiger Antworten", der Prämisse von zwei Kontrollprozessen (Wahrheit und Nützlichkeit), der Hypothese, dass mit jeder Vor-Antwort ein bestimmter Grad ihrer subjektiven Optimalität verbunden ist und der Voraussetzung, dass der Modelldurchlauf gestoppt wird, wenn die subjektive Wahrscheinlichkeit der Antwort ein – dem Fragenkontext entsprechendes – Niveau erreicht hat.

3.1.2.2.2.2 Die vierphasige Generierung einer Antwort bei Rogers (1974b)

Der Ansatz von Rogers (1974b, S. 129ff) zur Analyse des Antwortprozesses bei einem Item in einem Persönlichkeitstest umfasst vier[154] Stufen (stimulus encoding, stimulus comprehension, self-referent decision und response selection; siehe Abbildung 31). Er geht zunächst davon aus, dass ein Basismodell zur Beantwortung von Faktenfragen (Interaktionen zwischen den informationalen Charakteristiken des Items und internen Gedächtnisprozessen, d.h. die Frage durchläuft eine Reihe informationaler Transformationen, die letztendlich zu einer Antwort führen) auch bei Persönlichkeitsfragen angewandt werden kann, wobei aber der angesprochene Gedächtnisbereich im letztgenannten Fall das eigene Selbstkonzept betrifft. Das Antwortformat diktiert dabei die reduzierenden (Antwort auf einer dichotomen oder mehrstufigen Skala) oder generierenden (wenn eine offene Antwort verlangt wird) Charakteristiken der beschriebenen Prozessabfolge.

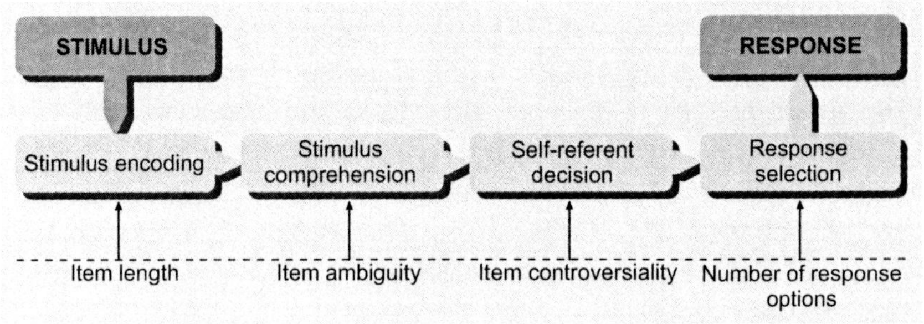

Abbildung 31: Ablauf der Antwortabgabe auf Items in Persönlichkeitstests nach Rogers (1974b, S. 129f)

Das phasenorientierte Modell (siehe Abbildung 31) geht dabei von einem modularen Aufbau ohne Überschneidungen und Rückkopplungen aus, wobei die Messung der Reaktionszeit (Präsentation des Stimulus bis zur Abgabe der Antwort) die abhängige Variable ausmacht (vgl. Rogers 1974b, S. 206). Dabei wird der Stimulus (Item oder Frage) zunächst in kognitiv funktionale Einheiten zerlegt (Phase 1), bevor diese anschließend in eine handhabbare interne Arbeitssprache transformiert werden (Phase 2), die in Phase 3 genutzt wird, um den Item-In-

[154] In der ersten Version bestand er lediglich aus drei Phasen, weil die beiden letztgenannten Komponenten dort noch als „binary decision" aggregiert vorlagen (vgl. Rogers 1974a, S. 209).

halt mit dem Selbstkonzept in Verbindung zu bringen, bevor darauf aufbauend in der vierten Phase, die Entscheidung für die „beste" Antwortoption erfolgt (vgl. Rogers 1974a, S. 129f).
Um sein Modell zu prüfen hat Rogers (1974b, S. 129f) die Phasen folgendermaßen operationalisiert (siehe unteren Teil in Abbildung 31): Die Länge des Items determiniert die Entschlüsselungsphase, seine Ambiguität die Verständnisphase, sein Ausmaß an kontroversen Inhalten (trifft manchmal zu, trifft aber auch teilweise nicht zu) die Entscheidungsphase und die Anzahl an Antwortalternativen die Antwortauswahl.
Zum Test werden Items eingesetzt, die sich hinsichtlich Ambiguität (hoch / niedrig) und kontroversem Inhalt (hoch / niedrig) unterscheiden, so dass – unter der Annahme separater Stufen für beide Variablen – keine Interaktion zwischen beiden Größen auftreten darf, was sich anhand der Daten auch bestätigt (vgl. Rogers 1974b, S. 130ff).

3.1.2.2.2.3 Die Betonung des Item-Verständnisses durch Helfrich (1986)

Ein Problem empirischer Forschung besteht nach Helfrich (1986, S. 178) darin, dass vielfach eine alleinige Konzentration auf die Items – unter Vernachlässigung der Bedingungen, die zu den Antworten geführt haben – erfolgt. Die von Helfrich (1986, S. 178ff) vorgeschlagene modellhafte Abbildung besteht aus beobachtbaren Komponenten (Item, Antwort und mögliche externe Messungen des Persönlichkeitsmerkmals), Konstrukten (individuelle Ausprägung des Persönlichkeitsmerkmals, Iteminhalt, mentale Repräsentation des Items, Response set sowie verbale Kompetenz und persönliche Historie der befragten Person) und den entsprechenden Verbindungen zwischen den einzelnen Elementen (siehe Abbildung 32).

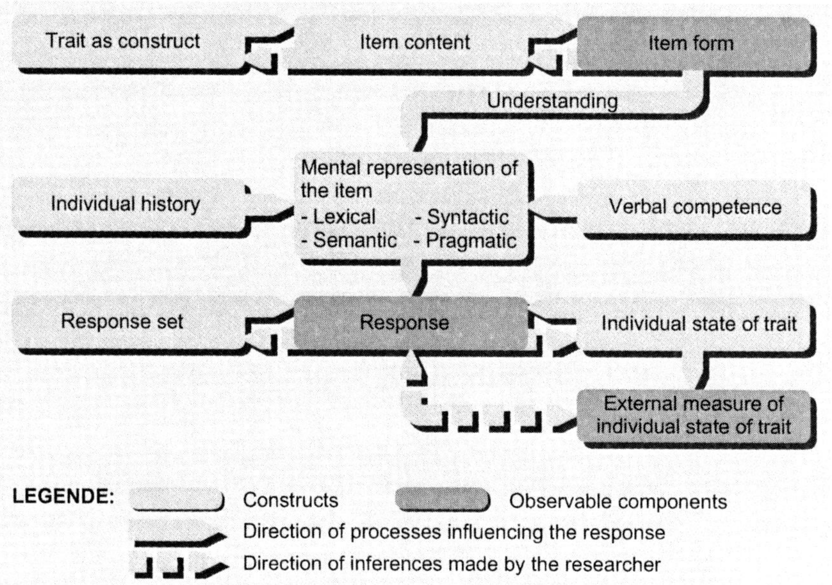

Abbildung 32: Prozessdarstellung der Antwort auf ein Item nach Helfrich (1986, S. 178)

Helfrich (1986, S. 179ff) befasst sich schwerpunktmäßig mit zwei Bestandteilen des Item-Verständnisses, seiner Richtung und dem Ausprägungsgrad. Neben der ambivalenten Formulierung eines Items und der individuellen Historie der befragten Person können auch Wörter mit stark evaluativem Charakter (z.B. Einsamkeit) von Teilnehmern völlig unterschiedlich wahrgenommen werden – hinsichtlich des Beispiels vor allem in Abhängigkeit vom Alter der

Befragten (vgl. Helfrich 1986, S. 179). Selbst wenn Items nicht ambivalent formuliert oder mit wertenden Termini versehen sind, kann der Verständnisgrad variieren, wenn komplizierte syntaktische Strukturen Verwendung finden, die verbale Kompetenz der Befragten nicht besonders ausgeprägt oder die Reaktionszeit zu stark limitiert ist (vgl. Helfrich 1986, S. 179).
Aus linguistischer Sicht steht bei der Rekonstruktion des Verständnisses eines Items als zeitabhängigem Prozess vor allem die Analyse zwischen oberflächlicher (Item-Form) und Tiefenstruktur (Item-Inhalt) einer Aussage (vgl. dazu auch Chomsky 1957, 1965) im Mittelpunkt der Betrachtungen. Damit sind die logische Ähnlichkeit (z.B. „Der Junge trat gegen den Ball" und „Der Ball wurde durch den Jungen getreten") und Verschiedenartigkeit (z.B. John is eager to please" und „John is easy to please") von Sätzen angesprochen, deren Distanz als eine Funktion der Item-Formulierung variiert (vgl. Helfrich 1986, S. 180).
Prinzipiell scheint es dabei so zu sein, dass der Verstehensprozess mit der Analyse der oberflächlichen Struktur beginnt und im weiteren Ablauf die Tiefenstruktur der Aussage einschließt (vgl. Helfrich 1986, S. 180). Beispielhaft lässt sich in diesem Zusammenhang die Studie von Sachs (1967) anführen, in der Personen die Identität von Sätzen zu beurteilen hatten. Dabei ist direkt nach der Konfrontation mit einem Satz seine oberflächliche Aussage nicht nur im Gedächtnis präsent, sondern dominiert auch über den Inhalt, während diese Differenz bereits nach wenigen Sekunden verschwindet (vgl. Layton & Simpson 1975, S. 658f).
Letztendlich können Antwortverzerrungen nach diesen Erkenntnissen allein aus unterschiedlichen Antwortzeiten bei den Befragten resultieren, denn der Verständnisprozess für das Item ist direkt nach seiner Präsentation noch nicht komplett abgeschlossen, so dass einige Befragte zum Zeitpunkt der Abgabe ihrer Antwort bereits zu einer tief strukturierten mentalen Repräsentation des Items vorgedrungen sind, und andere nicht (vgl. Helfrich 1986, S. 181).

3.1.2.2.2.4 Die Hintergründe von Antworten nach Schneider-Düker & Schneider (1977)

Schneider-Düker & Schneider (1977, S. 282ff) haben zwar kein eigenes Modell zur Beantwortung von Items in Persönlichkeitsfragebögen vorgelegt, berichten aber über Untersuchungen, die Teilphasen dieses Prozesses betreffen. Um den Antwortprozess aufzuhellen, verwenden Schneider-Düker & Schneider (1977, S. 284f) Fragen aus dem Freiburger Persönlichkeitsinventar (vgl. Fahrenberg et al. 1973) und die Methode des lauten Denkens (vgl. z.B. Duncker 1935), d.h. die Probanden lesen die Frage zunächst vor und teilen dann „laut denkend" mit, was in ihrem Kopf vor sich geht und wie sie letztendlich zu ihrer Antwort gelangen. Alle Äußerungen werden – auch in zeitlicher Hinsicht – protokolliert und anhand von 30 Auswertungskategorien gruppiert. Schneider-Düker & Schneider (1977, S. 284) machen hier auf ein Problem aufmerksam, dass bei der Evaluation des Antwortprozesses durch einen eigenständige Fragebogen wie dies z.B. bei Nowakowska (1970; siehe Abschnitt 3.1.2.2.2.1) oder beim Process Interrogation Questionnaire von Turner & Fiske (1968; siehe Abschnitt 3.1.2.2.2.5) besteht, weil dadurch „die gleichen Probleme produziert, die mit seiner Hilfe untersucht werden sollen". Grob kategorisiert verteilen sich die 2.850 Signierungen[155] der Befragten wie in Abbildung 33 dargestellt (vgl. Schneider-Düker & Schneider 1977, S. 286ff).
Nur etwa ein Viertel (25,4 %) der kategorisierten Aussagen betreffen die wirkliche Auseinandersetzung mit der eigenen Person, d.h. die aktive Suche nach den Determinanten der Antwort bei sich selbst – die ja eigentlich durch ein Item ausgelöst werden soll (vgl. Schneider-Düker & Schneider 1977, S. 286). Im Rahmen dieser Oberkategorie stellen jedoch die an zweiter, vierter, fünfter und achter Position (siehe Abbildung 33) aufgeführten Aspekte „Deformationen" des Items dar, so dass 10,73 % der Signierungen eine Antwort determinieren, die nicht

[155] Darunter sind thematisch abgrenzbare Einzelbeiträge zu verstehen (vgl. Schneider-Düker & Schneider 1977, S. 285).

mehr dem eigentlich formulierten Item gilt (vgl. Schneider-Düker & Schneider 1977, S. 287). Auch bezüglich der zeitlichen Abfolge lassen sich einige Besonderheiten skizzieren, von denen vorliegend vor allem die Konsistenzprobleme (siehe Abschnitt 3.2.2.3) interessant sind, die nach Schneider-Düker & Schneider 1977, S. 287) nur am Anfang des Beantwortungsprozesses vorkommen.

Oberkategorie	Unterkategorien	Prozent
Entscheidung selbst	(z.B. spontane Entscheidungen)	29,7
Nichtverbale Reaktionen	(z.B. Lachen und Pausen)	18,3
Beurteilung der eigenen Antwort	(z.B. Sicherheit der eigenen Aussage und Konsistenzprobleme)	10,5
Verständnis der Items	(z.B. Überlegungen zu ihrem Sinn)	7,8
Interaktion mit Außen	(z.B. Fragen an den Versuchsleiter)	4,5
Beurteilung der Items	(z.B. Relevanz und Kritik)	3,7
Determinanten der Antwort im Selbst		25,4
	Rückgriff auf konkrete persönliche Erfahrungen	7,96
	Formulierung von Bedingungen, die den Gültigkeitsbereich der Antwort einschränken	7,19
	Orientierung an persönlichen Wert-Vorstellungen	4,70
	Umformulierung der Frage (Re-Interpretation)	1,89
	Assoziationen, die von der Frage wegführen	1,05
	Rückgriff auf allgemeine Erfahrungen (Lebensweisheiten)	1,05
	Vergleich mit einer Bezugsgruppe (Normvergleiche)	0,70
	Auswahl von beantwortbaren Einzelteilen der Frage	0,60
	Vorstellen einer noch nicht erlebten Situation	0,25

Abbildung 33: Prozentsatz an Verhaltensäußerungen bei Schneider-Düker & Schneider (1977, S. 286ff)

Die meisten Fragebogeninstruktionen fordern die Probanden auf, nicht lange zu überlegen, sondern die Antwort zu geben, die ihnen unmittelbar in den Sinn kommt (vgl. Schneider-Düker & Schneider 1977, S. 291). Weil nicht davon auszugehen ist, dass die Urheber an schlecht durchdachten oder oberflächlichen Antworten interessiert sind, ist in derartigen Anweisungen nach Schneider-Düker & Schneider (1977, S. 291) der Versuch zu sehen, einer Antwortmanipulation durch den Befragten vorzubeugen.
Schneider-Düker & Schneider (1977, S. 300) schlussfolgern aus ihren Resultaten, dass die Möglichkeiten zur Verbesserung von Fragebogen-Items weniger im Bereich von Konstruktionsstrategien und Antwortstilforschung (siehe Abschnitt 3.2) zu suchen sind, sondern vielmehr in einer systematischen Exploration der Prozesse, die durch Fragebogen-Items und Instruktionen bei den Befragten ausgelöst werden.

3.1.2.2.2.5 Der Process Interrogation Questionnaire von Turner & Fiske (1968)

Aus den bis Mitte der sechziger Jahre des 20 Jahrhunderts vorliegenden Arbeiten zum Prozess der Beantwortung von Persönlichkeitsfragen, schlussfolgern Turner & Fiske (1968, S. 298), dass es erwiesen sei, dass Teile der Restvarianz eines Items unzweifelhaft mit Differenzen seines Sinngehalts bei verschiedenen Personen verbunden sind, d.h. die Stimuli werden nicht von allen Befragten einheitlich interpretiert. Um den gedanklichen Prozessen zwischen dem Lesen einer Frage und ihrer Beantwortung nachzugehen, haben Turner & Fiske (1968,

S. 298ff) ein Instrument (Process Interrogation Questionnaire; PIQ) vorgestellt, das diese retrospektiv, d.h. direkt nach der eigentlichen Beantwortung des Items, erhebt.
Direkt nach der Antwortabgabe zu einem Item werden den Teilnehmern sechs Fragen gestellt, die mit einer offenen Ansprache des Entscheidungsprozesses (Zeit zwischen dem Lesen des Statements und dem Ankreuzen der gewählten Option), wie man zur abgegebenen Antwort gelangte, beginnt (vgl. Turner & Fiske 1968, S. 300). Danach wird erfragt, ob eine Fokussierung auf ein bestimmtes Wort oder eine spezifische Phrase im Statement stattgefunden hat. Wenn dies positiv beschieden wird, ist die entsprechende Passage zu benennen und in ihrer Bedeutung zu spezifizieren. Anschließend ist dann noch anzugeben, ob man die fragliche Stelle im Statement eliminieren oder verändern würde und bei der Zustimmung zu einer der beiden Optionen, ob man auf das modifizierte Statement antworten würde (vgl. Turner & Fiske 1968, S. 301). Der dritte Gesichtspunkt betrifft die Schwierigkeiten zur Entscheidung zu gelangen, wobei hier aus vier Optionen (sehr einfach, ziemlich einfach, ziemlich schwer und sehr schwer) ausgewählt werden kann und eine kurze Begründung der Antwort zu geben ist (vgl. Turner & Fiske 1968, S. 301). Im nächsten Schritt wird die Antwortgrundlage thematisiert, d.h. es ist zu spezifizieren, ob (1) eine spezielle Situation, (2) mehre Situationen oder (3) ein generelles Selbstbild die Basis der abgegeben Antwort sind (vgl. Turner & Fiske 1968, S. 301). Nachfolgend werden die bisherigen Erfahrungen mit der im Item beschriebenen Situation angesprochenen, wobei viel, einige und wenig bis gar keine als Antwortoptionen vorgegeben wurden (vgl. Turner & Fiske 1968, S. 301). Zum Abschluss ist die inhaltliche Bedeutung des Statements mit eigenen Worten (nicht in der Originalformulierung) wiederzugeben (vgl. Turner & Fiske 1968, S. 301).
Die Antworten der Befragten werden in sieben Kategorien (generelle Selbstwahrnehmung, relevante Erfahrungen, spezifische Situation oder singulärer Vorgang, Qualifizierung[156], Uminterpretation, keine Erfahrung sowie exzessive emotionale Reaktion) zusammengefasst, wobei nur die beiden Erstgenannten als angemessene Beantwortung gewertet werden (vgl. Turner & Fiske 1968, S. 301ff). In der Erhebung von Turner & Fiske (1968, S. 306f) fallen etwas mehr als die Hälfte der insgesamt dokumentierten Antworten in die letztgenannte Gattung. Demgegenüber weisen Uminterpretation (etwa ein Fünftel aller Antworten) und Qualifizierung (etwa ein Neuntel) die höchsten Anteile unpassenden Antwortverhaltens auf (vgl. Turner & Fiske 1968, S. 306f).
Aus den Resultaten von Turner & Fiske (1968, S. 311) geht hervor, dass die Befragten eine hohe Diversität in den Antwortprozessen bei den verwendeten Persönlichkeits-Items zeigen, und keineswegs immer nur auf die Originalformulierung reagiert haben, sondern selbst Modifikationen vorgenommen haben – vermutlich um sich die Antwortauswahl zu vereinfachen.
Einschränkend ist aber darauf hinzuweisen, dass bei Turner & Fiske (1968) lediglich dichotome Test-Items abgefragt wurden und das Instrument an sich eher zu Pretestzwecken tauglich ist (vgl. Schneider-Düker & Schneider 1977, S. 284). Diesbezüglich stehen allerdings mittlerweile elaboriertere Instrumente (vgl. die Beiträge in Sirken et al. 1999 sowie Presser et al. 2004) zur Verfügung.

3.1.3 Bezugspunkt: Einzelfrage oder Fragensequenz

3.1.3.1 Das dreiphasige Konzept von Redline & Dillman (2002)

Das sich auf die Vorgänge beim Ausfüllen schriftlicher Befragungen beziehende Modell von Redline & Dillman (2002, S. 190ff) ist vor allem deshalb interessant, weil es den Navigationsprozess zwischen den Einzelfragen beinhaltet, der im Zusammenhang mit der ERR-Technik eine große Bedeutung hat, weil hier explizite Verbindungen zwischen mehreren Fragen bestehen (siehe Abschnitt 2.2.3), allerdings nicht in Form von Filterfragen.

---

156 Hierunter ist zu verstehen, dass eine Antwort nur nach Limitierungen des Items in puncto Zeit, Ort oder Umgebung gegeben werden konnte (vgl. Turner & Fiske 1968, S. 302).

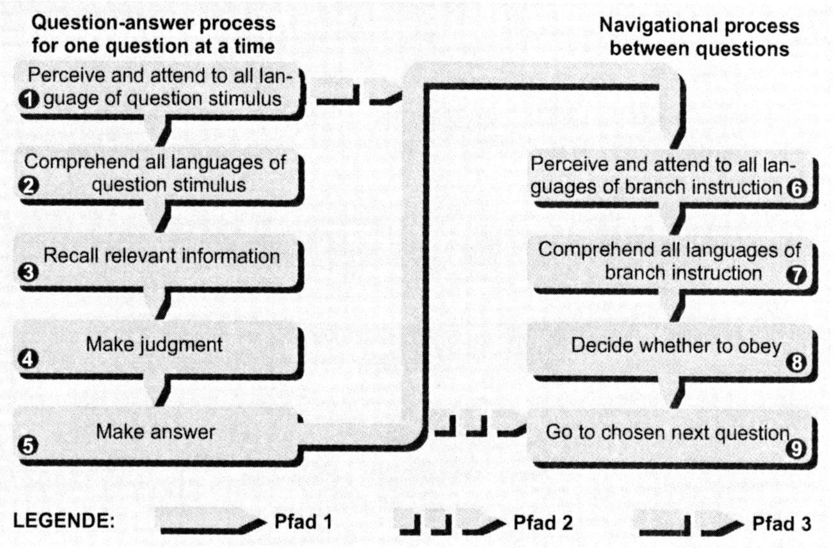

Abbildung 34: Prozess der Beantwortung mehrerer Items in Befragungssituationen nach Redline & Dillman (2002, S. 185)

Auch Redline & Dillman (2002) beziehen sich auf das durch Tourangeau (1984) vorgeschlagene Modell, erweitern dieses aber in drei Punkten. Als erstes ergänzen sie einen Schritt, in dem der Teilnehmer eine Frage wahrnimmt und beachtet. Zweitens müssen alle verbalen, non- und paraverbalen Signale der Frage wahrgenommen und verstanden werden. Drittens müssen die Zusammenhänge zwischen den Fragen erkannt, verstanden und befolgt werden.

Redline & Dillman (2002, S. 192) prüfen ihr Modell hinsichtlich der Ausschluss- und Auslassungsfehler bei Verzweigungsfragen. Nach ihren Ergebnissen kommt es dabei neben den gestalterischen Merkmalen hauptsächlich auf eine geeignete Beschreibung an, die zur Vermeidung von Auslassungsfehlern erforderlich ist – deren Entwicklung aber noch aussteht (vgl. Redline & Dillman 2002, S. 193).

Das in Abbildung 34 wiedergegebene Modell ist allerdings hinsichtlich der in Online- und postalischen Befragungen oftmals möglichen Rücksprünge und Revisionsprozesse auf Seiten der Befragten noch ergänzungsbedürftig.

3.1.3.2 Die Betonung der Interaktion bei Esposito & Jobe (1991)

In ihrem generellen Ansatz zum Interaktionsverhalten in Interviews betrachten Esposito & Jobe (1991, S. 538) drei Komponenten, den Umfragekontext, die Interviewbeteiligten sowie den Interaktionsprozess zwischen Interviewer und Interviewtem. Der Schwerpunkt ihrer Ausführungen liegt dabei auf dem letztgenannten Aspekt, weil dieser in den seinerzeit vorliegenden Modellen vernachlässigt wird. Außerdem unterscheidet ihr Konzept nicht zwischen verschiedenen Fragetypen (z.B. Wissens- und Einstellungsfragen), sondern beansprucht generelle Gültigkeit (vgl. Esposito & Jobe 1991, S. 538).

Daneben stellen die Autoren eine Taxonomie an Kontext-Variablen vor, die eine systematische Einordnung der relevanten Faktoren in acht Oberkategorien (Schauplatz des Interviews, Zeitpunkt der Kontaktaufnahme, Charakteristiken von Interviewer und Befragtem, Bekanntmachung der Umfrage, Urheber der Umfrage, Durchführungsmodus, Sicherheit für die Befragten, Attribute des Umfrageinstruments und Anreize) vorgibt.

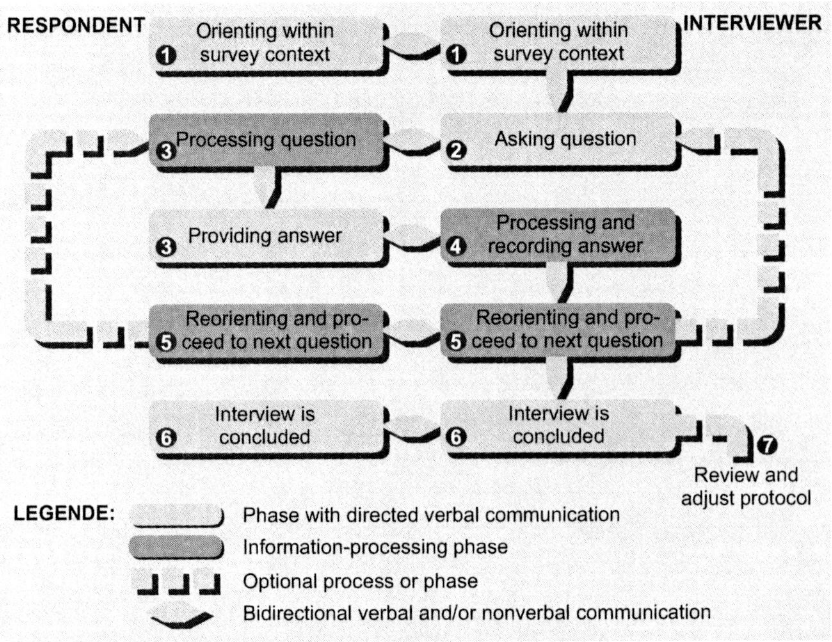

Abbildung 35: Das Interaktionsmodell in mündlichen Interviews nach Esposito & Jobe (1991, S. 548)

Da vorliegend keine Interviewer bei der Datenerhebung zum Einsatz gelangten, sondern die Befragten den Fragebogen selbständig am Computer ausgefüllt haben, ist das Interaktionsmodell von Esposito & Jobe (1991, S. 547ff) hier nur insofern relevant, als damit ein grundsätzliches Schema für die Verbindung zweier Item-Antworten zur Verfügung steht. Der Vorschlag von Esposito & Jobe (1991, S. 547ff) besteht aus sieben Phasen (siehe Ziffern in Abbildung 35), von denen die Stufen zwei bis fünf den fragenspezifischen Interaktionsprozess abbilden, und entsprechend der Anzahl an Fragen durchlaufen werden. Die einzelnen Phasen beinhalten die nachfolgend aufgelisteten Prozesse: (1) Interviewer [I] und Antwortperson [R] orientieren sich im Umfragekontext (2) I stellt eine Frage (3) R verarbeitet die Frage und gibt seine Antwort (4) I verarbeitet die von R gegebene Antwort und notiert sie (5) I und R reorientieren sich und fahren mit der nächsten Frage fort – entweder Phase zwei oder sechs (6) Das Interview wird beendet (7) Optional prüft I das Protokoll und passt es gegebenenfalls an.

Nicht berücksichtigt ist in dem Modell die Möglichkeit des Befragten, vor einer Antwort noch ihm unverständliche Aspekte in einer Nachfrage klären zu können (siehe Abschnitt 3.1.1.7). Hervorgehoben wird hingegen die Überlappung bestimmter Phasen, beispielsweise zwei (I stellt eine Frage), drei (R verarbeitet die Frage und gibt seine Antwort) und vier (I verarbeitet die gegebene Antwort und notiert sie). Außerdem wird mit jeder beantworteten Frage auch der Kontext des Interviews verändert, weil jetzt zusätzliche Informationen vorliegen (vgl. Esposito & Jobe 1991, S. 550). Die diesbezüglichen Prozesse werden allerdings erst bei der Darstellung des eigenen Untersuchungsdesign spezifiziert (siehe Abschnitt 4.3). Als eine wichtige Ergänzung bisheriger Antwortmodelle sehen Esposito & Jobe (1991, S. 551), die in ihrem Ansatz integrierte Berücksichtigung des Verhaltens der Beteiligten, z.B. in Form der interpersonellen und fragenspezifischen Orientierungen.

Als weitere Vergleichskriterien neben den kognitiven Variablen ziehen Jobe & Herrmann (1996, S. 200) den Einbau von Feedback-Schleifen, die damit wohl verbundene Flexibilität der Ablaufsequenz, Satisficing (hier sollte man besser von Antwortstrategien oder motivationalen Prozessen sprechen) sowie biologische Prozesse (z.B. Müdigkeit und sensorische Defizite) heran.

Weiterhin deuten Jobe & Herrmann (1996, S. 200) an, dass sich die Modelle auch bezüglich der eigentlichen Antwortabgabe unterscheiden: in einigen besteht diese Stufe lediglich aus der Verbalisierung der gefundenen Antwort, während in anderen Modellen ein Bewertungsprozess der vorläufigen Antwort einsetzt, der unter Einbezug fragenexterner Ziele nochmals zu einer Anpassung der Antwort führt – dies könnte aber mit der „Zielbewertung" der Kriterienliste übereinstimmen

Die Nützlichkeit der vorgestellten Modelle ist u.a. davon abhängig, inwieweit Möglichkeiten bestehen, aussagkräftige Daten zu ihren Komponenten zu erheben. Beatty & Herrmann (2002, S. 80ff; siehe Abschnitt 3.1.1.10) haben hierzu beispielsweise ein zwei-stufiges Vorgehen getestet, indem zuerst die normalen Erhebungsfragen zu beantworten sind und direkt im Anschluss alle Items nochmals dahingehend abgefragt werden, welche kognitive Grundlage die Antwortabgabe im ersten Durchgang determiniert hat (1 = Ich wusste die Antwort sofort, 2 = Ich brauchte ein bisschen, um die Antwort zu finden, 3 = Ich wusste die genaue Antwort nicht, war aber in der Lage eine Schätzung abzugeben und 4 = Ich hatte überhaupt keinen Einfall). Außerdem geben die Teilnehmer noch, Auskunft darüber, bei welchen Items (wenn überhaupt) (1) sie eigentlich keine Antwort abgeben wollten, es dann aber doch getan haben (mit Begründung), (2) sie nicht geantwortet haben, obwohl sie daran gedacht haben dies zu tun (und warum) sowie (3) sie das Gefühl hatten, dass diese zu persönlich bzw. unangenehm oder peinlich waren. Die Ergebnisse fallen insgesamt ermutigend aus, könnten aber mit anderen – oder einer deutlich höheren Anzahl an – zugrunde liegenden thematischen Items auch weniger aussagekräftig ausfallen. Diesbezüglich sind weitere Forschungsanstrengungen notwendig.

3.1.4 Modellhafte Abbildung der vorliegenden Erhebungssituation

Die in den skizzierten Modellen angesprochenen theoretischen Konstrukte umfassen (vgl. Jobe & Herrmann 1996, S. 199f; siehe als Ergänzung auch Callegaro 2005, S. 43):

- Verständnis (den Gehalt der Frage im Sinne von: „Was hat der Forscher gemeint" und der einzelnen Begrifflichkeiten in ihrer syntaktischen und semantischen Bedeutung erfassen),
- Interpretation (Welche Aufgaben bzw. Anforderungen sind in der Frage angesprochen),
- Erinnerung (Hervorbringen von Inhalten des Langzeitgedächtnisses),
- Gefühl des Wissens (Einschätzung, dass die benötigten Informationen im Gedächtnis vorhanden sind und mit akzeptablem Aufwand erinnert werden können),
- Rekonstruktion und Integration (Zusammenfügen einzelner Erinnerungsstücke zu einer Gesamtantwort),
- Schätzung (Generieren einer numerischen Antwort wie häufig ein bestimmtes Ereignis auftrat oder wie lange die Zeit zwischen zwei Ereignissen ausfiel, anhand von Wissen und Logik),
- Zielbewertung (Beurteilung einer gefundenen Antwort hinsichtlich persönlicher Ziele [z.B. Selbstdarstellung], die keinen inhaltlichen Bezug zur Frage aufweisen),
- Beurteilung (Bestimmen der Angemessenheit der vorläufigen Antwort),
- Entscheidung (Auswahl einer Aktion aus dem Set der Alternativen) und
- Antwort (Abgabe einer Antwort auf die Frage oder Bearbeitung einer vorläufigen Antwort, die anschließend abgegeben wird).

Aus diesen Elementen wird jetzt ein auf den vorliegenden Erhebungszusammenhang zugeschnittenes Modell der Antwortabgabe im Rahmen der online administrierten ERR-Techniken entwickelt, das der vielfach zugrunde gelegten Einteilung von Tourangeau (1984; Tourangeau et al. 2000; siehe Abschnitt 3.1.1.3) folgt, aber auch den spezifischen Aspekten der übrigen diskutierten Antwortmodelle Rechnung trägt. Obwohl in dieser Arbeit keine Prüfung der einzelnen Modellkomponenten erfolgt (siehe Kapitel 6), ist die Aufstellung eines entsprechenden Ansatzes wichtig und hilfreich, um Anknüpfungspunkte für die Forschungsfragen (siehe Abschnitt 4.1) zu lokalisieren und die (potenzielle) Wirkungsweise der ERR-Technik zu durchdringen.

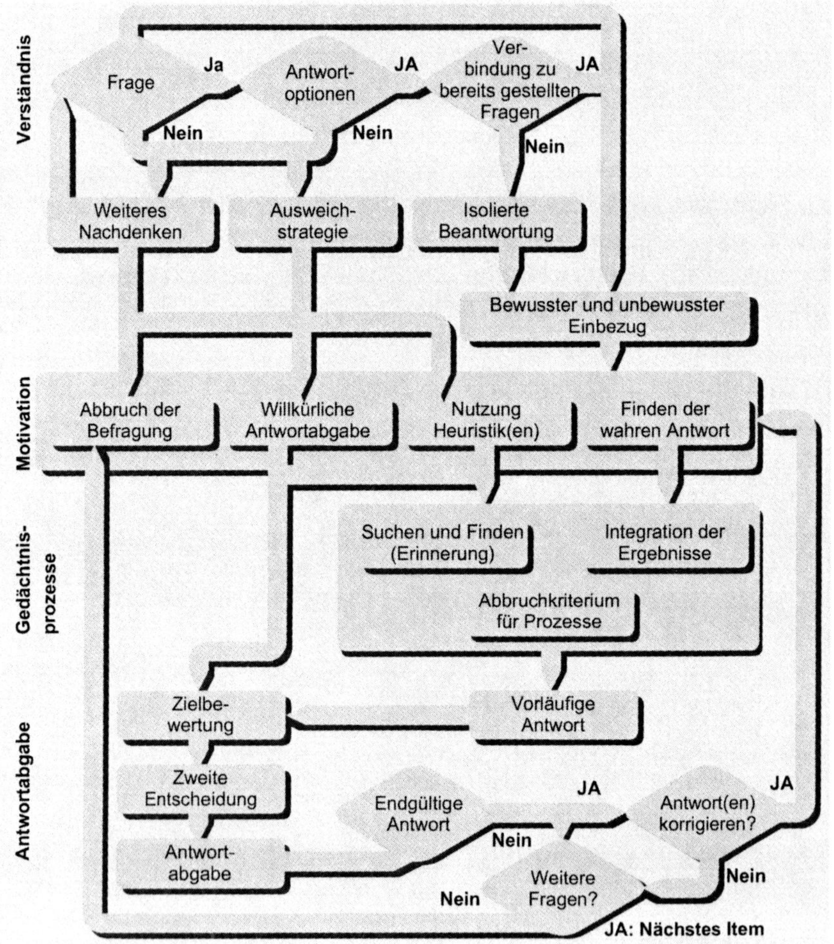

Abbildung 36: Schematische Übersicht des Antwortmodells der ERR-Technik (eigene Darstellung)

Zunächst ist die spezifische Erhebungssituation[157] zu berücksichtigen, die sich zum einen in der Pop-Up-Befragung manifestiert und zum anderen generell den online geschalteten Fragebogen betrifft. Bei Letzterem ist es möglich – insbesondere beim Rating der Werte-Liste – die Antworten vor der endgültigen Bestätigung beliebig zu modifizieren, was sich bei schriftlichen Erhebungen schwieriger gestaltet, weil dann Angaben durchgestrichen werden müssten, was das optische Erscheinungsbild stört und den Eindruck von Unentschlossenheit wiedergeben könnte. Hinsichtlich des Pop-Up-Fensters ist vor allem relevant, dass die Befragten nicht auf eine spezielle Seite navigieren müssen und der angezeigten Web-Site zunächst auch keine Beachtung schenken müssen, sondern mit ihren eigentlich geplanten Aktionen fortfahren können. Trotzdem bleibt die Bitte um Teilnahme im Hintergrund aktiv.
Hat sich eine angesprochene Person zur Partizipation entschlossen, wird vorliegend von nachfolgend skizzierten Antwortprozessen ausgegangen, die auf der ersten Stufe das Verstehen und die Interpretation der Frage (siehe Abschnitt 3.1.1.8), Antwortoptionen (hier sind bezüglich des Ratings beispielsweise Erinnerungsleistungen zu den generellen Instruktionen erforderlich; siehe Abschnitt 3.1.1.10) sowie mögliche Verbindungen zu bereits beantworteten Items betreffen. Mit dem letzten Punkt ist insbesondere das Zusammenspiel des Extrem-Rankings mit dem Rating angesprochen, dass in dieser Form von keinem der vorgestellten Antwortmodelle thematisiert wird (ansatzweise in Strube 1987 aufgegriffen; siehe Abschnitt 3.1.2.1.1). Wird dieser Zusammenhang (siehe Abschnitt 3.1.3.1) nicht erkannt (siehe Abbildung 23 in Abschnitt 3.1.1.4), erhöht sich die Gefahr inkonsistenter Antworten, weil jede Frage isoliert für sich beantwortet wird. Im anderen Fall muss sich die Antwortperson über mögliche Redundanzen Gedanken machen (siehe Abschnitt 3.2.2.5), damit Wiederholungen ausgeschlossen sind. Unter beiden Optionen können jetzt bewusste (Aufpassen auf inkonsistente Antworten) und unbewusste (durch das Extrem-Ranking werden die Gedächtnisaktivitäten in Richtung auf Unterschiede zwischen den Objekten geprimt) Prozesse (siehe Abbildung 32 in Abschnitt 3.1.2.2.2.3) angestoßen werden.
Wenn es an dieser Stelle zu Problemen kommt, indem beispielsweise die Frage nicht richtig verstanden wird,[158] hängt es von der Reaktion des Probanden ab, wie die weitere Bearbeitung vonstatten geht. So könnte er durch verstärktes Nachdenken versuchen, die Intention der Frage zu durchdringen, oder aber eine Ausweichstrategie initiieren, bei der z.B. eine willkürliche Antwort gegeben wird (wenn die Frage so formuliert ist, dass ich sie nicht verstehe, brauche ich mir bei ihrer Beantwortung auch keine großen Gedanken machen, denn dann ist dieses Item für mich nicht relevant; siehe zu weiteren affektiven Reaktionen auch Abschnitt 3.1.1.9). In jedem Fall ist hier der Einbezug motivationaler Gesichtspunkte wahrscheinlich, für die vorliegend vier generelle Verhaltensmuster postuliert werden.
Während nach einem erfolglosen weiteren Nachdenken oder der Nutzung einer Ausweichstrategie das Bemühen um eine korrekte Antwort wohl nicht mehr gegeben ist (siehe Abschnitt 3.1.1.10), können im Falle vollständiger Verständnisprozesse alle vier motivationalen Gesichtspunkte relevant werden. Natürlich nimmt jeder Umfrageurheber an, dass die Teilnehmer sich nur um eine korrekte Antwort bemühen, aber dieser Sachverhalt muss keineswegs immer gegeben sein.
Gedächtnisprozesse (siehe dazu auch Abschnitt 3.1.2.1.2) werden im vorliegenden Modell lediglich bei dem Bemühen um die Findung der „wahren" Antwort angenommen und mit Abstrichen beim Heranziehen von Heuristiken (siehe Abschnitt 3.1.2.2.2.1). Letztgenannte könnten auch weitgehend ohne entsprechenden Rückgriff auf gespeicherte Erinnerungen ein-

[157] Auf die Berücksichtigung weiterer situativer Aspekte (z.B. Zeitdruck) wird hier verzichtet. Generell können aber sowohl eine spezifische Hypothese (was ist bei dieser Befragung von mir gefordert; siehe Abschnitt 3.1.1.1), als auch Kosten-Nutzen-Überlegungen in einer entsprechenden Situation nicht negiert werden (siehe Abschnitt 3.1.1.5).

[158] Hier ist zu beachten, dass – im Gegensatz zu einer (fern)mündlichen Datenerhebung – die Teilnehmer keine Möglichkeit haben, klärende Fragen an den Interviewer zu richten (siehe Abschnitt 3.1.1.7).

gesetzt werden. Wird eine willkürliche Antwortabgabe angestrebt dürften Gedächtnisleistungen vollständig außen vor bleiben, und vielleicht nur in den Fällen eine geringe Relevanz zeigen, in denen ein Befragter versucht irgendwelche Muster in seinen Angaben zu vermeiden oder bewusst zu initiieren. Bei einem Abbruch der Befragung (Betätigen des Buttons „Sofort beenden"), werden sämtliche Prozesse gestoppt.
Als Ergebnis der Gedächtnisprozesse steht – ebenso wie nach dem willkürlichen oder heuristischen Vorgehen – eine vorläufige Antwort zur Verfügung, die im Folgenden einer Zielbewertung unterzogen wird (siehe Abschnitt 3.1.2.2.2.1), in der sowohl item-unabhängige (z.B. hinsichtlich der sozialen Erwünschtheit der temporären Antwort), als auch item-spezifische (z.B. Konsistenzcheck zu bereits gegebenen Antworten) Gesichtspunkte eine Rolle spielen können.[159] Im Anschluss hieran erfolgt entweder eine Anpassung der Vorantwort, oder ihre Beibehaltung.[160] Wie bereits weiter oben angesprochen, ist bei der Online-Erhebung die Besonderheit zu beachten, dass vor dem endgültigen Bestätigen aller Fragen einer Seite des Erhebungsbogens, beliebige Modifikationen vorgenommen werden können. Insofern kann selbst eine bereits gegebene Antwort mühelos im Nachhinein noch angepasst werden (z.B. das Rating für WOH noch mehr in Richtung „unwichtig" zu verschieben, nachdem die Einstufung für KIN erfolgt ist).
Ob die einzelnen Phasen sukzessive nacheinander oder mit einem gewissen Überlappungsgrad ablaufen (siehe Abschnitt 3.1.3.2), wird an dieser Stelle offen gelassen, denn aus didaktischen Gründen ist eine überschneidungsfreie Darstellung zunächst leichter verständlich. Weiterhin ist darauf zu verweisen, dass in schriftlichen Umfragen (auch Online) die Fragen so zu formulieren sind, dass sie von sämtlichen Adressaten in der intendierten Richtung verstanden werden, denn es ist keine Person präsent, die etwaige Missverständnisse auflösen könnte (vgl. Turner & Martin 1984, S. 280). Damit ist aber gleichzeitig sichergestellt, dass keine Interviewereffekte (z.B. abgewandelte Formulierung der Fragen, verzerrte Aufzeichnungen, unbewusste Bestätigung der Antworten durch Kopfnicken etc.) auftreten können (vgl. Turner & Martin 1984, S. 281).

3.2 Antwort-Tendenzen in Befragungen

Das Muster der Angaben bei der Erhebung positiver Konstrukte (alles – oder fast alles – als wichtig einschätzen) entspricht im Ansatz dem Antwort-Stil „Akquieszenz".[161] Bei diesem wird aber eine inhaltsunabhängige Antwort angenommen, während das Muster bei Werten in der positiven Natur des Konstrukts begründet ist (siehe Abschnitt 2.1). Trotzdem ist es sinnvoll, das Problem nicht-differenzierender Angaben aus der Perspektive des „verzerrten" Antwortverhaltens ebenfalls zu beleuchten.
Antwort-Tendenzen stellen einen kontinuierlichen Störfaktor (vgl. Schnell et al. 2005) bei der Erhebung psychologischer Sachverhalte[162] – insbesondere im Rahmen von Selbsteinschätzun-

[159] Im Rahmen der Werte-Forschung ist hier – ebenso wie bei autobiografischen Fragen – an Abgleiche hinsichtlich der zeitlichen und repräsentativen Adäquatheit zu denken (siehe Abschnitt 3.1.2.1.3).

[160] In den vorgestellten Antwortmodellen werden diesbezüglich zwei Strategien verfolgt, von denen die eine Richtung, eine Integration der Prozeduren in die Phase der Gedächtnisprozesse favorisiert (siehe z.B. Abschnitt 3.1.1.6), während die Vertreter des alternativen Ansatzes (siehe z.B. Abschnitt 3.1.1.2) eine Lokalisierung im Anschluss an die Generierung der Vorantwort befürworten.

[161] Weitere Antwort-Effekte resultieren nach Narayan & Krosnick (1996, S. 58) aus der Reihenfolge der Antwortalternativen oder Items, der „mittleren" Antwortoption (Status Quo beibehalten), dem Einsatz eines Keine-Meinung-Filters sowie dem Wording der Fragen.

[162] Andere Bezeichnungen für Antwortverzerrungen im Rahmen des „underreporting" psychopathologischer Sachverhalte – also eines eher negativ besetzten Konstrukts, so dass bei Werten als positivem Konstrukt eher mit einem „overreporting" zu rechnen ist – sind nach Bagby & Marshall (2004, S. 115) „faking good, defensive responding, socially desirable responding, and positive impression management". Im Rahmen der Persönlichkeitsmessung enthalten Instrumente deshalb oftmals spezielle Skalen, um derartige Aspekte explizit zu erheben, z.B. die Lügen-, Korrektur- oder Superlativskalen des Minnesota Multiphasic Personality Inventory (MMPI-2; vgl. Butcher et al. 2001).

gen (Persönlichkeitseigenschaften, Einstellungen und Verhalten) der Befragten – dar, durch den wahrheitsgemäße Angaben überdeckt werden (vgl. Narayan & Krosnick 1996, S. 58). Infolgedessen kann nach Esser (1977, S. 254) eine „Messung eine hohe (scheinbare) Zuverlässigkeit und formale Gültigkeit bei im Extremfall vollständig fehlender inhaltlicher und prognostischer Gültigkeit" aufweisen.

Bevor aber auf die speziellen Aspekte dieses Problembereichs eingegangen werden kann, sind zunächst einige begriffliche Klarstellungen erforderlich, denn in der Literatur werden die Termini „Response Bias", „Response Set" und „Response Style" teilweise synonym (vgl. z.B. Baumgartner & Steenkamp 2001, S. 143) – in vielen Fällen aber auch differenzierend (vgl. z.B. McGee 1967, S. 28) – bei der Diskussion von Antwort-Tendenzen verwendet.

Nach Paulhus (1991, S. 17) handelt es sich bei absichtlichen Antwortverzerrungen (Response bias) um die systematische Tendenz, auf eine Auswahl von Items in einem Erhebungsbogen nicht auf der Basis des spezifischen Iteminhalts (d.h. dem Sachverhalt, zu dessen Messung das Item konzipiert wurde) zu antworten,[163] und damit die wahren, ehrlichen, akkuraten oder korrekten Gegebenheiten zu verschleiern (vgl. Furnham 1986, S. 385). Statt inhaltlichen Antworten werden also beispielsweise immer die extremen Optionen gewählt oder die Rückmeldung erfolgt unter dem Gesichtspunkt der sozialen Erwünschtheit.

Von einem Response Set[164] spricht Paulhus (1991, S. 17) hingegen dann, wenn die Antwortverzerrungen auf einer temporären Reaktion gegenüber situationalen Anforderungen (z.B. Zeitdruck oder Aufhebung der Anonymität) beruhen. Daneben können diese aber auch auf Kontext-Effekten (siehe Abschnitt 3.3) basieren, also in der Aufmachung des Items oder der Beschaffenheit vorhergehender Fragen begründet sein (vgl. Paulhus 1991, S. 17; Tourangeau & Rasinski 1988, S. 299f). Nowakowska (1970, S. 421) verwendet den Begriff indessen weit weniger umfassend, und umschreibt damit die Tendenz, eine Antwort – bewusst oder unbewusst – in Übereinstimmung mit akzeptierten Gruppenpräferenzen zu geben. Esser (1977, S. 254) versteht unter einem Response Set die Neigung, auf unterschiedliche Stimuli in einer Erhebungssituation gleichartige Reaktionen zu zeigen, auch wenn tatsächliche Differenzen hinsichtlich der zu erhebenden Dispositionseigenschaften vorliegen – ein Verhalten also, das Paulhus (1991, S. 17) eher als Response Bias charakterisieren würde.

Wiggins (1962, S. 224) hat an Stelle von Response Set den Begriff „Methodenvarianz" (Ergebnisunterschiede sind teilweise durch die Erhebungsmethode determiniert) vorgeschlagen und reserviert den Terminus „Response Style" für die Varianz der Antworten, die in der Charakteristik der Person,[165] d.h. unabhängig von der speziellen Erhebung, begründet liegt (vgl. McGee 1967, S. 29). Ähnlich argumentieren Weijters et al. (2004, S. 5; 2005, S. 4), nach denen sich die systematische Komponente der Fehlervarianz in Response Set (inhaltliche systematische Fehler) und Response Style (nicht-inhaltliche systematische Fehler) aufspalten lässt. Ein Response Set ist also immer inhaltsbezogen, d.h. eine befragte Person möchte ein bestimmtes Bild von sich in Bezug auf die Aussage des Items erzeugen (vgl. Weijters et al. 2004, S. 5). Beim Response Style hingegen werden Items völlig losgelöst von ihrer Be-

---

163 Dieser Aspekt wird von Bortz & Döring (2002, S. 236) als „stereotype Reaktionsweise" umschrieben.

164 Mit dem Begriff „Set" und seiner Bedeutung im Rahmen verschiedener Teilgebiete (Wahrnehmung, Problemlösen, Lernen und soziale Einstellungen) der Psychologie hat sich McGee (1967, S. 3ff) auseinandergesetzt.

165 Nach Esser (1977, S. 255f) handelt es sich bei Antwort-Tendenzen aber sehr wahrscheinlich weniger um ein fixes Persönlichkeitsmerkmal, als vielmehr um eine situationsgebundene Reaktionsstrategie, die in „nicht definierten, gleichwohl aber unausweichlichen Situationen (mehr oder weniger routinehaft) eingesetzt wird, um diese Konstellation unter bestimmten Zielsetzungen dennoch zu bewältigen". Diese Einschätzung wird anhand von drei „Regelmäßigkeiten" begründet: (1) Akquieszenz korreliert sehr deutlich mit der Item-Ambiguität und der allgemeinen Mehrdeutigkeit der Experimentsituation, (2) werden keine Zusammenhänge zwischen Akquieszenz und konformem Verhalten sowie zwischen sozial erwünschtem Antworten und der Neigung zur Erlangung von sozialer Anerkennung in außerexperimentellen Situationen nachgewiesen und (3) konnten deutliche Verbindungen zwischen sozial erwünschtem Antwortverhalten und „den tatsächlichen bzw. subjektiv vermeinten Möglichkeiten der Situationserkennung aufgezeigt werden" (Esser 1977, S. 256).

deutung beantwortet, und sind damit nicht auf bestimmte Bereiche – z.B. sensible Themen – beschränkt (vgl. Weijters et al. 2004, S. 5). Eine Aggregation beider Sichtweisen nehmen Baumgartner & Steenkamp (2001, S. 144) vor, die einen Response Style als Interaktion persönlicher Dispositionen und situativer Faktoren (z.B. Umfragethema, Format der Antwortskala oder Zeitdruck), die nicht auf den Iteminhalt bezogen sind, charakterisieren.

Nach McGee (1967, S. 28) ist hingegen Response Set der übergeordnete Begriff, während sich unter Response Style eine diesbezügliche spezifische Ausprägung manifestiert. Rorer (1965, S. 133f) trifft ebenfalls eine konzeptionelle Unterscheidung zwischen Response Set und Stil, wobei Ersterer bei ihm einen Referenzrahmen bildet, gegen den eine befragte Person ihre Antwort abwägt, bevor sie diese offenbart. Antwortstil beschreibt dann in diesem Zusammenhang die Methode oder Art und Weise, mit der die Antworten entwickelt werden. Diese Konzeption ist allerdings aufgrund ihrer Inkonsistenz, Willkür und Irreführung kritisiert worden (vgl. z.B. Jackson 1967, S. 82f und Ray 1983, S. 84f). Response Set bezieht sich bei Rorer (1965) auf die Erzeugung eines bestimmten Bildes beim Urheber der Befragung während Response Style für die Tendenz, eine spezifische Antwortkategorie überproportional häufig zu wählen, reserviert ist. Nach dem Definitionsvorschlag von Jackson & Messick (1962) wäre Akquieszenz bei Rorer (1965) ein Response Style, während sozial erwünschtes Antworten einen Response Set darstellen würde (vgl. Jackson 1967, S. 82ff). Demgegenüber schlagen Jackson & Messick (1958) sowie Paulhus (1991, S. 17) vor, Antwortverzerrungen, die von einem Individuum immer wieder (also situations- und zeitübergreifend) gezeigt werden, als Response style zu kategorisieren.

Natürlich besteht die unterschiedliche Begriffsbelegung nicht allein aus Spitzfindigkeitsgründen, sondern hat z.B. auch Relevanz für die Lokalisation der Effekte in den diskutierten Antwortmodellen (siehe Abschnitt 3.1). Trotzdem werden die drei Begriffe vorliegend unter dem Terminus Antwort-Tendenzen subsumiert und allein aus Gründen sprachlicher Vielfalt synonym mit Antwortverzerrungen sowie -stilen verwendet. Diese Vereinfachung ist insofern zulässig, als in dieser Arbeit allein der Effekt in Form bestimmter Antwortmuster relevant ist, aber keine Aufhellung stilistischer Ursachen im Vordergrund steht. Nach Baumgartner & Steenkamp (2001, S. 143) ist die Unterscheidung in Response Set und Response Style außerdem zweitrangig, denn der Effekt beider Begriffe ist identisch: eine methodische Verzerrung bei der Beantwortung von Umfrage-Items (vgl. auch Oskamp 1973, S. 37). Antwort-Tendenzen lassen sich unter zwei Perspektiven betrachten: (1) als eine zu kontrollierende statistische Datenverzerrung und (2) als ein manifestes, tief sitzendes Persönlichkeitssyndrom (vgl. Couch & Keniston 1960, S. 151), wobei vorliegend der Fokus auf dem erstgenannten Punkt liegt.

Zu Beginn der Beschäftigung mit der Thematik wurde angenommen, dass Personen mit starken Einstellungen auch weniger anfällig für Antwort-Effekte (hervorgerufen durch verändertes Wording, Frageformat oder Platzierung im Erhebungsbogen) sind. Überzeugte Abtreibungsgegner werden ihre Ansichten eindeutig und konsistent vertreten, egal wie ihre Befragung erfolgt, wohingegen Personen mit einer lediglich schwachen Einstellung zu dem Thema, bei unterschiedlichen Fragetechniken eine starke Variationsbreite in ihren Antworten zeigen werden (vgl. Krosnick & Abelson 1992, S. 191f). Allerdings fallen nach Krosnick & Schuman (1988) fünf Antwort-Effekte (Antwortreihenfolge, Sequenz der Fragen, Wording, Balance [siehe Seite 209] und Akquieszenz) nicht geringer aus, wenn wichtige oder mit großer Überzeugung gehaltene Einstellungen vorliegen, was von Bishop (1990) teilweise repliziert werden konnte. Tourangeau et al. (1989a, 1989b) weisen sogar einen Interaktionseffekt zwischen Wichtigkeit, Ambivalenz und Fragenreihenfolge nach. Konsistent mit den vorgenannten Autoren fallen die bei ihnen observierten Priming-Effekte (siehe Abschnitt 3.3.2.3), bei den Personen, die eine Einstellung als unwichtig kategorisieren, gegenüber denjenigen, für welche die Einstellung sehr wichtig ist, im Durchschnitt nicht wesentlich größer aus. Was Tourangeau et al. (1989a, 1989b) aber sehr wohl beobachten konnten, ist eine leicht höhere

Wirkung des Primings bei den Personen, die angegeben haben eine ambivalente Einstellung zu besitzen. Insgesamt konzentrierten sich die Priming-Effekte bei ihren Versuchspersonen auf die Gruppe derjenigen, für die eine Sache sowohl eine hohe Wichtigkeit, als auch eine große Ambivalenz aufweist.

Zusammenfassend bleibt festzuhalten, dass die Rolle der Einstellungsstärke bei der Regulierung von Antwort-Tendenzen ziemlich unklar ist. Die simple Hypothese, dass Letztgenannte stärker ausfallen, wenn die Einstellung nur schwach ausgeprägt ist, lässt sich eindeutig nicht halten. Es scheint allerdings nach Krosnick & Abelson (1992, S. 193) so zu sein, dass einige Dimensionen der Einstellungsstärke einen gewissen regulativen Einfluss für das Auftreten von Antwort-Tendenzen besitzen, obwohl diese Zusammenhänge einen sehr komplexen Charakter aufweisen und in Abhängigkeit des jeweils einbezogen Antwort-Effekts unterschiedlich ausfallen.

Die Antwort einer Person auf ein Item einer Skala als unwahr oder nicht akkurat zu qualifizieren, kann nur anhand weiterer Kriterien, die eine exakte Prüfung gestatten, geleistet werden. Für sich genommen, kann jede Antwort der Wahrheit entsprechen, oder durch eine Antwort-Tendenz verzerrt sein (vgl. Edwards 1967b, S. 69f). Auf manche Fragen lässt sich diesbezüglich ein externes Vergleichskriterium finden, z.B. in öffentlichen Statistiken, aber „to obtain an adequate criterion by which to judge the truthfulness of a subject's response to many other personality items is more difficult, if not impossible" (Edwards 1967b, S. 70). Dies trifft auch auf die Erhebung der persönlichen Wichtigkeit von Werten zu.

3.2.1 Übergreifende Aspekte im Zusammenhang mit Antwort-Tendenzen

Die Varianz von Antworten auf ein Item kann sowohl aus inhaltlichen Gesichtspunkten resultieren (unterschiedliche Ausprägungen des abgefragten Merkmals bei den Teilnehmern), als auch die Folge von verschiedenen Antwortstilen sein, wobei selbstverständlich ebenfalls Interaktionseffekte zwischen bei Größen auftreten können (vgl. Jackson 1967, S. 81). Die auf Antwortstilen basierende Varianz beschreibt ein relativ überdauerndes und instrumentübergreifendes Verhalten der Befragten, inhaltsunabhängige Angaben zu tätigen (vgl. Jackson 1967, S. 81). Die Grundlagen der Antwort bilden in diesen Fällen (a) Aspekte der Itemstruktur und des Wordings (z.B. Schwierigkeitsgrad, positive oder negative Formulierung) sowie (b) die generelle Konnotation der Items (z.B. Wünschenswertigkeit oder Abweichung), so dass formale Gesichtspunkte die Reaktion determinieren (vgl. Jackson 1967, S. 81f).

Van Herk & Bijmolt (1999, S. 8) schlagen vor, den Einfluss verschiedener soziodemografischer Variablen (Alter, Haushaltseinkommen, Bildungsniveau und Aufenthaltsland) für das Auftreten von Antwortmustern zu betrachten. Dieser Fragestellung widmet sich auch die Meta-Analyse von Narayan & Krosnick (1996, S. 60ff), die Auswirkungen des Bildungsniveaus (hoch, mittel und niedrig) auf Antwort-Effekte prüft, wobei generell angenommen wird, dass Personen mit einem höheren Schulabschluss für derartige Effekte weniger anfällig seien, weil sie den Kernpunkt eines Items leichter erfassen, sich von emotional gefärbten Formulierungen nicht so einfach beeinflussen lassen, in den Items weniger für sie neuartige Argumente vorfinden – die dementsprechend weniger manipulierend wirken – und weniger Ehrfurcht vor Interviewern und Fragebögen zeigen. Auf der anderen Seite können aber gerade höher gebildete Personen wesentlich sensibler für subtile Unterschiede in den präzisen Frageformulierungen sein, so dass sie an manchen Stellen auch stärkere Response-Effekte zeigen könnten (vgl. Schuman & Presser 1981, S. 6).

Nach den Ergebnissen der Meta-Analyse von Narayan & Krosnick (1996, S. 71ff) ist das Bildungsniveau als Moderatorvariable[166] für den Einfluss auf die Höhe von Antwort-Effekten

[166] Allgemein ist darunter eine Variable zu verstehen, die den Einfluss einer unabhängigen Variablen auf eine abhängige Variable verändert (vgl. Bortz & Döring 2002, S. 6). Im Rahmen einer Meta-Analyse erfassen diese Variablen Besonderheiten der zusammengefassten Studien – hier also das Bildungsniveau (vgl. Bortz & Döring 2002, S. 636f).

tauglich, denn für die Mehrzahl (außer für einen Fall der untersuchten Balanciertheit und der Fragenreihenfolge) der analysierten Gesichtspunkte offenbart sich ein signifikant höheres Ausmaß derartiger Effekte für die Gruppe mit niedrigem Bildungsniveau (vgl. hierzu auch die konformen Ergebnisse von Jackman 1973, die einen ebenfalls über Bildung moderierten Zusammenhang für die Beziehung von Vorurteilen und Response Sets gefunden hat).
Budd et al. (1981, S. 297ff) gehen ebenfalls von einer besonderen Anfälligkeit von gering gebildeten Personen und Kindern für Antwort-Tendenzen aus, und haben – in konsequenter Weiterführung – mental zurückgebliebene Personen untersucht. Nach ihren Ergebnissen dürften Umfrageresultate in noch größerem Ausmaß von einem derartigen Bias betroffen sein als bisher angenommen, und insbesondere die Angaben von nur wenig gebildeten Personen stark durch entsprechende Effekte kontaminiert sein (vgl. Budd et al. 1981, S. 305).

3.2.1.1 Die Berechnung von Antwort-Tendenzen

Generell setzt sich der Gesamtwert einer Person auf einer Skala zur Erhebung eines bestimmten Konstrukts, aus einem wahren Wert sowie systematischen und zufälligen Messfehlern zusammen, wobei Antwortverzerrungen den Erstgenannten beeinflussen, indem sie den Skalenwert auf eine spezifische Art und Weise verzeichnen (vgl. Baumgartner & Steenkamp 2001, S. 146).
Nach van Herk & Bijmolt (1999, S. 6) werden Antwortmuster einfach durch Zählen der Anzahl an Wahlen jeder möglichen Antwortalternative über alle Items analysiert. Baumgartner & Steenkamp (2001, S. 143ff) setzen sich sekundäranalytisch mit Antwortverzerrungen im Rahmen der internationalen Marktforschung auseinander. Dazu ist generell anzumerken, dass es natürlich schwierig ist, über eine Sekundäranalyse festzustellen, ob eine gegebene Antwort (z.B. „5"; stimme voll und ganz zu) nun einem Antwortstil zuzurechnen ist, oder die wahre Ausprägung des Befragten widerspiegelt. Insofern werden hier einfach nur die Muster (allerdings über verschiedene Skalen, die unterschiedliche Konstrukte messen hinweg) getestet, so dass eigentlich nur deutlich wird, wie häufig ein spezifisches Antwortverhalten auftritt, ohne dass sich daraus allerdings bestimmte Fehlerkomponenten ableiten lassen. Erstaunlicherweise schreiben die Autoren weiter, dass sämtliche Antwortstile aus den Antworten der Befragten berechnet werden können (vgl. Baumgartner & Steenkamp 2001, S. 144). Dies erscheint fragwürdig, denn es würde bedeuten, dass allein Personen, die ihre Antworten „streuen", unverzerrte Angaben machen (weil sie für keinen Antwortstil eine hohe Ausprägung aufweisen). Diese Unterstellung ist zweifelhaft, denn warum sollten bestimmte Eigenschaften nicht so ausgeprägt vorliegen, wie sie die Befragten angegeben haben. Ausschließlich aus Aufsummierungen über mehrere unterschiedliche Skalen hinweg kann sicherlich eine Tendenz herausgelesen werden – ohne externe Validierungskriterien dürfte aber keine Differenzierung zwischen begründeten Antworten und Antwortstilen zu treffen sein.
Die Messung der verschiedenen Antwortverzerrungen (z.B. Gewichtungsfaktoren für bestimmte Kategorien und Anzahl einbezogener Kategorien bei Akquieszenz) folgt auch keinem einheitlichen Vorgehen. Bei Baumgartner & Steenkamp (2001, S. 144f) wird Akquieszenz beispielsweise über die beiden (gewogenen) höchsten Skalenkategorien („4" und „5") gemessen, während dazu bei Johnson et al. (2005, S. 270) nur die Kategorie „5" herangezogen wird (siehe hierzu auch die Ausführungen in Abschnitt 5.2.2). Außerdem ist die Feststellung von Akquieszenz ebenfalls von den eingesetzten Skalen abhängig, z.B. im Hinblick auf deren Balanciertheit (siehe Seite 209; vgl. Baumgartner & Steenkamp 2001, S. 145).
Das Problem nicht zusammenhängender Antworten – vorliegend in den Inkonsistenzen zwischen den Least und/oder Most-Bewertungen und den übrigen Beurteilungen virulent (siehe Abschnitt 5.2.1.3) – wird von Baumgartner & Steenkamp (2001, S. 147) nicht zu den systematischen Messfehlern gezählt, sondern den zufälligen Ungereimtheiten zugeordnet. Zu ihrer Bestimmung werden bei Baumgartner & Steenkamp (2001, S. 150) außerdem Item-Paare benötigt, d.h. hoch miteinander korrelierende Items, die vergleichbare Mittelwerte über

alle Befragten aufweisen und dabei in die gleiche Richtung zielen, d.h. entweder beide positiv oder beide negativ formuliert sind.[167]

Bachman & O'Malley (1984a, S. 493ff) weisen zudem darauf hin, dass es bei der Analyse von Antwort-Tendenzen nicht allein um Mittelwerte und Top-Box-Antworten (siehe Seite 127) geht, sondern die spezifischen Verteilungen berücksichtigt werden müssen. Dies wurde vorliegend bei der Konstruktion der abhängigen Variable berücksichtigt (siehe Abschnitt 5.2.2).

3.2.1.2 Intervenierende Variablen für das Auftreten von Antwort-Tendenzen

Neben den bereits angesprochenen Unterschieden in Bezug auf das Bildungsniveau, können Antwortverzerrungen auch durch Aspekte der Interviewsituation beeinflusst werden. Roszkowski & Bean (1990, S. 495ff) haben beispielsweise Zusammenhänge mit der Fragebogenlänge in postalischen Erhebungen untersucht (vgl. Childers & Ferrell 1979). Diesbezügliche Ergebnisse von Herzog & Bachman (1981, S. 552ff) deuten an, dass „straight line" Antworten, d.h. die Auswahl identischer Skalenoptionen für einige oder alle Items eines Fragen-Blocks (siehe Abbildung 1), zum Ende längerer schriftlicher Erhebungsbögen häufiger auftreten als wenn der Item-Block in einem kürzeren Fragebogen platziert ist. Sie führen motivationale Gründe (zunehmende Ermüdung – die aber nicht allein von der Länge des Erhebungsbogens, sondern auch von der kognitiven Beanspruchung der Fragenbeantwortung, abhängig ist – und Suche nach einem einfachen Weg, um die Aufgabe zu Ende zu bringen) für diesen Effekt an (vgl. Herzog & Bachman 1981, S. 558). Nichtsdestotrotz schränken auch die Autoren ihre Aussagen dahingehend ein, dass dieser Zusammenhang nicht zwangsläufig und unumgänglich auftritt, denn selbst am Ende einer mehr als zweistündigen Befragung unterbleiben entsprechende Antwortmuster und bleiben außerdem häufiger auf Items eines Blocks beschränkt, so dass auch eine Verteilung der potenziell anfälligen Fragen zur Vermeidung dieser Tendenz beitragen kann (vgl. auch Burchell & Marsh 1992, S. 236ff).

Untersuchungsgegenstand bei Roszkowski & Bean (1990, S. 500f) ist die Zufriedenheit mit dem Unterrichtsmaterial einer Fernstudieneinrichtung, wobei zwei Fragebogenvarianten eingesetzt werden, von denen die längere Version (detailliertes Feedback) viermal so umfangreich (aber mit einer wesentlich höheren Fragenbelastung versehen) wie die korrespondierende Kurzform (nur generelle Rückmeldung) ist, die ungefähr einer DIN A5 Seite entspricht. Ergebnisunterschiede sind nach Roszkowski & Bean (1990, S. 504ff) allein durch die unterschiedliche Qualität der Kurse begründet, so dass nicht von einem Einfluss der Fragebogenlänge auf das Antwortverhalten (in Form von vermehrt auftretenden Verzerrungen) auszugehen ist. Mit Miller & Dickson (2001, S. 152) sollte man als Umfrageurheber sehr respektvoll mit der Zeit seiner Probanden umgehen.

Auch das Umfragemedium (z.B. Brief, Telefon oder Online) kann bestimmte Antwortverzerrungen begünstigen. In der telefonischen Teilstichprobe bei Weijters et al. (2004, S. 17) werden die Extrempunkte der Skala beispielsweise statistisch signifikant häufiger gewählt als bei den anderen Erhebungsverfahren. Über das Internet gewonnene Daten können durchaus von ähnlicher Qualität, wie diejenigen aus postalischen Umfragen sein, wenn den Befragten kein Zeitdruck oder sonstige Restriktionen auferlegt werden. Gerade bei Pop-Up-Surveys (siehe Abschnitt 3.4), hat der Befragte aber oftmals seine momentane Tätigkeit zu unterbrechen, um den Fragebogen auszufüllen.[168] Dies kann sich natürlich negativ auf die zur Beantwortung aufgewandte Zeit und Nachdenkprozesse auswirken, die dann zu einer geringeren Datenqualität führen (vgl. Weijters et al. 2004, S. 17). Was allerdings aus ihren Ergebnissen ebenfalls klar wird ist, dass Mixed-Mode-Surveys (vgl. Schnell et al. 2005) in Bezug auf die Vergleichbarkeit der Ergebnisse mit Vorsicht zu betrachten sind, denn die Antwortverzerrungen fallen

[167] Diese Voraussetzungen sind in der vorliegenden Studie nicht gegeben (siehe Abschnitt 4.3).

[168] Dem wurde vorliegend dadurch Rechnung getragen, dass keine sofortige Teilnahmeentscheidung verlangt wurde.

für die einzelnen Verfahren unterschiedlich aus. Die war ein Grund, sich vorliegend auf ein Erhebungsverfahren (Online – weil so die Untersuchungspopulation am einfachsten zu kontaktieren war) zu beschränken.
Als Ergebnisse ihrer auf Strukturgleichungsmodellen basierenden Studien halten Weijters et al. (2005, S. 15f) fest, dass in Telefonumfragen konsistent mehr unidirektionale (außer Wahl der Mittelkategorie) und auf die Skalenausnutzung bezogene Antwortverzerrungen auftreten als unter den beiden anderen Verfahren (schriftlich und online – wobei sich die beiden in dieser Hinsicht nicht voneinander unterscheiden). Die Begründung von Weijters et al (2005, S. 19) für die ermittelten Effekte im Rahmen von telefonischen Befragungen zielt auf die fehlende Sichtbarkeit der Antwortoptionen bei einer derartigen Erhebung ab, die eine hohe Anfälligkeit für Recency-Effekte (die zuletzt präsentierten Stimuli werden bevorzugt; vgl. Schnell et al. 2005) aufweist (vgl. Krosnick & Alwin 1988, S. 534ff).
Obwohl Werte sicherlich kein besonders sensibles Untersuchungsobjekt darstellen – sieht man einmal von bestimmten Facetten der sozialen Erwünschtheit oder der vielleicht nicht so ausgeprägten Beschäftigung von Individuen mit diesem Thema ab – soll an dieser Stelle auch kurz auf Antwort-Tendenzen bei derartigen Fragestellungen (z.B. Analyse des Sexualverhaltens mit relevanten Bezügen zur Übertragung von HIV-Infektionen; vgl. Catania et al. 1990) eingegangen werden, weil sich dadurch vor allem die potenziellen Probleme der Aufgabencharakteristik nochmals gut verdeutlichen lassen. Hierbei sind in Bezug auf Antwort-Tendenzen zwei Probleme zu beachten: Erstens die – im Vergleich zu „normalen" Interviewthemen – geringere Teilnahmebereitschaft potenzieller Befragter, die zu Problemen bei der Generalisierung von Umfrageergebnissen führen kann und zweitens das Antwortverhalten an sich, wenn der Entschluss für eine Partizipation gefallen ist (vgl. Catania et al. 1990, S. 19). Faktoren, die Antwort-Tendenzen beeinflussen sind nach Catania et al. (1990, S. 22): (1) Aufgabenspezifische Variablen (Informationen preisgeben), (2) Interviewerspezifische Variablen – die vorliegend durch die Online-Erhebung weniger relevant sind – und (3) die Motivation der Befragten.
Zu den relevanten Aufgabenfaktoren gehören die Fragenstruktur (z.B. offen vs. geschlossen),[169] Aspekte der Selbstpräsentation (z.B. den Grad an Bedrohung oder Suche nach Anerkennung, den eine Frage beinhaltet) und Erinnerungsleistungen, wenn bestimmte Verhaltenshäufigkeiten abgefragt werden. Hinsichtlich der Reihenfolge der Fragen postulieren beispielsweise Sudman & Bradburn (1983), dass die Sensitivität von Fragen kontinuierlich zunehmen sollte, d.h. es macht wenig Sinn, sofort mit der „intimsten" Frage anzufangen, denn dieses Vorgehen könnte Antwort-Tendenzen begünstigen. So fand Johnson (1970) heraus, dass die Häufigkeit mit der verheiratete Paare außerehelichen Geschlechtsverkehr angeben, deutlich höher liegt, wenn vorher einige Einstellungsfragen zu diesem Themenkomplex zu beantworten sind als wenn derartige Fragen erst nach dem Häufigkeits-Item gestellt werden.[170] Andererseits darf auch nicht vernachlässigt werden, dass die Fragenmüdigkeit mit zunehmendem Umfang des Erhebungsbogens ansteigt (vgl. Catania et al. 1990, S. 23).
Motivierte Befragte unternehmen dabei möglicherweise größere Anstrengungen die Fragen zu verstehen und korrekt zu beantworten. Auch die Lust, über Dinge Auskunft zu erteilen, dürfte in vielen Befragtengruppen unterschiedlich ausfallen, und damit ebenfalls Einfluss auf die Ergebnisse nehmen.[171] Daneben können zudem ethnische Faktoren eine Rolle spielen, weil es

[169] Nach Bradburn et al. (1978, S. 232) führen längere Fragen mit der Möglichkeit offen zu antworten zu einer höheren Anzahl angegebenen Geschlechtsverkehrs pro Jahr (90) als kurze Fragen mit geschlossenen Antwortalternativen (72).

[170] Auch mit dieser Strategie sind wieder Kontext-Effekte (siehe Abschnitt 3.3) angesprochen. In diesem speziellen Fall wird durch die vorgeschalteten Einstellungsfragen (die keine Bewertung der Befragten erlauben) Vertrauen aufgebaut (vgl. Johnson 1970, S. 280ff).

[171] Im Kontext der Sexualthematik werden hier insbesondere Unterschiede zwischen schwulen Männern und anderen Gruppen gesehen, da Erstere oftmals sehr freizügig und offen über ihr Sexualleben berichten (wollen; vgl. Catania et al. 1990, S. 26).

z.B. in hispanischen Kulturen üblich ist, anderen Personen zu helfen (also dem Wunsch nach dem Ausfüllen eines Fragebogens nachzukommen) und sympathisch zu erscheinen, was dazu führt, dass diese Personengruppe relativ leicht zu rekrutieren ist (vgl. Catania 1990, S. 26). Diese Faktoren konnten vorliegend nicht weiter überprüft werden, jedoch wird durch die zufällige Zuordnung der Befragten zu den einzelnen experimentellen Stimuli, eine Nivellierung eventuell vorhandener Unterschiede über die einzelnen Gruppen angenommen (vgl. Schnell et al. 2005, S. 223f).

3.2.1.3 Populationsabhängige Verzerrungen

Die Varianzquellen in Persönlichkeitsfragebögen können nach Wiggins (1962, S. 224ff) sein:

(1) Nebenprodukte der Strategie, unter der die Skala konstruiert wurde;
(2) Item-Charakteristiken, die Methodenvarianz einfließen lassen;
(3) Organisierte Antwortstile, die personenintern existieren;
(4) Manifestationen eines bestimmten inhaltlichen Bereichs.

Daneben kann auch die Einstellung zur eigenen Person eine Quelle verzerrter Antworten ausmachen. Wenn eine Person nur ein geringes Selbstwertgefühl besitzt, wäre es denkbar, dass sie sich auch hinsichtlich der abgefragten Werte als „unterdurchschnittlich" wahrnimmt, und allein aus diesem Grunde die persönliche Wichtigkeit als weniger ausgeprägt angibt, als sie eigentlich vorliegt (vgl. Shrum & McCarty 1997, S. 146ff). Allerdings sollte das sozial erwünschte Antwortverhalten bei diesem Personenkreis dann wesentlich schwächer ausgeprägt sein (vgl. Dijkstra 1980, S. 292 und Abschnitt 3.2.2.1.2).
Den Ergebnissen von Hurley (1998, S. 206ff) folgend, sind Unterschiede in der Persönlichkeitsstruktur zwischen Befragten, die eher die Extremkategorien (vollständige Zustimmung oder Ablehnung) wählen, und solchen, die bevorzugt die nicht ganz so extremen Kategorien (Zustimmung oder Ablehnung) nutzen („schüchterne Befragte"), wahrscheinlich. So weisen die Personen, die eher die Randkategorien ankreuzen, eine positive Korrelation mit den Subskalen Offenheit und Extrovertiertheit sowie eine negative Verbindung mit Neurotizismus auf, während milde Zustimmung oder die Wahl der Mittelkategorie das umgekehrte Zusammenhangsmuster zeigen (vgl. Hurley 1998, S. 206f). Wenn Befragte eher vollständig ablehnen fällt die Korrelation mit den erwähnten Eigenschaften stärker aus als wenn sie vollständig zustimmen, wobei auch hier bei den milden Antworten ein entgegengesetztes Muster zu verzeichnen ist (vgl. Hurley 1998, S. 207).
Außerdem könnten diesbezüglich geschlechtsspezifische Unterschiede bestehen, denn Hamilton (1968) hat z.B. Unterschiede zwischen Männern und Frauen dahingehend festgestellt, dass Letztere häufiger extreme Antworten tätigen.
In der vorliegenden Untersuchung zur Wichtigkeit von Werten ist ein Problem nicht virulent, dass in zahlreichen Studien eine Rolle spielt, nämlich die Konfundierung von Iteminhalt und Antwort-Tendenz. Viele Skalen zur Erhebung psychologischer Konstrukte sind so konstruiert, dass das Vorliegen einer zu messenden Eigenschaft bei einigen Items eine Zustimmung, bei anderen allerdings eine Ablehnung erfordert (so genannte „balancierte Skalen"; vgl. Bachman & O'Malley 1984a, S. 501f). In der Werte-Forschung sind demgegenüber alle Items in eine (positive) Richtung gepolt (siehe Abschnitt 2.1), d.h. hier wird nach der Wichtigkeit des Wertes „Frieden" gefragt und nicht nach derjenigen von „Krieg".[172]
Bachman & O'Malley (1984b) sowie Hui & Triandis (1989) haben sich mit interkulturellen Differenzen im Antwortverhalten auf Umfrage-Items beschäftigt. Die Untersuchung der letztgenannten Autoren ist deshalb für die vorliegende Arbeit von besonderem Interesse, weil sie ebenfalls mit zwei verschiedenen Antwortskalen (fünf- und zehn-stufig) arbeiten, und sich der

[172] Nichtsdestotrotz gibt es natürlich auch Konstrukte (z.B. Einsamkeit und Hoffnungslosigkeit), die Menschen zu vermeiden suchen, und deshalb als persönliche Werte mit entgegengesetztem Vorzeichen bezeichnet werden könnten (vgl. Aavik & Allik 2006, S. 189).

Extremwahleffekt (Hispanics wählen deutlich häufiger extreme Kategorien) beim Übergang von einer fünf- auf eine zehn-stufige Antwortskala nivelliert. Allerdings erscheint das Vorgehen von Hui & Triandis (1989) insofern nicht ganz unproblematisch, als eine zehn-stufige – im Gegensatz zu einer fünf-stufigen – Antwortskala keine Mittelkategorie (siehe Abschnitt 2.2.2.2.2) enthält. Deshalb könnten extreme Antworten auch mit dem Fehlen dieser „Indifferenz- oder Weiß nicht-Kategorie" zusammenhängen, wenn Befragte auf die nicht vorhandene „neutrale" Antwortalternative mit einer polarisierten Wahl reagieren („Wenn ich mich schon für eine Seite entscheiden muss, dann auch richtig!").
Nach Hui & Triandis (1989, S. 297) ist die Berücksichtigung von gruppenspezifischen Antwort-Tendenzen deshalb so wichtig, weil dadurch Verzerrungen in Faktorenanalysen verursacht werden können, die durch die unterschiedlichen Korrelationen in den Subgruppen bedingt sind, und sich über die gesamte Stichprobe nivellieren können. Deswegen könnte eine nach den jeweiligen Gruppen getrennte Faktorenanalyse zu einer gänzlich verschiedenen Faktorstruktur gelangen, die ihrerseits größtenteils durch die spezifischen Antwortmuster hervorgerufen wird.
Neben den originären Verzerrungen der Antworten ist ebenfalls zu beachten, ob dadurch nicht auch die Beziehungen zu weiteren Variablen beeinflusst – d.h. systematisch gestört – werden (vgl. Gove & Geerken 1977, S. 1313ff).

3.2.2 Spezielle Response Styles

Nach Paulhus (1991, S. 17f) stellen das sozial erwünschte Antworten (inklusive Lügen, Verfälschungen, etc.), Akquieszenz (Zustimmungstendenz) und der Extremitätsbias (Tendenz, überwiegend die Skalenpole beim Rating zu benutzen) die drei bedeutendsten Antwortverzerrungen dar. Weitere Ausprägungen können nach Schnell et al (2005, S. 353ff) in Form der:

- Expliziten Verweigerung einer Antwort (Item Nonresponse – war zwar vorliegend nicht möglich, jedoch ist danach zu fragen, welche Ausweichstrategien von den Teilnehmern in diesem Fall möglicherweise angewandt wurden)
- Abgabe einer „Weiß nicht" Antwort (Meinungslosigkeit – auch diese Option war in der hier referierten Untersuchung nicht enthalten und hat damit eventuell ebenfalls ein Ausweichverhalten provoziert)
- Abgabe einer inhaltlichen Antwort, obwohl überhaupt keine Meinung zum abgefragten Sachverhalt vorliegt (Non-attitudes; vgl. Converse 1970, S. 168ff)
- Reaktion auf Merkmale der Frage (Question wording)
- Antwort auf formale Aspekte der Items (Frage-Effekte)
- Reaktion auf die Abfolge von Fragen (Positions-Effekte)
- Antwort auf den Auftraggeber der Studie (Sponsorship-Effekt)

auftreten.[173] Mit Ausnahme von Frage- und Positions-Effekten sowie der Meinungslosigkeit (vgl. Trometer 1996), lassen sich die genannten Aspekte jeweils als Spezialfall der sozialen Erwünschtheit oder Zustimmungstendenz auffassen (vgl. Schnell et al. 2005, S. 354), die nachfolgend näher erörtert werden.

3.2.2.1 Soziale Erwünschtheit

Sozial erwünschtes Antworten, d.h. die Tendenz, „übermäßige" (Paulhus 2002, S. 50) Angaben zu machen, welche die eigene Person gut „aussehen" lassen, stellt die am häufigsten untersuchte Antwortverzerrung dar, deren Auswirkungen bereits in den dreißiger Jahren des 20. Jahrhunderts thematisiert wurden (vgl. Paulhus 1991, S. 17f). Spätestens seit 1950 stellt der-

[173] Von Schnell et al. (2005) nicht explizit genannt – aber in diesem Zusammenhang trotzdem relevant – sind weiterhin achtloses Antworten (careless responding; vgl. Meehl & Hathaway 1946, S. 536) sowie konsistentes Antworten (consistent responding; vgl. Dillehay & Jernigan 1970, S. 146). Der letztgenannte Aspekt wird in Abschnitt 3.2.2.3 aufgegriffen.

artiges Verhalten einen wichtigen Punkt bei der Persönlichkeitsmessung, im Rahmen psychopathologischer Forschungen, der Erhebung von Einstellungen und der Selbstauskunft zur Häufigkeit heikler Handlungen (siehe Abschnitt 3.2.1.2), dar (vgl. Paulhus 1991, S. 18).
Ein weiterer interessanter Aspekt des Konstrukts manifestiert sich darin, dass die „Freiwilligen" in Experimenten oftmals als die am stärksten dazu neigende Gruppe, sich im besten Licht zu präsentieren, identifiziert wurden (vgl. Esser 1977, S. 259f; anderer Ansicht: Kruglanski 1973, S. 348ff).
Die Charakterisierung einer Angabe als sozial erwünscht setzt allerdings voraus, dass die Befragten annehmen, es existiert eine Norm über zulässige Einstellungen oder gebilligtes Verhalten (vgl. Edwards 1967a, S. 32), und sie bei einer „wahrheitsgemäßen" Antwort in einem unvorteilhaften Licht erscheinen (vgl. Tourangeau et al. 2000, S. 257). Hier besteht also ein Konflikt zwischen dem Anspruch wahrheitsgetreuer Auskünfte und dem angestrebten Erscheinungsbild gegenüber dem Fragensteller (vgl. Sudman & Bradburn 1974, S. 9f).
Durch die in einer Online-Erhebung perzipierte höhere Anonymität (vgl. Joinson 1999, S. 433f), wurde das Problem der sozialen Erwünschtheit vorliegend allerdings als deutlich weniger relevant eingestuft, als wenn die Untersuchung mittels persönlicher (Face-to-Face) Interviews – oder wie bei McCarty & Shrum (2000) in Form einer schriftlichen Befragung – durchgeführt worden wäre (anderer Ansicht Booth-Kewley et al. 1992, S. 562ff).

3.2.2.1.1 Definition und Erläuterung

DeMaio (1984, S. 257ff) bemängelt in ihrem Überblicksbeitrag zu diesem Thema vor allem die fehlende und – wenn doch gegeben[174] – uninformative Definition des Konstrukts. Nach ihren Ausführungen gibt es keine präzise Definition des Begriffs „Wünschenswertigkeit", sondern das Konstrukt wird in vielfacher Weise operationalisiert, z.B. als „akzeptables Verhalten" oder dem „Bedürfnis nach sozialer Anerkennung". Dies ist insbesondere in denjenigen Studien relevant, die soziale Erwünschtheit von bestimmten Antworten durch „informierte Beurteiler" haben einschätzen lassen, denn deren Vergleichsmaßstab zur Kategorisierung der Antworten musste ja entsprechend vorgegeben werden (vgl. DeMaio 1984, S. 264). Wenn dann – wie bei Crowne & Marlowe (1964, S. 22) – den Juroren die Freiheit gelassen wird, jedes Item vom Standpunkt eines College-Studenten mit den Antwortmöglichkeiten „Ja" und „Nein" auf das Vorliegen von sozialer Erwünschtheit zu beurteilen, werden weite subjektive Interpretationsspielräume eröffnet (vgl. DeMaio 1984, S. 264).
Der für die vorliegende Arbeit wichtigste von DeMaio (1984, S. 269f) diskutierte Aspekt der sozialen Erwünschtheit von Antworten, betrifft die die Festlegung des Standards zur Labelung eines Sachverhalts als sozial erwünscht oder nicht, d.h. die Vorgabe, ob – und ggf. bei welchem Ausprägungsgrad – ein Item diesem Kriterium genügt. Dabei sind drei Gesichtspunkte zu beachten (vgl. DeMaio 1984, S. 269):

(1) der Bezugsrahmen oder angewandte Standard;
(2) die Identität der beurteilenden Person;
(3) die Urteilsperspektive.

Als Bezugsrahmen kommen sowohl soziale Normen – deren Existenz zu beweisen wäre – als auch die Befragten selbst mit ihren diversen Anspruchsniveaus in Betracht (vgl. DeMaio 1984, S. 269). Hinter dem Problem der Identität verbirgt sich die Frage, ob die Antwortperson selber die Ratings zur sozialen Erwünschtheit – beispielsweise auf einer entsprechenden Skala

[174] Eine Definition der sozialen Erwünschtheit lautet beispielsweise, eine zustimmende Antwort auf ein Statement mit einem sozial erwünschten Skalenwert und eine ablehnende Antwort auf ein Statement mit einem sozial unerwünschten Skalenwert zu geben (vgl. Edwards 1967a, S. 39). Nach Barrick & Mount (1996, S. 262) lässt sich soziale Erwünschtheit, als dispositive Tendenz über sich selbst in einem positiven (günstigen) Licht zu denken, definieren, während es sich demgegenüber beim Impression Management um den berechnenden Versuch handelt, die eigenen Antworten so zu verformen, dass ein guter (gewünschter) Eindruck bei anderen Personen erweckt wird.

– abgibt, oder ob diese Einschätzung durch Dritte (Forscher oder Experten) vorgenommen wird (vgl. DeMaio 1984, S. 269). Bei der Urteilsperspektive ist relevant, ob die einschätzende Person ihren eigenen Standpunkt kundtun soll oder eine ganz spezielle Sichtweise – z.B. die einer bestimmten Personengruppe – einzunehmen hat. Noch schwieriger wird es, wenn „Leute generell" oder „die Gesellschaft" als Maßstab fungieren, denn dann sind die Ergebnisse verschiedener Person kaum noch miteinander vergleichbar (vgl. DeMaio 1984, S. 269f).

Eingedenk dieser strittigen und unterschiedlich zu lösenden Punkte verwundert es nicht, wenn manche Forscher (z.B. Phillips & Clancy 1972, S. 936ff) zu dem Fazit gelangen, dass der Faktor soziale Erwünschtheit verzerrende Effekte für die Angabe von Verhaltensweisen durch Befragte besitzt, und andere (z.B. Bradburn et al. 2004) zu den gegenteiligen Schlussfolgerungen gelangen (vgl. DeMaio 1984, S. 271). Die Divergenzen in den Ansichten sind teilweise auch damit zu begründen, dass einige Autoren von einer (situativen) itembezogenen Zuordnung der sozialen Erwünschtheit ausgehen, während andere diesbezüglich ein Persönlichkeitskonstrukt zugrunde legen (vgl. Dicken 1963, S. 700ff; Furnham 1986, S. 394f und Schnell et al. 2005, S. 355f).[175]

Eine weitere, in diesem Zusammenhang relevante, Dichotomie betont Nederhof (1985, S. 264), bei der sozialer Erwünschtheit als ein Resultat einer Selbsttäuschung (Selbstbetrug[176]) oder Täuschung anderer aufgefasst wird. Die erstgenannte Form tritt dann auf, wenn eine befragte Person wirklich überzeugt ist, dass ein Item auf sie zutrifft (oder nicht), dies in Wirklichkeit aber nicht (oder doch) der Fall ist, während die zweite Variante eine Ausprägung von Impression Management darstellt (vgl. Nederhof 1985, S. 264). Diese Unterscheidung ist deshalb wichtig, weil allein dadurch situationale und personale Determinanten des sozial erwünschten Antwortverhaltens differenziert werden können, und somit Maßnahmen (siehe Abschnitt 3.2.2.1.4) gegen die – hauptsächlich situational bedingte – Täuschung anderer (Forscher) ergriffen werden können, während sich gegen die persönlich determinierte Komponente nur schwerlich etwas unternehmen lässt (vgl. Nederhof 1985, S. 264).

3.2.2.1.2 Erklärungsansätze für das Auftreten sozial erwünschter Antworten

Nach Dijkstra (1980, S. 288) lassen sich Antworten, die mit sozial erwünschten Ansichten kontaminiert sind, über die Aussagen der Balancetheorie (vgl. Heider 1958 und Newcomb 1956) begründen.[177] Wird eine negative Einstellung zum abgefragten Gegenstand bei einer Person angenommen, aber eine positive Einschätzung des Interviewers, so liegt balancetheoretisch ein Konflikt vor, wenn der Befragte davon ausgeht, dass der Interviewer ebenfalls eine positive Einstellung zum abgefragten Gegenstand besitzt (vgl. Dijkstra 1980, S. 288).[178]

Bezogen auf den Umfrageurheber gelten ähnliche Zusammenhänge, d.h. wenn dieser durch den Befragten positiv wahrgenommen wird, erhöht dies die Wahrscheinlichkeit für die Abgabe von Antworten, die vom Urheber wohl als positiv (Bestätigung der offensichtlichen For-

[175] Für Werte würde das – neben der Tatsache, dass sie eine Komponente der Erwünschtheit enthalten (siehe Abschnitt 2.1) – auch bedeuten, dass die Personen wissen müssten, wie sich denn das sozial erwünschte Werte-Profil darstellt (vgl. Feather 1975, S. 41 sowie in Bezug auf rassistische Einstellungen: Stocké 2004, S. 3f).

[176] Paulhus (2002, S. 57ff) hat eine weitere Unterteilung des Faktors „Selbstbetrug" in „selbsttäuschende Erhöhung" und „selbsttäuschende Verleugnung" vorgeschlagen und betrachtet demnach drei Komponenten (zusätzlich zu den bereits genannten noch Impression Management) sozial erwünschter Antworten.

[177] In diesem Zusammenhang kann auch das Selbstbild der Personen eine Rolle spielen, denn Befragte mit einem negativen Selbstwertgefühl dürften für nicht sozial erwünschte Antworten prädestiniert sein (vgl. Dijkstra 1980, S. 292f).

[178] Wenn die personenbezogene Verbindung „wichtiger" ist, könnte der Befragte die unbalancierte Struktur leicht dadurch auflösen, dass er seine negative Einschätzung zum Einstellungsgegenstand in eine positive „umwandelt". Auch wenn der Befragte annimmt, dass der Interviewer ihn sympathisch findet, dürfte dies einer entsprechenden Anpassung Vorschub leisten (vgl. Herkner 1991).

schungshypothese oder „Erwartungen") eingeschätzt würden (vgl. Dijkstra 1980, S. 291). Im Falle einer negativen Bewertung würden dementsprechend Angaben getätigt, die den vermuteten Zusammenhängen zuwiderlaufen, während bei einer neutralen Einstellung keine antwortbeeinflussenden Effekte zu erwarten sind (vgl. Dijkstra 1980, S. 291).
Sozial erwünschtes Antworten basiert nach Chung & Monroe (2003, S. 291) vor allem darauf, dass Personen ein Bedürfnis haben, stärker altruistisch und gesellschaftsorientiert zu erscheinen, als sie eigentlich sind. Cohen et al. (1998, S. 256ff; 2000, S. 331) sowie Schoderbek & Deshpande (1996, S. 412) ermitteln einen diesbezüglichen Geschlechtseffekt, d.h. die Daten von Frauen sind stärker in dieser Hinsicht verzerrt als die von Männern. Mit Becker & Dileo (1967, S. 291) muss diese Aussage aber weiter differenziert werden, denn nach ihren Ergebnissen sind Männer stärker bemüht, ein positives persönliches Bild abzugeben, während Frauen eher ein positives soziales Image kreieren.

3.2.2.1.3 Abhängigkeit von der Erhebungsform

Nach Paulhus (1991, S. 19) ist das Problem sozial erwünschter Antworten gleichfalls vom Umfragemedium abhängig, denn computerisierte Erhebungen zeigen sich – wegen der größeren Anonymität – diesbezüglich beispielsweise weniger anfällig als persönliche Interviews.[179]
Presser & Stinson (1998, S. 137ff) haben eine Studie zum Einfluss des Erhebungsverfahrens (Face-to-Face Interviews / schriftliche Befragung / Zeitnutzungserhebung) auf sozial erwünschtes Antwortverhalten bezüglich der Häufigkeit von Gottesdienstbesuchen durchgeführt. Vor allem bei den beiden letztgenannten Verfahren sollte der Druck zu sozial erwünschten Antworten – die vorliegend in einer Uminterpretation der Frage „Wie oft haben Sie einen Gottesdienst besucht?" in „Sind Sie ein guter Christ?" liegen könnte – sehr gering sein (vgl. Presser & Stinson 1998, S. 138). Nach ihren Ergebnissen fällt die – vom Einfluss der sozialen Erwünschtheit befreite – Anzahl an Kirchbesuchen in mündlichen Interviews etwa 30 % niedriger als die ursprünglichen Angaben aus. Außerdem hat der Trend zu sozial erwünschtem Antwortverhalten in den letzten Jahren zugenommen, so dass die – nach den Interviewdaten – eigentlich konstante Besuchshäufigkeit von Gottesdiensten in den USA in den Jahren 1976 bis 1993 in Wahrheit kontinuierlich abgenommen hat (vgl. Presser & Stinson 1998, S. 142ff).

3.2.2.1.4 Maßnahmen zur Kontrolle

Bei der Kontrolle sozial erwünschten Antwortens können im Wesentlichen fünf unterschiedliche Ansätze differenziert werden: rationale, faktorenanalytische, Kovarianzbasierte, Reduktionen des Aufforderungscharakters sowie Stressminimierung (vgl. Paulhus 1991, S. 18). Während die drei erstgenannten Vorgehensweisen also eine Aufdeckung und Messung entsprechender Effekte versuchen,[180] zielen die letztgenannten Konzepte darauf ab, das Auftreten des entsprechenden Antwortverhaltens zu vermeiden oder – zumindest – zu reduzieren (vgl. Nederhof 1985, S. 265).
Rationale Techniken sind Kontrollmechanismen, die in das Messinstrument eingebaut werden, um die Befragten von sozial erwünschten Antworten abzuhalten (vgl. Paulhus 1991, S. 18). Die Faktorenanalyse kann im Laufe der Testkonstruktion eingesetzt werden, wenn die Prozedur verlangt, die am höchsten ladenden Items zu extrahieren. Sollte sich dabei ein Faktor ergeben, der als soziale Erwünschtheit zu benennen wäre, könnten die auf ihn hoch laden-

[179] Vgl. Lautenschlager & Flaherty (1990). Für die vorliegende Untersuchung darf aber nicht außer Acht gelassen werden, dass die Teilnehmer durch ihr Einloggen auf den Seiten der Community – und nur dann wurde ihnen die Bitte zur Partizipation überhaupt angezeigt – eindeutig identifizierbar waren.

[180] Wenn eine entsprechende Skala eingesetzt wird, stehen dem Anwender drei unterschiedliche Taktiken zur Verfügung, mit den gewonnen Ergebnissen umzugehen: (1) Ausschluss derjenigen Fälle, die hohe Werte auf der Skala erzielt haben, aus dem Datensatz, (2) Korrektur der Daten derjenigen Befragten, die auf der Skala zur sozialen Erwünschtheit hohe Ergebnisse erzielt haben und (3) den Einfluss der sozialen Erwünschtheit auf die vorliegenden Daten lediglich zu registrieren (vgl. Nederhof 1985, S. 268).

den Items komplett eliminiert werden (vgl. Paulhus 1991, S. 18). Bei der Kovarianzanalyse wird zusätzlich zu den inhaltlichen Items noch ein Messinstrument zur Erhebung des sozial erwünschten Antwortverhaltens (z.B. die Skala von Crowne & Marlowe 1964) im Erhebungsbogen integriert, so dass entsprechende Antworten herauspartialisiert werden können (vgl. Paulhus 2002, S. 50ff).
Die vierte Verfahrensgruppe versucht den situativen Druck für sozial erwünschte Antworten zu vermindern, indem beispielsweise die Anonymität der Antworten garantiert wird (vgl. Paulhus 1991, S. 18f).[181] Unter Stressminimierung werden Maßnahmen zusammengefasst, die bei den Befragten die Anspannung während des Ausfüllens des Fragebogens abbauen sollen (vgl. Paulhus 1991, S. 20). Diesbezüglich können nach Nederhof (1985, S. 270ff) folgende Verfahren zum Einsatz gelangen: Forced-Choice Items (Auswahlentscheidung zwischen zwei Items zu verschiedenen Sachverhalten), neutrale Fragen (enthalten keine Ansätze für soziale Erwünschtheit), Randomized Response Technik (Beantwortung eines von zwei Items, das selbst verdeckt per Zufall ausgewählt wird, so dass der Interviewer nicht weiß, auf welche der beiden Frage sich die Antwort bezieht; vgl. Diekmann 1995), selbst auszufüllende Fragebögen, Bogus-Pipeline (Pseudo-Lügendetektor; vgl. dazu auch Stocké 2004, S. 6), sorgfältige Auswahl der Interviewer (soziale Erwünschtheit tritt vermehrt bei dem Befragten ähnlichen Interviewern auf) und befragen einer dem eigentlichen Teilnehmer nahe stehenden Person (vgl. hierzu auch das Vorgehen von McKenna 1979, S. 66ff beim RVS in Abschnitt 2.2.2.4.2.1).
Darüber hinaus wurde vorliegend in den Instruktionen explizit darauf hingewiesen, dass es sich eben nicht um einen Test handelt, es keine richtigen und falschen Antworten gibt und man ruhig auf sein erstes Urteil vertrauen sollte (siehe Abschnitt 4.3).
Eine (weitere) Strategie sozial erwünschtes Antwortverhalten zu vermeiden besteht darin, die Fragen – insbesondere bei sensiblen Themenbereichen – indirekt zu formulieren, d.h. die Befragten nicht für sich selbst antworten zu lassen, sondern aus der Perspektive einer anderen Person oder Gruppe (vgl. Fisher 1993). Dabei ist aber nicht auszuschließen, dass Befragte eine einstellungsirrelevante Varianz erzeugen, weil sie die – ihnen ja unbekannte – Einschätzung anderer Subjekte akkurat vorhersagen wollen (vgl. Fisher & Tellis 1998, S. 563).[182]
In einer Meta-Analyse von 33 Untersuchungen zum Thema sozial erwünschtes Antworten im Rahmen organisationaler Umfragen (vgl. Zerbe & Paulhus 1987) lässt sich kein statistisch signifikanter Zusammenhang zwischen (vorwiegend über die Marlowe-Crowne Skala gemessenen) sozial erwünschtem Antwortverhalten und den meisten organisationalen Variablen (z.B. Arbeitszufriedenheit, Rollenaspekte und Leistung) feststellen, sondern nur für einzelne Gesichtspunkte wie Locus of Control, generelle Arbeitszufriedenheit (vgl. zu den diesbezüglichen Facetten die Beiträge in Fischer 2006), Rollenkonflikt, Rollenambiguität und organisationales Commitment (vgl. Moorman & Podsakoff 1992, S. 137f).

3.2.2.1.5 Soziale Erwünschtheit bei der Erhebung von Werten

Rokeach (1971, S. 204ff) hat das Problem der sozialen Erwünschtheit bei dem von ihm entwickelten Instrument (siehe 2.1.4.2.4.1) als nicht sehr hoch eingestuft, da beide Listen nur positive Werte enthalten, die alle etwa gleich günstig sind. Kelly et al. (1972, S. 85) haben die Liste der terminalen Werte zuerst unter der üblichen Anweisung in eine Rangfolge bringen lassen, anschließend die Anfälligkeit für soziale Erwünschtheit mit der Skala von Crowne &

[181] Obwohl Faira & Dickinson (1996, S. 70f) bei einer schriftlichen Unternehmensbefragung durch eine doppelte Anonymitätszusicherung eine um knapp 5 Prozentpunkte höhere Rücklaufquote erzielen konnten, wurde vorliegend auf ein derartiges Verhalten verzichtet, um die Teilnehmer nicht mit redundanter Information zu belästigen, die möglicherweise erst recht eine Sensibilisierung für diesen Sachverhalt hätte hervorrufen können (vgl. Singer et al. 1992, S. 265f).

[182] Da vorliegend kein heikles oder sensibles Thema den Erhebungsgegenstand ausgemacht hat und eine direkte Ansprache absolut angebracht erschien – auch damit die Teilnehmer nicht zu lange nachdenken – wäre dieser Ansatz hier nicht sehr sinnvoll gewesen.

Marlowe (1964) gemessen und zum Schluss einen Teil der Befragten (Experimentgruppe; N=60) gebeten, ihre Rangplätze bei den terminalen Werten des RVS so zu vergeben, dass sie als Teilnehmer in den Augen des Experimentators ein gutes Bild abgeben würden, während der andere Teil der Befragten (Kontrollgruppe; N=57) die terminalen Werte ein zweites Mal unter der Standardanweisung in eine Rangfolge bringen sollte.
Anhand von Korrelationsanalysen mit der Experimentgruppe ist festzustellen, dass kein Zusammenhang zwischen den Veränderungen der Beurteilungen und der Lokalisation auf der Skala zur sozialen Erwünschtheit vorliegt, d.h. die Aufforderung sich „gut" zu präsentieren, übt keinen Einfluss auf das anfängliche Ranking aus, so dass nicht davon auszugehen ist, dass Befragte mit einer Tendenz zur sozialen Erwünschtheit sich in ihrem Werte-System von denjenigen ohne eine derartige Tendenz unterscheiden (vgl. Kelly et al. 1972, S. 85).[183] Ein Mittelwertvergleich bezüglich der Rangänderungen vom ersten zum zweiten Ranking zwischen Experiment- und Kontrollgruppe zeigt, dass vor allem soziale Werte (z.B. eine friedliche Welt) höher eingestuft werden, während persönliche Werte (z.B. Glück) niedriger Plätze einnehmen (vgl. Kelly et al. 1972, S. 85f).
Nach den Ergebnissen muss die Annahme von Rokeach (1971) – hinsichtlich der fehlenden sozialen Erwünschtheit beim RVS – als fragwürdig zurückgewiesen werden, denn die Teilnehmer in der Studie von Kelly et al. (1972, S. 86) konnten die Werte anhand der Dimension sozialer Erwünschtheit klar differenzieren, was nicht ausschließt, dass Befragte diese Komponente bei ihren Rankings berücksichtigen. Dann würde eine höhere Einstufung „sozialer Werte" nicht der wahren Beurteilung entsprechen, sondern überwiegend aus taktischen Erwägungen (sozialer Druck) resultieren (vgl. Kelly et al. 1972, S. 86).
Im Umkehrschluss haben Kelly et al. (1972, S. 87) untersucht, ob die Befragten mit einer hohen Ausprägung (> Median; N=53) auf der Marlowe-Crowne Skala zur sozialen Erwünschtheit, auch die sozialen Werte höher (> Median der Gesamturteile) einstufen als die Befragten mit einer niedrigen Orientierung (< Median; N=64) zu sozial erwünschtem Antwortverhalten. Diesbezüglich konnten allerdings keine statistisch signifikanten Unterschiede ausgemacht werden, obwohl eine leichte Tendenz in der vorhergesagten Richtung zu konstatieren ist.
In einer Studie von Feather (1973), bei der ein Teil der Schüler eine Werte-Liste des RVS unter ihrem Namen und eine Vergleichsgruppe anonym ausgefüllt hat, konnte nur für wenige Werte (z.B. Unabhängigkeit wird bei den Jungen im Falle namentlicher Zuordnung höher eingestuft als in der anonymen Bedingung) ein statistisch signifikanter Unterschied festgestellt werden. Feather (1975, S. 40) sieht in den Ergebnissen zwar kaum Anhaltspunkte für sozial erwünschtes Antwortverhalten im Zusammenhang mit dem RVS, warnt jedoch ausdrücklich vor Verallgemeinerungen wegen der jugendlichen Stichprobe.
Es sollte deutlich geworden sein, dass die Ergebnisse zum Einfluss der sozialen Erwünschtheit bei der Erhebung von Werten nicht eindeutig ausfallen und eine Kontrolle nur schwierig zu bewerkstelligen ist. Weil von einem Einsatz der bisher zur Verfügung stehenden Messinstrumente nach Paulhus (1991) abzuraten ist, wurde in der hier referierten Untersuchung auch auf entsprechende Verfahren verzichtet, und alleine über die Zusicherung der Anonymität sowie die Formulierung der Instruktionen eine Eindämmung versucht (siehe Anhang 2).

3.2.2.2 Tendenz zu einseitigem uni- und bidirektionalen Antwortverhalten

Generell hängt die Antwort auf ein bestimmtes Item sowohl von inhaltlichen Aspekten,[184] als auch von formalen Attributen ab (vgl. Jackson 1967, S. 75).[185] Eine Person mit einem ausge-

---

[183] Hier lässt sich einwenden, dass sich die Befragten möglicherweise einfach nur konsistent verhalten haben.

[184] Nach Baumgartner & Steenkamp (2001, S. 143) wird vielfach simplifizierend angenommen, dass die Antworten von Befragten in Erhebungen sinngemäß erfolgen, d.h. einzig und allein durch die persönliche Ausprägung in Bezug auf den Fragenstimulus bedingt sind.

[185] Nach Hurley (1998, S. 201) wurde die Aufspaltung der Antworten auf Persönlichkeits-Items in einen substanziellen und stilistischen Teil erstmals von Lorge (1937) vorgeschlagen.

prägten akquieszenten Antwortverhalten wird beispielsweise bei einer neutralen Position hinsichtlich des Inhalts eines Items eher zustimmen und nur bei einer ablehnenden Haltung in einen Konflikt geraten, denn jetzt legt die Akquieszenz eine Zustimmung nahe, während inhaltlich eine Ablehnung vertreten wird – welche Tendenz sich in diesem Falle durchsetzen wird ist schwer vorherzusagen (vgl. Jackson 1967, S. 76). Eine andere Person mit einer neutralen Position auf der Akquieszenzdimension und einer starken inhaltlichen Zustimmung zum Item wird ebenfalls eine Pro-Antwort geben – allerdings aus völlig anderen Erwägungen als der erstgenannte Befragte, der eine Einstellung bejaht, die er eigentlich gar nicht besitzt (vgl. Jackson 1967, S. 76). Dieses Beispiel verdeutlicht, dass Akquieszenz einerseits eine sehr hohe Bedeutung für die Antwortabgabe aufweisen kann, andererseits aber auch nur marginalen – oder gar keinen – Einfluss ausüben kann (vgl. Jackson 1967, S. 77f).

3.2.2.2.1 Zustimmungs- und Ablehnungstendenzen

Ursprünglich (vgl. Cronbach 1946) wurde der Begriff Akquieszenz dazu herangezogen, um eine Neigung der mehrheitlichen Zustimmung zu Items – im Vergleich zu ihrer Ablehnung – zu etikettieren (vgl. Messick 1967, S. 119ff). Insofern war Akquieszenz zunächst lediglich ein „neutraler beschreibender Term" zur Erklärung der Antwortvariationen in Bezug auf die Tendenz, einem Item in einer Umfrage oder einem Persönlichkeitstest zuzustimmen (vgl. Jackson 1967, S. 72). Diesbezüglich gibt es sowohl weite – bereits eine leicht zustimmende Antwort (z.B. die Option „5" auf einer Rating-Skala von 1 bis 8; vgl. Jackson 1967, S. 73) wird als entsprechendes Verhalten kategorisiert – als auch enge (nach Christie & Cook 1958, S. 174ff muss der individuelle Gesamtmittelwert „deutlich" auf der positiven Seite der möglichen Ergebnisse liegen) Definitionen von Akquieszenz.

Während manche Autoren unter Akquieszenz sowohl die durchgängige Zustimmung (Ja-Sager) als auch überwiegende Ablehnung (Nein-Sager) von Items fassen, unterscheiden andere hier explizit in Zustimmungs- (Akquieszenz) und Ablehnungstendenz (Disakquieszenz; vgl. Harzing 2006, S. 244).

Antezedenzbedingungen für Akquieszenz stellen Item-Ambiguität (vgl. Cronbach 1950, S. 21), referent ambiguity (vgl. Banta 1961, S. 554f), fehlende persönliche Relevanz des Items (vgl. Elliott 1961, S. 406) oder ein neutrales Niveau an Wünschenswertigkeit (vgl. Jackson & Messick 1961, S. 772f) dar, wobei die genannten Faktoren auch wechselseitig das Ausmaß an Akquieszenz beeinflussen können (vgl. Jackson 1967, S. 74f).

Probleme im Zusammenhang mit Akquieszenz bestehen dann, wenn die Anzahl an Ja oder zustimmenden Antworten auf einer Skala das gemessene Konstrukt definiert, denn dann kann nicht mehr entschieden werden, ob eine Person beispielsweise überängstlich oder einfach nur ein Ja-Sager ist (vgl. Paulhus 1991, S. 47).[186]

3.2.2.2.1.1 Definition von Akquieszenz

Unter Akquieszenz wird die Tendenz verstanden, bei generellen Behauptungen eher zuzustimmen als diese abzulehnen (vgl. Paulhus 1991, S. 46). Diese Festlegung wird von Schnell et al. (2005, S. 354) noch um den Aspekt der Zustimmung ohne Bezug zum Frageninhalt ergänzt.

Armer & Baldigo (1973, S. 186) machen darauf aufmerksam, dass Akquieszenz sowohl eine Antwort-Tendenz, als auch eine Vereinfachungsstrategie (siehe Abschnitt 3.2.2.4) von Befragten zur Beantwortung „schwieriger" Items darstellen kann. Die letztgenannte Variante

[186] Dies erklärt, warum vielfach balancierte Skalen eingesetzt werden, in denen eine Hälfte der Items positiv (Zustimmung indiziert das Vorliegen des abgefragten Konstrukts) und eine Hälfte negativ (Ablehnung zeigt das Vorliegen des abgefragten Konstrukts an) formuliert ist, so dass ein hoher Score nicht durch ausschließliche Zustimmung oder Ablehnung erreichbar ist (vgl. Paulhus 1991, S. 47f; siehe Seite 209). Ein derartiges Vorgehen ist aber bei positiven Konstrukten kaum einsetzbar, weil sich negative Items nur sehr schwer entwickeln lassen.

setzt neben ökonomischem Verhalten, keinerlei weiteren psychologischen Konstrukte voraus und ist konsistent zu der Beobachtung, dass Akquieszenz vor allem bei ambivalenten oder imaginären Fragen auftritt (vgl. Block 1971, S. 205f).
Mit Blick auf die widersprüchlichen Daten bei der Erhebung des Konstrukts, unterscheiden Bentler et al. (1971, S. 190ff) zwei Arten von Akquieszenz, Zustimmungs-Akquieszenz (die Tendenz, allen Typen von Items zuzustimmen oder ihnen positive Ratings zu geben, selbst bei einer Negation eines bereits abgefragten Items) und Akzeptanz-Akquieszenz (die Tendenz, alle Merkmale – selbst gegensätzliche – als für sich selbst zutreffend zu qualifizieren), wobei insbesondere die letztgenannte Form als problematisch angesehen wird (vgl. Paulhus 1991, S. 47). Bass (1955) differenziert zusätzlich noch die „soziale Akquieszenz", als Tendenz, jedwede Generalisation menschlichen Verhaltens zu akzeptieren (vgl. Shaw 1961, S. 133).
Statt auf Arten von Akquieszenz fokussiert Messick (1967, S. 117ff) die Struktur des Konstrukts und postuliert zwei große (präferierte Antwortmöglichkeiten und intellektuelle Fähigkeiten, insbesondere zur Auflösung verbaler Ambivalenz) und mehrere kleinere Dimensionen.
Die in der vorliegenden Untersuchung zu bearbeitende Aufgabenstellung erforderte allerdings keine Zustimmung oder Ablehnung, sondern eine Angabe zur persönlichen Bedeutsamkeit von Werten. Insofern besteht hier die „Zustimmung" darin, die Werte als wichtig einzustufen – was in deren Kategorisierung als positives Konstrukt (siehe Abschnitt 2.1) begründet ist. Das Vorgehen, Akquieszenz nicht allein auf die Zustimmung zu beschränken, sondern generell auf die Nutzung des positiven Teils der Antwortskala, erfolgt in Anlehnung an Smith (2004, S. 50).

3.2.2.2.1.2 Erklärungen für und Auswirkungen von Akquieszenz

Für Akquieszenz gibt im Wesentlichen zwei Erklärungsansätze, wobei der eine sie als Persönlichkeitseigenschaft (geringe Ich-Stärke mit konzeptionellen Verbindungen zur Konformität und Impulsivität; vgl. Couch & Keniston 1960) annimmt, während der andere sie als Selbstbehauptungsstrategie (vgl. Carr 1971, S. 291) von unterprivilegierten Personen[187] im Alltag auffasst (vgl. Schnell et al. 2005, S. 354f). Damit tritt Akquieszenz vor allem in unklar definierten Situationen bei Personen auf, die eine Bewältigung derartiger Zustände lediglich über Deferenz und Anpassung erlernt haben (vgl. Bortz & Döring 2002, S. 236 sowie Schnell et al. 2005, S. 355).
Jackson (1967, S. 74) spricht sich eindeutig gegen ein Persönlichkeitsmerkmal „Akquieszenz" aus und bezieht sich auf Studien (z.B. Husek 1961, S. 299ff und McGee 1962), in denen Personen in unterschiedlichen Situationen eben nicht permanent dieses Antwortverhalten gezeigt haben. Außerdem weist er darauf hin, dass es auch auf das Involvement der Befragten ankommt, denn thematische Bereiche mit einer eher peripheren Bedeutung für den überwiegenden Teil der Stichprobe (z.B. Wetterbedingungen in China) führen leichter zu akquieszenten Antwortmustern als persönlich relevante und wichtige Themengebiete, die hauptsächlich inhaltlich beantwortet werden (vgl. Jackson & Messick 1961, S. 786ff).
Das Konstrukt wird auch häufig im Rahmen interkultureller Studien erhoben, weil verschiedene Nationalitäten offensichtlich unterschiedliche Ausprägungen in dieser Hinsicht aufweisen, die sich beispielsweise durch den Faktor „soziale Erwünschtheit" (siehe Abschnitt 3.2.2.1) erklären lassen (vgl. Cheung & Rensvold 2000, S. 190). Die Autoren haben die Extreme Antwortwahl und Akquieszenz in einem Strukturgleichungsmodell zur Messung der Job-Qualität an einer amerikanischen und italienischen Stichprobe geprüft, bei sich vor

[187] Korrelationen zwischen Akquieszenz und geringen verbalen Fähigkeiten sind in vielen Studien zutage getreten (vgl. z.B. Elliott 1961, S. 409ff; Frederiksen & Messick 1959; Jackson & Pacine 1961, S. 1020ff und Martin 1964).

allem die Variable „Arbeitsinhalt" als anfällig für Akquieszenz erwiesen hat (vgl. Cheung & Rensvold 2000, S. 196ff).
Trotz der großen Aufmerksamkeit, die das Konstrukt seit seiner erstmaligen Entdeckung durch Cronbach (1942) erfahren hat, gibt es keine eindeutige Lösung zum Umgang mit diesem Effekt (vgl. Armer & Baldigo 1973, S. 186). Dabei bestehen kaum Unstimmigkeiten[188] darüber, dass die Variable in Einstellungs- und Meinungsumfragen problematischer ist als bei der Persönlichkeitseinschätzung,[189] denn der Prozentsatz an Zustimmungen auf die Frage „Sind Sie für die Todesstrafe?" hat im politischen Zusammenhang möglicherweise gravierendere Konsequenzen als die Bejahung beim Item „Ich bin ein freundlicher Mensch" (vgl. Paulhus 1991, S. 47). Allerdings hat der Sachverhalt auch im Rahmen der Persönlichkeitsfeststellung seinen Platz, denn hier kommt es auf die relative Zustimmung über alle Items (einer Skala) an und die ist auch bei der Wichtigkeitsbeurteilung von Werten (positives Konstrukt) ein Problem (Deckeneffekt; vgl. McCarty & Shrum 1997, S. 142f).

3.2.2.2.1.3 Berechnungen und mögliche Kontrollmaßnahmen

Kalkulieren lässt sich Akquieszenz beispielsweise als Anteilswert, indem die Summe an gewählten Top-Box Kategorien (siehe Seite 127) durch die Gesamtanzahl an Items dividiert wird (vgl. Harzing 2006, S. 250). Der Einfluss dieses Antwortverhaltens kann nach Harzing (2006, S. 260f) gemildert werden, indem Skalen mit einer höheren Anzahl an Antwortoptionen eingesetzt werden, die Personen mit starken Einstellungen stärker nuancierte Antworten ermöglichen.[190]
Nach Paulhus (1991, S. 48) kann keines der vorliegenden Instrumente, die vorgeben generelle Zustimmungstendenzen zu messen, einem Forscher empfohlen werden.
Die von Toner (1987) vorgeschlagene Nutzung von Forced-Choice Skalen (definitive Wahlentscheidung zwischen Alternativen; vgl. Hughes 1969, S. 223) anstelle von Likert-Skalen zur Umgehung der Akquieszenzproblematik wird von Ray (1990, S. 397f) strikt abgelehnt, weil damit lediglich eine Verschiebung des Problems zur Wahl der jeweils erstgenannten Antwortoption erfolgt. Dies ließe sich zwar über eine Variation der Reihenfolge kontrollieren, wird jedoch damit erkauft, dass keine Korrelationen oder Faktorenanalysen mehr berechnet werden können (vgl. Ray 1990, S. 398).
Der Einsatz balancierter Skalen (siehe Fußnote 186) bietet zwar viele Vorteile (Reduktion fehlerhafter Korrelationen zwischen Akquieszenz und Inhalt, Schätzung des Ausmaßes akquieszenter Antworten, akkuratere Schätzung der internen Itemzusammenhänge und Verbindungen zu externen Variablen; vgl. Jackson 1967, S. 93), ist jedoch nicht immer möglich (siehe Abschnitt 3.2.1.3).
Weiterhin kann versucht werden, den Anteil an Antwortverzerrungen herauszurechnen, wobei aber ein derartiges Vorgehen nach Jackson (1967, S. 103) mit größter Vorsicht zu beurteilen ist, da eine nachträgliche Aufteilung der Antwortkomponenten nur unter spezifischen Annahmen möglich ist, die nicht immer realistisch und die wahren Verhältnisse widerspiegelnd sind.
Bachman & O'Malley (1984a, S. 498f) quantifizieren die vier von ihnen untersuchten Antwort-Tendenzen folgendermaßen: Zustimmungstendenz wird über den Anteil an Items denen

---

188 Akquieszenz kann im Rahmen der Einstellungsforschung nach Ansicht mancher Autoren (z.B. Schuman & Presser 1981) einen schwerwiegenden Störfaktor darstellen, während andere Forscher (z.B. Rorer 1965) dem Konstrukt keinen signifikanten Einfluss zurechnen.

189 Ein weiterer wichtiger Punkt in diesem Zusammenhang könnte auch darin liegen, dass direkte Fragen nach dem eigenen Verhalten von Natur aus weniger anfällig für Akquieszenz sind als Einstellungsfragen (vgl. Ray 1983, S. 84).

190 Ob Befragte dieses Angebot aber wirklich nutzen, und nicht trotzdem alle Items mit der Maximalkategorie beantworten, bleibt unklar. Außerdem ist danach zu fragen, welchen Einfluss eine Ausweitung der Antwortoptionen auf Personen mit nicht so ausgeprägten Einstellungen besitzt, denn diese könnten dann dazu verleitet werden, ausschließlich die Mittelkategorie ankreuzen.

vollständig zugestimmt wurde gemessen, d.h. die Kategorie „5" wird als „1" recodiert und die Antwortkategorien „1" bis „4" als Null und hieraus der Mittelwert berechnet. Die Erhebung der Ablehnungstendenz erfolgt genau umgekehrt zur Zustimmungstendenz, d.h. hier bleibt die Ursprungskategorie „1" hinsichtlich ihrer Codierung erhalten, während die Optionen „2" bis „5" zu Null recodiert werden. Anschließend wird erneut der Mittelwert berechnet. Extremwahlen werden additiv über die Zustimmungs- und Ablehnungstendenz berechnet, aus denen auch die Akquieszenz abgeleitet wird, indem die beiden Summenwerte voneinander subtrahiert und durch die Gesamtzahl der Items dividiert werden. Während der Wertebereich der ersten drei Antwort-Tendenzen von Null bis Eins verläuft, hat Akquieszenz einen Wertebereich von Minus Eins bis Plus Eins.
Die Konsequenzen der Untersuchung von Damarian & Messick (1965) zu den faktorenanalytischen Komponenten von Akquieszenz für die vorliegende Erhebung bestehen darin, auf den Einsatz eines entsprechenden Instrumentariums zur Messung dieser Antwortverzerrungen zu verzichten. Dieser Schritt liegt in den wenigen gefundenen puren Akquieszenzfaktoren – d.h. es treten meistens mehrere Arten von Antwortverzerrungen auf – und der teilweisen Vermischung von Akquieszenz mit inhaltlichen Antwortbestandteilen der eingesetzten Erhebungsskalen begründet (vgl. Messick 1967, S. 122).
Nach den Ergebnissen von Harzing (2006, S. 261) sind – die vorliegend ebenfalls eingesetzten – Wichtigkeitsskalen (Skalenanker „keine oder nur geringe Wichtigkeit" und „außerordentlich wichtig") für akquieszentes Antwortverhalten noch anfälliger als Zustimmungsskalen (Skalenanker „stimme überhaupt nicht zu" und „stimme voll und ganz zu"). Hierfür wird allerdings keine Erklärung angeboten, sondern das Ganze ist zunächst phänomenologisch zu sehen.

3.2.2.2.2 Extreme Antwortwahl

Wenn Befragte (nur) die Endpunkte einer Rating-Skala – d.h. sowohl die niedrigst-, als auch die höchstmögliche Kategorie werden gewählt – nutzen, liegt eine extreme Antwort-Tendenz vor, wobei ein derartiges Befragtenverhalten u.a. durch ambivalente Itemformulierungen, emotionale Erregung und Zeitdruck stimuliert wird (vgl. Paulhus 1991, S. 49).
Mit geschlechtsspezifischen Differenzen bei diesem Antwortverhalten haben sich u.a. Berg & Collier (1953), Borgatta & Glass (1961) sowie Crandall (1973, S. 281ff) auseinandergesetzt. So sind zwar nach den Ergebnissen von Crandall (1973, S. 287) Frauen stärker geneigt extrem positive Beurteilungen zu vergeben als Männer, während hinsichtlich der extrem negativen Beurteilungen keine geschlechtsspezifische Differenzen auftreten,[191] wohingegen Clarke (2000, S. 147) allerdings keinen geschlechtsspezifischen Unterschied für diesen Antwortstil nachweisen konnte, was ein zu anderen Studien (vgl. Bachman & O'Malley 1984b sowie Greenleaf 1992a; 1992b) konsistentes Ergebnis ist.
Die Nutzung der extremen Antwortkategorien – und damit die Vermeidung mittlerer Skalenpunkte – kann im interkulturellen Kontext auch durch die Abstammung aus einer bestimmten (beispielsweise mediterranen) Kultur erklärt werden, in der die Wahl der Skalenmitte als „Nicht-Zeigen der eigenen Gefühle" interpretiert wird (was im Allgemeinen missbilligt wird), und deshalb eine „aufrichtige" Antwort durch Ankreuzen einer Extremkategorie gegeben wird (vgl. Hui & Triandis 1989, S. 298).
Eine Erhöhung der Anzahl an Antwortalternativen (von 3 auf 5) bei einer Likert-Skala führt zu einem starken Rückgang extremen Antwortverhaltens, während eine weitere Anhebung (bis auf neun Kategorien) nur noch einen minimalen Verminderungseffekt zeigt (vgl. Clarke 2000, S. 143ff).
Nach Paulhus (1991, S. 49f) gibt es kein standardisiertes Instrument zur Erhebung und Prüfung des Extremity Response Bias und weil vorliegend – bedingt durch das gemessene posi-

[191] Fraglich ist nun, woher diese Differenzen rühren – stellen sie lediglich einen trivialen Gegensatz in der Nutzung der Rating-Skalen dar oder doch einen gravierenden Unterschied im gesamten Beurteilungsprozess?

tive Konstrukt „Werte" – nicht davon auszugehen war, dass Befragte eine derartige Antwortverzerrung zeigen, dienen die Ausführungen an dieser Stelle lediglich zur Abrundung der Thematik.

3.2.2.3 Inkonsistente Antworten

Die Einordnung dieses Aspektes unter dem Oberpunkt „Antwort-Tendenzen" ist nicht ganz unproblematisch, denn ohne das Vorliegen eines Kontext-Items, lassen sich inkonsistente Antworten nicht identifizieren. Weil aber eine widersprüchliche Antwortabgabe nach Paulhus (1991, S. 17) – neben temporären Reaktion gegenüber situativen Anforderungen – ebenfalls eine Ursache für einen Response Set darstellt, wird das entsprechende Antwortverhalten in diesem Abschnitt diskutiert, und nicht erst bei der Behandlung von Kontext-Effekten in Abschnitt 3.3 thematisiert.

Sozialpsychologen vertreten seit den 50er Jahren des zwanzigsten Jahrhunderts die Ansicht, dass Menschen konsistent agieren – oder zumindest entsprechend von ihrer Umwelt wahrgenommen werden – wollen (vgl. Heider 1958; Newcomb 1956 und Tedeschi 1981). Personen sind sowohl bestrebt ein konsistentes Bild ihrer Einstellungen zu zeigen (vgl. Abelson et al. 1968), als auch die Verbindung zwischen Einstellungen und Verhalten (Six 1992, S. 13f; Einstellungs-Verhaltens-Inkongruenzen) widerspruchsfrei erscheinen zu lassen (vgl. Salancik & Conway 1975). Der Zwang zu konsistentem Verhalten wird dabei allein schon durch die Formulierung einer Frage (und den daraus resultierenden Antwortwunsch) ausgelöst (vgl. McGuire 1960). Die aus diesem Konsistenzstreben resultierenden Einstellungen können einerseits überdauernd sein (vgl. Freedman 1965), andererseits aber auch im Anschluss an die Befragungssituation schon nicht mehr existieren, und somit lediglich ein artifizielles Forschungsresultat erzeugt haben (vgl. Tourangeau 1984, S. 299}).

Konsistenz ist dabei zunächst als ein relatives Konzept mit zwei Bedeutungen zu charakterisieren (vgl. Hogarth 1982, S. 92f):

(1) Logisch: Die in normativen Systemen zugrunde liegenden Verhaltensrichtlinien (z.B. Mathematik, deduktive Logik oder Wahrscheinlichkeitstheorie);
(2) Prozessual: Periodizität (hier geht es also um Konsistenz über die Zeit und nicht zu einem punktuellen Termin), mit der Personen Verhaltensregeln beim Auftreten bestimmter Stimuli (z.B. in Entscheidungssituationen) anwenden.

Die unter (2) subsumierten Sachverhalte können zum einen den Gebrauch einer bestimmten Verhaltensweise gegenüber identischen Stimuli zu zwei unterschiedlichen Zeitpunkten betreffen, zum anderen aber auch gleichförmiges Verhalten gegenüber unterschiedlichen Reizen in einer Serie. Im ersten Falle folgt aus der Inkonsistenz direkt eine höhere Variabilität (z.B. bei Test-Retest-Korrelationen).

Während wahrgenommene logische Inkonsistenzen eigentlich immer einen Konflikt verursachen (wer verhält sich schon gerne entgegen den Regeln der Logik oder Mathematik?), kann die Aufdeckung prozessualer Inkonsistenzen durchaus Freude bereiten (vgl. Hogarth 1982, S. 95). Dies ist immer dann der Fall, wenn es gegenüber einem bestimmten Stimulus mehrere Reaktionsmöglichkeiten gibt, und in der Situation keine formalen Prinzipien vorliegen, welche die eine oder die andere Verhaltensweise favorisieren (ein Beispiel hierzu sind die Kippbilder aus der Wahrnehmungspsychologie; vgl. Rubin 1921).

Inkonsistenzen haben meistens auch etwas mit Inferenzen zu tun, weil Dinge in einer gegebenen Situation so interpretiert werden, dass an sich widersprüchliches Verhalten nicht mehr als solches erscheint. Wenn beispielsweise bei der Identifikation des Most-Wertes der Begriff „bedeutend" anderweitig interpretiert wird, als der Terminus „wichtig" beim Rating, kann – ohne dass das Gefühl inkonsistent zu handeln aufkommt – ein anderes Item eine höhere Einstufung auf der Wichtigkeitsskala erhalten, als der als bedeutendster ausgewählte Wert (siehe Abschnitt 5.2.1.3).

Auch im Zusammenhang mit inkonsistenten Antworten kann auf Erkenntnisse zu allgemeinen Konversationen (in Anlehnung an Grice 1975 und seine conversational maxims; siehe Abschnitt 3.2.2.5) zurückgegriffen werden. Nach Clark & Schober (1992, S. 36) haben Befragungen (insbesondere mündliche Interviews) eine globale und eine lokale Struktur. So beginnt eine Befragung z.B. mit Angaben zur Person, springt dann zu einem bestimmten Thema (Werte) und handelt noch weitere Punkte (Beurteilung der Befragung) ab. Jeder Teilbereich hat seine lokale Struktur, die für die Frage nach den soziodemografischen Gegebenheiten z.B. aus den Items Geschlecht, Alter, Wohnort und der Schulbildung bestehen kann. In einer normalen Konversationssituation wird dabei – ebenso wie in einer Befragung – jeder Sprachakt, jede Frage, jedes Angebot etc. im Rahmen der sich akkumulierenden generellen Struktur interpretiert.

In jedem Gespräch sind die jeweiligen Partner angehalten, konsistent zu agieren, um z.B. nicht unglaubwürdig, konfus, betrügerisch oder „negativ" zu wirken (Selbstpräsentation). Dies ist deshalb so, weil alle Beiträge in einer Konversation im Lichte der vorangegangen Beiträge interpretiert werden, und Widersprüche relativ schnell auffallen würden. Dieser Druck wirkt auch in Interviewsituationen und bleibt nicht ohne Konsequenzen (vgl. Clark & Schober 1992, S. 37).

Beispielsweise können erstens so genannte Wissens-Filter-Fragen („Haben Sie auch wirklich genug über Steuererhöhungen nachgedacht, um eine Meinung dazu abgeben zu können?"; vgl. Bishop et al. 1983, S. 528f), die Beantwortung später folgender Items – die mit dem Themenbereich „Steuererhöhungen" überhaupt nicht in Verbindung stehen müssen – nachhaltig beeinflussen, weil sich Befragte, die auf die Wissens-Filter-Frage mit „Nein" geantwortet haben, auch entmutigt fühlen könnten, auf andere Items eine Antwort zu geben (vgl. hierzu auch Martin & Harlow 1992, S. 81ff).

Zweitens benutzen Befragte ihre früheren Antworten als Beweis (Grundlage) für ihre folgenden Beurteilungen. Dementsprechend antworten sie dann natürlich nicht mehr ganz unbefangen und frei.

Nach Clark & Schober (1992, S. 38) kann in vielen Fällen die vorhergehende auf die nachfolgende Frage einerseits einen Priming-Effekt (siehe Abschnitt 3.3.2.3) ausüben, indem spezifische Facetten, die durch die erste Frage aktiviert worden sind, im Gedächtnis behalten werden und dann direkt die Interpretation und Beantwortung der Folgefrage beeinflussen (vgl. Strack & Martin 1987). Andererseits könnte auch lediglich ein Konsistenzstreben (öffentlich, privat oder beides) ausgelöst werden, weil man sich als kompetente Person mit einer klaren Überzeugungsstruktur etc. präsentieren möchte.

Dabei reicht es aber nicht, einfach anzunehmen, dass Befragte ein Bedürfnis haben konsistent zu antworten, denn Konsistenz ist ein zu vager Begriff, als dass damit vorhergesagt werden könnte, in welchen konkreten Situationen sich Personen zu konsistenten Antworten aufgefordert fühlen und in welchen nicht (vgl. Schuman 1992, S. 16). Deshalb wurde vorliegend auch auf eine explizite Hervorhebung der Verbindung der Fragen zum Werte-Inventar verzichtet, um unvoreingenommen feststellen zu können, ob Konsistenzprobleme überhaupt vorkommen (siehe Abschnitt 4.3.2).

Unter logischen Gesichtspunkten dürften die vorliegend aufgetretenen inkonsistenten Antworten nur schwer zu erklären sein, denn die Verbindung der Extrem-Rankings mit den Ratings sollte relativ offensichtlich gewesen sein. Nun ist nicht immer alles das, was für den Fragebogenkonstrukteur schlüssig ist, auch für einen Befragten ersichtlich und logisch, denn er beantwortet die Fragen beispielsweise deutlich weniger involviert und ist für bestimmte Verbindungen gar nicht empfänglich (vgl. Turner & Martin 1984, S. 290). Dies könnte dann auch als Erklärung für inkonsistente Antworten tauglich sein, wenn die befragte Person einfach die konkreten Aufgabenstellungen der Reihe nach bearbeitet, ohne sich großartige Gedanken über deren implizite Verknüpfung zu machen. Nach Strack (1992, S. 26) lässt sich dieser Prozess mit dem Abfassen einer Textstelle vergleichen, bei der ein Autor auch erst

beim Korrekturlesen feststellt, dass er eine ungewöhnliche Beschreibung mehrfach in kurzen Abständen benutzt hat, was stilistisch unsauber wirkt. Dementsprechend wird er seine Ausführungen modifizieren, was sich aber ein Befragter nicht unbedingt aufbürdet, weile er keine Notwendigkeit sieht, seine Antworten nochmals zu überprüfen (vgl. Strack 1992, S. 26).[192]
Mit zunehmenden Antworten, d.h. der Beurteilung der einzelnen Werte beim Rating, erlangen die Teilnehmer ein vollständigeres und klarer organisiertes Schema des erhobenen Konstruktes (vgl. Knowles et al. 1992, S. 224), so dass sich inkonsistente Antworten auch aus diesem Prozess erklären könnten, der sicherlich erst des Ratings (also der wirklichen Antwortabgabe in Form einer offenen vergleichenden Einstufung) bedarf. Dabei sollten eigentlich keine Verschiebungen in Bezug auf die beiden als extrem identifizierten Objekte auftreten – weil diese in der Regel reliabel bestimmt werden können (vgl. Finn & Louviere 1992) – aber von Vornherein ausschließen kann man sie sicher nicht.

3.2.2.3.1 Beispiele für nicht konsistente Antworten

Hellevik (1994, S. 293f) berichtet in seiner Antwort auf Bean & Papadakis (1994a) von einem durchschnittlichen Anteil von 30 % inkonsistenter Antworten in den neun Fällen, in denen „als mit gegensätzlichem Inhalt anzusehende“ Statements (Beispiel: Alle Gruppen sollten einen permanenten Führer haben, der Entscheidungen trifft an die sich alle halten müssen / Ich ziehe Gruppen ohne Führer vor, in den jeder die Initiative übernehmen und Dinge erledigen kann) zu beurteilen waren. Hier ist allerdings kritisch zu hinterfragen, ob sich diese Statements wirklich ausschließen, denn im ersten Fall könnten auch Gruppen tangiert sein, in denen man nicht selber Mitglied ist – und bei denen man froh sein, wenn es einen „vernünftigen“ Führer gibt. Außerdem ist beim ersten Item die Zeitperspektive (permanenten) explizit angesprochen, während bei der zweiten Aussage dazu keine Angaben erfolgen – so dass einige Angriffspunkte für unterschiedliche Kontexte der beiden Items gegeben sind.
Bei den weniger gebildeten Befragten besaßen sogar 68 % eine „über dem Median liegende“ Tendenz zum Ja-Sagen (Zustimmung zu mindestens 3 der 9 sich widersprechenden Item-Paare) im Gegensatz zu 45 % (mittleres Bildungsniveau) und 31 % (hohes Bildungsniveau) in den beiden komplementären Gruppen (vgl. Hellevik 1994, S. 294). Obwohl die Ergebnisse von Hellevik (1994) mit einer Zustimmungsskala erzielt wurden, dürfte eine Übertragung auf den vorliegend abgefragten Aspekt der persönlichen Wichtigkeit möglich sein.
Morris (1956, S. 20) berichtet zwar nicht ausdrücklich von Inkonsistenzen zwischen den Rating- und Ranking-Resultaten einer Person, räumt diese aber implizit ein, wenn er von dem Fakt spricht, dass „die meisten Personen“ die Items in eine Rangfolge gebracht haben, die mit ihren Ratings korrespondiert.
Es muss allerdings nicht nur bei der ERR-Technik mit widersprüchlichen Angaben gerechnet werden, sondern diese zeigen sich z.B. auch beim vollständigen Paarvergleich. In der Studie von Fisher et al. (1968, S. 84) konnten durch die doppelte Bearbeitung der Paarvergleiche (a-b und b-a) Korrelationen zwischen den beiden Teilaufgaben berechnet werden, die mit 0,84 bzw. 0,87 eindeutige Hinweise auf inkonsistente Antworten liefern. Eine Hierarchie adäquat abzubilden ist offenbar schwer, und selbst wenn dies bei einem Ranking – ohne dass die Möglichkeit besteht, gleiche Ränge zu vergeben – (augenscheinlich) funktioniert, heißt dies nicht, dass die Struktur auch wirklich wahrheitsgemäß und stabil die Realität repräsentiert.
Inkonsistente Antworten spielen auch in manchen Nutzungsstudien eine wichtige Rolle, wenn die Möglichkeit der objektiven Überprüfung[193] der subjektiven Angaben der Teilnehmer be-

[192] Außerdem war diese Möglichkeit vorliegend nicht gegeben, weil keine Rücksprünge zugelassen waren. Die Ratings waren allerdings vor der Betätigung des „Weiter“ Buttons beliebig modifizierbar.

[193] Dieses Vorgehen bietet allerdings auch keine vollkommene Sicherheit, denn die meisten Tests weisen selber eine mehr oder weniger hohe Fehlerwahrscheinlichkeit auf, d.h. sie zeigen beispielsweise Drogenkonsum (positives Testresultat) an, der in Realität gar nicht vorliegt, oder sie signalisieren Drogenfreiheit (negatives Testresultat), wenn aber in Wahrheit entsprechende Substanzen konsumiert werden (vgl. Diekmann 1995).

steht. Entsprechend sind beispielsweise Johnson & Fendrich (2003, S. 114) vorgegangen, die neben einer fragebogentechnischen Erhebung des Drogenkonsums, auch drei (freiwillige) objektive physikalische Drogentests bei ihren Probenden durchgeführt haben. Bei Nichtübereinstimmung von Verhaltensangaben und Testresultat in mindestens einem der drei potenziellen Fälle, wurde ein Teilnehmer als inkonsistent eingestuft, was für 29 % der Stichprobe von 568 Personen zutraf (vgl. Johnson & Fendrich 2003, S. 114).
Wie „leicht" es Personen offenbar fällt, wissentlich inkonsistente Antworten zu geben, kann in diesem Zusammenhang auch anhand der öffentlichen Versicherung des Fußballtrainers Christoph Daum – vor seiner geplanten Ernennung zum Bundestrainer im Jahre 2000 – kein Kokainkonsument zu sein, verdeutlicht werden.[194] Über die Gründe und Motive für ein derartiges Verhalten kann an dieser Stelle nur spekuliert werden, wobei beispielsweise das Vertrauen in ein falsches Testresultat (die Methoden sind nicht so ausgereift, als dass sie mich überführen könnten) oder gelernte Sorglosigkeit (bisher hat mich keiner entdeckt, warum sollte das also gerade jetzt passieren; vgl. Frey & Schulz-Hardt 1997) ein Rolle spielen könnten.

3.2.2.3.2 Erklärungsansätze für das Auftreten inkonsistenten Antwortverhaltens in Befragungen

Kognitive Konsistenz lässt sich auf der Basis verschiedener Konzepte prüfen (vgl. Lobel 1982, S. 333f), z.B. der Balancetheorie von Heider (1958) oder der Dissonanztheorie von Festinger (1957). Der von Kreitler & Kreitler (1972) konzipierte Ansatz einer Theorie der kognitiven Orientierung kann nach Lobel (1982, S. 333) in diesem Zusammenhang ebenfalls genutzt werden. Nach ihm wird Verhalten (hier also die Antwortabgabe in einer Befragung) anhand von vier unterschiedlichen Überzeugungen vorhergesagt: (1) Überzeugungen bezüglich der eigenen Person, (2) Überzeugungen hinsichtlich Normen und Regeln, (3) generellen Überzeugungen sowie (4) Überzeugungen im Hinblick auf Ziele (vgl. Kreitler & Kreitler 1972, S. 15ff). Vorliegend steht allerdings allein die Aufdeckung inkonsistenter Antworten im Vordergrund – die aus den Angaben der Befragten logisch abgeleitet werden können – und weniger die personeninternen kognitiven Prozesse, die zum entsprechenden Verhalten geführt haben.
Während dabei in den Antwortmodellen das Priming (siehe Abschnitt 3.3.2.3) für Konsistenz-Effekte auf der Stufe der Erinnerung verantwortlich zeichnet, die zumindest teilweise unabhängig von den konkreten Antworten auftreten,[195] sind die Konsistenz-Effekte bei der Editierung der vorläufigen Antwort notwendigerweise von den vorherigen Aussagen der Befragten abhängig (vgl. Tourangeau & Rasinski 1988, S. 307).
Im Rahmen der Antworteditierung sollten Konsistenz-Effekte verstärkt dann vorliegen, wenn eine enge (auch logische) Verbindung zwischen den Items gegeben ist (vgl. McGuire 1960), wenn diese Relation salient gemacht wird (vgl. Rosen & Wyer 1972, S. 424) und wenn die Befragten so weit in die Sache involviert sind, dass ihnen widerspruchfreies Verhalten wichtig ist (vgl. Tourangeau & Rasinski 1988, S. 308). Obwohl der letztgenannte Punkt wahrscheinlich in Umfragen kein übermäßiges Gewicht besitzt – man könnte allerdings bei einem wissenschaftlichen Urheber vielleicht doch von einer entsprechenden Wirkung ausgehen – sollten die beiden erstgenannten Aspekte vorliegend eine hohe Relevanz aufweisen, denn die (logische) Verbundenheit wird ja auch dadurch betont, dass die als Least und Most ausgewählten Werte, vor dem Rating in der Liste gesondert gekennzeichnet sind

[194] Ein weiteres aktuelles Beispiel aus dem Bereich des Sports stellt die Doping-Problematik – insbesondere im Radsport – dar (vgl. Kistner 2007, S. 39).
[195] Das Priming wird vorliegend auch als die antwortunabhängige Fokussierung auf Unterschiede zwischen den zu beurteilenden Objekten angenommen, d.h. sein Auftreten erfolgt immer dann, wenn vor dem Rating ein Ranking auszuführen ist, und nicht gebunden an bestimmte identifizierte Extrem-Werte (siehe Abschnitt 3.3.2.3).

(siehe Anhang 9). Inkonsistenzen lassen sich aus dieser Perspektive dann dadurch erklären, dass den Befragten die Verknüpfung nicht bewusst wurde, sie kein hohes Involvement für die Umfrage entfaltet haben und/oder ihre Werte-Strukturen (insbesondere hinsichtlich der extremen Positionen) nicht so klar geformt sind.
Nach Cannell et al. (1977b, S. 307) lassen sich Befragte nicht grundsätzlich in akkurate und unpräzise Antwortpersonen einteilen, sondern es ist eher davon auszugehen, dass jeder Teilnehmer manche Information korrekt liefert und andere eben nicht. In diesem Zusammenhang wird das Problem der Antwortverzerrungen durch Konsistenzstreben zwar beispielsweise von Rankin & Grube (1980, S. 236; siehe Abschnitt 2.2.2.4.2.2) gesehen, jedoch nicht weiter untersucht, weil sie es als nicht gravierend einzustufen und seine zusätzliche Kontrolle keinen substanziellen Beitrag zu der von ihnen verfolgten Forschungsfrage (Ranking oder Rating beim RVS) leisten würde. Durch die Verbindung von Ranking und Rating ist diese Problematik allerdings bei der ERR-Technik virulent, denn es muss festgelegt werden, wie mit den widersprüchlichen Daten verfahren werden soll (Aus- oder Einschluss dieser Fälle).
Nach Jackson (1967, S. 85) ist im Falle inkonsistenter Angaben – wobei er diesen Sachverhalt auf identische Antworten bei entgegengesetzt formulierten Items bezieht – keine klare Einordnung einer befragten Person möglich. Dies hat auch für die ERR-Technik Gültigkeit, denn dabei wird lediglich die Tatsache einer inkonsistenten Antwort deutlich, nicht aber bei welcher der beiden Aufgabenstellungen (Bestimmung der Extrem-Werte oder Rating) die „wahre“ Antwort zu verorten ist. Weil die Inkonsistenzen vorliegend nicht absichtlich provoziert wurden, sondern sich allein aus dem Zusammenspiel der Einzelfragen ergeben, spricht also nichts dagegen, derartige Fälle ebenfalls als „nicht einsortierbar“ zu klassifizieren und aus der Analyse auszuschließen (Nettostichprobe 2). Um allerdings Aussagen zum Auftreten der widersprüchlichen Daten insgesamt treffen zu können, werden diese im Rahmen der Nettostichprobe 1 zusätzlich einbezogen, denn ein solches Antwortverhalten sollte zukünftig minimiert werden – dass es in den bisherigen Veröffentlichungen zu der Fragetechnik immer unerwähnt gelassen wurde, bedeutet ja nicht, dass es unterblieb.
Im Folgenden geht es jetzt um die Faktoren, die dazu führen können, dass Befragte nicht konsistent antworten. Dieser Sachverhalt wird von Turner & Martin (1984, S. 292) als „Kontrast-Effekt“ umschrieben, und kann in vier verschiedenen Varianten auftreten:

(1) Wahrnehmungskontrast;
(2) Antwortkontrast;
(3) Interpretationskontrast;
(4) Semantischer Kontrast.

Wahrnehmungskontraste sind auf dem Gebiet der Psychophysik (wie nehmen Personen verschiedene Intensitäten bestimmter physikalischer Objekte wahr?) ein bekanntes Phänomen (vgl. Parducci 1974 und Abschnitt 3.1.2.1.4). Dortige Forschungen zeigen, dass bei einer Erhöhung der Bandbreite der Stimuli (z.B. der Größe von Quadraten) die Spannweite der Antworten von Befragten zunimmt, wenn auch in einem geringeren Maße (vgl. Turner & Martin 1984, S. 292). Der Bereich an verfügbaren Vergleichsstimuli beeinflusst dabei nicht nur Urteile hinsichtlich physikalischer Intensitäten, sondern auch bezüglich sozialer und politischer (d.h. nicht-physikalischer) Objekte (vgl. Sherif & Hovland 1961).
Wenn also beispielsweise die Ernsthaftigkeit moderater moralischer Verstöße zu beurteilen ist, wird diese verringert, wenn sie in einen Kontext von schwerwiegenden moralischen Übertretungen eingebettet sind (vgl. Upshaw 1969; Turner & Martin 1984, S. 292). Der Referenzstimulus, gegen den ein aktuelles Item kontrastiert wird, braucht dabei nicht explizit vorzuliegen, sondern kann implizit vorhanden sein (vgl. Turner & Martin 1984, S. 292f).
So kann ein nicht besonders geachteter Politiker aus der von einem Befragten favorisierten Partei anders eingestuft werden, wenn er einmal mit einem Politiker einer vom Befragten abgelehnten Partei verglichen werden soll und einmal mit einem hoch geschätzten Politiker der bevorzugten Partei (vgl. Turner & Martin 1984, S. 293).

Beim Antwortkontrast spielen die Optionen zur Fixierung der Reaktion die entscheidende Rolle, d.h. die Befragten adjustieren ihre Antwortskala so, dass sie deren gesamte Bandbreite ausnutzen können (vgl. Turner & Martin 1984, S. 293). Als Beispiel führen Turner & Martin (1984, S. 293) den Fall an, dass nach einer Reihe von Ja-Antworten „einfach“ auch einmal ein Nein angekreuzt wird, weil es vielleicht unrealistisch scheint, allen Items zuzustimmen.
Der Interpretationskontrast – von Schuman & Presser (1981) „Subtraktions-Effekt“ genannt – betrifft die Reihenfolge (siehe Abschnitt 3.3.2.1) der gestellten Fragen sowie deren Spezifikation. Je nachdem, ob eine Globalfrage vor oder nach spezifischen Items platziert ist, können unterschiedliche Inhalte aktiviert werden: Werden bei der Beantwortung der Globalfrage die Dinge, die bereits bei zuvor gestellten spezifischen Items geäußert wurden, erneut berücksichtigt, oder werden nur die Aspekte – quasi als Restkategorie – herangezogen, zu denen noch keine Angaben erfolgten (vgl. Turner & Martin 1984, S. 293f)? Ohne eine vorhergehende Spezialfrage (Einstellung zu dunkelhäutigen Menschen) wird eine Globalfrage (Generelle Einstellung zu ethnischen Minderheiten) anders beantwortet als in deren Gegenwart (vgl. Turner & Martin 1984, S. 294).
Wenn Items nur oberflächlich unterschiedliche Dinge betreffen, aber bei genauerem Hinsehen doch identische Sachverhalte abbilden, spricht man von einem semantischen Kontrast (vgl. Turner & Martin 1984, S. 294). Sind beispielsweise Ozean und Pfütze hinsichtlich ihres Nässegrades einzuschätzen, wird der Ozean tendenziell als nasser eingestuft als die Pfütze – was natürlich nicht richtig ist, aber wahrscheinlich durch die unterschiedlichen Größen determiniert wird. Stellt man hingegen vor dem Nässe-Item noch eine Frage nach der Größe beider Objekte, verschwindet der Effekt, d.h. die Aktivierung der Kenntnis der konzeptionellen Differenzen beugt dem Druck vor, solche Unterschiede unbeabsichtigt heranzuziehen (vgl. King & Klockars 1982, S. 633ff). Vorliegend wird allerdings ein diametral entgegengesetzter Effekt angenommen, denn durch die Vorschaltung der Identifikation der beiden Extrem-Werte, werden die Objekte offensichtlich nicht mehr so einheitlich wahrgenommen und beim Rating entsprechend unterschiedslos eingestuft. Also könnte allein das Wissen und die explizite Angabe, dass in meinem Werte-System auch ein Wert nicht „so wichtig“ ist, dazu führen, die Objekte insgesamt differenzierter zu beurteilen.
Ein weiterer Punkt zur Erklärung inkonsistenter Antworten könnte in einem Redundanz-Effekt liegen (vgl. Smith 1992, S. 178), d.h. die Befragten meinen durch das Ranking den beiden Extrem-Werten bereits eine korrekte Position zugewiesen zu haben, und benutzen die dabei herangezogenen Informationen beim anschließenden Rating nicht mehr, so dass jetzt auch andere Werte „schlechter“ oder „besser“ beurteilt werden können, wenn die eigentlich relevante Unterschiedsinformation ausgeblendet wird. Weil dazu aber – im Sinne des kognitiven Geizhalses (siehe Seite 148) – vorliegend eigentlich keine Veranlassung besteht, wird diese Möglichkeit hier nicht weiter betrachtet.
Widersprüchliche Angaben resultieren bei der ERR-Technik ebenfalls durch die Reihenfolge, in der die beiden Aufgabenstellungen Ranking und Rating zu absolvieren sind, determiniert (vgl. Bradburn 1992, S. 322). Würden die beiden Fragetypen vertauscht (erst ein Rating aller Werte und anschließend die beiden extremen Werte identifizieren) werden, wäre die Gefahr inkonsistenter Antworten wahrscheinlich deutlich geringer, weil dann nur noch anhand der den „extremen“ Kategorien zugeordneten Ratings eine Auswahl zu treffen wäre. Möglicherweise lassen sich aber auch mit einem derartigen Vorgehen inkonsistente Antworten nicht vollständig ausschließen. Da aber ein wesentlicher Vorteil der hier favorisierten Reihenfolge von Extrem-Ranking und Rating im Priming auf Unterschiede zwischen den einzustufenden Objekten und der Generierung eines Bezugsrahmens für das Rating gesehen wird, müssen – so lange keine diese vermeidende Instruktion entwickelt wurde – Inkonsistenzen wohl in Kauf genommen werden.
Bezüglich des Problems inkonsistenter Antworten sind im Rahmen der ERR-Technik zwei gegenläufige Tendenzen zu optimieren: Eine deutlichere Betonung der Verbindung beider

Aufgabenstellungen würde zwar wahrscheinlich das Auftreten widerspruchsbehafteter Angaben merklich vermindern, andererseits aber möglicherweise eine Fokussierung auf ein konsistentes Antwortverhalten bei den Befragten forcieren, das inhaltliche Aspekte in den Hintergrund treten lässt.

Die letztgenannte Perspektive wurde vorliegend als das gravierendere Problem eingestuft, denn Inkonsistenzen haben auch einen Aussagewert, indem sie auf Schwächen der Fragenformulierung hindeuten, aber auch Aufschlüsse darüber zulassen, wie logisch konsistent das abgefragte Konstrukt wirklich in den kognitiven Strukturen der Befragten verankert ist. Offensichtlich ist nämlich die Hierarchie von Werten (siehe Abschnitt 2.1.5) nicht so festgezurrt, wie dies einige Forscher voraussetzen (siehe Abschnitt 2.2.2.4), wobei allerdings immer auf das unterschiedliche Wording (wichtig und bedeutend) der beiden Aufgabenstellungen hingewiesen werden muss.

3.2.2.3.3 Umgang mit und Vermeidung von Inkonsistenzen

Faktoren, die Befragte auf konsistente Antworten „lenken", bestehen nach Turner & Martin (1984, S. 287ff) beispielsweise in der zusammenhängenden Anordnung der entsprechenden Items – wobei dies aber auch keine Garantie für entsprechende Antworten darstellt, denn bei ihnen ist die der Atomkraft entgegenstehende Bevorzugung alternativer Energieformen nicht zwangsläufig gegeben, wenn Atomkraft mit Nervosität über deren Folgen und alternative Energiegewinnung mit Effizienzzweifeln belegt sind, und somit beide Formen kritisch gesehen werden. Dies und andere Beispiele zeigen nach Turner & Martin (1984, S. 288), dass die Prozesse, die eine wirkliche Konsistenz zwischen Meinungen konstituieren, oftmals fließend sind und vom jeweiligen Standpunkt abhängen. Ein Befragter nimmt eigentlich zusammengehörende Dinge möglicherweise gar nicht entsprechend wahr und gibt deswegen eben keine konsistenten Antworten (vgl. Turner & Martin 1984, S. 288). Trotzdem existiert natürlich die Möglichkeit, bestimmte Relationen zwischen Items hervorzuheben (vorliegend also eine unveränderte Werte-Liste für die Ranking und Rating Aufgaben; eine direkte Abfolge; optische Kennzeichnung der gewählten Extrem-Werte; siehe Abschnitt 4.3.2), und Befragte darüber zu induzieren, in konsistenter Art und Weise zu antworten (vgl. Turner & Martin 1984, S. 288).[196]

Ein weiterer wichtiger Gesichtspunkt im Zusammenhang mit inkonsistenten Antworten betrifft das Vorgehen, derartige Ungereimtheiten an die Teilnehmer zu kommunizieren oder dies zu unterlassen. Primär ist diese Option durch die Erhebungssituation limitiert, denn in schriftlichen Befragungen können Teilnehmer nicht direkt auf Inkonsistenzen aufmerksam gemacht werden, während dies in computerunterstützten Umfragen wohl in den meisten Fällen durchführbar sein dürfte. Auch in mündlichen Interviews ist es vielfach möglich, inkonsistente Antworten vollständig auszuschließen (vgl. Miner 1988, S. 295), indem entsprechende Nachfragen gestellt werden. Allerdings ist auch hier zu bedenken, welche Effekte entsprechende Rückmeldungen bei den Befragten auslösen könnten, und wie sich diese auf den weiteren Verlauf des Interviews auswirken – wobei im optimalen Fall vielleicht eine höhere Konzentration der Teilnehmer die Folge ist.

Widersprüchliche Angaben bei der ERR-Technik lassen sich auch dadurch vermeiden, dass die beiden als Extreme identifizierten Objekte, keinem Rating mehr unterzogen werden, sondern ihnen, abhängig oder unabhängig von den Ratings der übrigen Werte, eine Beurteilung zugewiesen wird (vgl. Wiswede et al. 2003). Zwei diesbezügliche Möglichkeiten werden in Abschnitt 5.4.5 durch eine entsprechende Simulation getestet

[196] Allerdings wurde vorliegend explizit darauf geachtet, keinen Hinweis auf zu den Extrem-Rankings konsistente Ratings zu geben, damit sich die Befragten voll und ganz auf ihre Antworten konzentrieren konnten. Einige Teilnehmer werden allerdings wohl trotzdem speziell auf diesen Aspekt geachtet haben – letztendlich können auch diese Mechanismen nur durch qualitative Untersuchungen weiter aufgehellt werden, indem z.B. beim Auftreten inkonsistenter Muster, entsprechende Rückfragen gestellt werden.

Nach Turner & Martin (1984, S. 287) ist es nicht nur wichtig in Umfragen den Konsistenzdruck zur Perspektivenübernahme bezüglich des zu erhebenden Sachverhalts zu analysieren, sondern sich auch mit den entgegengesetzten Tendenzen zu beschäftigen, wenn Befragte unterschiedlich auf eigentlich in Beziehung stehende Items reagieren.
Zusammenfassend dürften inkonsistente Antworten in Umfragen kein vernachlässigbares Fehlerpotenzial darstellen, und können mit der ERR-Technik auch ansatzweise aufgedeckt werden. Dies bedeutet aber nicht, dass alle bei diesem Vorgehen widerspruchsfreie Angaben, auch wirklich den wahren Einschätzungen entsprechen, denn das Erkennen der logischen Verbindung der drei Teilfragen bei dieser Vorgehensweise kann natürlich bei den Teilnehmern auch dazu führen, dass sie ihr Antwortverhalten einfach in dieser Hinsicht adjustieren, und gar nicht so sehr auf ihre wahren Beurteilungen rekurrieren.
Weil durch das vorliegende Untersuchungsdesign sichergestellt war, dass nachträgliche Korrekturen nicht möglich waren,[197] konnten den Antwortinkonsistenzen mit Blick auf Turner & Martin (1984, S. 295) mehr empirische Aufmerksamkeit zuteil werden.

3.2.2.4 Die Anwendung von Heuristiken bei der Item-Beantwortung

Unter Heuristiken werden Regeln verstanden, die leicht anzuwenden sind, und schnell zu einem Ergebnis (Urteil) führen – allerdings in manchen Fällen auch zu Fehleinschätzungen (vgl. Herkner 1991, S. 200f). Derartige Strategien sind in den unterschiedlichsten Formen gebräuchlich (siehe Kahneman et al. 1982 oder Nisbett & Ross 1980 für einen Überblick), und dienen zur Komplexitätsreduktion indem vor allem bei Sachverhalten mit geringer Bedeutung (Entscheidungen besitzen keine schwerwiegenden oder weitreichenden Konsequenzen sowie eingeübten Routinehandlungen), simple Faustregeln zur Anwendung gelangen (vgl. Wiswede 2007, S. 30).
Vorliegend sind insbesondere das Satisficing, die Verfügbarkeits- und Anker-Heuristik zu diskutieren, deren Auswahl sich darin begründet, dass die Nicht-Differenzierung der Antworten, auch durch die Benutzung dieser Vereinfachungsregeln verursacht sein könnte.

3.2.2.4.1 Satisficing-Strategie

Das Prinzip des Satisficing[198] bei der Beantwortung von Fragen in einer Erhebungssituation ist von Tourangeau (1984) und vor allem Krosnick (1991) diskutiert worden, wobei Letzterer die Mechanismen auch in weiteren Studien exploriert hat (vgl. Krosnick et al. 1996). Das Konzept ist eng an Simon (1957) angelehnt, der diesen Begriff bei der Erörterung ökonomischen Entscheidungs- bzw. Auswahlverhaltens geprägt hat. Im Rahmen der Umfrageforschung wird unter diesem Terminus eine Reaktionsweise subsumiert, bei der eine Frage nicht sorgfältig interpretiert, im Gedächtnis nicht intensiv nach den zur Beantwortung relevanten Informationen gesucht, keine gewissenhafte Integration sämtlicher erinnerter Information vorgenommen und / oder keine umfassend durchdachte, präzise und eindeutige Antwort abgegeben wird (vgl. Krosnick 1991, S. 214).[199] Statt der vom Umfrageurheber gewünschten

[197] Leider war aber nicht zu ermitteln, ob – und wenn ja: wie viele – Befragte ihre Teilnahme abgebrochen haben, nachdem ihnen Inkonsistenzen aufgefallen waren, die sie im Nachhinein nicht mehr korrigieren konnten.

[198] Dieser im Schottischen beheimatete Begriff setzt sich aus den Wortstämmen „satisfying" (zufrieden stellend) und „sufficing" (ausreichend) zusammen, und bedeutet sinngemäß, eine subjektiv akzeptable Entscheidung zu treffen (vgl. Simon 1957).

[199] Damit sind alle vier Prozess-Stufen der Antwortmodelle von Cannell et al. (1981; siehe Abschnitt 3.1.1.2) und Tourangeau (1984; siehe Abschnitt 3.1.1.3) potenziell von dieser Verhaltensweise betroffen (vgl. Krosnick et al. 1996, S. 31). Beim schwachen Satisficing werden zwar alle vier Stufen des Antwortprozesses ausgeführt, jedoch nicht in dem Maße, das zur Generierung einer „guten" Antwort notwendig wäre. Starkes Satisficing zeichnet sich hingegen dadurch aus, dass die beiden Stufen „Retrieval" und „Judgment" komplett übersprungen werden, indem nach einer oberflächlichen Interpretation, die erste Antwortoption gewählt wird, die – bezogen auf die Umfragethematik – einigermaßen plausibel erscheint (vgl. Krosnick et al. 1996, S. 31f).

elaborierten Beantwortung wird eine Auskunftsstrategie gewählt, bei der z.B. eine Zustimmung zu den aufgestellten Behauptungen postuliert, eine Beibehaltung des Status Quo favorisiert, keine Differenzierung zwischen den Objekten vorgenommen wird (dieser Gesichtspunkt ist vorliegend vor allem relevant), die Option „Weiß nicht" ausgewählt oder einfach per Zufall eine der vorgegebenen Alternativen selektiert wird (vgl. Krosnick 1991, S. 215ff).
Dementsprechend könnte eine Satisficing-Strategie im Rahmen der ERR-Technik sowohl bei der Identifikation der Extrem-Werte (Auswahl der ersten einigermaßen zufrieden stellenden Alternative; vgl. Krosnick 1991, S. 216f), als auch beim Rating (Nicht-Differenzierung der Antworten, weil alle Werte als ähnlich wichtig perzipiert werden; vgl. Krosnick 1991, S. 219) zum Einsatz gelangen.

3.2.2.4.1.1 Selektion der ersten angemessenen Alternative

Viele Studien (vgl. z.B. Becker 1954; Mueller 1970 und Schuman & Presser 1981) haben gezeigt, dass die Ergebnisse beim vollständigen und teilweisen Ranking von Objekten durch die Reihenfolge der präsentierten Optionen beeinflusst werden (vgl. Krosnick & Alwin 1987, S. 202). Je früher ein akzeptables Item in der Liste auftaucht, umso attraktiver ist es, weil die restlichen Alternativen nicht weiter bedacht werden müssen. Außerdem können die ersten Antwortoptionen einen Interpretationsrahmen oder Vergleichsstandard etablieren, in und mit dem alle weiteren Stimuli beurteilt werden (vgl. Krosnick & Alwin 1987, S. 203). Diesbezüglich dürfte auch einer der Hauptvorteile der ERR-Technik zu sehen sein, denn diese Rolle wird hier durch das Extrem-Ranking übernommen, so dass ein Bezugsrahmen beim Rating nicht erst nach den ersten Items gebildet wird, sondern bereits von Anfang an vorliegt (siehe Abschnitt 3.3.2.4).[200]
In diesem Zusammenhang unterscheidet Krosnick (1991, S. 216f) vorrangig zwischen einer visuellen (z.B. in postalischen und Online-Erhebungen) und akustischen (z.B. in Telefonbefragungen) Präsentation der Liste, und postuliert im ersten Fall bei der Anwendung einer Satisficing-Strategie eine Bevorzugung der vorderen Items der Aufstellung (Primacy-Effekt; vgl. Schnell et al. 2005), während bei der akustischen Übermittlung die Auswahlwahrscheinlichkeit der im hinteren Teil der Liste lokalisierten Optionen (Recency-Effekt; vgl. Schnell et al. 2005) erhöht wird.[201]
Krosnick (1991, S. 216) spricht im Zusammenhang mit der visuellen Auflistung der Items von einem Bestätigungs-Bias (Confirmation Bias; vgl. Nickerson 1998), bei dem die Befragten mit der Beurteilung der am Listenanfang platzierten Items hinsichtlich der relevanten Bewertungsdimension beginnen, und dabei jede Antwortmöglichkeit individuell begutachten. Personen werden in diesem Zusammenhang die ersten Antwortoptionen tief gehender aufbereiten (genauer durchdenken) als spätere, weil sie bei den erst im weiteren Verlauf auftretenden Alternativen noch mit der Bearbeitung der früheren Optionen beschäftigt sind, die entsprechende Prozesse bei den später folgenden Listeneinträgen erschwert (vgl. Krosnick & Alwin 1987, S. 203). Wenn sie nun mit der Evaluation der weiteren Items der Liste fortfahren, werden ihre Gedanken höchstwahrscheinlich in eine bestätigende Richtung verzerrt, weil sie nach Gründen suchen, warum eine einzelne Alternative der gesuchten Extrem-Position zugewiesen werden könnte, und nicht die Objekte gegeneinander abwägen. Bedingt durch das Vorgehen, in Umfragen i.d.R. nur – zumindest einigermaßen – zutreffende Antwortalternativen zu verwenden (bei einem positiven Konstrukt dürfte dies noch stärker der Fall sein; siehe Abschnitt 2.1), führt die Bestätigungstendenz dazu, dass mindestens eine oder zwei Begründungen für die Selektion jedes der aufgeführten Items gefunden werden (vgl.

---

[200] Hinsichtlich der Nutzung eines entsprechend etablierten Bezugsrahmens kann auf die Hypothese des kognitiven Geizhalses (siehe Seite 148) verwiesen werden.

[201] Diesbezüglich muss aber die Länge der Liste als intervenierende Variable berücksichtigt werden, denn nach Mingay & Greenwell (1989) konnte der postulierte Effekt in einer Telefonumfrage mit wenigen Items nicht nachgewiesen werden.

Krosnick 1991, S. 216). Durch diese fortwährende Bestätigung ermüden und langweilen sich die Befragten aber mit fortschreitender Bearbeitung der Aufstellung, so dass die dort zuletzt aufgeführten Items nur noch sehr oberflächlich evaluiert werden, und durch den Konfirmations-Bias eine bevorzugte Auswahl einer anfangs platzierten Alternative forciert wird (vgl. Krosnick 1991, S. 216).

Natürlich könnte im Rahmen der Satisficing-Strategie der Selektionsprozess auch dann beendet werden, wenn eine einigermaßen plausibel erscheinende Alternative entdeckt wird. Allerdings dürften bei positiven Konstrukten sämtliche Optionen eine relativ hohe Auswahlwahrscheinlichkeit aufweisen, so dass (fast) alle Items die Extrem-Position einnehmen könnten, und die Befragten aus diesem Grund die Liste komplett durchgehen. Dabei ist nicht auszuschließen, dass dies im hinteren Teil eventuell nur noch sehr flüchtig geschehen wird, und eine dort lokalisierte Antwortalternative schon „sehr viel besser" als die bereits evaluierten sein muss, damit sie die Vorauswahl noch zu ihren Gunsten beeinflussen kann. Für das komplette und sorgfältige Analysieren der gesamten Aufstellung könnten auch dissonanztheoretische Überlegungen sprechen, denn wenn alle Items – wie bei einem positiven Konstrukt zu erwarten – ähnlich attraktiv sind und Befragte Dissonanz vermeiden möchten (nicht die wirklich extreme Option ausgewählt zu haben), könnten sie motiviert sein, die Aufstellung auch im hinteren Teil (dort könnte ja eine noch passendere Alternative folgen) sorgfältig zu bearbeiten. Außerdem wäre zu eruieren, ob nicht die Beschreibung der eigenen Person bei Befragten ein Bemühen um eine präzise Antwortabgabe evoziert, die eine vollständige und umfassende Beschäftigung mit sämtlichen Listenobjekten voraussetzt.

Ein weiterer Hinweis für die Wahl einer Satisficing- an Stelle einer Maximizing-Strategie resultiert aus der Forschung zu Listen, in denen alle zutreffenden Optionen anzukreuzen sind. Bei einer derartigen Aufgabenstellung markieren Befragte weniger Alternativen, als wenn ihnen die Stimuli einzeln präsentiert werden (vgl. Rasinski et al. 1994, S. 403ff). So lange also Befragte nicht dazu angehalten werden, jedes Item zu berücksichtigen, werden sie nur diejenigen – bzw. so viele – bearbeiten, um die perzipierten Anforderungen der Frage gerade zu erfüllen (vgl. Tourangeau et al. 2000, S. 251).

Der Gesichtspunkt der Selektion der erstbesten (passenden) Antwortalternative als Ersatz für die optimale Antwortoption gilt im Übrigen nicht nur für die Listen-Auswahl, sondern für jede Frage eines Erhebungsbogens. Insbesondere wenn sehr viele Kategorien zur Wahl stehen, kann der kognitive Aufwand sehr hoch ausfallen, daraus die am besten Passendste herauszusuchen – deshalb werden viele Personen bereits nach der ersten Option, die ein internes Akzeptanzniveau zur Beantwortung der gestellten Frage überschreitet, nicht weiter nach der optimalen Antwort suchen, sondern die gefundene Alternative auswählen (vgl. Krosnick & Alwin 1987, S. 203). Welche Konsequenzen sich daraus für das Rating einer Aufstellung von Items ergeben, ist Gegenstand des folgenden Abschnitts.

3.2.2.4.1.2 Nicht-Differenzierung von Antworten

Weil Umfragepraktiker vielfach der Ansicht sind, dass eine Fragenserie mit identischen Antwortmöglichkeiten für Befragte einfacher und angenehmer zu beantworten ist, als wenn die Antwortoptionen von Frage zu Frage wechseln (vgl. z.B. Lavarkas 1987, S. 145f), werden entsprechende Items meistens gruppiert präsentiert (vgl. Krosnick 1991, S. 219). In letzter Zeit ist aber zunehmend auch auf die Gefahren eines derartigen Vorgehens hingewiesen worden, weil durch eine derartige Zusammenfassung die Differenzierung der Beurteilungen zwischen den einzelnen Items leidet, und viele (manchmal sogar sämtliche; siehe Abbildung 2) Stimuli einer einzigen Antwortoption zugeordnet werden (vgl. Krosnick 1991, S. 219).

Im Allgemeinen erwartet der Urheber eines Fragebogens, dass die Teilnehmer ihre Ratings der zu beurteilenden Sachverhalte differenzieren, auch wenn dies in vielen Fällen – insbesondere wenn es sich beim abgefragten Gegenstand um ein positives Konstrukt (siehe Abschnitt 2.1) handelt – nur mit einigem kognitiven Aufwand zu bewerkstelligen ist (vgl.

Krosnick & Alwin 1988). Das Problem bei undifferenzierten Ratings besteht darin, dass diese zum einen aus der sorgfältigen Berücksichtigung aller Plus- und Minuspunkte der jeweiligen Beurteilungsobjekte resultieren, zum anderen aber auch Ergebnis einer ausgeprägten Satisficing-Strategie sein können, wenn die Befragten beispielsweise eine einigermaßen authentische Zuordnung des ersten Listenobjekts vornehmen, und die restlichen Ratings relativ zu dieser Ankerbeurteilung ausführen (vgl. Krosnick 1991, S. 219).

Nach Krosnick et al. (1996, S. 32f) fördern die drei folgenden Umstände die Anwendung einer Satisficing-Strategie auf Seiten der Befragten:

(1) inhärente Aufgabenschwierigkeit;
(2) Fähigkeiten zur Aufgabenbewältigung;
(3) Motivation zur Lösung der gestellten Aufgabe.

Die Aufgabenschwierigkeit kann dabei sehr gut anhand des Antwortmodells von Tourangeau (1984; siehe Abschnitt 3.1.1.3) verdeutlicht werden und Probleme beim Verständnis der Frage, bei den Erinnerungsprozessen, hinsichtlich der Beurteilung und der eigentlichen Antwortselektion umfassen (vgl. Krosnick 1991, S. 221f). Bezüglich des letztgenannten Punktes merkt Krosnick (1991, S. 222) an, dass gerade die ausschließliche Bezeichnung der Skalenpole dazu führen kann, dass die Befragten nicht genau einschätzen können, wie die Kategorien ohne Label zu interpretieren sind, und die Aufgabe aus diesem Grund erschwert ist. Dem muss allerdings entgegengehalten werden, dass sowohl das Prozedere bei den allgemeinen Anweisungen erklärt wurde (siehe Anhang 2), als auch gewichtige (methodische) Argumente für ein derartiges Vorgehen sprechen, denn nur so können die Befragten das Kontinuum äquidistant einteilen, (siehe Abschnitt 2.2.2.2.4).

Die Fähigkeiten der Befragten lassen sich hilfsweise über ihre Schulbildung operationalisieren,[202] was aber auch nicht ganz unproblematisch ist. Genauso könnte die Motivation mit dem Aufgabeninteresse (vgl. Wiswede 2007)in Beziehung gesetzt werden. Die Schwierigkeit bei diesem Vorgehen besteht darin, dass zur Berechnung einer Wahrscheinlichkeit für Satisficing (vgl. die Formel bei Krosnick 1991, S. 225) dann zusätzlich noch Gewichtungskoeffizienten für die drei Größen anhand von Regressionsberechnungen geschätzt werden müssten.

Krosnick (1991, S. 224) ergänzt ferner im Rahmen der Befragtenmotivation noch das Kriterium der Verantwortlichkeit, also das Ausmaß, in dem die Teilnehmer ihre Antwortentscheidungen vor anderen Personen rechtfertigen müssen. Vorliegend könnte – in Bezug auf die Konsistenz der Antworten – das Rating die Verantwortlichkeit der Befragten für ihre Angaben beim Ranking abbilden („damit kann der Forscher feststellen, wenn ich nicht „genug" nachgedacht habe"). Insofern ist es denkbar, dass die mögliche Zurechenbarkeit in Form von Konsistenzchecks zwischen Extrem-Rankings und Ratings dazu führt, dass die Befragten beim Rating eine höhere Motivation zum Optimizing zeigen (vgl. Krosnick 1991, S. 224).[203]

Hinsichtlich der Motivation ist vorliegend auch noch eine Verbindung zu den allgemeinen Instruktionen zur Umfrage zu ziehen, denn dort wurde ja explizit darauf hingewiesen, dass bei der Beantwortung der Fragen nicht zu lange nachgedacht werden sollte, so dass sich auch hieraus eine implizite „Aufforderung" zum Satisficing ergeben haben könnte.

Die Motive zum Optimizing (vgl. Krosnick 1991, S. 214) bzw. Maximizing (vgl. Schwartz 2004) könnten von einem Wunsch nach (korrekter) Selbstpräsentation, einer intellektuellen Herausforderung durch die Fragen, einem personeninternen Selbstverständnis zur bestmöglichen Antwortabgabe, altruistischen Beweggründen, der Unterstützung der Wissenschaft (all-

---

[202] Nach Krosnick & Alwin (1988, S. 529f) sowie Rodgers & Herzog (1984; zitiert in Krosnick 1991, S. 227) tritt das Phänomen der Nicht-Differenzierung verbreitet bei weniger gebildeten Befragten auf, und ist außerdem häufiger zum Ende eines Fragebogens anzutreffen (vgl. Herzog & Bachman 1981, S. 558f und Kraut et al. 1975, S. 774ff).

[203] Dabei sollte aber auch nicht verkannt werden, dass das Konsistenzstreben die inhaltlichen Antworten negativ beeinflussen könnte, wenn nur noch die (sozial erwünschte) Widerspruchsfreiheit im Vordergrund steht. Wird hingegen allein die Verantwortlichkeit erhöht, dürfte dies eher mit positiven Effekten verbunden sein.

gemein: des Umfrageurhebers) oder einer intrinsischen Belohnung für eine erfolgreiche Leistung getragen sein (vgl. Krosnick 1991, S. 214). Insofern ist an dieser Stelle auch zu fragen, ob es durch die ERR-Technik gelingt, derartige Motivstrukturen anzuregen, und über Folgeprozesse zu einer stärkeren Antwortdifferenzierung zu gelangen. Dies könnte beispielsweise durch die vermeintliche Einfachheit der Auswahl eines Objektes aus der Liste geschehen, bei der die Befragten aber relativ schnell merken, dass dies gar nicht so leicht ist, weil eben alle Objekte einen ähnlich positiven Charakter besitzen. Als Konsequenz wären genauere Nachdenkprozesse bei den folgenden Aufgaben (Ratings) eine mögliche Option. Andererseits wäre ebenso nicht auszuschließen, dass das Ranking der beiden Extreme eine gewisse Abwechselung (Routinedurchbrechung) von den ansonsten überwiegend auszuführenden Rating-Aufgaben bietet, die dazu führt, folgende Ratings wieder sorgfältiger (weniger ermüdet, desinteressiert, ungeduldig oder abgelenkt) vorzunehmen (vgl. Krosnick 1991, S. 214). Diesen Gesichtspunkten wäre in weiteren – insbesondere qualitativen – Erhebungen nachzugehen.

Mittlerweile (vgl. Schwartz et al. 2002) wird das ursprünglich von Simon (1956; 1957) thematisierte Konzept „Optimizing-Maximizing" auf fast alle Entscheidungssituationen angewendet, wobei inzwischen auch eine entsprechende Mess-Skala zu seiner Erfassung vorliegt (vgl. Schwartz 2004, S. 80f). Diesbezüglich ist noch anzumerken, dass Schwartz (2004) unter Satisficing ein positives Verhalten subsumiert, weil Personen schneller zu akzeptablen Entscheidungen gelangen, während Krosnick (1991) für den Bereich der Umfrageforschung damit eine negative Strategie umschreibt, weil – aus Sicht des Fragenstellers – die Datenqualität leidet.

3.2.2.4.2 Die Vereinfachungskriterien der Verfügbarkeit und Zugänglichkeit

Bei der Beurteilung von Ereignissen und Wahrscheinlichkeiten wird solche Information besonders stark gewichtet, die im Gedächtnis leicht zugänglich ist (z.B. erst jüngst aufgerufen oder vielfach verwendet wurde) und die mit hoher Salienz sowie Lebendigkeit verbunden ist (vgl. Wiswede 2007, S. 30). Der Ausdruck „Verfügbarkeit" ist allerdings nicht präzise, denn die moderne Gedächtnisforschung unterscheidet zwischen Inhalten, die im Gedächtnis vorhanden sind – und damit prinzipiell zur Verfügung stehen – sowie der tatsächlichen Zugänglichkeit (Abrufbarkeit) dieser Information (vgl. Herkner 1991, S. 202). Im Rahmen der Verfügbarkeitsheuristik steht vor allem die Zugänglichkeit im Mittelpunkt, bei der allerdings die Verfügbarkeit eine notwendige Voraussetzung bildet (vgl. Herkner 1991, S. 202).

Die Auswahl aus den drei grundsätzlichen Möglichkeiten zur Beantwortung einer Einstellungsfrage, zu der keine vorgefertigte Antwort im Gedächtnis vorliegt – (1) Eindrücke oder Stereotype, (2) generelle Einstellungen oder Werte sowie (3) spezifische Überzeugungen oder Gefühle bezüglich des zu beurteilenden Gegenstands – wird nach Tourangeau et al. (2000, S. 177) hauptsächlich durch die Verfügbarkeitsheuristik gesteuert, d.h. es wird auf diejenigen Kognitionen zurückgegriffen, die am leichtesten zugänglich sind.

Weil Werte primär mit positiven Inhalten besetzt sind (siehe auch die Ausführungen zur sozialen Erwünschtheit in Abschnitt 3.2.2.1), dürften also gerade derartige Kognitionen im Gedächtnis aktiviert werden, wenn ihre persönliche Wichtigkeitseinschätzung angesprochen wird. Dies hat zur Konsequenz, dass bei einem Rating alle Items ähnlich (positiv) eingestuft werden.

Im Rahmen der ERR-Technik führt aber vor allem die Identifikation des unbedeutendsten Wertes der Auflistung den Befragten jetzt zumindest ein Objekt vor Augen, das offensichtlich nicht nur positive Konnotationen hinsichtlich der eigenen persönlichen Wichtigkeit aufweist, so dass auch aus diesem Grund, die ausschließliche Konzentration auf den positiven Bereich der Antwort-Skala abgemildert werden könnte – was bei einem reinen Rating nicht der Fall wäre. Damit wäre die Anwendung der hier thematisierten Heuristiken aber sehr wahrscheinlich abgemildert.

3.2.2.4.3 Ankerheuristik

Unter dieser Vereinfachungsregel kommt einem Startwert eine besondere Bedeutung für das Treffen einer Beurteilung zu (vgl. Wiswede 2007, S. 31).
Vorliegend könnten die als Least und / oder Most identifizierten Extrem-Werte als Anker für die Beurteilung der übrigen Werte dienen. Während beim reinen Rating wohl maximal die Beurteilung des Vorgänger-Objekts bei der Einschätzung des aktuellen Items von Relevanz ist, dürfte bei der ERR-Technik auch den beiden Extrem-Objekten eine entsprechende Funktion zukommen. Statt von einem Anker wird hierbei – insbesondere durch die Bestimmung der zwei die Liste eingrenzenden Objekte – aber von der Bildung eines Bezugsrahmens ausgegangen, so dass dieser Heuristik vorliegend wohl allenfalls bei den experimentellen Varianten, in denen lediglich einer der beiden Extrem-Werte auszuwählen war (Durchführungsanweisungen fünf und sechs), eine Bedeutung zukommt.
Anker wären die Least- und Most-Werte vor allem dann, wenn sie direkt im Anschluss an ihre Identifikation einem Rating unterzogen würden. Durch die Verschiedenartigkeit der beiden Aufgabenstellungen Extrem-Ranking und Rating könnte sich die Anker-Wirkung in den Fällen entfalten, wenn der zuletzt bestimmte Extrem-Wert zu Beginn der Liste platziert ist, und somit „direkte Verbindungen“ zwischen den beiden Teilaufgaben der ERR-Technik geschaffen werden. Taucht der als unbedeutendster identifizierte Wert am Anfang der Aufstellung auf, könnte die Ankerwirkung in niedrigeren Mittelwerten bestehen, während im Falle des bedeutendsten Wertes höhere Durchschnittsratings zu erwarten wären. Dabei darf aber nicht außer Acht gelassen werden, dass folgende Werte auch einen Kontrast-Effekt auslösen könnten, wenn sie im Vergleich zum Least-Wert jetzt positiver wahrgenommen werden bzw. in der Gegenüberstellung mit dem Most-Wert negativer erscheinen. Dann sollte die Wirkung des Ankers nicht sehr stark ausfallen.

3.2.2.5 Konversationslogik als Rahmen für Erhebungssituationen

Mit Esser (1977, S. 256) sind „Forschungskontakte Unterfälle von diffus verpflichtenden Sekundärinteraktionen“, d.h. die spezifischen Verhaltensanforderungen sind zumindest einem Akteur zunächst unbekannt, der seinerseits Strategien der „Situationsdefinition unter allgemeiner Verhaltensunsicherheit“ einsetzt. Die dabei nutzbaren Konversationsmaxime von Grice (1975) sind u.a. von Strack & Martin (1987) auf Umfragesituationen angewandt worden (vgl. Strack 1992, S. 31).
Grice (1975) beschreibt vier Maxime (Quantity, Quality, Relation und Manner), die in jeder Art von Konversationssituation von Bedeutung sind, also auch für das Verhalten während einer empirischen Erhebung (Reagieren auf die Bitte zur Teilnahme, Lesen der Instruktionen und Fragen, Beantwortung der Fragen, zusätzliche Kommentare, Rückfragen etc.). Generell geht er von einem Kooperationsprinzip aus, d.h. jeder Teilnehmer (Interviewer und Befragter) ist bemüht, seine Beiträge so zu gestalten, wie es die konkrete Konstellation gerade erfordert, damit das Ziel oder die Richtung der „Unterhaltung“ erreicht wird (vgl. Grice 1989, S. 26).
Dabei wird unter „Quantity“ die Menge an angebotenen Informationen verstanden, die folgenden Grundsätzen genügen sollte (vgl. Grice 1989, S. 26f): (1) Der Beitrag sollte genau so informativ sein, wie es in der spezifischen Situation erforderlich ist und (2) Der Beitrag sollte nicht mehr Informationen enthalten, als in der konkreten Sachlage notwendig sind (Redundanzfreiheit). Grice (1989, S. 26f) selber bezeichnet die zweite Regel als „diskutierbar“, wobei er zu bedenken gibt, dass Mehrinformation zum einen Zeitverschwendung ist, zum anderen auch für Konfusion auf Seiten des Konversationspartners sorgen kann. Prinzipiell ist sie auch in der Lage für Klarheit zu sorgen – diese sollte aber bei Beachtung aller Maxime von Vornherein gegeben sein.
Der letztgenannte Aspekt ist für die ERR-Technik – insbesondere hinsichtlich der Inkonsistenzen (siehe Abschnitt 3.2.2.3) von Bedeutung – denn es wird zuerst nach dem bedeutendsten und anschließend nach dem unbedeutendsten Wert gefragt, um diese dann zusammen

mit den weiteren Objekten der Liste nochmals in Bezug auf ihre persönliche Wichtigkeit beurteilen zu lassen. Dies ist in den Fällen redundant, in denen allein der als Most identifizierte Wert der maximal möglichen Antwortkategorie zugeordnet und ausschließlich der Least-Wert der minimal zulässigen Antwortoption zugewiesen wird.[204]
Die Kategorie „Quality" wird von der Supermaxime wahrheitsgemäßer Beiträge bestimmt, zu der es noch es zwei spezifischere Maxime gibt, die (1) „Sage nichts von dem du überzeugt bist, dass es nicht der Wahrheit entspricht" und (2) „Sage nichts, über das dir keine adäquaten Beweise vorliegen", lauten (vgl. Grice 1989, S. 27).
Für „Relation" existiert nur eine einzige Maxime, nämlich dass jeder Beitrag relevant zu sein hat. Trotz ihrer kurzen und knappen Formulierung sieht auch Grice (1989, S. 27) in diesem Zusammenhang einige ungelöste Probleme, die verschiedene Arten und Foci von Relevanz sowie deren Veränderungen oder Wechsel im Laufe einer Konversation betreffen. An dieser Stelle soll deshalb zur Vereinfachung auf die Interpretation von Strack (1992, S. 31) zurückgegriffen werden, der hinsichtlich dieser Maxime verlangt, dass der Inhalt einer Folgekonversation auf der Substanz der vorhergehenden Konversation aufbaut. Bezogen auf Umfragen sollte also jedes Item auf dem Sinn (Thema der Erhebung) der vorhergehenden Fragen aufbauen.
Auch dieser Gesichtspunkt dürfte für die Verbindung der beiden Teilaufgaben der ERR-Technik von Belang sein, die einen einheitlichen Bezugsrahmen voraussetzen. Die Auswahl der bedeutendsten und unbedeutendsten Objekte sollte im gleichen Lichte erfolgen, wie die anschließende Beurteilung der Items auf einer Skala von „unwichtig" bis „wichtig". Wenn die Beziehung der Ranking- und Rating-Aufgaben nicht erkannt wird, können in den Augen der Befragten keine inkonsistenten Antworten auftreten. Die über das Priming auf Unterschiede angenommene Verknüpfung von Ranking und Rating wird hingegen von dieser Maxime nicht berührt, da dieser Mechanismus als unbewusst ablaufend angesehen wird (siehe Abschnitt 3.3.2.3).
„Manner" bezieht sich nicht auf die eigentliche Aussage (Inhalt), sondern auf die Art und Weise, wie etwas kommuniziert wird (Form). Die Supermaxime lautet hier, sich deutlich, klar und verständlich auszudrücken („be perspicuous"). Auch diesbezüglich formuliert Grice (1989, S. 27) wieder ergänzende Untermaxime, die eine Vermeidung von (1) obskuren Beschreibungen, (2) Ambiguität und (3) unnötiger Weitschweifigkeit thematisieren sowie (4) eine geordnete und geregelte Kommunikation („be orderly") nahe legen.
Nach Grice (1989, S. 28) sind zwar weitere Maxime denkbar, die z.B. ästhetischer, sozialer oder moralischer Natur sein könnten, jedoch sollten die hier vorgestellten und ihre Implikationen den Zwecken von etablierten Konversationssituationen optimal dienen.
Trotzdem stellen die Maxime lediglich einen idealtypischen Rahmen dar, denn es ist in der Regel nicht erkennbar, ob sie eingehalten werden oder nicht (vgl. Grice 1989, S. 30). Um den Teilnehmern aber jederzeit die Möglichkeit einzuräumen die Erhebung zu beenden – und damit nicht irgendwelche „Falschaussagen" tätigen zu müssen – stand vorliegend permanent eine Unterbrechungs- oder Ausstiegsmöglichkeit offen, ohne dass die Beweggründe für den Abbruch mitgeteilt werden mussten. Weiterhin können Konflikte zwischen den Maximen entstehen, wenn z.B. das Postulat der Quantität (sei so informativ wie notwendig) nicht erfüllt werden kann, ohne die Maxime der Qualität (habe adäquate Beweise für deine Aussagen) zu verletzen.
Ebenso ist zu hinterfragen, in welcher Hinsicht Differenzen zwischen einem Interview und einer „normalen" Konversation bestehen. Bezogen auf Face-to-Face-Interviews haben sich

[204] Diese Aussage ist nur dann zulässig, wenn mit den Begriffen „(un)bedeutend" und „(un)wichtig" identische Konzepte angesprochen sind. Obwohl sich diese Konkordanz im Pretest (mit einer allerdings ausschließlich studentischen Stichprobe) bestätigt hat, wäre auch sie in weiteren qualitativen Untersuchungen noch explizit zu testen. Es wäre ebenso denkbar, dass Bedeutsamkeit z.B. für extreme Situationen steht, während Wichtigkeit für alltägliches Verhalten verwendet wird (siehe Abschnitt 5.2.1.3).

Suchman & Jordan (1992, S. 243ff) zu dieser Frage geäußert, und sehen den Hauptunterschied in der Standardisierung. Um verschiedene Interviews vergleichbar zu machen, ist es erforderlich, den normalen Konversationsprozess zu unterdrücken und vor allem für eine identische Bedeutungsauffassung der Fragen bei den Interviewten Sorge zu tragen. Außerdem wird das Thema in einer derartigen Situation nicht durch die Gesprächspartner selber nach ihrer Interessenlage bestimmt, sondern ist schon durch den Forscher vorgegeben, vorbereitet und vorstrukturiert. Auch spontane Abweichungen sind hier in der Regel nicht möglich, weil die Struktur diese nicht zulässt. Das Erhebungsinstrument wird also der Konversationssituation übergestülpt und ist – bei strukturierten Interviews[205] – kaum variierbar (vgl. Suchman & Jordan 1992, S. 244), d.h. die Partner haben keine Möglichkeit, den vorgegebenen Verlauf zu modifizieren. Außerdem liegt eine eindeutige Rollenstruktur vor: Der Interviewer führt die Befragung als Vertreter der Forschungsinstitution oder im eigenen Interesse durch und der Interviewte antwortet auf die ihm gestellten Fragen als ein Mitglied der Stichprobe (stellvertretend für die Grundgesamtheit) nur mit seinen persönlichen Einschätzungen. Dabei sollten nach Möglichkeit keine – auch noch so kleine – Variationen bei der Fragestellung vorgenommen werden (Ausschaltung von Interviewereffekten; vgl. Mayer 2002).[206] Nachfragen und Konkretisierungen im Falle von Unverständlichkeiten sind natürlich bei Anwesenheit des Interviewers üblicherweise jederzeit möglich, wobei Letztere aber meistens angehalten sind, sich auf keine Diskussion mit den Befragten einzulassen (vgl. Suchman & Jordan 1992, S. 256f).

Daneben hat ein Teilnehmer an quantitativen Erhebungen auch vielfach keine Chance, eine eigene persönliche Antwort zu formulieren, sondern muss bei geschlossenen Fragen aus einer ihm präsentierten Sammlung von Antwortoptionen, diejenige auswählen, die mit seiner freien subjektiven Einschätzung am besten korrespondiert (vgl. Suchman & Jordan 1992, S. 250f). Ein zweites Problem in diesem Zusammenhang stellt der umgekehrte Fall dar, wenn in einer Konversationssituation kurze Angaben durchaus ausreichend sind (z.B. ein einfaches Ja oder Nein), die in einer Erhebungssituation aber weiter zu differenzieren sind (Grad an Zustimmung oder Ablehnung auf einer bestimmten Skala; vgl. Suchman & Jordan 1992, S. 252f).

Aus der Konversationslogik folgt weiterhin, dass die Erhebungsteilnehmer annehmen können, dass ihnen nur Fragen gestellt werden, die sie beantworten können und jede der offerierten Antwortalternativen eine zulässige Option kennzeichnet – die „richtige“ Antwort also unter den Vorgaben zu finden ist (vgl. Tourangeau et al. 2000, S. 246f). Weil außerdem vorliegend keine explizite „Weiß nicht“ Option angeboten wurde (siehe Abschnitt 4.3.4), mussten sich die Befragten eindeutig für eine Kategorie entscheiden, obwohl sie vielleicht für bestimmte Werte gar keine korrekte Einordnung vornehmen konnten.

3.3 Kontext-Effekte in Befragungen

Unter dem Begriff „Kontext-Effekt“ werden verschiedene Sachverhalte subsumiert, bei denen Einflussmöglichkeiten außerhalb der eigentlichen Frage liegender Aspekte, auf deren Beantwortung erfasst werden (vgl. die einzelnen Beiträge in Schwarz & Sudman 1992).

Ausgangspunkt bei der Diskussion von Kontext-Effekten ist die Tatsache, dass es Information gibt, die im Gedächtnis chronisch verfügbar ist, und deren Abruf daher kontextunabhängig erfolgt (z.B. Stereotype), während andere Inhalte einem Befragten nur unter bestimmten Umständen einfallen, indem sie beispielsweise durch einen speziellen Aspekt in einer vorange-

[205] Bei anderen Interviewformen – unstrukturiert (z.B. Tiefeninterview; vgl. Johnson 2002) oder semi-strukturiert (z.B. Fokusgruppendiskussion; vgl. Morgan 2002) – liegt bezüglich der Reihenfolge der Fragen und dem expliziten Eingehen auf die Antworten, ein deutlich höherer Freiheitsgrad auf Seiten des Interviewers vor.

[206] Die bisher genannten Punkte sind auch in schriftlichen Erhebungen relevant, wobei hier aber – durch den fehlenden „menschlichen“ Interviewer – wohl maximal von einer asynchronen Konversation gesprochen werden kann.

gangenen Frage oder die Einleitung zur Erhebung explizit ins Bewusstsein gerufen werden (z.B. ein prominentes Parteimitglied, das schon tot ist; vgl. Schwarz 1991, S. 72). Letzteres dürfte auch für die beiden Extrem-Objekte einer Auflistung gelten, denn es erscheint relativ unwahrscheinlich, dass Befragte beim Rating berücksichtigen, welches Item denn das insgesamt (un)bedeutendste ist, sondern diese Information wird allein dadurch erzeugt, dass ihre explizite Abfrage im Rahmen der ERR-Technik erfolgt.
Während teilweise bis in die siebziger Jahre des 20. Jahrhunderts noch davon ausgegangen wurde, dass Befragte jedes Item einer Erhebung einzeln für sich betrachten und beantworten – einen Fragebogen quasi wie eine Dia-Show und nicht wie einen Film ansehen – ist der Einfluss vorhergehender Fragen auf nachfolgende Items heute weitgehend unbestritten und Gegenstand vielfältiger Forschungsanstrengungen auf dem Wege zur unverzerrten Datengenerierung (vgl. Schuman 1992, S. 5).
Aktuell ist die Forschung so weit fortgeschritten, dass die alleinige Demonstration eines Kontext-Effekts keinen besonderen Sachverhalt mehr darstellt, so lange keine wichtigen theoretischen oder praktischen Implikationen aufgezeigt werden (vgl. Schuman 1992, S. 11). Dieser Aussage soll vorliegend Rechnung getragen werden, indem die bewusste Verbindung zweier unterschiedlicher Techniken (Ranking und Rating) unter den theoretischen Perspektiven des Primings und Bezugsrahmens in ihren praktischen Auswirkungen (geringere Mittelwerte und stärkere Streuung der Antworten auf Rating-Skalen) fokussiert wird und auftretende Unterschiede zu einem alleinigen Rating diskutiert werden.
Die Notwendigkeit Kontext-Effekte überhaupt zu beachten erwächst aus der Tatsache, dass aus entsprechend „kontaminierten" Ergebnissen möglicherweise falsche Schlussfolgerungen oder Empfehlungen abgeleitet werden, wenn beispielsweise Trends nur deshalb nicht korrekt identifiziert werden, weil sich lediglich der Bezugs- oder Bedeutungskontext (Begrifflichkeiten innerhalb des Items) verändert hat (vgl. Schuman 1992, S. 12f). Die Effekte können dabei auf jeder Stufe des Antwortprozesses (siehe Abschnitt 3.1) ihre Wirkung entfalten und obwohl sie vielfach als Artefakte der Messung betrachtet werden, stellen die aus ihnen resultierenden Abläufe ein interessantes substanzielles Phänomen dar, das eine eigenständige Betrachtung rechtfertigt (vgl. Tourangeau & Rasinski 1988, S. 301). Dabei ist die Reichweite der Kontext-Effekte nicht klar, denn das Zwischenschalten von Puffer-Items führt nicht zu ihrer Eliminierung (vgl. Bishop 1987), jedoch konnte Smith (1992, S. 175) in diesem Fall lediglich einen Einfluss auf das erste Item der folgenden Skala nachweisen.
Bislang wurden Kontext-Effekte meistens als negativ bzw. zu vermeidend dargestellt, damit die Voraussetzungen für unverzerrte Antworten gegeben sind. Nichtsdestoweniger können derartige Effekte auch positive Wirkungen entfalten (vgl. Tourangeau et al. 1986), indem sie als Aufwärmfragen die Erinnerung an ganz spezielle Ereignisse forcieren – und damit einem Underreporting vorbeugen – oder als Hilfsvariable im Erinnerungsprozess fungieren und nicht um ihn zu verzerren (vgl. Tourangeau & Rasinski 1988, S. 311).
Während es sonst vorrangig das Ziel ist, Kontext-Effekte auszuschalten bzw. zu vermeiden (vgl. z.B. Poulton 1989 der vorschlägt, in psychophysikalischen Experimenten von jedem Befragten nur ein einziges Urteil zu erheben oder Bodenhausen 1992, S. 267), wird bei der ERR-Technik der Kontext (Priming auf Unterschiede und Etablierung eines Bezugsrahmens) – durch die Identifikation der beiden Extrem-Objekte der Liste – ganz bewusst gesetzt, um die gewünschte stärkere Differenzierung der Antworten beim Rating zu erzielen.
Auf die Kontext-Effekte durch die in einer Werte-Liste enthaltenen Einträge für die Beurteilung eines einzelnen Items weisen bereits Schwartz & Bilsky (1990, S. 889) hin. Sowohl der interkulturelle Hintergrund, als auch der von ihnen angesprochene Aspekt des Anwendungsbezugs (in der Erhebung noch angesprochene Objektbereiche, z.B. Konsumverhalten) sind vorliegend aber irrelevant, denn die Beurteilung der Werte erfolgt ohne einen expliziten Bezug auf andere Konstrukte und auch das Umfragethema ist ausschließlich auf die Messung von Wert-Orientierungen in Online-Communities ausgelegt.

Nach Knowles et al. (1992, S. 224) sind Persönlichkeitstests ein geeignetes Anwendungsfeld zum Studium von Kontext-Effekten, weil die Notwendigkeit zur Selbstbeschreibung bei den Befragten einen tieferen und involvierteren Verarbeitungsprozess initiiert als Aussagen über einen abstrakten Meinungsgegenstand. Bei Werten dürfte dies aber nur eingeschränkt zutreffen, denn einerseits steht zwar die eigene Person im Fokus, andererseits ist das Konstrukt jedoch eher abstrakt und facettenreich und deshalb nicht so „greifbar“ wie manche Persönlichkeitseigenschaften, über die dann auch noch eine konkrete Rückmeldung erfolgen könnte. Außerdem wurde der Testcharakter vorliegend explizit verneint (siehe Anhang 2), so dass das Involvement der Befragten möglicherweise nur auf dem ausgelobten Incentive sowie dem wissenschaftlichen Urheber (vgl. Houston & Nevin 1977, S. 374ff) basiert.

3.3.1 Generelle Gesichtspunkte bei Kontext-Effekten

Neben unterschiedlichen Reihenfolgen von Fragen können Kontext-Effekte auch noch durch die Thematik der Umfrage, das seinerzeitige Meinungsklima, die Anwesenheit dritter Personen, Interviewercharakteristiken und selbst durch das Wetter während der Befragung (vgl. Schwarz & Clore 1983) induziert werden (vgl. Tourangeau et al. 2000, S. 200). Weiterhin sind vorhergehende Fragen mit ihren Antwortalternativen und den letztendlich gegebenen Antworten sowie die Einleitungen zu der Erhebung und den Items, die eine Person zu bearbeiten hat, mögliche Quellen für entsprechende Effekte (vgl. Tourangeau & Rasinski 1988, S. 301). Dabei stellen Kontext-Effekte in Erhebungen deshalb ein ernstes Problem dar, weil sie (1) systematische Verzerrungen darstellen, die eine Verallgemeinerung der Ergebnisse erschweren, (2) Trend- oder Vergleichsstudien möglicherweise nicht miteinander in Beziehung gesetzt werden können und (3) experimentelle Ergebnisse zu isolierten Items unbrauchbar sein können (vgl. Billiet et al. 1992, S. 131).

Die Antwort auf ein bestimmtes Item eines Fragebogens setzt sich aus inhaltlichen Reaktionen auf seine Formulierung und Ausstrahlungseffekten bereits beantworteter Fragen zusammen (vgl. Salancik & Brand 1992, S. 237f). Wenn die Antwort auf das letzte Item inspiziert wird, lässt sich nicht mehr herauspartialisieren, welcher Antwortanteil dem Iteminhalt zuzurechnen ist und welcher Prozentsatz auf den Kontext, der durch die vorangegangen Fragen initiiert wurde, zurückzuführen ist (vgl. Knowles et al. 1992, S. 224).

Die Antwortzeit für Items einer Persönlichkeitsskala wird mit zunehmender Zahl beantworteter Fragen kürzer (vgl. Knowles et al. 1992, S. 228f). Positiv gesehen lässt sich argumentieren, dass die Befragten ihre Urteile schneller fällen können, weil die benötigten Kognitionen schon verfügbar sind. Negativ könnte Faulheit für diesen Effekt verantwortlich sein (vgl. Knowles et al. 1992, S. 229).

Außerdem darf nicht vergessen werden, dass die der menschlichen Sprache und den kognitiven Vorgängen innewohnende Komplexität, unzweifelhaft ein Hindernis auf dem Wege einer präzisen und umfassenden Generalisierung von Kontext-Effekten darstellt (vgl. Smith 1992, S. 184). Trotzdem können derartige Effekte hier nicht ausgeblendet werden, denn durch die ERR-Technik wird ja ganz bewusst ein Kontext gesetzt, dessen Variation vorliegend Gegenstand des experimentellen Vorgehens gewesen ist. Genauere Analysen der zugrunde liegenden kognitiven Mechanismen würden aber ein qualitatives Vorgehen erfordern, das weiteren Forschungen vorbehalten bleiben muss.

3.3.1.1 Auftreten und Formen von Kontext-Effekten

Kontext-Effekte werden üblicherweise durch eine veränderte Reihenfolge von zwei (ein Ziel- und ein Bezugs-Item) oder mehr Fragen (ein Ziel-Item und mehrere Bezugs-Items) analysiert und können in verschiedenen Formen (direktionale und korrelative sowie konditionale und nicht-konditionale) auftreten (vgl. Smith 1992 und Tourangeau et al. 2000, S. 198).

Im ersten Fall verändern sich die Gesamtmittelwerte (oder Verteilungen) der Antworten (vgl. Schuman & Presser 1981, bei denen sich eine Verschiebung von Aussagen zu Abtreibungs-

Items von mehreren Prozent ergibt). Bei der zweiten Form variiert die Beziehung zwischen den beiden Fragen. Wenn beispielsweise ein Item die Gedanken des Befragten in eine bestimmte Richtung lenkt, die auch für die Beantwortung einer nachfolgenden Frage relevant ist, dann wird sich die Korrelation zwischen diesen beiden Items erhöhen, weil überlappende Kognitionen zur Antwortabgabe herangezogen werden. Wären beide Fragen in zwei getrennten Untersuchungen erhoben worden, wäre die Korrelation vermutlich niedriger ausgefallen, weil nicht notwendigerweise die sich überschneidenden Gedächtnisinhalte bei den Antwortabgaben erinnert worden wären (vgl. Tourangeau et al. 2000, S. 198).
Nicht-konditionale Kontext-Effekte beschreiben Situationen, in denen die Kontext-Items – unabhängig von ihrer eigenen Beurteilung – einen identischen Einfluss auf die Beantwortung des Ziel-Items ausüben (vgl. Smith 1992). In einem Experiment von Tourangeau et al. (1989b, S. 501ff) wurde den Teilnehmern eine Frage zu Verteidigungsausgaben gestellt, wobei eine Gruppe zuvor Items zur militärischen Bedrohung durch die frühere Sowjetunion beantworten musste, während einer zweiten Gruppe Fragen zur Notwendigkeit von Rüstungskontrollen präsentiert wurden. Eine Kontrollgruppe bekam einen Itemsatz ohne thematischen Bezug zu Verteidigungsausgaben vorgelegt. Unabhängig davon, wie die Items zum Bedrohungspotenzial der früheren Sowjetunion letztlich beantwortet wurden, zeigte die erste Gruppe eine höhere Unterstützung für die Erhöhung der Verteidigungsausgaben als die beiden anderen Gruppen, d.h. auch diejenigen Personen, die eine Bedrohung durch die frühere Sowjetunion als nicht gegeben ansahen, stimmten für eine Erhöhung des Verteidigungsbudgets. Bei konditionalen Effekten hängt hingegen die Richtung oder Größe des Kontext-Effekts explizit von der Beantwortung der Bezugs-Items ab (vgl. Smith 1992, S. 164).

3.3.1.2 Wirkungen von Kontext-Effekten

Hinsichtlich des Einflusses[207] des Kontextes auf eine Antwort sind zumindest vier Faktoren zu differenzieren (vgl. Salancik & Brand 1992, S. 238):

(1) direktes Priming;
(2) Information hervorheben, die dann zur Beantwortung (bevorzugt) herangezogen wird;
(3) unterschiedliche Relevanzzuordnung bestimmten Wissens in einem spezifischen Kontext, selbst wenn das Wissen universell zur Verfügung steht;
(4) differenzierte Implikationen bestimmten Wissens.

Bezogen auf die vorliegend behandelte Problemstellung lassen sich die Wirkungen folgendermaßen charakterisieren: (1) Werte sind generell „positiv", wobei nach der Bestimmung der Extrem-Objekte, beim Rating stärker auf die Unterschiede der aufgelisteten Items geachtet wird. (2) Durch die Etablierung eines Bezugsrahmens bei der MLR-Technik wird die Einordnung der Objekte beim Rating vereinfacht. (3) Die (un)bedeutendsten Werte der Liste besitzen ohne die Bestimmung von Least und Most kaum eine Relevanz im Rahmen des Ratings,[208] während ihre explizite Identifikation einen Einfluss auf das Rating ausübt. (4) Wird von den Befragten vordergründig die Verbindung der drei Teilaufgaben bei der ERR-Technik erfasst, erfolgt das Rating stärker unter Konsistenzgesichtspunkten.

[207] Die Nomenklatur für die Wirkungen von Kontext-Effekten ist nicht einheitlich, denn es werden Begriffspaare wie „carryover" („übertragen") und „backfire" („nach hinten losgehen, zurückschlagen"), „Assimilation" und „Kontrast" oder „konsistent" und „inkonsistent" verwendet(vgl. Tourangeau 1992, S. 37ff).

[208] Nach dem Prinzip der kognitiven Ökonomie (vgl. Wyer & Srull 1986, S. 331) werden Ressourcen nicht zur Generierung von Urteilen, Überzeugungen, Aktionsplänen etc. herangezogen, so lange kein Grund für ihre Berücksichtigung besteht. In Bezug auf die aus dem Extrem-Ranking verfügbare Information für das Rating bedeutet dies, dass sie bei einem reinen Rating wahrscheinlich nicht vorhanden ist, da sich die befragte Person keine Mühe machen wird, sie zu generieren, weil die Aufgabenstellung auch ohne diesen zusätzlichen Aufwand erfolgreich absolviert werden kann (siehe zum „kognitiven Geizhals" auch Seite 148).

In dieser Arbeit erfolgt die Annahme von Kontext-Effekten in Anlehnung an Salancik & Brand (1992, S. 239) unter der Prämisse, dass ein spezifisches Wissen (hier die Extrem-Objekte einer Auflistung) dazu führt, dass dieses in nachfolgenden Beurteilungsprozessen herangezogen wird (Bezugsrahmen; siehe Abschnitt 3.3.2.4) und einen bestimmten Fokus setzt (Priming auf Unterschiede; siehe Abschnitt 3.3.2.3). Insofern wird der Kontext vorliegend mehrfach variiert, indem zunächst lediglich soziodemografische Angaben erhoben werden, so dass die Bearbeitungsreihenfolge der Liste (Rating) den alleinigen Kontext im Hinblick auf die Beurteilung der Werte bildet. Im Anschluss wird ein Beschäftigungskontext geschaffen (Liste zweimal durchlesen) und danach vor dem Rating die gemeinsame – aber in unterschiedlicher Reihenfolge – Bestimmung der Least- und Most-Werte vorgenommen. Anschließend muss nur jeweils einer der Extrem-Werte identifiziert werden und zum Abschluss ist eine relative Eingrenzung (vgl. Wirtz 2001, S. 111) vorzunehmen.
Im Gegensatz zu Salancik & Brand (1992, S. 247) wird vorliegend in der Durchführungsanweisung 2 der Schwerpunkt nicht auf den eigentlichen Kontext-Faktor (die beiden identifizierten Extrem-Objekte der Liste) gelegt, sondern allein auf eine umfassendere Beschäftigung mit dem Untersuchungsgegenstand. Damit wird quasi eine Negativabgrenzung vorgenommen, bei der nicht die Ergebnisse der Bestimmung der Least- und Most-Werte überprüft werden, sondern ausgeschlossen wird, ob nur durch eine ausgiebigere Auseinandersetzung mit der Liste (die ja auch bei der Auswahl der beiden Extrem-Werte erfolgt) ein Effekt auf die Ratings erzielt werden kann. Begründen lässt sich dieses Vorgehen damit, dass es unmöglich ist, die Extrem-Objekte als Kontext vorzugeben, ohne sie abgefragt zu haben. Eine diktatorische Zuordnung („Dies ist ihr (un)bedeutendster Wert") wäre dabei im Hinblick auf Reaktanz und andere negative Auswirkungen kontraproduktiv gewesen.
Vorliegend könnte also sowohl das zusätzliche Wissen (welches die beiden Extrem-Objekte der Liste sind), als auch dessen Implikationen (Priming auf Unterschiede zwischen den Werten) zur Antwortabgabe bei den Ratings genutzt worden sein (vgl. Salancik & Brand 1992, S. 247). Es erscheint allerdings unmöglich, diese beiden Komponenten in einem experimentellen Setting zu isolieren und ihre spezifischen Wirkungen zu testen, weil bei der Bestimmung der Extrem-Werte wohl immer die gesamte Information anfällt und sich nicht separat erzeugen lässt.

3.3.1.3 Erklärungen für das Auftreten von Kontext-Effekten in Befragungen

Die möglichen Erklärungen für Kontext-Effekte basieren auf einer ganzen Reihe von Konzepten. So werden das Niveau an Allgemeinheit (generality) der Fragen, und Konsistenzstreben (siehe Abschnitt 3.2.2.3) als Ursachen diskutiert (vgl. Tourangeau et al. 2000, S. 200ff). Der erstgenannte Punkt thematisiert, ob der in der Bezugs-Frage behandelte Sachverhalt das – im Vergleich zum Ziel-Item – gleiche, ein höheres oder niedrigeres Niveau an Generalität aufweist (vgl. Schuman & Presser 1981). Beispielsweise sind Fragen zur Meinungsfreiheit allgemeiner als Fragen zur Meinungsfreiheit von Extremistengruppen und diese wiederum sind genereller als Fragen zur Meinungsfreiheit für Mitglieder des Ku Klux Klans (vgl. Ottati et al. 1989, S. 406). Beim Konsistenzstreben erfolgt die Antwort auf die Ziel-Frage in Richtung der gegebenen Antwort beim Kontext-Item (vgl. Schuman & Presser 1981).
Weil Kontext-Effekte in Umfragen Parallelen zur Psychologie der Entscheidung (vgl. Jungermann et al. 2005) aufweisen, haben einige Forscher auch die in diesem Bereich existenten Konzepte als Erklärungsansätze herangezogen, und Kontext-Effekte in Bezug zu den Komponenten im Antwortprozess (siehe die jeweiligen Modelle in Abschnitt 3.1) gesetzt, während der sie auftreten (vgl. Strack & Martin 1987, Sudman et al. 1996 und Tourangeau & Rasinski 1988).
Bedingt durch den abstrakten Charakter von Werten (siehe Abschnitt 2.1), könnten natürlich auch generische Wissensstrukturen (vgl. Bodenhausen 1992, S. 268ff) über die Beantwortung von Items in Umfragen, eine relativ starke Rolle spielen. Ebenso ließe sich das Priming auf

Unterschiede an diesem Konstrukt festmachen, wenn die generische Struktur dass „zur Ermittlung des bedeutendsten Objektes einer Liste diese komplett durchgehen ist und vor allem auf Divergenzen zwischen den Einträgen zu achten ist“ zum Tragen kommt. Allgemein haben generische Wissensstrukturen vier Funktionen (vgl. Bodenhausen 1992, S. 268ff):

(1) Akquisition der Information (Lenkung der Aufmerksamkeit auf einen bestimmten Ausschnitt des gesamten Panoramas);
(2) Interpretation der Information (stellt sich die soziale Umwelt vieldeutig dar, können generische Wissensstrukturen einen wichtigen Faktor zur Auflösung der ambivalenten Verhältnisse ausmachen);
(3) Wiederauffindung der Information (wenn bestimmte generische Wissensstrukturen vor der Kodierung und Speicherung von Information über ein Objekt oder eine Objektklasse aktiviert werden, dann kann dies Auswirkungen auf diesbezüglich folgende Gedächtnis- und Beurteilungsprozesse haben);[209]
(4) Generierung von Inferenzen (über die vorliegenden Informationen hinausgehen und auf der Basis früherer Erfahrungen Dinge ergänzen).

Die Akquisitionsfunktion sorgt vorliegend dafür, dass bei der Identifikation der Extrem-Werte eine Perspektive auf Unterschiede zwischen den Objekten eingenommen wird. Diesbezüglich könnte auch der unter dem zweiten Punkt aufgespannte Bezugsrahmen eine differenzierte Einordnung der Werte fördern. Bei (3) ist dann die explizite Priming-Wirkung des Extrem-Rankings für das Rating angesprochen, d.h. die dortige Fokussierung auf Unterschiede zwischen den Werten wird auf das Rating der Items transferiert. Hinsichtlich der Inferenzen lässt sich das Konsistenzstreben anführen, das nicht explizit in der Anweisung thematisiert ist, aber von den Befragten durch logisches Denken erschlossen werden konnte.
Da es bei generischen Wissensstrukturen immer auf die Aktivierung vor der Präsentation der eigentlichen Information ankommt (vgl. Bodenhausen 1992, S. 276) dürften vorliegend bei der Identifikation der Extrem-Werte, die Konzepte „Umfrage“ und „Werte“ eine Rolle gespielt haben. Die durch das Ranking aktivierten Wissensstrukturen (Relevanz von Attributen hinsichtlich derer sich die Werte unterscheiden) liegen dann vor dem Rating parat – die Teilnehmer wussten schließlich bis zu dem Rating nicht, ob noch weitere, und wenn ja: welche Beurteilungsformen bei der Werte-Liste Anwendung finden sollten – und können entsprechend genutzt werden.

3.3.2 Spezifische Kontext-Effekte

Nach den übergreifenden Aussagen zu Kontext-Effekten werden jetzt diejenigen diskutiert, die im vorliegenden Zusammenhang relevant sind. Dies betrifft Variationen in der Reihenfolge von Stimuli (siehe 3.3.2.1), Assimilations-Kontrast-Effekte beim Rating von Items in der direkten Umgebung der ausgewählten Extrem-Werte sowie hinsichtlich der Verbindung der Aufgabenstellungen des zuletzt zu spezifizierenden Extrem-Wertes und des Ratings des ersten Listeneintrags (siehe 3.3.2.2), das Priming (siehe 3.3.2.3) und den Bezugsrahmen (3.3.2.4) als Folgen des Extrem-Rankings sowie Besonderheiten der Antwortskala (siehe 3.3.2.5).
Ein weiterer spezifischer Kontext-Effekt – die in den Medien diskutierten Themen während des Befragungszeitraums – wird vorliegend allerdings ausgespart, da während des Untersuchungszeitraumes keine „gravierenden“ Ereignisse mit ausgiebiger medialer Präsenz aufgetreten sind. Hätte die Erhebung etwa zwei Monate später stattgefunden, so wäre dieser Gesichtspunkt anders zu würdigen, denn dann wären die Diskussionen um den Amoklauf an der Gutenberg-Schule in Erfurt auf jeden Fall zu berücksichtigen gewesen, weil mit ihnen mögli-

[209] Dieser Effekt kann auch allein durch das Umfrageinstrument hervorgerufen werden, wenn bei ihm das Auffinden von Information zur Beantwortung einer Frage, in ganz bestimmte Richtungen gelenkt wird (vgl. Bodenhausen 1992, S. 269).

cherweise auch die Einstufung der im eingesetzten Werte-Inventar befindlichen Einträge Sicherheit, Menschlichkeit, Gesundheit und Ausbildung tangiert worden wäre. Gleiches wäre auch bei einer um etwa ein halbes Jahr früher terminierten Umfrage der Fall gewesen, denn dann wären die werte-spezifischen Auswirkungen der Terror-Anschläge des 11. September 2001 einzubeziehen gewesen.

3.3.2.1 Reihenfolge-Effekte

Strack (1992, S. 23) gibt zu bedenken, dass Kontext-Effekte nur im Falle einer fixierten Sequenz der Items kontrolliert werden können, denn wenn Befragte im Erhebungsbogen blättern und die Abfolge ihrer Antwortabgabe selber bestimmen können, kann nicht mehr von einheitlichen Kontext-Effekten ausgegangen werden.[210] Diese Aussage begründet, warum bei der aktuellen Erhebung ein Zurückblättern nicht gestattet war, denn die Reihenfolge der Beantwortung ist essentiell zur Generierung sinnvoller Aussagen in Bezug auf die vorgenommenen Variationen, so dass eine nachträgliche Veränderung der Least- und / oder Most-Werte auf jeden Fall ausgeschlossen werden musste.[211] Nicht kontrolliert werden – und damit weiteren Forschungen vorbehalten – konnte hingegen die Sequenz beim Rating der Werte-Liste, d.h. es sind keine Aussagen darüber möglich, ob nicht vielleicht die als Least und Most identifizierten Werte zuerst eingeordnet werden oder Modifikationen bereits beurteilter Werte vorkommen, um die Konsistenz mit den Antworten beim Extrem-Ranking sicherzustellen.
Damit von einem Reihenfolge-Effekt gesprochen werden kann, müssen die Personen zunächst eine Verbindung zwischen den Fragen erkennen, d.h. die Teilnehmer sollten sich bei der Beantwortung der zweiten Frage, der Antwort auf das zuerst gestellte Item weiterhin bewusst sein, und müssen die Fragen als zusammenhängend wahrnehmen (vgl. Strack 1992, S. 23).[212] Bezüglich der beiden Teilaufgaben Ranking und Rating ist dies in der aktuellen Erhebung mittels konstanter Reihenfolge der Werte in der Liste sowie einer symbolischen Kennzeichnung der als Least und / oder Most ausgewählten Werte „gewährleistet" worden (siehe Anhang 9). Ein expliziter Hinweis in den Instruktionen zur Aufgabenstellung unterblieb aber, damit keine Konsistenz-Effekte (siehe Abschnitt 3.2.2.3) provoziert wurden.[213]
Ein vorhergehendes Item hat zwei Funktionen für die Interpretation einer Folgefrage (vgl. Strack 1992, S. 30):

(1) Aktivierung von Information in einer mehr oder weniger automatischen Art und Weise, so dass bestimmte Konzepte mit größerer Leichtigkeit zu einem späteren Zeitpunkt ins Gedächtnis gerufen werden können;
(2) Bereitstellung einer Informationsbasis, um die intendierte Bedeutung der zweiten Frage zu erschließen.

Die beiden Faktoren lassen aber nur dann verwirklichen, wenn die Teilnehmer die Fragen als semantisch und episodisch zusammengehörig interpretieren (vgl. Strack 1992, S. 30f). Beide Sachverhalte werden für den vorliegenden Anwendungsfall als erfüllt angesehen. Die aktivierte Information betrifft dabei vor allem das Priming auf Unterschiede (hinsichtlich welchen Attributs hebt sich ein Extrem-Wert besonders hervor; siehe Abschnitt 3.3.2.3), während der

210 Hier könnten die Ergebnisse von Gabriel (2002) angefügt werden, nach denen ein derartiges Verhalten – allerdings in einer Business-Stichprobe – nicht sehr häufig zugegeben wird. Außerdem ist darauf hinzuweisen, dass nicht alleine die Abfolge wichtig ist, sondern auch die Möglichkeit, ob bereits gegebene Antworten modifiziert werden können.

211 Dies läuft ADM-Richtlinien entgegen. Dadurch möglicherweise provozierte Abbrüche der Teilnehmer wurden in Kauf genommen.

212 Beim Einsatz der MLR-Technik in schriftlichen Erhebungen ist dieser Sachverhalt unproblematisch, denn hier kann der Zusammenhang durch eine einfache gruppierte Anordnung und die Kennzeichnung der Einzelfragen als zusammengehörende Teilaufgaben (siehe Pretest in Abschnitt 4.3) verdeutlicht werden.

213 So hat z.B. eine diesbezügliche „Erinnerung" in den Untersuchungen von Strack (1992, S. 27ff) zu deutlichen Mittelwertverschiebungen geführt.

zweite Punkt sowohl den Kontrast zwischen Least und Most betont, als auch die Etablierung eines Bezugsrahmens (siehe Abschnitt 3.3.2.4) für die Objekte der Liste betrifft.
Wenn die beiden genannten Bedingungen (Erinnerung an das Extrem-Ranking und Verbindung der beiden Aufgabenstellungen Ranking und Rating) erfüllt sind, können die intendierten Fragenbedeutungen nach den Konversationsregeln von Grice (1975; siehe Abschnitt 3.2.2.5) erschlossen werden (vgl. Strack 1992, S. 31). Danach müsste die Anwendung der Relevanz-Maxime (Inhalt des ersten Beitrags verweist auf den Inhalt des folgenden Beitrags; siehe Seite 233) in einem Assimilations-Effekt (die Beurteilung wird in die durch den ersten Beitrag vorgegebene Richtung gelenkt) münden, während der Gebrauch der Quantitäts-Maxime (nur informative und redundanzfreie Beiträge liefern; siehe Seite 232) zu einem Kontrast-Effekt (die Beurteilung erfolgt in Abhebung von der zuerst genannten Information, d.h. diese wird explizit aus dem Beurteilungsprozess eliminiert) führen müsste (vgl. Strack 1992, S. 31f).
Sind die Konversationsmaxime von Grice (1975) erfüllt, werden die Befragten versuchen, einen optimalen Informationsgrad bei der Beantwortung zu liefern und ihre Antworten differenzieren (vgl. Strack 1992, S. 33). Wenn die Maxime allerdings durch die ERR-Technik verletzt würden – indem z.B. das Rating der bereits als Most und Least identifizierten Werte als redundant eingestuft wird – könnte es sich anbieten, die beiden Extrem-Werte vom Rating auszuschließen. Ob man diese dann idealerweise den korrespondierenden Skalenpolen zuweist oder eine anderweitige Regelung findet (siehe Abschnitt 3.2.2.3.3), müsste noch erforscht werden. An dieser Stelle wird von einer Erfüllung der Relevanz-Maxime ausgegangen.[214]
Vorliegend dürften vor allem die Einflüsse des Extrem-Rankings auf die Erinnerungsprozesse bei der Wichtigkeitseinschätzung der einzelnen Werte (Rating) bedeutsam sein, denn die Fokussierung auf Unterschiede (die zur Festlegung der Extrem-Positionen erforderlich sind) und der durch die beiden extrahierten Werte gebildete Bezugsrahmen, müssten temporär einige Überlegungen – zur relativen Struktur der Objektliste – stärker zugänglich machen, die bei einem reinen Rating überwiegend unberücksichtigt bleiben würden (vgl. Tourangeau 1992, S. 38). Dieser Effekt ist aber keineswegs zwangsläufig oder sicher, denn wie die Ergebnisse von Schwarz & Clore (1983, S. 516ff) zeigen, kann vorhergehende Information auch bewusst ausgeblendet und bei der Beantwortung später folgender Items außer Acht gelassen werden (vgl. Tourangeau 1992, S. 38). Aufgrund der inhaltlichen Verbindung der Teilaufgaben bei der ERR-Technik (direkt aufeinander folgend, gleiche Werte-Liste und optische Hervorhebung) würde es allerdings der kognitiven Effizienz widersprechen, wenn die Befragten auf die im Zuge des Rankings aufgerufen Information beim Rating nicht zurückgreifen würden (siehe Fußnote 208 auf Seite 237). Außerdem ist die Nichtberücksichtigung vor allem dann wahrscheinlich, wenn Personen die entsprechende Information als gegenstandslos für die aktuell zu beantwortende Frage klassifizieren (vgl. Tourangeau 1992, S. 38), was vorliegend kaum der Fall sein dürfte.
Bei der ERR-Technik ist weiterhin davon auszugehen, dass der angewandte Vergleichsstandard beim Rating verändert wird. Beim reinen Rating wird lediglich eine Anpassung der Stimuli an die Antwortskala vorgenommen – bei der sicherlich auch die Einstufungen in der Liste früher platzierter Items noch Berücksichtigung erfahren, jedoch primär der Abgleich zwischen Objekt und Kategorie im Vordergrund steht – während nach dem Extrem-Ranking ein stärkerer Fokus auf den Unterschieden zwischen den Objekten in der Aufstellung liegen dürfte, d.h. jetzt stehen nicht nur die Gemeinsamkeiten (positives Konstrukt) in Bezug auf die vorgegebenen Kategoriebezeichnungen im Blickpunkt, sondern auch Differenzen zwischen den Items (vgl. Tourangeau 1992, S. 38).

---

[214] Um diesbezügliche Probleme zu umgehen, wurde die Beurteilungsdimension für das Extrem-Ranking auch anders eingegrenzt („unbedeutsam-bedeutsam") als für das Rating („unwichtig-wichtig").

Diesbezüglich dürfte insbesondere die Bestimmung des Least-Wertes eine Rolle spielen, denn dessen Festlegung führt den Teilnehmern vor Augen, dass auch bei einem positiven Konstrukt nicht alle Objekte „nur wichtig" sind, sondern es durchaus Dinge gibt, die als weniger bedeutsam charakterisiert werden können (vgl. Tourangeau 1992, S. 39). Andererseits ließe sich auch argumentieren, dass dies ebenso bei der Identifizierung des Most-Objekts erreicht wird, denn im Laufe dieser Prozedur werden wohl ebenfalls nicht mehr alle Werte pauschal als wichtig angesehen, und existente Unterschiede zwischen ihnen verdeutlicht.
Die Platzierung (zusammenhängend direkt vor den Ziel-Items oder verstreut im Fragebogen) der Kontext-Items ist auch untersucht worden (vgl. z.B. Tourangeau et al. 1989a; 1989b), wobei eine geblockte Präsentation unmittelbar vor der interessierenden Frage stärkere Kontext-Effekte hervorruft, als eine verstreute Lokalisierung irgendwo vor dem fraglichen Item (vgl. auch Tourangeau 1992, S. 40f). Gleichfalls besitzt auch die Relation der Items zueinander einen verstärkenden Einfluss, denn je enger sie in Beziehung stehen, desto ausgeprägter fallen die Kontext-Effekte aus (vgl. Tourangeau 1992, S. 41). Die starke Verbindung dürfte vorliegend außer Frage stehen, weshalb von hohen Kontext-Wirkungen auszugehen ist – die inkonsistenten Antworten zeigen allerdings, dass die Effekte nicht sämtlich in der gewünschten Richtung auftreten (siehe Abschnitt 5.2.1.3). Ob die Reaktionen erst auf der Stufe der Erinnerung auftreten, oder bereits beim Fragenverständnis wirksam sind, kann vorliegend nicht geklärt werden, denn auch dazu wären spezielle qualitative Untersuchungen notwendig.
Die Auswirkungen der Fragenreihenfolge werden zwar häufig thematisiert (vgl. Bickart 1993, S. 52f und Smith 1992, S. 173f), jedoch erscheinen sie nur schwer (vgl. Schuman & Presser 1981, S. 77) und auch nicht unter einer generellen theoretischen Perspektive (vgl. Groves 1989, S. 479) vorhersagbar. Das bisher fehlende Verständnis ist nach Smith (1992, S. 163f) darauf zurückzuführen, dass (1) der Themenbereich außerordentlich komplex ist und mehrere unterschiedliche Typen von Reihenfolge-Effekten vorkommen, (2) das Vorgehen meistens nicht theoriegeleitet erfolgt und (3) eine substanzielle „Unteranalyse" bisherigen Datenmaterials vorliegt.
Ferner ist zu berücksichtigen, welches Fragenformat Anwendung findet (vorliegend mit Ranking und Rating zwei unterschiedliche), welchen Schwierigkeitsgrad die Aufgabenstellungen aufweisen (siehe Abschnitt 5.3.2.2) und wie groß das thematische Interesse ausfällt (siehe Abschnitt 5.3.6; vgl. Smith 1992, S. 182).
Obwohl für Reihenfolge-Effekte oftmals ein negativer Zusammenhang mit dem Bildungsniveau nachgewiesen werden konnte (vgl. z.B. Cochrane & Rokeach 1970 für Werte; McClendon 1986, S. 209ff für dichotome Items sowie allgemein Schuman & Presser 1981, S. 71) kann nach Krosnick (1992, S. 206) nicht davon ausgegangen werden, dass die Operationalisierung kognitiver Fähigkeiten über diese Variable (Anzahl absolvierter Schuljahre bzw. höchster Schulabschluss) adäquat vorgenommen werden kann. So fand beispielsweise Knäuper (1998) heraus, dass ein Einbezug des Alters, die von Krosnick & Alwin (1987, S. 209f) für Reihenfolge-Effekte ermittelten Wirkungen der Bildung (Differenzen hinsichtlich „cognitive sophistication") eliminiert. Ihrer Meinung nach fungiert Alter als Stellvertreter für die Kapazität des Arbeitsgedächtnisses, die bei älteren Menschen ein geringeres Volumen aufweist.[215] Mit der Bildung sind weiterhin Einstellungen zu akzeptierten und abgelehnten Verhaltensstandards, faktisches Wissen über die Welt, Erfahrungen mit Multiple-Choice-Tests und ähnliche Konstrukte verbunden, so dass eine alleinige Limitierung auf diese soziodemografische Größe, weitere Unterschiede zwischen den Befragten impliziert (vgl. Krosnick 1992, S. 206). Deshalb ist es auch erforderlich, zur Messung des Zusammenhangs von Kontext-Effekten und kognitiven Fähigkeiten, auf entsprechende Tests (z.B. Intelligenz- oder Wissenstest) zurückzugreifen und nicht allein die Bildung als Indikator heranzuziehen (vgl. Krosnick 1992, S. 206). Vorliegend wurde der Testcharakter der Befragung explizit verneint,

[215] In diesem Zusammenhang darf allerdings auch die Bedeutung des Involvements (vgl. Wiswede 2007) nicht vernachlässigt werden.

so dass entsprechende Instrumente nicht eingesetzt werden konnten. Wenn vorliegend dennoch der höchste bisher erreichte Schulabschluss der Befragten zu Analysezwecken herangezogen wird, so sollen damit lediglich erste Ergebnisse generiert werden und noch nicht detaillierte Verbindungen zu den kognitiven Fähigkeiten aufgezeigt werden.
Bisher sind Reihenfolge-Effekte meistens in Verbindung mit externen Einstellungsobjekten behandelt worden (siehe Bickart 1993) – da vorliegend aber die eigene Person den Beurteilungsgegenstand bildet, sind natürlich auch diesbezügliche Aussagen im Hinblick auf Persönlichkeitsmessungen von Interesse. Dabei muss allerdings einschränkend beachtet werden, dass die Testsituation in den Anweisungen zu der hier referierten Untersuchung klar und deutlich ausgeschlossen wurde, so dass manche Aspekte wohl anders zu beurteilen sind, als in einer realen Testumgebung, zumal auch nicht die Werte-Systeme der einzelnen Befragten im Vordergrund standen, sondern die unterschiedlichen experimentellen Stimuli.
Schwarz et al (1992, S. 189) haben vorgeschlagen, jede Antwortoption als eine Art kurzen Überzeugungsarguments zu betrachten, die im Sinne der dualen Prozesstheorie von Petty & Cacioppo (1986) zu interpretieren (Plausibilität und Verarbeitungstiefe) ist.[216] Die elaborierte Verarbeitung einer Alternative wird die Attraktivität einer plausiblen Möglichkeit erhöhen, während sie diejenige einer nichtplausiblen vermindern wird. Diese Annahmen sind zwar nur schwer zu testen, weil jeder Fragebogen natürlich so gestaltet wird, dass er nur potenziell zutreffende Optionen enthält, jedoch folgt daraus, dass nicht unbedingt lange Listen notwendig sind, um Reihenfolge-Effekte auszulösen. Diese Annahme konnte durch Experimente auch untermauert werden, denn je nach Überzeugung ließen sich derartige Wirkungen bereits bei lediglich zwei Antwortoptionen ausmachen.
Die Ergebnisse zu den Effekten generischer Wissensstrukturen (siehe Abschnitt 3.3.1.3) legen ebenfalls nahe, dass die Reihenfolge erst Ranking und dann Rating bei der MLR-Technik auf jeden Fall beizubehalten ist, denn die Aktivierung der entsprechenden Konzepte erst bei der Auffindung der Information oder Urteilsabgabe (siehe dazu die diskutierten Antwortmodelle in Abschnitt 3.1) führt nicht zu den gewünschten Effekten (vgl. Bodenhausen 1992, S. 272).
Bei der zukünftigen Forschung zu Reihenfolge-Effekten ist nach Smith (1992, S. 183) vor allem darauf zu achten, experimentelle Settings zu kreieren, in denen determiniert werden kann, welche Stufen des Antwortprozesses nach Tourangeau & Rasinski (1988; siehe Abbildung 20) involviert sind. Deshalb sind reine Split-Ballot Experimente nicht ausreichend, sondern über qualitative Verfahren ist eine Aufklärung der mentalen Prozesse, die Reihenfolge-Effekte auslösen, vorzunehmen. Obwohl diese Anregung vorliegend durch den quantitativen Charakter und das Medium der Erhebung (siehe Abschnitt 3.4) nicht aufgegriffen werden konnte, wurde der zweite von Smith (1992, S. 183) vorgeschlagene Punkt – Fragen zur Einschätzung der gegebenen Antworten zu stellen – berücksichtigt, wenn auch nicht in der postulierten Form von „think-aloud" Techniken (vgl. Ericsson & Simon 1980, S. 223ff), sondern lediglich über die Evaluation weiterer geschlossener Fragen zum Schwierigkeitsgrad beim Ranking und Rating sowie dem generellen Interesse an der Thematik (siehe Abschnitt 5.3.2.2 und zur Kritik an einem derartigen Vorgehen: Schneider-Düker & Schneider 1977, S. 284).

3.3.2.2 Assimilations-Kontrast-Effekte

Mit Strack (1992, S. 24) können Frageneffekte nach ihrer Wirkungsrichtung klassifiziert werden, d.h. die erste beeinflusst die Antwort auf zweite Frage in die gleiche (Assimilation) oder die entgegengesetzte Richtung (Kontrast). Für die Bestimmung der beiden Extrem-Objekte im

[216] Einige Forscher (z.B. Tourangeau et al. 2000, S. 254) postulieren allerdings, dass es für Befragte keinen Anlass gibt, auf die in Erhebungen gestellten (schweren) Fragen mit elaboriertem Nachdenken zu antworten. Dem kann entgegengehalten werden, dass sich manche Umfrageteilnehmer auch freuen, wenn sie zu einem Sachverhalt nach ihrer Meinung gefragt werden, und sehr wohl bemüht sind, eine möglichst adäquate Auskunft zu geben – insbesondere wenn es sich um nicht-kommerzielle wissenschaftliche Studien handelt.

Rahmen der ERR-Technik, dürfte ein Kontrast-Effekt wahrscheinlich sein, weil die beiden Items der Liste mit der größten Distanz, einander direkt gegenübergestellt werden, ohne dass zunächst eine weitere Beurteilung vorzunehmen wäre. Klärungsbedürftig bleibt aber die genaue Wirkung des Extrem-Rankings auf das anschließende Rating. Diese Mechanismen ließen sich allerdings nur in qualitativen Studien ermitteln, so dass vorliegend die quantitativen Fragestellungen untersucht werden, ob es einen Unterschied für das Rating macht, beim Extrem-Ranking zuletzt das bedeutendste oder unbedeutendste Objekt der Aufstellung zu bestimmen, und ob es dabei einen Zusammenhang mit der perzipierten Aufgabenschwierigkeit gibt.
Im Rahmen des Ratings gilt es besonders auf den ersten Listeneintrag zu achten, weil er – zumindest nach der hier vorgenommenen Annahme einer sequenziellen Bearbeitung der Werte-Liste – direkt im Anschluss an die letzte Bestimmung eines Extrem-Wertes, beurteilt wird. Außerdem dürften beim Rating auch die Werte verstärkt von Assimilations-Kontrast-Effekten tangiert werden, die in der Aufstellung direkt vor und nach den als Least und Most ausgewählten Werten platziert sind, denn Letztere sind explizit hervorgehoben und könnten die direkt umliegenden Werte jetzt in einem anderen Licht erscheinen lassen als bei einem reinen Rating.[217]
Beurteilungen erfordern eine Repräsentation des Urteilsobjektes und einen Standard, gegen den das Item bewertet wird (vgl. Schwarz 1991, S. 74). Beide Größen enthalten kontextunabhängige (d.h. im Gedächtnis chronisch verfügbar) und kontextabhängige Information (d.h. nur temporär präsent, weil sie z.B. zur Beantwortung der vorausgegangenen Frage benötigt wurde). Wie eine Information, die Befragten in den Sinn kommt, deren Urteil beeinflusst, ist eine Funktion ihrer Kategorisierung. Dabei resultiert Information, die in die mentale Repräsentation des Urteilsobjektes aufgenommen wird, in Assimilations-Effekten. Der Einfluss kontextabhängiger Information ist diesbezüglich umso größer, je extremer ihre Implikationen sind und je weniger konkurrierende Information chronisch verfügbar ist (vgl. Bradburn 1992, S. 315ff).
Information, die aus der Repräsentation des Urteilsobjektes ausgeschlossen wird, verursacht Kontrast-Effekte – allerdings aus zwei unterschiedlichen Gründen, die sich nicht gegenseitig ausschließen. Einerseits führt die Exklusion einer positiv bewerteten Information zu einer weniger positiven Repräsentation und damit zu geschmälerten positiven Urteilen. Vorliegend könnte ein konkreter Wert, im Vergleich zu dem als Most ausgewählten Wert, jetzt nicht mehr so positiv eingeschätzt werden, weil dieser gegenüber dem positiven Extrem-Wert „abfällt". Ein solcher Subtraktions-Effekt (vgl. Tourangeau et al. 1991, S. 257f) ist auf Urteile über die Kategorie beschränkt, aus der die Information ausgeschlossen wird. Die Größe dieses Subtraktions-Effektes nimmt mit der Extremität der ausgeschlossenen Information zu, und mit der Menge permanent verfügbarer konkurrierender Information ab. Je mehr Information in der Repräsentation vorhanden ist, desto geringer ist der Einfluss der Exklusion einer Einzelinformation.[218]
Andererseits kann die leicht verfügbare Information auch zur Konstruktion des Vergleichsstandards herangezogen werden. In diesem Fall generalisiert der Kontrast-Effekt auf die Be-

[217] Hier ist natürlich primär an Kontrast-Effekte zu denken, weil die Extrem-Werte eine besondere Position einnehmen, und sich diese auch in den Ratings niederschlagen dürfte (vgl. dazu auch die Ergebnisse zur Akzentuierung in den Experimenten von Tajfel & Wilkes (1963), bei denen allein die Zuordnung von Buchstaben zu bestimmten Stimuli, deren ansonsten kaum wahrnehmbaren Differenzen überhöht hat). Andererseits könnte man auch argumentieren, dass bei einem positiven Konstrukt insbesondere die Identifikation des bedeutendsten Objekts dazu führen kann, dass fast gleichwertige Objekte diskriminiert werden mussten – es konnte nur eines gewählt werden – und sich diese Zurücksetzung jetzt beim Rating durch eine entsprechende Assimilation „ausgleichen" lässt. Die jeweils angewandten kognitiven Mechanismen stehen in dieser Arbeit aber nicht im Fokus, sondern sind weiterer (qualitativer) Forschung vorbehalten.

[218] Je mehr Information ein Befragter über einen einzelnen Wert zur Einschätzung seiner persönlicher Wichtigkeit besitzt, desto weniger relevant werden die in den Least und Most-Werten gebündelten Informationen.

urteilung verwandter Stimuli und nimmt größentechnisch mit der Extremität der Information, die in den Standard aufgenommen wird, zu bzw. mit der Menge der konkurrierenden Information, die Eingang in den Standard findet, ab (vgl. Schwarz 1991, S. 75).
Die reine Verfügbarkeit von Kontext-Information ist aber keine hinreichende Bedingung für Veränderungen des Vergleichsstandards. Vielmehr muss über diese Information mit Bezug zur relevanten Urteilsdimension nachgedacht werden, damit sie zur Konstruktion eines Standards herangezogen wird (vgl. Schwarz 1991, S. 79). Insofern lassen sich die Effekte aus zwei verschiedenen Perspektiven erklären (vgl. Feldman 1992, S. 58): (1) Sie repräsentieren wirkliche Veränderungen der Stimulus-Perzeption oder Rezeption (vgl. Helson 1964; Sherif et al. 1965) oder (2) Sie reflektieren lediglich Differenzen in der Nutzung der Antwortskala (vgl. Upshaw 1984).
Im Zusammenhang mit Fragen in Erhebungen ist Kontext-Information insbesondere dann wichtig, wenn in den Items unbekannte, ambivalente oder obskure Sachverhalte angesprochen sind (vgl. Strack et al. 1991 sowie Tourangeau et al. 2003).[219]
In der Studie von Tourangeau & Rasinski (1988, S. 302f) ist beispielsweise ein fiktives Gesetz zu beurteilen, dem Fragen zur Inflation in geblockter oder verstreuter Form oder neutrale Items vorangestellt sind. Nur im erstgenannten Fall zeigt sich eine deutliche Verschiebung der Antworten in Richtung Zustimmung zum Gesetz, während diese unter den beiden anderen Bedingungen nicht auftritt. Tourangeau & Rasinski (1988, S. 302) begründen die Veränderung damit, dass die Befragten durch die Kumulation der Inflationsfragen (der Gegenstand muss also eine Bedeutung besitzen; siehe die Ausführungen zur Relevanzmaxime der Konversation auf Seite 233) geschlossen haben, das Gesetz thematisiere ebenfalls die Inflation – diese Quintessenz ist unter den beiden anderen Varianten nicht möglich gewesen.
Natürlich können durch den Kontext auch Kontrast-Effekte hervorgerufen werden, wenn z.B. ein spezifisches Item zu einem Thema (Zufriedenheit mit der aktuellen Partnerschaft) einer allgemein gehaltenen Frage zum gleichen Themenkomplex (generelle Lebenszufriedenheit) vorausgeht (vgl. Schwarz et al. 1991b). Weil die Zufriedenheit mit der Partnerschaft eine der wichtigsten Komponenten der allgemeinen Zufriedenheit darstellt (vgl. McClendon & O'Brien 1988), verletzen die beiden Items die Quantitätsmaxime von Grice (1975; siehe Seite 232), nach der keine redundanten Informationen gegeben werden sollen.[220] Als Konsequenz interpretieren die Befragten das allgemeine Item unter Ausschluss der Partnerschaftszufriedenheit (zu der sie sich ja bereits vorher geäußert haben; vgl. Tourangeau et al. 1991, S. 261ff). Dieser Effekt schlägt sich in unterschiedlich hohen Korrelationskoeffizienten nieder, je nachdem, welches der beiden Items zuerst erhoben wird und ob der spezifisch abgefragte Gesichtspunkt, in dem allgemeinen Item explizit ausgeschlossen wird oder nicht. Bezüglich der Reihenfolge treten hohe Korrelationen auf, wenn die allgemeine Frage als erste gestellt wird, oder eine ausdrückliche Aufforderung zum (erneuten) Einbezug des spezifischen Gesichtspunkts bei ihr erfolgt, während der explizite Ausschluss niedrigere Korrelationen ausweist (vgl. Schwarz et al. 1991b, S. 11ff). Gleiches gilt für den Fall, in dem die allgemeine Frage dem spezifischen Item nachfolgt (vgl. Tourangeau et al. 2000, S. 204f).
Hinsichtlich des Erinnerungsprozesses bei der Beantwortung einer Frage können vorhergehende Items einen Einfluss ausüben, indem bei ihnen herangezogene Gedächtnisinhalte, in Folgefragen eine höhere Präsenz aufweisen (vgl. Tourangeau et al. 1991, S. 261f). Damit einhergehende Veränderungen bezüglich der verfügbaren Information bei der Bearbeitung weiterer Fragen, können dann Antwortunterschiede bedingen, wenn diese Information ohne die

---

219 So bleibt die Information, welche beiden Items die Extrem-Positionen der Liste – und damit deren Bezugsrahmen – einnehmen, beim reinen Rating wohl verborgen, während sie bei der ERR-Technik explizit vorliegt und nutzbar ist (siehe zu diesem „Klarstellungseffekt" auch die Ausführungen auf Seite 249).

220 Dieses Problem tritt auch im Rahmen der MLR-Technik auf, denn dort werden zwei Objekte (die als Least und Most identifizierten Items) doppelt „beurteilt" – insofern könnten Inkonsistenzen in deren Bewertung auch als Folge der Verletzung der Quantitätsmaxime von Grice (1975) aufgefasst werden.

vorangestellte Frage (wahrscheinlich) nicht erinnert und damit bei der Beantwortung unberücksichtigt geblieben wäre (vgl. Tourangeau et al. 2000, S. 206).
Auch im Rahmen der Entscheidungsphase (Beurteilungsphase; siehe Abschnitt 3.1) sind nicht ausschließlich Assimilations-Effekte möglich, sondern Kontrast-Effekte können ebenso auftreten (vgl. Tourangeau et al. 2000, S. 212f). Diesbezüglich ist also immer der Vergleichsstandard für die Beantwortung der aktuellen Frage zu beachten, denn wenn beispielsweise zuerst negative (unangenehme) Ereignisse aus der Vergangenheit erinnert werden sollen, fällt die anschließende Beurteilung der momentanen eigenen Befindlichkeit besser (positiver) aus, als wenn vorher angenehme zurückliegende Begebenheiten zu vergegenwärtigen sind (vgl. Strack et al. 1985, S. 1466ff).
Zeigen Befragte den Willen und die Fähigkeit zu einer tiefen Informationsverarbeitung (siehe Abschnitt 3.1.1.2) von Ziel- und Kontext-Item, so sind Kontrast-Effekte wahrscheinlicher als Assimilations-Effekte (vgl. Tourangeau et al. 2000, S. 220f). Weil allerdings bei der Beantwortung eines Fragebogens eher von einer oberflächlichen Verarbeitung der Items ausgegangen werden muss, sollten in diesem Zusammenhang überwiegend Assimilations-Effekte auftreten (vgl. Tourangeau et al. 2000, S. 221). Diese Argumentation, nach der das Ergebnis der Auffindungs-/Erinnerungsprozesse unkritisch als Antwort akzeptiert wird, und Befragte deshalb weitere Anstrengungen (elaborierte Verarbeitung) unternehmen müssen, um die „vorläufige Antwort“ zu korrigieren, ist nachvollziehbar, wobei allerdings bei der MLR-Technik, das Priming auf Unterschiede durch die Ranking-Aufgabe, sehr wohl Kontrast-Effekte ohne zusätzlichen kognitiven Aufwand (man hat die Information ja schon erinnert und genutzt) hervorrufen könnte. Außerdem ist in vielen Antwortmodellen auch noch eine Modifikation einer generierten ersten Antwort vorgesehen, indem diese beispielsweise in Bezug auf ihre soziale Erwünschtheit geprüft wird (siehe z.B. Nr. 4 in Abbildung 19 auf Seite 161).
Hinsichtlich der Vergleichsprozesse bei der Beurteilung der Items ist anzumerken, dass die identifizierten Extrem-Objekte durchaus für das Rating des aktuellen Objektes mit genutzt werden können. Neben balancetheoretischen Überlegungen (vgl. Newcomb 1956) tragen dazu insbesondere die nur sehr vage definierte Antwortskala (unwichtig-wichtig; vgl. Manis et al. 1991, S. 205), die optische Hervorhebung der ausgewählten Extrem-Werte beim Rating (vgl. McMullen 1997, S. 88ff; siehe Anhang 9) und deren polarisierender Charakter (vgl. Herr et al. 1983) bei. Damit werden entsprechende Gegenüberstellungen angeregt und Kontrast-Effekte wahrscheinlich (vgl. Tourangeau et al. 2000, S. 221). Wie bereits weiter oben (siehe Seite 244) angedeutet, dürfte dies allerdings nicht notwendigerweise auf die gesamte Objektliste zutreffen, sondern sich vorrangig auf die direkte Umgebung der als Most und Least identifizierten Werte, sowie den ersten Listeneintrag beschränken. Außerdem ist es zur Erklärung der höheren Streuung und niedrigeren Mittelwerte der Daten beim Einsatz der ERR-Technik in Kontrast zu einem reinen Rating, nicht unbedingt erforderlich auf Vergleiche zu rekurrieren, da sich die entsprechenden Ergebnisse bereits durch das Priming auf Unterschiede zwischen den Werten (siehe Abschnitt 3.3.2.3), als Konsequenz des Extrem-Rankings begründen lassen.
Einen alternativen Ansatz, um das Auftreten von Assimilations-Kontrast-Effekten vorherzusagen, stellt das Einschluss-Ausschluss-Modell von Schwarz & Bless (1992) dar. Dort wird angenommen, dass Befragte bei der Evaluation eines Gegenstandes (hier also der persönlichen Wichtigkeit eines Wertes), sowohl eine Repräsentation des Stimulus, als auch eines Vergleichsstandards (gegen den das Item bewertet wird) vornehmen, wobei die Größen auf Information beruhen, die bei der Beurteilung verfügbar ist. Durch den Einfluss des Kontextes auf die Zugänglichkeit bestimmter Informationen, ist es möglich, dass die Repräsentationen des Stimulus, Standards oder beider Größen verändert werden können. Dabei sind drei Effekte der zugänglich gemachten Information zu differenzieren (vgl. Schwarz & Bless 1992, S. 239), denn sie kann:

(1) in die Repräsentation des Stimulus übernommen werden und einen Assimilations-Effekt auslösen;
(2) aus der Repräsentation des Stimulus ausgeschlossen werden und einen subtraktionsbasierten (vgl. Tourangeau et al. 1991) Kontrast-Effekt bewirken;
(3) in die Repräsentation des Standards aufgenommen werden und einen vergleichsbasierten Kontrast-Effekt erzeugen.

Ob eine Kontext-Information nun ein- oder ausgeschlossen wird, hängt im Wesentlichen davon ab, welche Inhalte bei Nichtvorlage des Kontextreizes in die Repräsentation eingeflossen wären – also der chronisch verfügbaren Information zu dem Stimulus. Nach dem Modell werden dann stärkere Assimilations-Effekte auftreten, wenn die temporär (also im Zuge des Kontextreizes) vorliegende Information einen höheren Anteil (als die permanent verfügbare) besitzt, oder der Kontext extremere Implikationen für die Beurteilung aufweist. Dementsprechend sind schwächere Assimilations-Effekte dann zu erwarten, wenn die Beurteilung stärker auf den chronisch zugänglichen Informationen beruht oder die Extremität der Kontext-Informationen gering ausfällt. Zeigt die im Gedächtnis stets verfügbare Information eine hohe interne Konsistenz, wird die vorhandene Kontext-Information nur einen geringen Einfluss ausüben. Wenn alle Informationseinheiten in die gleiche Richtung deuten, spielt die Zugänglichkeit keine große Rolle mehr.
Nach Schwarz & Bless (1992) werden zugängliche Informationen dann aus der Repräsentation des Stimulus ausgeschlossen, wenn sie einen der folgenden Tests nicht bestehen:
(1) Wirkt das Material auf die Frage ein;
(2) Beruht seine Aktivierung auf relevanten Einflüssen;
(3) Ist es thematisch dem Stimulus zugeordnet;
(4) Wird vom Befragten eine Nutzung erwartet (verlangt).

Damit wird irrelevante, verzerrte, falsche und redundante Information vom Einbezug in die Repräsentation des Stimulus ausgeschlossen. Eine nach diesen Kriterien herausfallende Information, die eine Einwirkung auf die Dimension der Beurteilung besitzt, wird dazu genutzt, einen Vergleichsstandard (oder eine Verankerung für die Antwortskala) zu bilden (vgl. Tourangeau et al. 2000, S. 224f).
Für die ERR-Technik kommt es in diesem Zusammenhang vor allem auf die Effekte der Identifikation der beiden Extrem-Werte für das Rating an. Dabei ist eine Einwirkung im Rahmen der kognitiven Geizhals-Hypothese (siehe Fußnote 208 auf Seite 237) sehr wahrscheinlich, denn warum sollte nicht auf die generierte Information, die insbesondere Unterschiedsdimensionen – und damit Aussagen zur relativen Struktur der Listenelemente – sowie die Etablierung eines Bezugsrahmens umfasst, beim Rating zurückgegriffen werden. Auch die Relevanz der aktivierten Information für das Rating sämtlicher Werte müsste gegeben sein, und sich nicht auf die beiden als Least und Most identifizierten Werte beschränken. Die unter (3) angesprochene thematische Zuordnung dürfte wegen der identischen Objektlisten bei beiden Aufgabenstellungen ebenfalls vorliegen. Eine Nutzung der Information aus dem Extrem-Ranking wird zwar nicht explizit verlangt – in diesen Fällen wäre auch mit Reaktanz-Effekten (vgl. Wiswede 1979) zu rechnen, die sich negativ (z.B. alle Werte dann erst recht unterschiedslos zu beurteilen) auf das Rating auswirken könnten – dürfte aber unter Konsistenzgesichtspunkten plausibel sein und durch entsprechend ausgeführte Informationsverarbeitungsprozesse auch (unbewusst) ablaufen.
Insgesamt ist also eher von einem Einschluss der Information, die bei der Identifikation der beiden Extrem-Werte aktiviert und genutzt wird, beim anschließenden Rating auszugehen, wobei vorliegend vor allem das Priming auf Unterschiede als relevant eingestuft wird, und weniger inhaltliche Aspekte der Least- und Most-Werte. Letztere dürften sich auf die Dimension(en), hinsichtlich der(er) die beiden Extrem-Werte den übrigen Objekten der Liste über- (Most) bzw. unterlegen (Least) ist (sind), beschränken. Ob die Fokussierung auf Unterschiede

beim Rating durch einen Einbezug in den jeweiligen Stimulus (Wert) erreicht, oder durch ihre Übernahme in den Vergleichsstandard (Beurteilungs-Skala von unwichtig bis wichtig) erwirkt wird, kann vorliegend nicht geklärt werden. Hier stehen zunächst (und alleine) die phänomenologischen Effekte (geringere Durchschnittswerte und höhere Standardabweichungen der einzelnen Objektbeurteilungen) im Vordergrund.
Kontext-Effekte werden nach dem Einschluss-Ausschluss-Modell also hauptsächlich darüber erklärt, wie sich die Zusammensetzung der zur Beantwortung einer Frage herangezogenen Informationsbasis (oder ihre skalenmäßige Beurteilung) verändert (vgl. Tourangeau et al. 2000, S. 226).

3.3.2.3 Priming

In einem sehr grundlegenden Sinne ist die psychologische Konsequenz der Beantwortung einer Frage, in der Aktivierung bestimmter Information zu sehen, die auch als „Priming-Effekt" bezeichnet wird (vgl. Higgins et al. 1977, S. 143).[221] Die Information ist entweder bereits in einem vorangehenden Stimulus enthalten oder wird durch den Befragten – als Konsequenz spezifischer Gedankengänge bei bereits bearbeiteten Items – aktiviert, um eine Antwort auf die aktuell gestellte Frage geben zu können (vgl. Feldman 1992, S. 51). Wenn die Information (im Sinne angestoßener semantischer Netzwerke; vgl. Bradburn 1992, S. 319) schon bei vorhergehenden Fragen angeregt wurde, dann ist sie für nachfolgende Items leichter zugänglich (vgl. Knowles et al. 1992, S. 235f und Abschnitt 3.2.2.4.2). Damit spricht einiges dafür,[222] dass die zur Bestimmung der beiden Extrem-Objekte aktivierte Information – die sich insbesondere auf die Unterschiede zwischen den einzelnen Objekten fokussiert (siehe Abschnitt 2.2.2.1.2.2) – auch beim anschließenden Rating aller Objekte[223] virulent bleibt (vgl. Baillet & Keenan 1986, S. 247).[224]
Ein Grund für die Übernahmehypothese liegt in den Ergebnissen der Problemlöseforschung, nach denen Personen bei einmal gewählten Strategien verharren (vgl. beispielsweise Dörner 1989 und Luchins 1946). Weitere Argumente sind darin zu sehen, dass gerade im Rahmen der Werte-Forschung die relevanten Dimensionen unklar, die Kriterien schlecht definiert und die Vergleichsstandards diffus sind (vgl. Tourangeau & Rasinski 1988, S. 305), was auch auf die vorliegend verwendete Antwortskala von „unwichtig bis wichtig" zutreffen könnte (vgl. Manis et al. 1991, S. 205). Als Konsequenz kann also der Kontext beeinflussen, wie eine Urteilsbildung zustande kommt, welche Dimensionen einbezogen werden und welche Kriterien bzw. Vergleichsstandards die Befragten heranziehen (vgl. Ostrom 1970 und Upshaw 1969).

---

[221] Priming Paradigmen erfahren vielfältige Anwendung in mehreren Bereichen der kognitiven Psychologie. So werden z.B. das Wiederholungs-Priming bei der Analyse impliziter Gedächtnisprozesse, das semantische Priming in Studien zum semantischen Gedächtnis und zur Aufmerksamkeit, das negative Priming bei der Untersuchung von Aufmerksamkeit und Hemmung sowie das phonologische und morphologische Priming beim Studium von linguistischen Themen eingesetzt (vgl. Mulligan & Wiesen 2003, S. 152).

[222] Neben den Kontext-Effekten, die allein vom Inhalt der vorher gestellten Frage abhängen, gibt es auch entsprechende Wirkungen, die durch deren Beantwortung ausgelöst werden, wobei es dabei aber erforderlich ist, dass zwischen beiden Items ein normatives Prinzip (z.B. in Form von Konsistenz) etabliert wird (vgl. Smith 1992, S. 178). Dieser Gesichtspunkt deckt sich mit den Ausführungen von Strube (1987, S. 91; siehe Abschnitt 3.1.2.1.1), nach denen die in einer Frage gegebenen Hinweisreize den Prozess der Suche im Gedächtnis lenken.

[223] Während beim reinen Rating die generelle Wichtigkeit sämtlicher Objekte im Vordergrund steht – der Abgleich erfolgt also vornehmlich an der Antwortskala orientiert – wird nach dem Ranking auch auf Divergenzen rekurriert, d.h. die vorherrschende Perspektive der durchgängigen hohen Bedeutung bei einem positiven Konstrukt (siehe Abschnitt 2.1) wird durchbrochen. Die Einstufung der Werte wird zwar weiterhin anhand der vorliegenden Antwortskala getroffen, allerdings ist nach dem Extrem-Ranking die Einseitigkeitssicht bezüglich der einzuordnenden Objekte abgeschwächt.

[224] Wenn beide Extrem-Objekte (Least und Most) beim Rating „aktiv" bleiben, könnte auch balancetheoretisch (vgl. Heider 1958 und Newcomb 1956) argumentiert werden, indem jeder Listeneintrag in Bezug auf die beiden Extrem-Werte einsortiert wird. Dies erscheint aber kognitiv sehr aufwendig, weil anschließend noch dessen „relative Position" in einen Skalenwert umgewandelt werden muss.

Die Konzentration auf Unterschiede muss den Befragten dabei nicht einmal gegenwärtig sein, denn die entsprechenden Aktivierungsprozesse können auch unbewusst auftreten (vgl. Bradburn 1992, S. 319 und Strack 1992, S. 26).
Für die postulierte Übertragung sprechen außerdem die Ergebnisse der Untersuchung von La Rue & Olejnik (1980), die herausgefunden haben, dass Fragen, deren Beantwortung formale Operationen erfordern, jüngere Teilnehmer veranlasst, bei später folgenden Test-Items ebenfalls stärker formale Antworten zu geben.
Diese Erkenntnisse begründen vorliegend die Annahme des Primings auf Unterschiede – und dessen andauernde Wirksamkeit beim Rating – d.h. die bei der Identifikation der beiden Extrem-Werte eingenommene Perspektive der Fokussierung auf Divergenzen zwischen den Objekten, wird beim anschließenden Rating aufrechterhalten, so dass auch hier eine stärkere Orientierung an den Verschiedenartigkeiten der Werte erfolgt.[225] Deshalb führt ein Wechsel der Aufgabenstellung (Rating statt Ranking) nur mit sehr geringer Wahrscheinlichkeit dazu, dass radikal andere Muster der Wiederauffindung von Informationen im Gedächtnis (siehe Abschnitt 3.1.1.3) aktiviert werden (vgl. Wyer & Srull 1986). Allerdings weist Bodenhausen (1992, S. 276) einschränkend darauf hin, dass nicht mit Sicherheit davon ausgegangen werden kann, dass durch generische Wissensstrukturen (siehe Seite 238) keine alternativen Schemata aktiviert werden.
Während bei Kontext-Effekten ein Bedeutungstransfer zwischen der Antezedenz-Frage und dem nachfolgenden Item postuliert wird (vgl. Smith 1992, S. 177), geht es bei der ERR-Technik – in Bezug auf das Priming durch das Extrem-Ranking – hauptsächlich um einen „Techniktransfer",[226] d.h. die Beurteilung beim Rating erfolgt dann vorrangig unter dem Gesichtspunkt von Unterschieden zwischen den zu beurteilenden Objekten, der ansonsten dem Ranking vorbehalten ist (siehe Abschnitt 2.2.2).[227] Hier steht also – neben der inhaltlichen Ausformung des Bezugsrahmens – auch die der Auswahl zugrunde liegende Sichtweise, sowie die dabei herangezogenen Kriterien, im Mittelpunkt, die dann auf das Rating übertragen werden. Dies bedeutet allerdings nicht, dass mögliche Identitäten der einzelnen Werte im Hinblick auf die Skalenkategorien, völlig unberücksichtigt bleiben.
Die Identifikation der Extrem-Objekte (Least und Most) lässt sich als Klarstellungseffekt betrachten (vgl. Smith 1992, S. 178), weil die mit dieser Vorgehensweise gewonnene Information über die Stimuli, beim alleinigen Rating wohl kaum generiert worden wäre (siehe Fußnote 208 auf Seite 237). Sie trägt somit zur besseren „Durchdringung" der einzelnen Werte bei, liefert einen Bezugsrahmen (siehe Abschnitt 3.3.2.4) und sorgt dafür, dass bestimmte Unterscheidungskriterien auch beim Rating relevant bleiben. Während ein Befragter ohne das vorgeschaltete Extrem-Ranking also nur ein relativ globales Urteil in Bezug auf die der Antwortskala zugrunde liegende Dimension abgibt, werden nach dieser Technik beim Rating jetzt auch Aspekte relevant, die beim Ranking eine Rolle gespielt haben. Dies ist nach Smith (1992, S. 178) mit der Frage „Was für ein Auto besitzen Sie?" vergleichbar, denn auf dieses Item werden sehr viele Kategorieangaben (Kombi, Limousine etc.) getätigt – während durch

---

225 Hier wäre noch zu eruieren, ob die Least- oder Most-Perspektive unterschiedliche Einflüsse haben (nach Schwarz & Wyer 1985 anzunehmen), und wie sich dies hinsichtlich der optimalen Reihenfolgevorgabe der beiden Auswahlaufgaben (Most-Least bzw. Least-Most) auswirkt (siehe Abschnitt 5.4.4.1).

226 Diese Art von Kontext-Effekten im Zusammenhang mit Priming, kann unter – der sehr umfangreichen und eher formlosen Kategorie von – Fokus-Effekten subsumiert werden, bei denen, im Gegensatz zu logischen Verbindungen, eher subtiler Druck und Inklinationen als Auslöser fungieren, indem die Aufmerksamkeit auf einen ganz bestimmten Aspekt gelenkt wird (vgl. Smith 1992, S. 178f).

227 Tourangeau & Rasinski (1988, S. 304) sprechen bei der Wirkung des Kontextes in der Auffindungs- bzw. Erinnerungsphase (siehe Abbildung 20) davon, dass derartige Items „Material primen", das die Antworten auf die Ziel-Items beeinflusst. „Material" ist in diesem Zusammenhang nur ein sehr vager Begriff, so dass hierunter nicht nur die Aktivierung assoziativer Strukturen, sondern auch die Einnahme einer spezifischen Perspektive (Divergenzen), verstanden werden kann. Außerdem müsste sich dieser Effekt nach der Bestimmung der Extrem-Objekte bereits auf der ersten Stufe des Modells (Verständnis und Interpretation) zeigen.

die vorherige Abfrage von anderen Produkten (z.B. verwendete Waschmittelmarke und Fernsehgerät), wesentlich mehr Modellnamen für das eigene Auto genannt werden.
Weil es im vorliegenden Zusammenhang von Interesse ist, wann im Rahmen von Priming-Prozessen Gemeinsamkeiten (Assimilationen), und wann Unterschiede (Kontraste) zwischen Objekten fokussiert werden (siehe dazu auch Abschnitt 3.3.2.2), sollen die entsprechenden Ergebnisse einer von Strack & Martin (1987) referierten Studie vorgestellt werden. Dort wird ein Experiment beschrieben, bei dem die Teilnehmer Eindrücke über zwei Personen zu bilden hatten, von denen die erste (Kontext) eine bestimmte Eigenschaft (z.B. kühn) unzweifelhaft besaß, während die zweite (Stimulus) hinsichtlich des fraglichen Attributs als mehrdeutig (z.B. kühn und rücksichtslos) beschrieben wurde. Annahme war, dass die Charakterisierung der Kontext-Person in einem Priming-Prozess dazu führt, die Ambivalenz der Stimulus-Person „aufzulösen". Ob die Befragten dabei eher auf Gemeinsamkeiten oder Unterschiede geachtet haben, wurde durch eine vorangestellte Aufgabe manipuliert, bei der entweder die Übereinstimmungen oder Differenzen zwischen verschiedenen Berufen zu bestimmen waren. Die Ergebnisse fielen hypothesenkonform aus, d.h. die Beschreibungen der beiden Personen ähnelten sich mehr, wenn die Berufe hinsichtlich vorliegender Berührungspunkte zu beurteilen waren, und fielen unähnlicher aus, wenn die Divergenzen bei den Berufen den Beurteilungsgegenstand bildeten. Interessanterweise traten diese Unterschiede nur hinsichtlich der Dimension auf, die in einer Beziehung zum geprimten Konzept (kühn / rücksichtslos) stand. Bezüglich unverwandter Konstrukte (z.B. Sympathie / Antipathie oder ehrlich / unehrlich) ließen sich die Effekte nicht nachweisen. Daraus ist abzuleiten, dass Priming aus zumindest zwei Faktoren besteht, der Aktivierung eines Konzepts und einer Strategie dieses anzuwenden (vgl. Strack & Martin 1987, S. 135). Beide Gesichtspunkte sind im Rahmen der ERR-Technik verwirklicht.
Ob die Konsequenz einer geprimten Information allerdings in Assimilations- oder Kontrast-Effekten besteht, ist von weiteren Gegebenheiten abhängig, d.h. allein ihre bloße Verfügbarkeit sorgt nicht für eine vorhersagbare Beeinflussung der Antworten nachfolgender Fragen (vgl. Martin 1986, S. 498ff). Hier dürfte die Offensichtlichkeit des Primings eine wesentliche Rolle spielen, da die Befragten eine evidente Information im Weiteren nicht nutzen, um nach den Konversationsmaximen von Grice (1975; siehe Abschnitt 3.2.2.5) unverzerrte Antworten zu liefern (vgl. Strack & Martin 1987, S. 139).
Ein Priming spezifischer Merkmale des Beurteilungsobjektes – vorliegend also die Fokussierung auf das Attribut[228], hinsichtlich dessen sich ein Item als Least- oder Most-Wert qualifiziert – kann ebenfalls in Kontext-Effekten münden (vgl. Strack & Martin 1987, S. 136). Entsprechende Ergebnisse von Sears & Lau (1983) zeigen, dass die Befragung bezüglich einiger Aspekte des persönlichen Einkommens dazu führt, dass bei einer globalen Beurteilung einer Person (Präsident der Vereinigten Staaten), diese eher im Hinblick auf ihre ökonomischen Leistungen evaluiert wird – was ohne die vorhergehenden Einkommensfragen nicht der Fall ist.[229] Allein aus der Beschäftigung mit ökonomischen Sachverhalten wird also diese spezielle Dimension für das generelle Urteil über einen später thematisierten Komplex aktiviert und genutzt. Bei der ERR-Technik findet demgegenüber gar kein Themenwechsel statt, so dass die Nutzung der im Zuge des Extrem-Rankings generierten Information, mit noch höherer Wahrscheinlichkeit erfolgen sollte.

[228] Ob ein einziges Merkmal zur Bestimmung der beiden Extrem-Objekte herangezogen wird, oder ob in einem Ausschlussverfahren möglicher Listenmitglieder mehrere Features genutzt werden, um Least oder Most zu identifizieren, kann – ebenso wie die Frage, ob beide Extreme anhand identischer oder unterschiedlicher Kriterien ausgewählt werden – ohne weitere qualitative Untersuchungen nicht entschieden werden.

[229] Zu identischen Ergebnissen gelangen auch Iyengar et al. (1984, S. 781f), die nachweisen, dass die Betrachtung eines Nachrichtenprogramms, das eine ganz spezielle politische Thematik (z.B. Energieprobleme) betont, bewirkt, dass die Leistungen auf diesem Feld bei der anschließenden Beurteilung eines amerikanischen Präsidenten (Carter) bevorzugt berücksichtigt werden.

Allerdings darf beim Priming auch nicht verkannt werden, dass dieses Vorgehen keineswegs eine Garantie für eine entsprechende Berücksichtigung vorheriger Antworten bei der Bearbeitung aktueller Fragen darstellt (vgl. Tourangeau & Rasinski 1988, S. 305). Diesbezüglich kann auf die Konversationsmaxime von Grice (1975) verwiesen werden, insbesondere natürlich hinsichtlich der Redundanz der Information. Weiterhin hängt die Wirkung des Primings ebenso davon ab, wie viel Aufwand und Überlegungen die Befragten in die Beantwortung der Items investieren (stärker nachdenkende Teilnehmer greifen mit höherer Wahrscheinlichkeit auf ihre Antworten bei vorhergehenden Fragen zurück) sowie der Offensichtlichkeit (je augenscheinlicher der Zusammenhang ist, desto misstrauischer werden die Befragten sein) der Verbindung (vgl. Tourangeau & Rasinski 1988, S. 305). Weil allerdings vorliegend von einem automatischen Priming (vgl. Bradburn 1992, S. 319) in Form eines Perspektiven-Transfers ausgegangen wird, sollte der von den Teilnehmern investierte kognitive Aufwand nicht so maßgeblich für das Auftreten des Effekts sein – dieser dürfte aber sehr wohl für die Stärke der Wirkung eine wichtige Rolle spielen.
Damit Kontext-Effekte in Form von Priming funktionieren, kommt es nach Martin (1986, S. 494) darauf an, dass die Anbahnung für die Befragten möglichst unmerklich erfolgt. Wenn den Teilnehmern die Verbindungsabsicht auffällt, können sie in einer Reaktanz-Reaktion (vgl. Wiswede 1979) die vorherige Information als für die aktuelle Frage irrelevant zurückweisen. Als Schwarz & Clore (1983, S. 519ff) beispielsweise die Aufmerksamkeit der Befragten auf das Wetter lenkten, verschwand dessen Effekt für die Beurteilung der Lebenszufriedenheit. Das Priming reflektiert aus diesem Grunde einen automatischen Prozess, und sollte nicht notwendigerweise davon abhängen, dass die Befragten die Verbundenheit der jeweiligen Items erkennen (vgl. Tourangeau & Rasinski 1988, S. 310).
Dabei wir die Zuverlässigkeit des Einschätzungsprozesses u.a. von der Komplexität der Beurteilung beeinflusst: Je einfacher diese durchzuführen ist, desto weniger wahrscheinlicher wird sie von Kontext-Effekten tangiert. Wenn Sachverhalte allerdings inhärent multidimensional sind, dann existieren viele relevante Beurteilungsdimensionen, von denen jede ihre eigenen Kriterien und Vergleichsmaßstäbe besitzt, die vom Befragten zu einem Urteil aggregiert werden müssen. In diesen Fällen können sich die Befragten die Aufgabe dadurch vereinfachen, dass sie sich auf die Dimensionen und Vergleichsmaßstäbe konzentrieren, die ihnen leicht einfallen, und hierbei können Kontext-Items determinieren, welche Dimensionen und Standards den Befragten in den Sinn kommen (vgl. Tourangeau & Rasinski 1988, S. 310).[230]
Dass im Rahmen der ERR-Technik beim Rating Vergleichsprozesse in Bezug auf die als Least und Most identifizierten Objekte einbezogen werden, müsste zwar noch nachgewiesen werden, ist aber für ein konsistentes Antwortverhalten (siehe Abschnitt 3.2.2.3) unerlässlich.
Die Resultate verdeutlichen, dass als wichtig eingestufte und gut verfügbare Information, Beurteilungsprozesse stark beeinflussen kann, und deshalb bereits gegebene Antworten in einer Umfragesituation, die Einschätzungen bei folgenden Fragen weitgehend determinieren können (vgl. Strack & Martin 1987, S. 136).
Priming-Effekte durch eigenes Handeln (vgl. Salancik & Conway 1975) oder Wissen (vgl. Bishop et al. 1983) auf die Beurteilung nachfolgender Fragen sind ebenfalls nachgewiesen. Nachdem die Probanden bei Bishop et al. (1983) zwei schwierige Fragen zu politischen Sachverhalten beantworten mussten, und der überwiegende Teil (mehr als 80 %) hier Wissenslücken zugab, wurde auch die Frage nach dem Interesse an öffentlichen Angelegenheiten eher zurückhaltend beantwortet. Die Personen, welche die Fragen zum politischen Themenblock nicht beantworten konnten, schätzten sich auch als weniger an öffentlichen Dingen interessiert ein als die Befragten der Kontrollgruppe, denen die Items zum politischen Geschehen

[230] Das Extrem-Ranking sorgt für eine Vorsortierung und Begrenzung der Beurteilungsdimensionen auf diejenigen, die sich bei der Bestimmung von Most und Least als brauchbar und trennscharf erwiesen haben und außerdem wird dabei der Fokus auf Unterschiede gelegt, der beim Rating übernommen wird. Diese Anbahnungen treten beim alleinigen Rating nicht auf.

nicht präsentiert wurden. Diesbezüglich könnte bei einem positiven Konstrukt und der Anwendung der ERR-Technik, insbesondere die Bestimmung des Least-Wertes einen entsprechenden Einfluss ausüben, weil damit explizit anerkannt wird, dass es auch in einer genuin positiven Auflistung einen Aspekt gibt, der in der internen Wichtigkeitsrangfolge an letzter Stelle platziert ist. Aber auch der aufgespannte Bezugsrahmen könnte Auswirkungen auf das Rating nach sich ziehen, die in einer stärkeren Differenzierung der Antworten resultieren, weswegen dieser Bereich im folgenden Abschnitt noch detailliert beleuchtet wird.

3.3.2.4 Bezugsrahmen

Das Extrem-Ranking führt zur Identifikation des oberen und unteren „Begrenzungspunktes" der gesamten Liste aus der Sicht des Befragten. Neben der erhöhten Vertrautheit (siehe dazu auch Attkisson et al. 1983, S. 358) mit den Stimuli (schließlich sollte beim Ranking eine Auseinandersetzung mit sämtlichen Listeneinträgen erfolgt sein), kann damit eine Verankerung der Objekte in Form eines Bezugsrahmens[231] etabliert werden, die beim Rating – ohne zusätzlichen Aufwand – mit herangezogen werden kann.

Allgemein werden unter einem Bezugsrahmen alle Faktoren subsumiert, die zum Zeitpunkt eines speziellen psychologischen Phänomens (hier: Beantwortung von Fragen zur persönlichen Wichtigkeit von Werten) operativ wirksam sind und zu ihm in funktionaler Beziehung stehen (vgl. Sherif & Cantril 1945, S. 309). Damit sind insbesondere Vergleichsstandards angesprochen, gegen die aktuelle Stimuli kontrastiert werden können. Wenn keine entsprechenden Größen vorliegen, bilden allein die gerade zu beurteilenden Items den Bezugsrahmen (vgl. Philip 1949, S. 73f). Dabei ist das Rating einer Serie von Objekten geeignet, Sequenz-Effekte hervorzurufen, weil sich der Bezugsrahmen der Aufgabenstellung mit jedem beurteilten Stimulus mehr (heterogene Items) oder weniger (homogene Items) stark verändert (vgl. Schuman & Presser 1981, S. 52).

Bei der ERR-Technik liegen, durch das dem Rating vorgeschaltete Extrem-Ranking, auf jeden Fall zwei nutzbare Standards (Least- und Most-Wert) vor, die außerdem die Objektliste nach beiden Seiten (bedeutend und unbedeutend) eingrenzen. Trotzdem werden beim Rating eines einzelnen Items, auch bereits beurteilte Stimuli mit in den Bezugsrahmen einfließen (vgl. Philip 1949, S. 75). Allerdings sollte der durch die Identifikation der beiden Extrem-Objekte gebildete Bezugsrahmen beim Rating bereits in seiner vollständigen Breite vorliegen und damit deutlich weniger Adaptationsprozessen unterworfen sein, als bei einem ausschließlichen Rating. Dennoch werden – wie die inkonsistenten Antworten (siehe Abschnitt 5.2.1.3) zeigen – die Vorgaben des Extrem-Rankings, nicht von allen Befragten beim Rating adäquat umgesetzt.

Außerdem wird dem Rating des ersten Listeneintrags ein besonderer Stellenwert zukommen (neue Aufgabenstellung und über das Extrem-Ranking hinaus noch keine weitere Information durch bereits vorgenommene Beurteilungen), auf den im Rahmen der empirischen Ergebnisse eingegangen wird (siehe Abschnitt 5.4.4.1).

Ein in diesem Zusammenhang bislang eher wenig beachteter Effekt, wurzelt in dem von Schuman & Presser (1981, S. 51) als „initial frame of reference effect" bezeichneten Sachverhalt, der besagt, dass bei der Evaluation einer Reihe von Objekten hinsichtlich eines Merkmals, ein Item tendenziell entweder seinen geringsten oder höchsten Mittelwert erhält, wenn es an erster Stelle auftritt (vgl. Smith 1992, S. 177).

Diesbezüglich ist außerdem zwischen unterschiedlichen Beurteilungskriterien zu differenzieren, denn beispielsweise erzielen in der Studie von Carpenter & Blackwood (1979, S. 58f) 10 von 11 Items, die den Grad an Akzeptanz für bestimmte Aspekte messen, ihren höchsten

[231] Neben dieser Funktion können Kontext-Effekte vorhergehender Fragen auf der Interpretations-Stufe des Antwortprozesses (siehe Abschnitt 3.1.1.3) Anhaltspunkte für Redundanzen liefern, die dann – um sich bei der Beantwortung eines Folge-Items nicht zu wiederholen (siehe Seite 232) – dessen Antwortspektrum ebenfalls formen (vgl. Tourangeau & Rasinski 1988, S. 301f).

Durchschnittswert, wenn der Stimulus an erster Position platziert ist, während sich bei 9 der 11 Items der niedrigste Mittelwert für den Fall ergibt, in dem der Eintrag an letzter oder vorletzter Stelle lokalisiert ist. Demgegenüber erreichen 7 von 10 Items im Rahmen der – vorliegend relevanten – Wichtigkeitseinstufung der Aspekte, ihren geringsten Durchschnittswert, wenn das Item an der ersten Position auftritt und den höchsten Mittelwert, wenn es am Ende der Aufstellung platziert ist.[232]

Das aufgetretene Muster kann nach Carpenter & Blackwood (1979, S. 58) durch fehlende evaluative Referenzpunkte[233] erklärt werden, die dazu führen, dass am Anfang extreme Bewertungen (entweder hoch bei der Beurteilung in Bezug auf die Akzeptanz, oder niedrig bei der Evaluation hinsichtlich der Wichtigkeit) vergeben werden, die sich im Laufe der Bearbeitung der Liste in die Gegenrichtung orientieren. Die Autoren bezeichnen dieses Phänomen als „Kriteriums-Effekt", wobei allein die Präsenz oder Absenz von weiteren Items das Kriterium ausmacht, unabhängig vom jeweiligen Inhalt. Die Wirkung kann dadurch abgemildert werden, dass den Befragten vor dem eigentlichen Rating die komplette Liste der Objekte präsentiert[234] wird (vgl. Carpenter & Blackwood 1979, S. 66). Genau dieser Aspekt wird im Rahmen der ERR-Technik durch die Identifikation der Extrem-Objekte noch forciert, weil jetzt – neben der eigentlichen Konfrontation – auch die explizite Bestimmung der beiden eingrenzenden Listeneinträge vorzunehmen ist, ohne dass diese allerdings direkt einem Rating zu unterziehen wären.

Hinsichtlich des durch die Auswahl der beiden Extrem-Objekte aufgespannten Bezugsrahmens, ist aber zunächst zu diskutieren, ob die separat erhobenen Teilinformationen (Least und Most) von den Befragten wirklich entsprechend aggregiert, oder nicht doch isoliert behandelt werden. Neben der Theorie der Informations-Integration von Anderson (1981) können Ansatzpunkte zur Beantwortung dieser Frage auch aus der Theorie der „self-generated validity" (vgl. Feldman & Lynch 1988) abgeleitet werden, die sich mit dem Einfluss der Messung auf Bildung, Modifizierung und Ausdruck von Überzeugungen, Einstellungen, Intentionen und Verhalten beschäftigt.[235] Neben einem Prinzip der kognitiven Ökonomie (vgl. Wyer & Srull 1986, S. 331) geht der Ansatz sowohl von Erinnerungs-, als auch Konstruktionsprozessen[236] bei der Beantwortung eines Umfrage-Items aus (vgl. Feldman & Lynch 1988, S. 422), wobei sich ein Befragter über die Herkunft oder Beschaffenheit aller Inputs des Konstruktionsprozesses und der abgerufenen Urteile bewusst sein kann oder nicht (vgl. Feldman 1992, S. 50).

---

[232] Hier muss allerdings beachtet werden, dass die Listen maximal sechs Items enthalten, die Erhebung über das Telefon (mit wahrscheinlichen Recency-Effekten; vgl. Alwin & Krosnick, 1987 S. 203f) erfolgt, und außerdem keine selbstbezogenen Items abgefragt, sondern Einstellungen zu Wildtieren (Kojoten) fokussiert werden. Trotzdem liefern die Resultate einen Grund dafür, die Werte-Liste vorliegend in zwei Reihenfolge-Varianten zu administrieren.

[233] In der bereits referierten Studie von Katter (1968; siehe Abschnitt 2.2.2.5) hat allerdings ein zusätzlicher mittlerer Referenzpunkt („typisches" Objekt) nicht zu entsprechenden Verbesserungen geführt.

[234] Diesbezüglich bliebe aber zu klären, ob sich Umfrageteilnehmer ohne eine explizite Aufforderung in der gewünschten Art und Weise mit der Aufstellung auseinandersetzen.

[235] Feldman (1992, S. 52ff) führt insbesondere drei Argumente als Beleg für die Behauptung an, dass Messvorgänge erst die notwendigen Bedingungen für das Auftreten bestimmter Zusammenhänge darstellen: (1) diagnostische Wirkung einer bereits getätigten Beurteilung für folgende Antworten, (2) Zugänglichkeit von früheren Urteilen im Gedächtnis und (3) Verfügbarkeit alternativer Inputs für die Beurteilung. Unter dem ersten Aspekt sind vorliegend vor allem Konsistenzgesichtspunkte zwischen den Angaben beim Extrem-Ranking und Rating angesprochen, während bei (2) explizit auf den Bezugsrahmen bzw. die zur Wahl der Least- und Most-Objekte herangezogen Kriterien rekurriert werden kann. Wird unterstellt, dass Befragte beim reinen Rating die beiden extremen Objekte der Liste nicht bestimmen (siehe Fußnote 208 auf Seite 237), so stellt diese Information im Rahmen der ERR-Technik einen zusätzlichen Inputfaktor dar. Außerdem existiert nach Feldman (1992, S. 55) eine implizite Aufforderung, zugängliche Information zu nutzen, insbesondere wenn dazu keine extensiven Suchprozesse im Gedächtnis notwendig sind.

[236] Diese dürften im Zusammenhang mit „Werten" eine wichtige Rolle spielen, weil dieses Konzept i.d.R. nur unscharf und verborgen bei den Personen vorliegt (siehe Abschnitt 2.1.1), da man sich mit ihm nicht tagtäglich auseinandersetzt.

Die abschließende Beurteilung (oder der initiierte Prozess der Antwortgeneration, z.B. über eine Heuristik) variiert dabei mit der Beschaffenheit des Inputs und dem Framing[237] der Frage (vgl. Feldman 1992, S. 50). In Bezug auf das in dieser Arbeit aufgeworfene Problem, wird davon ausgegangen, dass die Identifikation der beiden extremen Objekte der Liste zumindest zu einem Priming (d.h. von unbewussten Prozessen) auf Unterschiede führt, und die kognitive Basis für die folgenden Beurteilungsaufgaben verbreitert, denn diese Information wird bei einem reinen Rating wohl kaum als Input herangezogen, weil sie nicht gebildet wird (siehe Fußnote 208 auf Seite 237).[238]

In letzter Konsequenz ist dann auch die Bildung eines Bezugsrahmens – durch die Integration der beiden identifizierten extremen Objekte – für die Bewertung sämtlicher Items der Auflistung wahrscheinlich, denn die Teilaufgaben sind bei der ERR-Technik separiert, so dass die Einzelergebnisse des Extrem-Rankings vor dem Rating durchaus zu einer gemeinsamen Basis zusammengefasst werden könnten, weil dies die Verdichtung[239] der Angaben erhöht (vgl. Feldman & Lynch 1988, S. 426). Außerdem unterstützen die explizite optische Hervorhebung der gewählten Extrem-Werte (sie waren den Befragten vor und während des Ratings visuell gegenwärtig) und konsistenztheoretische Überlegungen (siehe Abschnitt 5.2.1.3) diese Annahme. Endgültige Aufklärung könnte aber nur durch qualitative Untersuchungen geschaffen werden, die vorliegend nicht durchgeführt wurden.

Weitere Unterstützung erhält die Vermutung der Konstruktion eines Bezugsrahmens als Folge der Bestimmung der beiden Extrem-Objekte durch die Resultate von Schwarz (1990). Er zeigt in mehreren Experimenten auf, dass der durch die Häufigkeitsangaben in den Antwortalternativen (siehe Abschnitt 3.3.2.5) aufgespannte Rahmen, einen Einfluss auf die Verteilung der Ergebnisse hat. Insofern ist es nicht unlogisch anzunehmen, dass auch durch die Auswahl des oberen und unteren Extrem-Wertes ein Bezugsrahmen geschaffen wird, der ebenfalls einen Einfluss auf das nachfolgende Rating entfaltet.

Dass die als Least und Most identifizierten Objekte einen Bezugsrahmen bilden, dürfte nach den bisherigen Ausführungen zumindest logisch sein, dass dieser aber auch ein recht wirkungsvolles und zu beachtendes Konstrukt ist, wird aus dem Vorgehen von Daamen & de Bie (1992, S. 105) deutlich, die ihren Kontext immer so etabliert haben, dass durch die beiden ersten präsentierten Stimuli bereits der komplette Rahmen an Wahrscheinlichkeiten abgebildet wurde, damit die Befragten so früh wie möglich eine Vorstellung über die Spannweite der Stimuli entwickeln konnten.

3.3.2.5 Besonderheiten der Antwortskala

Im Gegensatz zu den unter 3.3.2.1 behandelten Reihenfolge-Effekten, stehen in diesem Abschnitt weitere Aspekte (erhöhte Zustimmungstendenz und Umfang der Aufstellung) des Werte-Inventars, aus der die beiden Extrem-Werte zu selektieren waren, im Fokus. Hinsichtlich der vorliegend eingesetzten unterschiedlichen Anzahl an Kategorien (fünf und elf) in den Antwortskalen wird auf die Ausführungen in Abschnitt 2.2.2.2.2 verwiesen.

---

[237] Darunter ist der Gesamtrahmen zu verstehen, in den eine Information eingebettet ist. So macht es nach Tversky & Kahneman (1982) einen Unterschied, ob von einer Überlebensquote von 30 % oder Sterberate von 70 % gesprochen wird.

[238] Es soll an dieser Stelle aber nicht verschwiegen werden, dass auch andere Wirkungen vorstellbar wären, denn die Argumentation könnte genau so gut lauten, dass Personen beim reinen Rating – ohne die vorhergehende kognitive Belastung durch das Extrem-Ranking und deren Ergebnisverankerung im Gedächtnis – stärker objektbezogen über die einzelnen Items nachdenken, weil eben keine „Querverbindungen“ zu berücksichtigen sind.

[239] Statt zwei Einzelinformationen (unbedeutendster und bedeutendster Wert) braucht dann nur noch die Gesamtinformation „Bezugsrahmen“ gespeichert zu werden, aus der sich die Detailinformation im Bedarfsfall wieder ohne Probleme entwickeln lässt. Für dieses Vorgehen spricht, dass die diagnostische Wirkung der integrierten Information höher ist, was ihre Verarbeitung begünstigt (vgl. Feldman & Lynch 1988, S. 426).

Nach den Ausführungen von Krosnick (1992, S. 204) zur Auswahl eines Extrem-Objektes („das größte nationale Problem"; vgl. auch Min et al. 2007) aus einer Liste, ist es sehr wahrscheinlich, dass die Befragten oben in der Aufstellung beginnen und jede Antwortoption einzeln begutachten.[240] Mit fortschreitender Bearbeitung wird sich eine Bestätigungstendenz (vgl. Nickerson 1998) einstellen, weil in Umfragen i.d.R. keine Alternativen aufgelistet werden, die nicht zumindest eine geringe Wahrscheinlichkeit haben, entsprechend der Fragestellung ausgewählt zu werden (vgl. Krosnick 1992, S. 204). Dieses Problem ist bei der Messung eines positiven Konstrukts wie Werten (siehe Abschnitt 2.1) dadurch verschärft, dass allen Items eine höhere Selektionswahrscheinlichkeit inhärent ist. Außerdem wird die Zustimmungstendenz dadurch verstärkt, dass für jedes Item nach Gründen gesucht wird, die seine Auswahl ermöglichen und nicht nach Argumenten, aus denen seine Selektion nicht opportun wäre (vgl. Krosnick 1992, S. 204).

Der letztgenannte Aspekt könnte aber im Rahmen der Anwendung der ERR-Technik bei einem positiven Konstrukt anders gelagert sein, denn hier ist zunächst ein Extrem-Objekt unter der Perspektive „des bedeutendsten Elements der Liste" auszuwählen, und direkt im Anschluss das dazu konträre (unbedeutendste) Item. Insofern könnte ein Befragter die zweite Aufgabenstellung dahingehend abwandeln, dass nicht das am besten passendste unbedeutendste Objekt gesucht wird, sondern aus den beim ersten Extrem-Ranking nicht zum Zuge gekommenen Items dasjenige ausgewählt wird, das am wenigsten als bedeutendstes Objekt tauglich schien. Statt dem unbedeutendsten Listeneintrag wird also der am wenigsten bedeutendste gesucht. Dies dürfte in den Fällen unproblematisch sein, in denen beide Extrem-Objekte anhand derselben Dimension identifiziert werden – kommen jedoch zur Auswahl von Least und Most verschiedene Kriterien zur Anwendung, könnten sich die selektierten zweiten Extrem-Objekte unterscheiden. Dies ist mit ein Grund dafür gewesen, vorliegend die Reihenfolge der Extrem-Wert-Bestimmung zu variieren.

Die Tatsache, dass im Umfragen nur Antwortalternativen einbezogen werden, die auch eine potenziell zutreffende Option für einen Befragten darstellen, hat weiterhin zur Folge, dass die Teilnehmer sehr wahrscheinlich immer ein bis zwei unterstützende Argumente für jede Möglichkeit finden, die eine Auswahl rechtfertigen würden (vgl. Krosnick 1992, S. 204).

Bei längeren Listen[241] besteht allerdings auch die Gefahr, dass die Befragten zunehmend ermüden, und die folgenden Optionen nur noch sehr oberflächlich betrachten (vgl. Krosnick 1992, S. 204). In Verbindung mit der Bestätigungstendenz haben dann die weiter vorne in der Liste platzierten Items eine höhere Auswahlwahrscheinlichkeit, weil die Befragten einfach

---

240 Damit ist allerdings noch nicht sehr viel über den eigentlichen Auswahlprozess und das Durchgehen der Auflistung gesagt. Es ist nicht klar, ob die Selektion in einem Durchgang Online erfolgt und die Personen immer das Objekt parallel zur Durchsicht der übrigen Items im Arbeitsgedächtnis vorhalten, das aktuell die Extrem-Position einnehmen würde. Beim nächsten Stimulus muss dann quasi nur noch entschieden werden, ob er in der Lage ist, das gegenwärtig ausgewählte Extrem-Objekt von seiner Position zu verdrängen. Dann könnten früh in der Liste platzierte Einträge allein deshalb eine höhere Auswahlwahrscheinlichkeit besitzen, weil es späteren Items nur schwer gelingt, sich als Extrem-Objekt zu etablieren. Diesbezüglich könnten aber Toleranzbereiche existieren, so dass eine getroffene Wahl nur noch dann modifiziert wird, wenn das neue Objekt deutlich besser abschneidet. Vielleicht scannt man aber auch erst einmal die Gesamtliste schnell durch, wählt den danach plausibelst erscheinenden Eintrag aus, und geht dann – mit diesem im Gedächtnis – die Aufstellung erneut durch. Dieses Vorgehen wäre aber relativ aufwendig (und damit eher unwahrscheinlich), und soll ja gerade durch die ERR-Technik für das anschließende Rating geleistet werden. Außerdem könnte man von Anfang an einen gewissen Schwellenwert annehmen, der zumindest überschritten werden muss, damit ein Objekt in die Kategorie „extremwertfähig" aufgenommen wird. Dann könnte man wahrscheinlich die Liste schneller durchgehen. Ob in diesem Fall aber eine Vorauswahl der potenziellen Kandidaten getroffen wird, die in einem zweiten Schritt auf ein einziges Objekt reduziert wird – oder die Liste wie oben ausgeführt abgearbeitet wird – bleibt ungewiss. Die Annahmen zu den möglichen kognitiven Mechanismen sind aber alle sehr spekulativ und müssten in qualitativen Untersuchungen weiter aufgehellt werden. Sie dienen an dieser Stelle lediglich zur Verdeutlichung der Problematik.

241 Laut Schwarz et al. (1992, S. 188) liegt die Schwierigkeit einer derartigen Kennzeichnung darin, dass meistens kein Kriterium genannt wird, ab welcher Anzahl von Elementen eine Liste diesem Attribut genügt.

mit dem „strengen" Auswahlprozess aufhören, sobald sie eine einigermaßen sinnvolle Alternative „entdeckt" haben (siehe Abschnitt 3.2.2.4.1).
Andererseits war die Liste vorliegend so aufgebaut, dass Alternativen mit hoher Wahlwahrscheinlichkeit erst in der Mitte platziert waren (siehe Abschnitt 4.3),[242] damit hier nochmals ein gewisser Motivationsschub für die letzten Items einsetzen konnte. Zudem wäre es durch das relativ hohe Auswahlpotenzial jeder Option auch möglich, dass die Befragten aus Sicherheitsgründen die gesamte Aufstellung durchgehen, weil sie – nach den Erfahrungen bei den ersten Items – nicht annehmen, dass die noch folgenden Einträge irrelevant sein könnten.
Das Ermüdungsproblem stellt im Rahmen der ERR-Technik auch deshalb einen denkbaren Störfaktor dar, weil die Teilnehmer die gleiche Liste dreimal durchgehen müssen, so dass die höhere Streuung beim Rating auch aus einer erschöpfungsbedingten oberflächlichen Antwortabgabe resultieren könnte, was dann als Nachteil der Vorgehensweise (keine primär inhaltlich begründete Differenzierung) zu sehen wäre (vgl. Krosnick 1992, S. 204f).[243]
Allerdings sollten die Befragten beim Rating in diesem Fall zumindest so viel Wissen aufgebaut haben, dass sie die einzelnen Optionen gut einstufen können, und eben deshalb differenzierte Ratings abgeben, die auch inhaltlich fundiert sind.
Ein weiteres Argument für ein Rating im Anschluss an die Bestimmung der Extrem-Objekte, ist in der Möglichkeit für die Teilnehmer zu sehen, die beim Ranking nicht zum Zuge gekommenen Items auch noch einordnen zu können, womit eventuell vorhandene Dissonanzen nach der Entscheidung für einen einzigen Wert abgebaut werden könnten, denn jetzt lassen sich weitere Werte der höchsten Wichtigkeitskategorie zuordnen, und so dem als Most selektierten Eintrag gleichstellen.
Laut Schwarz et al. (1992, S. 189) lässt sich aus den Ergebnissen der Persuasionsforschung ableiten, dass Antwortalternativen, die positive Gedanken evozieren, mit einer höheren Wahrscheinlichkeit ausgewählt werden. Diesbezüglich dürfte im Rahmen der ERR-Technik die Bestimmung des unbedeutendsten Objektes explizit dazu führen, auch bei einem positiven Konstrukt wie Werten, negative Aspekte einzubeziehen, zumindest nicht ausschließlich positive. Auch dies könnte ein nicht ganz unwichtiger Aspekt des Vorgehens sein, der möglicherweise ebenfalls dazu führt, dass sich die Befragten im weiteren Fortlauf des Fragebogens eher trauen würden auch einmal keine zustimmende Position einzunehmen. Darüber ließe sich dann die höhere Streuung ebenso erklären, denn nachdem einmal eine Hinlenkung auf einen sonst nicht bedachten (negativen) Bereich erfolgte, könnte dieses Prozedere auch bei weiteren Aufgaben (Rating) angewandt werden.
Die Auswahl eines Extrem-Objektes könnte nach Schwarz et al. (1992, S. 190) aber auch dadurch erfolgen, dass zu einer bestimmten Antwortalternative mehr Gedanken auftauchen als zu allen anderen – in diesem Fall gibt es also allein aus der Gedankenflut[244] eine entsprechende Zuordnung, ohne dass ein wirklicher Vergleich stattgefunden hat. In diesem Fall funktioniert das angenommene Priming auf Unterschiede (siehe Abschnitt 3.3.2.3) wohl nicht mehr. Aber auch diese alternative Vorgehensweise bei der Bearbeitung der Teilaufgaben zum Extrem-Ranking, ließe sich nur durch qualitative Erhebungen überprüfen.
Weiterhin wurde in der Anweisung explizit darauf hingewiesen, dass die Auflistung der Werte nach dem Zufallsprinzip sortiert sei (siehe Anhang 7 und 8), so dass nicht allein aus der frühen Platzierung, eine Wertigkeit abgeleitet werden konnte – ein Befragter könnte ja allein

[242] Die in diesem Bereich einer Aufstellung lokalisierten Einträge besitzen nach Schwarz et al. (1992, S. 188) die geringste Wahrscheinlichkeit erinnert zu werden, so dass in den Fällen, in denen die Liste vollständig durchgegangen und anschließend eine Entscheidung (aus dem Gedächtnis) getroffen wird, die nach dem Pretest best- und schlechestplatzierten Items eine etwas geringere Selektionswahrscheinlichkeit aufweisen dürften.

[243] Andererseits könnte man argumentieren, dass in diesem Fall wohl die identische Beurteilung der Alternativen die wahrscheinlichere Strategie darstellt (vgl. Herzog & Bachman 1981).

[244] Hier lassen sich Parallelen zum „mere-exposure" Effekt (vgl. Zajonc 1968b) ziehen, bei dem ein Gegenstand alleine deshalb gemocht wird, weil eine häufige Konfrontation mit ihm stattgefunden hat.

aus diesem Umstand schließen, dass entsprechende Aspekte „wichtiger“ sein müssen (zumindest vom Urheber als wichtiger eingestuft wurden). Auf eine Nummerierung der einzelnen Items der Aufstellung wurde ebenfalls verzichtet.
Natürlich hat auch die Anzahl an Antwortoptionen einen Einfluss auf die Verteilung der Daten. Wenn „zu wenige“ Kategorien vorliegen, können Unterschiede zwischen den Befragten vielleicht nur deshalb nicht aufgedeckt werden, weil diesen die Möglichkeit zur differenzierten Abbildung fehlte, während Probanden bei einer „zu hohen“ Anzahl an Antwortalternativen möglicherweise die Unterschiede zwischen zwei benachbarten Kategorien nicht mehr ausmachen können (vgl. Tourangeau et al. 2000, S. 249). Auf einem Literaturüberblick basierend schlagen Krosnick & Fabrigar (1997) vor, dass eine Antwortskala mit sieben Optionen den besten Kompromiss zwischen den beiden skizzierten Tendenzen darstellt. Warum vorliegend allerdings andere Unterteilungen (fünf und elf Kategorien) eingesetzt wurden, wird im vierten Kapitel erläutert.

3.4 Der vorliegend gewählte Erhebungsmodus

Das Durchführungsverfahren einer Untersuchung wird von Tarnai & Dillman (1992, S. 115) zu den Kontext-Effekten (siehe Abschnitt 3.3) gezählt, soll vorliegend aber unter einem eigenen Gliederungspunkt behandelt werden, um seine Relevanz zu unterstreichen – und die sich aus seiner Festlegung ergebenden Konsequenzen – besser verdeutlichen zu können.
Einem Umfrageurheber stehen bei der Generierung von Daten mehrere Optionen offen, um die gewünschten Angaben zu bekommen. So stellen Beobachtungen, Befragungen und nonreaktive Verfahren drei generelle Vorgehensweisen dar, um an die benötigte Information zu gelangen (vgl. Schnell et al. 2005). Beobachtungsstudien könnten im hier fokussierten Zusammenhang beispielsweise dazu eingesetzt werden, um die Reihenfolge der Urteilsabgabe oder die Modifikation bereits getätigter Ratings zu untersuchen, indem das Ausfüllen des Fragebogens in einer Laborsituation (offen oder verdeckt) auf Video aufgezeichnet wird. Nonreaktiv, d.h. den Probanden ist die Registrierung dieser Variablen nicht bewusst, lässt sich z.B. in Online-Erhebungen die Zeitdauer spezifischer Aktivitäten (hier: Beginn und Beendigung der Bearbeitung des Fragebogens) erfassen.
Hinsichtlich der Befragung gibt es zahlreiche Varianten[245], die sich in schriftliche und mündliche (Interview) Formen unterteilen lassen. Jede der potenziellen Möglichkeiten zur Datengenerierung hat ihre spezifischen Vor- und Nachteile, die für die vorliegend eingesetzte Erhebung über das Internet (Online- oder WWW-Befragung)[246] kurz skizziert werden. Es kann dabei nicht um einen vollständigen Vergleich der Optionen gehen, sondern es sollen die Aspekte beleuchtet werden, die im aktuellen Zusammenhang von besonderer Bedeutung sind.
Vorliegend gilt es vor allem sicherzustellen, dass die Teilaufgaben der ERR-Technik sukzessive – und ohne das vorher die Möglichkeit zu einem Gesamtüberblick besteht – abgearbeitet werden, um Reihenfolge-Effekte (erst den unbedeutendsten oder bedeutendsten Wert identifizieren) exakt spezifizieren zu können. Dies wäre in schriftlichen Befragungen (z.B. dem durchgeführten Pretest; siehe Abschnitt 4.3) nicht umzusetzen gewesen, weil dort den Befragten die Möglichkeit eingeräumt wird, sich den Fragebogen vorher durchzulesen, gegebene Antworten nachträglich zu korrigieren und Listenfragen komplett zu überblicken – wohl aber in telefonischen Umfragen (vgl. Tarnai & Dillman 1992, S. 115). Dementsprechend können in schriftlichen Erhebungen sowohl nachfolgende, als auch vorhergehende Fragen einen Beeinflussungskontext für die Beantwortung von Items darstellen, was insbesondere bei einer Fra-

245 So reicht das Spektrum computerunterstützter Verfahren beispielsweise von CATI (Telefon) und CAPI (Face-to-Face Interviews) bis zu PDE (Prepared Data Entry), TDE (Touchtone Data Entry; manchmal auch als IVR [Interactive Voice Response] bezeichnet) und VRE (Voice Recognition Entry; vgl. Tourangeau et al. 2000, S. 289).

246 Dabei wird der Befragte über das Internet mit einem Server verbunden, auf dem der Fragebogen als Web-Site abrufbar ist, und kann diesen dann – programmgesteuert – ausfüllen (vgl. Weeks 1992).

genserie mit identischen Antwortformaten evident ist, von denen die vorliegend administrierte Beurteilung einer Aufstellung mehrerer Objekte (Rating von 17 Werten unter der Perspektive der persönlichen Wichtigkeit), eine Ausprägung darstellt (vgl. Tarnai & Dillman 1992, S. 115). Um diesen Effekt zu vermeiden musste sichergestellt werden, dass die Teilnehmer keine Möglichkeit haben, im Fragebogen zu „blättern" und die Aufgabensequenz in der vorgeschriebenen Reihenfolge bearbeitet wird. Dementsprechend schieden schriftliche Befragungen (postalisch und im Gruppenrahmen – wie bei McCarty & Shrum 1997) aus methodischer Sicht aus.
Weiterhin war es wichtig, dass einmal getätigte Antworten nicht verändert werden konnten, um das Auftreten inkonsistenter Angaben zu prüfen.[247] Dieses restriktive Vorgehen (keine nachträglichen Korrekturen einmal „abgeschickter" Antworten) dürfte in „normalen" Befragungen eher selten angewandt werden (z.B. um Reaktanz-Effekte und damit einhergehende Abbrüche zu vermeiden), wurde in der aktuellen Untersuchung vor allem deshalb eingesetzt, um die Kontrolle über die Bearbeitungsreihenfolge auszuüben und damit Kontext-Effekte spezifizieren zu können (siehe Abschnitt 5.4.4).
Der Grund, warum in der hier referierten Untersuchung nicht auf eine telefonische Datenerfassung zurückgegriffen wurde, liegt in der Länge des herangezogenen Werte-Inventars (vgl. Roszkowski & Bean1990). Zur Bestimmung der beiden Extrem-Werte hätten alle 17 Items zweimal komplett vorgelesen werden müssen, was außerordentlich hohe kognitive Anforderungen an die Teilnehmer gestellt hätte – weshalb in derartigen Fällen auch meistens auf visuelle Unterstützung durch den Vorabversand entsprechender Stimuli, die dann während der telefonischen Abfrage als optische Vorlage genutzt werden, zurückgegriffen wird (vgl. Schwarz et al. 1991a). Damit wäre aber ein enormer Aufwand verbunden gewesen, selbst wenn die entsprechenden Listen über das Internet verschickt worden wären.
Außerdem wäre die Rekrutierung und Schulung eines Interviewer-Pools notwendig gewesen, die mit der Online-Erhebung umgangen werden konnten, so dass damit auch gleichzeitig eventuelle Interviewer-Effekte (vgl. Diekmann 1995, S. 399ff) ausgeschaltet werden konnten.
Bei einer nicht-telefonischen Erhebung ist allerdings i.d.R. der Kontext-Einfluss von in Beziehung zueinander stehenden Items höher, weil die Teilnehmer prinzipiell mehr Zeit haben, über die einzelnen Fragen zu reflektieren (vgl. Tarnai & Dillman 1992, S. 116). Für die vorliegende Untersuchung würde dies bedeuten, dass (1) ein stärkerer Kontext der Items beim Rating vorliegen müsste, denn die Ranking-Aufgaben wurden sequenziell präsentiert und (2) der Effekt des Rankings noch etwas abgeschwächt wurde, weil dieser Zusammenhang eben durch die sequenzielle Präsentation nicht deutlich wurde (obwohl natürlich eine Kennzeichnung der gewählten Extrem-Werte erfolgte), so dass die Technik in schriftlichen Befragungen – wenn alle Items und ihre Zusammenhänge auf einmal offensichtlich sind – noch stärkere Wirkungen und auch weniger inkonsistente Antworten zur Folge haben könnte.
Unter Zeitdruck neigen Befragte sehr viel wahrscheinlicher zu einer so genannten „top of the head" Tendenz, d.h. sie berichten den ersten Gedanken, der ihnen in den Sinn kommt (vgl. Hippler & Schwarz 1987). Diese Verfahrensweise wurde vorliegend in den Instruktionen allerdings ausdrücklich als legitim dargestellt (vgl. Oseas 1966, S. 454ff). Andererseits bot das vorliegend gewählte Prozedere (Ermöglichung des Ausfüllens des Erhebungsbogens über mehrere Sitzungen verteilt) den Befragten den größtmöglichen Freiheitsspielraum, so dass Zeitdruckaspekte wohl eher keine Rolle gespielt haben.
Hinsichtlich der bei der Messung von Werten relevanten Variablen „soziale Erwünschtheit" (siehe Abschnitt 3.2.2.1.5) ist bei Online-Umfragen von einer deutlich reduzierten Anfälligkeit auszugehen (vgl. Joinson 1999, S. 436), weil durch die höhere Anonymität des Mediums die Selbstaufmerksamkeit der Befragten stärker auf den privaten Bereich (private self-

[247] Es war technisch leider nicht möglich, das Navigieren jedes Teilnehmers im Fragebogen festzuhalten, so dass keine anderweitige Möglichkeit bestand, die gewünschten Daten zu erheben.

awareness) gelegt wird, weil die öffentliche Selbstaufmerksamkeit (public self-awareness) vermindert wird (vgl. Matheson & Zanna 1988).
Ein wesentlicher Vorteil computerunterstützter Befragungen ist die Sicherheit, dass (1) jede Frage in der (2) gewünschten Reihenfolge angezeigt wird, womit sich die Anzahl fehlender Daten vermindern lässt (vgl. Tourangeau et al. 2000, S. 299). Dass sich diese damit nicht vollständig vermeiden lassen, musste auch in der hier referierten Untersuchung festgestellt werden (siehe Abschnitt 4.3.7).
Auch die Kontaktaufnahme (vgl. Tourangeau et al. 2000, S. 291f) war durch die Online-Befragung einer speziellen Population (siehe Abschnitt 3.5) stark vereinfacht, weil die Bitte zur Teilnahme so lange bei jedem Einlogg-Vorgang angezeigt werden konnte, bis der Fragebogen vollständig beantwortet oder eine endgültige Ablehnung der Partizipation erfolgt war. Dabei war durch den Pop-Up Charakter weiterhin sichergestellt, dass die Befragten nicht umständlich auf irgendwelche Web-Sites navigiert werden mussten, sondern direkt mit dem relevanten Server verbunden waren. Dass der Fragebogen (für die Teilnehmer aber nicht sichtbar) auf den Community-Seiten abgelegt war und keine Weiterleitung auf eine Web-Site der Universität erfolgte, könnte vielleicht auch die Verbindung zum Thema gestärkt haben.
Einige computerunterstützte Erhebungsmethoden (z.B. PDE) verlangen eine Eingabe über die Telefon- oder Computertastatur, was zusätzlich numerische Fähigkeiten bei den Befragten voraussetzt (vgl. Tourangeau et al. 2000, S. 303). Um diesen potenziellen Schwierigkeiten aus dem Wege zu gehen, waren vorliegend alle Rückmeldungen über die Maus durch einfaches Anklicken der entsprechenden Option zu bewerkstelligen. Damit waren keinerlei Transformationsprozesse der generierten Antwort in ein numerisches Relativ zu leisten (siehe zu diesem Punkt auch die unterschiedlichen Antwortmodelle in Abschnitt 3.1), das anschließend auch noch über die Tastatur mitgeteilt werden musste, sondern es konnte quasi eine „optische" Antwort gegeben werden, die sehr große Ähnlichkeit mit dem Ankreuzen in einer selbst auszufüllenden schriftlichen Befragung aufweist.
Außerdem wurde darauf geachtet, dass Aspekte wie Funktionalität (durch die Anpassung des Pop-Up-Fensters, so dass kein Scrollen erforderlich war), Konsistenz (z.B. Rating Skalen mit der immer gleichen Anzahl an Antwortoptionen), Feedback (z.B. Fortschrittsbalken oder Fehlermeldungen), Explikation (das System sollte genau spezifizieren, welche Aktionen gefordert sind), Verständlichkeit (z.B. dem Befragtenkreis angepasste sprachliche Formulierungen), Toleranz (z.B. hinsichtlich inkonsistenter Antworten bei den Ratings nach den Rankings) und Effizienz (durch den Mauseinsatz war sichergestellt, dass sich der Aufwand für die Teilnehmer in engen Grenzen hielt) gewährleistet waren.
Nach Dillman (2007, S. 492ff) sollte bei Web-Umfragen nur jeweils eine Frage pro Seite gestellt werden – dies wurde vorliegend – aus Platzgründen – anders gehandhabt. Insgesamt ist zu den Gestaltungsvorschlägen aber anzumerken, dass diese eher vage sind, und ihre Anwendung eher wie eine Kunst denn wie eine Wissenschaft erscheinen lassen. Dies ist auch ein Grund, warum ein entsprechender empirischer Test schwierig ist und die mit der Anwendung erzielbaren Vorteile nur schwer quantifizierbar sind (vgl. Tourangeau et al. 2000, S. 310).
Nachdem die Online-Erhebung bislang überwiegend auf spezifische Aspekte der vorliegend zu klärenden Forschungsfragen dargestellt wurde, sollen zum Schluss noch ein paar allgemeine Charakterisierungen in Bezug auf die Festlegung des experimentellen Designs gegeben werden. Diesbezüglich ist zuerst die Stichprobenziehung zu nennen, die zu Beginn des Internetzeitalters als problematisch angesehen wurde, weil eine Verzerrung in Richtung gut ausgebildete männliche obere Mittelklasse (vgl. Szabo & Frenkl 1996, S. 62) auszumachen war. Wie die aktuellen Daten aber belegen (siehe Abschnitt 5.3.1), hat sich dieser Bias bis zum Termin der aktuellen Erhebung entspannt. Natürlich sind auch seinerzeit nicht sämtliche Bevölkerungsgruppen gleichermaßen in dem Medium vertreten gewesen (vgl. Hewson et al. 2003, S. 27). Vorliegend fand allerdings keine Stichprobenziehung statt, sondern es wurde eine Vollerhebung der Grundgesamtheit (alle Mitglieder der Online-Community single.de;

siehe Abschnitt 3.5.3) angestrebt, die über ein Pop-Up-Fenster nach dem Einloggen angesprochen wurden (vgl. Cho & LaRose 1999 S. 423f).
Die Erhebung über das Internet zu administrieren war auch der Untersuchungspopulation geschuldet, denn wie anders sollte man sich einer Online-Community glaubhaft nähern. Daneben sind auch zeitliche und finanzielle Gesichtspunkte zu nennen, wie das Entfallen von Porto-, Versandkosten und Telefongebühren (vgl. Fries 2006, S. 53). Andererseits muss ein bestimmtes Maß an Serverkapazität vorgehalten werden, mit der die Web-Site der Umfrage (mehreren Personen parallel) angezeigt wird und die Daten der Teilnehmer aufzeichnet und in einer Datenbank zur weiteren Verarbeitung ablegt und gesammelt werden. Die Online-Zeit für das Ausfüllen des Fragebogens wird ebenfalls von den Teilnehmern bezahlt.
Auch die Eingabe und Codierung der Daten „übernehmen" die Umfrageteilnehmer (vgl. Hewson et al. 2003, S. 43), d.h. deren Angaben sind nach Beendigung der Erhebung – und zwischendurch (um z.B. nach den ersten Fragebögen einige schnelle Checks vorzunehmen) – in einem maschinenlesbaren Format vorhanden und können in der Regel ohne weitere Aufbereitungen direkt ausgewertet werden oder mit relativ geringen Aufwand in das für die Auswertung benötigte Format konvertiert werden.
Die Antwortzeiten der Befragten wurden vorliegend für den gesamten Erhebungsbogen aufgezeichnet, wobei auf eine entsprechende Dokumentation bei jeder einzelnen Frage – aus technischen Gründen – verzichtet wurde (vgl. Hewson 2003, S. 86). Letztendlich führte dieses Vorgehen dazu, einige „Schnellausfüller" aus dem Datensatz zu eliminieren, und damit (hoffentlich) die Datenqualität zu erhöhen.
Vorliegend wurde die Möglichkeit, ein Pop-Up-Fenster beim Aufruf einer bestimmten Seite zu starten, genutzt. Jedes Mitglied der Community bekam also beim Einloggen auf der Web-Site der Community eine entsprechende Bitte zur Teilnahme gezeigt. Dies war die insgesamt günstigste Möglichkeit, Personen für die Umfrage zu rekrutieren. An technischen Dingen war bei den Teilnehmern die Aktivierung der Java-Script-Option im Browser erforderlich, was aber bei einem sehr hohen Prozentsatz vorausgesetzt konnte, auch wenn dies unter sicherheitstechnischen Gesichtspunkten nicht unproblematisch ist.[248]
Sicherlich gibt es viele Befragte, die ein aufgehendes Pop-Up-Fenster sofort – ohne einen Blick auf den Inhalt zu werfen – wieder schließen. Hier war sichergestellt, dass das Fenster so lange bei jedem neuen Einloggen angezeigt wurde, bis entweder die Option „Nicht teilnehmen" angeklickt oder der Fragebogen komplett ausgefüllt war. Gegenüber der postalischen Befragung hat diese Technik den Vorteil, dass es zunächst kein Briefkuvert gibt, sondern ein sofortiger Blick auf den Inhalt des Fensters vorliegt. Außerdem entfällt die Option des „Werfens in den Papierkorb", weil ein Klick auf den Schließen-Button des Fensters beim nächsten Einloggen trotzdem wieder das Fenster anzeigt. Daneben ist auch eine ständige „Reminder"-Funktion gegeben, wenn die Personen den Fragebogen noch nicht komplett ausgefüllt haben oder sich noch nicht endgültig gegen eine Teilnahme an der Erhebung ausgesprochen haben. Somit dürfte insgesamt eine hohe Kontaktwahrscheinlichkeit gegeben sein.
Um Kontakt zu den Befragten herzustellen ist natürlich immer ein gewisses „Eindringen" in die Privatsphäre[249] notwendig, das aber durch das Netz – sieht man einmal von dem Problem

[248] Persönliche Kommunikation mit dem seinerzeitigen System-Administrator der Community, Herrn Reiner Kukulies am 29.01.2002.

[249] Diese besteht nach Cho & LaRose 1999, S. 422f aus mehreren Dimensionen und umfasst (1) die physische Privatsphäre, bei der keine ungewollte Überwachung oder Beobachtung vorliegt, während (2) Anonymität als informationelle Freiheit den Aspekt der Kontrolle über die Veröffentlichung persönlicher Daten betrifft. (3) Psychologische Privatsphäre signalisiert die Selbstbestimmung der Herausgabe von Angaben zu kognitiven oder emotionalen Bestimmungsgrößen und (4) Intimität bzw. interaktionale Privatsphäre berührt den Schutz von vertraulichen Kommunikationen zwischen Individuen oder Gruppenmitgliedern. Außerdem ist bei diesem Konstrukt zu beachten, dass es interindividuell verschieden interpretiert wird, d.h. was eine Person bereits als Verletzung ihrer Privatsphäre kategorisiert, kann von einer anderen Person ganz gegensätzlich aufgefasst werden (vgl. Sieber 1998, S. 136).

des Spammings[250] ab – relativ gering gehalten werden kann und sollte (vgl. Miller & Dickson 2001, S. 154). Weil vorliegend keine E-Mails mit einem entsprechenden Hinweis auf die Umfrage und ihre Platzierung versendet wurden, sondern lediglich die Personen, die sich in der Community eingeloggt haben mit dem entsprechenden Pop-Up-Fenster der Erhebung konfrontiert wurden, dürfte diese Belastung der potenziellen Teilnehmer sehr moderat ausgefallen sein. Hatten Sie sich einmal entschlossen nicht an der Befragung zu partizipieren, wurden sie nachfolgend auch nicht mehr mit dem Pop-Up-Fenster belästigt.

Durch die Online-Erhebung war außerdem sichergestellt, dass der Fragebogen in der gewünschten Umgebung (z.B. Zuhause, Arbeitsplatz, Internet-Cafe) und zum individuell günstigsten Zeitpunkt ausgefüllt werden konnte (vgl. Hewson et al. 2003, S. 44), wobei Letzterer auch beliebig unterbrochen werden konnte.

Nun hat eine Befragung über das Internet nicht nur Vorteile, sondern damit mussten auch spezifische Einschränkungen in Kauf genommen werden. Diese betreffen das Fehlen eines einheitlichen Browsers (mehrere Anbieterfirmen mit unterschiedlichen Standards sowie individuelle Einstellungen hinsichtlich Schriftgrößenanzeige etc.), so dass die genaue Darstellung der Fragebogenseiten nicht gesteuert werden kann (vgl. Buchanan & Smith 1999, S. 131). Es wurde vorliegend deshalb darauf geachtet, dass jede Frage gut (vollständig und leserlich) in dem geöffneten Pop-Up-Fenster – das in seiner Größe nicht zu verändern war – dargestellt werden konnte (kein Scrollen erforderlich war) und die Anzeige des gesamten Erhebungsbogens wurde von verschiedenen Personen mit unterschiedlichen Browsern und Konfigurationen getestet. Damit kann aber keine Garantie für ein hinsichtlich der Darstellung und des Layouts einheitliches Erhebungsinstrument übernommen werden, wenn auch vieles dafür spricht, dass dies für die Mehrheit der Teilnehmer gegeben ist.

Die Kontrolle über die Erhebungssituation ist – ähnlich derjenigen bei postalischen Befragungen – reduziert (vgl. Hewson et al. 2003, S. 44). In mündlichen Face-to-Face- oder Telefonbefragungen ist diese Überwachung des Antwortverhaltens (physiologischer und psychologischer Zustand des Befragten sowie Ablenkungen oder Anwesenheit weiterer Personen; vgl. Stanton & Rogelberg 2001, S. 209) größer. Weil aber in der Community ein Einloggen mittels Name und Passwort notwendig ist, dürfte die Identität eines Nutzers auf jeden Fall gewährleistet sein. Letztere war insofern kein Problem, als eine „anfallende Stichprobe" generiert werden sollte. Was die Befragten dann während des Ausfüllens des Fragebogens wirklich gemacht haben, wie intensiv sie sich also mit den Fragen und deren Beantwortung auseinandergesetzt haben, kann nicht gesagt werden, weil es nicht kontrolliert wurde.

Das in Internet-Umfragen anzutreffende Problem des „multiple responding" (mehrfache Antwort einer einzigen Person; vgl. Stanton & Rogelberg 2001, S. 204), war vorliegend allerdings weitgehend ausgeschaltet, da durch die Verknüpfung der Fragebogenversion mit einem spezifischen Mitglied der Community beim Einloggen, eine individuelle Zuordnung sichergestellt war (vgl. Hewson et al. 2003, S. 34). Auch das mehrmalige Bestätigen des „Abschicken"-Buttons zur Übermittlung der Ergebnisse durch die Teilnehmer war in der Erhebung ausgeschaltet (vgl. Stanton & Rogelberg 2001, S. 204).

Nach Abwägung der Vor- und Nachteile der einzelnen Umfrageadministrationen ist im vorliegenden Fall eine Internet-Erhebung zu favorisieren, weil damit die Zeit- und Kostenaspekte gering gehalten werden können, eine optimale Ansprache und Kontaktaufnahme zur Untersuchungspopulation gewährleistet ist, die Kontrolle über die Bearbeitungsreihenfolge der Fragen des Erhebungsbogens sichergestellt ist und ein zu McCarty & Shrum (1997; 2000) alternatives Medium eingesetzt wird. Dass damit auch die Realisierung eines erheblichen Stichprobenumfangs möglich ist, stellt einen weiteren positiven Begleitumstand dar.

Nachdem deutlich geworden sein sollte, warum eine Online-Befragung vorliegend das geeignete Erhebungsverfahren ist, wird im Folgenden das Untersuchungsobjekt näher illustriert.

---

[250] Darunter versteht man das unerwünschte Zusenden von E-Mails (vgl. Cho & LaRose 1999, S. 422).

3.5 Eine Online-Community als Untersuchungsrahmen

Die interpersonelle – aber auch interorganisationale – Konnektivität hat sich mit der Entwicklung von Netztechnologien (insbesondere Breitband- und Funknetze mit standardisierten Protokollen; vgl. Plant 2004, S. 53f) erheblich verändert, denn es ist jetzt möglich, über das Internet in einer Art und Weise Verbindungen[251] zu anderen Personen aufzubauen, von denen vor kurzem noch nicht einmal zu träumen gewagt wurde (vgl. Mantovani 2001, S. 236). Die Ubiquität des Internets gepaart mit dem Wunsch des Menschen nach Beziehung, Wissen und Information hat dabei zu einem neuen sozialen Phänomen geführt, den Online-Communities[252] (vgl. Plant 2004, S. 52).

Dabei stehen drei Aspekte der Gemeinschaft im Vordergrund, nämlich einzigartige vitale Ideen (Diversity; von Ludford et al. 2004, S. 631 als uniqueness bezeichnet), die sich um gemeinsame Themen und Ziele drehen (Unity) und zu dynamischen unterstützenden Interaktionen[253] zwischen den Mitgliedern (Reciprocity) führen (vgl. Rehm 2000, S. 156ff).[254] Neben der einfachen Überbrückung großer räumlicher Distanzen eröffnen sich somit auch weitere kommunikative Möglichkeiten, die es z.B. bedürftigen Menschen erlauben, sich mit Experten, Interessierten oder Leidensgenossen auszutauschen (vgl. Guo et al. 2005, S. 49f; Martin & Youngren 2000, S. 333ff und Whitlock et al. 2006, S. 407ff), in gemeinsamen Lerngruppen Wissen zu vertiefen (vgl. Tilley et al. 2006, S. 144ff und Powers & Barnes 2001, S. 58f), die moralische Entwicklung zu stimulieren (vgl. Bers 2003, S. 55) oder eben den Partner für das Leben zu suchen (vgl. Jaruhirunsakul 2007).

Für Forscher stellen derartige Communities u.a. eine Chance dar, ansonsten schwer zugängliche Populationen (z.B. Personen mit Vorlieben für abweichendes Verhalten jeder Couleur) relativ einfach zu erreichen (vgl. Durkin et al. 2006, S. 595). Dieser Aspekt steht allerdings in dieser Arbeit nicht im Vordergrund, sondern hier geht es darum, eine möglichst große Anzahl an Personen, die zumindest hinsichtlich einer Variablen (Mitgliedschaft in einer spezifischen Community) als homogen zu kennzeichnen sind, online zu erreichen, sie nach dem Zufallsprinzip auf die Gruppen eines experimentellen Stimulus aufzuteilen und ihnen einen Erhebungsbogen zu präsentieren, dessen Reihenfolge der Fragenbeantwortung exakt fixiert ist.

Dass die Teilnehmer dabei einer ganz bestimmten Bevölkerungsgruppe (Partnersuchende) angehören, ist für die Interpretation und mögliche Verallgemeinerungen der Resultate relevant, spielt aber im Rahmen des experimentellen Vorgehens keine Rolle.

3.5.1 Begriff und Abgrenzung von Online-Communities

Die Bezeichnung „Community" wird meistens im Kontext sozialer Interaktion, geografischer Region und gemeinschaftlicher Bindung angewandt (vgl. Plant 2004, S. 53). Dies spiegelt sich auch in der klassischen Definition des Konstrukts nach Park (1936, S. 3) wider, der unter dieser Konnotation eine territorial organisierte Population, die mehr oder weniger vollständig in dem von ihr besetzten Boden verwurzelt ist und deren individuelle Mitglieder in einem Zustand wechselseitiger Interdependenz leben, versteht. Seitdem wurde das Konzept zwar ständig umdefiniert, blieb dabei relativ unpräzise, weil so verschiedenartige Konstrukte wie Gruppen, Prozesse, geografische Plätze, Einstellungen etc. darunter subsumiert wurden (vgl. Butkevičienė & Rinkevičius 2006, S. 35).

---

[251] Nip (2004, S. 410) spricht diesbezüglich von einer „Rekonfiguration" von Zeit und Raum, die ihrerseits Individuen und Beziehungsnetzwerke rekonfiguriert (vgl. auch Loader 1998, S. 4).

[252] Die Begriffe „virtuelle Community" und „Online-Community" sind synonym zu verstehen, wobei Letztgenannter aber in der Literatur häufiger Verwendung findet (vgl. Preece 2001, S. 348).

[253] Die Relation muss nicht auf den Austausch von Information (Kommunikation) beschränkt bleiben, sondern kann auch zu persönlichen Treffen oder der Bereitstellung von physischen Gegenständen führen, weshalb hier auf Interaktion – und nicht Kommunikation – rekurriert wird (vgl. Fischer & Wiswede 2002, S. 387).

[254] Vgl. zur historischen Entwicklung von Online-Communities auch Preece et al. (2003, S. 1023ff).

Insbesondere der erste Kerngedanke der obigen definitorischen Fassung von Community – räumliche Zuordnung – besitzt im Kontext virtueller Gemeinschaften keine große Bedeutung, denn für diese ist nicht relevant, wo die Server, welche die Interaktionsplattform der Community zur Verfügung stellen, lokalisiert sind und von welchem Punkt der Erde ein Mitglied darauf zugreift (vgl. Skog 2005, S. 464). Insofern ist keine spezielle Identifikation mit einem geografischen Raum[255] zur Konstitution einer virtuellen Gemeinschaft erforderlich, wohl aber gemeinschaftliche Bindungen und soziale Interaktionen (vgl. Driskell & Lyon 2002, S. 375).
Die klassische Definition von Online-Community stammt von Rheingold (1993, S. 5) und besagt, dass diese „cultural aggregations that emerge when enough people bump into each other often enough in cyberspace. A virtual community is a group of people who may or may not meet one another face-to-face, and who exchange words and ideas through the mediation of computer bulletin boards and networks" sind. Detaillierter äußert sich Wellman (2001, S. 228), der unter einer virtuellen Gemeinschaft ein Netzwerk interpersoneller Verbindungen, das Geselligkeit, Unterstützung, Information, ein Gefühl der Geborgenheit und soziale Identität[256] bereithält,[257] ohne dass dies auf räumliche Nachbarschaften oder Orte (Städte) begrenzt ist, versteht.[258] Ähnlich argumentiert Fernback (2007, S. 53), der zu bedenken gibt, dass mit der zunehmenden Verwurzelung des Internets in der täglichen kulturellen Existenz,[259] die Unterscheidung zwischen real und virtuell obsolet werden dürfte – nach Bruhn (2005, S. 214) ist dies bereits heute der Fall. Gleiches gilt für den Kanalaspekt der Kommunikation, denn auch in Online-Communities kann ein persönlicher oder fernmündlicher Kontakt durchaus gegeben sein – wobei allerdings der Schwerpunkt auf virtueller Ebene liegt (vgl. Koh & Kim 2003, S. 76) – und dieser ist bei der hier untersuchten Art von Community ja auch das eigentliche Ziel.
Trotzdem sollte man den Gemeinschaftsgedanken im virtuellen Umfeld aber nicht überstrapazieren, denn Personen gehen nicht ins Internet um Mitglied einer bestimmten Community zu werden, sondern nutzen seine Infrastruktur, um mit einem geographisch zerstreuten Netzwerk von Freunden und Familienmitgliedern zu kommunizieren (vgl. Gochenour 2006, S. 34).
Mit den Gemeinsamkeiten und Unterschieden von realen und virtuellen Communities in Bezug auf die Merkmale Mitgliedschaft, persönliche Identität, Normen, authentische Kommunikation, Respekt oder Status und Sozialkapital[260] haben sich Scott & Johnson (2005, S. 4ff)

---

[255] Vgl. zu den räumlichen Aspekten virtueller Gemeinschaften (Interface: Bereich des Computerbildschirms, Sozial: individuelle Interpretation der Interaktionen und Metaphorisch: Rekonstruierte Realität und Geografie) auch Gotved (2002, S. 409ff).

[256] Damit ist im Rahmen des Selbstkonzepts einer Person, das Wissen um die Zugehörigkeit zu einer oder mehreren (sozialen oder virtuellen) Gruppen sowie die damit verbundenen Gefühle und Bewertungen, gemeint (vgl. Wiswede 2004, S. 246). Neben der sozialen bildet die personale Identität (Wissen um die persönlichen Charakterzüge, Fähigkeiten, Meinungen etc. und die mit ihnen verbundenen Gefühle und Bewertungen; vgl. Wiswede 2004, S. 245) einen weiteren Baustein des Selbstkonzepts (siehe Abschnitt 3.5.4.3.2).

[257] Etzioni & Etzioni (1999, S. 241) verzichten ebenfalls auf eine örtliche Komponente und fassen die Aspekte unter den Begriffen „bonding" und „culture" zusammen.

[258] Weitere definitorische Ansätze können der Übersicht in Lee et al. (2003, S. 49) entnommen werden.

[259] Gleichwohl können Online-Communities im interkulturellen Kontext durchaus divergierende Funktionen im Hinblick auf die Relevanz virtueller und realer Gruppen aufweisen, wie Ishii & Ogasahara (2007, S. 254ff) für den Vergleich zwischen japanischen und koreanischen Personen aufgezeigt haben.

[260] Der Begriff bezieht sich auf die Verbindungen innerhalb und zwischen sozialen Netzwerken und wurde erstmals von Coleman (1988) in einen klaren theoretischen Rahmen gestellt, existiert aber in einer Vielzahl unterschiedlicher definitorischer Ausformungen (vgl. Widén-Wulff & Ginman 2004, S. 449). Im vorliegenden Zusammenhang sollen darunter mit Wellman et al. (2001, S. 437) Beziehungen zu anderen Personen, die Unterstützung, emotionale Hilfe, ein Geborgenheitsgefühl etc. bereitstellen (Netzwerkkapital), das Involvement in politischen oder freiwilligen Organisationen, um gemeinsam Fähigkeiten zu entwickeln und auszubauen sowie ihre Wünsche und Anforderungen zu artikulieren (Beteiligungskapital) und die Bereitschaft ihr verfügbares Sozialkapital auch in Communities zu mobilisieren und effektiv einzusetzen (Community Commitment) verstanden werden. Vgl. zu den Effekten virtueller Gemeinschaften auf das Sozialkapital in Bezug auf Netzwerk, Normen, Vertrauen und Privatisierung von Freizeit auch Blanchard & Horan (2000, S. 8ff).

auseinandergesetzt. Driskell & Lyon (2002, S. 374) heben in diesem Zusammenhang die gewandelte Bedeutung des Begriffs Community hervor, der sich zunächst auf die lokale Nachbarschaft bezog, später auf die geteilte Umgebung (z.B. einer Kirche; vgl. zu religiösen Communities auch Foltz & Foltz 2003, S. 322ff) und typischerweise freiwillige Zusammenschlüsse oder Arbeitsgruppen ausweitete, wobei er heute eben vielfach virtuelle Gemeinschaften mit umfasst. Von Kritikern (z.B. Wuthnow 1998, S. 3ff) wird diese Entwicklung auch als ein „Verlust an wirklicher Gemeinschaft" betrachtet, weil die sozialen Verträge der Mitglieder immer schwächer werden. Wilbur (2000, S. 50) geht sogar soweit, eine virtuelle Community lediglich als Illusion einer Gemeinschaft zu charakterisieren, die von idealistischen Technophilen ausgerufen wird, weil diese nicht verstanden haben, dass sich Authentizität nicht mit technischen Mitteln erzeugen lässt.
Die letztgenannten eher soziologischen Gesichtspunkte sind für das Verständnis der vorliegenden Erhebung aber nur am Rande relevant, denn hier kommt es im Wesentlichen auf die individuelle Perspektive des Mitglieds an, dessen Gemeinschaftsgefühl weniger davon abhängen dürfte, ob der Kontakt physisch, telefonisch oder computervermittelt erfolgt, sondern überwiegend qualitätsmäßige Aspekte der Interaktion betreffen wird.

3.5.2 Charakteristiken von virtuellen Gemeinschaften

Online-Communities sind bei weitem keine homogenen Gebilde, sondern können sich in den mannigfaltigsten Ausprägungen konstituieren und in vielen unterschiedlichen Formen auftreten (vgl. Baym 1995, S. 138ff; Döring 2001, S. 92ff; Kollock & Smith 1999, S. 4ff sowie Peter & Valkenburg 2007, S. 458f). Mit Lazar & Preece (1998, S. 84ff) lassen sie sich anhand von vier Merkmalen klassifizieren: Attribute (z.B. Ziel, Interaktionen, und Mitgliederzahl), eingesetzte Softwareunterstützung (siehe Abschnitt 3.5.3.2), Beziehung zu physischen Gemeinschaften (auf ihnen basierend oder unabhängig davon – hat insbesondere Einfluss auf den Face-to-Face Kontakt der Mitglieder untereinander; vgl. Nip 2004, S. 410ff) und Mitgliederbindung (z.B. stark, wenn die Beziehungen der Teilnehmer überwiegend in der Community verortet sind, wie dies beispielsweise in Firmennetzen der Fall ist).
Weitere Punkte betreffen den Grad an Regulierung (soziale Konventionen; vgl. Kivimäki et al. 1998, S. 30), die Offenheit der Community (vgl. Neumann et al. 2005, S. 478), d.h. die Möglichkeit Mitglied zu werden – so brauchen potenzielle Neu-Mitglieder in einigen Communities kein Empfehlungsschreiben von bereits etablierten Mitgliedern (offen), was aber bei anderen Gemeinschaften (z.B. Xing; vgl. Lamprecht 2007) notwendig ist (privat) – und das Ausmaß an profit-orientierten Aktivitäten der Community-Betreiber (vgl. Plant 2004, S. 56f).
Ein zusätzlicher Aspekt virtueller Gemeinschaften besteht im Austausch[261] professionellen Wissens, ohne den z.B. Open-Source-Software-Anwendungen (vgl. Feller & Fitzgerald 2002, S. 12ff und Hars & Ou 2002, S. 26f) kaum denkbar wären (vgl. Chiu et al. 2006, S. 1872). In diesem Zusammenhang sind virtuelle Lernumwelten ebenfalls schon früh etabliert worden (vgl. Johanning et al. 2005, S. 55 und Peltier et al. 2003, S. 260f).
Neuerdings rücken auch die kommerziellen Gesichtspunkte von Zusammenschlüssen im Netz stärker in den Blickpunkt des Interesses und manifestieren sich beispielsweise in Communities für bestimmte Marken oder Produkte (vgl. die Beispiele bei Flaviàn & Guinalíu 2005, S. 410ff und Muniz & O'Guinn 2001, S. 415ff), in denen potenziellen oder tatsächlichen Käufern und Anwendern, die Möglichkeiten zum Informationsaustausch – untereinander oder mit dem Anbieter – über Nachrichtenbretter, Foren, Chat-Räume etc. eingeräumt werden (vgl. Spath et al. 2006, S. 188ff und speziell zu den Kontrollstrukturen in einer derartigen Gemeinschaft: Walden 2000, S. 244f; ihren Wirkungen als Referenzgruppe bei Kaufentscheidungen:

[261] Dieser ist nicht streng reziprok zu sehen, sondern es kommt im Rahmen von Open-Source-Projekten sowohl auf die Verbesserung einer bestehenden Softwaresituation durch neue oder modifizierte Features, als auch auf die Möglichkeiten, den Umgang mit der entwickelten Lösung zu lernen, an – so dass individuelle und kollektive Aspekte zu beachten sind (vgl. Hemetsberger & Reinhardt 2006, S. 191).

Muñoz 2003, S. 4ff sowie einem Beispiel zur Marktforschung in Online-Communities: Kozinets 2002, S. 62ff). Für den Anbieter kann ein Motiv zur Einrichtung einer derartigen Institution, beispielsweise in der Nutzung des in der Community generierten Wissens für Innovationen liegen (vgl. Mühlbacher et al. 2007, S. 99). Damit geht eine Virtualisierung bisheriger Kunden-Clubs[262] einher und konstituiert eine (neue) Facette im Gestaltungsprozess der Kundenbeziehungen von Produzenten und Händlern (vgl. McWilliam 2000, S. 44f).

Ein Vorteil virtueller Gemeinschaften liegt in ihrer meist sehr weit gefächerten sozialen Verzweigung, d.h. hier gibt es in der Regel zahlreichere und heterogenere soziale Charaktere (z.B. hinsichtlich Einkommen, Religion oder ethnische Herkunft) unter den Mitgliedern, als in Offline-Communities (vgl. Hiltz & Turoff 1993). Damit ist es möglich, sowohl die Anzahl gemeinschaftlicher Verbindungen, als auch die Vielgestaltigkeit personaler Kontakte in kurzer Zeit zu erhöhen (vgl. Driskell & Lyon 2002, S. 381), was sicherlich auch ein relevantes Kriterium bei der Suche nach dem geeigneten Lebenspartner darstellt.

Negative Aspekte virtueller Communities für ihre Mitglieder können im Eskapismus (Flucht vor der Realität; vgl. Henning & Vorderer 2001, S. 101ff) oder Gruppendenken (man verliert den „Kontakt" zur realen Außenwelt, weil man überwiegend mit Personen kommuniziert, die gleiche Ansichten etc. haben, so dass die „heile virtuelle" Welt letztlich auch den Hintergrund für Entscheidungen in sonstigen Lebensbereichen abgibt; vgl. Norris 2002, S. 4 und Preece 2001, S. 349) liegen, die dann zu Fantasiewelten führen können (vgl. Rehm 2000, S. 155).

Während in psychologischen und soziologischen Studien vorrangig die Analyse der Mitgliederbeziehungen über Fragebögen oder Inhaltsanalysen betrieben wird, lassen sich durch die technikbasierte Kommunikation, auch über diesen Weg Untersuchungen zur Nutzung des Community-Angebots durchführen (vgl. Phippen 2004, S. 180f). Dieser Aspekt besitzt vorliegend für die Aufzeichnung der Gesamtdauer der Fragebogenbearbeitung Relevanz.[263]

3.5.3 Besonderheiten des Untersuchungsobjekts single.de

Sich mit den Gegebenheiten in der Community näher zu befassen ist deshalb von Bedeutung, damit die Rahmenbedingungen der vorliegenden Erhebung besser verstanden, und die gewonnenen Ergebnisse korrekt eingeordnet werden können. Einen Vergleich von single.de mit anderen deutschsprachigen partnerschaftsorientierten Websites bietet beispielsweise die Zeitschrift „test" der Stiftung Warentest (vgl. o. V. 2005, S. 74f).

Während die überwiegende Zahl der Nutzer des Internets dort primär nach Information Ausschau hält – und weniger soziale Unterstützung sucht (vgl. Driskell & Lyon 2002, S. 385; gegenteiliger Meinung: Bruhn 2005, S. 215) – dürfte dies bei den Mitgliedern von single.de anders gelagert sein, denn hier steht das Interesse an sozialen Kontakten wohl eindeutig im Vordergrund. Das „Kennenlernen" in realen und virtuellen Welten verläuft dabei diametral entgegengesetzt: Während man in einer sozialen Umgebung Menschen zuerst trifft, und dann entscheidet, ob ein weiterer bzw. engerer Kontakt erwünscht ist, kommuniziert man in Online-Umgebungen am Anfang untereinander und das „persönliche" Treffen erfolgt – wenn überhaupt – später (vgl. Rheingold 1993 und Abschnitt 3.5.4.2).

Nach der Taxonomie von Plant (2004, S. 59f; siehe Abschnitt 3.5.2) ist single.de als Non-Profit (nur Werbung auf einigen Seiten, aber es werden keine Mitgliedsbeiträge oder sonstige Gebühren – z.B. für das Schalten von Annoncen; siehe Abschnitt 3.5.3.2 – erhoben und auch die virtuelle Währung der Community, kann nicht käuflich erworben werden; siehe Ab-

[262] Einen allgemeinen Überblick zu dieser Kommunikationsform gibt Holz (1997, S. 17ff). Diverse konkrete Beispiele sind bei Gohr (2006, S. 40ff) und Holz (1997, S. 238ff) aufgeführt.

[263] Die Bedeutung dieser Perspektive bei der Untersuchung von Online-Communities wird auch von Blanchard & Markus (2007, S. 323ff) sowie Stolterman (1999, S. 7ff) aufgezeigt, weil sich die technische Unterstützung sozialer Prozesse sehr stark unterscheiden kann, was sich dann z.B. in der Geschwindigkeit, mit der Messages verfügbar gemacht werden oder der automatischen Einfügung der Anfrage bei der Beantwortung, niederschlägt.

schnitt 3.5.3.1), offene (jede der deutschen Sprache mächtige Person mit einem Mindestalter von 18 Jahren kann dort Mitglied werden) und regulierte (Hausordnung, zu deren Einhaltung sich die Mitglieder bei ihrer Aufnahme verpflichten; vgl. Rundt 2002, S. 20) Community zu klassifizieren. In ihr waren im November 2001 mehr als 260.000 Mitglieder eingetragen, womit sie die mitgliederstärkste Plattform der von der Firma Webpool betreuten Communities darstellt (vgl. Rundt 2002, S. 19). Deswegen – und auf Grund der relativ großen thematischen Offenheit – wurde diese Plattform als Untersuchungseinheit ausgewählt, d.h. durch das Bindeglied „Partnersuche" gab es eine gemeinsame Klammer des Personenkreises, ohne dass eine einstellungs- und werte-mäßige Gleichschaltung der Mitglieder zu befürchten war. Somit erübrigte sich auch eine Erhebung in weiteren oder allen Communities, zumal die Firma Webpool diesbezüglich wohl auch keine Einwilligung gegeben hätte.[264]
Zwar besteht das vorrangige Ziel der Mitglieder in der Suche eines Partners (vgl. Rundt 2001), jedoch werden auch dann noch in hohem Maße entstandene virtuelle Freundschaften in der Community gepflegt, wenn die Partnersuche erfolgreich[265] war (vgl. Rundt 2002, S. 19). Weil die Mitgliedschaft kostenfrei ist, besteht zumindest kein finanzieller Grund (sieht man einmal von den anfallenden Verbindungskosten ab), diese aufzugeben.
Um die Angebote auf single.de nutzen zu können, müssen sich die Mitglieder einloggen, d.h. sie sind gezwungen, sich gegenüber dem Server zu authentifizieren. Deshalb bleiben sie auch nicht „anonym" sondern interagieren – für die übrigen Mitglieder sichtbar – unter dem von ihnen selbst angelegten Profil[266] (vgl. Rundt 2002, S. 19).
An dieser Stelle sei noch angemerkt, dass den Mitgliedern Umfragen – auch in Form eines Pop-Up-Fensters – durchaus bekannt sind, so dass vorliegend auch nicht von einer völlig neuen Situation auszugehen war, zumindest nicht bei den Mitgliedern, die sich schon etwas länger in der Community aufgehalten haben.

3.5.3.1 Die virtuelle Währung der Community

Einzelne Aktivitäten (z.B. der Erwerb von Aufklebermotiven zum Verschenken an andere Mitglieder[267]) müssen von den Nutzern mit virtuellem Geld – so genannten Poolies – „bezahlt" werden. Jedes Mitglied erhält beim Einloggen an einem Tag 50 Poolies (Stand 2002) auf seinem virtuellen Konto gutgeschrieben und außerdem können Einkünfte durch das Verfassen von Artikeln (siehe folgender Abschnitt) oder deren positiver Beurteilung durch andere Mitglieder oder der Nachfrage nach eigenen angeboten virtuellen Dienstleistungen erzielt werden (vgl. Rundt 2002, S. 22). Weil zur Zeit der Erhebung, als Konsequenz einer gerade abgeschlossenen virtuellen Schneeballschlacht, bei den Mitgliedern ein erhöhter Bedarf an Poolies vorlag – die auf die anderen Mitglieder abgefeuerten Schneebälle mussten natürlich

[264] Persönliche Kommunikation mit dem seinerzeitigen Systemadministrator der Firma Webpool, Herrn Reiner Kukulies, am 31.01.2002.

[265] Dies erscheint auch deshalb plausibel, weil man ja nie wissen kann, ob die eingegangene Partnerschaft wirklich „ewig hält", und außerdem könnte man ja im Laufe der Zeit noch jemanden finden, die – oder der – noch besser zur eigenen Person passt.

[266] Hier wird unter einem Pseudonym (Nickname oder Penname; vgl. Tian & Wu 2007, S. 244) alles zusammengestellt, was eine Person von sich im Rahmen der Community preisgeben möchte (Eigenwerbung), so dass hierin die Visitenkarte eines Mitglieds zu sehen ist (vgl. Arvidsson 2006, S. 678ff und Neumann et al. 2005, S. 473). Außerdem sind eine Übersicht der verfassten Artikel und Beiträge, Sympathiewertungen andere Mitglieder sowie diverse virtuelle Kennzeichnungen (z.B. von anderen Mitgliedern erhaltene Aufklebermotive) angehängt, die weitere Information offenbaren (vgl. Rundt 2002, S. 21). Insofern ist das Profil eines Mitglieds meistens ständigen Veränderungsprozessen unterworfen, die auch nur von ihm selbst – hinsichtlich seiner Selbstdarstellung – vorgenommen werden können (siehe Abschnitt 3.5.4.3.2).

[267] Damit wird eine wichtige Möglichkeit eröffnet, um einer anderen Person Sympathie zu bekunden, weil die diesbezüglich in normalen Kommunikationssituationen zur Verfügung stehenden Mittel wie Lächeln und intensive Blickkontakte, auf der Computerebene nicht einsetzbar sind (vgl. Mantoviani 2001, S. 242).

vorher erworben werden – dürfte das für die Partizipation an der Untersuchung ausgelobte Incentive von 1000 Poolies, einen gewissen Reiz ausgeübt haben.[268]

3.5.3.2 Die technischen Features der Plattform single.de

Die Gegebenheiten zur Interaktion fallen in virtuellen Communities nicht einheitlich aus (vgl. Barth 2000, S. 87), weshalb an dieser Stelle die entsprechende Konstellation auf single.de näher erläutert wird, damit ein klares Bild von den diesbezüglichen Möglichkeiten in der Community vorliegt, und die Rahmenbedingungen der durchgeführten Erhebung verdeutlicht werden (vgl. Preece, 2001, S. 353f). Dies betrifft im Wesentlichen die fünf Attribute:

(1) Artikelsysteme und Diskussionsforen;
(2) Kontaktanzeigenbörsen;
(3) Mitgliedersuche und Single-Match;
(4) Online-Liste und Messenger;
(5) Chaträume.

Eine Community lebt[269] von Beiträgen (vgl. Beenen et al. 2004, S. 212ff), Einsatz und Involvement ihrer Mitglieder (vgl. Ludford et al. 2004, S. 631ff und Wang & Fesenmaier 2004, S. 262ff), die sich auf single.de in vielfältiger Form manifestieren können.
Es ist beispielsweise möglich, Artikel zu diversen Themen unter dem Profilnamen (siehe Fußnote 266) zu verfassen, zu denen automatisch ein Diskussionsforum eingerichtet wird, auf dem die übrigen Mitglieder zu dem Beitrag Stellung beziehen können (vgl. Rundt 2002, S. 22). Hierüber kann aber lediglich eine asynchrone Kommunikation erfolgen, da die einzelnen Artikel erst von der Redaktion der Community freigeschaltet werden müssen, um die Persönlichkeitsrechte Dritter sowie die Konformität mit der Hausordnung zu wahren (vgl. Rundt 2002, S. 23).
Ist zu einem geprüften Artikel ein Diskussionsforum eingerichtet worden, werden die dortigen Eingaben sofort veröffentlicht und der Bezug zu den Abhandlungen der anderen Mitglieder durch eine hierarchische Strukturierung verdeutlicht (vgl. Rundt 2002, S. 23). Hinsichtlich des Ziels einen Partner zu finden, sind derartige Beiträge auf single.de sicherlich auch ein Mittel zum Zweck, indem die persönliche Präsenz in der Community dokumentiert wird, womit sowohl Möglichkeiten zur Eigenwerbung, als auch der Entlohnung durch virtuelles Geld eingeschlossen sind.
In den Kontaktanzeigenbörsen kann mit Annoncen nach einem Partner gesucht werden, wobei eine Parallele zu den entsprechenden Inseraten in Printmedien besteht (vgl. Rundt 2002, S. 23). Wichtige Unterschiede dieser Offerte auf single.de liegen aber in der Kostenfreiheit der Anzeigen, und der Möglichkeit, Fotos beizufügen. Weiterhin kann eine sofortige Reaktion auf die Anzeige erfolgen, indem eine Messenger-Nachricht (siehe oben Punkt 4) verfasst wird. Daneben sind die Annoncen auch mit dem Profil (siehe Fußnote 266) der sie schaltenden Person verbunden, so dass interessierte Mitglieder auch dort weitere Information abrufen können (vgl. Rundt 2002, S. 23).

---

[268] Persönliche Kommunikation mit dem seinerzeitigen Systemadministrator der Firma webpool, Herrn Reiner Kukulies, am 31.01.2002.

[269] Vgl. beispielsweise Wang & Fesenmaier (2003, S. 34ff) zu den Motiven (antizipierte Reziprozität; Selbstkonzepttheorien, Self-Efficacy) der aktiven (Beiträge liefern) Partizipation an einer kommerziellen Community bzw. Seddon et al. (2008, S. 25ff) zu den entsprechenden Beweggründen (Anerkennung, Zugehörigkeit, kognitive Bedürfnisse und Selbstaktualisierung) im nicht-kommerziellen Bereich (Lehrer-Community). Allerdings ist Motivation nur eine notwendige und keinesfalls hinreichende Voraussetzung für die aktive Beteiligung an einer virtuellen Gemeinschaft, denn diesbezüglich spielen neben der Qualität der Beiträge und dem geboten Service (vgl. Lin & Lee 2006, S. 481ff) auch noch Faktoren wie (technische) Simplizität der Beitragsabgabe (vgl. Koh et al. 2007, S. 70), gesammelte Erfahrungen mit virtuellen Welten, generelle Einstellung zu Computern und Charakterzüge (z.B. Extrovertiertheit oder Kreativität) eine wichtige Rolle (vgl. Wang & Fesenmaier 2003, S. 36).

Während unter der Mitgliedersuche, Personen anhand bestimmter Kriterien (z.B. Geschlecht, Alter und Postleitzahlenbereich) ausfindig gemacht werden können, ermöglicht das Single-Match die direkte Identifikation eines potenziellen Partners mittels der festgestellten Übereinstimmungen beim Ausfüllen eines Fragebogens zum persönlichen Traumpartner (vgl. Rundt 2002, S. 24).
Mit dem Messenger ist eine fast synchrone Kommunikation der Mitglieder untereinander möglich, denn die Nachrichten eines Mitglieds werden dem Empfänger beim nächsten Aufruf einer Web-Site der Community oder im Anschluss an die automatische Aktualisierung des Messengers nach einer Minute, angezeigt (vgl. Rundt 2002, S. 24). Damit die Nachrichten zugestellt werden können, müssen die Mitglieder allerdings eingeloggt sein, was in einer entsprechenden Online-Liste nachgeprüft werden kann (vgl. Rundt 2002, S. 24). Die Kommunikation über den Messenger stellt in der Community den am häufigsten gewählten Weg dar,[270] weil nahezu die Hälfte aller Seitenaufrufe auf single.de durch die Benutzung dieses Instruments verursacht werden (vgl. Rundt 2002, S. 24). Dies deckt sich mit dem Hinweis von Mantoviani (2001, S. 238), wonach ein direktes Feedback für eine vollständige und korrekte Interpretation von Kommunikationsakten unerlässlich ist – insofern sind sowohl der private Messenger, als auch der öffentliche Chat, ideale Wege, diesen Status auch in der virtuellen Welt sicherzustellen.
Den Mitgliedern stehen außerdem verschiedenen Chaträume (vgl. Waskul & Douglass 1997, S. 391) zur Auswahl, in denen sie synchron miteinander kommunizieren können. Dort gibt es aber – im Gegensatz zum Messenger (siehe oben Punkt 4) – keine Möglichkeit, direkt die Profile der Teilnehmer aufzurufen bzw. die wiederholte Kontaktaufnahme aufdringlicher Mitglieder mit einem einzigen Klick zu unterbinden (vgl. Rundt 2002, S. 25). Die bei computervermittelter Kommunikation fehlende optische Präsenz zum Zeigen von Emotionen lässt sich dabei zumindest teilweise durch den Einsatz bestimmter Sprachcodes (z.B. Emoticons, in denen Gefühlszustände über bestimmte Zeichenfolgen – :-(für traurig oder :-) für fröhlich – offenbart werden; vgl. Sanderson 1995, S. 5f) ausgleichen (vgl. Fineman et al. 2007, S. 556).
Damit können die Mitglieder auf single.de sowohl asynchron (Diskussionsforen, Artikelsystem und Kontaktanzeigenbörsen), als auch quasi-synchron (Messenger) und synchron (zahlreiche Chaträume) untereinander kommunizieren, und ihre individuellen Ziele verfolgen.
Für den Fortbestand einer Online-Community sind nach Koh & Kim (2003, S. 86f) gelegentliche Offline-Aktivitäten sehr förderlich – weil sich starke Bindungen der Mitglieder ohne die Kenntnis physischer Merkmale nur schwer aufrechterhalten lassen – so dass auch die Betreiber von single.de an derartigen Kontakten interessiert ist und lokale Begegnungsevents unterstützen.[271]

3.5.3.3 Besonderheiten bei der Gewinnung von Umfragedaten auf single.de

Hier ist zunächst darauf hinzuweisen, dass ein einzelnes Mitglied durchaus mit mehreren Profilen auf single.de vertreten sein kann, und damit möglicherweise – wenn jeder Profilerstellung eine gesonderte Anmeldung voranging – auch mehrfach an der Erhebung teilnehmen konnte. Aus Gründen der Aufrechterhaltung der Anonymität lassen sich derartige Fälle aber nicht herausfiltern, so dass sie vorliegend – weil eine Totalerhebung (siehe Abschnitt 4.3.6) angestrebt war – in Kauf genommen wurden.[272]

---

[270] Dies ist auch in anderen virtuellen Communities zu beobachten, und macht deutlich, dass der softwaretechnischen Umsetzung eine große Bedeutung für die Attraktivität einer Community zukommt und ihr entsprechende Aufmerksamkeit zu widmen ist (vgl. Kruger et al. 2001, S. 648).

[271] Persönliche Kommunikation mit dem seinerzeitigen Systemadministrator der Community, Herrn Reiner Kukulies am 31.01.2002.

[272] So besaßen beispielsweise 18 % der Teilnehmer in der Untersuchung von Bühler-Ilieva (2006, S. 168f) auf der Schweizer Dating-Plattform „PartnerWinner" mehr als ein Profil.

Weiterhin ist die Form der Kontaktaufnahme mit der Bitte um Beteiligung an der Erhebung zu nennen, denn neben der hier gewählten Möglichkeit des Pop-Up-Surveys hätten Hinweise auf den Fragebogen auch direkt per E-Mail oder mittels einer Nachricht über den Messenger (siehe Abschnitt 3.5.3.2) an die Mitglieder der Community erfolgen können (vgl. Weis et al. 2003, S. 140f). Damit wäre zwar eine direkte und persönliche Ansprache verbunden gewesen, jedoch hätte diese zum einen als unzulässiger Eingriff in die Privatsphäre aufgefasst werden können und zum anderen wäre dann ein explizites Navigieren auf die Web-Site der Umfrage erforderlich gewesen, was sich bei einem Pop-Up-Fenster erübrigt.
Ferner kann bei der Fixierung der Untersuchungspopulation auf die Mitglieder einer Community ein Risiko daraus erwachsen, dass derartige Gemeinschaften vielfach auf gemeinsam geteilten Werten basieren, wie dies z.B. in politischen Gruppierungen zu erwarten ist (vgl. DeCindio et al. 2003, S. 395). In derartigen Fällen ist mit einer weitgehend identischen Werte-Orientierung zu rechnen, was aber nach den vorliegend erzielten Ergebnissen (siehe Abschnitt 5.3.2) nicht zutrifft. Wahrscheinlich ist diese Gefahr bei single.de im Vergleich zu anderen Online-Communities auch deutlich geringer, weil die Mitgliederstruktur wesentlich heterogener ist als beispielsweise in einer virtuellen Gemeinschaft gegen Gentechnik, bei der ein Wert wie Natur möglicherweise einen überragenden Stellenwert bei fast allen Mitgliedern besitzt. Insofern konnte man davon ausgehen, dass bei single.de ein weites Spektrum an unterschiedlichen Wert-Orientierungen abgebildet würde, auch wenn ein Bias in Bezug auf Freundschaft und Liebe nicht auszuschließen war.[273] Letzteres ist aber deshalb problematisch, weil die beiden genannten Werte auch in anderen Erhebungen hoch eingestuft werden (siehe Abschnitt 2.1.4.2.4.3), so dass hier eventuell eine zusätzliche Verzerrung stattgefunden hat. Dieser Zusammenhang ist bei der Interpretation der Daten im Auge zu behalten.
Ein ethisches Problem – obwohl keine interne Kommunikation der Mitglieder untereinander verfolgt oder aufgezeichnet wurde (vgl. King 1996, S. 122) – stellt das erforderliche Einloggen der Nutzer auf den Web-Sites dar (siehe Seite 266), mit dem sie eindeutig identifizierbar waren. Damit hätten Bedenken in Bezug auf ihre Anonymität bei den Befragten ausgelöst werden können. Diesbezüglich bleibt aber fraglich, ob die potenzielle Identifikation den Mitgliedern beim Ausfüllen des Erhebungsbogens wirklich bewusst war – schließlich erfolgte keine Auswahl (Stichprobenziehung; siehe Abschnitt 4.3.6), so dass auch keine Ziehungsregel anzugeben war, mit der eine Verbindung zu den Mitgliederdaten hätte hergestellt werden können. Demzufolge wird diesem Bereich kein hohes Problempotenzial eingeräumt. Auf die mit dem Einloggen möglicherweise verbundenen Identitätsprobleme und ihre Auswirkungen für die Erhebung wird in Abschnitt 3.5.4.3.2 eingegangen.
Ebenso ist in diesem Kontext auf die Verknüpfung privater (Eingaben der Befragten) und öffentlich[274] (Zeitdauer von der Partizipationszusage bis zur Bestätigung der letzten Fragebogenseite) – bzw. community-intern (Mitgliedschaftsdauer) – vorliegender Daten hinzuweisen (vgl. Flicker et al. 2004, S. 129ff), die durch das Einloggen der Mitglieder ermöglicht wird.[275]
Ein Einverständnis zur Aufzeichnung der Dauer der Fragebogenbearbeitung konnte vorher nicht erbeten werden, denn ansonsten hätten die Teilnehmer vielleicht zu sehr auf die Zeit geachtet. Außerdem gab es vorliegend keine alternative Möglichkeit, um die Zeitdauer zu erheben, was einer Duldung entsprechender Vorgehensweisen entgegenkommt (vgl. King

[273] Man bewertet die Dinge sehr hoch, hinsichtlich derer man depriviert ist (vgl. Wiswede 2004).
[274] Vgl. hierzu auch die Unterscheidung von Bergman (2008, S. 590f) in sinnesbasierte, objektive und subjektive Daten, bei der die Bestätigung der Angaben einer Person durch Dritte (mutmaßliche externe Realität), das Differenzierungskriterium ausmacht. Die beiden letztgenannten Klassen stellen allerdings nur einen Unterfall der auf Sinneseindrücken basierenden Daten dar, wenn es um daraus abgeleitete Antworten geht.
[275] Anders als beispielsweise bei Bühler-Ilieva (2006, S. 166), war aber vorliegend keine Verknüpfung der Erhebungs- mit den Profildaten der Nutzer intendiert.

1996, S. 120). Die Teilnehmer waren implizit darüber informiert, dass sie „studiert" wurden, denn das Ausfüllen eines Fragebogens ist eindeutig als solches zu klassifizieren.
Die Frage nach der Dauer der Mitgliedschaft hätte zwar auch im Erhebungsbogen integriert werden können, jedoch wurde diesbezüglich die – von Webpool angebotene Weitergabe der originären – Anmeldedaten präferiert, weil dadurch die Anzahl an Items nicht erweitert werden musste und außerdem gesicherte objektive Daten zur Verfügung standen. Mit den Angaben ist es möglich, zwischen bereits länger registrierten und erst jüngst hinzugekommenen Mitgliedern zu differenzieren – ohne dass dadurch allerdings Aussagen über die Einbindung des jeweiligen Personenkreises in die Community getroffen werden können.
Diesbezüglich wäre zu fragen, ob die Teilnehmer darüber – zumindest im Nachhinein – hätten informiert werden mussten (vgl. American Psychological Association 2002, S. 1070 Unterpunkte 8.06 und 8.07). Von einer Aufklärung wurde jedenfalls abgesehen, weil nicht auszuschließen war, dass die Mitglieder über diesen Aspekt untereinander kommunizieren, was zu Verzerrungen bei den später teilnehmenden Probanden hätte führen können. Dass die Zeitmessung eine Rolle gespielt hat – um beispielsweise zu schnell ausfüllende Mitglieder aus dem Datensatz zu eliminieren (siehe Abschnitt 5.2.1.2) – wurde aber in dem Ergebnisbericht für die Teilnehmer vermerkt (vgl. Gabriel 2002, S. 7).
Natürlich ist auch der Fakt, dass es bei der Umfrage gar nicht primär um die Werte-Orientierung ging, sondern eine methodische Fragestellung fokussiert wurde, eine entsprechende „Täuschung" im Rahmen des experimentellen Vorgehens gewesen. Die musste aber auf jeden Fall unangekündigt bleiben, weil sonst keine freien und objektiven Antworten mehr möglich gewesen wären. Letztendlich waren die 17 Werte für alle Befragten identisch, auch wenn sie in der Reihenfolge variierten, die Anzahl an Antwortoptionen unterschiedlich ausfiel und acht verschiedene Durchführungsanweisungen eingesetzt wurden.

3.5.4 Romantische Beziehungen im Zeitalter des Internets

Bislang standen die konkreten (technischen) Bedingungen der Community im Vordergrund, aus der die Versuchspersonen rekrutiert wurden. Um auch Anhaltspunkte über den thematischen Hintergrund der Gemeinschaft und bisherige Ergebnisse zur Partnersuche im Internet zu bekommen, wird dieser Aspekt nachfolgend etwas genauer betrachtet, damit auch ein grobes Bild über den Personenkreis in einer Community wie single.de entsteht.
Der Wunsch einen Lebenspartner zu finden erwächst sowohl aus dem Motiv der Affiliation (vgl. Schachter 1959), als auch der Zugehörigkeit (vgl. Baumeister & Leary 1995, S. 499ff), und stellt einen wichtigen Aspekt des Erwachsenwerdens dar (vgl. Donn & Sherman 2002, S. 112). Im westlichen Kulturkreis wird von jungen Menschen vielfach erwartet, dass sie heiraten und eine Familie gründen, was teilweise einen hohen sozialen Druck zur Ausübung einer entsprechenden Rolle (vgl. Wiswede 1977) erzeugt (vgl. Bühler-Ilieva 2006, S. 55ff).
Folglich steht zunächst die Frage im Mittelpunkt, ob es überhaupt möglich ist, über computervermittelte Kommunikation eine so enge und tiefe Verbindung aufzubauen, dass sich daraus eine tragfähige Partnerschaft entwickeln kann (vgl. Wellman & Gulia 1999, S. 178ff). Während das Internet früher hauptsächlich zur Beschaffung und zum Austausch von Information genutzt wurde, ist heute auch der Aufbau von sozialen Beziehungen[276] über dieses Medium (vgl. Lawson & Leck 2006, S. 191ff) gängige Praxis (vgl. Kuntze et al. 2002, S. 203). Im Zusammenhang mit der Partnersuche im Internet ist damit sowohl von affiliativen (soziale Kontakte pflegen) als auch nutzenstiftenden (Kontaktpersonen finden) Funktionen des Mediums auszugehen (vgl. Weiser 2001, S. 738f).
Nach einer Studie von Baker (2002, S. 364) zeichnen sich auf einem Online-Kontakt basierende überdauernde reale Partnerschaften, gegenüber diesbezüglich nicht beständigen Beziehungen, vor allem durch vier Faktoren aus: Ort des ersten Kontakts (insbesondere hinsichtlich

---

[276] Diese können auch einzig und allein aus sexuellen Motiven gesucht und eingegangen werden (vgl. Daneback et al. 2007, S. 104ff).

des thematischen Schwerpunktes des virtuellen Treffpunktes, denn gemeinsame Interessen verbinden), überwundene Hindernisse (meist der großen räumlichen Distanz, die beim virtuellen Kennenlernen keine Rolle spielt, aber auch hinsichtlich der Loslösung aus früheren Beziehungen), Zeitaspekte (je länger und weniger intim vor dem ersten Offline-Date kommuniziert wurde, desto stabiler sind die Partnerschaften) und Konfliktlösungsfähigkeiten (je stärker die Verhandlungsorientierung ausgeprägt ist, umso überdauernder die Beziehungen).
Ein nicht zu unterschätzender Risikoaspekt[277] für den weiteren Aufbau einer Beziehung,[278] die im Internet ihren Anfang genommen hat, liegt im erstmaligen realen Gegenübertreten[279], denn damit werden alle bisherigen kommunikativen Aussagen – und die aus ihnen abgeleiteten Interpretationen und Schlussfolgerungen – mit einer physischen Hülle in einer realen Konversation in Beziehung gesetzt, was durchaus zum abrupten Abbruch der Beziehung aufgrund enttäuschter Erwartungen (vgl. Schank 1997, S. 30ff) führen kann (vgl. Lawson & Leck 2006, S. 199).
Natürlich dient das Internet nicht nur zum Aufbau neuer Beziehungen (vgl. Bruhn 2005, S. 216), sondern ist ebenso ein wichtiges Instrument, um bereits bestehende Freundschaften zu pflegen (vgl. Howard et al. 2001, S. 399ff), denn nach Carter (2005, S. 148ff) investieren Personen einen vergleichbaren Aufwand in die Erhaltung von Online- und Offline-Freundschaften.

3.5.4.1 Grundlegende Aspekte der Internetnutzung

Die Suche nach einem Lebenspartner auf das Internet auszuweiten[280] ist schon deshalb sinnvoll, weil dies die Anzahl potenzieller Kontaktpersonen[281] signifikant erhöht (vgl. McCown et al. 2001, S. 596) und im Internet eine ganze Reihe dating-bezogener Web-Sites zur Verfügung stehen (vgl. Arvidsson 2006, S. 671f).
Sieht man sich hierzu einmal die Nutzungsstatistiken des Internets im Jahre 2002 in Deutschland an, so fällt allerdings auf, dass es nur jede fünfte Person zum Chatten und dem Besuch von Foren[282] nutzt, wohingegen es von Dreiviertel zum Senden und Empfangen von E-Mails eingesetzt wird (vgl. Pötzsch et al. 2003b, S. 21). Daraus sollte aber nicht fälschlicherweise der Schluss gezogen werden, dass die hier interviewte Population etwas Besonderes ist, weil sie offensichtlich zu einer Nutzungsminderheit gehört.
Weiterhin ist es ein Trugschluss anzunehmen, dass im Cyberspace alles positiver als in der realen Welt ist, denn Hasstiraden und andere Formen anti-sozialen Verhaltens (z.B. Vergewaltigungen in Online-Spielen oder das Versenden anzüglicher Bilder; vgl. Biber et al. 2002, S. 36ff) sind in diesem Raum teilweise geläufiger als im wirklichen Leben, weil sie ohne Gefahr gravierender Konsequenzen[283] „ausprobiert" werden können (vgl. Powers 2003, S. 196). Nichtsdestotrotz ist es natürlich erst einmal wesentlich ungefährlicher, sich in einem virtuel-

[277] Neben den noch zu diskutierenden Risiken der Selbst-Öffnung, wird vor allem die Angst hintergangen zu werden und mögliche Kontrollverluste (mit sexuellen Übergriffen), als bedrohlich eingestuft (vgl. Lawson & Leck 2006, S. 204f), aber auch eine als nicht ausreichend eingestufte Privatsphäre sowie die Einschätzung der Angemessenheit der virtuellen Gemeinschaft zur erfolgreichen Problembewältigung, stellen Gründe dar, sich Online Communities nicht anzuschließen (vgl. Andrews et al. 2002, S. 9f).

[278] Vgl. zu den potenziellen Schritten der Genese einer tragfähigen Offline-Beziehung aus einer im Internet angebahnten Verbindung McKenna et al. (2002, S. 24ff).

[279] Vgl. zu den damit angesprochenen unterschiedlichen Formen von Präsenz Riva & Mantovani (2000, S. 33f).

[280] Nach Scott et al. (2006, S. 760f) werden virtuelle Kontakte vor allem dann gesucht und eingegangen, wenn die Intimität in den realen Beziehungen als unzureichend einzustufen ist.

[281] Im Sinne von Personen, die gleiche Interessen verfolgen (vgl. McKenna et al. 2002, S. 11).

[282] Dieser Aspekt nimmt damit den vorletzten Platz in der Häufigkeitsverteilung (Mehrfachnennungen waren möglich) der Nutzung von neun Optionen ein.

[283] Neben dem Verweis auf die jeweiligen Hausordnungen der Communities (siehe Abschnitt 3.5.3) gibt es auch noch andere technische (Entfernen entsprechender Einträge, Entzug der Zugangsberechtigung) und soziale (Feedback durch Administratoren oder Mitglieder) Möglichkeiten zur Maßregelung (vgl. Bruckman et al. 1994, S. 183f sowie Smith 1999, S. 135ff).

len Raum zu verabreden, als in einer öffentlichen – oder sogar privaten – Umgebung, denn die Kontrollmöglichkeiten sind im erstgenannten Fall wesentlich höher als bei direktem persönlichen Kontakt (vgl. Stone et al. 2001, S. 46).
Daneben wecken Dating-Sites gefühlsmäßig kaum Unbehagen, was aber auf arrangierte Rendevous durchaus zutrifft, die vielfach mit einem Gefühl der Verlegenheit einhergehen (vgl. Bühler-Ilieva 2006, S. 235). Dementsprechend scheint das Internet auch aus diesem Grund eine Vereinfachung der Beziehungsanbahnung darzustellen.
Insgesamt kann das Internet nicht per se als „gut" oder „schlecht" hinsichtlich seiner Auswirkungen auf das Sozialverhalten charakterisiert werden (vgl. McKenna & Bargh 2000, S. 59), worauf im folgenden Abschnitt näher eingegangen wird.

3.5.4.2 Das Internet als Ursache oder Überwindung von Einsamkeit

Es gibt weder einen simplen „Haupteffekt" des Internets, noch seinen typischen Nutzer (vgl. Shaw & Gant 2002, S. 157), denn der Gebrauch des Mediums erfolgt aus unterschiedlichen Motiven (vgl. beispielsweise den auf der Theorie des geplanten Verhaltens (Ajzen 1991) basierenden Ansatz von Lin (2006, S. 541ff) oder die sieben[284] von Korgaonkar & Wolin (1999, S. 56ff) identifizierten Faktoren: Sozialer Eskapismus, Transaktionsbasierte Belange der Sicherheit und Privatsphäre, Information, Interaktive Kontrolle, Soziale Aktivitäten, Nichttransaktionale Privatangelegenheiten sowie Kommerz), die zu verschiedenen Verhaltensweisen führen und dementsprechend divergierende Wirkungen entfalten.
Das Internet wird dabei als ein Instrument betrachtet, das Einsamkeit (Isolation) fördern kann, wenn mit dieser Aktivität sehr viel Zeit alleine vor dem Computer verbracht wird, gleichzeitig aber auch eine Möglichkeit bietet, kommunikative Kontakte auf- und auszubauen, die letztendlich in realen sozialen Beziehungen münden können (vgl. Seepersad 2004, S. 35).
Bei der Partnersuche kann die Nutzung des Internets sowohl eine Fortsetzung der „Offline-Reaktion" auf Einsamkeit sein (Introvertiert: Ablenkung durch verstärkten TV-Konsum wird mit extensivem Surfen ergänzt / Extrovertiert: Intensive Gespräche mit Freunden, in denen die eigene Situation offenbart wird, werden zusätzlich mit Personen über das Netz geführt),[285] als auch eine komplementäre Strategie beinhalten, wenn Eskapismus in der realen Welt zu einer stärkeren Selbst-Öffnung (siehe Abschnitt 3.5.4.3.1) in der virtuellen Welt führt, weil man sich dort sicherer (anonymer[286]) fühlt (vgl. zu dieser sozialen Kompensationshypothese: Karau & Williams 1997; McKenna & Bargh 1998 sowie Williams & Karau 1991) oder aber das Fehlen der persönlichen Nähe zum Gesprächspartner eine Abschottung im Netz nach sich zieht (vgl. Kraut et al. 2002, S. 67ff und Mantoviani 2001, S. 244). Nach den Ergebnissen von Seepersad (2004, S. 37f) – die eine Untermauerung der Resultate von Kraut et al (2002, S. 61ff) darstellen – ist allerdings eher mit der erstgenannten Strategie zu rechnen, d.h. das in der realen Welt gezeigte Verhalten, bestimmt auch die Nutzung des Internets (vgl. dazu auch Carter 2004, S. 114ff und Tyler 2002, S. 204f).
Diese Resultate dürften aber die in Abschnitt 3.5.4.3.2 diskutierte Identitätsproblematik (vgl. Joinson 1999, S. 434) entscheidend abmildern, weil hiernach nicht von grundlegend verschiedenen kognitiven Strukturen bei Personen in unterschiedlichen medialen Umgebungen auszugehen ist.
Das könnte natürlich das Identitätsproblem (vgl. Joinson 1999, S. 434) etwas abmildern, denn dann ist es ja eigentlich egal, für welche „Person" ein Befragter antwortet? Nach Matsuba

[284] Bei Moore & Serva (2007, S. 154ff) werden bereits 14 Motive aufgelistet (Altruismus, Zugehörigkeit, Kollaboration, Egoismus (z.B. persönliche Gewinne), Egotismus (z. B. Aufschneiderei), emotionale Unterstützung, Empathie, Wissen, Macht, Reziprozität, Reputation, Selbstwertgefühl, Selbstentfaltung (self-expression) und Weisheit), aus denen sich Mitglieder aktiv in einer Community engagieren.

[285] Bruhn (2005, S. 216) formuliert diesbezüglich beispielsweise „People bring their offline lives online".

[286] Vgl. zu den positiven und negativen Aspekten von Anonymität – sowohl auf individueller, als auch kollektiver Ebene – im Internet auch McKenna & Bargh (2000, S. 60ff).

(2006, S. 283) wird das Internet insbesondere von Personen, die noch keine Erwachsenenidentität ausgebildet haben, auf dem Wege zur Findung dieser genutzt, weil dort divergierende Aspekte des Selbst gefahrlos ausgelotet werden können. Weil dies aber insbesondere auf Heranwachsende zutrifft, und die Community nur für Personen mit einem Alter von 18 Jahren oder älter offen steht, wird dieser Aspekt vorliegend eher als randständig betrachtet. Hier dürfte eher eigene Selbst und Community-Selbst im Vordergrund stehen.
Nach Peter et al. (2005, S. 428f) greifen die oben skizzierten Ansätze zur Erklärung von Internet-Freundschaften aber zu kurz, denn aus ihnen wird nicht ersichtlich, wie und warum derartige Beziehungen im Netz geknüpft werden. Die Nutzung eines bestimmten Mediums allein aufgrund seiner spezifischen Features (also beim Internet z.B. wegen der höheren Anonymität – nach Bühler-Ilieva 2006, S. 237ff der Grund mit der höchsten Relevanz für die Beziehungssuche über dieses Medium), kann – nach dem Uses and Gratifications Ansatz (vgl. Jäckel 2005, S. 74) – eben nicht die Effekte auf der Personenebene exakt vorhersagen, weil sich diese nicht zwangsläufig an den objektiven Gegebenheiten orientieren müssen (vgl. Ruggiero 2000, S. 19ff und Weiser 2001, S. 725).
Auch die Einordnung einer Person auf einen Kontinuum von Introvertiertheit bis Extrovertiertheit (vgl. beispielsweise Hamburger & Ben-Artzi 2000, S. 445ff) ist für sich allein genommen keine ausreichende Grundlage, um das Zustandekommen von Netz-Freundschaften zu erklären, weil damit primär das Ausmaß an Selbst-Öffnung, die Frequenz der Internet-Nutzung sowie die Relevanz des sozialen Kompensationsmotivs[287] determiniert werden, die ihrerseits (als Mediator-Variablen[288]) die Bildung von Online-Freundschaften beeinflussen (vgl. Peter et al. 2005, S. 428). Die Autoren fanden beispielsweise heraus, dass auch introvertierte Personen Online-Freundschaften schließen, wenn das Motiv zur Nutzung des Internets aus Gründen sozialer Kompensation nur hoch genug ausfällt (vgl. Peter et al. 2005, S. 426ff). Allerdings führen Faktoren[289] wie höhere Anonymität oder fehlende Visibilität bei introvertierten Personen nicht automatisch zu einer stärkeren Selbst-Öffnung – und damit zum Aufbau von Freundschaften, sondern die Wirkungsmechanismen sind weit komplexer als bisher angenommen (vgl. Peter et al. 2005, S. 428).
Insgesamt scheint es aber zuzutreffen, dass Personen, die sich einsam und alleine fühlen, mit größerer Wahrscheinlichkeit zu den Internet-Nutzern zu zählen sind (vgl. Matsuba 2006, S. 282). Hier muss zusätzlich noch eine Abgrenzung zur pathologischen Internet-Nutzung (vgl. Caplan 2002, S. 554ff) gezogen werden, denn davon betroffene Personen gehen nicht allein aus kommunikativen Gründen Online, sondern nutzen das Medium auch ganz extensiv zu Unterhaltungs- und Informationszwecken (vgl. Matsuba 2006, S. 282).

[287] Peter & Valkenburg (2007, S. 457ff) postulieren diesbezüglich einen Widerstreit zweier konkurrierender Hypothesen, nämlich der sozialen Kompensation (im Bezug auf Rendevouz ängstliche und insgesamt wenig selbstbewusste Personen – insbesondere in physischer Hinsicht – suchen bevorzugt Online-Datings, weil diese ihnen eine Hilfe in Bezug auf bei realen Treffen erfahrene Defizite ermöglichen) und der Erholung (recreation), bei der sexuell aufgeschlossene – oder sensationsgierige – Personen, aus Anonymitätsgründen, gelegentlich (ohne die Absicht eine überdauernde Beziehung einzugehen) nach gleichgesinnten Partnern im Internet suchen (für diesen Personenkreis stellt das Internet also nur eine zusätzliche Möglichkeit zur Erfüllung ihrer Bedürfnisse dar, während es für die kompensierenden Personen quasi die einzige Alternative ausmacht; vgl. Peter & Valkenburg 2007, S. 458), ohne das ein intimer Kontakt zwingend folgen muss. In einer niederländischen Stichprobe fanden sie mehr Unterstützung für die letztgenannte Form an Internet-Aktivitäten (vgl. Peter & Valkenburg 2007, S. 469ff). Diese – aus medizinischer Sicht nicht ganz risikolose Verhaltensweise (vgl. Bull & McFarlane 2000, S. 545ff) – hat aber bisher zu wenig nach einer entsprechenden Ursachenforschung geführt (vgl. Peter & Valkenburg 2007, S. 456).

[288] Im Gegensatz zu der in Fußnote 166 auf Seite 205 angesprochenen Moderator-Variable, handelt es sich hierbei um eine Drittvariable, die einen Kausaleffekt zwischen unabhängiger und abhängiger Variable erklärt (vgl. Baron & Kenny 1986, S. 1173).

[289] Außerdem spielt diesbezüglich nach Anderson (2005, S. 523ff) ebenfalls noch die Affinität zum Medium Internet eine Rolle. Ihren Ergebnissen zufolge sind hingegen der perzipierte Realismus (Glaubwürdigkeit und Vertrauenswürdigkeit) im Online-Verhalten anderer Nutzer sowie romantische Überzeugungen für die Einstufung von Online-Beziehungen weniger relevant.

3.5.4.3 Besonderheiten computervermittelter Kommunikation bei der Partnersuche

An dieser Stelle werden nicht alle Gesichtspunkte dieses Bereichs thematisiert (vgl. zu einem Überblick beispielsweise Döring 2003, S. 403ff oder Thurlow et al. 2004), sondern nur die für die vorliegende Erhebung relevanten Sachverhalte. Dementsprechend werden zunächst ein paar generelle Aspekte angerissen, bevor auf die beiden Unterpunkte „Selbst-Öffnung" und „Identität" näher eingegangen wird.

Bei rein textlicher computervermittelter Kommunikation werden weder redundante verbale Hinweise (z.B. Klang und Lautstärke der Stimme), noch nonverbale (z.B. Körperhaltung) und kontextuale (z.B. Sitzordnung) Signale mit übertragen (vgl. Bruhn 2005, S. 227). Außerdem bietet sie nur geringe Information hinsichtlich sozialer (z.B. Geschlecht, Alter und ethnische Herkunft; vgl. Burkhalter 1999, S. 62ff) und personaler (z.B. Auftreten und Kleidung) Charakteristiken sowie der gesellschaftlichen Position des Gegenübers (vgl. Donn & Sherman 2002, S. 108).

Trotz der damit verbundenen vermeintlichen negativen Aspekte dieser Kommunikationsform im Rahmen der Eindrucksbildung, findet eine große Anzahl an sozialen Interaktionen über das Internet statt (vgl. DiMaggio et al. 2001, S. 314ff). Hierbei wird die fehlende para- und nonverbale Information durch sprachbasierte Hinweisreize (z.B. Schreibstil oder Grad an Selbst-Öffnung; siehe Abschnitt 3.5.4.3.1) ersetzt (vgl. Walther 1993, S. 381ff).

Für einige Forscher (z.B. Sheeks & Birchmeier 2007 und Suler 1996) bietet allerdings gerade die nicht vorhandene para- und nonverbaler Information (vor allem hinsichtlich des äußeren Erscheinungsbildes einer Person; vgl. Andrews 2002, S. 65) eine besondere Chance, sich ohne (optische) Ablenkung einen unverfälschten[290] ersten Eindruck zu verschaffen, weil computervermittelte Botschaften in der Regel besser durchdacht, ausgearbeitet und inhaltlich reichhaltiger sind,[291] als natürliche Konversationen (vgl. Hiltz & Turoff 1993, S. 91ff).

Gleiches trifft auf das auch in Face-to-Face Situationen zur Steigerung der persönlichen Attraktivität wichtige Kommunikationselement „Humor" (vgl. Wanzer et al. 1996, S. 42ff) zu, denn dieses Stilmittel[292] lässt sich im virtuellen Raum gleichfalls über geschriebene Botschaften einsetzten, die zudem den Vorteil aufweisen, dass sie nicht durch die physische Attraktivität des Senders verzerrt sind (vgl. Mantoviani 2001, S. 242).

3.5.4.3.1 Erleichterung der Selbst-Öffnung

Hierunter ist nach Jourard & Lasakow (1958, S. 91) die Preisgabe von nicht ersichtlichen Selbstaspekten an andere Personen zu verstehen. Im Rahmen virtueller Kontakte kann eine stärkere Selbst-Öffnung (Self-Disclosure) als bei persönlichen Gegenüberstellungen auftreten, weil dort im Schutze höherer Anonymität gewisse Grenzen (spielerisch) ausgelotet werden können, ohne dass die Gefahr von (gravierenden) Sanktionen oder Ablehnungen besteht (vgl. Bargh et al. 2002, S. 34 und speziell zum Einsatz der Selbst-Öffnung bei Kindern und Heranwachsenden in virtuellen Umgebungen: Tichon & Shapiro 2003, S. 164ff).

Selbst-Öffnung ist immer auch mit Vertrauen verbunden, wobei sich dieses nicht ausschließlich auf die interpersonelle Seite bezieht, sondern im virtuellen Raum auch das Vertrauen in

[290] Nach Bühler-Ilieva (2006, S. 239) wird aber gerade der Aspekt, dass „man alles schreiben kann" als ein gravierender Nachteil computervermittelter Kommunikation eingestuft, denn der Wahrheitsgehalt der Aussagen lässt sich zunächst meistens nicht überprüfen.

[291] Den in dieser Aussage einbezogenen Zeitaspekt betonen auch McKenna & Bargh (2000, S. 66f), denn um ein auf den Punkt formuliertes Statement abzugeben, ist im Allgemeinen eine asynchrone Kommunikation erforderlich, weil zunächst intensive kognitive Anstrengungen zu unternehmen sind. Zu einer identischen Schlussfolgerung gelangen auch Cheng et al. (2006, S. 15), nach denen das Ausmaß an verfügbarer Zeit in computervermittelten Kommunikationssituationen, die wesentliche Determinante für eine Angleichung an die entsprechenden Funktionen einer realen Gesprächssituation ausmacht.

[292] Vgl. zu den vier Basisfunktionen (Identifikation des Kommunikators, Klarstellung von Positionen und Werten, Durchsetzung von Normen sowie Differenzierung zwischen akzeptablem und nicht-akzeptablem Verhalten) von Humor auch Meyer (2000, S. 318ff).

die Infrastruktur und die Umwelt einer Community umfasst, so dass sich Personen nur dann in Transaktionen engagieren, wenn ihre diesbezügliche persönliche Schwelle des Vertrauens überschritten wird (vgl. Castelfranchi & Tan 2002, S. 60ff).
Insgesamt treten aufgrund der wahrscheinlich höheren Selbst-Öffnung in virtuellen Umgebungen (vgl. Joinson 2001, S. 188ff), nur wenige Vorbehalte gegen die Anbahnung einer Beziehung über das Internet zutage (vgl. Bruhn 2005, S. 224). Vor allem für Individuen mit ausgeprägter sozialer Ängstlichkeit[293] stellt computervermittelte Kommunikation deshalb eine große Chance dar,[294] sich auch gegenüber unbekannten Personen von Anfang an adäquat zu präsentieren, was in der realen Welt möglicherweise nur eingeschränkt oder gar nicht funktioniert (vgl. McKenna & Bargh 2000, S. 67f).
Manchmal wir die Selbst-Öffnung im virtuellen Rahmen allerdings durch den dort fehlenden Kontext (z.B. direkte Verhaltensbeobachtung, Kontakt mit dritten Personen, bei denen bestimmte Dinge bzw. Aussagen validiert werden können; vgl. Cornwell & Lundgren 2001, S. 200ff; siehe auch Abschnitt 3.3) und dem damit einhergehenden breiteren Raum für Missverständnisse, Illusionen (Fantasie), (unzulässige) Projektionen, Ablenkungen und Lügen auch erschwert (vgl. Mantoviani 2001, S. 244).
Diese Variable kann deshalb für das Ausfüllen von Fragebögen sowohl positive (Abgabe „ehrlicher" Antworten), als auch negative (wird nicht ernst genommen und man antwortet nicht für sich selbst) Auswirkungen nach sich ziehen. Nach Joinson (1999, S. 437f) geben Menschen in Umfragesituationen aber mehr intime Information preis, wenn sie über einen Computer oder Online befragt werden als in persönlichen Interviews, so dass auch aus dieser Perspektive eher mit positiven Wirkungen für die vorliegende Befragung zu rechnen ist.

3.5.4.3.2 Identitätspluralismus im Internet

Die Annahme multipler Identitäten[295] ist nicht neu, denn bereits Jung (1943) und Goffman (1959) haben zwischen privatem und öffentlichem Selbst differenziert und Higgins (1987, S. 320f) hat eine Unterscheidung in Ideal-, Soll- und Real-Selbst vorgestellt, die auf der Taxonomie von Rogers (1961; reales und wahres Selbst) aufbaut (vgl. Bargh et al. 2002, S. 34).
Nach Talamo & Ligorio (2001, S. 112) sind Identitäten in virtuellen Communities dynamisch und sehr stark auf den Kontext bezogen,[296] der dort bereitgestellt wird. Außerdem scheinen die Übergänge zwischen realen und virtuellen Identitäten fließend zu sein (vgl. Wiszniewski & Coyne 2002, S. 191), so dass an dieser Stelle zwar nicht unbedingt davon ausgegangen werden kann, dass bei den Teilnehmern keine eigene „Cyber-Identität" (vgl. Waskul & Douglass 1997, S. 386f) vorliegt – auf die sich möglicherweise auch ihre Angaben zur Wert-Orientierung bezogen haben – jedoch sprechen gewichtige Gründe (z.B. der wissenschaftliche Hintergrund und der Kontakt mit dem Pop-Up-Fenster direkt nach dem Einloggen) dafür, dass die wirkliche (reale) Identität bei der Antwortabgabe Pate stand.[297]

---

[293] Darunter ist eine überhöhte Besorgnis eines Individuums, hinsichtlich der Missbilligung der eigenen Person durch andere Menschen, zu verstehen (vgl. Sears 1967, S. 142).

[294] In einer Untersuchung von Scealy et al. (2002, S. 513f) konnte allerdings keine Verbindung zwischen persönlichen Eigenschaften (Schüchternheit sowie Ängstlichkeit) und der kommunikativen Nutzung des Internets (E-Mail sowie Chaträume) nachgewiesen werden.

[295] Vgl. zu den diesbezüglichen potenziellen Konstruktionsprozessen Bühler-Ilieva (2006, S. 286ff).

[296] Wilson & Peterson (2002, S. 458) sprechen in diesem Zusammenhang explizit von „kontextualisierten Identitäten" – im Gegensatz zu denjenigen, die ausgeführt, verhandelt oder angezweifelt sind.

[297] Aus der individuellen Perspektive spielt es keine Rolle, für welche Identität die Werte-Orientierung angegeben wurde, sofern der Bezugspunkt für alle Werte identisch war. Problematisch könnte sich dieser Aspekt allerdings auswirken, wenn der Erhebungsbogen in mehreren Etappen ausgefüllt wurde, denn dann hätten im Extremfall die drei Teilaufgaben (Extrem-Ranking Most, Least und Rating) zu verschiedenen Zeitpunkten – mit eventuell unterschiedlichen virulenten Identitäten – bearbeitet werden können. Für die Aggregation der Daten muss außerdem angenommen werden, dass vergleichbare Identitätsperspektiven bei den Befragten vorgelegen haben.

Welche Identität also im Internet gezeigt wird, hängt von vielen unterschiedlichen Gesichtspunkten (Ziele der Selbst-Präsentation etc.) ab, jedoch ist nach den Ergebnissen von Bargh et al. 2002, S. 44ff eher damit zu rechnen, dass Personen ihr reales Selbst zeigen.
Neben dem Kontext (insbesondere die thematische Ausrichtung der Community und die von den Mitgliedern verfolgten Zielsetzungen) gibt es nach Talamo & Ligorio (2001, S. 110) drei Basisdimensionen, die für eine Identitätskonstruktion in virtuellen Umgebungen eine Rolle spielen: Anonymität versus Identifikation, synchrone versus asynchrone Kommunikation (vgl. Döring 2003, S. 125) sowie textliche und/oder visuelle Interaktion. Wie in den meisten anderen virtuellen Communities auch, sind bei single.de die dimensionalen Ausprägungen nicht eindeutig festgelegt (siehe Abschnitt 3.5.3.2), und ermöglichen somit vielfältige Identitätsbildungen, die auf allen genannten Aspekten gründen, die im Kontext der Community genutzt werden können, und damit divergierende Gesichtspunkte des Selbst (real oder nicht) ansprechen (vgl. Talamo & Ligorio 2001, S. 110).
Insofern könnte bei single.de durchaus eine realitätsnahe Identität im Vordergrund stehen, weil sich wohl nur darauf eine zukunftsfähige Beziehung aufbauen lässt und den Aufenthalt in der Community bestimmt, so dass gerade die Erhebung in einer Dating-Community dem Identitätspluralismus im virtuellen Raum Einhalt gebieten könnte.
Den Realitätsbezug der computervermittelten Interaktionen (schließlich ist bei einer „erfolgreichen" Partnersuche ein Treffen in der wirklichen Welt zwingend notwendig) thematisieren auch Talamo & Ligorio (2001, S. 111) und sehen in ihm eine wichtige Bezugsgröße für den Aufbau einer virtuellen Identität. Die reale Identität sollte deshalb auch bei single.de in ernsthaften Partnersucheaktivitäten immer wieder aktiviert und angesprochen werden, so dass sie eigentlich ständig virulent sein müsste.
Diesbezüglich wäre für jedes Mitglied von single.de aber noch zu eruieren, ob es nur versuchen will, möglichst viele Kontakte zu knüpfen (und ein entsprechendes Impression Management betreibt), oder relativ offen mit seinen genauen Vorstellungen umgeht, die dann seine Identität wiederum sehr realitätsnah abbilden dürften. Die verschiedenen nutzbaren Identitäten eines Individuums sind demnach als Ressourcenpool zu betrachten, aus denen situationsspezifisch eine „passende" ausgewählt wird (vgl. Talamo & Ligorio 2001, S. 112).
Hierbei mag auch das Ausprobieren im Vordergrund stehen, denn mit der Zeit sollte eine Person merken, wie die eigene Identität auf die anderen Mitglieder wirkt (vgl. Talamo & Ligorio 2001, S. 114). Insofern könnten gerade die „neuen" Mitglieder eine wichtige Zielgröße darstellen, weil diese wohl noch nicht mit verschiedenen Identitäten in der Community experimentiert haben. Dieser Aspekt ist deshalb für die Stichprobenziehung von Relevanz (siehe Abschnitt 4.3.6).
Insgesamt dürften damit die Auswirkungen möglicher multipler Identitäten im Rahmen der Partnersuche im Internet für die Beantwortung der vorliegend verfolgten Forschungsfrage vernachlässigbar sein, weil beim Online-Dating weniger vollkommen neue Identitäten gebildet werden, sondern eine Fokussierung auf bestimmte Merkmale bestehender Offline-Identitätsaspekte erfolgt (vgl. Bühler-Ilieva 2006, S. 331). Trotz der damit einhergehenden vermeintlichen Real-Selbst Perspektive dürfen allerdings die spezifischen Aspekte des Mediums nicht vernachlässigt werden.
Ein Problem der Umfrage in einer Community könnte natürlich sein, dass die Personen keine Informationen über sich selber äußern, sondern über sich als Community-Mitglieder – sie loggen sich ja mit einem Nickname ein, der auch ihr Ansprechname für die anderen Mitglieder ist. Insofern wäre hier ein Rollenwechsel zum normalen Alltag nicht auszuschließen (vgl. Hewson et al. 2003, S. 115). Andererseits dürfte das Anwendungsspektrum für die Werte im Rahmen der Community relativ begrenzt sein. Es ist jedenfalls richtig, dass die Erhebung von „Wert-Orientierungen in Communities" explizit in der Anleitung erwähnt wurde und von daher eine „stellvertretende" Antwort nicht auszuschließen ist. Außerdem könnte der Aspekt der sozialen Erwünschtheit hier eine zusätzliche Facette bekommen, wenn auch noch versucht

wird, die Community – in der man ja Mitglied ist (Gruppenprozesse) – in einem positiven Licht erscheinen zu lassen. Da hier aber keine Interaktion in einem Chat vorlag und die Mitglieder – wenn es zu einem Kontakt kommt – auch zu sich selber stehen müssen (es macht ja wenig Sinn eine Illusion aufzubauen, die beim ersten Treffen platzen muss, womit keine Zukunftsperspektive gegeben ist), ist aber wohl doch von einem einigermaßen ernsthaften Antwortverhalten auszugehen.

4 Empirischer Teil

Obwohl die Einstufung eines Objekts bei den beiden Vorgehensweisen Ranking und Rating in gleichen – oder zumindest ähnlichen – Beurteilungen resultieren kann, dürften die Prozesse, mit denen die Einschätzungen gewonnen werden, unterschiedlich ablaufen. Darüber hinaus ist es wahrscheinlich, dass auch die Prozedur der einen Urteilsfindung Auswirkungen auf die andere Beurteilungsform hat (vgl. Schwarz & Wyer 1985, S. 31).
Vorliegend wird deshalb die Reihenfolge der Aufgabenstellungen in Anlehnung an das Vorgehen bei Schwarz & Wyer (1985, S. 31ff) experimentell variiert, weil zunächst keine klaren Voraussagen über die entsprechenden Effekte möglich sind.
Ausgangspunkt ist die Feststellung, dass zur theoretischen Durchdringung von Informationsverarbeitungsprozessen (vgl. beispielsweise Lingle & Ostrom 1979 und Wyer et al. 1984), Prozeduren und Konzepte, die bei der ersten Urteilsfindung zum Einsatz kommen, auch als Basis für nachfolgende Beurteilungen herangezogen werden. Im vorliegenden Zusammenhang wird dementsprechend davon ausgegangen, dass beim Extrem-Ranking ein Priming (durch Konzentration auf Unterschiede zwischen den zu beurteilenden Objekten) stattfindet, das auf das Rating ausstrahlt. Die Einstufung der Werte erfolgt dann nicht mehr primär anhand der Kategorien der Antwortskala sondern die Gedächtnisprozesse bei dieser Aufgabenstellung fokussieren sich auf Divergenzen zwischen den Listeneinträgen.
Leitmotiv dabei ist die von Kennedy et al. (1988, S. 140) getätigte Feststellung, dass es ein „Ziel empirischer Forschungen [...] sein [muss], die Kombination an methodischem Vorgehen zu ergründen, die – innerhalb eines spezifischen Zeit- und Finanzrahmens – ein Maximum an prädiktiver Validität bereitstellt“. Auf die Schwierigkeiten der Validierung von Ergebnissen der Werte-Forschung wurde in dieser Arbeit bereits mehrfach aufmerksam gemacht (siehe z.B. Seite 188 und Fußnote 2 auf Seite 5).

4.1 Vorliegend untersuchte Forschungsfragen

Hier ist zuerst darauf hinzuweisen, dass in dieser Arbeit auf den Einsatz statistischer Signifikanztests gänzlich verzichtet wird (siehe Abschnitt 4.2 zur Begründung dieses Vorgehens), weswegen auch von „Forschungsfragen“ gesprochen wird – und nicht auf den zu stark mit statistischen Signifikanztests verwobenen Begriff der Hypothese rekurriert wird.
In diesem Zusammenhang ist zunächst ein Auswahlproblem relevant, weil sich eben nicht alle möglichen Aspekte (siehe hierzu beispielsweise die Fülle an Erkenntnissen und Problemen im Zusammenhang mit der Kontroverse „Ranking versus Rating“ in Abschnitt 2.2.2) untersuchen und beschreiben lassen (vgl. Schroeckh 1995, S. 5), so dass bei den durchgeführten Analysen eine Verbindung zum Vorgehen von McCarty & Shrum (1997; 2000) (Was haben die Autoren gemacht und soll vorliegend repliziert werden?), zum Konzeptteil (Warum ist es notwendig, die dort aufgeführten Sachverhalte zu beschreiben?) und zum Untersuchungsdesign (Was wurde getan, um offene Fragen anzugehen?) geschaffen wird. Die sich daraus ergebenden Erkenntnisse bilden dann ihrerseits Anhaltspunkte für den in Kapitel 6 skizzierten weiteren Forschungsbedarf.
Entsprechend dem bisherigen Vorgehen im konzeptionellen Teil gliedern sich die behandelten Aspekte in vier Bereiche: (I) replikative Angaben zum Vorgehen von McCarty & Shrum (1997; 2000), (II) Einfluss von Antwort-Tendenzen, (III) kontextbezogene Wirkungen und (IV) ergänzende und erweiternde Gesichtspunkte zur Anwendung der ERR-Technik.

Im Einzelnen wird folgenden Forschungsfragen nachgegangen:

(1) [I] Welche Divergenzen in den Beurteilungen der 17 Werte treten bei den experimentell gebildeten Gruppierungen auf? Hier sind zum einen Unterschiede zwischen den beiden Nettostichproben (Wirkungen der Elimination der inkonsistent antwortenden Befragten), und zum anderen Differenzen (also z.B. hinsichtlich Antwortskala, Reihenfolge und Durchführungsanweisung) innerhalb der jeweiligen Population angesprochen. Diese beziehen sich im Wesentlichen auf Mittelwerte, Standardabweichungen, Top-Box Wahlen, P_d-Wert sowie die gebildete abhängige Variable (siehe Abschnitt 5.2.2), weil damit das für die Datenqualität wichtige Themenfeld der Differenzierung angesprochen ist.

(2) [I] Unterscheiden sich die Werte-Strukturen im Hinblick auf die experimentell variierten Aspekte? Dabei steht eine Verdichtung der Ratings in verschiedenen Gruppierungen im Fokus, allerdings ohne dass eine entsprechende Validierung angegangen werden kann (siehe Seite 188).

(3) [II] Lässt sich durch den Einsatz der ERR-Techniken das Auftreten akquieszenter Antwortabgaben reduzieren?

(4) [III] Welche Assimilations-Kontrast-Effekte treten im Zusammenhang mit dem Rating der Extrem-Werte auf? Hier ist danach zu forschen, ob die Ratings für einen Wert ein unterschiedliches Ausmaß zeigen, in Abhängigkeit davon, ob sein Vorgänger-Wert Extrem-Wert-Charakter hat oder nicht.

(5) [III] Geht von der Art des unmittelbar vor dem Rating bestimmten Extrem-Wertes (Least oder Most) eine Wirkung auf die Beurteilung des ersten Listeneintrags aus? Auch hier sind neben dem Priming Assimilations-Kontrast-Effekte relevant.

(6) [IV] Lässt sich allein anhand der Extrem-Rankings eine den mittleren Ratings vergleichbare Rangfolge der Werte ermitteln? Damit ist der Aspekt der Nutzung der erstgenannten Daten angesprochen, zu dem McCarty & Shrum (1997; 2000) keine weiteren Ausführungen machen. Dort fungieren die beiden Aufgaben zur Bestimmung von Least und Most ausschließlich als „Differenzierungskatalysator".

(7) [IV] Wie verändern sich die Ratings (in Bezug auf Mittelwert und Standardabweichung), wenn die Beurteilungen der Extrem-Werte nicht berücksichtigt werden? Hintergrund ist hier, dass sich die höhere Differenzierung der Daten ja auch allein auf die Beurteilung des Least-Wertes beschränken könnte ([starker] Kontrast-Effekt – siehe [4]), so dass eigentlich gar keine generelle Differenzierung bei der Beurteilung sämtlicher Werte erfolgt.

(8) [IV] Wie verhalten sich die Daten, wenn an Stelle der originären Beurteilungen der Extrem-Werte eine algorithmische Festlegung ihrer Einstufungen erfolgt? Diese Frage schließt sich direkt an die vorhergehende an, denn anstatt die Ratings der Extrem-Werte zu eliminieren werden diese jetzt durch speziell vergebene Beträge ersetzt, die nach einem ganz bestimmten Berechnungsmodus gewonnen werden. Damit steht die Frage im Mittelpunkt, ob man die Extrem-Werte – z.B. zur Vermeidung inkonsistenter Angaben – von der Rating Prozedur ausschließen sollte oder nicht. Weil dieses Vorgehen nicht Teil des experimentellen Stimulus ist, werden die vorliegenden Daten entsprechend modifiziert und mit den originären Ergebnissen konfrontiert.

Der Aspekt inkonsistenter Angaben (siehe Abschnitt 3.2.2.3) nimmt in dieser Arbeit keinen eigenständigen Unterpunkt ein, sondern wird übergreifend bei der Beantwortung der aufgeworfenen Fragen behandelt, indem die beiden Nettostichproben (siehe Abschnitt 5.2.1.4) miteinander verglichen werden. Dieser Punkt wäre unter (IV) zu kategorisieren, denn er stellt eine Ergänzung zum Vorgehen von McCarty & Shrum (1997; 2000) dar, weil diese sich zu dem Problemkomplex bisher überhaupt nicht geäußert haben.

4.2 Der Verzicht auf statistische Signifikanztests und die Beschränkung auf Effektgrößen

Hypothesen in empirischen Untersuchungen über statistische Signifikanztests zu testen, stellt ein weit verbreitetes, nichtsdestotrotz sehr umstrittenes (vgl. z.B. Armstrong 2007, S. 321f; Biemann 2006, S. 157 und Greenwald et al. 1996, S. 176ff), Vorgehen im Forschungsprozess dar. Vorliegend wird in Anlehnung an die Empfehlungen von Gigerenzer (2004, S. 590ff) auf derartige Tests gänzlich verzichtet und stattdessen eine Beantwortung der aufgeworfenen Forschungsfragen über die Präsentation von deskriptiven Statistiken und Effektgrößen angestrebt (vgl. Cohen 1994, S. 1001f).
Dabei gibt es leider nicht „die eine" Effektgröße, sondern diesbezüglich sind eine ganze Reihe von Konzepten vorgestellt worden (vgl. beispielsweise die Auflistung in Elmore 2001, S. 5ff), so dass auch in dieser Arbeit ein entsprechender Auswahlprozess vorzunehmen war. Die sich mit Gruppenunterschieden auseinandersetzenden Größen können z.B. in Huberty (2002, S. 231f) nachgelesen werden, wobei vor allem relevant ist, dass es durchaus mehrere Konzepte zum Einbezug der Standardabweichungen gibt, von denen hier der Vorschlag von Cohen (1969, S. 18) mit einer gepoolten Berechnung herangezogen wird und nicht seine Alternative, in der nur die Standardabweichung der Kontrollgruppe berücksichtigt wird (vgl. Glass 1976). Dementsprechend werden die Effektgrößen für den Mittelwertvergleich nach der Formel:

Gl. 1 $$EG = \frac{x_1 - x_2}{\sqrt{\frac{(n_1 - 1) \bullet s_1^2 + (n_2 - 1) \bullet s_2^2}{(n_1 + n_2 - 2)}}}$$

x_i = *Mittelwert der Variablen i*
s_i = *Standardabweichung der Variablen i*
n_i = *Stichprobenumfang für Variable i*

berechnet und die Effektgrößen für die Differenz zweier Anteilswerte über

Gl. 2 $$EG = 2 \bullet \arcsin\sqrt{p_1} - 2 \bullet \arcsin\sqrt{p_2}$$

p_i = *prozentualer Anteil der Variablen i*

kalkuliert (vgl. Bortz & Döring 2002, S. 604).
Zur Charakterisierung der Effektgrößen wird vorliegend auf die Klassifizierung von Cohen (1992, S. 157) zurückgegriffen,[298] der für die Unterschiedsanalyse unabhängiger Mittelwerte sowie den Vergleich unabhängiger Proportionen vorgeschlagen hat, eine Effektgröße von 0,200 bis 0,500 als „gering", zwischen 0,500 und 0,800 als „mittel" und ab 0,800 als „hoch" einzustufen. Dabei zeigen geringe Effektgrößen einen Wirkungsgrad an, der zwar merklich unterhalb eines mittleren Ausmaßes bleibt, jedoch immerhin so ausgeprägt ist, dass er nicht mehr als trivial zu charakterisieren ist (vgl. Cohen 1992, S. 156).
Die Grenzwerte orientieren sich an dem Niveau der geteilten Varianz, bei dem ein Umfang von 1 % als gering, von 6 % als mittel und von 14 % als hoch einzustufen ist (vgl. Stout & Ruble 1995, S. 292f).
Anhand dieser Angaben sollte ein interessierter Anwender beurteilen können, ob – und ggf. in welcher konkreten Ausgestaltung – die ERR-Technik einen adäquaten Lösungsansatz für die von ihm zu bearbeitende Problemstellung bietet. Damit steht hier keine Vermittlung methodischen Rezeptwissens im Vordergrund (vgl. Schroeckh 1995, S. 13), sondern der potenzielle Nutzer des vorgestellten Ansatzes soll über die Qualität der vorgenommenen Variationen hinreichend unterrichtet werden, um eigenständig eine Auswahl vorzunehmen.

---

[298] Cohen (1988, S. 12) hat selber auf die Gefahren seiner Grenzziehungen hingewiesen, dass „hoch" für eine Person nicht dem „hoch" einer anderen Person entsprechen muss, und dass „hoch" nicht mit „gehaltvoll" und „gering" mit „trivial" gleichzusetzen ist (vgl. Stout & Ruble 1995, S. 293). Dem wird vorliegend dadurch Rechnung zu tragen versucht, dass in vielen Fällen eine prozentuale Einordnung der empirischen Abweichung in den Gesamtzusammenhang vorgenommen wird (vgl. Frick 1999, S. 187).

Weiterhin fokussiert sich die vorliegende Arbeit auch verstärkt auf den Aspekt der Replikation (vgl. z.B. Hubbard & Ryan 2000), so dass ein direkter Vergleich mit bereits publizierten Ergebnissen möglich ist und dementsprechend auf Wahrscheinlichkeitsangaben verzichtet werden kann.

4.3 Untersuchungsdesign

Zur empirischen Umsetzung lässt sich generell konstatieren, dass nach Panter et al. (1992, S. 250) die Auswahl des zu messenden Konstrukts relativ hohe Aufmerksamkeit erfährt, wohingegen vergleichsweise wenig Aufwand für die Festlegung auf einen der vielen Wege, auf denen ein bestimmtes Konstrukt messbar ist, investiert wird.[299] Diese Vorgehensweise resultiert dann oftmals in der Anwendung eines Messverfahrens mit unbekannter Reliabilität und einer ambivalenten Verbindung zum zu erhebenden Konstrukt, wobei dessen Selektion typischerweise pragmatischen Erwägungen, der bisherigen Forschungshistorie oder einfach den Annahmen und „Intuitionen" des Forschers folgt (vgl. Panter et al. 1992, S. 250).
Diesbezüglich war es vorliegend wichtig, ein zu dem bei McCarty & Shrum (1997; 2000) eingesetzten RVS (siehe Abschnitt 2.1.4.2.4) alternatives Instrument heranzuziehen, das weiterhin möglichst keinen großen Bekanntheitsgrad besitzt, um verzerrende Einflüsse durch bereits erfolgte Bearbeitungen auf Seiten der Befragten auszuschalten. Daneben durfte das Instrument auch nicht zu umfangreich ausfallen, damit es den limitierenden Bedingungen einer Online-Erhebung (es sollte kein Scrollen erforderlich sein) genügt. Um die konzeptionellen Vorüberlegungen anhand der Abbildung 1 zugrunde liegenden Studie nutzen zu können, war zudem eine vergleichbare Anzahl zu beurteilender Sachverhalte angestrebt.
Vorliegend auf ein Zwischen-Subjekt-Design zurückzugreifen, bei dem jede Person nur ein einziges Mal mit dem Werte-Inventar konfrontiert wird, und dementsprechend keinen personenspezifischen Vergleich zwischen zwei oder mehreren Variationen vornehmen zu können, erfolgt zur Ausschaltung von Testing-Effekten (vgl. Schnell et al 2005).
Auch auf die Aufdeckung der den Antwortverzerrungen zugrunde liegenden Ursachen muss im vorliegenden Design verzichtet werden, denn es gibt keine objektiven Daten zum Aufgabeninvolvement, der kognitiven Anstrengung, der investierten Zeit etc., so dass nur begründete Mutmaßungen über die Mechanismen angestellt werden können (vgl. Weijters 2006).
Nach Maag (1991, S. 23f) impliziert die Umsetzung lebensbereichsunabhängiger Konzepte in Befragungsinstrumente die Vorgabe der Einschätzungsstimuli ohne Objektbezug. Dem entspricht z.B. die Beurteilung der Wünschbarkeit von „Selbstverwirklichung". Die meisten Instrumentumsetzungen lassen allerdings solche klaren Unterscheidungen vermissen. Häufig werden nämlich Werte mit Lebensbereichen gleichgesetzt, oder es werden sowohl allgemeine als auch Teilaspekte von Werten und/oder Lebensbereichen erhoben (vgl. z.B. Bargel 1981; Nord-Rüdiger & Kraak 1981 und Jaide 1983). Dementsprechend wird in dieser Arbeit auf ein bereits bewährtes Werte-Inventar zurückgegriffen, das alleine unter der allgemeinen Perspektive der „persönlichen Wichtigkeit" auszufüllen war.
Vorliegend ist zwar der Kontext relativ allgemein gehalten, aber die Werte sind mit einigen erläuternden Beispielen versehen worden, so dass zumindest in dieser Hinsicht ein vergleichbares Verständnis bei den Befragten vorausgesetzt werden konnte. Letztlich ist dieses von Grunert & Muller (1996) angerissene Problem für die hier verfolgte Fragestellung nur bedingt von Relevanz, da nicht davon auszugehen ist, dass die Befragten ihre Perspektive bei der Bearbeitung der Liste wechseln, und somit lediglich Unterschiede zwischen den Befragten auftreten können.
Im Folgenden werden die Kontext-Faktoren des Modells von Esposito & Jobe (1991, S. 538ff) kurz angerissen, und in Bezug auf die Ausprägungen in der aktuellen Umfrage er-

---

[299] Dies trifft für den hier fokussierten Bereich „Werte" nicht ganz so extrem zu, denn der Streit Ranking vs. Rating beschäftigt die Forschung schon länger (siehe Abschnitt 2.2.2).

läutert. Der Schauplatz der Befragung hat vorliegend keine Bedeutung, da der Fragebogen theoretisch an jedem Platz der Welt – sofern dort ein Internetanschluss gegeben war – ausgefüllt werden konnte. Deshalb macht es Sinn anzunehmen, dass der heimische PC oder ein Arbeitsplatzrechner die hauptsächlichen Orte der Umfragebearbeitung gewesen sind. Weitere Aspekte des Umfrageschauplatzes, wie z.B. die Anwesenheit dritter Personen, sind ebenfalls nicht zu kontrollieren gewesen und dürften per se bei selbst auszufüllenden Fragebögen (es sei denn, diese werden im Rahmen von Kursen in Gruppenräumen oder ähnlichen Lokalitäten bearbeitet) kaum überprüfbar sein.
Als zweiter Faktor ist der Zeitpunkt der Kontaktaufnahme zu berücksichtigen. Dabei spielen nach Esposito & Jobe (1991, S. 539) globale, nationale, lokale und persönliche Ereignisse eine Rolle. Vorliegend können lediglich grobe Anhaltspunkte zu globalen und nationalen Ereignissen gemacht werden, da die Befragten nur anhand der ersten Ziffer ihrer Postleitzahl zu lokalisieren waren, so dass keine genaue örtliche Positionierung möglich war, was ebenso für das Vorhandensein von persönlich relevanten Ereignissen gilt. Allgemein dürften diese Kontext-Variablen auch schwer zu identifizieren sein, und ob sie den Befragten bekannt waren und eine Wirkung auf ihr Antwortverhalten ausgeübt haben, lässt sich im Nachhinein nicht mehr überprüfen. Nichtsdestoweniger können herausragende Ereignisse natürlich einen großen Einfluss auf die Erhebung der persönlichen Wichtigkeit von Werten entfalten – so wäre die Einstufung von „Sicherheit" wahrscheinlich in größerer zeitlicher Nähe zu den Terroranschlägen auf das World Trade Center in New York (September 2001) anders ausgefallen, als mit einem Abstand von etwas mehr als einem halben Jahr.
Was auf jeden Fall hinsichtlich des Timings beachtet wurde, war die Poolies-Situation (siehe Abschnitt 3.5.3.1) in der Community, denn durch eine vorangegangene Schneeballschlacht war die Grundausstattung mit der Währung des Online-Portals nicht mehr so üppig, so dass für die Mitglieder die Möglichkeit, über die Teilnahme an der Umfrage zusätzliche Poolies zu erlangen, sicherlich attraktiv war.[300]
Als dritten Faktor diskutieren Esposito & Jobe (1991, S 539ff) die Charakteristiken der beteiligten Personen. Da vorliegend kein Interviewer involviert war, beschränken sich die Ausführungen auf die Befragten. Deren soziodemografische Angaben sind teilweise im Fragebogen erhoben worden. Dabei wurde z.B. die Nationalität nicht abgefragt – da die Umfrage in Deutschland stattfand, wurde dieser kulturelle Hintergrund als gegeben hingenommen und es sollte keine weitere Diskriminierung erfolgen, obwohl natürlich bei Personen, deren Wurzeln in anderen Kulturkreisen liegen, unterschiedliche Werte-Prioritäten vorliegen könnten. Organismische Variablen (bio- und psychophysisch) sind weder erhoben noch kontrolliert worden. Natürlich spielt beispielsweise das Involvement einer Person eine Rolle für die Qualität der von ihr gegebenen Antworten, das Spektrum möglicher Einflussvariablen ist jedoch so umfangreich und komplex, dass eine adäquate Erfassung nur sehr schwer möglich sein dürfte, und in diesem Zusammenhang auch Kosten-Nutzen-Überlegungen anzustellen sind. Abgefragt wurden vorliegend aber zwei Variablen, die Esposito & Jobe (1991, S. 540) den experimentellen Charakteristiken zuordnen, und zwar „bisherige Umfrageerfahrung" und „Interesse am Forschungsgegenstand".
Die Bekanntmachung der Umfrage bildet den vierten Faktor in der Taxonomie von Esposito & Jobe (1991, S. 541), wobei vorliegend von einem so genannten „kalten Kontakt" auszugehen ist, da es keinerlei vorherige Ankündigung gegeben hat und alle sich in der Zeit einloggenden Mitglieder über ein Pop-Up-Fenster auf die Umfrage aufmerksam gemacht wurden. Im weiteren Verlauf war ein persönlicher Hinweis (Schneeball-Effekt) durch andere Mitglieder der Community nicht auszuschließen, allerdings ist davon auszugehen, dass der „kalte Kontakt" die bei weitem überwiegende Variante dargestellt hat. Außerdem wussten die Mit-

[300] Persönliche Kommunikation mit Herrn Kukulies von der Firma webpool.

glieder ja nicht, dass sämtliche Mitglieder an der Umfrage teilnehmen konnten, es hätte ja auch sein können, dass sie (per Zufall) gezogen wurden.
Als fünften Kontext-Faktor führen Esposito & Jobe (1991) den Urheber der Befragung an, wobei sie zwischen öffentlichen (Verwaltung oder Regierung), akademischen und privaten (Marktforschungsinstitute) Initiatoren differenzieren. Dieser Aspekt hat insbesondere Auswirkungen auf die generelle Teilnahmebereitschaft, und könnte auch vorliegend ein wichtiger Baustein für die erreichte Antwortquote sein.
Der Durchführungsmodus der Umfrage ist eine weitere Kontext-Variable, die von Esposito & Jobe (1991, S. 542) hervorgehoben wird. Sie unterscheiden zwischen Face-to-Face Interviews, Telefonumfragen und selbst auszufüllenden Fragebögen, wobei die vorliegende Web-Umfrage in die letztgenannte Kategorie fällt. Der Einfluss des Administrationssmodus bezieht sich sowohl auf die Interpretation und die Beantwortung einer Frage, als auch auf die Möglichkeit, selbst Fragen zu stellen, um beispielsweise Unklarheiten zu beseitigen. Neben ökonomischen Aspekten hängt die Entscheidung für einen spezifischen Modus zur Verwirklichung einer Umfrage auch von bestimmten Spezifika ab, wobei vorliegend vor allem wichtig war, dass die Befragten nur jeweils einen Wert als Least und Most aussuchen und eine eindeutige Reihenfolge der Bearbeitung gewährleistet ist. Außerdem war sicherzustellen, dass nicht ein Wert beiden Extrem-Positionen zugeordnet werden konnte. Dies hätte natürlich auch in einem mündlichen Interview geregelt werden können, aber hier spielen finanzielle Gründe eine wichtige Rolle, so dass auf eine computerunterstützte Erhebungsform zurückgegriffen wurde. Telefonbefragungen waren wegen der langen Liste kein geeignetes Medium.
Hinsichtlich der Antwortsicherheit differenzieren Esposito & Jobe (1991, S. 542) vier unterschiedliche Grade (vollständig anonym, vertraulich, eingeschränkte und unbegrenzte Verfügbarkeit), wobei die vorliegende Untersuchung zwischen der ersten und zweiten Abstufung einzuordnen ist, weil die Teilnehmer nach dem Einloggen zwar identifizierbar gewesen wären (was vielleicht auch nicht allen Personen bewusst war), diese Informationen aber nur ausschnittsweise vorlagen und beispielsweise keine Identifikation über E-Mail Adressen durch den Forscher möglich war.
Die von Esposito & Jobe (1991, S. 542) als nächstes genannten Kontext-Effekte des Erhebungsbogens sind schon in anderem Zusammenhang behandelt worden, da diese die Grundlage für die Diskussion des Phänomens in der bisherigen Umfrageforschung waren (siehe Abschnitt 3.3). Vorliegend handelt es sich um eine Einstellungserhebungen vergleichbare Untersuchung mit mehreren relativ homogenen und geschlossenen Fragen, deren Bearbeitungstempo von jedem Teilnehmer selbst bestimmt werden konnte und die sich alle auf die eigene Person bezogen haben. Weil die Werte den wichtigsten Themenbereich dargestellt haben, sind sie zu Beginn abgefragt worden.
Ausgesetzte Anreize sind die letzte Kontext-Variable in der Auflistung von Esposito & Jobe (1991, S. 542f). Diese Variable ist hinsichtlich ihrer Wirkungen sehr differenziert zu betrachten, denn diese sind keineswegs immer nur positiv. Vorliegend ist ein moderates nicht-monetäres Incentive ausgelobt worden, mit dem bereits zu anderen Zeitpunkten in der Community gute Erfahrungen gemacht wurden (vgl. Rundt 2002). Dies sollte lediglich eine kleine Anerkennung als Dankeschön für die Teilnahme darstellen, war aber keinesfalls dazu gedacht, die Akkuratheit der Antworten positiv zu beeinflussen. Diesbezüglich wurde eher auf den wissenschaftlichen Urheber gesetzt.
Esposito & Jobe (1991, S. 541ff) sehen ihre Auflistung keinesfalls als vollständig oder bereits allumfassend untergliedert an, und legen auch nahe, eine Gewichtung der einzelnen Punkte in einem konkreten Anwendungsfall vorzunehmen. Den Nutzen ihres Vorgehens beschreiben sie als einen relativ umfassenden Überblick über den Umfrage-Kontext, der eine Identifikation wichtiger Sachverhalte im Rahmen einer Erhebung – vor allem vor ihrer Durchführung – ermöglicht. Dementsprechend sind auch die an dieser Stelle präsentierten Angaben einzuordnen.

4.3.1 Operationalisierung der Werte

Wie die Diskussion in Kapitel 2 der Arbeit gezeigt hat, stehen sehr viele unterschiedliche Möglichkeiten offen, Werte zu erheben. Die Entscheidung, nicht auf den vielfach eingesetzten SVS (siehe Abschnitt 2.1.4.2.5) zurückzugreifen, ist primär in dessen Umfang begründet, denn im Pop-Up-Fenster hätten sämtliche Items des Instruments nicht dargestellt werden können, ohne dass ein umständliches Scrollen erforderlich gewesen wäre. Außerdem erschien es ratsam, auf ein relativ unbekanntes Werte-Inventar zurückzugreifen, um gewährleisten zu können, dass (fast) alle Befragten den gleichen Kenntnisstand aufweisen. Letztendlich darf nicht aus den Augen verloren werden, dass in dieser Arbeit vor allem methodische und nicht so sehr inhaltlich werte-bezogene Aspekte im Vordergrund stehen.

Deshalb wurde auch die von Stiksrud (1976) vorgegebene Definition für Werte nicht übernommen, denn insbesondere die Betonung der „großen Bedeutung" hätte vorliegend zu Problemen führen können, weil die Befragten damit gezielt auf den Teilbereich „wichtig" der Antwortskala gelenkt worden wären. Um dies zu vermeiden – und um den Teilnehmern eine wesentlich konkretere Umschreibung an die Hand zu geben – wurde dieser Vorschlag nicht berücksichtigt.

Prinzipiell hätte man für jeden Werte-Begriff eine umfassende Literaturanalyse durchführen müssen, um zu sehen, welche Umschreibungen zur Zeit der Erhebung mit diesen Schlagworten assoziiert waren. Um den damit verbundenen Aufwand beispielhaft zu verdeutlichen, sei auf die Untersuchung von Bühler-Ilieva (2006, S. 41ff) verwiesen, in der „Liebe" mit drei Begriffen gekennzeichnet (definiert) werden sollte. Von den Befragten wurden mehr als 3300 Umschreibungen genannt, von denen „Vertrauen" die absolute Spitzenposition einnahm. Insofern ist die vorliegend gewählte Erklärung („seelische und körperliche Intimität") wohl als angemessene Operationalisierung einzustufen, auch wenn damit nach dem Dreiecksmodell der Liebe von Sternberg (1986, S. 119f) nur ein Faktor (Intimacy) direkt erfasst wird, und die Aspekte Passion (Leidenschaft) und Commitment (Bindung) eher außen vor bleiben. Trotzdem kann man sich beide Faktoren auch in der hier gewählten Umschreibung integriert vorstellen, so dass unter alltagssprachlichen Gesichtspunkten nichts gegen eine Übernahme des Vorschlags von Stiksrud (1976) einzuwenden war.

Zudem sollte eine gewisse Kontinuität gewährleistet sein, so dass sich die Modifikationen auf offensichtliche Missstände beschränkt haben. Im vorliegenden Fall betrifft dies den Austausch des Begriffs Persönlichkeitsentfaltung bei Stiksrud (1976) durch Persönlichkeitsentwicklung, denn nach den Anmerkungen im Pretest sind mit dem erstgenannten Wert zu viele negative Assoziationen („auf Kosten anderer") verbunden gewesen, so dass die Auswechslung ratsam erschien, um hier nicht einen potenziellen Least-Favoriten zu etablieren.

Da Befragte auch eigentlich gut und verständlich formulierte Fragen nicht im Sinne des Fragenstellers interpretieren können, ist es notwendig, Pretests durchzuführen (vgl. Tourangeau et al. 2000, S. 23). Dabei wurden vorliegend 14 studentische Personen in einer schriftlichen Erhebung zunächst in einem offenen Item nach ihren Assoziationen zu den Begriffen des Werte-Inventars von Stiksrud (1976) befragt, bevor anschließend jeweils drei als mögliche Erläuterungen eines Wertes in Frage kommende Begriffe in eine Rangreihe zu bringen waren. Beim dritten Item war das Werte-Inventar von Stiksrud (1976) so zu bearbeiten, wie McCarty & Shrum (1997; 2000) vorgegangen sind (MLR), d.h. es war zunächst der bedeutendste Wert der Aufstellung auszuwählen, im Anschluss der unbedeutendste Listeneintrag zu identifizieren und danach ein Rating sämtlicher Werte auf einer fünf-stufigen Antwortskala vorzunehmen. Die letzte im Pretest behandelte Frage umfasste ein Parteiprogramm (siehe Anhang 12). Aus den Angaben und Kommentaren der Befragten wurde dann die vorliegend administrierte Werte-Liste entwickelt, wobei die Ableitung der Reihenfolge der Aufstellung aus den mittleren Wichtigkeitsurteilen resultierte, indem folgende Platzzuordnungen getroffen wurden:

PT	R1	R2	R3	R4	R5	R6	R7	R8	R9	R10	R11	R12	R13	R14	R15	R16	R17
ST	P8	P11	P6	P13	P1	P16	P3	P14	P9	P4	P15	P2	P17	P5	P12	P7	P10

Abbildung 37: Zusammenhang zwischen den Rangplätzen im Pretest (PT; obere Reihe) und den aus ihnen abgeleiteten Positionen im experimentellen Stimulus (ST; untere Reihe)

Durch die alternierende Zusammenstellung war gewährleistet, dass sich die potenziell wichtigen Werte im mittleren Listenabschnitt befinden, so dass keine Konfundierung mit Primacy- oder Recency-Effekten zu befürchten war. Gleichzeitig war damit sichergestellt, dass vermeintlich wichtige und unwichtige Werte nicht „geklumpt" präsentiert werden und sich die Auswahl der Extrem-Werte auf ganz spezifische Bereiche der Liste beschränkt.

4.3.2 Beschreibung des experimentellen Designs

Um die in Abschnitt 1.2 formulierten Ziele zu erreichen, ist vorliegend ein drei-faktorielles experimentelles Design entwickelt und umgesetzt worden, bei dem ein Inventar mit 17 Werten (siehe Abschnitt 2.1.4.2.4.3) unter acht verschiedenen Durchführungsanweisungen (Faktor 1; generelle Kontextvariation), mit zwei unterschiedlich dimensionierten Antwortskalen (Faktor 2; spezieller Kontext) und mittels zwei Reihenfolgen (Faktor 3; spezieller Kontext) in einer Online-Erhebung (Befragung in einem Pop-Up-Fenster, dessen Größe nicht verändert werden konnte) in einer virtuellen Community (single.de) administriert worden. Aus der Anzahl der Faktoren und ihren jeweiligen Abstufungen ergibt sich, dass 32 verschiedene Fragebogenversionen eingesetzt wurden, in denen noch weitere Aspekte variiert wurden, die in einer Gesamtübersicht am Ende dieses Abschnitts (siehe Abbildung 38) präsentiert werden.

- **Formulierung der unterschiedlichen Anweisungen**

Hier ist zunächst die generelle Instruktion zu beachten, die den Teilnehmern für das Ausfüllen des Erhebungsbogens an die Hand gegeben wird. Rokeach (nach Feather 1975, S. 21) hat in seinen Hinweisen auf die Formulierung: „Nehmen Sie sich Zeit und denken Sie sorgfältig nach" gesetzt, was vorliegend anders gehandhabt wurde. Die Vorgabe, nicht zu lange über ein bestimmtes Item zu reflektieren, ist allerdings bei Umfragen nicht ungewöhnlich und wird auch im Rahmen der Werte-Forschung eingesetzt, z.B. in der Form, dass „der erste Gedanke am wahrscheinlichsten die richtige Antwort für die eigene Person darstellt" (Braithwaite & Scott 1991, S. 699).

Einen Vergleich verschiedener Frage- und Itemversionen beim Inglehart-Instrument nehmen Krebs & Hofrichter (1989) vor. Sie analysieren dabei fünf unterschiedliche Versionen, die in den Jahren 1973 bis 1988 in Deutschland zum Einsatz gelangten und sowohl Allbus-, als auch ZUMA-BUS-Umfragen, das Eurobarometer sowie mehrere Einzeluntersuchungen umfassen, so dass insgesamt die Daten von 35 Erhebungen einbezogen werden konnten (vgl. Krebs & Hofrichter 1989, S. 64). Die unterschiedlichen Einleitungen zum Instrument üben keinen systematischen Einfluss auf die Prioritätszuweisungen bei den vier Inglehart-Items aus, was die Autoren vor allem darauf zurückführen, dass die jeweils zum Schluss gegebene konkrete Aufgabenstellung („Welches Ziel erscheint Ihnen persönlich am wichtigsten?" usw.) im Sinne eines Recency-Effektes (es dürfte sich bei allen Erhebungen um telefonische Befragungen gehandelt haben) die vorherigen nuancierten Unterschiede überlagert (vgl. Krebs & Hofrichter 1989, S. 67).

Dementsprechend wurde vorliegend der Kontext in den acht Durchführungsanweisungen wie bereits skizziert (siehe Abschnitt 1.3) variiert. Dabei dient die Erläuterung der präsentierten Werte-Begriffe durch die in Klammern eingefügten Beispiele der Verkleinerung ihres Interpretationsspielraums. Eine eindeutige Auslegung ist damit allerdings nicht garantiert, denn diese lässt sich ohne eine Ausweitung des Listenumfangs nicht erreichen, weil dann beispielsweise alle Sicherheitsaspekte (persönliche Unversehrtheit, finanzielles Auskommen, nationale Sicherheit, etc.) einzeln und exakt spezifiziert werden müssten (vgl. Schwartz & Bilsky 1990, S. 887).

- **Formulierung der Fragen**

In der Summe basiert die Verwendung standardisierter Fragen (z.B. Werte-Inventare oder Soziodemografie) auf den drei grundlegenden Annahmen, dass (1) ihre Bedeutung von vielen Personen geteilt wird; (2) Befragte den Inhalt eines bestimmten Stimulus in ähnlicher Weise (auffassen und) verstehen und (3) die Antworten in einer Art und Weise gegeben werden, die es dem Forscher erlaubt, sie zu vergleichen (vgl. Bradburn 1982, S. 69). Vorliegend wurde dieses Problem zu lösen (zumindest abzumildern) versucht, indem hinter die einzelnen Schlagworte des Werte-Inventars noch beispielhafte Erläuterungen ergänzt wurden, die allerdings nur bei der ersten Präsentation und beim Ranking noch sichtbar waren, beim Rating wurden ausschließlich die Inventarbegriffe gezeigt. Um vergleichbare Ergebnisse zu erhalten – damit die Rating-Situation für alle Fragebogenversionen identisch ausfiel – wurden die ergänzenden Umschreibungen auch beim alleinigen Rating (Version 01 bis 08) nicht gezeigt.
Die Erläuterungen konnten beim Rating nicht mehr zusätzlich mit aufgeführt werden, weil sonst kein ausreichender Platz für die Antwortskala (5 oder 11 Kategorien) vorhanden gewesen wäre bzw. bei einer Reservierung von zwei Zeilen für jeden Wert (der Begriff in der ersten Zeile und die Erläuterungen in der zweiten Zeile darunter), nicht alle 17 Inventarbegriffe in ein Fenster gepasst hätten. Von einer Verkürzung der Erläuterungen (nur noch eine einzige Exemplifizierung statt zwei oder drei Umschreibungen) wurde abgesehen, da dieses Vorgehen zu einer Verwirrung der Befragten hätte führen können („Warum ist der Begriff, der für mich den Wert am besten umschreibt, jetzt nicht mehr da? Darf ich den Wert weiter in diesem Sinne interpretieren oder muss ich mich jetzt auf die verbliebene Variante umstellen?").
Als Quintessenz der Verständnisprobleme von Umfrage-Items geben Tourangeau et al. (2000, S. 61) folgende Empfehlungen (siehe dazu auch Bradburn et al. 2004, Converse & Presser 1986 sowie Schnell et al. 2005, S. 180), die auch in der referierten Untersuchung beachtet wurden:

(1) Die Fragen möglichst einfach halten;
(2) Komplizierter Satzbau ist zu vermeiden, insbesondere in Form von Schachtelsätzen;
(3) In jeder Frage nur einen Sachverhalt ansprechen;
(4) Ambivalente und unbekannte Begriffe sollten definiert werden (siehe die Beschreibung dessen, was unter Werten zu verstehen ist, in Anhang 5);
(5) Vage Konzepte sollten umgangen werden. Wenn sich deren Gebrauch nicht vermeiden lässt, sollten Beispiele gegeben werden.

- **Reihenfolge im Werte-Inventar**

Nach Bodenhausen (1992, S. 267) können Reihenfolge-Effekte dazu genutzt werden, Information über die Bearbeitungsprozesse von Befragten zu erlangen, was ja vorliegend ebenfalls intendiert ist.
Auch bei Schwartz (1992, S. 20f) erfolgte die Festlegung der Reihenfolge der Werte in der Liste nach bestimmten Regeln: (1) zwischen zwei Werten, die theoretisch dem gleichen Motivationsbereich zugeordnet waren, lagen immer mindestens zwei weitere Werte und (2) zwischen Werten ähnlicher Wichtigkeitsbeurteilungen (Pretest) waren immer mindestens drei weitere Werte platziert. Vorliegend wurde eine alternierende Abfolge zwischen den vermeintlich wichtigen und unwichtigen (siehe Abbildung 37) Werten eingehalten.
Da McCarty & Shrum (1997; 2000) die Reihenfolge der Extrem-Wert-Bestimmung nicht variiert haben (zumindest nicht in einer Veröffentlichung), war die vorliegend verfolgte Vorgehensweise ein logischer Schritt, denn unterschiedliche Auswirkungen in Form von Assimilations-Kontrast-Effekten lassen sich über die Sequenz der Identifikation des Least- und Most-Wertes prüfen.
Hier bleibt weiterhin zu betonen, dass sich die Reihenfolge-Effekte auf das gleiche Konstrukt (Werte) beziehen, und die generelle Abfolge Ranking-Rating immer beibehalten wurde, wenn beide Verfahren zum Einsatz gelangten.

Wichtig für die Konstruktion des Stimulus ist die Erkenntnis von Ring (1974, S. 105ff), dass eine Person aus einer langen Liste (18 Objekte), mit geringster Wahrscheinlichkeit einen Eintrag wählt, wenn dieser in der Mitte der Liste (Position 9 oder 10) präsentiert wird, mit höherer Wahrscheinlichkeit wenn er am Ende der Liste (Position 18) auftaucht und mit höchster Wahrscheinlichkeit, wenn er am Beginn der Liste (Position 1) platziert ist. Dementsprechend sind die im Pretest auf die ersten Plätze gewählten Werte im Mittelteil des aktuell administrierten Werte-Inventars einsortiert worden (siehe Abbildung 37).

- **Antwortskala**

Da vorliegend primär die (fehlende) Differenzierung der Antworten bei der Beurteilung von Werten im Fokus steht, hätte eine diesbezügliche Erklärung in der zu geringen Anzahl an Antwortoptionen liegen können, weil den Personen damit keine ausreichenden Möglichkeiten eingeräumt würden, ihre Antworten angemessen zu spezifizieren. Um diesem möglichen Einfluss zu begegnen, wurde neben einer fünf-stufigen ebenfalls eine mit elf Kategorien versehene Antwortskala administriert, auf der die Personen in jedem Fall einen ausreichenden Spielraum zur Nuancierung von Unterschieden vorgefunden haben dürften. Der Einsatz einer Antwortskala mit einer noch höheren Anzahl an Optionen wurde verworfen, weil dann die Bildschirmgröße des Pop-Up-Fensters für eine adäquate Darstellung nicht mehr ausgereicht hätte. Natürlich wäre es möglich gewesen, auf das Anklicken als Antwortabgabe zu verzichten, und stattdessen beispielsweise eine Zahl von 1 bis 101 eingeben zu lassen, jedoch hätte dann aus Vergleichbarkeitsgründen auch die Eingabe bei der Skala mit fünf Antwortoptionen entsprechend modifiziert werden müssen.

Dabei erschien die Eingabe über das Anklicken eines Radio-Buttons intuitiv verständlicher, den Zwischenraum zwischen den beiden Skalenpolen gleichmäßiger aufteilend (es wurde keine weitere Kennzeichnung der Alternativen vorgenommen) und ohne internen Rechenaufwand durchführbar. Die Alternative einer Magnitude Skalierung (vgl. Schnell et al. 2005; z.B. über das stufenlose Verschieben eines Reglers) wurde ebenfalls verworfen, da hier Aspekte der individuellen Bildschirmauflösung[301] einen verzerrenden Einfluss hätten ausüben können.

Prinzipiell ist der Effekt einer unterschiedlichen Anzahl an Antwortoptionen nicht zu vernachlässigen, da durchaus Auswirkungen der vorgegebenen Kategorienzahl auf die Urteilsabgabe zu erwarten sind (vgl. Henss 1989, S. 266). So wäre es beispielsweise denkbar, dass der Aufforderungscharakter, die gesamte Skala auszunutzen, bei einer elf-stufigen Skala wesentlich höher ausfällt, weil die Befragten attribuieren könnten, dass sich die erhobenen Sachverhalte – aus der Sicht des Umfrageurhebers – beim Angebot von vielen Antwortoptionen fein differenziert abbilden lassen, und dies auch von ihnen erwartet wird.

Der damit angesprochene „Kategorieneffekt“ (vgl. Parducci 1963 und Abschnitt 3.1.2.1.4) beschreibt eine Interaktion zwischen der Anzahl an vorgegebenen Antwortalternativen und den Auswirkungen der damit einhergehenden Kontextmanipulation (vgl. Henss 1989, S. 267 und Abschnitt 3.3.2.5). In diesem Zusammenhang wurde unter anderem herausgefunden, dass mit zunehmender Kategorienzahl (5-, 10- und 101-stufige Skala), die mittlere Bewertung der Stimuli (Attraktivitätseinschätzung von Portraitfotos) positiver ausfällt (vgl. Wedell et al. 1987, S. 243ff).

Als Erklärung vermuten die Autoren einen Wechsel in den Range-Funktionen, der aus den kommunikativen Intentionen resultiert, die durch die Anzahl der Antwortoptionen hervorgerufen werden. Demnach werden die auf wenige Antwortmöglichkeiten limitierten Befragten eher „gezwungen“, alle Antwortoptionen auszuschöpfen, um die Differenzen innerhalb des

---

[301] Bei einer höheren Auflösung wäre auch eine genauere Justierung möglich gewesen – es sei denn, man hätte mit einer simultanen Zahlenanzeige der aktuellen Position des Schiebe-Reglers gearbeitet. Allerdings hätten sich die Befragten dann eventuell wieder mehr auf die Zahlen als auf die „optische“ Einordnung konzentriert. Daneben bleibt es fraglich, ob Personen wirklich in der Lage sind, ihr „inneres System“ so fein differenziert wahrzunehmen und in entsprechende Zahlenangaben zu transformieren.

Stimuli-Pools angemessen zu kommunizieren. Stehen hingegen „sehr viele“ Antwortalternativen zur Verfügung, werden sie ermutigt, an noch extremere – als die ihnen präsentierten – Stimuli zu denken, und diese dann in ihren Bewertungsvorgang zu integrieren. Dieser Prozess mündet dann sehr wahrscheinlich in einen Kontrast-Effekt, da die aktuellen Stimuli gegenüber den ausgedachten „extremeren“ Beispielen „zurückbleiben“.
Die im Experiment zu beurteilenden Fotos fielen alle in den moderaten bis attraktiven Teil eines Gesamtkontinuums (zeigten also insgesamt eher eine „positive“ Anmutung). Dementsprechend wurde die subjektive Skalenweite nach unten ausgedehnt und um weniger attraktive Gesichter erweitert. Bei unattraktiven Stimuli wäre hingegen eine Aufwärtsverlängerung des subjektiven Bereichs zu erwarten gewesen (Einbezug sehr attraktiver Gesichter), der zu einer niedrigeren Beurteilung bei einer Erhöhung der Antwortmöglichkeiten geführt hätte (vgl. Wedell et al. 1987, S. 236f).[302]
Braithwaite & Law (1985, S. 253ff) haben in ihrer Untersuchung sowohl einen modifizierten RVS (mit bisher nicht integrierten Werten sowie der Aufteilung mancher bereits vorhandener Werte in mehrere Unterkonstrukte) als auch eine Rating-Prozedur (sieben-stufige asymmetrische Skala: 1 = Zurückweisung als Leitprinzip in meinem Leben, 2 = Geneigt als Leitprinzip in meinem Leben zurückzuweisen, 3 = Weder Zurückweisung noch Akzeptanz als Leitprinzip in meinem Leben, 4 = Geneigt als Leitprinzip in meinem Leben zu akzeptieren, 5 = Als wichtiges Leitprinzip in meinem Leben akzeptiert, 6 = Als sehr wichtiges Leitprinzip in meinem Leben akzeptiert, 7 = Als von größter Wichtigkeit akzeptiertes Leitprinzip in meinem Leben) eingesetzt. Die Asymmetrie in der Antwortskala – in diesem Zusammenhang erstmals von Gorsuch (1970b, S. 140) vorgeschlagen – erlaubte den Befragten feinere Differenzierungen auf der positiven Seite, und sollte damit der negativen Schiefe der Daten entgegenwirken (vgl. Braithwaite & Law 1985, S. 253).
Dieser Ansatz (vgl. auch Lorr et al. 1973, S. 141) wurde vorliegend nicht übernommen, sondern auf die üblicherweise verwendeten symmetrischen Antwortskalen zurückgegriffen. Begründet wird dieses Vorgehen durch den Platzbedarf der oben skizzierten Variante, denn so lange Erklärungen waren in der Größe des Pop-Up-Fensters nicht möglich. Außerdem lassen sich symmetrische Skalen leichter adaptieren, also sowohl mit weniger als auch mehr Kategorien als ursprünglich administrieren. Dies ist bei asymmetrischen – insbesondere vollständig gelabelten – Skalen sehr viel problematischer. Weiterhin sind bei einer von unwichtig nach wichtig verlaufenden Antwortskala, höhere Mittelwerte und geringere Standardabweichungen zu erwarten gewesen, die für den vorliegenden Test als aussagekräftiger angesehen wurden.
Bezüglich der optischen Aufbereitung der beiden Antwortskalen wurde in Anlehnung an Schönpflug (1972, S. 150) darauf geachtet, dass die Distanz zwischen den beiden Extremkategorien und die Größe der Radio-Buttons identisch waren, und den verfügbaren Platz in jeweils gleich große Abstände dividiert haben (siehe Anhang 2).
Auf einem Literaturüberblick basierend schlagen Krosnick & Fabrigar (1997) vor, dass eine Skala mit sieben Optionen den besten Kompromiss beim Einsatz von Rating-Skalen darstellt. Vorliegend sind allerdings „nur“ fünf Antwortkategorien zur Verfügung gestellt worden. Dies beruht auf der Überlegung, dass 11 Skalenpunkte eine visuelle Obergrenze für das Pop-Up-Design ausgemacht haben, und eine zweite Antwortskala mit einem möglichst hohen Kontrast eingesetzt werden sollte, die aber trotzdem noch eine gewisse Differenzierung der Antworten erlaubte. Diese beiden Bedingungen schienen bei fünf Kategorien insgesamt besser erfüllt zu

[302] Hier bleibt zunächst zu fragen, warum die Verlängerung nur bei vielen Antwortoptionen einsetzen sollte bzw. ab welcher Anzahl sie denn eigentlich stattfindet. Weiterhin muss ist unklar, ob die Effekte auch bei einem positiven Konstrukt wie Werten wirksam sind. Letztendlich war die elf-stufige Antwortskala aber wohl für diese Erklärung noch nicht „breit“ genug, da immer noch mehr Stimuli als Antwortoptionen vorhanden waren. Ob man bei der Präsentation von 17 Werten noch nach weiteren (insbesondere „weniger positiven“) sucht, ist zweifelhaft, denn dies würde wohl eine zu hohe kognitive Anstrengung bedeuten. Werte sind außerdem wesentlich abstrakter als Fotografien, so dass auch aus diesem Grunde die Effekte möglicherweise unterbleiben.

sein als bei sieben. Außerdem gibt es auch Belege dafür, dass Skalen mit fünf Kategorien eine „gute Wahl" darstellen (vgl. Diekmann 1995).

- **Besonderheiten der Online-Erhebung**

Drop-Down-Listen sind bei Online-Erhebungen nach Schnell et al. (2005, S. 383) zu vermeiden, weil alle Antwortoptionen gleichzeitig sichtbar sein sollten. Bedingt durch die Ausmaße des Pop-Up-Fensters sind sie dementsprechend auch allein bei der Eingabe der ersten Stelle der Postleitzahl eingesetzt worden, die ansonsten in zwei Spalten hätte aufgeteilt werden müssen, was wieder andere Probleme nach sich gezogen hätte. Ansonsten wurde hinsichtlich der Design-Aspekte auf die Ausprägungen zurückgegriffen, die sich im Rahmen der Community bereits bewährt hatten (vgl. Rundt 2002).

Im Gegensatz zu telefonischen und schriftlichen (postalischen) Erhebungen werden soziodemografische Fragen in Online-Erhebungen überwiegend am Anfang gestellt (vgl. beispielsweise Bühler-Ilieva 2006, S. 163), so dass diese Items auch vorliegend zu Beginn der Untersuchung abgefragt wurden.

- **Sonstige Gesichtspunkte**

Insgesamt kommt es bei einer Befragung darauf an, den zeitlichen und sonstigen Aufwand zur Bearbeitung des Erhebungsinstruments auf Seiten der Befragten so gering wie möglich zu halten, indem kurze und einfache Wörter bzw. Sätze verwendet und so wenige – aber präzise und prägnant formulierte – Items wie nötig abgefragt werden (vgl. Krosnick et al. 1996, S. 29). Dieses Leitmotiv stand auch bei der Konstruktion des vorliegend verwendeten Erhebungsbogens Pate.

- **Gesamtübersicht der 32 Fragebogenversionen**

Zunächst wird hier eine webseitenspezifische Übersicht gegeben, (siehe zu den Details die Abbildungen im Anhang):

Seite 00 = Pop-Up-Seite (nicht variiert)
Seite 01 = Allgemeine Anweisungen (2 Varianten: Beispielskala mit 5 oder 11 Kategorien)
Seite 02 = Soziodemografie (Geschlecht, Alter, Postleitzahl, Wohnort und Religion)
Seite 03 = Soziodemografie (höchster Schulabschluss und monatliches Nettoeinkommen)
Seite 04 = Erläuterung und Definition von Werten
Seite 05 = Werte-Liste mit teilweiser Bestimmung eines Extrem-Wertes (2 Sequenzen)
Seite 06 = Nur bei Bestimmung eines zweiten Extrem-Wertes
Seite 07 = Rating der 17 Werte (Reihenfolge wie Seite 05; in den Versionen 9 bis 32 noch mit zusätzlicher Kennzeichnung der [des] gewählten Extrem-Werte[s])
Seite 08 = Beurteilung der Bestimmung der Extrem-Werte
Seite 09 = Evaluation des Rankings und der Anzahl an Antwortkategorien
Seite 10 = Platzierung politischer Ziele (4 unterschiedliche Sequenzen)
Seite 11 = Blick in die Zukunft und Teilnahmebereitschaft (Incentive, Wissenschaft)
Seite 12 = Beurteilung des Umfragethemas und Einschätzung des Zeitaufwandes
Seite 13 = Teilnahme an zukünftigen Befragungen und bisherige Erhebungserfahrungen
Seite 14 = E-Mail-Adresse eingeben, um Ergebnisse zugeschickt zu bekommen.

Version	D	S	RF	S05	S06	S08	S09	S10	S11	S12	S13
1	1	5	1	A_Z			H1	P1	Z1	T1	F1
2	1	11	2	A_Z			J1	P2	Z2	T2	F2
3	1	5	2	Z_A			J2	P3	Z3	T3	F1
4	1	11	1	Z_A			H2	P4	Z4	T4	F2
5	2	5	1	M1			H1	P1	Z1	T1	F1
6	2	11	1	M1			H2	P2	Z2	T2	F2
7	2	5	2	M2			J2	P3	Z3	T3	F1
8	2	11	2	M2			J1	P4	Z4	T4	F2
9	3	5	1	B1	U3	C1	H1	P1	Z1	T1	F1
10	3	11	1	B1	U3	C2	H2	P2	Z2	T2	F2
11	3	5	2	B2	U4	E1	J2	P3	Z3	T3	F1
12	3	11	2	B2	U4	E2	J1	P4	Z4	T4	F2
13	4	5	1	U1	B3	C3	H1	P1	Z1	T1	F1
14	4	11	1	U1	B3	C4	H2	P2	Z2	T2	F2
15	4	5	2	U2	B4	E3	J2	P3	Z3	T3	F1
16	4	11	2	U2	B4	E4	J1	P4	Z4	T4	F2
17	5	5	1	B1		C5	H1	P1	Z1	T1	F1
18	5	11	1	B1		C6	H2	P2	Z2	T2	F2
19	5	5	2	B2		E5	J2	P3	Z3	T3	F1
20	5	11	2	B2		E6	J1	P4	Z4	T4	F2
21	6	5	1	U1		C5	H1	P1	Z1	T1	F1
22	6	11	1	U1		C6	H2	P2	Z2	T2	F2
23	6	5	2	U2		E5	J2	P3	Z3	T3	F1
24	6	11	2	U2		E6	J1	P4	Z4	T4	F2
25	7	5	1	B1	U5	C7	H1	P1	Z1	T1	F1
26	7	11	1	B1	U5	C8	H2	P2	Z2	T2	F2
27	7	5	2	B2	U6	E7	J2	P3	Z3	T3	F1
28	7	11	2	B2	U6	E8	J1	P4	Z4	T4	F2
29	8	5	1	U1	B5	C9	H1	P1	Z1	T1	F1
30	8	11	1	U1	B5	C10	H2	P2	Z2	T2	F2
31	8	5	2	U2	B6	E9	J2	P3	Z3	T3	F1
32	8	11	2	U2	B6	E10	J1	P4	Z4	T4	F2

Abbildung 38: Gesamtübersicht der einzelnen Versionen im experimentellen Design

Erläuterung der verwendeten Abkürzungen in Abbildung 38:
D = Durchführungsanweisung; S = Stufen der Antwortskala; RF = Reihenfolge des Werte-Inventars (1 = Ausgeglichenheit bis Kinder / 2 = umgekehrt); S## = Seite des Fragebogens (siehe Anhang); A_Z = Auflistung der Werte von Abwechslung bis Wohlstand; Z_A = umgekehrt; M1 = Werte-Liste in der Reihenfolge von Ausgeglichenheit bis Kinder und der Bitte sich diese 2x durchzulesen; M2 = umgekehrte Reihenfolge der Werte; B1 = Bestimmung des bedeutendsten Wertes (RF1); B2 = Bestimmung des bedeutendsten Wertes (RF2); B3 = Bestimmung des bedeutendsten Wertes, nachdem vorher der unbedeutendste identifiziert wurde (RF1); B4 = Bestimmung des bedeutendsten Wertes, nachdem vorher der unbedeutendste identifiziert wurde (RF2); B5 = Bestimmung des zum vorher identifizierten unbedeutendsten Wert relativ am weitesten entfernten Wertes (RF1); B6 = Bestimmung des zum vorher identifizierten unbedeutendsten Wert relativ am weitesten entfernten Wertes (RF2); U1 = Bestimmung des unbedeutendsten Wertes (RF1); U2 = Bestimmung des unbedeutendsten Wertes (RF2); U3 = Bestimmung des unbedeutendsten Wertes, nachdem vorher der bedeutendste identifiziert wurde (RF1); U4 = Bestimmung des unbedeutendsten Wertes, nachdem vorher der bedeutendste identifiziert wurde (RF2);

U5 = Bestimmung des zum vorher identifizierten bedeutendsten Wert relativ am weitesten entfernten Wertes (RF1); U6 = Bestimmung des zum vorher identifizierten bedeutendsten Wert relativ am weitesten entfernten Wertes (RF2); C1 = Formulierung „schwer" mit „Ja" zuerst und Antwortfolge 1 (bedeutendste, unbedeutendste, beide); C2 = Formulierung „schwer" mit „Nein" zuerst und Antwortfolge 2 (beide, bedeutendste, unbedeutendste); C3 = Formulierung „schwer" mit „Ja" zuerst und Antwortfolge 3 (unbedeutendste, bedeutendste, beide); C4 = Formulierung „schwer" mit „Nein" zuerst und Antwortfolge 4 (beide, unbedeutendste, bedeutendste); C5 = Formulierung „schwer" mit „Ja" zuerst; C6 = Formulierung „schwer" mit „Nein" zuerst; C7 bis C10 sind analog zu C1 bis C4 zu sehen, außer dass dort die relativen Beziehungen der beiden Extrem-Werte thematisiert sind; E1 = Formulierung „leicht" mit „Ja" zuerst und Antwortfolge 1 (bedeutendste, unbedeutendste, beide); E2 = Formulierung „leicht" mit „Nein" zuerst und Antwortfolge 2 (beide, bedeutendste, unbedeutendste); E3 = Formulierung „leicht" mit „Ja" zuerst und Antwortfolge 3 (unbedeutendste, bedeutendste, beide); E4 = Formulierung „leicht" mit „Nein" zuerst und Antwortfolge 4 (beide, unbedeutendste, bedeutendste); E5 = Formulierung „leicht" mit „Ja" zuerst; E6 = Formulierung „leicht" mit „Nein" zuerst; E7 bis E10 sind analog zu E1 bis E4 zu sehen, außer dass dort die relativen Beziehungen der beiden Extrem-Werte thematisiert sind; H1 = Einstufung „schwierig" und 5 Kategorien angemessen als erste Option; H2 = Einstufung „schwierig" und 11 Kategorien angemessen als erste Option; J1 = Einstufung „kaum schwierig" und 5 Kategorien als erste Option; J2 = Einstufung „kaum schwierig" und 11 Kategorien als erste Option; P1 = Reihenfolge der Politikbereiche: Arbeitslosigkeit-Gesundheitswesen-Landwirtschaft-Steuerreform; P2 = Steuerreform-Landwirtschaft-Gesundheitswesen-Arbeitslosigkeit; P3 = Landwirtschaft-Steuerreform-Arbeitslosigkeit-Gesundheitswesen; P4 = Gesundheitswesen-Arbeitslosigkeit-Steuerreform-Landwirtschaft; Z1 = Optionsreihenfolge: Partner-Körper-Freunde-Lebensunterhalt sowie Teilnahmegrund Wissenschaft (Nein-Ja) und Teilnahmegrund Incentive (Nein-Ja); Z2 = Optionsreihenfolge: Lebensunterhalt-Freunde-Körper-Partner sowie Teilnahmegrund Wissenschaft (Ja-Nein) und Teilnahmegrund Incentive (Ja-Nein); Z3 = Optionsreihenfolge: Freunde-Lebensunterhalt-Partner-Körper sowie Teilnahmegrund Incentive (Nein-Ja) und Teilnahmegrund Wissenschaft (Nein-Ja); Z4 = Optionsreihenfolge: Körper-Partner-Lebensunterhalt-Freunde sowie Teilnahmegrund Incentive (Ja-Nein) und Teilnahmegrund Wissenschaft (Ja-Nein); T1 = Nicht zustimmen und Zeitaufwand zu hoch-akzeptabel-noch umfangreicher; T2 = Zustimmung und Zeitaufwand akzeptabel-zu hoch-noch umfangreicher; T3 = Nicht zustimmen und Zeitaufwand akzeptabel-noch umfangreicher-zu hoch; T4 = Zustimmung und Zeitaufwand noch umfangreicher-akzeptabel-zu hoch; F1 = Zukünftige Teilnahme (Nein-Ja); F2 = Zukünftige Teilnahme (Ja-Nein); Leere Felder = Seite in der Fragebogenvariante nicht vorhanden.

4.3.3 Die Fragebogenelemente der Pop-Up-Erhebung

Nach Fries (2006, S. 100ff) lassen sich die Dimensionen des Internet Fragebogendesigns in vier große Bereiche unterteilen:

(1) inhaltliche Ausgestaltung;
(2) technische Umsetzung;
(3) rechtliche Konformität;
(4) grafische Darstellung.

Beim ersten Punkt sind verständliche Frage- und Antwortformulierung, logische bzw. strategische Fragenreihenfolge (z.B. Eisbrecher-Fragen am Anfang und sensible Fragen am Ende), im Hinblick auf die maximale Ausfülldauer begrenzte Menge an Fragen, limitierte Anzahl eindeutiger, überschneidungsfreier Antwortvorgaben je Frage, Vermeidung von Monotonie infolge der Aneinanderreihung ähnlicher Frage- und Antwortformulierungen (dies ließ sich hinsichtlich der Antwortskala beim Werte-Inventar vorliegend nicht vermeiden) sowie die Verwendung von kurzen Motivationssätzen angesprochen.

Der zweite Aspekt thematisiert die Sicherstellung von Browserkompatibilität und ausreichender Serverkapazität, die Gestaltung als Pop-Up-Fenster mit maximaler Bildschirmausnutzung, die Anzeige des Ausfüllstatus über Fortschrittsbalken, deutlich sichtbarer Weiter-Button mit Textanweisung und der Möglichkeit zum Weiterklicken ohne Antwort (wie im nächsten Abschnitt beschrieben, wurde gegen diese Empfehlung verstoßen), Zwischenspeicherung bei Seitenwechsel (dies war vorliegend schon deshalb erforderlich, um jedem Befragten die Möglichkeit zur Bearbeitungsunterbrechung bzw. eine permanente Bitte um Teilnahme beim Einloggen präsentieren zu können), Filterführung in Abhängigkeit von bestimmten Antworten, wenn möglich: Randomisierung der Antwortvorgaben (auf diesen Punkt wurde bei der Präsentation des Werte-Inventars bewusst verzichtet, um Kontext-Effekte prüfen zu können), Plausibilitätskontrolle bei intervallskalierten Merkmalen und die Angabe einer E-Mail-Adresse für technische Unterstützung. Auch der letztgenannte Punkt unterblieb in Absprache mit der Community-Leitung, denn die Mitglieder konnten diese bei allen auftretenden Problemen wie gewohnt kontaktieren.[303]

Die rechtliche Konformität betrifft die Gewährleistung von Anonymität durch getrennte Speicherung von personenbezogenen und Umfrage-Daten, die Verwendung der Daten in aggregierter Form, die Information über Zielsetzung und Hintergrund der Befragung sowie durchführende Institution, die Information zum Datenschutz (diesbezüglich wurde „lediglich" eine Zusicherung der Anonymität gegeben), die Einholung der Einwilligung des Befragten zur Nutzung der Daten (auch darauf wurde verzichtet, denn diese wurde mit der Teilnahme an der Befragung als gegeben vorausgesetzt), die vollständige Löschung der personenbezogenen Daten bei Nicht-Einwilligung bzw. nach der Auswertung, die verschlüsselte Datenübertragung und die Einräumung der Möglichkeit zum Abbruch durch den Teilnehmer. Darüber hinaus war vorliegend auch eine Unterbrechung der Fragebogenbearbeitung möglich.

Die grafische Gestaltung umfasst Gesichtspunkte wie die Verwendung von wenigen im Hinblick auf Kontrast und seriöses Erscheinungsbild ausgewählten Farben, ein klares, nicht zu kleines Schriftbild zur Vermeidung von Ermüdung beim Ausfüllen, eine begrenzte Anzahl an Fragen je Seite (Scrollen möglichst vermeiden), die Trennung der Antwortvorgaben durch wechselseitige farbliche Hinterlegung (dies wurde vorliegend nicht umgesetzt, und könnte ein Grund für Inkonsistenzen darstellen – allerdings hätte eine farbliche Hervorhebung auch wieder einen Kontext-Effekt [nur entsprechend betonte Einträge qualifizieren sich als Extrem-Werte] verursachen können, so dass in diesem Verzicht keine wesentliche Einschränkung vermutet wurde), die Verwendung bekannter Formen zur Antwortauswahl und eine begrenzte Anzahl an Bildern und Grafiken – auf die auch vorliegend geachtet wurde.

Die genaue Umsetzung in der hier referierten Untersuchung kann den Screenshots in Anhang 1 bis Anhang 16 entnommen werden.

4.3.4 Umgang mit Antwortverweigerungen

Obwohl es nach Fries (2006, S. 102) nicht ratsam ist, die Eingabe einer Antwort als Erfordernis für das Fortfahren mit dem Fragebogen zu kombinieren – dies wirkt unseriös und widerspricht dem Grundsatz der freiwilligen Teilnahme (siehe dazu auch die entsprechenden Richtlinien des Arbeitskreises deutscher Marktforschungsinstitute) – wurde vorliegend konträr verfahren, um den Teilnehmern keinen „einfachen Ausweg" anzubieten. Die sich dabei möglicherweise ergebenden Verzerrungen durch forcierte Antworten sind in Kauf genommen worden.

[303] Persönliche Kommunikation mit dem System-Administrator der Community, Herrn Reiner Kukulies, am 31.01.2002.

4.3.5 Incentive

Nach Fries (2006, S. 42 lassen sich drei Arten von Incentives unterscheiden: (1) Monetäre Anreize (z.B. Geldbetrag oder Geldgewinn), (2) Nicht-Monetäre Geschenke (z.B. Bonuspunkte oder Reisegewinn) und (3) Bereitstellung von Informationen (z.B. Ergebnisbericht oder Testeinstufung hinsichtlich bestimmter Eigenschaften). Untersuchungen haben gezeigt, dass sich die Teilnahmebereitschaft in Marktforschungsuntersuchungen durch die Auslobung von Incentives erhöhen lässt (vgl. Frick et al. 2001, S. 214; Goodstadt et al. 1977 und Wiseman 1973, S. 330ff).

Auf der anderen Seite können natürlich durch das Incentive auch bestimmte Personengruppen zur Teilnahme an der Erhebung motiviert werden, die für eine Verschlechterung der Ergebnisqualität sorgen, indem das Antwortverhalten allein auf die Erreichung des Incentives ausgerichtet wird und nicht auf die Frageninhalte. Insofern können Incentives ein zweischneidiges Schwert sein und ihr Einsatz sowie die spezifische Ausformung sind deshalb genau zu überlegen. Nach Fries (2006, S. 43f) sollte der Wert der Prämie die durch den Zeitaufwand der Teilnahme entstanden Kosten eines Befragten nicht übersteigen. Außerdem ist nach diesem Autor bei gleicher Wirksamkeit, den nicht-materiellen Anreizen – aufgrund ihrer geringeren Verzerrungswirkung – der Vorzug gegenüber materiellen Incentives zu geben (vgl. Fries 2006, S. 44).

Den angesprochenen Aspekten wurde vorliegend dadurch Rechnung getragen, dass ein moderates nicht monetäres Incentive in Form von virtuellem Community-Geld (siehe Abschnitt 3.5.3.1) zum Einsatz kam, dessen Höhe in Absprache mit dem System-Administrator der Community festgelegt wurde (siehe auch Fußnote 300 auf Seite 281).

4.3.6 Verzicht auf eine Stichprobenziehung

Es wäre vorliegend – im Gegensatz zu den meisten sonstigen Internet-Umfragen (vgl. Miller & Dickson 2001, S. 150) – möglich gewesen, eine Stichprobe der Grundgesamtheit zu ziehen, weil ein Mitgliederverzeichnis der Community vorliegt (vgl. Rundt 2002). Damit wären aber insofern Probleme verbunden gewesen, als alle Personen, die sich im Erhebungszeitraum neu angemeldet haben, nicht berücksichtigt worden wären, und zweitens nicht sichergestellt war, dass sich die ausgewählten Mitglieder im Befragungszeitraum auch wirklich einloggen. Deshalb wurde vorliegend auf eine Stichprobenziehung verzichtet, und die Bitte um Teilnahme an der Untersuchung jedem sich einloggenden Mitglied angezeigt. Die Kopplung an den Login-Vorgang ermöglicht eine genaue Kontrolle der Teilnehmerauswahl (vgl. Bühler-Ilieva 2006, S. 166), und außerdem lässt sich damit die generelle Partizipationsbereitschaft innerhalb der Community prüfen (siehe Abschnitt 5.1).

Ein Grund für das gewählte Vorgehen ist auch in den geplanten Faktorenanalysen zur Aufdeckung der Werte-Struktur verschiedener Gruppierungen zu sehen, denn bezüglich dieses Analyseverfahrens wird überwiegend die Maxime vertreten, so viele Probanden wie möglich einzubeziehen (siehe Abschnitt 5.4.2.1.1). Dies deckt sich mit der Sichtweise von Thompson (1997, S. 30), der gegen eine Limitierung aufgrund statistischer Gesichtspunkte eintritt, und alleine zeitliche und finanzielle Restriktionen als relevante Größen für einen begrenzten Stichprobenumfang anführt.

Weil in Online-Erhebungen eine höhere Teilnehmerzahl nicht mit proportional steigenden Kosten verbunden ist, wie dies z.B. bei einer schriftlichen Erhebung der Fall ist, bei der die Versand- und Kopierkosten für jeden Untersuchungsteilnehmer anfallen (vgl. Bühler-Ilieva 2006, S. 166), hat dieses Vorgehen vorliegend keine budgetrelevanten Auswirkungen.

In diesem Zusammenhang besitzt eine Ansprache und Rekrutierung über E-Mail-Adressen die Nachteile, dass (1) sich die Mitglieder nicht im Surf-Modus befinden, sondern erst die Web-Site mit dem Fragebogen aufrufen müssen, (2) es sich um einen „harten Kontakt" handelt, der die Privatsphäre der Teilnehmer nicht ausreichend respektiert und (3) derartige Adressenda-

tenbanken keine sehr hohe Lebensdauer haben und einen großen Pflegebedarf aufweisen (vgl. Bühler-Ilieva 2006, S. 167).
Außerdem brauchte man bei einer Vollerhebung keinen Zufallsmechanismus zu erklären und alle aktiven Mitglieder konnten in den Genuss der Teilnahme und des damit verbundenen Incentives kommen, so dass auch keine Neidgefühle möglich waren. In einer Community muss davon ausgegangen werden, dass die Mitglieder auch untereinander über dort laufende Umfragen diskutieren, insbesondere wenn es dafür eine Belohnung gibt.

4.3.7 Pilottest und endgültige Festlegung

Während bei dem Pretest zur Wichtigkeit der Werte und der Funktionalität der Anweisungen eher inhaltliche Aspekte im Vordergrund standen, sind bei dem hier skizzierten Pilottest vor dem Freischalten der Umfrage primär technische Gesichtspunkte fokussiert worden. Nachdem der Fragebogen vollständig entwickelt war, wurde er entsprechend den technischen Anforderungen in der Online-Community programmiert. In ausführlichen Testdurchläufen wurde danach der korrekte Ablauf in allen 32 Versionen doppelt geprüft und auch der Zufallsmechanismus zur Zuweisung der Erhebungsbögen an die sich einloggenden Mitglieder getestet.
Obwohl die Testdurchläufe allesamt positiv ausfielen – die Fragebögen wurden korrekt zugeordnet und sämtliche Eingaben der Tester fanden sich an den dafür vorgesehenen Feldern in der Datenbank wieder – ist ein technischer Fehler nicht erkannt und ausgeräumt worden, der die Möglichkeit eines Missing Values bei dem ersten Eintrag des Werte-Inventars betraf. Weil vorliegend keine fehlenden Eingaben zugelassen waren – es wurde so lange eine Fehlermeldung angezeigt, bis sämtliche Items einer Fragebogenseite beantwortet, oder eine temporäre Unterbrechung bzw. endgültige Verweigerung angeklickt wurde – ist dieser Punkt nicht bei allen Versionen für jeden einzelnen Listeneintrag geprüft worden, so dass dieser Programmierfehler unentdeckt blieb. Alle entsprechenden Fälle, bei denen ein systematisches Ausprobieren nicht ausgeschlossen werden konnte, sind aus dem Datensatz vollständig eliminiert worden (siehe Abschnitt 5.2.1.1).
Hinsichtlich der Bestimmung des minimalen Zeitbedarfs für das Ausfüllen des kompletten Fragebogens wird auf Abschnitt 5.2.1.2 verwiesen.

5 Ergebnisse

Leider ließ es sich nicht vermeiden, dass der Erhebungszeitraum (15.-25.03.2002) teilweise in die Osterferien fiel. Bis auf die Bundesländer Sachsen, Sachsen-Anhalt und Niedersachsen lag mindestens ein Ferientag in der Befragungsphase. Für 10 Bundesländer war es genau ein Tag (25. März,[304] d.h. der letzte halbe Tag), in Rheinland Pfalz fünf Tage (21.03-25.03.2002), in Berlin drei Tage (23.03-25.03.2002) und in Hamburg zwei Tage (15.03-16.03.2002 – auch hier dürfte der Sonntag 17.03 mit dazuzurechnen sein). Es hätten also aufgrund von Urlaubszeiten mehr Personen einen Spielraum zum Ausfüllen haben können, aber auch durch Reiseaktivitäten weniger Zeit zur Teilnahme an der Befragung bestehen können. Letztendlich dürften sich die beiden Optionen die Waage gehalten haben, so dass netto keine verzerrenden Effekte angenommen werden. Aufgrund terminlicher Restriktionen durch die Reorganisation der Plattform, konnte auf diesen Aspekt keine Rücksicht genommen werden.
Die Bitte um eine Umfrageteilnahme wurde im freigeschalteten Zeitraum (Freitag 15.03.2002 [11:28 Uhr] bis Montag 25.03.2002 [10:48 Uhr]) insgesamt 59167 Mitgliedern der Community angezeigt. Um eine echte Zufallsreihenfolge der 32 Versionen zu gewährleisten, sind die Fragebögen nicht rollierend zugewiesen worden, d.h. alle Versionen einmal nach dem Zufallsprinzip, im Anschluss ein zweites Mal usw., sondern vollständig randomisiert. Damit war sichergestellt, dass eine Variante auch mehrmals hintereinander an sich sukzessive einlog-

[304] Das Wochenende vor diesem Tag war für diese Bundesländer eigentlich auch schon als Ferienzeit zu klassifizieren, denn am Samstag dürfte dort schon kein Unterricht mehr stattgefunden haben.

gende Mitglieder zur Bearbeitung vorgelegt werden konnte, was rollierend nicht möglich gewesen wäre.[305] Als Konsequenz dieses Vorgehens sind die einzelnen Versionen allerdings unterschiedlich häufig eingesetzt worden. Dies wurde in Kauf genommen, um eine größere Variationsmöglichkeit der Zuweisungen gewährleisten zu können, und nicht lediglich eine Zufallsreihenfolge innerhalb von 32er Blöcken zu etablieren.

5.1 Rücklaufquoten

5.1.1 Anzahl an Fragebogenrückläufen

Die sich aus der nicht rollierenden Zuweisung der Fragebogenversionen ergebende Differenz der Expositionen (117), spiegelt sich auch in der Teilnehmerstichprobe wider, denn bei Letzterer beträgt die Spannweite immer noch 116 Personen (594 Probanden für Variante 23 aber nur 478 bei Version 26). Die höchste Teilnahmebereitschaft[306] liegt für den Fragebogen 04 vor (32,04 % derjenigen Mitglieder, denen er angezeigt wurde, haben ihn vollständig bearbeitet), während diesbezüglich ebenfalls wieder die Variante 26 mit einer Quote von 26,56 % das Schlusslicht der 32 Fragebögen ausmacht.

Alles in allem zeigt die Verteilung der Teilnehmer auf die einzelnen Versionen trotzdem ein relativ homogenes Bild. Die Variante 17 ist am häufigsten (1910 Personen) und die Nummer 20 am wenigsten (1793 Personen) angezeigt worden, was eine Spannweite von 117 potenziellen Kandidaten ausmacht. Im Mittel ergibt sich ein Wert von 1849 Expositionen pro Fragebogen, bei einer Standardabweichung von 33,46. Somit kann durchaus von mengenmäßig vergleichbaren Präsentationsumfängen ausgegangen werden (die Anteilsdifferenz zwischen der minimalen und maximalen Vorgabe beträgt lediglich 0,2 Prozentpunkte).

Insgesamt haben fast 42 % der angesprochenen Mitglieder entweder das Pop-Up-Fenster geschlossen (X-Button in der rechten oberen Ecke betätigt)[307] oder auf den Link „erst zu einem späteren Zeitpunkt teilnehmen" geklickt, und somit ihre Partizipation zunächst einmal offen gelassen, sich schlussendlich aber doch nicht an der Umfrage beteiligt.[308]

Der maximale versionsweise Unterschied beträgt 0,40 Prozentpunkte (Varianten 31 und 9), wobei allerdings die Anteilsdifferenzen dieser Bearbeitungsoption am Expositionsumfang um maximal 5,69 Prozentpunkte auseinander liegen (44,56 % bei Variante 21 gegenüber 38,87 % von Version 29).

---

305 In diesem Fall wäre maximal eine zweifache Zuweisung möglich gewesen, wenn die letzte Variante in einem Block der 32 Fragebögen mit der ersten Variante im Folgeblock übereingestimmt hätte.

306 An dieser Stelle sei ausdrücklich vor der Fehlinterpretation gewarnt, die Fragebogenvarianten mit der Bereitwilligkeit zu ihrer Bearbeitung in Verbindung zu bringen, denn die Befragten wussten weder etwas von unterschiedlichen Versionen des Erhebungsbogens, noch waren Differenzen für sie erkennbar. Durch den Zwang zur Antwortabgabe – andernfalls ließ sich die folgende Seite nicht aufrufen – und die fehlende Rücksprungmöglichkeit, war es außerdem unmöglich, sich die Fragen vorab anzuschauen.

307 Prinzipiell hätten auch diese Personen als „Abbrecher" eingestuft werden können, jedoch war es vorliegend das Ziel, möglichst von jedem Befragten eine explizite Zu- oder Ablehnung der Teilnahme auf der ersten Seite zu erreichen (er sollte die Bitte zumindest „überflogen" haben), so dass das Pop-Up-Fenster so lange beim Einloggen angezeigt wurde, bis ein entsprechender Link angeklickt wurde. Natürlich hätten die Mitglieder, die bereits beim ersten Auftreten so reagiert haben, auch die späteren Pop-Ups wieder „wegklicken" können – diesbezüglichen Differenzierungen kann anhand der vorliegenden Daten allerdings nicht weiter nachgegangen werden.

308 Wie viele Befragte, die sich zunächst für „später antworten" entschieden haben, diese vorläufige Festlegung im Laufe des Umfragezeitraums in eine Teilnahme umgewandelt haben, lässt sich nicht berechnen, da – neben dem Zeitpunkt der erstmaligen Präsentation der Pop-Up-Seite – immer nur der zuletzt aktivierte Zustand gespeichert wurde, um für jede Person eine Fortsetzung der Bearbeitung an der als nächstes auszufüllenden Fragebogenseite zu ermöglichen. Weil die Bitte zur Beteiligung nur beim Einloggen gezeigt wurde – also nicht in bestimmten Intervallen während des Surfens auf den Seiten der Community auf dem Bildschirm erschien – kann auch nicht abschließend gesagt werden, ob die Teilnahme „nur" vergessen wurde oder die Community in der Zeit von der Person gar nicht aufgesucht wurde.

	angezeigt		später bearbeiten			Fragebogen abgebrochen			unvollständig			vollständig		
V	N	%	N	%	% vV	N	%	% vV	N	%	% vV	N	%	% vV
1	1876	3,17	781	3,17	41,63	497	3,03	26,49	18	3,28	0,96	580	3,31	30,92
2	1892	3,20	789	3,20	41,70	516	3,14	27,27	16	2,92	0,85	571	3,25	30,18
3	1826	3,09	732	2,97	40,09	491	2,99	26,89	18	3,28	0,99	585	3,33	32,04
4	1835	3,10	749	3,04	40,82	530	3,23	28,88	13	2,37	0,71	543	3,09	29,59
5	1841	3,11	754	3,06	40,96	524	3,19	28,46	16	2,92	0,87	547	3,12	29,71
6	1842	3,11	787	3,19	42,73	497	3,03	26,98	23	4,20	1,25	535	3,05	29,04
7	1804	3,05	770	3,12	42,68	472	2,88	26,16	19	3,47	1,05	543	3,09	30,10
8	1814	3,07	761	3,09	41,95	461	2,81	25,41	12	2,19	0,66	580	3,31	31,97
9	1798	3,04	726	2,94	40,38	502	3,06	27,92	13	2,37	0,72	557	3,17	30,98
10	1902	3,21	773	3,13	40,64	520	3,17	27,34	21	3,83	1,10	588	3,35	30,91
11	1834	3,10	781	3,17	42,58	498	3,03	27,15	19	3,47	1,04	536	3,05	29,23
12	1836	3,10	754	3,06	41,07	500	3,05	27,23	19	3,47	1,03	563	3,21	30,66
13	1804	3,05	752	3,05	41,69	501	3,05	27,77	16	2,92	0,89	535	3,05	29,66
14	1862	3,15	764	3,10	41,03	546	3,33	29,32	19	3,47	1,02	533	3,04	28,63
15	1883	3,18	797	3,23	42,33	538	3,28	28,57	20	3,65	1,06	528	3,01	28,04
16	1881	3,18	793	3,22	42,16	530	3,23	28,18	9	1,64	0,48	549	3,13	29,19
17	1910	3,23	806	3,27	42,20	516	3,14	27,02	8	1,46	0,42	580	3,31	30,37
18	1818	3,07	757	3,07	41,64	501	3,05	27,56	22	4,01	1,21	538	3,07	29,59
19	1839	3,11	786	3,19	42,74	513	3,13	27,90	15	2,74	0,82	525	2,99	28,55
20	1793	3,03	727	2,95	40,55	505	3,08	28,17	12	2,19	0,67	549	3,13	30,62
21	1838	3,11	819	3,32	44,56	470	2,86	25,57	17	3,10	0,92	532	3,03	28,94
22	1826	3,09	784	3,18	42,94	487	2,97	26,67	17	3,10	0,93	538	3,07	29,46
23	1891	3,20	785	3,18	41,51	493	3,00	26,07	19	3,47	1,00	594	3,39	31,41
24	1887	3,19	779	3,16	41,28	507	3,09	26,87	16	2,92	0,85	585	3,33	31,00
25	1872	3,16	779	3,16	41,61	527	3,21	28,15	17	3,10	0,91	549	3,13	29,33
26	1800	3,04	744	3,02	41,33	556	3,39	30,89	22	4,01	1,22	478	2,72	26,56
27	1882	3,18	821	3,33	43,62	499	3,04	26,51	22	4,01	1,17	540	3,08	28,69
28	1852	3,13	775	3,14	41,85	554	3,38	29,91	18	3,28	0,97	505	2,88	27,27
29	1865	3,15	725	2,94	38,87	570	3,47	30,56	17	3,10	0,91	553	3,15	29,65
30	1821	3,08	739	3,00	40,58	525	3,20	28,83	24	4,38	1,32	533	3,04	29,27
31	1872	3,16	824	3,34	44,02	516	3,14	27,56	15	2,74	0,80	517	2,95	27,62
32	1871	3,16	747	3,03	39,93	550	3,35	29,40	16	2,92	0,86	558	3,18	29,82
SU	59167		24660			16412			548			17547		
MW	1849	3,13	771		41,68	513		27,74	17		0,93	548		29,66

Tabelle 4: **Expositionen und letzter Bearbeitungsstatus der einzelnen Fragebogenversionen**

Anmerkung: % vV = Anteil an der Anzahl angezeigter Fragebögen pro Version

Die Abbruch-Quote liegt bei knapp 28 Prozent, wobei diesbezüglich weitere Angaben darüber möglich sind, ob eine Verweigerung ohne den Aufruf mindestens einer Fragebogenseite vorlag, oder der Ausstieg erst im Laufe der Bearbeitung des Erhebungsbogens erfolgte.[309] Aus technischen Gründen musste auf eine Erfassung der Seite des Abbruchs verzichtet werden. Insgesamt sind die wenigsten Abbrecher unter Version 08 zu verzeichnen, während die Quote bei Variante 29 um mehr als einen halben Prozentpunkt (0,66) höher liegt und Version 26 einen um 5,48 Prozentpunkte größeren Expositionsanteil aufweist.

[309] Gespeichert wurden drei Zeitpunkte: (1) Erstmaliges Aufblenden des Pop-Ups (dauerhafte Zuordnung zu einer der 32 Fragebogenversionen); (2) Beginn der Umfrage (Anklicken des „jetzt teilnehmen" Links auf der Pop-Up-Seite) und (3) die letzte Aktion im Umfragezeitraum (also z.B. das Bearbeitungsende des Fragebogens oder der Klick auf „später beenden" bzw. „sofort beenden"; siehe Anhang 1).

1714 Mitglieder der Community haben mit der Bearbeitung des Fragebogens begonnen – ob nach ein- oder mehrmaligem Kontakt mit der Pop-Up-Seite zur Bitte um eine Teilnahme, lässt sich im Nachhinein nicht aufschlüsseln (siehe Fußnote 309) – und sich während des Ausfüllens für einen Ausstieg aus der Erhebung entschlossen. Die wenigsten Abbrüche sind dabei für die Durchführungsanweisung 1 (Reines Rating; 154) zu verzeichnen, während die Durchführungsanweisung 8 (Identifikation von Least und „relative" Bestimmung von Most) diesbezüglich die höchsten Verluste (287) aufweist. Erstaunlicherweise ist die Anzahl der Bearbeitungsabbrecher nicht für die Durchführungsanweisung 2 (Zweimaliges Durchlesen; 203) die zweitniedrigste, sondern hier schneidet die Durchführungsanweisung 6 (als Extrem-Wert war nur Least auszuwählen; 191) noch etwas besser ab (siehe zur versionsweisen Aufschlüsselung Tabelle 4).

Nicht einmal 1 Prozent (0,93 %) derjenigen Personen, denen die Bitte zur Teilnahme angezeigt wurde, haben den Fragebogen während des Freischaltungszeitraums unvollständig ausgefüllt, d.h. hier lag eine Unterbrechung der Bearbeitung vor („später beenden"), nachdem bereits eine oder mehrere Fragen beantwortet waren. Weil kein expliziter Abbruch erfolgte, wurden diese Daten gespeichert, ohne sie allerdings bei den Berechnungen zu berücksichtigen.

Fast die Hälfte der Unterbrecher (46,72 %) hat bereits auf der ersten inhaltlichen Seite (allgemeine Hinweise) den „später beenden" Link angeklickt. Mehr als 10 Prozent haben diese Option auf der Seite mit den Parteienprogrammen (12,77 %) oder dem Rating der Werte (10,04 %) gewählt, während die Präsentation der Werte-Liste bzw. die Bestimmung des ersten (und in den Versionen 17 bis 24 einzigen) Extrem-Objektes eine diesbezügliche Quote von 7,85 % aufweist. Insofern scheint die Bestimmung eines Extrem-Wertes zwar etwas häufiger zu einer Unterbrechung einzuladen als beispielsweise soziodemografische Fragen, bleibt jedoch hinter der Unterbrechungshäufigkeit des Ratings zurück.[310] Allerdings muss hier ebenfalls die Sequenz der Fragen berücksichtigt werden, denn im Zeichen zunehmender „Ermüdung" beim Ausfüllen des Erhebungsbogens, haben später auftretende Fragen natürlich eine höhere Wahrscheinlichkeit erst einmal auf die lange Bank geschoben zu werden.[311]

Die letzten drei Spalten der Tabelle 4 beinhalten die Daten zur vorläufigen Rohstichprobe der vollständig bearbeiteten Fragebögen (siehe Abbildung 39). Die Anzahl variiert für die einzelnen Varianten von minimal 478 (Version 26) bis maximal 594 (Version 23) und weist einen Mittelwert von 548 ausgefüllten Bögen auf. Damit ist nicht von identischen Stichprobenumfängen auszugehen, was durch den jeweiligen Umfang an Befragten für jede Fragebogenversion zu verschmerzen ist. Es konnte sowieso nicht erwartet werden (ohne dass entsprechende Vorkehrungen bei der Zufallszuweisung hätten getroffen werden müssen), dass gleiche Stichprobenumfänge vorliegen. Insofern dient die Präsentation dieser Zahlen alleine dem Verständnis und der Erleichterung der Interpretation der Ergebnisse.

Im Folgenden werden die versionsweisen Daten aus Tabelle 4 aggregiert und hinsichtlich der acht Durchführungsanweisungen, zwei Reihenfolgevariationen sowie den beiden Antwortkategorieanzahlen dargestellt. Dabei werden lediglich die Summenwerte aufgeführt.

Aus Tabelle 5 geht hervor, dass sich die versionsweisen Unterschiede hinsichtlich der Fallzahlen, bei einer aggregierten Betrachtung nivellieren. Dabei darf allerdings nicht übersehen werden, dass die Durchführungsanweisung 7 bei den vollständig ausgefüllten Fragebögen gegenüber den anderen Formen etwas zurückbleibt, und im Vergleich zu der Variante mit der

[310] Für die ERR-Versionen ist dieser Zusammenhang insofern plausibel, als dass inkonsistente Antworten erst beim Rating auftreten konnten. Da diese nicht durch ein Zurückblättern im Fragebogen „geheilt" werden konnten, blieb den Befragten nur eine Anpassung der Ratings oder ein Abbruch offen.

[311] Andererseits könnte man hier argumentieren, dass das Ende näher rückt (Fortschrittsbalken auf den Seiten) und aus diesem Grunde eine höhere Motivation für das Weitermachen besteht. Außerdem sind die Gründe für eine Unterbrechung ja nicht unbedingt im Fragebogen selbst zu suchen, sondern können auch aus anderen Notwendigkeiten erwachsen (wichtiger Termin etc.) sein.

höchsten Fallzahl (Version 1), gut 9 Prozent weniger Personen aufweist. Dafür sind bezüglich der Rückläufe bei den unterschiedlichen Reihenfolgen der Werte-Liste sowie Antwortoptionen (5 bzw. 11 Kategorien) kaum Differenzen auszumachen.

	angezeigt		später bearbeiten			Fragebogen abgebrochen			unvollständig			vollständig		
D	N	%	N	%	% vD	N	%	% vD	N	%	% vD	N	%	% vD
D1	7429	12,56	3051	12,37	41,07	2034	12,39	27,38	65	11,86	0,87	2279	12,99	30,68
D2	7301	12,34	3072	12,46	42,08	1954	11,91	26,76	70	12,77	0,96	2205	12,57	30,20
D3	7370	12,46	3034	12,30	41,17	2020	12,31	27,41	72	13,14	0,98	2244	12,79	30,45
D4	7430	12,56	3106	12,60	41,80	2115	12,89	28,47	64	11,68	0,86	2145	12,22	28,87
D5	7360	12,44	3076	12,47	41,79	2035	12,40	27,65	57	10,40	0,77	2192	12,49	29,78
D6	7442	12,58	3167	12,84	42,56	1957	11,92	26,30	69	12,59	0,93	2249	12,82	30,22
D7	7406	12,52	3119	12,65	42,11	2136	13,01	28,84	79	14,42	1,07	2072	11,81	27,98
D8	7429	12,56	3035	12,31	40,85	2161	13,17	29,09	72	13,14	0,97	2161	12,32	29,09
RF1	29510	49,88	12239	49,63	41,47	8269	50,38	28,02	283	51,64	0,96	8719	49,69	29,55
RF2	29657	50,12	12421	50,37	41,88	8143	49,62	27,46	265	48,36	0,89	8828	50,31	29,77
S5	29635	50,09	12438	50,44	41,97	8127	49,52	27,42	269	49,09	0,91	8801	50,16	29,70
S11	29532	49,91	12222	49,56	41,39	8285	50,48	28,05	279	50,91	0,94	8746	49,84	29,62

Tabelle 5: **Summenwerte und prozentuale Anteile für Expositionen und letzten Bearbeitungsstatus der Fragebogenversionen aggregiert nach Durchführungsanweisungen (D1 bis D8), Reihenfolge in der Werte-Liste (RF1, RF2) sowie der Anzahl an Antwortkategorien (S5; S11)**

Anmerkung: % vD = Anteil an der Anzahl pro Durchführungsanweisung angezeigter Fragebögen

Alles in allem sprechen die Daten für eine gelungene Zufallszuweisung, so dass diesbezüglich bei der Datenqualität kaum systematische Verzerrungen zu erwarten sind. Im nächsten Schritt wird zur weiteren Aufhellung der zeitliche Rücklauf der Fragebögen unter die Lupe genommen.

5.1.2 Zeitlicher Rücklauf der Fragebögen

5.1.2.1 Wochentage

Neben dem zahlenmäßigen Rückfluss ist vorliegend auch noch dessen zeitliche Struktur von Interesse, um Anhaltspunkte über die Ausgestaltung des Umfragezeitraums in Online-Erhebungen zu gewinnen. Dabei steht zunächst die tageweise Betrachtung im Mittelpunkt. Die Umfrage wurde an einem Freitagmittag (15.03.) freigeschaltet und an einem Montagmittag (25.03.) aus dem Netz genommen, nachdem der eigentliche Endtermin für den Sonntag angekündigt war. Weil einige Teilnehmer den Fragebogen über mehrere Tage ausgefüllt haben, wird vorliegend der Zeitpunkt der Bestätigung der Bearbeitung der letzten Fragebogenseite als Fixpunkt gewählt, und die Dauer der Beantwortung zunächst außer Acht gelassen.

Aus der Tabelle 6 wird ersichtlich, dass knapp 70 Prozent der vollständig ausgefüllten Fragebögen bereits nach drei Tagen[312] (von denen zwei an einem Wochenende gelegen sind) vorliegen, und auch das Wochenende kurz vor Schluss des Befragungszeitraums keine nennenswerten Zuwächse an Rückläufen generiert.

Für einen kürzeren Erhebungszeitraum spricht auch die Tatsache, dass die Abbruchquote kontinuierlich ansteigt,[313] d.h. mit fortschreitender Zeit sind zunehmend weniger potenzielle

[312] Korrekterweise müsste an dieser Stelle von 2 ½ Tagen gesprochen werden, weil die Umfrage mittags freigeschaltet wurde. Sprachlich wird hier trotzdem der Begriff Tage gebraucht, wenn sich die Daten auf einen Zeitraum von 00:00 bis 23:59 Uhr beziehen. Andernfalls erfolgt eine Angabe in Stunden.

[313] Der Rückgang am letzten Tag liegt sehr wahrscheinlich in der Beschränkung des Zugangs auf knapp 12 Stunden begründet, denn zu den Zeiten mit dem stärksten Rücklauf (Mittag bis Abend; siehe Tabelle 7) war eine Teilnahme bereits nicht mehr möglich.

Teilnehmer zur Mitarbeit bereit. Über die Gründe kann an dieser Stelle natürlich nur spekuliert werden, aber im Sinne des Bystander-Effektes könnte argumentiert werden, dass die Personen einfach annehmen, sie kommen eh zu spät und es hätten sich längst andere Mitglieder beteiligt, so dass ihre Partizipation nicht mehr notwendig wäre. Auch eine Vermutung der schlechteren Qualität einer späten Teilnahme (dann sind die Daten ja eigentlich nicht mehr „frisch"), konnte zur entsprechenden Ablehnung führen.

	Fragebogen														
	angezeigt		später bearbeiten			abgebrochen			unvollständig			vollständig			
T	N	%	N	%	% vT	N	%	% vT	N	%	% vT	N	%	% vT
15	19707	33,31	7671	31,11	38,93	4375	26,66	22,20	104	18,98	0,53	7557	43,07	38,35
16	9038	15,28	3643	14,77	40,31	2446	14,90	27,06	80	14,60	0,89	2869	16,35	31,74
17	6946	11,74	2975	12,06	42,83	2020	12,31	29,08	62	11,31	0,89	1889	10,77	27,20
18	6417	10,85	2913	11,81	45,40	1787	10,89	27,85	62	11,31	0,97	1655	9,43	25,79
19	4206	7,11	1890	7,66	44,94	1307	7,96	31,07	49	8,94	1,17	960	5,47	22,82
20	3317	5,61	1404	5,69	42,33	1095	6,67	33,01	44	8,03	1,33	774	4,41	23,33
21	2769	4,68	1187	4,81	42,87	962	5,86	34,74	37	6,75	1,34	583	3,32	21,05
22	2249	3,80	1017	4,12	45,22	767	4,67	34,10	33	6,02	1,47	432	2,46	19,21
23	1913	3,23	820	3,33	42,86	698	4,25	36,49	34	6,20	1,78	361	2,06	18,87
24	2171	3,67	924	3,75	42,56	830	5,06	38,23	33	6,02	1,52	384	2,19	17,69
25	434	0,73	216	0,88	49,77	125	0,76	28,80	10	1,82	2,30	83	0,47	19,12

Tabelle 6: **Zeitliche Struktur der Fragebogenbearbeitung bezogen auf den Wochentag**

Anmerkung: T = Tagesdatum; % vT = Anteil an der Anzahl tageweise angezeigter Fragebögen; die etwas dunkleren Felder zeigen an, dass diese Tage am Wochenende liegen.

Fasst man die beiden halben Tage am Beginn und Ende der Umfrage zu einem Wochentag zusammen, so werden etwa 2/3 (68,64 %) der vollständig ausgefüllten Fragebögen an einem Werktag, d.h. Montag bis Freitag, (abschließend) bearbeitet und knapp ein Drittel (31,36 %) am Wochenende (Samstag oder Sonntag). Hierbei darf aber nicht vergessen werden, dass der rücklaufstärkste erste Tag der Befragung in der Woche gelegen ist, an dem bereits 43,07 % der insgesamt ausgefüllten Fragebögen eingetroffen sind. Trotzdem kann bei der hier befragten Grundgesamtheit wohl die Empfehlung ausgesprochen werden, die Befragung zum Ende der Woche (Donnerstag oder Freitag) zu beginnen und auf jeden Fall ein Wochenende einzuschließen. Nimmt man die Daten von Freitagmittag bis zum Donnerstag der darauf folgenden Woche als Maßstab, so werden in diesem Zeitraum etwas weniger als 3/4 der vollständig ausgefüllten Fragebögen (73,64 %) zurückgeschickt.[314]

Eine weitere interessante Nuance in diesem Zusammenhang zeigt sich am letzten (halben) Tag der Erhebung, an dem die Quote der vollständig ausgefüllten Fragebögen ihren bis dahin vollzogenen Abwärtstrend umkehrt (siehe letzte Zeile in der letzten Spalte von Tabelle 6). Gegen die Annahme, dass das Ausfüllen zum Ende des Erhebungszeitraums „stringenter" erfolgt, sprechen die steigende Abbruchquote und der relativ konstante Anteil an Befragten, der sich für die „später"-Option entscheidet. Für Letztere sollte eigentlich eine deutlich geringere Quote auftreten, denn schließlich bleibt ja nicht mehr viel Zeit.

5.1.2.2 Tageszeit

Neben dem Wochentag können bei Online-Befragungen auch Angaben zur Uhrzeit der Fragebogenbearbeitung gemacht werden, auf die in diesem Abschnitt eingegangen wird. Diesbezüglich sind die Daten ebenfalls auf den Abgabezeitpunkt beschränkt, d.h. es kann nicht davon ausgegangen werden, dass die Befragten sämtliche Antworten in der Zeit unmittelbar vor

[314] Man sollte allerdings auch nicht den Aspekt der Vollerhebung außer Acht lassen, denn ob sich die Quoten bei einer selektiven Ansprache der Mitglieder ebenfalls ergeben, wäre erst noch empirisch zu testen.

der Abgabe getätigt haben, sondern damit wird lediglich der Zeitpunkt der letzten Eingabe erfasst.[315]

Wie zu erwarten war, sind die geringsten Kontakte während der Nachtstunden (von 02:00 bis 06:59 Uhr) angefallen, wobei aber auch zu dieser Tageszeit durchaus Personen vor dem Rechner sitzen und Umfragen beantworten.

	angezeigt		später bearbeiten			Fragebogen abgebrochen			unvollständig			vollständig		
U	**N**	**%**	**N**	**%**	**% vU**	**N**	**%**	**% vU**	**N**	**%**	**% vU**	**N**	**%**	**% vU**
0	1715	2,90	679	2,75	39,59	483	2,94	28,16	29	5,29	1,69	524	2,99	30,55
1	953	1,61	395	1,60	41,45	261	1,59	27,39	16	2,92	1,68	281	1,60	29,49
2	516	0,87	208	0,84	40,31	162	0,99	31,40	8	1,46	1,55	138	0,79	26,74
3	315	0,53	143	0,58	45,40	75	0,46	23,81	6	1,09	1,90	91	0,52	28,89
4	138	0,23	68	0,28	49,28	27	0,16	19,57	0	0,00	0,00	43	0,25	31,16
5	182	0,31	82	0,33	45,05	49	0,30	26,92	2	0,36	1,10	49	0,28	26,92
6	361	0,61	161	0,65	44,60	105	0,64	29,09	4	0,73	1,11	91	0,52	25,21
7	862	1,46	369	1,50	42,81	264	1,61	30,63	9	1,64	1,04	220	1,25	25,52
8	1374	2,32	595	2,41	43,30	401	2,44	29,18	12	2,19	0,87	366	2,09	26,64
9	1663	2,81	714	2,90	42,93	490	2,99	29,46	8	1,46	0,48	451	2,57	27,12
10	1988	3,36	833	3,38	41,90	580	3,53	29,18	21	3,83	1,06	554	3,16	27,87
11	3514	5,94	1439	5,84	40,95	823	5,01	23,42	23	4,20	0,65	1229	7,00	34,97
12	4538	7,67	1745	7,08	38,45	1140	6,95	25,12	28	5,11	0,62	1625	9,26	35,81
13	4147	7,01	1686	6,84	40,66	1075	6,55	25,92	28	5,11	0,68	1358	7,74	32,75
14	3814	6,45	1620	6,57	42,48	959	5,84	25,14	32	5,84	0,84	1203	6,86	31,54
15	3605	6,09	1520	6,16	42,16	979	5,97	27,16	33	6,02	0,92	1073	6,12	29,76
16	3710	6,27	1588	6,44	42,80	1028	6,26	27,71	22	4,01	0,59	1072	6,11	28,89
17	4047	6,84	1726	7,00	42,65	1151	7,01	28,44	28	5,11	0,69	1142	6,51	28,22
18	4117	6,96	1765	7,16	42,87	1173	7,15	28,49	35	6,39	0,85	1144	6,52	27,79
19	4291	7,25	1809	7,34	42,16	1242	7,57	28,94	50	9,12	1,17	1190	6,78	27,73
20	3891	6,58	1628	6,60	41,84	1146	6,98	29,45	41	7,48	1,05	1076	6,13	27,65
21	3669	6,20	1530	6,20	41,70	1127	6,87	30,72	43	7,85	1,17	969	5,52	26,41
22	3245	5,48	1370	5,56	42,22	960	5,85	29,58	48	8,76	1,48	867	4,94	26,72
23	2512	4,25	987	4,00	39,29	712	4,34	28,34	22	4,01	0,88	791	4,51	31,49
SU	59167		24660			16412			548			17547		

Tabelle 7: **Summenwerte und prozentuale Anteile für Expositionen und letzten Bearbeitungsstatus der Fragebogenversionen in Abhängigkeit von der Tageszeit**

Anmerkung: Die Zahl in der ersten Spalte (U = Uhrzeit) gibt immer den Zeitraum der jeweiligen Stunde an, d.h. die Null in der ersten Zeile deckt die Spanne von 00:00:00 bis 00:59:59 Uhr ab; % vU = Anteil an der Anzahl je Stunde angezeigter Fragebögen

Während die beiden letzten Plätze in allen Zustandsbeschreibungen identisch ausfallen (Zeitraum von 04:00 bis 05:59 Uhr) verteilen sich die Spitzenpositionen der über den gesamten Befragungszeitraum aggregierten Daten unterschiedlich. Hinsichtlich der Expositionen und vollständig ausgefüllten Fragebögen tritt in der Zeit zwischen 12:00 und 12:59 Uhr der größte Anteil auf (hier könnte die Mittagspause eine wesentliche Rolle spielen, während der auch viele berufstätige Menschen, ohne dass sie Restriktionen befürchten müssen, privat im Internet surfen können; Halbtagsbeschäftigte kommen nach Hause und sehen erst einmal, was es

[315] Aus technischen Gründen war es seinerzeit nicht möglich, für jede Fragebogenseite den Zeitpunkt des Aufrufs und der Komplettierung zu speichern, so dass diese Daten lediglich für den gesamten Fragebogen (ohne den Ausweis von Unterbrechungszeiten) erhoben wurden.

Neues in der Community gibt).[316] Der größte Anteil bei „später", „Abbruch" und „unvollständig" liegt hingegen in der Stunde von 19:00 bis 19:59 Uhr. Nimmt man hier den Feierabend als Maßstab, so lässt man sich zu dieser Zeit wohl besonders ungern auf Umfragen ein, denn die Exposition des Fragebogens erreicht in dieser Zeit zwar den zweithöchsten Wert, wohingegen die vollständig ausgefüllten Fragebögen nur den fünften Platz in ihrer Kategorie erzielen (siehe Tabelle 7). Da Umfragen ja in der Regel ganztägig geschaltet werden, ist dieser Gesichtspunkt aber nur am Rande relevant.
Analysiert man den Anteil vollständig ausgefüllter Fragebögen an den angezeigten Teilnahmeersuchen, so schneiden insbesondere die Mittagsstunden (11:00 bis 15:59 Uhr) und die frühen Nachtstunden (23:00 bis 01:59 Uhr) überdurchschnittlich ab. Hier darf nicht außer Acht gelassen werden, dass eine reine Zeitpunktbetrachtung vorliegt, denn die Spanne zwischen der erstmaligen Kenntnis von der Umfrage (Pop-Up) und der (eventuell auch mit Unterbrechungen versehenen) endgültigen Bearbeitung des Fragebogens, ist dabei nicht berücksichtigt. Auf diesen Aspekt wird detailliert bei der Beschreibung der Aufbereitung des Datenmaterials (siehe Abschnitt 5.2) eingegangen. Während der oben angegebenen Zeiten scheinen also Umfrageaufrufe eine relativ gute Erfolgsaussicht zu besitzen. Bei den Nachtstunden könnte vor allem das Ausloggen eine Rolle spielen: Bevor man ins Bett geht, nimmt man noch eben die Poolies mit.
Werden die Häufigkeiten der einzelnen Zustände korreliert, so erreichen – mit Ausnahme der Daten für unvollständig ausgefüllte Fragebögen – alle Koeffizienten nach Bravais-Pearson einen Betrag von mindestens 0,95. Dies lässt auf eine vergleichbare Verteilung der Angaben innerhalb der betrachteten Gruppierungen schließen.

5.1.2.3 Zeit zwischen erster Kenntnisnahme der Umfrage und Abbruch oder Abgabe des Fragebogens

Weil es durch die den Mitgliedern der Community eingeräumte Möglichkeit, den Fragebogen zeitlich gestreckt über mehrere Sitzungen auszufüllen, erforderlich war, die Versionszuordnung für eine Person bei ihrem ersten Einloggen eindeutig festzulegen, können auch noch Daten zur Zeitspanne zwischen der Kenntnisnahme der Umfrage und dem Abbruch oder der vollständigen Abgabe der Daten berechnet werden. Damit können insbesondere Anteile von zeitnah, d.h. unmittelbar nach dem Erscheinen der Bitte zur Teilnahme (Pop-Up-Seite), ausfüllenden Mitgliedern berechnet werden, aus denen sich Anhaltspunkte für den zukünftigen Einsatz der Möglichkeit eines späteren und zeitlich gestaffelten Ausfüllens ableiten lassen.

	Insgesamt angefangene Fragebögen	Abgebrochene Fragebögen	Vollständige + unvollständige Fragebögen	Vollständige Fragebögen	Unvollständige Fragebögen
Anzahl	19809	1714	18095	17547	548
Mittelwert	66041	78633	64848	63886	95664
Standardabweichung	144058	155957	142827	141270	183416
Minimum	1	2	1	1	1
Maximum	853112	798133	853112	853112	797502

Tabelle 8: Zeitdauer (in Sekunden) zwischen der ersten Kenntnis von der Umfrage (Pop-Up-Seite mit Bitte zur Teilnahme) bis zum Aufruf der ersten Fragebogenseite (Option „jetzt teilnehmen" angeklickt) für verschiedene Gruppierungen

[316] Wie ein Blick auf die nach Tagen und Stunden differenzierten Daten im Anhang 17 aber offenbart, könnte dieser Effekt auch im Wesentlichen durch die mittägliche Freischaltung der Umfrage verursacht sein, denn in den ersten beiden Stunden werden sehr viele Fragebögen vollständig ausgefüllt. Insgesamt verteilt sich der höchste Tagesanteil auf sehr unterschiedliche Zeiten (siehe Anhang 18).

Die Personen, die den Fragebogen vollständig ausgefüllt haben, benötigen im Durchschnitt die geringste Zeitspanne (mit der niedrigsten Standardabweichung), bis sie mit der Bearbeitung beginnen. Allerdings umfasst diese Gruppe den größten Personenkreis, so dass sich die Zahlen auch aus diesem Grunde nivelliert haben könnten. In kleineren Gruppen haben Ausreißer ein größeres Gewicht (vgl. Tiede 2001). Damit deuten die Durchschnittswerte darauf hin, den Zeitrahmen der Befragung in relativ engen Grenzen zu halten und für eine direkte Motivation zur baldigen Bearbeitung zu sorgen.
Weil die durchschnittlich knapp 18 Stunden zwischen Kenntnisnahme und Beginn der Bearbeitung des Fragebogens eine große Spanne darstellen, lohnt sich ein differenzierter Blick auf die vollständige Verteilung der Daten, um den Anteil relativ zügig mit dem Ausfüllen beginnender Personen genauer bestimmen zu können. Ein frühzeitiger Beginn sagt aber noch nichts über die Qualität der Daten und ein stringentes Ausfüllen aus.
Es zeigt sich, dass in allen Gruppen mehr als die Hälfte der Personen bereits innerhalb von fünf Minuten, nachdem sie von der Erhebung Kenntnis erlangt hatten, mit dem Ausfüllen des Fragebogens begonnen haben. Lässt man die Abbrecher außen vor, so verringert sich der Zeitraum auf unter eine Minute. Trotzdem gibt es auch einen erheblichen Prozentsatz (etwa ein Fünftel; siehe letzte Zeile in Tabelle 9) an Teilnehmern, die erst nach mehr als einem Tag mit der Bearbeitung des Fragebogens beginnen, so dass die hier verfolgte Strategie der Entscheidungsfreiheit ein adäquates Mittel zur Erhöhung des Stichprobenumfangs darstellt. Von einem generellen Einsatz dieses Vorgehens in Online-Erhebungen ist jedoch abzuraten, denn anders als in der hier befragten Grundgesamtheit (Community, zu der die Mitglieder eine gewisse Bindung aufweisen und deren Web-Site sie häufiger besuchen; siehe Abschnitt 3.5), kann beim üblichen Schalten eines Pop-Ups wohl nicht davon ausgegangen werden, dass die Befragten relativ schnell wieder auf die Seite surfen, auf der das Pop-Up aufgerufen wird. In diesem Fall dürfte es angebracht sein, die potenziellen Teilnehmer zu einer unmittelbaren Bearbeitung zu motivieren.

	Insgesamt angefangene Fragebögen		Abgebrochene Fragebögen		Vollständige + unvollständige Fragebögen		Vollständige Fragebögen		Unvollständige Fragebögen	
Zeit	N	%	N	%	N	%	N	%	N	%
bis 5 Sek	895	4,52	13	0,76	882	4,87	874	4,98	8	1,46
6-10 Sek	1124	5,67	50	2,92	1074	5,94	1048	5,97	26	4,74
11-15 Sek	1621	8,18	107	6,24	1514	8,37	1476	8,41	38	6,93
16-20 Sek	1619	8,17	127	7,41	1492	8,25	1459	8,31	33	6,02
21-25 Sek	1515	7,65	142	8,28	1373	7,59	1334	7,60	39	7,12
26-30 Sek	1250	6,31	103	6,01	1147	6,34	1095	6,24	52	9,49
31-45 Sek	1798	9,08	162	9,45	1636	9,04	1589	9,06	47	8,58
46-60 Sek	644	3,25	65	3,79	579	3,20	553	3,15	26	4,74
>1-5 Min	1347	6,80	147	8,58	1200	6,63	1153	6,57	47	8,58
>5-10 Min	395	1,99	36	2,10	359	1,98	345	1,97	14	2,55
>10-60 Min	826	4,17	90	5,25	736	4,07	710	4,05	26	4,74
>1-12 Std	1691	8,54	149	8,69	1542	8,52	1513	8,62	29	5,29
>12-24 Std	1001	5,05	85	4,96	916	5,06	895	5,10	21	3,83
>24 Std	4083	20,61	438	25,55	3645	20,14	3503	19,96	142	25,91

Tabelle 9: **Kategorisierte Zeitspanne zwischen der ersten Kenntnisnahme des Fragebogens und dem Beginn seiner Bearbeitung für verschiedene Teilnehmergruppen**

Nachdem bislang die Personen, die den Fragebogen mehr oder weniger vollständig bearbeitet haben, im Vordergrund standen, werden jetzt die explizit – d.h. ohne zumindest die erste Fragebogenseite (allgemeine Hinweise) gesehen zu haben – nicht teilnehmenden Mitglieder hinsichtlich der Zeit bis zu dieser Entscheidung fokussiert.

Die schnellsten Verweigerer (10) haben lediglich eine Sekunde für ihre Entscheidung gebraucht – nochmals der Hinweis (siehe Fußnote 307), dass diejenigen Befragten, die das Pop-Up-Fenster durch Anklicken des X-Buttons in der rechten oberen Fensterecke „weggeklickt" haben, unter der Rubrik „später teilnehmen" kategorisiert wurden – während sich ein Befragter fast den gesamten Erhebungszeitraum (858033 Sekunden) dafür Zeit gelassen hat.[317] Im Durchschnitt beträgt die Zeitspanne 1,4 Tage (121284 Sekunden). Prinzipiell fällt die Entscheidung für eine Nicht-Teilnahme nach unterschiedlich langen Zeitintervallen. Da keine Registrierung des Surfverhaltens erfolgte, kann natürlich nicht gesagt werden, wie viel Zeit die Mitglieder wirklich für das Lesen der Pop-Up-Seite und ihre Entscheidung, sich nicht zu beteiligen, aufgewendet haben. Etwa ein Viertel der Befragten benötigt jedenfalls nur bis zu einer Minute für diese Festlegung und die Hälfte lässt sich bis zu 1 ½ Stunden Zeit für diese Entscheidung. Möglicherweise wird das Pop-Up-Fenster zunächst in den Hintergrund gelegt und erst beim Verlassen der Community wieder „entdeckt", so dass man dann eine Teilnahme ablehnt.

5.2 Aufbereitung der Daten

Nachdem im vorangegangenen Abschnitt der gesamte Rücklauf (Anzahl und zeitliche Verteilung) im Blickpunkt stand, geht es vorliegend um das Aussortieren von Fragebögen mit unbrauchbaren Angaben, um die letztendliche Nettostichprobe zu bilden. Dazu sind zunächst die Daten von Personen mit unglaubwürdigen oder fehlenden Antworten zu eliminieren, bevor die aufgewendete Zeit zur Beantwortung des Fragebogens fokussiert wird. Eine weitere wichtige Gruppe stellen inkonsistent antwortende Personen dar, die zum Schluss der Ausführungen zum endgültigen Stichprobenumfang thematisiert werden.
Anschließend wird die Konstruktion der eingesetzten abhängigen Variablen ausführlich gewürdigt, bevor auf die Integration von Ergebnissen bei den zwei unterschiedlich kategorisierten Antwortskalen näher eingegangen wird.

5.2.1 Entfernung von vollständig ausgefüllten Fragebögen aus der Stichprobe

5.2.1.1 Soziodemografische Angaben und technische Probleme

Anhand der soziodemografischen Angaben wurden 19 Personen aus der Stichprobe entfernt, die bei einem Alter von weniger als 20 Jahren einen Fachhochschul- bzw. Hochschulabschluss aufweisen. Weitere Ausschlüsse wegen nicht plausibler soziodemografischer Auskünfte wurden nicht vorgenommen, auch wenn ein persönliches monatliches Nettoeinkommen von mehr als 3000 € für eine höchstens 20 Jahre alte Person doch etwas unwahrscheinlich erscheint.[318]
Prinzipiell wäre es noch möglich gewesen, einen Abgleich mit den bei der Anmeldung auf single.de hinterlegten Angaben zur Postleitzahl und zum Geschlecht vorzunehmen. Weil bei Ersterer ja ein zwischenzeitlicher Umzug vorgelegen haben könnte, und Angaben zum Geschlecht auf Dating-Portalen im Internet sowieso mit Vorsicht zu genießen sind (siehe Abschnitt 3.5), wurde darauf verzichtet.
Weiterhin mussten 199 Personen von der weiteren Berücksichtigung ausgeschlossen werden, bei denen für den ersten Wert des Inventars keine Kategorisierung auf der Rating-Skala vorlag. Dies hätte eigentlich nicht vorkommen dürfen und resultiert aus einem Programmierungsfehler (siehe Abschnitt 4.3.7). Weil diese Stelle aber die einzige Möglichkeit im Fragebogen für ein derartiges Antwortverhalten bot, kann ein systematisches Ausprobieren bei dem Personenkreis nicht ausgeschlossen werden, so dass diese Fragebögen ebenfalls vollständig aussortiert wurden. Dieses personenbezogene Vorgehen entspricht dem itembezogenen Verhalten

[317] Wie häufig der Person in dieser Zeit die Bitte zur Teilnahme präsentiert wurde, lässt sich nicht bestimmen.
[318] Nach den Daten des Statistischen Bundesamtes (2007, S. 549) beträgt das durchschnittliche Bruttoeinkommen in der Altersklasse bis 25 Jahre im Jahre 2005 1587 €.

von Maio et al. (1996, S. 174f), die einen Wert allein aufgrund eines Tippfehlers von ihren Analysen ausgeschlossen haben (siehe Abschnitt 2.2.2.4.2.2).

5.2.1.2 Das Kriterium der Bearbeitungszeit für den Fragebogen

Die Bearbeitungszeit wurde lediglich für den gesamten Fragebogen (vom Aufruf der ersten Seite 01 [siehe Abschnitt 4.3.2] bis zur Bestätigung der Angabe über die Teilnahme an ähnlichen Befragungen [Seite 13]) – und nicht separat für jede Seite – festgehalten, weshalb eventuelle Unterbrechungen auch nicht herausgerechnet werden konnten. Insofern war es nicht möglich, eine wirkliche Nettobearbeitungszeit für das Ausfüllen des Erhebungsbogens zu bestimmen. Dies dürfte bei Online-Erhebungen sowieso nicht möglich sein, da das Verhalten der Teilnehmer nicht kontrolliert werden kann. So kann eine Seite zwar 10 Minuten auf dem Bildschirm des Nutzers sichtbar gewesen sein – ob er sie jedoch angeschaut oder im Nebenzimmer telefoniert hat, lässt sich nicht kontrollieren.
Für die vorliegenden Daten bedeutet dies, dass nur Personen mit einer kurzen Befragungszeit eliminiert werden können, denn bei allen über der Mindestbearbeitungsdauer liegenden Teilnehmern kann nicht festgestellt werden, ob oder ggf. welcher Anteil ihrer gespeicherten Zeit nicht zum Ausfüllen des Fragebogens verwendet wurde. In diesem Fall war der Fragebogen also als Pop-Up-Fenster aktiviert, aber eventuell im Hintergrund abgelegt. Prinzipiell könnten Personen mit einem derartigen Zeitmuster den Fragebogen auch – dann aber in mehreren Etappen – in so kurzer Zeit ausgefüllt haben, dass sie eigentlich unterhalb der Mindestgrenze geblieben sind. Diese Schwäche von Internet-Umfragen muss berücksichtigt werden.
Im Pretest haben drei umfrageerfahrene und versierte Internet-Nutzer eine Zeit von etwa 3 ½ Minuten benötigt, um den Fragebogen (Version 22) unter der Prämisse „So schnell wie möglich, aber vollständig lesen und immer noch wahrheitsgemäße Angaben" komplett zu bearbeiten, so dass diese Spanne als Untergrenze für die Bearbeitung des Fragebogens festgesetzt wurde. Prinzipiell waren die einzelnen Versionen auf Grund der unterschiedlichen Anzahl auszuführender Aufgabenstellungen natürlich nicht gleich zeitintensiv, so dass auch ein entsprechend gestaffelter Ausschluss möglich gewesen wäre. Weil dies aber die Bestimmung von 32 Grenzwerten bedeutet hätte, wurden allein die Daten der getesteten „mittleren" Variante (nur Bestimmung des unbedeutendsten Extrem-Wertes und Rating auf einer Skala mit 11 Antwortkategorien) als Maßstab genommen.
Ob der im Pretest erzielte Wert adäquat gewählt war, lässt sich grob anhand der Bearbeitungsdauer für diejenigen Befragten feststellen, die den Fragebogen nur zum Teil ausgefüllt, aber nicht endgültig abgebrochen haben. Um die Fortsetzung an der Stelle, an der die Bearbeitung unterbrochen wurde, zu gewährleisten, ist in diesen Fällen immer die Nummer der zuletzt ausgefüllten Seite gespeichert worden. Während also für die Personen, die den Fragebogen vollständig bearbeitet haben, lediglich die gesamte Zeitspanne zwischen Bearbeitungsbeginn und letzter Eingabe vorliegt, sind bei den skizzierten Fällen Zeitspannen bis zu bestimmten Seiten verfügbar (siehe Anhang 21). Anhand der Daten ist zu erkennen, dass die minimale Bearbeitungsdauer für die letzten drei Seiten (11, 12 und 13) bei 183, 270 und 235 Sekunden liegt, was mit der hier vorgegebenen Grenzmarke von 210 Sekunden durchaus kompatibel ist. Natürlich ist mit diesem Schwellenwert nicht garantiert, nur diejenigen Personen zu berücksichtigen, die den Fragebogen „wahrheitsgemäß", d.h. insbesondere nicht durch schnelle, inhaltsunabhängige, zufällige Klicks oder Klickmuster, ausgefüllt haben, aber die Spanne von 3 ½ Minuten dürfte einen guten Kompromiss zwischen dem fälschlichen Ausschluss korrekter Angaben (die eben sehr konzentriert und zügig erfolgten) und dem irrtümlichen Einschluss zufälliger Daten, die in besonders kurzer Zeit abgegeben wurden, und wahrscheinlich nur dem Ziel einer möglichst raschen und mit wenig Aufwand verbundenen Sicherung des ausgelobten Incentives dienten, darstellen. Dass willkürliche Angaben natürlich auch geschickt getarnt werden konnten, indem z.B. nach jeder Seite eine kurze Pause eingelegt wurde, kann mit diesem Filter nicht kontrolliert werden. Hier werden allein diejenigen Be-

fragten von den weiteren Berechnungen ausgeschlossen, die unrealistisch schnell mit der Beantwortung aller Fragen fertig waren.
Wird die Messlatte einer Umfragezeit von mehr als 210 Sekunden an den Datensatz angelegt, so wird dieser Grenzwert von 1843 Personen unterschritten. Pro Fragebogenversion werden im Mittel 58 Personen von den weiteren Berechnungen ausgeschlossen, wobei die Version 3 mit 94 Befragten die größte Reduktion zu verkraften hat, während bei der Version 26 lediglich die Daten von 36 Teilnehmern zu eliminieren sind. Durch die fehlende Bestimmung der Extrem-Werte in den Versionen 1 bis 8, waren diese – alleine aus aufgabentechnischen Gründen – schneller vollständig auszufüllen als die übrigen Fragebogenvarianten. Trotzdem wurde die Ausschlusszeit in ihrem Fall nicht herabgestuft. Damit sollte sichergestellt werden, dass auf jeden Fall Personen einbezogen werden, die sich beim Rating (vermeintlich) Gedanken gemacht und nicht den „einfachen“ Weg einer identischen Beurteilung aller Werte gewählt haben. Dies sollte die Streuung der Daten gerade bei diesen Versionen vergrößern, und damit die Daten des Vergleichsmaßstabs (nur Rating der Werte) erhöhen, was es der ERR-Technik erschweren sollte, „bessere“ Ergebnisse (im Sinne stärkerer Differenzierungen) zu erzielen.
Die minimale Zeit für die Bearbeitung eines vollständigen Fragebogens (Version 8) beträgt 41 Sekunden. Insgesamt füllten 56 Personen den ihnen vorgelegten Erhebungsbogen in einer Minute oder schneller aus. Den geringsten Mittelwert in der Gruppe der schnellen Bearbeiter erzielt die Fragebogenversion 31 mit 131,31 Sekunden, während die Version 3 mit 156,40 Sekunden den höchsten Durchschnittswert aufweist. Sämtliche Versionsmittelwerte und die kategorisierten Zeiten sind dem Anhang 22 zu entnehmen.

5.2.1.3 Inkonsistente Antworten

Einen Vorteil (oder auch Nachteil wegen möglicher Abbrüche) der ERR-Technik stellt ihre Möglichkeit dar, Personen mit widersprüchlichem Antwortverhalten (zwischen dem Extrem-Ranking und Rating der Werte) zweifelsfrei identifizieren zu können. Da diese Befragten offensichtlich bestimmte Items nicht korrekt verstanden oder verarbeitet haben (siehe Abschnitt 3.1), könnten sie vorliegend ebenfalls von der weiteren Berücksichtigung ausgeschlossen werden.
Gegen diese Verfahrensweise ließe sich allerdings kritisch einwenden, dass die übrigen Angaben der Personen ja durchaus korrekt sein könnten, und lediglich die Verbindung zwischen der Identifikation der Extrem-Werte und der Beurteilung aller Werte nicht richtig erkannt wurde. Außerdem beruht die Klassifikation als inkonsistent auf der Annahme identischer Konnotationen der beiden Begriffe „(un)bedeutendste“ und „(un)wichtig“, die auch nicht gegeben sein muss. So könnte „bedeutend“ für besondere Situationen reserviert sein und „wichtig“ das alltägliche Geschehen umfassen. Dann könnte eine Person „Gesundheit“ beim Gedanken an besondere Situationen (z.B. Krankheit) als „bedeutendsten Wert“ einstufen, während für sie im Alltag eher „Menschlichkeit“ die größte Wichtigkeit aufweist. Insofern könnte ein höheres Rating für Menschlichkeit als für Gesundheit durchaus vorkommen. Dem ist allerdings entgegenzuhalten, dass die beiden Werte dann aber wohl zumindest identische Beurteilungen aufweisen sollten, was ja im Rahmen des Ratings absolut zulässig ist.
Bezüglich des ersten Einwandes treten Parallelen zur Unterscheidung zwischen fallweiser und vollständiger Elimination von Datensätzen bei Missing Values auf: Ein Fall kann entweder nur für solche Berechnungen ausgeschlossen werden, bei denen die zugrunde liegenden Variablen einen Missing Value aufweisen („casewise“) oder er kann gänzlich („listwise“) von der weiteren Verwendung ausgeschlossen werden. Da vorliegend insbesondere die Angaben zu den Werten relevant sind – und hier ja die Inkonsistenzen zutage treten – erscheint es angebracht, derartige Fälle nicht weiter zu berücksichtigen. Insofern wird vorliegend ein sehr konservatives Vorgehen gewählt, das sich auch daraus erklärt, dass grundsätzlich keine Missing Values zugelassen wurden (siehe Abschnitt 4.3).

Prinzipiell konnten inkonsistente Angaben nur bei den Versionen auftreten, bei denen mindestens ein Extrem-Wert zu bestimmen war. Insgesamt ist bei 3026 Befragten zumindest eine inkonsistente Antwort zu konstatieren gewesen. 1563 Fälle davon betreffen widersprüchliche Angaben, die ausschließlich im Zusammenhang mit dem Least-Wert auftreten, während die diesbezügliche Anzahl beim Most-Wert 1071 beträgt. Bei 392 Personen treten sowohl Inkonsistenzen in Bezug auf den Least-, als auch Most-Wert auf.

	Durchführungsanweisung													
	D 3		D 4		D 5		D 6		D 7		D 8		SU	
SIK	N	%	N	%	N	%	N	%	N	%	N	%	N	%
1	85	19,91	95	25,96	21	14,19	93	28,18	84	11,63	50	4,84	428	14,14
2	44	10,30	29	7,92	15	10,14	42	12,73	61	8,45	39	3,78	230	7,60
3	30	7,03	30	8,20	16	10,81	22	6,67	36	4,99	33	3,19	167	5,52
4	25	5,85	21	5,74	12	8,11	26	7,88	37	5,12	31	3,00	152	5,02
5	29	6,79	19	5,19	12	8,11	22	6,67	46	6,37	25	2,42	153	5,06
6	36	8,43	17	4,64	7	4,73	18	5,45	39	5,40	32	3,10	149	4,92
7	24	5,62	16	4,37	12	8,11	11	3,33	42	5,82	29	2,81	134	4,43
8	25	5,85	16	4,37	9	6,08	23	6,97	44	6,09	33	3,19	150	4,96
9	20	4,68	15	4,10	7	4,73	13	3,94	33	4,57	28	2,71	116	3,83
10	16	3,75	19	5,19	9	6,08	15	4,55	50	6,93	30	2,90	139	4,59
11	19	4,45	13	3,55	5	3,38	9	2,73	47	6,51	40	3,87	133	4,40
12	14	3,28	7	1,91	7	4,73	11	3,33	40	5,54	60	5,81	139	4,59
13	12	2,81	15	4,10	6	4,05	10	3,03	40	5,54	75	7,26	158	5,22
14	10	2,34	4	1,09	2	1,35	5	1,52	33	4,57	103	9,97	157	5,19
15	11	2,58	13	3,55	2	1,35	5	1,52	24	3,32	299	28,94	354	11,70
16	0		0		6	4,05	5	1,52	0		0		11	0,36
17	17	3,98	16	4,37					35	4,85	60	5,81	128	4,23
18	0		1	0,27					3	0,42	9	0,87	13	0,43
19	0		1	0,27					1	0,14	6	0,58	8	0,26
20	0		1	0,27					0		8	0,77	9	0,30
21	0		0						5	0,69	4	0,39	9	0,30
22	1	0,23	1	0,27					1	0,14	2	0,19	5	0,17
23	1	0,23	0						3	0,42	2	0,19	6	0,20
24	2	0,47	2	0,55					2	0,28	4	0,39	10	0,33
25	1	0,23	2	0,55					3	0,42	3	0,29	9	0,30
26	1	0,23	3	0,82					3	0,42	2	0,19	9	0,30
27	1	0,23	1	0,27					2	0,28	2	0,19	6	0,20
28	1	0,23	3	0,82					4	0,55	6	0,58	14	0,46
29	0		3	0,82					1	0,14	5	0,48	9	0,30
30	0		1	0,27					1	0,14	4	0,39	6	0,20
31	1	0,23	1	0,27					1	0,14	5	0,48	8	0,26
32	1	0,23	1	0,27					1	0,14	4	0,39	7	0,23
SU	427		366		148		330		722		1033		3026	

Tabelle 10: Summe und prozentualer Anteil der aufgetretenen inkonsistenten Antworten je Durchführungsanweisung

Anmerkung: SIK = Summe an inkonsistenten Antworten

Von den Durchführungsanweisungen, bei denen beide Extrem-Werte zu bestimmen waren, schneidet die Nr. 4 am besten ab (Anteil inkonsistenter Fälle: 18,86 %), d.h. die Identifikation

des unbedeutendsten Wertes als erste Ranking-Aufgabe führt bei weniger Personen zu inkonsistenten Antworten als wenn der bedeutendste Wert zuerst zu bestimmen ist (21,12 %). Hinsichtlich der Durchführungsanweisungen mit den relativen Aufgabenstellungen kehrt sich das Verhältnis aber um, denn hier sind mehr als die Hälfte der Fälle bei Durchführungsanweisung 8 (53,41 %) von inkonsistenten Antworten betroffen, aber „lediglich" 38,69 % unter Durchführungsanweisung 7. Insofern gibt es aus dieser Perspektive kein eindeutiges Votum für eine Reihenfolge der beiden Aufgabenstellungen beim Extrem-Ranking.
Die Anzahl inkonsistenter Antworten ist auf 16 Fälle pro Extrem-Wert beschränkt, so dass maximal 32 widersprüchliche Angaben pro Person auftreten konnten, was auf sieben Befragte zutrifft. In den letztgenannten Fällen hat der als Least ausgewählte Wert ein höheres Rating bekommen als alle anderen Werte, die wiederum ein höheres Rating als der Most-Wert erhalten haben. Ein derartiges Antwortmuster legt – unter der Annahme unbewusster Fehler – nahe, dass die Person die Anweisungen Least und Most oder die Labelung der Antwortskala beim Rating mit den entgegengesetzten Bedeutungen versehen hat. Die Summe aufgetretener inkonsistenter Angaben pro Person für die Durchführungsanweisungen kann der Tabelle 10 entnommen werden (eine versionsweise Zuordnung befindet sich im Anhang 23).
Weil in den Durchführungsanweisungen 5 und 6 nur jeweils ein Extrem-Wert zu bestimmen war, ist hier die maximale Anzahl inkonsistenter Antworten auf 16 beschränkt, die von 11 Personen realisiert wird. Etwas mehr als die Hälfte (51,65 %) der Befragten mit widersprüchlichen Angaben weist acht oder weniger entsprechende Antworten auf, wobei sich die größte Gruppe (14,14 %) auf eine Inkonsistenz beschränkt, die überwiegend (86,92 %) im Zusammenhang mit dem Least-Wert auftritt. Den zweiten Platz hinsichtlich der Gruppengröße nehmen allerdings diejenigen Befragten ein, die 15 inkonsistente Angaben offenbaren, wobei in deren interner Struktur die ausschließlich auf den Most-Wert bezogenen Inkonsistenzen weit vorne liegen (86,44 %), gefolgt von den allein auf den Least-Wert bezogenen (11,02 %), sowie den Teilnehmern, die hinsichtlich beider Extrem-Werte widersprüchliche Antworten zu verzeichnen haben. Das Gros der Fälle mit 15 inkonsistenten Angaben tritt im Übrigen im Zusammenhang mit D8 auf, also der relativen Bestimmung des Most-Wertes im Anschluss an die Identifikation des unbedeutendsten Wertes. Allein bei dieser Durchführungsanweisung macht die prozentual größte Kategorie nicht lediglich eine Inkonsistenz aus, sondern mit 15 eben deutlich mehr.
Insgesamt betreffen knapp 92 Prozent (91,54 %) der Fälle mit widersprüchlichen Angaben ein Antwortverhalten mit 16 oder weniger Inkonsistenzen. Den niedrigsten Prozentsatz an Fällen mit 17 bis 32 inkonsistenten Angaben (6,32 %) besitzt die Durchführungsanweisung 3 (und darin mit 4,10 % die Fragebogenversion 10), gefolgt von D7 (9,14 %) und D4 (10,11 %). Die Durchführungsanweisung 8 nimmt mit einem Anteil von 12,20 % auch aus dieser Perspektive den letzten Platz ein.
Hinsichtlich des Zusammenhangs von Inkonsistenz und Skala fällt der Anteil widersprüchlicher Antworten insgesamt für beide Skalenformate (5 Antwortkategorien = 46,99 % und 11 Antwortkategorien = 53,01 %) vergleichbar hoch aus. Dies überrascht insofern, als die Möglichkeiten zu folgewidrigen Antworten bei einer höheren Anzahl an Skalenkategorien größer sind. Aber vielleicht konzentrieren sich die Befragten bei 11 Antwortoptionen auch stärker, so dass sich beide Effekte neutralisieren. Bezüglich der auftretenden Ungereimtheiten weist die elf-stufige Skala allerdings für alle drei Kategorisierungen einen höheren prozentualen Anteil als die fünf-stufige Skala auf, wobei dieses Verhältnis, für die mit der Beurteilung des Most-Wertes logisch unvereinbaren Ratings am weitesten (5er Skala = 43,98 % und 11er Skala = 56,02 %) auseinanderklafft.
Die Widersprüchlichkeiten für beide Sequenzen (RF1 = 50,63 % und RF2 = 49,37 %) verteilen sich noch homogener als für die unterschiedlich kategorisiertenen Antwortskalen. Gleiches gilt für die prozentualen Anteile der jeweiligen Bezugskategorie (nur bei Least, nur bei Most und sowohl bei Least, als auch bei Most) für die inkonsistenten Antworten, die um ma-

ximal 4,5 Prozentpunkte bei den beiden unterschiedlichen Sequenzen der Werte im Inventar differieren.
Alles in allem sind also weder hinsichtlich der unterschiedlichen Anzahl an Antwortoptionen, noch bezüglich der beiden eingesetzten Reihenfolgen der Werte-Liste, nennenswerte Verzerrungen in Bezug auf die Verteilung der inkonsistenten Antworten zu konstatieren. Demgegenüber ist die Formulierung der Durchführungsanweisungen für derartig unlogische Angaben deutlich anfälliger, wobei hier insbesondere die relative Bestimmung des zweiten Extrem-Wertes (vor allem, nachdem zuerst der unbedeutendste Wert festzulegen war), negativ hervorsticht. D7 und D8 vereinen mehr als die Hälfte (58,00 %) der evozierten Inkonsistenzen auf sich, so dass die Formulierung der Aufgabenstellung verbesserungsbedürftig ist. Die als spezifischer Test für den Bezugsrahmen gedachte relative Anweisung ist zu überarbeiten.

5.2.1.4 Die gebildeten Nettostichproben

Da auf einige der Teilnehmer mehrere der drei Ausschlusskriterien (Soziodemografie, Programmierfehler und Bearbeitungszeit) zutrafen, konnten insgesamt die Angaben von 2048 Mitgliedern keine Berücksichtigung erfahren. Dies entspricht mehr als 10 Prozent (11,67 %) der vollständig ausgefüllten Fragebögen, und führt zu einem Stichprobenumfang von 15499 Personen (Nettostichprobe 1). Davon sind noch die 3026 Befragten zu subtrahieren, die ein inkonsistentes Antwortverhalten gezeigt haben, so dass letztlich die Angaben von 12473 Personen als Basis für die im Folgenden berechneten Zahlen dienen (Nettostichprobe 2). Die zahlen- und quotenmäßige Entwicklung der Stichprobe von den angezeigten Fragebögen bis zu den schlussendlich verwendeten Fällen, ist in der folgenden Übersicht nochmals zusammengefasst:

Kriterium	Anzahl	Prozent	Fälle in Stichprobe	Prozent in Stichprobe
Angezeigte Fragebögen	59167	100,00		
Nicht-Teilnahme auf Start-Seite	14698	24,84	44469	75,16
„Jetzt beenden“ im Fragebogen	1714	2,90	42755	72,26
Option „später“ oder weggeklickt	24660	41,68	18095	30,58
Unvollständig bearbeitet	548	0,93	17547	29,66
Vollständige Fragebögen	17547	29,66		
Ausschlusskriterien treffen zu	2048	3,64	15499	26,20
Nettostichprobe 1	15499	26,20		
Inkonsistente Antwort(en)	3026	5,11	12473	21,08
Nettostichprobe 2	12473	21,08		

Abbildung 39: Rücklaufquoten und Anzahl der verwendeten Fälle

5.2.2 Die Konstruktion der abhängigen Variablen

Der Hauptvorteil der ERR-Technik gegenüber einem reinen Rating wird in der Generierung niedrigerer Mittelwerte und einer stärkeren Differenzierung der Daten gesehen, die dazu führen, dass präzisere Aussagen über die Relevanz der einzelnen Items erfolgen können (vgl. McCarty & Shrum 2000, S. 276 und Abschnitt 2.2.3).
Um die individuellen Ratings der Befragten für alle 17 Werte vergleichen zu können – und damit auch das „Gleichverteilungspotenzial“ für die einzelnen Versionen bzw. Durchführungsanweisungen des experimentellen Stimulus bestimmen zu können – werden fünf verschiedene Kriterien[319] (Mittelwert, Top-Box[320] Anteil, Standardabweichung, P_d-Wert [vgl.

[319] Die im weiteren Verlauf verwendeten Begriffe „Attribute“, „Merkmale“ und „Features“ sind als Synonyme für „Kriterien“ zu sehen.
[320] Wahl der höchstmöglichen Rating Kategorie[n] (vgl. Gillett 1991 und Gold & Salkind 1974).

Linville et al. 1986, S. 184] und Anzahl genutzter Kategorien) herangezogen, die sowohl separat, als auch aggregiert in einem ungewichteten additiven Index (siehe Abschnitt 5.2.2.3), geprüft werden. Damit der Spielraum einer derartigen Analyse vollständig ausgelotet werden kann, dienen sämtliche möglichen Aufteilungen von 17 Objekten auf fünf bzw. elf Kategorien als Grundlage, d.h. in diesem Abschnitt stehen nicht die im Experiment realisierten Verteilungen im Mittelpunkt, sondern diejenigen, die bei einem positiven Konstrukt idealtypisch auftreten können. Mit diesem Vorgehen soll die potenzielle Separationsfähigkeit der jeweiligen Attribute – sowohl individuell, als auch kombiniert – vorab geprüft werden, damit sie später in angemessener Form für die empirischen Analysen eingesetzt werden können.
Um die Zusammenhänge für die verschiedenen Aufteilungen der 17 Urteile pro befragter Person auf die zur Verfügung stehenden Antwortkategorien (fünf oder elf) zu verdeutlichen, sind die Anzahl an Kategoriebelegungen nachfolgend immer nach dem Muster Kategorie 1 / Kategorie 2 / Kategorie 3 / usw. dargestellt, d.h. die sich am Anfang der Kette befindliche Ziffer zeigt an, wie häufig die 17 Werte der ersten Kategorie (1 = unwichtig) zugeordnet wurden, während die Zahl an ihrem Ende angibt, wie oft ihnen die Option „wichtig" zugeteilt wurde. Anhand der Anzahl an Ziffern in der Folge ist abzulesen, ob es sich um eine Rating-Skala mit fünf oder elf Antwortalternativen handelt, denn bei Nichtvergabe einer Kategorie, ist an der entsprechenden Stelle eine Null eingetragen. Hier stehen also jetzt nicht die konkreten Beurteilungen der einzelnen Werte im Vordergrund, sondern allein die Häufigkeit, mit der die zur Verfügung gestellten Antwortoptionen insgesamt genutzt wurden.

5.2.2.1 Die Identifikation der Vergleichsverteilungen

Wie aus Tabelle 11 hervorgeht, stellt bei einer Skala mit fünf Antwortoptionen die Aufteilung 3/3/3/4/4 (Nr. 119) bei 17 Objekten die homogenste Auslastung der Kategorien („Gleichverteilung") dar, und fungiert dementsprechend vorliegend als Vergleichsgröße.[321] Dass die Kategorien vier und fünf die maximalen Anteile (4) enthalten, ergibt sich aus der Annahme, dass bei der Beurteilung eines positiven Konstrukts, die jeweils „höheren" Kategorien (Richtung „wichtig") immer stärker belegt sind als die „niedrigeren" Antwortoptionen. Von der „Gleichverteilung" weichen nun die individuellen Angaben der Befragten mehr (z.B. 0/0/0/0/17) oder weniger (z.B. 3/3/3/3/5) stark ab. Letztgenannte Konstellation (Nr. 116 in Tabelle 11) weist bezogen auf das Kriterium „Standardabweichung" sogar einen noch höheren – und damit besseren – Wert als die Verteilung 3/3/3/4/4 auf, bleibt jedoch in puncto „Mittelwert" und „P_d-Wert" hinter dieser zurück.
Die Aufteilung 0/0/0/0/17 zeigt den größtmöglichen Kontrast (höchster Mittelwert [5] und höchster Top-Box Anteil [1] sowie geringste Standardabweichung [0], niedrigster P_d-Wert [0] und minimale Anzahl an genutzten Kategorien [1]) zu der Referenzverteilung, und bildet dementsprechend ihren Gegenpart zur Bestimmung der Spannweite in Gl. 3.

---

321 Vorab ist noch darauf hinzuweisen, dass es zu jeder der hier herangezogenen Antwortverteilungen (wie oft eine bestimmte Kategorie von einer Person den 17 Werten zugeordnet wurde; siehe Anhang 35 und 36) natürlich noch Permutationen gibt – d.h. die gleichen Antwortmuster (Anzahl an Kategorienutzungen) treten in einer abweichenden Reihenfolge auf (vgl. Bortz 2005, S. 60f). So kann beispielsweise die Kombination 0/0/0/0/17 noch in vier weiteren Formen auftreten: 0/0/0/17/0, 0/0/17/0/0, 0/17/0/0/0 und 17/0/0/0/0. Die Permutationen sind dabei lediglich für die Kriterien „P_d-Wert" und „Anzahl genutzter Kategorien" nicht relevant, da ihre Ausprägungen unabhängig von der Anordnung der Zahlen innerhalb einer Ziffernfolge sind. Je mehr in der Höhe unterschiedliche Kategoriebelegungen vorhanden sind, desto größer ist auch die Anzahl an Permutationen – sind beispielsweise alle fünf Kategorien unterschiedlich oft zugeordnet worden (z.B. 1/2/3/5/6), so können insgesamt 120 unterschiedliche Reihenfolgen (5!; lies: Fakultät, vgl. Bortz 2005, S. 60) dieser Kombination auftreten. Vorliegend werden die Permutationen nicht weiter betrachtet, sondern lediglich die Verteilung berücksichtigt, die für ein positives Konstrukt am naheliegendsten ist, deren Ziffernfolge also von rechts nach links abfällt. Unter dieser Prämisse sind 119 verschiedene Verteilungen der 17 Werte auf fünf Antwortkategorien unterscheidbar (siehe Anhang 47), während die Anzahl für elf Antwortoptionen 275 beträgt (siehe Anhang 48).

Nr.	Belegung der Kategorie 1	2	3	4	5	Mittelwert	Top-Box	Standard-abweichung	P_d-Wert	Anzahl Kategorien
119	3	3	3	4	4	3,1765	0,2353	1,4240	0,7958	5
118	2	3	4	4	4	3,2941	0,2353	1,3180	0,7889	5
116	3	3	3	3	5	3,2353	0,2941	1,4765	0,7889	5
117	1	4	4	4	4	3,3529	0,2353	1,2339	0,7751	5
115	2	3	3	4	5	3,4118	0,2941	1,3745	0,7820	5
114	2	2	4	4	5	3,4706	0,2941	1,3336	0,7751	5
105	2	3	3	3	6	3,4706	0,3529	1,4191	0,7682	5
111	2	2	3	5	5	3,5294	0,2941	1,3336	0,7682	5
113	1	3	4	4	5	3,5294	0,2941	1,2423	0,7682	5
104	2	2	3	4	6	3,5882	0,3529	1,3745	0,7612	5

Tabelle 11: Die zehn am homogensten verteilten Kategoriebelegungen und ihre Merkmalsausprägungen bei einer fünf-stufigen Antwortskala (sortiert in absteigender Rangfolge)

Enthält die Antwortskala elf Kategorien zur Urteilsabgabe, so wird bei 17 einzuordnenden Objekten die größtmögliche Gleichverteilung durch die Kombination 1/1/1/1/1/2/2/2/2/2/2 abgebildet, wobei auch in diesem Fall ein „Auffüllen" der Antwortalternativen von rechts nach links (eine höhere Kategorie weist im Vergleich zur nächstniedrigeren Antwortoption eine größere oder gleiche Belegung auf) vorausgesetzt wird. Wie aus der nachstehenden Tabelle 12 hervorgeht, besitzt die Referenzverteilung (Nr. 275) sowohl den niedrigsten Mittelwert und den höchsten P_d-Wert, als auch den geringsten Top-Box Anteil und die höchste Anzahl genutzter Antwortkategorien. Hinsichtlich der Standardabweichung existieren zwar Antwortkonstellationen, die höhere (z.B. Nr. 272) Beträge aufweisen – allerdings bleiben diese Kombinationen bezüglich der anderen Kriterien (mehr oder weniger deutlich) hinter der Vergleichsgröße zurück.

Nr.	Belegung der Kategorie 1	2	3	4	5	6	7	8	9	10	11	Mittelwert	Top-Box	Standard-abweichung	P_d-Wert	Anzahl Kategorien
275	1	1	1	1	1	2	2	2	2	2	2	6,8824	0,1176	2,9879	0,8997	11
272	1	1	1	1	1	1	2	2	2	2	3	7,1765	0,1765	3,1293	0,8927	11
268	1	1	1	1	1	1	1	2	2	3	3	7,3529	0,1765	3,1982	0,8858	11
274	0	1	1	1	2	2	2	2	2	2	2	7,1176	0,1176	2,6542	0,8927	10
264	1	1	1	1	1	1	1	1	3	3	3	7,4118	0,1765	3,2187	0,8789	11
254	1	1	1	1	1	1	1	2	2	2	4	7,4118	0,2353	3,2550	0,8789	11
271	0	1	1	1	1	2	2	2	2	2	3	7,4706	0,1765	2,7465	0,8858	10
250	1	1	1	1	1	1	1	1	2	3	4	7,5294	0,2353	3,3098	0,8720	11
267	0	1	1	1	1	1	2	2	2	3	3	7,7059	0,1765	2,7816	0,8789	10
237	1	1	1	1	1	1	1	1	1	4	4	7,5882	0,2353	3,3442	0,8581	11

Tabelle 12: Die zehn am homogensten verteilten Kategoriebelegungen und ihre Merkmalsausprägungen bei einer elf-stufigen Antwortskala (sortiert in absteigender Rangfolge)

Wenn aus elf Antwortalternativen auszuwählen ist, divergieren die individuellen Muster ebenfalls mehr oder weniger stark von der Vergleichsgröße, wobei Letztgenannte vorliegend von keinem Befragten vollständig realisiert wurde. Es gibt eine Person, die allerdings zehn inkonsistente Antworten in Bezug auf den von ihr als bedeutendsten identifizierten Wert (AUS) aufweist, bei der zumindest Übereinstimmungen hinsichtlich neun der elf Kategorien bestehen – sie hat die Antwortoption „5" zweimal zugewiesen und auf die Kategorie „2" verzichtet – so dass ihr Antwortmuster von KIN nach AUS 3/11/6/8/10/7/10/5/9/11/1/9/7/8/5/4/6 lautet. Auch im Falle von elf Antwortoptionen ist die am stärksten zur Vergleichsgröße

kontrastierende Verteilung eindeutig durch die Variante bestimmt, bei der alle Objekte der höchstmöglichen Kategorie zugeordnet werden (0/0/0/0/0/0/0/0/0/0/17).
Die Berechnungen der Prüfwerte für die fünf Kriterien werden so ausgeführt, dass sie alle einen Wertebereich von Null bis Eins aufweisen, wobei Null die jeweils „schlechteste" – und Eins die beste – Ausprägung des Merkmals anzeigt. Bezogen auf die vorliegend verfolgte Fragestellung, bedeutet ein „guter" Wert im Hinblick auf die zentrale Tendenz, dass ein geringer Mittelwert bzw. ein niedriger Top-Box Anteil[322] zu konstatieren sind, während hinsichtlich der Differenzierung, eine hohe Standardabweichung, ein großer P_d-Wert und eine Nutzung sämtlicher Skalenkategorien entsprechend zu würdigen sind.

5.2.2.2 Die Normierung der einzelnen Kriterien

Um die unterschiedlichen Kriterien vergleichbar zu machen, ist es hilfreich, sie auf einen einheitlichen Wertebereich zu normieren (vgl. Bortz 2005). Dies erfolgt mittels eines von Gower (1971, S. 859) vorgestellten Verfahrens, bei dem die individuellen Ausprägungen in Bezug zu einem Optimalwert (Vergleichsgröße) für das Merkmal gesetzt werden, und zusätzlich dessen Spannweite im Hinblick auf die theoretisch möglichen Zustände[323] berücksichtigt wird.

Gl. 3

$$G_i = 1 - \left| \frac{x_i - v}{SP} \right|$$

wobei: G_i = *Kriteriumswert für Person i*
x_i = *Ausprägung von Merkmal x bei Person i*
v = *Vergleichsgröße für das Merkmal*
SP = *Spannweite der Merkmalsausprägungen zwischen extremster und gleichmäßigster Verteilung*

Wenn die Ausprägung bei einer Person (x_i) der Vergleichsgröße (v) entspricht, wird der Zähler des Bruches innerhalb der Betragstriche von Gl. 3 zu Null, so dass sich als Ergebnis der Gleichung ein Wert von Eins ergibt.
Im Falle der maximalen Abweichung, d.h. bei personalen Daten, die den weiter vorne spezifizierten Extrem-Verteilungen entsprechen, nimmt der Bruch den Wert Eins an, so dass für G ein Wert von Null resultiert. Auf weitere zu beachtende Besonderheiten (Vermeiden negativer Kriteriumswerte) in diesem Zusammenhang, wird bei der folgenden Darstellung zum Merkmal „Mittelwert" eingegangen.

- **Mittelwert**

Hierbei berechnet sich x_i als Durchschnittsurteil einer Person über alle 17 Werte. Als Vergleichsgröße fungieren die Mittelwerte der bereits weiter oben skizzierten Gleichverteilungen. Im Falle einer fünf-stufigen Rating-Skala (3/3/3/4/4) beträgt dieser 3,1765, während er sich bei einer Antwortskala mit elf Kategorien (1/1/1/1/1/2/2/2/2/2/2) auf 6,8824 beläuft. Die ins-

[322] Hier – und auch bei den anderen Merkmalen – muss man sich aber einschränkend die an dieser Stelle angenommenen idealtypischen Verteilungen vergegenwärtigen, denn empirisch wäre bei einem positiven Konstrukt natürlich auch ein Datenmuster in der Form 0/0/0/16/1 denkbar, bei dem ein Top-Box Anteil von lediglich 0,0588 zu diagnostizieren wäre. Trotzdem würde eine derartige Aufteilung der Urteile hinsichtlich der weiteren Kriterien eher „schlecht" abschneiden, was als ein erster Hinweis auf eine gebotene Kombination mehrerer Kriterien zu einem Gesamtprüfwert anzusehen ist.

[323] Nach Gower (1971, S. 859) besteht diesbezüglich sowohl die Möglichkeit, die Spannweite innerhalb der Grundgesamtheit, als auch innerhalb der Stichprobe heranzuziehen. Da im ersten Fall allgemeingültigere Aussagen getroffen werden können, wird vorliegend auf diese Daten zurückgegriffen, denn die bestmögliche Gleichverteilung unter der Bedingung von elf Antwortkategorien ist ja beispielsweise im aktuellen Datensatz gar nicht realisiert worden. Um eine Verankerung der Werte im Bereich von Null bis Eins sicherzustellen, wird allerdings hier nicht die gesamte potenzielle Spannweite genutzt, sondern nur die Distanz zwischen den Ausprägungen der Vergleichsgröße und der extremsten Verteilung. Es kommt also nicht auf die globalen Maxima oder Minima an, sondern lediglich auf die Distanz zwischen einer spezifischen Extrem-Verteilung (0/0/0/0/17 bzw. 0/0/0/0/0/0/0/0/0/0/17) und der Vergleichsgröße. Diese Einschränkung macht aber weitere Unterscheidungen erforderlich (siehe die Ausführungen zum Mittelwert auf Seite 311), damit der gesamte Bruch im Ergebnis nicht größer als Eins wird, denn dann würde G_i einen negativen Wert annehmen.

gesamt mögliche Spannweite der Mittelwerte bei fünf Antwortkategorien beträgt vier (maximaler [5] minus minimaler [1] Durchschnittswert), wohingegen sie bei elf Antwortoptionen einen Betrag von 10 aufweist. Da vorliegend aber nicht die gesamte potenzielle Spanne interessiert, sondern „nur“ die Distanz zwischen den Merkmalswerten der Vergleichsgröße und der jeweiligen Extrem-Verteilung fokussiert wird – damit alle Kriteriumswerte auf den Werte-Bereich von Null bis Eins normiert werden – lauten die Spannweiten 1,8235 (5 – 3,1765) im Falle der fünf-stufigen Rating-Skala und 4,1176 (11 – 6,8824) bei elf Antwortoptionen. Mit diesen Angaben lassen sich nun (nach Gl. 3) die personenspezifischen Kriteriumswerte für das Merkmal „Mittelwert“ berechnen.

Gl. 4

$$G_i = 1 - \left| \frac{x_i - 3{,}1765}{5 - 3{,}1765} \right|$$

(fünf Antwortkategorien)

$$G_i = 1 - \left| \frac{x_i - 6{,}8824}{11 - 6{,}8824} \right|$$

(elf Antwortkategorien)

Dabei kann es im Rahmen der empirischen Daten allerdings passieren (wenn der personenspezifische Durchschnittswert kleiner als die Differenz zwischen Vergleichsgröße und Spannweite ausfällt, also lediglich einen Betrag von weniger als 1,3530 [3,1765 – 1,8235] auf einer fünf- bzw. 2,7648 [6,8824 – 4,1176] auf einer elf-stufigen Antwortskala ausmacht), dass der Bruchausdruck einen Wert kleiner als minus Eins annimmt, was im Ergebnis zu einem negativen Kriteriumswert (*G*) führen würde. Dieser Effekt liegt in der Berücksichtigung des Absolutwertes des Bruches begründet, und wird durch die Tatsache, dass die Strecke zwischen Extrem- und Vergleichsverteilung (fünf-stufige Rating-Skala = 1,8235; elf-stufige Antwortskala = 4,1176) weniger als die halbe Distanz der gesamten Merkmalsbreite (fünf Antwortkategorien: [5 – 1]/2 = 2; elf Optionen: [11 – 1]/2 = 5) beträgt, verursacht. Durch die Einführung einer Fallunterscheidung kann das Auftreten negativer Werte aber leicht unterbunden werden.

Gl. 5

$$G_i = 1 - \left| \frac{x_i - v}{SP} \right| \qquad \textit{wenn } x_i \geq (SP - v) \textit{ und sonst: } 0$$

Derartig niedrige Mittelwerte (kleiner als 1,3530 bei fünf und 2,7648 bei elf Antwortkategorien) sollten bei der Beurteilung eines positiven Konstrukts eigentlich nicht vorkommen, sind vorliegend allerdings bei 15 Personen aufgetreten. Insbesondere die Fälle mit einem Durchschnittswert von Eins (7 Befragte) sind diesbezüglich kritisch zu sehen, denn hier kann sowohl ein willkürliches Antwortverhalten, als auch eine Fehlinterpretation der Skalenanker vorgelegen haben, weil es ziemlich abwegig erscheint, dass alle 17 präsentierten Werte als persönlich unwichtig eingestuft werden. Sofern kein inkonsistentes Antwortverhalten nachzuweisen war (neun der 15 Teilnehmer), sind diese Angaben aber weiterhin Bestandteil der Datenbasis geblieben, denn die eigentliche Ursache des Antwortmusters ließ sich nachträglich nicht identifizieren. Nach der gleichen Vorgehensweise werden die Berechnungen für die weiteren Attribute durchgeführt.

- **Anzahl an Top-Box Wahlen**

Hinsichtlich der Top-Box Problematik erfolgt vorliegend eine Beschränkung auf die Maximalkategorie der Antwortskala, so dass allein der Anteil der Vergabe der Optionen „5“ bzw. „11“ betrachtet wird – und nicht auch der Kategorien „4“ bzw. „10“, wie dies beispielsweise in einigen Studien zur Ermittlung akquieszenten Antwortverhaltens der Fall ist (siehe Abschnitt 3.2.2.2.1). Begründen lässt sich dieses Vorgehen mit den einseitig positiven Konnotationen des Untersuchungsgegenstandes (siehe Abschnitt 2.1) denn in diesem Fall sind oftmals gerade die Unterschiede zwischen den Befragten, die sich für die Extremkategorie

entschieden und denjenigen, die zu der ihr vorgelagerten Antwortoption tendiert haben, sehr bedeutsam, und sollten nicht vermischt werden (vgl. Hurley 1998, S. 206ff).
Bei der Extrem-Verteilung ist der maximale Anteil von Eins für die Zuordnung der Werte zur Antwortoption „wichtig" zu konstatieren, denn dort sind sämtliche Objekte der Top-Kategorie zugewiesen worden. Bezüglich der Vergleichsgrößen ergibt sich im Rahmen einer fünf-stufigen Rating-Skala ein Anteilswert von 0,2353 und bei Vorlage von elf Antwortalternativen von 0,1176. Daraus resultiert im erstgenannten Fall eine Spannweite von 0,7647 und bei elf Kategorien von 0,8824 – so dass sich die Kriteriumswerte nach den folgenden Gleichungen berechnen:

Gl. 6

$$G_i = 1 - \left|\frac{x_i - 0{,}2353}{1 - 0{,}2353}\right|$$

(fünf Antwortkategorien)

$$G_i = 1 - \left|\frac{x_i - 0{,}1176}{1 - 0{,}1176}\right|$$

(elf Antwortkategorien)

Auf die bei den Mittelwerten noch notwendige Fallunterscheidung kann hier im Übrigen verzichtet werden, weil die Spannweite (Distanz zwischen den Ausprägungen der Extrem- und Vergleichsverteilung) für beide Antwortskalen mehr als 50 % des Gesamtabstands von Minimal- (0) und Maximalwert (1) ausmacht.

- **Standardabweichung**

Beim Kriterium Standardabweichung tritt die minimale Variabilität (= 0) erneut – wie schon beim Top-Box Anteil – für beide Extrem-Verteilungen auf, d.h. wenn alle Werte einer einzigen Kategorie zugeordnet sind. Durch den Betrag von Null stimmen die absoluten Distanzen zwischen den Vergleichsgrößen und Extrem-Verteilungen mit den Werten der Erstgenannten überein und belaufen sich auf 1,4240 (fünf-stufige Antwortskala) und 2,9879 (elf Antwortoptionen). Auch eine Fallunterscheidung ist nicht erforderlich, denn die Strecke zwischen Extrem- und Vergleichswert (1,4240 bzw. 2,9879) deckt wiederum mehr als die Hälfte der Distanz zwischen Minimal- (0) und Maximalwert (1,9965 bei fünf und 4,9913 bei elf Kategorien) des Merkmals ab, so dass der Bruch in der nachstehenden Gleichung nicht kleiner als minus Eins werden kann – hierzu wären Standardabweichungen mit einem Betrag von mehr als 2,8480 (fünf-stufige Rating-Skala) und 5,9758 (elf-stufige Antwortskala) notwendig, die unter den gegebenen Konstellationen von Werten und Antwortoptionen nicht erreichbar sind.

Gl. 7

$$G_i = 1 - \left|\frac{x_i - 1{,}4240}{0 - 1{,}4240}\right|$$

(fünf Antwortkategorien)

$$G_i = 1 - \left|\frac{x_i - 2{,}9879}{0 - 2{,}9879}\right|$$

(elf Antwortkategorien)

- **P_d-Wert**

Mit dem P_d-Wert wird das Ausmaß der Gleichverteilung der Urteile auf die angebotenen Antwortoptionen geprüft. Bei ihm ist die Wahrscheinlichkeit angesprochen, mit der zwischen zwei beliebigen Objekten einer Gruppe, in Bezug auf ein bestimmtes Einstufungskriterium, von einer Divergenz ausgegangen werden kann (vgl. Linville et al. 1986, S. 183). Im Unterschied zur Standardabweichung – die primär die Variabilität der Beurteilungen als Distanz zum Mittelwert misst – wird mit dem P_d-Wert also der Aspekt von Verschiedenartigkeit betont, der sich auf die gleichmäßige Ausschöpfung der zur Verfügung stehenden Antwortkategorien bezieht (vgl. Linville et al. 1986, S. 186).
Der Unterschied beider Maße lässt sich am Konstrukt der Stereotypisierung (vgl. Hamilton 1981) exemplifizieren. Wenn eine Person bei der diesbezüglichen Erhebung lediglich die beiden Extremkategorien einer Rating-Skala verwendet – sie die Objekte also „Schwarz-Weiß" einsortiert – erzielt sie die höchstmögliche Standardabweichung, aber nur einen P_d-Wert von

0,5.[324] Verteilt hingegen ein Befragter die Objekte bei seinen Ratings relativ gleichmäßig auf die Antwortoptionen, so erreicht er einen P_d-Wert nahe eins, aber nur eine „mittlere“ Standardabweichung (siehe Nr. 119 in Tabelle 11 und Nr. 275 in Tabelle 12).[325] Letzterer sollte dementsprechend hinsichtlich der Stereotypisierung deutlich niedriger eingestuft werden als der erste Teilnehmer.

Auch bei einem positiven Konstrukt wie „Werten“ ist eine diesbezügliche Prüfung zweckmäßig. Hier ist zwar nicht mit Schwarz-Weiß-Malerei zu rechnen, sondern stattdessen mit einer weitgehenden Einseitigkeit der Urteile, deren Ausmaß sich ebenfalls mit Hilfe des P_d-Wertes kontrollieren lässt. Mathematisch vollzieht sich dessen Berechnung nach der Formel (vgl. Linville 1986, S. 184):

Gl. 8 $$P_d = 1 - \sum_{i=1}^{k} P_i^2$$

wobei: P_d = *Probability of differentiation*
p_i = *Prozentualer Anteil der Zuordnungen zu Antwortkategorie i*
k = *Anzahl der Antwortkategorien*

Der P_d-Wert kann Beträge zwischen Null (alle Objekte sind beim Rating einer einzigen Kategorie zugewiesen worden; $p_i = 1$) und einem Maximalwert (die Objekte verteilen sich gleichmäßig auf sämtliche Antwortoptionen) in Abhängigkeit von der Anzahl an Kategorisierungsalternativen und zuzuordnenden Objekten, der kleiner als Eins ausfällt, annehmen. Bei 17 Objekten und fünf Einstufungsmöglichkeiten erreicht der P_d-Wert ein maximales Ausmaß von 0,7958 während die gleiche Anzahl an Objekten bei elf Antwortoptionen zu einem höchstmöglichen P_d-Wert von 0,8997 führt. Je näher der individuelle P_d-Wert an den Maximalwert heranreicht, desto differenzierter sind die Objekte beurteilt worden.

Seinen größten Betrag erreicht der P_d-Wert immer dann, wenn die Menge der einzustufenden Objekte der Anzahl an Antwortkategorien (oder einem ganzzahligen Vielfachen) entspricht, und jede Antwortoption gleich häufig gewählt wird. Wenn zwar alle Antwortalternativen genutzt werden, jedoch zu unterschiedlichen Anteilen, hängt das Ausmaß des P_d-Werts vom Ungleichgewicht der Belegungen ab. Dies ist am größten, wenn alle bis auf eine Kategorie nur einfach belegt sind, und die verbleibenden Objekte der noch offenen Antwortoption zugewiesen werden (siehe Fälle Nr. 12 in Tabelle 13 und 132 in Tabelle 14).

Um die Zusammenhänge über die bereits skizzierten Angaben in Tabelle 11 und Tabelle 12 hinaus weiter aufzuhellen, sind nachfolgend noch einige Beispielkonstellationen zu dieser Größe angeführt, die insbesondere auf die Verdeutlichung der Relationen zwischen Standardabweichung und P_d-Wert abzielen.

	Belegung der Kategorie							Standard-		Anzahl
Nr.	**1**	**2**	**3**	**4**	**5**	**Mittelwert**	**Top-Box**	**abweichung**	**P_d-Wert**	**Kategorien**
59	1	1	1	6	8	4,1176	0,4706	1,1315	0,6436	5
85	0	3	3	4	7	3,8824	0,4118	1,1315	0,7128	4
93	1	1	3	6	6	3,8824	0,3529	1,1315	0,7128	5
12	1	1	1	1	13	4,4118	0,7647	1,1911	0,4014	5

Tabelle 13: Ausgewählte Basisverteilungen bei einer fünf-stufigen Antwortskala

So weisen die ersten drei Fälle (Nr. 59, 85 und 93) identische Standardabweichungen auf, und die Nr. 85 und 93 stimmen außerdem bezüglich ihrer Ausprägungen beim Mittelwert und P_d-

[324] Dies gilt natürlich nur in den Fällen, in denen eine hälftige Zuordnung auf beide Extremkategorien gewährleistet ist und die Einstufung einer geraden Anzahl an Objekten anliegt. Wenn deren Anzahl ungerade ist oder die Anteile der Objekte in den Extremkategorien variieren (z.B. 40:60), bleibt der P_d-Wert (geringfügig) unter der Marke von 0,5 zurück.

[325] Weitere Zusammenhänge zwischen der Standardabweichung und dem P_d-Wert sind den Ausführungen bei Linville et al. (1986, S. 186ff) sowie Tabelle 13 und Tabelle 14 zu entnehmen.

Wert überein. Insgesamt zeigt die Nr. 93 die homogenste Verteilung der Antworten, was sich auch in ihrem vergleichsweise niedrigen Top-Box Anteil widerspiegelt. Hieraus wird ersichtlich, dass zu einer vollständigen und eindeutigen Differenzierung der Verteilungen die Berücksichtigung mehrerer Kriterien notwendig ist.

Nr.	Belegung der Kategorie 1	2	3	4	5	6	7	8	9	10	11	Mittelwert	Top-Box	Standard-abweichung	P_d-Wert	Anzahl Kategorien
205	0	0	0	0	1	1	1	3	3	3	5	9,0588	0,2941	1,7977	0,8097	7
206	0	0	0	0	0	2	2	2	3	3	5	9,0588	0,2941	1,7311	0,8097	6
224	0	0	0	0	1	1	1	2	4	4	4	9,0588	0,2353	1,7311	0,8097	7
132	1	1	1	1	1	1	1	1	1	1	7	7,7647	0,4118	3,4900	0,7958	11

Tabelle 14: Ausgewählte Basisverteilungen bei einer elf-stufigen Antwortskala

Auch aus der Aufstellung in Tabelle 14 – zu den Fällen, die auf einer elf-stufigen Antwortskala basieren – zeigt sich, dass es mehrerer Attribute bedarf, um die unterschiedlichen Verteilungen ausnahmslos voneinander abzugrenzen. So differieren beispielsweise die beiden ersten Verteilungen (Nr. 205 und 206) lediglich in Bezug auf ihre Standardabweichungen und Top-Box-Anteile, wobei in der Gesamtbetrachtung, d.h. der simultanen Berücksichtigung aller fünf Merkmale, die Erstgenannte (Rang 90) vor der Nr. 206 (Rang 102) platziert ist. Beide werden aber von der Kombination 224 (Rang 86) übertroffen, die wegen ihres niedrigeren Top-Box Anteils eine stärker homogene Verteilung repräsentiert. Den Spitzenplatz (Rang 31) der vier beispielhaft dargestellten Antwortmuster nimmt allerdings die Nr. 132 ein, die hinsichtlich ihres Mittelwertes und der Anzahl an genutzten Kategorien den anderen Alternativen überlegen ist (siehe Anhang 48).

Die Normierung der P_d-Werte nach Gower (1971, S. 859) lässt sich damit anhand der beiden folgenden Gleichungen berechnen, bei denen keine Fallunterscheidungen notwendig sind, weil die absoluten Spannweiten die gesamten möglichen Merkmalsdistanzen abdecken:

Gl. 9

$$G_i = 1 - \left|\frac{x_i - 0{,}7958}{0 - 0{,}7958}\right| \quad \text{(fünf Antwortkategorien)}$$

$$G_i = 1 - \left|\frac{x_i - 0{,}8997}{0 - 0{,}8997}\right| \quad \text{(elf Antwortkategorien)}$$

- **Anzahl der genutzten unterschiedlichen Antwortoptionen**

Neben dem P_d-Wert, der die Anteile der einzelnen Kategorien an allen Urteilen erfasst, soll vorliegend auch noch die Anzahl der genutzten Antwortoptionen explizit berücksichtigt werden. Zwar wird auch damit nicht direkt offensichtlich, wo der Schwerpunkt der konkreten Aufteilung bei einer Person liegt, jedoch stellt die Anzahl der gewählten verschiedenen Antwortalternativen für die Erfassung der Differenzierung von Daten einen sinnvollen Gradmesser dar, und wird vorliegend ergänzend, zu den vier bereits von McCarty & Shrum (1997, S. 243) herangezogenen Indikatoren, verwendet. Je mehr unterschiedliche Antwortoptionen von einem Befragten den Objekten zugeordnet wurden, desto differenzierender ist seine Beurteilung einzuschätzen. Alleine für sich würde dieses Attribut – ähnlich wie der Top-Box Anteil – aber nicht viel Sinn machen, weil damit lediglich so viele unterschiedliche Kriteriumswerte gebildet werden könnten, wie Antwortkategorien vorhanden sind. Trotzdem lassen sich beispielsweise die Fälle Nr. 85 und 93 in Tabelle 13 nur anhand dieses Merkmals und des Top-Box Anteils voneinander unterscheiden.

Während bei beiden Vergleichsgrößen alle Kategorien belegt sind, ist bei den Extremverteilungen nur jeweils eine einzige Antwortalternative genutzt worden, so dass sich die Kriterienwerte nach den folgenden Gleichungen ermitteln lassen:

Gl. 10

$$G_i = 1 - \left|\frac{x_i - 5}{1-5}\right|$$

(fünf Antwortkategorien)

$$G_i = 1 - \left|\frac{x_i - 11}{1-11}\right|$$

(elf Antwortkategorien)

Auch bei diesem Merkmal sind keine Fallunterscheidungen erforderlich, denn die absolute Spannweite der Ausprägungen zwischen Extrem- und Vergleichsverteilung stimmt erneut mit der maximal möglichen Distanz überein.

An dieser Stelle soll noch kurz darauf hingewiesen werden, warum keine weiteren, der ansonsten zur Charakterisierung von Verteilungen herangezogenen, Merkmale (insbesondere Schiefe und Exzess; vgl. Bortz 2005) mehr berücksichtigt werden. Bei der Schiefe ist zum einen der Wert für die Extrem-Verteilung nicht bestimmbar, weil die Standardabweichung Null ergibt. Außerdem erlangen hier Verteilungen sehr hohe Kriteriumswerte, die im Sinne der verfolgten Fragestellung eigentlich deutlich niedriger beurteilt werden sollten. Die Konstellation Nr. 39 (0/0/0/8/9) würde beispielsweise den achten Platz aller 119 Basisverteilungen einer fünf-stufigen Antwortskala erreichen, obwohl sie hinsichtlich der anderen Attribute immer im letzten Quartil lokalisiert ist. Insofern stellt die Schiefe zwar ein adäquates Maß zur Charakterisierung einer Verteilung dar (vgl. Tiede 2001), ist jedoch bei der Beurteilung eines positiven Konstrukts weniger geeignet, Daten in Bezug auf niedrige Mittelwerte und hohe Differenzierung zu separieren. Gleiches trifft auf den Exzess zu, bei dem die Extrem-Verteilung ebenfalls keinen gültigen Wert aufweist und die Wölbungen der aktuellen Verteilungen deutlich von denen einer Normalverteilung abweichen. Deshalb wird in dieser Arbeit auch auf den Exzess als Merkmalsvariable verzichtet.

Die Koeffizienten aller verwendeten Merkmale sind der nachfolgenden Übersicht nochmals zusammengefasst aufgeführt.

Merkmal	Skala	X_i	E	V	SP
Mittelwert	5	Durchschnittsurteil über die 17 Werte	5	3,1765	1,8235
	11		11	6,8824	4,1176
Top-Box	5	Anteil der Kategorie „5“ an allen Urteilen	1	0,2353	0,7647
	11	Anteil der Kategorie „11“ an allen Urteilen	1	0,1176	0,8824
Variabilität	5	Standardabweichung der 17 Beurteilungen	0	1,4240	1,4240
	11		0	2,9879	2,9879
P_d-Wert	5	Anteilsbetrachtung der Kategorien	0	0,7958	0,7958
	11		0	0,8997	0,8997
Ausnutzung der Antwortskala	5	Anzahl zugewiesener unterschiedlicher Kategorien	1	5	4
	11		1	11	10

Abbildung 40: Die fünf verwendeten Attribute zur Differenzierung der Antwortverteilungen und ihre Koeffizienten zur Berechnung der Prüfwerte nach Gower (1971; siehe Gl. 5 auf Seite 311)

Anmerkung: X_i = Berechnungsvorschrift für den (individuellen) Merkmalswert; E = Parameter des Merkmals für die Extrem-Verteilung; V = Parameter des Merkmals für die Vergleichsgröße; SP = absoluter Differenzbetrag zwischen E und V

5.2.2.3 Die Zusammenfassung der Merkmale zu einem Indexwert

In Anlehnung an das Vorgehen von McCarty & Shrum (2000, S. 281ff) werden die empirischen Daten zunächst immer einzeln in Bezug auf sämtliche Merkmale betrachtet. Im nächsten Schritt ist dann zu entscheiden, welche der aufgeführten Kriterien noch kombiniert als abhängige Variable eingesetzt werden können, um die Ergebnisse simultan hinsichtlich mehrerer Attribute evaluieren zu können. Die Konstitution dieses aggregierten Kennwertes, als

Reduktion eines manifesten n-dimensionalen Eigenschaftsraumes auf einen Mess-Vektor (vgl. Besozzi & Zehnpfennig 1976, S. 13), wird im Folgenden erläutert und beginnt mit einer Darstellung der relationalen Verbundenheit der fünf Variablen untereinander.

	M	T	S	P	A
Mittelwert (M)		0,9032	0,8663	0,9066	0,7604
Top-Box (T)	0,7981		0,6757	0,9528	0,5757
Standardabweichung (S)	0,9220	0,6399		0,8085	0,9461
P_d-Wert (P)	0,8323	0,9481	0,7652		0,7040
Anzahl Kategorien (A)	0,9285	0,6359	0,9825	0,7505	

Tabelle 15: Korrelationen der Kriteriumswerte für die Basisverteilungen einer fünf- (119 Fälle; obere Diagonalmatrix) und elf-stufigen Antwortskala (275 Fälle; untere Diagonalmatrix) bei der Einstufung von 17 Objekten

Für beide Antwortskalen treten hohe Korrelationen bei den Merkmalskombinationen Anzahl genutzter Kategorien und Standardabweichung sowie Top-Box Anteil und P_d-Wert auf. Insofern könnte eine Option darin bestehen, von diesen vier Attributen nur zwei bei der Festlegung des aggregierten Kennwertes zu berücksichtigen.[326] Um die Zusammenhänge in dieser Hinsicht genauer analysieren zu können, werden erst einmal alle möglichen Merkmalskombinationen gebildet, und hinsichtlich resultierender Ergebnisunterschiede verglichen. Nur so lässt sich eine fundierte Entscheidung über die adäquate Zusammensetzung des Kennwertes treffen.

Damit die 119 (siehe Anhang 47) bzw. 275 Basisverteilungen (siehe Anhang 48) in Bezug auf den Kennwert vollständig separiert werden, sind mindestens drei Kriterien erforderlich, denn über eine paarweise Aggregation können nicht alle Verteilungen mit divergierenden Werten ausgestattet werden.[327] Von den zehn Kombinationen mit jeweils drei der fünf Kriterien, gelingt es allerdings nur MTS, MSA, TSP und SPA, jede Verteilung mit einem unterschiedlichen Prüfwert zu versehen – bei den restlichen Zusammenstellungen von drei Attributen (MTP, MTA, MSP, MPA, TSA und TPA) bekommen mindestens zwei Verteilungen identische Prüfwerte, so dass sie nicht mehr voneinander abgegrenzt werden können.

Werden vier der fünf Kriterien zur Konstruktion der Kenngröße genutzt, so treten alleine für die Verknüpfung MTPA noch identische Werte für unterschiedliche Verteilungen auf (siehe Anhang 30), d.h. ohne die Berücksichtigung der Standardabweichung sind die Basisverteilungen nicht mit überschneidungsfreien Prüfwerten zu belegen.

Ein interessanter Aspekt bei den Verteilungen mit deckungsgleichen Kennwerten besteht darin, ihre jeweiligen Rangplätze mit denen beim Einbezug aller fünf Merkmale zu vergleichen, denn wenn sie dort weit auseinander platziert sind, spricht dies für die trennende Wirkung zusätzlicher Merkmale. Der Gesichtspunkt soll beispielhaft für die Aggregation der vier Attribute MTPA verdeutlicht werden, denn hier zeigen sich jetzt auch skalenspezifische Besonderheiten.

Die vier mit übereinstimmenden Prüfwerten ausgestatteten Verteilungspaare (Nr. 111 / 113; 87 / 88; 82 / 84 sowie 62 / 64) bei einer fünf-stufigen Antwortskala liegen auch bei einer Be-

[326] Vgl. zum Problem der Auswahl von Indikatoren bei der Bildung eines Indexes auch Besozzi & Zehnpfennig (1976, S. 24ff).

[327] Diesbezüglich soll aber nicht verschwiegen werden, dass bei drei Paarkombinationen (SP, TS und MS) nur sehr wenige identische Prüfwerte auftreten (siehe Anhang 30). Eine alleinige Berücksichtigung der beiden Attribute S und P würde aber beispielsweise dazu führen, dass Kombinationen mit einem moderaten Mittelwert und relativ geringem Top-Box Anteil (Nr. 107: 1/1/5/5/5) gegenüber Verteilungen mit hohen Standardabweichungen (Nr. 53: 2/2/2/2/9) deutlich schlechter platziert wären. Während die Erstgenannte beim Einbezug aller fünf Kriterien (MTSPA) auf dem 18. Rang lokalisiert ist, würde sie unter SP erst an 31. Stelle erscheinen. Bei der zweiten Kombination verhält es sich genau umgekehrt, denn sie erreicht bei fünf Kriterien den 30. Platz, wäre aber bei einer Beschränkung auf S und P bereits an 18. Stelle zu finden.

rücksichtigung von fünf Kriterien eng zusammen, und sind dort maximal drei Rangplätze (Nr. 87 auf Rang 16 und Nr. 88 auf Rang 19) voneinander entfernt. Bei einer elf-stufigen Rating-Skala hingegen sind zwei der zehn Verteilungspaare mit identischer Kenngröße bei vier Kriterien (MTPA), im Falle des Einbezugs aller fünf Attribute, 30 (Nr. 65 auf Platz 75 und Nr. 157 auf Platz 105) bzw. 33 (Nr. 44 auf Platz 123 und Nr. 108 auf Platz 156) Rangplätze voneinander entfernt lokalisiert. Eine Betrachtung der beiden letztgenannten Verteilungen (Nr. 44 = 0/0/0/1/1/1/1/1/1/1/10 und Nr. 108 = 0/0/0/0/0/1/1/1/2/5/7) offenbart jedoch erhebliche Unterschiede – insbesondere im Hinblick auf die Standardabweichung (Nr. 44 = 2,3500 und Nr. 108 = 1,4765), die ja im Rahmen der Kriterienkombination MTPA nicht mit erfasst wird – so dass ein gewisser Abstand bei den Prüfwerten der beiden Verteilungen gegeben sein sollte.

Nachfolgend werden jetzt die Kriterienkombinationen näher untersucht, die eine eindeutige Unterscheidung der Basisverteilungen gewährleisten, wobei ausschließlich deren Rangplätze fokussiert werden. Ausgangspunkt ist dabei jeweils die Platzierung, die eine Verteilung einnimmt, wenn alle fünf Attribute (gleichgewichtig) aggregiert werden (MTSPA). Eine wesentliche Vergleichsgröße in diesem Zusammenhang stellt die Kombination MTSP dar, weil sie alle bereits von McCarty & Shrum (2000, S. 278ff) herangezogenen Kriterien vereint.

Bei einer fünf-stufigen Antwortskala treten die größten Rangdifferenzen für die Verteilung 1/1/1/1/13 (Nr. 12) auf, denn während sie beim simultanen Einbezug aller fünf Merkmale den Platz 84 belegt, findet sie sich ohne die Berücksichtigung des Top-Box Anteils (MSPA) bereits auf Rang 69 wieder, aber bei Nutzung der vier Attribute MTSP erst an 96. Stelle. Insgesamt erscheint die „bessere" Platzierung allerdings nicht so ohne weiteres gerechtfertigt, denn ein Befragter mit einem derartigen Antwortmuster bemüht sich zwar um die Ausnutzung sämtlicher Antwortoptionen, verteilt seine Angaben jedoch recht einseitig. Trotzdem ist auch die schlechtere Platzierung problematisch, weil diese Verteilung dann beispielsweise noch 12 Plätze hinter der Kombination 0/0/2/7/8 (Nr. 55) einsortiert ist, der sie in Bezug auf Standardabweichung und Anzahl genutzter Kategorien überlegen ist.

Bei einer elf-stufigen Antwortskala sind die höchsten Platzierungsunterschiede für die bereits weiter oben erwähnte Verteilung Nr. 44 (0/0/0/1/1/1/1/1/1/1/10) auszumachen. Sie wird bei einem Index mit allen fünf Kriterien auf Rang 123 geführt, würde aber unter MSPA schon auf Platz 90 zu finden sein während sie unter MTPA erst an 157. Stelle auftreten würde. Zieht man die erstgenannte Kombination von vier Kriterien in Betracht, so würde beispielsweise die Verteilung Nr. 239 (0/0/0/0/0/2/2/3/3/3/4) erst deutlich (12 Ränge) nach der Nr. 44 platziert sein, was angesichts der zwar insgesamt weniger berücksichtigten Kategorien, aber der gleichzeitig wesentlich homogeneren Dispersion, nur schwer nachvollziehbar ist. Die Verteilung Nr. 44 weist im Übrigen auch den größten Rangunterschied (27 Plätze) zu MTSP auf, denn dort wäre sie erst an 150. Stelle gelistet worden. Dies erscheint insofern nicht gerechtfertigt, als damit ein zu großer Abstand (20 Plätze anstatt vier wie bei fünf Merkmalen) zur Verteilung Nr. 117 (0/0/0/0/1/1/1/1/2/4/7) entstehen würde, der inhaltlich kaum zu begründen ist.

Einen weiteren wichtigen Gesichtspunkt bei der Beurteilung der Reihenfolge der Verteilungen, stellen die Lokalisierungen der Antwortmuster dar, bei denen erstmals eine oder zwei Kategorien nicht zugeteilt werden, denn hier wird die Anzahl der Antwortoptionen nicht vollständig ausgeschöpft. Im Rahmen einer fünf-stufigen Rating-Skala sind dies die sich auf Rang 25 befindliche Kombination 0/4/4/4/5 (Nr. 112) und die auf Platz 75 gelegene Verteilung 0/0/5/5/7 (Nr. 78). Während sich die Erstgenannte ohne die Berücksichtigung der Ausnutzung der Antwortkategorien (MTSP) auf dem 14. Platz wieder findet, ist die Zweitgenannte unter dieser Konstellation sogar um 13 Plätze weiter vorne platziert. Hier ist ein Vergleich mit den sich in unmittelbarer Nachbarschaft befindlichen Verteilungen hilfreich, um die Reihenfolge zu evaluieren. Direkt vor der Verteilung 0/4/4/4/5 ist die Kombination Nr. 86 (1/2/3/4/7) platziert, während ihr die Verteilung 1/1/3/6/6 (Nr. 93) nachfolgt. Im Vergleich

zum letztgenannten Antwortmuster besitzt 0/4/4/4/5 zwar eine geringere Kategoriennutzung, ist jedoch hinsichtlich der übrigen vier Kriterien immer vor 1/1/3/6/6 gelegen. Knapper fällt die Gegenüberstellung von 0/4/4/4/5 mit 1/2/3/4/7 aus, denn hier bleibt die Erstgenannte nur bei zwei Kriterien (S und A) zurück, wohingegen sie hinsichtlich M, T und P vor 1/2/3/4/7 platziert ist. Trotzdem erscheint auch in diesem Fall die gegebene Reihenfolge bei gleichzeitiger Berücksichtigung aller fünf Attribute sinnvoll, denn gerade die vollständige Ausnutzung der Antwortoptionen gleicht den höheren Top-Box Anteil von 1/2/3/4/7 aus.
Bei einer elf-stufigen Antwortskala und allen fünf einbezogenen Prüfkriterien, sind die Basisverteilungen mit einer (Rang 4) oder zwei (Rang 11) nicht belegten Kategorien deutlich höher platziert als bei fünf Antwortoptionen. Dies verdeutlicht, dass das Merkmal der Kategoriennutzung bei steigender Anzahl an Antwortalternativen noch besser zur Differenzierung der Daten geeignet ist, und schon die Reihenfolge auf den ersten Plätzen mit determiniert.
Aus den aufgezeigten Beispielen wird ersichtlich, dass es keinen Königsweg zur Konstruktion eines alle Belange gleichermaßen berücksichtigenden Prüfwertes gibt. Dennoch lässt sich durch die Heranziehung aller fünf hier betrachteten Kriterien mit identischem Gewicht eine befriedigende Lösung des Problems der Charakterisierung der Antwortverteilungen erreichen, weshalb vorliegend auf diesen Ansatz zurückgegriffen wird. Insbesondere die Erweiterung gegenüber McCarty & Shrum (2000, S. 271ff) um die Anzahl genutzter Antwortalternativen, dürfte dabei eine Verbesserung der Aussagekraft bewirken, denn die Kombination 0/4/4/4/5 wäre ohne dieses Kriterium bereits auf Rang 14 lokalisiert und damit beispielsweise vor der Verteilung 1/3/3/4/6 (Nr. 103), die aber insbesondere hinsichtlich der Standardabweichung deutlich besser abschneidet.
Fraglos besteht bei der Integration vieler – verschiedene Facetten abdeckender – Kriterien die Gefahr, dass sich Verteilungen, die bezüglich einzelner Attribute sehr unterschiedlich eingestuft werden, bei einer aggregierten Sicht in ihren Rangplätzen annähern, weil sich ihre antagonistischen Stärken und Schwächen dann kompensieren können. Eingedenk der Tatsache, dass die vorliegend herangezogenen fünf Attribute, durch die Berechnung der Kenngröße nach dem Vorschlag von Gower (1971, S. 859), allerdings hinsichtlich ihrer Ausprägungen relativ gut an die hier verfolgte Fragestellung angepasst werden konnten,[328] dürfte dieses Risiko aber überschaubar sein.
Um die Dinge nicht weiter zu verkomplizieren, ist auf eine unterschiedliche Gewichtung der einzelnen Merkmale verzichtet worden, denn letztendlich wird durch jedes Kriterium ein bestimmter Aspekt der Verteilung abgebildet, der nicht von vornherein als (un)wichtiger zu klassifizieren ist (vgl. zu den Möglichkeiten der Festlegung von Gewichtsfaktoren für einen Index Besozzi & Zehnpfennig 1976, S. 46f). Insofern dürfte die Gleichbehandlung der Attribute einen tragfähigen Ansatz beschreiben.
Letztendlich bleibt auch die vorliegend gewählte Integration sämtlicher Kriterien mit einer Portion Willkür behaftet, jedoch sollte durch die vorangegangene Argumentation deutlich und nachvollziehbar geworden sein, dass die ergriffene Maßnahme einen akzeptablen Kompromiss darstellt. Die Aggregation der verschiedenen Merkmale zu einem einzigen Prüfwert, stellt eine sinnvolle Erweiterung des von McCarty & Shrum (1997, S. 239ff) gewählten Vorgehens dar, denn damit ist jetzt ein simultaner Vergleich hinsichtlich wichtiger Eigenschaften zur Beurteilung der Güte der vorgenommenen Variationen der ERR-Technik möglich, der eine aussagekräftige Gegenüberstellung der Resultate bei den einzelnen Durchführungsanweisungen gewährleistet.
Bevor aber auf diese Ergebnisse eingegangen wird, ist aber erst noch das Problem der divergierenden Anzahl an Kategorien bei den eingesetzten Rating-Skalen zu beleuchten.

[328] Eine Faktorenanalyse (Hauptkomponentenmethode mit Varimax-Rotation; siehe Abschnitt 5.4.2.1) der fünf Prüfwerte der Basisverteilungen hat sowohl für den Fall einer fünf-, als auch elf-stufigen Antwortskala, nur eine einzige Komponente extrahiert, so dass auch aus dieser Perspektive von einer eindimensionalen Struktur der Kriterien auszugehen ist.

5.2.3 Die Aggregation der Daten von den beiden unterschiedlich kategorisierten Antwortskalen

Obwohl die Anzahl der Antwortoptionen für die hier verfolgte Fragestellung der Beurteilungsdifferenzierung bei der Erhebung eines positiven Konstrukts eine wichtige Rolle spielt (siehe Abschnitt 2.2.2.2.2) und über zwei unterschiedliche Abstufungen erhoben wurde (siehe Abschnitt 4.3.2), sollen im Zuge einer Gesamtbetrachtung auch skalenübergreifende Daten präsentiert werden. Dieses Vorhaben impliziert eine Zusammenführung der Angaben auf den verschieden kategorisierten Antwortskalen, deren grundlegende Vorgehensweise in diesem Abschnitt beschrieben wird.
Prinzipiell stünden zwei generelle Möglichkeiten zur Verfügung, aggregierte Daten über verschieden gestufte Skalen zu konstruieren: Z-Standardisierung oder Skalentransformation.
Bei einer Z-Standardisierung stehen Verteilungsvergleiche im Fokus, d.h. hier kommt es auf die relative Position einer Beurteilung zum Mittelwert (variablen- oder fallweise) aller Angaben an, die sich aus der Division der Differenz von Original- und Mittelwert durch die Standardabweichung ergibt (vgl. Bortz 2005, S. 44f):

Gl. 11 $$Z_i = \frac{x_i - \bar{x}}{s}$$

wobei: Z_i = *standardisierter Wert*
x_i = *Merkmalswert*
$\bar{x}$ = *Mittelwert*
s = *Standardabweichung*

Entsprechend den Vorgaben wurden zunächst für jede Person der Mittelwert und die Standardabweichung ihrer Urteilsabgaben berechnet, aus denen anschließend die Z-Werte für jeden einzelnen Wert abgeleitet wurden. Somit lagen keine absoluten Urteile mehr vor, sondern nur noch relative Angaben in Bezug auf das individuelle Durchschnittsurteil und die jeweilige Standardabweichung. Eine derartige Generierung standardisierter Daten hat allerdings den Nachteil, dass die Werte jetzt dimensionslos sind, d.h. es kann weder eine Beurteilung in Bezug auf eine fünf- noch auf eine elf-stufige Skala vorgenommen werden.[329] Trotzdem kann auch mit diesem Vorgehen eine Rangfolge für die abgefragten 17 Werte generiert werden.
Wesentlich komplexer und mit deutlich mehr erforderlichen Prämissen lässt sich eine Überführung einer Rating-Skala in eine andere, abweichend kategorisierte, Antwortskala bewerkstelligen, deren Daten dann aber für alle Fälle in Bezug auf die festgelegte Dimensionierung berechnet und statistisch weiter verwertet werden können (vgl. Aiken 1987, S. 52). Dazu stehen im Wesentlichen drei alternative Vorgehensweisen (Modell I von Parducci 1965; Modell II von Aiken 1987 und Modell III von Schönpflug 1972) zur Verfügung, die nachfolgend kurz skizziert werden. Ausgangspunkt der Betrachtungen ist die von Parducci (1983, S. 269f) aufgestellte lineare Beziehung:

Gl. 12 $$C_i = b \bullet J_i + a$$

wobei: C_i = *gewählte Antwortkategorie*
b = *Spannweite der Antwortskala*
J_i = *interne Urteilsskala [0; 1]*
a = *Rangplatz der untersten Kategorie (im Regelfall: 1)*

Dabei ergibt sich ein overtes Urteil (C_i) aus der Multiplikation des Wertes der internen Urteilsskala (J_i) für die präsentierten Stimuli – die auf einen Bereich von 0 bis 1 normiert ist – mit dem vom Experimentator zur Verfügung gestellten Skalenbereich (Spannweite, z.B. „4" bei einer fünf-stufigen Antwortskala, wenn deren kleinste Kategorie mit „1" und ihre größte

[329] Es wäre zwar möglich, eine Rückberechnung derart vorzunehmen, dass die Z-Werte für einen Wert mit seiner Standardabweichung multipliziert werden und dazu sein Mittelwert addiert wird (entweder bezogen auf die fünf- oder elf-stufig erhobenen Angaben), jedoch lassen sich die Daten damit nicht auf einen fünf- oder elf-stufigen Bereich eingrenzen.

mit „5“ nummeriert wird) sowie der Addition des minimalen Skalenwertes (vgl. Wedell et al. 1987, S. 269).
Wird beispielhaft angenommen, dass ein an der unteren Begrenzung des oberen Viertels (0,75-1,00) der internen Urteilsskala lokalisierter Stimulus S auf einer fünf-stufigen Skala eingeordnet werden soll, dann würde dies zu einem Wert von $C_S = 4 \bullet 0{,}75 + 1$ also „4“ führen. Hätte das Urteil allerdings auf einer elf-stufigen Skala abgegeben werden müssen, dann wäre die Wahl der Antwortkategorie nicht mehr eindeutig gewesen, denn $C_S = 10 \bullet 0{,}75 + 1$ führt zu einem Wert von 8,5 – der auf der Antwortskala nicht zur Verfügung steht. Jetzt müsste also eine Entscheidung dahingehend getroffen werden, ob der Stimulus der Kategorie „8“ oder „9“ zugewiesen werden soll. Diese Problematik wird vorliegend aber nicht weiter vertieft, sondern hier wird der Konvention gefolgt, dass Nachkommabeträge, die kleiner als fünf sind, abgerundet und andernfalls aufgerundet werden. Dementsprechend würde die Person also ihre interne Repräsentation von 0,75 in einen Skalenwert von „9“ umsetzen.
Wie das obige Beispiel gezeigt hat, ist durch die angenommene identische interne Urteilsskala eine Transformation auf verschiedene Skalenweiten berechenbar, die eine Gegenüberstellung von Ergebnissen unterschiedlich kategorisierter Rating-Skalen ermöglicht. Bezeichnet man die fünf-stufige Skala mit X und die elf-stufige Skala mit Y, so stellt der Koeffizient *a* der obigen Gleichung immer die Minimalkategorie (x_{min} bzw. y_{min}) dar, die in beiden Fällen „1“ beträgt. Der Koeffizient *b* ergibt sich aus der Differenz zwischen Maximal- und Minimalkategorie ($x_{max} - x_{min}$ bzw. $y_{max} - y_{min}$) und macht im Falle der fünf-stufigen Skala einen Betrag von „4“ und bei elf Stufen von „10“ aus. Ein entsprechender Kategoriewert berechnet sich also im Falle der beiden Skalen aus:

Gl. 13 $x_i = x_{min} + (x_{max} - x_{min}) \bullet J_i$ (fünf Antwortkategorien) $y_i = y_{min} + (y_{max} - y_{min}) \bullet J_i$ (elf Antwortkategorien)

Werden beide Gleichungen nach J_i aufgelöst, so erhält man folgendes Ergebnis:

Gl. 14 $J_i = \frac{x_i - x_{min}}{x_{max} - x_{min}}$ (fünf Antwortkategorien) $J_i = \frac{y_i - y_{min}}{y_{max} - y_{min}}$ (elf Antwortkategorien)

Jetzt können die zwei mathematischen Beziehungen gleichgesetzt und nach y_i aufgelöst werden (es wird also davon ausgegangen, dass für ein auf einer Skala mit fünf Antwortoptionen [X] abgegebenes Urteil das Pendant auf einer Skala mit elf Antwortoptionen [Y] gesucht wird), was zu folgendem Resultat führt:

Gl. 15 $\frac{x_i - x_{min}}{x_{max} - x_{min}} = \frac{y_i - y_{min}}{y_{max} - y_{min}}$ Multiplikation beider Seiten der Gleichung mit ($y_{max} - y_{min}$)

Gl. 16 $(y_{max} - y_{min}) \bullet \frac{x_i - x_{min}}{x_{max} - x_{min}} = y_i - y_{min}$ Auflösung nach y_i

Gl. 17 $y_i = y_{min} + \frac{y_{max} - y_{min}}{x_{max} - x_{min}} \bullet (x_i - x_{min})$

Die letzte Gleichung (Gl. 17) ist durch Ausmultiplizieren der rechten Seite weiter umformbar, so dass sich eine Geradengleichung (vgl. Bortz 2005) ergibt, mit deren Hilfe für jeden Kategoriewert x_i einer speziell gestuften Antwortskala, sofort der entsprechende Wert y_i auf einer anderweitig eingeteilten Rating-Skala bestimmt werden kann.

Gl. 18
$$y_i = y_{\min} - x_{\min} \bullet \frac{y_{\max} - y_{\min}}{x_{\max} - x_{\min}} + \frac{y_{\max} - y_{\min}}{x_{\max} - x_{\min}} \bullet x_i$$

Im vorstehenden Ausdruck (Gl. 18) stellen die beiden ersten Terme den y-Achsenabschnitt der Geraden und der Bruch vor dem x_i ihr Steigungsmaß (vgl. Bortz 2005) dar. Für die Transformation des Eintrags „4" auf einer Skala mit fünf Antwortkategorien in einen entsprechenden Wert auf einer Skala mit elf Antwortoptionen ergibt sich beispielsweise:

$$y_4 = 1 - 1 \bullet \frac{11-1}{5-1} + \frac{11-1}{5-1} \bullet 4 \quad \rightarrow \quad y_4 = 1 - 2{,}5 + 2{,}5 \bullet 4 \quad \rightarrow \quad y_4 = -1{,}5 + 10 \quad \rightarrow \quad y_4 = 8{,}5$$

Einem Wert von „4" auf einer fünf-stufigen Skala entspricht also nach dieser Vorgehensweise ein Wert von „8,5" auf einer elf-stufigen Skala. Dies ist ein rein mathematisch berechneter Wert, der keine kategoriale Entsprechung auf der Skala besitzt. Bedingt durch die Geradenform ergeben sich die übrigen Transformationswerte jetzt durch Addition (numerischer Skalenwert „5") bzw. ein- oder mehrmalige Subtraktion (numerische Skalenwerte „3", „2" und „1") des Steigungsmaßes von 2,5 (siehe Abbildung 42). Durch eine derartige Transformation ist immer sichergestellt, dass die Randkategorien der Ursprungsskala (1; 5) in die Pole der Projektionsskala (1; 11) überführt werden. Die Zwischenstufen (also „2", „3" und „4" bei einer Skala mit fünf Antwortoptionen) werden so transformiert, dass ihr interner Abstand gleich bleibt – die Annahme äquidistanter Zwischenräume ist die Grundvoraussetzung für die Behandlung der eigentlich ordinalen Rating-Skalen als Intervallskalen (vgl. Bortz 2005).
Ein Problem, dass – wegen des Deckeneffektes – verstärkt im Zusammenhang mit der Erhebung positiver Konstrukte auftritt, aber auch sonst nicht zu vernachlässigen ist, betrifft die Extrembereiche der transformierten Skala, insbesondere wenn beide Skalen stark unterschiedlich gestuft sind, also z.B. eine fünf-stufige in eine 101-stufige Skala zu überführen ist (vgl. Henss 1989, S. 270f). Die minimalen („1") und maximalen („5") Kategorien der Original-Skala werden dann zwar in einen entsprechenden Extremwert auf der neuen Skala umgerechnet, jedoch ist nicht gesagt, dass bei einem konkreten Angebot von „vielen" Kategorien, die Personen wirklich die höchstmögliche gewählt hätten. Ein „wichtig" („5") auf einer fünfstufigen Skala führt nicht notwendigerweise zur Auswahl von „101" auf einer entsprechenden Skala, sondern könnte dort beispielsweise auch durch die Option „97" repräsentiert sein.
So wird bei der Beurteilung eines positiven Konstrukts auf einer entsprechend vielstufigen Rating-Skala zwar die Maximalkategorie wohl nicht gemieden werden, allerdings hat Parducci (1982, S. 101) in seinen Untersuchungen festgestellt, dass die Extremkategorien nicht sehr häufig gewählt werden. Dies führt dazu, dass nach der oben vorgestellten Transformation die Urteile umso stärker verzerrt werden, je extremer sie ausfallen – was natürlich bei der hier verfolgten Fragestellung auf jeden Fall zu erwarten ist. Allerdings liegen die vorliegend verwendeten Skalen mit fünf und elf Kategorien auch nicht so weit auseinander, wie bei Parducci (1982) oder Henss (1989), so dass auch nach diesem Vorgehen noch akzeptable Ergebnisse zu erwarten wären.
Nichtsdestotrotz ist das Problem der „verkürzten Randkategoriebreite" durch eine von Aiken (1987, S. 51f) vorgeschlagene Transformationsregel gelöst worden. Sein Ansatz (Modell II) funktioniert für eine unterschiedliche Anzahl an Antwortkategorien (hier: 5 und 11), verschiedene Kategorieweiten (hier: beide Skalen weisen eine Schrittweite von Eins auf), divergierende Initialwerte (hier: in beiden Fällen Eins; denkbar wäre aber z.B. auch eine Nummerierung von -2 bis +2 bei einer fünf-stufigen Antwortskala; siehe Abbildung 2) sowie für eine auf- oder absteigende Reihenfolge der Kategorien (hier: von 1 nach 5; möglich wäre aber auch von 5 nach 1 fallend).
Der Grundgedanke lässt sich folgendermaßen illustrieren. Nimmt man identische Kategorieabstände an, so gibt es in den Randbereichen der Skala ein Stauchungsproblem.

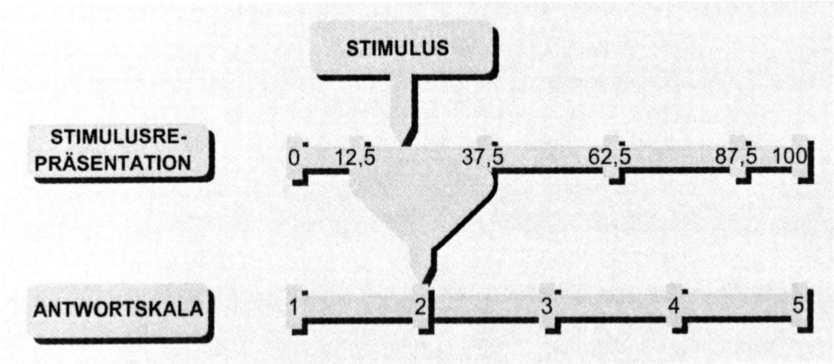

Abbildung 41: Die Disproportionalitäten zwischen der Repräsentation des Stimulus und der overten Antwort in den Randbereichen des Kontinuums

Während also Beurteilungen, die auf der den Stimulus repräsentierenden (hier als kontinuierlich angenommenen) Skala des Befragten zwischen 12,5 und 37,5 % liegen, der Kategorie „2" zugeordnet würden – in den Randbereichen dieses Intervalls sind die Zuweisungen vielleicht nicht ganz so starr, jedoch wird diese vereinfachende eindeutige Zuordnungsvorschrift vorausgesetzt – umfasst die minimale Kategorie „1" nur einen Spielraum von 0 bis 12,5 % auf der originären Skala des Befragten. Gleiches gilt für das obere Ende der Skala, wo der Kategorie „5" lediglich die Stimuli zugeordnet würden, die auf der originären Skala zwischen 87,5 und 100,0 % lokalisiert wären. Um auch in den Randbereichen die gleiche Kategoriebreite zu etablieren wie für die übrige Skala, hat Aiken (1987) empfohlen, die Antwortskala vor der Transformation künstlich zu erweitern, indem eine halbe Kategoriebreite von x_{min} subtrahiert und zu x_{max} hinzuaddiert wird. Damit liegen – wenn eine Kategoriebreite von Eins zugrunde gelegt wird – bei einer fünf-stufigen Skala die neuen Grenzen nun bei 0,5 (unten) und 5,5 (oben). Dies führt zu der modifizierten Transformationsformel:

Gl. 19

$$y_i = (y_{\min} - 0{,}5 \bullet w_y) + \frac{c_y \bullet w_y}{c_x \bullet w_x} \bullet (x_i - x_{\min} + 0{,}5 \bullet w_x)$$

wobei: *w = Kategoriebreite (hier: 1)*
c = Anzahl Kategorien (hier: X=5; Y=11)

Auch diese Beziehung lässt sich wieder in die Form einer Geradengleichung überführen:

Gl. 20

$$y_i = (y_{\min} - 0{,}5 \bullet w_y) - \frac{c_y \bullet w_y}{c_x \bullet w_y} \bullet (x_{\min} - 0{,}5 \bullet w_x) + \frac{c_y \bullet w_y}{c_x \bullet w_x} \bullet x_i$$

Die beiden ersten Terme der rechten Seite sind dabei erneut konstant und stellen den y-Achsenabschnitt der Geradengleichung dar, während das Steigungsmaß aus dem Verhältnis der beiden Kategorieanzahlen gebildet wird. Der weiter oben als Beispiel angeführte Eintrag von „4" auf der fünf-stufigen Skala entspricht damit dem Wert von 8,2 auf der elf-stufigen Skala:

$$y_4 = (1 - 0{,}5 \bullet 1) - \frac{11 \bullet 1}{5 \bullet 1} \bullet (1 - 0{,}5 \bullet 1) + \frac{11 \bullet 1}{5 \bullet 1} \bullet 4 \quad \rightarrow \quad y_4 = (0{,}5 - 2{,}2 \bullet 0{,}5) + 2{,}2 \bullet 4 \quad \rightarrow$$

$$y_4 = -0{,}6 + 8{,}8 \qquad \rightarrow \quad y_4 = 8{,}2$$

Gegenüber dem obigen Wert von 8,5 (siehe Beispiel zu Gl. 18) ist der nach dieser Vorgehensweise transformierte Wert für den Eintrag „4“ auf einer fünf-stufigen Skala etwas geringer. Dies gilt auch für den Ursprungswert von „5“ der – jetzt nicht mehr zum Maximalwert der elf-stufigen Skala von „11“ transformiert wird, sondern – nur noch einen Betrag von 10,4 aufweist. Demgegenüber beträgt der transformierte Minimalwert jetzt 1,6 statt 1,0. Die mittlere Kategorie „3“ der fünf-stufigen Skala behält ihre Position nach der Transformation und weist jetzt den Wert „6“ auf. Der alte Wert „2“ beträgt nach der Konversion nun 3,8 (siehe Abbildung 42).

Damit sind zunächst zwei mögliche Modelle zur Integration von Skalen mit unterschiedlichen Kategorien vorgestellt worden, die sich in der Verknüpfung der Skalenenden unterscheiden. Während diese im ersten Modell erhalten bleiben, d.h. sowohl der untere als auch der obere Extremwert der einen Skala wird in den unteren und oberen Randwert der anderen Skala transformiert, wird die Projektionsskala im zweiten Modell gestaucht, wenn eine Transformation in Richtung der stärker kategorisierten Skala vorgenommen wird (vgl. Henss 1989, S. 272).

Neben den beiden bereits vorgestellten Verfahrensweisen, ist noch eine dritte Möglichkeit[330] zur Integration von Daten, die auf unterschiedlich eingeteilten Rating-Skalen erhoben wurden, zu diskutieren, bei der die Annahme einer unmodifizierten Übernahme der Antwortskala durch die Teilnehmer kritisch hinterfragt wird (vgl. Schönpflug 1972, S. 143). So geht beispielsweise auch Parducci (1965) davon aus, dass die Befragten ihren subjektiven Beurteilungshorizont in die gleiche Anzahl an Abstufungen aufteilen, wie Kategorien durch die Antwortskala vorgegeben sind. Liegt diese Identität vor, wird es wenige Probleme geben, die zu beurteilenden Objekte auf der Rating-Skala, anhand des durch die Benennung der Skalenkategorien vorgegebenen Kriteriums, einzuordnen (vgl. Schönpflug 1972, S. 143). Es bleibt aber zu fragen, ob eine Person für den thematisierten Objektbereich wirklich eine abgestufte Aufteilung ihres internen Beurteilungsspektrums besitzt, oder ob diesem nicht eine kontinuierliche Differenzierung zugrunde liegt (vgl. Schönpflug 1972, S. 142). Von den diesbezüglichen Annahmen wird auch die Urteilsabgabe einer Person beeinflusst.

Die Transformation einer subjektiven Einschätzung eines Beurteilungsobjektes in eine Antwortabgabe auf einer Skala kann erstens so erfolgen, dass eine innersubjektiv kontinuierliche Größenordnung zu einer Serie von diskret geordneten Größenklassen organisiert wird, die der Anzahl an vorgegebenen Kategorien entspricht (vorliegend also fünf oder elf Bereiche). Zweitens wäre es ebenso denkbar, dass das interne Spektrum bereits klassifiziert ist, und entsprechend der Anzahl an Antwortkategorien umorganisiert wird (beispielsweise können beim Vorliegen von zehn internen Klassen jeweils zwei zusammengefasst werden, um Urteile auf einer Antwortskala mit fünf Kategorien abzugeben). Weist die innere Repräsentation weniger Größenklassen als Kategorien auf, müssten weitergehende Differenzierungen vorgenommen (z.B. die Aufteilung einer Gruppe in zwei Klassen) oder die Antwortskala „modifiziert“ (z.B. durch Elimination einer Kategorie) werden. Drittens können ein kategorisiertes internes Schema und die Antwortskala hinsichtlich der Anzahl an Abstufungen übereinstimmen, so dass die innere Gliederung quasi 1:1 in Skalenzuordnungen umgesetzt werden kann.

Für die Beantwortung von Fragebögen bleibt aber zu konstatieren, dass die Struktur des internen Bereichs und der Prozess der Zuordnung eines Beurteilungsobjektes zu einer Skalenkategorie nicht unmittelbar zu erfassen sind (vgl. Schönpflug 1972, S. 142f und die in Abschnitt 3.1 vorgestellten Modelle zur Antwortabgabe in Befragungssituationen).

Die Prämissen für das Vorgehen nach dem Schema von Schönpflug (1972) lauten:

---

[330] Auch damit ist keine erschöpfende Abdeckung der potenziellen Vorgehensweisen gegeben, denn bei Preston & Colman (2002, S. 7) wird beispielsweise eine weitere Möglichkeit aufgezeigt und eingesetzt, die – wegen der dort nicht weiter erläuterten Ableitung und Voraussetzungen – vorliegend aber nicht aufgegriffen wird.

(1) Jeder Proband hat einen entsprechend der maximalen Anzahl an Antwortkategorien der zu integrierenden Skalen gegliederten internen Beurteilungsbereich, so dass vorliegend elf Subbereiche existieren;
(2) Die über verbale Bezeichnungen verankerte Antwortskala deckt das gesamte Spektrum des internen Urteilsbereichs ab;[331]
(3) Die jeweiligen Bereiche sind klar und eindeutig abgegrenzt (keine Überlappungen);
(4) Die inneren Abstufungen unterteilen den gesamten Bereich in gleich große Abschnitte (Sicherstellung des Intervallskalenniveaus der Antwortskala);
(5) Die Antwortskala dividiert das Spektrum ebenfalls in gleich große Bereiche (bei fünf Skalenpunkten repräsentiert jeder Skalenpunkt beispielsweise 20 Prozent des gesamten Antwortspektrums), wobei die Kategorien in der Mitte ihres Abschnitts verortet sind. Damit ist sichergestellt, dass auch die Randbereiche korrekt abgebildet werden (siehe den Ansatz von Aiken 1987).

Unter Berücksichtigung der genannten Vorbedingungen lässt sich eine Zusammenführung von Ergebnissen auf verschieden kategorisierten Antwortskalen auch über die Überlappung von internen Bereichsstrukturen bewältigen.
Geht man also nicht von der weiter oben skizzierten mathematischen Integration beider Skalen nach Parducci (1965) und Aiken (1987) aus, sondern davon, dass auch eine Person, deren interner Bereich aus elf Subabschnitten besteht, eine Zuordnung zu fünf Kategorien bewerkstelligen muss – die nach dem mathematischen Modell vorgegebenen Kategorien 3,5 und 8,5 sind für den Befragten nicht nutzbar – dann könnte ein Umsetzung der internen Bereiche in overtes Antwortverhalten analog zur Abbildung 41 möglich sein.
Bei diesem gedanklichen Ansatz sind einige der internen Bereiche eindeutig einer bestimmten Antwortkategorie zugeordnet, während andere zwei unterschiedlichen Optionen zugewiesen werden könnten. Nimmt man jetzt die Anteile als Maßstab, zu denen sich die nicht eindeutigen Bereiche und die beiden in Frage kommenden Kategorien überschneiden, so lässt sich immer eine eindeutige Tendenz für eine Antwortoption feststellen. Damit wäre auch auf diesem Wege eine Möglichkeit eröffnet, die Ratings auf zwei unterschiedlich kategorisierten Antwortskalen zu integrieren. Allerdings sind bei dieser Vorgehensweise die Originaldaten erforderlich, denn eine Transformation alleine anhand der Mittelwerte ist nicht möglich.

	Wertebereich von zehn auf vier			Wertebereich von vier auf zehn	
Kategorie	Modell I	Modell II	Modell III	Modell I	Modell II
1	1,0	0,7273	1	1,0	1,6
2	1,4	1,1818	1	3,5	3,8
3	1,8	1,6364	2	6,0	6,0
4	2,2	2,0909	2	8,5	8,2
5	2,6	2,5455	3	11,0	10,4
6	3,0	3,0000	3		
7	3,4	3,4545	3		
8	3,8	3,9091	4		
9	4,2	4,3636	4		
10	4,6	4,8182	5		
11	5,0	5,2727	5		

Abbildung 42: Die Original- und Projektionsdaten der Kategorien unter den verschiedenen berechneten Skalentransformationen

[331] Es wäre nämlich auch denkbar, dass Befragte bestimmte Bereiche für nicht präsentierte extremere Objekte reservieren, und damit z.B. die höchste Option („wichtig") nicht vergeben, obwohl die zu kategorisierenden Objekte, nach ihrer originären Rangordnung und der zur Verfügung stehenden Antwortskala, eigentlich dort einzusortieren wären (vgl. Lau et al. 1979).

Es werden nun Daten für alle drei diskutierten Modelle berechnet. Grundsätzlich bestünde die Möglichkeit, Transformationen in beide Richtungen vorzunehmen, d.h. sowohl die über eine fünf-stufige Antwortskala (mit einem Wertebereich von vier) erhobenen Daten auf eine elf-stufige (mit einem Wertebereich von zehn) zu transformieren, als auch umgekehrt. Für das dritte Modell wird allerdings nur die Variante der Reskalierung von einem Wertebereich von zehn auf vier[332] betrachtet, da die dem Ansatz zugrunde liegende Logik, im umgekehrten Fall mit zu vielen Zuordnungsunsicherheiten behaftet ist. Insgesamt dürfte vorliegend durch das positive Konstrukt „Werte", eine Reskalierung des Wertebereichs von zehn auf vier, die Daten besser abbilden, da die Abstände im umgekehrten Fall relativ groß werden würden, was der Konzentration im oberen Segment der Skala dann nicht mehr gerecht wird.
Um eine Festlegung auf die „passendste" Vorgehensweise bei der Integration von Daten, die auf Antwortskalen mit unterschiedlicher Anzahl an Kategorien basieren, vorzunehmen, werden vorliegend die Mittelwerte und Standardabweichungen der reskalierten Ergebnisse (siehe Abbildung 42) mit den Originaldaten in Beziehung gesetzt (Differenzbetrachtung des absoluten, d.h. betragsmäßigen, Unterschieds), um zu sehen, bei welcher Variante die geringsten Abweichungen zwischen den originär auf einer bestimmten Skala erhobenen Daten und den entsprechend auf diesen Wertebereich umgeformten – aber auf einer anderweitig gestuften Skala ermittelten – Angaben erzielt werden.

			Mittelwerte			Standardabweichungen		
				Fälle			Fälle	
S	G	Differenz	Insgesamt	Konsistente	Inkonsistente	Insgesamt	Konsistente	Inkonsistente
5	Alle	O5-MI	0,8738	0,8645	1,1618	1,2078	1,1063	1,7178
		O5-MII	3,4127	3,4033	3,5950	0,8349	0,8844	0,6744
		O5-MIII	1,3034	1,2795	1,5416	0,3205	0,3080	0,7391
	RF1	O5-MI	1,1777	1,1105	1,6979	1,2512	1,0656	1,9771
		O5-MII	3,5908	3,5061	4,0414	0,9141	0,9621	0,8907
		O5-MIII	1,6008	1,5078	2,1018	0,4076	0,3347	1,0804
	RF2	O5-MI	0,8706	0,8907	0,9379	1,1349	1,1312	1,3691
		O5-MII	3,2122	3,2899	3,0507	0,8248	0,8269	0,8108
		O5-MIII	1,1236	1,1471	1,1483	0,2821	0,3027	0,6198
11	Alle	O11-MI	2,1844	2,1612	2,9045	3,0194	2,7657	4,2944
		O11-MII	7,5083	7,4878	7,9093	1,8369	1,9459	1,4840
	RF1	O11-MI	2,9443	2,7763	4,2449	3,1279	2,6640	4,9428
		O11-MII	7,9002	7,7139	8,8915	2,0113	2,1168	1,9597
	RF2	O11-MI	2,1765	2,2268	2,3447	2,8373	2,8280	3,4226
		O11-MII	7,0674	7,2383	6,7120	1,8148	1,8194	1,7839

Tabelle 16: Summe der absoluten Abweichungen der reskalierten Daten von den auf der Originalskala erhobenen Angaben

Anmerkung: O5 = Daten im Original auf einer fünf-stufigen (O11 = elf-stufigen) Skala erhoben; MI = Reskalierung nach Parducci (1965); MII = Umrechnung nach Aiken (1987); MIII = Transformation nach Schönpflug (1972); S = Anzahl an Skalenkategorien; G = Gruppierung; RF1 = Reihenfolge der Werte in der Auflistung von AUS nach KIN (RF2 = umgedreht)

Deshalb werden zum einen für jeden Wert die Durchschnittsbeurteilungen derjenigen Befragten, die ihre Urteile auf einer Skala mit fünf Antwortkategorien abgegeben haben, mit den

[332] Diese Formulierung ist nicht ganz präzise, weil der Wertebereich im Falle des Modells II größer als vier (4,54) – bzw. in der umgekehrten Richtung kleiner als zehn (8,80) – ausfällt, und wird lediglich aus Anschaulichkeitsgründen verwendet.

Mittelwerten der Teilnehmer verglichen, die ihre Urteile originär auf einer elf-stufigen Antwortskala abgegeben haben, deren Antworten aber jetzt auf einen Wertebereich von vier umgerechnet wurden. Zum zweiten wird natürlich auch der umgekehrte Fall verfolgt, indem die mittleren Beurteilungen der Teilnehmer, denen im Fragebogen elf Antwortkategorien zur Verfügung standen, mit den durchschnittlichen Urteilen derjenigen Befragten verglichen werden, die in ihrem Erhebungsbogen lediglich auf fünf Antwortkategorien zurückgreifen konnten, wobei deren Daten aber so umgeformt wurden, als ob sie auf einer Skala mit einem Wertebereich von zehn abgegeben worden wären. Diese Gegenüberstellungen erfolgen zum einen für jeden Wert aggregiert und zum anderen differenziert nach den beiden unterschiedlichen Reihenfolgen des Werte-Inventars.
Im oberen Bereich der vorstehenden Tabelle 16 sind die Daten für die drei besprochenen Reskalierungsmodelle (auf einer elf-stufigen Antwortskala erhoben und auf einen Wertebereich von vier transformiert) aufgelistet, wobei die Mittelwertbetrachtung im linken Teil erfolgt, während die Entwicklung der Standardabweichungen im rechten Teil dokumentiert wird. Dargestellt ist die betragsmäßige (d.h. vorzeichenunabhängige) Differenz zwischen den auf einer fünf-stufigen Skala erhobenen Daten über alle 17 Werte und den nach den drei beschriebenen Modellansätzen reskalierten Angaben, die ursprünglich auf einer elf-stufigen Skala erhoben wurden. Im unteren Bereich werden dann die umgekehrten Fälle betrachtet, d.h. hier sind die originär auf einer fünf-stufigen Skala ermittelten Urteile nach den beiden ausgewählten Modellannahmen reskaliert und eine Differenzbetrachtung zu den auf einer elf-stufigen Skala erhobenen Daten vorgenommen worden.
Um das Verständnis zu erleichtern, soll die Berechnung der Größe in der linken oberen Zelle der Tabelle 16 (0,8738) beispielhaft erläutert werden. Die Zahl steht für alle Befragten, d.h. hierin sind sowohl die Angaben der konsistent, als auch der inkonsistent antwortenden Teilnehmer enthalten, wobei auch noch keine Differenzierung nach der Reihenfolge der Werte in der Liste vorgenommen wurde. Subtrahiert werden von den auf einer fünf-stufigen Skala erhobenen Angaben, die nach Modell I auf einen Wertebereich von vier reskalierten Daten, die originär auf einer elf-stufigen Skala ermittelt wurden. Die Differenzbildung erfolgte über alle 17 Werte und summiert sich auf einen Betrag von 0,8738. Im Vergleich zu den beiden darunter platzierten Zahlenangaben, ist dieser Summenwert niedriger, so dass die nach Modell I reskalierten Daten in dieser Betrachtung am besten mit den Originaldaten vereinbar sind, weil sie insgesamt am geringsten von diesen abweichen.
Für beide Antwortskalen zeigen die nach Modell I transformierten Daten hinsichtlich der Mittelwerte (sowohl insgesamt, als auch getrennt nach der Reihenfolge der Werte im Inventar) die größte Übereinstimmung zu den originär auf der entsprechend gestuften Skala ermittelten Angaben, so dass aus dieser Perspektive eine eindeutige Entscheidung gefällt werden kann. Obwohl Modell I in Bezug auf die Standardabweichungen nicht den Spitzenplatz einnimmt (im Falle der fünf-stufigen Skala ist diesbezüglich das Modell III am besten geeignet und bei der elf-stufigen Skala das Modell II), wird an ihm wegen der höheren Bedeutung des Mittelwerts festgehalten, so dass jetzt noch die Richtung der Transformation festzulegen ist.
Wegen der unterschiedlichen absoluten Größen werden hierzu relative Angaben betrachtet, d.h. die Differenzen sind jetzt als prozentuale Abweichung von den originären Daten berechnet worden, um Vergleiche zu ermöglichen. In der Summe machen die Abweichungen für die mittleren Beurteilungen bei Umformung der auf einer Skala mit elf Kategorien erhobenen Daten in eine Skala mit einem Wertebereich von vier 22,95 % aus; im umgekehrten Fall (von fünf Antwortkategorien auf einen Wertebereich von zehn) erreichen sie eine Höhe von 26,69 %, so dass tendenziell ein Votum für die Projektion von der feiner untergliederten (elf Kategorien) auf die weniger differenzierte Antwortskala (fünf Optionen), gegeben ist.
Prinzipiell könnten alle drei vorgestellten Modelle (in beiden Reskalierungsrichtungen) zur Bildung einer skalenintegrierten Gesamtbeurteilung herangezogen werden, denn die Abweichungen fallen in vielerlei Hinsicht moderat aus, und eine hinsichtlich aller Kriterien zu favo-

risierende Vorgehensweise hat sich nicht herauskristallisiert. Obgleich sowohl Aiken (1987) als auch Henss (1989) eher für eine Verwendung des Modells II plädieren, scheint Modell I – nach den vorliegenden empirischen Ergebnissen – bei der linksschiefen Verteilung der Daten nach der Messung eines positiven Konstrukts, besser geeignet zu sein. Hier dürfte die Projektion der Randkategorien (insbesondere natürlich der Maximalkategorie) der einen Antwortskala auf die Randkategorien der anderen Skala zu geringfügigeren Divergenzen führen. Dass eine Verwendung der Reskalierung von einem Wertebereich von zehn auf vier bevorzugt wird, hängt neben den kleineren prozentualen Abweichungen bei diesem Vorgehen, auch von den bereits bei der Vorstellung von Modell III erläuterten Zusammenhängen ab.
Mit den reskalierten Daten ist es jetzt möglich, neben den nach der Anzahl an Antwortoptionen getrennten Ergebnissen, auch übergreifende Resultate für den gesamten Datensatz zu präsentieren, was die Erklärungskraft weiter verbessern dürfte. Bevor aber auf diese Dinge im Einzelnen eingegangen wird, sollen erst einmal die deskriptiven Daten zur Beschreibung der Stichprobe und ihre Verteilung bei den einzelnen experimentellen Stimuli aufgezeigt werden.

5.3 Deskriptive Darstellungen

Zuerst erfolgt die individuelle Illustration[333] aller in der Untersuchung erhobenen Variablen, wobei bezüglich der soziodemografischen Angaben – so weit wie möglich – ein Abgleich mit den Daten der Bevölkerung in der Bundesrepublik Deutschland im Jahre 2002 vorgenommen wird, um die Repräsentativität[334] der Stichprobe zu evaluieren. Zum Abschluss dieses Abschnitts wird noch die Datenstruktur in den einzelnen experimentellen Gruppen analysiert, d.h. dann steht eine Überprüfung der Zufallszuweisung der Teilnehmer auf die Stimuli im Vordergrund. Dabei werden die Angaben sowohl bis auf die unterste Ebene (Versionen) heruntergebrochen, als auch aggregiert für die acht Durchführungsanweisungen, zwei Reihenfolgen des Werte-Inventars sowie die beiden Antwortskalen (fünf und elf Kategorien) betrachtet.

5.3.1 Soziodemografische Daten

Für diese Variablen wird neben der Präsentation der Angaben aus der Erhebung, auch – so weit diesbezügliche Angaben verfügbar sind – eine Gegenüberstellung mit Zahlen der amtlichen Statistik zur Bevölkerungsstruktur (vgl. Statistisches Bundesamt 2003 und 2004 sowie die online generier- und abrufbaren GENESIS[335] Tabellen) und der Internetnutzung im Jahre 2002 (vgl. Pötzsch et al. 2003a) vollzogen, um zu überprüfen, inwieweit sich die Zusammensetzungen beider Datengruppen decken. Bedingt durch den experimentellen Charakter der vorliegenden Untersuchung, war eine Angleichung der Stichprobe in Bezug auf die abgefragten Merkmale an die gesamte bundesdeutsche Bevölkerung nicht angestrebt – sollten sich aber entsprechende Parallelen aufzeigen lassen, würde dies die Voraussetzungen zur Verallgemeinerung der Befragungsergebnisse über die Mitglieder der Online-Community hinaus, erhöhen. Die Resultate werden analog zur chronologischen Abfrage in der Erhebung dargestellt – denn in dieser Hinsicht sind keinerlei Variationen vorgenommen worden – und beginnen mit einer Beschreibung der geschlechtsspezifischen Zusammensetzung.

---

[333] Dabei sind die Achsen jeweils so in Grade eingeteilt, dass eine gute Lesbarkeit der Diagramme gewährleistet ist, was allerdings unterschiedliche Skalierungen erforderlich macht, die es zu beachten gilt. Weiterhin basieren alle nicht mit Quellenbelegen versehenen Abbildungen auf eigenen Berechnungen.

[334] Repräsentativität verstanden als Zufallsauswahl, so dass aus den Ergebnissen einer Stichprobe (innerhalb bestimmter statistischer Fehlergrenzen) auf die Verteilung der Merkmale in der Grundgesamtheit geschlossen werden kann (vgl. Schnell et al. 2005, S. 304ff).

[335] Hierbei handelt es sich um ein Internet-Angebot des Statistischen Bundesamtes, bei dem interaktiv kombinierbare Abfragen zu allgemeinen statistischen Informationen durchgeführt werden können, d.h. mit diesem System können angebotene Daten unter spezifischen Perspektiven verknüpft werden (siehe: https://www-genesis.destatis.de/genesis/online/logon)

5.3.1.1 Anteil männlicher und weiblicher Personen

Im Jahre 2002 (Stand 31.12.2002) dividierte sich die gesamte bundesrepublikanische Bevölkerung in 48,88 % männliche und 51,12 % weibliche Personen (vgl. Statistisches Bundesamt 2004, S. 35). Die Angaben schließen allerdings auch die Bürger ein, die jünger als 18 Jahre sind, und damit in der vorliegenden Stichprobe nicht vertreten sind (siehe Abschnitt 3.5.3). Werden nur die Personen mit einem Lebensalter von 18 Jahren und älter berücksichtigt (81,54 % der Gesamtbevölkerung), so führt dies zu geringfügig von den Gesamtdaten abweichenden Anteilen von 48,33 % für Männer und 51,67 % für Frauen (vgl. GENESIS-Online).
In der Pilot-Studie zur Informationstechnologie in Haushalten des Statistischen Bundesamtes werden 52 % der Männer und 41 % der Frauen als Internet-Nutzer klassifiziert (vgl. Pötzsch et al. 2003b, S. 15ff), was nach einer Umrechnung mit den oben angegebenen Anteilen der Geschlechter in der Gesamtbevölkerung, zu einer Division der Internet-Nutzer in 54,81 % männliche und 45,19 % weibliche Personen führt und sich damit fast mit den Daten des Online-Atlasses 2002 (Verhältnis von internetnutzenden Männern und Frauen: 55,89 % zu 44,11 %) deckt (vgl. TNS Emnid & Initiative D21 2002, S. 10).
Damit fällt der Anteil der Frauen in der hier referierten Untersuchung mit knapp unter 40 % niedriger als die amtlichen Vergleichsdaten aus, während er bei den Männern mit über 60 % deutlich höherer liegt.[336] Allerdings darf bei dieser Gegenüberstellung nicht übersehen werden, dass die Grundgesamtheiten unterschiedliche Altersbegrenzungen aufweisen, denn das Mindestalter für die Mitgliedschaft in der Community beträgt 18 Jahre, während der Personenkreis in der Erhebung zur Informationstechnologie in Haushalten bereits Personen ab einem Alter von 10 Jahren umfasst. Leider liegen die Daten nicht so aufgeschlüsselt vor, dass die beiden Populationen vergleichbar gemacht werden könnten, denn in der Veröffentlichung des Statistischen Bundesamtes sind die jüngeren Personen in der Altersklasse 10-24 Jahre zusammengefasst, so dass die vorliegend relevante Altersgruppe von 18-24 Jahren nicht herausgerechnet werden kann. Weil seinerzeit bei den jüngeren Personen der Anteil der Internet-Nutzung unter den Mädchen höher ausfiel als bei den Jungen (vgl. Pötzsch et al. 2003b, S. 15f), könnte sich aber das vorliegende Verhältnis demjenigen der allgemeinen Statistik weiter annähern, wenn identische Altersstrukturen zugrunde gelegt würden.

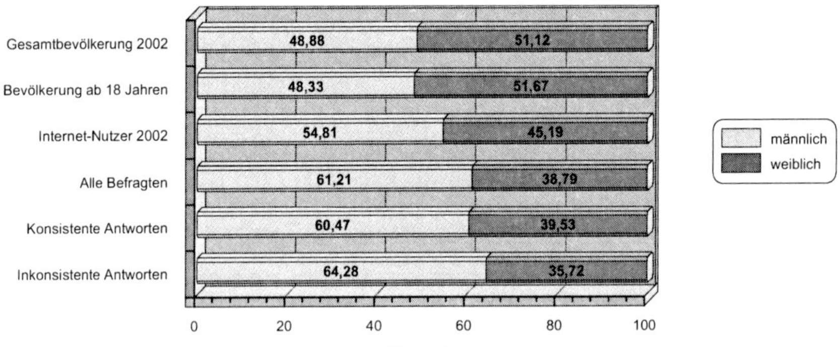

Abbildung 43: Der Anteil von Männern und Frauen in verschiedenen Populationen (Statistisches Bundesamt 2004, S. 21, Pötzsch et al. 2003b, S. 15 sowie eigene Berechnungen)

[336] In einer Umfrage unter allen Communities der Firma Webpool im letzten Quartal des Jahres 2001, zeigte sich ein vergleichbares Geschlechterverhältnis (61,99 % Männer und 38,01 % Frauen), wobei die Proportionen auf single.de noch stärker in Richtung männlicher Personen verschoben waren (63,48 % zu 36,52 %; vgl. Rundt 2001, S. 7 und S. 29).

Wie aus Abbildung 43 hervorgeht, ist die Relation von männlichen zu weiblichen Befragten in den beiden Nettostichproben (Alle Befragten / konsistent antwortende Teilnehmer) nahezu identisch. Gleichwohl haben wesentlich mehr männliche Personen an der Erhebung teilgenommen als weibliche, so dass in etwa ein Verhältnis von drei zu zwei zugunsten der Männer resultiert.

5.3.1.2 Die Altersstruktur der Befragten

Den größten Anteil an der vorliegenden Stichprobe machen die 31-35-jährigen Personen aus, wohingegen ältere Teilnehmer (ab 60 Jahre) lediglich mit einen verschwindend geringen Prozentsatz (weniger als 1 %) vertreten sind. Auch die Gruppe der 46-50-Jährigen hat sich nur sehr zurückhaltend beteiligt, wobei aber zu berücksichtigen ist, dass die Mitglieder in allen von der Firma Webpool betriebenen Communities deutlich jünger als in der Gesamtbevölkerung sind (vgl. Rundt 2001, S. 7), und dieses Verhältnis auf single.de nochmals zulasten älterer Mitglieder verschoben ist (vgl. Rundt 2001, S. 29).
Stellt man die Umfragedaten der Alterstruktur in Deutschland im Jahre 2002 gegenüber, so muss von einer ausgeprägten Diskrepanz gesprochen werden, denn bis auf den Prozentsatz der 41-45-Jährigen, sind kaum vergleichbare Anteile zu konstatieren. Die jüngeren Personen sind in der vorliegenden Stichprobe erheblich überrepräsentiert, während der Anteil der älteren Befragten wesentlich zu niedrig ausfällt. Insofern kann in altersmäßiger Hinsicht bei der vorliegenden Stichprobe keinesfalls von einem repräsentativen Abbild der seinerzeitigen Bevölkerung gesprochen werden.

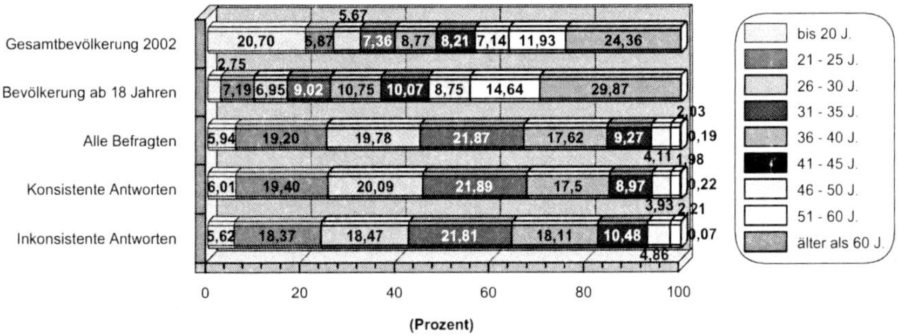

Abbildung 44: Der Altersaufbau verschiedener Populationen (Quellen: GENESIS-Online und eigene Berechnungen)

Die Differenzen in der altersbezogenen Struktur zwischen den beiden Nettostichproben fallen sehr gering aus, und betragen maximal 0,32 Prozentpunkte für die Gruppe der 26-30-Jährigen. Für die nachfolgende Altersklasse (31-35 Jahre) ist demgegenüber der minimale Anteilsunterschied zwischen beiden Nettostichproben zu konstatieren.

5.3.1.3 Geografische Zuordnung der teilnehmenden Personen

Um die räumliche Lokalisierung der Befragten bestimmen zu können, sind sie im Erhebungsbogen ersucht worden, die erste Ziffer der Postleitzahl ihres Wohnortes anzugeben.
Während sich die geografische Verteilung in den beiden Nettostichproben 1 (Alle Befragten) und 2 (Konsistente Antworten) nur unwesentlich unterscheidet, sind im Vergleich zu Deutschland einige Differenzen zu konzedieren, die aber immer geringer als fünf Prozentpunkte ausfallen. Der größte Anteilsunterschied tritt für das Postleitzahlengebiet 4 (nordwestliches Nordrhein-Westfalen mit Ruhrgebiet und Münster sowie südwestliches Niedersachsen mit Osnabrück und Meppen) auf, dessen Bewohner in der Stichprobe stärker vertreten sind, als es nach der gesamtdeutschen Verteilung zu erwarten gewesen wäre.

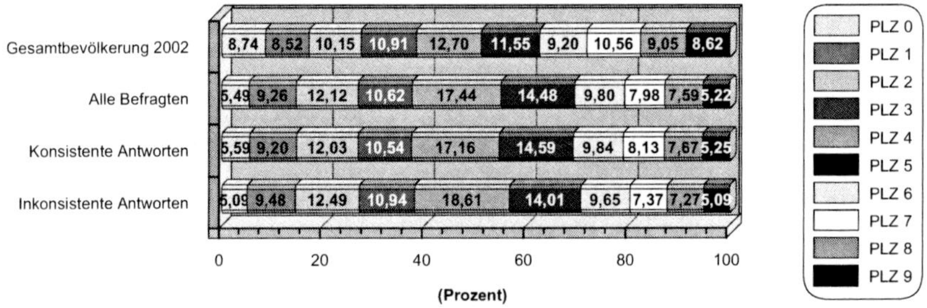

Abbildung 45: Die räumliche Verteilung der Personen nach der ersten Ziffer ihrer Postleitzahl (PLZ) in Deutschland insgesamt sowie in der Erhebung (Quellen: GENESIS-Online und eigene Berechnungen)

Demgegenüber sind Menschen mit Wohnsitz in den Postleitzahlgebieten 0 und 9 in geringerem Maße als Befragte rekrutiert worden. Die letztgenannten Areale betreffen Teile Ostdeutschlands und Bayerns, und waren auch bereits in der Erhebung der Firma Webpool im Jahre 2001 – sowohl insgesamt, als auch bei single.de – unterrepräsentiert (vgl. Rundt 2001, S. 8 und S. 30), so dass die Verzerrungen vorliegend wohl nicht auf umfragespezifischen Besonderheiten beruhen, sondern die generelle regionale Verteilung der Community widerspiegeln.[337] Nicht jede Person verfügt eben über einen privaten Internetanschluss oder nutzt dieses Medium am Arbeitsplatz bzw. in öffentlichen Einrichtungen für persönliche Zwecke.

5.3.1.4 Das Kriterium der Zugehörigkeit zu einer Religionsgemeinschaft

Vergleichszahlen für die gesamte Bundesrepublik zu diesem Themenkomplex sind nur ansatzweise verfügbar, weil es hier eine Vielzahl an religiösen Gruppierungen gibt, deren genaue Mitgliederzahlen nicht zugänglich sind (vgl. für einen Überblick Schmid & Schmid 2003). Die der folgenden Grafik zugrunde liegenden Daten stammen aus einer Veröffentlichung der Forschungsgruppe Weltanschauungen in Deutschland (fowid), in der die Ergebnisse der Volkszählung 1987 für das Jahr 2002 hochgerechnet wurden (vgl. Forschungsgruppe Weltanschauungen in Deutschland 2006, S. 6). Weil darin aber nur die beiden großen Kirchen in Deutschland (katholisch und evangelisch) zusammengefasst sind, werden die lediglich für das Jahr 2003 vorliegenden Angaben zu Mitgliedern muslimischer (Anteil: 3,9 %) und anderer Kirchen (Anteil: 1,7 %) unverändert für 2002 übernommen (vgl. Forschungsgruppe Weltanschauungen in Deutschland 2006, S. 3), so dass exakt 31 Prozent der Bevölkerung in Deutschland im Jahre 2002 als konfessionslos einzustufen sind.
Während nach den Angaben der Forschungsgruppe Weltanschauungen in Deutschland (2006) weniger als ein Drittel der bundesrepublikanischen Bevölkerung im Jahre 2003 konfessionslos war, verteilt sich dieses Merkmal in der vorliegenden Stichprobe wesentlich gleichmäßiger, wobei aber auch hier der etwas größere Teil einer religiösen Gemeinschaft angehört.
In den beiden Nettostichproben sind demgegenüber nur geringfügige Abweichungen für das Verhältnis der beiden Gruppierungen zu konstatieren.

[337] Werden die Ergebnisse des Online-Atlasses 2002 herangezogen, so sind auch dort insbesondere die östlichen Bundesländer als mit geringer Internet-Affinität ausgestattet zu charakterisieren (vgl. TNS Emnid & Initiative D21 2002, S. 9), so dass in den hier vorliegenden Daten die seinerzeitigen strukturellen Verhältnisse durchaus wiederzufinden sind. Auf die Gründe für diesen „digitalen Graben" bzw. der Unterscheidung zwischen der Bevölkerung in ländlichen und städtischen Gebieten kann an dieser Stelle nicht weiter eingegangen werden.

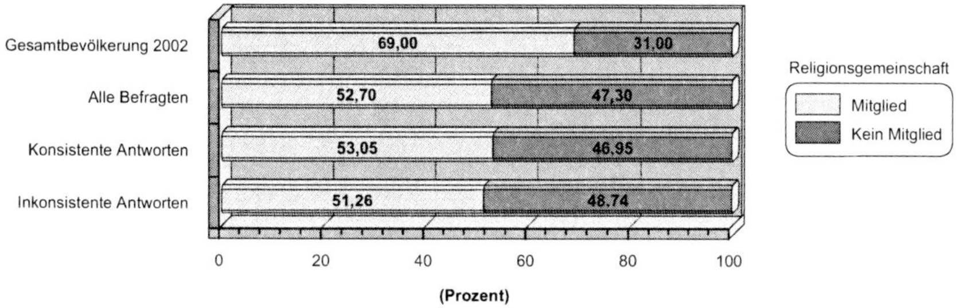

Abbildung 46: **Die prozentuale Aufteilung von Mitgliedern und Nicht-Mitgliedern religiöser Gemeinschaften in Deutschland insgesamt sowie in der Stichprobe (Quellen: fowid 2006 sowie eigene Berechnungen)**

5.3.1.5 Der höchste bisher erreichte Bildungsabschluss

Bei den Daten zur Gesamtbevölkerung ist zu beachten, dass dort auch Personen mit einem Alter von 15 bis 18 Jahren einbezogen sind, die sich – wegen der gruppierten Angaben – auch nicht herausrechnen ließen (vgl. Statistisches Bundesamt 2003, S. 373). Der Abschluss der polytechnischen Oberschule in der ehemaligen DDR wird – da er aus einem Abschluss nach der zehnten Klasse besteht – vorliegend dem Realschulabschluss zugerechnet (vgl. Hoffmeyer-Zlotnik 1994, S. 122). Fachhochschulreife und Hochschulreife werden beim Statistischen Bundesamt nicht getrennt ausgewiesen (vgl. Statistisches Bundesamt 2003, S. 377), weswegen sie auch an dieser Stelle zusammengefasst werden.

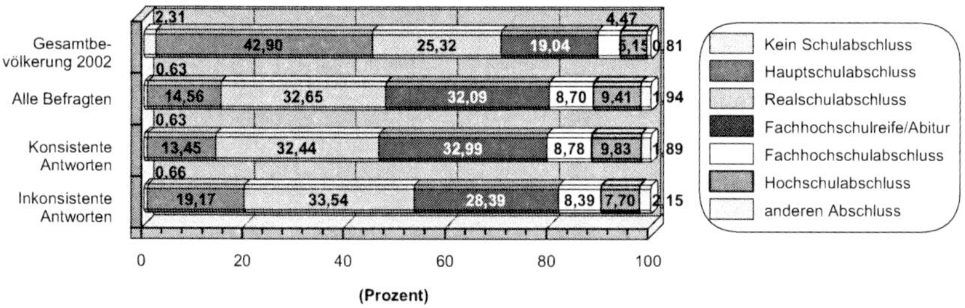

Abbildung 47: **Die prozentuale Verteilung des höchsten Schulabschlusses in Deutschland insgesamt sowie in der Stichprobe (Quellen: Statistisches Bundesamt 2003, S. 377 und eigene Berechnungen)**

Auffällig ist der sehr hohe Anteil an Personen mit Fachhochschulreife oder Abitur unter den Befragten, der aber wohl ein allgemeines Problem von Online-Erhebungen dargestellt hat, denn seinerzeit war das Internet vorrangig ein Medium der jungen und gebildeten Bevölkerungsschichten (vgl. Pötzsch et al. 2003b, S. 17). Demgegenüber fällt der Prozentsatz an Teilnehmern mit Haupt- bzw. Volksschulabschluss sehr viel geringer (nicht einmal halb so hoch) als in der Gesamtbevölkerung aus.

Für den letztgenannten Personenkreis existiert vorliegend eine weitere Besonderheit, denn deren Anteil in der Stichprobe bleibt auch weit hinter den Daten der Webpool-Befragung des Jahres 2001 (insgesamt auf allen Communities: 37,7 %; bei Single.de: 36,8 %; vgl. Rundt 2001, S. 9 und S. 30) zurück. Diese Verzerrung könnte in dem wissenschaftlichen Urheber der aktuellen Untersuchung begründet sein, der Personen mit einem „niedrigen" Schulabschluss möglicherweise von einer Teilnahme abgeschreckt hat („Ist nur was für Akademiker"). Wenn sich entsprechend ausgebildete Personen dann doch beteiligt haben, könnten sie in manchen Fällen ihren Schulabschluss sozial erwünscht (siehe Abschnitt 3.2.2.1) etwas höher angegeben haben.[338] Weil sich diese Spekulationen aber im Nachhinein nicht überprüfen lassen, müssen die Daten so hingenommen werden, wie sie vorliegen. Trotzdem sollten die beschriebenen Diskrepanzen im Auge behalten werden.

5.3.1.6 Das Nettoeinkommen der Teilnehmer

Die Daten des Statistischen Bundesamtes sind nach anderen Kategorien aufgeschlüsselt als die hier eingesetzte Unterteilung, so dass zum Vergleich der beiden Zahlenreihen verschiedene Aggregationen erforderlich sind. Hinsichtlich der ersten (bis 500 €) und vierten (1501-2000 €) Einkommensklasse war dies unproblematisch, weil in diesen Fällen lediglich zwei Gruppen der amtlichen Daten zusammengefasst werden mussten. Die dort verwendeten Einkommenskategorien 900-1001 € sowie 2000-2600 € waren hingegen aufzutrennen, um sie mit den vorliegend erhobenen Daten vergleichbar zu machen. Dazu wurde eine gleichmäßige Verteilung der Daten innerhalb einer Einkommensklasse unterstellt, d.h. die Personen der erstgenannten Kategorie sind zu 50 % der Einkommensgruppe 500-900 € zugerechnet worden und zur anderen Hälfte den aggregierten Kategorien 1100-1500 €. Fünf Sechstel der in der Einkommensklasse 2000-2600 € des Statistischen Bundesamtes kategorisierten Personen bilden die vorliegend abgefragte Kategorie 2001-2500 €, wohingegen ein Sechstel der Klasse „mehr als 2500 €" zugerechnet wurde. Diese Option war in der ursprünglichen Antwortskala der vorliegenden Erhebung zwar nicht enthalten, musste aber etabliert werden, weil die offiziellen Angaben nicht entsprechend unterteilt waren (vgl. Statistische Bundesamt 2003, S. 108).

Ein weiterer kritischer Punkt besteht darin, dass die Einkommen in den amtlichen Daten nur für Erwerbstätige[339] vorliegen, so dass Rentenzahlungen, Arbeitslosengeld oder Kapitalerträge dort nicht berücksichtigt sind, vorliegend aber gleichwohl zum eigenen Nettoeinkommen gezählt haben. Dies beeinträchtigt die Vergleichbarkeit der Datenreihen zusätzlich.

Die Personen, welche die vorliegend offerierte Antwortalternative „kein eigenes Einkommen" gewählt haben (6,69 % aller Teilnehmer), sind aus den nachfolgend präsentierten Daten herausgerechnet worden, so dass sich die Prozentzahlen alleine auf diejenigen Befragten beziehen, die ein eigenes Einkommen angegeben haben.[340]

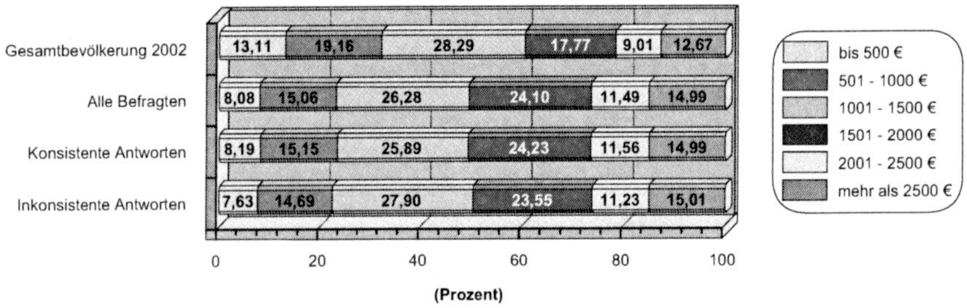

Abbildung 48: Die Verteilung des eigenen monatlichen Netto-Einkommens in Deutschland insgesamt und in der Stichprobe (Statistisches Bundesamt 2003, S. 108 und eigene Berechnungen)

Die einkommensbezogenen finanziellen Rahmenbedingungen sind in der hier befragten Population besser ausgeprägt als in der Gesamtbevölkerung, denn während sich die Personen in

[338] Der Anteil an Personen mit einem Realschulabschluss (mittlere Reife) liegt in der Webpool-Online Studie bei 16,4 % (sowohl insgesamt, als auch bei single.de) und ist damit nur etwa halb so hoch wie in der vorliegenden Stichprobe.

[339] Die exakte definitorische Abgrenzung dieses Personenkreises kann dem statistischen Jahrbuch entnommen werden (vgl. Statistisches Bundesamt 2003, S. 101).

[340] Bei der Beschränkung der Analyse auf den vorliegenden Datensatz, werden die Zahlen aber immer vollständig – in Bezug auf alle eingesetzten Antwortalternativen – dokumentiert.

der Stichprobe etwa hälftig auf die ersten und letzten drei Einkommensklassen aufteilen, beträgt dieses Verhältnis in Deutschland insgesamt knapp 3:2 (60,55 % zu 39,45 %). Die größte absolute Diskrepanz ist mit 6,33 Prozentpunkten zugunsten der Stichprobendaten für die Einkommensklasse 1501-2000 € zu konstatieren, während in relativer Hinsicht die unterste Kategorie das größte Missverhältnis (der Umfang dieses Personenkreises in der Stichprobe beträgt lediglich 61,59 % desjenigen in Gesamtdeutschland) aufweist. Beim Vergleich der einkommensmäßigen Zusammensetzung der beiden Nettostichproben lassen sich hingegen nur geringfügige Divergenzen ausmachen.
Damit ist die deskriptive Darstellung der soziodemografischen Struktur der vorliegenden Stichprobe abgeschlossen, so dass nun die weiteren inhaltlichen Befragungspunkte thematisiert werden können, die mit einer Beschreibung der Antworten auf die Fragen zur Wert-Orientierung und den Schwierigkeiten, diese in einer Erhebung zum Ausdruck zu bringen, beginnt.

5.3.2 Daten zu Werten als dem primären Untersuchungsobjekt

Die Angaben zu diesem Gesichtspunkt erfolgen ausschließlich für alle Befragten (Nettostichprobe 1), denn zum Zeitpunkt der Auswahl des (un)bedeutendsten Wertes waren inkonsistente Angaben noch nicht möglich. Detaillierte Aussagen zu den Unterschieden zwischen konsistent und widersprüchlich antwortenden Personen werden an späterer Stelle getroffen.

5.3.2.1 Beurteilung der aufgelisteten Elemente des Werte-Inventars

In der nachstehenden Tabelle werden in den ersten beiden Datenspalten die Ergebnisse des Extrem-Rankings dokumentiert, indem der Prozentsatz an Wahlen als unbedeutendster (U) und bedeutendster (B) Wert für jedes Element des eingesetzten Inventars aufgeführt wird. Hinsichtlich des Rankings erfolgt eine Angabe der mittleren Beurteilungen über alle Fragebogenversionen hinweg – d.h. hier wird nicht danach unterschieden, ob dem Rating eine oder zwei Ranking-Aufgaben vorangestellt waren. Die Durchschnittswerte (MW) und Standardabweichungen (SA) der Ratings sind sowohl nach der Anzahl an Antwortkategorien bei den eingesetzten Rating-Skalen (fünf und elf) unterteilt, als auch für beide Antwortskalen aggregiert (Spalten „integriert"; siehe Abschnitt 5.2.3), dargestellt.
Bezüglich der Auswahl als (un)bedeutendster Wert sind die Verhältnisse bis auf „Beruf" und „Frieden" relativ eindeutig, denn nur bei diesen Werten liegt die Differenz an Prozentpunkten für die beiden Auswahlkriterien (Least und Most) unterhalb von eins. Hier muss aber zusätzlich der Umfang an Wahlen berücksichtigt werden, denn „Beruf" gehört beispielsweise nicht zu den häufig identifizierten Extrem-Werten, sondern nimmt mit einem Anteil von 2,43 % an den insgesamt erfolgten Wahlen (d.h. als Least- oder Most-Wert) lediglich den vorletzten Platz ein („Frieden" ist in dieser Rangfolge im hinteren Mittelfeld an der zehnten Position lokalisiert). Diesbezüglich schneidet nur „Ausbildung" noch schlechter ab (2,38 %), während „Wohlstand" mit 17,42 % den unangefochtenen Spitzenplatz – gefolgt von Abwechslung (9,09 %) – innehat.[341]
Insgesamt fällt die Auswahl des Most-Wertes „homogener" aus, d.h. die relative Wichtigkeit verteilt sich – bei einem positiven Konstrukt wie Werten – gleichmäßiger auf die einzelnen Stimuli, wenn aus einer Liste das bedeutendste (positivste) Element zu identifizieren ist. Hier divergieren die Befragten weniger stark als hinsichtlich der Bestimmung des unbedeutendsten Wertes, bei dem sich fast 50 Prozent für zwei spezifische Objekte entscheiden, wobei knapp ein Drittel der Befragten dem Wert „Wohlstand" den Vorrang einräumt.
In den durchschnittlichen Beurteilungen spiegelt sich zum Teil die Wahl der Extrem-Werte wider (die am häufigsten als Least identifizierten Werte erzielen bei den Ratings ebenfalls die

[341] Die exakten Daten lassen sich nicht direkt aus der Tabelle 17 ablesen, denn durch die unterschiedlichen Teilnehmerzahlen bei den einzelnen Versionen, waren die unbedeutendsten Werte geringfügig häufiger (N=12) zu identifizieren.

geringsten Mittelwerte), wobei dies aber für den bedeutendsten Wert nur partiell zutrifft. Die am häufigsten als Most-Wert hervorgehobene „Liebe" nimmt bei den mittleren Ratings „nur" den zweiten Platz ein (hier hat Gesundheit die Spitzenposition inne), während die in dieser Hinsicht am zweithäufigsten ausgewählte „Ausgeglichenheit" bei den Durchschnittsratings erst an siebter Stelle erscheint.

Wert	Prozent der Auswahl als		Beurteilung der Werte auf einer Rating-Skala					
			fünf-stufig		elf-stufig		integriert	
	U	B	MW	SA	MW	SA	MW	SA
Ausgeglichenheit	2,69	10,42	4,1534	0,8700	8,9022	2,0382	4,1572	0,8431
Freizeit	5,62	2,05	3,8428	0,9191	8,2279	2,1401	3,8670	0,8884
Unabhängigkeit	3,55	5,99	4,0230	0,9278	8,7007	2,1269	4,0517	0,8905
Familienleben	2,16	9,76	3,9582	1,0279	8,5037	2,4261	3,9798	0,9997
Sicherheit	2,40	5,59	4,0110	0,9245	8,7463	2,1053	4,0548	0,8853
Gesundheit	1,21	9,43	4,6412	0,6838	10,1180	1,4907	4,6442	0,6415
Wohlstand	32,42	2,40	3,1576	1,1355	6,7770	2,7979	3,2343	1,1299
Liebe	1,78	12,52	4,6286	0,6909	10,0746	1,5021	4,6293	0,6474
Menschlichkeit	1,18	6,78	4,3987	0,7815	9,5929	1,6915	4,4180	0,7311
Abwechslung	15,59	2,58	3,4830	1,0382	7,5010	2,4558	3,5417	1,0123
Freundschaft	1,42	10,03	4,5633	0,7036	9,9073	1,5434	4,5631	0,6618
Beruf	2,55	2,30	3,9778	0,9094	8,6677	2,0710	4,0225	0,8709
Frieden	4,51	5,02	4,2457	0,9841	9,2733	2,2283	4,2775	0,9393
Natur	6,46	1,91	3,8564	1,0243	8,2776	2,4212	3,8837	0,9971
Ausbildung	3,40	1,36	3,9295	0,9906	8,4780	2,2747	3,9604	0,9515
Persönlichkeits-entwicklung	1,76	5,27	4,2570	0,8269	9,1882	1,8682	4,2662	0,7881
Kinder	11,30	6,59	3,6254	1,3234	7,6277	3,2030	3,6383	1,3025

Tabelle 17: **Die werte-spezifischen Anteile der Auswahl als unbedeutendster Wert (U) und bedeutendster Wert (B), sowie die Mittelwerte (MW) und Standardabweichungen (SA) sämtlicher Beurteilungen auf den beiden eingesetzten Antwortskalen in der Nettostichprobe 1**

Die Ergebnisse bei den Rangplätzen der mittleren Beurteilungen auf den beiden verwendeten – unterschiedlich kategorisierten – Antwortskalen sind sehr homogen, denn lediglich vier Werte weisen divergente Positionen auf. „Persönlichkeitsentwicklung" und „Unabhängigkeit" sind auf einer fünf-stufigen Rating-Skala jeweils einen Rang höher[342] platziert als auf einer elf-stufigen Antwortskala, während dies für „Sicherheit" und „Frieden" umgekehrt gegeben ist. In der aggregierten Betrachtung ist eine vollständige Übereinstimmung mit den Rängen der elf-stufigen Rating-Skala zu konstatieren.

Bei den Standardabweichungen der Ratings treten ebenfalls nur geringfügige Abweichungen hinsichtlich der Rangplätze bei den Antwortskalen auf, wobei hier aber – im Gegensatz zu den Mittelwerten – keine vollständigen Übereinstimmungen zweier Vorgehensweisen mehr vorzufinden sind. Drei Werte (Freizeit, Unabhängigkeit und Sicherheit) erreichen unterschiedliche Ränge für die Standardabweichungen ihrer Beurteilungen, je nachdem ob diese auf einer fünf- (Ränge 10, 8 und 9) oder elf-stufigen (Ränge 8, 9 und 10) Rating-Skala abgegeben bzw. aggregiert (Ränge 9, 8 und 10) berechnet wurden.

5.3.2.2 Die Evaluation der Items zur persönlichen Einschätzung der Werte

Um etwas über den empfunden Schwierigkeitsgrad bei der Bearbeitung des Werte-Inventars zu erfahren, sind – in Abhängigkeit der durchzuführenden Aufgaben – sowohl Fragen zur

[342] Dies bedeutet, dass ein höherer Mittelwert (größere durchschnittliche Wichtigkeit) für den Wert vorliegt.

Auswahl der Extrem-Werte, als auch zur Beurteilung sämtlicher Werte gestellt worden, deren Antworten nachfolgend skizziert werden. Dabei steht zunächst im Vordergrund, als wie anspruchsvoll die Identifikation des unbedeutendsten und/oder bedeutendsten Wertes der Liste wahrgenommen wurde.

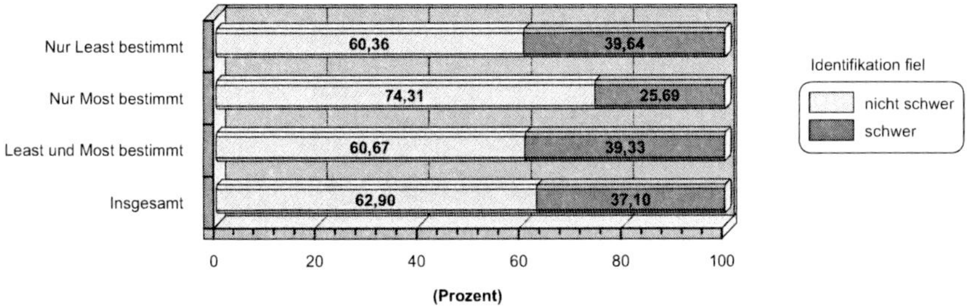

Abbildung 49: Prozentuale Anteile für die Einschätzung des Extrem-Rankings in Abhängigkeit von der Art der Aufgabenstellung für alle Befragten (Nettostichprobe 1)

Insgesamt haben knapp 40 Prozent der Befragten die Anforderungen als schwer eingestuft. Die Auswahl des Least-Wertes dürfte dabei die eindeutig schwierigere Aufgabenstellung ausmachen, denn diese – aus den Daten zur Bestimmung lediglich eines einzigen Extrem-Wertes bereits abzuleitende – Vermutung, wird auch durch die Ergebnisse zu der nachfolgenden Frage „Welcher der beiden Werte (unbedeutendste, bedeutendste oder beide) war schwerer zu bestimmen" gestützt.

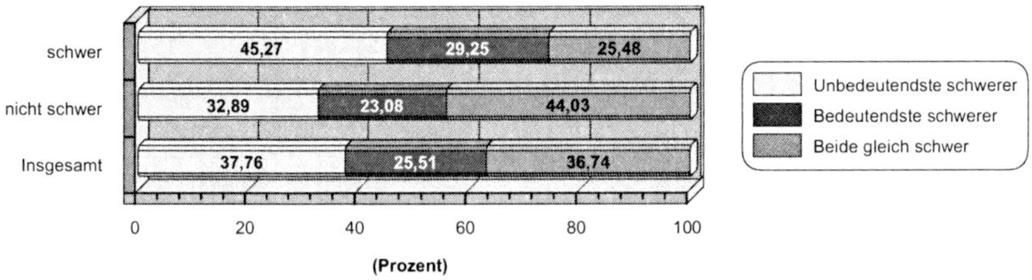

Abbildung 50: Prozentuale Anteile für die Schwierigkeit des Extrem-Rankings, wenn sowohl der Least-, als auch Most-Wert zu bestimmen waren für alle Befragten (Nettostichprobe 1)

Etwas mehr als ein Drittel (36,74 %) derjenigen Teilnehmer, die sowohl den unbedeutendsten, als auch den bedeutendsten Wert zu bestimmen hatten, haben den Schwierigkeitsgrad beider Aufgaben identisch eingestuft. Dabei ist allerdings eine Differenzierung hinsichtlich der Gesamteinschätzung der Aufgabenstellung vorzunehmen, denn die Befragten, denen die Auswahl im Ganzen schwer fiel, haben nur zu einem Viertel dieses Votum abgegeben, während circa 45 Prozent der Personen, die keine Schwierigkeiten bei der Identifikation der Extrem-Werte verspürt haben, sich entsprechend äußerten.

In jedem Fall haben aber mehr Teilnehmer die Bestimmung unter der Perspektive des unbedeutendsten Elementes des Werte-Inventars als schwieriger eingestuft, als unter dem Blickwinkel des bedeutendsten Listeneintrags.

Die nächste Frage bezog sich allein auf die Beurteilung der Werte auf der Rating-Skala und wurde deshalb allen Befragten vorgelegt.

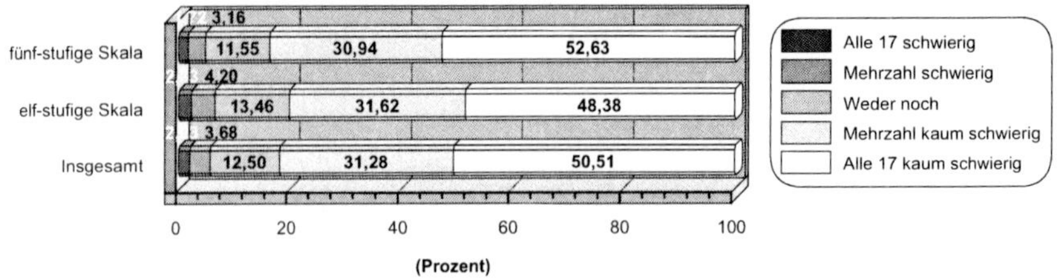

Abbildung 51: Prozentuale Anteile für die Schwierigkeit des Ratings der 17 Werte in Abhängigkeit von der Anzahl an Antwortalternativen (fünf oder elf) für alle Befragten (Nettostichprobe 1)

Alles in allem ist den Teilnehmern die Beurteilung der Werte nicht schwer gefallen, denn gut die Hälfte hat sich bei diesem Item auf die Option „Die Einstufung aller 17 Werte hat mir kaum Schwierigkeiten bereitet" festgelegt. Als schwierig – sowohl bezüglich aller, als auch nur der Mehrzahl der 17 Werte – wurde diese Aufgabenstellung lediglich von weniger als sieben Prozent der Personen klassifiziert. Im Vergleich der beiden eingesetzten Antwortskalen, fällt die Beurteilung der Werte bei fünf Kategorien weniger schwer, als wenn elf Antwortoptionen zur Verfügung stehen, wobei die diesbezüglichen Differenzen allerdings nur sehr gering ausfallen, und maximal 4,25 Prozentpunkten für die Alternative „alle 17 Werte kaum schwierig" betragen.
Eine interessante Nuance in diesem Zusammenhang ergibt sich allerdings bei einer Unterteilung der Evaluationen nach den Durchführungsanweisungen, denn dann zeigt sich, dass das Rating der 17 Werte im Anschluss an die Extrem-Wert-Bestimmung nicht mehr ganz so leicht fällt, wobei der Schwierigkeitsgrad auf der elf-stufigen Antwortskala noch ein bisschen höher eingestuft wird als bei der abgebildeten Variante mit fünf Antwortkategorien.

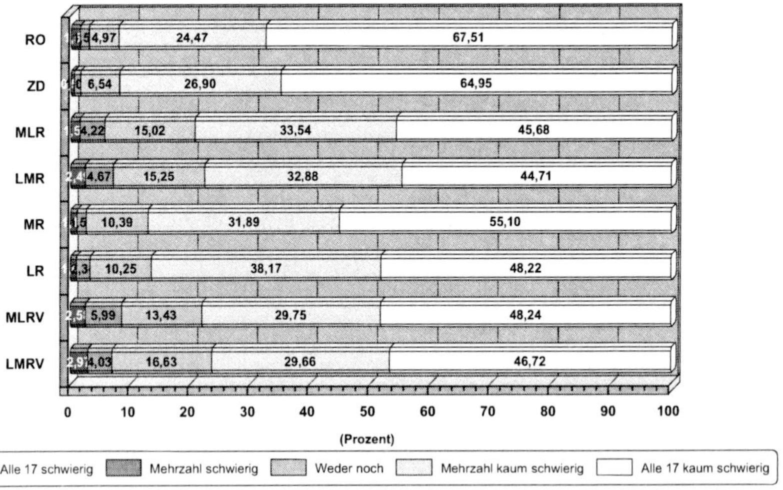

Abbildung 52: Prozentuale Anteile für die Schwierigkeit des Ratings der 17 Werte auf einer fünf-stufigen Antwortskala bei den acht Durchführungsanweisungen (Nettostichprobe 2)

Die ERR-Techniken führen also tendenziell dazu, dass die Teilnehmer nicht mehr sämtliche Werte als homogen wahrnehmen, sondern Unterschiede ausmachen, die sie auch beim Rating abgebildet sehen möchten. Andererseits könnten sich mögliche Reaktionen auf die perzipierte höhere Aufgabenschwierigkeit auch im Abbruch der Befragung oder willkürlichen Antworten manifestieren.

5.3.3 Die Skalenpräferenz der Befragten

Nachdem im vorherigen Unterpunkt die skalenspezifischen Unterschiede bei der subjektiven Schwierigkeitseinschätzung der Ratings thematisiert wurden, steht jetzt die explizite Präferenz für eine spezifische Abstufung der Antwortskala im Mittelpunkt. Diesbezüglich konnte jeder Befragte zwischen zwei Optionen wählen, die ihm zum einen die Anzahl an Kategorien anbot, die in der gerade bearbeiteten Aufgabe vorzufinden war und zum anderen weniger (fünf Alternativen wenn aktuell eine elf-stufige Antwortskala vorlag) oder mehr (elf Optionen wenn aktuell eine fünf-stufige Antwortskala vorlag) Kategorien enthalten sollte. Die Beurteilung bezog sich dabei auf die Angemessenheit der Abstufungsmöglichkeiten zur Beurteilung der 17 Werte.

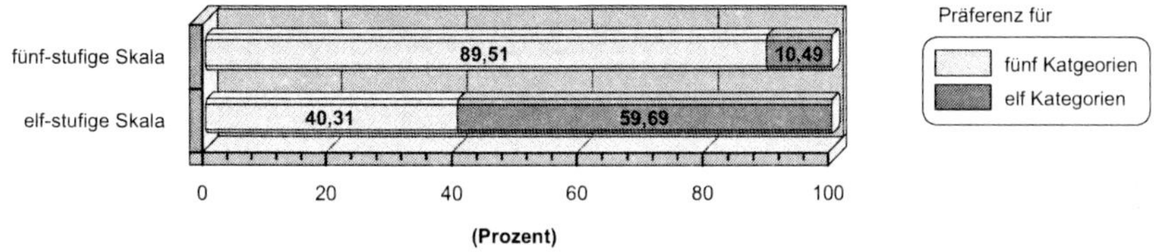

Abbildung 53: Prozentuale Anteile für die Präferenz einer bestimmten Anzahl an Antwortkategorien in Abhängigkeit von der Anzahl an vorgegebenen Antwortalternativen in der Erhebungssituation (fünf oder elf) für alle Befragten (Nettostichprobe 1)

Die Teilnehmer finden die Anzahl an Kategorien überwiegend angemessen, die ihnen in der konkreten Situation zur Verfügung standen. Nichtsdestotrotz ist eine leichte Präferenz in Richtung auf fünf Zuordnungsmöglichkeiten zu erkennen, denn gut 40 Prozent der Befragten, die eine elf-stufige Antwortskala genutzt haben, stufen fünf Kategorien als angemessener ein, während dieser Anteil im umgekehrten Fall (fünf Kategorien im Fragebogen, aber lieber auf einer elf-stufigen Rating-Skala geantwortet) nur gut 10 Prozent ausmacht.

5.3.4 Politische Präferenzen

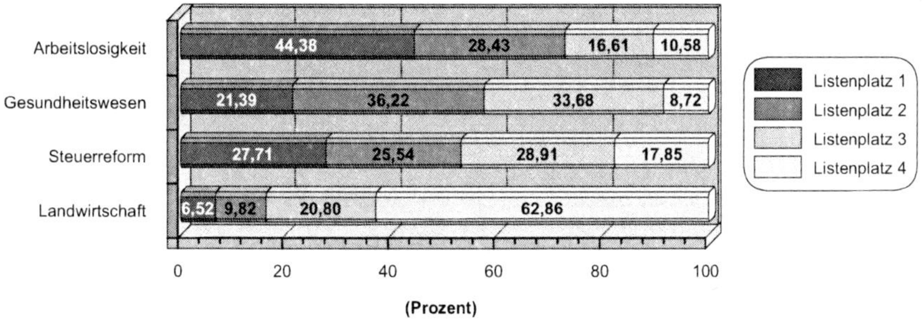

Abbildung 54: Prozentualer Anteil der Platzierungen der vier Politikbereiche für alle Befragten (Nettostichprobe 1)

Um eine Rangfolge der Themen zu berechnen, sind die Listenplätze umgekehrt proportional gewichtet zusammengefasst worden, d.h. für Platz 1 wurden vier Punkte vergeben, für den zweiten Platz drei usw. Bei diesem Vorgehen stellt Arbeitslosigkeit unangefochten das Themenfeld dar, mit dem die Parteien am meisten punkten konnten. An zweiter Position der Wichtigkeitsrangfolge stehen gesundheitspolitische Aspekte, obwohl dem Bereich Steuerreform häufiger der erste Rang zugewiesen wurde. Hier geben die höheren prozentualen Anteile der Plätze zwei und drei den Ausschlag für die Reihenfolge. Die Landwirtschaft bildet deutlich abgeschlagen das Schlusslicht der vier abgefragten Problemfelder.

5.3.5 Ein Blick in die Zukunft

Bei diesem Item konnte lediglich ein Bereich ausgewählt werden, so dass keine Bildung einer internen Reihenfolge – wie bei der Politik-Frage – möglich war.

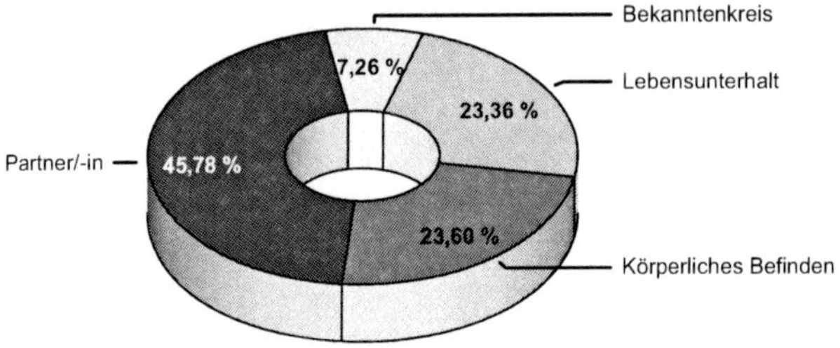

Abbildung 55: Prozentualer Anteil des Lebensbereichs, über dessen Zustand in fünf Jahren die Befragten (Nettostichprobe 1) heute am liebsten Bescheid wissen würden

Die Zukunftsperspektive (vgl. Tonn et al. 2006, S. 811f) in der hiesigen Stichprobe ist überwiegend in Richtung Partnerschaft fixiert. Allerdings interessieren auch das Bestreiten des Lebensunterhalts sowie die körperliche Verfassung jeweils etwas weniger als ein Viertel der Befragten, während die Zusammensetzung des Bekanntenkreises kein Zukunftsthema nach den vorliegenden Daten ist.

5.3.6 Das Befragungsinteresse der Personen

Dieser Gesichtspunkt setzt sich aus mehreren Facetten zusammen und betrifft sowohl die Evaluation möglicher Gründe der Bereitschaft zum Ausfüllen des Fragebogens, als auch spezielle Aspekte der Fragenbeantwortung (z.B. deren zeitliche Beanspruchung) sowie die bisherige Erfahrung mit Umfragen. Alle Items dienen dazu, die Ergebnisse der Werte-Evaluation hinsichtlich möglicher intervenierender Variablen überprüfen zu können. Beispielsweise könnte die Wahrscheinlichkeit inkonsistenter Antworten mit fehlendem Themeninteresse und/oder geringer Vertrautheit mit empirischen Erhebungen einhergehen.

5.3.6.1 Anreize zur Teilnahme an der Erhebung

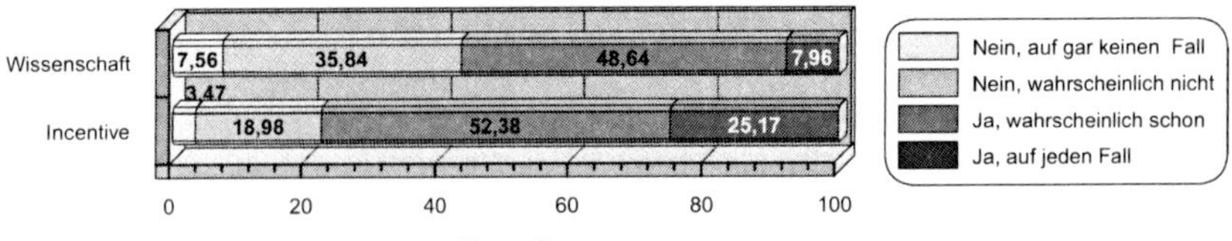

Abbildung 56: Häufigkeitsverteilung der Antworten auf die Fragen zu den Teilnahmeanreizen „wissenschaftliche Institution“ und Poolies für alle Befragten (Nettostichprobe 1)

Der Bereich Wissenschaft scheint den höheren Anreiz der beiden abgefragten Teilnahmemotive ausgemacht zu haben, denn der Prozentsatz derjenigen Befragten, die sich ohne wissenschaftlichen Hintergrund auf gar keinen Fall beteiligt hätten ist größer als für die gleiche Rubrik bei dem Incentive (Poolies). Umgekehrt ist der Anteil an Befragten, die sicher mitgemacht hätten beim Fehlen einer wissenschaftlichen Institution deutlich geringer, als im Falle der Absenz der Belohnung in Form von virtuellem Geld der Community (siehe Abschnitt 3.5.3.1). Ohne die letztgenannte Verlockung hätten knapp 77 % der aktuellen Teilnehmer wahrscheinlich ebenfalls mitgemacht, aber ohne wissenschaftlichen Hintergrund lediglich 57 %.

5.3.6.2 Auseinandersetzung mit dem Thema Werte

Zur Feststellung, auf welches Interesse das Hauptthema der Erhebung (Werte) bei den Teilnehmern gestoßen ist, wurde deren graduelle Zustimmung zu der vorgegebenen Aussage „Es war interessant sich mit dem Aspekt Werte-Orientierung auseinander zu setzen, und sich zu fragen, was für einen selbst aktuell wichtig ist" erbeten.

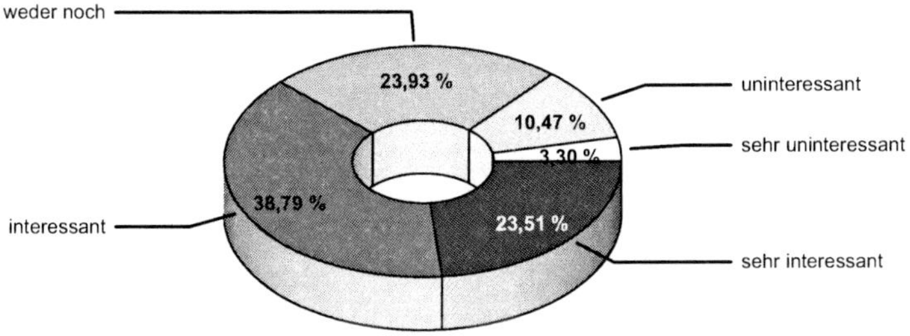

Abbildung 57: Prozentuale Häufigkeitsverteilung der Antworten auf die Frage, ob die Auseinandersetzung mit dem Thema Werte als interessant wahrgenommen wurde für alle Befragten (Nettostichprobe 1)

Knapp 15 Prozent der Teilnehmer haben die Beschäftigung mit dem Thema Werte-Orientierung als uninteressant oder sehr uninteressant eingestuft, wobei diese aber auch von mehr als 60 Prozent interessant oder sehr interessant beurteilt wurde. Der Umfang der indifferenten bzw. gleichgültigen Antworten macht etwa 25 Prozent aus. Aus den Daten ist ersichtlich, dass die Beschäftigung mit der eigenen Wert-Orientierung im Nachhinein[343] überwiegend als anregend klassifiziert wurde.

5.3.6.3 Die zeitliche Belastung durch die Umfrageteilnahme

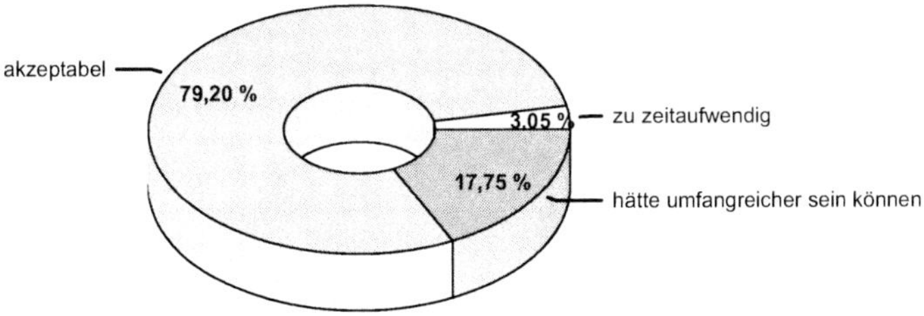

Abbildung 58: Prozentanteile der Antwortoptionen zur Frage nach der zeitlichen Belastung durch die Partizipation an der Erhebung (Nettostichprobe 1)

Insgesamt war der zeitliche Rahmen für das Ausfüllen des Erhebungsbogens nach den subjektiven Einschätzungen mehrheitlich akzeptabel. Der Anteil an Personen, bei denen die Untersuchung noch etwas umfangreicher hätte ausfallen können, übersteigt bei weitem den Prozentsatz an Teilnehmern, die den Fragebogen als zu langwierig eingestuft haben.

---

[343] Als Ursache dieser relativ positiven Sichtweise ist natürlich auch eine nachträgliche Rechtfertigung des Beteiligungsaufwandes („Justification of effort"; vgl. Aronson & Mills 1959, S. 179ff) durch die Befragten nicht auszuschließen.

5.3.6.4 Zukünftiges Verhalten bei der Bitte um Teilnahme an einer Befragung

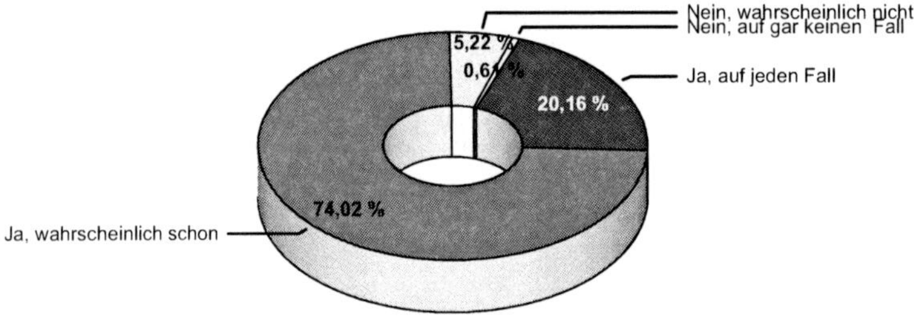

Abbildung 59: Prozentuale Häufigkeitsverteilung der Antworten auf die Fragen zur zukünftigen Teilnahme an ähnlichen Umfragen für alle Befragten (Nettostichprobe 1)

Lediglich ein kleiner Prozentsatz an Teilnehmern (0,61 %) wurde durch die vorliegende Befragung so „abgeschreckt", dass sie auf gar keinen Fall mehr an zukünftigen ähnlichen Erhebungen teilnehmen würden. Zusammen mit den Personen, die wahrscheinlich ebenfalls eine Partizipation ablehnen würden, ist bei knapp 6 Prozent der Mitglieder der Community eine Verweigerungshaltung zu erkennen. Allerdings würde der überwiegende Teil der aktuellen Population – wahrscheinlich oder sicher – zukünftige Teilnahmeersuchen nicht negativ bescheiden, sondern das Ansinnen unterstützen.

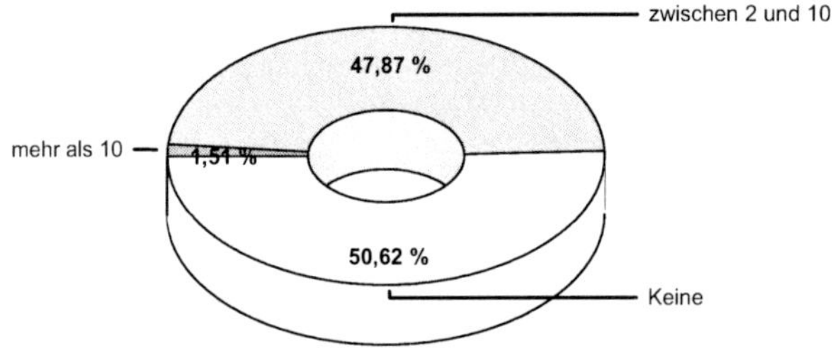

Abbildung 60: Prozentuale Verteilung der kategorisierten Umfrageerfahrung für alle Befragten (Nettostichprobe 1)

Weil die ERR-Technik derzeit nicht unbedingt zu den Standardinstrumenten empirischer Forschung zu zählen ist,[344] könnte die bisherige Erfahrung mit Umfragen eine wesentliche Variable zu ihrer Beurteilung ausmachen, denn insbesondere die Gefahr inkonsistente Antworten zu geben, stellt gewisse Anforderungen an die Teilnehmer. Der Anteil „alter Hasen" in der vorliegenden Stichprobe ist relativ gering, wenn man für diesen Personenkreis einen Erfahrungsschatz von mehr als zehn Umfragebeteiligungen voraussetzt. Sehr interessant ist weiterhin der Fakt, dass etwas mehr als die Hälfte der Teilnehmer bisher überhaupt keine Erfahrung mit Umfragen der vorliegenden Art aufweist, so dass diesbezüglich weitere Verknüpfungen zur Beurteilung der ERR-Technik vorgenommen werden könnten.

5.4 Beantwortung der Forschungsfragen

Nach den Angaben zu den Rahmendaten der Erhebung in Abschnitt 5.1, der vollständigen Aufbereitung der Antworten der Befragten in Abschnitt 5.2 und der Darstellung der generellen deskriptiven Ergebnisse in Abschnitt 5.3, werden jetzt die in Abschnitt 4.1 aufgeworfenen Forschungsfragen der referierten Untersuchung aufgegriffen und einer Beantwortung zuge-

[344] Die Anzahl der Beiträge, die den Artikel von McCarty & Shrum (2000) zitierten, beläuft sich nach den Einträgen in der Datenbank SSCI lediglich auf vier Publikationen (Stand: 26.10.2007), wobei darunter keine einzige empirische Anwendung enthalten ist.

führt. Dabei steht zunächst die Replikation der Resultate von McCarty & Shrum (1997; 2000) im Mittelpunkt (Abschnitt 5.4.1), bevor die Werte-Struktur der aktuellen Daten unter die Lupe genommen wird (Abschnitt 5.4.2). Danach erfolgt die Beschäftigung mit dem Antwortstil Akquieszenz (Abschnitt 5.4.3), an die sich die Diskussion der Resultate zu Assimilations-Kontrast-Effekten anschließt (Abschnitt 5.4.4). Im Abschnitt 5.4.5 werden dann die Ergebnisse von simulierten Berechnungen unter Auslassung der Beurteilungen der identifizierten Extrem-Werte geschildert und zum Abschluss dieses Unterkapitels wird der explizite Einbezug der Resultate des Extrem-Rankings fokussiert (Abschnitt 5.4.6).

5.4.1 Replikative Aspekte zum Vorgehen bei McCarty & Shrum (1997; 2000)

An dieser Stelle steht eine explizite Gegenüberstellung der Ergebnisse von McCarty & Shrum (1997; 2000; siehe Abschnitt 2.2.3, Tabelle 2) mit den aktuellen Resultaten in Bezug auf die Differenzierung der Daten im Vordergrund. Dementsprechend ist zu eruieren, ob die ERR-Techniken auch in Deutschland, bei der Verwendung des Werte-Inventars von Stiksrud (1976), mit Antwortskalen von lediglich fünf bzw. elf Kategorien und in einer Online-Erhebung dem reinen Rating überlegen ist. Eine stärkere Differenzierung sollte sich dabei in geringeren Mittelwerten und Top-Box-Anteilen sowie höheren Standardabweichungen, P_d- und Indexwerten (kombinierte Betrachtung von fünf Kriterien; siehe Abschnitt 5.2.2) manifestieren.

Diesbezüglich ist zu beachten, dass ein Kontrast der Effektgrößen der hier erhobenen Daten mit den Angaben von McCarty & Shrum (1997; 2000) lediglich für die Mittelwerte möglich ist, weil die Autoren zu den übrigen Merkmalen keine Standardabweichungen veröffentlicht haben, so dass entsprechende Vergleichsgrößen nicht berechnet werden konnten.

Weiterhin interessiert vor allem der direkte Vergleich zu McCarty & Shrum (1997; 2000), so dass primär die dritte der hier eingesetzten Durchführungsanweisungen (MLR) fokussiert wird. Dabei wird zunächst sowohl die Reihenfolge der Werte im Inventar, als auch die Anzahl an Skalenkategorien vernachlässigt, d.h. es werden entsprechend aggregierte Daten (siehe Abschnitt 5.2.3) betrachtet. Die diesbezüglich diversifizierten Analysen bilden dann den Abschluss des Abschnitts, der mit einer Darstellung der Ergebnisse zu den Mittelwerten beginnt.

5.4.1.1 Durchschnittliche Beurteilung der 17 Werte auf verschiedenen Aggregatstufen

McCarty & Shrum (1997; 2000) haben keine Effektgrößen für ihre Ergebnisse präsentiert, so dass diese anhand der veröffentlichten Daten nachträglich berechnet wurden und in der folgenden Tabelle 18 zusammengefasst sind.[345]

Studie	Differenz RO-MLR	Effektgröße	Skalenweite	Prozent
S1	6,38	0,409	100	6,38 %
S2	0,64	*0,508*	9	7,11 %
S3	6,51	0,341	100	6,51 %
S4	0,62	0,368	9	6,89 %

Tabelle 18: Effektgrößen der Mittelwertdifferenzen in den vier Studien von McCarty & Shrum (1997; 2000)

Anmerkung: Prozent beschreibt den Anteil des Differenzbetrages an der Skalenweite

[345] Um die Identifikation der markanten Effektgrößen – insbesondere in den folgenden Kreuztabellen – zu erleichtern, ist eine Zelle immer dann dunkler schattiert, wenn mindestens eine niedrige Effektgröße (>0,200) vorliegt. Das Ausmaß des Effekts wird dann über die Schriftformatierung verdeutlicht, die im Falle einer niedrigen Effektgröße „normal", bei einer mittleren Effektgröße „*kursiv*" und für hohe Effektgrößen „**fett**" erfolgt. Die Schattierung der Hauptdiagonale in den Kreuztabellen steht allerdings in keinem Zusammenhang mit der Höhe der Effektgrößen, sondern dient lediglich zur besseren Abgrenzung der oberen und unteren Diagonalmatrizen.

In den Replikationsstudien (S3/S4; siehe Abschnitt 2.2.3.3) sind die Effektgrößen niedriger als in den beiden ersten Untersuchungen, und nur für S2 liegt ein mittlerer Effekt vor. Allerdings ist das Ausmaß immer noch deutlich stärker als in der vorliegenden Erhebung, denn hier erreicht die Nettostichprobe 1 eine Effektgröße von 0,228 und die Nettostichprobe 2 eine von 0,250 (siehe Tabelle 21). Konsistent zu den Resultaten von McCarty & Shrum (1997; 2000) fallen die Effektgrößen vorliegend auch geringer aus, wenn eine tiefer untergliederte Antwortskala eingesetzt wird (fünf-stufig: 0,255 [NSP 1] und 0,276 [NSP 2]; elf-stufig: 0,204 [NSP 1] und 0,223 [NSP 2]).

	Nettostichprobe 1			Nettostichprobe 2		
	N	Mittelwert	Standard-abweichung	N	Mittelwert	Standard-abweichung
D1	1922	4,2151	0,8002			
D2	1886	4,1695	0,8483			
D3 bis D8	11691	4,0300	0,9092	8665	4,0344	0,8924

Tabelle 19: Mittelwerte der Ratings der 17 Werte in spezifischen Durchführungsanweisungen und beiden Nettostichproben

Beim Vergleich der beiden Nettostichproben auf der Aggregatebene von Tabelle 19 sind nur marginale Differenzen auszumachen. Sowohl die Unterschiede zwischen D1 und D3-D8, als auch zwischen D2 und D3-D8 vermindern sich geringfügig, ohne allerdings die Klassifikation der Effektgrößen zu verändern. Dabei zeigt sich lediglich für die Differenz zwischen D1 und D3-D8 eine geringe Effektstärke (Nettostichprobe 1: 0,2069 und Nettostichprobe 2: 0,2062). Insofern ist zu konstatieren, dass die eingesetzten ERR-Techniken insgesamt zu geringeren Mittelwerten als die alleinigen Ratings führen, das Ausmaß des Unterschieds aber hinsichtlich seiner Effektstärke nur für das reine Rating D1 (RO) als niedrig (nach dem Vorschlag von Cohen 1992, S. 156; siehe Seite 279) zu klassifizieren ist.
Allerdings darf dabei nicht aus den Augen verloren werden, dass die Differenz mehr als vier Prozent der Skalenweite von vier Einheiten ausmacht (Nettostichprobe 1: 0,1851 [4,63 %]; Nettostichprobe 2: 0,1807 [4,52 %]) und auch für den Vergleich zwischen D2 und D3-D8 immer noch über drei Prozent liegt. Trotzdem bleiben die Resultate hinter denen von McCarty & Shrum (1997; 2000) zurück, die sich aber auch ausschließlich auf MLR fokussiert haben.
Diese Beziehung wird im folgenden Schritt beleuchtet, wenn die einzelnen ERR-Techniken – die sich vorliegend in den unterschiedlichen Durchführungsanweisungen widerspiegeln – separat betrachtet werden.

	D1	D2	D3	D4	D5	D6	D7	D8
D1		0,046	0,196	0,194	0,144	0,166	0,209	0,203
D2			0,150	0,148	0,099	0,120	0,164	0,157
D3	0,211	0,166		-0,002	-0,052	-0,030	0,014	0,007
D4	0,194	0,148	-0,017		-0,050	-0,028	0,016	0,009
D5	0,124	0,078	-0,087	-0,070		0,022	0,065	0,059
D6	0,171	0,126	-0,040	-0,023	0,047		0,043	0,037
D7	0,232	0,186	0,021	0,038	0,108	0,061		-0,006
D8	0,170	0,124	-0,041	-0,024	0,046	-0,001	-0,062	

Tabelle 20: Differenz zwischen den mittleren Ratings der Durchführungsanweisungen in den Nettostichproben 1 (obere Diagonalmatrix) und 2 (untere Diagonalmatrix)

Anmerkung: Die Differenzbildung erfolgte durch Subtraktion der jeweils höher nummerierten Durchführungsanweisung von der niedrigeren

Es gibt keine einheitliche Tendenz, denn teilweise fallen die Differenzen in Nettostichprobe 1 größer aus und partiell in Nettostichprobe 2. Allein bei D8 sind die Unterschiede immer größer wenn alle Befragten berücksichtigt werden. Hinsichtlich des vorliegend besonders relevanten Vergleichs von D1 mit D3 treten allerdings in Nettostichprobe 2 die stärkeren Abweichungen auf. Die größte Distanz zwischen den Durchführungsanweisungen in Bezug auf den Mittelwert beim reinen Rating (D1) offenbart sich hingegen in beiden Nettostichproben für D7. Die Umsetzung der Distanzangaben in Effektgrößen ist in der nachfolgend aufgeführten Tabelle 21 dargestellt.

	D1	D2	D3	D4	D5	D6	D7	D8
D1		0,055	0,228	0,225	0,172	0,194	0,243	0,234
D2			0,170	0,168	0,115	0,137	0,185	0,177
D3	0,250	0,190		0,002	0,058	0,033	0,015	0,008
D4	0,230	0,171	0,019		0,055	0,030	0,017	0,010
D5	0,150	0,092	0,100	0,081		0,025	0,073	0,065
D6	0,202	0,144	0,045	0,026	0,054		0,047	0,040
D7	0,274	0,213	0,023	0,042	0,123	0,067		0,007
D8	0,204	0,144	0,046	0,027	0,053	0,001	0,069	

Tabelle 21: **Effektgrößen der Differenz der mittleren Ratings in den jeweiligen Durchführungsanweisungen für die Nettostichproben 1 (obere Diagonalmatrix) und 2 (untere Diagonalmatrix)**

Anmerkung: Die Formatierung zur Unterscheidung der drei Effektgrößenklassen folgt der Beschreibung in Fußnote 345

Auch auf dieser Ebene sind allerhöchstens niedrige Effektgrößen beim Vergleich der einzelnen Durchführungsanweisungen in Bezug auf das Rating sämtlicher Werte auszumachen. Allerdings lassen sich jetzt nach dem Ausschluss der inkonsistent antwortenden Personen eine höhere Anzahl derartiger Effekte nachweisen, denn D1/D6 und D2/D7 zeigen lediglich in der Nettostichprobe 2 einen entsprechenden Effekt an. Die Richtung der durchschnittlichen Abweichungen ist erwartungskonform, d.h. die mittleren Ratings von D1 und D2 fallen höher aus als diejenigen der ERR-Techniken. Hinsichtlich der Höhe der Differenzen weist D7 in beiden Nettostichproben den maximalen Unterschied auf. Innerhalb der ERR-Techniken treten keine bedeutsamen Ergebnisdivergenzen zutage – der höchste diesbezügliche Effekt zeigt sich bei der Gegenüberstellung von D5 und D7 in Nettostichprobe 2 (siehe Tabelle 21). Prozentual gesehen macht die Differenz in der Nettostichprobe 2 zwischen D1 und D3 5,28 % der Skalenweite von vier Einheiten aus (D1/D7: 5,80 %). Ob dieser Anteilswert hoch genug ist, den zusätzlichen Aufwand der ERR-Technik zu rechtfertigen, muss jeder Anwender für sich entscheiden – das Ausmaß ist jedenfalls nicht völlig vernachlässigbar.
Als nächstniedrigere Ebene nach den Durchführungsanweisungen werden die vier Versionsketten (siehe Abschnitt 5.4.2.3.4.3) betrachtet, in denen die Versionen mit gleicher Antwortskala und Reihenfolge des Werte-Inventars zusammengefasst sind.

VK I	V01	V05	V09	V13	V17	V21	V25	V29
V01		0,094	0,289	0,225	0,214	0,213	0,275	0,265
V05			0,189	0,129	0,115	0,116	0,176	0,167
V09	0,287	0,185	0,006	0,057	0,076	0,074	0,012	0,021
V13	0,223	0,123	0,063	0,010	0,017	0,016	0,045	0,036
V17	0,195	0,096	0,091	0,028	0,020	0,001	0,064	0,055
V21	0,229	0,130	0,056	0,007	0,035	0,013	0,062	0,053
V25	0,288	0,184	0,001	0,062	0,090	0,054	0,005	0,008
V29	0,240	0,136	0,050	0,013	0,041	0,006	0,048	0,034

Tabelle 22: **Effektgrößen der Mittelwertdifferenz der Versionen mit einer fünf-stufigen Antwortskala und der ersten Werte-Sequenz für die Nettostichproben 1 (obere Diagonalmatrix) und 2 (untere Diagonalmatrix)**

Hier treten alleine in Bezug auf RO (V01) niedrige Effektgrößen auf, wobei ausschließlich die ERR-Techniken davon berührt werden, die Gegenüberstellung von RO/ZD erreicht dieses Ausmaß nicht. In der Nettostichprobe 1 weisen alle sechs ERR-Techniken eine niedrige Effektgröße in Bezug auf ihre Mittelwertdifferenz zu RO auf, während in der Nettostichprobe 2 der Vergleich von RO/MR unterhalb des Schwellenwertes bleibt. In 15 von 27 Gegenüberstellungen ist die Effektgröße in der Nettostichprobe 2 geringer als in der Nettostichprobe 1 – allerdings sind die durchschnittlichen Effektgrößen beider Populationen identisch.

VK II	V02	V08	V12	V16	V20	V24	V28	V32
V02		0,040	0,187	0,200	0,134	0,177	0,210	0,154
V08			0,148	0,160	0,094	0,137	0,170	0,114
V12	0,202	0,162	0,012	0,012	0,055	0,011	0,022	0,033
V16	0,212	0,171	0,011	0,010	0,067	0,023	0,010	0,045
V20	0,107	0,066	0,097	0,107	0,029	0,044	0,077	0,022
V24	0,166	0,125	0,037	0,048	0,060	0,014	0,033	0,022
V28	0,232	0,191	0,030	0,019	0,127	0,067	0,019	0,055
V32	0,120	0,079	0,081	0,091	0,014	0,045	0,109	0,036

Tabelle 23: Effektgrößen der Mittelwertdifferenz der Versionen mit einer elf-stufigen Antwortskala und der zweiten Werte-Sequenz für die Nettostichproben 1 (obere Diagonalmatrix) und 2 (untere Diagonalmatrix)

Bei der zweiten Versionskette gibt es lediglich in der Nettostichprobe 1 eine Konstellation (RO [V02]/MLRV [V08]), die eine niedrige Effektgröße für ihre Differenz der mittleren Ratings aufweist, während bei einer Beschränkung auf die konsistent antwortenden Befragten drei entsprechende Kombinationen – allesamt im Zusammenhang mit RO – auftreten. Insgesamt fallen die Effektgrößen in der letztgenannten Population in 19 von 27 Fällen höher aus als in der Nettostichprobe 1, und auch bei einer Fokussierung der durchschnittlichen Effektgrößen zeigt sich ein konsistentes Bild (0,088 zu 0,101).

VK III	V03	V07	V11	V15	V19	V23	V27	V31
V03		0,047	0,218	0,233	0,171	0,177	0,250	0,273
V07			0,170	0,185	0,122	0,130	0,201	0,225
V11	0,263	0,213	0,040	0,016	0,051	0,037	0,030	0,057
V15	0,236	0,187	0,026	0,002	0,066	0,053	0,014	0,041
V19	0,156	0,107	0,108	0,081	0,015	0,012	0,082	0,108
V23	0,185	0,137	0,072	0,046	0,033	0,006	0,067	0,093
V27	0,298	0,248	0,034	0,060	0,142	0,105	0,044	0,028
V31	0,236	0,186	0,027	0,001	0,080	0,045	0,060	0,044

Tabelle 24: Effektgrößen der Mittelwertdifferenz der Versionen mit einer fünf-stufigen Antwortskala und der zweiten Werte-Sequenz für die Nettostichproben 1 (obere Diagonalmatrix) und 2 (untere Diagonalmatrix)

In beiden Nettostichproben existieren jeweils sechs niedrige Effektgrößen, die aber nur hinsichtlich RO übereinstimmen, denn hier erreichen die beiden Durchführungsanweisungen, in denen nur ein Extrem-Wert zu bestimmen war (V19 und V23), keinen spürbaren Effekt. Zwischen den ERR-Techniken treten keine niedrigen Effektgrößen auf, so dass sie aus dieser Perspektive als untereinander homogen zu klassifizieren sind. In 18 von 27 Gegenüberstellungen übersteigt die Effektgröße in der Nettostichprobe 2 diejenige in der Nettostichprobe 1 und auch hinsichtlich der durchschnittlichen Effektgrößen liegt Erstgenannte vorn (0,113 zu 0,122).

Die größte Mittelwertdifferenz in dieser Versionskette tritt für die Gegenüberstellung von RO (V03) und MLRV (V27) zutage – mit einem Betrag von 0,298 ist diese Effektgröße gleichzeitig die höchste, die im Rahmen der Mittelwertvergleiche auf Ebene der Versionsketten überhaupt erreicht wird.

VK IV	V04	V06	V10	V14	V18	V22	V26	V30
V04		0,042	0,220	0,248	0,163	0,220	0,234	0,248
V06			0,174	0,200	0,118	0,173	0,187	0,201
V10	0,244	0,195	0,019	0,024	0,059	0,000	0,015	0,028
V14	0,256	0,206	0,009	0,004	0,084	0,024	0,009	0,004
V18	0,130	0,085	0,113	0,123	0,034	0,059	0,073	0,087
V22	0,240	0,192	0,002	0,011	0,110	0,017	0,014	0,028
V26	0,275	0,224	0,029	0,020	0,142	0,030	0,032	0,013
V30	0,213	0,163	0,033	0,042	0,080	0,031	0,061	0,041

Tabelle 25: **Effektgrößen der Mittelwertdifferenz der Versionen mit einer elf-stufigen Antwortskala und der ersten Werte-Sequenz für die Nettostichproben 1 (obere Diagonalmatrix) und 2 (untere Diagonalmatrix)**

In der vierten Versionskette ist die höchste Anzahl (jeweils sieben in beiden Nettostichproben) an niedrigen Effektgrößen der vier hier betrachteten Zusammenstellungen (siehe Tabelle 22 bis Tabelle 25) gegeben. In Bezug auf RO (V04) bleibt von den ERR-Techniken nur MR (V18) ohne eine entsprechende Effektstärke.

Auch hier zeigt nicht MLR (V10) die höchste Effektgröße in Bezug auf RO (V04), sondern in der Nettostichprobe 1 LMR (V14) und in der Nettostichprobe 2 MLRV (V26). Lediglich bei 7 von 27 Vergleichen fallen die Effektgrößen in der Nettostichprobe 2 kleiner als in der Nettostichprobe 1 aus, was sich auch in den durchschnittlichen Effektgrößen bemerkbar macht (0,105 zu 0,118).

Es ist zu konstatieren, dass auf der Ebene der Versionsketten D7 am häufigsten die höchste Effektgröße besitzt. D3 (MLR) weist zwar mehrheitlich höhere Effektgrößen als D4 (LMR) auf, jedoch liegt Letztgenannte bei einer elf-stufigen Antwortskala vor D3. Dies unterstreicht die Notwendigkeit der vorliegend vorgenommenen experimentellen Variation der Antwortalternativen, die auch bei einer praktischen Anwendung beachtet werden sollte.

Die tiefstmögliche Unterteilung der vorliegenden Daten wird durch eine Betrachtung auf Versionsebene erreicht. Weil damit aber 496 Vergleiche angesprochen sind, erfolgt keine explizite Darstellung, sondern lediglich eine zusammenfassende Erläuterung der Ergebnisse.

Bei den Versionen gibt es 89 niedrige Effektgrößen für die Gegenüberstellungen in Nettostichprobe 1 und 96 in Nettostichprobe 2. Die meisten (Nettostichprobe 1 = 86 und Nettostichprobe 2 = 89) dieser niedrigen Effekte existieren im Zusammenhang mit den Versionen 1 bis 8, also den Ratings ohne vorherige Bestimmung zumindest eines Extrem-Wertes. In der Nettostichprobe 1 zeigen daneben die Konstellationen V09/V20, V20/V25 und V20/V29 eine niedrige Effektgröße, während dies in der Nettostichprobe 2 für die Gegenüberstellungen V09/V20, V13/V20, V20/V21, V20/V25, V20/V26, V20/V27 und V20/V29 der Fall ist. Damit ist immer V20 (MR) involviert, wenn es innerhalb der ERR-Techniken zu merklichen Mittelwertunterschieden kommt. Dies ist ein weiteres Indiz dafür, dass die ausschließliche Bestimmung des bedeutendsten Wertes der Aufstellung nicht ausreicht, um eine stärkere Differenzierung der Daten als bei einem reinen Rating zu erreichen – insbesondere wenn die Anzahl der Antwortalternativen hoch (hier: 11 Optionen) ist.

Bis auf D5 zeigen alle anderen ERR-Techniken (D3 bis D8) durchaus unterschiedliche Mittelwerte bei den 17 Werten im Vergleich zu einem alleinigen Rating. Dabei ist MLR (D3) zwar immer mit einer niedrigen Effektgröße vertreten, allerdings sind in Bezug auf deren Absolutbetrag andere Durchführungsanweisungen und Versionen (insbesondere D7) stärker ausgeprägt.

Nicht so eindeutig sind die Verhältnisse in Bezug auf ZD (D2), denn hier kommt nur D7 in zwei der vier Versionsketten auf eine niedrige Effektgröße. Diesbezüglich erreichen D1 und D2 in keinem Fall ein niedriges Ausmaß, so dass die Mittelwerte dieser beiden Durchführungsanweisungen (auch auf Versionsebene) keine „merkliche Differenz" zeigen. Wenn die inkonsistent agierenden Befragten aussortiert werden (Nettostichprobe 2), sind die Effektgrößen ausgeprägter, so dass von stärker abweichenden Mittelwerten auszugehen ist. Das Ziel der ERR-Technik besteht darin, geringe Mittelwerte zu generieren – dies gelingt zwar maximal zu einem niedrigen Ausmaß, allerdings beträgt dessen reale Ausprägung ca. 5 % der Skalenweite, so dass dem Vorgehen eine gewisse Wirksamkeit zu bescheinigen ist. Diese bleibt aber hinter derjenigen der amerikanischen Originalstudien zurück, wobei hier nur spekuliert werden könnte, ob dies nationale, inventartechnische, medienmäßige, skalentechnische etc. Gründe hat. Hier zeigt sich das Problem, dass im Falle der Variation von mehr als einer Größe bei einer Replikation die Zuordnung der Effekte erschwert ist. Es ist allerdings ermutigend, dass sich die generelle Wirkung in der vorliegenden Untersuchung replizieren lässt.

5.4.1.2 Vergleich der Standardabweichungen der Ratings der 17 Werte auf mehreren Aggregationsniveaus

Bei der streuungsmäßigen Betrachtung der drei Gruppen D1 (RO), D2 (ZD) und D3-D8 (ERR-Techniken) tritt zum ersten Mal eine mittlere (siehe Seite 279) Effektgröße (zwischen D1 und D3-D8 in beiden Nettostichproben [1 = 0,523 und 2 = 0,549]) auf, und auch bei einer Fokussierung auf die einzelnen Durchführungsanweisungen lassen sich hinsichtlich der durchschnittlichen Standardabweichungen entsprechende Effektgrößen nachweisen (siehe Tabelle 26). Die Richtung des Effekts fällt dabei jeweils erwartungskonform aus, denn die Beträge der Standardabweichungen bei den ERR-Techniken sind durchweg höher als für RO oder ZD.

	D1	**D2**	**D3**	**D4**	**D5**	**D6**	**D7**	**D8**
D1		0,136	*0,583*	*0,580*	0,255	*0,618*	0,428	*0,651*
D2			0,430	0,427	0,113	0,466	0,285	*0,502*
D3	*0,659*	*0,503*		0,002	0,325	0,041	0,133	0,090
D4	*0,630*	0,475	0,033		0,322	0,043	0,131	0,092
D5	0,260	0,118	0,394	0,364		0,362	0,180	0,402
D6	*0,674*	*0,520*	0,022	0,055	0,412		0,171	0,050
D7	0,489	0,344	0,140	0,110	0,237	0,160		0,215
D8	*0,606*	0,454	0,034	0,002	0,349	0,055	0,103	

Tabelle 26: Effektgrößen der Differenz der mittleren Standardabweichungen in den jeweiligen Durchführungsanweisungen für die Nettostichproben 1 (obere Diagonalmatrix) und 2 (untere Diagonalmatrix)

Anmerkung: Die Formatierung zur Unterscheidung der drei Effektgrößenklassen folgt der Beschreibung in Fußnote 345

Die mittleren Effektgrößen sind ausschließlich im Zusammenhang mit D1 und D2 relevant, wobei jetzt aber auch niedrige Effektgrößen bei der Gegenüberstellung von Durchführungsanweisungen unter den ERR-Techniken vorhanden sind, die sich allerdings auf D5 (MR) beschränken (siehe Tabelle 26). Insofern scheint die alleinige Bestimmung des Most-Wertes nicht zu den erwarteten Differenzierungen (gemessen in Standardabweichungen der Ratings) zu führen, denn hier zeigen sich Parallelen zu den Ergebnissen für D2 (ZD), bei deren Gegenüberstellung mit D5 keine niedrigen Effekte zu verzeichnen sind. Gleiches gilt erneut für die Kombination D1/D2, so dass auch die alleinigen Ratings zu vergleichbaren Standardabweichungen tendieren (was den Erwartungen entspricht).

Die Anzahl mittlerer Effektstärken variiert in beiden Nettostichproben und verteilt sich abweichend hinsichtlich der Abstände von ZD zu den anderen Durchführungsanweisungen (Nettostichprobe 1: nur D2/D8; Nettostichprobe 2: sowohl für D2/D3, als auch D2/D6). In 18 von 27 Vergleichen liegt die Effektgröße der Nettostichprobe 2 über derjenigen in Nettostichprobe 1, so dass bei der Beschränkung auf die konsistent antwortenden Befragten mehr Divergenzen zwischen den Standardabweichungen der Teilnehmer in den jeweiligen Durchführungsanweisungen auftreten. Dies wird auch von den durchschnittlichen Effektgrößen untermauert, die in der Nettostichprobe 1 0,287 und in der Nettostichprobe 2 0,298 betragen. Vor allem hinsichtlich der Vergleiche mit D1 und D2 liegen die Effektgrößen der konsistent antwortenden Befragten in jeweils fünf von sechs Fällen (Ausnahme: D8) über denjenigen der Gesamtstichprobe.

In der Nettostichprobe 2 tritt die maximale Effektgröße für die Gegenüberstellung von D1 und D6 auf, während diese Position in der Nettostichprobe 1 durch D1/D8 eingenommen wird. In dieser Population führt auch noch D1/D6 zu einer höheren Effektgröße als D1/D3 und D1/D4. Dementsprechend stellt sich hinsichtlich der Standardabweichungen bei den vorliegend etablierten Variationen nicht das Vorgehen von McCarty & Shrum (1997; 2000) als die beste Prozedur heraus, sondern diesbezüglich führen LR und LMRV zu höheren Differenzen im Vergleich zu einem reinen Rating (D1).

Für die Versionsketten bestätigt sich der generelle Trend bei den Durchführungsanweisungen, wobei hinsichtlich der direkten Gegenüberstellung von D3 mit D4 die gleichen Ergebnisse wie bei den Mittelwerten (siehe Abschnitt 5.4.1.1) erzielt werden, denn auch bei den Standardabweichungen fallen die Effektgrößen für D4 (LMR) bei einer elf-stufigen Antwortskala höher aus als für D3 (MLR). Die entsprechenden Daten sind in Anhang 32 bis Anhang 35 dokumentiert.

Die sich schon bei den Versionsketten andeutenden Tendenzen verstärken sich bei einer Betrachtung sämtlicher Versionen. Hier zeigt sich ein sehr gemischtes Bild, denn jetzt treten hohe (Nettostichprobe 1: 4,23 % aller Vergleiche und Nettostichprobe 2: 4,84 %) Effektgrößen auf und auch innerhalb der Gegenüberstellungen von V01 bis V08 sind niedrige und eine mittlere (V02/V05) Effektgröße zu konstatieren. In der Nettostichprobe 2 verteilen sich sämtliche hohen Effektgrößen auf die ersten acht Versionen, konzentrieren sich dort aber nur auf drei Varianten (V02 = 15, V04 = 5 und V08 = 4), so dass immer die elf-stufige Antwortskala betroffen ist.

5.4.1.3 Vergleich der durchschnittlichen Anzahl an Top-Box Wahlen bei den Ratings der 17 Werte in verschiedenen Gruppierungen

An dieser Stelle wird ausschließlich die positive Extremkategorie betrachtet, d.h. die Fokussierung erfolgt allein auf die Antwortalternative „wichtig" und nicht zusätzlich auf deren vorgelagerte Option (4 oder 10; siehe Abschnitt 3.2.2.2.1.3). Im Rahmen der Diskussion des akquieszenten Antwortverhaltens in Abschnitt 5.4.3 werden dann auch weitere Unterteilungen (Bildung und Geschlecht) des Datensatzes vorgenommen, die allerdings an dieser Stelle unterbleiben.

Für die in drei Gruppen zusammengefassten Durchführungsanweisungen sind niedrige Effektgrößen zwischen D1 und D3-D8 sowie D2 und D3-D8 zu konstatieren. Beim Vergleich von D1 mit D2 existiert lediglich eine Effektgröße, die deutlich unterhalb der Schwelle zu einem niedrigen Wirkungsgrad liegt. Die Differenzen zwischen den beiden Nettostichproben sind zwar nur sehr gering, fallen aber in beiden Fällen zugunsten der konsistent antwortenden Befragten aus, d.h. in der Nettostichprobe 2 sind die Anteilsunterschiede an Top-Box Wahlen zwischen den Gruppierungen etwas ausgeprägter.

Die angedeuteten Divergenzen zeigen sich auch bei einer Fokussierung auf die einzelnen Durchführungsanweisungen, denn die niedrigen Effektgrößen treten alle im Zusammenhang mit den beiden ersten Durchführungsanweisungen auf.

	D1	D2	D3	D4	D5	D6	D7	D8
D1		0,036	0,296	0,273	0,219	0,204	0,298	0,253
D2			0,263	0,240	0,185	0,169	0,265	0,219
D3	0,330	0,298		0,021	0,081	0,098	0,004	0,048
D4	0,288	0,255	0,039		0,059	0,076	0,025	0,026
D5	0,180	0,145	0,157	0,115		0,017	0,085	0,034
D6	0,220	0,186	0,117	0,076	0,041		0,102	0,051
D7	0,355	0,324	0,036	0,073	0,189	0,151		0,052
D8	0,189	0,156	0,143	0,101	0,014	0,027	0,174	

Tabelle 27: Effektgrößen der Differenz an durchschnittlichen Top-Box Wahlen in den jeweiligen Durchführungsanweisungen für die Nettostichproben 1 (obere Diagonalmatrix) und 2 (untere Diagonalmatrix)

Anmerkung: Die Formatierung zur Unterscheidung der drei Effektgrößenklassen folgt der Beschreibung in Fußnote 345

In der Nettostichprobe 1 sind zwar mehr Effektgrößen auf zumindest niedrigem Niveau zu konstatieren, jedoch ist in den Fällen, in denen auch in Nettostichprobe 2 ein entsprechendes Ausmaß erreicht wird, dort der höhere Betrag zu finden. Dies gilt ebenso für die Anzahl der möglichen Vergleiche (27), die von den konsistent antwortenden Befragten in der überwiegenden Zahl (20) für sich entschieden werden, und auch im Durchschnitt (0,132 zu 0,158) besitzt die letztgenannte Population den größeren Wert.

D1/D3 besitzt zwar in beiden Nettostichproben nicht die höchste Effektgröße, ist aber jeweils auf dem zweiten Platz zu finden und bleibt – insbesondere in der Nettostichprobe 1 – nicht weit hinter der bestplatzierten Kombination (D1/D7) zurück.

Im Rahmen der Versionsketten liegt D7 (MLRV) ebenfalls in der Mehrzahl der Gegenüberstellungen auf dem ersten Platz, wobei sich auch hier die – bereits bei den Mittelwerten und Standardabweichungen aufgetretene – Besonderheit zeigt, dass beim Vergleich von D3 mit D4, die letztgenannte Durchführungsanweisung auf einer elf-stufigen Antwortskala durchweg höhere Effektgrößen erzielt. LMR (D4) führt also auf einer tiefer untergliederten Antwortskala beim Kontrast mit D1 und D2 zu weniger Top-Box Wahlen als MLR (D3), während dies im Falle von fünf Antwortkategorien umgekehrt ist (siehe Anhang 36 bis Anhang 39).

Werden die Ergebnisse auf die Stufe der Versionen heruntergebrochen, so treten in beiden Nettostichproben hohe Effektgrößen nur im Zusammenspiel zwischen der ersten Version und den ERR-Techniken auf. Der Anteil hoher Effektgrößen ist in der Nettostichprobe 1 mit 1,61 % etwas schmaler als in der Nettostichprobe 2 (2,02 %). Dafür weist die letztgenannte Population einen etwas geringeren Anteil bei den mittleren (15,52 % zu 15,73 %) und niedrigen (42,54 % zu 42,94 %) Effektgrößen auf. Im Durchschnitt fallen die Effektgrößen in der Nettostichprobe 2 (0,296) ein wenig höher aus als in der Nettostichprobe 1 (0,291).

Die acht hohen Effektgrößen treten in der Nettostichprobe 1 hälftig bei V03 (4) und V07 (4) auf (fünf-stufige Skala), und betreffen in beiden Fällen V10, V14, V22 und V26 (elf-stufige Skala). In der Nettostichprobe 2 sind die gleichen Konstellationen betroffen, wobei hier zusätzlich V03 und V07 mit V28 ein entsprechendes Muster zeigen. In allen vergleichbaren Fällen übersteigt der Betrag der Effektgröße in der Nettostichprobe 2 denjenigen in Nettostichprobe 1. Die Ergebnisse verwundern insofern nicht weiter, als hier jeweils unterschiedliche Antwortskalen betroffen sind. Weil die Anzahl an Zuordnungen zur Maximalkategorie skalenspezifisch um etwa zwei Werte schwankt, sind die hohen Effektgrößen in diesen Fällen zu erwarten gewesen, und dürfen nicht überinterpretiert werden. Dieses Ergebnis sollte einen deutlichen Hinweis für die Sinnhaftigkeit der Versionsketten als Analyseeinheit liefern. Zu den skalenspezifischen Besonderheiten ist auch auf den Abschnitt 5.4.1.6 zu verweisen, in dem dieser experimentelle Faktor explizit im Vordergrund steht.

5.4.1.4 Vergleich der durchschnittlichen P_d-Werte aus den Ratings der 17 Werte in unterschiedlichen Settings

Hinsichtlich der P_d-Werte (siehe Abschnitt 5.2.2) sind bei den gruppierten Durchführungsanweisungen niedrige Effektgrößen in beiden Nettostichproben zwischen D1 und D3-D8 sowie D2 und D3-D8 zu konstatieren. Deren Höhe ist sowohl für den Zusammenhang mit D1, als auch in der Nettostichprobe 1 immer größer als in den komplementären Gruppierungen. Vom Ausmaß fällt die in beiden Nettostichproben durch den P_d-Wert gemessene Variabilität der Beurteilungen im Durchschnitt um mehr als 5 Prozent (Nettostichprobe 1: 5,49 % und Nettostichprobe 2: 5,44 %) höher aus, wenn die reinen Ratings (0,5869 [D1]) mit denjenigen nach der Bestimmung eines oder beider Extrem-Werte (Nettostichprobe 1: 0,6418 / Nettostichprobe 2: 0,6413) verglichen werden. Zwischen D2 und D3-D8 bildet die Differenz der P_d-Werte hingegen nur einen Bereich von 3,90 % (Nettostichprobe 1) bzw. 3,85 % (Nettostichprobe 2) der Gesamtspannweite ab.
Im Folgenden wird die Zusammenfassung der Durchführungsanweisungen wieder aufgegeben und eine separate Betrachtung auf dieser Aggregatstufe vorgenommen.

	D1	D2	D3	D4	D5	D6	D7	D8
D1		0,084	0,347	0,296	0,248	0,299	0,285	0,337
D2			0,265	0,214	0,165	0,217	0,205	0,255
D3	0,377	0,297		0,049	0,103	0,048	0,053	0,008
D4	0,314	0,234	0,059		0,052	0,001	0,005	0,041
D5	0,227	0,144	0,156	0,094		0,054	0,046	0,094
D6	0,313	0,233	0,064	0,004	0,092		0,006	0,040
D7	0,301	0,225	0,056	0,001	0,091	0,004		0,045
D8	0,217	0,139	0,151	0,090	0,001	0,088	0,086	

Tabelle 28: Effektgrößen der Differenz an durchschnittlichen P_d-Werten in den jeweiligen Durchführungsanweisungen für die Nettostichproben 1 (obere Diagonalmatrix) und 2 (untere Diagonalmatrix)

Anmerkung: Die Formatierung zur Unterscheidung der drei Effektgrößenklassen folgt der Beschreibung in Fußnote 345

Bis auf die effektgrößenmäßige Kategorisierung von D2/D8 stimmen die Einstufungen in beiden Nettostichproben überein. Die niedrigen Effektgrößen betreffen damit ausschließlich Konstellationen zwischen einem alleinigen Rating und den ERR-Techniken. Dass D5 (MR) diesbezüglich innerhalb der letztgenannten Gruppe in der Nettostichprobe 1 das Schlusslicht bildet, ist konform mit den bisher dokumentierten Ergebnissen.
In der Nettostichprobe 2 sind sowohl von den direkten Vergleichen (20 von 27), als auch hinsichtlich der durchschnittlichen Effektgrößen (0,138 zu 0,148), die höheren Werte vorhanden, d.h. nach der Elimination der inkonsistent antwortenden Befragten steigt die Variabilität der Beurteilungen. In beiden Nettostichproben und bezüglich der zwei Prozeduren mit einem alleinigen Rating (D1 und D2) zeigt der Vergleich mit D3 die maximale Effektgröße.
Die Tendenz, dass D3 (MLR) – insbesondere in der Nettostichprobe 2 – zu den größten Kontrasten beim P_d-Wert mit den übrigen Durchführungsanweisungen führt, bestätigt sich auch bei einer Fokussierung auf die Versionsketten (siehe Anhang 40 bis Anhang 43). Gegenüber den bisher analysierten Merkmalen, ist jetzt auch auf einer elf-stufigen Antwortskala keine Überlegenheit von D4 (LMR) zu erkennen.
Die Gegenüberstellungen auf Versionsebene sind im Wesentlichen durch die jeweilige Ausprägung der Antwortskala determiniert, denn im internen Vergleich der ERR-Techniken gibt es lediglich 15 Fälle, bei denen eine (zumindest) niedrige Effektgröße auftritt, wenn die zugrunde liegenden Antwortskalen die gleiche Anzahl an Kategorien besitzen. In den Fällen ungleicher Antwortskalen sind jedenfalls im Rahmen der ERR-Techniken immer mindestens

niedrige Effektgrößen vorhanden. Gleiches gilt im Übrigen für die acht Versionen mit einem alleinigen Rating, denn bis auf V03/V05 treten bei deren interner Gegenüberstellung keine markanten Effektgrößen auf, wenn die zugrunde liegenden Antwortskalen eine übereinstimmende Anzahl an Optionen besitzen. Dieser Effekt ist in beiden Nettostichproben allerdings dann nicht mehr gegeben, wenn V01 bis V08 mit den Versionen 09 bis 32 kontrastiert werden, denn hier lassen sich auch bei einer identischen Anzahl an Antwortkategorien entsprechende Effektgrößen nachweisen.

5.4.1.5 Vergleich der durchschnittlichen Indexwerte aus den Ratings der 17 Werte unter verschiedenen Zusammenfassungen

Bei den Analysen der aggregierten Durchführungsanweisungen der ERR-Techniken ist in beiden Nettostichproben eine niedrige Effektgröße sowohl von D1, als auch D2 in Bezug auf D3 bis D8 zu beobachten. Die Tendenz der Indexwerte zeigt eine stärkere Differenzierung bei den ERR-Techniken an, und die absoluten Beträge der Effektgröße fallen bei der Beschränkung auf die konsistent antwortenden Befragten etwas höher aus als in der Nettostichprobe 1. Es besteht ebenfalls ein Unterschied zwischen den Effektgrößen für die Vergleiche in Bezug auf D1 und D2, wobei die Ausprägungen hinsichtlich der erstgenannten Gruppierung höher sind, d.h. die Differenzen des Indexes fallen zwischen den ERR-Techniken und D1 größer aus als zwischen den ERR-Techniken und D2. Insofern ist auch eine geringe Wirkung auf die Differenzierung der Beurteilungen durch das zweimalige Durchlesen der Werte-Liste zu erwarten, wobei die Effektgröße zwischen D1 und D2 allerdings kein niedriges Ausmaß erreicht, und der Unterschied der mittleren Indexwerte lediglich einen Betrag von 0,084 zugunsten von D2 aufweist.
Im Folgenden wird die Gruppierung der ERR-Techniken wieder rückgängig gemacht, so dass nun die einzelnen Durchführungsanweisungen fokussiert werden.

	D1	D2	D3	D4	D5	D6	D7	D8
D1		0,089	*0,520*	0,493	0,305	0,476	0,450	*0,533*
D2			0,433	0,406	0,216	0,387	0,365	0,447
D3	*0,593*	*0,507*		0,023	0,218	0,052	0,052	0,017
D4	*0,535*	0,450	0,050		0,194	0,029	0,029	0,040
D5	0,286	0,198	0,310	0,255		0,169	0,158	0,234
D6	*0,516*	0,429	0,086	0,033	0,229		0,002	0,070
D7	*0,523*	0,442	0,038	0,010	0,255	0,042		0,068
D8	0,452	0,369	0,124	0,073	0,178	0,042	0,078	

Tabelle 29: Effektgrößen der Differenz der durchschnittlichen Indexwerte in den jeweiligen Durchführungsanweisungen für die Nettostichproben 1 (obere Diagonalmatrix) und 2 (untere Diagonalmatrix)

Anmerkung: Die Formatierung zur Unterscheidung der drei Effektgrößenklassen folgt der Beschreibung in Fußnote 345

Im Wesentlichen bestätigen sich durch den zusammenfassenden Index[346] die bereits bei den Einzeldarstellungen getätigten Aussagen (siehe Abschnitte 5.4.1.1 bis 5.4.1.4), wobei jetzt aber vor allem in der Nettostichprobe 2 auch eine ganze Reihe mittlerer Effektgrößen auftreten, insbesondere in Bezug auf das reine Rating. In der letztgenannten Population fallen über alle 27 möglichen Vergleiche 19 Effektgrößen höher aus als in der Nettostichprobe 1,

[346] Hier ist daran zu erinnern, dass sich der Indexwert aus fünf Variablen (siehe Abschnitt 5.2.2.3) zusammensetzt – neben den in den Abschnitten 5.4.1.1 bis 5.4.1.4 diskutierten Prüfgrößen umfasst er noch die Anzahl der genutzten Skalenkategorien. Insofern dienen die in diesem Abschnitt referierten Ergebnisse der weiterführenden Evaluation der ERR-Techniken, ohne dabei auf den Vergleich zu den Resultaten von McCarty & Shrum (1997; 2000) fixiert zu sein.

und auch hinsichtlich der durchschnittlichen Effektgrößen bestätigt sich dieser Trend (0,231 zu 0,257).
In der Nettostichprobe 2 treten die höchsten Effektgrößen – sowohl in Bezug auf D1, als auch D2 – für D3 (MLR) auf, während diesbezüglich in der Nettostichprobe 1 LMRV (D8) überlegen ist. Bezogen auf den Wertebereich des Indexes, macht die Differenz zwischen D1 und D3 bei den konsistent antwortenden Befragten immerhin einen Anteil von 10,71 % aus, so dass sich die Differenzierung der Ratings merklich erhöht, wenn zuvor der bedeutendste und unbedeutendste Listeneintrag (in dieser Abfolge) identifiziert werden. D5 (MR) weist auch bei der Indexbetrachtung einige niedrige Effektgrößen zu anderen ERR-Techniken auf, wobei Erstgenannte immer einen geringeren Indexwert besitzt und damit zu weniger differenzierten Beurteilungen führt.
Hinsichtlich der „wirklichen" Effekte von D7 und D8 sind weitere Untersuchungen zur Formulierung der Instruktion erforderlich, denn hier kann nicht ausgeschlossen werden, dass sehr viel Differenzierung in den Antworten aus Missverständnissen des Anweisungstextes und damit verbundener Unsicherheit bei der Datenabgabe herrührt. Dies kann aber nur über qualitative Folgeerhebungen geklärt werden (siehe Kapitel 6).
Weiterhin ist das relativ gute Abschneiden von LR (D6) in Nettostichprobe 2 beachtenswert, denn deren mittlerer Indexwert bleibt hinsichtlich seiner Effektgröße nicht weit hinter LMR (D4) zurück. Insofern scheint die Schlussfolgerung möglich, dass es vor allem die Bestimmung des unbedeutendsten Wertes ist, die für eine stärkere Differenzierung der Daten sorgt (insbesondere im direkten Vergleich mit der alleinigen Identifikation des bedeutendsten Wertes [D5]). Wenn entsprechende Restriktionen bei der Erstellung des Erhebungsbogens zu berücksichtigen sind – und nur ein Extrem-Objekt abgefragt werden kann – sollte bei einem positiven Konstrukt eher die Festlegung des unbedeutendsten Listeneintrags erfolgen.
Bei der Gegenüberstellung von D4 und D7 in Nettostichprobe 2 zeigt Letztgenannte zwar die größere mittlere Abweichung zu D1, jedoch streuen die Ergebnisse dort stärker, so dass D4 bei der Betrachtung der Effektgrößen einen höheren Betrag aufweist.
Nachfolgend stehen die Resultate zum Indexwert auf der Basis der Versionsketten zur Debatte, d.h. es wird immer nur eine spezifische Version pro Durchführungsanweisung fokussiert.

VK I	V01	V05	V09	V13	V17	V21	V25	V29
V01		0,117	*0,633*	0,460	0,374	*0,514*	0,508	*0,576*
V05			*0,531*	0,356	0,266	0,410	0,406	0,472
V09	*0,670*	*0,571*	0,044	0,152	0,253	0,114	0,099	0,061
V13	*0,503*	0,401	0,148	0,043	0,094	0,041	0,050	0,094
V17	0,366	0,259	0,296	0,141	0,005	0,139	0,145	0,195
V21	*0,574*	0,473	0,096	0,055	0,202	0,060	0,011	0,054
V25	*0,539*	0,441	0,100	0,044	0,184	0,009	0,037	0,041
V29	0,481	0,382	0,175	0,023	0,118	0,080	0,067	0,075

Tabelle 30: Effektgrößen der Differenz der durchschnittlichen Indexwerte in den Versionen mit einer fünf-stufigen Antwortskala und der ersten Werte-Sequenz für die Nettostichproben 1 (obere Diagonalmatrix) und 2 (untere Diagonalmatrix)

Gegenüber der Betrachtung auf der Ebene der Durchführungsanweisungen sind in der Versionskette I die durchschnittlichen Effektgrößen in beiden Nettostichproben höher.
Werden die Absolutbeträge der Effektgrößen in beiden Gruppierungen gegenübergestellt, so fallen diese in der Nettostichprobe 1 lediglich in 8 von 28 Konstellationen und in der Nettostichprobe 2 in 11 von 27 Vergleichen zugunsten der Durchführungsanweisungen aus, d.h. in der Mehrzahl sind die Effektgrößen in der Versionskette I höher. Dabei tritt die maximale Differenz in der Nettostichprobe 1 für V09/V13 (D3/D4) auf, während bei den konsistent

agierenden Befragten die Kombination V13/V17 (D4/D5) diese Position einnimmt. Im erstgenannten Fall ist die Effektgröße der Versionskette I ausgeprägter, während sie im zweiten Fall auf Seiten der Durchführungsanweisung einen höheren Betrag aufweist.

VK II	V02	V08	V12	V16	V20	V24	V28	V32
V02		0,072	0,470	0,485	0,232	0,463	0,416	0,427
V08			0,393	0,412	0,157	0,385	0,344	0,353
V12	*0,538*	0,462	0,074	0,038	0,236	0,016	0,021	0,024
V16	*0,541*	0,468	0,036	0,063	0,263	0,055	0,055	0,060
V20	0,216	0,143	0,322	0,336	0,014	0,226	0,198	0,202
V24	0,499	0,421	0,051	0,084	0,279	0,043	0,006	0,009
V28	0,462	0,393	0,024	0,054	0,265	0,021	0,057	0,003
V32	0,369	0,298	0,147	0,167	0,164	0,101	0,103	0,047

Tabelle 31: Effektgrößen der Differenz der durchschnittlichen Indexwerte in den Versionen mit einer elf-stufigen Antwortskala und der zweiten Werte-Sequenz für die Nettostichproben 1 (obere Diagonalmatrix) und 2 (untere Diagonalmatrix)

Bei der Versionskette II (elf-stufige Antwortskala und Sequenz der Werte-Liste von KIN nach AUS) sind im Vergleich zu den Resultaten auf der Aggregatstufe Durchführungsanweisung, jetzt in der Nettostichprobe 1 gar keine mittleren Effektgrößen mehr anzutreffen, und auch in der Nettostichprobe 2 zeigen nur noch V02/V12 (D1/D3) und V02/V16 (D1/D4) ein entsprechendes Ausmaß. Ansonsten sind in Nettostichprobe 2 keine Verschiebungen bei den kategorisierten Effektgrößen zu verzeichnen, während in der Nettostichprobe 1 für D5 drei Veränderungen zu den durchführungsanweisungsbezogenen Daten zu konstatieren sind, wobei V02/V20 (D2/D5) keine niedrige Effektgröße mehr besitzt, dafür aber zwischen V16 (D4) und V20 (D5) sowie V20 (D5) und V24 (D6) jetzt eine entsprechende Effektgröße auftritt.
Wird die Kategorisierungsebene verlassen und auf die absolute Höhe der Effektgrößen rekurriert, so sind diese in der Mehrzahl der Fälle (Nettostichprobe 1: 17 von 28 und Nettostichprobe 2: 15 von 27) bei den Durchführungsanweisungen höher als in der Versionskette II. Die maximale Differenz betrifft dabei in der Nettostichprobe 1 die Gegenüberstellung von V02/V32 (D1/D8) und in der Nettostichprobe 2 V16/V32 (D4/D8), wobei die Tendenzen in gegenläufige Richtungen zeigen, d.h. im ersten Fall ist die Effektgröße bei den Durchführungsanweisungen höher (+0,107), während sie im zweiten Fall niedriger ausfällt (–0,095).
Auch in Bezug auf die mittleren Effektgrößen sind – insbesondere in der Nettostichprobe 1 Abschläge zu den Beträgen bei den Durchführungsanweisungen auszumachen (Nettostichprobe 1 = 0,215 [0,231] und Nettostichprobe 2 = 0,251 [0,257]). In beiden Nettostichproben ist die Höhe der Effektgröße für V12 (D3) geringfügig niedriger als bei V16 (D4), wenn das Verhältnis zu V02 (D1) und V08 (D2) fokussiert wird.

VK III	V03	V07	V11	V15	V19	V23	V27	V31
V03		0,099	*0,512*	*0,512*	0,341	0,452	*0,507*	*0,623*
V07			0,425	0,425	0,248	0,362	0,420	*0,540*
V11	*0,622*	*0,540*	0,110	0,002	0,186	0,068	0,006	0,112
V15	*0,562*	0,478	0,056	0,051	0,187	0,070	0,008	0,110
V19	0,325	0,231	0,317	0,256	0,016	0,118	0,181	0,302
V23	0,473	0,386	0,155	0,097	0,159	0,026	0,063	0,182
V27	*0,581*	*0,502*	0,019	0,035	0,286	0,130	0,093	0,118
V31	*0,501*	0,420	0,103	0,047	0,203	0,048	0,079	0,104

Tabelle 32: Effektgrößen der Differenz der durchschnittlichen Indexwerte in den Versionen mit einer fünf-stufigen Antwortskala und der zweiten Werte-Sequenz für die Nettostichproben 1 (obere Diagonalmatrix) und 2 (untere Diagonalmatrix)

Bei der dritten Versionskette liegt die höchste Anzahl mittlerer Effektgrößen in beiden Nettostichproben (1 = fünf; 2 = sechs) vor. Gegenüber der Betrachtung auf Ebene der Durchführungsanweisungen zeigen zwei Gegenüberstellungen jetzt keine niedrige Effektgröße mehr (Nettostichprobe 1: V11/V19 (D3/D5); Nettostichprobe 2: V19/V23 (D5/D6)). Neu hinzugekommene niedrige Effektgrößen sind lediglich in der Nettostichprobe 2 zu konstatieren und betreffen die Kombinationen V07/V19 (D2/D5) sowie V19/V31 (D5/D8). Somit zeigt V19 (D5) jetzt mit Ausnahme zu LR (V23) zumindest eine niedrige Effektgröße, d.h. die unter dieser Anweisung erzielten Werte weichen hier um mindestens 0,187 Indexpunkte (V19/V31 [D5/D8]) von denen der anderen ERR-Techniken ab, wobei MR (V19) immer den geringeren Indexwert (weniger Differenzierung) besitzt.
Hinsichtlich der Absolutbeträge der Effektgrößen in den beiden Gruppierungen sind deutlich mehr höhere Beträge in der Versionskette III zu konstatieren (Nettostichprobe 1: 18 von 28 und Nettostichprobe 2: 21 von 27), wobei die insgesamt stärkste Divergenz für V23/V31 (D6/D8) in der Nettostichprobe 1 auftritt.

VK IV	V04	V06	V10	V14	V18	V22	V26	V30
V04		0,072	0,470	*0,516*	0,259	0,490	0,367	*0,508*
V06			0,388	0,429	0,181	0,404	0,290	0,425
V10	*0,535*	0,450	0,066	0,027	0,214	0,003	0,087	0,037
V14	*0,536*	0,449	0,014	0,030	0,250	0,025	0,117	0,012
V18	0,222	0,144	0,318	0,314	0,037	0,225	0,119	0,252
V22	*0,538*	0,451	0,013	0,002	0,315	0,055	0,093	0,036
V26	*0,503*	0,423	0,007	0,006	0,296	0,005	0,137	0,124
V30	0,451	0,369	0,075	0,065	0,238	0,066	0,064	0,047

Tabelle 33: Effektgrößen der Differenz der durchschnittlichen Indexwerte in den Versionen mit einer elf-stufigen Antwortskala und der ersten Werte-Sequenz für die Nettostichproben 1 (obere Diagonalmatrix) und 2 (untere Diagonalmatrix)

Im Vergleich zu der aggregierten Betrachtung auf der Durchführungsanweisungsstufe, liegt bei der Versionskette IV in der Nettostichprobe 1 für V06/V18 (D2/D5) keine niedrige Effektgröße mehr vor, jedoch kommt diese für V14/V18 (D4/D5) und V18/V22 (D5/D6) neu hinzu. In der Nettostichprobe 2 ist demgegenüber nur eine kategoriale Veränderung zu konstatieren, d.h. V18/V30 (D5/D8) zeigt dort jetzt auch eine niedrige Effektgröße.
Bezüglich der Beträge der Effektgrößen sind in beiden Nettostichproben (1 = 13 von 28 und 2 = 9 von 27) in der Versionskette IV weniger oft die höheren Ausprägungen zu finden. Die maximalen Differenzen treten in der Nettostichprobe 1 für die Kombination V22/V30 (D6/D8) und bei den konsistent antwortenden Befragten für V16/V22 (D5/D6) zutage.
Beim internen Vergleich beider Nettostichproben fällt für 16 von 27 Gegenüberstellungen in der Nettostichprobe 1 die niedrigere Effektgröße an. Die durchschnittlichen Effektgrößen betragen 0,229 in der Nettostichprobe 1 und 0,248 in der Nettostichprobe 2.
V10 (D3) besitzt in beiden Nettostichproben nicht die höchste Effektgröße in Bezug auf V04 (D1) und V06 (D2), allerdings fallen die Differenzen zu den höchsten Effektgrößen bei den konsistent antwortenden Befragten nur marginal aus. In der Nettostichprobe 1 liegen jedoch für V04/V14 (D1/D4) und V04/V30 (D1/D8) mittlere Effektgrößen vor, während für V04/V10 (D1/D3) noch ein als gering zu kategorisierender Betrag zu konstatieren ist.
Auch bei dieser Versionskette zeigt sich die – bezogen auf die Differenzierung der Daten – inferiore Eigenschaft von MR (V18), denn diesbezüglich weisen alle anderen ERR-Techniken in der Nettostichprobe 2 einen höheren Indexwert auf, dessen Effektgröße als niedrig zu klassifizieren ist.

Den geringsten Unterschied der mittleren Indexwerte zeigen in der Nettostichprobe 1 V10 (D3) und V22 (D6), während diese Position in der Nettostichprobe 2 von V14/V22 (D4/D6) eingenommen wird.
Werden jetzt nicht mehr die über eine identische Antwortskala und Reihenfolge des Werte-Inventars verbunden Versionsketten, sondern sämtliche 32 eingesetzten Versionen betrachtet, so ergibt sich hinsichtlich des Indexwertes ein zu den bisherigen Beschreibungen kompatibles Bild. Im Hinblick auf die Divergenzen zu den ERR-Techniken zeigen sich im Rahmen von D1 für V02 und V03 relativ viele mittlere Effektgrößen, während dies bei D2 (aber in geringerer Anzahl als bei D1) für V07 und V08 der Fall ist. Insbesondere für V05 und V06 tritt hingegen nur eine mittlere Effektgröße (für den Vergleich mit V09) auf. In der Nettostichprobe 2 ist V09 auch die einzige Version, die zu einer Version aus D5 (V20) eine mittlere Effektstärke besitzt. Bei D5 (MR) ist für V17 die geringste Anzahl niedriger Effektgrößen zu den anderen Versionen der ERR-Techniken zu konstatieren, d.h. mit einer fünf-stufigen Antwortskala nivellieren sich die differenzierenden Wirkungen der Bestimmung des Least-Wertes wohl etwas.
Insgesamt zeigt sich durch die Indexbetrachtung, dass bei einer simultanen Berücksichtigung aller Prüfkriterien die absolute Extrem-Wert-Bestimmung vorzuziehen ist – insbesondere wenn nur die konsistent antwortenden Befragten einbezogen werden und auch der Kontrast zu D2 eine Rolle spielt. Die unterschiedlichen Positionen von D3 und D4 in Abhängigkeit von der zugrunde liegenden Antwortskala sind auch unter der Indexperspektive vorhanden: Während D4 auf der Variante mit elf Kategorien höhere Effektgrößen erzielt, liegt D3 bei fünf Optionen vorne. Dementsprechend werden die Verhältnisse bei diesem experimentellen Faktor im folgenden Abschnitt noch gesondert unter die Lupe genommen.

5.4.1.6 Explizite Betrachtung der beiden Antwortskalen

5.4.1.6.1 Verhältnisse hinsichtlich der fünf Prüfgrößen auf jeder Antwortskala

Als eine wesentliche Variation ist in der vorliegenden Untersuchung die eingesetzte Antwortskala in zwei Versionen administriert worden, weil eine unzureichende Differenzierung der Ratings auch durch eine zu geringe Anzahl an Antwortoptionen verursacht sein könnte. McCarty & Shrum (1997; 2000) haben diesbezüglich zwar ebenso eine Aufteilung vorgenommen (siehe Abschnitt 2.2.3), allerdings beinhalteten ihre Antwortskalen immer mindestens so viele Optionen, wie einzuordnende Objekte vorhanden waren. Dies ist vorliegend nicht der Fall, weil hier auf die in Umfragen gängigeren Antwortformate bei Likert-Skalen rekurriert wird.
Es erfolgt zuerst ein direkter Vergleich zwischen den Ausprägungen der fünf Kriterien auf den zwei verwendeten Antwortskalen getrennt für beide Nettostichproben. Um die Mittelwerte, Standardabweichungen und den Indexwert gegenüberzustellen, wird auf die integrierten Angaben zurückgegriffen (siehe Abschnitt 5.2.3), während die Passagen zu den Top-Box Wahlen und P_d-Werten auf den Originaldaten beruhen.

	5 Antwortoptionen		11 Antwortoptionen		Differenz		
	MW	SA	MW	SA	Betrag	EG	EG Kat
MW	4,0443	0,9272	4,0956	0,8561	-0,0514	0,058	--
SA	0,8914	0,2707	0,8127	0,2781	0,0787	0,287	niedrig
Top Box	7,0665	3,9530	5,3924	4,2490	1,6741	0,408	niedrig
P_d	0,5756	0,1567	0,6848	0,1768	-0,1092	*0,654*	mittel
Index	3,2140	0,9267	3,1630	0,8922	0,0511	0,056	--

Tabelle 34: Antwortskalenbezogene Unterschiede und ihre Effektgrößen bei den fünf Prüfkriterien in der Nettostichprobe 1

Anmerkung: EG = Effektgröße; EG Kat = kategorisierte Effektgröße

	5 Antwortoptionen MW	5 Antwortoptionen SA	11 Antwortoptionen MW	11 Antwortoptionen SA	Differenz Betrag	Differenz EG	EG Kat
MW	4,0584	0,9078	4,1076	0,8427	-0,0492	0,056	--
SA	0,8850	0,2718	0,8121	0,2790	0,0729	0,265	niedrig
Top Box	7,1066	3,9633	5,4328	4,2697	1,6738	0,407	niedrig
Pd	0,5728	0,1609	0,6828	0,1814	-0,1101	*0,642*	mittel
Index	3,2004	0,9416	3,1560	0,9050	0,0444	0,048	--

Tabelle 35: Antwortskalenbezogene Unterschiede und ihre Effektgrößen bei den fünf Prüfkriterien in der Nettostichprobe 2

Anmerkung: EG = Effektgröße; EG Kat = kategorisierte Effektgröße

Die resultierenden Effekte sind in beiden Nettostichproben identisch, allerdings fallen die Daten hinsichtlich ihres Betrages in der Nettostichprobe 1 etwas höher aus als in der Nettostichprobe 2. In beiden Populationen ist die stärkste Divergenz bezüglich des P_d-Wertes zu konstatieren, d.h. hier liegen die mittleren Beurteilungen auf den unterschiedlichen Antwortskalen am weitesten auseinander. Kaum Unterschiede sind hingegen für den Mittel- und Indexwert auszumachen.

Um die Wirkungen weiter aufzuschlüsseln, werden an dieser Stelle jetzt zuerst die Resultate für eine fünf-stufige Antwortskala präsentiert, wobei die Darstellung dem gewohnten Muster folgt, indem die Daten der konsistent antwortenden Befragten in der unteren Diagonalmatrix aufgeführt werden, und die Angaben sämtlicher Befragter in der oberen Diagonalmatrix zu finden sind. Auf der Hauptdiagonale erfolgt die Gegenüberstellung der Ergebnisse für identische Durchführungsanweisungen in beiden Nettostichproben.[347] Eine diesbezüglich explizite Unterscheidung zwischen beiden Antwortskalen rundet diesen Abschnitt ab.

	D1	D2	D3	D4	D5	D6	D7	D8
D1		0,135	*0,509*	0,450	0,382	0,392	*0,517*	*0,547*
D2			0,353	0,300	0,231	0,238	0,362	0,388
D3	*0,562*	0,395	0,034	0,045	0,125	0,124	0,014	0,035
D4	0,464	0,303	0,098	0,013	0,077	0,075	0,059	0,080
D5	0,353	0,200	0,204	0,107	0,037	0,003	0,138	0,161
D6	0,417	0,258	0,145	0,047	0,060	0,019	0,137	0,160
D7	*0,581*	0,413	0,031	0,126	0,229	0,172	0,047	0,020
D8	0,471	0,307	0,084	0,012	0,117	0,059	0,111	0,083

Tabelle 36: Effektgrößen der Differenz der mittleren Ratings auf einer fünf-stufigen Antwortskala in den jeweiligen Durchführungsanweisungen für die Nettostichproben 1 (obere Diagonalmatrix) und 2 (untere Diagonalmatrix)

Anmerkung: Die Formatierung zur Unterscheidung der drei Effektgrößenklassen folgt der Beschreibung in Fußnote 345

D3 (MLR) weist in Bezug auf D1 (RO) nicht die höchste Effektgröße auf, sondern bleibt hinter denjenigen für D7 (Nettostichprobe 2) und D8 (Nettostichproben 1 und 2) zurück.

In der Nettostichprobe 1 gibt es eine mittlere Effektgröße mehr (D1/D8) als in der Nettostichprobe 2, dafür treten dort aber zwei zusätzliche niedrige Effektgrößen innerhalb der ERR-Techniken (D3/D5 und D5/D7) auf und der Vergleich von D2 mit D5 führt nicht zu einer niedrigen Effektgröße.

In 19 von 27 Fällen liegt die Effektgröße in der Nettostichprobe 2 vom Betrag her über derjenigen in Nettostichprobe 1, d.h. die Unterschiede der mittleren Ratings zwischen den jeweili-

[347] Aus den bereits bekannten Gründen (keine Abgabe inkonsistenter Angaben möglich) bleiben dabei die Felder der beiden ersten Durchführungsanweisungen leer.

gen Durchführungsanweisungen sind bei einer Beschränkung auf die konsistent antwortenden Befragten ausgeprägter. Diese Tendenz setzt sich bei einer Fokussierung auf die durchschnittlichen Effektgrößen fort, bei der sich in der Nettostichprobe 1 ein Betrag von 0,216 ergibt, während dieser bei den konsistent antwortenden Befragten 0,234 ausmacht.

	D1	D2	D3	D4	D5	D6	D7	D8
D1		0,073	0,397	0,429	0,270	0,386	0,406	0,392
D2			0,317	0,349	0,195	0,305	0,331	0,312
D3	0,440	0,356	0,032	0,035	0,110	0,014	0,033	0,006
D4	0,452	0,369	0,019	0,015	0,143	0,049	0,000	0,041
D5	0,220	0,144	0,211	0,226	0,058	0,097	0,136	0,104
D6	0,402	0,318	0,044	0,062	0,172	0,004	0,046	0,007
D7	0,475	0,394	0,058	0,039	0,257	0,101	0,049	0,039
D8	0,317	0,235	0,123	0,139	0,091	0,081	0,171	0,080

Tabelle 37: Effektgrößen der Differenz der mittleren Ratings auf einer elf-stufigen Antwortskala in den jeweiligen Durchführungsanweisungen für die Nettostichproben 1 (obere Diagonalmatrix) und 2 (untere Diagonalmatrix)

Gegenüber der fünf-stufigen Antwortskala gibt es mehrere kategoriale Veränderungen bei den Effektgrößen, denn bei elf Optionen tritt keine mittlere Effektgröße mehr auf und in der Nettostichprobe 2 ist jetzt zusätzlich für die Gegenüberstellung von D4 mit D5 eine niedrige Effektgröße zu konstatieren. Dies dürfte den inferioren Charakter von D5 weiter betonen, denn jetzt weist im Rahmen der ERR-Techniken auch noch D4 (LMR) einen (merklich) niedrigeren Mittelwert als MR bei den Ratings auf. Allerdings fällt die absolute Differenz zwischen den beiden Durchführungsanweisungen mit einem Betrag von 0,2401 nicht sehr hoch aus, und macht auch lediglich 2,40 % der Skalenweite von zehn aus – nichtsdestotrotz ist dieser Unterschied jetzt als niedriger Effekt zu kategorisieren.

Die höchste Abweichung der betragsmäßigen Effektgrößen ist in beiden Nettostichproben für die Gegenüberstellung von D1 mit D8 zu konstatieren, bei der im Vergleich zu einer fünfstufigen Antwortskala für die elffach unterteilten Variante eine um 0,155 (Nettostichprobe 1) bzw. 0,154 (Nettostichprobe 2) Einheiten geringere Effektgröße auftritt. Auf der fünf-stufigen Antwortskala sind die Effektgrößen sowohl in der Nettostichprobe 1 (22 von 28), als auch bei der Beschränkung auf die konsistent antwortenden Befragten (16 von 27), höher als bei elf Antwortalternativen.

Letztendlich dürften die Zahlen zu den Mittelwerten der 17 Ratings die zu Beginn vermutete stärkere Differenzierung der Angaben alleine aus den vielfältigeren Antwortoptionen heraus erklären. Insofern ist die vorgenommene Variation sinnvoll, denn McCarty & Shrum (1997, 2000) haben minimal zehn Kategorien getestet, wobei aber immer so viele Antwortoptionen zur Verfügung standen, dass alle einzuordnenden Werte einer separaten Kategorie zugewiesen werden konnten. Auch dieser Aspekt muss also in einer konkreten Administrationssituation berücksichtigt werden.

Bisher wurden nur die skalenbezogenen Divergenzen bei den Mittelwerten der Ratings fokussiert, so dass jetzt noch die weiteren Prüfgrößen zu betrachten sind, von denen zuerst die Standardabweichung thematisiert wird.

Gegenüber den Mittelwerten (siehe Tabelle 36) weisen bei einer fünf-stufigen Antwortskala in der Nettostichprobe 2 die Kombinationen von D4 mit D5 und D6 mit D8 ebenfalls eine niedrige Effektstärke auf (siehe Tabelle 38). Weiterhin zeigt auch bei den Standardabweichungen D3 (MLR) nicht die höchste Effektgröße in Bezug auf D1 (RO), jedoch sind die absoluten Differenzen zum Spitzenreiter in der Nettostichprobe 2 (D6) sehr gering – in der Nettostichprobe 1 beträgt der Abstand zur bestplatzierten Option (D8) allerdings mehr als 10 Prozent, wobei dort auch noch D6 (ML) vor D3 gelegen ist. In der Nettostichprobe 1 kommt gegenüber der Mittelwertbetrachtung eine zusätzliche niedrige Effektgröße für D7/D8 ins Spiel.

	D1	D2	D3	D4	D5	D6	D7	D8
D1		0,137	*0,591*	*0,547*	0,273	*0,611*	0,443	*0,663*
D2			0,443	0,405	0,131	0,468	0,305	*0,522*
D3	*0,652*	*0,504*	0,066	0,023	0,317	0,043	0,117	0,108
D4	*0,579*	0,435	0,062	0,025	0,282	0,063	0,091	0,126
D5	0,269	0,128	0,380	0,312	0,001	0,347	0,183	0,405
D6	*0,655*	*0,512*	0,027	0,085	0,391	0,045	0,153	0,064
D7	0,476	0,338	0,139	0,078	0,220	0,157	0,037	0,212
D8	*0,542*	0,403	0,074	0,014	0,286	0,095	0,061	0,112

Tabelle 38: Effektgrößen der Differenz der Standardabweichung der Ratings auf einer fünf-stufigen Antwortskala in den jeweiligen Durchführungsanweisungen für die Nettostichproben 1 (obere Diagonalmatrix) und 2 (untere Diagonalmatrix)

In beiden Nettostichproben weist die Gegenüberstellung von D2 mit D5 (MR) keine niedrige Effektgröße auf – in der Nettostichprobe 2 ebenfalls D5/D7 – so dass auch hier die deutlich schlechtere Performance der MR-Anweisung zutage tritt, weil sich deren Standardabweichung der Ratings an diejenige nach einem zweimaligen Durchlesen der Liste annähert.
D3 und D6 besitzen in der Nettostichprobe 2 auch gegenüber D2 (ZD) eine mittlere Effektstärke, was in der Nettostichprobe 1 nur für D8 gilt.
In 17 von 27 Fällen weisen die Effektgrößen in der Nettostichprobe 2 einen höheren Betrag als in der Nettostichprobe 1 auf, wobei die entsprechenden Durchschnittsgrößen mit einer Differenz von 0,003 Einheiten allerdings eng beieinander liegen.

	D1	D2	D3	D4	D5	D6	D7	D8
D1		0,147	*0,606*	*0,635*	0,249	*0,646*	0,418	*0,668*
D2			0,435	0,456	0,092	0,470	0,257	0,497
D3	*0,689*	*0,511*		0,010	0,354	0,030	0,174	0,072
D4	*0,701*	*0,518*	0,006		0,375	0,021	0,189	0,065
D5	0,255	0,098	0,428	0,434		0,390	0,173	0,420
D6	*0,716*	*0,534*	0,016	0,023	0,451		0,206	0,044
D7	*0,508*	0,343	0,156	0,155	0,258	0,175		0,242
D8	*0,682*	0,500	0,005	0,001	0,422	0,022	0,150	

Tabelle 39: Effektgrößen der Differenz der Standardabweichung der Ratings auf einer elf-stufigen Antwortskala in den jeweiligen Durchführungsanweisungen für die Nettostichproben 1 (obere Diagonalmatrix) und 2 (untere Diagonalmatrix)

Im Großen und Ganzen sind hinsichtlich der Standardabweichungen bei einer elf-stufigen Antwortskala vergleichbare Ergebnisse zur fünf-stufigen Variante anzutreffen.
Im Gegensatz zu den Resultaten bei den Mittelwerten zeigt sich in der Nettostichprobe 1 für D2/D5 keine niedrige Effektgröße mehr, jedoch weisen nun D3, D4, D6 und D8 im Vergleich zu D5 sowie D7 bei der Gegenüberstellung mit D6 und D8, eine entsprechende Effektgröße auf. In der Nettostichprobe 2 kommen bei den Standardabweichungen jetzt niedrige Effektgrößen für D5/D6 und D5/D8 hinzu, so dass sich die Sonderrolle von MR (D5) im Rahmen der ERR-Techniken, insbesondere bei einer Beschränkung auf die konsistent antwortenden Befragten, einmal mehr bestätigt – eine ausschließliche Identifikation des bedeutendsten Wertes führt zwar zu stärkeren Differenzierungen (in Form höherer Standardabweichungen) im Vergleich zu einem reinen Rating (D1), jedoch nicht in Bezug auf D2 (ZD). Auch innerhalb der ERR-Techniken (D3 bis D8) weisen die Standardabweichungen bei D5 das geringste

Ausmaß auf, so dass sich der inferiore Charakter der Durchführungsanweisung auch im Rahmen dieser Prüfgröße offenbart.
In 18 von 27 Fällen sind die Beträge der Effektgrößen in den Nettostichprobe 2 höher als in der Nettostichprobe 1, wobei die durchschnittlichen Effektgrößen mit einer Differenz von 0,026 Einheiten deutlich stärker divergieren als bei der fünf-stufigen Antwortskala (0,003).
Beim expliziten Vergleich der fünf- mit der elf-stufigen Antwortskala in puncto Standardabweichung der Ratings, liegt die letztgenannte Variante eindeutig vorne, d.h. hier sind die stärkeren Kontraste zwischen alleinigem Rating und ERR-Techniken auszumachen, so dass die Wirkung der letztgenannten Vorgehensweisen höher ausfällt.
Nach den Betrachtungen zu Mittelwerten und Standardabweichungen werden jetzt die Top-Box Wahlen bei den Ratings fokussiert. Hier werden bei der tiefer gegliederten elf-stufigen Antwortskala geringere Kontraste zwischen den alleinigen Ratings und ERR-Techniken erwartet, weil es unter dieser Konstellation „einfacher" ist, auch ohne vorherige Extrem-Wert-Bestimmung nicht so häufig die „wichtig" Kategorie anzuklicken.
Obwohl an dieser Stelle natürlich primär die direkte Gegenüberstellung der beiden Antwortskalen interessiert, wird dem bewährten Muster gefolgt, und zunächst ein skalenspezifischer Vergleich der beiden Nettostichproben auf Ebene der Durchführungsanweisungen vorgenommen.

	D1	D2	D3	D4	D5	D6	D7	D8
D1		0,070	0,353	0,280	0,307	0,208	0,372	0,340
D2			0,285	0,212	0,238	0,138	0,304	0,272
D3	0,400	0,333	0,045	0,072	0,051	0,150	0,017	0,018
D4	0,306	0,238	0,093	0,025	0,022	0,076	0,089	0,055
D5	0,279	0,210	0,127	0,032	0,029	0,100	0,068	0,034
D6	0,228	0,159	0,177	0,083	0,051	0,020	0,168	0,134
D7	0,416	0,350	0,023	0,114	0,149	0,198	0,051	0,035
D8	0,295	0,229	0,101	0,008	0,024	0,075	0,121	0,038

Tabelle 40: Effektgrößen der Differenzen an Top-Box Wahlen bei den Ratings auf einer fünf-stufigen Antwortskala in den jeweiligen Durchführungsanweisungen für die Nettostichproben 1 (obere Diagonalmatrix) und 2 (untere Diagonalmatrix)

Gegenüber der Mittelwertbetrachtung ist in der Nettostichprobe 1 hinsichtlich der Kategorisierungen nur eine einzige Veränderung zu konstatieren (D2/D6 weist keine niedrige Effektgröße mehr auf), während diesbezüglich bei den konsistent antwortenden Befragten vier Unterschiede festzustellen sind, denn D2/D5 zeigt jetzt eine niedrige Effektgröße, wohingegen diese für D2/D6, D3/D5 und D5/D7 nicht mehr auftritt.
Insgesamt sind bei den Top-Box Wahlen ausschließlich niedrige Effektgrößen der ERR-Techniken in Verbindung mit dem reinen Rating zu verzeichnen, während innerhalb der ERR-Techniken nur Differenzen auftreten, deren Ausmaß unterhalb der Schwelle für eine niedrige Effektgröße bleibt. Allerdings darf nicht verkannt werden, dass in der Nettostichprobe 2 der Vergleich von D6 mit D7 nur ganz knapp hinter diesem Grenzwert zurückbleibt.
Es ist es erstaunlich, dass bei dieser Prüfgröße nicht D5 (MR) die am wenigsten wirkungsvolle ERR-Technik abbildet, sondern D6 (ML). Wenn also lediglich der unbedeutendste Wert zu identifizieren ist, so führt dies bei einer fünf-stufigen Antwortskala dazu, dass im Vergleich zu einem Rating nach einem zweimaligen Durchlesen des Werte-Inventars, nur geringfügig weniger Top-Box Wahlen stattfinden (siehe Zeile und Spalte D2 in Tabelle 40).
Wie aus der nachstehenden Tabelle 41 ersichtlich, sind in der Nettostichprobe 1, im Gegensatz zu den Verhältnissen bei den Mittelwerten, für fünf der zwölf Vergleiche von D1 und D2

mit den ERR-Techniken jetzt keine niedrigen Effektgrößen mehr vorhanden oder neu hinzugekommen.

	D1	D2	D3	D4	D5	D6	D7	D8
D1		0,008	0,231	0,266	0,140	0,199	0,245	0,164
D2			0,242	0,278	0,150	0,211	0,257	0,175
D3	0,266	0,278	0,036	0,037	0,093	0,039	0,020	0,072
D4	0,275	0,288	0,013	0,012	0,130	0,077	0,016	0,109
D5	0,095	0,105	0,177	0,187	0,046	0,057	0,111	0,023
D6	0,214	0,226	0,061	0,074	0,121	0,016	0,059	0,034
D7	0,319	0,332	0,067	0,053	0,237	0,128	0,079	0,091
D8	0,101	0,111	0,171	0,182	0,007	0,115	0,230	0,063

Tabelle 41: Effektgrößen der Differenzen an Top-Box Wahlen bei den Ratings auf einer elf-stufigen Antwortskala in den jeweiligen Durchführungsanweisungen für die Nettostichproben 1 (obere Diagonalmatrix) und 2 (untere Diagonalmatrix)

In der Nettostichprobe 2 sind gegenüber den Verhältnissen bei den Mittelwerten jetzt in Bezug auf D1 sowohl D5, als auch D8 nicht mehr mit niedrigen Effektgrößen ausgestattet. Zudem teilen D3/D5 und D4/D5 diesen Zustand, während D7/D8 nun eine niedrige Effektgröße zeigt.

Bei einer elf-stufigen Antwortskala offenbart sich jetzt – im Gegensatz zur fünf-stufigen Variante (siehe Tabelle 40) – wieder das schon gewohnte Bild für D5 (MR), die in beiden Nettostichproben im Vergleich zu den alleinigen Ratings (RO und ZD) keine niedrigen Effektgrößen aufweist.

Alles in allem sind die Effektgrößen vom Betrag her bei den Top-Box Wahlen am geringsten, so dass diese Variable wohl nicht den durchschlagendsten Effekt auf die Differenzierung der Ratings auszuüben scheint. Ihre Relevanz für die Analyse der Wirkungen der ERR-Techniken zeigt sich aber im Rahmen der Akquieszenzdarstellung in Abschnitt 5.4.3.

	D1	D2	D3	D4	D5	D6	D7	D8
D1		0,115	0,409	0,329	0,345	0,309	0,378	0,401
D2			0,303	0,222	0,237	0,201	0,274	0,296
D3	0,453	0,351	0,049	0,074	0,066	0,097	0,019	0,006
D4	0,355	0,252	0,092	0,030	0,010	0,022	0,054	0,068
D5	0,334	0,227	0,123	0,029	0,009	0,032	0,045	0,060
D6	0,323	0,217	0,128	0,035	0,006	0,017	0,076	0,091
D7	0,370	0,272	0,057	0,030	0,058	0,063	0,006	0,013
D8	0,271	0,169	0,167	0,075	0,048	0,041	0,099	0,114

Tabelle 42: Effektgrößen der P_d-Wert Differenzen bei den Ratings auf einer fünf-stufigen Antwortskala in den jeweiligen Durchführungsanweisungen für die Nettostichproben 1 (obere Diagonalmatrix) und 2 (untere Diagonalmatrix)

Im Vergleich zu den Resultaten bei den Mittelwerten der Ratings gibt es in Bezug auf den P_d-Wert in der Nettostichprobe 1 keine kategorialen Veränderungen, während in der Nettostichprobe 2 jetzt auch D2/D5 mit einer niedrigen Effektgröße aufwartet, die für D2/D8, D3/D5 und D5/D7 nicht mehr vorliegt.

In 16 von 27 Vergleichen fallen die Effektgrößen in der Nettostichprobe 1 geringer aus als bei der Beschränkung auf die konsistent antwortenden Teilnehmer. Dieses Resultat spiegelt sich auch in den durchschnittlichen Effektgrößen beider Nettostichproben wider, die mit 0,163 zu 0,172 zugunsten der konsistenten Population ausfallen.

Im internen Vergleich der Durchführungsanweisungen in beiden Nettostichproben zeigt D8 die größten Divergenzen, d.h. dort macht sich der Einfluss der inkonsistent antwortenden Befragten am stärksten bemerkbar.

	D1	D2	D3	D4	D5	D6	D7	D8
D1		0,046	0,290	0,277	0,178	0,309	0,235	0,285
D2			0,244	0,232	0,132	0,263	0,191	0,239
D3	0,328	0,284	0,045	0,011	0,113	0,017	0,043	0,001
D4	0,294	0,250	0,031	0,024	0,102	0,028	0,033	0,010
D5	0,155	0,109	0,178	0,145	0,022	0,132	0,065	0,111
D6	0,326	0,281	0,005	0,026	0,174	0,023	0,060	0,018
D7	0,274	0,233	0,033	0,004	0,133	0,028	0,048	0,042
D8	0,199	0,157	0,120	0,088	0,053	0,117	0,078	0,075

Tabelle 43: Effektgrößen der P_d-Wert Differenzen bei den Ratings auf einer elf-stufigen Antwortskala in den jeweiligen Durchführungsanweisungen für die Nettostichproben 1 (obere Diagonalmatrix) und 2 (untere Diagonalmatrix)

In der Nettostichprobe 1 zeigen – im Kontrast zu den Ergebnissen bei den Mittelwerten der Ratings – auf einer elf-stufigen Antwortskala jetzt drei Kombinationen (D1/D5, D2/D5 und D2/D7) keine niedrigen Effektgrößen mehr, d.h. ihre Divergenzen sind beim P_d-Wert nicht mehr so stark ausgeprägt. In der Nettostichprobe 2 sind sogar sechs Konstellationen (D1/D5, D1/D8, D2/D8, D3/D5, D4/D5 und D5/D7) von einem entsprechenden Wechsel betroffen. Bei 17 von 27 Vergleichen liegt auch hier die Effektgröße in der Nettostichprobe 1 unterhalb derjenigen von Nettostichprobe 2.

Die Effektgrößen für den durchführungsanweisungsinternen Vergleich (Werte auf den Hauptdiagonalen der vorstehenden Kreuztabellen) streuen bei der elf-stufigen Antwortskala weniger stark als bei fünf Antwortalternativen. Insofern übt auch hier die Ausweitung der Skalenkategorien einen nivellierenden Einfluss auf den Unterschied der P_d-Werte aus.

Beim Vergleich der beiden Antwortskalen fallen die Effektgrößen der P_d-Werte in 17 von 28 Fällen der Nettostichprobe 1 (18 von 27 in Nettostichprobe 2) für die fünf-stufige Variante höher als für die elf-stufige Antwortskala aus, womit die Variabilität der Ratings also auch durch die Anzahl an Antwortoptionen beeinflusst wird. Die maximale Effektgrößendifferenz (0,167 / 0,179) tritt in beiden Nettostichproben für D1/D5 auf, d.h. wenn nur der bedeutendste Wert der Liste zu bestimmen ist, macht sich die Anzahl an verfügbaren Skalenkategorien für deren anteilige Nutzung – im Vergleich zu den Verhältnissen bei einem reinen Rating – am stärksten bemerkbar. Auf der vergleichsweise weniger stark untergliederten fünf-stufigen Antwortskala lassen sich die Anteile identischer Kategoriebelegungen beim reinen Rating durch die ERR-Techniken deutlicher reduzieren als bei der Variante mit elf Optionen.

	D1	D2	D3	D4	D5	D6	D7	D8
D1		0,107	*0,571*	0,487	0,361	0,477	*0,508*	*0,601*
D2			0,477	0,391	0,260	0,380	0,413	*0,507*
D3	*0,647*	*0,557*	0,077	0,076	0,217	0,097	0,054	0,026
D4	*0,533*	0,440	0,105	0,047	0,137	0,019	0,022	0,102
D5	0,348	0,248	0,305	0,194	0,011	0,120	0,159	0,246
D6	*0,515*	0,421	0,134	0,026	0,171	0,041	0,041	0,124
D7	*0,560*	0,472	0,062	0,040	0,231	0,067	0,064	0,080
D8	0,491	0,401	0,141	0,035	0,157	0,010	0,073	0,091

Tabelle 44: Effektgrößen der Differenzen bei den Indexwerten der Ratings auf einer fünf-stufigen Antwortskala in den jeweiligen Durchführungsanweisungen für die Nettostichproben 1 (obere Diagonalmatrix) und 2 (untere Diagonalmatrix)

In der Nettostichprobe 2 gibt es bei den Indexwerten im Vergleich zu den Mittelwerten zwei zusätzliche niedrige Effektgrößen (D3/D5 und D5/D8), während in der Nettostichprobe 1 nur eine einzige weitere niedrige Effektgröße (D2/D5) hinzukommt. Alle betreffen D5 (MR), die im Kontrast zu den anderen ERR-Techniken durchweg niedrigere Beträge aufweist, was auf eine geringere Differenzierung der abgegebenen Urteile hindeutet. Dementsprechend ist D5 auch skalenbezogen als inferior einzustufen.

	D1	D2	D3	D4	D5	D6	D7	D8
D1		0,071	0,471	*0,500*	0,246	0,476	0,389	0,468
D2			0,392	0,421	0,171	0,394	0,315	0,391
D3	*0,538*	0,458	0,070	0,031	0,225	0,008	0,058	0,007
D4	*0,538*	0,459	0,008	0,047	0,256	0,040	0,087	0,023
D5	0,219	0,145	0,321	0,324	0,026	0,224	0,156	0,227
D6	*0,518*	0,437	0,033	0,041	0,297	0,049	0,052	0,015
D7	0,483	0,409	0,017	0,024	0,281	0,013	0,099	0,063
D8	0,409	0,334	0,112	0,117	0,201	0,083	0,084	0,048

Tabelle 45: **Effektgrößen der Differenzen bei den Indexwerten der Ratings auf einer elf-stufigen Antwortskala in den jeweiligen Durchführungsanweisungen für die Nettostichproben 1 (obere Diagonalmatrix) und 2 (untere Diagonalmatrix)**

Beim Indexwert der elf-stufigen Antwortskala bleibt in der Nettostichprobe 2 der Betrag für die Effektgröße von D2/D5 weiterhin unterhalb der Schwelle zur Klassifikation als niedrig, und auch in der Nettostichprobe 1 erreicht diese Kombination jetzt – im Gegensatz zur Mittelwertbetrachtung – diese Einordnung nicht mehr. In der Nettostichprobe 2 kommen zwei niedrige Effektgrößen hinzu (D5/D6 und D5/D8), so dass D5 bei einer elf-stufigen Antwortskala und beschränkt auf die konsistent antwortenden Befragten jetzt in Bezug auf alle übrigen ERR-Techniken einen Unterschied in den durchschnittlichen Indexwerten aufweist, der sich in niedrigen Effektgrößen niederschlägt. Auch in der Nettostichprobe 1 sind im Vergleich zu den Verhältnissen bei den Mittelwerten noch vier weitere niedrige Effektgrößen auszumachen, die ebenfalls ausschließlich in Kombination mit D5 auftreten, und D3, D4, D6 sowie D8 betreffen. Damit ist der für die konsistent antwortenden Befragten beschriebene Effekt, auch bei einem Einbezug der Personen mit widersprüchlichen Angaben zwischen Extrem-Ranking und Rating virulent. Dies sollte den inferioren Charakter von MR hinsichtlich der Datendifferenzierung weiter untermauern.

Beim direkten Kontrast beider Nettostichproben fallen 18 von 27 Effektgrößen bei den konsistent antwortenden Befragten höher aus, was sich auch in den durchschnittlichen Effektgrößen (Nettostichprobe 1 = 0,221 / 2 = 0,256) niederschlägt. Hier ist weiterhin darauf hinzuweisen, dass bei der konsistenten Population drei mittlere Effektgrößen zu konstatieren sind, während in der Nettostichprobe 1 lediglich die Gegenüberstellung von D1 und D4 ein entsprechendes Ausmaß annimmt. In der letztgenannten Population ist damit D3 (MLR) nicht die Durchführungsanweisung mit der stärksten Diskrepanz zu D1 (und D2), sondern D4.

Werden die nettostichprobenspezifischen Differenzen in den Effektgrößen der unterschiedlichen Antwortskalen fokussiert, so sind diese in beiden Fällen mehrheitlich für die fünf-stufige Variante höher (18 von 28 in Nettostichprobe 1 und 14 von 27 in Nettostichprobe 2). Der maximale Unterschied beträgt in der Nettostichprobe 1 0,133 Einheiten und betrifft die Konstellation D1/D8 (hier weist die fünf-stufige Antwortskala mit 0,601 eine mittlere Effektgröße auf, während die elf-stufige Variante mit 0,468 noch in den Bereich niedriger Effektgrößen fällt), wohingegen diesbezüglich bei der Beschränkung auf die konsistent antwortenden Befragten die Kombination D1/D5 den Spitzenplatz einnimmt.

Der geringste Unterschied zwischen den Effektgrößen auf den Antwortskalen tritt in beiden Nettostichproben für D1/D6 auf, d.h. die Anzahl an Antwortoptionen hat für den Vergleich der Ratings nach der ausschließlichen Bestimmung des unbedeutendsten Wertes mit denen eines alleinigen Ratings nur minimale Auswirkungen auf die Durchschnittsergebnisse.

5.4.1.6.2 Nettostichprobeninterner Vergleich der fünf- mit der elf-stufigen Antwortskala

Zum Abschluss dieser Analysen erfolgt jetzt eine auf die jeweilige Durchführungsanweisung und Nettostichprobe beschränkte direkte Gegenüberstellung aller fünf herangezogenen Prüfgrößen. Damit lassen sich die skalenspezifischen Wirkungen nochmals zusammenfassend beleuchten.

	Mittelwert		Standardabw.		Top-Box		P_d-Wert		Index	
	NSP 1	NSP 2	NSP 1	NSP 2	NSP 1	NSP 2	NSP 1	NSP 2	NSP 1	NSP 2
D1	0,037		0,312		0,447		*0,639*		0,015	
D2	0,099		0,283		0,381		*0,611*		0,021	
D3	0,165	0,179	0,289	0,274	0,387	0,394	*0,676*	*0,689*	0,113	0,128
D4	0,081	0,059	0,256	0,220	0,491	0,483	*0,712*	*0,701*	0,004	0,008
D5	0,141	0,171	0,335	0,323	0,338	0,317	*0,591*	*0,564*	0,109	0,123
D6	0,054	0,073	0,297	0,277	*0,505*	*0,509*	*0,785*	*0,789*	0,021	0,019
D7	0,136	0,139	0,325	0,260	0,389	0,426	*0,589*	*0,596*	0,107	0,068
D8	0,209	0,204	0,303	0,189	0,337	0,296	*0,667*	*0,613*	0,133	0,081

Tabelle 46: **Effektgrößen beim direkten Vergleich der mittleren Ratings auf einer fünf- und elf-stufigen Antwortskala in den jeweiligen Nettostichproben 1 (obere Diagonalmatrix) und 2 (untere Diagonalmatrix) hinsichtlich der fünf eingesetzten Kriterien**

Anmerkung: Die Formatierung zur Unterscheidung der drei Effektgrößenklassen folgt der Beschreibung in Fußnote 345

Die größten skalenbezogenen Auswirkungen sind hinsichtlich des P_d-Wertes zu konstatieren, denn hier liegen für alle acht Durchführungsanweisungen mittlere Effektstärken vor. Die höchste Divergenz tritt dabei für D6 auf, bei der schon fast eine hohe Effektgröße erreicht wird. Bei ML macht sich dementsprechend die Anzahl an Antwortoptionen am stärksten bemerkbar, wenn es um die durch den P_d-Wert gemessene Variabilität der Daten geht.

Der größte Unterschied von D1 und D3 (in der Differenz der Effektgrößen) tritt für die Mittelwerte auf, d.h. bei dieser Prüfgröße wirken sich die skalenspezifischen Besonderheiten am stärksten aus – in der Nettostichprobe 1 ist der Unterschied beim alleinigen Rating nur minimal, während er bei MLR zu einer Effektgröße von 0,165 führt. Die mittleren Ratings bei D1 betragen 4,2074 auf einer fünf-stufigen Antwortskala und 4,2232 für die elf-stufige Variante, während die Größen bei D3 3,9812 (fünf-stufig) und 4,0549 (elf-stufig) ausmachen. In beiden Fällen sind also die Ratings auf der Antwortskala mit elf Kategorien geringfügig höher.

Überhaupt sind der Mittel- und der Indexwert die beiden einzigen Variablen, bei denen vergleichsweise wenige (zumindest) niedrige Effektgrößen auftreten. Insofern scheint Letzterer gut geeignet zu sein, die Unterschiede beider Antwortskalen abzufedern.

Die Divergenzen zwischen den beiden Antwortskalen hinsichtlich der Top-Box Wahlen weisen in allen Durchführungsanweisungen eine zumindest niedrige Effektgröße auf, für D6 sogar eine mittlere. Die höheren Effektgrößen konzentrieren sich zwar nicht auf eine der beiden Nettostichproben, jedoch fällt der Durchschnittswert über alle acht Durchführungsanweisungen bei den konsistent antwortenden Befragten mit 0,409 geringfügig höher als in der Nettostichprobe 1 (0,407) aus. D8 zeigt in beiden Nettostichproben die geringste Effektgröße, so dass sich die unterschiedlichen Antwortskalen hier am wenigsten in abweichenden Top-Box Wahlen bemerkbar machen.

Somit lässt sich abschließend konstatieren, dass es sinnvoll war, mit verschieden unterteilten Antwortskalen zu arbeiten, d.h. diese experimentelle Variation hat „gegriffen" und limitierende Gesichtspunkte für den wirkungsvollen Einsatz der ERR-Techniken aufgezeigt.

5.4.2 Vergleich der Werte-Strukturen auf unterschiedlichen Aggregationsstufen

Um zu prüfen, inwieweit die vorgenommenen Variationen zu unterschiedlichen Werte-Strukturen geführt haben – nach McCarty & Shrum (1997, S. 248) bleiben beim reinen Rating möglicherweise Beziehungen im Binnenverhältnis der einzelnen Werte sowie zu anderen Variablen unentdeckt, weil die Antwortskala von den Befragten nicht vollständig ausgeschöpft wird (siehe Abschnitt 2.2.3.2, Seite 128) – werden die Daten nachfolgend entsprechend analysiert. Dabei steht die Frage im Mittelpunkt, ob sich durch die ERR-Techniken (in ihren vorliegend eingesetzten Variationen) divergente Werte-Muster im Vergleich zu einem reinen Rating – sowie untereinander – zeigen. Die Exploration der strukturellen Zusammenhänge im Rahmen dieser Arbeit ist deshalb wichtig, um eruieren zu können, inwieweit die variierten Durchführungsanweisungen zu verschiedenen Datenmustern führen, die sich in divergierenden Faktorstrukturen niederschlagen. Wenn dies der Fall wäre, würde beim Einsatz der ERR-Technik nicht nur die Differenzierung der Daten betroffen sein, sondern auch weitere substanzielle Verschiebungen. Diesbezügliche Ursachenzuschreibungen, die nach Tucker (1958, S. 112ff) neben den unterschiedlichen Durchführungsanweisungen auch Stichprobeneffekte oder faktorenanalytische Schwächen umfassen könnten, sind allerdings einstweilen nicht intendiert.[348] Hier geht es also einstweilen „nur" um den Gesichtspunkt, ob sich aus den verschiedenen Administrationsanweisungen (in Kombination mit den zwei unterschiedlich kategorisierten Antwortskalen sowie den beiden eingesetzten Reihenfolgen des Werte-Inventars) unterschiedliche Datenmuster ergeben oder nicht (vgl. Baird 1987, S. 319ff).
Die angerissenen Problemstellungen lassen sich durch Faktorenanalysen bearbeiten, deren grundlegenden Gesichtspunkte – bezogen auf den Kontext der hier verfolgten Forschungsfrage – im Weiteren kurz angerissen werden, bevor die Gegenüberstellung der ermittelten Faktorstrukturen fokussiert wird.
Vorliegend wird zwar keine Validierung der Daten vorgenommen, so dass die „korrekte" Struktur nicht bestimmt werden kann, allerdings sollten sich an den Ergebnissen der Faktorenanalysen über die Anzahl der zu extrahierenden Faktoren, sowie deren erklärende Werte und Strukturkoeffizienten, erste Tendenzen ablesen lassen. Dabei ist auch zu beachten, ob die MLR-Technik grundsätzlich zu höheren oder niedrigeren Korrelationen zwischen den Variablen führt. Weiterhin ist ebenso ein Vergleich zu den faktorenanalytischen Ergebnissen von Stiksrud (1976, S. 192ff) zu ziehen.

5.4.2.1 Faktorenanalysen als Instrument zur Komprimierung von Daten

Unter explorativen[349] Faktorenanalysen[350] werden multivariate Verfahren zur Datenverdichtung subsumiert, bei denen durch mathematisch-statistische Berechnungen, eine Variablenmenge (hier die Beurteilungen der 17 Werte anhand einer Rating-Skala) – ohne dass der Informationsgehalt der Daten zu starke Einschränkungen erfährt – auf eine geringere Anzahl

[348] Sollten sich die angesprochenen Vermutungen bewahrheiten, müssten in einem nächsten Schritt Untersuchungen darüber angestellt werden, welches Verfahren eine objektiv gegebene Werte-Struktur oder Verbindung zu anderen Variablen am realistischsten abbildet, denn vorliegend sind derartige Aspekte nicht in das Erhebungsdesign eingebunden gewesen.

[349] Daneben gibt es auch noch so genannte konfirmatorische Faktorenanalysen, bei denen allerdings schon bestimmte (i.d.R. theoretisch fundierte) Annahmen über die Struktur der Daten vorliegen müssen, deren modellhafte Abbildung dann getestet wird (vgl. Hurley et al. 1997, S. 681 und Velicer & Jackson 1990, S. 20f).

[350] Vgl. zu den Wurzeln der explorativen Faktorenanalysen auch Mulaik (1987).

von Faktoren[351] komprimiert wird (vgl. Jolliffe 2002, S. 1). Der Informationsverlust manifestiert sich darin, dass quantitativ weniger Faktoren als Variablen, natürlich nur eine geringere Varianz erklären können – wird aber in Kauf genommen, um die grundlegende Struktur der Werte-Liste „besser“ aufdecken zu können (vgl. Backhaus et al. 2000, S. 259).
Im vorliegenden Fall sind damit möglicherweise hinter den 17 Werten liegende Größen angesprochen, die z.B. eine Dichotomisierung der Vorgaben in „individuelle“ (Persönlichkeitsentwicklung, Abwechselung, etc.) und „soziale“ (Menschlichkeit, Natur, etc.) Werte bedeuten könnte. Konzepte wie „Sicherheit“ wären dabei potenziell beiden Gruppen zugehörig, weil darunter sowohl die persönliche Unversehrtheit (individuell), als auch der Schutz vor Naturkatastrophen und Terroranschlägen (sozial) angesprochen sein könnte.
Die Entscheidungen und Eingriffsmöglichkeiten im Rahmen von Faktorenanalysen sind sehr vielfältig, und zeigen nicht unerhebliche Auswirkungen auf die Gestalt der erzielten Ergebnisse. Deshalb sollten die getroffenen Festlegungen sorgfältig und detailliert dokumentiert werden, damit die generierten Resultate gut nachvollziehbar bleiben (vgl. Weiss 1971, S. 91f). Dies gilt insbesondere vor dem Hintergrund, dass die Berechnung einer Faktorenanalyse mit den heute zur Verfügung stehenden Computern und Statistik-Software-Programmen schnell und einfach durchzuführen ist,[352] was zu einem regelmäßigen Einsatz dieser Verfahren sowohl in theoretischen, als auch anwendungsbezogenen Bereichen geführt hat (vgl. Henson & Roberts 2006, S. 394). Dabei spielt auch eine Rolle, dass es i.d.R. kein objektives Kriterium zur Evaluation der Ergebnisse einer Faktorenanalyse gibt, was die Beurteilung entsprechender Veröffentlichungen erschwert (vgl. Tabachnick & Fidell 1996, S. 636).
Anhand der zu ihrer Durchführung notwendigen Prozeduren lässt sich eine Faktorenanalyse in die Teilschritte

(1) Berechnung und Analyse der Korrelationsmatrix der Ausgangsvariablen (5.4.2.1.2);
(2) Verfahren zur Extraktion der Faktoren (5.4.2.1.3);
(3) Bestimmung der Kommunalitäten (5.4.2.1.4);
(4) Festlegung der Anzahl an Faktoren (5.4.2.1.5);
(5) Rotation der extrahierten Faktoren (5.4.2.1.6);
(6) Faktorinterpretation (5.4.2.1.7) und
(7) Berechnung der Faktorwerte

untergliedern (vgl. Backhaus et al. 2000, S. 261; Fabrigar et al. 1999, S. 273ff und Henson & Roberts 2006, S. 397ff). Die als letzter Punkt aufgeführte Berechnung der Faktorwerte dient dazu, für sämtliche Befragte ihre Ausprägung auf jedem Faktor zu bestimmen, damit die Information in weiteren Analysen (z.B. zur Aggregation der Teilnehmer in Gruppen mittels Clusteranalyse) genutzt werden kann (vgl. Janssen & Laatz 2007, S. 547). Dieser Aspekt ist allerdings im vorliegenden Zusammenhang irrelevant, und wird deshalb nicht weiter betrachtet. Auch die von Fabrigar et al. (1999, S. 273) sowie Tucker et al. (1969, S. 458) als primärer Punkt angesprochene sorgfältige Auswahl der in die Faktorenanalyse einzubeziehenden Variablen, ist in dieser Arbeit nicht von Bedeutung, weil auf ein bestehendes Werte-Inventar (siehe Abschnitt 2.1.4.2.4.3) zurückgegriffen wird, das dementsprechend in Gänze zu analysieren ist.

---

[351] Obwohl in der Literatur teilweise eine explizite Differenzierung zwischen Faktoren (als Ergebnis einer Faktorenanalyse) und Komponenten (als Resultat einer Hauptkomponentenanalyse) getroffen wird (vgl. Guadagnoli & Velicer 1988, S. 265), werden beide Begriffe vorliegend – in Anlehnung an Velicer & Jackson (1990, S. 21ff) – synonym (vgl. zur konträren Ansicht z.B. Schönemann 1990, S. 48) genutzt. Andere Termini in diesem Zusammenhang sind unterliegende oder latente Dimensionen (vgl. Peterson 2000, S. 262).

[352] Dabei wird oftmals übersehen, dass die Faktorenanalyse ein sehr komplexes Analyseverfahren darstellt, bei dem ein gehöriges Maß an Expertenwissen zur korrekten Anwendung erforderlich ist (vgl. Arrindell & van der Ende 1985, S. 165).

Alle anderen Facetten werden in den nachfolgenden Abschnitten sukzessive beleuchtet, wobei die – vor der eigentlichen Faktorenanalyse anzusiedelnde – Stichprobenproblematik den Anfang macht.

5.4.2.1.1 Der Stichprobenumfang als kritische Größe (bei Faktorenanalysen)

Die geplanten Faktorenanalysen sind ein entscheidender Grund für die vorliegend vorgenommene Vollerhebung (siehe Abschnitt 4.3.6), denn viele Autoren (vgl. z.B. Guadagnoli & Velicer 1988, S. 265;[353] Humphreys et al. 1969, S. 269 und Tinsley & Tinsley 1987, S. 415) raten, den Stichprobenumfang bei diesem Verfahren nicht an einem bestimmten Verhältnis zur Anzahl der eingesetzten Variablen[354] festzumachen (vgl. Velicer & Fava 1998, S. 248; nach Guadagnoli & Velicer 1988, S. 265 weisen die Vorschläge für diese Relation in der Literatur eine Bandbreite von 2:1 bis 20:1 auf), sondern die maximal mögliche Menge an Probanden einzubeziehen. Damit wird ein forschungsökonomisches Problem tangiert, weil eine Ausweitung der Menge an Teilnehmern, sehr schnell zu budgetübersteigenden Kostenexpansionen führen kann (vgl. Arrindell & van der Ende 1985, S. 165f). Diesbezüglich wird ein Pluspunkt der vorliegend eingesetzten Online-Erhebung ausgespielt, da hier mit steigender Teilnehmerzahl nur unterproportional höhere Kosten verbunden sind (vgl. Bühler-Ilieva 2006, S. 166).

Insbesondere wenn die Sättigung[355] der Faktoren nur gering ausfällt, ist der Stichprobenumfang die wichtigste Größe, um stabile Lösungen zu erzeugen (vgl. Fava & Velicer 1992, S. 412f und Guadagnoli & Velicer 1988, S. 271). MacCallum et al. (1999, S. 96) erweitern die Betrachtung noch um den Aspekt der Kommunalität (siehe Abschnitt 5.4.2.1.4), deren Höhe ebenfalls einen maßgeblichen Einfluss auf die notwendigen Stichprobengröße zur Generierung beständiger Ergebnisse aufweist. In einer Folgestudie beziehen MacCallum et al. (2001, S. 612) außerdem so genannte „Modell-Fehler" mit ein, unter denen sie beispielsweise Aspekte wie eine große Anzahl unbedeutender Faktoren, nicht-lineare Einflüsse der Faktoren auf Indikatoren und die Verletzung der Annahme, dass die Faktorladungen für alle Individuen gleich sind, subsumieren. Die Analyse beruht auf der Annahme, dass die in Simulationsstudien gewonnenen Daten – die als Grenzwerte für reale Verhältnisse (siehe dazu auch die Ausführungen zur Parallelanalyse in Abschnitt 5.4.2.1.5.4) dienen (vgl. MacCallum et al. 1999) – für empirische Zwecke unbrauchbar sind, weil sie die fehlerbehaftete Wirklichkeit nicht adäquat abbilden (vgl. auch MacCallum & Tucker 1991, S. 502). Aber auch wenn die Modell-Fehler integriert werden, ändert sich an der generellen Aussage zur Wichtigkeit der Kommunalitäten im Zusammenhang mit der Festlegung des Stichprobenumfangs nichts (vgl. MacCallum 2001, S. 635ff).

---

[353] Bei den Angaben von Gudagnoli & Velicer (1988, S. 266) darf aber nicht außer Acht gelassen werden, dass sie auf konstruierten Ideal-Datensätzen (im Falle von zwölf Variablen und drei Faktoren weisen beispielsweise jeweils vier Variablen auf einem der drei Faktoren eine Ladung von 0,60 auf, während die Übrigen dort eine Null-Ladung besitzen) beruhen, und deshalb nur ein unteres Limit der Fallbetrachtung darstellen können (vgl. dazu auch Tucker et al. 1969, S. 412ff).

[354] Manche Autoren empfehlen auch bestimmte Untergrenzen, z.B. dass der Stichprobenumfang dreimal so hoch sein sollte, wie die Anzahl der Variablen, mindestens jedoch deren Anzahl entspricht (vgl. Backhaus et al. 2000, S. 322). Insgesamt sind die Ratschläge allerdings alles andere als eindeutig, wie Henson & Roberts (2006, S. 401f) in ihrem Überblicksreferat feststellen (vgl. auch Arrindell & van der Ende 1985, S. 166).

[355] Darunter ist die Höhe der faktorbildenden Strukturkoeffizienten zu verstehen, wobei im Falle von Beträgen für die erklärenden Variablen um 0,5 oder weniger, im Allgemeinen von einer geringen Sättigung gesprochen wird (vgl. Glorfeld 1995, S. 384ff).

5.4.2.1.2 Berechnung der Korrelationsmatrix der Ausgangsvariablen

Korrelationskoeffizienten – und auf ihnen basierende[356] Faktorenanalysen – können durch Abweichungen von Normalverteilung,[357] Linearität, Homoskedastizität[358] sowie Restriktionen hinsichtlich der Spannweite (wenn z.B. aufgrund stichprobenspezifischer Besonderheiten einige Variablen nur ein beschränktes Antwortspektrum aufweisen und andere nicht) und der Verteilung der Daten beeinflusst werden, wobei insbesondere die beiden letztgenannten Punkte im vorliegenden Zusammenhang keinesfalls zu vernachlässigen sind (vgl. Stewart 1981, S. 60). Die Spannweite der Antworten ist natürlich bei einem positiven Konstrukt von Vornherein eher eingeschränkt – betrifft dann allerdings sämtliche abgefragten Objekte, so dass das Problem vorliegend zwar generell auftreten dürfte, aber keine Limitierung auf einige spezifische Variablen erfährt. Auch der zweite Aspekt ist in dieser Arbeit weniger relevant, weil die Verteilungen der einzelnen Variablen prinzipiell ähnlich ausfallen,[359] so dass sich kaum Restriktionen für die Berechnung der Korrelationen ergeben. Dementsprechend stehen einer Faktorenanalyse aus datentechnischer Sicht nur geringfügige Einschränkungen im Wege.

In einer Faktorenanalyse repräsentieren die Komponenten hinter den Variablen stehende Größen, und sind damit Indikatoren für deren internen Zusammenhang (vgl. Backhaus et al. 2000, S. 262). Um die Beziehungen messbar zu machen, werden Korrelationen zwischen sämtlichen Variablen berechnet, wobei ein hoher Koeffizient (vgl. Brosius 1998, S. 503) für die Relation zweier Variablen, einen Hinweis auf ihre gegenseitige lineare Abhängigkeit[360] liefert (vgl. Bortz 2005, S. 210ff).

Nach dem Erstellen der Korrelationsmatrix gilt es, diese auf ihre Eignung für eine Faktorenanalyse zu prüfen (vgl. Vierra & Carlson 1981, S. 276ff). Dabei ist es nach Backhaus et al. (2000, S. 266) zwar durchaus ratsam, mehr als eines der diesbezüglich zur Verfügung stehenden Kriterien (Signifikanzniveau der Korrelationen, Inverse der Korrelationsmatrix, Bartlett Test auf Sphärizität [vgl. Lattin et al. 2003, S. 109], Anti-Image Kovarianzmatrix oder Kaiser-Meyer-Olkin-Kriterium) heranzuziehen, allerdings erfolgt vorliegend – begründet durch die nachfolgend aufgeführten Schwächen der einzelnen Verfahren – die alleinige Fokussierung auf das letztgenannte Kriterium (vgl. Kaiser 1970, S. 404ff).

Das Signifikanzniveau und der Bartlett Test sind ungeeignet, weil ihre Ergebnisse nach Dziuban & Shirkey (1974, S. 360) lediglich eine Untergrenze zur Eignungsfeststellung der Korrelationsmatrix liefern. Dabei wird der Bartlett Test – wie andere Signifikanztests auch – substanziell vom Stichprobenumfang beeinflusst (vgl. Knapp & Swoyer 1967, S. 17), so dass selbst bei einem bestandenen Test nicht unbedingt von einer Matrix-Eignung ausgegangen werden kann, wenn die Fallzahl entsprechend hoch ist (vgl. Gorsuch 1973, S. 364) – was vorliegend unter vielen Konstellationen gegeben sein dürfte.

Eine Korrelationsmatrix ist dann für eine Faktorenanalyse tauglich, wenn ihre Inverse eine Diagonalmatrix darstellt, d.h. die Nicht-Diagonal-Elemente möglichst nahe bei null liegen

---

[356] An Stelle von Korrelations- können auch Kovarianzmatrizen die Grundlage einer Faktorenanalyse bilden.

[357] Fabrigar et al. (1999, S. 283) – die sich auf die korrespondierenden Angaben von West et al. (1995, S. 74) für Strukturgleichungsmodelle beziehen – setzen für eine entsprechende Diskrepanz eine Schiefe größer zwei sowie einer Kurtosis größer sieben voraus. Für die konsistenten Befragten und beide Skalen, ist für GES und LIE die Schiefe größer als zwei, aber nur für die elf-stufige Antwortskala ist auch für GES die Kurtosis größer als sieben. Ansonsten werden auf dieser Aggregatstufe keine entsprechenden Werte erreicht.

[358] Hinter dieser Bezeichnung verbirgt sich die Voraussetzung, dass die Streuungen der Variablen homogen sein müssen (vgl. Bortz 2005, S. 192).

[359] Obwohl die Faktorenanalyse selber keine Verteilungsannahmen voraussetzt, ist zumindest eine Prüfung der Variablen auf vergleichbare Verteilungen empfehlenswert (vgl. Backhaus et al. 2000, S. 266).

[360] Damit werden aber weder kausale Bedingtheiten, noch die Verursachung der Korrelation durch einen (oder mehrere) hinter den zusammenhängenden Variablen gelegenen Faktor(en), angezeigt (vgl. Backhaus et al. 2000, S. 265).

(vgl. Kaiser 1970, S. 404), wobei es allerdings kein allgemeingültiges Kriterium dafür gibt, wie stark und wie häufig eine Abweichung von Null auftreten darf (vgl. Backhaus et al. 2000, S. 267).
Der Begriff „Anti-Image" geht auf Guttman (1953, S. 284) zurück und beschreibt den Teil der Varianz, der – im Rahmen einer multiplen Regressionsanalyse – nicht durch die verbliebenen Variablen erklärt werden kann (vgl. Brosius 1998, S. 645f). Da die Faktorenanalyse unterstellt, dass den Variablen gemeinsame Faktoren zugrunde liegen, ist es unmittelbar einsichtig, dass Erstere nur dann für eine entsprechende Berechnung geeignet sind, wenn ihr Anti-Image möglichst gering ausfällt (vgl. Backhaus et al. 2000, S. 268). Dies bedeutet, dass die Nicht-Diagonal-Elemente der Anti-Image Kovarianzmatrix möglichst nahe bei Null liegen sollten (vgl. Harman 1976, S. 222f). Als kritische Grenze zur Erfüllung dieses Kriteriums schlagen Dziuban & Shirkey (1974, S. 360) vor, dass der Anteil an Nicht-Diagonal-Elementen, die einen Betrag von 0,09[361] überschreiten, nicht mehr als 25 Prozent ausmacht (vgl. zu den Einwänden gegen diese Empfehlung Bejar 1978, S. 325).
Das von Kaiser, Meyer und Olkin entwickelte Maß der Stichprobeneignung (vgl. Kaiser 1970, S. 404ff) wird in der Literatur als das beste zur Verfügung stehende Verfahren zur Prüfung der Korrelationsmatrix angesehen (vgl. Backhaus et al. 2000, S. 269), weshalb seine Anwendung vor der Durchführung einer Faktorenanalyse auf jeden Fall zu empfehlen ist (vgl. Stewart 1981, S. 57f) und vorliegend ebenfalls herangezogen wird. Das Kriterium[362] zeigt an (Wertebereich von Null bis Eins), in welchem Umfang die Ausgangsvariablen zusammengehören und erlaubt sowohl eine Beurteilung der gesamten Korrelationsmatrix, als auch sämtlicher Variablen (vgl. Backhaus et al. 2000, S. 269). Dabei wirken vier Effekte ein, so dass sein Wert – bei Konstanz der drei übrigen Größen – verbessert wird, wenn sich (1) die Anzahl der Variablen erhöht, (2) die (effektive) Anzahl der Faktoren vermindert, (3) der Stichprobenumfang ausweitet und (4) das generelle Niveau der Korrelationen erhöht (vgl. Kaiser 1970, S. 405). Nach Kaiser & Rice (1974, S. 113) sollten die Werte für diese Prüfgröße mindestens 0,80 betragen, damit von gut für eine Faktorenanalyse geeigneten Daten auszugehen ist, und größer als 0,90 sein, wenn von exzellenter Datenqualität gesprochen werden soll.

5.4.2.1.3 Verfahren zur Extraktion der Faktoren

Es gibt in der Literatur keine einheitliche Sichtweise hinsichtlich der Gemeinsamkeiten und Unterschiede bei den Lösungen durch einzelne Faktorextraktionsverfahren[363]. Velicer et al. (1982, S. 382ff) haben sich beispielsweise mit den diesbezüglichen Divergenzen zwischen Hauptkomponenten-, Imagekomponenten- und Maximum-Likelihood-Faktorenanalysen auseinandergesetzt (vgl. dazu auch die Abbildung in Hakstian & Muller 1973, S. 463), und keine wesentlichen Ergebnisdifferenzen entdecken können (vgl. auch Velicer & Jackson 1990, S. 21ff).[364] Die abweichenden Ansichten von Lee & Comrey (1979) sowie Dziuban & Harris

[361] Auch diese Grenzziehung erscheint willkürlich und beruht nach Stewart (1981, S. 57) wohl auf einer Analyse von Knapp & Swoyer (1967, S. 15f), die sie für Stichprobenumfänge größer als 200, zehn Variablen und ein Signifikanzniveau von 5 % angeben.

[362] Dabei werden die quadrierten Nicht-Diagonalelemente der Korrelationsmatrix zur Summe aus den quadrierten Nicht-Diagonalelementen der Anti-Image-Korrelationsmatrix und den quadrierten Nicht-Diagonalelementen der Korrelationsmatrix in Beziehung gesetzt (vgl. Kaiser & Rice 1974, S. 112f).

[363] Vgl. zu einer Übersicht beispielsweise die Zusammenstellungen in Harman (1976, S. 108) und Janssen & Laatz (2007, S. 541f).

[364] Insbesondere der Artikel von Velicer & Jackson (1990) hat zahlreiche Kommentare und Repliken stimuliert – die alle im gleichen Heft abgedruckt sind – so dass die unterschiedlichen Argumentationen dort nachgelesen werden können. Die Divergenzen zwischen beiden Extraktionsverfahren betreffen hauptsächlich die Behandlung der Diagonalelemente der zu faktorisierenden Korrelationsmatrix (vgl. Jolliffe 2002, S. 158f), und da deren Anteil an der Gesamtzahl der Korrelationen mit zunehmender Variablenanzahl sinkt (vgl. Snook & Gorsuch 1989, S. 149), kann nach Gorsuch (1983) davon ausgegangen werden, dass die Lösungen beider Vorgehensweisen ab einer Variablenmenge von 30 nur noch wenig unterschiedlich ausfallen werden (vgl. Thompson & Daniel 1996, S. 201).

(1973, S. 98) könnten in deren Anwendung der K1-Regel bei der Bestimmung der Anzahl zu extrahierender Faktoren begründet sein, die in diesem Punkt zu einer Überfaktorisierung neigt (vgl. Velicer 1982, S. 386 und Abschnitt 5.4.2.1.5.2).

Bei einer Meta-Analyse von Peterson (2000, S. 272f) zeigen sich keine Unterschiede in der durchschnittlichen Varianzerklärung von Hauptachsen- und Hauptkomponentenanalyse, so dass aus dieser Perspektive keine grundsätzlichen Bedenken gegen die Entscheidung für das letztgenannte Verfahren bestehen. Obwohl sich die beiden Extraktionsverfahren – als iterative Prozeduren – in ihrer Rechentechnik nicht unterscheiden, gehen sie jedoch von vollkommen unterschiedlichen Modellen aus (vgl. Backhaus et al. 2000, S. 285f und Schneeweiss & Mathes 1995, S. 107ff): Das Ziel der Hauptkomponentenanalyse besteht in der möglichst umfassenden Reproduktion der Datenstruktur durch eine minimale Anzahl an Faktoren (i.d.R. ohne dabei ein explizites Modell für die Verbindung zwischen den Variablen und Faktoren anzunehmen; vgl. Jolliffe 2002, S. 151ff), wohingegen bei der Hauptachsenanalyse eine Erklärung für die Varianz der Variablen durch hinter ihnen liegende hypothetische Konstrukte (Faktoren) gesucht wird (vgl. Conway & Huffcutt 2003, S. 150). Dementsprechend lautet die Fragestellung bei der Interpretation der Ergebnisse einer Hauptkomponentenanalyse, wie sich die auf einen Faktor hoch ladenden Variablen, am besten durch einen Sammelbegriff zusammenfassen lassen, während es bei einer Hauptachsenanalyse darum geht, die Ursachen der salienten Ladungen von Variablen auf einem Faktor zu eruieren (vgl. Backhaus et al. 2000, S. 286).

Insofern ist für die in dieser Arbeit verfolgte Fragestellung – bei der es um die Aufdeckung von Zusammenhängen in den Datenstrukturen bei unterschiedlichen Vorgehensweisen geht – eine Hauptkomponentenanalyse die geeignete Methode. Gegenargumente erwachsen daraus, dass im Falle eines geringen Ranges der Korrelationsmatrix[365], bei nicht unerheblichem Messfehler oder wenn sich dieser nicht gleichmäßig auf die Variablen verteilt sowie einem kleinen Stichprobenfehler (wegen eines hohen Stichprobenumfangs), andere Extraktionsmethoden mehr Anziehungskraft ausüben (vgl. Thompson & Daniel 1996, S. 202). Außerdem geben Fabrigar et al (1999, S. 276ff) sowie Conway & Huffcutt (2003, S. 150f) zu bedenken, dass selbst bei dem Ziel der ausschließlichen Verdichtung der Daten, immer auch Überlegungen zu den Ursachen für die gefundene Lösung angestellt werden, die im Modell der Hauptachsenanalyse inhärent sind.

Trotz dieser möglichen Einwände ist allerdings nach Merenda (1997, S. 157) die Hauptkomponentenanalyse die zu präferierende Methode, wenn in einer explorativen Studie[366] eine Anzahl Items hinsichtlich ihrer Dimensionalität geprüft werden soll (vgl. ten Berge 1986b, S. 51f). Ähnlich argumentiert auch Jolliffe (2002, S. 161), der eine Faktorenanalyse dann als adäquat ansieht, wenn „unsichtbare Faktoren entdeckt werden sollen, aus denen sich die Ergebnisse erhobener Verhaltensvariablen ableiten lassen", während diese modellhafte Verbindung bei einer Hauptkomponentenanalyse nicht direkt fokussiert wird. Nach Jolliffe (2002, S. 165) kann es allerdings trotz der Unterschiede der beiden Extraktionsverfahren durchaus informativ sein, einen Datensatz mit beiden Varianten zu analysieren, weil sich die Hauptkomponentenanalyse auf die Erklärung der Diagonalelemente der Korrelationsmatrix konzentriert, wohingegen die Faktorenanalyse die Nicht-Diagonalelemente fokussiert.

[365] Unter dem Rang einer Matrix versteht man die Anzahl der von Null verschiedenen Zeilen, in der aus einer Ausgangsmatrix mittels Gauß-Elimination erzielten Zeilenstufenmatrix (vgl. Meyberg & Vachenauer 2003, S. 259).

[366] Obwohl Stiksrud (1976, S. 192ff; siehe Abschnitt 5.4.2.3.6) bereits eine Faktorenanalyse des Werte-Inventars berechnet hat, kann der explorative Charakter vorliegend bejaht werden, weil jetzt Rating-Daten den Ausgangspunkt der Untersuchung bilden.

5.4.2.1.4 Bestimmung der Kommunalitäten

Unter dem Terminus wird der Teil der Gesamtvarianz einer Variablen subsumiert, der durch die gemeinsamen Faktoren erklärt wird (vgl. Backhaus et al. 2000, S. 282). Die Schätzung dieser Größe ist eng mit der Wahl des Verfahrens zur Faktorextraktion verbunden, wobei die Hauptachsenanalyse unterstellt, dass sich die Varianz einer Variablen in die Komponenten Kommunalität und Einzelvarianz aufteilt (dies hat zur Folge, dass die Kommunalitäten zu Beginn der Analyse immer kleiner als Eins geschätzt werden), während die Hauptkomponentenanalyse davon ausgeht, dass die Varianz einer Ausgangsvariablen vollständig durch die Faktoren erklärt werden kann, was zu einem Startwert für die Kommunalitäten von Eins führt (vgl. Russell 2002, S. 1630).
Insofern ist vorliegend bei der Aufdeckung von Zusammenhängen in den Datenstrukturen unterschiedlicher experimenteller Stimuli durch eine Hauptkomponentenanalyse, die Schätzung der Kommunalitäten unkritisch, da diese als Eins angenommen werden (vgl. Harman 1976, S. 70ff).

5.4.2.1.5 Anzahl zu extrahierender Faktoren

Nach Cattell & Vogelmann (1977, S. 289) kann eine Faktorenanalyse bei jedem der durchzuführenden Schritte (siehe Seite 364) „ruiniert“ werden, jedoch sind in dieser Hinsicht vornehmlich eine unpassende Bestimmung der Faktorenanzahl (vgl. Hakstian & Muller 1973, S. 461 und Weiss 1971, S. 87ff) sowie eine inadäquate Rotation (siehe Abschnitt 5.4.2.1.6) anfällig für die Generierung fehlerhafter Ergebnisse (vgl. Crawford 1975, S. 226). Vor allem der erstgenannte Gesichtspunkt verdient eine besondere Aufmerksamkeit, denn ansonsten zeigt sich eine gewisse Robustheit der faktorenanalytischen Alternativen bezüglich der übrigen Entscheidungsparameter (vgl. Zwick & Velicer 1986, S. 432ff).
Daneben ist die Extraktion der korrekten Anzahl an Faktoren auch deshalb so relevant, weil nur in diesem Fall eine stimmige Interpretation der gefunden Lösung möglich und von einer weitgehenden Ergebnisunabhängigkeit der beiden Extraktionsmethoden Hauptachsen- und Hauptkomponentenanalyse (siehe Abschnitt 5.4.2.1.3) auszugehen ist (vgl. Patil et al. 2008, S. 163).
Generell kommt es darauf an, nur so viele Komponenten zu identifizieren, dass keine trivialen Varianzerklärungen[367] vorliegen (vgl. Hayton et al 2004, S. 193), wobei allerdings bislang keine eindeutige, d.h. das zugrunde liegende mathematische Problem exakt lösende, Rechenanweisung zur Bestimmung der Anzahl an Faktoren existiert (vgl. Cattell 1958, S. 791; Horn 1965, S. 181f und Jolliffe 2002, S. 133).
Es gibt konzeptionelle und empirische Evidenzen, dass sowohl die Extraktion zu vieler, als auch zu weniger Faktoren, einen substanziellen Einfluss auf die Ergebnisgüte besitzt (vgl. Cota et al. 1993b, S. 586; Fabrigar et al. 1999, S. 278 und Wood et al. 1996, S. 354ff), wobei die Spezifizierung einer zu geringen Faktormenge als das gravierendere Problem eingestuft wird (vgl. Fava & Velicer 1996, S. 928; Glorfeld 1995, S. 381 und Hayton et al. 2004, S. 192). Obgleich also die Verdichtung der Daten auf eine höhere als die eigentlich notwendige Anzahl an Faktoren zunächst als weniger problematisch einzustufen ist (vgl. Fava & Velicer 1992, S. 412f und Stewart 1981, S. 59), wird auch in diesem Fall ein suboptimales Ergebnis generiert, bei dem eine Fokussierung auf relativ unbedeutende Faktoren – zulasten

[367] Henson & Roberts (2006, S. 402f) geben in ihrer Studie einen mittleren Prozentsatz von 52,03 für die Varianzerklärung der untersuchten Faktorenanalysen an, während Peterson (2000, S. 272) in seiner Meta-Analyse eine durchschnittliche Varianzerklärung von 56,6 % durch die Faktoren errechnet. Verglichen mit den 50,2 % an Varianzerklärung durch Zufallsdaten, ist es erstaunlich, dass in 30 Prozent der bei Peterson (2000, S. 262ff) einbezogenen Erhebungen, eine geringere Varianzerklärung angegeben wurde, was durchaus Zweifel an der Ergebnisqualität mancher faktorenanalytischer Anwendungen aufkommen lässt (vgl. auch Merenda 1997, S. 158).

der Hauptfaktoren mit einer hohen Varianzaufklärung – ausgelöst werden kann, so dass Komponenten mit nur einem einzigen hohen Strukturkoeffizienten, schwer zu interpretierende oder nicht replizierbare Faktoren, die Folge sind (vgl. Zwick & Velicer 1986, S. 432). Die Effekte sind vor allem dann virulent, wenn den Daten zwei oder noch mehr Dimensionen unterliegen, wobei die Verminderung (Degradierung) der salienten Strukturkoeffizienten – also der die Faktoren bildenden Variablen – bei einer Hauptkomponentenanalyse zwar stärker ausfällt, jedoch im Falle höherer Ladungen und bei großem Stichprobenumfang nicht dramatisch ist (vgl. Lawrence & Hancock 1999, S. 566f).
Aufgrund der erheblichen Bedeutung, die der Bestimmung der Anzahl an Faktoren im Rahmen einer Faktorenanalyse zukommt, wird dieser Gesichtspunkt jetzt ausführlich gewürdigt, und dabei vor allem das Vorgehen der Parallelanalyse (siehe Abschnitt 5.4.2.1.5.4) fokussiert.

5.4.2.1.5.1 Kriterien zur Bestimmung der Anzahl an Faktoren

In der Literatur werden mehrere Prozeduren (z.B. Bartlett-Test, MAP[368], K1-Regel, Scree-Test und Parallelanalyse)[369] zur Bestimmung der Anzahl an Faktoren diskutiert, von denen an dieser Stelle die drei Letztgenannten behandelt werden, weil sie den Pool zur Auswahl der geeigneten Vorgehensweise bilden. Zum Schluss dieses Unterpunktes wird dann noch das Ergebnis einer Simulationsstudie von Zwick & Velicer (1986; siehe Abschnitt 5.4.2.1.5.5) referiert, in der alle aufgeführten Verfahren systematisch untersucht werden.

5.4.2.1.5.2 Das Eigenwert-größer-als-Eins-Kriterium (K1-Regel)

Die theoretische Basis (vgl. Guttman 1954, S. 157ff und Kaiser 1960, S. 145f) sowie ihre einfache Anwendbarkeit haben dazu geführt, dass die Faustregel von Kaiser (1970), nur solche Faktoren zu extrahieren, deren Eigenwert[370] größer als Eins ist, bereitwillig und großflächig adaptiert wurde (vgl. Gorsuch 1983, S. 149 und Hakstian et al. 1982, S. 194). Dabei wird aber vielfach übersehen, dass bei dieser Art der Bestimmung nicht die Stichproben-, sondern die (i.d.R. unbekannten) Populationskorrelationen herangezogen werden müssen (vgl. Cliff 1988, S. 279), und die Diagonalelemente der Korrelationsmatrix keine quadrierten multiplen Korrelationen[371] enthalten dürfen (vgl. Lance et al. 2006, S. 211 und Stewart 1981, S. 58). Diesbezüglich ist ebenso zu bedenken, dass nach der K1-Regel ein Faktor mit einem Eigenwert von 1,01 extrahiert würde, während eine Komponente mit einem entsprechenden Wert von 0,99 keinen eigenständigen Faktor bilden würde (vgl. Ford et al. 1986, S. 306). Eine schematische Regelanwendung – ohne reflektierende Berücksichtigung der Daten bzw. des zu messenden Konstrukts – ist aber als übersimplifizierend und unpassend zu charakterisieren (vgl. Kaufman & Dunlap 2000, S. 389).
Ein zusätzliches Problem bei der K1-Regel liegt im Verhältnis der Anzahl von Faktoren und Variablen, denn dieses bewegt sich nach den Angaben von Gorsuch (1983, S. 142ff) und Zwick & Velicer (1982, S. 265) zwischen einem Drittel und einem Fünftel bzw. Sechstel. Eine derartige Relation ist deshalb problematisch, weil damit bei der gängigen Verwendung multipler Variablen für die zu messenden Konstrukte, eine Überfaktorisierung vorprogrammiert ist (vgl. Browne 1968, S. 233). Die Ergebnisse für die K1-Regel werden allerdings mit

---

368 Das Akronym wird aus den Begriffen „Minimum Average Partial" gebildet und fokussiert die relativen Anteile systematischer und unsystematischer Varianz, die in einer Korrelationsmatrix verbleiben, nachdem eine steigende Anzahl an Komponenten extrahiert wurde (vgl. Velicer 1976, S. 322ff und O'Connor 2000, S. 396). Eine softwaretechnische Umsetzung bietet beispielsweise Reddon (1985, S. 97).

369 Vgl. zu weiteren Ansätzen beispielsweise die Auflistungen in Cattell (1958, S. 792f), Cattell & Vogelmann (1977, S. 290f) sowie Linn (1968, S. 38f).

370 Der Eigenwert eines Faktors setzt sich aus der Summe seiner quadrierten Strukturkoeffizienten zusammen, und gibt an, welchen Anteil der Gesamtvarianz aller Variablen durch den jeweiligen Faktor erfasst wird (vgl. Bortz 2005, S. 520).

371 Diese werden allerdings häufig bei der Schätzung der Kommunalitäten (siehe Abschnitt 5.4.2.1.4) im Rahmen einer Hauptachsenanalyse eingesetzt (vgl. Backhaus et al. 2000, S. 286ff).

steigendem Stichprobenumfang leicht besser (vgl. Zwick & Velicer 1986, S. 438), so dass auch vorliegend – vor allem bei den hoch aggregierten Gruppierungen – mit einer weniger stark von den Ergebnissen der Parallelanalysen abweichenden Vorhersage der Faktorenanzahl durch die K1-Regel gerechnet wird (siehe Abschnitt 5.4.2.2.2.2.1.1).
Insgesamt erfolgt beim Einsatz der K1-Regel gewöhnlich[372] eine Überschätzung der Anzahl an Komponenten (vgl. Bortz 2005, S. 544 und Zwick & Velicer 1982, S. 265), so dass bei dieser Vorgehensweise lediglich die Faktorlösung erzeugt wird, die eine Untergrenze (mehr Faktoren sind auf keinen Fall erforderlich) für die Komprimierung der Variablen anzeigt (vgl. Lattin et al. 2003, S. 113f). Dementsprechend stellt dieses – im Übrigen in den meisten Statistikprogrammen als Default[373] implementierte (vgl. Cliff 1988, S. 276; Hayton et al. 2004, S. 193; Lance et al. 2006, S. 211; MacCallum 1983, S. 225f; Thompson & Daniel 1996, S. 200; Velicer & Jackson 1990, S. 10; Yeomans & Golder 1982, S. 223 und Zwick & Velicer 1986, S. 434) – Kriterium, keinen adäquaten Ansatz zur Bestimmung der Anzahl an Faktoren dar, und verdichtet die Daten nicht in der gewünschten Form, so dass seine Anwendung nur in Ausnahmefällen (geringe bis moderate Anzahl an Variablen und hohe Kommunalitäten; vgl. Gorsuch 1983, S. 173f) zu rechtfertigen ist (vgl. Bortz 2005, S. 544). Vorliegend werden die Ergebnisse nach der K1-Regel zwar aus Vergleichsgründen berechnet und dokumentiert, jedoch erfolgt die Festlegung der Anzahl an zu extrahierenden Faktoren (siehe Abschnitt 5.4.2.2.2.2.3) ausschließlich anhand der Resultate der durchgeführten Parallelanalysen (siehe Abschnitt 5.4.2.1.5.4).

5.4.2.1.5.3 Die visuelle Inspektion der Eigenwerte (Scree-Test)

Als alternatives und häufig angewandtes (vgl. Everett 1983, S. 198) Verfahren zur K1-Regel ist der Scree-Test (vgl. Cattell 1966, S. 247ff) zu nennen, bei dem – mehrere Anwender – eine optische Prüfung der in eine (absteigende) Rangreihe gebrachten Eigenwerte vornehmen, und der somit keinen streng objektiven[374] Auswahlrahmen darstellt (vgl. Hayton et al. 2004, S. 193 und Kaufman & Dunlap 2000, S. 389). Bei diesem Vorgehen – auch Ellbogenkriterium (vgl. Merenda 1997, S. 159) genannt – wird nach einem Knick in der Kurve der sortierten Eigenwerte gesucht, denn während die ersten Faktoren noch entsprechend hohe Beträge aufweisen, nimmt deren Ausmaß mit zunehmender Zahl extrahierter Komponenten immer mehr ab, d.h. die zusätzliche Varianzaufklärung wird mit steigender Faktorzahl geringer (vgl. Lattin et al. 2003, S. 113). Gesucht ist also die Menge an Faktoren, bei der noch ein substanzieller Zuwachs an Varianzaufklärung zu verzeichnen ist – der sich in einer entsprechenden Niveauverschiebung[375] der Kurve manifestiert. Daneben sollten auch theoretische sowie vorliegende empirische Erkenntnisse in den Auswahlprozess einfließen (vgl. Cattell 1966, S. 273), was z.B. bei neuartigen Fragestellungen nur schwer zu verwirklichen sein dürfte.

---

[372] Hakstian et al (1982, S. 204) berichten hingegen von einer Tendenz zur Unterbestimmung mittels der K1-Regel bei Datensätzen mit vielen Variablen, einem hohen Faktor-Variablen Verhältnis und beträchtlicher Faktorkomplexität. Diese Konstellation ist vorliegend allerdings nicht anzutreffen.

[373] Damit sind die Standardeinstellungen zur Steuerung des Programmablaufs angesprochen, die herangezogen werden, wenn keine benutzerspezifischen Anpassungen erfolgen. Diese sind deshalb von Bedeutung, weil sich viele Anwender einfach auf derartige Vorgaben verlassen (vgl. Ford et al. 1986, S. 309 und 311 sowie Henson & Roberts 2006, S. 411). Dabei nehmen die Nutzer an, dass sich die als Default vorgeschlagenen Parameter für diese Position qualifiziert haben, weil sie die am weitesten akzeptierten derzeit verfügbaren Methoden darstellen (vgl. Fabrigar et al. 1999, S. 295).

[374] Die Objektivität wird über einen Vergleich der Bestimmung der Faktoranzahl durch mehrere Personen (Berechnung einer Inter-Rater-Übereinstimmung; vgl. Wirtz & Caspar 2002, S. 45ff) angestrebt (vgl. Zwick & Velicer 1986, S. 434).

[375] Es sind natürlich auch Eigenwertkurven vorstellbar, bei denen entweder keine klare Fixierung (wenn es z.B. keinen starken Faktor gibt oder das Verhältnis von Variablen zu Faktoren gering ist) möglich ist, oder mehrere Stellen mit überproportionalen Eigenwertabfällen auftreten, die dann ebenfalls zu Interpretationsproblemen führen können (vgl. Hayton et al. 2004, S. 193).

Gegenüber der K1-Regel ist beim Scree-Test nicht die absolute Höhe der Eigenwerte maßgeblich, sondern deren relatives Ausmaß. Kritisiert wird diese Prozedur vor allem wegen ihres hohen Grades an Subjektivität (vgl. Veldman 1974, S. 192), der entsprechende Manipulationsmöglichkeiten eröffnet (vgl. Humphreys & Montanelli 1975, S. 193). Insofern kann hier Turner (1998, S. 542) zugestimmt werden, der die Interpretation des Tests eher dem Bereich der Kunst, als der Wissenschaft zuordnet. Dass das Vorgehen nicht allein auf „optischen Gesichtspunkten" beruht, sondern auch mit statistischen Methoden korrespondiert, haben Horn & Engstrom (1979, S. 286ff) gezeigt.
Die Ergebnisse mit diesem Testverfahren sind allerdings ambivalent, denn die Angaben zu Inter-Rater-Übereinstimmungen reichen von sehr gut (vgl. z.B. Cattell & Jaspers 1967) bis relativ schlecht (vgl. z.B. Crawford & Koopman 1979, S. 225). In der Vergleichsstudie von Zwick & Velicer (1986, S. 440; siehe Abschnitt 5.4.2.1.5.5) führt der Scree-Test in ungefähr 57 % der Fälle zu korrekten Vorhersagen, während er bei 90 % der fehlerhaften Schätzungen zu einer Überbestimmung neigt. Aufgrund der angedeuteten Einschränkungen und der Verfügbarkeit leistungsfähigerer Verfahren (siehe Abschnitt 5.4.2.1.5.4), kann nach Zwick & Velicer (1986, S. 440) der Rückgriff auf den Scree-Test zur Bestimmung der Anzahl an Faktoren bei einer Hauptkomponentenanalyse nicht länger empfohlen werden.

5.4.2.1.5.4 Durchführung einer Parallelanalyse

Der dritte hier thematisierte Ansatz geht auf den Vorschlag von Horn (1965) zurück, eine Parallelanalyse zu den originären Daten durchzuführen. Dabei wird der Eigenwertverlauf (siehe Abschnitt 5.4.2.1.5.3) der Korrelationsmatrix der empirischen Daten, mit demjenigen aus der Korrelation von zufallsbasierten[376] normalverteilten Daten (gleiche Fall- und Variablenzahl wie die empirischen Vorgaben) in Beziehung gesetzt wird (vgl. Bortz 2005, S. 545). So soll ein wesentliches Problem der K1-Regel – die Überschätzung der Dimensionen der Korrelationsmatrix aufgrund von Stichprobenfehlern – überwunden werden (vgl. Hayton et al. 2004, S. 194).
Das Vorgehen basiert auf der Überlegung, dass nicht-triviale Faktoren realer Daten, bei einer validen Struktur größere Eigenwerte aufweisen sollten, als entsprechende Komponenten, die aus Zufallsdaten mit identischer Variablen- und Fallzahl abgeleitet werden (vgl. Cota et al. 1993b, S. 586). Die Anzahl zu extrahierender Faktoren ergibt sich hierbei aus einem Vergleich der aus einer Vielzahl[377] an Durchführungen berechneten durchschnittlichen „Zufalls-Eigenwerte" mit denjenigen der empirisch vorliegenden Daten. Es sind so viele Faktoren zu bestimmen, wie empirische Eigenwerte größer als die mittleren Eigenwerte der Zufallskorrelationen ausfallen (vgl. Montanelli & Humphreys 1976, S. 341). Wenn der aus dem Durchschnitt einer Reihe von Zufallsdatensätzen berechnete Eigenwert dem empirisch ermittelten Eigenwert sehr ähnlich ist,[378] empfiehlt O'Connor (2000, S. 398) eine Wiederholung der Parallelanalyse mit einer höheren Zahl an Durchläufen. Da vorliegend zwei Parallelanalysen (mit normalverteilten Zufallsdaten und den wahllos sortierten Originaldaten) gerechnet wer-

[376] Nach Onghena (1993, S. 390) sind die mit SPSS generierten Zufallsdatensätze „sicher", d.h. es ist nicht mit Verzerrungen bei deren Anwendung zu rechnen. Obwohl der Zufallszahlengenerator im Tabellenkalkulationsprogramm Microsoft EXCEL diesbezüglich als inferior einzustufen ist (vgl. Knüsel 1998, S. 375ff und 2002, S. 1f) wird von ihm vorliegend trotzdem Gebrauch gemacht, weil hier zum einen die erzeugten Zahlen nicht in Integer umgewandelt werden müssen, sondern mit allen Nachkommastellen verwendet werden können, und zum anderen die Verteilung der Zufallszahlen nicht direkt für die weiteren Analysen herangezogen wird, sondern damit lediglich ein Sortiervorgang im Datensatz gesteuert wird.

[377] Diesbezüglich hat sich noch keine Standardgröße etabliert (vgl. Hayton 2004, S. 199), denn während Horn (1965, S. 182) allgemein von „reasonably large" spricht, haben andere Forscher die Zahl der Wiederholungen bis auf Tausend ausgeweitet. Nach der von Hayton et al. (2004, S. 199) zitierten mündlichen Kommunikation mit Lautenschlager aus dem Jahre 1997, scheint eine 50-fache Anwendung der gängige Fall zu sein. Generell gilt, je häufiger die Zufallsdaten generiert werden, desto genauer fallen die endgültigen Resultate aus (vgl. Hayton et al. 2004, S. 199).

[378] Ab welchem Differenzbetrag dies der Fall ist, wird nicht spezifiziert.

den, erfolgt keine weitere Ausdehnung über die jeweils 100 Wiederholungen[379] hinaus, zumal auch noch das 95. Perzentil[380] einbezogen wird (siehe Abschnitt 5.4.2.2.2).
Letzteres wird deshalb zusätzlich berechnet, weil sich in einigen Untersuchungen gezeigt hat, dass nicht die durchschnittlichen Eigenwerte den besten Prädiktor für die Faktorenzahl ausmachen, sondern eben das 95. Perzentil der jeweiligen Datenreihe (vgl. Cota et al. 1993; Longman et al. 1989 und Weng & Cheng 2005, S. 711). Einschränkend ist aber mit Turner (1998, S. 565) anzumerken werden, dass diese Größe lediglich eine sinnvolle Annahme für den ersten Eigenwert darstellt, denn für alle weiteren Eigenwerte müsste sich das 95. Perzentil auf die Daten beziehen, aus denen die vorhergehenden Faktoren bereits „herausmodelliert" wurde. Weil mit dem zuletzt angesprochen Vorgehen eine Serie von Simulationen notwendig wäre, bei der jeweils die Hypothese, dass der nächste Eigenwert lediglich auf Zufallseinflüssen beruht, getestet werden müsste (vgl. Turner 1998, S. 565), wird davon allerdings vorliegend abgesehen, so dass „lediglich" für alle Parallelanalysen sowohl die durchschnittlichen, als auch die auf dem 95. Perzentil beruhenden Eigenwerte bestimmt werden, damit diesbezügliche Unterschiede ebenfalls dokumentiert werden können.[381]
Die Verteilungen der zufällig generierten Eigenwerte stellen sich bei einer hohen Anzahl an Wiederholungen (5000) so dar, dass sie für die ersten Eigenwerte etwas nach „links" (geringfügig rechtsschief) und bei den letzten Eigenwerten nach „rechts" (geringfügig linksschief) verschoben sind (vgl. Glorfeld 1995, S. 382). Die mittleren Eigenwerte zeigen eine geringere Tendenz zur Schiefe. „Generell weisen die Verteilungen der extremen Eigenwerte höhere Standardabweichungen auf und tendieren zu einer geringfügig stärkeren Verzerrung in puncto Schiefe und Kurtosis als diejenigen Eigenwerte, die mehr im Zentrum gelegen sind" (Glorfeld 1995, S. 382).[382] Dies hat natürlich vor allem praktische Auswirkungen für die ersten Eigenwerte, denn hier fällt die Entscheidung über die Anzahl an zu extrahierenden Faktoren. Das angesprochene Muster zeigt sich auch für weitere P/N Kombinationen, wobei eine Reduktion der Anzahl an Faktoren (kleineres P), zu einer geringfügigen Erhöhung der Schiefe führt, während bei sehr vielen Faktoren die Muster verschwimmen. Eine Ausweitung des Stichprobenumfangs vermindert dabei die Variabilität der Verteilungen (vgl. Glorfeld 1995, S. 382), so dass vorliegend durchaus von stabilen Verhältnissen auszugehen ist.
Während sich nach Humphreys & Montanelli (1975, S. 204) ein Forscher bei Anwendung der Parallelanalyse ziemlich sicher sein kann, keine Unterschätzung der Faktoranzahl vorzunehmen, ist dies in den Augen von Turner (1998, S. 564ff) keinesfalls gegeben, und insbesondere abhängig von der Stichprobengröße (je mehr, desto akkurater), der einbezogenen Variablenmenge, der Anzahl und der Bedeutung wirklicher gemeinsamer Faktoren, sowie dem Muster der Strukturkoeffizienten der bekannten Faktoren bei den Variablen und der Verteilung der Variablen auf den jeweiligen Faktoren.
Ein weiterer Problembereich der Parallelanalyse wird von Glorfeld (1995, S. 381) thematisiert, der von einer Festlegung auf 50 % für einen Fehler erster Ordnung (Typ I) bei dem Ver-

[379] Damit wird über den in Fußnote 377 angegebenen Umfang hinausgegangen. Die Anzahl von 100 Durchläufen erschien als ein guter Kompromiss zwischen Aufwand und Genauigkeit und wird außerdem auch von anderen Autoren (vgl. z.B. Patil et al. 2008, S. 168) gewählt.

[380] Dabei werden von der Verteilung der zufallsbasierten Eigenwerte in den 100 Durchgängen die oberen 5 Prozent abgeschnitten, so dass derjenige Wert angegeben wird, der von 95 % der Daten unterschritten bzw. erreicht wird (vgl. Bortz 2005, S. 40).

[381] Allerdings sorgt dieses Argument letztendlich beim direkten Vergleich der Vorschläge der durchschnittlichen und auf dem 95. Perzentil basierenden Parallelanalysen dafür, dass in Zweifelsfällen immer der höhere Anteil der direkten Gegenüberstellung von empirischen und zufallsbasierten Eigenwerten über alle 100 Durchgänge (siehe Seite 373), den Ausschlag für die konkrete Faktoranzahl gibt, so dass den Vorgaben nach dem 95. Perzentil hier die geringere Bedeutung zugemessen wird (siehe Abschnitt 5.4.2.2.2.2.2).

[382] Bezüglich der jeweils 100 Parallelanalysen mit den zufällig sortierten Originalangaben und normalverteilten Zufallsdaten lassen sich diese Aussagen für die betrachteten 144 Gruppierungen weitgehend – die Kurtosis der normalverteilten Zufallsdaten ist für die „höheren" Extrem-Werte (15-17) nicht stärker verzerrt – bestätigen (siehe Anhang Anhang 59 bis Anhang 64).

fahren spricht, weil die Wahrscheinlichkeit dafür, dass ein zufällig ermittelter Eigenwert, größer als sein korrespondierender empirischer Eigenwert ausfällt – gerade im kritischen Bereich der Festlegung der Anzahl an Faktoren – dieses Ausmaß annimmt. Deshalb wird bei den hier durchgeführten Parallelanalysen auch dieser Gesichtspunkt berücksichtigt, indem für jeden einzelnen der 100 Durchgänge zufälliger Eigenwertbestimmungen geprüft wird, ob ein Überschreiten des korrespondierenden empirischen Eigenwertes vorliegt. Damit lassen sich die Entscheidungen nach den Durchschnittswerten auf eine breitere Basis stellen.
Aufgrund der unbekannten Anzahl an Faktoren für die vorliegenden Daten, kann natürlich auch nicht mit Sicherheit gesagt werden, dass die Ergebnisse der Parallelanalysen die korrekte Faktormenge ausweisen. Durch das Heranziehen mehrerer Berechnungsverfahren und den verhältnismäßig großen Stichprobenumfang dürfte vorliegend aber eine relativ gute Einschätzung möglich sein.

5.4.2.1.5.4.1 Die Verteilung der Zufallsdaten einer Parallelanalyse

In ihrer ursprünglichen Formulierung fokussiert die Parallelanalyse normalverteilte Zufallszahlen. Horn (1965, S. 179) merkt diesbezüglich an, dass seine Ausführungen bei anderweitig verteilten Daten zu modifizieren wären, gibt aber weder Andeutungen warum, noch wie dies zu geschehen hätte. Dieser Punkt wird von Glorfeld (1995, S. 383ff) aufgegriffen, der als mögliche Begründung die üblicherweise von statistischen Prozeduren vorausgesetzte Normalverteilung der Daten anführt. Er gibt aber zu bedenken, dass die von Horn (1965, S. 182) eingesetzten datennormalisierenden Transformationen kaum angewandt werden und bei praktischen Problem auch möglicherweise unerwünscht oder nicht durchführbar sind (vgl. Glorfeld 1995, S. 384). Bei seinem Test mit vier verschiedenen Verteilungen zeigt sich, dass die Prozedur der Parallelanalyse nicht sensitiv auf die Distribution der Daten zur Generierung der Korrelationsmatrizen reagiert, und lediglich dann zu falschen Voraussagen bezüglich der Anzahl an Faktoren gelangt, wenn die Saturierung (siehe Fußnote 355 auf Seite 365) der Faktoren gering ist (vgl. Glorfeld 1995, S. 384ff).
Zu vergleichbaren Schlussfolgerungen kommen auch Buja & Eyuboglu (1992, S. 528ff), die bei der Analyse nicht normalverteilter Datenstrukturen (z.B. die der erwartbaren Datenanordnung bei der Messung eines positiven Konstrukts nahe kommende diskrete Verteilung auf einer sieben-stufigen Antwortskala mit den Wahrscheinlichkeiten 0,60 für die erste Antwortkategorie, 0,20 für die Antwortalternativen zwei und drei sowie 0,05 für die Antwortoptionen vier bis sieben) keine nennenswerte Abweichung zu den Resultaten von Horn (1965) finden, so dass die Parallelanalyse auch bei nicht normalverteilten Daten empfohlen werden kann.
Obwohl sich also die Parallelanalyse unabhängig von der Distribution der Originaldaten als relativ robustes Vorhersageinstrument erwiesen hat, und es für einen Forscher deshalb nicht notwendig ist, die Verteilung seiner eigenen Daten in den Zufallsdatensätzen zu imitieren (vgl. Turner 1998, S. 564), wird Letzteres vorliegend als zusätzliche Analyse durchgeführt, um Anhaltspunkte darüber zu gewinnen, ob die leichte Tendenz der Parallelanalyse zur Überfaktorisierung, beim Rückgriff auf die zufällig angeordneten Originaldaten verringert werden kann (siehe Abschnitt 5.4.2.2.2.1.1).[383] Dabei werden allerdings – entgegen dem Vorgehen von Buja & Eyuboglu (1992, S. 515), die lediglich die Spalten 2 bis V ihrer Datensätze permutiert haben – die Ausprägungen sämtlicher 17 Variablen in eine Zufallsreihenfolge gebracht.[384]

[383] Diesbezüglich spielt auch eine Rolle, dass nach den bislang vorliegenden Erkenntnissen, nicht eindeutig gesagt werden kann, welche der beiden Vorgehensweisen logisch korrekt oder empirisch angebracht ist (vgl. Longman et al. 1989, S. 68).

[384] Die Vermutung von Buja & Eyuboglu (1992, S. 530), dass sich die Permutationsergebnisse und die auf normalverteilten Zufallszahlen basierenden Resultate nicht wesentlich unterscheiden dürften, kann nach den vorliegenden Daten jedenfalls eindrucksvoll unterstrichen werden (siehe Tabelle 50 und Tabelle 55).

Es gibt mittlerweile einige veröffentlichte Algorithmen und Computerprogramme zur Durchführung einer Parallelanalyse (siehe beispielsweise Enzmann 1997, S. 232; Hays 1987, S. 58; Holden et al 1989, S. 192; Kaufman & Dunlap 2000, S. 394f; Lautenschlager 1989b, S. 176; O'Connor 2000, S. 400ff; Patil et al. 2007 und Reise et al. 2000, S. 290f), wobei das Verfahren selbst aber z.B. nicht standardmäßig in dem in dieser Arbeit eingesetzten Statistikprogramm SPSS (Version 15) integriert ist, so dass vorliegend auf den Syntax-Vorschlag von Thompson & Daniel (1996, S. 206; vgl. auch Hayton et al. 2004, S. 201) zur Generierung von Zufallsdatensätzen mit normalverteilten Variablen zurückgegriffen wird, während die auf den Originaldaten beruhenden Zufallsstrukturen mit einem Tabellenkalkulationsprogramm erzeugt werden (siehe Fußnote 376 auf Seite 372).

5.4.2.1.5.4.2 Vereinfachung einer Parallelanalyse

Weil der mit einer Parallelanalyse verbundene rechnerische Aufwand nicht unerheblich ist,[385] sind Bestrebungen initiiert worden, ihn über regressionsanalytische Berechnungen so zu reduzieren, dass sich die unbekannten Eigenwerte der Zufallsverteilungen auf Basis von – in zahlreichen Monte Carlo Studien gewonnenen Ergebnissen – multiplen Regressionsgleichungen „vorhersagen" lassen (vgl. Bortz 2005, S. 545). Die wichtigsten entsprechenden Ansätze werden nachfolgend chronologisch dokumentiert, wobei die Gleichungen von Lautenschlager et al. (1989) und Longman et al. (1989) vorliegend auch als Vergleichskriterium für die Resultate der Parallelanalysen herangezogen werden (siehe Abschnitt 5.4.2.2.2.2), sofern sich der Stichprobenumfang im dafür zulässigen Rahmen bewegt.
Bedingt durch die Infragestellung der Qualität der Regressionsgleichungen, haben einige Autoren Tabellen mit in Simulationsstudien ermittelten Eigenwerten für bestimmte Variablen- und Stichprobenkonstellationen ausgearbeitet, aus denen sich die entsprechenden Angaben für die eigenen Verhältnisse, mittels linearer Interpolation berechnen lassen (vgl. Cota et al. 1993b und Lautenschlager 1989a). Auf diese Variante wird hier gleichfalls kurz eingegangen, denn sie ist vorliegend ebenso zur Absicherung der Ergebnisse der Parallelanalysen integriert worden (siehe Abschnitt 5.4.2.2.2.2).

5.4.2.1.5.4.2.1 Nutzung von Regressionsansätzen

Die Prädiktoren in den Regressionsgleichungen ergeben sich aus dem Stichprobenumfang (N), der Anzahl an Variablen (V), dem Verhältnis der beiden Größen (V/N) sowie dem jeweils vorangehenden Eigenwert (vgl. Bortz 2005, S. 545). Bei der Anwendung der einzelnen Gleichungen muss immer darauf geachtet werden, dass sich die Parameter (Anzahl an Fällen und Variablen) der eigenen Daten, in dem Bereich bewegen, innerhalb dessen die Ansätze entwickelt wurden, denn bei darüber hinausgehenden Konstellationen kann nicht mit akkuraten Ergebnissen gerechnet werden (vgl. Longman et al. 1989, S. 68 sowie Fußnote 391 auf Seite 377).
Ihre Wurzeln haben die Regressionsgleichungen in ökonomischen Gründen, weil seinerzeit kaum Computerprogramme zur Durchführung einer Parallelanalyse vorlagen und die Eigenkonstruktion der erforderlichen Anzahl an zufallsbasierten Korrelationsmatrizen, eine faktorenanalytische Auswertung verteuerte (vgl. Montanelli & Humphreys 1976, S. 342).
Die erste im Rahmen dieser Darstellung zu diskutierende Formel fußt auf verschiedenen Kombinationen von Variablen (6 bis 90) und Stichprobenumfängen (25, 96, 384 und 1533) mit jeweils bis zu 40 Wiederholungen pro Konstellation, deren mittleren Eigenwerte in die Regressionsgleichungen (für jeden der bis zu 30 betrachteten Eigenwerte eine separate Gleichung) einbezogen werden (vgl. Montanelli & Humphreys 1976, S. 343).

[385] Ein Grund für Linn (1968, S. 39ff), als Alternative die Erweiterung der eigentlichen Datenmatrix mit einer bestimmten Anzahl an Zufallsvariablen vorzuschlagen, von der vorliegend aber kein Gebrauch gemacht wird, weil die beiden eingesetzten Parallelanalysen als aussagekräftiger eingestuft werden.

Gl. 21 $$\log(\lambda_k) = a_k + b_{Nk} \bullet \log(N-1) + b_{pk} \bullet \log\left[\frac{V(V-1)}{2} - (k-1)V\right]$$

log = Logarithmus zur Basis 10 *V = Anzahl an Variablen*
λ = Eigenwert *a_k = Achsenabschnitt*
k = ordinale Position des Eigenwertes *b_{Nk} und b_{pk} = Regressionskoeffizienten*
N = Stichprobenumfang

Die (bereits geglätteten) Vorgaben für den Achsenabschnitt und die Regressionskoeffizienten sind der Tabelle 3 in Montanelli & Humphreys (1976, S. 346) zu entnehmen. Mit diesen Angaben können praktische Fälle des oben angegebenen Umfangs gelöst werden, wobei Montanelli & Humphreys (1976, S. 347) zusätzlich eine – an das Vorgehen beim Scree-Test (siehe Abschnitt 5.4.2.1.5.3) erinnernde – visuelle Inspektion der Kurve der absteigend sortierten Eigenwerte nahe legen.
Die obige Regressionsgleichung stellt den Ausgangspunkt für die nachfolgenden Ansätze dar, wird aber wegen der an ihr geübten Kritik – nach Allen & Hubbard (1986, S. 394f) liegt dem Modell weder eine Theorie zugrunde, noch sind seine Annahmen adäquat für eine Hauptkomponentenanalyse – vorliegend nicht explizit berücksichtigt.
Zur Ableitung ihres Alternativvorschlages haben Allen & Hubbard (1986, S. 395) für standardnormalverteilte Zufallsdatensätze (50 Wiederholungen bei Stichproben von 30 bis 120 Fällen und 30 Wiederholungen für Stichprobenumfänge von 240 bis 1000 Fällen) für alle Kombinationen von Variablen (5 bis 50; jeweils Fünfer-Schritte) und Stichprobengrößen die durchschnittlichen Eigenwerte berechnet und die am besten auf das Datenmaterial passende Regressionsgleichung ermittelt, die nachfolgend aufgeführt ist.

Gl. 22 $$\ln(\lambda_k) = a_k + b_k \bullet \ln(N-1) + c_k \bullet \ln\left[\frac{(V-k-1)\bullet(V-k+2)}{2}\right] + d_k \bullet \ln(\lambda_{k-1})$$

Anmerkung: *ln = natürlicher Logarithmus; a, b, c und d = Parameter im Regressionsmodell*; (Die übrigen Symbole entsprechen den Erläuterungen von Gl. 21; siehe Seite 376)

Dabei hat der mit c_k gewichtete Term (der aus einer von Bartlett 1951, S. 341 und Lawley 1956, S. 135f vorgestellten Freiheitsgradbetrachtung abgeleitet wurde; vgl. Allen & Hubbard 1986, S. 395) zur Folge, dass sich die Anzahl der bestimmbaren Größen auf die ersten V-2 Eigenwerte beschränkt (vgl. Longman et al. 1989, S. 60). Dies ist aber nicht weiter problematisch, da in praktischen Anwendungen sowieso nur V/2 Eigenwerte größer als Eins existieren und interessieren (vgl. Montanelli & Humphreys 1976, S. 344), so dass der notwendige Vergleich zwischen dem regressionsbasierten k-ten Eigenwert und seinem empirischen Pendant ohne Weiteres vorgenommen werden kann. Auch hier gilt, dass empirische Eigenwerte größer als Eins nur dann zur Bestimmung der Anzahl zu extrahierender Faktoren herangezogen werden sollen, wenn sie den Betrag des entsprechenden Eigenwerts der Regressionsgleichung übersteigen (vgl. Allen & Hubbard 1986, S. 396). Die Werte für die Modellparameter können in der Aufstellung 1 bei Allen & Hubbard (1986, S. 397) abgelesen werden.
Nach den Analysen von Cota et al. (1991, S. 95ff) besteht bei Anwendung des Verfahrens von Allen & Hubbard (1986) die Gefahr degenerierter Lösungen, bei denen die Beträge für die Eigenwerte ab einer bestimmten ordinalen Position ansteigen. Dieser Aspekt ist für die vorliegende Arbeit aber insofern weniger relevant, als der Effekt erst ab einer Faktoranzahl von 15 oder mehr auftritt (vgl. Cota et al. 1991, S. 97), die hier nicht erreicht wird. Trotzdem wird auf eine weitere Berücksichtigung dieses Ansatzes verzichtet, weil sich mit den beiden folgenden Gleichungen genauere Vorhersagen treffen lassen (vgl. Bortz 2005, S. 545).
Lautenschlager et al. (1989, S. 342) haben die von Allen & Hubbard (1986) vorgestellte Formel dahingehend verändert, dass eine exaktere Bestimmung des ersten Eigenwertes (vgl. dazu auch Friedman & Weisberg 1981, S. 21) möglich wird. Damit sollen sich kumulierende Fol-

gefehler für die Faktoren 2 bis P besser unter Kontrolle gebracht werden. Akkurate Angaben für die ersten Eigenwerte sind deshalb besonders wichtig, weil i.d.R. dort die Entscheidung für die Anzahl der zu extrahierenden Faktoren getroffen wird (vgl. Lautenschlager et al. 1989, S. 340).

Gl. 23 $$\ln(\lambda_k) = a_k + b_k \bullet \ln(N-1) + c_k \bullet \ln\left[\frac{(V-k-1)\bullet(V-k+2)}{2}\right] + d_k \bullet \ln(\lambda_{k-1}) + e_k \bullet \frac{V}{N}$$

Anmerkung: *e = Parameter im Regressionsmodell*; (Die weiteren Symbole entsprechen den Erläuterungen bei Gl. 21 [siehe Seite 376] und Gl. 22 [siehe Seite 376])

Die Regressionsgleichung von Lautenschlager et al. (1989, S. 340ff) leitet sich aus Monte Carlo Simulationen von 5 bis 50 Variablen (Fünfer-Schritte) und Stichprobenumfängen von 50 bis 1000 ab. Es werden alle Kombinationen berücksichtigt, in denen der Umfang der Stichprobe größer als die Hälfte der dreifachen Variablenmenge ist ($N \geq 3V/2$; vgl. Lautenschlager et al. 1989, S. 341). Für die Fälle mit mehr als zehn Variablen werden jeweils 100 Zufallsdatensätze mit standardnormalverteilten Daten generiert und für eine Variablenanzahl bis zehn erfolgen 200 Replikationen (vgl. Lautenschlager et al. 1989, S. 341). Die Koeffizienten der Regressionsgleichungen zur Bestimmung der 15 Eigenwerte nach der obigen Formel (siehe Gl. 23) sind dem Anhang 50) zu entnehmen.
Gegenüber Allen & Hubbard (1986; siehe Gl. 22) wird also lediglich ein zusätzlicher Term eingeführt, in dem das mit einem Koeffizienten e_k gewichtete Verhältnis der Anzahl der Variablen und Fälle addiert wird (vgl. Lautenschlager 1989a, S. 367).
Longman et al. (1989, S. 60ff) modifizieren – und verbessern damit nach eigenen Angaben – den Vorschlag von Allen & Hubbard (1986; siehe Gl. 22) ebenfalls. Weiterhin soll mit ihrem Ansatz eine von Harshman & Reddon (1983, S. 14f) berichtete Schwäche der Parallelanalyse ausgemerzt werden, nach der in der Hälfte der Fälle, der beobachtete Eigenwert zufallsbedingt größer als der Kriteriumseigenwert ausfällt (siehe hierzu auch die Ausführungen auf Seite 373), egal wie viele Matrizen zur Generierung der Kriterienwerte herangezogen werden (vgl. Longman et al. 1989, S. 60f). Nach den Ergebnissen von Longman et al. (1989, S. 61ff) werden die akkuratesten Resultate mit der Gleichung

Gl. 24 $$\ln(\lambda_k) = a_k \bullet \ln(N_k) + b_k \bullet \ln(V_k) + c_k \bullet [\ln(N_k) \bullet \ln(V_k)] + d_k$$

Anmerkung: Die Erläuterung der Symbole erfolgt bei Gl. 21 [siehe Seite 376] und Gl. 22 [siehe Seite 376] und die Werte für die Koeffizienten a bis d sind im Anhang 51 aufgeführt

erzielt. Zu beachten ist in diesem Zusammenhang allerdings die von Longman et al. (1989, S. 62) gemachte Einschränkung, dass zur Anwendung ihrer Regressionsgleichung auf nichtnormalverteilte Daten – die vorliegend auf jeden Fall geben sind – keine Erkenntnisse vorliegen (siehe hierzu Abschnitt 5.4.2.2.2.1.3).

5.4.2.1.5.4.2.2 Lineare Interpolation von Tabellendaten

Die Gründe für die untereinander teilweise stark abweichenden regressionsanalytischen Ergebnisse, liegen nach Lautenschlager (1989a, S. 371) darin, dass (1) die geschätzten Eigenwerte[386] sich auf die Mittelwerte der Konstellationen hinbewegen, aus der die Regressionskoeffizienten abgleitet wurden; (2) sich die Vorhersagefehler kumulieren, so dass z.B. in der Berechnung des dritten Eigenwertes, bereits vorhandene Ungenauigkeiten der beiden ersten Eigenwertbestimmungen enthalten sind; (3) die Eigenwerte im Kontext einer ganz spezifischen Kombination von Stichprobenumfang und Variablenanzahl geschätzt werden müssen, so dass nicht die gesamte Varianz zwischen den möglichen Konditionen adäquat abgebildet

[386] Diese werden über ihren natürlichen Logarithmus geschätzt, bei dessen Anwendung bereits geringe Differenzen einen merkbaren Einfluss ausüben (vgl. Lautenschlager 1989a, S. 371).

werden kann und (4) die Annahmen über die in den Regressionsmodellen inhärenten Fehlerkomponenten nicht stimmig sind.
Diese Kritikpunkte haben dazu geführt, dass Vorgehensweisen über die lineare Interpolation von vorgegebenen Tabellendaten entwickelt wurden, die auf den Mittelwerten einer großen Anzahl an Parallelanalysen für spezifische Kombinationen von Variablen- und Stichprobenumfängen basieren.
Bei dem Ansatz von Lautenschlager (1989a, S. 387f) werden Stichprobengrößen von 50 bis 2000 Personen und 5 bis 80 Variablen tabellarisch[387] abgedeckt, wobei sich die zwischengelagerten Konstellationen über lineare Interpolationen[388] aus den aufgelisteten Werten ableiten lassen. Über Vergleiche mit den auf Regressionsgleichungen (siehe Gl. 23 auf Seite 377) basierenden Ergebnissen schlussfolgert Lautenschlager (1989a, S. 393), dass die lineare Interpolation dem regressionsanalytischen Vorgehen eindeutig überlegen sei, und empfiehlt einen Verzicht auf die letztgenannten Ansätze.[389]
Die maximale Anzahl an Variablen (50) und Fällen (500) bei Cota et al. (1993b) ist zwar geringer als bei Lautenschlager (1989a), dennoch soll auch bezüglich der linearen Interpolation ein zweites Verfahren zu Vergleichszwecken einbezogen werden. Dabei ist vor allem relevant, dass sich die Daten von Cota et al. (1993b, S. 587) auf das 95. Perzentil zufallsgenerierter durchschnittlicher Eigenwerte beziehen (vgl. dazu auch Buja & Eyuboglu 1992, S. 530), mit dem der leichten Tendenz zur Überfaktorisierung der Parallelanalyse vorgebeugt werden soll (vgl. Cliff & Hamburger 1967, S. 433 sowie Glorfeld 1995, S. 378). Insofern stellen die Angaben von Cota et al. (1993b, S. 588ff) eine gute Ergänzung zu dem Vorgehen von Lautenschlager (1989a) sowie den Parallelanalysen auf Basis des 95. Perzentils dar, und werden vorliegend ebenfalls berechnet. Die entsprechenden Koeffizienten für den hier relevanten Fall von 17 Objekten können dem Anhang 52 entnommen werden.
Cota et al. (1993a, S. 871f) kommen zu dem Schluss, dass sich die untersuchten Verfahren (Regression, Interpolation und direkte Berechnung) in der Akkuratheit ihrer Ergebnisse – sowohl für eine Mittelwertbetrachtung, als auch bei Nutzung des 95. Perzentils – nicht wesentlich voneinander unterscheiden.[390]
Dementsprechend wird vorliegend vor allem geprüft – weil die Konstruktion einer großen Menge von Zufallsdatensätzen durch die mittlerweile verfügbare Hard- und Software wenig problematisch ist – inwieweit die Interpolations- und Regressionsberechnungen ebenfalls in der Lage sind, bei der Vorhersage der Anzahl zu extrahierender Faktoren, zu vergleichbaren Ergebnissen zu gelangen, wie der ursprüngliche zufallsbasierte Ansatz. Bei der Gegenüberstellung können allerdings einige linear interpolierte Parallelanalysen – ebenso wie Teile der Regressionen – nicht berechnet werden,[391] da ihre zugrunde liegenden Tabellen und Gleichungen auf maximale Stichprobenumfänge von 500 bzw. 2000 Fälle begrenzt sind, die vorliegend teilweise überschritten werden (siehe Tabelle 57 und Tabelle 58).

[387] Die daraus für die vorliegenden Daten berechnete Aufstellung der Koeffizienten bei 17 Werten und den verschiedenen Stichprobenumfängen ist im Anhang 53 aufgeführt.

[388] Die Tauglichkeit der Tabellen erweist sich dabei sowohl in den Fällen, in denen nur eine der beiden Größen linear interpoliert werden muss (entweder die Anzahl an Fällen oder diejenige an Variablen stimmen mit den tabellarischen Vorgaben überein), als auch dann, wenn beide Größen nicht explizit in den Auflistungen vorhanden sind und über eine lineare Interpolation zu generieren sind (vgl. Lautenschlager 1989a, S. 387f).

[389] Zu Vergleichszwecken werden diese vorliegend aber dennoch mit eingebunden.

[390] Dies kann nach den vorliegenden Analysen nur bedingt bejaht werden (siehe Abschnitt 5.4.2.2.2.2).

[391] Die Schätzung von Werten aus Tabellen für Kombinationen, die außerhalb der Grenzen der zur Konstruktion der Auflistungen eingesetzten mathematischen Verfahren liegen, stellt in keinem Fall ein methodisch sauberes Vorgehen dar und hat deshalb zu unterbleiben (vgl. Cota et al. 1993b, S. 588 und Lautenschlager 1989a, S. 393).

5.4.2.1.5.5 Die Vergleichsstudie von Zwick & Velicer (1986)

In einer immer wieder zitierten[392] Vergleichsstudie von Zwick & Velicer (1986, S. 433ff) werden fünf Verfahren (Parallelanalyse mit 50 Zufallsdatensätzen pro Fall [siehe Abschnitt 5.4.2.1.5.4], MAP [siehe Fußnote 368 auf Seite 370], Scree-Test [siehe Abschnitt 5.4.2.1.5.3], Bartlett-Test und die K1-Regel [siehe Abschnitt 5.4.2.1.5.2]) anhand von sieben systematisch variierten Parametern (Stichprobenumfang [72 + 180 bei 36 Variablen; 144 + 360 bei 72 Variablen], Variablenanzahl [36 und 72], Anzahl an Faktoren [3 + 6 bei 36 Variablen; 6 + 9 bei 72 Variablen], Komponentensättigung [hoch: 0,80 und niedrig: 0,50], gerade oder ungerade Anzahl an Variablen pro Faktor, Präsenz oder Absenz von einzigartigen [keine Ladung auf einem der Faktoren] oder komplexen [mit einer hohen Ladung auf einem Faktor und gleichzeitig einem Strukturkoeffizienten von 0,20 für eine zweite Komponente] Variablen) hinsichtlich ihrer Qualität zur Bestimmung der korrekten Faktorenanzahl, einander gegenübergestellt.

Um Vergleichsdaten auszuwählen, gibt es zwei generelle Möglichkeiten: (1) Analyse von bestehenden Datensätzen, bei denen anhand logischer Kriterien die optimale Anzahl an Faktoren bestimmt werden kann und (2) Nutzung speziell konstruierte Datensätze, deren Eigenschaften der vollständigen Kontrolle des Forschers unterliegen (vgl. Zwick & Velicer 1986, S. 435). Während das erstgenannte Vorgehen primär unter der „willkürlichen" Bestimmung des logischen Kriteriums „leidet", muss sich die Methode der auf Grundlage mathematischer Modelle konstruierten Datenbasen der Kritik stellen, dass ihre Resultate auf künstlichen Daten basieren, die im Ergebnis zu unpassenden Schlussfolgerungen führen können, weil ihnen eben keine realen Angaben zugrunde liegen (vgl. Tucker et al. 1969, S. 422).

Diese Differenzierung hat auch für die vorliegende Arbeit Relevanz, denn weil hier keine „theoretischen" Daten genutzt werden können, ist ein wirklicher Test der Parallelanalysen mit den unterschiedlich verteilten Daten (Original- und Normalverteilung bzw. Durchschnittswert und 95. Perzentil) nicht möglich, da die „richtige" Faktorenzahl unbekannt bleibt. Insofern dienen die Analysen ausschließlich zur Gegenüberstellung der einzelnen Ansätze.

Zwick & Velicer (1986, S. 439) gelangen anhand ihrer Simulationsstudien zu dem eindeutigen Schluss, dass die K1-Regel nicht zur Bestimmung der Anzahl an Faktoren bei einer Hauptkomponentenanalyse empfohlen werden kann und diesbezüglich insbesondere auf die Parallelanalyse zurückgegriffen werden sollte.

Aufgrund der uneinheitlichen Aussagen in der Literatur zur Leistungsfähigkeit der einzelnen Vorgehensweisen bei der Festlegung der Anzahl an Faktoren in konkreten Forschungssituationen, sind viele Anwender der Empfehlung gefolgt, mehrere Bestimmungsverfahren einzusetzen (vgl. Fabrigar et al. 1999, S. 283; Hayton et al. 2004, S. 194; Henson & Roberts 2006, S. 410; Stewart 1981, S. 59 und Thompson & Daniel 1996, S. 200), wovon auch vorliegend Gebrauch gemacht wird.

5.4.2.1.6 Die Rotation der gefunden Faktorlösung

Zu jeder zulässigen Lösung einer faktorenanalytischen Verdichtung mit mehr als zwei Komponenten, existieren unendlich viele alternative Orientierungen der Faktoren im multidimensionalen Raum, welche die Datenstruktur identisch gut repräsentieren (vgl. Fabrigar et al. 1999, S. 281). Da eine Faktorextraktion im Allgemeinen nicht sofort zu einer inhaltlich sinnvoll interpretierbaren Lösung führt,[393] wird i.d.R. die Möglichkeit genutzt, die Faktormatrix zu rotieren, um eine besser deutbare Lösung zu erreichen, die nach wie vor dem angewandten

[392] In der Datenbank Social Science Citation Index (SSCI) werden am 10.04.2008 635 Arbeiten aufgelistet, die den Aufsatz in ihrer Liste der verwendeten Literatur führen.

[393] Wegen der sukzessiven Aufklärung maximaler Varianz bei der Extraktion, werden auf dem ersten Faktor viele Variablen einen salienten Strukturkoeffizienten aufweisen, wohingegen die weiteren Faktoren eher mittlere bzw. geringe Ladungswerte zeigen werden (vgl. Bortz 2005, S. 547).

Maximierungskriterium genügt (vgl. Janssen & Laatz 2007, S. 542). Die Selektion dieser Konstellation aus dem gesamten Alternativenspektrum erfolgt üblicherweise im Hinblick auf das – von Thurstone (1947, S. 335ff) etablierte – Merkmal der einfachen Struktur (vgl. Darton 1980, S. 175ff).

Danach gibt es fünf Kriterien, mit denen eine gefundene Faktorlösung bezüglich der Simplizität ihrer Strukturiertheit geprüft werden kann:

(1) Jede Variable sollte zumindest eine Null-Ladung[394] besitzen;

(2) Jeder Faktor sollte einen Satz linear unabhängiger Variablen aufweisen, deren Faktorladungen Null sind (nach Crawford & Ferguson 1970, S. 323 und Harman 1976, S. 98 sollte jeder Faktor so viele Null-Ladungen besitzen, wie Faktoren insgesamt extrahiert wurden);

(3) Für jedes Faktorpaar sollten verschiedene Variablen vorliegen, die auf dem einen Faktor eine Null-Ladung zeigen, während dies auf dem anderen Faktor nicht der Fall ist;

(4) Wenn vier oder mehr Faktoren extrahiert werden, sollte für jedes Faktorpaar ein großer Anteil der Variablen Null-Ladungen auf beiden Faktoren besitzen;

(5) Für jede Kombination zweier Faktoren, sollte lediglich eine geringe Anzahl an Variablen vorliegen, die Nicht-Null-Ladungen auf beiden Faktoren aufweist.

Derartige simple Strukturen[395] werden durch die Rotation der Ausgangslösung zu erreichen versucht, wobei dem Anwender diesbezüglich mehrere unterschiedliche Verfahren[396] zur Verfügung stehen (vgl. Fabrigar et al. 1999, S. 281).

Nach Gorsuch (1970a, S. 862) und Richman (1986, S. 308) ist die Erfüllung der Kriterien für eine einfache Struktur schwierig zu operationalisieren (vgl. auch Carroll 1953, S. 24 – der einen Ansatz über die Minimierung der Summe der Produkte von quadrierten Faktorladungen jeweils zweier Faktoren vorschlägt), so dass stattdessen oftmals auf das Kriterium der Elemente in der Hyperebene zurückgegriffen wird, nach dem die Anzahl der Variablen mit Faktorladungen zwischen –0,10 und +0,10 hoch sein sollte (vgl. Cattell & Gorsuch 1963, S. 58ff und Abschnitt 5.4.2.1.7).[397]

Weil die gesamte aufgeklärte Varianz durch eine Rotation nicht verändert wird, sondern lediglich ihre Verteilung auf die Faktoren (vgl. Bortz 2005, S. 550 und Russell 2002, S. 1635), folgt daraus, dass die Eigenwerte einer rotierten Matrix nicht so zu interpretieren sind, dass damit die reproduzierte Varianz durch die gedrehten Faktoren beurteilt werden könnte (vgl. Thompson & Daniel 1996, S. 201).

Zur Rotation einer gefundenen Ausgangslösung sind zwei grundsätzliche Verfahrensklassen (schief- [oblique] und rechtwinklige [orthogonale]) verfügbar, bei denen wiederum verschiedene Vorgehensweisen (vgl. beispielsweise die Übersichten bei Bortz 2005, S. 548, Browne 2001, S. 116ff und Richman 1986, S. 309) offeriert werden, die sich im benutzten Algorithmus und dem Kriterium, das sie heranziehen, um eine gute Übereinstimmung mit den Daten zu finden, unterscheiden. Alle gehen nach einem Maximierungs- bzw. Minimierungskalkül vor und laufen iterativ ab (vgl. Janssen & Laatz 2007, S. 543). Bedingt durch die Vielzahl der anwendbaren Verfahren zur Rotation einer Ausgangslösung, erfolgt dessen Auswahl oftmals mehr oder weniger willkürlich (vgl. Jolliffe 2002, S. 271) danach, ob es bekannt und/oder in einem bestimmten Statistik-Software-Programm integriert ist (vgl. Gorsuch 1970a, S. 862 und

---

[394] Als Null-Ladung können dabei Strukturkoeffizienten aufgefasst werden, deren Betrag einen Wert von 0,10 nicht überschreitet (vgl. Bargmann 1955, S. 10 und Guilford 1974, S. 500).

[395] Die ideale Lösung im Sinne von Einfachheit besteht nach Kaiser (1974, S. 31) darin, dass auf jedem Faktor lediglich eine Variable eine von Null verschiedene Ladung ausweist. In diesem Fall wäre also die Variablenliste auf ihre faktorbildenden Elemente zu kürzen, weil sich das zu messende Konstrukt bereits dann in allen Facetten beschreiben ließe. Allerdings könnte diesbezüglich natürlich auch der Fall auftreten, dass jede Variable einen Faktor bildet, so dass sich die Ursprungsliste nicht weiter verkürzen ließe.

[396] Vgl. zum Problem der Subjektivität in diesem Zusammenhang Horn (1967, S. 812ff).

[397] Dies entspricht dem Maximierungskriterium beim Promax-Verfahren (siehe Abschnitt 5.4.2.1.6.2).

Schiller 1988, S. 74). Entschuldigt werden kann dieses „nicht wissenschaftliche“ Vorgehen allerdings dadurch, dass der praktische Anwender eines Rotationsverfahrens kaum noch in der Lage ist, einen Gesamtüberblick des insgesamt verfügbaren Möglichkeitsspektrums zu haben, und daraus das seiner Fragestellung am besten entsprechende auszuwählen und anzuwenden (vgl. Richman 1986, S. 322f und Schiller 1988, S. 76f) – wie es eine kriterienorientierte wissenschaftliche Auswahl eigentlich vorschreiben würde. Insofern ist Gorsuch (1970a, S. 862) zuzustimmen, der in der Auswahl eines Rotationsverfahrens immer auch ein gewisses Ausmaß an Willkürlichkeit integriert sieht. Dieses wird vorliegend soweit wie möglich zu objektivieren versucht.
Nach der Analyse von Henson & Roberts (2006, S. 408) dominieren orthogonale Rotationen (insbesondere nach dem Varimax-Verfahren). Bei den schiefwinkligen Drehungen wird am häufigsten auf die Oblimin-Methode zurückgegriffen. Allerdings sind diese Angaben nur bedingt aussagekräftig, weil in über 60 Prozent der erfassten Studien keine eindeutige Angabe der verwendeten Rotationstechnik erfolgt.

5.4.2.1.6.1 Rechtwinklige Rotation

Bei einer orthogonalen Drehung verbleiben – aus geometrischer Sicht – die Faktorachsen im rechten Winkel zueinander, d.h. es werden (weiterhin) untereinander nicht korrelierende Komponenten unterstellt (vgl. Janssen & Laatz 2007, S. 543). In SPSS (Version 15) stehen drei entsprechende Rotationsverfahren zur Verfügung, wobei Varimax das Ziel verfolgt, die Zahl der Variablen mit hohen Ladungen auf einem Faktor zu minimieren, während Quartimax die Zahl der zur Interpretation der Variablen notwendigen Faktoren minimiert, indem die Summe der vierten Potenzen[398] der Faktorladungen maximiert wird (vgl. Gorsuch 1970a, S. 861), und Equamax einen Kompromiss zwischen den beiden vorgenannten Verfahren anstrebt (vgl. Janssen & Laatz 2007, S. 546f).
Nach Stewart (1981, S. 59) hat die Rotationsmethode nur einen relativ geringen Einfluss auf die Interpretation der generierten Faktoren (siehe dazu aber Abschnitt 5.4.2.2.3). Basierend auf dem Ziel der Faktorenanalyse voneinander independente Faktoren zu generieren, ist natürlich eine rechtwinklige Rotation nahe liegend, da die Unabhängigkeit der Komponenten in diesem Fall am besten garantiert werden kann (vgl. Stewart et al. 2001, S. 78f). Die dabei vielfach angewandte (vgl. Fabrigar et al. 1999, S. 281, Kiers 1997, S. 545 und Richman 1986, S. 318) Varimax-Rotation (vgl. Kaiser 1958, S. 189ff) sollte allerdings in den Fällen, in denen theoretisch ein genereller Faktor zu erwarten ist (vgl. Gorsuch 1983), nicht eingesetzt werden, weil die Varianz bei einer Varimax Rotation gleichmäßig auf die Faktoren aufgeteilt wird (vgl. Nevels 1986, S. 327), was jeden generellen Faktor zerstört (vgl. Stewart 1981, S. 59). Bei einer entsprechenden Konstellation kann dann auf Quartimax zurückgegriffen werden, weil dieses Verfahren alleine auf Test-Sparsamkeit[399] beruht, und dazu tendiert einen generellen Faktor zu produzieren (vgl. Crawford & Ferguson 1970, S. 329ff).[400]

---

[398] Vgl. zur Optimierung polynominaler Funktionen vierten Grades im Zusammenhang mit der Varimax- und Quartimax-Rotation auch Jennrich (1970, S. 230ff).

[399] Test-Sparsamkeit (die Anzahl an Variablen, die zur Messung einer Komponente notwendig sind) und Faktor-Sparsamkeit (die Anzahl an Komponenten, die zur Erfassung des Gesamtkonstrukts benötigt werden) sind nach Crawford & Ferguson (1970, S. 329) die beiden wichtigsten Kriterien zur Festlegung auf ein orthogonales Rotationsverfahren. Erstere zeigt die Tendenz, die Varianz auf die ersten Faktoren zu konzentrieren an, während die Faktor-Sparsamkeit dazu neigt, die Varianz gleichmäßig auf alle rotierten Faktoren zu verteilen (vgl. Crawford & Ferguson (1970, S. 329). Infolgedessen ist bei den Rotationsverfahren, die Faktor-Sparsamkeit hoch gewichten, die Anzahl der zu extrahierenden Faktoren eine außerordentlich kritische Größe (vgl. Crawford & Ferguson 1970, S. 329), der allerdings vorliegend entsprechende Aufmerksamkeit gewidmet wird (siehe Abschnitt 5.4.2.1.5). Vgl. zum Konzept der Sparsamkeit im Rahmen faktorenanalytischer Verfahren auch Ferguson (1954, S. 281ff).

[400] Da dieser Zustand – insbesondere durch den Item-Charakter des Werte-Inventars, der sich deutlich von einer Skala im eigentlichen Sinne unterscheidet – vorliegend sehr unwahrscheinlich ist, dürfte Quartimax nicht das adäquate Rotationsverfahren darstellen (siehe Tabelle 64 auf Seite 409).

Was vorliegend für die Anwendung einer rechtwinkligen Varimax Rotation spricht, ist die Tatsache, dass entgegen den Annahmen bei Gorsuch (1970a, S. 870), hier nicht die Verbindung der Variablen zu Theorien im Vordergrund steht, sondern die Struktur des Werte-Inventars an sich.

Nach Crawford & Ferguson (1970, S. 331) sind von den drei in SPSS verfügbaren Rotationsverfahren sowohl Varimax, als auch Equamax generell zur Anwendung geeignet. Ihren Ausführungen zufolge ist vor allem die Spezifizierung der korrekten Anzahl an Faktoren ein einschränkendes Auswahlkriterium, denn gerade Varimax zeigt sich diesbezüglich relativ robust.[401]

Hinsichtlich der Null-Ladungen ist weiterhin zu beachten, dass von den meisten Forschern eine Lösung favorisiert wird, bei der viele derartige Strukturkoeffizienten auftreten, die sich dann auch noch relativ gleichmäßig über die Zeilen und Spalten der Ladungsmatrix verteilen sollen (vgl. Crawford & Ferguson 1970, S. 328). Allerdings ist dieses Ansinnen nur schwer zu verwirklichen, denn eine orthogonal rotierte Faktormatrix weist i.d.R. mehr Null-Ladungen auf, wenn ein genereller Faktor vorliegt – dann können aber die Null-Ladungen nicht (mehr) gleichmäßig über die Matrix der Strukturkoeffizienten verteilt sein (vgl. Crawford & Ferguson 1970, S. 328).

Letztendlich kann allerdings nur sehr schwer empirisch determiniert werden, welches Rotationsverfahren der eigenen Problemstellung am besten gerecht wird (vgl. Crawford & Ferguson 1970, S. 329 und zum in dieser Arbeit angewandten Vorgehen Abschnitt 5.4.2.2.3).

5.4.2.1.6.2 Schiefwinklige Rotation

Einer der Gründe für die Etablierung nicht-rechtwinkliger Rotationen liegt in der Anzahl an Null-Ladungen pro Komponente, die mit diesem Vorgehen – gegenüber den orthogonalen Drehungen – erhöht werden kann, was die Interpretation der generierten Faktoren erleichtert (vgl. Ferguson 1954, S. 282).

Bei einer obliquen Rotation (Faktoren dürfen korrelieren) werden sowohl eine Muster-, als auch eine Strukturmatrix erzeugt, die im Falle einer orthogonalen Rotation (unkorrelierte Faktoren) zusammenfallen (vgl. Janssen & Laatz 2007, S. 553). In der Erstgenannten werden die Regressionskoeffizienten aufgeführt, d.h. sie gibt die direkte Wirkung der Faktoren auf die Variablen wieder und ist entsprechend zur Interpretation heranzuziehen (vgl. Janssen & Laatz 2007, S. 553).

In der vorliegend eingesetzten Statistik-Software (SPSS Version 15) stehen zur obliquen Rotation mit direktem Oblimin und Promax zwei Prozeduren zur Verfügung (vgl. Janssen & Laatz 2007, S. 551f). Bei dem erstgenannten Verfahren werden die Koeffizienten der primären Mustermatrix in eine Minimierungsfunktion eingebettet, in der die Schiefe vom Anwender durch die Spezifikation eines Parameters Delta kontrolliert wird (vgl. Jennrich & Sampson 1966, S. 315ff). Dieser kann zwischen Null (schiefstmögliche Lösung) und einem beliebigen negativen Wert variieren (positive Werte[402] sollten nach Janssen & Laatz 2007, S. 551 nicht verwendet werden), wobei als Faustregel gilt, dass etwa ab einem Wert von –5 von einer orthogonalen Lösung auszugehen ist (vgl. Janssen & Laatz 2007, S. 551).[403]

Bei Promax wird die Schiefe über eine künstliche Hilfsgröße Kappa (Spektrum von 1 bis 9999) gesteuert, wobei sich der Winkel der Faktorachsen bis zu einem Wert von vier weitet, während er sich darüber hinaus verengt (vgl. Janssen & Laatz 2007, S. 552). Im Rahmen dieses Verfahrens wird zuerst eine Varimax-rotierte Lösung erzeugt, deren Orthogonalität

---

[401] Diese Aussage verdeutlicht erneut die Wichtigkeit der Spezifikation der korrekten Anzahl an Faktoren, und untermauert, warum dieser Problemstellung in der vorliegenden Arbeit ein so breiter Raum gewährt wird.

[402] Konträr dazu gibt Richman (1986, S. 318) eine Obergrenze von +1 an, schränkt aber ein, dass ab einem Parameterwert von +0,5 mit „kollabierenden" Lösungen zu rechnen ist. Zur Untermauerung verweist er auf eine (meteorologische) Studie, bei der mit einem Delta von +0,25 eine adäquate Faktorstruktur erzielt wurde.

[403] Nach Richman (1986, S. 318f) wird dieser Zustand allerdings erst ab einem Wert von kleiner als -10 erreicht.

schrittweise aufgeweicht wird, um eine bessere Annäherung der Lösung an eine simple Struktur zu erreichen (siehe dazu die Algorithmen in der Hilfefunktion von SPSS), wenn die Daten eher eine schiefwinklige Achsenkonstruktion nahe legen (vgl. Gorsuch 1970a, S. 862). In einer Simulationsstudie von Tataryn et al. (1999, S. 385ff) werden mehrere Werte für den Parameter k getestet. Die sich ergebenden Fehler und Verzerrungen in den Lösungen variierten für Kappa = 2, 3 und 4 nur minimal, so dass die Autoren vorschlagen, einen dieser Werte für entsprechende Analysen zu benutzen (vgl. Tataryn et al. 1999, S. 390f). Da die Güte ebenfalls von der eingesetzten Promax-Version[404] abhängt, und nach den Angaben bei den Algorithmen von SPSS von einer normalisierten Vorgehensweise auszugehen ist (vgl. SPSS Hilfe / Algorithmen), dürfte der Wert 2 zu den besten Ergebnissen führen (vgl. Tataryn et al. 1999, S. 391) – was sich ebenfalls mit den Aussagen von Richman (1986, S. 327ff) deckt. SPSS selber gibt als Default den Wert 4 vor, wobei dieser auch in der Vergleichsstudie von Cureton (1976, S. 456f) favorisiert wird.

Fabrigar et al. 1999, S. 282 liefern einige Argumente (Korrelation der Dimensionen in der Realität, münden leichter in einer simplen Struktur der Lösung [vgl. dazu auch Gorsuch 1970a, S. 871f] und beinhalten mehr Information), warum eine schiefwinklige Rotation einer orthogonalen überlegen sein kann. Außerdem ist die immer wieder beschworene Aufrechterhaltung der Unabhängigkeit der Faktoren durch eine rechtwinklige Drehung (vgl. Backhaus et al. 2000, S. 293) durchaus fragwürdig, weil vollständig independente Dimensionen eine eher strittige Annahme sind. Auch Conway & Huffcutt (2003, S. 152f) sprechen – mit Bezug auf Ford et al. (1986, S. 296 und 306) sowie Gorsuch (1997, S. 54ff) – von einer Vorzugsstellung schiefwinkliger Rotationsverfahren. Henson & Roberts (2006, S. 410) empfehlen sogar explizit, zuerst eine oblique Rotation vorzunehmen, und anhand der sich ergebenden Resultate zu entscheiden, ob diese oder eine orthogonale Rotation am sinnvollsten ist.

5.4.2.1.7 Interpretation der Faktorlösung

Zur Interpretation der gefunden Faktoren bedient man sich ihrer Strukturkoeffizienten der rotierten Lösung (orthogonale Drehung: Faktormatrix; oblique Drehung: Mustermatrix), wobei insbesondere die Variablen[405] mit hohen Ladungskoeffizienten ausschlaggebend sind (vgl. Backhaus et al. 2000, S. 291). Andererseits spielen aber auch die Null-Ladungen (siehe Seite 380), eine nicht unerhebliche Rolle bei der entsprechenden Charakterisierung.

Obwohl – dem explorativen Charakter einer Faktorenanalyse Rechnung tragend – die Kriterien, nach denen eine Faktorladung als bedeutsam und interpretationswürdig anzusehen ist, nicht allzu rigide gehandhabt werden sollten, ist es ratsam, auch bei einer varimax-rotierten Faktorstruktur, die von Guadagnoli & Velicer (1988, S. 267) vorgeschlagenen Empfehlungen zu berücksichtigen, nach denen eine Variable nur dann zur Interpretation herangezogen werden sollte, wenn ihre Faktorladung mindestens 0,40 beträgt (vgl. Bortz 2005, S. 550; Ford et al. 1986, S. 296 und Zwick & Velicer 1982, S. 258).

Den subjektiven Charakter dieser – aber auch alternativer (vgl. Backhaus et al. 2000, S. 292 und Merenda 1997, S. 160, die einen Schwellenwert von 0,50 ansetzen) in der Literatur vorgenommener – Grenzziehungen[406] bemängelt Peterson (2000, S. 264). In seiner Meta-Analyse beläuft sich die durchschnittliche (absolute) Faktorladung auf einen Betrag von 0,32. Weil der entsprechende Wert bei Zufallsdaten 0,21 ausmacht, sollte bei Strukturkoeffizienten dieser Größe nicht von salienten Variablen gesprochen werden (vgl. Peterson 2000, S. 273).

---

[404] Hier ist im Wesentlichen zwischen simplem – bei dem die unmodifizierte Faktorladungsmatrix verwendet wird, um zur endgültigen Mustermatrix zu gelangen – und normalisiertem (hier wird die Faktorladungsmatrix zuerst normalisiert, und daraus dann die finale Mustermatrix berechnet) Promax zu differenzieren (vgl. Tataryn et al. 1999, S. 385).

[405] Janssen & Laatz (2007, S. 546) sprechen in diesem Zusammenhang von „Leitvariablen".

[406] Hier zeigen sich Parallelen zur K1-Regel bei der Festlegung der Anzahl zu extrahierender Faktoren (vgl. Ford et al. 1986, S. 306; siehe Seite 370).

Weiterhin deuten sich auch gewisse Zusammenhänge zu anderen Parametern einer Faktorenanalyse an, denn je größer die Anzahl der dort einbezogenen Variablen, desto kleiner fallen die durchschnittlichen Faktorladungen aus (vgl. Peterson 2000, S. 273) und desto geringer auch die prozentuale Varianzerklärung (vgl. Henson & Roberts 2006, S. 403). Dementsprechend ist nach Guadagnoli & Velicer (1988, S. 274) zunächst die Anzahl an Variablen zu bestimmen, die hoch (s.o.) auf den jeweiligen Komponenten laden.
Neben der absoluten Höhe der Strukturkoeffizienten, legt Fürntratt (1969, S. 66) auch die Berücksichtigung der Kommunalität nahe, wobei eine Variable nur dann zur Faktorinterpretation herangezogen werden sollte, wenn der Quotient aus quadriertem Strukturkoeffizienten und Kommunalität einen Wert von größer oder gleich 0,50 aufweist, d.h. wenn mindestens 50 % der aufgeklärten Varianz einer Variablen i auf den Faktor j entfallen. Dieses Kriterium ist insbesondere dann hilfreich, wenn eine Variable auf mehreren Faktoren „mittlere" Strukturkoeffizienten besitzt, aus denen sich keine eindeutige Zuordnung ablesen lässt (vgl. Bortz 2005, S. 552).
Aber auch die Anzahl an Variablen mit einer Null-Ladung (siehe Fußnote 394) ist ein taugliches Kriterium, um die Auslegung eines Faktors vorzunehmen. Je größer dieser Anteil ausfällt, desto eindeutiger dürfte er durch eine bestimmte begrenzte Menge an Variablen gebildet werden. Auch diesbezüglich kann mit Bargmann (1955, S. 10ff) eine Verbindung zu den Kommunalitäten geschaffen werden, bei der von Null-Ladungen nur dann gesprochen wird, wenn ein Strukturkoeffizient nicht mehr als ein Prozent zur Kommunalität beiträgt.
Außerdem sollte bei der Benennung der extrahierten Faktoren niemals ein Label benutzt werden, dass bereits für eine Variable verwendet wurde, denn eine derartige Vorgehensweise führt lediglich zu Konfusionen, weil damit die Aufdeckung latenter Eigenschaften durch die Faktoren nicht entsprechend gewürdigt wird (vgl. Henson & Roberts 2006, S. 410). Daneben ist es nicht ratsam, Faktoren mit nur einer salienten Variablen zu definieren, weil dann weder ein eigenständiger Faktor gerechtfertigt erscheint, noch eine ausreichende Replikationsgrundlage besteht (vgl. Henson & Roberts 2006, S. 410).

5.4.2.2 Die empirischen Daten

Bedingt durch das drei-faktorielle experimentelle Design, können vorliegend mehrere Gruppierungen der Daten miteinander in Beziehung gesetzt werden, um ihre Struktur hinsichtlich der Beurteilungen der 17 Werte zu vergleichen. Dabei dürfte besonders die Gegenüberstellung von allen und konsistent antwortenden Befragten erkenntnisreich sein (Auswirkungen einer spezifischen Eigenschaft der MLR-Technik),[407] aber auch der direkte Vergleich zwischen den Daten ohne vorgeschaltetes Ranking (RO und ZD) mit denjenigen nach einem oder zwei Extrem-Rankings. Dementsprechend werden folgende Gruppierungen analysiert, wobei immer sowohl eine Betrachtung zwischen den beiden Nettostichproben (Einfluss inkonsistenter Antwortpersonen), als auch innerhalb der jeweiligen Befragtengruppe (Wirkung der experimentellen Variationen) angestellt wird:
Zuerst wird der gesamte Datensatz einbezogen (1), bevor dieser dann über die drei experimentellen Faktoren (Durchführungsanweisung, Kategorien der Antwortskala und Reihenfolge des Werte-Inventars) aufgeteilt wird. Diesbezüglich stehen zunächst die Unterschiede bei den fünf- und elf-stufigen Antwortskalen im Mittelpunkt (2a), ehe eine Aufspaltung über die Sequenz der Werte vorgenommen wird (2b). Im dritten Schritt fungieren dann sowohl Antwort-

[407] In Analogie zu Chatterjee et al. (1991, S. 147ff) können die inkonsistenten Antwortabgaben als „Ausreißer" kategorisiert werden, deren Elimination das Faktormuster bereinigt. Wie noch gezeigt wird (siehe Abschnitt 5.4.2.3), führt die Konzentration auf die konsistent antwortenden Teilnehmer eher zu einer höheren Anzahl an Faktoren in den jeweiligen Gruppierungen (bei den 24 Versionen treten 15-mal identische Faktorzahlen auf, während in sieben Fällen bei den konsistent antwortenden Befragten mehr und lediglich in zwei Fällen weniger Faktoren extrahiert werden; siehe Abbildung 63 auf Seite 406), was eine Bestätigung der Ergebnisse von Chatterjee et al. (1991, S. 154f) ist, denn dort wird nach dem Ausschluss so genannter „einflussreicher Beobachtungen", ebenfalls ein zusätzlicher Faktor benötigt, um die Daten adäquat zu verdichten.

skala, als auch Reihenfolge als Unterteilungskriterium, so dass vier Gruppen (S5_RF1, S5_RF2, S11_RF1 und S11_RF2) zu betrachten sind. Daran anschließend werden die acht Durchführungsanweisungen fokussiert (4), wobei sich deren Anzahl auf sechs (D3 bis D8) reduziert, wenn lediglich die konsistent antwortenden Teilnehmer einbezogen werden, weil in den Varianten D1 und D2 keine widersprüchlichen Fälle auftreten können. Im Folgenden werden die Durchführungsanweisungen weiter diversifiziert, und zwar zunächst über die Antwortskala (5a) und dann über die Reihenfolge des Werte-Inventars (5b). Die letzte Gruppenbildung betrifft die einzelnen Versionen des experimentellen Designs (6), bei denen für die konsistent agierenden Befragten wiederum nur ein bestimmter Anteil (V09 bis V32) relevant ist, weil – bedingt durch das fehlende Ranking – in V01 bis V08 keine diskrepanten Angaben möglich waren.

Damit sind 81 Gruppierungen in der Nettostichprobe 1 (alle Befragten) und 63 Zusammenstellungen für die konsistent antwortenden Teilnehmer (Nettostichprobe 2) zu analysieren, was zu einer Gesamtmenge von 144 Subgruppen führt.

5.4.2.2.1 Eignung der Korrelationsmatrix

Bevor auf die Tauglichkeit der Korrelationsmatrizen für die Faktorenanalysen eingegangen wird, erfolgen erst ein paar generelle Angaben zu den ermittelten Zusammenhängen, sowie eine Betrachtung der Unterschiede zwischen einem reinen Rating und der ERR-Technik. Damit steht die Frage im Mittelpunkt, ob sich durch den Einsatz von Extrem-Rankings höhere oder geringere Korrelationen zwischen den beurteilten Objekten ergeben.

5.4.2.2.1.1 Die generellen Ausformungen der Werte-Relationen

Die jeweils höchsten Korrelationen zweier Werte treten fast ausschließlich auf Versionsebene auf, denn bei einer stärkeren Aggregation nivellieren sich die entsprechenden Musterausprägungen oftmals wieder. Lediglich in drei Fällen der Nettostichprobe 2 (WOH-FRI bei D5_S5 sowie WOH-ABW und ABW-BER in D5_RF2) zeigt sich die stärkste Verbundenheit zweier Werte für die nach denen Versionen nächsthöhere Aggregatstufe (siehe Abschnitt 4.3). V28 besitzt insgesamt die größte Zahl maximaler Korrelationen zweier Werte (26 von 136 möglichen Fällen[408]) und behält diesen Spitzenplatz auch in der Nettostichprobe 2 (20 Konstellationen) bei. Dort nimmt V29 mit 16 Fällen den zweiten Platz ein. Insgesamt weisen bei den konsistenten Befragten 69 der 136 möglichen Korrelationen (50,74 %) ihre höchste Ausprägung in einer der Versionen der Durchführungsanweisungen 7 und 8 auf, d.h. gut die Hälfte der Werte offenbart ihre stärksten Verbindungen, im Anschluss an eine relative Bestimmung der zweiten Extrem-Position. In der Nettostichprobe 1 beläuft sich dieser Anteil lediglich auf 24,26 %, ist also nur etwa halb so groß wie in der Nettostichprobe 2 und konzentriert sich hauptsächlich auf die V28, in der 26 der 33 Fälle enthalten sind.

53 der 136 höchsten Korrelationen zweier Werte treten in den ersten acht Versionen (D1 und D2; keine Extrem-Wert-Bestimmung) auf. Somit wird durch die ERR-Technik das Zusammenspiel der Elemente des Werte-Inventars differenzierter. In der Gesamtbetrachtung aller 144 Gruppierungen tritt lediglich für 20 Werte-Paare, ihr höchster Korrelationskoeffizient für eine Version bei den konsistent antwortenden Befragten zutage.

Die insgesamt stärkste Verbindung zeigt sich in der Gruppierung V13 (Nettostichprobe 1) für den Zusammenhang zwischen KIN und FAM ($r = 0{,}6507$). Die Relation zwischen diesen beiden Werten ist generell recht hoch ausgeprägt, denn ihr minimaler Korrelationskoeffizient weist immer noch ein Ausmaß von 0,3975 (V15 in Nettostichprobe 1) auf. Hinsichtlich Mittelwert und Maximum treten die zweithöchsten Beträge für die Beziehung von BER und ABI zutage. Die dritte Position belegen FRI und NAT, wobei hier die Besonderheit besteht, dass beide Werte im Inventar direkt aufeinander folgen (siehe Tabelle 17 auf Seite 334).

[408] Bei einem Umfang von 17 Stimuli (V) sind insgesamt 136 Kombinationen ([V•V-V]/2) zu betrachten (vgl. Bortz 2005, S. 59ff).

5.4.2.2.1.2 Die durchführungsanweisungsspezifischen Zusammenhänge

In der Nettostichprobe 1 fallen die Korrelationskoeffizienten der 136 Paare für D1 im Vergleich mit D3 (63,97 %), D4 (57,35 %), D6 (69,12 %), D7 (52,21 %) und D8 (72,06 %) größer aus, so dass es lediglich für D2 (35,29 %) und D5 (44,12 %) zu überwiegend höheren Zusammenhängen bei den 17 Werten im Vergleich zu D1 kommt. Werden die Z transformierten[409] mittleren Korrelationen dieser Größen betrachtet, so wird das Bild bestätigt. Die maximale Differenz in dieser Hinsicht beträgt 0,0573 für D2 und D6, wobei für die an dieser Stelle besonders relevante Gegenüberstellung von D1 (0,2461) und D3 (0,2136) auch ein Unterschied von 0,0325 zauftritt. Die ERR-Techniken vermindern also im Mittel die Objektbindungen, d.h. die Bestimmung der Extrem-Werte der Aufstellung bewirkt über alle Kombinationen eine „Auflockerung" der Zusammenhänge.

Bei einer Beschränkung auf die konsistent antwortenden Befragten wird die Tendenz aus Nettostichprobe 1 noch weiter verstärkt, denn jetzt treten auch für den Vergleich von D1 und D5 (67,65 %) in der Mehrzahl der 136 Werte-Paare höhere Korrelationen für die auf einem reinen Rating basierende Durchführungsanweisung (D1) auf. Bis auf die Beziehung zu D8 (70,59 %) resultieren nun außerdem für alle weiteren Gegenüberstellungen größere Anteilswerte (D3: 77,21 %; D4: 71,32 %; D6: 75,74 % und D7: 66,91 %), so dass die Verbindungen der Werte untereinander nach einer Elimination der inkonsistenten Angaben weiter „gelockert" werden. Dies lässt sich durch eine Betrachtung der mittleren Z-transformierten Korrelationen untermauern, denn diesbezüglich steigt beispielsweise die Differenz von D1 (0,2461) und D3 (0,1900) auf einen Betrag von 0,0561 an.

Werte	N1 D1	D2	D3	D4	D5	D6	D7	D8	N2 D3	D4	D5	D6	D7	D8
FAM/KIN	0,53	0,57	0,55	0,54	0,56	0,54	0,57	0,54	0,56	0,54	0,57	0,54	0,59	0,55
BER/ABI	0,54	0,50	0,49	0,51	0,50	0,50	0,50	0,51	0,50	0,50	0,49	0,50	0,51	0,52
FRI/NAT	0,49	0,49	0,51	0,51	0,50	0,48	0,49	0,48	0,50	0,49	0,47	0,46	0,47	0,50
MEN/FRI	0,47	0,48	0,48	0,50	0,50	0,43	0,49	0,45	0,47	0,49	0,48	0,43	0,47	0,49
LIE/MEN	0,47	0,43	0,40	0,49	0,47	0,49	0,49	0,41	0,37	0,41	0,40	0,46	0,46	0,37
ABI/PER	0,42	0,45	0,41	0,41	0,42	0,40	0,44	0,41	0,39	0,42	0,42	0,38	0,42	0,40
FAM/SIC	0,42	0,47	0,37	0,41	0,40	0,39	0,39	0,39	0,36	0,40	0,39	0,39	0,41	0,40
LIE/FST	0,33	0,45	0,40	0,41	0,37	0,40	0,41	0,40	0,34	0,29	0,28	0,35	0,35	0,39
MEN/FST	0,34	0,40	0,38	0,41	0,41	0,38	0,44	0,39	0,31	0,34	0,35	0,37	0,42	0,38
FAM/LIE	0,44	0,41	0,36	0,37	0,38	0,37	0,42	0,34	0,35	0,33	0,37	0,35	0,42	0,30
FAM/ABW	0,10	0,12	0,00	0,03	0,08	0,02	0,09	0,04	-0,02	0,02	0,06	0,02	0,08	0,05
UNA/FAM	0,08	0,06	0,06	0,06	0,03	0,04	0,09	0,04	0,04	0,03	0,01	0,02	0,05	0,03
WOH/FST	0,09	0,15	0,02	-0,01	0,09	-0,02	0,08	0,00	0,04	0,00	0,07	-0,02	0,02	0,01
FAM/WOH	0,11	0,12	0,01	-0,02	0,09	0,02	0,08	-0,02	-0,02	-0,03	0,09	0,01	0,03	0,03
WOH/NAT	0,05	0,05	-0,12	-0,11	0,04	-0,09	-0,05	-0,12	-0,15	-0,13	0,02	-0,14	-0,05	-0,10
ABW/KIN	-0,01	0,05	-0,07	-0,06	0,01	-0,08	0,01	-0,06	-0,10	-0,06	0,01	-0,09	0,00	-0,05
WOH/FRI	0,02	0,05	-0,08	-0,09	0,06	-0,09	0,00	-0,10	-0,12	-0,12	0,05	-0,11	-0,02	-0,11
WOH/MEN	0,03	0,03	-0,07	-0,06	0,03	-0,09	0,01	-0,07	-0,10	-0,09	0,00	-0,11	-0,03	-0,06
UNA/KIN	-0,02	-0,02	-0,03	-0,02	-0,04	-0,02	0,00	-0,03	-0,04	-0,04	-0,05	-0,05	-0,02	0,01
FRZ/KIN	-0,01	0,03	0,00	-0,03	0,00	-0,03	0,03	-0,03	-0,02	-0,04	-0,02	-0,05	0,00	0,00

Tabelle 47: Die Werte-Kombinationen mit den zehn höchsten (obere Hälfte) und niedrigsten (untere Hälfte) Korrelationskoeffizienten und ihre Ausprägungen in den Durchführungsanweisungen beider Nettostichproben

[409] Im Gegensatz zu den z-transformierenden Datenstandardisierungen (Umrechnung der Verteilung dass ein Mittelwert von Null und eine Standardabweichung von Eins resultiert; siehe Abschnitt 5.2.3) erfolgt hier eine Angleichung der Korrelationskoeffizienten an eine Normalverteilung, so dass sich unterschiedliche Werte auf Kardinalskalenniveau miteinander in Beziehung setzen lassen (vgl. Bortz 2005, S. 218f).

Wird die globale Ebene verlassen und der Fokus auf einzelne Werte-Relation gelegt, so sind allerdings hinsichtlich der besonders markanten Zusammenhänge keine eindeutigen Aussagen zu treffen, denn bei den zehn Werte-Paaren mit den insgesamt höchsten und geringsten Korrelationskoeffizienten ergeben sich die in Tabelle 47 aufgelisteten Ergebnisse in den einzelnen Durchführungsanweisungen.
Anhand der vorstehenden Tabelle ist ersichtlich, dass D1 zwar bei dem Werte-Paar, das insgesamt die höchste Korrelation aufweist (FAM/KIN), immer geringere Koeffizientenwerte als die übrigen Durchführungsanweisungen besitzt, jedoch bei den anderen Kombinationen in denen FAM beteiligt ist, durchweg höhere Korrelationskoeffizienten zeigt. Dies gilt sowohl für die obere, als auch untere Hälfte der Tabelle 47.
Bei den weiteren aufgelisteten Werte-Kombinationen ergibt sich ebenfalls kein eindeutiges Muster, so dass die Aussage an dieser Stelle relativ allgemein bleiben, und sich auf die Summe der direkten Vergleiche bei allen Werte-Paaren konzentriert, nach der es zu einer überwiegenden Reduktion der Korrelationskoeffizienten durch die ERR-Technik kommt.
Ob die aufgezeigte Entwicklung als positiv oder negativ zu kategorisieren ist, kann an dieser Stelle nicht entschieden werden, weil in der vorliegenden Arbeit keine Validierung der Angaben erfolgen kann (siehe Seite 188), so dass offen bleiben muss, welche Werte-Strukturen den „wahren" Verhältnissen am nächsten kommen. Insofern kann hier nur festgestellt werden, dass Strukturunterschiede zwischen den auf einem reinen Rating und der ERR-Technik basierenden Daten auftreten. Im nächsten Schritt ist jetzt zu analysieren, ob und wie sich die Unterschiede bei den Korrelationskoeffizienten auf die Eignung der entsprechenden Matrix für eine Faktorenanalyse auswirken.

5.4.2.2.1.3 Die Stichprobeneignung der Korrelationsmatrizen

Im Folgenden wird für sämtliche 144 gebildeten Gruppierungen die Angemessenheit der Korrelationsmatrizen als Ganzes sowie bezüglich der 17 einzelnen Werte betrachtet.
Hier wird nur die Zusammenfassung präsentiert, die Gesamtdarstellung erfolgt im Anhang 54 und Anhang 55. Hinsichtlich der letztgenannten Größen wird die Präsentation auf den Maximal-, Minimal- und Durchschnittsbetrag sowie die Standardabweichung beschränkt, wobei aber zusätzlich diejenigen Werte expliziert werden, welche die maximale und minimale Stichprobeneignung ausmachen. Weil auf Matrix- und Werte-Ebene lediglich dann von einer guten Angemessenheit gesprochen werden kann, wenn der jeweilige MSA-Koeffizient mindestens eine Höhe von 0,80 aufweist,[410] wird ebenfalls die Menge an Werten dokumentiert, die hinter diesem Betrag zurückbleibt.
Für die Matrizen liegen die MSA-Koeffizienten in 28 der 144 Fälle unterhalb der Schwelle von 0,80. Davon entfallen allerdings lediglich vier Fälle auf die Nettostichprobe 1 (V21, V23, V30 und V31), so dass hinsichtlich der konsistent antwortenden Befragten von einer etwas schlechteren Stichprobeneignung der Gesamtmatrix auszugehen ist (der mittlere MSA-Koeffizient bei letztgenannten Population beläuft sich auf 0,8063, während er in der Nettostichprobe 1 ein Ausmaß von 0,8335 annimmt). Da aber der minimale MSA-Koeffizient in der Nettostichprobe 2 mit 0,7423 (V30) noch oberhalb der Grenze von 0,70 (mittelmäßig) liegt, kann insgesamt trotzdem von einer durchgehend akzeptablen Eignung der Korrelationsmatrizen sämtlicher gebildeter Gruppierungen für eine Faktorenanalyse ausgegangen werden.
Auf Werte-Ebene sind die Dinge nicht mehr so eindeutig, denn hier kommt es in einem Fall (V29 in Nettostichprobe 2) sogar zu einem MSA-Koeffizienten von weniger als 0,50 (0,4299 für WOH), der eine Elimination der Variablen für diese Gruppierung nahe legt (vgl. Backhaus

[410] Nach der Aufstellung von Kaiser & Rice (1974, S. 112) – deren Grenzziehungen auf ihren „extensiven numerischen Erfahrungen" (Kasier & Rice 1974, S. 113) beruhen – sind Beträge für den Koeffizienten von 1,00 bis 0,90 als „marvelous", im Bereich von 0,80 bis 0,90 als „meritorious", zwischen 0,70 und 0,80 als „middling", in den Grenzen von 0,60 bis 0,70 als „medicore", über 0,50 aber unterhalb 0,60 als „miserable" und geringer als 0,50 als „unacceptable" zu kennzeichnen.

et al. 2000, S. 270). Koeffizienten mit geringeren Beträgen als 0,60 (medicore) treten bei 19 Gruppierungen auf und betreffen die nachfolgend aufgelisteten Fälle.

NSP	Gruppe	Matrix MSA	Variablen Max	Wert	Min	Wert	MW	SA	< 0,80
1	D8_S5	0,8156	0,8887	GES	0,5886	WOH	0,8028	0,0748	9
1	D8_RF1	0,8163	0,8891	FST	0,5906	WOH	0,8045	0,0762	6
1	V03	0,8411	0,8960	UNA	0,5908	KIN	0,8356	0,0728	3
1	V19	0,8102	0,9168	GES	0,5949	KIN	0,8040	0,0759	5
1	V22	0,8160	0,9058	LIE	0,5799	WOH	0,7878	0,1010	8
1	V24	0,8060	0,8782	FST	0,5938	KIN	0,7926	0,0769	9
1	V29	0,8237	0,8962	PER	0,5641	WOH	0,8074	0,0795	6
2	D6_S11	0,7931	0,8788	LIE	0,5972	WOH	0,7801	0,0817	9
2	D8_S5	0,8080	0,8896	LIE	0,5787	WOH	0,7938	0,0748	8
2	D6_RF1	0,7738	0,8669	GES	0,5823	WOH	0,7569	0,0831	10
2	D8_RF1	0,7958	0,8786	PER	0,5196	WOH	0,7786	0,0850	8
2	V12	0,7788	0,8733	GES	0,5810	ABW	0,7701	0,0793	9
2	V16	0,8310	0,8924	GES	0,5889	WOH	0,8167	0,0795	5
2	V19	0,7989	0,9094	GES	0,5919	KIN	0,7959	0,0763	6
2	V21	0,7539	0,8568	GES	0,5560	WOH	0,7367	0,0856	14
2	V22	0,7498	0,8734	LIE	0,5627	ABW	0,7340	0,0970	13
2	V26	0,7965	0,8941	MEN	0,5570	WOH	0,7851	0,0821	8
2	V29	0,7923	0,9136	PER	0,4299	WOH	0,7707	0,1057	10
2	V30	0,7423	0,8045	BER	0,5862	WOH	0,7331	0,0735	15
2	V31	0,7532	0,8613	GES	0,5937	WOH	0,7436	0,0737	13

Tabelle 48: Übersicht der Gruppierungen in denen mindestens eine Variable mit einen MSA-Koeffizienten (Stichprobenangemessenheit) von weniger als 0,60 enthalten ist

Anmerkung: NSP = Nettostichprobe; Max = maximaler MSA-Koeffizient; Min = minimaler MSA-Koeffizient; MW = mittlerer MSA-Koeffizient; SA = Standardabweichung der 17 MSA-Koeffizienten; < 0,80 = Anzahl von MSA-Koeffizienten mit einem Betrag unter 0,80

Zu der vorstehenden Auflistung ist noch zu ergänzen, dass für V22 (Nettostichprobe 2) neben ABW noch zwei weitere Werte einen MSA-Koeffizienten von weniger als 0,60 aufweisen (FRZ: 0,5723; WOH: 0,5791) und es auch für V30 noch einen zusätzlichen Wert gibt (KIN: 0,5926), dessen Stichprobeneignung unterhalb von 0,60 liegt. Somit tritt lediglich für zwei der insgesamt 144 Gruppierungen der Fall ein, dass mehr als ein Wert eine miserable Stichprobenangemessenheit aufweist. Für alle übrigen Werte erreichen die MSA-Koeffizienten mindestens einen Betrag von 0,60, so dass insgesamt auch auf dieser Ebene eine brauchbare Stichprobeneignung zu konstatieren ist.

Die Werte mit maximaler bzw. minimaler Stichprobeneignung konzentrieren sich für den erstgenannten Fall im Wesentlichen auf AUS, GES und FST, während für WOH und KIN am häufigsten die minimalen MSA-Koeffizienten einer Gruppierung auftreten. Die Minima häufen sich bei den Werten FAM, WOH, ABW und KIN, während sich die Maxima auf elf Werte verteilen. Drei Werte (FRZ, FRI und ABI) nehmen in keiner der 144 Gruppierungen die Minimal- oder Maximalposition hinsichtlich des MSA-Koeffizienten ein. ABW ist der einzige Wert, der beide Positionen (Max für V20 und Min für D3_RF2, V09, V12 und V22 jeweils in der Nettostichprobe 2) innehat.

Insgesamt ist also von einem mittleren Eignungspotenzial der hier gebildeten Gruppierungen für faktorenanalytische Untersuchungen auszugehen, denn der MSA-Wert für die zugrunde liegende Korrelationsmatrix, weist durchgängig einen Betrag über 0,70 aus. Bezüglich der 17 Werte wäre zunächst nur in einer Gruppierung (V29 der Nettostichprobe 2) eine Anpassung vorzunehmen, denn dort tritt für WOH ein MSA-Koeffizient mit einer Betrag von weniger als 0,50 (unakzeptabel) auf, so dass dieser Wert vor der Durchführung einer Faktorenanalyse zu eliminieren wäre (vgl. Brosius 1998, S. 645ff).

	Nettostichprobe 1		Nettostichprobe 2		Insgesamt	
Wert	Max	Min	Max	Min	Max	Min
AUS	10		2		12	
FRZ						
UNA	1				1	
FAM		2		1		3
SIC	2				2	
GES	49		38		87	
WOH		39		40		79
LIE	1		3		4	
MEN	2		1		3	
ABW			1	4	1	4
FST	12		13		25	
BER			1		1	
FRI						
NAT	3		2		5	
ABI						
PER	1		2		3	
KIN		40		18		58

Abbildung 61: Wertespezifische Häufigkeit der Zuordnung des minimalen oder maximalen MSA-Koeffizienten in einer der 144 Gruppierungen

5.4.2.2.2 Bestimmung der konkreten Anzahl zu extrahierender Faktoren

Der Ansatz, bei der Festlegung der Anzahl an Faktoren, die durchschnittlichen Ergebnisse einer Reihe von unterschiedlichen Zufallsgenerierungen als Referenzgröße heranzuziehen – wobei vorliegend sowohl auf die Originaldaten, als auch normalverteilte Zufallszahlen zurückgegriffen wird – erfolgt in Anlehnung an das Vorgehen von Cota et al. (1993a, S. 869ff). Insgesamt werden folgende neun Vorgehensweisen zur Bestimmung der Anzahl an zu extrahierenden Faktoren aus den Beurteilungen der 17 Werte des abgefragten Inventars eingesetzt (siehe Abschnitt 5.4.2.1.5):

		Fallzahl	
Abk.	Verfahren	N1	N2
K1	Eigenwerte größer als Eins	81	63
OD	Parallelanalyse über eine Zufallssortierung der Originalwerte	81	63
NV	Parallelanalyse nach Horn (1965) über normalverteilte Zufallsvariablen	81	63
PO	95. Perzentil der zufallssortierten Originalwerte (OD)	81	63
PN	95. Perzentil der normalverteilten Zufallswerte (NV)	81	63
RA	Regressionsansatz nach Lautenschlager et al. (1989)	60	49
RG	Regressionsansatz nach Longman et al. (1989)	26	28
LA	Lineare Interpolation nach Lautenschlager (1989a)	71	54
LC	Lineare Interpolation nach Cota et al. (1993b)	26	28

Abbildung 62: Übersicht der verwendeten Vorgehensweisen zur Bestimmung der Anzahl zu extrahierender Komponenten in den Faktorenanalysen

Die divergierenden Fallzahlen in den Nettostichproben (siehe die beiden rechten Spalten der Abbildung 62) erklären sich damit, dass die vier letztgenannten Vorgehensweisen nicht bei allen Gruppierungen angewendet werden können, weil die Stichprobenumfänge außerhalb des jeweils zulässigen Bereichs liegen (siehe Abschnitt 5.4.2.1.5.4.2).
Neben den aufgeführten Kriterien wird außerdem – im Falle uneindeutiger Vorhersagen (siehe Abschnitt 5.4.2.2.2.2.2) – noch komponentenweise berücksichtigt, in wie vielen der 100 Durchgänge bei den Parallelanalysen (OD und NV), der Betrag des jeweiligen zufallsbasierten Eigenwertes, über demjenigen des empirischen Eigenwertes liegt (siehe zu den diesbezüglich kritischen Fällen Tabelle 61 auf Seite 402 und Tabelle 63 auf Seite 404 sowie Anhang 49 für eine Gesamtübersicht).

5.4.2.2.2.1 Paarweiser Vergleich der Vorhersagen über alle Gruppierungen

Wenn alle neun Verfahren gleichgewichtig behandelt werden – was ob der bekannten inferioren Eigenschaften der K1-Regel zwar nicht anzuraten ist (siehe Abschnitt 5.4.2.1.5.2), hier jedoch aus Vergleichszwecken geschieht – so gibt es für die Nettostichprobe 1 in 88,89 % der Fälle eine eindeutige Lösung[411], während dies in der Nettostichprobe 2 mit einem etwas geringeren Prozentsatz von 87,30 % zutrifft.
Dass alle einsetzbaren Verfahren eine identische Anzahl an zu extrahierenden Faktoren vorschlagen, kommt in der Nettostichprobe 1 in 24 von 81 Fällen vor, bei einer Fokussierung auf die konsistent antwortenden Befragten allerdings lediglich in 6 von 63 Gruppierungen (Alle, S11, RF1, S5_RF1, S11_RF1 und D7_S11). Bemerkenswert ist in diesem Zusammenhang gleichfalls, dass es auf Durchführungs- und Versionsebene für die konsistenten Befragten keine Konstellation gibt, in der alle neun Verfahren eine übereinstimmende Vorhersage für die Anzahl der Faktoren tätigen.
Lässt man die K1-Regel (aus den in Abschnitt 5.4.2.1.5.2 aufgeführten Gründen) außen vor, so erhöht sich die Anzahl identischer Prognosewerte beträchtlich, denn nun werden in 69 von 81 Fällen bei allen Teilnehmern und in 49 von 63 Gruppierungen bei den konsistent antwortenden Befragten, die gleiche Faktoranzahl für die maximal acht Vorgehensweisen zur Faktorbestimmung vorgeschlagen. Dies bedeutet, dass ohne die K1-Regel in 85,19 % der Fälle bei allen Befragten (77,78 % bei der Fokussierung auf die Nettostichprobe 2), die hier herangezogenen und anwendbaren Verfahren zu einer identischen Vorhersage bezüglich der Anzahl zu extrahierender Faktoren gelangen (siehe dazu auch Abschnitt 5.4.2.2.2.2.2). Damit bestätigt sich die oft berichtete Sonderstellung der K1-Regel (siehe Abschnitt 5.4.2.1.5.2), so dass ihre (abweichenden) Vorgaben zwar im Weiteren zu Vergleichszwecken mit aufgeführt werden, aber keine Berücksichtigung mehr bei der Spezifizierung der Faktorenzahl erfahren.

5.4.2.2.2.1.1 Daten für sämtliche befragten Personen

Zunächst wird eine Übersicht zu den generellen Unterschieden bei der Festlegung der Anzahl an Faktoren durch die oben aufgeführten Verfahren gegeben, bevor die Resultate nachfolgend weiter aufgeschlüsselt werden. Wegen des – aus stichprobentechnischen Gründen – nicht

[411] Die diesbezügliche Grenzziehung wird vorliegend so angesetzt, dass der Maximalwert für eine Faktoranzahl einen Anteil von mindestens 60 % der insgesamt über die Verfahren bestimmbaren Vorgaben umfassen muss. Sind alle neun hier herangezogenen Vorgehensweisen einsetzbar, so ist eine spezifische Faktoranzahl also von minimal sechs Verfahren vorzuschlagen, damit Eindeutigkeit konstatiert werden kann. Damit wird eine Konstellation, bei der fünf Verfahren eine Anzahl A an Faktoren vorschlagen, und vier Verfahren die Menge B, nicht mehr als eindeutig betrachtet, obwohl die Anzahl A eine absolute Mehrheit besitzt. Konnte die Faktoranzahl allerdings nur über fünf Verfahren (was für 19 Gruppierungen der Fall ist) geprüft werden – dies betrifft die Stichproben mit mehr als 500 bzw. 2000 Fällen, bei denen Regression und lineare Interpolation nicht einsetzbar sind – wären 60 % bereits bei drei identischen Vorgaben (also einer Mehrheit, die lediglich auf einem einzigen Verfahren beruht) erreicht gewesen. Weil dies bei den Gruppierungen aber nur einmal vorkam (D4 in Nettostichprobe 2; siehe Abschnitt 5.4.2.2.2.2.2), erscheint der gewählte Schwellenwert adäquat.

durchgängig möglichen Einsatzes aller neun Verfahren, werden dazu sowohl absolute, als auch prozentuale Werte offeriert.

	K1	OD	NV	PO	PN	RA	RG	LA	LC
K1		27	27	25	25	8	2	17	2
OD	54		80	74	73	52	24	67	22
NV	54	1		74	73	54	23	68	22
PO	56	7	7		80	53	24	61	26
PN	56	8	8	1		54	24	60	26
RA	52	8	6	7	6		24	52	22
RG	24	2	3	2	2	2		21	24
LA	54	4	3	10	11	8	5		20
LC	24	4	4	0	0	4	2	6	

Tabelle 49: **Absolute Fallzahl der identischen (obere Diagonalmatrix) und divergierenden (untere Diagonalmatrix) Bestimmung der Anzahl an Faktoren durch die neun Verfahren für die Nettostichprobe 1**

Anmerkung: Die Abkürzungen der Verfahren sind in Abbildung 62 expliziert

	K1	OD	NV	PO	PN	RA	RG	LA	LC
K1		33,33	33,33	30,86	30,86	13,33	7,69	23,94	7,69
OD	66,67		98,77	91,36	90,12	86,67	92,31	94,37	84,62
NV	66,67	1,23		91,36	90,12	90,00	88,46	95,77	84,62
PO	69,14	8,64	8,64		98,77	88,33	92,31	85,92	100,00
PN	69,14	9,88	9,88	1,23		90,00	92,31	84,51	100,00
RA	86,67	13,33	10,00	11,67	10,00		92,31	86,67	84,62
RG	92,31	7,69	11,54	7,69	7,69	7,69		80,77	92,31
LA	76,06	5,63	4,23	14,08	15,49	13,33	19,23		76,92
LC	92,31	15,38	15,38	0,00	0,00	15,38	7,69	23,08	

Tabelle 50: **Paarweise Prozentwerte der absoluten Angaben aus Tabelle 49**

Anmerkung: Die Abkürzungen der Verfahren sind in Abbildung 62 expliziert

LC und RG zeigen die geringste Übereinstimmungsquote mit K1, werden aber insgesamt von den neun Verfahren am seltensten eingesetzt (siehe Abbildung 62). Die Parallelanalysen unterscheiden sich in etwa zwei Drittel der Fälle von den Vorhersagen der K1-Regel, wobei die 95. Perzentilwerte (im Vergleich zu den auf Durchschnittsangaben basierenden OD und NV) konstruktionsbedingt (siehe Abschnitt 5.4.2.1.5.4.1) die geringere Kongruenz zeigen.

PO und PN kommen mit LC immer zu einheitlichen Resultaten, wobei ansonsten OD und NV sowie PO und PN die höchsten Ergebnishomogenitäten offenbaren, d.h. die Art der Basis zur Generierung der Zufallsdatensätze (originäre oder normalverteilte Zahlen) spielt auch (vgl. Turner 1998, S. 564) vorliegend keine große Rolle für die Bestimmung der Faktorenanzahl über eine Parallelanalyse, denn es kommt lediglich in jeweils einem Fall zu divergierenden Vorhersagen (OD/NV: V01; PO/PN: D6_S11).

LA und LC weisen innerhalb einer Verfahrensklasse[412] mit 76,92 % die geringste Übereinstimmungsquote auf – hier zeigt sich eine zweifache Ungenauigkeit, denn zum einen werden Zufallstabellen entwickelt, aus denen zum anderen die konkreten Fälle mittels interpolierendem Vorgehen abzuleiten sind. Möglicherweise resultieren die Unterschiede aber auch aus

[412] Weil vorliegend keine Möglichkeit zur externen Validierung der Vorhersagen besteht, werden – bis auf die K1-Regel – für jede Vorgehensweise immer zwei alternative Varianten eingesetzt, so dass zumindest ein interner Vergleich vorgenommen werden kann.

den geringen Fallzahlen bei diesen Verfahren, denn bei kleineren Stichprobenumfängen ist i.d.R. von einer größere Unsicherheit bei der Vorhersage der Faktoranzahl auszugehen – bei den umfangreichen Populationen zeigen diesbezügliche Prognosen deutlich weniger Divergenzen (siehe Abschnitt 5.4.2.2.2.2). Allerdings müsste dann auch für RG ein entsprechender Effekt vorzufinden sein, der hingegen wesentlich geringer ausfällt und – statt wie bei LA/LC 6 Fälle – nur zwei Konstellationen (V27 und V30) betrifft.
Jetzt wird jetzt untersucht, welches Verfahren im Falle von divergenten Resultaten mehr Faktoren vorgeschlagen hat, d.h. die untere Diagonalmatrix der Tabelle 49 wird nachfolgend weiter (sowohl hinsichtlich absoluter, als auch prozentualer Angaben) aufgeschlüsselt. Die nachstehende Tabelle kann dabei sowohl spalten-, als auch zeilenweise betrachtet werden, wobei in jeder Zelle aufgeführt ist, wie oft das in der entsprechenden Spalte aufgelistete Verfahren zu einer höheren Faktorzahl als das korrespondierende Zeilenverfahren gelangt.

	K1	OD	NV	PO	PN	RA	RG	LA	LC
K1		0	0	0	0	0	0	0	0
OD	54		1	0	0	1	0	3	0
NV	54	0		0	0	4	0	2	0
PO	56	7	7		0	4	2	9	0
PN	56	8	8	1		4	2	10	0
RA	52	7	2	3	2		0	8	0
RG	24	2	3	0	0	2		5	0
LA	54	1	1	1	1	0	0		0
LC	24	4	4	0	0	4	2	6	

Tabelle 51: Aufteilung der divergenten Faktorbestimmungen für die Nettostichprobe 1

Anmerkung: In jeder Zelle ist dokumentiert, wie häufig das in der Spalte aufgeführte Verfahren zu einer höheren Schätzung der Anzahl zu extrahierender Faktoren gelangt als die in der entsprechenden Zeile genannte Vorgehensweise. Die verwendeten Abkürzungen sind in Abbildung 62 expliziert.

Werden die Zahlen zu den insgesamt möglichen Vergleichen zweier Vorgehensweisen (siehe Abbildung 62) in Beziehung gesetzt, so führt die K1-Regel in mindestens Zwei-Drittel der Fälle zu einer höheren Anzahl zu extrahierender Faktoren. Bei der Gegenüberstellung von Parallel- und Regressionsanalysen ergeben sich unterschiedliche Schwerpunkte, je nachdem welche Datenbasis herangezogen wird. OD postuliert in 11,67 % der Vergleiche mit RA eine höhere Faktoranzahl (RG: 7,69 %), während dies für NV in 11,54 % der Fälle mit RG vorkommt (RA: 3,33 %). Hinsichtlich der linearen Interpolation verhalten sich die Parallelanalysen dann wieder konform, denn hier treten in 15,38 % der Vergleiche mit LC und 1,41 % mit LA bei ihnen höhere Faktorvorgaben auf.

	K1	OD	NV	PO	PN	RA	RG	LA	LC
K1		0,00	0,00	0,00	0,00	0,00	0,00	0,00	0,00
OD	100,00		100,00	0,00	0,00	12,50	0,00	75,00	0,00
NV	100,00	0,00		0,00	0,00	66,67	0,00	66,67	0,00
PO	100,00	100,00	100,00		0,00	57,14	100,00	90,00	0,00
PN	100,00	100,00	100,00	100,00		66,67	100,00	90,91	0,00
RA	100,00	87,50	33,33	42,86	33,33		0,00	100,00	0,00
RG	100,00	100,00	100,00	0,00	0,00	100,00		100,00	0,00
LA	100,00	25,00	33,33	10,00	9,09	0,00	0,00		0,00
LC	100,00	100,00	100,00	0,00	0,00	100,00	100,00	100,00	

Tabelle 52: Paarweise Prozentwerte der absoluten Angaben aus Tabelle 51

Bei dieser Betrachtung sticht die – auch in der Literatur immer wieder berichtete (siehe Abschnitt 5.4.2.1.5.5) – Tendenz zur Überfaktorisierung durch die K1-Regel ins Auge, denn sie neigt im Vergleich zu allen anderen Verfahren durchgängig zu einer höheren Anzahl an Faktoren, wenn es zu widersprüchlichen Vorhersagen kommt (siehe erste Datenspalte in Tabelle 52). Im Rahmen interner Gegenüberstellungen fallen die Unterschiede zwischen den beiden Prozeduren zur linearen Interpolation auf, denn während LC in keinem einzigen Fall divergierender Vorhersagen eine höhere Faktorzahl vorschlägt, trifft dies bei LA – mit Ausnahme der schon erwähnten K1-Regel – überwiegend zu. Auch die auf Durchschnittswerten basierenden Parallelanalysen neigen bei abweichenden Prognosen mehrheitlich zu einer größeren Faktoranzahl – insbesondere im Vergleich mit ihren Pendants auf Grundlage des 95. Perzentils. Allerdings divergieren die beiden letztgenannten Vorgehensweisen bei nicht einmal 10 Prozent der betrachteten Gruppierungen. Wegen des fehlenden externen Validierungskriteriums können die Widersprüche zwar vorliegend nicht abschließend aufgelöst werden, jedoch ist die hohe Übereinstimmungsquote als Indiz für die generelle Empfehlung des Einsatzes einer Parallelanalyse tauglich. Prinzipiell stellt dabei das Heranziehen der Mittelwerte sämtlicher Wiederholungen das etwas konservativere Vorgehen dar, das aber ohne Probleme noch durch eine Einzelfallbetrachtung aller Durchgänge – in Bezug auf die Gegenüberstellung von empirischem und zufälligen Eigenwert – erweitert werden kann, so dass die Entscheidung für die Anzahl zu extrahierender Faktoren auf ein zweites Standbein gestellt werden kann. Einer derartigen Vorgehensweise wird auch in dieser Arbeit gefolgt (siehe Abschnitt 5.4.2.2.2.2.2), wenn keine eindeutige Mehrheit (siehe Fußnote 411 auf Seite 387) für eine spezifische Anzahl an Faktoren durch die einbezogenen Verfahren erreicht wird.

5.4.2.2.2.1.2 Beschränkung auf die konsistent antwortenden Teilnehmer

Nachdem vorstehend die Angaben aller Befragten (Nettostichprobe 1), d.h. inklusive der inkonsistent antwortenden Teilnehmer, illustriert wurden, stehen jetzt die Daten ohne den letztgenannten Personenkreis im Mittelpunkt (Nettostichprobe 2).

	K1	OD	NV	PO	PN	RA	RG	LA	LC
K1		9	9	8	7	4	0	4	0
OD	54		62	55	54	46	20	53	22
NV	54	1		54	53	39	20	54	22
PO	55	8	9		59	40	26	45	26
PN	56	9	10	4		39	26	44	28
RA	45	3	10	9	10		19	46	21
RG	28	8	8	2	2	9		20	26
LA	50	1	0	9	10	3	8		22
LC	28	6	6	2	0	7	2	6	

Tabelle 53: Absolute Fallzahl der identischen (obere Diagonalmatrix) und divergierenden (untere Diagonalmatrix) Bestimmung der Anzahl an Faktoren durch die neun Verfahren für konsistent antwortende Befragte (Nettostichprobe 2)

Anmerkung: Die Abkürzungen der Verfahren sind in Abbildung 62 expliziert

Auch hier – analog zur Nettostichprobe 1 (siehe Tabelle 49 auf Seite 391) – gibt es nur einen Fall unterschiedlicher Faktorvorhersagen (D4) bei den Resultaten der beiden durchschnittsbasierten Parallelanalysen. Es sind aber deutlich mehr Divergenzen bei den auf dem 95. Perzentil beruhenden Formen dieser Vorgehensweise zu konstatieren (gegenüber einer einzigen bei allen Befragten jetzt vier), wobei diese Vervielfachung auch bei den zwei regressionsbasierten Ansätzen auftritt (statt zwei jetzt neun), während sich die Anzahl unterschiedlicher Faktorvorgaben für die beiden linearen Interpolationsverfahren gegenüber der Gesamt-

betrachtung nicht verändert hat. Insgesamt ist die Datenlage also heterogener, wenn die inkonsistenten Befragten eliminiert werden.
Weiterhin ist frappant, dass es bei der Beschränkung auf die widerspruchsfrei antwortenden Teilnehmer in Bezug auf die K1-Regel für LC und K1 sowie RG und K1 in keinem der Fälle, in denen jeweils beide Vorgehensweisen angewendet werden können, zu identischen Vorhersagen kommt (siehe erste Datenzeile in Tabelle 53), während sich diesbezüglich in der Nettostichprobe 1 zumindest noch geringfügige Übereinstimmungen zeigen. Hingegen treten für LC/PN und LA/NV ausschließlich identische Schätzungen der Faktoranzahl auf.

	K1	OD	NV	PO	PN	RA	RG	LA	LC
K1		14,29	14,29	12,70	11,11	8,16	0,00	7,41	0,00
OD	85,71		98,41	87,30	85,71	93,88	71,43	98,15	78,57
NV	85,71	1,59		85,71	84,13	79,59	71,43	100,00	78,57
PO	87,30	12,70	14,29		93,65	81,63	92,86	83,33	92,86
PN	88,89	14,29	15,87	6,35		79,59	92,86	81,48	100,00
RA	91,84	6,12	20,41	18,37	20,41		67,86	93,88	75,00
RG	100,00	28,57	28,57	7,14	7,14	32,14		71,43	92,86
LA	92,59	1,85	0,00	16,67	18,52	6,12	28,57		78,57
LC	100,00	21,43	21,43	7,14	0,00	25,00	7,14	21,43	

Tabelle 54: Paarweise Prozentwerte der absoluten Zahlen aus Tabelle 53

Anmerkung: Die Abkürzungen der Verfahren sind in Abbildung 62 expliziert

Der Anteil übereinstimmender Festlegungen der Anzahl zu extrahierender Faktoren zwischen der K1-Regel und den übrigen Verfahren geht gegenüber der Gesamtbetrachtung aller Befragten deutlich zurück, und nimmt für die Parallelanalysen um mehr als 20 Prozentpunkte ab. Die größte Divergenz tritt allerdings für die Kombination RG/OD auf, deren Anteil nicht identischer Prognosen sich um 20,88 Prozentpunkte erhöht. Verminderungen an nicht übereinstimmenden Vorhersagen sind insbesondere für die beiden linearen Interpolationen, und in geringem Maße (nur für die Kombinationen mit PO und PN) auch für RG auszumachen. Diese Reduktionen betragen hingegen im Maximalfall (LA/RA) nur etwas mehr als sieben Prozentpunkte (7,21).
Um auch für die Nettostichprobe 2 die Tendenzen einzelner Verfahren zur Über- oder Unterfaktorisierung aufzudecken, werden diejenigen Vergleiche weiter aufgeschlüsselt, bei denen keine einheitliche Vorhersage gegeben ist (untere Diagonalmatrix in Tabelle 53).

	K1	OD	NV	PO	PN	RA	RG	LA	LC
K1		0	0	0	0	0	0	0	0
OD	54		1	0	0	1	0	1	0
NV	54	0		0	0	9	0	0	0
PO	55	8	9		1	8	0	9	1
PN	56	9	10	3		9	0	10	0
RA	45	2	1	1	1		0	2	0
RG	28	8	8	2	2	9		8	2
LA	50	0	0	0	0	1	0		0
LC	28	6	6	1	0	7	0	6	

Tabelle 55: Aufteilung der divergenten Faktorbestimmungen für die Nettostichprobe 2

Anmerkung: In jeder Zelle ist dokumentiert, wie häufig das in der Spalte aufgeführte Verfahren zu einer höheren Schätzung der Anzahl zu extrahierender Faktoren gelangt als die in der entsprechenden Zeile genannte Vorgehensweise. Die verwendeten Abkürzungen sind in Abbildung 62 expliziert.

	K1	OD	NV	PO	PN	RA	RG	LA	LC
K1		0,00	0,00	0,00	0,00	0,00	0,00	0,00	0,00
OD	100,00		100,00	0,00	0,00	12,50	0,00	75,00	0,00
NV	100,00	0,00		0,00	0,00	90,00	0,00	0,00	0,00
PO	100,00	100,00	100,00		25,00	88,89	0,00	100,00	50,00
PN	100,00	100,00	100,00	75,00		90,00	0,00	100,00	0,00
RA	100,00	87,50	10,00	11,11	10,00		0,00	66,67	0,00
RG	100,00	100,00	100,00	100,00	100,00	100,00		100,00	100,00
LA	100,00	25,00	0,00	0,00	0,00	33,33	0,00		0,00
LC	100,00	100,00	0,00	50,00	0,00	100,00	0,00	100,00	

Tabelle 56: Prozentwerte für die absoluten Zahlen aus Tabelle 55

Anmerkung: Die Abkürzungen der Verfahren sind in Abbildung 62 expliziert

Die schon in der Gesamtbetrachtung zu erkennende Tendenz der K1-Regel, im Falle divergenter Prognosen zu einer Überbestimmung der Faktorenanzahl zu kommen (siehe Tabelle 51), bleibt bei der Beschränkung auf die konsistenten Befragten bestehen. Bezogen auf die insgesamt möglichen Vergleiche (siehe Abbildung 62) ist zu konstatieren, dass in über 85 % der Fälle bei den Parallelanalysen, mehr als 90 % bei RA und LA sowie 100 % bei RG und LC, durch die K1-Regel jeweils eine höhere Faktorzahl vorgegeben wird.
Weiterhin zeigt sich jetzt aber auch noch ein interessanter Aspekt für RG, denn dieses Vorgehen führt offensichtlich bei divergierenden Ansichten zu den anderen Verfahren, immer zur Festlegung einer geringeren Faktoranzahl. Diese Position nimmt in der Nettostichprobe 1 das Verfahren LC ein, das jetzt nicht mehr durchweg eine niedrigere Anzahl an Faktoren postuliert.

5.4.2.2.2.1.3 Zusammenfassung der Ergebnisse zu den übergreifenden Paarvergleichen

Insgesamt zeigen sich eine starke Tendenz der K1-Regel zur Überfaktorisierung sowie relativ gleichförmige Vorgaben durch die Parallelanalysen. Außerdem wird offensichtlich, dass eine zunehmende Heterogenisierung in der Bestimmung der Anzahl zu extrahierender Faktoren bei den unterschiedlichen Verfahren auftritt, wenn ausschließlich die konsistenten Befragten fokussiert werden. Weiterhin kann zu der von Longman et al. (1989, S. 62) vorgebrachten Einschränkung, dass ihre Regressionsgleichung ausschließlich auf normalverteilten Daten beruht (siehe Seite 377), angemerkt werden, dass das Vorgehen bei den vorliegend rechtsschiefen Verteilungen, in etwa 90 Prozent der möglichen Anwendungen bei der Nettostichprobe 1 (siehe Tabelle 49) und 70 Prozent der Nettostichprobe 2 (siehe Tabelle 53 und Tabelle 55) zu identischen Vorgaben wie die Parallelanalysen (OD und NV) führt. Im Falle divergenter Voraussagen schlägt RG immer eine geringere Anzahl an Faktoren vor (siehe Tabelle 51 und Tabelle 55).
Allerdings lassen sich aus einen Anstieg der paarweisen Divergenzen noch keine Schlussfolgerungen für die endgültige Festlegung der Anzahl zu extrahierender Faktoren bei den gebildeten Gruppierungen ableiten, denn diese kann nach wie vor stabil und eindeutig sein. Im Extremfall könnten auch bisher widersprüchliche Bestimmungen jetzt aufgelöst werden. Die entsprechenden Analysen bleiben dem nachfolgenden Abschnitt vorbehalten.

5.4.2.2.2.2 Vorgabenvergleich der Verfahren bei den gebildeten Gruppierungen

Nach den bislang generellen und bivariaten Betrachtungen, werden jetzt die einzelnen Gruppierungen (siehe Seite 384) detailliert hinsichtlich der bei ihnen durch die neun einbezogenen Vorgehensweisen abgegebenen Prognosen zur Anzahl der zu extrahierenden Faktoren unter die Lupe genommen. Im Anschluss an die Illustration aller grundlegenden Fälle (Gesamt, Skalenkategorien, Reihenfolge des Werte-Inventars, Durchführungsanweisung und Version), werden diejenigen Gruppierungen fokussiert, bei denen sich keine eindeutige Festlegung auf eine Faktorzahl herauskristallisiert hat, um zum Ende dieses Abschnitts eine endgültige Zuordnung der für die nachfolgenden Faktorenanalysen jeweils maßgeblichen Anzahl zu extrahierender Komponenten zu geben.

5.4.2.2.2.2.1 Darstellung der Resultate

Diesbezüglich erfolgt im Text eine weitgehende Beschränkung auf die experimentellen Basisvariablen (Durchführungsanweisungen, Versionen, Antwortskalen und Reihenfolgen), d.h. die Kombinationen von Durchführungsanweisung und den fünf- sowie elf-stufigen Antwortskalen bzw. den beiden Reihenfolgen des Werte-Inventars werden hier nicht betrachtet. Die Übersichten folgen dabei dem Prinzip zunehmender Spezialisierung, so dass die gesamten Nettostichproben den Anfang machen, und die Versionsdaten den Abschluss bilden.

5.4.2.2.2.2.1.1 Gesamtergebnisse sowie Effekte von Durchführungsanweisung, Antwortskala und Reihenfolge

In den nachfolgenden fünf Tabellen sind – zur besseren Übersicht und Vergleichbarkeit – in den Spalten immer sämtliche neun vorliegend herangezogenen Verfahren zur Bestimmung der Anzahl zu extrahierender Faktoren aufgeführt. Wenn bei einer Gruppierung für eine Prozedur aus stichprobentechnischen Gründen keine Aussage getroffen werden konnte, bleibt die entsprechende Zelle leer.
Weiterhin ist zu betonen, dass es an dieser Stelle allein um die Übereinstimmung bei der Festlegung der Faktoranzahl geht, mit der noch keinerlei Aussagen zur strukturellen Identität verbunden werden können. Letztgenannte sind erst Gegenstand der Betrachtung in Abschnitt 5.4.2.3.4.

	Nettostichprobe 1										Nettostichprobe 2									
	N	K1	OD	NV	PO	PN	RA	RG	LA	LC	N	K1	OD	NV	PO	PN	RA	RG	LA	LC
Alle	15499	4	4	4	4	4					12473	4	4	4	4	4				
S5	7742	4	4	4	4	4					6320	5	4	4	4	4				
S11	7758	4	4	4	4	4					6153	4	4	4	4	4				
RF1	7732	4	4	4	4	4					6200	4	4	4	4	4				
RF2	7767	4	4	4	4	4					6273	5	4	4	4	4				
D1	1922	4	4	4	4	4			4											
D2	1886	4	4	4	4	4			4											
D3	2022	4	4	4	4	4					1595	5	4	4	4	4			4	
D4	1941	5	3	3	3	3			3		1575	5	3	4	3	3			4	
D5	1958	4	3	3	3	3			3		1810	5	3	3	3	3			3	
D6	1970	4	4	4	4	4			4		1640	5	4	4	4	4			4	
D7	1866	4	4	4	4	4			4		1144	5	4	4	4	4			4	
D8	1934	4	4	4	4	4			4		1595	5	4	4	4	4			4	

Tabelle 57: **Vorhersage der Anzahl zu extrahierender Faktoren durch die neun Vorgehensweisen für die drei experimentellen Variablen und insgesamt aufgeteilt nach beiden Nettostichproben**

Anmerkung: Die Abkürzungen erfolgen analog zur Abbildung 62

Im Falle aller Befragten (Nettostichprobe 1) kommen die jeweiligen Verfahren mit zwei Ausnahmen (K1 bei D4 und D5) zu identischen Vorhersagen der Anzahl zu extrahierender Faktoren für die aufgelisteten Gruppen. Bei der Fokussierung auf die konsistent antwortenden Teilnehmer sind hier, d.h. auch bei relativ umfangreichen Stichprobengrößen, schon deutlich mehr divergente Vorschläge auszumachen. Diese betreffen für S5, RF2 und D3 bis D8 aus-

schließlich die K1-Regel (bei der durchgängig mehr Komponenten zu extrahieren wären als nach den alternativen Verfahren), während für D4 zusätzlich Unterschiede zwischen den beiden Parallelanalysen OD und NV, NV und den beiden Parallelanalysen auf Basis des 95. Perzentils (PO und PN), sowie zwischen LA und den drei Prozeduren OD, PO und PN auftreten. Obwohl hier zwar eine einfache Mehrheit für drei Faktoren gegeben wäre, wird dieser Fall trotzdem detaillierter analysiert (siehe Abschnitt 5.4.2.2.2.2.2), weil er nicht der Eindeutigkeitsregel in Fußnote 411 auf Seite 387 genügt.
Zunächst lässt sich hier die von Zwick & Velicer (1986, S. 438) geäußerte Feststellung, dass die Vorhersagen der K1-Regel mit steigendem Stichprobenumfang genauer werden (siehe Abschnitt 5.4.2.1.5.2), für die Nettostichprobe 2 nur bedingt bestätigen, wenn die Ergebnisse der Parallelanalysen als Maßstab fungieren.
Auf Ebene der Durchführungsanweisungen gelangt die K1-Regel in allen Fällen zur höchsten Vorgabe für die Faktoranzahl, wobei die Differenz für alle befragten Personen bezüglich D4 am größten ist (zwei zusätzliche Faktoren), während ein derartiger Unterschied bei einer Beschränkung auf die konsistent antwortenden Befragten sogar bei zwei der sechs Durchführungsanweisungen (D4 und D5) erreicht wird. Beim letztgenannten Personenkreis wird unter der K1-Regel immer mindestens ein Faktor mehr extrahiert als bei den übrigen Konstruktionsanweisungen.
Eine Konstanz der Faktoranzahl bei der K1-Regel über beide Nettostichproben ist lediglich in vier der elf möglichen Fälle auszumachen, wobei dieser Zustand hinsichtlich der Durchführungsanweisungen allein für D4 erreicht wird. Im Kontrast dazu erzielen OD, PO und PN bei allen Gegenüberstellungen konsistente Vorgaben und NV sowie LA verpassen dies bei lediglich einem Vergleich (jeweils D4). Diesbezüglich ist aber zu beachten, dass identische Faktorvorhersagen noch kein Qualitätskriterium darstellen, sondern lediglich den Einfluss der Personen, die inkonsistente Antworten abgegeben haben, aufzeigen.
Im Anschluss an die obige – nach den drei experimentellen Variablen getrennte – Darstellung, wird jetzt auf die simultane Berücksichtigung von Antwortskala und Reihenfolge eingegangen.

	Nettostichprobe 1										Nettostichprobe 2									
Gruppe	**N**	**K1**	**OD**	**NV**	**PO**	**PN**	**RA**	**RG**	**LA**	**LC**	**N**	**K1**	**OD**	**NV**	**PO**	**PN**	**RA**	**RG**	**LA**	**LC**
S5_RF1	3900	4	4	4	4	4					3158	4	4	4	4	4				
S5_RF2	3842	4	4	4	4	4					3162	5	4	4	4	4				
S11_RF1	3832	4	4	4	4	4					3042	4	4	4	4	4				
S11_RF2	3925	4	4	4	4	4					3111	5	4	4	4	4				

Tabelle 58: **Anzahl zu extrahierender Faktoren bei einer kombinierte Betrachtung von Antwortskala und Reihenfolge des Werte-Inventars aufgeteilt nach sämtlichen und konsistent antwortenden Befragten**

Anmerkung: Die Abkürzungen erfolgen analog zur Abbildung 62

Bei diesen – erneut sehr umfangreichen – Stichproben treten ebenfalls lediglich für die konsistent antwortenden Befragten, und allein in Bezug auf die K1-Regel, Unstimmigkeiten hinsichtlich der Anzahl zu extrahierender Faktoren auf. Für alle Befragten (Nettostichprobe 1) und bei einer Limitierung auf die Parallelanalysen in der Nettostichprobe 2 werden für die vier Konstellationen jeweils vier Faktoren vorgeschlagen. Die Kombination der beiden experimentellen Variablen „Antwortskala“ und „Reihenfolge“ deutet damit auf homogene Ergebnisse hinsichtlich der Anzahl der grundsätzlichen Dimensionen beim eingesetzten Werte-Inventar hin.

5.4.2.2.2.2.1.2 Wirkungen auf Versionsebene

	N	K1	OD	NV	PO	PN	RA	RG	LA	LC	N	K1	OD	NV	PO	PN	RA	RG	LA	LC
V01	488	5	3	4	2	2	3	3	4	2										
V02	474	4	3	3	3	3	3	3	3	3										
V03	497	4	3	3	3	3	3	3	3	3										
V04	463	4	3	3	3	3	3	3	3	3										
V05	465	4	2	2	2	2	2	2	2	2										
V06	462	5	4	4	3	3	4	4	4	3										
V07	468	4	3	3	3	3	3	3	3	3										
V08	491	4	3	3	3	3	3	3	3	3										
V09	498	5	4	4	3	3	3	3	4	3	409	5	4	4	3	3	4	3	4	3
V10	536	5	4	4	4	4	4		4		414	5	3	3	3	3	3	3	3	3
V11	474	5	3	3	3	3	3	3	3	3	384	5	3	3	3	3	3	3	3	3
V12	514	5	3	3	3	3	3		3		388	5	3	3	3	3	3	3	3	3
V13	485	4	3	3	3	3	3	3	3	3	392	5	3	3	3	3	3	3	3	3
V14	483	5	3	3	3	3	3	3	3	3	391	5	4	4	3	3	4	3	4	3
V15	479	5	3	3	3	3	3	3	3	3	397	5	4	4	4	4	4	4	4	4
V16	494	5	4	4	4	4	4	4	4	4	396	5	4	4	3	3	4	3	4	3
V17	520	4	3	3	3	3	3		3		485	5	3	3	3	3	3	3	3	3
V18	482	4	3	3	3	3	3	3	3	3	436	5	3	3	3	3	3	3	3	3
V19	471	4	3	3	3	3	3	3	3	3	449	4	3	3	3	3	3	3	3	3
V20	485	5	3	3	3	3	3	3	4	3	440	5	4	4	4	4	4	4	4	4
V21	468	5	4	4	4	4	4	4	4	4	388	6	4	4	4	4	4	4	4	4
V22	479	5	3	3	3	3	3	3	3	3	397	5	4	4	4	4	4	4	4	4
V23	517	4	3	3	3	3	3		3		434	4	3	3	3	3	3	3	3	3
V24	506	5	4	4	4	4	4		4		421	5	4	4	4	4	4	4	4	4
V25	487	4	4	4	4	4	4	4	4	4	298	5	4	4	4	4	4	4	4	4
V26	439	4	4	4	4	4	4	4	4	4	275	5	4	4	4	4	4	4	4	4
V27	481	5	4	4	3	3	4	3	4	3	296	5	3	3	3	3	3	3	3	3
V28	459	4	2	2	2	2	2	2	2	2	275	4	3	3	2	3	3	2	3	3
V29	489	4	3	3	3	3	3	3	3	3	233	5	3	3	3	3	3	2	3	3
V30	488	6	3	3	3	3	4	3	4	3	204	5	3	3	3	3	3	3	3	3
V31	455	5	4	4	4	4	4	4	4	4	237	5	5	5	4	4	5	4	5	4
V32	502	5	4	4	4	4	4		4		227	5	4	4	3	2	4	2	4	2

Tabelle 59: Die Prognose der Anzahl zu extrahierender Faktoren für die eingesetzten Versionen bei Einbezug und Exklusion inkonsistent antwortender Teilnehmer

Anmerkung: Die Abkürzungen erfolgen analog zur Abbildung 62

Für die Versionen werden am häufigsten drei Faktoren vorgeschlagen, wobei es allerdings bei den durchschnittsbasierten Parallelanalysen der Nettostichprobe 2 – ebenso wie für RA und LA – zu einem fast ausgeglichenen Verhältnis für die Vorschläge von drei und vier Faktoren kommt. Wie nicht anders zu erwarten, ist für die Parallelanalysen auf Basis des 95. Perzentils das Verhältnis deutlicher in Richtung auf drei Faktoren verschoben, denn sie extrahieren (konstruktionsbedingt) im Zweifel weniger Faktoren als die originären Parallelanalysen.

Während mit Ausnahme der K1-Regel bei sämtlichen Befragten für keine Version fünf Faktoren in Betracht gezogen werden, schlagen OD, NV, RA und LA diese Anzahl bei den konsistent antwortenden Befragten einmal (V31) vor. Weiterhin werden bei einer Beschränkung auf die Nettostichprobe 2 auch weniger oft zwei Faktoren vorgeschlagen, von OD und NV beispielsweise gar nicht.
Beim Vergleich der beiden Nettostichproben für V09 bis V32 treten minimal 13 (RG und LC)[413] und maximal 18 (PO) übereinstimmende Faktorvorgaben auf. Insgesamt zeigen die beiden auf dem 95. Perzentil basierenden Parallelanalysen die wenigsten Abweichungen. Außerdem kommt es bei Divergenzen über die verschiedenen Vorgehensweisen hinweg, für die Nettostichprobe 1 mehrheitlich zum Vorschlag einer geringeren Faktoranzahl, denn die beiden Parallelanalysen (OD und NV) postulieren bei der Beschränkung auf die konsistent antwortenden Befragten, lediglich für V10 und V27 eine kleinere Anzahl an Komponenten. Insofern scheinen durch die Elimination der inkonsistent agierenden Teilnehmer deutlich heterogene Datenstrukturen aufzutreten, weil dann häufiger mehr Faktoren zu ihrer Abbildung für notwendig erachtet werden. Dies betrifft für die mittelwertbasierten Parallelanalysen immerhin ein Drittel der möglichen Gegenüberstellungen.
Für die Komprimierung der Daten der Nettostichprobe 1 werden – mit Ausnahme der K1-Regel – überwiegend drei Faktoren angesetzt. Am knappsten fällt die Differenz zwischen drei und vier Faktoren für LA (16:14) aus, wohingegen für die Parallelanalysen auf Basis des 95. Perzentils mit 21:8 die klarsten Verhältnisse vorliegen. Insgesamt muss konstatiert werden, dass auf Versionsebene keine einheitlichen Vorhersagen getroffen werden, denn die Spanne reicht von zwei bis vier Faktoren – wenn die K1-Regel außen vor gelassen wird. Eigentlich sollten ja – da die Stichprobenzusammensetzungen ähnlich sind – identische Faktorstrukturen vorliegen, was aber offensichtlich nicht der Fall ist. Insofern dürfte von einem Einfluss der experimentellen Variationen auszugehen sein, wobei aber auch berücksichtigt werden muss, die Stichprobenumfänge auf Versionsebene am geringsten von allen hier betrachteten Gruppierungen ausfallen, und die Effekte auch dadurch verursacht sein könnten.

5.4.2.2.2.2.2 Fehlende Übereinstimmung der Vorgaben durch die unterschiedlichen Verfahren

Bei der Feststellung der Eindeutigkeit der Lösungsvorgaben wird zunächst berechnet, wie viele unterschiedliche Vorschläge zur Faktoranzahl durch acht Verfahren unterbreitet werden. Der damit einhergehende Verzicht auf die Ergebnisse der K1-Regel zur Generierung der nachfolgenden Zahlen, begründet sich mit deren Schwächen, insbesondere ihrer Tendenz zur Überfaktorisierung (siehe Abschnitt 5.4.2.1.5.2). Alle Gruppierungen für die zwei oder mehr unterschiedliche Vorgaben zur Anzahl der zu extrahierenden Faktoren vorliegen, werden detailliert analysiert. Dabei wir zuerst geprüft, ob eine vorgeschlagene Faktoranzahl von mindestens 60 Prozent (qualifizierte Mehrheit) der zulässigen Verfahren postuliert wird (siehe dazu auch Fußnote 411 auf Seite 384). Ist dies nicht der Fall, wird eruiert, ob die vier Parallelanalysen – d.h. sowohl in Form von Durchschnittswerten, als auch des 95. Perzentils – zu identischen Ergebnissen gelangen. Wenn dies bejaht werden kann, wird die von ihnen vorgeschlagene Faktoranzahl gewählt. Der Schritt leitet sich aus der grundsätzlich guten Qualität der Resultate dieser Vorgehensweise zur Bestimmung der Zahl an Komponenten ab (siehe Abschnitt 5.4.2.1.5.5). Unterscheiden sich die parallelanalytischen Vorgaben, werden faktorweise die prozentualen Anteile an den 100 Durchgängen der Parallelanalysen (siehe Anhang 49) herangezogen, mit denen der empirische Eigenwert größer als der auf den Zufallsdaten beruhende Eigenwert ausfällt. Diesbezüglich wird ein Grenzwert von 50 Prozent angenommen, ab dem ein entsprechender Faktor zu extrahieren wäre. Mit anderen Worten: Fällt für

[413] Dabei darf aber nicht außer Acht gelassen werden, dass diese beiden Vorgehensweisen aus stichprobentechnischen Gründen lediglich für 16 der 24 möglichen Gegenüberstellungen berechnet werden können (siehe Tabelle 59).

eine unsichere Komponente der empirische Eigenwert mindestens in der Hälfte der 100 Durchgänge beider Parallelanalysen (OD und NV) größer als der auf den Zufallszahlen beruhende aus, wird dieser Faktor extrahiert – andernfalls wird auf seine Berücksichtigung verzichtet. Ergeben sich dabei für OD und NV divergierende Konsequenzen, so wird der jeweilige Abstand zur 50 Prozentmarke analysiert, und das Resultat herangezogen, das betragsmäßig weiter von diesem Schwellenwert abweicht. An dieser Stelle nicht ebenfalls auf den weiter vorne etablierten Grenzwert von 60 Prozent zurückzugreifen (siehe Fußnote 411 auf Seite 387), kann mit einem konservativen Vorgehen begründet werden, denn es ist weniger gravierend, die Anzahl der zu extrahierenden Faktoren zu über- als zu unterschätzen (siehe Abschnitt 5.4.2.1.5). Dementsprechend muss der empirische Eigenwert für einen spezifischen Faktor also „lediglich" in der Hälfte der Fälle größer als sein zufallsbasiertes Pendant ausfallen, und nicht noch einen bestimmten Mehrheitspuffer aufweisen.

Gegen diese Vorgehensweise lässt sich einwenden, dass dann eigentlich auch direkt die Ergebnisse der Parallelanalysen auf Durchschnittswertbasis übernommen werden könnten, denn wenn dort ein Mittelwert bereits über dem empirischen Eigenwert liegt, sollte dies auch in einer „ansehnlichen" Zahl der Einzeldurchgänge der Fall sein. Insofern werden hier die Parallelanalysen OD und NV stark gewichtet, so dass die anderen Verfahren in Zweifelsfällen kaum eine realistische Chance hätten, ihren Vorschlag zur Anzahl der Faktoren durchzusetzen. Hierbei ist aber zu beachten, dass der Parallelanalyse auch in der Literatur immer wieder die beste Ergebnisgüte bescheinigt wird (siehe beispielsweise die in Abschnitt 5.4.2.1.5.5 referierte Vergleichsstudie), und sie deshalb das derzeit bevorzugte Instrument zur Festlegung der Faktoranzahl darstellt (siehe Abschnitt 5.4.2.1.5.4). Strittig ist dabei die Basis der Resultate (Mittelwert oder 95. Perzentil), jedoch lässt sich gegen das letztgenannte Kriterium einwenden, dass bei seinem Einsatz lediglich eine korrekte Schätzung des ersten Eigenwertes vorgenommen wird, und sich alle weiteren Eigenwerte nur auf diejenigen Daten beziehen dürften, aus denen die vorhergehenden „herausmodelliert" wurden (vgl. Turner 1998, S. 565). Auf die in diesem Fall notwendige Durchführung einer Simulationsreihe wird vorliegend allerdings verzichtet (siehe Seite 373), so dass die mittelwertbasierten Parallelanalysen die primäre Entscheidungsgrundlage bilden.

		Anzahl vorgeschlagener Faktoren durch Verfahren									Häufigkeit für Faktoranzahl		
Gruppe	N	K1	OD	NV	PO	PN	RA	RG	LA	LC	4	3	2
D3_S5	972	4	4	4	3	3	3		4		3	3	
D6_S5	985	4	4	4	3	3	3		4		3	3	
D6_S11	985	5	4	4	4	3	3		4		4	2	
D1_RF2	971	5	4	4	4	4	3		3		4	2	
D3_RF2	988	5	4	4	3	3	3		4		3	3	
D6_RF1	947	4	4	4	4	4	3		4		5	1	
V01	488	5	3	4	2	2	3	3	4	2	2	3	3
V06	462	5	4	4	3	3	4	4	4	3	5	3	
V09	498	5	4	4	3	3	3	3	4	3	3	5	
V20	485	5	3	3	3	3	3	3	4	3	1	7	
V27	481	5	4	4	3	3	4	3	4	3	4	4	
V30	488	6	3	3	3	3	4	3	4	3	2	6	

Tabelle 60: Gruppierungen mit nicht einstimmigen Vorschlägen der Anzahl zu extrahierender Faktoren für alle Befragten (Nettostichprobe 1)

Anmerkung: Die K1-Regel ist nur der Vollständigkeit halber mit aufgeführt, wird allerdings in den letzten drei Spalten bei der Summierung der Vorschläge nicht berücksichtigt. Die Bedeutung der Verfahrensabkürzungen ist in Abbildung 62, Seite 389 exemplifiziert.

Werden die Angaben sämtlicher Teilnehmer berücksichtigt, so treten Unterschiede bei der Vorhersage der Anzahl zu extrahierender Faktoren durch die acht Verfahren hinsichtlich folgender Gruppierungen auf: D3_S5; D6_S5, D6_S11[414], D1_RF1, D3_RF2, D6_RF1, V01, V06, V09, V20, V27 und V30 (siehe Tabelle 60). Davon indizieren die Konstellationen D3_S5, D6_S5, D3_RF2, V01 und V27 eine Pattsituation zwischen zwei verschiedenen Faktorzahlen – von den 81 Fällen der Nettostichprobe 1 sind also nur fünf nicht eindeutig bestimmbar, weil die Lösungsvorschläge der Verfahren zwei unterschiedliche Faktormengen favorisieren und keine davon einen Häufigkeitsanteil von mindestens 60 Prozent auf sich vereinen kann.
Für D3_S5, D6_S5 und D3_RF2 ist jeweils eine Entscheidung zwischen vier und drei Faktoren zu treffen. Während die 95. Perzentil- und Regressionslösungen die Generierung von drei Faktoren nahe legen, tendieren die parallelanalytischen Mittelwerte und die lineare Interpolation zu vier Faktoren. Wegen der unterschiedlichen Vorhersagen der Parallelanalysen (OD und NV gegenüber PO und PN), ist jetzt eine Einzelfallbetrachtung für alle 100 Durchgänge vorzunehmen (siehe Tabelle 61), bei der für den vierten Faktor der Konstellation D3_S5 in 63 % der Zufallsergebnisse auf Basis der originären Daten, und in 60 % der auf normalverteilten Zufallszahlen fußenden Durchgänge, ein kleinerer als der empirisch vorgegebene Eigenwert generiert wird. Dementsprechend sind für diese Gruppierung vier Faktoren die adäquate Vorgabe. Gleiches gilt für D6_S5, denn auch hier bleiben die Anteile für beide Parallelanalysen mit 57 % (OD) und 58 % (NV) oberhalb des Grenzwertes von 50 Prozent. Bei der Konstellation D3_RF2 zeigt sich das eindeutigste Verhältnis aller drei hier betrachteten Gruppierungen, denn dort fallen die zufallsbasierten Eigenwerte für den vierten Faktor lediglich in knapp 10 Prozent der Durchgänge größer als der empirisch vorgegebene Eigenwert aus, so dass vier Faktoren mit sehr hoher Wahrscheinlichkeit die korrekte Lösung anzeigen.
V01 stellt eine vergleichsweise problematische Konstellation dar, weil drei unterschiedliche Faktorzahlen mit relativ ähnlichen Häufigkeiten auftreten. Vor allem die Vorgabe von zwei Faktoren kommt vorliegend nicht häufig (insgesamt über alle 144 Gruppierungen lediglich bei sechs Fällen) in die engere Auswahl zur Bestimmung der Anzahl an zu extrahierenden Komponenten. Jetzt ist dementsprechend die Auswahl von zwei oder drei Faktoren zu begründen. Werden wieder die einzelnen Ergebnisse der 100 Durchgänge bei den Parallelanalysen herangezogen (siehe Tabelle 61), so fällt das Votum für drei Faktoren sehr klar aus (OD = 88 % und NV = 89 %), während für die vierte Komponente lediglich unter NV eine Mehrheit auftritt. Weil der Abstand zum Grenzwert von 50 für OD 9 Einheiten (41) beträgt und für NV lediglich vier Einheiten (54) ausmacht, erfolgt nach dem am Anfang dieses Abschnitts beschriebenen Entscheidungsbaum eine Festlegung auf drei Faktoren, da der Vorgabe von OD das größere Gewicht beizumessen ist.
Bei der Entscheidung zwischen drei und vier Faktoren für V27 wird erneut auf die einzelnen Durchgänge der Parallelanalysen rekurriert. Hier fällt der vierte empirische Eigenwert in 65 Prozent der Fälle – sowohl für OD, als auch NV – größer als der vergleichbare Zufallswert aus (siehe Tabelle 61), so dass für diese Gruppierung die Extraktion von vier Faktoren zu präferieren ist.
Bei den weiteren Konstellationen der Tabelle 60 (D6_S11, D1_RF1, D6_RF1, V06, V09, V20 und V30) liegt eine qualifizierte Mehrheit von mindestens 60 Prozent der gesamten Häufigkeitsangaben für ein Verfahren vor, wodurch die Festlegung der Anzahl zu extrahierender Faktoren unstrittig ist. Damit lassen sich für alle hier betrachteten Aufteilungen der Nettostichprobe 1 eindeutige Vorgaben zu ihrer Faktorenzahl tätigen, die in Abbildung 63 dokumentiert sind.

[414] Für D6 selber ist das Ergebnis mit vier zu extrahierenden Faktoren unzweifelhaft (siehe Tabelle 57).

Gruppe	Faktor 3					Faktor 4					Faktor 5				
	EW	OD	NV	O/E	N/E	EW	OD	NV	O/E	N/E	EW	OD	NV	O/E	N/E
D3S5	1,290	1,153	1,152	100	100	1,128	1,122	1,122	63	60	0,997	1,093	1,092	0	0
D6S5	1,500	1,151	1,153	100	100	1,125	1,122	1,122	57	58	0,996	1,092	1,093	0	0
D3RF2	1,378	1,151	1,153	100	100	1,141	1,122	1,119	90	93	1,003	1,093	1,094	0	0
V01	1,250	1,221	1,218	88	89	1,172	1,173	1,172	41	54	1,027	1,131	1,131	0	0
V27	1,413	1,220	1,220	100	100	1,181	1,175	1,175	65	65	1,093	1,135	1,132	1	1

Tabelle 61: **Empirische und zufallsbasierte Eigenwerte sowie deren durchgangsweises Verhältnis für die Faktoren 3 bis 5 der Nettostichprobe 1**

Anmerkung: EW = empirischer Eigenwert; O/E und N/E = Anzahl der Durchgänge, in denen der zufallsbasierte Eigenwert kleiner als der empirische Eigenwert ausfällt

In der Nettostichprobe 2 (ausschließlich konsistent antwortende Befragte) sind folgende Gruppierungen von widersprüchlichen Vorhersagen zur Anzahl der zu extrahierenden Faktoren betroffen: D4, D4_S5, D6_S5, D8_S11, D5_RF2, D6_RF2, D8_RF2, V09, V14, V16, V28, V29, V31 und V32 (siehe Tabelle 62). Damit ist die Häufigkeit uneindeutiger Konstellationen gegenüber der Nettostichprobe 1 zwar nur um einen Fall höher, jedoch treten jetzt doppelt so viele Pattsituation (D4_S5, D8_S11, V09, V14, V16 und V31) zweier unterschiedlicher Vorschläge auf, deren Klärung im Folgenden beschrieben wird.

Gruppe	N	K1	OD	NV	PO	PN	RA	RG	LA	LC	5	4	3	2
D4	1575	5	3	4	3	3			4			2	3	
D4_S5	789	5	4	4	3	3	3		4			3	3	
D6_S5	822	4	4	4	4	3	4		4			5	1	
D8_S11	431	5	4	4	3	3	4	3	4	3		4	4	
D5_RF2	889	5	4	4	4	3	4		4			5	1	
D8_RF2	464	5	4	4	4	4	5	4	4	4	1	7		
V09	409	5	4	4	3	3	4	3	4	3		4	4	
V14	391	5	4	4	3	3	4	3	4	3		4	4	
V16	396	5	4	4	3	3	4	3	4	3		4	4	
V28	275	4	3	3	2	3	3	2	3	3			6	2
V29	233	5	3	3	3	3	3	2	3	3			7	1
V31	237	5	5	5	4	4	5	4	5	4	4	4		
V32	227	5	4	4	3	2	4	2	4	2		4	1	3

Tabelle 62: **Gruppierungen mit nicht einstimmigen Vorschlägen der Anzahl zu extrahierender Faktoren für die konsistent antwortenden Befragten (Nettostichprobe 2)**

Anmerkung: Die K1-Regel ist nur der Vollständigkeit halber mit aufgeführt, wird allerdings in den letzten vier Spalten bei der Summierung der Vorschläge nicht berücksichtigt

Für die Gruppierungen, bei denen zwar kein ausgeglichenes Verhältnis bei der Bestimmung der Anzahl an Faktoren zwischen zwei Alternativen auftritt, sind außerdem – im Gegensatz zu den Daten bei allen Befragten (siehe Tabelle 60) – nicht sämtliche Konstellationen durch eindeutige Mehrheitsverhältnisse (diese liegen für D6_S5, D5_RF2, D8_RF2, V28 und V29 vor) gekennzeichnet, so dass für V32 ebenso zusätzliche Analysen vorzunehmen sind, weil dort die maximale Häufigkeit für einen Anzahlvorschlag nicht dem weiter oben etablierten Grenzwert von 60 % (siehe Fußnote 411 auf Seite 387) genügt, sondern lediglich die Hälfte der gesamten Vorschläge ausmacht. Zusätzlich ist in diesem Zusammenhang auch die – in der angesprochenen Fußnote explizit erwähnte – Durchführungsanweisung 4 tangiert, weil bei ihr zwar für drei Faktoren der vorgegebene Schwellenwert von 60 Prozent exakt erreicht wird, dieser jedoch mit einer Häufigkeit verbunden ist, die lediglich eine Einheit (3:2) über dem

Betrag der zweitplatzierten Option (vier Faktoren) liegt. Deshalb wird diese Gruppierung nachfolgend ebenfalls noch genauer hinsichtlich der Anzahl zu extrahierender Faktoren beleuchtet. Zuerst stehen allerdings die Konstellationen im Mittelpunkt, für die ein Remis zwischen den Häufigkeiten zweier alternativer Vorschläge gegeben ist.

Bei D4_S5 ist ein Beschluss für drei oder vier zu extrahierende Faktoren zu fassen. Hier gelangen zwar die unterschiedlich ausgewerteten Parallelanalysen (Mittelwerte oder 95. Perzentil) zu divergierenden Vorhersagen, jedoch sprechen die Anteile der direkten Vergleiche an den 100 Durchgängen zu ihrer Berechnung, relativ eindeutig für vier Faktoren (siehe Tabelle 63). Wenn zufällig sortierte Originalwerte (OD) zugrunde liegen, beträgt die Anzahl an Wiederholungen, bei denen der empirische Eigenwert der vierten Komponente höher als der zufallsbasierte ausfällt 81, während sie bei normalverteilten Zufallszahlen (NV) noch 78 erreicht. Weil in mehr als Dreiviertel der Durchgänge die Extraktion eines vierten Faktors nahe gelegt wird – wobei vorliegend bereits eine Grenze von 50 Prozent als ausreichend deklariert wurde (siehe Seite 399) – stehen einem entsprechenden Vorgehen keine großen Bedenken entgegen.

Der gleiche Entscheidungskonflikt tritt ebenso für D8_S11 auf, wobei hier die Anteilswerte für höhere empirische als zufallsbasierte Eigenwerte in den 100 Durchgängen mit 75 % (OD) und 67 % (NV) etwas niedriger als bei D4_S5 ausfallen, aber immer noch deutlich oberhalb des Schwellenwertes von 50 Prozent liegen (siehe Tabelle 63). Dementsprechend sind auch bei dieser Gruppierung vier Faktoren zur Abbildung der Werte-Struktur notwendig.

Bei V09, V14 und V16 steht ebenfalls die Festlegung auf drei oder vier Faktoren zur Debatte. Für diese Versionen zeigen die Ergebnisse des Einzelvergleichs jedes Durchgangs der Parallelanalysen einen eindeutigen Ausschlag zur höheren Faktorzahl. Der prozentuale Anteil der Wiederholungen, bei denen der empirische Eigenwert für die vierte Komponente geringer als derjenige für die Zufallsdaten ausfällt, liegt bei maximal 18 %, so dass in mehr als vier Fünftel der Analysen eine Extraktion von vier Faktoren angezeigt ist (siehe Tabelle 63). Für V09 gibt es auch noch einen – allerdings sehr niedrigen – Anteil (OD = 5 %; NV = 11 %) an den 100 Durchgängen, bei dem der Vergleich von zufälligem und empirischem Eigenwert, einen fünften Faktor nahe legt. Die Zahlen bleiben aber deutlich unterhalb des vorliegend maßgeblichen Grenzanteils von 50 Prozent, so dass eine entsprechende Faktoranzahl – wie sie gleichwohl von der K1-Regel postuliert wird – nicht zu rechtfertigen ist.

Für V31 ist hingegen – nach den hier zugrunde liegenden Entscheidungskriterien – die Extraktion von fünf Faktoren die zu ziehende Option, weil dort in 87 der 100 Durchgänge für OD (86 bei NV) der Betrag des zufallsbasierten Eigenwerts der fünften Komponente hinter demjenigen des empirischen Werts zurückbleibt. Damit ist diese Gruppierung die einzige, bei der im Rahmen der vorliegenden Betrachtungen fünf Faktoren zu extrahieren sind. Es gibt zwar mit D8_RF2 noch eine weiter Konstellation, bei der ebenfalls von einem Verfahren (RA) fünf Faktoren postuliert werden (siehe Tabelle 62), diese betrifft aber eine Gruppierung, in der V31 enthalten ist, und etwas mehr als die Hälfte (237) des dort erfassten Personenkreises (464) ausmacht (siehe Tabelle 59).

Bei der zweiten im Rahmen von D8_RF2 involvierten Version handelt es sich um V32, die ebenfalls noch einer genaueren Analyse zu unterziehen ist, weil dort zwar keine Pattsituation vorliegt, jedoch die Häufigkeiten so verteilt sind, dass der Maximalwert aller Vorschläge einen Anteil von weniger als 60 Prozent aufweist. Diese Konstellation ist auch noch aus einem anderen Grund interessant, denn hier stehen zwei Faktorzahlen zur Disposition, die um mehr als eine Einheit divergieren (4 und 2), was ansonsten im gesamten Datensatz nicht mehr vorkommt.[415] Erstaunlicherweise tritt diese Differenz auch für die auf normalverteilten Zufallsdaten basierenden Parallelanalysen auf, denn deren Durchschnittsbetrachtung (NV)

---

[415] Einzig bei V01 ist diese Konstellation noch ansatzweise vertreten, wobei dort allerdings eine Pattsituation zwischen den Vorschlägen für drei und zwei Faktoren vorliegt, und die von zwei Verfahren postulierten vier Faktoren dementsprechend nicht in die engere Wahl zu ziehen sind (siehe Tabelle 57).

postuliert vier Faktoren, während ihr 95. Perzentil (PN) lediglich die Bildung von zwei Faktoren nahe legt. Durch die im vorliegenden Entscheidungsverfahren starke Gewichtung der Mittelwerte der Parallelanalysen (siehe Beginn dieses Abschnitts), kommt es auch für V32 zur Bestätigung der Faktorvorgaben von OD und NV (4), wenn über die 100 Wiederholungen ein individueller Abgleich zwischen dem Betrag des aktuell berechneten und empirischen Eigenwerts vorgenommen wird. Während Letztgenannter – sowohl für OD (96), als auch NV (93) – mehr als 90 % der Vergleiche für sich entscheiden kann, sinkt diese Quote für den vierten Faktor zwar auf 77 % (OD) bzw. 71 % (NV) ab, bleibt aber immer noch deutlich oberhalb des gesetzten Grenzwertes von 50 Prozent (siehe Seite 399). Insofern erfolgt auch für diese Gruppierung eine Übernahme der Ergebnisse auf Basis der Durchschnittswerte der Parallelanalysen, und damit eine Vorgabe von vier Faktoren.
Der letzte in diesem Zusammenhang zu thematisierende Fall betrifft die vierte Durchführungsanweisung (D4), bei der zwar insgesamt eine Anteilsmehrheit (3:2) von exakt 60 Prozent für drei Faktoren besteht, die Differenz jedoch lediglich eine Einheit umfasst. Außerdem gelangen die beiden auf Mittelwerten beruhenden Parallelanalysen zu divergierenden Vorhersagen, denn während bei NV in mehr als 60 der 100 Durchgänge der empirische Eigenwert höher als der zufällige ausfällt, ist dies bei OD nur zu 44 % der Fall. Die für eine derartige Konstellation heranzuziehende Auflösung betrachtet die Abstände dieser Anteilswerte von der 50 %-Schwelle. Diesbezüglich liegt NV mit einer Differenz von vier Prozentpunkten vor OD, so dass dementsprechend für D4 vier Faktoren zu extrahieren sind, auch wenn eine einfache Mehrheit der fünf involvierten Prozeduren für drei Komponenten besteht.

Gruppe	Faktor 3					Faktor 4					Faktor 5				
	EW	OD	NV	O/E	N/E	EW	OD	NV	O/E	N/E	EW	OD	NV	O/E	N/E
D4	1,403	1,119	1,118	100	100	1,096	1,096	1,093	44	62	1,037	1,074	1,073	0	0
D4S5	1,424	1,171	1,167	100	100	1,147	1,132	1,136	81	78	1,071	1,102	1,103	3	1
D8S11	1,418	1,230	1,232	100	100	1,193	1,181	1,184	75	67	1,107	1,137	1,142	7	6
V09	1,486	1,237	1,235	100	100	1,214	1,186	1,191	91	82	1,109	1,146	1,143	5	11
V14	1,438	1,244	1,245	100	100	1,220	1,195	1,195	83	84	1,024	1,148	1,147	0	0
V16	1,445	1,241	1,245	100	100	1,216	1,196	1,192	73	84	1,006	1,146	1,145	0	0
V31	1,461	1,317	1,317	100	100	1,319	1,247	1,248	99	99	1,221	1,187	1,186	87	86

Tabelle 63: Empirische und zufallsbasierte Eigenwerte sowie deren durchgangsweises Verhältnis für die Faktoren 3 bis 5 der Nettostichprobe 2

Anmerkung: EW = empirischer Eigenwert; O/E und N/E = Anzahl der Durchgänge, in denen der zufallsbasierte Eigenwert kleiner als der empirische Eigenwert ausfällt

Weil die Bestimmung der Faktorzahl einen wichtigen Parameter im Rahmen einer Faktorenanalyse darstellt (siehe Abschnitt 5.4.2.1.5), ist diesem Problemkreis vorliegend eine entsprechende Aufmerksamkeit gewidmet worden. An der Vielzahl der in diesem Abschnitt zu diskutierenden Fälle mit divergierenden Faktorvorgaben mehrerer Ermittlungsprozeduren wird deutlich, dass es für die Festlegung der Anzahl der zu extrahierenden Komponenten ratsam ist, mehr als ein Verfahren heranzuziehen. Vorliegend wird diesbezüglich – im Einklang mit den in der Literatur veröffentlichten Erkenntnissen (siehe Abschnitt 5.4.2.1.5.4) – der Parallelanalyse mit Durchschnittswertbetrachtung eine dominante Position eingeräumt.[416] Weiterhin erfolgt keine Rücksichtnahme auf die mögliche Vergleichbarkeit einzelner Gruppierungen, sondern es wird immer die – im Rahmen des vorliegend eingesetzten Entscheidungsbaums – individuell beste Lösung gewählt, auch wenn damit beispielsweise einige Gegenüberstellungen innerhalb und zwischen den Nettostichproben nicht durchgeführt werden können, weil sie auf abweichende Faktorzahlen basieren. Hieraus ist ersichtlich, dass die experi-

[416] Es gibt lediglich eine Gruppierung (V09 in Nettostichprobe 1), bei der die Parallelanalysen auf Durchschnittswertbasis nicht den Ausschlag gegeben haben, weil hier mit 5:3 bereits eine qualifizierte Mehrheit für drei Komponenten vorliegt, obgleich sowohl OD, als auch NV eindeutig für vier Faktoren plädieren.

mentellen Variationen nicht ohne Wirkung auf die grundlegende Struktur des abgefragten Werte-Inventars geblieben sind. Die Ergebnisse der Analysen für die einzelnen Gruppierungen der beiden Nettostichproben werden im folgenden Abschnitt zusammengefasst.

5.4.2.2.2.2.3 Endgültige Festlegung der Faktoranzahl

An dieser Stelle wird jetzt eine Übersicht präsentiert, in der die Anzahl der zu extrahierenden Faktoren für alle 144 zu untersuchenden Gruppierungen ausgewiesen wird. Mit diesen Angaben werden dann die Faktorenanalysen zum Vergleich der Werte-Struktur berechnet.
Bei den 63 möglichen Vergleichen zwischen den beiden Nettostichproben, tritt für knapp dreiviertel (74,60 %) der Gruppierungen ein übereinstimmender Vorschlag der Faktoranzahl auf. Wenn divergierende Angaben vorliegen, ist die Anzahl der Faktoren zum überwiegenden Teil (17,46 %; D4, D4_S5, D7_S11, D5_RF2, V09, V14, V15, V20, V22, V28 und V31) in der Nettostichprobe 2 (nur konsistent antwortende Befragte) größer als in der Nettostichprobe 1, während dies umgekehrt lediglich bei 7,94 % der Konstellationen (D8, D3_S11, D3_RF2, V10 und V27) der Fall ist.
Dass bei der Nettostichprobe 2 vermehrt eine höhere Anzahl zu extrahierender Faktoren vorgeschlagen wird, könnte ein Indiz dafür sein, dass durch die inkonsistenten Angaben eine Verschleierung vorhandener Unterschiede stattfindet, die sich in einer entsprechend geringeren Dimensionalität des Werte-Inventars niederschlägt.[417] Auf Versionsebene ist in neun von 24 Fällen (37,50 %) ein divergierender Vorschlag für die Anzahl der Faktoren zu konstatieren, so dass das Problem keinesfalls vernachlässigbar ist. Im konkreten Anwendungsfall ist dementsprechend eine Entscheidung darüber zu treffen, ob sämtliche oder allein die konsistent antwortenden Befragten die Basis der dimensionalen Aufklärung – bzw. der Auswertung – bilden sollen.
Bei den „großen" Stichprobenumfängen (lediglich unterteilt nach Antwortskala und/oder Reihenfolge) sind weder Divergenzen zwischen den Gruppierungen, noch den beiden Nettostichproben auszumachen, denn es werden durchweg vier Faktoren extrahiert. Hinsichtlich der Durchführungsanweisungen ist diese Einheitlichkeit allerdings nicht mehr gewährleistet, denn auf dieser Ebene sind sowohl drei als auch vier Faktoren zur Abbildung der Dimensionalität der Daten erforderlich.
Bezüglich der geringeren Faktoranzahl ist zwischen den beiden Populationen lediglich eine Homogenität für D5 festzustellen, denn ansonsten werden nur in jeweils einer Nettostichprobe (D4 in Nettostichprobe 1 und D8 in Nettostichprobe 2) drei Faktoren zur Abbildung der Datenstruktur benötigt, jedoch nicht in den komplementären Gruppierungen.
Dabei ist insbesondere die durchgängige Extraktion von drei Faktoren im Rahmen der fünften Durchführungsanweisung interessant, denn wenn also lediglich der wichtigste Wert identifiziert wird, basiert die Faktorstruktur auf weniger Dimensionen, als wenn beide Extrem-Werte oder nur der unwichtigste Werte zu bestimmen sind. Damit kann wohl von einer stark differenzierenden Wirkung der Auswahl des Least-Wertes ausgegangen werden.
Werden die Durchführungsanweisungen getrennt hinsichtlich der beiden Antwortskalen und Reihenfolgen beleuchtet,[418] so lassen sich für die Nettostichprobe 1 vier fehlende Übereinstimmungen erkennen (bei D1 sowie D7 werden für die elf-stufige und bei D2 sowie D8 für die fünf-stufige Antwortskala nur drei Faktoren zur Dimensionalisierung der Daten benötigt, während es für beide Durchführungsanweisungen insgesamt vier sind). Bei einer Beschränkung auf die konsistent antwortenden Teilnehmer konzentrieren sich die drei abweichenden Fälle auf die elf-stufige Antwortskala und betreffen D3, D4 und D8.

[417] Letztendlich kann diese Frage aufgrund eines fehlenden Validierungskriteriums vorliegend aber nicht beantwortet werden.

[418] In einer Durchführungsanweisung sind beide Antwortskalen (fünf- und elf-stufig) sowie die beiden zueinander inversen Reihenfolgen des Werte-Inventars zweimal enthalten, so dass hiermit eine intermediäre Betrachtung vorgenommen wird, bei der jeweils zwei Versionen aggregiert fokussiert werden.

Nettostichprobe 1						Nettostichprobe 2					
Gruppe	F	U	Gruppe	F	U	Gruppe	F	U	Gruppe	F	U
Alle	4		D5_RF1	3		Alle	4		D5_RF1	3	
S5	4		D5_RF2	3		S5	4		D5_RF2	4	
S11	4		D6_RF1	4		S11	4		D6_RF1	4	
RF1	4		D6_RF2	4		RF1	4		D6_RF2	4	
RF2	4		D7_RF1	4		RF2	4		D7_RF1	4	
S5_RF1	4		D7_RF2	3		S5_RF1	4		D7_RF2	3	
S5_RF2	4		D8_RF1	3		S5_RF2	4		D8_RF1	3	
S11_RF1	4		D8_RF2	4		S11_RF1	4		D8_RF2	4	
S11_RF2	4		V01	3	X	S11_RF2	4				
D1	4		V02	3							
D2	4		V03	3							
D3	4		V04	3		D3	4				
D4	3		V05	2		D4	4	X			
D5	3		V06	4		D5	3				
D6	4		V07	3		D6	4				
D7	4		V08	3		D7	4				
D8	4		V09	3		D8	3		V09	4	X
D1_S5	4		V10	4					V10	3	
D1_S11	3		V11	3					V11	3	
D2_S5	3		V12	3					V12	3	
D2_S11	4		V13	3					V13	3	
D3_S5	4	X	V14	3		D3_S5	4		V14	4	X
D3_S11	4		V15	3		D3_S11	3		V15	4	
D4_S5	3		V16	4		D4_S5	4	X	V16	4	X
D4_S11	3		V17	3		D4_S11	3		V17	3	
D5_S5	3		V18	3		D5_S5	3		V18	3	
D5_S11	3		V19	3		D5_S11	3		V19	3	
D6_S5	4	X	V20	3		D6_S5	4		V20	4	
D6_S11	4		V21	4		D6_S11	4		V21	4	
D7_S5	4		V22	3		D7_S5	4		V22	4	
D7_S11	3		V23	3		D7_S11	4		V23	3	
D8_S5	3		V24	4		D8_S5	3		V24	4	
D8_S11	4		V25	4		D8_S11	4	X	V25	4	
D1_RF1	4		V26	4					V26	4	
D1_RF2	4		V27	4	X				V27	3	
D2_RF1	4		V28	2					V28	3	
D2_RF2	3		V29	3					V29	3	
D3_RF1	4		V30	3		D3_RF1	4		V30	3	
D3_RF2	4	X	V31	4		D3_RF2	3		V31	5	X
D4_RF1	3		V32	4		D4_RF1	3		V32	4	X
D4_RF2	4					D4_RF2	4				

Abbildung 63: Für die 144 Gruppierungen vorzugebende Faktoranzahl bei der Durchführung von Faktorenanalysen (linke Hälfte: inklusive der inkonsistent antwortenden Befragten; rechte Hälfte: nur konsistent agierende Teilnehmer)

Anmerkung: F = Anzahl zu extrahierender Faktoren; U = Kein einheitlicher oder mehrheitlicher Lösungsvorschlag für die Anzahl an Faktoren

Bei einer reihenfolgemäßigen Aufspaltung der Durchführungsanweisungen ist für beide Nettostichproben ein Ungleichgewicht hinsichtlich der zweiten Variante (KIN-AUS) zu konstatieren, denn von den vier Divergenzen in der Nettostichprobe 1 betreffen drei (D2, D4 und D7) diese Sequenz und nur eine (D8) die erste. Bei der Fokussierung der konsistent antwortenden Befragten beträgt das Verhältnis 1:4, wobei D4 unter der Reihenfolge 1 der Werte sowie D3, D5, D7 und D8 unter der Sequenz 2, eine andere Faktorzahl als die Durchführungsanweisungen insgesamt aufweisen.
Eine Gegenüberstellung der Faktoranzahl der Durchführungsanweisungen und ihren jeweils zugehörigen Versionen zeigt, dass in der Nettostichprobe 1 mehr als 50 Prozent (17 von 32) Divergenzen auftreten, während diese Größe im Rahmen der Nettostichprobe 2 nur knapp 42 Prozent (10 von 24) ausmacht. Hieraus lässt sich allerdings nicht schlussfolgern, dass bei einer Beschränkung auf die konsistent antwortenden Befragten stabilere Strukturen zeigen, denn die Divergenzen in Nettostichprobe 1 betreffen insbesondere D1 und D2 (7 von 8 mögliche Abweichungen) – hinsichtlich der anderen Versionen und ihrer Durchführungsanweisungen existieren deutlich stärkere Übereinstimmungen. Insofern kaschiert eventuell das alleinige Rating auf Versionsebene – d.h. bezogen auf die eingesetzten Antwortskalen und Reihenfolgen des Werte-Inventars – Unterschiede, die erst in der aggregierten Betrachtung manifest werden.
Wird nicht nach der Übereinstimmung zwischen den vorgegebenen Faktorzahlen von Durchführungsanweisung und Version geschaut, sondern zwischen Letztgenannter und Gesamtstichprobe, so ergeben sich für 22 der 32 Versionen (68,75 %) in der Nettostichprobe 1 abweichende Ergebnisse, aber nur für 13 der 24 Versionen (54,17 %) in der Nettostichprobe 2. Die Grundstruktur – alleine hinsichtlich der Anzahl an Dimensionen, noch nicht hinsichtlich deren wertebezogener Zusammensetzung – spiegelt sich also geringfügig besser in der Nettostichprobe 2 wider. Letztlich ist dies bei einer Faktorenanalyse ja auch intendiert, denn die generierte Faktorstruktur sollte eine gewisse Stabilität aufweisen. Da vorliegend aber explizit experimentelle Variationen vorgenommen wurden, ist die insgesamt geringe Übereinstimmung nicht weiter verwunderlich.
Die Faktoranzahl ist allerdings nur ein – wenn auch das schwerwiegendste – Kriterium beim Vergleich von Faktorlösungen (prinzipiell sind nur Lösungen vergleichbar, die identische Faktorzahlen aufweisen; siehe Fußnote 428 auf Seite 415), insofern sind die hier generierten Ergebnisse erst die Vorstufe zu den im Weiteren noch durchzuführenden Kriteriumsrotationen, denn die Anzahl an Faktoren sagt noch gar nichts über deren strukturelle Zusammensetzung aus, die auch bei gleicher Faktorzahl sehr unterschiedlich ausgestaltet sein kann. Bevor allerdings auf diesen Aspekt eingegangen wird, ist erst noch das Rotationsproblem zu beleuchten.

5.4.2.2.3 Orthogonale und schiefwinklige Rotation

Um zu sehen, welches der vorliegend inhaltlich sinnvollen und softwaretechnisch verfügbaren fünf Rotationsverfahren (siehe Abschnitt 5.4.2.1.6) die „beste" Abbildung der Daten erreicht, werden die Matrizen der Durchführung einer Hauptkomponenten- und Hauptachsenanalyse (siehe Abschnitt 5.4.2.1.3) mit vier Faktoren (siehe Abbildung 63) für den gesamten Datensatz (beide Nettostichproben) entsprechenden Drehungen unterzogen. Bei den orthogonalen Rotationsprozeduren sind diesbezüglich keine weiteren Festlegungen zu treffen, während die Parameter für die obliquen Vorgehensweisen so bestimmt werden, dass ein möglichst breites Spektrum an Winkeln für die Faktorachsen abgedeckt ist (siehe Abschnitt 5.4.2.1.6.2). Dementsprechend wird die direkte Oblimin Drehung mit einem ganzzahligen Delta-Wert von Null bis minus fünf und das Promax-Verfahren mit Koeffizienten für Kappa von vier, drei und zwei durchgerechnet.
Die jeweiligen Matrizen werden anhand verschiedener Kriterien evaluiert, deren Auswahl sich an den Ausführungen in Abschnitt 5.4.2.1.7 orientiert, dabei aber ebenso subjektiv er-

folgt, wie die Prozedur zur Bestimmung der internen Reihenfolgefeststellung der einzelnen Lösungsansätze. Letztere könnte sowohl über Rangplätze, als auch über prozentuale Anteile an der Maximalausprägung berechnet werden, was zum Teil zu divergierenden Ergebnissen führt. Weil vorliegend von sehr vielen identischen Werten für unterschiedliche Verfahren hinsichtlich bestimmter Kriterien auszugehen war (siehe Abschnitt 5.4.2.1.6), erscheint der Weg über Prozentangaben aussagekräftiger, denn dadurch werden geringe Differenzen nicht durch große Rangsprünge[419] verzerrt. Daneben ist die Frage der Gewichtung einzelner Merkmale zu beantworten, wobei hier eine Gleichbehandlung als adäquates Vorgehen eingestuft wird, denn eine Disproportionalität ist bei fehlender objektiver Zielgröße (vgl. Tabachnick & Fidell 1996, S. 636) zunächst nicht zu rechtfertigen.

Als potenzielle Kriterien kommen u.a. bestimmte Grenzwerte für den Betrag der Strukturkoeffizienten[420], die Gesichtspunkte der simplen Struktur von Thurstone (1947; siehe Seite 380) sowie die Verbindungen zwischen Strukturkoeffizient und Kommunalität nach Fürntratt (1969) und Bargmann (1955)[421] in Betracht.

Hinsichtlich der Höhe der Strukturkoeffizienten wird die Grenzziehung bei einem Betrag von 0,50 vorgenommen, da diese Größe einen guten Kompromiss zwischen den ebenfalls möglichen Schwellenwerten von 0,40 und 0,60 darstellt (siehe Abschnitt 5.4.2.1.7). und vorliegend außerdem als Untergrenze für die Berücksichtigung einer Faktorladung bei der Interpretation der Faktoren fungiert.

Das zweite Merkmal betrifft die Anzahl an Variablen ohne Null-Ladung auf mindestens einem der Faktoren (siehe Seite 380). Weil vorliegend 17 Werte zu beurteilen waren, kann die Bandbreite zwischen Null (alle Variablen haben mindestens eine Null-Ladung auf einem Faktor) und 17 (keine Variable verfügt über einen entsprechenden Strukturkoeffizienten) schwanken, wobei kleinere Werte eine bessere Erfüllung des Merkmals anzeigen.

Das von Fürntratt (1969, S. 66) vorgeschlagene Kriterium wird erreicht, wenn die Division des quadrierten Strukturkoeffizienten durch die Kommunalität (siehe Abschnitt 5.4.2.1.4) größer als 0,50 ausfällt, d.h. mindestens die Hälfte der Varianz einer Variablen durch einen Faktor erklärt wird. Nach dem gleichen Muster ist der Ansatz von Bargmann (1955) zu würdigen, bei dem die Anzahl der Faktorladungen zu berechnen ist, deren Quotient aus quadriertem Strukturkoeffizient und Kommunalität kleiner als 0,01 ausfällt, so dass in diesem Fall von „echten“ Null-Ladungen gesprochen werden kann, weil ein entsprechender Strukturkoeffizient einen Kommunalitätsanteil von weniger als einem Prozent ausweist.

Letztendlich werden vier Prüfgrößen herangezogen, um die unterschiedlichen Faktorlösungen analytisch – d.h. nicht interpretativ[422] – zu vergleichen. Auf die Berücksichtigung weiterer

---

[419] Obwohl z.B. eine Hauptachsenanalyse mit Equamax-Rotation hinsichtlich des Kriteriums von Fürntratt (1969 – Quotient aus quadrierten Strukturkoeffizienten und Kommunalität > 0,50) mit 12 Werten lediglich um drei Einheiten hinter dem Maximalwert (15) zurückbleibt, belegt das Vorgehen lediglich den 14. Rang – bei einer anteilsbezogen Berechnung fällt die Differenz mit einer Abweichung von 20,00 % deutlich moderater aus. Die großen Sprünge bei der Rangfolgebildung mit vielen identischen Platzziffern, sind dem Algorithmus des herangezogenen Tabellenkalkulationsprogramms zur diesbezüglichen Auflösung geschuldet (vgl. Brosius 1998, S. 241ff).

[420] Problematisch in diesem Zusammenhang ist die Festlegung der Schwellenwerte, denn es existiert zwar eine Empfehlung in der Literatur für die Kennzeichnung einer Null-Ladung (siehe Fußnote 394), aber eben keine für eine Nicht-Null-Ladung. Nun könnte man hier einfach eine Komplementärbetrachtung vornehmen (alle Variablen mit einem Ladungskoeffizienten größer als 0,10 einbeziehen), jedoch würde dies den Ergebnissen der Meta-Analyse von Peterson (2000, S. 273) widersprechen, dass auch bei Zufallsdaten Strukturkoeffizienten bis zu einem Betrag von 0,21 auftreten.

[421] Da das Kriterium quasi das Promax-Modell (siehe Abschnitt 5.4.2.1.6.2) widerspiegelt, weist das Verfahren hinsichtlich dieser Vergleichsgröße einen komparativen Vorteil auf.

[422] Diese Perspektive stellt den wichtigsten Aspekt bei der Beurteilung von Matrizen mit Strukturkoeffizienten, die auf unterschiedlichen Extraktions- und Rotationsverfahren beruhen, dar (siehe Abschnitt 5.4.2.1.7). Weil vorliegend für die Interpretierbarkeit der jeweiligen Lösungen keine theoretische Vorgabe existiert, könnte diesbezüglich allerdings ausschließlich nach Plausibilitätsgesichtspunkten argumentiert werden (siehe Abschnitt 5.4.2.3.6).

Gesichtspunkte der simplen Struktur von Thurstone (1947; siehe Seite 380) wird verzichtet, weil hier die Höhe der Grenzziehung[423] zu stark divergierenden Ergebnissen führt. Alles in allem ist auch die gewählte Vorgehensweise nicht frei von Willkür, erscheint aber unter den gegebenen Umständen als zielführender Kompromiss.
Prinzipiell könnten die Rotationstests für alle gebildeten Gruppierungen durchgeführt werden, um im Anschluss einen Mittel- oder Summenwert für jedes Verfahren hinsichtlich der obigen Kriterien zu berechnen. Von diesem – sehr aufwendigen – Vorgehen wird vorliegend aber Abstand genommen, so dass zur kriterienweisen Beurteilung ausschließlich die beiden Nettostichproben 1 und 2 in ihrer Gesamtheit herangezogen werden. Die Übersichten der (aggregierten) Kriterien für beide Nettostichproben sind in Anhang 56 und Anhang 57 abgebildet.

			NSP 1		NSP 2		Gesamt	
Rotation	**FA**	**Verfahren**	**SU**	**Rang**	**SU**	**Rang**	**SU**	**Rang**
Orthogonal	**HK**	Varimax	341,08	2	342,08	1	683,16	1
		Quartimax	326,10	10	328,51	9	654,61	9
		Equamax	342,00	1	337,45	3	679,45	2
	HA	Varimax	255,75	23	243,39	24	499,14	23
		Quartimax	340,14	3	303,11	21	643,25	12
		Equamax	247,75	24	251,09	23	498,83	24
Oblique	**HK**	Oblimin(0)	305,90	21	318,01	14	623,91	18
		Oblimin(-1)	321,66	15	334,40	5	656,06	8
		Oblimin(-2)	328,88	7	334,40	5	663,28	6
		Oblimin(-3)	324,33	14	334,40	5	658,74	7
		Oblimin(-4)	330,58	4	336,44	4	667,02	4
		Oblimin(-5)	330,58	4	340,29	2	670,87	3
		Promax(4)	328,28	8	325,46	10	653,74	10
		Promax(3)	308,76	18	319,58	12	628,34	16
		Promax(2)	327,91	9	324,68	11	652,59	11
	HA	Oblimin(0)	324,49	12	305,16	19	629,64	15
		Oblimin(-1)	325,82	11	314,89	16	640,71	14
		Oblimin(-2)	321,28	16	305,16	19	626,44	17
		Oblimin(-3)	316,73	17	301,31	22	618,04	20
		Oblimin(-4)	301,76	22	309,00	17	610,76	22
		Oblimin(-5)	306,30	20	309,00	17	615,31	21
		Promax(4)	324,49	12	318,73	13	643,22	13
		Promax(3)	330,37	6	334,12	8	664,49	5
		Promax(2)	307,02	19	316,70	15	623,72	19

Tabelle 64: **Übersicht zu den Gesamtergebnissen der einzelnen Rotationsverfahren unter den vier herangezogenen Kriterien bei einer Faktorenanalyse der gesamten Nettostichprobe sowie übergreifend**

Anmerkung: NSP = Nettostichprobe; FA = Faktorextraktion; HK = Hauptkomponentenanalyse; HA = Hauptachsenanalyse; SU = Gesamtsumme über die vier Kriterien (siehe Anhang 56 und Anhang 57)

Wenn die Evaluationskriterien für die Faktorenanalysen mit den 24 Verfahrenskombinationen (Hauptkomponenten- und Hautachsenanalyse mit drei orthogonalen und zwei obliquen Rotationen, von denen Oblimin mit sechs und Promax mit drei verschiedenen Parametern

[423] Diese betrifft insbesondere den Betrag eines Strukturkoeffizienten, ab dem nicht mehr von einer Null-Ladung gesprochen werden kann (siehe Fußnote 420).

durchgeführt wird) berechnet werden, so schneidet in der Nettostichprobe 1 die Equamax-Rotation im Anschluss an eine Hauptkomponentenanalyse am besten ab, während das gleiche Rotationsverfahren im Anschluss an eine Hauptachsenanalyse auf dem letzten Platz lokalisiert ist (siehe Anhang 56). Bei einer Beschränkung auf die konsistent antwortenden Befragten wird ein identisches Muster durch die Varimax-Rotation erzielt, d.h. auch hier belegt die entsprechende Drehung im Anschluss an eine Hauptkomponentenanalyse die Spitzenposition, und nimmt nach einer Hauptachsenanalyse den letzten Rang ein.
Aus den in Tabelle 64 dargestellten Resultaten wird bereits ersichtlich, dass die orthogonalen Rotationen – unter der vorliegend eingesetzten Kriterienkonstellation – zu den besten Ergebnissen führen. Um aber zu Vergleichszwecken für jede Extraktions- und Rotationsklassenkombination eine Matrix der Strukturkoeffizienten zu präsentieren, werden nachfolgend die – auf der Kriteriensumme in beiden Nettostichproben basierenden – jeweils bestplatzierten Vorgehensweisen näher betrachtet. Dies betrifft für die rechtwinklige Rotation im Anschluss an eine Hauptkomponentenanalyse die Varimax-Prozedur (Platz 1; siehe letzte Spalte in Tabelle 64) und im Falle einer Hauptachsenanalyse das Quartimax-Verfahren (Rang 12). Bei einer schiefwinkligen Drehung wird in der Folge einer Hauptkomponentenanalyse auf Oblimin mit einem Delta von –5 (Platz 3) und nach einer Hauptachsenanalyse auf Promax mit einem Kappa von drei (Rang 5) zurückgegriffen. Die rotierten Lösungen dieser vier Ansätze für beide Nettostichproben werden nachfolgend illustriert.

	Nettostichprobe 1					Nettostichprobe 2				
Wert	F 1	F 2	F 3	F 4	KO	F 1	F 2	F 3	F 4	KO
FRZ	0,726	0,121	-0,011	0,091	0,550	0,730	0,116	-0,017	0,089	0,555
ABW	0,657	-0,061	0,044	0,199	0,477	0,678	-0,054	0,046	0,179	0,497
UNA	0,581	-0,105	0,100	0,299	0,448	0,566	-0,128	0,082	0,320	0,446
AUS	0,542	0,173	0,295	-0,020	0,411	0,531	0,165	0,291	0,007	0,393
FST	0,458	0,315	0,307	0,060	0,407	0,456	0,285	0,287	0,055	0,374
FAM	0,002	0,825	0,101	0,150	0,713	0,002	0,826	0,104	0,147	0,715
KIN	-0,231	0,655	0,233	0,077	0,543	-0,217	0,657	0,243	0,068	0,542
LIE	0,333	0,600	0,226	-0,042	0,524	0,313	0,599	0,212	-0,059	0,505
SIC	0,248	0,513	-0,016	0,491	0,565	0,238	0,520	-0,031	0,488	0,566
GES	0,253	0,400	0,314	0,216	0,369	0,203	0,387	0,288	0,243	0,333
NAT	0,060	0,124	0,719	0,082	0,543	0,060	0,122	0,717	0,094	0,542
FRI	0,064	0,299	0,686	0,111	0,577	0,054	0,279	0,694	0,113	0,575
MEN	0,334	0,383	0,571	-0,072	0,590	0,323	0,353	0,593	-0,072	0,586
PER	0,244	0,026	0,524	0,374	0,475	0,241	0,011	0,502	0,386	0,459
BER	0,115	0,127	0,204	0,740	0,619	0,101	0,114	0,185	0,746	0,614
ABI	0,063	0,088	0,400	0,697	0,658	0,072	0,096	0,371	0,704	0,647
WOH	0,252	0,082	-0,354	0,594	0,549	0,236	0,086	-0,353	0,589	0,534
EW	4,761	1,839	1,319	1,097		4,566	1,867	1,343	1,106	
VK	13,82	13,73	13,67	11,82		13,45	13,42	13,35	12,04	

Abbildung 64: Matrix der Strukturkoeffizienten für eine Hauptkomponentenanalyse mit anschließender Varimax-Rotation der jeweils gesamten Stichprobenumfänge

Anmerkung: EW = Eigenwerte der rotierten Faktorlösung; VK = Varianzaufklärung des Faktors in Prozent

Im Fall der Hauptkomponentenanalyse mit Varimax-Rotation sind keine gravierenden Unterschiede zwischen den Ergebnissen für beide Nettostichproben auszumachen, so dass sich die Interpretation auf eine Matrix beschränken kann. Der erste Faktor weist vier Werte (FRZ, ABW, UNA und AUS) mit einem Betrag für ihren Strukturkoeffizienten von größer 0,50 aus,

die sich als „interessantes, vielfältiges und freies Leben" subsumieren lassen, wobei der Schwerpunkt auf den nicht erwerbsbezogenen Zeiten (FRZ) liegt. Der Wert FST verfehlt hinsichtlich der Höhe seines Strukturkoeffizienten zwar den hier etablierten Grenzwert, ist allerdings nach dem Kriterium von Fürntratt (1969; siehe Seite 384) ebenfalls dieser Komponente zurechenbar, wobei dies aber wohl keine Umfirmierung erforderlich machen würde.
Der zweite Faktor wird durch die Werte FAM, KIN, LIE und SIC gebildet, von denen Letztgenannter allerdings das Fürntratt-Merkmal nicht erfüllt. Insofern lässt sich diese Komponente am besten mit „partnerschaftliche Bindung und Reproduktion" umschreiben. Der Einbezug von Bindung beruht dabei auch auf der negativen Ladung (-0,105 bzw. -0,128) des Wertes UNA bei diesem Faktor.
Die dritte Dimension setzt sich aus den Werten NAT, FRI, MEN und PER zusammen, die sich unter dem Label „harmonische Koexistenz von Menschen untereinander und mit der Umwelt" aggregieren lassen, wobei PER eher eine individualistische Nuance impliziert.
Die letzte Komponente spricht „Erwerbsorientierung und materielles Auskommen" an, und umfasst die Werte BER, ABI und WOH. Damit weisen bis auf GES alle 17 Werte – zumindest nach dem Kriterium von Fürntratt (1969, S. 66) – eine eindeutige Zuordnung zu einem Faktor auf. GES scheint also einen so generellen und übergreifenden Wert darzustellen, dass nach der hier angewandten Rotationstechnik, keine Fixierung auf eine einzige Komponente möglich ist. Insgesamt erreicht GES lediglich in einem einzigen der hier betrachteten Fälle einen Betrag über 0,50 als Strukturkoeffizienten (siehe erste Datenspalte in Abbildung 65). Dies könnte ein Indiz dafür sein, den Wert aus der Liste zu entfernen. Andererseits sollte man nicht verkennen, dass er bei anderen Verfahren zugeordnet wird, Kontext-Effekte vorliegen könnten und bei seiner Elimination „etwas fehlt", was die Befragten erwarten.
Die vier Faktoren zeigen sich – mit nuancierten Unterschieden – auch bei den anderen hier berücksichtigten Kombinationen von Extraktions- und Rotationsverfahren, weswegen nachfolgend vorrangig die Divergenzen fokussiert werden.

	Nettostichprobe 1					Nettostichprobe 2				
Wert	F 1	F 2	F 3	F 4	KO	F 1	F 2	F 3	F 4	KO
MEN	0,713	0,061	-0,139	0,017	0,532	0,703	0,094	-0,134	0,014	0,521
FRI	0,691	-0,148	0,046	-0,026	0,502	0,692	-0,121	0,034	-0,034	0,496
NAT	0,577	-0,104	0,025	-0,067	0,349	0,586	-0,071	0,018	-0,068	0,353
LIE	0,532	0,133	-0,060	0,214	0,350	0,490	0,136	-0,044	0,231	0,314
GES	0,515	0,117	0,120	0,089	0,301	0,465	0,107	0,148	0,102	0,260
FST	0,503	0,240	0,016	0,048	0,313	0,450	0,258	0,038	0,052	0,273
PER	0,487	0,146	0,223	-0,062	0,313	0,457	0,165	0,235	-0,059	0,295
AUS	0,433	0,301	-0,049	0,000	0,281	0,408	0,320	-0,013	0,009	0,269
SIC	0,378	0,248	0,320	0,270	0,380	0,348	0,231	0,348	0,281	0,375
FRZ	0,283	0,570	-0,001	0,027	0,405	0,245	0,585	0,033	0,039	0,405
ABW	0,233	0,505	0,091	-0,070	0,323	0,213	0,530	0,107	-0,063	0,341
UNA	0,240	0,460	0,153	-0,083	0,300	0,196	0,461	0,191	-0,084	0,294
BER	0,348	0,164	0,586	0,031	0,493	0,319	0,138	0,605	0,018	0,487
ABI	0,440	0,077	0,557	-0,006	0,510	0,426	0,080	0,566	-0,007	0,509
WOH	-0,007	0,343	0,363	0,064	0,253	-0,026	0,301	0,390	0,060	0,247
FAM	0,452	-0,029	0,077	0,809	0,866	0,443	-0,032	0,097	0,814	0,869
KIN	0,370	-0,221	0,051	0,414	0,360	0,384	-0,210	0,044	0,415	0,366
EW	4,761	1,839	1,319	1,097		4,566	1,867	1,343	1,106	
VK	20,79	7,59	6,00	5,78		19,09	7,67	6,59	5,92	

Abbildung 65: Matrix der Strukturkoeffizienten für eine Hauptachsenanalyse mit anschließender Quartimax-Rotation der jeweils gesamten Stichprobenumfänge

Bei dieser Form der Extraktion und Rotation sind für die Zusammensetzung der ersten Komponente deutliche Unterschiede zwischen beiden Nettostichproben zu konstatieren. Während beim Einbezug sämtlicher Befragter sechs Werte Strukturkoeffizienten mit einem Betrag größer als 0,50 aufweisen, reduziert sich die Menge bei alleiniger Berücksichtigung der konsistenten Befragten auf drei (MEN, FRI und NAT). Zieht man das Kriterium nach Fürntratt (1969, S. 66) heran, nivellieren sich die Unterschiede allerdings wieder, denn dann sind in beiden Nettostichproben acht Variablen mit salienten Strukturkoeffizienten vorhanden. Im Kontrast zu den übrigen Lösungen wird hier also ein genereller erster Faktor favorisiert (siehe Abschnitt 5.4.2.1.6), auf dem knapp die Hälfte der abgefragten Werte einen maßgeblichen Strukturkoeffizienten besitzt. Außerdem kommt für diese Kombination der Extraktion und Rotation das einzige Mal ein Faktor (F4) vor, auf dem lediglich ein Wert (FAM), einen den Betrag von 0,50 übersteigenden Strukturkoeffizienten aufweist oder dem Fürntratt-Kriterium (siehe Seite 384) genügt.

	Nettostichprobe 1					Nettostichprobe 2				
Wert	F 1	F 2	F 3	F 4	KO	F 1	F 2	F 3	F 4	KO
FAM	0,826	-0,122	0,169	0,033	0,713	0,826	-0,100	0,165	0,027	0,715
KIN	0,646	-0,334	0,076	-0,154	0,543	0,653	-0,302	0,061	-0,162	0,542
LIE	0,614	0,267	-0,068	-0,084	0,524	0,613	0,265	-0,086	-0,067	0,505
GES	0,359	0,164	0,176	-0,242	0,369	0,343	0,123	0,202	-0,230	0,333
FRZ	0,122	0,713	0,071	0,106	0,550	0,108	0,723	0,068	0,110	0,555
ABW	-0,089	0,644	0,168	-0,001	0,477	-0,087	0,669	0,143	-0,001	0,497
UNA	-0,156	0,554	0,262	-0,084	0,448	-0,187	0,538	0,281	-0,080	0,446
AUS	0,164	0,523	-0,082	-0,212	0,411	0,146	0,514	-0,061	-0,211	0,393
FST	0,297	0,408	0,006	-0,214	0,407	0,264	0,420	-0,003	-0,199	0,374
BER	0,004	-0,021	0,722	-0,240	0,619	-0,004	-0,027	0,722	-0,241	0,614
WOH	0,030	0,170	0,655	0,358	0,549	0,031	0,159	0,654	0,341	0,534
ABI	-0,049	-0,071	0,647	-0,451	0,658	-0,031	-0,057	0,646	-0,434	0,647
SIC	0,464	0,118	0,513	0,095	0,565	0,470	0,123	0,511	0,100	0,566
NAT	0,053	0,003	-0,029	-0,723	0,543	0,058	0,006	-0,032	-0,720	0,542
FRI	0,234	-0,017	0,012	-0,659	0,577	0,219	-0,016	-0,002	-0,670	0,575
PER	-0,073	0,165	0,289	-0,544	0,475	-0,084	0,166	0,290	-0,531	0,459
MEN	0,363	0,283	-0,162	-0,478	0,590	0,330	0,285	-0,179	-0,502	0,586
EW	4,761	1,839	1,319	1,097		4,566	1,867	1,343	1,106	
VK	28,01	10,82	7,76	6,46		26,86	10,98	7,90	6,50	

Abbildung 66: Matrix der Strukturkoeffizienten für eine Hauptkomponentenanalyse mit anschließender Oblimin-Rotation (Delta = –5) der jeweils gesamten Stichprobenumfänge

Neben der ersten Komponente bei einer Hauptachsenanalyse mit Quartimax-Rotation (siehe Abbildung 65), tritt einzig beim vierten Faktor der Hauptkomponentenanalyse mit direkter Oblimin Rotation noch eine Differenz zwischen den Lösungen beider Nettostichproben auf, denn der Strukturkoeffizient für MEN übersteigt lediglich bei den konsistent antwortenden Befragten einen Betrag von 0,50 – erfüllt aber auch dort das Kriterium von Fürntratt (1969, S. 66) nicht. Eine weitere Besonderheit dieser Faktormatrizen liegt in den überwiegend negativen Strukturkoeffizienten der vierten Komponente, die eine konträre Interpretation nahe legen. Diese ist allerdings bei einem positiven Konstrukt nur schwer zu leisten, und erscheint auch vorliegend kaum sinnvoll möglich („konfliktgeladenes Zusammenleben und ausbeuterisches Verhalten gegenüber den natürlichen Ressourcen ohne Weiterentwicklung der eigenen Persönlichkeit"). Dieses Muster dürfte daher der mathematisch-statistischen Vorgehensweise geschuldet sein, und auf der Notwendigkeit, einen Gegenpol zu den drei übrigen – positiv besetzten – Faktoren zu bilden, beruhen. Dementsprechend scheint diese Kombination von Extraktions- und Rotationsverfahren bei den hier zugrunde liegenden Datenstrukturen (eines positiven Konstrukts) ungeeignet.

	Nettostichprobe 1					Nettostichprobe 2				
Wert	F 1	F 2	F 3	F 4	KO	F 1	F 2	F 3	F 4	KO
FRI	0,702	-0,117	0,022	0,080	0,502	0,698	-0,108	0,022	0,070	0,496
MEN	0,668	0,169	0,067	-0,144	0,532	0,661	0,173	0,071	-0,149	0,521
NAT	0,607	-0,073	-0,034	0,055	0,349	0,605	-0,056	-0,027	0,049	0,353
PER	0,358	0,129	-0,060	0,265	0,313	0,333	0,135	-0,052	0,265	0,295
GES	0,342	0,132	0,121	0,134	0,301	0,298	0,102	0,138	0,153	0,260
LIE	0,336	0,208	0,271	-0,083	0,350	0,300	0,191	0,292	-0,084	0,314
FST	0,335	0,297	0,069	0,015	0,313	0,295	0,293	0,075	0,019	0,273
FRZ	0,011	0,640	0,010	-0,024	0,405	0,000	0,641	0,023	-0,024	0,405
ABW	0,017	0,537	-0,103	0,092	0,323	0,022	0,556	-0,094	0,077	0,341
UNA	0,032	0,469	-0,118	0,166	0,300	0,015	0,456	-0,119	0,183	0,294
AUS	0,291	0,377	0,009	-0,059	0,281	0,274	0,372	0,021	-0,041	0,269
FAM	-0,045	-0,014	0,950	0,014	0,866	-0,050	-0,014	0,952	0,017	0,869
KIN	0,188	-0,222	0,508	0,034	0,360	0,190	-0,209	0,511	0,026	0,366
BER	0,059	0,024	0,020	0,662	0,493	0,056	0,000	0,010	0,674	0,487
ABI	0,210	-0,054	-0,009	0,639	0,510	0,202	-0,048	-0,005	0,642	0,509
WOH	-0,294	0,257	0,033	0,387	0,253	-0,280	0,222	0,029	0,401	0,247
SIC	-0,001	0,201	0,301	0,332	0,380	-0,013	0,182	0,314	0,339	0,375
EW	4,761	1,839	1,319	1,097		4,566	1,867	1,343	1,106	
VK	24,63	7,42	4,60	3,52		23,44	7,60	4,72	3,51	

Abbildung 67: Matrix der Strukturkoeffizienten für eine Hauptachsenanalyse mit anschließender Promax-Rotation (Kappa = 3) der jeweils gesamten Stichprobenumfänge

Aus den vorstehenden Tabellen wird deutlich, dass die fokussierten Kombinationen von Extraktions- und Rotationsverfahren zu ähnlich gelagerten Faktorlösungen gelangen, die sich jedoch im Detail durchaus unterscheiden. Während beispielsweise FAM bei einer Hauptachsenanalyse mit Quartimax-Rotation (siehe Abbildung 65) alleine den vierten Faktor bildet, konstituiert dieser Wert bei einer Promax-Rotation (siehe Abbildung 67) zusammen mit KIN den dritten Faktor. Im Rahmen einer Hauptkomponentenanalyse mit direkter Oblimin-Rotation (siehe Abbildung 66) machen die beiden genannten Werte mit LIE den ersten Faktor aus, während sie nach einer Varimax-Rotation (siehe Abbildung 64) neben LIE auch noch SIC als Interpretationsvariablen des zweiten Faktors umfassen. Damit treten für den um den Wert FAM gebildeten Faktor zum einen unterschiedlich komplexe Deutungsmuster auf und zum anderen wird diese Komponente an divergierenden Positionen (F1 bis F4) – mit abweichenden Anteilen an Varianzaufklärung – geführt.

Beim Faktor „harmonische Koexistenz von Menschen untereinander und mit der Umwelt", werden – bis auf die zweite – ebenfalls sämtliche möglichen Positionen für die Komponente ausgeschöpft, wobei hier aber zusätzlich Unterschiede hinsichtlich des Wertes mit dem betragsmäßig höchsten Strukturkoeffizienten auftreten. Bei einer Hauptkomponentenanalyse – sowohl mit Varimax- (siehe Abbildung 64), als auch direkter Oblimin-Rotation (siehe Abbildung 66 und die anschließenden Erläuterungen zu den negativen Vorzeichen) – weist NAT die größte Faktorladung auf, während diese Zuordnung bei den Hauptachsenanalysen durch MEN (Quartimax-Drehung; siehe Abbildung 65) und FRI (Promax-Rotation; siehe Abbildung 67) übernommen wird. Insofern bilden die drei Werte zwar den Interpretations-

stamm, setzten jedoch in Abhängigkeit von der Extraktion und Rotation, unterschiedliche primäre Schwerpunkte.
Hinsichtlich der Erwerbsorientierung ist eine Konzentration auf die Faktoren drei und vier auszumachen, wobei diesbezüglich vor allem der Einbezug von WOH divergiert. Während die Reihenfolge BER – ABI durchgängig eingehalten wird, schiebt sich bei der direkten Oblimin-Rotation im Anschluss an eine Hauptkomponentenanalyse (siehe Abbildung 66) noch WOH zwischen diese beiden Werte. Auch SIC wäre bei dieser Kombination aufgrund der Höhe des Strukturkoeffizienten noch zur Interpretation heranzuziehen, wobei dieser Wert allerdings dem Kriterium von Fürntratt (1969; siehe Seite 384) nicht genügt. WOH weist im Übrigen nur bei den Hauptkomponentenanalysen saliente Strukturkoeffizienten auf, während diese bei den Hauptachsenanalysen aber zumindest das Fürntratt-Kriterium erfüllen.
Die auf ein „interessantes Leben außerhalb des Erwerbsbereiches" anspielende Dimension wird bei drei der vier herangezogenen Kombinationen von Extraktions- und Rotationsverfahren an zweiter Stelle gebildet und bei einer Hauptkomponentenanalyse mit Varimax-Drehung sogar als erste Komponente. Insofern ist diesbezüglich eine relativ große Konstanz festzustellen, wobei aber hinsichtlich der Zusammensetzung der faktorbildenden Werte keine Einigkeit besteht, denn die Strukturkoeffizienten für UNA und AUS übersteigen bei den Hauptachsenanalysen nicht den Schwellenbetrag von 0,50.
Wegen der insgesamt vergleichbaren extrahierten Strukturen[424] wird im Weiteren die Vorgabe der kriterienorientierten Rangfolgebildung (siehe Tabelle 64) übernommen, und eine Hauptkomponentenanalysen mit Varimax-Rotation zur Dimensionsaufklärung der Gruppierungen eingesetzt. Dieses Vorgehen wird der hier verfolgten Fragestellung der Verdichtung des Werte-Inventars am besten gerecht,[425] da weder Gründe für die Komprimierung gesucht werden, noch eine Elimination einzelner Werte aus der Aufstellung angestrebt ist.

5.4.2.3 Gegenüberstellung der Werte-Strukturen verschiedener Gruppierungen

In der Forschungspraxis ist man gelegentlich daran interessiert, zwei (oder mehrere[426]) Faktorstrukturen miteinander zu vergleichen (Bortz 2005, S. 553).[427] Derartige – auf unterschiedlichen Stichproben, aber identischen Variablen basierende (vgl. Reynolds & Harding 1983, S. 724) – Matrizen können nicht direkt miteinander in Beziehung gesetzt werden, weil durch die i.d.R. zur Erleichterung der Interpretation der Faktoren vorgenommene Rotation, eine ganz spezifische Optimalstruktur (siehe Abschnitt 5.4.2.1.6 zu den entsprechenden Vorgehensweisen) geschaffen wird (vgl. Cliff 1966, S. 33). Dabei erfüllen die Matrizen der Strukturkoeffizienten das jeweilige Maximierungskriterium dann nur individuell (vgl. Jensema 1972, S. 235), so dass zwei Lösungen größere Strukturunterschiede vorgeben kön-

---

[424] Bei einer Kriteriumsrotation (siehe Abschnitt 5.4.2.3.2) der vier hier untersuchten Kombinationen ergibt sich ein minimaler MC-Koeffizient (siehe Abschnitt 5.4.2.3.3) von 0,9524 (Hauptachsenanalyse mit Quartimax-Rotation / Hauptkomponentenanalyse mit direkter Oblim-Rotation) – so dass auch aus dieser Perspektive von vergleichbaren Faktorstrukturen gesprochen werden kann (siehe Seite 419).

[425] Werden die Kriterienrotationen der vier untersuchten Extraktions- und Rotationskombinationen betrachtet (siehe Anhang 58), so schneidet die Hauptkomponentenanalyse mit anschließender Varimax-Rotation ebenfalls am günstigsten ab, weil sie im Mittel den höchsten MC-Koeffizienten aufweist. Dies deutet darauf hin, dass ihre Faktorstruktur die größte Ähnlichkeit zu den anderen untersuchten Varianten besitzt, was die getroffene Festlegung untermauert.

[426] Vorliegend wird ausschließlich die Beziehung zwischen zwei Matrizen mit Faktorstrukturkoeffizienten fokussiert – für darüber hinausgehende Fälle, vgl. ten Berge (1977, S. 269ff) und ten Berge & Knol (1984, S. 50ff).

[427] Nach Meredith (1964, S. 177) sind diesbezüglich drei potenzielle Kriterien virulent: (1) die Identität der Matrizen der Faktorstrukturkoeffizienten, (2) die Faktorstruktur und (3) die Anzahl der Faktoren. Weil die Kriterien von (1) nach (3) immer schwächer werden, wird vorliegend in der umgekehrten Reihenfolge geprüft, in dem lediglich solche Lösungen betrachtet werden, die auf einer identischen Anzahl an Faktoren beruhen.

nen, als tatsächlich vorhanden sind (vgl. Kiers 1997, S. 545f). Aufgabe der so genannten Kriteriumsrotation (vgl. Bortz 2005, S. 554) ist es, unter den unendlich vielen äquivalenten Lösungen für jeden der zu vergleichenden Datensätze, diejenigen Faktorstrukturen ausfindig zu machen, die einander maximal ähnlich sind.
Hier wird üblicherweise so vorgegangen, dass eine möglichst gut interpretierbare (i.d.R. rotierte) Lösung als Zielstruktur vorgegeben und die zu überprüfende Vergleichsmatrix so gedreht wird, dass sie zur Erstgenannten die größtmögliche Ähnlichkeit aufweist (Bortz 2005, S. 554). Dabei kann die Zielstruktur empirisch ermittelt sein – was vorliegend immer der Fall ist – oder aufgrund theoretischer Überlegungen vorgegeben werden (vgl. Mosier 1939, S. 149f). Bei Vergleichen dieser Art wird vorausgesetzt, dass die zueinander in Beziehung gesetzten Strukturen hinsichtlich ihrer Anzahl an Faktoren übereinstimmen (vgl. Pinneau & Newhouse 1964, S. 276).[428]
Natürlich könnten auch Lösungen mit einer unterschiedlichen Anzahl an Faktoren letztendlich noch vergleichbar sein, wobei es allerdings einen gravierenden Unterschied macht, ob sich ein Variablensatz beispielsweise auf drei oder vier Faktoren (siehe hierzu auch die Re-Analyse von Stiksrud 1976 in Abschnitt 5.4.2.3.6) verdichten lässt (siehe zum Problem der Bestimmung der Anzahl von Faktoren Abschnitt 5.4.2.1.5). Konsequenterweise wird vorliegend als notwendige Bedingung für eine Gegenüberstellung unterschiedlicher Matrizen von Strukturkoeffizienten verlangt, dass diese auf einer identischen Faktorenzahl (siehe Abschnitt 5.4.2.2.2.2.3) basieren.

5.4.2.3.1 Die wesentlichen Parameter beim Vergleich zweier Faktorlösungen

Die Prüfung von Übereinstimmungen bei den Ergebnissen von Faktorenanalysen zweier Studien mit denselben Variablen (aber unterschiedlichen Probanden) erfordert fünf Entscheidungen (vgl. ten Berge 1986b, S. 43):

(1) Welche Matrizen sollen die Grundlage des Vergleichs bilden?
(2) Wie wird die Anzahl der zu extrahierenden Faktoren in der zweiten Studie festgelegt?
(3) Nach welchen Vorgaben erfolgt die Rotation der Vergleichsstruktur?
(4) Welches Kriterium soll zur Interpretation der Konkordanz der Komponenten herangezogen werden?
(5) Wie soll die Replikation eines Faktors in der Folge-Studie berechnet werden?

Wie die Festlegungen bei den aufgeworfenen Punkten zu treffen sind, hängt im Wesentlichen von den verfolgten Zielen ab, d.h. den Fragestellungen, die beantwortet werden sollen (vgl. ten Berge 1986b, S. 62). Ist intendiert, die Faktorstruktur einer Erhebung zu bestätigen, so besteht ein sinnvolles Vorgehen darin, die Komponentenanalyse in der zweiten Untersuchung unabhängig von der ersten durchzuführen, und die Kongruenz der Ergebnisse zu evaluieren. Wird hingegen nach Information bezüglich der Nichtübereinstimmung zweier Faktorstrukturen gesucht, ist eine Rotation zur maximalen Kongruenz zweckmäßiger (vgl. ten Berge 1986b, S. 62f). Dies führt vorliegend dazu, dass die Gegenüberstellungen auf Basis der rotierten Matrizen der Strukturkoeffizienten vorgenommen werden.
Beim zweiten Punkt ist zu entscheiden, ob die Anzahl an Faktoren entsprechend dem Ergebnis aus der ersten Untersuchung oder anhand eines von der dortigen Menge unabhängigen Kriteriums, vorgegeben werden soll. Im letztgenannten Fall kann es allerdings passieren, dass die Verfahren zu divergierenden Vorschlägen gelangen, und die Faktorlösungen dann nicht

[428] Eine Möglichkeit, auf die Kriteriumsrotation auch in den Fällen zurückzugreifen, in denen unterschiedlich viele Faktoren extrahiert wurden, besteht darin, die Matrix mit weniger Faktoren durch Null-Ladungen in den fehlenden Spalten aufzufüllen, und zur invarianten Matrix (Zielstruktur) zu erklären (vgl. Eyferth & Sixtl 1965, S. 137). Weil dabei aber die hier eingesetzten Lösungsalgorithmen nicht mehr anwendbar sind – die Matrix der reziproken Eigenwerte kann nicht mehr bestimmt werden (vgl. Eyferth & Sixtl 1965, S. 137) – wird vorliegend auf diese Alternative verzichtet.

mehr ohne weiteres (siehe Fußnote 428 auf Seite 415) vergleichbar sind. Weil allerdings nur bei einer independenten Bestimmung der Anzahl zu extrahierender Faktoren, eine optimale Strukturaufklärung der Daten möglich ist (siehe dazu die Ausführungen in Abschnitt 5.4.2.1.5), wird hier mit dieser Variante operiert.
Unter (3) existieren zwei grundsätzliche Alternativen, zum einen die – schon angesprochene – Rotation einer Vergleichstruktur auf eine vorgegebene Zielstruktur und zum anderen die Drehung beider Matrizen der Strukturkoeffizienten in Richtung auf eine Kompromissposition (vgl. Cliff 1966, S. 33). Die Wahl für die erste Option liegt darin begründet, dass vorliegend eine aus theoretischer Sicht anzustrebende Lösung nicht greifbar ist, so dass konkrete Ergebnisse herangezogen werden müssen.
Die Fragen nach den Interpretationskriterien (4) und Kongruenzkoeffizienten (5) werden in Abschnitt 5.4.2.3.3 aufgegriffen, so dass zunächst die Darstellung des mathematischen Vorgehens bei der Kriteriumsrotation fokussiert wird.

5.4.2.3.2 Die rechnerische Durchführung der Kriteriumsrotation

Die detaillierte mathematische Vorgehensweise verschiedener Berechnungsverfahren bei der Rotation einer Vergleichsstruktur in Richtung auf eine Zielstruktur, sind beispielsweise in den Veröffentlichungen von Cliff (1966), Fischer & Roppert (1964; 1966), Gebhardt (1968), Green (1952), Kiers (1997), Korth & Tucker (1976) Peay (1988) oder Schönemann (1966) dokumentiert. An dieser Stelle werden nur die fundamentalen Schritte in Anlehnung an Bortz (2005, S. 554) erläutert.
Um eine ähnlichkeitsmaximierende Gegenüberstellung zweier Matrizen A und B mit den Strukturkoeffizienten rotierter Faktorlösungen zu erreichen, ist eine Transformationsmatrix T so zu bestimmen, dass die Spur[429] des Produkts aus transponierter Matrix der Zielstruktur A und der Vergleichsstruktur B[430] maximiert wird.[431] T lässt sich über die folgenden Rechenschritte konstruieren (vgl. Bortz 2005, S. 554):
Zunächst ist die Gramm'sche[432] Matrix M aus den beiden Matrizen A und B zu erstellen.

Gl. 25 $$M = B' \bullet A \bullet A' \bullet B$$

Für die Matrix M sind sowohl ihre Eigenwerte (siehe Fußnote 370 auf Seite 370) (Λ), als auch Eigenvektoren (V)[433] zu bestimmen. Über die Beziehung

Gl. 26 $$U = A' \bullet B \bullet V \bullet \Lambda^{-1/2}$$

resultiert die Transformationsmatrix T nach folgender Gleichung (vgl. Bortz 2005, S. 554):

---

[429] Die Spur einer Matrix ist als die Summe ihrer Hauptdiagonalelemente definiert (vgl. Meyberg & Vachenauer 2003, S. 326).

[430] Dies entspricht dem Zähler des Faktorstrukturkoeffizienten (vgl. Gebhardt 1968, S. 592 und Gl. 29 auf Seite 417).

[431] Die Fragestellung wird in Anlehnung an Hurley & Cattell (1962, S. 260) vielfach auch als „orthogonales Procrustes Problem" bezeichnet (vgl. Gower 1975, S. 33ff).

[432] In einer Gramm'schen Matrix bestehen alle Elemente aus Kreuz-Produkten (vgl. Harman 1976, S. 328). Weiterhin ist sie symmetrisch, ihre Eigenwerte sind alle positiv und im Minimalbereich nahe einem Wert von Null (vgl. Merenda 1997, S. 161).

[433] Eine Kriteriumstransformation wird allerdings nur in den Fällen bewirkt, in denen zusätzlich die Bedingung $V' \bullet V = 1$ erfüllt ist, so dass die Determinante der Matrix V immer gleich Eins sein muss. Ist dies nicht gewährleistet – die Determinante weist dann einen Wert von –1 auf – braucht lediglich eine Spalte der Matrix V mit (–1) multipliziert zu werden (vgl. Bortz 2005, S. 529f).

Gl. 27 $T = V \bullet U'$

Dabei stellt $\Lambda^{-1/2}$ eine Diagonalmatrix (vgl. Meyberg & Vachenauer 2003, S. 272) mit den Reziprokwerten der Wurzeln aus den Eigenwerten in der Hauptdiagonalen dar (vgl. Lattin et al. 2003, S. 141). Abschließend wird die ursprüngliche Matrix B mit der gewonnenen Transformationsmatrix T multipliziert, so dass mit B* die rotierte Variante der Matrix B ausgegeben wird, die zur Matrix A die maximale Ähnlichkeit aufweist (vgl. Bortz 2005, S. 554).[434]

Gl. 28 $B^* = B \bullet T$

5.4.2.3.3 Evaluation der Übereinstimmung zweier rotierter Faktorlösungen

Um die in einer Matrix gebündelte Datenkonstellation zu Vergleichszwecken auf einen einzigen Wert zu verdichten, müssen sowohl Betrachtungen der einzelnen Spalten (Faktoren), als auch des Gesamterscheinungsbildes, integriert werden (vgl. Bortz 2005, S. 554). Dabei sind in einem Profil drei Arten an Information gespeichert (Niveau, Form und Streuung; vgl. Nunnally 1962, S. 311), die nach Möglichkeit alle bei einem Vergleich angemessen berücksichtigt werden sollten (vgl. Tinsley & Tinsley 1987, S. 416). Dementsprechend werden diesbezüglich im Wesentlichen zwei Konzepte verfolgt, die zum einen die Summe der Differenzen zwischen Profilelementen (D-Koeffizienten; vgl. Lattin et al. 2003, S. 273ff) fokussieren, und zum anderen auf die Korrelationen der Profile (Q-Koeffizienten; vgl. Schneewind & Cattell 1970, S. 216) abzielen (vgl. Edwards 1993, S. 642ff). Allerdings wird die Leistungsfähigkeit von Profil-Ähnlichkeits-Indizes teilweise kritisch[435] gesehen, wobei aber auch die stattdessen beispielsweise präferierten polynominalen Regressionsanalysen nicht unproblematisch sind (vgl. Edwards 1993, S. 659f), so dass vorliegend ein Rückgriff auf einen Kongruenzkoeffizienten vorgenommen wird.[436]
Bevor dieser aber näher erläutert wird, steht erst die Gegenüberstellung der Gesamtmatrizen mit den Strukturkoeffizienten im Mittelpunkt, die i.d.R. durch einen Matrixstrukturkoeffizienten (MC) erfolgt (vgl. Gebhardt 1968, S. 592):

Gl. 29 $$MC = \frac{tr(A' \bullet B)}{\sqrt{tr(A' \bullet A) \bullet tr(B' \bullet B)}}$$

MC = Matrixstrukturkoeffizient
tr = Spur der Matrix (siehe Fußnote 429 auf Seite 416)
A' = Transponierte Ladungsmatrix der Zielstruktur A
B' = Transponierte Ladungsmatrix der Vergleichsstruktur B

Der Wertebereich für MC liegt zwischen Null und Eins, wobei sich die Ähnlichkeit von Faktormatrizen aus verwandten Populationen in einem Koeffizienten[437] niederschlägt, der größer als 0,90 ausfällt. Weist MC Beträge kleiner als 0,80 aus, kann nur noch mit einer sehr geringen Wahrscheinlichkeit von einer Entsprechung zweier Faktorstrukturen ausgegangen werden (vgl. Gebhardt 1968, S. 595).

434 Sowohl für die Berechnung der Kriteriumsrotation, als auch der Kongruenzkoeffizienten, sind mittlerweile Software-Lösungen verfügbar (vgl. Barrett 2005, Brennan 1978, S. 184, Herrero Diez et al. 1997 und Wiseman 1993, S. 112ff).

435 So wird (1) ihre konzeptionelle Ambiguität, (2) die Nichtberücksichtigung von Information, (3) die Insensitivität für die Ursachen der Profildifferenzen und (4) die der Berechnung zugrunde liegenden generellen Restriktionen, welche die Beziehung der Messvorschriften der Koeffizienten zu ihren Resultaten betreffen, moniert (vgl. Edwards 1993, S. 643ff).

436 Dabei spielt auch eine Rolle, dass mittlerweile eine Vielzahl an Indizes zum Vergleich von Faktorstrukturen zur Verfügung stehen, sich aber selbst Experten nicht über den Einsatz eines bestimmten Vorgehens zur Klärung einer spezifischen Fragestellung einig sind, und die Maße außerdem zu vergleichbaren Beurteilungen gelangen (vgl. Reynolds & Harding 1983, S. 724f).

437 Dieser kann sowohl vor, als auch im Anschluss an eine Kriteriumsrotation berechnet werden, so dass sich die erzielte „Verbesserung" bei diesem Vorgehen ebenso bestimmen lässt (vgl. Bortz 2005, S. 555).

Für den Vergleich einzelner Faktoren wird üblicherweise[438] auf den Kongruenzkoeffizienten von Tucker (1951) zurückgegriffen, der sowohl die Höhe, als auch das Muster der Faktorladungen berücksichtigt (vgl. Broadbooks & Elmore 1987, S. 2ff). Dieser wird formal über die folgende Gleichung abgebildet (vgl. Bortz 2005, S. 554):

Gl. 30 $$c_{jk} = \frac{\sum_{i=1}^{v} a_{ij} \bullet b_{ik}}{\sqrt{\left(\sum_{i=1}^{v} a_{ij}^2\right) \bullet \left(\sum_{i=1}^{v} b_{ik}^2\right)}}$$

c_{jk} = *Kongruenzkoeffizient*
a_{ij} = *Ladung der Variablen i auf dem Faktor j von A*
b_{ik} = *Ladung der Variablen i auf dem Faktor k von B*
v = *Anzahl der Variablen, auf denen die Faktorstruktur fußt*

Dabei wird der Kongruenzkoeffizient durch eine Reihe von Aspekten beeinflusst, die z.B. den Stichprobenumfang, die Höhe der Kommunalitäten (siehe Abschnitt 5.4.2.1.4) und die Anzahl an Variablen und Faktoren umfassen (vgl. Korth & Tucker 1975, S. 362). So ist nach Paunonen (1997, S. 45) davon auszugehen, dass der Koeffizient umso geringer ausfällt, je mehr Variablen involviert sind. Umgekehrtes gilt für den Stichprobenumfang, denn diesbezüglich ist eine größere Ähnlichkeit mit steigender Populationsgröße festzustellen (vgl. Nesselroade & Baltes 1970, S. 941).
Im Gegensatz zum Matrixstrukturkoeffizienten (siehe Gl. 29) deckt der Kongruenzkoeffizient einen Wertebereich von –1 bis +1 ab, wobei die beiden Ausdrücke unter der Wurzel im Nenner, der Summe der Kommunalitäten der beiden Ladungsmatrizen entsprechen (vgl. Eyferth & Sixtl 1965, S. 135). Mit dem Koeffizienten wird die qualitative Ähnlichkeit zweier Faktoren so bestimmt, dass das Muster der Faktorladungen der Variablen auf dem ersten Faktor mit demjenigen des zweiten Faktors möglichst übereinstimmend ausfallen muss, damit der Koeffizient einen Wert nahe Eins[439] annimmt (vgl. Davenport 1990, S. 290).
Die Vorteile der in Gl. 30 vorgestellten Maßzahl liegen im Wesentlichen darin, dass sie (1) unabhängig von der Stärke (Ausmaß der erklärten Varianz, d.h. der Summe der quadrierten Faktorladungen einer Komponente; vgl. ten Berge 1986a, S. 32) der Faktoren ist, (2) nicht vom Vorzeichen einer Variablen beeinflusst wird – wenn beispielsweise deren Skalenanker in beiden Datenmatrizen getauscht werden, (3) auf die Addition einer Konstanten zu den Faktorladungen sowohl mit einem abweichenden Koeffizientenwert, als auch zu modifizierenden Interpretationen reagiert und (4) eine kontinuierliche Funktion der Ladungen ist, d.h. diesbezügliche geringfügige Verzerrungen (z.B. als Folge von Rundungsfehlern) bewirken bei ihr keine gravierenden Verschiebungen (vgl. Lorenzo-Seva & ten Berge 2006, S. 57f). Diese Pluspunkte favorisieren den Kongruenzkoeffizienten beispielsweise auch gegenüber dem Ansatz der Summe der quadrierten Abweichungen (D-Koeffizienten; siehe Seite 417), denn dieser kann den erstgenannten Aspekt nicht gewährleisten, weil dort eine Konfundierung der Interpretations- und Stärkediskrepanzen besteht (vgl. ten Berge 1986a, S. 33).
Kritisiert wird der Kongruenzkoeffizient u.a. wegen seiner ambivalenten Interpretation, da er – selbst im Falle sehr geringer und unterschiedlicher Strukturkoeffizienten – immer noch einen relativ hohen Wert annimmt, wenn die Faktorladungen nur einigermaßen vergleichbar ausfallen (vgl. Pinneau & Newhouse 1964, S. 275). Dabei machte es sich zusätzlich bemerkbar, dass die im Zuge der Überwindung einer subjektiven Auslegung entwickelten[440] Schwel-

[438] Weitere Koeffizienten können u.a. dem Beitrag von Guadagnoli & Velicer (1991, S. 325ff) entnommen werden.
[439] Wenn sich die Ladungen des einen Faktors als ein Vielfaches des anderen darstellen lassen, nimmt der Kongruenzkoeffizient genau den Wert Eins an (vgl. Davenport 1990, S. 290).
[440] Es wurden auf Zufallszahlen basierende Faktorenanalysen durchgeführt, um zu sehen, welche Werte der Kongruenzkoeffizient in diesen Fällen – bei denen von nicht zusammenhängenden Faktoren auszugehen war – annimmt. Damit waren Untergrenzen angebbar, bei denen nicht mehr von einer Ähnlichkeit zweier Faktormuster gesprochen werden konnte (vgl. Korth & Tucker 1975, S. 362).

lenwerte (vgl. Korth & Tucker 1975, S. 368ff), manchmal ein als relevant erachtetes Ausmaß anzeigten, obwohl die Faktoren definitiv differierten (Typ-I-Fehler; vgl. Schneewind & Cattell 1970, S. 223).
Für den Kongruenzkoeffizienten sind diverse Abwandlungen vorgeschlagen worden (vgl. z.B. Borg & Leutner 1985, S. 327), von denen vorliegend der Ansatz von MacCallum et al. (1999, S. 93) berücksichtigt wird, weil dort ein Mittelwert der faktorweisen Kongruenzkoeffizienten postuliert wird, mit dem sich die Daten verdichtet darstellen lassen.

Gl. 31

$$K = \frac{\sum_{k=1}^{p} c_k}{p}$$

c = Kongruenzkoeffizient
p = Anzahl der Faktoren

Bei der Interpretation ist zunächst zu berücksichtigen, dass höhere Werte für K auch eine größere Korrespondenz der beiden verglichenen Strukturen anzeigen. Als Klassifikation schlagen McCallum et al. (1999, S. 93 – basierend auf einer mündlichen Kommunikation mit Ledyard Tucker) vor, Werte von K zwischen 1,00 und 0,98 als exzellent, zwischen 0,98 und 0,92 als gut, zwischen 0,92 und 0,82 als grenzwertig, zwischen 0,82 und 0,68 als schlecht sowie unter 0,68 als schrecklich zu bezeichnen.[441]
Wegen der durchgängig hohen Werte des Kongruenzkoeffizienten – in der Untersuchung von Velicer et al (1982, S. 376) wiesen alle Koeffizienten einen Betrag von mehr als 0,98 auf, so dass feine Differenzierungen nicht zu treffen waren – befürworten Guadagnoli & Velicer (1988, S. 267) einen alternativen Koeffizienten (g), der auf der Differenz (E = A – B) der beiden zu vergleichenden Ladungsmatrizen beruht, und sich aus der Spur der Produktmatrix E' E dividiert durch das Produkt von Variablen (v) und Faktoren (p) berechnet. Dieser kann als die durchschnittliche (quadrierte) Differenz zwischen vergleichbaren Ladungen in zwei unterschiedlichen Matrizen interpretiert werden (vgl. Velicer et al. 1982, S. 376f).

Gl. 32

$$g = \frac{tr(E' \bullet E)}{p \bullet v}$$

tr = trace (Spur einer Matrix; siehe Fußnote 429 auf Seite 416)
E = Differenz zwischen Ziel- und Vergleichsstruktur (E = A – B)
E' = transponierte Differenzmatrix
p = Anzahl der Faktoren (Spalten der Matrizen A und B)
v = Anzahl der Variablen (Zeilen der Matrizen A und B)

Die Nachteile des g-Koeffizienten manifestieren sich in seiner Anfälligkeit für das Schrumpfungsverhalten der Eigenwerte (die Beträge der ersten Eigenwerte sind i.d.R. überhöht, während die letzten überproportional vermindert sind; vgl. Bobko & Schemmer 1984, S. 440ff), die dazu führen kann, dass die g-Werte bei geringen Stichprobenumfängen erhöht sind (vgl. Guadagnoli & Velicer 1988, S. 267). Weiterhin stellt g einen Durchschnittswert dar, der stark durch Ausreißer oder einen nicht korrespondierenden Faktor beeinflusst werden kann. Der letztgenannte Punkt ist eine Konsequenz der fehlenden Berücksichtigung konfiguraler Information im Index (vgl. Gudagnoli & Velicer 1988, S. 267). Als Grenze für einen guten Fit zweier Ladungsmatrizen sehen Guadagnoli & Velicer (1988, S. 267) g-Werte $\leq 0{,}01$ an.
Zum Abschluss der Interpretationsdiskussion ist noch auf eine Studie von Lorenzo-Seva & ten Berge (2006, S. 61) hinzuweisen, in der die Ähnlichkeiten von Faktoren (basierend auf 15 / 20 Variablen mit / ohne Labelung) anhand verschiedener vorgegebener Kongruenzgrade von Experten verbal zu beurteilen waren. Die Autoren leiten aus ihren Resultaten zwei Auslegungsgrenzen für den Kongruenzkoeffizienten ab: (1) im Bereich von 0,85 bis 0,94 kann von

[441] Richman (1986, S. 325) bezieht sich diesbezüglich interessanterweise ebenfalls auf eine mündliche Kommunikation mit Ledyard Tucker – insofern ist kritisch zu fragen, warum diese Grenzwerte (bislang) nicht veröffentlicht wurden?

„angemessener“ Ähnlichkeit gesprochen werden, während (2) ab einem Wert von 0,95 von „guter“ Ähnlichkeit auszugehen ist.
Als Quintessenz der hier referierten Erkenntnisse ist Nesselroade & Baltes (1970, S. 936f) zuzustimmen, den Kongruenzkoeffizienten nicht als alleiniges Kriterium zur Bestimmung der Faktor-Invarianz[442] einzusetzen (vgl. auch Barrett 1986, S. 336ff und Cattell et al. 1969, S. 782), weil es für ihn keine Verteilungsbeurteilungen[443] gibt und er möglicherweise zu konservative Einschätzungen vornimmt. Dementsprechend werden vorliegend der MC (vgl. Gebhardt 1968, S. 592), K- (vgl. McCallum et al. 1999, S. 93) und g-Koeffizient (vgl. Velicer et al. 1982, S. 376) zur Evaluation der Ähnlichkeit rotierter Matrizen mit Faktorstrukturkoeffizienten herangezogen. Die diesbezüglichen Grenzziehungen für divergierende Zustandsbeschreibungen der MC- und K-Koeffizienten entsprechen den von McCallum et al. (1999, S. 93) genannten Beträgen (siehe Seite 419).

5.4.2.3.4 Die empirischen Ergebnisse zu den Vergleichen der Faktorstrukturen

In den nachfolgenden Übersichten wird durchgängig eine Rotation auf die jeweils erstgenannte Gruppierung (Zielstruktur) hin durchgeführt, was auch für die kreuztabellarischen Darstellungen gilt, bei denen in der oberen Diagonalmatrix (Nettostichprobe 1) immer die in der Spalte genannte Gruppierung auf diejenige in der Zeile rotiert wird, während dies in der unteren Diagonalmatrix (Nettostichprobe 2) umgekehrt vonstatten geht.
Weiterhin ist bei einigen der Kreuztabellen zu beachten, dass die Kombination D2/D1 – bzw. die entsprechenden Versionen dieser beiden Durchführungsanweisungen – für die konsistent antwortenden Befragten nicht berechnet und berücksichtigt wird, da sie bereits in der Zelle D1/D2 aufgelistet wird. Dementsprechend umfasst die obere Diagonalmatrix in einem derartigen Fall eine Kombination mehr als die untere (i.d.R. 28 statt 27 potenzieller Vergleichsmöglichkeiten). Die Hauptdiagonale in den Kreuztabellen bleibt unbesetzt, weil die Ergebnisse dieser Vergleiche bereits in Tabelle 65, Tabelle 66 oder dem Anhang dokumentiert sind. Daneben ist zu beachten, dass hier nur diejenigen Fälle betrachtet werden, bei denen die jeweiligen Gruppierungen identische Faktorzahlen aufweisen. Insofern ist also immer zu berücksichtigen, dass in den Leerfeldern der Kreuztabellen ebenfalls nicht vergleichbare Faktorstrukturen vorliegen.[444]

5.4.2.3.4.1 Faktorstrukturen und korrespondierende Kongruenzkoeffizienten

Die detaillierte Darstellung fokussiert sich im Wesentlichen auf den MC-Koeffizienten (siehe Gl. 29auf Seite 417), da – wie aus Tabelle 65 und Tabelle 66 (allgemeine Vergleiche) ersichtlich – die Aussagen der drei betrachteten Prüfgrößen sehr ähnlich ausfallen.[445] Um die Bedeu-

---

[442] Diesbezüglich werden zwei Typen faktorieller Invarianz unterschieden, (1) metrische Invarianz, die sich auf die Konstanz der der Strukturkoeffizienten bezieht und (2) konfigurale Invarianz, bei der sich zwar die Werte der Strukturkoeffizienten ändern können, deren faktorielles Muster aber weitgehend erhalten bleibt (vgl. Schneewind & Cattell 1970, S. 214).

[443] Bei einem Test mit zufälligen Datenkonstellationen (Stichprobenumfang: 50, 100 und 200; Anzahl Variablen: 15, 30 und 45; extrahierte Faktoren: 5 und 10) haben Nesselroade & Baltes (1970, S. 938ff) Werte für die Koeffizienten im Bereich von 0,80 und 0,90 ermittelt.

[444] Diese betreffen in 70,59 % (12 der 17 Übersichten) der Vergleichsgruppen der Nettostichprobe 1 und 72,33 % der Nettostichprobe 2 (11 von 15 Darstellungen) mehr als die Hälfte der Gegenüberstellungen (siehe Tabelle 85), so dass allein aus diesem Grund von unähnlichen Strukturen auszugehen ist. Nichtsdestotrotz ist es wichtig, die Fälle gleicher Faktoranzahl zu sondieren, um zu sehen, inwieweit sich die Divergenz verschiebt – im Extremfall könnten sämtliche Strukturen (100 %) nicht mehr vergleichbar sein bzw. nur diejenigen, die von vornherein auf einer divergierenden Faktorzahl basieren.

[445] Die Korrelation zwischen den Koeffizienten in den Gruppierungen beider Nettostichproben beträgt für MC und K 0,9987 sowie für MC und g -0,9942, so dass von nahezu perfekten linearen Zusammenhängen auszugehen ist. Werden alle 345 vorliegend berechneten Kriteriumsrotationen als Maßstab herangezogen, so fallen die beiden Korrelationskoeffizienten nur unwesentlich niedriger aus (MC und K: 0,9974 sowie MC und g: -0,9920).

tung unterschiedlicher Ausprägungen dieses Indikators (siehe Seite 419) zu exemplifizieren, werden zunächst originäre und kriteriumsrotierte Faktormatrizen einander gegenübergestellt, bei denen sich Beträge von 0,98 (Grenze zwischen exzellent und gut) und 0,92 (Trennung von gut und grenzwertig) für den Koeffizienten ergeben haben. Von den insgesamt 345 durchgeführten Vergleichen gelangen 123 (35,65 %) zu einem exzellenten Resultat, für 196 (56,81 %) zeigt sich ein gutes Ergebnis und in 25 Fällen (7,25 %) resultieren grenzwertige Beträge. Nur einmal offenbart sich in dieser Arbeit eine als „schlecht“ zu charakterisierende Kongruenz einer Kriteriumsrotation (V14 in Nettostichprobe 2 auf V06), deren Strukturvergleich den Abschluss dieses Abschnitts bildet.
Die Präsentation folgt einer absteigenden Sequenz, so dass sich die Matrizen zunehmend unähnlicher werden. Den Anfang macht die Kriteriumsrotation der Faktorstruktur von D7 auf D6 in der Nettostichprobe 1, aus der sich ein Betrag von 0,9801 für den MC-Koeffizienten ableitet.

D6					D7 nach der Kriteriumsrotation auf D6				
Wert	F 1	F 2	F 3	F 4	Wert	F 1	F 2	F 3	F 4
FAM	0,821	0,007	0,079	0,160	FAM	0,818	0,016	0,085	0,171
KIN	0,695	-0,190	0,162	0,003	KIN	0,639	-0,192	0,254	0,108
LIE	0,595	0,336	0,199	0,020	LIE	0,607	0,357	0,238	-0,002
GES	0,414	0,163	0,320	0,268	GES	0,482	0,267	0,254	0,216
ABW	-0,036	0,721	-0,120	0,044	FRZ	0,141	0,730	-0,052	0,096
FRZ	0,060	0,677	-0,041	0,108	ABW	-0,031	0,637	-0,010	0,262
UNA	-0,118	0,597	0,115	0,268	AUS	0,172	0,611	0,293	-0,060
AUS	0,195	0,504	0,316	0,055	UNA	-0,094	0,591	0,084	0,296
FST	0,358	0,499	0,219	0,038	FST	0,341	0,441	0,289	0,133
NAT	0,052	-0,040	0,786	0,071	NAT	0,148	0,088	0,705	0,034
FRI	0,251	0,007	0,727	0,078	FRI	0,319	0,067	0,659	0,145
MEN	0,400	0,364	0,540	-0,079	MEN	0,448	0,332	0,543	-0,036
PER	0,105	0,304	0,394	0,364	PER	-0,002	0,270	0,524	0,389
BER	0,093	0,114	0,166	0,741	BER	0,141	0,106	0,183	0,748
ABI	0,131	0,091	0,289	0,683	ABI	0,068	0,046	0,414	0,710
WOH	-0,039	0,053	-0,317	0,639	WOH	0,110	0,263	-0,361	0,573
SIC	0,476	0,199	-0,004	0,501	SIC	0,496	0,223	-0,096	0,521

Abbildung 68: Matrizen der Strukturkoeffizienten der Hauptkomponentenanalysen mit Varimax-Rotation von D6 und D7 (kriteriumsrotiert auf D6) in der Nettostichprobe 1

Die beiden Strukturen in Abbildung 68 (siehe dazu auch die Ausführungen im Anschluss an Abbildung 64) ähneln einander auf den ersten Blick sehr stark, jedoch werden bei einer näheren Betrachtung diverse Unterschiede offenbar. So zeigt PER nur bei D6 einen unterhalb der Grenze von 0,50 liegenden Strukturkoeffizienten, jedoch nicht nach D7 kriteriumsrotiert. An der Relevanz der Faktorladung von PER bei D6 ändert sich im Übrigen nichts, wenn das Kriterium von Fürntratt (1969; siehe Abschnitt 5.4.2.1.7) herangezogen wird, denn der durch den dritten Faktor erklärte Varianzanteil von PER beträgt lediglich 40 Prozent. Außerdem weist PER nur unter D7 beim ersten Faktor eine Null-Ladung im Sinne von Bargmann (1955, S. 10; siehe Abschnitt 5.4.2.1.7) auf.
Bei der zweiten Komponente (F2) ist die Reihenfolge der Werte vertauscht, d.h. unter D6 zeigt ABW dort den höchsten Ladungswert, während diese Position in der rechten Matrix durch FRZ eingenommen wird. Weiterhin scheitert FST auf diesem Faktor bei D6 nur ganz knapp an der etablierten Grenze für die Salienz eines Strukturkoeffizienten von 0,50 – erfüllt aber gleichwohl das Kriterium von Fürntratt (1969, S. 66). Daneben gibt es für diesen Wert

divergente Aussagen hinsichtlich des vierten Faktors, bei dem er unter D6 eine Null-Ladung besitzt, nicht aber nach der Kriteriumsrotation von D7.
Für den schon beim zweiten Faktor erwähnten Wert ABW offenbaren sich unterschiedliche Tendenzen hinsichtlich der Null-Ladungen auf den Faktoren 3 (D7 ja, D6 nein) und 4 (D6 ja, D7 nein), wobei der Strukturkoeffizient von 0,262 bei D7 deutlich von einer entsprechenden Ladungshöhe abweicht. Die Zuordnung von GES zum ersten Faktor ist unter D7 eindeutiger, denn neben der hier gegebenen Erfüllung des Fürntratt-Kriteriums und dem etwas geringeren Strukturkoeffizienten bei D6, weist dieser Wert auch dort eine höhere Ladung beim dritten Faktor auf.
Außerdem gibt es noch weitere Gegensätze hinsichtlich der Null-Ladungen diverser Werte bei den beiden Lösungen (z.B. besitzt WOH nur bei D6 entsprechend ausgeprägte Strukturkoeffizienten auf den beiden ersten Komponenten), die für nuanciert unterschiedliche Interpretationen sorgen. Folglich kann bei Vorlage eines MC-Koeffizienten von 0,98 zwar nicht von maßgeblichen Unterschieden gesprochen werden, jedoch sind im Detail durchaus Divergenzen zu konzedieren. Vorliegend wird allerdings – im Einklang mit dem Vorgehen in der Literatur (siehe Abschnitt 5.4.2.3.3) – bei einer derartigen Konstellation noch von tolerierbaren Differenzen ausgegangen, denn die grundlegenden Faktorbenennungen unterscheiden sich nur marginal (F2 und Einbezug von PER bei F3).

	Version 02			V24 nach der Kriteriumsrotation auf V02			
Wert	F 1	F 2	F 3	Wert	F 1	F 2	F 3
LIE	0,700	0,109	0,002	FAM	0,799	0,214	-0,176
MEN	0,680	-0,015	0,267	LIE	0,665	0,108	0,103
FRI	0,657	0,051	0,222	KIN	0,601	0,016	-0,410
FAM	0,632	0,401	-0,197	MEN	0,584	-0,046	0,340
KIN	0,605	0,096	-0,389	FST	0,459	0,151	0,413
NAT	0,557	0,043	0,244	FRI	0,260	0,051	-0,012
GES	0,548	0,177	0,123	BER	-0,040	0,774	0,167
PER	0,509	0,198	0,226	ABI	0,096	0,649	0,090
FST	0,461	0,262	0,321	WOH	0,007	0,588	-0,023
BER	0,271	0,756	0,163	SIC	0,423	0,567	0,175
WOH	-0,169	0,731	0,216	GES	0,356	0,458	-0,020
ABI	0,230	0,704	0,140	PER	0,180	0,254	0,203
SIC	0,290	0,622	0,283	NAT	0,046	0,051	-0,030
UNA	0,022	0,159	0,747	FRZ	0,170	0,084	0,683
FRZ	0,183	0,201	0,673	ABW	0,202	-0,053	0,681
ABW	0,131	0,253	0,635	UNA	0,135	0,183	0,631
AUS	0,423	0,133	0,539	AUS	0,435	0,020	0,527

Abbildung 69: Matrizen der Strukturkoeffizienten der Hauptkomponentenanalysen mit Varimax-Rotation der Versionen 02 (links) und 24 (kriteriumsrotiert auf V02; rechts) in der Nettostichprobe 2

Ein Betrag von exakt 0,92 wird von keinem der im vorliegenden Zusammenhang berechneten MC-Koeffizienten erreicht, so dass an dieser Stelle die Versionen 02 und 24 der Nettostichprobe 2 herangezogen werden, deren Koeffizientenwert mit 0,9194 den geringsten Abstand zur angeführten Schwelle zwischen „gut“ und „grenzwertig“ aufweist.[446]

[446] Die geringste positive Distanz zu einem Betrag von 0,92 ist für den Vergleich der Gruppierungen D1 und D6 (Nettostichprobe 2) mit einem MC-Koeffizienten von 0,9221 zu konstatieren. Dieser deckt zwar einen wesentlich höheren Stichprobenumfang (1640 für D6 gegenüber 421 bei V24) ab, jedoch gibt an dieser Stelle die betragsmäßige Nähe zum Grenzwert den Ausschlag.

Bei der kriteriumsrotierten V24 springen vor allem die beiden Werte NAT und PER ins Auge, die dort sehr geringe Strukturkoeffizienten auf allen drei Komponenten aufweisen, und damit quasi aus dem Inventar „herausfallen", während sie bei V02 eindeutig – wie GES auch, die in der rechten Matrix ebenfalls am Fürntratt-Kriterium scheitert – dem ersten Faktor zuzuordnen sind. Letztgenannter besteht bei V02 aus acht Werten mit salienten Strukturkoeffizienten (nach Fürntratt 1969, S. 66 wäre auch noch FST entsprechend zu klassifizieren), während er nach der Kriteriumsrotation von V24, lediglich die Hälfte davon auf sich vereint. Der zweite und dritte Faktor werden in beiden Lösungen zwar aus identischen Werten gebildet, jedoch sind deren interne Reihenfolgen nicht vollständig kongruent. Dies macht sich besonders bei der zuletzt genannten Komponente bemerkbar, denn während UNA dort bei V02 den mit Abstand höchsten Strukturkoeffizienten besitzt, taucht dieser Wert bei der kriteriumsrotierten V24 erst an dritter Position auf. Damit fokussieren beide Faktoren zwar einen identischen Bereich (interessantes, vielfältiges und freies Leben im Nicht-Erwerbsbereich), der allerdings bei V02 von der Freiheit dominiert wird, während bei V24 kriteriumsrotiert, die Vielfältigkeit eine hervorgehobene Stellung einnimmt.
Hinsichtlich der Null-Ladungen, die zusätzlich dem Kriterium von Bargmann (1955, S. 10) genügen, gibt es im obigen Fall lediglich drei Übereinstimmungen (MEN, FRI und NAT bei F2). V02 weist bei zwei Werten eine entsprechende Ladung aus (F1: UNA und F3: LIE), die bei V24 kriteriumsrotiert fehlen. Im umgekehrten Fall sind allerdings zehn Werte-Faktor-Kombinationen betroffen, so dass die Strukturen der beiden Lösungen aus dieser Perspektive augenfällig divergieren.

	Version 06				Version 14 nach der Kriteriumsrotation				
Wert	F 1	F 2	F 3	F 4	Wert	F 1	F 2	F 3	F 4
MEN	0,743	0,162	0,241	0,005	MEN	0,765	0,046	0,226	0,161
FRI	0,723	-0,081	0,134	0,262	FRI	0,654	0,046	0,370	0,059
NAT	0,674	0,023	0,179	0,201	FST	0,651	0,096	-0,160	0,358
GES	0,529	0,278	0,091	0,162	LIE	0,599	-0,220	0,036	0,364
FRZ	0,025	0,688	0,197	-0,025	NAT	0,483	0,075	0,472	-0,157
ABW	0,075	0,632	-0,003	0,347	FRZ	0,190	0,722	-0,020	-0,096
UNA	0,225	0,629	-0,110	0,240	UNA	-0,077	0,691	0,026	0,106
WOH	-0,243	0,543	0,079	0,428	AUS	0,169	0,577	0,312	-0,137
AUS	0,327	0,412	0,219	-0,061	ABW	0,328	0,454	-0,447	0,110
FST	0,299	0,393	0,314	-0,045	PER	0,296	0,363	0,304	0,325
FAM	0,140	0,094	0,848	0,102	FAM	0,332	-0,065	0,683	0,186
KIN	0,135	-0,138	0,765	0,247	KIN	0,273	-0,266	0,615	0,112
LIE	0,327	0,271	0,560	-0,110	SIC	0,031	0,304	0,509	0,361
SIC	0,186	0,342	0,548	0,257	GES	0,194	0,283	0,448	0,264
ABI	0,216	0,060	0,138	0,802	BER	0,120	0,259	0,194	0,689
BER	0,129	0,143	0,158	0,774	WOH	-0,362	0,162	-0,090	0,663
PER	0,390	0,250	0,030	0,526	ABI	0,247	0,266	0,327	0,555

Abbildung 70: Matrizen der Strukturkoeffizienten der Hauptkomponentenanalysen mit Varimax-Rotation der Versionen V06 (links) und V14 (kriteriumsrotiert auf V06; rechts) in der Nettostichprobe 2

Damit sind bei einem Betrag für den MC-Koeffizienten von knapp 0,92 sowohl markante Unterschiede (F1 und F3), als auch Gemeinsamkeiten (F2) zwischen den beiden zu vergleichenden Faktorstrukturen auszumachen, die – trotz identischer Anzahl an Faktoren – eine Klassifikation als „grenzwertig" (siehe Seite 419) durchaus angemessen erscheinen lassen.

Insofern wird dieser Koeffizientenbetrag vorliegend zur Kategorisierung der Ergebnisse als nicht mehr vergleichbar eingesetzt, auch wenn bereits bei einem MC-Koeffizienten von 0,98 nuancierte Unterschiede auszumachen sind.
Um aufzuzeigen, welche Unterschiede zwischen Faktorstrukturen mit einem MC-Koeffizienten von 0,92 und solchen mit deutlich niedrigeren Beträgen vorhanden sind, wird nachfolgend noch diejenige Kriteriumsrotation zweier Gruppierungen (V06 und V14 in Nettostichprobe 2) präsentiert, die im vorliegenden Kontext zum insgesamt geringsten MC-Koeffizienten (0,8120; siehe Tabelle 76) geführt hat.
Auf dem ersten Faktor weisen in beiden Lösungen vier Werte saliente Strukturkoeffizienten auf, von denen aber nur die beiden ersten (MEN und FRI) übereinstimmen. Während bei V06 NAT und GES hinzukommen, ist die Tendenz der kriteriumsrotierten V14 mit LIE und FST eindeutig auf den zwischenmenschlichen Bereich gerichtet. Nach Fürntratt (1969, S. 66) wäre NAT aber auch bei V14 dem ersten Faktor zuzuordnen, denn der Wert erklärt dort mehr als 50 Prozent der auf ihn entfallenden Varianz. Sowohl die zweite, als auch die dritte Komponente, besitzen eine unterschiedliche Anzahl von Werten mit Strukturkoeffizienten größer als 0,50 in beiden Matrizen, wobei im Falle der kriteriumsrotierten Variante immer ein Wert weniger zur Faktorbildung beiträgt. Die Unterschiede hinsichtlich der einzelnen Werte fallen für den zweiten Faktor größer aus, denn dort stimmen lediglich zwei (FRZ und UNA) überein. Diese Divergenzen nivellieren sich auch beim Einbezug des Fürntratt-Kriteriums nicht, denn während AUS danach ebenso zur Konstruktion der zweiten Komponente von V06 beiträgt, werden bei V24 diesbezüglich keine weiteren Werte einbezogen.
Bis auf den vierten Faktor sind die Werte, die den jeweils höchsten Strukturkoeffizienten aufweisen, in beiden Lösungen identisch. Vor allem bei der letztgenannten Komponente sticht zusätzlich die Bedeutung von WOH in der kriteriumsrotierten V14 hervor, denn dieser Wert ist bei V06 auf dem zweiten – freizeitorientierten – Faktor verortet. Gerade an diesem Fall lässt sich die Divergenz beider Lösungen gut verdeutlichen, denn während F2 bei V06 sowohl als Spagat zwischen Freizeit und dem finanziellen Auskommen, als auch als Zeitwohlstand interpretiert werden könnte, zielt F4 bei V14 eindeutig auf materielle Gesichtspunkte ab.
Hinsichtlich der Null-Ladungen, die gleichfalls dem Kriterium von Bargmann (1955, S. 10) genügen, kommen die beiden Strukturen bei jeweils acht Wert-Faktor-Kombinationen zu abweichenden Resultaten, so dass auch aus dieser Perspektive nur graduell von übereinstimmenden Lösungen gesprochen werden kann. Dementsprechend spiegelt der niedrige MC-Koeffzient die Verhältnisse adäquat wider.
Aus den illustrierten unterschiedlich ausgeprägten Kongruenzkoeffizienten und ihren korrespondierenden Faktorstrukturen, sollte die Angemessenheit der vorliegend etablierten Untergrenze für den MC-Koeffizienten von 0,92 in Bezug auf noch als gleichartig zu klassifizierende Faktormatrizen verständlich geworden sein. Obwohl damit die in der Literatur lediglich als „grenzwertig“ (vgl. MacCallum et al. 1999, S. 93 und Richman 1986, S. 325) charakterisierten Lösungen bereits vollständig der Divergenzgruppe zugeschlagen werden, erscheint dieses restriktivere Vorgehen vorliegend aufgrund der Homogenität der Untersuchungspopulation und des Erhebungszeitpunktes angebracht und gerechtfertigt.
Weil sich die in diesem Abschnitt diskutierten Faktorlösungen hinsichtlich der Anzahl ihrer Komponenten (drei oder vier) unterscheiden, ist an dieser Stelle noch anzumerken, dass die Kongruenzkoeffizienten bei einer Kriteriumsrotation mit drei oder vier Faktoren generell nur unwesentlich differieren. Im erstgenannten Fall erreichen die 169 Kombinationen einen Durchschnittswert für den MC-Koeffizienten von 0,9649 (Standardabweichung 0,0298), während vier Faktoren bei 176 Vergleichen zu einem Mittelwert von 0,9663 (Standardabweichung 0,0292) führen.

5.4.2.3.4.2 Kontrast zwischen den beiden Nettostichproben

Von den 63 potenziellen Gegenüberstellungen zwischen den Gruppierungen der beiden sich im konsistenten Antwortverhalten ihrer Mitglieder unterscheidenden Populationen, können 47 (74,60 %) durchgeführt werden – die übrigen 16 müssen unterbleiben, weil bei ihnen schon die Anzahl der Faktoren nicht identisch ausfällt.[447]

	MC vorher	K vorher[448]	MC nachher	K nachher	g-Koeffizient
Alle	0,9991	0,9992	0,9993	0,9993	0,0002
S5	0,6197	0,9990	0,9991	0,9991	0,0002
S11	0,6412	0,9987	0,9991	0,9991	0,0003
RF1	0,7174	0,9985	0,9986	0,9985	0,0004
RF2	0,9992	0,9992	0,9994	0,9994	0,0002
S5_RF1	0,7101	0,9971	0,9977	0,9977	0,0006
S5_RF2	0,9988	0,9989	0,9991	0,9991	0,0002
S11_RF1	0,7213	0,9980	0,9981	0,9981	0,0005
S11_RF2	0,7213	0,9980	0,9981	0,9981	0,0005
D3	0,3541	0,9912	0,9954	0,9954	0,0012
D5	0,9972	0,9977	0,9983	0,9984	0,0006
D6	0,9930	0,9932	0,9951	0,9951	0,0013
D7	0,5178	0,9923	0,9939	0,9937	0,0016

Tabelle 65: Ausprägung verschiedener Koeffizienten zum Vergleich der Faktorstrukturen bestimmter Gruppierungen in den beiden Nettostichproben

Bei den in Tabelle 65 fokussierten Gruppierungen ist lediglich für zwei Durchführungsanweisungen (D4 – diesbezüglich sei allerdings an die Diskussion zur Feststellung der Faktoranzahl in der Nettostichprobe 2 erinnert, die mehrere Lösungsvorschläge beinhaltete; siehe Abschnitt 5.4.2.2.2.2.2 – und D8) kein Vergleich zwischen den beiden Nettostichproben möglich, weil die Datenstrukturen dort jeweils mit unterschiedlichen Dimensionszahlen verdichtet werden. Hinsichtlich der weiteren Gegenüberstellungen liegen alle aufgelisteten Kennzahlen im „positiven" Bereich, so dass von übereinstimmenden Werte-Strukturen auszugehen ist, wenn den Daten die gleiche Anzahl von Komponenten zugrunde liegt. Die Elimination der inkonsistent antwortenden Befragten führt – bis auf D4 und D8 – also nicht zu einer Konstellation, die nennenswert von den Gesamtdaten abweicht. Mit einem minimalen Koeffizientenwert für MC und K von 0,9939 bzw. 0,9937 sowie deutlich unterhalb der kritischen Schwelle von 0,01 gelegenen g-Koeffizienten zeigen alle in Tabelle 65 aufgelisteten Gruppierungen starke Übereinstimmungen hinsichtlich der auf unterschiedlichen Nettostichproben fußenden Gruppierungen an. Dabei repräsentiert der MC-Koeffizient für RF2 (0,9994) die höchste insgesamt gemessene Kongruenz in diesem Kontext.

Somit besitzt die ERR-Technik auf diesem Aggregatniveau und aus dieser Sicht zunächst keinen komparativen Vorteil, wobei das diesbezügliche Hauptaugenmerk aber auf den Vergleich mit D1 (und D2) gerichtet ist (siehe nächster Abschnitt), weil hier die maßgeblichen Unterschiede zu vermuten sind. Die explizite Möglichkeit des Ausschlusses inkonsistent antwortender Teilnehmer bei der Vorgehensweise, führt hier jedenfalls nicht zu divergierenden Datenstrukturen.

[447] Die über die in Tabelle 65 und Tabelle 66 präsentierten Daten hinausgehenden 19 Fälle, sind im Anhang 65 dokumentiert.

[448] Die Angaben zu den Kongruenzkoeffizienten vor der Kriteriumsrotation erfolgen lediglich zu Vergleichszwecken in Tabelle 65 und Tabelle 66 – im Text werden ausschließlich diejenigen Koeffizienten präsentiert, die den Zustand nach der Kriteriumsrotation beschreiben.

	MC vorher	K vorher	MC nachher	K nachher	g-Koeffizient
V11	0,5472	0,9914	0,9945	0,9943	0,0017
V12	0,5719	0,9928	0,9951	0,9949	0,0015
V13	0,9868	0,9888	0,9927	0,9934	0,0025
V16	0,9924	0,9926	0,9957	0,9957	0,0012
V17	0,9951	0,9953	0,9961	0,9962	0,0012
V18	0,9921	0,9935	0,9942	0,9942	0,0021
V19	0,9977	0,9978	0,9979	0,9980	0,0006
V21	0,9910	0,9911	0,9959	0,9960	0,0011
V23	0,9976	0,9978	0,9984	0,9984	0,0005
V24	0,9920	0,9919	0,9933	0,9929	0,0018
V25	0,9746	0,9742	0,9834	0,9828	0,0045
V26	0,6794	0,9833	0,9906	0,9900	0,0026
V29	0,9809	0,9796	0,9854	0,9847	0,0045
V30	0,5494	0,8686	0,9684	0,9667	0,0094
V32	0,6210	0,9252	0,9776	0,9779	0,0061

Tabelle 66: **Ausprägung verschiedener Koeffizienten zur Gegenüberstellung der Faktorstrukturen in den vergleichbaren Versionen der beiden Nettostichproben**

Auf Versionsebene sind 15 von 24 Gruppierungen in beiden Nettostichproben vergleichbar, wobei aus jeder involvierten Durchführungsanweisung (D3 bis D8) mindestens zwei ihrer vier Versionen enthalten sind (siehe Abbildung 5). Damit besitzen 37,50 % der Versionen 09 bis 32 bereits divergierende Faktorstrukturen in beiden Nettostichproben, die auf einer unterschiedlichen Dimensionalität der Daten basieren. Bei den übrigen treten die niedrigsten Koeffizienten für V25 und die drei zuletzt aufgeführten Versionen 29, 30 und 32 – die alle in D8 verortet sind – auf. Für V30 und V32 sind die Kongruenz- und Faktorstrukturkoeffizienten nicht mehr als exzellent zu kennzeichnen, wobei allerdings der Schwellenwert von 0,01 für den g-Koeffizienten noch nicht überschritten wird. Insofern kann in den Fällen, in denen die Versionen in beiden Nettostichproben auf einer identischen Faktoranzahl fußen, ebenfalls nicht von verschiedenen Datenstrukturen nach einer Elimination der inkonsistent antwortenden Befragten gesprochen werden. Allerdings darf nicht verkannt werden, dass die Identität für mehr als ein Drittel der hier relevanten Versionen – aufgrund abweichender Faktoranzahl – nicht gegeben ist. Insofern ist auf dieser Aggregatstufe wohl nicht mehr von einem vernachlässigbaren Einfluss der inkonsistent antwortenden Befragten auszugehen. Wie bereits angedeutet (siehe Seite 363), kann vorliegend lediglich die Divergenz festgestellt werden, ohne dass die korrekte Faktorstruktur (mit oder ohne inkonsistente Fälle) anzugeben wäre.

5.4.2.3.4.3 Gegenüberstellungen innerhalb der beiden Grundgesamtheiten (Populationen)

Diesbezüglich sind alle drei experimentellen Faktoren relevant, wobei die Aufteilung nach den beiden unterschiedlich kategorisierten Antwortskalen den Anfang macht (siehe Abschnitt 5.4.2.3.4.3.1), auf den die variierte Sequenz der Werte im Inventar folgt (siehe Abschnitt 5.4.2.3.4.3.2). Die Durchführungsanweisungen werden sowohl im Rahmen der Darstellungen der Resultate zur Antwortskala und Reihenfolge behandelt, als auch separat am Schluss dieses Abschnitts, wenn ein Vergleich zwischen ihrer Struktur auf Basis der aggregierten Versionsdaten und danach getrennt ansteht (siehe Abschnitte 5.4.2.3.4.3.3 bis 5.4.2.3.4.3.5).

5.4.2.3.4.3.1 Vergleich zwischen den beiden Antwortskalen

Hinsichtlich der Kongruenz der Faktorstrukturen auf Basis einer fünf- und elf-stufigen Antwortskala für die Nettostichprobe 2 ergibt sich ein MC-Koeffizient von 0,9951, so dass even-

tuelle Strukturdifferenzen insgesamt nicht in den unterschiedlich kategorisierten Antwortskalen verursacht sind. Für die Nettostichprobe 1 ist der Betrag des Koeffizienten noch etwas größer (0,9969), so dass hier erst recht von kongruenten Faktorstrukturen beider eingesetzter Antwortskalen auszugehen ist. Außerdem bleibt festzuhalten, dass die Reduktion der Skalenkategorien in beiden Nettostichproben zu einer marginalen Verminderung des ersten Eigenwertes und der Höhe der rotierten Faktorladungen führt, was eine Bestätigung der Ergebnisse von Martin et al. (1974, S. 543f) ist.
Aggregiert lassen sich also kaum Unterschiede zwischen den Faktorstrukturen der beiden eingesetzten Antwortskalen ausmachen, so dass jetzt im internen Zusammenhang noch aufzudecken ist, wie sich die Unterteilung nach Durchführungsanweisungen auf die skalenspezifischen Ergebnisse auswirkt. Dies wird zuerst für die fünf-stufige Antwortskala dargestellt, bevor auf die Resultate zur elffach kategorisierten Variante eingegangen wird.

5	D1	D2	D3	D4	D5	D6	D7	D8
D1			0,9542			0,9526	0,9568	
D2	–			0,9778	0,9723			0,9664
D3	0,9389					0,9804	0,9815	
D4	0,9450		0,9807		0,9818			0,9873
D5		0,9846						0,9732
D6	0,9221		0,9783	0,9771			0,9763	
D7	0,9496		0,9692	0,9654		0,9661		
D8		0,9683			0,9618			

Tabelle 67: Die MC-Koeffizienten des Vergleichs der Faktorstrukturen einer fünf-stufigen Antwortskala in den acht Durchführungsanweisungen für Nettostichprobe 1 (obere Diagonalmatrix) und Nettostichprobe 2 (untere Diagonalmatrix)

Anmerkung: In leeren Zellen ist eine Kriteriumsrotation wegen unterschiedlicher Anzahl an Faktoren nicht durchführbar. Die Kombination D2/D1 ist identisch mit D1/D2 und deshalb obsolet.

Insgesamt können 25 Vergleiche vorgenommen werden, deren Anteil in der Nettostichprobe 1 42,86 % (12/28) und für die Nettostichprobe 2 48,15 % (13/27) beträgt. Damit wird zunächst deutlich, dass die Faktorstrukturen in nicht einmal der Hälfte der möglichen Fälle gegeneinander rotiert werden können, weil bereits eine unterschiedliche Anzahl zu extrahierender Faktoren gegeben ist. Für eine Beurteilung der ERR-Techniken sind vor allem die Gegenüberstellungen mit den beiden ersten Durchführungsanweisungen relevant, denn diese basieren auf einem alleinigen Rating (ohne die Bestimmung eines oder beider Extrem-Werte). Für D1 liegen dabei zwar erwartungskonform die geringsten Koeffizientenwerte vor – diese übersteigen jedoch alle den kritischen Betrag von 0,92. Die Werte für die konsistent antwortenden Befragten (untere Diagonalmatrix der Tabelle 67) fallen insgesamt niedriger aus, d.h. hier sind die größeren Divergenzen zum ausschließlichen Rating auszumachen. Für D1/D6 tritt mit einem MC-Koeffizienten von 0,9221 der geringste Zusammenhang (der gesamten skalenbezogenen Vergleiche – also inklusive der elf-stufigen Variante) auf.
Bezogen auf D2 gibt es lediglich in der Nettostichprobe 2 einen Koeffizienten mit einem Betrag größer als 0,98 (D2/D5) – alle anderen Gegenüberstellungen bleiben hinter diesem Grenzwert zurück und sind dementsprechend als „gut" vergleichbar zu kennzeichnen.
Von den Kriteriumsrotationen zwischen den Durchführungsanweisungen mit mindestens einem Extrem-Ranking (D3 bis D8), weist im Rahmen der Nettostichprobe 2 lediglich ein MC-Koeffizient einen (geringfügig) höheren Betrag als 0,98 aus (D3/D4 = 0,9807), während die restlichen sechs Vergleiche zu kleineren Werten (Minimum: D5/D8 = 0,9618) führen. Bei den sechs Gegenüberstellungen in der Nettostichprobe 1 besitzen hingegen nur zwei einen MC-Koeffizienten kleiner als 0,98 – hier sind also offensichtlich kongruentere Ergebnisse zu

konstatieren, auch wenn nur der Maximalwert mit 0,9873 (D4/D8) deutlich in den „exzellenten" Bereich fällt, denn die übrigen erreichen höchstens einen Betrag von 0,9818 und sind damit nicht weit von der Schwelle zu „gut" entfernt gelegen.

11	D1	D2	D3	D4	D5	D6	D7	D8
D1				0,9758	0,9836		0,9820	
D2	–		0,9746			0,9605		0,9799
D3	0,9573					0,9715		0,9910
D4	0,9681		0,9849		0,9804		0,9885	
D5	0,9779		0,9710	0,9787			0,9849	
D6		0,9532						0,9642
D7		0,9680				0,9797		
D8		0,9594				0,9512	0,9453	

Tabelle 68: Die MC-Koeffizienten des Vergleichs der Faktorstrukturen einer elf-stufigen Antwortskala in den acht Durchführungsanweisungen für Nettostichprobe 1 (obere Diagonalmatrix) und Nettostichprobe 2 (untere Diagonalmatrix)

Anmerkung: Siehe auch die Anmerkung zu Tabelle 67 auf Seite 427

Bei einer elf-stufigen Antwortskala können 24 Faktorstrukturen gegenübergestellt werden, jeweils 12 für beide Nettostichproben. Damit sind auch hier schon einmal mehr als 50 Prozent der Kombinationen (57,14 % in Nettostichprobe 1 und 55,56 % in Nettostichprobe 2) aufgrund einer unterschiedlichen Komponentenzahl nicht mit vergleichbaren Faktormustern ausgestattet.
Der minimale Betrag für den MC-Koeffizienten (0,9453) wird für die Kombination D7/D8 der konsistent antwortenden Befragten erzielt, während die höchste Kongruenz für D3/D8 in der Nettostichprobe 1 (MC = 0,9910) vorliegt.
Hinsichtlich der Vergleiche der beiden ersten Durchführungsanweisungen mit denjenigen, bei denen mindestens ein Extrem-Wert zu bestimmen war, fallen für die Nettostichprobe 2 sämtliche Koeffizienten kleiner als 0,98 aus, während in der Nettostichprobe 1 zwei der sechs zu einem Wert von größer 0,98 führen (D1/D5 = 0,9836 und D1/D7 = 0,9820). Im Kontrast zur fünf-stufigen Antwortskala, sind die MC-Koeffizienten der elffach kategorisierten Variante bei der Gegenüberstellung von D1 und den übrigen Durchführungsanweisungen höher (die Differenz beträgt in den beiden direkt vergleichbaren Fällen der Nettostichprobe 2 für D1/D3 0,0184 und für D1/D4 0,0231)[449], so dass bei einer stärker aufgefächerten Antwortskala die Divergenzen zwischen den Faktorstrukturen, die auf einem reinen Rating beruhen, und denjenigen, die sich nach der Bestimmung mindestens eines Extrem-Wertes ergeben, geringer werden.

	Nettostichprobe 1			Nettostichprobe 2		
Gruppe	Maximum	Minimum	Mittelwert	Maximum	Minimum	Mittelwert
S5	0,9873	0,9526	0,9717	0,9846	0,9221	0,9621
S11	0,9910	0,9605	0,9781	0,9849	0,9453	0,9662
RF1	0,9933	0,9374	0,9745	0,9857	0,9316	0,9690
RF2	0,9895	0,9637	0,9766	0,9866	0,9300	0,9631

Tabelle 69: Maximale, minimale und durchschnittliche Kongruenzkoeffizienten der Kriteriumsrotationen auf Basis der Durchführungsanweisungen für die beiden Antwortskalen und Sequenzen in den Nettostichproben 1 und 2

[449] Der Betrag mag auf den ersten Blick vernachlässigbar gering erscheinen, jedoch sollte diesbezüglich beachtet werden, dass die Spanne zwischen perfekter Kongruenz (1,00) und fehlender Übereinstimmung (0,92), lediglich 0,08 Einheiten umfasst. Dementsprechend wird durch die beiden obigen Werte bereits etwa 25 % dieser Intervallbreite abgedeckt.

Die Faktorstrukturen der ERR-Techniken liegen also näher an denen eines reinen Ratings, wenn eine tiefere Untergliederung der Antwortskala gegeben ist. Dieses Ergebnis wird dadurch untermauert, dass im direkten Vergleich beider Antwortskalen (in beiden Nettostichproben) für die Variante mit elf Kategorien höhere MC-Koeffizienten festzustellen sind, sowohl in Bezug auf Maximal- und Minimalwert, als auch den Durchschnitt (siehe Tabelle 69).

5.4.2.3.4.3.2 Unterschiede in Bezug auf die beiden Reihenfolgen des Werte-Inventars

Bei der Gegenüberstellung der Werte-Strukturen in Abhängigkeit der beiden eingesetzten Sequenzen des Werte-Inventars (siehe Abschnitt Untersuchungsdesign) ergeben sich MC-Koeffizienten von 0,9877 für die Nettostichprobe 1 und 0,9861 bei einer Beschränkung auf die konsistent antwortenden Befragten. Diese Beträge sind als „exzellent“ einzustufen, so dass die sich aus den beiden unterschiedlichen Anordnungen der Werte ergebenden Strukturen als ähnlich zu klassifizieren sind. Allerdings fallen die Koeffizienten in beiden Populationen geringer aus, als dies für die Variation der Antwortskala gegeben war (siehe Abschnitt 5.4.2.3.4.3.1). Insofern könnten inhaltliche Kontext-Effekte (Reihenfolge) einen größeren Einfluss auf die resultierende Werte-Struktur auszuüben, als die Anzahl an Antwortoptionen. Damit ist der Zusammenstellung der zu beurteilenden Auflistung eine entsprechende Aufmerksamkeit zu widmen, wenn diese nur in einer Sequenz – z.B. in postalischen Erhebungen – präsentiert werden kann.

Bezüglich der Reihenfolge 1 (AUS nach KIN) der Werte-Aufstellung sind insgesamt 25 durchführungsanweisungsbezogene Vergleiche aufgrund einer identischen Anzahl an Faktoren möglich, die sich mit 13:12 relativ gleichmäßig auf beide Nettostichproben verteilen. Die Anteile an den insgesamt möglichen Gegenüberstellungen liegen damit in beiden Fällen unter 50 Prozent, so dass schon an dieser Stelle nicht von gleichartigen Werte-Strukturen auszugehen ist.

	D1	D2	D3	D4	D5	D6	D7	D8
D1		0,9782	0,9617			0,9374	0,9662	
D2	–		0,9776			0,9651	0,9830	
D3	0,9541	0,9725				0,9722	0,9895	
D4					0,9867			0,9933
D5				0,9824				0,9851
D6	0,9316	0,9557	0,9692				0,9723	
D7	0,9605	0,9781	0,9799			0,9777		
D8				0,9857	0,9803			

Tabelle 70: Die MC-Koeffizienten des Vergleichs der Faktorstrukturen unter der ersten Reihenfolge der Werte-Liste (AUS-KIN) in den acht Durchführungsanweisungen für Nettostichprobe 1 (obere Diagonalmatrix) und Nettostichprobe 2 (untere Diagonalmatrix)

Anmerkung: Siehe auch die Anmerkung zu Tabelle 67 auf Seite 427

Die minimalen MC-Koeffizienten betragen 0,9374 in der Nettostichprobe 1 sowie 0,9316 in der Nettostichprobe 2 und treten beide für das Zusammenspiel der ersten und sechsten Durchführungsanweisung auf. Allerdings liegen die Beträge immer noch oberhalb der vorliegend etablierten Grenze für den Fall nicht mehr als ähnlich einzustufender Faktormuster. Somit ist zu konstatieren, dass die Werte-Strukturen, die in den einzelnen Durchführungsanweisungen auf der ersten Reihenfolge des Werte-Inventars basieren, in den Fällen vergleichbar sind, in denen eine identische Anzahl an Dimensionen zugrunde liegt. Da dies aber in weniger als der Hälfte der möglichen Kombination der Fall ist, muss von einem differenzierenden Zusammenspiel von Durchführungsanweisung und Reihenfolge im Werte-Inventar ausgegangen werden.

In beiden Nettostichproben sind die Verhältnisse bezüglich der Gegenüberstellung von D1 mit D3 bis D8 eindeutig, denn hier werden die jeweils niedrigsten MC-Koeffizienten erzielt. Insofern sind selbst bei gleicher Komponentenanzahl die größten Kontraste in der Faktorstruktur in Bezug auf ein reines Rating (D1) auszumachen.
Im Binnenverhältnis von D3 bis D8 sind die Kongruenzkoeffizienten in der Nettostichprobe 2 durchweg geringer als unter Einbezug der inkonsistent antwortenden Befragten, so dass aus dieser Perspektive von einer tendenziellen Aufweichung der Musteridentität nach der Bereinigung der Nettostichprobe 1 auszugehen ist.
Unter der alternativen Reihenfolge des Werte-Inventars (KIN nach AUS) können insgesamt 26 Vergleiche auf Durchführungsebene getätigt werden, die sich hälftig auf die beiden Nettostichproben verteilen, so dass jeweils etwas weniger als 50 % der insgesamt möglichen Gegenüberstellungen analysierbar sind.
Im Durchschnitt fallen die MC-Koeffizienten der Nettostichprobe 1 mit 0,9766 höher als in der Nettostichprobe 2 (0,9631) aus, was sich konsistent in das bisherige Bild einfügt (siehe Tabelle 67 bis Tabelle 70). Wenn nur die konsistent antwortenden Befragten betrachtet werden, sind die Strukturunterschiede ausgeprägter als in der Gesamtbetrachtung aller Teilnehmer.

	D1	D2	D3	D4	D5	D6	D7	D8
D1			0,9720	0,9804		0,9637		0,9710
D2	–				0,9895		0,9875	
D3		0,9704		0,9834		0,9652		0,9852
D4	0,9743					0,9709		0,9803
D5	0,9558			0,9331			0,9752	
D6	0,9626			0,9791	0,9300			0,9716
D7		0,9819	0,9866					
D8	0,9537			0,9784	0,9388	0,9751		

Tabelle 71: Die MC-Koeffizienten des Vergleichs der Faktorstrukturen unter der zweiten Reihenfolge der Werte-Liste (KIN-AUS) in den acht Durchführungsanweisungen für Nettostichproben 1 (obere Diagonalmatrix) und 2 (untere Diagonalmatrix)

Anmerkung: Siehe auch die Anmerkung zu Tabelle 67 auf Seite 427

Bezogen auf den Kontrast von D1 mit D3 bis D8 treten zwar auch unter dieser Perspektive durchaus geringe Strukturkoeffizienten auf, jedoch weist der MC-Koeffizient für die Kombination D1/D4 in der Nettostichprobe 1 einen Betrag von über 0,98 auf und in der Nettostichprobe 2 zeigen die Vergleiche D5/D6, D4/D5 und D5/D8 deutlich geringere Koeffizientenwerte als im Zusammenhang mit D1 auftreten. Im Binnenverhältnis von D3 bis D8 sind zwar für beide Befragtengruppen auch vermehrt Koeffizienten mit einem Betrag von weniger als 0,98 vorzufinden – da diese aber immer noch über dem Grenzwert von 0,92 liegen, kann diesbezüglich nicht von unähnlichen Strukturergebnissen gesprochen werden. Die Faktorstrukturen nach einem ausschließlichen Rating zeigen also keine Diskrepanz zu denjenigen, bei denen vor dem Rating noch mindestens ein Extrem-Wert zu bestimmen war.
Zwölf Vergleiche der Durchführungsanweisungen können unter beiden Reihenfolge-Bedingungen verwirklicht werden, so dass diese Fälle (fünf in Nettostichprobe 1 und sieben in Nettostichprobe 2) jetzt noch gesondert betrachtet werden. Die betragsmäßigen Differenzen fallen für den letztgenannten Personenkreis deutlich höher aus als in der Nettostichprobe 1, und betragen maximal 0,0494 (NSP 1 = 0,0263). Dementsprechend lässt sich das bisherige Bild von den Divergenzen beider Nettostichproben (geringere Kongruenz bei den konsistent antwortenden Befragten) fortschreiben (siehe dazu auch die Parameterbetrachtungen in Tabelle 69).

Hinsichtlich der Richtung sind die MC-Koeffizienten in der Nettostichprobe 1 zweimal unter der ersten Reihenfolge im Werte-Inventar größer, respektive dreimal kleiner. In der Nettostichprobe 2 ist das Verhältnis umgekehrt, denn dort sind vier MC-Koeffizienten unter der ersten Reihenfolge größer als ihre Pendants der zweiten Sequenz und nur drei kleiner. Insofern lassen sich hier keine eindeutigen Tendenzen ausmachen, auch wenn bezüglich der drei auf D1 bezogenen Vergleiche, die MC-Koeffizienten unter der Reihenfolge 2 durchweg höhere Beträge annehmen, so dass die Strukturwirkung der ERR-Techniken unter der ersten Sequenz des Werte-Inventars stärker zur Geltung kommt.

5.4.2.3.4.3.3 Divergenzen bei den Durchführungsanweisungen

Hinsichtlich der Effekte auf die Faktorstruktur bei identischer Komponentenzahl in den gebildeten Gruppierungen, präsentieren sich die Durchführungsanweisungen zunächst als wirkungsvollste der experimentellen Variationen, denn ihre durchschnittlichen MC-Koeffizienten (Nettostichprobe 1: 0,9828; Nettostichprobe 2: 0,9782) bleiben in beiden Populationen sowohl hinter denjenigen der Kriteriumsrotation der fünf- auf die elf-stufige Antwortskala (Nettostichprobe 1: 0,9969; Nettostichprobe 2: 0,9951), als auch der Reihenfolgevariation des Werte-Inventars (Nettostichprobe 1: 0,9877; Nettostichprobe 2: 0,9861) zurück. Diese Position wird aber dadurch aufgeweicht, dass die Anzahl an Kombinationen mit gleicher Faktorzahl (16 von 28 Kombinationen der Nettostichprobe 1 und 15 von 27 in Nettostichprobe 2), hier um zwei bis vier (Nettostichprobe 1) bzw. zwei bis drei (Nettostichprobe 2) über denen der skalen- und reihenfolgebasierten Varianten liegt, so dass mehr als die Hälfte aller Fälle auf einer identischen Komponentenzahl basieren. Außerdem zeigen sich durchweg ähnliche Strukturmuster, denn neben der hohen maximalen Übereinstimmung (0,9961) beim Vergleich von D3 mit D8 in der Nettostichprobe 1, ist der minimale MC-Koeffizient (0,9575 für D1/D6 in der unteren Diagonalmatrix) immer noch als „gut" zu charakterisieren.

Dies führt in der Gesamtbetrachtung (Anzahl Komponenten und MC-Koeffizienten) zu einer deutlichen Abschwächung der Wirkung auf Ebene der Durchführungsanweisungen, denn letztendlich weisen sie den geringsten Anteil nicht übereinstimmender Fälle (siehe Tabelle 85) auf. Im Einzelnen ergeben sich die nachfolgend aufgeführten Ähnlichkeiten zwischen den acht eingesetzten Durchführungsanweisungen.

	D1	D2	D3	D4	D5	D6	D7	D8
D1		0,9889	0,9737			0,9616	0,9826	0,9734
D2	–		0,9838			0,9646	0,9920	0,9844
D3	0,9604	0,9838				0,9849	0,9936	0,9961
D4	0,9633	0,9725	0,9929		0,9873			
D5								
D6	0,9575	0,9654	0,9896	0,9900			0,9801	0,9854
D7	0,9776	0,9839	0,9848	0,9850		0,9847		0,9924
D8					0,9813			

Tabelle 72: Die MC-Koeffizienten der Faktorstrukturvergleiche bei den acht Durchführungsanweisungen für die Nettostichproben 1 (obere Diagonalmatrix) und 2 (untere Diagonalmatrix)

Anmerkung: Siehe auch die Anmerkung zu Tabelle 67 auf Seite 427

Die Kongruenz der Referenzgröße D1 mit den übrigen Durchführungsanweisungen fällt zwar nicht merklich ab, zeigt aber – insbesondere in der Nettostichprobe 2 – die niedrigsten MC-Koeffizienten in dem hier betrachteten Vergleichsumfeld. Dementsprechend kann davon gesprochen werden, dass die Faktormuster von Daten, die auf einem alleinigen Rating basieren (D1 und auch D2), von denjenigen nach der Bestimmung eines oder beider Extrem-Werte, auf der hier fokussierten Aggregatstufe, divergieren. Das Ausmaß dieser Differenzen ist zwar gering – denn alle Koeffizienten sind immer noch in der Kategorie „gut" zu verorten – jedoch ist die Tendenz insbesondere unter den konsistent antwortenden Befragten eindeutig. Daneben unterstützt auch der hohe MC-Koeffizient der Gegenüberstellung von D1 und D2 eine derartige Interpretation. Für sämtliche möglichen Gegenüberstellungen der Durchführungsanweisungen 3 bis 8 treten MC-Koeffizienten größer 0,98 auf, so dass bei identischer Faktorzahl im Rahmen der ERR-Techniken auch von übereinstimmenden Faktorstrukturen auszugehen ist.

5.4.2.3.4.3.4 Ergebnisse für die hinsichtlich Antwortskala und Reihenfolge des Werte-Inventars übereinstimmenden Versionen

Auf dieser Analysestufe werden nicht sämtliche 32 Versionen einander gegenübergestellt, sondern es erfolgt eine Limitierung auf diejenigen gleicher Antwortskala und Reihenfolge des Werte-Inventars. Dadurch werden immer acht Versionen gleichzeitig erfasst, so dass alle experimentellen Gruppen mit vier Versionsketten ([I] = fünf-stufige Antwortskala und Reihenfolge 1, [II] = elf-stufige Antwortskala und Reihenfolge 2, [III] = fünf-stufige Antwortskala und Reihenfolge 2 sowie [IV] = elf-stufige Antwortskala und Reihenfolge 1) abgedeckt werden können.

VK I	V01	V05	V09	V13	V17	V21	V25	V29
V01			0,8618	0,9130	0,8776			0,8632
V05	–							
V09				0,9697	0,9641			0,9799
V13	0,9039				0,9736			0,9819
V17	0,8753			0,9648				0,9765
V21			0,9517				0,9646	
V25			0,9513			0,9540		
V29	0,8628			0,9688	0,9612			

Tabelle 73: Die MC-Koeffizienten der Faktorstrukturvergleiche bei den acht Versionen mit fünfstufiger Antwortskala und Reihenfolge 1 im Werte-Inventar für Nettostichprobe 1 (obere Diagonalmatrix) und Nettostichprobe 2 (untere Diagonalmatrix)

Anmerkung: Siehe auch die Anmerkung zu Tabelle 67 auf Seite 427

Die 20 diesbezüglich zu analysierenden Fälle verteilen sich im Verhältnis 11:9 auf die Nettostichproben 1 und 2, d.h. hinsichtlich der konsistent antwortenden Befragten liegt von vornherein ein höherer Anteil (66,67 % gegenüber 60,71 % in Nettostichprobe 1) an Gruppierungen vor, bei denen schon die Faktoranzahl nicht übereinstimmt. Dementsprechend ist bezüglich der unterschiedlichen Durchführungsanweisungen dieser Kombination von Antwortskala und Werte-Reihenfolge, keinesfalls von identischen Faktorstrukturen auszugehen.

Der insgesamt niedrigste MC-Koeffizient für die acht Versionen der Kette I zeigt sich mit 0,8618 für den Vergleich von V01 und V09 in der Nettostichprobe 1. Grundsätzlich treten hier alle MC-Koeffizienten mit einem Betrag kleiner 0,92 im Zusammenhang mit V01 auf, so dass die größten Unähnlichkeiten in den Faktorstrukturen in Bezug auf die Version mit einem alleinigen Rating der Werte vorliegen. Die höchste Kongruenz besteht zwischen den Versionen 13 (MLR) und 29 (LMRV) in der Nettostichprobe 1 – im Übrigen der einzige Fall, bei dem der MC-Koeffizient in dieser Versionskette größer als 0,98 wird.

Der Durchschnittswert der Koeffizienten liegt in der Nettostichprobe 2 mit 0,9327 geringfügig unterhalb desjenigen sämtlicher Befragter (0,9387). Werden nur die Kombinationen betrachtet, die in beiden Nettostichproben gegenübergestellt werden können, so sind vorliegend sieben Fälle relevant, in denen die MC-Koeffizienten der Nettostichprobe 1 durchgängig größere Beträge (absolute Differenz maximal 0,0153 für V17/V29 und minimal 0,0004 für V01/V29) aufweisen, als ihre Pendants in der Nettostichprobe 2. Bei einer Beschränkung auf die konsistent antwortenden Personen ergeben sich also bei allen drei Kriterien – konsistent zu den bisherigen Ergebnissen – geringfügig schlechter übereinstimmende Faktorstrukturen für die hier in Beziehung gesetzten Versionen.

VK II	V02	V08	V12	V16	V20	V24	V28	V32
V02		0,9802	0,9597		0,9716			
V08	–		0,9735		0,9900			
V12	0,9562	0,9665			0,9676			
V16						0,9650		0,9742
V20				0,9619				0,9575
V24	0,9194	0,9172	0,9252					
V28	0,9732	0,9829	0,9787			0,9304		
V32				0,9620	0,9396			

Tabelle 74: **Die MC-Koeffizienten der Faktorstrukturvergleiche bei den acht Versionen mit elf-stufiger Antwortskala und Reihenfolge 2 des Werte-Inventars für Nettostichprobe 1 (obere Diagonalmatrix) und Nettostichprobe 2 (untere Diagonalmatrix)**

Anmerkung: Siehe auch die Anmerkung zu Tabelle 67 auf Seite 427

Die Dispersion der analysierbaren Fälle ist in dieser Kette mit 9:12 zugunsten der Nettostichprobe 2 verschoben, so dass dort in 55,55 % der potenziellen Gegenüberstellungen bereits eine divergente Anzahl an Faktoren vorliegt, während der Anteil in Nettostichprobe 1 mit 67,86 % noch höher ausfällt. Der insgesamt niedrigste Koeffizient tritt für die Kombination V08 (ZD) und V24 (LR) in der Nettostichprobe 2 (0,9172) auf, wobei allerdings der Maximalwert ebenfalls im Zusammenhang mit der Version 08 (jetzt aber in Nettostichprobe 1: V20 [MR]; 0,9900) zu konstatieren ist.

Hinsichtlich der Relationen von V02 (RO) mit den übrigen Versionen ist festzuhalten, dass dort zwar für beide Nettostichproben nicht die niedrigsten MC-Koeffizienten auftreten, ihre Beträge aber trotzdem geringer als 0,98 ausfallen. Insgesamt liegt in dieser Versionskette damit kein klares und eindeutiges Bild vor, denn sowohl für die Beziehung zwischen RO bzw. ZD mit weiteren Durchführungsanweisungen, als auch im Binnenverhältnis von MLR bis LMRV existieren hohe und niedrige Kongruenzen.

Für die konsistent antwortenden Befragten (0,9511) sind die Durchschnittswerte sämtlicher MC-Koeffizienten auch hier wieder niedriger als in der Nettostichprobe 1 (0,9711). Die Anzahl der Kombinationen, die in beiden Nettostichproben vergleichbar sind, beschränkt sich für die Versionen mit elf-stufiger Antwortskala und der zweiten Reihenfolge der Werte im Inventar auf vier (V02/V12, V08/V12, V16/V32 und V20/V32), wobei ebenfalls permanent höhere MC-Koeffizienten in der Nettostichprobe 1 zu konstatieren sind, deren Differenz maximal 0,0179 beträgt. Dementsprechend sind in dieser Kette zwar für die konsistent antwortenden Befragten zunächst mehr hinsichtlich der Faktoranzahl übereinstimmende Fälle zu konstatieren, von denen jedoch zwei wegen eines MC-Koeffizienten von weniger als 0,92 eliminiert werden müssen. Weil außerdem der Vergleich der Mittelwerte des MC-Koeffizienten und die direkte Gegenüberstellung in beiden Nettostichproben zugunsten des gesamten Befragtenkreises ausfällt, muss – wie in der ersten Versionskette (siehe auch Tabelle 85) – von schlechter übereinstimmenden Faktorstrukturen bei den konsistent antwortenden Teilnehmern gesprochen werden.

VK III	V03	V07	V11	V15	V19	V23	V27	V31
V03		0,9780	0,9445	0,9773	0,9732	0,9705		
V07	–		0,9595	0,9559	0,9709	0,9608		
V11	0,9290	0,9412		0,9475	0,9351	0,9657		
V15					0,9617	0,9808		
V19	0,9729	0,9738	0,9160			0,9515		
V23	0,9669	0,9553	0,9618					
V27	0,9349	0,9492	0,9471		0,9262	0,9466		0,8854
V31								

Tabelle 75: Die MC-Koeffizienten der Faktorstrukturvergleiche bei den acht Versionen mit fünfstufiger Antwortskala und Reihenfolge 2 des Werte-Inventars für Nettostichprobe 1 (obere Diagonalmatrix) und Nettostichprobe 2 (untere Diagonalmatrix)

Anmerkung: Siehe auch die Anmerkung zu Tabelle 67 auf Seite 427

In der dritten Versionskette sind – von den insgesamt vier – die meisten Kriteriumsrotationen (29) möglich, aber nur in Nettostichprobe 1 (16) basieren mehr als 50 Prozent der potenziellen Gegenüberstellungen auf einer identischen Anzahl an Faktoren. Dabei gibt es lediglich eine Kombination (V27/V31), die auf vier Komponenten fußt – diese weist zudem den kleinsten MC-Koeffizient (0,8854) in diesem Zusammenhang auf.
Weiterhin existiert lediglich eine Kombination (V15/V23 in Nettostichprobe 1), bei der ein Koeffizient größer als 0,98 vorkommt und im Mittel fallen auch hier die Koeffizienten in der Nettostichprobe 2 (0,9493) geringer als für sämtliche Befragte (0,9574) aus.
Bezogen auf den Vergleich der Versionen aus RO (V03) und den übrigen Durchführungsanweisungen lässt sich auch hier kein eindeutiges Bild ableiten, denn in der Nettostichprobe 2 treten sowohl relativ hohe (V03/V19: 0,9729), als auch niedrige (V03/V11: 0,9290) MC-Koeffizienten auf, wobei Erstere in der Nettostichprobe 1 die Mehrheit darstellen.
In acht Fällen können bei den aus einer fünf-stufigen Antwortskala und der zweiten Reihenfolge des Werte-Inventars konstruierten Versionen, gleiche Kombinationen in beiden Nettostichproben miteinander in Beziehung gesetzt werden, wobei für V07/V19 jetzt erstmals ein MC-Koeffizient in der Nettostichprobe 2 größer als in der Nettostichprobe 1 ausfällt. Bei den übrigen sieben Konstellationen sind die Verhältnisse wieder zugunsten von Nettostichprobe 1 verschoben, d.h. die Faktorstrukturen der konsistent antwortenden Personen sind sich unähnlicher (maximale Differenz für den MC-Koeffizienten von 0,0191) so dass insgesamt auch für diese Versionskette eine stärkere Übereinstimmung der Faktorstrukturen bei sämtlichen Befragten zu konstatieren ist.

VK IV	V04	V06	V10	V14	V18	V22	V26	V30
V04				0,9563	0,9549	0,9476		0,9372
V06	–		0,9476				0,9254	
V10	0,9257						0,9564	
V14		0,8120			0,9729	0,9814		0,9799
V18	0,9416		0,9543			0,9654		0,9707
V22		0,9019		0,8714				0,9689
V26		0,9138		0,8691		0,9519		
V30	0,9434		0,9093		0,9493			

Tabelle 76: Die MC-Koeffizienten der Faktorstrukturvergleiche bei den acht Versionen mit elf-stufiger Antwortskala und Reihenfolge 1 im Werte-Inventar für Nettostichprobe 1 (obere Diagonalmatrix) und Nettostichprobe 2 (untere Diagonalmatrix)

Anmerkung: Siehe auch die Anmerkung zu Tabelle 67 auf Seite 427

Für die auf einer elf-stufigen Antwortskala und der Reihenfolge 1 des Werte-Inventars basierenden Versionen der vierten Kette können 25 Vergleiche administriert werden, die sich im Verhältnis 13:12 auf die beiden Nettostichproben verteilen. Damit sind erneut von vornherein mehr als die Hälfte der Gegenüberstellungen schon allein aufgrund uneinheitlicher Komponentenanzahl nicht möglich, so dass nicht von ähnlichen Faktorstrukturen gesprochen werden kann. Diese Aussage wird dadurch verstärkt, dass sechs Kriteriumsrotationen der Nettostichprobe 2 zu einem Betrag für den MC-Koeffizienten von weniger als 0,92 führen und somit ebenfalls nicht mehr als vergleichbar zu kennzeichnen sind.
Die größte Kongruenz besteht zwischen V14 und V22 in der Nettostichprobe 1 (0,9814), während V06 und V14 in der Nettostichprobe 2 die am stärksten divergierenden Faktorstrukturen (0,8120) aufweisen, und zwar von sämtlichen in dieser Arbeit getätigten Gegenüberstellungen (siehe auch Abschnitt 5.4.2.3.4.1). Die durchschnittlichen MC-Koeffizienten betragen 0,9588 in der Nettostichprobe 1 und 0,9120 in der Nettostichprobe 2, womit Letztgenannter nach der hier herangezogenen Kategorisierung (siehe Seite 419) nicht mehr als ähnlich zu klassifizieren ist.
Das skizzierte Muster setzt sich bei einer Fokussierung auf diejenigen Kombinationen, die in beiden Nettostichproben miteinander in Beziehung gesetzt werden können, fort, denn unter den fünf Fällen taucht lediglich ein einziger auf, bei dem der MC-Koeffizient in der Nettostichprobe 2 größer als in der Nettostichprobe 1 ist. Die maximale Differenz in den anderen vier Konstellationen beläuft sich auf 0,1101 (V14/V22) und ist damit die größte in den vier hier betrachteten Versions-Ketten.
Hinsichtlich sämtlicher Versionen von RO und MR der Nettostichprobe 1 (V01/V17; V02/V20; V03/V19 und V04/V18) sowie LR und MLRV der Nettostichprobe 2 (V21/V25; V24/V28; V23/V27 und V22/V26) können vorliegend alle vier Gegenüberstellungen vorgenommen werden. Für neun Durchführungsanweisungskombinationen (Nettostichprobe 1: RO/MLRV, ZD/LMRV, LMR/MLRV und MR/MLRV; Nettostichprobe 2: ZD/LMRV, MLR/LMR, MR/LR, LR/LMRV und MLRV/LMRV) lassen sich dagegen überhaupt keine Vergleiche der auf identischen Kombinationen von Antwortskala und Reihenfolge im Werte-Inventar beruhenden Versionen durchführen. Dabei sind übermäßig häufig D7 und D8 betroffen, so dass diesbezüglich von Besonderheiten der Daten, die möglicherweise von den komplexen Formulierungen der Aufgabenstellung herrühren, auszugehen ist. Insofern sollte hier ein Überarbeitungsindiz vorliegen.
Die Versionsketten I und IV beinhalten die meisten MC-Koeffizienten mit einem geringeren Betrag als 0,92. Die sieben Fälle der ersten Kette teilen sich im Verhältnis von 4:3 auf die Nettostichproben 1 und 2 auf, während sämtliche Vorkommen in der vierten Versionskette unter den konsistent antwortenden Befragten zu verzeichnen sind.
Werden die Anteile von Gegenüberstellungen mit identischer Faktorzahl und MC-Koeffizienten, die einem höheren Betrag als 0,92 aufweisen, kombiniert, so ergibt sich lediglich in der Nettostichprobe 1 für das dritte Cluster ein über 50 Prozent liegender Wert, d.h. insgesamt sind die Faktorstrukturen der einzelnen Gruppierungen als heterogen einzustufen. Diese Schlussfolgerungen sprechen für eine effektvolle experimentelle Variation.
Vorliegend sind insbesondere die Gegenüberstellungen von RO und ZD mit den übrigen Durchführungsanweisungen relevant, weil damit ein expliziter Vergleich der Daten, die auf einem alleinigen Rating basieren, mit denjenigen, die nach der Bestimmung mindestens eines Extrem-Wertes erfolgen, vorgenommen werden kann.

VK	Skala	RF	Nettostichprobe 1: D3-D8 zu D1	D2	D1+D2	Nettostichprobe 2: D3-D8 zu D1	D2	D1+D2
I	5	1	100,00%	100,00%	100,00%	100,00%	100,00%	100,00%
II	11	2	66,67%	66,67%	66,67%	66,67%	66,67%	66,67%
III	5	2	33,33%	33,33%	33,33%	33,33%	33,33%	33,33%
IV	11	1	33,33%	66,67%	50,00%	50,00%	100,00%	75,00%

Tabelle 77: Anteil divergierender Faktorstrukturen in den vier Versionsketten (VK) bezogen auf die Gegenüberstellung von D1 und D2 mit den Durchführungsanweisungen 3 bis 8 für beide Nettostichproben

Anmerkung: Skala = Anzahl der Kategorien der eingesetzten Antwortskala; RF = Reihenfolge der Werte im Inventar

Bis auf die gesamte dritte Versionskette und die vierte für die Nettostichprobe 1 in Bezug auf RO (D1) liegt der Anteil inkompatibler Faktorstrukturen immer bei oder über 50 Prozent. Insofern ist aus dieser Perspektive von divergenten Faktorstrukturen für die Werte-Inventare, die auf einem Rating basieren und denjenigen auf Grundlage der ERR-Techniken auszugehen. Selbiges gilt aber auch für den Binnenvergleich von MLR (D3) bis LMRV (D8), bei dem für alle vier Versionsketten in der Nettostichprobe 1 ein Anteil divergenter Faktorstrukturen von minimal 53,33 % und in der Nettostichprobe 2 von 60,00 % auftritt (siehe Anhang 66). Insofern ist auch bei den in den Ketten subsumierten Versionen der ERR-Techniken nicht von homogenen Faktorstrukturen auszugehen.
Damit zeigt sich, dass die vorliegend vorgenommenen Variationen der MLR-Technik, wichtige Punkte dieser Vorgehensweise berührt haben, denn andernfalls hätten sich homogenere Faktorstrukturen ergeben müssen. Bedingt durch die in der hiesigen Untersuchung fehlende Validierung der Werte-Strukturen (siehe Seite 363), können allerdings keine Angaben zur optimalen Ausgestaltung der MLR-Technik getätigt werden – diese müssen weiteren, insbesondere qualitativen, Erhebungen vorbehalten sein. Hinsichtlich der strukturellen Verdichtung der Originalliste lässt sich aber nach den vorliegenden Ergebnissen konstatieren, dass je nach Formulierung der Durchführungsanweisung sowie Differenzierung der Antwortskala, divergierende Resultate zu erwarten sind.

5.4.2.3.4.3.5 Durchführungsanweisungen und zugehörige Versionen

In den nachfolgenden Kreuztabellen werden jetzt noch die Resultate der Kriteriumsrotationen innerhalb der einzelnen Durchführungsanweisungen zusammengefasst. Dabei steht die Frage im Mittelpunkt, wie ähnlich die Faktorstrukturen in den vier Versionen, die unter einer Durchführungsanweisung subsumiert werden, mit Letztgenannter und untereinander ausfallen. Die Darstellung erfolgt nach dem bewährten Muster, bei dem die Daten sämtlicher Befragten in der oberen Diagonalmatrix aufgelistet werden, und diejenigen der konsistent antwortenden Teilnehmer in der unteren Diagonalmatrix aufgeführt sind (jeweils zehn potenzielle Fälle). Hinsichtlich der Hauptdiagonalelemente wird auf die Abbildung 63 verwiesen.
Weil in den beiden ersten Durchführungsanweisungen – durch das fehlende Extrem-Ranking – keine Aufteilung in inkonsistente und konsistente Personen möglich ist, werden diese in der nachfolgenden Tabelle 78 aggregiert illustriert, wobei die Daten für D1 in der oberen Diagonalmatrix zu finden sind, respektive diejenigen von D2 in der unteren. Die Tabelle darf aber nicht so gelesen werden, dass die Versionen zwischen den Durchführungsanweisungen kriteriumsrotiert wurden, sondern der sich beispielsweise in der Zelle V08 (Zeile) V03 (Spalte) befindliche Koeffizient, beschreibt die Rotation von V08 auf V07. Die Zeilen- und Spaltenköpfe wurden der Übersichtlichkeit halber nicht doppelt gekennzeichnet.

	D1	V01	V02	V03	V04
D2					
V05			0,8742	0,8740	0,8351
V06	0,9748			0,9730	0,9568
V07					0,9567
V08				0,9803	

Tabelle 78: **Die MC-Koeffizienten der Faktorstrukturvergleiche der vier Versionen in den Durchführungsanweisungen 1 (obere Diagonalmatrix) und 2 (untere Diagonalmatrix)**

Anmerkung: Siehe auch die Anmerkung zu Tabelle 67 auf Seite 427

Für D1 ist an die Besonderheit zu erinnern (siehe Abbildung 63), dass ihre Faktoranzahl und die sämtlicher in ihr gebündelter Versionen, inkompatibel sind, so dass die erste Zeile der Tabelle 78 leer bleibt. Weiterhin weist der MC-Koeffizient von V01/V04 (0,8351) den niedrigsten Betrag der in diesem Abschnitt durchgeführten Kriteriumsrotationen aus. Wenn also zwei Versionen einer Durchführungsanweisung (untereinander oder in Bezug auf die Durchführungsanweisung) die gleiche Faktorzahl besitzen, dann liegt für V01/V04 die geringste Übereinstimmung vor. Beide Versionen basieren auf der ersten Reihenfolge des Werte-Inventars (AUS-KIN), unterscheiden sich aber hinsichtlich der Kategorien der eingesetzten Antwortskala. Es ist nur frappierend, dass durchführungsanweisungsintern zwei Versionen des ausschließlichen Ratings im Falle gleicher Faktorzahl zu den am stärksten divergierenden Faktorstrukturen gelangen.
Die beiden möglichen Gegenüberstellungen in Bezug auf die D2 führen hingegen zu einer guten Ähnlichkeit. Allerdings resultieren aus den Versionen bei D2 drei unterschiedliche Faktorzahlen (siehe Abbildung 63), so dass im Binnenverhältnis lediglich eine Vergleichsmöglichkeit (V07/V08) besteht. Dies spricht vehement gegen homogene Faktorstrukturen bei den Gruppen mit einem Rating nach einem zweimaligen Durchlesen der Werte-Liste.
Dementsprechend dürfte der Befragungskontext (Antwortskala und Objektreihenfolge) in puncto Faktorstruktur beim reinen Rating, sowie dem Rating nach dem zweimaligen Durchlesen der zu beurteilenden Aufstellung, die größte Rolle spielen (siehe dazu auch den Prozentanteil nicht übereinstimmender Faktorstrukturen für D1/V und D2/V in Tabelle 85).

	D3	V09	V10	V11	V12
D3			0,9783		
V09	0,9852			0,9463	0,9755
V10					
V11			0,9550		0,9492
V12			0,9653	0,9509	

Tabelle 79: **Die MC-Koeffizienten der Faktorstrukturvergleiche bei den vier Versionen unter D3 für die Nettostichproben 1 (obere Diagonalmatrix) und 2 (untere Diagonalmatrix)**

Anmerkung: Siehe auch die Anmerkung zu Tabelle 67 auf Seite 427

In beiden Nettostichproben können jeweils vier der zehn möglichen Kriteriumsrotationen durchgeführt werden, deren Ergebnisse alle als gut zu klassifizieren sind – für die Verbindung von V09 und D3 der konsistent antwortenden Befragten sogar als exzellent (siehe Tabelle 79). Hinsichtlich der Gegenüberstellung beider Nettostichproben kommt es hier zu einem von dem bisherigen Muster abweichenden Ergebnis, denn sowohl beim einzig möglichen Vergleich beider Nettostichproben in Bezug auf identische Kombinationen (V11/V12), als auch hinsichtlich der mittleren MC-Koeffizienten, erzielt die Nettostichprobe 2 geringfügig höhere Werte, so dass die Faktorstrukturen der konsistent antwortenden Befragten diesmal kongruenter ausfallen als diejenigen der Gesamtstichprobe.

	D4	V13	V14	V15	V16
D4		0,9891	0,9934	0,9878	
V13			0,9734	0,9688	
V14	0,8975			0,9806	
V15	0,9763		0,9045		
V16	0,9843		0,8483	0,9437	

Tabelle 80: Die MC-Koeffizienten der Faktorstrukturvergleiche bei den vier Versionen unter D4 für die Nettostichproben 1 (obere Diagonalmatrix) und 2 (untere Diagonalmatrix)

Anmerkung: Siehe auch die Anmerkung zu Tabelle 67 auf Seite 427

Bei der vierten Durchführungsanweisung sind ebenfalls in beiden Nettostichproben die gleiche Anzahl an Vergleichen (sechs) berechnet worden, allerdings umfasst deren Anteil jetzt mehr als die Hälfte der zehn möglichen Gegenüberstellungen.
Hier zeigt sich jetzt hinsichtlich des direkten Kontrasts von Kombinationen in beiden Nettostichproben wieder das gewohnte Bild, denn für D4/V14, D4/V15 und V14/V15 ergeben sich bei den konsistent antwortenden Befragten geringere Koeffizienten. Außerdem gibt es in der letztgenannten Population drei MC-Koeffizienten unterhalb der Schwelle von 0,92 von denen einer (V14/V16) markant abfällt. Dies hat zwar nicht zur Konsequenz, dass der Mittelwert in dieser Nettostichprobe (0,9258) die Kategorie „gut" verfehlt, er bleibt indes trotzdem deutlich (größte Differenz im vorliegenden Zusammenhang) hinter demjenigen der Nettostichprobe 1 (0,9822) zurück.
Die Frage, ob die Ähnlichkeit der Faktorstrukturen zwischen D4 und den korrespondierenden Versionen oder innerhalb der Versionen höher ausfällt, lässt sich für die Nettostichprobe 1 schlüssig beantworten, denn hier sind alle drei Koeffizienten des Abgleichs zwischen D4 und V größer als diejenigen zwischen den Versionen. Für die konsistent antwortenden Befragten ergibt sich jedoch keine eindeutige Antwort, weil in dieser Population die Verbindung zwischen D4 und V14 in puncto MC-Koeffizient deutlich hinter den anderen zurückbleibt.

	D5	V17	V18	V19	V20
D5		0,9911	0,9895	0,9893	0,9908
V17	0,9894		0,9778	0,9702	0,9720
V18	0,9863	0,9751		0,9723	0,9732
V19	0,9906	0,9683	0,9691		0,9833
V20					

Tabelle 81: Die MC-Koeffizienten der Faktorstrukturvergleiche bei den vier Versionen unter D5 für die Nettostichproben 1 (obere Diagonalmatrix) und 2 (untere Diagonalmatrix)

Anmerkung: Siehe auch die Anmerkung zu Tabelle 67 auf Seite 427

D5 ist die einzige der Durchführungsanweisungen, bei der in der Nettostichprobe 1 sämtliche Kriteriumsrotationen durchführbar sind, und auch der Anteil von 60 Prozent bei den konsistent antwortenden Befragten ist recht hoch. Alle MC-Koeffizienten sind mindestens als „gut" einzustufen, und die Verbindungen zwischen den Faktorstrukturen der Durchführungsanweisung und den Versionen, sind in beiden Nettostichproben durchgängig stärker als unter den vier Versionen.
Bei den sechs direkten Vergleichen beider Nettostichproben liegt – bis auf D5/V19 – der Betrag des MC-Koeffizienten bei allen Befragten immer über demjenigen der konsistent antwortenden Teilnehmer, so dass die entsprechenden Faktorstrukturen der letztgenannten Population geringfügig unähnlicher ausfallen. Die Durchschnittswerte der berechneten Koeffizienten unterstreichen diese Tendenz zwar, allerdings markiert ihre Differenz (0,0012) den geringsten Abstand aller sechs Paarvergleiche.

	D6	V21	V22	V23	V24
D6		0,9798			0,9863
V21	0,9798				0,9513
V22	0,9508	0,9157		0,9818	
V23					
V24	0,9850	0,9495	0,9155		

Tabelle 82: Die MC-Koeffizienten der Faktorstrukturvergleiche bei den vier Versionen unter D6 für die Nettostichproben 1 (obere Diagonalmatrix) und 2 (untere Diagonalmatrix)

Anmerkung: Siehe auch die Anmerkung zu Tabelle 67 auf Seite 427

Für D6 treten unterschiedliche Anteilswerte in den Nettostichproben 1 (40 %) und 2 (60 %) zutage. Bis auf D6/V21 fallen die MC-Koeffizienten zwischen Durchführungsanweisung und Version immer höher aus als unter den Versionen.

Nur drei Koeffizienten weisen Beträge über 0,98 auf, und zwei (V21/V22 und V22/V24) scheitern in Nettostichprobe 2 bereits an der Ähnlichkeitsschwelle von 0,92 (womit jetzt auch in dieser Population 60 % nicht vergleichbare Faktorstrukturen resultieren). Die letztgenannte Tendenz spiegelt sich auch in den nettostichprobenspezifischen Mittelwerten wider, der bei den konsistent antwortenden Befragten mit 0,9494 deutlich (zweithöchste Differenz der sechs Paare) hinter demjenigen für sämtliche Teilnehmer (0,9748) zurückbleibt. Auch bei den drei Kombinationen, bei denen Zahlen für beide Nettostichproben zugänglich sind (D6/V21, D6/V24 und V21/V24), liegen die Koeffizientenwerte aller Befragten immer mindestens auf einer Höhe mit denjenigen, die konsistent geantwortet haben, so dass die bereits bekannte Divergenz zwischen den beiden Populationen, an dieser Stelle erneut hervortritt.

	D7	V25	V26	V27	V28
D7		0,9858	0,9723	0,9387	
V25	0,9811		0,9368	0,9006	
V26	0,9690	0,9250		0,9371	
V27					
V28				0,9509	

Tabelle 83: Die MC-Koeffizienten der Faktorstrukturvergleiche bei den vier Versionen unter D7 für die Nettostichproben 1 (obere Diagonalmatrix) und 2 (untere Diagonalmatrix)

Anmerkung: Siehe auch die Anmerkung zu Tabelle 67 auf Seite 427

Die Anteilsverhältnisse für D7 sind genau umgekehrt zu denjenigen bei D6, denn jetzt beträgt der Prozentsatz an Kombinationen mit identischer Faktoranzahl in der Nettostichprobe 1 60 % und bei den konsistent antwortenden Befragten 40 %. V28 in Nettostichprobe 1 fällt insofern aus dem Rahmen, als dort zwei Faktoren zu extrahieren sind (siehe Abbildung 63), die mit den restlichen Faktorzahlen absolut inkompatibel sind, was zu der unbesetzten letzten Spalte in Tabelle 83 führt.

Die Beträge der MC-Koeffizienten für die Gegenüberstellung von Durchführungsanweisung und Version fallen in allen fünf Fällen höher aus als für die versionsinternen Vergleiche.

Wenn eine Kombination in beiden Nettostichproben berechnet werden konnte (D7/V25, D7/V26 und V25/V26), ist der MC-Koeffizient aller Befragten immer größer als derjenige der konsistent antwortenden Teilnehmer. Letztere weisen allerdings den höheren Durchschnittswert aller bestimmbaren Koeffizienten auf (0,9565 gegenüber 0,9452), so dass die Ähnlichkeit der Faktorstrukturen in der Nettostichprobe 1 aus dieser Perspektive geringer ist als in der Nettostichprobe 2. Weil außerdem der MC-Koeffizient von 0,9006 für V25/V27 eine nicht mehr zu tolerierende Abweichung der Faktorstrukturen beider Versionen in der Nettostichprobe 1 indiziert, ist der Unterschied beider Populationen insgesamt nicht so gravierend, denn der höhere Prozentsatz an Kombinationen mit identischer Faktoranzahl in der Nettostichprobe 1 wird damit etwas konterkariert.

	D8	V29	V30	V31	V32
D8				0,9736	0,9908
V29	0,9805		0,9735		
V30	0,9665	0,9390			
V31					0,9571
V32					

Tabelle 84: Die MC-Koeffizienten der Faktorstrukturvergleiche bei den vier Versionen unter D8 für die Nettostichproben 1 (obere Diagonalmatrix) und 2 (untere Diagonalmatrix)

Anmerkung: Siehe auch die Anmerkung zu Tabelle 67 auf Seite 427

Bei D8 sind insgesamt die wenigsten Kriteriumsrotationen von Gruppierungen mit identischer Faktoranzahl möglich, denn ihr Anteil an den potenziell durchführbaren Vergleichen beträgt lediglich 40 % in Nettostichprobe 1 und 30 % in Nettostichprobe 2. Beim Zustandekommen dieses Ergebnisses könnte der komplizierte Anweisungstext zur relativen Bestimmung der beiden Extrem-Werte eine nicht zu unterschätzende Wirkung entfaltet haben. Außerdem liegt für D8 – aufgrund der vielen Inkonsistenzen – die stärkste Diskrepanz zwischen beiden Nettostichproben vor, was ebenfalls die Resultate begünstigt haben dürfte.
Die höchsten Beträge weist der MC-Koeffizient auch in diesem Fall bei den Verbindungen der Versionen mit der Durchführungsanweisung auf. Dabei unterschreitet keiner der MC-Koeffizienten den Schwellenwert von 0,92 – so dass die Gruppierungen im Falle identischer Komponentenzahl auch zu vergleichbaren Faktorstrukturen gelangen.
Die mittleren MC-Koeffizienten beider Nettostichproben divergieren mit einem Betrag von 0,0118, wobei die konsistent antwortenden Befragten den niedrigeren Wert aufweisen, und dementsprechend „unähnlichere" Faktorstrukturen zeigen. Dieses Muster entspricht im Wesentlichen den bisher aufgetretenen Zusammenhängen.

5.4.2.3.5 Zusammenfassender Überblick zu den empirischen Kriteriumsrotationen

Aus Tabelle 85 ist ersichtlich, dass die Kriteriumsrotationen unter den Durchführungsanweisungen zum geringsten Anteil nicht übereinstimmender Faktorstrukturen (hinsichtlich Anzahl der Faktoren und MC-Koeffizienten mit einem Betrag von weniger als 0,92) geführt haben. Dies unterstreicht die Bedeutung der vorgenommenen Variationen bei der Antwortskala und der Reihenfolge im Werte-Inventar. Leider lässt sich bezüglich der beiden letzten Punkte keine klare Tendenz ableiten, bei welcher Anzahl Skalenkategorien oder Reihenfolge im Werte-Inventar die homogensten – respektive die heterogensten – Faktorstrukturen auftreten. Während in der Nettostichprobe 1 (linke Hälfte der Tabelle 85) noch ein geringfügig höherer Prozentsatz an nicht übereinstimmenden Faktorstrukturen für die beiden eingesetzten Antwortskalen vorliegt (57,14 % gegenüber 53,57 % bei der Reihenfolgebetrachtung), nivelliert sich diese Divergenz bei einer Beschränkung auf die konsistent antwortenden Befragten wieder. Insofern kann hier nur auf das komplexe Zusammenspiel der Durchführungsanweisungen, Antwortskalen sowie Listenvarianten hingewiesen werden, das beim geplanten Einsatz der ERR-Technik auf jeden Fall Beachtung finden sollte.
Tendenziell bestätigen lässt sich eine Wirkung der Elimination der inkonsistent antwortenden Befragten aus dem Datensatz, denn ohne diesen Personenkreis zeigen die Faktorstrukturen in der überwiegenden Zahl der Vergleiche eine geringere Ähnlichkeit als mit dieser Teilnehmergruppe – allerdings kann auch dieses Muster nicht durchgängig beobachtet werden. Insgesamt treten die Strukturunterschiede aber nicht so sehr im Vergleich zwischen den beiden Nettostichproben auf, sondern vielmehr im Verhältnis der gebildeten Gruppierungen innerhalb der jeweiligen Population.

Hinsichtlich der Reihenfolge der Werte im Inventar ist hier an die vorgenommene alternierende Auflistung zu erinnern (siehe Abschnitt 4.3.2). Weil diese offensichtlich im Falle einer identischen Komponentenzahl häufiger zu niedrigen MC-Koeffizienten geführt hat (in 12 Fällen [neun unter der ersten Reihenfolge und drei unter der zweiten] der Nettostichprobe 2 haben – sich bei gleicher Faktoranzahl – kleinere Beträge als 0,92 ergeben, die divergierende Faktorstrukturen anzeigen und insgesamt ist der Prozentsatz nicht übereinstimmender Kombinationen in den Versionsketten [I und IV] mit den auf der ersten Reihenfolge basierenden Daten höher; siehe Tabelle 85), sollte dieser Aspekt bei zukünftigen Sequenzfestlegungen auch entsprechend berücksichtigt werden. Spätestens nach einem Pretest dürften Erkenntnisse über eine grobe Rangfolge der zu beurteilenden Objekte vorliegen, die allerdings nicht unbedingt in der hier verwendeten streng abwechselnden Anordnung von eher wichtigen und eher unwichtigen Elementen münden sollten, weil damit möglicherweise strukturbeeinflussende Wirkungen für Datenverdichtungen über Faktorenanalysen verbunden sind. Ein potenzieller Ausweg besteht neben einer rotierenden Zufallsreihenfolge in der alternierenden Platzierung der Objekte in Zweier- oder Dreier-Blöcken, deren kontextspezifische Wirkungen aber erst noch erforscht werden müssten.

	Nettostichprobe 1							Nettostichprobe 2						
	MC-Koeffizient					NID		MC-Koeffizient					NID	
	Min	Max	A	B	C	F	G_%	Min	Max	A	B	C	F	G_%
S5/D	0,9526	0,9873	0	8	4	16	57,14	0,9221	0,9846	0	11	2	14	51,85
S11/D	0,9605	0,9910	0	6	6	16	57,14	0,9453	0,9849	0	11	1	15	55,56
RF1/D	0,9374	0,9933	0	8	5	15	53,57	0,9316	0,9857	0	9	3	15	55,56
RF2/D	0,9637	0,9895	0	7	6	15	53,57	0,9300	0,9866	0	11	2	14	51,85
D	0,9616	0,9961	0	4	12	12	42,86	0,9575	0,9929	0	6	9	12	44,44
D1/V	0,8351	0,9730	3	3	0	4	70,00							
D2/V	0,9748	0,9803	0	1	1	8	80,00							
D3/V	0,9463	0,9783	0	4	0	6	60,00	0,9509	0,9852	0	3	1	6	60,00
D4/V	0,9688	0,9934	0	2	4	4	40,00	0,8483	0,9843	3	2	1	4	70,00
D5/V	0,9702	0,9911	0	5	5	0	0,00	0,9683	0,9906	0	3	3	4	40,00
D6/V	0,9513	0,9863	0	2	2	6	60,00	0,9155	0,9850	2	3	1	4	60,00
D7/V	0,9006	0,9858	1	4	1	4	50,00	0,9250	0,9811	0	3	1	6	60,00
D8/V	0,9571	0,9908	0	3	1	6	60,00	0,9390	0,9805	0	2	1	7	70,00
K I	0,8618	0,9819	4	6	1	17	75,00	0,8628	0,9688	3	6	0	18	77,78
K II	0,9575	0,9900	0	7	2	19	67,86	0,9172	0,9829	2	9	1	15	62,96
K III	0,8854	0,9808	1	14	1	12	46,43	0,9160	0,9738	1	12	0	14	55,56
K IV	0,9254	0,9814	0	12	1	15	53,57	0,8120	0,9543	6	6	0	15	77,78

Tabelle 85: Zusammenfassende Übersicht der grundlegenden Parameter in den gebildeten Gruppierungen beider Nettostichproben

Anmerkung: Min/Max= minimaler/maximaler MC-Koeffizient; A = Anzahl MC-Koeffizienten mit einem Betrag < 0,92; B = Anzahl MC-Koeffizienten mit einem Betrag zwischen 0,92 und 0,98; C = Anzahl MC-Koeffizienten mit einem Betrag > 0,98; NID = Fehlende Übereinstimmungen; F = Anzahl an Gegenüberstellungen mit divergierender Faktoranzahl; G_% = Prozentsatz nicht identischer Faktorstrukturen (Summe aus ungleicher Faktoranzahl sowie den MC-Koeffizienten < 0,92)

Im Rahmen dieser Arbeit ist natürlich ein besonderes Augenmerk auf die Verbindung zwischen einem reinen Rating (D1 und D2) und den ERR-Techniken (D3 bis D8) zu richten, so dass nachfolgend noch eine verdichtete Darstellung dieser Verhältnisse erfolgt.

Die von McCarty & Shrum (1997, S. 248) angedeuteten Strukturunterschiede bei einer dimensionalen Verdichtung des Werte-Inventars lassen sich nach den vorliegenden Daten bestätigen. Allerdings sind nicht nur diesbezügliche Divergenzen zwischen einem reinen Rating und den ERR-Techniken (insbesondere in der von McCarty & Shrum 2000, S. 276 eingesetzten Form D3) zu konstatieren, sondern auch unter den hier variierten Durchführungsanweisungen dieses Vorgehens (siehe Spalten 5 und 8 in Tabelle 86). Bei den durchführungsanweisungsbezogenen Gegenüberstellungen (Zeile D in Tabelle 86) weisen D3 bis D8 immer stärker voneinander abweichende Faktorstrukturen auf, als D1 und D2 in Bezug auf die ERR-Techniken (D3 bis D8). Auch dieses Ergebnis untermauert die Relevanz der vorliegenden experimentellen Variation der Anweisungsformulierungen.

	Nettostichprobe 1				Nettostichprobe 2		
Gruppe 1	D1		D2	D3-D8	D1	D2	D3-D8
Gruppe 2	D2	D3-D8	D3-D8	D3-D8	D3-D8	D3-D8	D3-D8
Größe	Wert	G_%	G_%	G_%	G_%	G_%	G_%
S5	0,0000	66,67%	50,00%	60,00%	33,33%	66,67%	53,33%
S11	0,0000	66,67%	50,00%	60,00%	66,67%	50,00%	60,00%
RF1	0,9782	50,00%	50,00%	60,00%	50,00%	50,00%	60,00%
RF2	0,0000	50,00%	66,67%	53,33%	50,00%	66,67%	53,33%
D	0,9889	50,00%	33,33%	53,33%	50,00%	33,33%	53,33%
VK_I	0,0000	83,33%	100,00%	53,33%	100,00%	100,00%	60,00%
VK_II	0,9802	66,67%	66,67%	73,33%	50,00%	66,67%	60,00%
VK_III	0,9780	33,33%	33,33%	60,00%	33,33%	33,33%	73,33%
VK_IV	0,0000	33,33%	66,67%	53,33%	50,00%	100,00%	80,00%

Tabelle 86: Gegenüberstellung von Faktorstrukturen zwischen den Gruppierungen mit ausschließlichem Rating (D1 und D2) und der MLR-Technik (D3 bis D8) in beiden Nettostichproben

Anmerkung: Datenspalte 1 = MC-Koeffizient D1/D2; G_% = Prozentsatz nicht identischer Faktorstrukturen (Summe aus ungleicher Faktoranzahl sowie den MC-Koeffizienten < 0,92)

Weil in der referierten Erhebung keine Validierung der Werte-Einschätzungen erfolgt (siehe Seite 188), lässt sich nicht entscheiden, welches der vorliegenden Datenmuster die wahre Werte-Struktur widerspiegelt. Insofern kann an dieser Stelle lediglich das Bewusstsein für mögliche Veränderungen in faktorenanalytisch komprimierten Erhebungsdaten über die ERR-Technik sensibilisiert werden, ohne einen abschließenden Optimalvorschlag (Rating, Ranking oder eine Kombination beider Techniken) unterbreiten zu können.

Dabei sollte aber nicht übersehen werden, dass sich alleine durch den Einsatz eines vorgeschalteten Extrem-Rankings, der hier als „inkonsistent antwortende Befragte" umschriebene Personenkreis identifizieren lässt, so dass ausschließlich in diesem Fall, die Option zur entsprechenden Reduktion der Gesamtstichprobe besteht.

Ob die auftretenden Widersprüchlichkeiten den Befragten direkt rückgemeldet werden – was insbesondere bei computerunterstützten Erhebungen relativ leicht zu bewerkstelligen ist (vgl. Sana & Weinreb 2008, S. 522ff) – muss grundsätzlich festgelegt werden, denn diesbezüglich sind Auswirkungen auf den weiteren Interview-Verlauf denkbar (siehe Abschnitt 5.4.5). Vorliegend wurde entschieden, dieses Feedback (und damit verbundene Nachfragen zur Auflösung der inkonsistenten Angaben) nicht zu geben, um keine Abbrüche zu provozieren und das Problem entsprechender Antworten quantifizieren zu können. Dies schließt natürlich nicht aus, dass einem Befragten seine inkonsistente Antwort bewusst im Nachhinein wurde, und dieser Prozess auf den weiteren Verlauf der Erhebung Einfluss genommen hat.

5.4.2.3.6 Vergleich mit der 3-Faktoren-Lösung von Stiksrud (1976)

Obwohl die Daten von Stiksrud (1976, S. 192ff) auf der Bildung einer Rangfolge der 17 Werte basieren (siehe Abschnitt 2.1.4.2.4.3) – und damit wegen ihres ordinalen Charakters und ihrer ipsativen Struktur (siehe Abschnitt 2.2.2.1.2) weniger für eine Faktorenanalyse geeignet sind (vgl. Bortz 2005, S. 524) – sind sie seinerzeit einer Hauptachsenanalyse (siehe Abschnitt 5.4.2.1.3) mit Varimax-Rotation (siehe Abschnitt 5.4.2.1.6.1) unterzogen worden.

Dabei werden drei Faktoren extrahiert – ohne das Kriterium zur Spezifikation dieser Größe zu explizieren (siehe Abschnitt 5.4.2.1.5.1) – die 100 Prozent der Varianz aufklären (vgl. Stiksrud (1976, S. 195).[450]

WERT	Faktor 1	Faktor 2	Faktor 3	Kommunalitäten
FAM	-0,773	-0,034	-0,144	0,619
KIN	-0,676	-0,264	-0,148	0,549
UNA	0,601	-0,151	-0,225	0,435
PER	0,545	-0,338	-0,196	0,450
ABW	0,476	0,230	0,414	0,450
GES	-0,374	0,100	-0,257	0,216
MEN	0,154	-0,674	0,040	0,480
WOH	-0,015	0,582	-0,136	0,358
FRI	0,052	-0,556	-0,076	0,317
BER	0,002	0,503	-0,342	0,370
ABI	0,035	0,390	-0,370	0,291
AUS	-0,044	-0,245	0,033	0,063
FST	0,263	-0,194	0,596	0,463
LIE	0,006	0,010	0,591	0,349
SIC	-0,283	0,449	-0,474	0,506
NAT	-0,090	-0,106	0,447	0,219
FRZ	0,222	0,419	0,429	0,409
Eigenwerte	2,315	2,265	1,963	
Erklärte Varianz	35,39 %	34,61 %	30,00 %	

Abbildung 71: Strukturkoeffizienten der drei Komponenten-Lösung einer varimax-rotierten Hauptachsenfaktorenanalyse von Stiksrud (1976, S. 195)

Da in der Arbeit von Stiksrud (1976, S. 193) allerdings die Korrelationsmatrix angegeben ist, auf der seine Ergebnisse beruhen, können diese Daten in SPSS eingelesen, und die korrespondierenden Faktorenanalysen mit den dortigen Algorithmen „nachgerechnet" werden (die entsprechenden Angaben sind dem mit der Software ausgelieferten SPSS Syntax Guide zu entnehmen). Dementsprechend wird eine Hauptachsenanalyse mit Varimax-Rotation durchgeführt, bei der zum einen die von Stiksrud (1976, S. 200) ermittelten drei Faktoren explizit angefordert werden, und zum anderen die sich aus einer durchschnittsbasierten Parallelanalyse mit 100 Wiederholungen ergebenden vier Faktoren als Kriterium für die Anzahl zu extrahierender Komponenten fungieren.[451]

88 der 136 Korrelationen besitzen ein – wie Stiksrud (1976, S. 194) verwundert anmerkt – negatives Vorzeichen, so dass sich lediglich 48 positive Zusammenhänge zwischen den Werte-Einordnungen zeigen. Berücksichtigt man die ipsative Struktur der Rangdaten, sind diese Ergebnisse allerdings nicht weiter überraschend, denn sie stellen eine logische Konsequenz der forcierten Reihenfolgebildung dar (siehe Abschnitt 2.2.2.1.2.3).

Bei der Interpretation seiner Faktorlösung kommt Stiksrud (1976, S. 200ff) der bipolare Charakter der Komponenten entgegen, wobei sich auf dem ersten Faktor das Streben nach sozia-

---

[450] Möglicherweise ist die durch die drei Faktoren aufgeklärte Varianz gleich 100 % gesetzt und anschließend entsprechend aufgeteilt worden, denn nach den vorliegenden Re-Analysen lässt sich die vollständige Erklärung der Varianz durch drei Faktoren nicht bestätigen.

[451] Eine Parallelanalyse mit 297 Fällen und einer zugrunde liegenden 17-stufigen Antwortskala führt zur Extraktion von vier Faktoren, wobei in 8 der 100 Fälle auch nur drei Faktoren vorgegeben worden wären. Wird das 95. Perzentil (siehe Abschnitt 5.4.2.1.5.4) herangezogen, würden ebenfalls drei Faktoren extrahiert, so dass die von Stiksrud (1976) angegebene Komponentenanzahl über diese Vorgehensweise zu rechtfertigen ist. Die K1-Regel würde hingegen eine Aufteilung auf sechs Faktoren nahe legen.

ler Gebundenheit versus Ungebundenheit zeigt, Faktor zwei den Gegensatz zwischen dem Streben nach persönlichem Wohlstand und dem Wohlergehen anderer offenbart, und die dritte Komponente das Streben nach Leistung für Sicherheit versus Vergnügen abbildet (vgl. Stiksrud 1976, S. 203 und Abbildung 71). Bei der Beurteilung der erzielten Ergebnisse dürfen außerdem die stichprobenspezifischen Besonderheiten nicht außer Acht gelassen werden, denn bei Stiksrud (1976, S. 201f) werden ausschließlich Personen befragt, die sich in einer Ausbildungs- oder beruflichen Weiterbildungssituation befinden. Damit weicht die dortige Population – nicht nur in zahlenmäßiger Hinsicht – deutlich von dem vorliegend befragten Personenkreis ab.

	Faktor 1	Faktor 2	Faktor 3	Kommunalitäten
FAM	-0,712	-0,032	-0,167	0,536
KIN	-0,604	-0,234	-0,152	0,442
UNA	0,479	-0,115	-0,100	0,253
PER	0,447	-0,286	-0,094	0,291
MEN	0,162	-0,642	0,056	0,441
WOH	-0,007	0,476	-0,166	0,254
BER	-0,001	0,439	-0,324	0,298
FRZ	0,174	0,421	0,426	0,390
FRI	0,046	-0,402	0,005	0,164
FST	0,229	-0,184	0,534	0,371
SIC	-0,238	0,394	-0,468	0,431
ABW	0,419	0,234	0,425	0,411
LIE	0,030	-0,026	0,415	0,173
NAT	-0,073	-0,091	0,364	0,146
ABI	0,014	0,316	-0,305	0,193
GES	-0,307	0,100	-0,229	0,157
AUS	-0,020	-0,207	0,021	0,044

Abbildung 72: Die Strukturkoeffizienten der varimax-rotierten Hauptachsenanalyse der Daten von Stiksrud (1976, S. 193) mit SPSS (Version 15) unter Vorgabe von drei zu extrahierenden Faktoren

Die Kommunalitäten fallen bei den Originaldaten (Abbildung 71) durchgängig höher als bei der Reanalyse mit SPSS (Version 15) aus (siehe Abbildung 72), wobei sich die größte Differenz für UNA und die geringste Abweichung für FRZ zeigt. Auch bei der Höhe der Strukturkoeffizienten sind zum Teil nennenswerte Divergenzen auszumachen, die für den dritten Faktor maximal 0,176 Einheiten (LIE), bei der zweiten Komponente einen Betrag von 0,154 (FST) und für den ersten Faktor 0,122 Einheiten (UNA) betragen. Für die angegebenen Werte der ersten und dritten Komponente fallen die Ergebnisse der Daten von Stiksrud (1976) höher aus, während beim zweiten Faktor die neuen Daten den höheren Betrag aufweisen. Während die Veränderungen für FST keine Konsequenzen haben, liegen die „neuen" Strukturkoeffizienten von LIE (0,415) und UNA (0,479) jetzt unterhalb der Grenze von 0,50 – so dass sie zur Interpretation der Faktoren nicht mehr berücksichtigt werden sollten (siehe Abschnitt 5.4.2.1.7).

Wenn die – vorliegend immer zur Bestimmung der Anzahl zu extrahierender Faktoren herangezogenen – Ergebnisse einer Parallelanalyse der Angaben von Stiksrud (1976) beachtet werden, dann sind statt drei jetzt vier Faktoren notwendig, um die Struktur der Daten adäquat zu beschreiben.

	Faktor 1	Faktor 2	Faktor 3	Faktor 4	Kommunalitäten
FAM	-0,731	0,066	-0,111	0,131	0,569
KIN	-0,648	-0,111	-0,118	-0,006	0,446
ABW	0,511	0,036	0,362	0,144	0,414
UNA	0,436	-0,103	-0,126	-0,216	0,264
BER	-0,006	0,565	-0,214	0,045	0,367
FRI	0,069	-0,559	-0,162	-0,063	0,348
ABI	-0,027	0,488	-0,187	-0,055	0,277
AUS	-0,059	-0,167	0,016	-0,103	0,042
FST	0,174	-0,167	0,575	-0,155	0,412
SIC	-0,150	0,340	-0,468	0,275	0,433
LIE	0,015	-0,029	0,460	-0,005	0,212
GES	-0,194	-0,076	-0,359	0,328	0,280
NAT	-0,023	-0,202	0,303	0,110	0,145
PER	0,271	-0,019	0,008	-0,560	0,388
MEN	-0,006	-0,454	0,077	-0,461	0,425
FRZ	0,340	0,146	0,346	0,371	0,395
WOH	0,122	0,322	-0,198	0,335	0,270

Abbildung 73: Die Strukturkoeffizienten der varimax-rotierten Hauptachsenanalyse der Daten von Stiksrud (1976, S. 193) mit SPSS (Version 15) unter Vorgabe von vier zu extrahierenden Faktoren

Gegenüber der drei-faktoriellen Lösung kommt es zu folgenden Verschiebungen bei den Strukturkoeffizienten: Auf dem neuen vierten Faktor gibt es lediglich eine Variable, deren Strukturkoeffizient einen Betrag größer als 0,50 ausweist (PER: -0,560). Dieser Wert ist in der 3-Faktor-Lösung der ersten Komponente mit einer salienten Ladung zugeordnet. Mit einem Betrag von -0,461 für ihren Strukturkoeffizienten zeigt auch MEN auf dem vierten Faktor noch eine relativ hohe Bedeutung, die vorher alleine der zweiten Komponente zugeordnet war. WOH erzielt in der neuen Lösung auf keinem Faktor mehr einen salienten Betrag für seinen Strukturkoeffizienten. Die weiteren Änderungen sind eher marginal, obwohl sich für weitere Variablen jetzt Koeffizientenwerte kleiner als 0,50 ergeben. Außerdem ist das Gegensatzpaar Gebundenheit – Ungebundenheit nun nicht mehr so eindeutig definiert, denn auf dem ersten Faktor steht ABW im Vordergrund.
Um eine Gegenüberstellung des Ergebnisses von Stiksrud (1976) mit den vorliegend erhobenen empirischen Daten zu ermöglichen, sind erneut Kriteriumsrotationen durchgeführt worden. Für den aktuellen Datensatz resultiert in beiden Nettostichproben eine Verdichtung auf vier Faktoren (siehe Abbildung 63), so dass an dieser Stelle vier Vergleiche möglich sind:

(1) Hauptachsenanalyse mit Varimax-Rotation der Nettostichprobe 1 mit Abbildung 73 (Re-Analyse Stiksrud mit vier Faktoren);
(2) Hauptkomponentenanalyse mit Varimax-Rotation der Nettostichprobe 1 mit Abbildung 73 (Re-Analyse Stiksrud mit vier Faktoren);
(3) Hauptachsenanalyse mit Varimax-Rotation der Nettostichprobe 2 mit Abbildung 73 (Re-Analyse Stiksrud mit vier Faktoren);
(4) Hauptkomponentenanalyse mit Varimax-Rotation der Nettostichprobe 2 mit Abbildung 73 (Re-Analyse Stiksrud mit vier Faktoren).

Die MC-Koeffizienten der Kriteriumsrotationen weisen folgende Beträge auf: (1) 0,4900; (2) 0,5377; (3) 0,5028 und (4) 0,5511. Ob die fehlenden Kongruenzen durch die divergierenden methodischen Ansätze (Ranking versus Rating; siehe Abschnitt 2.2.2) verursacht sind, einfach auf einer zwischenzeitlichen Werte-Verschiebung beruhen oder allein stichprobenspezifischer Natur sind, lässt sich im Nachhinein nicht feststellen. An dieser Stelle ist lediglich zu konstatieren, dass die Faktorstrukturen als absolut nicht übereinstimmend zu charakterisieren sind. Deshalb unterbleibt auch an dieser Stelle ein expliziter Vergleich der beiden Matrizen mit den Strukturkoeffizienten (siehe Abbildung 64 und Abbildung 73).

5.4.3 Das Auftreten von Zustimmungstendenzen

Akquieszentes Response-Verhalten lässt sich durch eine Fixierung auf Angaben, die in einem bestimmten Bereich der Antwortskala abgegeben wurden, analysieren. Dabei ist zuerst der einzubeziehende Skalenbereich festzulegen, der nur die jeweilige Top-Box Kategorie oder mehrere Antwortalternativen umfassen kann (siehe Abschnitt 3.2.2.2.1.3). Bedingt durch das vorliegend thematisierte positive Konstrukt „Werte" war eine Kumulation der Antworten im Skalenabschnitt „wichtig" zu erwarten, weshalb hier die rigide Variante in Form der Beschränkung auf die Top-Box Kategorie – ohne Einbezug einer oder mehrerer vorgelagerter Optionen – gewählt wird. Es werden also lediglich die Fälle betrachtet, in denen ein Wert auf einer fünf-stufigen Antwortskala der Kategorie „5" und bei elf Antwortalternativen der Option „11" zugeordnet wird.
Bei der Prüfung auf Akquieszenz ist als nächstes zu bestimmen, ab welcher Anzahl an Top-Box Wahlen von einem entsprechenden Antwortstil gesprochen werden soll. Dabei kann sowohl die gesamte Stichprobe durch eine Mittelwertbetrachtung der pro Person vorgenommenen Zuordnungen von Objekten zur Kategorie „wichtig" einbezogen werden, als auch eine Beschränkung auf die Teilnehmer vollzogen werden, die eine bestimmte Anzahl an Maximalkategoriebelegungen aufweisen. In diesem Fall sind dann die prozentualen Anteile der akquieszenten Befragten der Analysegegenstand. Vorliegend werden beide Varianten berechnet, wobei die Mittelwertbetrachtung lediglich zur allgemeinen Einschätzung mit aufgeführt wird, denn die eigentliche Akquieszenz-Feststellung lässt sich nur über die exakte Anzahl von Top-Box Wahlen eruieren.
Weil es in der Literatur keine einheitliche Sichtweise zur Klassifikation eines Antwortverhaltens als akquieszent gibt (siehe Abschnitt 3.2.2.2.1), sind vorliegend drei Prozentsätze (50 %, 67 % und 75 %) in die engere Wahl gezogen worden. Im Falle von 50 % bedeutet dies, dass mindestens neun Werte der maximalen Option der Antwortskala zugewiesen wurden, bei 67 % entsprechend minimal elf Werte und bei 75 % sind 13 oder mehr Werte in dieser Kategorie verortet worden. Um die Darstellung nicht zu komplex werden zu lassen, erfolgt die Diskussion alleine anhand des Schwellenwertes von 67 Prozent, der einen tragfähigen Kompromiss zwischen Gruppenumfang (je schärfer das Kriterium gefasst wird, desto weniger Befragte sind davon betroffen) und Restriktivität (je enger der Bereich eingegrenzt wird, desto sicherer kann das Vorliegen von Akquieszenz angenommen werden) darstellt.
Von einer Grenzziehung auf Basis von prozentualen Anteilen an der empirischen Verteilung (z.B. die zehn Prozent an Befragten mit den meisten Top-Box Wahlen) wurde abgesehen, weil durch einen Bezug auf die Objektliste, eine stärkere Unabhängigkeit von den datenspezifischen Charakteristiken der vorliegenden Verteilung gegeben war. Es soll aber nicht verschwiegen werden, dass das gewählte Vorgehen dazu führt, dass bei den beiden eingesetzten Antwortskalen eine unterschiedliche Personenzahl involviert ist, denn im Fall der elf-stufigen Variante sind weniger Teilnehmer betroffen.
Ausgehend von den Erkenntnissen des konzeptionellen Teils (siehe Abschnitt 3.2.2.2.1), sind hinsichtlich des hier behandelten Antwortstils vor allem geschlechts- und bildungsspezifische Einflüsse zu erwarten. Während die Operationalisierung des Geschlechts der Befragten alleine anhand ihrer Antworten auf die entsprechende Frage im Erhebungsbogen vorgenommen werden kann, sind beim Bildungsniveau weitere Festlegungen erforderlich. Diesbezüglich werden die Angaben zum höchsten bisher erreichten Schulabschluss zu zwei Gruppen zusammengefasst, wobei allerdings keine vollständige Dichotomisierung vorgenommen wird, sondern drei Gruppen (geringe Bildung [GB]: kein Schulabschluss [KAB] und Hauptschulabschluss

[HAB]; mittlere Bildung [MB]: mittlere Reife [MIR], Fachhochschul- [FHR] und Hochschulreife [HSR]; höhere Bildung [HB]: Fachhochschul- [FHA] und Hochschulabschluss [HSA]) konstruiert werden, von denen bei den Berechnungen im Wesentlichen die beiden Extreme (geringe und höhere Bildung) gegenübergestellt werden. Befragte mit einem „anderen Abschluss" (N = 301) werden vorliegend von der Betrachtung ausgeschlossen, weil bei ihnen keine eindeutige Bildungseinstufung vorgenommen werden kann. Damit wird zwar nicht die gesamte Stichprobe zur Akquieszenz-Analyse einbezogen, jedoch ist das Vorgehen angebracht, um eine eindeutige Zuordnung zu gewährleisten sowie einer möglichen Nivellierung der Unterschiede durch die „mittlere Bildungsgruppe" vorzubeugen.
Um zu verdeutlichen, wie sich die prozentuale Aufteilung der geschlechts- und bildungsspezifischen Daten zur Anzahl an Top-Box Wahlen in den beiden Nettostichproben vorliegend verhält, werden die entsprechenden Angaben in der nachfolgenden Übersicht (skalenaggregiert) dargestellt.

	Nettostichprobe 1						Nettostichprobe 2					
	Bildungsgruppe			Geschlecht			Bildungsgruppe			Geschlecht		
TB	**GB**	**MB**	**HB**	**M**	**F**	**SU**	**GB**	**MB**	**HB**	**M**	**F**	**SU**
0	4,25	5,20	7,48	7,32	2,69	5,52	3,76	4,66	7,07	6,80	2,39	5,06
1	4,88	8,00	10,65	10,15	4,69	8,03	4,96	8,22	10,25	10,30	4,75	8,11
2	5,61	7,82	10,65	9,87	5,01	7,98	4,96	7,62	10,38	9,80	4,64	7,76
3	6,41	9,16	10,68	10,48	6,47	8,92	6,15	9,08	11,12	10,45	6,69	8,96
4	7,09	9,41	10,47	10,26	7,67	9,25	6,95	9,56	10,64	10,45	7,71	9,36
5	7,01	9,17	9,40	9,39	7,97	8,84	7,35	9,10	9,69	9,79	7,65	8,94
6	8,07	8,48	8,69	8,19	8,75	8,41	8,26	8,59	8,92	8,29	8,92	8,54
7	7,64	8,05	7,66	7,03	9,25	7,89	8,32	8,06	7,45	7,03	9,37	7,95
8	7,26	7,12	6,45	6,36	8,05	7,01	7,07	7,19	7,11	6,54	8,13	7,17
9	7,30	5,82	4,77	4,76	7,62	5,87	6,55	5,91	4,57	4,55	7,65	5,77
10	7,30	5,28	3,74	4,11	7,30	5,35	7,81	5,24	3,71	4,15	7,24	5,37
11	5,86	4,23	2,46	3,05	5,89	4,15	5,24	4,22	2,33	2,85	5,80	4,02
12	5,27	3,55	2,17	2,47	5,39	3,60	5,19	3,53	2,15	2,35	5,35	3,54
13	4,12	2,75	1,75	2,04	3,96	2,79	3,87	2,76	1,68	1,94	3,93	2,73
14	3,52	2,06	0,93	1,34	3,24	2,08	3,65	2,18	0,90	1,37	3,35	2,15
15	3,06	1,40	0,68	1,13	2,10	1,50	3,42	1,31	0,52	1,10	1,97	1,44
16	3,10	1,36	0,75	1,06	2,26	1,53	3,48	1,35	0,73	1,01	2,39	1,56
17	2,25	1,16	0,64	1,00	1,70	1,27	3,02	1,42	0,78	1,26	2,07	1,58

Tabelle 87: **Prozentualer Anteil (spaltenweise) in der jeweiligen Gruppierung an der Anzahl der Top-Box Wahlen in beiden Nettostichproben, zusammengefasst für beide Antwortskalen und unterteilt nach Bildungsniveau, Geschlecht sowie insgesamt**

Anmerkung: TB = Anzahl an Top-Box Wahlen; GB = geringe Bildung; MB = mittlere Bildung; HB = hohe Bildung; M = Männer; F = Frauen und SU = Insgesamt

Nachfolgend werden zuerst die Ergebnisse der bildungsbezogenen Analysen präsentiert, bevor die geschlechtsspezifischen Resultate thematisiert werden. Zum Abschluss wird dann eine kombinierte Betrachtung von Bildungsniveau und Geschlecht vorgenommen. Innerhalb der drei Abschnitte stehen zunächst die durchschnittlichen Top-Box Wahlen im Fokus, denen eine anteilsbezogene Darstellung folgt. Dabei werden zunächst die skalenaggregierten Verhältnisse beleuchtet und anschließend die nach den beiden eingesetzten Abstufungen unterteilten Ergebnisse – in der Reihenfolge fünf und elf Kategorien – illustriert.

5.4.3.1 Die schulabschlussbezogene Verteilung der Antworten bei den Ratings

Die grundlegenden Angaben zum Umfang des Phänomens „Akquieszenz" im vorliegenden Zusammenhang können den Abschnitten zu den Top-Box Wahlen im Rahmen der Replikationsdaten entnommen werden (siehe Abschnitt 5.4.1.3). An dieser Stelle geht es jetzt explizit um den Einfluss des Bildungsniveaus (operationalisiert über den höchsten bisher erreichten Schulabschluss) auf das Verhalten, die höchste zur Verfügung stehende Antwortkategorie zu nutzen.

5.4.3.1.1 Generelle Effekte des Bildungsniveaus

Abweichend zur geschlechtsspezifischen Darstellung (siehe Abschnitt 5.4.3.2) werden bei den bildungsbezogenen Aspekten zuerst einige allgemeine Gesichtspunkte diskutiert, weil diese Variable im Weiteren modifiziert (Ausschluss einer Teilmenge und kategorisiert) wird, so dass zunächst ein paar generelle Erläuterungen notwendig sind.

5.4.3.1.1.1 Durchschnittliche Anzahl an Top-Box Wahlen

Bei der mittleren Anzahl an Maximalkategoriebelegungen sind zwischen den beiden Nettostichproben keine nennenswerten Unterschiede in Bezug auf die einzelnen Schulabschlüsse auszumachen, und zwar sowohl skalenübergreifend, als auch unterteilt nach den fünf- und elfstufigen Antwortskalen (siehe Tabelle 88).

	Antwortskala								
	übergreifend			fünf-stufig			elf-stufig		
	NSP 1	NSP 2	EG	NSP 1	NSP 2	EG	NSP 1	NSP 2	EG
Kein Schulabschluss	7,5612	7,7949	0,044	7,8163	7,6579	0,031	7,3061	7,9250	0,113
Hauptschulabschluss	7,6198	7,7877	0,038	8,2399	8,3747	0,031	6,9893	7,1669	0,039
Mittlere Reife	6,7479	6,8428	0,022	7,4485	7,5564	0,027	6,0335	6,0856	0,012
Fachhochschulreife	5,9641	6,0638	0,025	6,8998	6,9220	0,006	5,0569	5,1941	0,034
Hochschulreife	5,4213	5,4421	0,005	6,4327	6,4241	0,002	4,4559	4,4972	0,011
Fachhochschulabschluss	5,2891	5,3014	0,003	6,0844	6,0991	0,004	4,4338	4,4509	0,005
Hochschulabschluss	4,9692	5,0098	0,011	6,0169	6,0330	0,004	3,9733	4,0097	0,010
anderen Abschluss	6,6711	6,9237	0,054	8,1634	8,3071	0,032	5,1284	5,3119	0,041

Tabelle 88: Durchschnittliche Anzahl der skalenspezifischen Wahl der Maximalkategorie aufgeteilt nach dem höchsten bisher erreichten Schulabschluss für beide Nettoststichproben

Anmerkung: NSP = Nettostichprobe; EG = Effektgröße (bezogen auf den Differenzwert zwischen den beiden NSP)

Aus den Daten in Tabelle 88 wird ersichtlich, dass bei einer Beschränkung auf die konsistent antwortenden Befragten jeweils die höchsten Durchschnittswerte erzielt werden (Ausnahme: KAB und HSR bei einer fünf-stufigen Antwortskala). Somit erhöht sich das Akquieszenzpotenzial in der Nettostichprobe 2, weil die inkonsistent antwortenden Befragten i.d.R. weniger oft auf die Maximalkategorie zurückgreifen.

Wie bereits angedeutet, werden die Personen mit einem anderen Abschluss in den folgenden Betrachtungen nicht weiter berücksichtigt, weil bei ihnen nicht zu entscheiden ist, welcher Bildungsgruppe sie zugehörig sind. Dementsprechend vermindert sich die Fallzahl um insgesamt 301 Personen (Nettostichprobe 1: 236 und 2: 65).

Die Effektgrößen (siehe Abschnitt 4.2) in Tabelle 88 verdeutlichen, dass inkonsistentes Antwortverhalten keine wesentlichen Auswirkungen auf die durchschnittliche Anzahl an Top-Box Wahlen besitzt. Trotzdem werden nachfolgend immer beide Populationen getrennt betrachtet, um eventuell auftretende Besonderheiten auf einer detaillierten Ebene nicht zu übersehen.

S5 + S11	KAB	HAB	MIR	FHR	HSR	FHA	HSA
KAB		0,013	0,191	0,393	*0,545*	*0,586*	*0,675*
HAB	0,002		0,203	0,390	*0,532*	*0,554*	*0,634*
MIR	0,223	0,219		0,188	0,323	0,353	0,432
FHR	0,426	0,405	0,187		0,138	0,173	0,256
HSR	*0,597*	*0,565*	0,340	0,158		0,034	0,118
FHA	*0,650*	*0,591*	0,372	0,196	0,037		0,085
HSA	*0,729*	*0,663*	0,444	0,272	0,113	0,079	

Tabelle 89: Effektgrößen der skalenübergreifenden Differenzen zwischen den durchschnittlichen Top-Box Wahlen bei den höchsten Schulabschlüssen für die Nettostichproben 1 (obere Diagonalmatrix) und 2 (untere Diagonalmatrix)

Anmerkung: Die Aufschlüsselung der Effektgrößen über verschiedene Formatierungen erfolgt analog zur Fußnote 345 und die Abkürzungen der Schulabschlüsse sind den Ausführungen auf Seite 446 zu entnehmen.

Zunächst fällt auf, dass sich die Effektgrößen in beiden Nettostichproben mit steigendem Bildungsniveau ebenfalls erhöhen (zeilenweise Betrachtung der oberen Diagonalmatrix und spaltenweise der unteren). Dies unterstreicht, dass die generelle Wirkung der Bildung – operationalisiert über den höchsten bisher erreichten Schulabschluss – auch in der vorliegenden Untersuchung und auf allen Stufen der betrachteten Variable anzutreffen ist.
Innerhalb der Nettostichprobe 1 sind insgesamt sechs mittlere und sieben niedrige Effektgrößen (siehe Seite 279) zu konstatieren, während die letztgenannte Anzahl bei einer Beschränkung auf die konsistent antwortenden Befragten noch um eins höher ausfällt. Die mittleren Effektgrößen treten allesamt zwischen den niedrigen (KAB und HAB) und hohen (HSR, FHA und HSA) Abschlüssen auf, wobei in der erstgenannten Gruppe die höhere durchschnittliche Anzahl an Zuordnungen von Werten zur jeweils maximalen Antwortkategorie zu verzeichnen ist (siehe Tabelle 88), was den postulierten Zusammenhang eindrucksvoll unterstreicht.
In 17 von 21 Fällen fällt die Effektgröße in der Nettostichprobe 2 höher als in der Nettostichprobe 1 aus, was sich auch in den durchschnittlichen Effektgrößen (0,325 zu 0,346) widerspiegelt. Die Differenzen zwischen den einzelnen Schulabschlüssen sind also ausgeprägter, wenn lediglich auf die konsistent antwortenden Befragten zurückgegriffen wird.
Nach den skalenaggregierten Daten wird jetzt eine entsprechende Separierung vorgenommen, die mit einer Darstellung der Ergebnisse für die Antwortskala mit fünf Optionen beginnt.

S5	KAB	HAB	MIR	FHR	HSR	FHA	HSA
KAB		0,099	0,091	0,242	0,376	0,473	0,477
HAB	0,164		0,194	0,334	0,461	*0,539*	*0,550*
MIR	0,025	0,198		0,140	0,263	0,349	0,364
FHR	0,195	0,359	0,161		0,127	0,224	0,239
HSR	0,339	0,498	0,292	0,137		0,097	0,114
FHA	0,434	*0,566*	0,372	0,228	0,092		0,019
HSA	0,432	*0,575*	0,386	0,241	0,108	0,019	

Tabelle 90: Effektgrößen der Differenzen auf einer fünf-stufigen Antwortskala zwischen den durchschnittlichen Top-Box Wahlen bei den höchsten Schulabschlüssen für die Nettostichproben 1 (obere Diagonalmatrix) und 2 (untere Diagonalmatrix)

Auch hier zeigen sich nur marginale Abweichungen von dem bereits nach Tabelle 89 beschriebenen generellen Zusammenhang zwischen steigendem Bildungsniveau und Effektgrößen (in der Nettostichprobe 2 fällt die Effektgröße für KAB/HAB höher aus als für KAB/MIR).
Im Vergleich zur übergreifenden Betrachtung zeigen sich vor allem Abweichungen bei den Befragten, die (bisher) über keinen Schulabschluss[452] verfügen.
In beiden Nettostichproben sind jetzt nur noch zwei mittlere Effektgrößen anzutreffen, die den Kontrast der HAB mit FHA und HSA beschreiben. In der Nettostichprobe 1 kommt gegenüber der aggregierten Betrachtung eine niedrige Effektgröße hinzu (FHR/FHA), während HAB/MIR nicht mehr entsprechend kategorisiert wird. Bei den konsistent antwortenden Befragten wird den Kombinationen KAB/MIR, KAB/FHR und HAB/MIR keine niedrige Effektgröße mehr zugeschrieben, während dies für FHR/FHA jetzt der Fall ist.
Zwar zeigt die Effektgröße in 13 von 21 Fällen in der Nettostichprobe 2 den höheren Betrag, jedoch sind die Unterschiede hinsichtlich der Durchschnittswerte zwischen beiden Populationen nur minimal (0,275 zu 0,277).
Insgesamt sind die Verhältnisse bei einer Fokussierung auf eine fünf-stufige Antwortskala nicht mehr so kontrastiert wie in der Gesamtbetrachtung über beide Antwortskalen. Wenn weniger Antwortalternativen zur Verfügung stehen, greifen auch die höher gebildeten Befragten in stärkerem Ausmaß auf die Maximalkategorie zurück. Der Anstieg in der letztgenannten Gruppierung ist überproportional, denn die durchschnittliche Anzahl an Top-Box Wahlen ist dort bei einer fünf-stufigen Antwortskala um 44,49 % (Nettostichprobe 2: 43,96 %) höher als bei der Variante mit elf Kategorien, während der Zuwachs bei den Befragten mit mittlerer Bildung lediglich 31,40 % (Nettostichprobe 2: 31,18 %) und bei geringer Bildung sogar nur 17,42 % (Nettostichprobe2: 15,86 %) beträgt – allerdings darf dabei nicht übersehen werden, dass in den beiden letztgenannten Gruppierungen per se mehr Werte der Top-Box Kategorie zugeordnet werden, so dass die skalenspezifische stärkere Differenzierung einen Pluspunkt der höher gebildeten Befragten ausmacht.

S11	KAB	HAB	MIR	FHR	HSR	FHA	HSA
KAB		0,069	0,292	*0,545*	*0,727*	*0,729*	**0,912**
HAB	0,163		0,217	0,447	*0,607*	*0,595*	*0,724*
MIR	0,422	0,245		0,230	0,379	0,378	0,496
FHR	*0,655*	0,454	0,209		0,152	0,157	0,282
HSR	**0,858**	*0,635*	0,379	0,174		0,006	0,129
FHA	**0,885**	*0,633*	0,387	0,187	0,012		0,126
HSA	**1,078**	*0,761*	*0,501*	0,309	0,128	0,122	

Tabelle 91: Effektgrößen der Differenzen auf einer elf-stufigen Antwortskala zwischen den durchschnittlichen Top-Box Wahlen bei den höchsten Schulabschlüssen für die Nettostichproben 1 (obere Diagonalmatrix) und 2 (untere Diagonalmatrix)

Wenn bei fünf Kategorien die Verhältnisse im Vergleich zur aggregierten Betrachtung aufweichen, müssen sie dementsprechend bei elf Kategorien deutlich ausgeprägter vorliegen, was sich unter anderem in den jetzt vorhandenen hohen Effektgrößen (siehe fett formatierten Zelleneinträge in Tabelle 91) widerspiegelt. In diesem Zusammenhang ist aber auf die in Fußnote 452 auf Seite 443 skizzierte Besonderheit der KAB-Gruppe hinzuweisen. Es bleibt im

[452] Unter dieser Rubrik können sich verschiedene Konstellation „verbergen“, denn hier war beispielsweise eine Verschleierungsmöglichkeit der wahren Verhältnisse möglich – dann hätte aber auch die Kategorie „anderer Abschluss“ gewählt werden können – oder ein realer Schulabbruch oder der angestrebte Abschluss war noch nicht erreicht, was gerade auf die jüngeren Teilnehmer hätte zutreffen können. Durch diese potenzielle Heterogenität und weil die Gruppe außerdem den geringsten Umfang aufweist (siehe Abschnitt 5.3.1), zeigen sich hier starke Schwankungen, die sich auch in den entsprechenden Effektgrößen äußern, insbesondere wenn die Anteilswerte fokussiert werden.

Großen und Ganzen (Ausnahme FHR/HSA) dabei, dass innerhalb der niedrigen und hohen Bildungsgruppen keine mittleren Effektgrößen vorkommen.
Stehen also vergleichsweise viele Antwortoptionen zur Verfügung, greifen die Befragten mit hohem Bildungsstand deutlich weniger oft auf die Top-Box Kategorie zurück, als die Teilnehmer mit einem niedrigeren Schulabschluss.
In 14 von 21 Fällen liegt die Effektgröße in der Nettostichprobe 2 vom Betrag über derjenigen in Nettostichprobe 1, und auch bezüglich der gemittelten Werte bleibt die letztgenannte Population zurück (0,493 zu 0,551). An den hohen durchschnittlichen Effektgrößen – die für die Nettostichprobe 2 sogar in die mittlere Kategorie fallen würden – wird ersichtlich, dass die bildungsmäßigen Unterschiede der Top-Box Wahlen bei einer elf-stufigen Antwortskala wesentlich stärker zum Vorschein treten als in der fünf-stufigen Variante (0,275 zu 0,277).
Gegenüber den skalenaggregierten Verhältnissen kommen in der Nettostichprobe 1 zwei (KAB/MIR und MIR/FHR) und in der Nettostichprobe 2 eine niedrige Effektgröße hinzu, so dass jetzt in beiden Populationen identische Kombinationen von den unterhalb der Niedrigkeitsschwelle (0,200) liegenden Effektgrößen betroffen sind.

5.4.3.1.1.2 Anteilsbezogene Betrachtung des bildungsabhängigen akquieszenten Antwortverhaltens

An dieser Stelle stehen jetzt nicht mehr die durchschnittlichen Top-Box Wahlen sämtlicher Befragter im Fokus, sondern es erfolgt eine Beschränkung auf diejenigen Teilnehmer, die mindestens 11 der 17 Werte in der Maximalkategorie verortet haben, und dementsprechend als akquieszent kategorisiert werden. Folglich bezieht sich die Analyse nicht mehr auf die unterschiedliche Einordnung der Werte, sondern betrachtet den Prozentsatz, den die akquieszent antwortenden Befragten in den Bildungsgruppen ausmachen. Die Effektgrößen der Unterschiede berechnen sich in diesem Fall aus der Differenz der zu Phi-Koeffizienten transformierten Anteilswerte (siehe Abschnitt 4.2), und werden zuerst für die skalenübergreifenden Daten analysiert.

S5 + S11	KAB	HAB	MIR	FHR	HSR	FHA	HSA
KAB		0,056	0,218	0,372	0,457	0,499	*0,556*
HAB	0,096		0,162	0,316	0,401	0,443	*0,500*
MIR	0,262	0,166		0,154	0,239	0,281	0,339
FHR	0,412	0,316	0,151		0,085	0,127	0,184
HSR	*0,503*	0,407	0,241	0,090		0,043	0,100
FHA	*0,568*	0,472	0,306	0,155	0,065		0,057
HSA	*0,613*	*0,517*	0,351	0,200	0,110	0,045	

Tabelle 92: Effektgrößen der Anteilsdifferenzen akquieszenter Antwortpersonen zwischen den einzelnen Schulabschlüssen in skalenaggregierter Betrachtung für die Nettostichproben 1 (obere Diagonalmatrix) und 2 (untere Diagonalmatrix)

Die Ergebnisse stimmen nicht vollständig mit der Mittelwertbetrachtung (siehe Tabelle 89) überein, bestätigen aber den generellen Zusammenhang zwischen Akquieszenz und Schulabschluss, jedoch auf einem etwas niedrigeren Niveau.
Die Effektgrößen in der Nettostichprobe 1 sind durchweg geringer (Ausnahmen: MIR/FHR und FHA/HSA) als bei den konsistent antwortenden Befragten. In der Nettostichprobe 1 zeigt jetzt KAB/MIR bei den Anteilswerten eine niedrige Effektgröße, während dies für HAB/MIR und HFR/HSR nicht mehr der Fall ist. KAB/HSR, KAB/FHA, HAB/HSR und HAB/HSA weisen gegenüber der Durchschnittsbetrachtung keine mittlere Effektgröße mehr auf, so dass unter der Anteilsperspektive lediglich zwei mittlere Effektgrößen für die Kombination der beiden höchsten mit den beiden niedrigsten Schulabschlüssen erhalten bleiben. Insgesamt fallen die Effektgrößen für die Anteilswerte bis auf drei Fälle (KAB/HAB, KAB/MIR und

HSR/FHA) immer geringer als bei den Mittelwerten aus, wobei die größten Differenzbeträge für HAB/HSA (0,134) und HAB/HSR (0,131) auftreten.
In der Nettostichprobe 2 erreicht HAB/MIR kein niedriges Ausmaß mehr und HAB/HSR sowie HAB/FHA zeigen keine mittlere Effektgröße. Insgesamt sind die Effektgrößen der Anteilswerte geringer, denn lediglich für drei Gegenüberstellungen (KAB/HAB, KAB/MIR sowie FHA/HSR) fallen sie bei den Anteilswerten höher aus. Die am stärksten ausgeprägten Differenzen sind für HAB/HSR (0,158) und HAB/HSA (0,146) zu konstatieren.
Wie sich die Dinge bei einer fünf-stufigen Antwortskala entwickelt haben, ist Gegenstand der folgenden Ausführungen.

S5	KAB	HAB	MIR	FHR	HSR	FHA	HSA
KAB		0,069	0,248	0,411	0,479	*0,557*	*0,561*
HAB	0,056		0,179	0,342	0,410	0,488	0,492
MIR	0,228	0,172		0,163	0,231	0,309	0,313
FHR	0,375	0,318	0,147		0,069	0,147	0,151
HSR	0,445	0,389	0,217	0,071		0,078	0,082
FHA	*0,517*	0,461	0,289	0,143	0,072		0,004
HSA	*0,524*	0,467	0,296	0,149	0,078	0,006	

Tabelle 93: Effektgrößen der Anteilsdifferenzen akquieszenter Antwortpersonen zwischen den einzelnen Schulabschlüssen bei einer fünf-stufigen Antwortskala für die Nettostichproben 1 (obere Diagonalmatrix) und 2 (untere Diagonalmatrix)

Der postulierte Zusammenhang in Form eines Rückgangs des Anteils an Personen mit einer Zustimmungstendenz bei höheren Schulabschlüssen, zeigt sich auch in den Effektgrößen bei einer fünf-stufigen Antwortskala. Auch für die direkte Gegenüberstellung der beiden jeweils geringsten und höchsten Abschlussgruppen ergeben sich nur marginale Effektgrößen.
In der Nettostichprobe 1 gibt es gegenüber den Mittelwerten (siehe Tabelle 90) eine zusätzliche niedrige Effektgröße für HAB/MIR, während diejenigen für FHR/HFA und FHR/HSA aus dieser Kategorie herausgefallen sind. Bei den Kombinationen KAB/FHA und KAB/HSA sind jetzt mittlere Effektgrößen zu verzeichnen, wobei allerdings die entsprechende Klassifizierung von HAB/FHA und HAB/HSA nun nicht mehr gegeben ist. Lediglich in 7 von 21 Fällen zeigt die Effektgröße bei der Mittelwertbetrachtung einen niedrigeren Betrag als bei der Fokussierung auf Anteilswerte, allerdings fallen die Zuwächse für die KAB-Gruppe – siehe diesbezüglich auch Fußnote 452 auf Seite 443 – insgesamt am stärksten aus (0,169 für KAB/FHR und 0,157 für KAB/MIR).
In der Nettostichprobe 2 halten sich hinzukommende (KAB/MIR und KAB/FHR) und wegfallende (FHR/FHA und FHR/HSA) niedrige Effektgrößen die Waage. Hinsichtlich der Veränderungen bei den mittleren Effektgrößen treten zur Nettostichprobe 1 identische Fälle auf. Im Vergleich zu den Verhältnissen bei den Mittelwerten zeigen sich ebenfalls Parallelen zur Nettostichprobe 1, denn auch bei einer Fokussierung der konsistent antwortenden Befragten sind die größten Differenzbeträge für die Befragten ohne Schulabschluss (KAB) auszumachen, wobei KAB/MIR den maximalen Unterschied (0,203) indiziert. Im Fall von KAB/HAB und allen anderen Kombinationen ohne Beteiligung von KAB fallen die Effektgrößen bei der Mittelwertbetrachtung höher als bei den Anteilswerten aus.
Dass sich die skizzierten Zusammenhänge auch bei einer elf-stufigen Antwortskala ausmachen lassen, wird im Folgenden näher erläutert.

S11	KAB	HAB	MIR	FHR	HSR	FHA	HSA
KAB		0,131	0,283	0,419	0,531	*0,589*	*0,680*
HAB	0,057		0,152	0,287	0,400	0,457	0,548
MIR	0,209	0,152		0,135	0,247	0,305	0,396
FHR	0,370	0,312	0,160		0,112	0,170	0,261
HSR	0,470	0,412	0,261	0,100		0,058	0,149
FHA	0,486	0,429	0,277	0,117	0,017		0,091
HSA	*0,598*	*0,541*	0,389	0,228	0,128	0,112	

Tabelle 94: Effektgrößen der Anteilsdifferenzen akquieszenter Antwortpersonen zwischen den einzelnen Schulabschlüssen bei einer elf-stufigen Antwortskala für die Nettostichproben 1 (obere Diagonalmatrix) und 2 (untere Diagonalmatrix)

In beiden Nettostichproben treten im Vergleich zu den Verhältnissen bei den Mittelwerten (siehe Tabelle 91) keine hohen Effektgrößen mehr auf, d.h. der Einfluss von KAB vermindert sich bei der Fokussierung auf Anteilswerte. Lediglich in vier Fällen (KAB/HAB, FHR/FHA, HSR/FHA und HSR/HSA) liegen in der Nettostichprobe 1 die Beträge der Effektgrößen der Anteilswerte über denjenigen bei der Mittelwertbetrachtung. In der Nettostichprobe 2 ist dies gar nur in einem Fall (HSR/FHA) gegeben, wobei für HSR/HSA eine Identität der Effektgrößen vorliegt. Auch die bei den Anteilswerten nicht mehr als niedrig zu klassifizierenden Effektgrößen stimmen in beiden Nettostichproben überein, und betreffen HAB/MIR sowie MIR/FHR. Es gibt ebenfalls in beiden Populationen zwei mittlere Effektgrößen, die jeweils den Kontrast geringer mit höherer Bildung beschreiben. In 16 der 21 Gegenüberstellungen bleibt die Effektgröße in Nettostichprobe 2 vom Betrag hinter derjenigen in Nettostichprobe 1 zurück, so dass die Kontraste zwischen den einzelnen Schulabschlüssen etwas verwischen, wenn ausschließlich konsistent antwortende Personen betrachtet werden.

5.4.3.1.2 Durchführungsanweisungsbezogene Divergenzen zwischen geringer und höherer Bildung

Im Folgenden ist jetzt eine Detaillierung der Ergebnisse in Bezug auf die Durchführungsanweisungen vorzunehmen, damit eruiert werden kann, ob die ERR-Techniken den festgestellten generellen Effekt der Bildung (je höher der Schulabschluss, desto geringer ist akquieszentes Antwortverhalten ausgeprägt) verstärken oder abschwächen. Sollte sich die Differenzierung in Form von weniger Top-Box Wahlen nicht über die hier fokussierten Bildungsgruppen zeigen, wäre diese Variable weiterhin eine wichtige Größe im Zusammenhang mit der Anwendung der ERR-Techniken.

Bei den Effektgrößen verändert sich der hier verfolgte Ansatz gegenüber der Vorgehensweise bei der Replikation in Abschnitt 5.4.1 dahingehend, dass nicht mehr sämtliche Durchführungsanweisungen einander gegenübergestellt werden, sondern für jede Bildungsgruppe lediglich ein Vergleich zwischen D1 und den übrigen Durchführungsanweisungen (D2 bis D8) vorgenommen wird. vorzunehmen. Dies erscheint insofern angebracht und sinnvoll, weil an dieser Stelle keine replikativen Aspekte in Bezug auf die Daten von McCarty & Shrum (1997; 2000) mehr im Vordergrund stehen und deshalb eine Konzentration auf den Unterschied zwischen einem reinen Rating (RO) und den anderen Durchführungsanweisungen vollkommen ausreicht.

Auch bei den durchführungsanweisungsbezogenen Ausführungen steht zuerst die durchschnittliche Anzahl an Top-Box Wahlen auf dem Prüfstand, bevor der Anteil akquieszenter Personen fokussiert wird.

5.4.3.1.2.1 Anzahl mittlerer Maximalkategoriebelegungen

Werden die Befragten hinsichtlich ihres Bildungsstandes wie beschrieben (siehe Seite 446) zusammengefasst, so ergeben sich bei einer skalenübergreifenden Betrachtung in den Durchführungsanweisungen die folgenden durchschnittlichen Anzahlen an Top-Box Zuordnungen in den beiden Nettostichproben.

	Nettostichprobe 1				Nettostichprobe 2			
	GB	MB	HB	EG GH	GB	MB	HB	EG GH
D1	8,7668	6,9958	5,7206	*0,684*				
D2	8,5190	6,9498	5,2902	*0,784*				
D3	7,1926	5,8236	4,5641	*0,662*	6,7333	5,7616	4,6342	*0,550*
D4	6,6898	5,9097	5,1319	0,384	6,7337	5,8365	5,0502	0,421
D5	7,7098	6,0655	5,1081	*0,658*	8,0906	6,2144	5,1879	*0,743*
D6	7,4305	6,1831	5,2591	*0,542*	7,3527	6,1376	5,1759	*0,554*
D7	6,8345	5,7593	5,0706	0,442	6,7556	5,5426	4,8150	0,493
D8	7,5347	5,9653	4,8500	*0,684*	8,2277	6,2182	5,1118	*0,550*

Tabelle 95: **Durchschnittliche Anzahl an Top-Box Wahlen in den drei Bildungsgruppen getrennt nach Durchführungsanweisung und Nettostichprobe für die aggregierten Antwortskalen**

Anmerkung: Die Aufschlüsselung der Effektgrößen über verschiedene Formatierungen erfolgt analog zur Fußnote 345 und diejenige der Bildungsgruppen wie auf Seite 446 beschrieben. EG GH = Effektgröße für die Differenz zwischen den Befragten mit geringer und hoher Bildung.

Aus den Daten in Tabelle 95 werden die Unterschiede zwischen den Gruppen mit geringer und hoher Bildung bei allen Durchführungsanweisungen deutlich, denn die diesbezügliche Effektgröße nimmt mindestens ein niedriges Ausmaß (D4 und D7) an, fällt aber für die anderen Konstellationen in beiden Nettostichproben in den Bereich mittlerer Effektstärke. Bezüglich D1 ergibt sich im Übrigen nicht die maximale Effektgröße, sondern hier liegt D2 vorne, d.h. der Kontrast zwischen beiden Bildungsgruppen ist für ZD am ausgeprägtesten. Nichtsdestotrotz ist D1 (RO) diejenige Durchführungsanweisung, bei der die höchsten Durchschnittswerte in allen Bildungsgruppen vorliegen. In der Nettostichprobe 2 treten die stärksten Divergenzen bei den ERR-Techniken für D5 auf, bleiben aber hinsichtlich ihres Betrages hinter denjenigen von D2 in Nettostichprobe 1 zurück. Trotzdem führt insbesondere D5 zu einer veränderten Rangfolge der Effektgrößen im direkten Vergleich beider Nettostichproben, weil der Kontrast zwischen den beiden Bildungsgruppen dort ebenfalls höher als für D1 ausfällt.

Hinsichtlich der mittleren Anzahl an Top-Box Wahlen in der Nettostichprobe 1 ist zu konstatieren, dass die größte Reduktion (knapp 25 %) gegenüber den Verhältnissen bei einem reinen Rating (RO) in der Gruppe der gering gebildeten Personen für LMR (D4) und MLRV (D7) auftritt, d.h. MLR (D3) führt in dieser Gruppierung nur zu der drittstärksten Verminderung der abgegeben durchschnittlichen Maximalkategoriebelegungen. Dies ändert sich allerdings, wenn ausschließlich die konsistent antwortenden Befragten fokussiert werden, denn dort ist für MLR auch bei den gering gebildeten Teilnehmern der höchste Rückgang (knapp 20 %) der entsprechenden Ratings zu verzeichnen. Bei den höher gebildeten Personen führt MLR in beiden Nettostichproben zur stärksten Verminderung der durchschnittlichen Top-Box Wahlen, bleibt aber prozentual gesehen in der Höhe hinter den Reduktionen auf Seiten der geringer gebildeten Befragten zurück. Ebenso fallen die durchschnittlichen Abschläge in beiden Nettostichproben für die gering gebildeten Befragten höher (15,41 % zu 11,91 % in Nettostichprobe 1 und 14,59 % zu 11,93 % in Nettostichprobe 2) aus, was aber immer im Zusammenhang mit ihrem höheren Ausgangsniveau gesehen werden muss.

Die höher gebildeten Befragten zeigen auf jeden Fall die größere Konstanz, d.h. bei ihnen ist der Einfluss inkonsistent antwortender Teilnehmer schwächer.

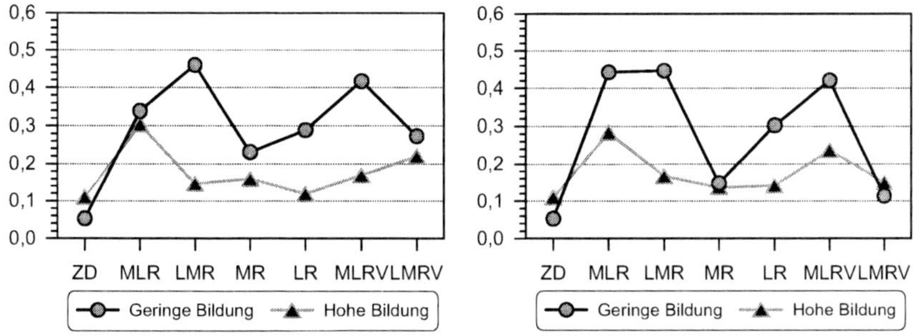

Abbildung 74: Effektgrößen für den Vergleich an Top-Box Wahlen von D1 mit D2 bis D8 in zwei Bildungsgruppen bei skalenaggregierter Betrachtung in den Nettostichproben 1 (linkes Diagramm) und 2 (rechtes Diagramm)

Der prozentual gesehen stärkste Abbau an Top-Box Wahlen durch D3 in der Nettostichprobe 1 spiegelt sich auch in den Effektgrößen der Gegenüberstellungen mit D1 wider (siehe Abbildung 74), die für D3 in beiden Bildungsgruppen ähnlich hoch ausfallen. MLR (D3) und LMRV (D8) erreichen bezüglich der Effektgröße für den Vergleich mit D1 (RO) in der Gruppe der höher gebildeten Befragten als einzige ein niedriges Ausmaß. In Top-Box Wahlen ausgedrückt bedeutet dies, dass bei der Anwendung der MLR-Technik (D3) gegenüber einem reinen Rating (RO) von den höher gebildeten Befragten im Durchschnitt gut ein Wert weniger der Maximalkategorie zugeordnet wird. Dies entspricht einem Anteil von 6,80 % des gesamten Möglichkeitsspektrums (0-17). Bei den geringer gebildeten Befragten fällt dieser Anteil mit 9,26 % noch etwas höher aus.

Bei einer Beschränkung auf die konsistent antwortenden Befragten (siehe rechtes Diagramm in Abbildung 74) behält D3 seinen Spitzenplatz bei den höher gebildeten Befragten, und kann seine Position unter den geringer gebildeten Personen deutlich verbessern. Gleichfalls kann sich MLRV (D7) – also die Variante von MLR mit einer relativen Bestimmung des unbedeutendsten Wertes – bei den höher gebildeten Befragten jetzt vor LMRV (D8) platzieren. Damit liegen beide Techniken mit der Reihenfolge der Extrem-Wert-Bestimmung „Least nach Most" vorne, wenn die zwei Bildungsgruppen einbezogen werden. Hinsichtlich der geringer gebildeten Teilnehmer führt D4 (LMR) zur maximalen Effektgröße, wobei sich der Durchschnittswert an Top-Box Wahlen, der sich aber erst an der vierten Stelle hinter dem Komma von demjenigen bei MLR (D3) unterscheidet (siehe Tabelle 95).

Wenn beide Antwortskalen nicht mehr simultan betrachtet werden, so ergeben sich bei der Fixierung auf die fünf-stufige Variante die nachfolgend aufgeführten durchschnittlichen Maximalkategoriebelegungen in den Bildungsgruppen.

	Nettostichprobe 1				Nettostichprobe 2			
	GB	MB	HB	EG GH	GB	MB	HB	EG GH
D1	9,5464	7,9595	6,6037	*0,693*				
D2	9,0743	7,7350	6,3046	*0,703*				
D3	7,7426	6,7009	5,2364	*0,667*	7,2062	6,5914	5,3264	*0,515*
D4	7,8296	6,8166	6,2391	0,404	7,7723	6,7476	6,1325	0,425
D5	7,9507	6,7674	6,0300	*0,515*	8,1496	6,8612	6,1444	*0,544*
D6	7,7452	7,3146	6,2624	0,370	7,6293	7,2694	6,0636	0,396
D7	7,4526	6,4693	6,1469	0,347	7,6212	6,2643	5,9828	0,435
D8	8,0134	6,6475	5,5389	*0,693*	8,2742	6,8058	5,6706	*0,515*

Tabelle 96: Durchschnittliche Anzahl an Top-Box Wahlen in den drei Bildungsgruppen getrennt nach Durchführungsanweisung und Nettostichprobe für die fünf-stufige Antwortskala

Wie nicht anders zu erwarten, sind die durchschnittlichen Top-Box Wahlen bei einer fünf-stufigen Skala wesentlich höher als bei elf Antwortkategorien (siehe Tabelle 97), weil im Randbereich eine weniger feine Differenzierung möglich ist.
Auch bei einer fünf Antwortkategorien treten die stärksten Kontraste in der Anzahl an durchschnittlichen Top-Box Wahlen zwischen den Befragten mit geringer und hoher Bildung bei D2 (ZD) auf, wobei allerdings bei einem reinen Rating (D1) die insgesamt höchsten Mittelwerte aller acht Durchführungsanweisungen zu konstatieren sind.
Bei den höher gebildeten Teilnehmern ergibt sich die größte Reduktion der durchschnittlichen Maximalkategoriebelegungen für D3, wobei – vor allem in der Nettostichprobe 1 – die starke Abweichung zu D4 (LMR) ins Auge springt, denn unter MLR wird in dieser Gruppe im Schnitt fast ein Wert weniger der Option „wichtig" zugewiesen. Dabei darf nicht vergessen werden, dass sich D3 und D4 lediglich in der Reihenfolge der Extrem-Wert-Bestimmung voneinander unterscheiden.
Bei den gering gebildeten Teilnehmern führt in der Nettostichprobe 1 MLRV (D7) zur höchsten Reduktion an mittleren Top-Box Wahlen gegenüber den Verhältnissen bei einem reinen Rating, während diese Position bei einer Beschränkung auf die konsistent antwortenden Personen auch von D3 eingenommen wird.
Hinsichtlich der durchschnittlichen prozentualen Reduktion der Maximalkategoriebelegungen schneiden bei einer fünf-stufigen Antwortskala die gering gebildeten Befragten in beiden Nettostichproben (1: 16,49 % zu 9,66 % und 2: 16,61 % zu 9,95 %) deutlich besser ab als die höher gebildeten Teilnehmer, liegen aber im Mittel immer noch fast zwei Werte über der letztgenannten Gruppe. Diese Angaben spiegeln sich auch in den Effektgrößen beider Gruppen wider, bei denen die geringer gebildeten Personen in beiden Nettostichproben für alle Durchführungsanweisungen höhere Werte erzielen.

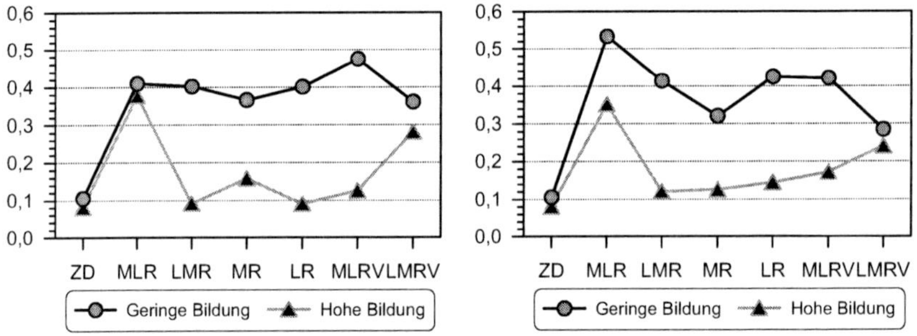

Abbildung 75: Effektgrößen für den Vergleich an Top-Box Wahlen von D1 mit D2 bis D8 in zwei Bildungsgruppen bei einer fünf-stufigen Antwortskala in den Nettostichproben 1 (linkes Diagramm) und 2 (rechtes Diagramm)

Gegenüber einem reinen Rating (D1) erzielen die höher gebildeten Befragten in beiden Nettostichproben nur für MLR und LMRV Effektgrößen, die als niedrig zu kategorisieren sind, während für die geringer gebildeten Teilnehmer alle Durchführungsanweisungen in dieser Kategorie zu verorten sind, und MLR in der Nettostichprobe 2 sogar eine mittlere Effektgröße annimmt. In der Gesamtbetrachtung beider Bildungsgruppen dürfte MLR die bei einer fünf-stufigen Antwortskala eindeutig zu bevorzugende Durchführungsanweisung darstellen, wenn es um die Verminderung an Top-Box Wahlen geht. Hinsichtlich der Varianten mit lediglich einer Extrem-Wert-Bestimmung liegt LR vor MR, auch wenn Erstere bei den höher gebildeten Befragten in Nettostichprobe 1 überraschend eine höhere Effektgröße als LR aufweist.
Wie sich hingegen die Verhältnisse hinsichtlich der durchschnittlichen Top-Box Wahlen bei einer Antwortskala mit elf Alternativen darstellen, ist Gegenstand der nachfolgenden Ausführungen.

	Nettostichprobe 1				Nettostichprobe 2			
	GB	MB	HB	EG GH	GB	MB	HB	EG GH
D1	7,8750	5,9777	4,8977	*0,659*				
D2	7,9362	6,1723	4,3675	**0,862**				
D3	6,7250	4,9898	3,9677	*0,675*	6,3274	4,9079	3,9870	*0,601*
D4	5,5827	5,0309	4,0000	0,409	5,6633	4,9458	3,9459	0,445
D5	7,4722	5,3669	4,0235	**0,851**	8,0315	5,5339	4,0629	**0,996**
D6	7,0725	5,1170	4,1576	*0,759*	7,0556	5,0661	4,1589	*0,770*
D7	6,2585	4,9684	3,9018	*0,588*	5,9275	4,7431	3,5946	*0,610*
D8	7,0216	5,3338	4,1850	*0,659*	8,1538	5,6047	4,5529	*0,601*

Tabelle 97: **Durchschnittliche Anzahl an Top-Box Wahlen in den drei Bildungsgruppen getrennt nach Durchführungsanweisung und Nettostichprobe für die elf-stufige Antwortskala**

Wie nicht anders zu erwarten, sind die durchschnittlichen Top-Box Wahlen bei einer elf-stufigen Antwortskala wesentlich niedriger als bei fünf Kategorien, weil im oberen Bereich jetzt eine feinere Differenzierung möglich ist. Nichtsdestotrotz fallen die Effektgrößen zwischen den beiden extremen Bildungsgruppen höher als im fünf-stufigen Fall aus (insbesondere für D5 bis D7), was vorrangig an den höher gebildeten Befragten liegt, deren prozentuale Reduktion im Vergleich zu einem reinen Rating (D1) im Durchschnitt in beiden Nettostichproben (1: 12,80 % zu 16,57 % und 2: 10,94 % zu 16,38 %) stärker wirkt.
Hinsichtlich der einzelnen Durchführungsanweisungen schneiden in beiden Bildungsgruppen unterschiedliche Varianten am besten ab, denn während bei den geringer gebildeten Befragten D3 (MLR) in beiden Nettostichproben für die prozentual höchsten Reduktionen gegenüber einem reinen Rating (D1) sorgt, übernimmt MLRV (D7) diesen Part bei den höher gebildeten Teilnehmern.
Letztgenannte können insgesamt wesentlich „besser" mit der Kombination von ERR-Techniken und vergleichsweise vielen Antwortoptionen umgehen, denn die durchschnittliche Anzahl an Maximalkategoriebelegungen im Vergleich zu einem reinen Rating ist bei ihnen unter den Konstellationen deutlich schwächer ausgeprägt als bei den geringer gebildeten Befragten.
LMR (D4) ist die Durchführungsanweisung, bei der die größten Unterschiede zur fünf-stufigen Antwortskala auftreten, d.h. hier ergibt sich in beiden Bildungsgruppen und Nettostichproben, prozentual gesehen die höchste Reduktion wenn auf eine elf-stufige Variante zurückgegriffen wird.

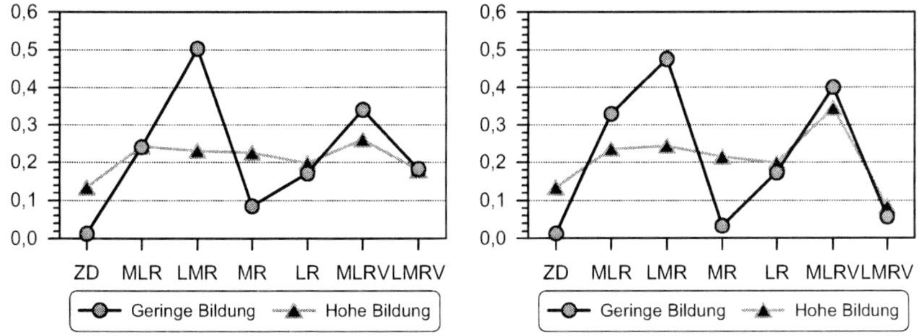

Abbildung 76: **Effektgrößen für den Vergleich an Top-Box Wahlen von D1 mit D2 bis D8 in zwei Bildungsgruppen bei einer elf-stufigen Antwortskala in den Nettostichproben 1 (linkes Diagramm) und 2 (rechtes Diagramm)**

Während die Effektgrößen für die höher gebildeten Befragten – mit Ausnahmen von MLRV in der Nettostichprobe 2 einen relativ gleichmäßigen Verlauf zeigen, ist für die geringer ge-

bildeten Befragten diesbezüglich eine wesentlich stärkere Amplitude zu verzeichnen. Dementsprechend hat die Ausgestaltung der ERR-Techniken für diese Gruppe eine wesentlich stärkere Bedeutung.
Bei der elf-stufigen Antwortskala liegt jetzt auch die Effektgröße der höher gebildeten Befragten für D5 (MR) in beiden Nettostichproben und für D3 in der Nettostichprobe 1 über derjenigen der geringer gebildeten Teilnehmer. Die alleinige Bestimmung des bedeutendsten Wertes der Aufstellung führt in dieser Gruppierung also zu erheblich geringeren Reduktionen bei der Anzahl durchschnittlicher Maximalkategoriebelegungen, die nur etwa halb so hoch ausfallen wie bei einer fünf-stufigen Antwortskala.
Die Reduzierung an Top-Box Wahlen durch die eingesetzten Durchführungsanweisungen fällt bei den betrachteten Bildungsgruppen skalenspezifisch sehr unterschiedlich aus. Während bei den höher gebildeten Befragten auf einer fünf-stufigen Antwortskala eindeutig MLR die in beiden Nettostichproben am besten greifende Vorgehensweise darstellt, liegt bei der elf-stufigen Variante deren relative Version (MLRV) vorne. Bei den geringer gebildeten Teilnehmern sind die Verhältnisse nicht so eindeutig, denn hier besitzt auf einer elf-stufigen Antwortskala zwar eindeutig LMR (D4) das höchste Reduktionspotenzial, allerdings schneiden auf der fünf-stufigen Variante MLRV (Nettostichprobe 1) und MLR (Nettostichprobe 2) am besten ab. Insofern kann an dieser Stelle lediglich konstatiert werden, dass die oben genannten ERR-Techniken in der Lage sind, die Anzahl an mittleren Top-Box Wahlen zu reduzieren, jedoch bildungs- und antwortskalenspezifisch Unterschiede bestehen. Dementsprechend werden jetzt zunächst die anteilspezifischen Daten eines bestimmten Akquieszenz-Musters (mindestens 11 der 17 Werte in der Maximalkategorie verortet) diskutiert, bevor eine abschließende Würdigung der bildungsbezogenen Effekte der ERR-Techniken ansteht.

5.4.3.1.2.2 Bildungsspezifische Anteile akquieszenten Antwortverhaltens

Nach den Durchschnittswerten werden im Folgenden die Anteilswerte an Befragten in den beiden fokussierten Bildungsgruppen für die Akquieszenzgrenze von 67 % (Personen, die mindestens elf Werte der Top-Box Kategorie zugewiesen haben) beleuchtet. Auch an dieser Stelle werden erneut bildungsgruppenspezifische Unterschiede durch eine Differenzbetrachtung der Durchführungsanweisungen 2 bis 8 zur Referenzgröße D1 (RO) bestimmt, die einen Eindruck darüber vermitteln, ob von einem veränderten Antwortverhalten durch den Einsatz der ERR-Techniken anzugehen ist.

	NSP 1						NSP 2					
	GB			HB			GB			HB		
	AG	5	11	AG	5	11	AG	5	11	AG	5	11
D1	35,57	42,08	28,13	13,53	17,68	9,66						
D2	35,29	39,19	31,21	8,83	10,60	7,23						
D3	25,68	26,47	25,00	6,55	6,67	6,45	20,48	20,62	20,35	6,71	6,94	6,49
D4	19,34	23,70	15,11	11,26	15,22	7,22	18,09	21,78	14,29	10,03	13,91	6,08
D5	26,57	26,76	26,39	8,92	11,00	6,47	28,35	27,56	29,13	8,96	11,23	6,29
D6	24,75	27,39	21,74	9,59	12,87	5,98	23,66	26,72	20,37	8,64	12,14	4,64
D7	21,83	24,09	19,73	7,65	9,04	6,13	22,22	28,79	15,94	4,41	5,17	3,60
D8	26,39	27,52	25,18	8,53	9,58	7,51	30,69	29,03	33,33	10,59	11,76	9,41

Tabelle 98: Anteil von Personen mit mindestens elf der Maximalkategorie zugeordneten Werten am Gesamtumfang der jeweiligen Bildungsgruppe für drei skalenspezifische Betrachtungen (aggregiert, fünf und elf Kategorien) in beiden Nettostichproben

Anmerkung: AG = aggregierte Werte für beide Antwortskalen; 5 = fünf-stufige Antwortskala; 11 = elf-stufige Antwortskala; GB = geringe Bildung; HB = höhere Bildung (siehe hierzu auch Seite 446)

In der übergreifenden Betrachtung zeigt sich bei den gering gebildeten Befragten in beiden Nettostichproben für LMR (D4) die stärkste Anteilsreduktion der akquieszent antwortenden Personen gegenüber einem reine Rating. Bei den höher gebildeten Teilnehmern treten Unterschiede auf, denn hier ist in der Nettostichprobe 1 die stärkste Verminderung für MLR zu verzeichnen, während bei einer Fokussierung auf die konsistent antwortenden Befragten MLRV diese Position einnimmt. Über D2 bis D8 hinweg reduziert sich bei den höher gebildeten Personen der Anteil des akquieszenten Antwortstils deutlich stärker (im Durchschnitt um 7,48 Prozentpunkte in der Nettostichprobe 1 und 10,38 Prozentpunkte in der Nettostichprobe 2). Die größten Unterschiede zwischen beiden Bildungsgruppen treten hinsichtlich D4 (LMR) auf, die bei den gering gebildeten Befragten zur maximalen Anteilsreduktion im Vergleich zu D1 führt, während sie bei den höher gebildeten Teilnehmern auf dem letzten (Nettostichprobe 1) bzw. vorletzten (Nettostichprobe 2) Platz landet.

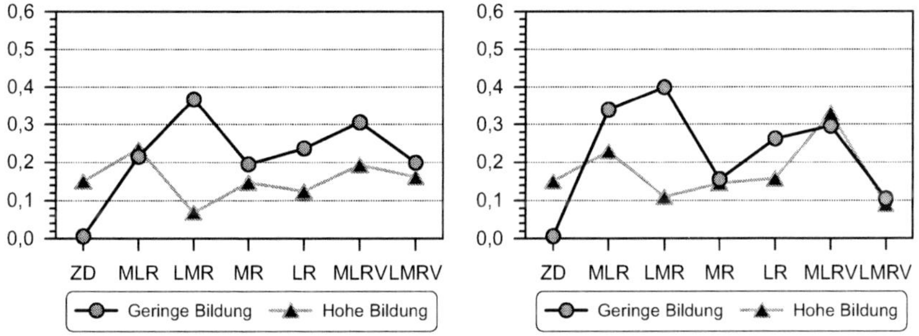

Abbildung 77: Effektgrößen für die Anteilsunterschiede akquieszenter Personen mit geringer und hoher Bildung zwischen D1 und D2 bis D8 in skalenaggregierter Betrachtung für die Nettostichproben 1 (linkes Diagramm) und 2 (rechtes Diagramm)

Die skizzierten Ergebnisse spiegeln sich auch in den Effektgrößen wider, die in der vorstehenden Abbildung aufgeführt sind und bei denen sich sehr deutlich das schlechte Abschneiden von LMR bei den höher gebildeten Personen zeigt.

Bei einer Fokussierung auf die fünf-stufige Antwortskala ändert sich die Spitzenposition bei den gering gebildeten Personen in Nettostichprobe 2 (statt LMR nun MLR), während sich auf Seiten der höher gebildeten Befragten keinerlei Veränderungen zu den übergreifenden Betrachtung ergeben, so dass LMR nach wie vor das Schlusslicht ausmacht.

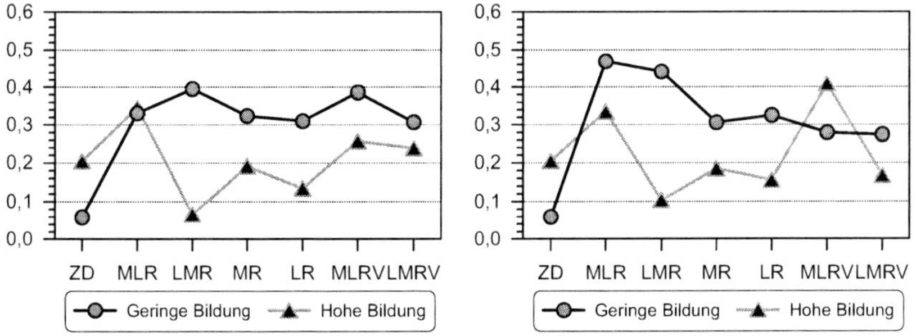

Abbildung 78: Effektgrößen für die Anteilsunterschiede akquieszenter Personen mit geringer und hoher Bildung zwischen D1 und D2 bis D8 bei einer fünf-stufigen Antwortskala für die Nettostichproben 1 (linkes Diagramm) und 2 (rechtes Diagramm)

Auch bei fünf Antwortkategorien fällt der durchschnittliche prozentuale Abbau akquieszenten Antwortverhaltens bei den höher gebildeten Befragten stärker aus (Nettostichprobe 1: 5,68 Prozentpunkte und Nettostichprobe 2: 7,79 Prozentpunkte). Werden die prozentualen Anteilsreduktionen der zwei Bildungsgruppen in beiden Nettostichproben für jede Durchführungsanweisung gemittelt, so nimmt MLR den Spitzenplatz ein.
Stehen also bildungsgruppenübergreifende Reduktionen akquieszenten Antwortverhaltens beim Einsatz einer fünf-stufigen Antwortskala im Vordergrund, so stellt MLR das beste Vorgehen dar, denn damit lässt sich der Anteil akquieszenter Antworten auch bei den gering gebildeten Befragten mehr als halbieren. Soll auf eine relative Variante (Bezugsrahmen) zurückgegriffen werden, so böte sich MLRV an, die den zweiten Platz belegt. Nicht angeraten werden kann hingegen der Einsatz von LMR – es sei denn, es sollen lediglich auf Seiten der gering gebildeten Personen weniger akquieszente Fälle anzutreffen sein, so dass sich das Auftreten in den beiden Bildungsgruppen maximal angleicht.
Während bei einer Fixierung auf die elf-stufige Antwortskala, bei den gering gebildeten Befragten in beiden Nettostichproben LMR (D4) zur größten Anteilsreduktion im Vergleich zu D1 führt, schneiden diesbezüglich bei den höher gebildeten Teilnehmern LR (Nettostichprobe 1) und MLRV (Nettostichprobe 2) am besten ab. Allerdings erreicht in der letztgenannten Gruppe allein MLRV in der Nettostichprobe 2 eine niedrige Effektgröße (siehe rechtes Diagramm in Abbildung 78). Überhaupt ist das Ausmaß der Effektgrößen bei dieser Antwortskala deutlich geringer als bei der fünf-stufigen Variante. Insofern lässt sich konstatieren, dass durch den Einsatz der ERR-Techniken zwar eine Reduktion des Anteils von Personen mit akquieszentem Antwortverhalten möglich ist, diese jedoch bei einer elf-stufigen Antwortskala ein deutlich geringeres Ausmaß annimmt als bei fünf Kategorien.
Die Verminderung der Akquieszenz auf Seiten der höher gebildeten Befragten erreicht bei einer elf-stufigen Antwortskala – trotz der niedrigen Effektgrößen – über die sieben Vergleiche (D1 mit D2 bis D8) ein wesentlich höheres Ausmaß (13,96 Prozentpunkte Differenz in Nettostichprobe 1 und 18,92 in Nettostichprobe 2) als bei den gering gebildeten Befragten. Hinsichtlich der drei skalenbezogenen Betrachtungen nimmt der Differenzwert hier sein maximales Ausmaß an. Damit fällt z.B. bei den höher gebildeten Befragten in der Nettostichprobe 2 die durchschnittliche prozentuale Anteilsreduktion von D2 bis D8 gegenüber D1 mit 35,20 % mehr als doppelt so hoch aus wie bei den gering gebildeten Teilnehmern (16,38 %). Insofern darf man sich durch die relativ moderaten Effektgrößen nicht blenden lassen, denn prozentual gesehen lässt sich durch den Einsatz der ERR-Techniken auch bei den höher gebildeten Befragten ein deutlicher Abbau an akquieszentem Antwortverhalten erzielen.

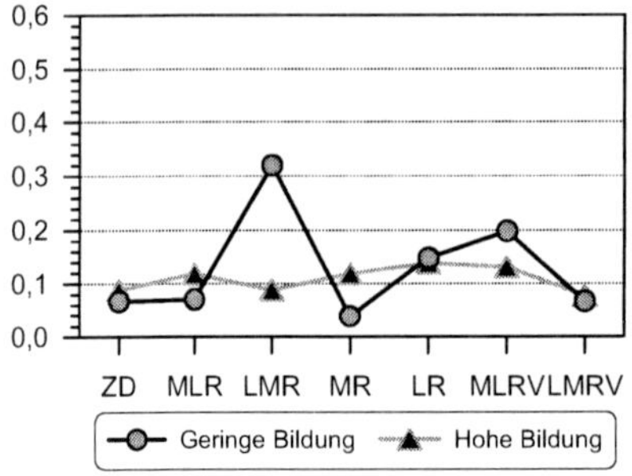

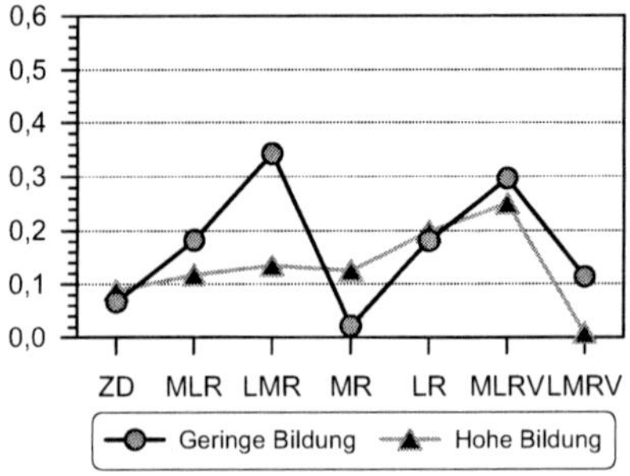

Abbildung 79: Effektgrößen für die Anteilsunterschiede akquieszenter Personen mit geringer und hoher Bildung zwischen D1 und D2 bis D8 bei einer elf-stufigen Antwortskala für die Nettostichproben 1 (linkes Diagramm) und 2 (rechtes Diagramm)

5.4.3.1.2.3 Gegenüberstellung der Effekte beider Akquieszenz-Operationalisierungen

Während bei der Betrachtung der durchschnittlichen Top-Box Wahlen alle Personen zur Akquieszenz-Feststellung beitragen (siehe Abschnitt 5.4.3.1.2.1), werden diesbezüglich bei den Anteilswerten nur diejenigen Teilnehmer einbezogen, die mindestens Zweidrittel (elf) der 17 Werte der Maximalkategorie zuweisen (siehe Abschnitt 5.4.3.1.2.2). Die entsprechenden Unterschiede werden jetzt aufgegriffen.

Um die Wirkungen beider Variablen vergleichbar zu machen, wird jeweils die prozentuale Veränderung bei D2 bis D8 in Bezug auf D1 betrachtet. So reduziert sich beispielsweise in der skalenübergreifenden Betrachtung der Befragten mit geringer Bildung, die mittlere Anzahl der Top-Box Wahlen von 8,7668 (D1) auf 7,1926 (D3; siehe Tabelle 95), was einem Rückgang um 23,69 % entspricht. Hinsichtlich des Akquieszenz-Anteils dieser Gruppierung findet hingegen eine Verminderung um 46,63 % statt (D1 = 35,57 % und D3 = 25,68 %; siehe Tabelle 98).

Um an dieser Stelle einen Gesamtwert betrachten zu können, werden die prozentualen Veränderungen der ERR-Techniken (gegenüber D1) über alle Durchführungsanweisungen von D3 – also ohne ZD (D2) – bis D8 gemittelt.

	Antwort-skala	MTB		AT		Diff GH	
		GB	HB	GB	HB	MTB	AT
NSP 1	Aggregiert	17,51	12,64	32,27	35,33	4,86	-3,06
	5 Optionen	18,41	10,52	38,24	39,31	7,89	-1,07
	11 Optionen	15,06	17,53	21,11	31,40	-2,46	-10,29
NSP 2	Aggregiert	16,55	12,67	32,77	39,22	3,88	-6,46
	5 Optionen	18,55	10,86	38,81	42,35	7,69	-3,55
	11 Optionen	12,89	17,30	20,96	37,01	-4,41	-16,05

Tabelle 99: Durchschnittliche prozentuale Reduktion der mittleren Top-Box Wahlen (MTB) sowie Akquieszenz-Anteilen (AT) in D3 bis D8 im Vergleich zu D1 für die verschiedenen Antwortskalen und zwei Bildungsgruppen in beiden Nettostichproben

Zunächst ist zu konstatieren, dass die durchschnittliche Reduzierung der Akquieszenz-Anteile in beiden Bildungsgruppen deutlich höher ausfällt, als die entsprechende Verminderung der mittleren Anzahl an Top-Box Wahlen. Folglich wirkt sich der Einsatz der ERR-Techniken primär[453] bezüglich der Akquieszenz-Gruppe aus, und schlägt sich weniger in einer allgemeinen Reduktion der Top-Box Wahlen nieder.[454]

Bei der Gegenüberstellung der zwei Bildungsgruppen lassen sich allerdings nuancierte Unterschiede ausmachen, denn während hinsichtlich der Akquieszenz-Anteile die höher gebildeten Befragten in allen Fällen eine größere Reduzierung zeigen (letzte Spalte in Tabelle 99), schneiden die Teilnehmer mit geringerer Bildung skalenübergreifend und bei einer fünf-stufigen Antwortskala bezüglich der Verminderung der Anzahl mittlerer Top-Box Wahlen besser ab. Bei elf Antwortoptionen liegen allerdings die höher gebildeten Befragten auch in dieser Hinsicht vorne. Dementsprechend muss beim Einsatz der ERR-Techniken unter bildungsmäßigen Gesichtspunkten ein besonderes Augenmerk auf die zugrunde liegende Unterteilung der Antwortskala gelegt werden, denn bei weniger (hier: fünf) Optionen ist mit gegensätzlichen Effekten bei der Veränderung der Akquieszenz-Anteile (stärker bei den höher gebildeten Befragten) und der mittleren Anzahl an Top-Box Wahlen (stärker bei den geringer gebildeten Teilnehmern) zu rechnen. Dies führt dazu, dass die Spannweite (Differenz zwischen Akquies-

[453] Die Aussage stützt sich natürlich lediglich auf die hier vorliegenden Daten eines Zwischen-Subjekt-Designs, und bedarf daher zu ihrer Absicherung noch eines Inner-Subjekt-Designs, damit personenspezifische Veränderungen festgestellt werden können. Dies ist bei der Darstellung immer im Hinterkopf zu behalten.

[454] Letzteres ist auch schwieriger, weil bei einem positiven Konstrukt (und einer Skalenweite, die geringer als die Anzahl einzuordnender Objekte ausgelegt ist) davon auszugehen ist, dass eine gewisse Menge an Listeneinträgen per se der Maximalkategorie zugeordnet wird.

zenz-Anteil und mittlerer Anzahl an Top-Box Wahlen) der gesamten prozentualen Veränderungen bei den geringer gebildeten Befragten schmaler ausfällt, womit die Akquieszenz-Schätzungen über beide Kriterien in dieser Befragtengruppe enger beieinander liegen.

Differenz Akquieszenz-Anteil und mittlere Anzahl an TB Wahlen	Antwortskala übergreifend GB	HB	fünf-stufig GB	HB	elf-stufig GB	HB
Nettostichprobe 1	14,76	22,69	19,83	28,79	6,05	13,87
Nettostichprobe 2	16,21	26,55	20,26	31,50	8,07	19,71

Tabelle 100: Differenz der durchschnittlichen prozentualen Reduktionen der Akquieszenz-Anteile und der mittleren Top-Box (TB) Wahlen von D1 mit D3 bis D8 in Prozentpunkten für die zwei Bildungsgruppen und beide Nettostichproben

Zunächst ist festzuhalten, dass Differenzen zwischen den beiden Prüfgrößen immer positiv ausfallen (d.h. die Akquieszenz-Anteile reduzieren sich stärker als die mittlere Anzahl an Top-Box Wahlen) und in der Nettostichprobe 2 ebenfalls ein höheres Ausmaß annehmen als in der Nettostichprobe 2. Dementsprechend verschieben sich die Verhältnisse bei einer Fokussierung auf die konsistent antwortenden Befragten weiter auseinander, was auf Seiten der höher gebildeten Befragten insbesondere an der Ausweitung des Akquieszenz-Anteils liegt, während bei den geringer gebildeten Befragten die Ursache in der Reduzierung der mittleren Anzahl an Top-Box Wahlen (insbesondere auf einer fünf-stufigen Antwortskala) zu finden ist (siehe Tabelle 99).
Zum Abschluss wird noch die durchschnittliche Betrachtung der Veränderungen bei D3 bis D8 aufgegeben, und eine explizite Gegenüberstellung zwischen D1 und D3 fokussiert. Der Grund für diese zusätzliche Analyse liegt in der möglichen Nivellierung der Effekte über die Durchführungsanweisungen, denn insbesondere die beiden Varianten mit lediglich einer Extrem-Wert-Bestimmung (D5 und D6) erreichen nicht das Ausmaß an Veränderungen, das z.B. für MLR zu konstatieren ist (siehe Tabelle 95 bis Tabelle 98).

	Antwort-skala	MTB GB	MTB HB	AT GB	AT HB	Diff GH MW	Diff GH AT
NSP 1	Aggregiert	17,96	20,22	27,80	51,59	-2,26	-23,78
	5 Optionen	18,90	20,71	37,10	62,27	-1,81	-25,18
	11 Optionen	14,60	18,99	11,13	33,23	-4,39	-22,10
NSP 2	Aggregiert	23,20	18,99	42,42	50,41	4,20	-7,98
	5 Optionen	24,51	19,34	51,00	60,75	5,17	-9,75
	11 Optionen	19,65	18,59	27,66	32,82	1,06	-5,16

Tabelle 101: Prozentuale Reduktion der mittleren Top-Box Wahlen (MTB) sowie Akquieszenz-Anteile (AT) in D3 im Vergleich zu D1 für die verschiedenen Antwortskalen und zwei Bildungsgruppen in beiden Nettostichproben

Wenn anstatt der durchschnittlichen Veränderungen bei allen ERR-Techniken (D3 bis D8), ausschließlich die Verschiebungen in Bezug auf D3 (MLR) fokussiert werden, ergeben sich hinsichtlich der Differenz bei den mittleren Anzahlen an Top-Box Wahlen zwischen beiden Bildungsgruppen abweichende Ergebnisse, denn hier haben jetzt die geringer gebildeten Befragten in der Nettostichprobe 1 bei allen drei skalenmäßigen Betrachtungen größere Prozentsätze als die höher gebildeten Befragten, während Letztere in der Nettostichprobe 2 immer die Nase vorn haben. Außerdem fallen die Unterschiede bei den zwei Bildungsgruppen für die Akquieszenz-Anteile in der Nettostichprobe 1 nun wesentlich stärker zugunsten der höheren Bildungsgruppe aus, während dies in der Nettostichprobe 2 für eine elf-stufige Antwortskala nicht mehr der Fall ist. Hier zeigt sich einmal mehr, dass die Behandlung der inkonsistent antwortenden Befragten, zu deutlichen Resultatsverschiebungen führen kann, so dass ihre grundsätzliche Behandlung (Einschluss oder Elimination) überlegt fixiert werden sollte. Die

Ergebnisdifferenzen zwischen geringer und höher gebildeten Befragten gehen bei einer Beschränkung auf den Vergleich von D1 (RO) mit D3 (MLR) deutlich zurück, wenn die Nettostichprobe 2 fokussiert wird. Allerdings sind dort dann unterschiedliche Tendenzen auszumachen, denn bei den geringer gebildeten Teilnehmern reduziert sich die Anzahl an mittleren Top-Box Wahlen stärker als bei den höher gebildeten Befragten, während sich in der letztgenannten Gruppierung die Akquieszenz-Anteile entsprechend verhalten. Infolgedessen kann dem Bildungsgrad auch in dieser Untersuchung ein Einfluss auf die Abgabe akquieszenter Antworten attestiert werden.

Um eine Einstufung der Durchführungsanweisungen hinsichtlich ihrer Effekte auf das Verhalten bei den Top-Box Wahlen im Rahmen der Ratings vornehmen zu können, ist zunächst die Frage zu klären, was diese optimalerweise erreichen sollten. Da die Maximalkategorie prinzipiell zu häufig gewählt wird, erscheint es angebracht, wenn diesbezüglich eine merkliche Reduktion gewährleistet werden könnte. Wie die vorangegangenen Ausführungen verdeutlicht haben, sind die prozentualen Verminderungen gegenüber den Verhältnissen bei einem reinen Rating (D1) allerdings bildungs-, kriterien- und skalenspezifisch. So ergeben sich die nachfolgend aufgelisteten maximalen Fallreduzierungen in den zwei Bildungsgruppen für beide Kriterien unter den folgenden Konstellationen:

		Nettostichprobe 1			Nettostichprobe 2		
Bildung	Kriterium	D	Reduktion	Skala	D	Reduktion	Skala
GB	MTB	D4	29,11 %	11	D4	28,09 %	11
HB	MTB	D3	20,71 %	5	D7	26,61 %	11
GB	AT	D4	46,29 %	11	D3	51,00 %	5
HB	AT	D3	62,27 %	5	D7	70,76 %	5

Tabelle 102: Auflistung der Durchführungsanweisungen (D) und Antwortskalen mit den höchsten Reduktionen akquieszenter Antworten nach den zwei Kriterien mittlere Anzahl an Top-Box Wahlen (MTB) und Anteil akquieszenter Personen (AT) in beiden Bildungsgruppen sowie Nettostichproben

Wie der vorstehenden Übersicht zu entnehmen ist, muss eine Entscheidung zwischen D3, D4 und D7 gefällt werden, wenn die höchstmögliche Reduktion akquieszenten Antwortverhaltens im Vordergrund steht. Allerdings ist dabei auch noch die Antwortskala zu berücksichtigen, denn die zwei hier eingesetzten Varianten liegen in jeweils vier Fällen vorne. Werden beide Bildungsgruppen und Kriterien zusammengefasst, so fällt für D7 in Verbindung mit einer elfstufigen Antwortskala die größte Verminderung an Top-Box Wahlen an, gefolgt von D3 in Kombination mit einer fünf-stufigen Antwortskala. Beide Angaben beziehen sich auf die Nettostichprobe 2, setzten also voraus, dass nur die konsistent antwortenden Befragten fokussiert werden. D3 schneidet gegenüber D7 vor allem hinsichtlich des Akquieszenz-Anteils deutlich schlechter ab, so dass bei einer stärkeren Relevanz der generellen Verminderung der Top-Box Wahlen, durchaus auf D3 zurückgegriffen werden kann. Außerdem werden in Erhebungen ja sehr häufig fünf-stufige Antwortskalen eingesetzt, so dass auch aus diesem Grunde MLR zu favorisieren wäre.

Ist der Bildungsaspekt in einer Untersuchung von besonderer Relevanz, so dürfte ebenfalls D3 die adäquate Vorgehensweise sein, denn damit fallen die Differenzen zwischen den beiden hier betrachteten Gruppierungen (GB und HB) im Rahmen der Nettostichprobe 2 deutlich moderater aus als für D7, d.h. die jeweiligen prozentualen Verminderungen der mittleren Anzahl an Top-Box Wahlen und Akquieszenz-Anteilen verlaufen unter MLR gleichmäßiger.

Nach der Diskussion der bildungsspezifischen Besonderheiten im Rahmen der akquieszenten Antwortabgaben, steht nachfolgend mit dem Geschlecht die zweite, in diesem Zusammenhang immer wieder thematisierte (siehe Abschnitt 3.2.2.2.1), Variable im Fokus.

5.4.3.2 Geschlechtsspezifisches Antwortverhalten bezüglich der Top-Box Kategorie

Allgemein unterscheiden sich Männer und Frauen hinsichtlich ihrer durchschnittlichen Beurteilungen des bedeutendsten Wertes (Nettostichprobe 2 und elf-stufige Antwortskala) sowie aller 17 Werte, wobei die letztgenannte Differenz den deutlich höheren Betrag aufweist. In allen Fällen der Nettostichprobe 2 zeigen die Frauen dabei den größeren Mittelwert.

Wert	S	Sex	Nettostichprobe 1				Nettostichprobe 2			
			N	MW	SA	EG	N	MW	SA	EG
Least	5	M	2978	2,3207	1,3015	0,012	2102	1,8173	0,8267	0,082
		F	1855	2,3057	1,3125		1366	1,8880	0,9242	
	11	M	2995	4,3920	3,1040	0,016	2040	3,1789	2,0161	0,044
		F	1905	4,3428	3,1544		1347	3,2725	2,2409	
Most	5	M	2969	4,6878	0,8286	0,024	2155	4,9657	0,2375	0,054
		F	1870	4,7080	0,8367		1425	4,9782	0,2315	
	11	M	2964	10,1636	2,0148	0,089	2051	10,8796	0,5223	0,216
		F	1918	10,3379	1,8727		1394	10,9706	0,1891	
Alle	5	M	4748	3,9627	0,4668	0,461	3826	3,9752	0,4452	0,479
		F	2994	4,1736	0,4420		2494	4,1861	0,4339	
	11	M	4739	8,5475	1,1273	0,455	3716	8,5731	1,0774	0,475
		F	3018	9,0398	1,0098		2437	9,0677	0,9831	

Tabelle 103: Durchschnittsbeurteilungen für den als unbedeutendster (Least) und bedeutendster (Most) Listeneintrag identifizierten Wert sowie über alle 17 Werte für Männer (M) und Frauen (F) auf den zwei Antwortskalen und für beide Nettostichproben

Anmerkung: S = Skala; N = Anzahl Personen; MW = Mittelwert; SA = Standardabweichung; EG = Effektgröße

Wie sich diese generellen Divergenzen speziell bezüglich der Nutzung der Top-Box Kategorie darstellen, wird im Weiteren erläutert. Auch hier stehen zunächst die skalenaggregierten (siehe Abschnitt 5.2.3) Daten im Vordergrund, bevor eine separate Auswertung der Angaben auf einer fünf- und elf-stufigen Antwortskala erfolgt.

Dabei sind geschlechtsintern zwischen den beiden Nettostichproben keine nennenswerten Unterschiede auszumachen, und zwar sowohl skalenübergreifend, als auch unterteilt nach den fünf- und elf-stufigen Antwortskalen (siehe Tabelle 104).

	Antwortskala								
	übergreifend			fünf-stufig			elf-stufig		
	NSP 1	NSP 2	EG	NSP 1	NSP 2	EG	NSP 1	NSP 2	EG
Männer	5,4190	5,4345	0,004	6,2563	6,2661	0,003	4,5801	4,5783	0,000
Frauen	7,5063	7,5755	0,017	8,3514	8,3962	0,012	6,6680	6,7357	0,016

Tabelle 104: Durchschnittliche Anzahl der skalenspezifischen Wahl der Maximalkategorie aufgeteilt nach dem Geschlecht für beide Nettoststichproben

Anmerkung: NSP = Nettostichprobe; EG = Effektgröße

Bezüglich der Top-Box Wahlen lassen sich auch in der vorliegenden Untersuchung die bereits in der Literatur berichteten (siehe Abschnitt 3.2.2.2.1) Unterschiede zwischen weiblichen und männlichen Befragten erkennen, denn die letztgenannte Gruppe ordnet im Durchschnitt etwa zwei Werte weniger der Maximalkategorie zu. Ob sich diesbezüglich Auswirkungen der variierten Instruktionen für das Rating zeigen, ist Gegenstand der Ausführungen des folgenden Abschnitts, in dem – analog zur bildungsspezifischen Diskussion – sowohl eine Behandlung der mittleren Anzahl an Top-Box Wahlen, als auch der Akquieszenz-Anteile vorgenommen wird.

5.4.3.2.1 Durchführungsanweisungsbezogene Analyse der mittleren Anzahl an Top-Box Wahlen der beiden Geschlechter

Das generelle Muster (siehe Tabelle 104) der höheren mittleren Anzahl an Maximalkategoriebelegungen bei Frauen gegenüber Männern, hat auch bei einer Aufteilung nach Durchführungsanweisungen weiter Gültigkeit.

	Nettostichprobe 1			Nettostichprobe 2		
	Männer	Frauen	EG MF	Männer	Frauen	EG MF
D1	6,2453	8,3965	0,492			
D2	6,0786	8,2213	*0,504*			
D3	5,0410	6,9813	0,490	4,7914	6,9768	*0,576*
D4	5,0390	7,2283	*0,545*	4,9050	7,2341	*0,590*
D5	5,3669	7,3429	*0,500*	5,5107	7,4734	0,496
D6	5,4988	7,3924	0,482	5,3939	7,3461	*0,506*
D7	5,0720	7,0029	0,482	4,7126	6,7780	*0,519*
D8	5,0357	7,5092	*0,651*	5,2059	7,8375	*0,670*

Tabelle 105: Durchschnittliche Anzahl an skalenübergreifenden Top-Box Wahlen bei Männern und Frauen getrennt nach Durchführungsanweisung und Nettostichprobe

Anmerkung: EG MF = Effektgröße für die Differenz zwischen männlichen und weiblichen Personen; Die Formatierung der Effektgrößen erfolgt analog zur Fußnote 345

Beim Vergleich der beiden Geschlechter sticht in der Nettostichprobe 1 vor allem der Kontrast bei D8 ins Auge, denn während Männer dort die durchschnittlich geringste Anzahl an Top-Box Wahlen zeigen, macht der Wert für Frauen das Maximum im Rahmen der ERR-Techniken aus und liegt damit noch über den beiden Durchführungsanweisungen mit nur einer Extrem-Wert-Bestimmung. Während D8 bei den Frauen die Position auch bei einer Beschränkung auf die konsistent antwortenden Personen beibehält, schiebt sich bei den Männern allerdings D7 an die Spitze.
Die Verhältnisse beim Vergleich der beiden Nettostichproben sind von der Tendenz nur für D4 verschieden (bei Männern reduziert sich mittlere Anzahl an Maximalkategoriebelegungen, während sie sich für Frauen erhöht), und umfassen ansonsten lediglich Niveauunterschiede. Allerdings sind die prozentualen Veränderungen gegenüber den Konstellationen bei D1 in der Nettostichprobe 2 für die Männer durchweg höher als für die Frauen, d.h. die ERR-Techniken führen bei ihnen zu einer stärkeren Reduktion an mittleren Top-Box Wahlen. Diese Differenz macht maximal immerhin fast 10 Prozentpunkte (9,99 für D8) aus.

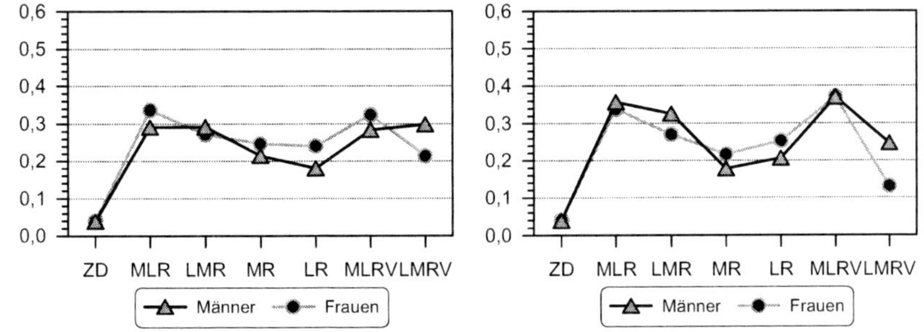

Abbildung 80: Geschlechtsspezifische Effektgrößen für den Vergleich an Top-Box Wahlen von D2 bis D8 mit D1 bei einer skalenübergreifenden Betrachtung in den Nettostichproben 1 (linkes Diagramm) und 2 (rechtes Diagramm)

Während bei der durchschnittlichen Anzahl an Maximalkategorien deutliche Differenzen zwischen Männern und Frauen auftreten (siehe Tabelle 105), divergieren die entsprechenden Effektgrößen nur unwesentlich, erreichen aber für alle ERR-Techniken – mit Ausnahme der männlichen Teilnehmer bei LR (D6) – ein niedriges Ausmaß. Generell fallen die Effektgrößen für die weiblichen Befragten etwas höher als für die Männer aus, wobei allerdings die betragsmäßig stärkste Abweichung für LMRV (D8) auftritt, bei der die männlichen Teilnehmer einen um 0,084 Einheiten höheren Wert aufweisen (siehe linkes Diagramm in Abbildung 80).
In Top-Box Wahlen ausgedrückt bedeutet dies, dass bei der Anwendung von MLR (D3) gegenüber einem reinen Rating (RO), von den Frauen im Durchschnitt fast eineinhalb Werte (1,4150) weniger der Maximalkategorie zugeordnet werden. Dies entspricht einem Anteil von 8,32 % des gesamten Möglichkeitsspektrums (0-17). Bei den Männern fällt dieser Anteil mit 7,08 % etwas geringer aus, allerdings ist ihr Ausgangsniveau ja schon erheblich kleiner als das der Frauen.
Werden lediglich die konsistent antwortenden Befragten betrachtet, so fallen für beide Geschlechter vor allem die konträren Entwicklungen für D7 (Erhöhung) und D8 (Verminderung) auf. Außerdem wird die maximale Effektgröße jetzt einheitlich durch D7 ausgefüllt. Während auf Seiten der Männer in der Nettostichprobe 1 (D6) LR die Kategorisierung als niedrige Effektgröße verpasste, trifft dies nach der Elimination der inkonsistent antwortenden Befragten jetzt auf D5 (MR) zu, so dass für beide Durchführungsanweisungen mit nur einer Extrem-Wert-Bestimmung, unter den ERR-Techniken gegenüber D1 die geringsten Verbesserungen in Form reduzierter mittlerer Top-Box Wahlen zu verzeichnen sind. Diese betragen aber immer noch mehr als einen halben Wert, und entsprechen – bezogen auf die Spannweite von 17 bei dieser Betrachtung – einer Reduktion von etwas mehr als 4,30 %.
In der sich jetzt anschließenden separaten Analyse der Antwortskalen steht zunächst die Variante mit den fünf Optionen im Mittelpunkt.

	Nettostichprobe 1			Nettostichprobe 2		
	Männer	**Frauen**	**EG MF**	**Männer**	**Frauen**	**EG MF**
D1	7,2583	9,2442	0,491			
D2	6,8713	9,1038	*0,571*			
D3	5,7886	7,9255	*0,572*	5,5520	7,7453	*0,491*
D4	6,1184	8,1287	*0,521*	5,9705	8,0413	*0,571*
D5	6,0912	7,9304	0,497	6,1921	8,0000	*0,611*
D6	6,3758	8,5442	*0,577*	6,2778	8,4497	*0,548*
D7	5,7663	7,8238	*0,559*	5,4139	7,8034	*0,490*
D8	5,7914	8,1044	*0,642*	5,8567	8,4350	*0,585*

Tabelle 106: Durchschnittliche Anzahl an Top-Box Wahlen bei Männern und Frauen getrennt nach Durchführungsanweisung und Nettostichprobe für die fünf-stufige Antwortskala

Anmerkung: EG MF = Effektgröße für die Differenz zwischen den männlichen und weiblichen Befragten; Die Formatierung der Effektgrößen erfolgt analog zur Fußnote 345

Bei beiden Geschlechtern führt die alleinige Bestimmung des Least-Wertes zu einer geringeren Reduktion an Top-Box Wahlen als die ausschließliche Identifikation des bedeutendsten Wertes. Offensichtlich funktioniert auf einer fünf-stufigen Antwortskala also die Verminderung an Top-Box Wahlen durch die alleinige Auswahl des unbedeutendsten Wertes nicht so gut wie bei elf Antwortoptionen (siehe Tabelle 107). Werden hingegen beide Extrem-Werte bestimmt, so nehmen bei beiden Geschlechtern D3 (MLR) und D6 (LR) – allerdings in vertauschter Reihenfolge – die Spitzenplätze bei den Reduktionen der mittleren Anzahl an Top-Box Wahlen ein, so dass sich hier möglicherweise doch eine positive Wirkung der Identifikation des unbedeutendsten Wertes als zweitem Extrem-Wert offenbart.

Wenn die Verhältnisse bei D1 als Referenzgröße fungieren, dann erreichen die Männer über alle sechs ERR-Techniken eine durchschnittliche Reduktion ihrer Anzahl mittlerer Top-Box Wahlen von 17,49 % in Nettostichprobe 1 und 19,03 % in Nettostichprobe 2. Bei den Frauen fällt dieser Satz niedriger aus, und beträgt in beiden Nettostichproben nur rund 12,60 %.
Männer weisen schon bei einem reinen Rating weniger Top-Box Wahlen auf, und reduzieren deren Anteil durch die ERR-Techniken nochmals stärker als die Frauen. Das Verhältnis von Männern zu Frauen bezüglich der mittleren Anzahl an Maximalkategoriebelegungen spreizt sich also durch den Einsatz der ERR-Techniken, denn während es auf einer fünf-stufigen Antwortskala in Nettostichprobe 2 bei einem reinen Rating 0,7852 beträgt, fällt es für D7 auf minimal 0,6938 – dies zeigt eine proportional stärkere Einstufung der Werte als „wichtig" bei den weiblichen Teilnehmern durch die ERR-Techniken gegenüber einem reinen Rating an. Auch dieser Mechanismus darf bei einer Evaluation der Einsatzmöglichkeiten der vorliegend getesteten Vorgehensweise nicht unberücksichtigt bleiben.

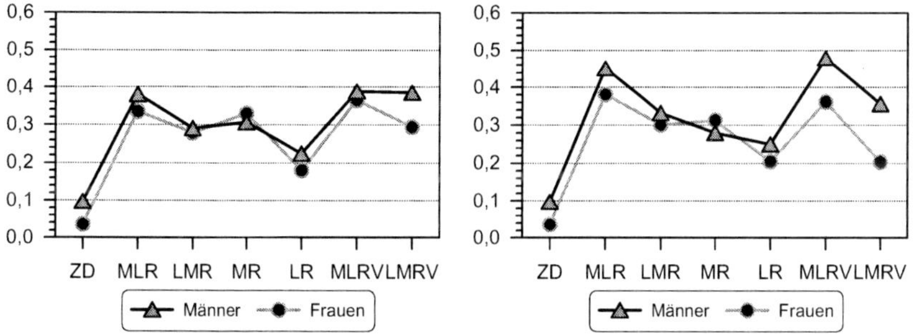

Abbildung 81: Geschlechtsspezifische Effektgrößen für den Vergleich an Top-Box Wahlen von D2 bis D8 mit D1 bei einer fünf-stufigen Antwortskala in den Nettostichproben 1 (linkes Diagramm) und 2 (rechtes Diagramm)

Auf der elf-stufigen Antwortskala fällt die Spreizung hingegen deutlich moderater aus – hier gelingt es den Frauen sogar bei D6 in der Nettostichprobe 2, das ursprüngliche Verhältnis bei RO (0,6937) zu verbessern (0,7276). Dementsprechend ist auch die Ausgestaltung der Antwortskala in diese Überlegungen mit einzubeziehen.
Prinzipiell verlaufen die Entwicklungen der Effektgrößen bei Männern und Frauen parallel und lediglich für die beiden relativen ERR-Techniken (D7 und D8) sind vergleichsweise deutliche Unterschiede auszumachen. Mit Ausnahme von MR (D5) fallen die Effektgrößen für die männlichen Teilnehmer immer höher als für die weiblichen Personen aus. Bis auf LR (D6) bei den Frauen in Nettostichprobe 1 erreichen zudem alle Effektgrößen der ERR-Techniken ein niedriges Ausmaß.
Bei einer Fokussierung auf die konsistent antwortenden Befragten, verstärken sich die Unterschiede zwischen den Geschlechtern was sich im „Auseinanderdriften" der Kurven der Effektgrößen (siehe rechtes Diagramm in Abbildung 81) manifestiert.
Nach der Beschreibung der Zusammenhänge auf der grob kategorisierten Antwortskala, folgen nun die entsprechenden Angaben für die tiefer gegliederte elf-stufige Variante. Wie aufgrund der durch die sechs zusätzlichen Kategorien möglichen feineren Differenzierung der Einstufungen nicht anders zu erwarten war, liegen die Mittelwerte der Top-Box Wahlen der elf-stufigen Antwortskala (siehe Tabelle 107) deutlich unter denjenigen der fünf-stufigen Variante (siehe Tabelle 106). Von der Möglichkeit zur nuancierten Beurteilung wird allerdings verstärkt von den männlichen Befragten Gebrauch gemacht, denn prozentual gesehen fallen ihre Rückgänge (gegenüber der fünf-stufigen Antwortskala) für alle Durchführungsanweisungen stärker als bei den Frauen aus. Der Abstand zwischen den Geschlechtern ist für D7 minimal (0,07 Prozentpunkte) und D4 maximal (15,59 Prozentpunkte).

	Nettostichprobe 1			Nettostichprobe 2		
	Männer	Frauen	EG MF	Männer	Frauen	EG MF
D1	5,1938	7,4875	0,512			
D2	5,3010	7,3600	0,467			
D3	4,3269	6,1479	0,454	4,0418	6,2130	0,565
D4	3,9541	6,3650	0,615	3,8372	6,4217	0,666
D5	4,6241	6,7414	0,517	4,7808	6,9157	0,518
D6	4,6317	6,2186	0,413	4,5187	6,2104	0,451
D7	4,3398	6,0848	0,417	3,9453	5,6923	0,425
D8	4,3003	6,9594	0,688	4,4462	7,2500	0,700

Tabelle 107: Durchschnittliche Anzahl an Top-Box Wahlen von Männern und Frauen getrennt nach Durchführungsanweisung und Nettostichprobe für die elf-stufige Antwortskala

Anmerkung: EG MF = Effektgröße für die Differenz zwischen Männern und Frauen

Trotzdem fällt die Differenz, bei einem expliziten Vergleich der Verhältnisse auf einer fünf- mit denjenigen auf einer elf-stufigen Antwortskala, für jeweils die Hälfte der Durchführungsanweisungen bei den Männern (D1, D4, D5 und D8) und Frauen (D2, D3, D6 und D7) höher aus. Der maximale Unterschied bei den männlichen Teilnehmern ist dabei für D4 (LMR) zu konstatieren – hier werden auf einer elf-stufigen Antwortskala im Durchschnitt 2,1644 Werte weniger der Top-Box Kategorie zugewiesen – während diesbezüglich bei den Frauen D6 (LR) die Nase vorn hat (2,3257). Die Bestimmung des Least-Wertes scheint also gerade bei einer tiefer gegliederten Skala bei den Frauen einen stärkeren Effekt zu zeigen als bei den Männern, zumindest hinsichtlich der Top-Box Wahlen.
Bei der elf-stufigen Antwortskala tritt bei den männlichen Befragten die Besonderheit auf, dass nicht das reine Rating (RO) die höchste durchschnittliche Anzahl an Top-Box Wahlen auf sich vereinigt, sondern D2 (ZD: Rating nach einem zweimaligen Durchlesen des Werte-Inventars). Für die Frauen ändert sich an der Reihenfolge von D1 und D2 hingegen nichts.

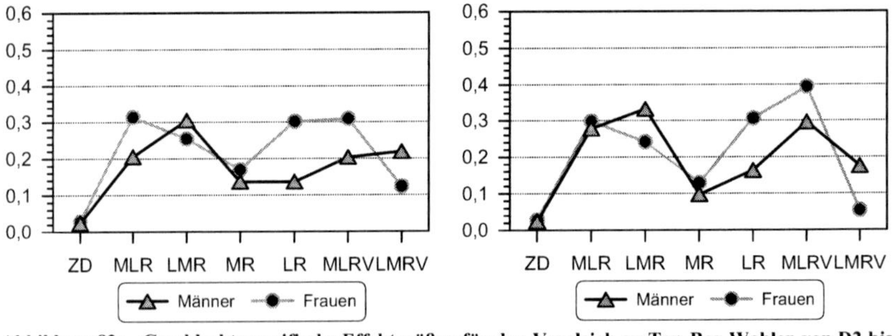

Abbildung 82: Geschlechtsspezifische Effektgrößen für den Vergleich an Top-Box Wahlen von D2 bis D8 mit D1 bei einer elf-stufigen Antwortskala in den Nettostichproben 1 (linkes Diagramm) und 2 (rechtes Diagramm)

Die Kurven der Effektgrößen verlaufen bei einer elf-stufigen Antwortskala weniger parallel wie bei fünf Antwortkategorien (siehe Abbildung 81 und Abbildung 82). Auch die Übereinstimmungen hinsichtlich der Effektgrößen sind jetzt nicht mehr so stark gegeben. Insofern dürfte von einem unterschiedlichen Handling der beiden Geschlechter für beide eingesetzten Skalen auszugehen sein, insbesondere wenn „mehr" Antwortkategorien zur Verfügung stehen.

Bei einer Fokussierung auf die konsistent antwortenden Befragten tritt bei den Frauen das Phänomen auf, dass die durchschnittliche Anzahl an Top-Box Wahlen unter D8 (LMRV) fast an die Werte von D1 und D2 herankommt. Insofern dürfte hier ein hohes Schwierigkeitspotenzial vorgelegen haben bzw. die konsistent antwortenden Personen haben doch eher wie bei einem alleinigen Rating geantwortet. Bei den Männern ist zwar auch eine leichte Erhöhung der Top-Box Wahlen gegenüber anderen ERR-Techniken zu konstatieren, allerdings reicht ihr Ausmaß bei weitem nicht an D1 und D2 heran, zumal die beiden Varianten mit nur einer Extrem-Wert-Bestimmung (D5 und D6) ebenfalls noch höhere Mittelwerte aufweisen.
Für fünf der sieben Effektgrößen fallen jetzt die Beträge der Frauen höher aus als diejenigen der Männer, was auf der fünf-stufigen Antwortskala noch umgekehrt gegeben war. Bei den weiblichen Befragten gibt es in der Nettostichprobe 2 mit D7 (MLRV) einen klaren Favoriten, während diese Position – wenn auch nicht ganz so deutlich – bei den Männern durch D4 (LMR) ausgefüllt wird.
Damit zeigt sich auch hier wieder das – schon im Rahmen der bildungsspezifischen Analysen aufgetretene – Problem, dass es keine einheitliche Durchführungsanweisung gibt, die für beide Gruppen zur maximalen Reduzierung der mittleren Anzahl an Top-Box Wahlen führt. Dementsprechend ist auch in diesem Fall noch eine weitergehende Betrachtung notwendig, die aber erst nach der folgenden Diskussion der geschlechtsspezifischen Akquieszenz-Anteile in Angriff genommen wird.

5.4.3.2.2 Anteilswerte des akquieszenten Antwortstils bei Männern und Frauen

Zur Analyse des Antwortstils „Akquieszenz" wird auch für das Geschlecht der Teilnehmer nicht allein die mittlere Anzahl an Top-Box Wahlen herangezogen, sondern – ebenso wie bei der Variablen „Bildung" (siehe Abschnitt 5.4.3.1.2.2) – zusätzlich der Anteil an Befragten fokussiert, der mindestens elf der 17 Werte der Maximalkategorie zugeordnet hat. Die diesbezügliche Analyse betrachtet die Differenz zwischen dem Prozentsatz an Personen mit akquieszentem Antwortverhalten in D1 (Referenzgruppe) und den anderen sieben Durchführungsanweisungen (D2 bis D8).

	Nettostichprobe 1						Nettostichprobe 2					
	Männer			Frauen			Männer			Frauen		
	AG	5	11	AG	5	11	AG	5	11	AG	5	11
D1	17,06	20,67	13,32	33,06	38,44	27,30						
D2	17,47	19,05	15,92	29,69	34,70	24,80						
D3	10,00	10,07	9,94	21,57	26,86	16,90	7,90	7,86	7,95	20,43	24,53	16,36
D4	10,60	14,38	6,80	24,41	27,61	21,34	9,08	12,45	5,71	23,73	26,67	20,77
D5	10,75	11,61	9,86	23,34	23,71	22,96	11,14	12,03	10,19	24,15	24,14	24,16
D6	11,29	13,40	9,21	21,52	28,69	14,21	10,17	12,10	8,25	20,26	27,36	12,94
D7	10,28	11,02	9,51	20,46	23,04	17,58	8,13	8,61	7,60	18,24	23,08	13,12
D8	9,52	10,69	8,39	22,30	25,27	19,54	9,93	10,58	9,16	25,77	28,81	22,78

Tabelle 108: Anteil von Personen mit mindestens elf der Maximalkategorie zugeordneten Werten am Gesamtumfang der jeweiligen Geschlechtsgruppe für drei antwortskalenspezifische Betrachtungen (aggregiert, fünf und elf Kategorien) in beiden Nettostichproben

Anmerkung: AG = aggregierte Werte für beide Antwortskalen; 5 = fünf-stufige Antwortskala; 11 = elf-stufige Antwortskala

Als erstes ist zu konstatieren, dass der Anteil akquieszenter Personen unter den Frauen, für jede Kombination von Antwortskala und Durchführungsanweisung, höher ausfällt als bei den Männern. Der diesbezüglich maximale Unterschied (18,23 Prozentpunkte) tritt in der Nettostichprobe 2 für eine fünf-stufige Antwortskala und D8 (LMRV) auf, während sich die minimale Anteilsverschiedenheit (4,69 Prozentpunkte) bei einer elf-stufigen Antwortskala und D6

(LR) zeigt. Selbst im letztgenannten Fall beträgt der Prozentsatz der akquieszenten Personen unter den weiblichen Teilnehmern aber immer noch mehr als 1,5-fache des Anteils bei den Männern. Übereinstimmend zu den Resultaten bei den Mittelwerten (siehe Abschnitt 5.4.3.2.1), ist auch der Anteil akquieszenter Personen bei einer elf-stufigen Antwortskala geringer als für die Variante mit fünf Kategorien.

Bei der Fixierung von D1 als Referenzgröße, reduziert sich bei den Männern in der Durchschnittsbetrachtung über D2 bis D8 hinweg, der Anteil des akquieszenten Antwortstils in fünf von sechs Konstellationen stärker, und lediglich auf einer elf-stufigen Antwortskala in Nettostichprobe 1 liegt der Prozentsatz an akquieszenten Frauen mit 71,86 % des Anteils in D1, um 2,82 Prozentpunkte unter dem entsprechenden Wert für die Männer. Deren maximaler Anteilsvorsprung gegenüber den weiblichen Personen tritt für eine fünf-stufige Antwortskala in Nettostichprobe 2 auf, und beträgt 13,20 Prozentpunkte.

Im Vergleich zu den Verhältnissen bei der mittleren Anzahl an Top-Box Wahlen fallen die durchschnittlichen Reduktionen bei den Anteilswerten immer deutlich höher aus, d.h. über die eingesetzten Durchführungsanweisungen hinweg, lässt sich die Akquieszenz stärker vermindern als das generelle Verhalten, einen Wert der Top-Box Kategorie zuzuordnen. Während diese Diskrepanz in der Nettostichprobe 2 für die Männer sowohl skalenübergreifend (3,77 Prozentpunkte), als auch für eine fünf-stufige Antwortskala (7,15 Prozentpunkte) höher ausfällt, zeigen die Frauen bei einer elf-stufigen Antwortskala eine stärkere Unterscheidung zwischen den beiden Kriterien.

Die Berechnung der im Folgenden dargestellten Effektgrößen erfolgt analog zu dem Vorgehen bei der bildungsspezifischen Analyse (siehe Abschnitt 5.4.3.1.2.2), und umfasst die Anteilsdifferenzen zwischen D1 und jeder anderen Durchführungsanweisung (D2 bis D8).

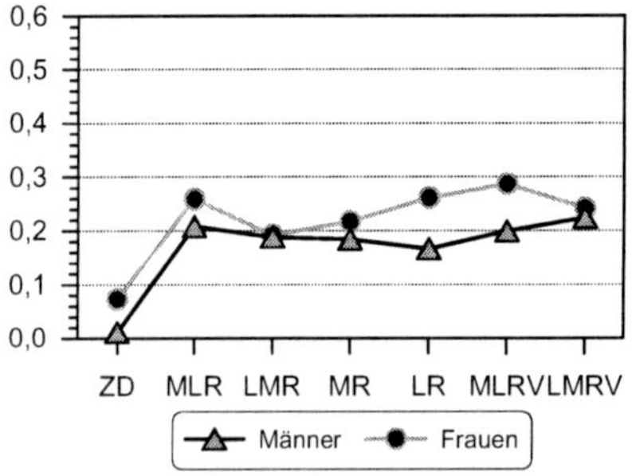

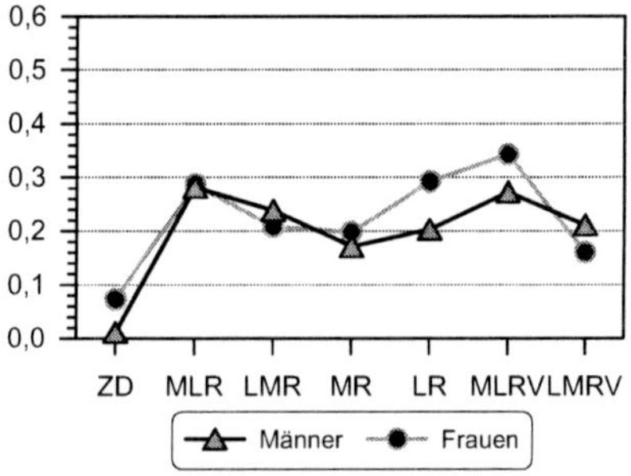

Abbildung 83: Effektgrößen für die Anteilsunterschiede akquieszenter männlicher und weiblicher Personen zwischen D1 und D2 bis D8 in skalenaggregierter Betrachtung für die Nettostichproben 1 (linkes Diagramm) und 2 (rechtes Diagramm)

Trotz der relativ unterschiedlichen Anteilsverhältnisse der beiden Geschlechter in Bezug auf akquieszente Personen (siehe Tabelle 108), zeigen die Verläufe der Effektgrößen für die Differenzbetrachtung zwischen D1 und den übrigen Durchführungsanweisungen ein relativ ähnliches Bild. In der Nettostichprobe 1 fallen die Effektgrößen der weiblichen Personen durchweg höher als diejenigen der Männer aus, während Letztgenannte in der Nettostichprobe 2 bei zwei Durchführungsanweisungen (D4 und D8) höhere Effektgrößen als die Frauen aufweisen. Vom Niveau verpassen – beschränkt auf die ERR-Techniken (D3 bis D8) – in der Nettostichprobe 2 lediglich die Effektgrößen in zwei Durchführungsanweisungen eine Einstufung als niedrig, nämlich MR (D5) geschlechtsübergreifend und D8 (LMRV) bei den Frauen. In der letztgenannten Gruppe gibt es in der Nettostichprobe 2 mit D7 auch eine eindeutig „beste“ Durchführungsanweisung, denn MLRV überschreitet hinsichtlich ihrer Effektgröße als einzige den Betrag von 0,300. Bei den Männern liegt LMRV mit knappem Rückstand hinter MLR auf dem zweiten Platz.

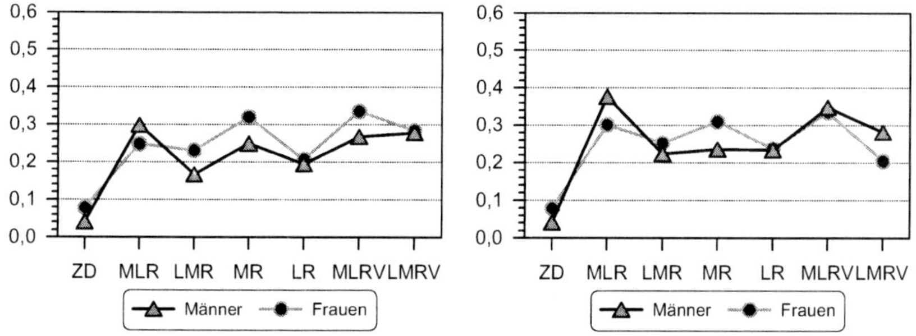

Abbildung 84: Effektgrößen für die Anteilsunterschiede akquieszenter männlicher und weiblicher Personen zwischen D1 und D2 bis D8 bei einer fünf-stufigen Antwortskala für die Nettostichproben 1 (linkes Diagramm) und 2 (rechtes Diagramm)

Wenn nur die fünf-stufige Antwortskala fokussiert wird, bleibt zwar die Spitzenposition (MLRV) bei den Frauen in Nettostichprobe 2 unverändert, allerdings schmilzt die betragsmäßige Differenz zu MR und MLR. Bei den Männern kann hingegen D3 (MLR) den Abstand zu D7 (MLRV) etwas ausbauen. Die beiden letztgenannten Durchführungsanweisungen wären auch in einer geschlechtsübergreifenden Perspektive die bevorzugten Alternativen zur Fixierung der „optimalen“ Instruktion im Hinblick auf die Reduktion des gesamten Akquieszenz-Anteils. Hier wäre dann aber noch zu entscheiden, ob ein relativ identischer Effekt bei beiden Geschlechtern angestrebt wird (MLRV), oder der maximal mögliche Effekt (MLR bei den Männern) im Vordergrund steht. Dieser Frage wird aber erst am Schluss des Abschnitts nachgegangen.
Bis auf MLR fallen die Effektgrößen in der Nettostichprobe 1 für die Frauen immer höher aus als für die Männer, und erreichen bei MR den maximalen Abstand. Werden nur die konsistent antwortenden Befragten einbezogen, dann liegen die Effektgrößen lediglich für vier der sieben Konstellationen bei den Frauen über denjenigen der Männer, und auch hinsichtlich des geschlechtsübergreifenden Maximums (MLR) besetzt die letztgenannte Gruppe jetzt die Spitzenposition. Alle Effektgrößen der ERR-Techniken weisen in der Nettostichprobe 2 ein niedriges (siehe Seite 279) Ausmaß auf, so dass die Elimination der inkonsistent antwortenden Befragten, ein deutliches Verbesserungspotenzial für die auf den ERR-Techniken basierenden Resultate bei einer fünf-stufigen Antwortskala bietet, insbesondere für die männlichen Teilnehmer.

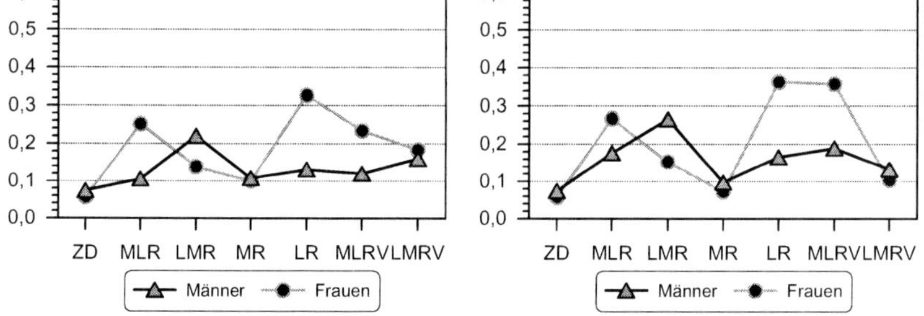

Abbildung 85: Effektgrößen für die Anteilsunterschiede akquieszenter männlicher und weiblicher Personen zwischen D1 und D2 bis D8 bei einer elf-stufigen Antwortskala für die Nettostichproben 1 (linkes Diagramm) und 2 (rechtes Diagramm)

Im Gegensatz zu den beiden vorhergehenden Analysen (skalenübergreifend und fünf-stufige Antwortskala) erreichen die Frauen bei der Antwortskala mit elf Optionen zumindest in der Nettostichprobe 1 einmal eine höhere durchschnittliche Anteilsreduktion akquieszenter Antwortpersonen in den Durchführungsanweisungen 2 bis 8, die eine Differenz von 2,82 Prozentpunkten gegenüber den Männern aufweist. Dabei darf aber nicht unberücksichtigt bleiben, dass das vergleichsweise schlechte Abschneiden der Männer dem Einzug von D2 geschuldet ist, denn wie aus Abbildung 85 ersichtlich ist, liegt der Anteil akquieszenter Teilnehmer in dieser Durchführungsanweisung bei den Männern über demjenigen in D1, so dass sich diese Verschiebung besonders negativ auf den Durchschnittswert von D2 bis D8 auswirkt. Beschränkt sich die Berechnung der durchschnittlichen Anteils-Verminderung auf die ERR-Techniken (D3 bis D8), so liegen die Männer auch bei dieser Konstellation (elf-stufige Antwortskala und Nettostichprobe 1) vor den Frauen.
Im Vergleich zur Variante mit lediglich fünf Antwortoptionen, reduzieren sich die Anteile akquieszent antwortender Personen bei D2 bis D8 für die Männer in beiden Nettostichproben weniger stark (Differenz von etwas mehr als 12 Prozentpunkten). Bei den Frauen fällt der Unterschied zwischen den beiden Antwortskalen mit 1,30 Prozentpunkten in der Nettostichprobe 1 und 0,26 Prozentpunkten in der Nettostichprobe 2 wesentlich moderater aus, so dass ihr Antwortverhalten in Bezug auf Akquieszenz skalenunabhängiger zu sein scheint. Dabei darf aber nicht außer Acht gelassen werden, dass die einzelnen ERR-Techniken diesbezüglich zu stark unterschiedlichen Ergebnissen, führen, so dass sich eine detaillierte Betrachtung lohnt, denn gerade D6 und D7 warten bei den Frauen mit vergleichsweise hohen Effektgrößen auf. Während die Entwicklung der Effektgrößen hinsichtlich der beiden letztgenannten Durchführungsanweisungen zwischen den Geschlechtern relativ parallel verläuft, ist für MLR und LMR ein deutlicher Unterschied auszumachen, denn D4 (LMR) erreicht eine größere Wirkung bei den Männern und D3 (MLR) bei den Frauen.
Insgesamt erscheint das Bild bei einer elf-stufigen Antwortskala komplexer als für die fünf-stufige Variante, bei der deutlich geringere Amplituden in puncto Effektgrößen zu verzeichnen sind. Dementsprechend kommt der Auswahl der ERR-Technik im erstgenannten Fall eine größere Bedeutung zu, denn dort ist auch bei einem reinen Rating schon eine gewisse Differenzierungsmöglichkeit vorhanden, die insbesondere von den Männern genutzt wird.
Um eine Einstufung der Durchführungsanweisungen hinsichtlich ihrer Effekte auf das Verhalten bei den Top-Box Wahlen im Rahmen der Ratings vornehmen zu können, ist zunächst die Frage zu klären, was diese optimalerweise erreichen sollten. Da die Maximalkategorie prinzipiell zu häufig gewählt wird, erscheint es angebracht, wenn diesbezüglich eine merkliche Reduktion gewährleistet werden könnte. Wie die vorangegangenen Ausführungen verdeutlicht haben, sind die prozentualen Verminderungen gegenüber den Verhältnissen bei einem reinen Rating (D1) allerdings geschlechts-, merkmals- und skalenspezifisch. So ergeben sich die nachfolgend aufgelisteten maximalen Fallreduzierungen bei den Geschlechtern für beide Kriterien unter den folgenden Konstellationen:

		Nettostichprobe 1			Nettostichprobe 2		
Geschlecht	Kriterium	D	Reduktion	Skala	D	Reduktion	Skala
M	MTB	D4	23,87 %	11	D7	25,41 %	5
F	MTB	D7	18,73 %	11	D7	23,98 %	11
M	AT	D3	51,28 %	5	D3	71,97 %	5
F	AT	D7	40,06 %	5	D7	52,60 %	11

Tabelle 109: Auflistung der Durchführungsanweisungen (D) und Antwortskalen mit den höchsten Reduktionen akquieszenter Antworten gegenüber D1 nach den zwei Kriterien MTB und AT für beide Geschlechter sowie Nettostichproben

Anmerkung: M = Männer; F = Frauen; MTB = mittlere Anzahl an Top-Box Wahlen; AT = Anteil akquieszenter Personen (mindestens elf Maximalkategoriebelegungen)

Während hinsichtlich der mittleren Anzahl an Top-Box Wahlen D7 (MLRV) in drei von vier Fällen die maximale Reduzierung gegenüber den Verhältnissen bei einem reinen Rating (D1) erzielt, ist die Konstellation beim Akquieszenz-Anteil geschlechtsspezifisch, denn für die Männer führt der Einsatz von D3 (MLR) zu den besten Ergebnissen und bei den Frauen D7. Wird zusätzlich die Antwortskala betrachtet, so ergibt sich bezüglich der mittleren Anzahl an Top-Box Wahlen ein klarer Vorteil für die elf-stufige Variante, während die Reduktionen des akquieszenten Antwortverhaltens bei fünf Kategorien besser funktioniert.
Bei einer Aggregation über beide Kriterien, Antwortskalen, Nettostichproben und Geschlechter, erreicht D7 in Verbindung mit einer elf-stufigen Antwortskala und der Beschränkung auf die konsistent antwortenden Befragten, die höchste prozentuale Reduktion. Auf dem zweiten Platz folgt die gleiche Kombination bei einer fünf-stufigen Antwortskala und D3 in Verbindung mit einer fünf-stufigen Antwortskala in Nettostichprobe 2 platziert sich auf der dritten Position. Wird die letztgenannte Konstellation herangezogen, so müsste mit einem Gesamtverzicht an Reduktionen von knapp zwei Prozent (1,95 %) kalkuliert werden, wobei insbesondere der Akquieszenz-Anteil tangiert wäre, denn hier würden die Frauen gegenüber der erstplatzierten Option eine eingeschränkte Verminderung aufweisen, während bei den Männern eine diesbezügliche Ausweitung vorliegen würde.
Sind die geschlechtsspezifischen Daten in einer Erhebung von besonderer Relevanz, so ist auf jeden Fall für den Einsatz einer elf-stufigen Antwortskala zu plädieren, und die Durchführungsanweisung im Hinblick auf die zu optimierende Größe zu bestimmen: Soll der geschlechtsspezifische Unterschied in Bezug auf die mittlere Anzahl an Top-Box Wahlen so gering wie möglich ausfallen, ist D7 (Differenz der Reduktion zwischen Männern und Frauen beträgt 0,06 Prozentpunkte) zu präferieren, beim Kriterium Akquieszenz-Anteil hingegen D3 (Differenz 0,24 Prozentpunkte).

5.4.3.3 Die simultane Betrachtung von Bildung und Geschlecht im Zusammenhang mit akquieszentem Antwortverhalten

An dieser Stelle werden die beiden bisher separat analysierten Variablen Bildung und Geschlecht in vier Gruppen (höher [HM] und geringer gebildete Männer [GM] sowie höher [HF] und geringer gebildete Frauen [GF]) zusammengefasst und hinsichtlich ihres kombinierten Einflusses auf akquieszentes Antwortverhalten betrachtet.

	Nettostichprobe 1				Nettostichprobe 2			
	HM	GM	HF	GF	HM	GM	HF	GF
D1	5,1548	8,0829	7,0594	9,9444				
D2	4,7634	7,6833	6,5591	9,8991				
D3	4,1916	6,3368	5,6444	8,7961	4,1667	5,5191	5,8659	8,7468
D4	4,5313	5,9368	6,5556	8,0000	4,3762	5,7177	6,6404	8,4133
D5	4,6774	6,5829	6,4286	9,4865	4,7354	7,0000	6,4944	9,6381
D6	4,8375	6,6269	6,3303	8,9510	4,9191	6,4545	5,8539	8,9383
D7	4,7573	6,0160	5,8119	8,4124	4,4679	5,6173	5,5775	8,4630
D8	4,0202	6,7353	7,0870	8,6864	4,0894	7,3500	7,7872	9,5122

Tabelle 110: Skalenübergreifende mittlere Anzahl an Top-Box Wahlen in den vier Gruppen bildungs- und geschlechtsspezifischer Kombinationen für alle Durchführungsanweisungen in beiden Nettostichproben

Prinzipiell geht es darum, welche der beiden Variablen (Geschlecht oder Bildung) den stärkeren Einfluss auf das akquieszente Antworten besitzt, und mit welcher ERR-Technik diesbezüglich die größte Veränderung (Reduktion) erreicht werden kann. Dazu werden also zunächst die Verhältnisse bei einem reinen Rating analysiert, um die grundsätzlichen Zusammenhänge zu eruieren, die dann im nächsten Schritt den durchführungsanweisungsspezifischen Ergebnissen gegenübergestellt werden. Nach den Erkenntnissen der separaten Be-

trachtung (siehe Abschnitte 5.4.3.1.1 und 5.4.3.1.2) ist zu erwarten, dass die beiden Extremgruppen durch höher gebildete Männer (wenigsten Top-Box Wahlen) und geringer gebildete Frauen (meisten Top-Box Wahlen) ausgefüllt werden, so dass zur Klassifikation des endgültigen Effekts vor allem die Ergebnisse bei den geringer gebildeten Männern und höher gebildeten Frauen wichtig sind. Weist die erstgenannte Gruppierung die kleinere mittlere Anzahl an Top-Box Wahlen auf, so dominiert der geschlechtsspezifische Effekt, zeigen hingegen die höher gebildeten Frauen weniger Top-Box Wahlen, so kommt der Bildung eine größere Bedeutung für akquieszentes Antwortverhalten zu.
In der Nettostichprobe 1 zeigen bei der ersten Durchführungsanweisung in allen drei Fällen (skalenübergreifend, fünf- und elf-stufige Antwortskala) die höher gebildeten Frauen eine kleinere Anzahl an mittleren Top-Box Wahlen, so dass der Bildung – aus der Perspektive eines reinen Ratings – die größere Bedeutung zukommt. Beim direkten Vergleich der beiden Antwortskalen fällt die Differenz zwischen den beiden maßgeblichen Gruppen bei der fünfstufigen Antwortskala höher aus, so dass auch hier die Bildung einen stärkeren Einfluss ausübt als bei der elf-stufigen Variante.
Obwohl sich die grundsätzliche Aussage bei D2 (Rating nach einem vorherigen zweimaligen Durchlesen der Werte-Liste) nicht ändert, sind dort die Effekte der separierten Antwortskalen vertauscht, denn jetzt ist die Differenz zwischen geringer gebildeten Männern und höher gebildeten Frauen bei einer elf-stufigen Antwortskala mehr als dreimal so groß wie bei der fünfstufigen Variante.
Skalenübergreifend und separat für beide Antwortskalen erfolgt für D4 (LMR) und D8 (LMRV) allerdings eine Effektumkehr, denn bei diesen Durchführungsanweisungen überwiegt die geschlechtsspezifische Wirkung den Einfluss der Bildung, d.h. gering gebildete Männer zeigen hier eine niedrigere mittlere Anzahl an Top-Box Wahlen als höher gebildete Frauen. In beiden Fällen ist die Differenz auf einer fünf-stufigen Antwortskala größer als bei elf Kategorien, so dass in dieser Hinsicht eine zu den obigen Ergebnissen konsistente (skalenspezifische) Wirkung festzustellen ist.
Neben den beiden übergreifenden Fällen ist der gleiche Umkehreffekt auf eine fünf-stufige Antwortskala beschränkt auch noch für D5, D6 und D7 zu konstatieren, so dass bei fünf Antwortalternativen von den ERR-Techniken nur D3 zu der gleichen Wirkungskonstellation (Effekt der Bildung übersteigt denjenigen des Geschlechts) wie ein alleiniges Rating (D1 und D2) führt. In allen anderen Fällen dreht sich diese Wirkungskette allerdings um, denn für D4 bis D8 ist ein stärkerer Einfluss des Geschlechts als der Bildung zu konstatieren.
Bei einer Fokussierung der konsistent antwortenden Befragten findet hinsichtlich der Referenzgröße keine Veränderung statt, denn diese stimmt mit derjenigen in Nettostichprobe 1 überein. Zu dieser Vorgabe verändern sich die Wirkungsverhältnisse skalenübergreifend für D3, D4 und D8, bei einer fünf-stufigen Antwortskala für D3 bis D8 (alle ERR-Techniken) und auf einer elf-stufigen Antwortskala nur für D3 und D4.
Gegenüber den Verhältnissen in Nettostichprobe 1 zeigt sich vor allem für D3 ein anderweitiges Ergebnis, so dass jetzt auf einer fünf-stufigen Antwortskala durch die ERR-Techniken der ursprüngliche Effekt des reinen Ratings (Bildung mit höherer Wirkung als Geschlecht) umgekehrt wird, und das Geschlecht eine höheren Einfluss auf die mittlere Anzahl an Top-Box Wahlen ausübt. Auf einer elf-stufigen Antwortskala ist diese Umkehr allerdings nur für MLR und LMR zu konstatieren, so dass hier die ursprüngliche Hierarchie weitgehend erhalten bleibt.
In der skalenübergreifenden Betrachtung (siehe Tabelle 111) überwiegt für D1/D2 der Effekt der Bildung, während die Verhältnisse bei den ERR-Techniken nicht eindeutig ausfallen, denn in der Nettostichprobe 1 überwiegt ebenfalls der Bildungseffekt, während bei deiner Fokussierung auf die konsistent antwortenden Befragten das Geschlecht die höhere Wirkung zeigt. Die Differenz zwischen den geringer gebildeten Männern und höher gebildeten Frauen ist in beiden Nettostichproben für D3 bis D8 wesentlich geringer als bei D1/D2, so dass die

Eindeutigkeit unter den ERR-Techniken nicht so klar wie beim alleinigen Rating ist. Dies liegt vor allem daran, dass die Rückgänge für die geringer gebildeten Männer sehr viel stärker ausfallen als für die höher gebildeten Frauen.

		Nettostichprobe 1				Nettostichprobe 2			
S	**D**	**HM**	**GM**	**HF**	**GF**	**HM**	**GM**	**HF**	**GF**
AG	**D1/D2**	4,9654	7,9018	6,8196	9,9234	4,9654	7,9018	6,8196	9,9234
	D3-D8	4,5083	6,3709	6,3113	8,7369	4,5046	6,2413	6,2805	8,9770
5	**D1/D2**	5,8610	8,7729	7,9130	10,2742	5,8610	8,7729	7,9130	10,2742
	D3-D8	5,3711	6,9354	7,4760	9,2707	5,3676	6,6676	7,3948	9,4017
11	**D1/D2**	4,1333	6,9526	5,8333	9,5315	4,1333	6,9526	5,8333	9,5315
	D3-D8	3,5931	5,8145	5,1739	8,2082	3,5679	5,8247	5,1709	8,5049

Tabelle 111: **Mittlere Anzahl an Top-Box Wahlen in den vier Gruppen bildungs- und geschlechtsspezifischer Kombinationen über alle drei Antwortskalen (übergreifend [AG], fünf- [5] und elf-stufig [11]) für gruppierte Durchführungsanweisungen (D [D1/D2 und D3 bis D8]) in beiden Nettostichproben**

Anmerkung: D1/D2 nur der Übersichtlichkeit halber in Nettostichprobe 2 aufgeführt wird, denn durch das fehlende Extrem-Ranking sind für diese beiden Durchführungsanweisungen die Verhältnisse in beiden Nettostichproben identisch!

Bei einer Fokussierung auf die fünf-stufige Antwortskala ist in D1/D2 die Wirkung der Bildung höher, während sich für D3 bis D8 in beiden Nettostichproben ein Haupteffekt des Geschlechts zeigt. Die Differenz zwischen geringer gebildeten Männern und höher gebildeten Frauen ist in D1/D2 immer höher, so dass der Effekt dort ausgeprägter ist. Allerdings kann D3 bis D8 in der Nettostichprobe 2 den Abstand etwas verkürzen, so dass der Geschlechtseffekt dort auch stärker ist, als wenn die Nettostichprobe 1 zugrunde gelegt wird.
Bei der elf-stufigen Antwortskala sind die Verhältnisse eindeutig, denn hier gibt es für alle Konstellationen einen Haupteffekt für die Bildung, der bei einem alleinigen Rating stärker ausfällt als bei den ERR-Techniken.
Insgesamt ist zu konstatieren werden, dass durch die ERR-Techniken eine Einflussverschiebung der beiden Variablen Geschlecht und Bildung auf die mittlere Anzahl an Top-Box Wahlen gegenüber einem reinen Rating anzunehmen ist. Dies muss vor dem Einsatz dieses Vorgehens auf jeden Fall berücksichtigt werden, denn je nach (vermuteter) Stichprobenzusammensetzung könnten sich bestimmte Tendenzen beim Akquieszenz-Potenzial verstärken oder abschwächen.
Zuvor muss aber erst noch der kombinierte Effekt für die Akquieszenz-Anteile geprüft werden, denn bisher stand lediglich das generelle Verhalten bei der Wahl der Top-Box Kategorie im Vordergrund.

	Nettostichprobe 1				Nettostichprobe 2			
	HM	**GM**	**HF**	**GF**	**HM**	**GM**	**HF**	**GF**
D1	10,46	28,57	20,79	47,62				
D2	8,93	27,78	8,60	47,71				
D3	5,36	19,17	10,00	37,86	5,09	11,45	10,98	35,44
D4	7,03	14,94	21,30	27,00	5,71	12,10	20,22	28,00
D5	7,17	17,71	14,29	40,54	7,00	18,79	14,61	41,90
D6	7,58	19,17	14,68	35,29	7,23	17,48	12,36	34,57
D7	5,86	16,04	11,88	32,99	3,21	16,05	7,04	31,48
D8	4,84	20,00	18,48	35,59	4,88	21,67	25,53	43,90

Tabelle 112: **Skalenübergreifender Anteil akquieszenter Personen in den vier Gruppen bildungs- und geschlechtsspezifischer Kombinationen für D1 bis D8 in beiden Nettostichproben**

Hinsichtlich RO zeigt sich der gleiche Zusammenhang wie bei der mittleren Anzahl an Top-Box Wahlen, d.h. die Anteilsdifferenz zwischen den geringer gebildeten Männern und den höher gebildeten Frauen ist positiv, so dass der Effekt der Bildung denjenigen des Geschlechts übersteigt. Gleiches gilt im Übrigen für ZD, bei der die Differenz zwischen den geringer gebildeten Männern und höher gebildeten Frauen noch ausgeprägter ist, so dass sich der Bildungseinfluss die geschlechtsspezifische Wirkung noch weiter übersteigt.
D4 führt in allen drei skalenmäßigen Betrachtungen zum gegenteiligen Effekt, was auch für D6 und D8 auf einer fünf-stufigen Antwortskala zutrifft.
An der Referenz bei D1 ändert sich bei einer Beschränkung auf die konsistent antwortenden Befragten nichts, aber skalenübergreifend führen jetzt D4 und D8, auf einer fünf-stufigen Antwortskala D3, D4, D6 und D8 sowie auf einer elf-stufigen Antwortskala nur noch D4 zum gegenteiligen Einfluss. Auf der elf-stufigen Variante übersteigt aber für D4 auch der Akquieszenz-Anteil der höher gebildeten Männer denjenigen der geringer gebildeten Männer, was den fundamentalen Annahmen widerspricht und auch wieder stichprobenumfangsspezifische Gründe haben könnte. Deshalb werden nachfolgend die aggregierten Daten präsentiert.

		Nettostichprobe 1				Nettostichprobe 2			
S	D	HM	GM	HF	GF	HM	GM	HF	GF
AG	D1/D2	9,72	28,21	14,95	47,66	9,72	28,21	14,95	47,66
	D3-D8	6,35	17,86	15,23	35,02	5,76	15,84	14,56	35,86
5	D1/D2	11,66	33,82	20,65	52,42	11,66	33,82	20,65	52,42
	D3-D8	7,72	19,19	19,52	37,90	7,38	16,18	18,45	39,30
11	D1/D2	7,92	22,11	9,80	42,34	7,92	22,11	9,80	42,34
	D3-D8	4,89	16,55	11,04	32,18	4,01	15,52	10,68	32,0

Tabelle 113: **Anteil akquieszenter Personen in den vier Gruppen bildungs- und geschlechtsspezifischer Kombinationen über alle drei Antwortskalen (übergreifend [AG], fünf- [5] und elf-stufig [11]) für gruppierte Durchführungsanweisungen (D [D1/D2 und D3 bis D8]) in beiden Nettostichproben**

In der skalenübergreifenden Betrachtung ist ein stärkerer Effekt für die Bildung in beiden Durchführungsanweisungsgruppen auszumachen, wobei dieser für die alleinigen Ratings (D1/D2) sehr viel ausgeprägter vorliegt als für die ERR-Techniken (D3 bis D8). Bei Letztgenannten schmilzt der Anteils-Unterschied zwischen geringer gebildeten Männern und höher gebildeten Frauen sehr stark zusammen, was sowohl auf einer Reduktion des Akquieszenz-Anteils der geringer gebildeten Männer, als auch einer (leichten) Erhöhung bei den höher gebildeten Frauen beruht. In der letztgenannten Gruppe haben die ERR-Techniken also in dieser Beziehung nicht die erwartete Wirkung gezeigt.
Werden lediglich die konsistent antwortenden Befragten fokussiert, so zeigt sich allerdings auch bei den höher gebildeten Frauen eine geringe Anteilsreduktion – da diese aber bei den geringer gebildeten Männern stärker als in Nettostichprobe 1 ausfällt, schrumpft die Differenz zwischen beiden Gruppen weiter, so dass der bildungsspezifische Effekt zwar weiterhin überwiegt, jedoch kaum vom geschlechtsspezifischen abzugrenzen ist.
Durch den schon beschriebenen Effekt der sehr starken Reduktion des Akquieszenz-Anteils bei den geringer gebildeten Männern und des nur sehr schwachen Rückgangs bei den höher gebildeten Frauen, sind bei einer fünf-stufigen Antwortskala in Nettostichprobe 1, zwei unterschiedliche Haupteffekte auszumachen, denn für D1/D3 überwiegt die Wirkung der Bildung, während bei D3 bis D8 das Geschlecht (knapp) vorne liegt.
Für die Antwortskala mit elf Optionen ist der resultierende Haupteffekt in beiden Gruppierungen und Nettostichproben wieder eindeutig, denn hier liegt die Bildung vorne. Zwar erhöht sich auch bei diesen Konstellationen der Akquieszenz-Anteil höher gebildeter Frauen bei den ERR-Techniken, jedoch ist der Anstieg so moderat, dass der die Anteils-Reduktion der geringer gebildeten Männer nicht überkompensiert.

Die Anteilsreduktionen bei D3 bis D8 gegenüber D1/D2 fallen in der Nettostichprobe 2 immer höher aus als in der Nettostichprobe 1, trotzdem vermindert sich die Distanz zwischen geringer gebildeten Männern und höher gebildeten Frauen bei den ERR-Techniken, so dass die Haupteffekte bei den konsistent antwortenden Befragten kleiner ausfallen.
Natürlich sind auch hier skalenspezifische Besonderheiten zu beachten, denn während sich in der Nettostichprobe 2 bei den höher gebildeten Männern beispielsweise die Akquieszenz-Anteile auf einer fünf-stufigen Antwortskala „lediglich" um 36,71 % reduzieren, beträgt dieser Prozentsatz auf einer elf-stufigen Antwortskala 49,37. Umgekehrt verhält es sich allerdings mit den geringer gebildeten Männern, die auf der fünf-stufigen Antwortskala eine Verminderung des Akquieszenz-Anteils um mehr als 50 Prozent (52,16 %) erreichen, hingegen bei der elf-stufigen Variante nur eine Reduktion um 29,81 % aufweisen.
Bis auf die höher gebildeten Frauen, die in beiden Nettostichproben sowohl eine Reduktion ihres Akquieszenz-Anteils vom alleinigen Rating zu den ERR-Techniken (fünf-stufige Antwortskala), als auch eine diesbezügliche Ausweitung (elf-stufige Antwortskala) zeigen, reduziert sich der Akquieszenz-Anteil in den anderen drei Personengruppen durchgängig. Somit besitzen die ERR-Techniken (Ausnahme: höher gebildete Frauen) ein Reduktionspotenzial.

		Nettostichprobe 1		Nettostichprobe 2	
S	**D**	**MW**	**AT**	**MW**	**AT**
AG	**D1/D2**	Bildung	Bildung		
	D3-D8	Bildung	Bildung	Geschlecht	Bildung
5	**D1/D2**	Bildung	Bildung		
	D3-D8	Geschlecht	Geschlecht	Geschlecht	Geschlecht
11	**D1/D2**	Bildung	Bildung		
	D3-D8	Bildung	Bildung	Bildung	Bildung

Abbildung 86: Zusammenfassung für die Anzahl an Top-Box Wahlen und der Akquieszenz-Anteile

Während für D1/D3 ausschließlich ein Haupteffekt für die Bildung zu konstatieren ist, existieren skalenspezifische Unterschiede bei den ERR-Techniken, denn während auf einer fünf-stufigen Antwortskala das Geschlecht dominiert (konträr zu D1/D2), macht bei der elf-stufigen Variante die Bildung den Haupteffekt aus (konsistent zu D1/D2). Dementsprechend ist beim Einsatz der ERR-Techniken insbesondere der avisierten Kategorisierung der Antwortskala Aufmerksamkeit zu widmen. Ermutigend ist die Tatsache, dass die Haupteffekte nicht von der Messmethode abhängen, obwohl die Stabilität zu prüfen wäre.

			Nettostichprobe 1		Nettostichprobe 2	
S		**D**	**HM-GF**	**GM-HF**	**HM-GF**	**GM-HF**
AG	**MTB**	**D1/D2**	**1,211**	0,250	**1,211**	0,250
		D3-D8	**1,154**	0,014	**1,242**	0,010
	AT	**D1/D2**	**0,890**	0,326	**0,890**	0,326
		D3-D8	*0,757*	0,071	*0,799*	0,036
5	**MTB**	**D1/D2**	**1,144**	0,204	**1,144**	0,204
		D3-D8	**1,121**	0,136	**1,167**	0,186
	AT	**D1/D2**	**0,922**	0,298	**0,922**	0,298
		D3-D8	*0,763*	0,008	**0,805**	0,060
11	**MTB**	**D1/D2**	**1,286**	0,264	**1,286**	0,264
		D3-D8	**1,255**	0,154	**1,383**	0,159
	AT	**D1/D2**	**0,847**	0,342	**0,847**	0,342
		D3-D8	*0,760*	0,161	**0,800**	0,144

Tabelle 114: Effektgrößen für den Unterschied zwischen den beiden Bildungsgruppen in den jeweiligen gruppierten Durchführungsanweisungen angegeben

Es ist ersichtlich, dass die Effektgrößen für D1/D2 immer über denjenigen für D3 bis D8 liegen, was darauf hindeutet, dass die sich die geschlechts- und bildungsspezifischen Unterschiede beim Einsatz der ERR-Techniken nivellieren. Insbesondere für die Gegenüberstellung der beiden relevanten Gruppen (GM und HF) zur Haupteffektfeststellung, sind bei einem alleinigen Rating (D1/D2) immer niedrige Effektgrößen zu konstatieren, während diejenigen für D3 bis D8 hinter dieser Grenze zurückbleiben. Lediglich die Mittelwertbetrachtung auf einer fünf-stufigen Antwortskala kommt in die Nähe des diesbezüglichen Grenzwertes von 0,200. Von der Tendenz her ist es so, dass die Effektgrößen für die Gegenüberstellung der beiden Extrem-Gruppen (HM und GF) in D3 bis D8 in der Nettostichprobe 1 geringer sind als in der Nettostichprobe 2, während sich diesbezüglich für GM und HF kein eindeutiges Bild ergibt. Skalenspezifisch liegen außerdem in der Nettostichprobe 2 die Effektgrößen der Mittelwertbetrachtung immer über denjenigen der Akquieszenz-Anteile, so dass die ERR-Techniken wohl eher für eine generelle Reduktion der Top-Box Wahlen sorgen, und sich nicht allein auf die Gruppe derjenigen Befragten mit einem akquieszenten Antwortstil beschränken.

		Nettostichprobe 1				Nettostichprobe 2			
S	D	HM	GM	HF	GF	HM	GM	HF	GF
AG	MW	0,129	0,353	0,130	0,280	0,131	0,381	0,140	0,221
	AT	0,125	0,247	0,008	0,257	0,149	0,301	0,011	0,240
5	MW	0,145	0,439	0,117	0,252	0,147	0,499	0,141	0,214
	AT	0,134	0,334	0,028	0,293	0,147	0,413	0,055	0,264
11	MW	0,154	0,259	0,176	0,297	0,163	0,255	0,178	0,230
	AT	0,125	0,141	0,040	0,211	0,167	0,169	0,029	0,214

Tabelle 115: Effektgrößen für den Unterschied bildungs- und geschlechtsspezifischer Akquieszenz zwischen D1/D2 und D3 bis D8

Niedrige Effektgrößen sind in beiden Nettostichproben lediglich für zwei der vier Gruppierungen (GM und GF) auszumachen, die beide die geringer gebildeten Befragten betreffen. In der Nettostichprobe 2 fallen zudem alle Effektgrößen für GM höher als für GF aus, so dass bei den geringer gebildeten Männern eine stärkere Wirkung (D1/D2 gegen D3 bis D8) anzunehmen ist.

5.4.4 Assimilations-Kontrast-Effekte im Rahmen kontextspezifischer Wirkungen

Diesbezüglich sind unter den ERR-Techniken zwei grundsätzliche Konstellationen zu betrachten, bei denen zum einen die Wirkung des zuletzt (als Zweites, wenn beide Extrem-Werte zu identifizieren waren [D3, D4, D7 oder D8] oder der allein auszuwählende Extrem-Wert in D5 und D6]) zu bestimmenden Extrem-Wertes auf das Rating des ersten Wertes der Auflistung analysiert wird, und zum anderen die Beurteilung eines Wertes in Abhängigkeit der Labelung seines Vorgänger-Wertes fokussiert wird.

5.4.4.1 Ausstrahlungseffekte vom Extrem-Ranking auf das erste Rating

Der erste Wert der Aufstellung variiert mit der Reihenfolge des eingesetzten Werte-Inventars, denn AUS bildet diesbezüglich den Start-Wert unter der ersten Sequenz, während KIN diese Position bei der zweiten Reihenfolge innehat.[455] In den Fällen, in denen die beiden genannten Werte nicht die Liste anführen, bilden sie deren Schlusslicht, so dass hier auch die beiden

[455] Neben der werte-spezifischen Betrachtung – die eine explizite Berücksichtigung der Reihenfolge im Werte-Inventar erforderlich macht – könnte auch eine ausschließlich sequenzbezogene Analyse erfolgen, bei der allein die Listenposition fokussiert wird, unabhängig davon, welcher Wert dort zu beurteilen ist. Von dieser – rein methodisch orientierten – Perspektive wird vorliegend aber abgesehen.

extremsten Positionsunterschiede zu konstatieren sind (siehe zum Konstruktionsprinzip der Werte-Liste Abschnitt 4.3).
Weiterhin kann der primäre Wert des Inventars – wie jeder andere Listeneintrag auch – drei Zustände annehmen: (1) er kann weder als unbedeutendster, noch als bedeutendster Wert ausgewählt worden sein, (2) er kann als Least-Wert identifiziert worden sein oder (3) ihm wurde der Most-Status zuerkannt. Für den vorliegend zu eruierenden Sachverhalt ist allein die erstgenannte Alternative relevant, denn es geht ja gerade darum, dass die Bestimmung eines spezifischen Listenobjektes als (un)bedeutendster Wert, Einflüsse auf den ersten zu beurteilenden Eintrag aufweist, die sowohl zu Assimilations- als auch Kontrast-Effekten führen könnten. Diese Wirkungsanalyse setzt aber voraus, dass der erste Wert gerade nicht als Extrem-Wert identifiziert wurde.
Assimilations-Effekte wären zu erwarten, wenn durch die zuletzt erfolgte Bestimmung des unbedeutendsten Objektes, der zuerst zu beurteilende Listeneintrag ebenfalls „schwächer" eingestuft wird als wenn direkt vor dem Rating das bedeutendste Objekt zu identifizieren gewesen wäre. Hier führt also quasi die Hinlenkung auf den insgesamt unwichtigsten Wert dazu, dass der direkt im Anschluss einzuordnende Wert ebenfalls für weniger wichtig erachtet wird, als wenn vorher kein Extrem-Wert zu bestimmen gewesen wäre oder die Festlegung des Most-Wertes angestanden hätte.
Assimilations-Effekte in Bezug auf den bedeutendsten Wert funktionieren nach dem gleichen Prinzip, nur das der erste Wert jetzt positiver eingestuft wird als wenn kein Extrem-Wert (oder der Least-Wert als zweiter Extrem-Wert) festzulegen war, weil er jetzt im Lichte des gerade ausgewählten bedeutsamsten Listeneintrags, positiver wahrgenommen wird.
Ebenso wären aber auch Kontrast-Effekte denkbar, wenn der erste Listeneintrag sich merklich von dem ausgewählten Extrem-Wert abhebt, und diese Einschätzung zu einer Einstufung als wichtiger (Least) oder weniger wichtiger (Most) führt, als wenn vor dem Rating des ersten Wertes keine entsprechende Extrem-Wert-Bestimmung stattgefunden hätte.
Wie sich die diesbezüglichen Effekte vorliegend verteilt haben, wird im Folgenden anhand der aktuellen Daten untersucht. Dabei wird zunächst eine „geblockte" Gegenüberstellung vorgenommen, indem die Durchführungsanweisungen drei, fünf und sieben (Least-Wert als zweiter oder alleiniger Extrem-Wert zu identifizieren) sowie vier, sechs und acht (Most-Wert als zweiter oder alleiniger Extrem-Wert auszuwählen) zusammengefasst werden. Im nächsten Schritt werden aus den beiden Gruppierungen die Durchführungsanweisungen, bei denen lediglich ein einziger Extrem-Wert identifiziert werden musste (LR bzw. MR) „eliminiert", so dass nur die beiden Durchführungsanweisungen mit zwei Extrem-Wert-Bestimmungen noch aggregiert sind. Dies könnte die Wirkung durch den ersten festzulegenden Extrem-Wert für den zweiten Extrem-Wert stärker ins Licht rücken, bevor zum Schluss die Durchführungsanweisungen einzeln fokussiert werden.
Wie bei der Akquieszenz-Analyse sind auch an dieser Stelle zwei verschiedene Perspektiven möglich, den zum einen können Mittelwerte berechnet und verglichen werden (personenspezifisches Rating des ersten Wertes im Bezug zur durchschnittlichen Beurteilung aller Werte), und zum anderen können Anteilswerte bestimmt und gegenübergestellt werden (Prozentsatz an Befragten, bei denen die Differenz aus Rating des ersten Wertes mit der Durchschnittsbeurteilung aller übrigen Werte positiv ausfällt). Natürlich ist dabei immer die Beachtung der Durchführungsanweisungen erforderlich, denn deren spezifischen Ergebnisse sind zu ermitteln.
Abschließend ist noch eine Bemerkung zur Vergleichsgröße (durchschnittliche Beurteilung der übrigen Werte) erforderlich, denn diese kann einerseits aus dem Durchschnittswert aller 17 Ratings einer Person bestehen, andererseits aber auch nur die Werte 2 bis 17 umfassen, so dass der erste Wert nicht „doppelt" einbezogen wird. Weil die letztgenannte Alternative die methodische adäquatere [sauberere] Vorgehensweise abbildet, wird sie vorliegend eingesetzt.

5.4.4.1.1 Fokussierung auf die werte-spezifischen Mittelwerte

Prinzipiell ist zwar eine reine Mittelwertbetrachtung möglich – diese ist aber insofern nicht so aussagekräftig, als damit das personeninterne Antwortverhalten, dass sich in einem entsprechenden individuellen Durchschnittswert niederschlägt, nicht angemessen berücksichtigt wird. Wenn eine Person den ersten Wert mit „3“ einstuft aber das Gros der anderen Listeneinträge der Maximalkategorie („5“) zugewiesen hat, so hat ihr erstes Urteil eine andere Bedeutung, als wenn auch die restlichen Werte der Mittelkategorie („3“) zugeordnet worden sind. Dementsprechend ist immer ein Bezug zwischen der Einzelbeurteilung und dem gesamten Antwortmuster einer Person herzustellen. Folglich reicht diese allgemeine Betrachtung nicht aus, jedoch wird damit aber zur ersten Orientierung begonnen, d.h. das individuelle Differenzergebnis wird erst später einbezogen.

Hinsichtlich der mittleren Beurteilungen für den jeweils ersten Wert unter einer Sequenz (AUS bei Reihenfolge 1 und KIN bei Reihenfolge 2) ist zu konstatieren, dass die Durchschnittswerte für AUS immer (alle aggregierten und einzelnen Durchführungsanweisungen sowie unter beiden Antwortskalen und Nettostichproben) über denjenigen für KIN liegen. AUS wird also im Vergleich zu KIN im Schnitt als wichtiger eingestuft. Lediglich in skalenübergreifender Sicht in Nettostichprobe 2 gibt es einige Gruppierungen (D3+D7, D3, D7 und D8), bei denen die Effektgröße des Unterschieds zwischen den beiden Start-Werten kein niedriges Ausmaß annimmt, in allen anderen Fällen erreicht sie mindestens einen Betrag von mehr als 0,200 – vereinzelt sind auch Effektgrößen mittleren Ausmaßes vorhanden.

Setzt man die Durchschnittsbeurteilungen der beiden Werte AUS und KIN mit den Mittelwerten aller übrigen Einstufungen in Beziehung, so ergibt sich das folgende Bild. Dabei ist zunächst der Einfluss des gewählten Mittelwertes (alle 17 Werte [MW1] oder nur die Werte zwei bis 17 [MW2]) beachtlich, denn die Effektgrößen für den Vergleich des Ratings des ersten Wertes mit den Mittelwerten, fallen für KIN in allen Gruppierungen beim MW2 höher aus als bei MW1, während dies in der überwiegenden Anzahl der Fälle (70 von 78 Gegenüberstellungen) bei AUS umgekehrt vorliegt.

		AUS-MW2						KIN-MW2					
		Nettostichprobe 1			Nettostichprobe 2			Nettostichprobe 1			Nettostichprobe 2		
Nr		AG	5	11	AG	5	11	AG	5	11	AG	5	11
1	D1/2	0,066	0,115	0,012	0,066	0,115	0,012	0,549	0,546	0,553	0,549	0,546	0,553
2	D3/5/7	0,003	0,079	0,017	0,033	0,101	0,017	0,418	0,410	0,467	0,375	0,383	0,449
3	D4/6/8	0,112	0,124	0,094	0,131	0,139	0,125	0,227	0,301	0,386	0,180	0,291	0,343
4	D3/7	0,005	0,066	0,025	0,051	0,090	0,016	0,314	0,357	0,398	0,177	0,280	0,339
5	D4/8	0,071	0,111	0,070	0,056	0,111	0,088	0,233	0,291	0,384	0,209	0,295	0,327
6	D1	0,025	0,077	0,033	0,025	0,077	0,033	0,557	0,539	0,577	0,557	0,539	0,577
7	D2	0,105	0,152	0,055	0,105	0,152	0,055	0,542	0,554	0,530	0,542	0,554	0,530
8	D3	0,011	0,038	0,024	0,043	0,074	0,021	0,280	0,317	0,399	0,201	0,272	0,362
9	D4	0,027	0,099	0,057	0,070	0,140	0,100	0,297	0,298	0,449	0,215	0,280	0,382
10	D5	0,002	0,103	0,000	0,005	0,118	0,019	0,582	0,504	0,584	0,596	0,518	0,589
11	D6	0,182	0,149	0,140	0,229	0,179	0,175	0,218	0,319	0,390	0,143	0,285	0,364
12	D7	0,002	0,095	0,026	0,062	0,112	0,009	0,350	0,395	0,396	0,143	0,290	0,305
13	D8	0,115	0,123	0,083	0,033	0,063	0,066	0,167	0,283	0,318	0,198	0,321	0,221

Tabelle 116: Effektgrößen für den Vergleich der durchschnittlichen Ratings des ersten Wertes (unterteilt nach AUS und KIN) mit den personenspezifischen Mittelwerten der Einstufungen der Werte an den Positionen zwei bis 17 der Auflistung für drei skalenspezifische Betrachtungen in beiden Nettostichproben

Für die vorliegend thematisierte Fragestellung sind allerdings die Effektgrößen zwischen den gebildeten Gruppierungen (Spalte 2 der Tabelle 116) interessanter, denn es wird ja untersucht, wie sich Differenzen in Abhängigkeit der Extrem-Wert-Bestimmungen entwickeln. Dementsprechend sollten vor allem Unterschiede zwischen den Gruppierungen, bei denen Least als einziger bzw. zweiter Extrem-Wert zu identifizieren ist (D3, D5 und D7), und denjenigen, bei denen Most diese Stellung einnimmt (D4, D6 und D8), vorzufinden sein.

	skalenübergreifend				fünf-stufig				elf-stufig			
	AUS	KIN	MW1	MW2	AUS	KIN	MW1	MW2	AUS	KIN	MW1	MW2
1-2	0,239	0,026	0,376	0,380	0,238	0,015	0,416	0,423	0,180	0,026	0,332	0,332
1-3	0,157	0,187	0,359	0,374	0,178	0,075	0,355	0,371	0,115	0,053	0,364	0,377
2-3	0,084	0,169	0,024	0,014	0,058	0,092	0,063	0,056	0,065	0,081	0,022	0,035
1-4	0,287	0,145	0,470	0,485	0,305	0,031	*0,509*	*0,524*	0,243	0,033	0,428	0,442
1-5	0,217	0,165	0,363	0,372	0,204	0,074	0,362	0,372	0,146	0,068	0,364	0,374
4-5	0,067	0,024	0,112	0,118	0,097	0,045	0,149	0,156	0,094	0,037	0,070	0,076

Tabelle 117: **Effektgrößen für die mittleren Beurteilungen des ersten Wertes (AUS oder KIN) und die durchschnittlichen Einstufungen aller 17 Werte (MW1) sowie der Werte zwei bis 17 (MW2; d.h. ohne den ersten Wert der Liste) für alle drei Skalenformen in Nettostichprobe 2**

Anmerkung: Die Nummern in der ersten Spalte entsprechen den Gruppierungen aus Tabelle 116 (Spalte Nr.)

Aus der obigen Aufstellung ist zunächst ersichtlich, dass alleine für AUS niedrige Effektgrößen zwischen den gruppierten Durchführungsanweisungen auftreten, während sich für KIN keine entsprechenden Unterschiede zeigen. Für die Gegenüberstellungen von D3/5/7 (2) und D4/6/8 (3) sowie D3/7 (4) und D4/8 (5) zeigen sich durchgängig, d.h. weder für den ersten Wert, noch bei den beiden Mittelwerten, markante Effektgrößen. Dementsprechend lässt sich allein auf Basis der Durchschnittswerte (ohne den direkten rechnerischen Einbezug – in Form einer Differenzbildung – des individuellen Mittelwertes) kein Unterschied zwischen den Ratings des ersten Wertes in Abhängigkeit vom zuletzt zu bestimmenden Extrem-Wert nachweisen. Hier zeigen sich nur die schon bekannten Unterschiede zwischen den ERR-Techniken und dem alleinigen Rating.
Auf der Ebene der Durchführungsanweisungen offenbaren sich jetzt allerdings auch markante Unterschiede zwischen den ERR-Techniken, die aber ausschließlich D5 (MR) betreffen, deren mittlere Beurteilungen teilweise deutlich über denen der anderen Vorgehensweisen liegen.
Vergleicht man lediglich die Unterschiede der ERR-Techniken zu den beiden ersten Durchführungsanweisungen (alleiniges Rating), so tritt für AUS in der Nettostichprobe 1 auf der elf-stufigen Antwortskala das im Rahmen dieser Ausführungen erwartete Ergebnis auf, denn es gibt sowohl niedrige Effektgrößen zwischen D1 und D3 sowie D7, als auch D2 und D3 sowie D2 und D7. Die durchschnittlichen Ratings des ersten Wertes unter der Reihenfolge 1 des Werte-Inventars (AUS), fallen im Anschluss an die Bestimmung der beiden Extrem-Werte (wobei Least zuletzt festgelegt wird) niedriger aus als ohne vorhergehende Festlegung der bedeutendsten und unbedeutendsten Listeneintrags. Hier ist allerdings einschränkend anzumerken, dass auf einer fünf-stufigen Antwortskala entsprechende Effekte auch für D4 und D8 auftreten, also die beiden Durchführungsanweisungen, bei denen der Least-Wert zuerst bestimmt wird. Allerdings sind die Unterschiede in der Nettostichprobe 2 bei dieser Antwortskala dann auf D3, D7 und D8 beschränkt, so dass zumindest zwischen D3 und D4 merkliche Mittelwertunterschiede im Vergleich zu den Verhältnissen bei D1 und D2 auftreten. Hier könnte also die Reihenfolge der Extrem-Wert-Bestimmungen Auswirkungen auf das Rating des ersten Wertes besitzen, die sich vorliegend allerdings lediglich unter der ersten Sequenz des Werte-Inventars zeigen.
Insgesamt offenbaren die Ergebnisse, dass es zwar einen Effekt der Extrem-Rankings für den ersten Listeneintrag gibt, allerdings fällt dieser weitgehend unabhängig von der Reihenfolge der Extrem-Wert-Bestimmung aus.

5.4.4.1.2 Mittelwerte der Differenz zwischen dem Rating des ersten Wertes und dem individuellen Gesamtdurchschnitt der Listeneinträge 2 bis 17

Jetzt erfolgt eine explizite Verbindung zwischen dem Rating des ersten Wertes und dem generellen Antwortverhalten jeder einzelnen Person, so dass nicht generelle Durchschnittswerte in Beziehung gesetzt werden, sondern abhängige Differenzwerte.
Auch hier werden zuerst die aggregierten Durchführungsanweisungen gegenübergestellt, bevor diese einzeln betrachtet werden.

	AUS-MW2						KIN-MW2					
	Nettostichprobe 1			Nettostichprobe 2			Nettostichprobe 1			Nettostichprobe 2		
	AG	5	11	AG	5	11	AG	5	11	AG	5	11
1-2	0,095	0,097	0,093	0,057	0,074	0,041	0,060	0,116	0,002	0,124	0,196	0,048
1-3	0,023	0,053	0,012	0,014	0,042	0,018	0,193	0,255	0,129	0,231	0,272	0,188
2-3	0,071	0,043	0,104	0,043	0,032	0,059	0,134	0,141	0,130	0,108	0,076	0,143
1-4	0,114	0,123	0,105	0,064	0,098	0,028	0,136	0,158	0,113	0,280	0,316	0,241
1-5	0,049	0,079	0,012	0,054	0,081	0,026	0,175	0,220	0,129	0,184	0,198	0,169
4-5	0,063	0,039	0,092	0,010	0,016	0,002	0,041	0,067	0,015	0,109	0,130	0,084

Tabelle 118: Effektgrößen für den Vergleich der durchschnittlichen Ratings des ersten Wertes (unterteilt nach AUS und KIN) mit den personenspezifischen Mittelwerten der Einstufungen der Werte an den Positionen zwei bis 17 der Auflistung für drei skalenspezifische Betrachtungen in beiden Nettostichproben

Erstaunlicherweise treten unter der Differenzperspektive die niedrigen Effektgrößen jetzt für den Wert KIN auf, d.h. bei der Bezugnahme auf das gesamte Antwortverhalten eines Befragten, weichen die Mittelwerte nun unter der zweiten Reihenfolge des Werte-Inventars merklich ab. Allerdings lassen sich auch hier keine Divergenzen zwischen den Durchführungsanweisungen, bei denen der unbedeutendste Wert als zweites (oder ganz alleine) zu bestimmen ist, und denjenigen bei denen Least als erster Extrem-Wert zu identifizieren ist, ausmachen. Dementsprechend sind unter der aggregierten Perspektive die angedeuteten Unterschiede beim Rating des ersten Wertes in Abhängigkeit von der Reihenfolge der Extrem-Wert-Bestimmung nicht vorzufinden. Hier lassen sich lediglich Abweichungen zu den Verhältnissen bei einem alleinigen Rating (D1 und D2) ausmachen.

	D1	D2	D3	D4	D5	D6	D7	D8
D1		0,046	0,110	0,016	0,019	0,037	0,025	0,132
D2	0,032		0,150	0,061	0,063	0,010	0,071	0,171
D3	0,318	0,357		0,092	0,085	0,144	0,089	0,018
D4	0,196	0,233	0,138		0,004	0,053	0,008	0,112
D5	0,027	0,059	0,291	0,169		0,054	0,003	0,103
D6	0,343	0,381	0,032	0,164	0,316		0,063	0,167
D7	0,272	0,309	0,047	0,090	0,245	0,077		0,113
D8	0,155	0,190	0,176	0,039	0,128	0,200	0,127	

Tabelle 119: Effektgrößen für die durchführungsanweisungsspezifischen Differenzwerte zwischen dem personenbezogenen Rating des ersten Wertes (AUS in der oberen Diagonalmatrix und KIN in der unteren) und dem Gesamtdurchschnitt der Listeneinträge zwei bis 17 für eine fünf-stufige Antwortskala und die Nettostichprobe 2

Auch unter dieser Perspektive sind niedrige Effektgrößen lediglich unter der zweiten Reihenfolge des Werte-Inventars (KIN ist erster Listeneintrag) festzustellen, d.h. die mittleren Differenzwerte zwischen den Durchführungsanweisungen unterscheiden sich bei der ersten Werte-Sequenz (AUS steht an Listenposition eins) nicht merklich voneinander.
Alle niedrigen Effektgrößen treten im Zusammenhang mit dem alleinigen Rating (D1 und D2) oder der Bestimmung lediglich eines einzigen Extrem-Wertes (D5 und D6) auf. Die Durch-

führungsanweisungen drei und vier oder sieben und acht zeigen jedenfalls nur eine Effektgröße um den Betrag von 0,130 – so dass hier nicht von merklichen Unterschieden gesprochen werden kann. Insofern ist auch bei einer durchführungsanweisungsbezogenen Analyse nicht von einem besonderen Effekt der Bestimmung des Least-Wertes auszugehen, wenn dieser direkt vor dem Rating auszuwählen ist – im Gegensatz zu den Fällen, bei denen Most der direkt zuvor zu identifizierende Extrem-Wert ist.
Hinter den Effektgrößen für KIN liegen mittleren Durchschnittsbeträge von -0,1497 (D3), -0,2908 (D4), -0,1974 (D7) und -0,3333 (D8). Der Referenzwert für D1 lautet: -0,5269. Dementsprechend lässt sich anhand der Daten nicht einmal die Tendenz des postulierten Effekts ableiten, nach der für den Fall, in dem der unbedeutendste Wert erst im Anschluss an den bedeutendsten Listeneintrag zu bestimmen ist, der erste Wert der Aufstellung im Durchschnitt niedriger eingestuft wird, wenn der Least-Wert erst als zweiter der beiden Extrem-Werte zu identifizieren ist.

5.4.4.2 Wirkungen unterschiedlicher Labelungen der Vorgänger- und Nachfolger-Werte der Auflistung

Auch hier stehen wieder die aus den ERR-Techniken resultierenden geringeren Mittelwerte und höheren Streuungen (Standardabweichungen) bei den Beurteilungen der Ausprägungen eines positiven Konstruktes im Fokus. Diese könnten sich allein dadurch ergeben, dass der als Least ausgewählte Wert (extrem) niedrig eingestuft wird. In diesem Fall würden also kaum Kontext-Effekte vom Extrem-Ranking ausgehen, sondern dessen Wirkung wäre fast ausschließlich auf den oder die identifizierten Extrem-Werte beschränkt. Prüfen lässt sich dieser Sachverhalt mittels einer Gegenüberstellung der personenspezifischen Durchschnittswerte und Standardabweichungen der Ratings aller 17 Werte mit den entsprechenden Parametern nach einer Elimination der Beurteilungen für den oder die Extrem-Werte, d.h. für D3, D4, D7 und D8 werden dann Mittelwerte und Standardabweichungen basierend auf lediglich 15 Werten berechnet und im Falle von D5 und D6 bilden 16 Werte die Berechnungsgrundlage. Die sich bei diesen Vergleichen ergebenden Effektgrößen sind der folgenden Tabelle 120 zu entnehmen.

	Nettostichprobe 1 Antwortskala				Nettostichprobe 2 Antwortskala			
	Fünf-stufig		Elf-stufig		Fünf-stufig		Elf-stufig	
	MW	SA	MW	SA	MW	SA	MW	SA
MLR	0,117	0,651	0,136	0,650	0,167	0,789	0,197	0,820
LMR	0,170	0,640	0,123	0,781	0,269	0,766	0,173	0,922
MR	0,113	0,039	0,102	0,042	0,127	0,043	0,119	0,046
LR	0,263	0,621	0,272	0,701	0,322	0,750	0,350	0,854
MLRV	0,030	0,399	0,046	0,457	0,139	0,604	0,147	0,689
LMRV	0,259	0,743	0,296	0,786	0,175	0,733	0,214	0,911

Tabelle 120: Effektgrößen der Differenzen von Mittelwerten (MW) und Standardabweichungen (SA) zwischen den Ergebnissen für alle 17 Werte und denjenigen, bei denen die Ratings der als Extrem-Werte identifizierten Einträge nicht berücksichtigt wurden getrennt nach Antwortskalen und Nettostichproben

Bis auf die Mittelwerte bei LMRV (D8) fallen bei einer fünf-stufigen Antwortskala für diesen Parameter alle Effektgrößen in der Nettostichprobe 1 höher als in der Nettostichprobe 2 aus. Für die elf-stufige Antwortskala ist das Muster genau gegenläufig, denn dort sind bis auf LMRV die Effektgrößen sämtlicher Mittelwertvergleiche in der Nettostichprobe 2 höher. Hier ist also eine Wirkungsabhängigkeit von der Anzahl an Kategorien der Antwortskala und Konsistenzverhalten zu konstatieren.

Insgesamt treten niedrige Effektgrößen nur dann auf, wenn der unbedeutendste Wert als erster oder einziger Extrem-Wert zu bestimmen ist, was einmal mehr die Bedeutung der Festlegung des Least-Wertes für die Wirkung der ERR-Techniken unterstreicht. Dies wird auch dadurch untermauert, dass die höchsten Effektgrößen bei den Mittelwerten für LR (D6) in der Nettostichprobe 2 für beide Antwortskalen (fünf-stufig = 0,322; elf-stufig = 0,350) auftreten. Sie repräsentieren eine Veränderung von 3,51 % bzw. 3,47 % der möglichen Spannweite der Mittelwertunterschiede von vier (fünf-stufige Antwortskala) bzw. zehn (elf-stufige Variante).[456]
Die Effektgrößen der Standardabweichungen fallen – bis auf diejenige für MR (D5) – in der Nettostichprobe 2 alle in den mittleren Effektgrößenbereich. Dementsprechend wird die Standardabweichung beim Wegfall der Extrem-Wert-Beurteilung(en) stärker beeinflusst, als die Mittelwerte der Ratings. Die Richtung des Effekts zielt eindeutig auf die um die Beurteilungen der Extrem-Werte bereinigten Ratings, denn Letztere fallen wesentlich niedriger aus als beim Einbezug sämtlicher 17 Werte.
Schlussfolgernd bleibt festzuhalten, dass schon alleine die Ratings für die als Extrem-Wert ausgewählten Listeneinträge (insbesondere für Least) zu einer Verminderung der Mittelwerte und Erhöhung der Standardabweichungen der Einstufungen führen.
Allerdings fällt diese Wirkung (siehe Tabelle 120) nicht so hoch aus, wie die jeweilige Reduktion der Mittelwerte in den Durchführungsanweisungen 3 bis 8 (ERR-Techniken) in Bezug auf das reine Rating (RO; siehe Tabelle 121). Insofern ist den Beurteilungen der als Extrem-Werte ausgewählten Elemente zwar eine gewisse Bedeutung für die reduzierten Mittelwerte beizumessen, allerdings bleiben die Effektgrößen dieser Veränderungen hinter denjenigen für die Gegenüberstellung der ERR-Techniken mit einem reinen Rating zurück. Dementsprechend wird die beschriebene Wirkung der ERR-Techniken nicht vollständig durch das Rating der als Extrem-Wert gekennzeichneten Objekte determiniert, sondern von dieser Vorgehensweise sind grundsätzlich die Ratings sämtlicher Listeneinträge betroffen, was auch als eine Bestätigung der postulierten Priming-Effekte (siehe Abschnitt 3.3.2.3) angesehen werden kann.

	Nettostichprobe 1 Antwortskala				Nettostichprobe 2 Antwortskala			
	Fünf-stufig		Elf-stufig		Fünf-stufig		Elf-stufig	
	MW	SA	MW	SA	MW	SA	MW	SA
MLR	0,509	0,591	0,397	0,606	0,562	0,652	0,440	0,689
LMR	0,498	0,547	0,394	0,635	0,564	0,579	0,433	0,701
MR	0,382	0,273	0,270	0,249	0,353	0,269	0,220	0,255
LR	0,392	0,611	0,386	0,646	0,417	0,655	0,402	0,716
MLRV	0,517	0,443	0,406	0,418	0,581	0,476	0,475	0,508
LMRV	0,547	0,663	0,392	0,668	0,471	0,542	0,317	0,682

Tabelle 121: Effektgrößen für den Vergleich der Ratings (Mittelwerte [MW] und Standardabweichungen [SA]) unter Einbezug aller 17 Werte zwischen der ersten Durchführungsanweisung und den ERR-Techniken für beide Nettostichproben

Hinsichtlich der Standardabweichungen fallen die Effektgrößen des Vergleichs von einem Rating aller Werte, mit denjenigen, bei denen lediglich die nicht hervorgehobenen Listeneinträge als Beurteilungsgrundlage dienen, geringfügig höher aus, als bei der Gegenüberstellung der Ratings sämtlicher 17 Werte zwischen D1 und den ERR-Techniken. Eine Ausnahme bil-

[456] Das Vorgehen ist allerdings insofern sehr restriktiv, als es sehr unwahrscheinlich ist, dass die Differenz zweier Mittelwerte die gesamte Skalenweite ausmacht – dann müsste sich vorliegend beispielsweise bei RO ein Durchschnittswert von 5 und bei D6 von 1 ergeben, was bei einem positiven Konstrukt als Untersuchungsgegenstand utopisch ist. Insofern dürften die Effektgrößen hier durchaus markante Veränderungen indizieren.

det MR (D5), bei der die entsprechenden Effektgrößen des Kontrasts mit D1 einen höheren Betrag annehmen, als wenn das Rating für den bedeutendsten Wert eliminiert wird, und mit der Einschätzung sämtlicher 17 Objekte verglichen wird. Damit wird auch aus dieser Perspektive die stärkere Bedeutung der Least-Wert Bestimmung für die Entwicklung der Standardabweichungen (und Mittelwerte) der Ratings betont, denn MR ist die einzige Durchführungsanweisung, bei der kein unbedeutendster Wert zu identifizieren ist.
Nach diesem eher grundsätzlichen Test stehen nun die positions- und wertespezifischen Ratings im Vordergrund. Dabei wird die direkte Umgebung eines Wertes fokussiert, d.h. neben dem betrachteten Wert genießt auch sein Vorgänger-Wert (VGW)[457] eine entsprechende Aufmerksamkeit. Hintergrund ist dabei, dass sich das Rating eines Listeneintrags im Falle der Hervorhebung (insbesondere wenn er als unbedeutendster Wert identifiziert wird) des Vorgänger-Wertes von dem unterscheidet, das resultiert, wenn der vorhergehende Wert keine besondere Rolle innehat. Diese Sichtweise setzt voraus, dass eine bestimmte Sequenz in der Aufgabenstellung gegeben ist (Ranking vor dem Rating) und die einzelnen Werte der Reihe nach eingestuft werden.
Leider können die individuellen Besonderheiten des Antwortverhaltens (Hin- und Herspringen in der Liste, Veränderungen bereits getätigter Beurteilungen etc.) aufgrund der vorliegenden Erhebungssituation nicht kontrolliert werden, so dass im Folgenden davon ausgegangen wird, dass die einzelnen Werte sukzessive in der Reihenfolge ihres Auftretens in der Liste beurteilt werden. Diese Annahme dürfte zwar nicht durchgängig zutreffen, da Ratings in einer Online-Erhebung (siehe Abschnitt 3.4) mit weniger Aufwand modifiziert werden können, als z.B. in schriftlichen Befragungen, wo bereits getätigte Beurteilungen durchgestrichen werden müssten, was den optischen Gesamteindruck des Erhebungsbogens verändert. Dennoch erscheint diese Prämisse einen brauchbaren Ausgangspunkt darzustellen, zumal das genaue Antwortverhalten der Befragten auch nicht rekonstruierbar ist.
Für den direkt vor einem spezifischen Listeneintrag platzierten Wert, sind – je nach Durchführungsanweisung – drei Zustände denkbar: (1) der Vorgänger-Wert kann nicht hervorgehoben sein, (2) er ist als Least-Wert ausgewählt worden oder (3) er hat den Status des bedeutendsten Wertes der Aufstellung (Most) zugewiesen bekommen. In Abhängigkeit von dieser Kennzeichnung sind gleichfalls bestimmte Modi für den fokussierten Wert ausgeschlossen, denn er kann nicht den Status „Least" annehmen, wenn bereits sein Vorgänger als unbedeutendster Wert ausgewählt wurde – dann sind für ihn nur noch die Zustände „Most" oder „nicht hervorgehoben" möglich. Ebenso ist es für den betrachteten Wert unmöglich als bedeutendster Wert ausgewählt zu werden, wenn diese Stellung schon durch seinen Vorgänger-Wert eingenommen wird – dann sind für ihn nur noch „Least" oder „nicht hervorgehoben" zulässige Alternativen.
Damit ist es erforderlich, den Status des fokussierten Wertes weiter einzugrenzen – und nicht alleine mit Gesamtdurchschnittswerten in Abhängigkeit von den drei möglichen Zuständen des Vorgänger-Wertes zu arbeiten – weil diese durch überproportionale Anteile von Least- oder Most-Zuweisungen verzerrt sein könnten.[458] Aus diesem Grunde erfolgt vorliegend eine Beschränkung auf den Fall, dass der fokussierte Wert nicht hervorgehoben ist.

[457] Damit ist immer nur der direkt in der Aufstellung vor dem fokussierten Wert platzierte Listeneintrag gemeint, denn natürlich könnten sich die Wirkungen eines als Extrem-Wert gekennzeichneten Stimulus auch über mehrere weitere Objekte erstrecken. Derartige Verbindungen bleiben vorliegend unberücksichtigt.

[458] Mit diesem Vorgehen wird zwar einerseits der jeweilige Stichprobenumfang eingeschränkt, denn alle Fälle, in denen der fokussierte Wert als unbedeutendster oder bedeutendster Wert ausgewählt wurde, sind dann nicht relevant, jedoch wird damit andererseits sichergestellt, dass der fokussierte Wert selber keine Hervorhebung erfahren hat. Würde diese Trennung nicht vollzogen, könnte insbesondere bei den Werte-Paaren „Gesundheit – Wohlstand" sowie „Wohlstand – Liebe" zu Verzerrungen führen, da hier die meisten Least-Most Kombinationen vorliegen. Ein separater Ausweis auch der Least- und Most-Fälle bei einem fokussierten Wert würde den Umfang der vorliegenden Darstellung sprengen.

Nun werden also die auf den nicht hervorgehobenen Zustand (NH) beschränkten durchschnittlichen Beurteilungen des fokussierten Wertes in Abhängigkeit vom Status (NH, L oder M) seines Vorgänger-Wertes miteinander in Beziehung gesetzt. Dabei ist immer dann von einem Kontrast-Effekt auszugehen, wenn (a) die mittlere Beurteilung des Wertes unter der Bedingung, dass sein Vorgänger-Wert als Most ausgewählt wird, geringer ausfällt als wenn der Vorgänger-Wert nicht hervorgehoben ist oder (b) das durchschnittliche Rating wenn der Vorgänger-Wert als Least identifiziert wird einen höheren Betrag aufweist, als wenn der Vorgänger-Wert diese Extrem-Wert Rolle nicht innehat.
Ein Beispiel für (a) ist in der Nettostichprobe 2 unter der Reihenfolge 1 des Werte-Inventars das skalenübergreifende Ergebnis für das Paar „Unabhängigkeit – Familienleben". Dabei ist Familienleben der fokussierte Wert, dessen durchschnittliches Rating einen Betrag von 3,9115 annimmt, wenn Unabhängigkeit nicht hervorgehoben (also weder als unbedeutendster, noch als bedeutendster Wert ausgewählt wurde) ist. Bekommt hingegen Unabhängigkeit den Status „Most" zugewiesen, beträgt die durchschnittliche Einstufung für Familienleben lediglich 3,3733. Weil im letztgenannten Fall das mittlere Rating für Familienleben um 0,5383 Einheiten niedriger ausfällt als wenn Unabhängigkeit nicht hervorgehoben ist, liegt ein Kontrast-Effekt vor. Wenn Unabhängigkeit also als bedeutendster Wert identifiziert wird, ist von einem überproportional niedrigeren Rating für Familienleben auszugehen. Dies ist auch intuitiv einsichtig, denn mit Familienleben dürfte auch eine gewisse Bindung einhergehen, die wahrscheinlich von den Personen, die Unabhängigkeit als den für sie bedeutendsten Wert angeben, vergleichsweise gering geschätzt wird.
Die angesprochene Konstellation (b) tritt beispielsweise in der Nettostichprobe 2 unter skalenübergreifender Betrachtung und der zweiten Reihenfolge für „Liebe – Wohlstand" auf. Die Fokussierung liegt auf dem letztgenannten Wert, dessen mittlere Einstufung einen Betrag von 3,5974 aufweist, wenn Liebe nicht hervorgehoben ist. Ist Liebe hingegen als unbedeutendster Wert identifiziert worden, erhöht sich das Durchschnittsrating für Wohlstand auf 3,9167. Auch diese Konfiguration zeigt einen Kontrast-Effekt an, denn die Einstufung von Liebe als unbedeutendster Wert führt zu einer ansteigenden Beurteilung für Wohlstand. Auch dieser Zusammenhang ist intuitiv nachvollziehbar, wenn Liebe als emotionale und immaterielle Komponente bei einer Person den niedrigsten Stellenwert besitzt, ist es durchaus wahrscheinlich, dass für sie eben materielle Dinge eine gewisse Anziehungskraft ausüben.
In den zu den oben skizzierten Zusammenhängen (a) und (b) konträren Fällen (die mittlere Beurteilung des Wertes fällt im Vergleich zu den Konstellationen, in denen der Vorgänger-Wert nicht hervorgehoben ist höher aus wenn der Vorgänger-Wert als Most identifiziert wird [c] bzw. das durchschnittliche Rating des Wertes ist im Vergleich zu der mittleren Beurteilung wenn der Vorgänger-Wert nicht hervorgehoben ist geringer, wenn sein Vorgänger-Wert als Least ausgewählt wird [d]) liegen Assimilations-Effekte vor.
Beide Fälle lassen sich anhand der skalenübergreifenden Konstellation in Nettostichprobe 2 und der Reihenfolge 1 der Wert-Liste für „Frieden – Natur" illustrieren. Dabei beträgt das Durchschnittsrating für Natur 4,0365 wenn Frieden nicht hervorgehoben ist, 3,1734 wenn Frieden als unbedeutendster Wert angegeben wird und 4,3433 wenn Frieden den Status des bedeutendsten Wertes einnimmt. Eine Festlegung des Vorgänger-Wertes „Frieden" führt also beim Rating von Natur dazu, dass der Mittelwert gegenüber dem Fall, bei dem Frieden nicht hervorgehoben ist, ansteigt – die Einstufung von Natur assimiliert also in Richtung auf den höher eingestuften Frieden.[459] Gleiches gilt, wenn Frieden als unbedeutendster Wert ausgewählt wird, denn dann reduziert sich auch die durchschnittliche Einstufung von Natur.

[459] Diese Sichtweise setzt voraus, dass die durchschnittliche Beurteilung eines Wertes für den Fall, in dem er als unbedeutendster Wert identifiziert wird, immer niedriger ausfällt, als wenn er nicht hervorgehoben ist. Gleichzeitig muss die mittlere Beurteilung auch dann, wenn ein Wert als bedeutendster Wert ausgewählt wird, immer größer sein, als wenn der Wert keinen besonderen Status besitzt. Diese Zustandsreihenfolge ist für alle Werte unter beiden Antwortskalen und den zwei verschiedenen Reihenfolgen gegeben.

Bei gleichzeitiger Betrachtung aller drei möglichen Statuszuweisungen (NH. L oder M) für den Vorgänger-Wert, sind sechs mögliche Ausprägungen der Größenreihenfolge der durchschnittlichen Beurteilungen des fokussierten Wertes zu differenzieren, die in der folgenden Übersicht zusammenfasst sind.

Fall	Betragsmäßige Sequenz der Durchschnittsbeurteilungen für den fokussierten Wert beim Zustand des VGW	VGW ist unbedeutendster Wert (L)	VGW ist bedeutendster Wert (M)	Stärkerer Effekt
1	NH > M > L	A (NH > L)	K (NH > M)	A für VGW=L
2	NH > L > M	A (NH > L)	K (NH > M)	K für VGW=M
3	L > NH > M	K (L > NH)	K (NH > M)	?
4	L > M > NH	K (L > NH)	A (M > NH)	K für VGW=L
5	M > NH > L	A (NH > L)	A (M > NH)	?
6	M > L > NH	K (L > NH)	A (M > NH)	A für VGW=M

Abbildung 87: Übersicht der potenziellen betragsmäßigen Reihenfolgen der durchschnittlichen Ratings eines Wertes in Abhängigkeit der Zustandsbeschreibungen für den VGW

Anmerkung: VGW = Vorgänger-Wert; NH = nicht hervorgehoben; A = Assimilations-Effekt; K = Kontrast-Effekt; ? = kein eindeutiges Ergebnis, das Resultat hängt von den exakten Beträgen ab

Die durchschnittliche Beurteilung eines Wertes für den Fall, dass sein Vorgänger-Wert nicht hervorgehoben ist, fungiert bei allen Vergleichen als Ausgangspunkt. Dies ist nach den getroffenen Einschränkungen deshalb möglich, weil der Status des aktuell betrachteten Wertes auf „NH“ (nicht hervorgehoben) begrenzt ist.[460]
Weiterhin ist es von Belang, sich zu vergegenwärtigen, dass ein steigender Mittelwert eine höhere Wichtigkeitseinstufung abbildet und dass die Beträge in der zweiten Spalte der Abbildung 87 dementsprechend von links nach rechts abnehmen.
Um die hypothetischen Konstellationen der vorstehenden Abbildung 87 beispielhaft zu erläutern, wird auf den Fall Nr. 5 zurückgegriffen, bei dem der aktuelle Wert seine höchste Durchschnittsbeurteilung erlangt, wenn sein Vorgänger-Wert das Label „Most“ besitzt. Ist der letztgenannte Wert hingegen nicht hervorgehoben (NH), fällt das mittlere Rating für den fokussierten Wert zwar geringer aus als wenn der Vorgänger-Wert als bedeutendster Wert identifiziert wird, liegt aber immer noch über demjenigen, das sich ergibt, wenn der Vorgänger-Wert als unbedeutendster Listeneintrag (Least) klassifiziert wird. Folglich sind hier zwei Kontrast-Effekte anzutreffen, die genau den oben beschriebenen Konstellationen (c) und (d) entsprechen.
Welcher der beiden Kontrast-Effekte stärker ausgeprägt ist, kann erst entschieden werden, wenn die konkreten empirischen Zahlen betrachtet werden. Ist die Differenz zwischen den durchschnittlichen Ratings für den fokussierten Wert in dem Fall NH – L größer als für M – NH, so liegt ein stärkerer Assimilations-Effekt in Bezug auf den als Least-Wert eingestuften Vorgänger-Wert vor, andernfalls im Hinblick auf den als Most-Wert kategorisierten Vorgänger-Wert. Im obigen Beispiel beträgt die Differenz zwischen NH und L 0,8631 und zwischen M und NH 0,3067. Dementsprechend fällt der Assimilations-Effekt für Natur stärker aus, wenn Frieden als unbedeutendster Wert identifiziert wird. Es liegt also in beiden Fällen ein Assimilations-Effekt für Natur vor, allerdings hat dieser ein stärkeres Ausmaß, wenn Frieden als unbedeutendster Wert eingestuft wird. Personen, denen Frieden als Wert nicht so wichtig ist, stufen also auch den Wert „Natur“ dann eher als unwichtig ein. Erklären ließe sich dies

[460] Wäre diese Einschränkung nicht erfolgt, hätten zwar mehr Fälle (im Sinne von verwertbaren Antworten) zur Verfügung gestanden, jedoch würden dann auch die Beurteilungen aus den Least- und Most-Zuständen eines Wertes verzerrend hinzukommen.

beispielsweise mit der stärker sozial orientierten Ausrichtung von Personen, die Frieden als den wichtigsten Wert angeben – für diesen Personenkreis könnten zum einen Werte wie „Menschlichkeit" und „Familienleben" eine höhere Bedeutung haben, es könnte aber auch sein, dass im Wert „Frieden" bereits einige naturbezogene Komponenten enthalten sind, so dass die Befragten „Natur" jetzt – zur Vermeidung redundanter Angaben (siehe Abschnitt 3.2.2.5) – nicht so stark auf Frieden assimilieren.

			Nettostichprobe 1			Nettostichprobe 2		
		VGW	AG	5	11	AG	5	11
AUS	RF1							
	RF2	FRZ	1	1	1	1	1	1
FRZ	RF1	AUS	1	2	5 (AL)	1	2	1
	RF2	UNA	1	1	1	5 (AL)	5 (AL)	1
UNA	RF1	FRZ	3 (KM)	3 (KL)	2	2	6	2
	RF2	FAM	3 (KM)	3 (KM)	2	3 (KL)	3 (KL)	3 (KL)
FAM	RF1	UNA	2	2	3 (KM)	3 (KM)	3 (KM)	3 (KM)
	RF2	SIC	1	1	1	1	1	1
SIC	RF1	FAM	5 (AM)	6	5 (AL)	5 (AL)	5 (AL)	5 (AL)
	RF2	GES	3 (KL)	3 (KM)	4	1	3 (KL)	5 (AL)
GES	RF1	SIC	1	2	1	1	1	5 (AL)
	RF2	WOH	2	2	2	2	2	2
WOH	RF1	GES	1	1	1	3 (KL)	1	3 (KL)
	RF2	LIE	4	4	5 (AL)	4	5 (AM)	4
LIE	RF1	WOH	3 (KM)	3 (KM)	3 (KM)	3 (KM)	3 (KM)	3 (KM)
	RF2	MEN	1	5 (AL)	3 (KL)	3 (KM)	1	3 (KL)
MEN	RF1	LIE	1	1	1	1	2	1
	RF2	ABW	2	2	1	2	2	2
ABW	RF1	MEN	1	1	2	1	1	1
	RF2	FST	2	1	3 (KL)	1	2	1
FST	RF1	ABW	1	5 (AL)	2	1	1	1
	RF2	BER	2	2	2	1	1	6
BER	RF1	FST	1	2	1	1	1	1
	RF2	FRI	2	1	2	2	2	2
FRI	RF1	BER	2	2	2	2	2	2
	RF2	NAT	1	1	1	5 (AL)	1	5 (AL)
NAT	RF1	FRI	5 (AL)	5 (AL)	5 (AL)	5 (AL)	5 (AL)	5 (AL)
	RF2	ABI	1	1	5 (AL)	1	1	5 (AL)
ABI	RF1	NAT	1	5 (AL)	2	2	5 (AM)	2
	RF2	PER	1	2	1	1	1	1
PER	RF1	ABI	1	1	1	1	1	1
	RF2	KIN	1	1	5 (AL)	1	1	5 (AL)
KIN	RF1	PER	3 (KM)	1	3 (KL)	4	5 (AL)	4
	RF2							

Tabelle 122: Zuordnung der Beziehungen zwischen einem Wert und seinem Vorgänger-Wert (VGW) zu den Fällen in Abbildung 87 für die Antwortskalen, Reihenfolgen und Nettostichproben

Anmerkung: 1 = Assimilations-Effekt in Bezug auf Least (AL); 2 = Kontrast-Effekt in Bezug auf M (KM); 4 = Kontrast-Effekt hinsichtlich Least (KL) und 6 = Assimilations-Effekt hinsichtlich Most (AM). Unter der ersten Reihenfolge des Werte-Inventars (RF1) gibt es keinen Vorgänger-Wert für AUS und bei der zweiten Sequenz für KIN.

Insgesamt (sechs Konstellationen: N1_AG, N1_5er, N1_11er, N2_AG, N2_5er und N2_11er) überwiegen die Assimilations-Effekte (58,85 %) die Kontrast-Effekte (41,15 %), d.h. durch den Einsatz der ERR-Techniken verändert sich das Rating eines Wertes, der einem Extrem-Wert nachfolgt, eher in Richtung auf den Extrem-Wert. Im Falle des unbedeutendsten Wertes wird die Einstufung des nachfolgenden Wertes geringer, während sie im Anschluss an den bedeutendsten Wert steigt – jeweils verglichen mit den Ratings, die resultieren, wenn der Vorgänger-Wert nicht hervorgehoben ist.
Von den beiden Extrem-Werten sorgt Least in stärkerem Maße für Assimilations-Effekte (58,85 %) – damit dürfte aber auch klar sein, dass Least für die höhere Streuung im Datensatz verantwortlich ist, denn erstens werden Werte mit seinem Label niedriger eingestuft und zweitens führt er auch noch zu einer Assimilation des direkt nachfolgenden Wertes – dieser wird ebenfalls niedriger eingestuft als wenn sein Vorgänger-Wert nicht hervorgehoben ist.
Fast Zwei-Drittel (65,63 %) der in Tabelle 122 aufgeführten Fälle beziehen sich auf den Least-Wert, was die Relevanz der Identifikation des unbedeutendsten Wertes für die Wirkungen der ERR-Techniken unterstreicht. Da für Least auch die Assimilations-Effekte überwiegen, führt die Labelung eines Wertes vermehrt dazu, dass auch der nachfolgenden Wert geringer eingestuft wird, als wenn der vorher in der Aufstellung platzierte Wert nicht hervorgehoben wird. Bei Most dominieren die Kontrast-Effekte, denn gut Drei-Viertel (75,95 %) der im Zusammenhang mit diesem Extrem-Wert auftretenden Wirkungen lassen sich entsprechend kategorisieren. Im Endeffekt führt dies zu einer vergleichbaren Wirkung wie bei Least, denn wenn ein Wert in der Nachfolge des bedeutendsten Wertes geringer eingestuft wird, als wenn er einem nicht hervorgehobenen Vorgänger nachfolgt, führt dies auch zu einer Verminderung der Mittelwerte (und einem Anstieg der Streuung). Dementsprechend arbeiten beide Extrem-Werte für (!) die ERR-Technik (94,69 % AL und KM), denn die Konstellationen eines Kontrastes zu Least und einer Assimilation auf Most (in beiden Fällen wird ein Wert höher eingestuft, als wenn VGW nicht hervorgehoben ist) sind ganz eindeutig in der Minderzahl (5,31 %).
Als Konsequenz aus den Ergebnissen zu den Assimilations-Kontrast-Effekten, wird im nächsten Schritt geprüft, ob sich bei einer zusätzlichen Elimination des einem Extrem-Wert direkt nachfolgenden Wertes, eine Veränderung der Mittelwerte und Standardabweichungen der Ratings unter den einzelnen Durchführungsanweisungen ergibt. Weiter oben (siehe Tabelle 120) wurde bereits festgestellt, dass der Ausschluss der Ratings der beiden Extrem-Werte nicht zu gravierenden Veränderungen bei den Parametern Mittelwert und Standardabweichung führt. Bedingt durch die vermehrten Assimilations-Effekte im Hinblick auf den einem Extrem-Wert direkt nachfolgenden Wert, würde eine entsprechende Veränderung bei den Mittelwerten und Standardabweichungen nach der Eliminierung sowohl der Extrem-Werte, als auch der ihnen direkt nachfolgenden Werte, dafür sprechen, dass sich die reduzierende (Mittelwert) und erhöhende (Standardabweichung) Wirkung der ERR-Techniken nicht auf den gesamten Stimuluspool bezieht, sondern auf die Extrem-Werte und deren direkte Umgebung beschränkt ist.
Die Effektgrößen für die Gegenüberstellung der Mittelwerte und Standardabweichungen beim Einbezug sämtlicher 17 Werte mit denen nach dem Ausschluss der als Extrem-Wert ausgewählten Stimuli sowie des ihnen unmittelbar anschließenden Wertes, sind der folgenden Tabelle 123 zu entnehmen. Bei diesem Vorgehen ist zu berücksichtigen, dass sich die Anzahl einbezogener Werte für MLR, LMR, MLRV und LMRV um bis zu vier auf 13 reduziert und für MR sowie LR um bis zwei auf 15. Die genaue Anzahl der Werte hängt davon ab, ob der letzte Wert aus der Aufstellung als Extrem-Wert ausgewählt wurde oder nicht, denn im ersten Fall reduziert sich die Anzahl der Werte lediglich um drei (MLR, LMR, MLRV und LMRV) bzw. eins (MR sowie LR), weil der letzte Wert der Liste keinen Nachfolger besitzt, und somit nur er selbst ausgeschlossen wird.

	Nettostichprobe 1 Antwortskala				Nettostichprobe 2 Antwortskala			
	Fünf-stufig		Elf-stufig		Fünf-stufig		Elf-stufig	
	MW	SA	MW	SA	MW	SA	MW	SA
MLR	0,120	0,660	0,131	0,647	0,172	0,799	0,191	0,819
LMR	0,161	0,619	0,107	0,777	0,258	0,745	0,154	0,915
MR	0,099	0,035	0,087	0,048	0,112	0,039	0,104	0,053
LR	0,236	0,607	0,260	0,703	0,290	0,736	0,332	0,857
MLRV	0,043	0,408	0,053	0,480	0,153	0,624	0,148	0,710
LMRV	0,242	0,735	0,274	0,773	0,160	0,725	0,187	0,896

Tabelle 123: Effektgrößen der Differenzen von Mittelwerten (MW) und Standardabweichungen (SA) zwischen den Ergebnissen für alle 17 Werte und denjenigen, bei denen die Ratings sowohl der als Extrem-Werte identifizierten Einträge, als auch des direkt nachfolgenden Wertes nicht berücksichtigt wurden getrennt nach Antwortskalen und Nettostichproben

Wie aus dem Vergleich von Tabelle 120 mit Tabelle 123 ersichtlich, weichen die Effektgrößen nur minimal (größte Differenz: 0,032 für die Mittelwerte bei LR in Nettostichprobe 2 und einer fünf-stufigen Antwortskala) voneinander ab, so dass sich an der bereits geäußerten grundsätzlichen Feststellung nichts ändert. Auch wenn der einem Extrem-Wert direkt nachfolgende Wert ebenfalls nicht mehr in die Berechnung der Mittelwerte und Standardabweichungen einfließt, ergeben sich keine merklichen Abweichungen zu den Ergebnissen, die bei Berücksichtigung sämtlicher 17 Werte zutage treten. Dementsprechend ist die Wirkung der ERR-Techniken also nicht auf die jeweiligen Extrem-Werte sowie deren unmittelbare Nachbarschaft begrenzt, sondern erstreckt sich auf die gesamte Objekt-Liste, was ein weiteres unterstützendes Argument für die angenommenen Priming-Effekte darstellt.
Trotzdem kann nicht verschwiegen werden, dass sich die Effektgrößen für den Vergleich von D1 mit den anderen sieben Durchführungsanweisungen – mit Ausnahme von MR – relativ deutlich reduzieren, so dass den Extrem-Werten und ihrer direkten Nachbarschaft schon ein erhebliches Wirkungspotenzial im Rahmen der ERR-Techniken zukommt. Dass die Effektgröße für MR ansteigt, ist ein weiteres Indiz für die stärkere Wirkung des Least-Wertes, denn wenn dieser nicht bestimmt wird (MR), verstärken sich die Unterschiede zu einem reinen Rating, wenn der bedeutendste Werte und sein direkter Nachfolge-Wert eliminiert werden.

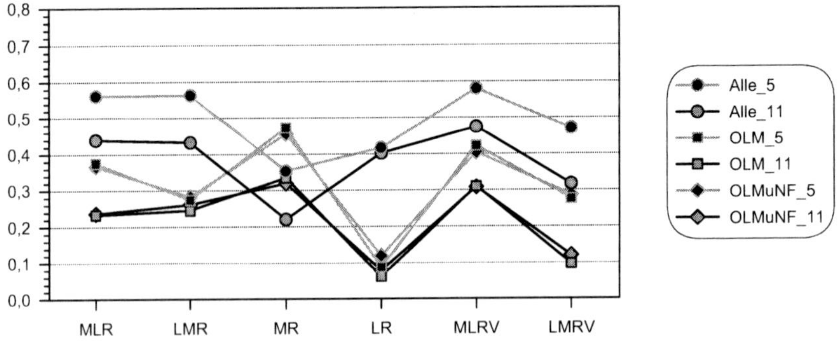

Abbildung 88: Effektgrößen für den Vergleich der ERR-Techniken (D3 bis D8) mit D1 bezogen auf die mittleren Ratings bei unterschiedlichen Werte Anzahlen (Nettostichprobe 2)

Anmerkung: OLM = Mittelwert ohne die Ratings der Extrem-Werte; OLMuNF = Mittelwert ohne die Ratings der Extrem-Werte sowie deren direkt nachfolgenden Listeneinträgen

Dementsprechend beschränkt sich die Wirkung der ERR-Techniken zwar nicht ausschließlich auf die Extrem-Werte und ihre direkte Umgebung, allerdings reduzieren sich die Effektgrößen nach deren Elimination relativ stark, insbesondere für LR.
Beim Vergleich der mittleren Ratings pro Person mit allen 17 Werten und ohne die Extrem-Werte sowie deren Nachfolge-Werte fällt der Anstieg auf einer fünf-stufigen Antwortskala – bis auf LR – um einen Betrag kleiner als 0,1000 aus. Bei einer elf-stufigen Antwortskala liegen die Differenzwerte zwischen plus 0,1148 (MR) und minus 0,3291 (LR). Trotzdem schlägt sich dies in deutlich reduzierten Effektgrößen nieder (siehe Abbildung 88).
Die Auswirkungen hinsichtlich der Standardabweichungen fallen noch extremer aus. Insofern wird man diesbezüglich wohl die Hauptwirkung der ERR-Techniken auf die Extrem-Werte und ihre Nachbarschaft beschränken müssen. Allerdings sind vier von 17 Werten auch fast ein Viertel (23,53 %) der Stimuli, so dass hier eine deutliche Reduktion des Umfangs stattfindet. Weil diese gerade die besonders extremen Werte betrifft und primär über Least eine Wirkung entfaltet, ist es natürlich auf der anderen Seite nicht verwunderlich, dass die Effektgrößen entsprechend stark zurückgehen.

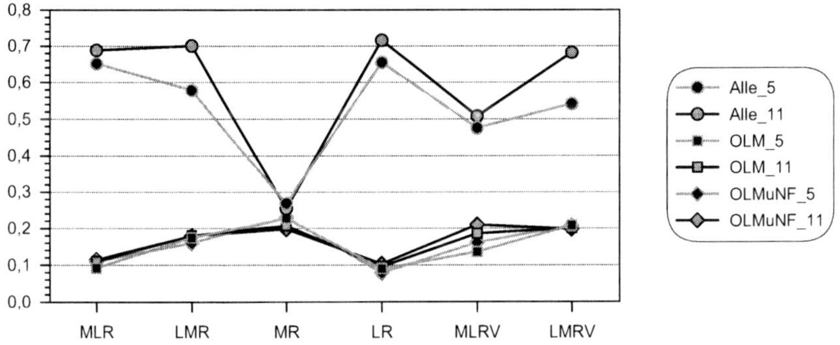

Abbildung 89: Effektgrößen für den Vergleich der ERR-Techniken (D3 bis D8) mit D1 bezogen auf die Standardabweichungen der Ratings bei unterschiedlichen Werte Anzahlen beschränkt auf die Nettostichprobe 2

Anmerkung: OLM = Mittelwert ohne die Beurteilungen der Extrem-Werte; OLMuNF = Mittelwert ohne die Beurteilungen der Extrem-Werte sowie deren direkt nachfolgenden Listeneinträgen

5.4.5 Verzicht auf das Rating der ausgewählten Extrem-Werte

Eine Abwandlung der ERR-Technik könnte auch darin bestehen, die beiden als Extrem-Werte ausgewählten Objekte vom Rating auszusparen und mit spezifischen Beurteilungen – die ihren außergewöhnlichen Charakter widerspiegeln – zu versehen. Damit würde sich die Belastung der Befragten reduzieren, denn sie bräuchten zwei Objekte weniger auf der Antwortskala zu verorten, deren grundsätzliche Einstufung sie bereits durch die Auswahl beim Extrem-Ranking dokumentiert haben. Damit wären auch potenzielle Redundanzen zwischen dem Extrem-Ranking und dem Rating sämtlicher Objekte ausgeschlossen (siehe Abschnitt 3.2.2.5). Weiterhin wären auch keine inkonsistenten Antworten mehr möglich, denn die Beurteilungen der Extrem-Werte würden so erfolgen, dass die Struktur der Ratings einer Person nicht durchbrochen werden kann. Die durch einen Hinweis auf widersprüchliche Angaben möglichen Probleme im weiteren Interview-Verlauf (z.B. in Form einer Aufmerksamkeitsverlagerung bei dem Befragten von inhaltlichen auf strukturelle Aspekte der Items) wären damit ebenfalls umgangen.

Andererseits darf aber nicht verkannt werden, dass durch dieses Vorgehen die Bedeutung der beiden Extrem-Wert für das Rating möglicherweise verloren geht – auch wenn das Priming auf Unterschiede (siehe Abschnitt 3.3.2.3) wahrscheinlich weiter wirksam ist – weil diese jetzt nicht mehr in der Aufstellung gegenwärtig sind. Wie allerdings das Fehlen der beiden identifizierten Objekte beim Rating geeignet zu begründen ist und welche eigenen Gedanken sich diesbezüglich bei den Befragten ergeben, müsste erst noch eruiert werden. So ist auch ein merklicher Einfluss auf die Assimilations-Kontrast-Effekte (siehe Abschnitte 3.3.2.2 und 5.4.4) zu erwarten, deren wahrscheinliche Abmilderung ebenso die Reduzierung der Gesamtmittelwerte und Erhöhung der Standardabweichung tangieren dürfte. Außerdem ist die Prozedur in schriftlichen Erhebungen nur schwer anzuwenden, weil die Liste der zu beurteilenden Werte von den Befragten selber zu modifizieren wäre, indem die als Extrem-Objekte identifizierten Listeneinträge beispielsweise durchzustreichen sind.

Der gravierendste Nachteil ist allerdings darin zu sehen, dass die interne Struktur der Objektliste nicht mehr adäquat bestimmt werden kann, weil insbesondere die konkrete Einordnung des unbedeutendsten Wertes nicht ersichtlich ist.

Zwei mögliche Modifikationen werden im Folgenden diskutiert, das algorithmische Ersetzen (ALG) und die strikte Zuweisung (STZ). Bei der erstgenannten Prozedur erfolgt die Einstufung der identifizierten Extrem-Werte in Abhängigkeit von den übrigen Beurteilungen einer Person, während sie bei der STZ davon unabhängig vonstatten geht.

Da an dieser Stelle die Beurteilungen der beiden Extrem-Objekte lediglich rausgerechnet werden – die Werte waren weiterhin Bestandteil der Auflistung, so dass auch alle Kontext-Effekte entsprechend wirken konnten – dürfte mit relativ moderaten Abweichungen zu rechnen sein. Wenn die Least- und Most-Werte beim Rating nicht mehr im Inventar aufgeführt sind, ändert sich dessen interne Struktur, so dass sich auch die Einstufungen der übrigen Werte verschieben könnten. Diese Wirkung kann vorliegend nicht geprüft werden, weil die entsprechende Vorgehensweise kein Bestandteil des experimentellen Designs ist. Hier sollen lediglich zu Vergleichszwecken die schematisch modifizierten Originaldaten umgerechnet und auf sich ergebende Abweichungen analysiert werden.

5.4.5.1 Algorithmisches Ersetzen der Ratings der Extrem-Werte

Bei dieser Prozedur werden die vorliegenden Daten so modifiziert, dass die personenspezifischen Beurteilungen des unbedeutendsten Wertes eliminiert, und durch die vom Befragten vergebene nächsthöhere Beurteilung eines Wertes – minus einer Kategorie für die Fälle, in denen nicht die Optionen „unwichtig“ die nächsthöhere Einschätzung darstellt – ersetzt werden. Wird der nach dem Least-Wert am geringsten beurteilte Wert der Kategorie „unwichtig“ (1) zugewiesen, so bekommt auch der Least-Wert diese Einstufung. Wenn z.B. eine Person den Wert WOH als unbedeutendsten Wert ausgemacht hat (das konkrete Rating spielt dabei keine Rolle) und von den übrigen 16 Werten KIN am niedrigsten einstuft, dann wird jetzt die Beurteilung von KIN als Maßstab für die neue Einschätzung von WOH herangezogen. Ist KIN der Kategorie „1“ (unwichtig) zugeordnet worden, bekommt auch WOH dieses Rating zugeteilt. Ist KIN in der Kategorie „2“ verortet worden, wird für WOH die Antwortoption „1“ ausgewählt, da WOH = KIN – 1. Wenn für KIN die Mittelkategorie einer fünf-stufigen Antwortskala (3) vergeben wurde, bekommt WOH die Alternative „2“ zugeordnet usw. Im Extremfall kann dieses Vorgehen dazu führen, dass der als Least-Wert ausgewählte Listeneintrag, eine um drei (fünf-stufige Antwortskala) bzw. neun (elf-stufige Variante) Kategorien höhere Beurteilung erhält als bei den Originaldaten. In diesem Fall hat eine Person den unbedeutendsten Wert der Minimalkategorie (1) zugewiesen, aber alle übrigen Werte der Maximalkategorie (5 bzw. 11) zugeordnet. Die nach Least nächsthöhere Beurteilung beträgt dementsprechend fünf oder elf, und von dieser wird jetzt eine Kategorie subtrahiert, so dass sich vier bzw. zehn als Differenzwerte ergeben. Die Zuordnungen liegen demnach drei bzw. neun Einheiten über der originären Beurteilung von eins.

Allerdings ist die Einschätzung für den als unbedeutendsten Wert identifizierten Listeneintrag in allen Fällen, in denen dieser mindestens der Kategorie „2“ zugeordnet und diese Einstufung noch mindestens einem weiteren Wert zugeteilt wurde, in der modifizierten Form um eine Kategorie geringer, als ursprünglich vom Teilnehmer vorgesehen. Dieser Umstand sorgt dann für niedrigere Durchschnittsbeurteilungen als unter den originären Daten, und kommt bei den konsistent antwortenden Befragten 1473-mal vor. Insofern büßt man mit dem Vorgehen auch in nicht unerheblichem Ausmaß die Information darüber ein, dass der als unbedeutendster Wert identifizierte Listeneintrag auf einer Stufe mit einem oder mehreren anderen Werten gesehen wird. Ein derartiger Verlust ist bei der Anwendung des algorithmischen Ersetzens einzukalkulieren.

Der skizzierte Maximalfall für die Einschätzungsunterschiede bei der Beurteilung eines als Least ausgewählten Wertes, kommt in der Nettostichprobe 2 insgesamt 25-mal (fünf-stufige Antwortskala: 13; elf-stufige Variante: 12) vor. Um die Verschiebungen beispielhaft zu verdeutlichen, werden in Abbildung 90 und Abbildung 91 die skalenspezifischen Muster für WOH – als dem am häufigsten als unbedeutendsten Wert identifizierten Listeneintrag – in der Nettostichprobe 2 aufgeführt. Dabei sind auf der Hauptdiagonale jeweils die Fälle dokumentiert, in denen beide Vorgehensweisen (ERR und ALG) zu identischen Beurteilungen für den als Least identifizierten Wert WOH führen. In der oberen Diagonalmatrix ist die Beurteilung beim algorithmischen Ersetzen höher als mittels der ERR-Techniken, während sie in der unteren Diagonalmatrix niedriger ausfällt. Aus den beschriebenen anwendungstechnischen Gründen, kann die Einschätzung im Zuge des algorithmischen Ersetzens allerdings nur maximal eine Kategorie geringer als die Originaleinstufung ausfallen, so dass in der unteren Dreiecksmatrix lediglich die Zellen direkt unterhalb der Hauptdiagonalen besetzt sind.

Kategorie bei ERR-Techniken	Kategorie beim algorithmischen Ersetzen				
	unwichtig	2	3	4	Gesamt
unwichtig	267	225	38	7	537
2	130	327	49	6	512
3	0	112	61	7	180
4	0	0	13	5	18
wichtig	0	0	0	7	7
Gesamt	397	664	161	32	1254

Abbildung 90: Anzahl gleicher und abweichender Kategoriezuordnungen für den als unbedeutendsten Listeneintrag identifizierten Wert WOH durch die ERR-Techniken (Zeile) und das algorithmische Ersetzen (Spalte) bei einer fünf-stufigen Antwortskala in Nettostichprobe 2

Bei einer fünf-stufigen Antwortskala (siehe Abbildung 90) kommen die beiden gegenübergestellten Verfahren in mehr als der Hälfte der Fälle (52,63 %) zu identischen Beurteilungen für WOH, wenn dieser Wert als unbedeutendster Listeneintrag identifiziert wird. Der Anteil höherer Einstufungen durch die ERR-Techniken beläuft sich auf 20,89 % und fällt damit etwas geringer als derjenige für größere Zuweisungen beim algorithmischen Ersetzen (26,48 %) aus.

Werden die Ratings hingegen auf einer elf-stufigen Antwortskala (siehe Abbildung 91) abgegeben, so sind nur noch 20,35 % der Beurteilungen des Wertes WOH, nachdem er als unbedeutendster Listeneintrag ausgewählt ist, unter beiden Vorgehensweisen identisch, denn hier ergibt sich beim algorithmischen Ersetzen in etwa Zweidrittel der Fälle (67,51 %) eine höhere Beurteilung als bei den ERR-Techniken. Letztgenannte weisen einen Anteil von 12,15 % an größeren Einstufungen als das algorithmische Ersetzen auf.

Die tiefer untergliederte Antwortskala führt also beim Vergleich der beiden Vorgehensweisen (ERR und ALG) zu teilweise deutlich abweichenden Ratings bei dem Wert, dem am häufigsten der Least-Status zugewiesen wurde (WOH). Dieser Umstand ist bei der Verfahrenswahl im konkreten Anwendungsfall deshalb ebenfalls ins Kalkül zu ziehen. Die entsprechenden Ergebnisse für den bedeutendsten Wert der Aufstellung werden im Folgenden präsentiert.

Kategorie bei	Kategorie beim algorithmischen Ersetzen										
ERR-Techniken	unwichtig	2	3	4	5	6	7	8	9	10	Gesamt
unwichtig	54	36	50	43	91	38	25	12	2	7	358
2	4	28	38	33	29	17	8	4	0	1	162
3	0	20	43	46	72	44	23	11	3	1	263
4	0	0	21	31	68	25	23	11	1	2	182
5	0	0	0	28	45	28	12	9	0	1	123
6	0	0	0	0	43	34	23	5	2	3	110
7	0	0	0	0	0	17	14	7	1	0	39
8	0	0	0	0	0	0	10	6	0	0	16
9	0	0	0	0	0	0	0	3	1	1	5
10	0	0	0	0	0	0	0	0	3	2	5
wichtig	0	0	0	0	0	0	0	0	0	5	5
Gesamt	58	84	152	181	348	203	138	68	13	23	1268

Abbildung 91: Anzahl gleicher und verschiedener Kategoriezuordnungen für den als unbedeutendsten Listeneintrag identifizierten Wert WOH durch die ERR-Techniken (Zeile) und das algorithmische Ersetzen (Spalte) bei einer elf-stufigen Antwortskala in Nettostichprobe 2

Das Vorgehen bei den als bedeutendster Wert ausgewählten Listeneinträgen verläuft analog zu demjenigen beim Least-Wert, allerdings in entgegengesetzter Richtung. Hat ein Befragter also beispielsweise GES als Most-Wert identifiziert und seine nächstniedrigere Beurteilung für LIE vergeben – er könnte diese Bewertung natürlich auch weiteren Werten zugewiesen haben, d.h. die Anzahl spielt keine Rolle – so bildet dieses Rating den Ausgangspunkt zur Festlegung der neuen (modifizierten) Einschätzung von GES. Wird LIE der Maximalkategorie oder der ihr direkt vorgelagerten Option (vier bzw. zehn) zugeordnet, bekommt GES die maximal mögliche Skalenkategorie zugewiesen, also fünf oder elf. Für jede weitere Kategorie, die LIE tiefer eingestuft wird, werden entsprechende Abzüge bei der Modifikation der Beurteilung von GES vorgenommen. Im Falle einer Zuweisung von LIE zu den mittleren Optionen der Antwortskalen (drei bzw. sechs), erhält GES auf einer fünf-stufigen Antwortskala das Rating vier und auf der elf-stufigen Variante die Option sieben zugeteilt. GES kann auf beiden Antwortskalen minimal die Antwortalternative „2“ einnehmen, wenn alle übrigen Werte als „unwichtig“ (1) klassifiziert wurden. Damit ergeben sich für die bereits bei der Erläuterung des Least-Wertes angeführten maximalen Differenzbeträge der originären und modifizierten Beurteilungen keine Veränderungen – sie können maximal drei (fünf-stufige Antwortskala) bzw. neun (elf-stufige Variante) Einheiten voneinander abweichen.

Beim bedeutendsten Wert dürften divergierende Einschätzungen unter beiden Vorgehensweisen (ERR-Techniken und algorithmisches Ersetzen) wesentlich seltener vorkommen als bei dem unbedeutendsten Listeneintrag, weil die Wahrscheinlichkeit der Maximalkategoriebelegungen mindestens zweier Werte auch im Rahmen der ERR-Techniken sehr hoch[461] ist (es handelt sich bei dem Untersuchungsgegenstand Werte schließlich um ein positives Konstrukt; siehe Abschnitt 2.1), und der Fall, dass die nach der Beurteilung des Most-Wertes vorgenommene Einstufung um zwei Kategorien niedriger ausfällt, relativ gering ist. In der Nettostichprobe 2 haben auf der fünf-stufigen Antwortskala lediglich 0,76 % der Befragten eine Beurteilung von „3“ als nächstniedrigere Einstufung für einen Listeneintrag nach dem Most-Wert vergeben und im Falle der elf-stufigen Antwortskala beträgt der Anteil an Personen, die als höchste Beurteilung nach derjenigen für den Most-Wert maximal eine „9“ vergeben haben,

[461] In der Nettostichprobe 2 haben 5,55 % der Befragten auf einer fünf-stufigen Antwortskala und 20,79 % der Teilnehmer auf einer elf-stufigen Antwortskala mindestens zwei Werte der Maximalkategorie zugeordnet.

knapp unter vier Prozent (3,92 %). Dabei ist weiterhin zu berücksichtigen, dass von den 26 Befragten, deren nach der Beurteilung des Most-Wertes nächstniedrigere Einstufung auf einer Antwortskala mit fünf Optionen maximal „3" beträgt, nur sechs den Most-Wert der Maximalkategorie zugewiesen haben, so dass der Prozentsatz an Teilnehmern, deren Beurteilung des als bedeutendsten Wertes identifizierten Listeneintrags bei der algorithmischen Ersetzung höher als unter den ERR-Techniken ausfällt, nur marginal ist. Bei der elf-stufigen Antwortskala haben 92 Befragte, deren nach der Most-Beurteilung nächstniedrigere Einstufung eines Wertes kleiner oder gleich „9" ausfällt, den Most-Wert um mindestens zwei Kategorien höher eingestuft. Bei dieser Gruppe fällt die Beurteilung des als bedeutendstem Listeneintrag ausgewählten Wertes beim algorithmischen Ersetzen höher aus als im Original (ERR-Techniken). Damit reduziert sich der oben angeführte Prozentsatz von 3,92 % auf 1,50 % der Befragten, die im Falle des algorithmischen Ersetzens eine höhere Beurteilung für den von ihnen als Most ausgewählten Wert erhalten, als sie ursprünglich vergeben hatten.
Wie sich die Kategorieverschiebungen bei einem einzelnen Wort konkret auswirken, soll anhand von LIE dokumentiert werden, dem Wert, dem am häufigsten der Status des bedeutendsten Listeneintrags zugeteilt wird. Dabei gibt es in der Nettostichprobe 2 auf einer fünfstufigen Antwortskala genau vier Fälle (0,79 %), in denen die Beurteilungen unter beiden Vorgehensweisen divergieren (unter den ERR-Techniken ist LIE der Kategorie „4" zugeordnet worden, während der Wert nach dem algorithmischen Ersetzen in der Maximalkategorie verortet ist). Auf der elf-stufigen Antwortskala divergieren die Einschätzungen für LIE in 23 Fällen, wobei lediglich bei drei Befragten (0,60 % derjenigen Teilnehmer, die LIE als bedeutendsten Wert ausgewählt haben und eine Einstufung auf einer Antwortskala mit elf Kategorien vorzunehmen hatten) nach dem algorithmischen Ersetzen eine höhere Einstufung zu konstatieren ist, als sie im Original (ERR-Techniken) vorgelegen hat.
Aus diesen Angaben wird deutlich, dass die Divergenzen der beiden Vorgehensweisen beim bedeutendsten Wert wesentlich geringer als beim unbedeutendsten Listeneintrag ausfallen. Welche Auswirkungen sich insgesamt ergeben haben, ist Gegenstand der folgenden Ausführungen.
Zunächst ist zu konstatieren, dass die Korrelation zwischen den Durchschnittsurteilen der Befragten unter den Vorgehensweisen (ERR-Techniken und algorithmisches Ersetzen) in der Nettostichprobe 2 auf beiden Antwortskalen sehr nahe an den Wert für einen perfekten linearen positiven Zusammenhang heranreicht (fünf-stufig: r = 0,9970; elf-stufig: r = 0,9959). Für die sechs Durchführungsanweisungen der ERR-Techniken (D3 bis D8) gibt es für beide Nettostichproben und Antwortskalen lediglich einen Fall (D8 in Nettostichprobe 1 bei einer elf-stufigen Antwortskala), in dem die Effektgröße für den Mittelwertvergleich der Durchschnittsurteile unter beiden Prozeduren, den Betrag von 0,100 übersteigt (0,179), so dass aus dieser Perspektive insgesamt nicht von divergierenden Ergebnissen auszugehen ist.
Vergleicht man die Effektgrößen der Unterschiede zwischen den Resultaten bei einem reinen Rating und den übrigen Durchführungsanweisungen für die beiden Verfahren, so fallen lediglich bei sieben (sechs auf der fünf-stufigen Antwortskala und eine bei der elf-stufigen Variante) der 24 (sechs ERR-Techniken sowie je zwei Nettostichproben und Antwortskalen) möglichen Gegenüberstellungen die Effektgrößen für das algorithmische Ersetzen höher aus als bei den ERR-Techniken. Allerdings ist in keinem Fall ein Kategoriewechsel der Effektgrößen zu konstatieren, so dass sich an den klassifizierten Effekten durch die Verfahrensmodifikation nichts verändert. Trotzdem gelingt es den ERR-Techniken besser, sich – in puncto mittlerer Gesamturteile für die 17 Werte – von einem reinen Rating (D1) abzugrenzen.
Auf der Ebene der einzelnen Werte ergibt sich ein einziger Platzierungstausch zwischen den beiden hier fokussierten Vorgehensweisen, der die Werte FAM und ABI bei einer elf-stufigen Antwortskala in Nettostichprobe 1 betrifft. Während unter den ERR-Techniken ABI (Rang 11; Mittelwert: 8,5059) vor FAM (Rang 12; Mittelwert: 8,4983) angeordnet ist, lautet

die Reihenfolge nach dem algorithmischen Ersetzen umgekehrt (FAM auf Rang 11 mit einem Mittelwert von 8,5037 und ABI auf Position 12 mit einem Durchschnittswert von 8,4780).
Die Beträge der Effektgrößen aller Mittelwertdifferenzen sind allerdings sehr gering und überschreiten lediglich für WOH auf einer elf-stufigen Antwortskala einen Wert von 0,100 (0,116 in Nettostichprobe 1 und 0,136 beschränkt auf die konsistent antwortenden Befragten). Dementsprechend kann auch aus dieser Perspektive nicht von weit reichenden Verschiebungen gesprochen werden.
Werden die einzelnen Werte hingegen auf der Stufe der Durchführungsanweisungen betrachtet, so lassen sich in drei Fällen (auf einer elf-stufigen Antwortskala für WOH in beiden Nettostichproben und für ABW beschränkt auf Nettostichprobe 1) Effektgrößen ausmachen, die als niedrig zu klassifizieren sind. Während beide genannten Werte in der Nettostichprobe 1 lediglich unter D8 eine niedrige Effektgröße erreichen, gelingt WOH dies in der Nettostichprobe 2 für vier Durchführungsanweisungen (neben LMRV [D8] noch für MLR, LMR und LR).
Abschließend lassen sich, nach der Gegenüberstellung der beiden Vorgehensweisen ERR-Techniken und algorithmisches Ersetzen, zwar nur marginal voneinander abweichende Resultate konstatieren, jedoch sind im Detail durchaus Unterschiede auszumachen. Diese betreffen insbesondere die Werte mit einem hohen Anteil an Least-Zuweisungen. Da WOH aktuell am häufigsten diesen Status innehat, sind für diesen Wert auch die größten Differenzen festzustellen, die aber unter keiner Konstellation so weit reichen, dass der Wert seinen Schlusslicht-Status verliert. Wenn in einer Objekt-Liste allerdings mehrere Elemente enthalten sein sollten, die relativ gleichmäßig eine Least-Zuordnung erfahren, so könnten sich die Divergenzen zwischen beiden Vorgehensweisen erhöhen. Auch die Anzahl an Alternativen auf der Antwortskala dürfte einen nicht zu vernachlässigenden Einflussfaktor darstellen.
Dementsprechend ist das vorgestellte algorithmische Ersetzen sicherlich auch eine Option bei der Administration von Werte-Inventaren. Es muss an dieser Stelle aber nochmals ausdrücklich betont werden, dass diese Prozedur vorliegend nachträglich auf den kompletten Datensatz angewandt wurde – wenn auf das Rating der Extrem-Werte gänzlich verzichtet wird, verändert sich allerdings die Struktur der abgefragten Objekt-Liste, was sehr wahrscheinlich auch kontextspezifische Wirkungen nach sich zieht. Wenn hingegen eine Aufstellung in der Erhebung generell zufällig sortiert für das Rating präsentiert wird, sollten derartige Unterschiede zur ERR-Technik kein großes Ausmaß mehr annehmen. Diesbezüglich sind aber die Ausführungen zu den Assimilations-Kontrast-Effekten in Abschnitt 5.4.4 zu beachten.
Bei einer Administration dieses Vorgehens in schriftlichen Erhebungen, wird es nicht unwesentlich darauf ankommen, das Nicht-Rating der Extrem-Werte zu begründen. Hier könnte natürlich ein Hinweis auf die Redundanz und die Erleichterung der Aufgabenstellung für die Befragten (weniger Zeitaufwand durch weniger Ratings), wertvolle Dienste leisten. Allerdings wäre auch dieses Vorgehen erst noch einem Praxistest zu unterziehen, der idealerweise auch als Inner-Subjekt-Design angelegt ist. An dieser Stelle kann lediglich ein entsprechender Hinweis erfolgen, da dieses Vorgehen im aktuellen experimentellen Design keine Berücksichtigung findet, denn damit wären Modifikationen der Werte-Liste beim Rating verbunden gewesen, die eine Vergleichbarkeit mit den übrigen Variationen erschwert hätten.
Insofern muss ein potenzieller Anwender in der konkreten Situation entscheiden, ob die Vorteile des algorithmischen Ersetzens (z.B. Belastungsreduktion und Vermeiden von Inkonsistenzen) diejenigen der ERR-Techniken (z.B. personengebundenes[462] Urteil und genaue Relation zu den übrigen Objekten) überwiegen.

[462] An dieser Stelle ist die generelle Frage tangiert, ob Schlussfolgerungen aus den Antworten einer Person gezogen werden dürfen, zu denen diese eigentlich keine spezifischen Angaben gemacht hat? Im Rahmen der vorliegenden Arbeit betrifft dies beispielsweise auch die Kategorisierung der Teilnehmer als (in)konsistent.

5.4.5.2 Strikte Zuweisung der Extrem-Werte zu den Skalenpolen

Des Weiteren wird noch auf eine Variante des algorithmischen Ersetzens eingegangen, bei der eine strikte Zuweisung des unbedeutendsten Wertes zur Kategorie „unwichtig" und des bedeutendsten Listeneintrags zur Antwortalternative „wichtig" erfolgt. Damit wird eine vollständige „Ausnutzung" der Antwortskala sichergestellt, auch wenn der entsprechende Impuls nicht vom Befragten selber ausgegangen ist. Die Werte-Zuweisungen geschehen für den Befragten unsichtbar, denn ihre Anzeige könnte zu Verwirrungen auf Seiten der Antwortperson führen, weil sie die Ratings nicht vergeben hat, und die Objekte möglicherweise gänzlich anders einsortieren würde. Dies könnte einerseits zu Reaktanz-Effekten führen, andererseits aber auch zu einer höheren Streuung der Antworten beitragen.

In schriftlichen Befragungen, in denen keine Reduzierung der Itemliste für das Rating möglich ist (die Befragten müssten angehalten werden, die als Least und Most ausgewählten Einträge durchzustreichen oder anderweitig zu „eliminieren"), müsste dieser Schritt in einen evidenten Anweisungstext gefasst werden, damit keine Reaktanz auf Seiten der Teilnehmer entsteht. Hier könnte aber der Vorteil gegeben sein, dass die Kontext-Effekte der Gesamtliste weiter wirksam sind, weil die beiden Extrem-Werte nicht vollständig aus dem Wahrnehmungsfeld beim Rating verschwinden – den Befragten ist also weiterhin „bewusst" welchen Listeneintrag sie als den (un)bedeutendsten identifiziert haben.

Es ist davon auszugehen, dass bei der strikten Zuweisung die Mittelwerte der Ratings geringer, und die Standardabweichungen höher, ausfallen als unter den ERR-Techniken, weil durch die automatische Zuordnung des unbedeutendsten Wertes zur Kategorie „unwichtig" ein extremeres Rating als unter der Selbsteinstufung forciert wird. Bei den vorliegenden Daten – die allerdings lediglich auf einer rechnerischen Umsetzung der skizzierten Prozedur beruhen, weil die Befragten aktuell sämtliche 17 Werte einem Rating unterzogen haben – lassen sich die postulierten Effekte jedenfalls (bis auf die Mittelwerte bei der ausschließlichen Bestimmung des bedeutendsten Wertes; MR [D5]) nachweisen.

	Nettostichprobe 1				Nettostichprobe 2			
	Antwortskala 5		Antwortskala 11		Antwortskala 5		Antwortskala 11	
D	ERR	STZ	ERR	STZ	ERR	STZ	ERR	STZ
MLR	3,9812	3,9147	8,6372	8,4588	3,9659	3,9188	8,6037	8,4795
LMR	4,0027	3,9404	8,5999	8,4485	4,0085	3,9587	8,5842	8,4637
MR	4,0388	4,0453	8,7599	8,7786	4,0552	4,0567	8,8243	8,8285
LR	4,0373	3,9692	8,6520	8,4749	4,0289	3,9830	8,6476	8,5242
MLRV	3,9744	3,8726	8,5995	8,3431	3,9521	3,8984	8,5414	8,3951
LMRV	3,9647	3,9610	8,6440	8,6138	4,0030	3,9574	8,7284	8,6065

Tabelle 124: Mittelwerte der Ratings unter den ERR-Techniken (ERR) und nach einer strikten Zuweisung (STZ) für D3 bis D8 und beide Antwortskalen sowie Nettostichproben

	Nettostichprobe 1				Nettostichprobe 2			
	Antwortskala 5		Antwortskala 11		Antwortskala 5		Antwortskala 11	
D	ERR	STZ	ERR	STZ	ERR	STZ	ERR	STZ
MLR	0,9344	1,0991	2,1528	2,6410	0,9501	1,0890	2,2057	2,6131
LMR	0,9286	1,0965	2,1589	2,6093	0,9350	1,0836	2,2018	2,5887
MR	0,8551	0,8607	1,9143	1,9325	0,8547	0,8583	1,9192	1,9279
LR	0,9451	1,1018	2,1721	2,6120	0,9568	1,0902	2,2160	2,5929
MLRV	0,9041	1,1100	2,0343	2,6363	0,9144	1,0843	2,1002	2,5865
LMRV	0,9620	1,1001	2,2008	2,6369	0,9315	1,0811	2,2023	2,6042

Tabelle 125: Standardabweichungen der Ratings unter den ERR-Techniken und nach einer strikten Zuweisung (STZ) für D3 bis D8 und beide Antwortskalen sowie Nettostichproben

Zunächst ist festzuhalten, dass auch bei dieser Vorgehensweise hinsichtlich der Mittelwerte wieder fast perfekte lineare Zusammenhänge mit den Daten der ERR-Techniken zu konstatieren sind, denn die Korrelationskoeffizienten weisen Beträge von 0,9950 (fünf-stufige Antwortskala) und 0,9945 (elf-stufige Variante) auf. Die entsprechenden Maßzahlen für die Standardabweichungen fallen zwar niedriger aus, zeigen aber mit Beträgen um 0,8000 immer noch einen starken linearen Zusammenhang an (siehe Fußnote 410 auf Seite387).
Bezogen auf die durchführungsanweisungsspezifischen Unterschiede in den mittleren Gesamturteilen zwischen beiden Vorgehensweisen, sind lediglich für D7 (0,221 bei der fünfstufigen Antwortskala und 0,222 bei der elf-stufigen Variante) in der Nettostichprobe 1 niedrige Effektgrößen zu konstatieren. Wie zu erwarten – wegen der Substitution der Beurteilungen des Least-Wertes durch die minimale Skalenkategorie sind die Mittelwerte (insbesondere der Listeneinträge mit häufiger Least-Zuordnung) geringer als unter den ERR-Techniken – fallen die Durchschnittswerte niedriger aus, wenn eine strikte Zuweisung der Extrem-Werte zu den Randkategorien der Antwortskala erfolgt. Bei einer fünf-stufigen Antwortskala beläuft sich die Differenz auf 0,1017 Einheiten, während ihr Betrag für die elf-stufige Variante 0,2564 ausmacht.
Das skizzierte generelle Muster gilt allerdings nicht, wenn lediglich der bedeutendste Wert zu identifizieren ist, denn unter den vier Konstellationen von Nettostichprobe und Antwortskala ist für D5 (MR) der geringfügig höhere Mittelwert immer auf Seiten der strikten Zuweisung zu finden (siehe Tabelle 124).

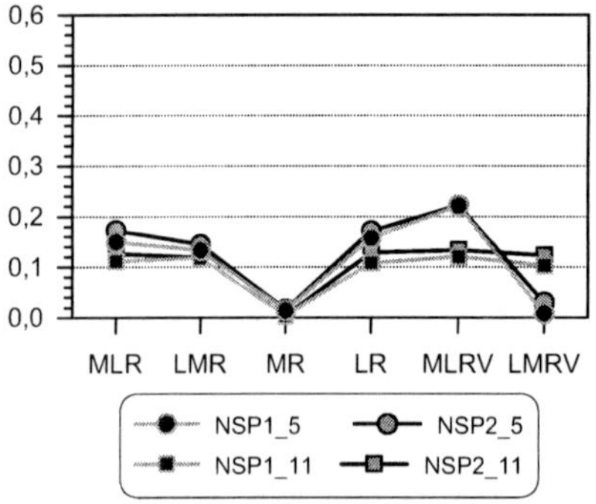

Abbildung 92: Effektgrößen der Mittelwertdifferenzen für die durchschnittlichen Ratings zwischen ERR und STZ für beide Antwortskalen und Nettostichproben

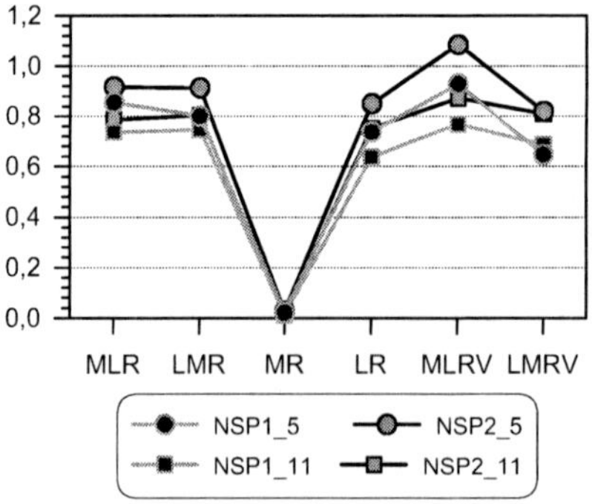

Abbildung 93: Effektgrößen der Mittelwertdifferenzen für die Standardabweichungen der Ratings bei ERR und STZ für beide Antwortskalen und Nettostichproben

Die angerissenen Zusammenhänge spiegeln sich auch in den Effektgrößen zwischen ERR und STZ wider, die für die Mittelwerte in Abbildung 92 und für die Standardabweichungen in Abbildung 93 illustriert sind.[463] Bis auf LMRV liegen die Effektgrößen für die Mittelwerte einer fünf-stufigen Antwortskala immer über denjenigen der elf-stufigen Variante, auch wenn sie lediglich für MLRV den Schwellenwert zur Klassifikation als „niedrig“ überschreiten. Auffällig ist auch das Muster hinsichtlich beider Parameter für D5 (MR), denn hier ergeben sich kaum Abweichungen zwischen den beiden Vorgehensweisen. Dies deutet einmal mehr darauf hin, dass die Bestimmung des unbedeutendsten Wertes essentiell für die Wirkungsweise der ERR-Techniken ist – auch wenn dessen Beurteilung durch den Umfrageurheber „vorgegeben“, und nicht von den Befragten selber festgelegt wird.

[463] Bei den beiden Diagrammen ist zu beachten, dass die Ordinaten unterschiedlich skaliert sind.

Die Effektgrößen der Standardabweichungen sind – bis auf MR (D5) – alle wesentlich höher als diejenigen der Durchschnittswerte (man beachte die Skalierung der Y-Achse in Abbildung 92 und Abbildung 93), und fallen in den Bereich mittlerer bis hoher Effektstärke (siehe Seite 279). Außerdem sind die Effektgrößen nach Ausschluss der inkonsistent antwortenden Befragten für beide Antwortskalen höher als wenn sämtliche Teilnehmer einbezogen werden, und zusätzlich überragen die Resultate der fünf-stufigen Variante mehrheitlich diejenigen der elf-stufigen Antwortskala.
Über das gesamte Werte-Inventar treten in beiden Nettostichproben und Antwortskalen alle potenziellen Abweichungen für die Beurteilung des als Least ausgewählten Wertes im Vergleich zu strikten Zuweisung auf, d.h. während bei der letztgenannten Vorgehensweise für den unbedeutendsten Wert ausschließlich die Beurteilung unwichtig „vergeben" wird, werden ihm bei den ERR-Techniken sämtliche Antwortoptionen von eins bis fünf (elf) zugewiesen. Insgesamt beträgt der Prozentsatz identischer Beurteilungen des unbedeutendsten Wertes unter den beiden Vorgehensweisen maximal knapp 40 Prozent (39,91 % bei einer fünf-stufigen Antwortskala in Nettostichprobe 2) und minimal 21,39 % (bei einer elf-stufigen Antwortskala in Nettostichprobe 1). Diese niedrige Übereinstimmungsquote ist ein Erklärungsgrund für die oben skizzierten Abweichungen bei den Beurteilungen der Werte zwischen den beiden Verfahren, zeigen aber auch auf, dass die Daten bei der strikten Zuweisung einen artifiziellen Charakter bekommen, denn sie weichen doch sehr stark von den Einstufungen der Teilnehmer ab.
Wenn man voraussetzt, dass sich in den personenbezogenen Ratings auch so etwas wie das interne Zusammenspiel der Objekt-Liste widerspiegelt – d.h. die Beurteilungen erfolgen nicht vollkommen autark, sondern bei der Einstufung eines Wertes wird neben der Antwortskala auch das bisherige Antwortverhalten (zumindest teilweise) mit berücksichtigt – dann dürfte der Strukturzusammenhang der Auflistung durch die strikte Zuweisung verzerrt werden (siehe dazu auch die in Abschnitt 3.1 thematisierten Antwortmodelle). Die zur Beantwortung dieser Frage erforderlichen Faktorenanalysen und Kriteriumsrotationen werden in Abschnitt 5.4.5.3 präsentiert.
Die Übereinstimmungen der Ratings zwischen beiden Vorgehensweisen in Bezug auf den bedeutendsten Wert fallen merklich höher als in puncto Least-Wert aus, und betragen minimal 77,94 % (elf-stufige Antwortskala in Nettostichprobe 1) und erreichen maximal 97,99 % (fünf-stufige Antwortskala in Nettostichprobe 2). Diese Quoten sind ein weiteres Indiz für die Bedeutung der Least-Werte bei der Generierung niedriger Durchschnittswerte und hoher Standardabweichungen, denn wegen der hohen Identitäten bei der Beurteilung des bedeutendsten Listeneintrags, basieren die zwischen den Vorgehensweisen auftretenden Divergenzen überwiegend auf den Unterschieden bei der Einstufung des unbedeutendsten Wertes der Aufstellung.
Diesbezüglich darf aber nicht außer Acht gelassen werden, dass sich im Zuge der Analysen der ERR-Techniken gezeigt hat (siehe Abschnitt 5.4.4), dass nicht die Beurteilung des Least-Wertes allein, für die angesprochenen Resultate verantwortlich zeichnet, sondern auch Ausstrahlungseffekte auf weitere Elemente der Werte-Liste zu registrieren sind. Diese gehen vorliegend 1:1 in die Ergebnisse der strikten Zuweisung ein – weil lediglich die Beurteilungen der Extrem-Werte im Nachhinein angepasst werden – könnten aber bei einer separaten Administration der verkürzten Werte-Liste (ohne die beiden als Extrem-Werte identifizierten Objekte) durchaus obsolet werden, wenn die Fokussierung zu stark auf die aktuell zu bearbeitende Aufstellung erfolgt und die darin nicht mehr enthalten Objekte beim Rating weitgehend unberücksichtigt bleiben. Vor einer Anwendung der strikten Zuweisung wären also auch diese Zusammenhänge noch explizit abzuklären, was aber anhand des vorliegenden experimentellen Designs nicht möglich ist, und daher weiteren Untersuchungen vorbehalten bleiben muss.
Hinsichtlich der mittelwertabhängigen Gesamtreihenfolge der 17 Werte sind für die fünf-stufige Antwortskala keine Unterschiede zwischen den beiden hier fokussierten Vorgehenswei-

sen auszumachen. Bei der elf-stufigen Antwortskala in der Nettostichprobe 2 tauschen hingegen jeweils zwei Werte die Positionen, denn während SIC unter den ERR-Techniken auf Rang acht geführt wird und UNA den neunten Platz einnimmt, ist diese Reihenfolge bei der strikten Zuweisung genau umgekehrt. Gleiches gilt für die beiden Werte FAM und ABI, die in dieser Sequenz im Rahmen der ERR-Techniken die Ränge 11 und 12 belegen, während sie bei der strikten Zuweisung in der konträren Reihenfolge platziert sind.
Werden die 17 Werte einzeln in ihrer durchführungsanweisungsabhängigen Beurteilung gegenübergestellt, so zeigen sich lediglich für WOH niedrige Effektgrößen, und zwar für LMR, MLR und LR bei einer fünf-stufigen Antwortskala in Nettostichprobe 1, wobei LMR und MLR diesen Status auch bei einer Beschränkung auf die konsistent antwortenden Befragten beibehalten. In der Nettostichprobe 1 weisen bei einer elf-stufigen Antwortskala die Durchführungsanweisungen LMR, LR, MLR und MLRV eine niedrige Effektgröße für WOH auf, während in der Nettostichprobe 2 LMRV zu dieser Gruppe hinzukommt, so dass dort jetzt lediglich MR keine niedrige Effektgröße bei WOH besitzt.
Dass sich für alle übrigen Werte nicht ebenfalls zumindest niedrige Effektgrößen zeigen, ist ein weiterer Hinweis darauf, dass die Unterschiede zwischen den beiden Vorgehensweisen im Wesentlichen durch den am häufigsten als Least-Wert ausgewählten Listeneintrag determiniert werden, was die Bedeutung gerade dieses Extrem-Rankings unterstreicht.

5.4.5.3 Direkter Vergleich der beiden alternativen Vorgehensweisen (ALG und STZ) zur Einstufung der Extrem-Werte

Die Korrelation der personenspezifischen Mittelwerte über alle 17 Werte zwischen dem algorithmischen Ersetzen und der strikten Zuweisung führt zu Koeffizienten mit einem Betrag größer als 0,9900 – so dass diesbezüglich von nahezu perfekten linearen Zusammenhängen beider Prozeduren auszugehen ist (vgl. Bortz 2005). Hinsichtlich der Standardabweichungen sind die Verbindungen nicht ganz so eng, denn hier ergeben sich Korrelationskoeffizienten um 0,8500 (Nettostichprobe 1) bzw. 0,7650 (Nettostichprobe 2).

	Nettostichprobe 1				Nettostichprobe 2			
	MW		SA		MW		SA	
	5	11	5	11	5	11	5	11
MLR	0,096	0,193	0,661	1,063	0,106	0,210	0,703	1,134
LMR	0,097	0,195	0,693	1,141	0,117	0,208	0,760	1,212
MR	0,005	0,001	0,000	0,012	0,005	0,002	0,000	0,008
LR	0,103	0,197	0,650	1,123	0,114	0,222	0,718	1,214
MLRV	0,087	0,171	0,578	1,041	0,102	0,197	0,697	1,173
LMRV	0,102	0,215	0,702	1,186	0,115	0,223	0,753	1,253

Tabelle 126: Effektgrößen für den Vergleich der Mittelwerte (MW) und Standardabweichungen (SA) bei den Ratings unter algorithmischem Ersetzen und strikter Zuweisung für D3 bis D8 und beide Antwortskalen (5 und 11) sowie Nettostichproben

Bezüglich der mittleren personenbezogenen Durchschnittsratings in den relevanten Durchführungsanweisungen (da unter RO und ZD keine Extrem-Werte zu bestimmen waren, sind die Daten für D1 und D2 bei allen hier diskutierten Vorgehensweisen identisch) lassen sich lediglich auf einer elf-stufigen Antwortskala niedrige Effektgrößen zwischen dem algorithmischen Ersetzen und der strikten Zuweisung ermitteln. In allen Fällen sind die Mittelwerte der strikten Zuweisung geringer als diejenigen des algorithmischen Ersetzens, wobei die Differenz maximal 0,2256 Einheiten (LMRV in Nettostichprobe 2) beträgt. Damit bestätigt sich die Vermutung, dass die strikte Zuweisung zu extremeren Daten als das algorithmische Ersetzen führt. Auffällig ist auch bei diesem Vergleich, der geringe Unterschied bei einer ausschließlichen Bestimmung des bedeutendsten Wertes der Liste (MR; siehe Tabelle 126).

Werden sämtliche 17 Werte hinsichtlich ihrer Wichtigkeitsrangfolge betrachtet, so führen die beiden Vorgehensweisen auf einer fünf-stufigen Antwortskala zu identischen Ergebnissen, zeigen aber Unterschiede bei der tiefer gegliederten Variante. In der Nettostichprobe 1 divergiert die Reihenfolge von ABI und FAM (unter algorithmischem Ersetzen nehmen die beiden Werte die Positionen 11 und 12 ein, während diese bei der strikten Zuweisung vertauscht sind) und in der Nettostichprobe 2 zusätzlich diejenige zwischen UNA und SIC (unter algorithmischem Ersetzen auf den Plätzen acht und neun lokalisiert, bei der strikten Zuweisung umgekehrt). Damit sind vor allem Platzierungen im mittleren Teil der Sequenz angesprochen, so dass die Extrem-Positionen nicht von unterschiedlichen Einstufungen betroffen sind.
Auf der Werte-Ebene lassen sich bei einer fünf-stufigen Antwortskala lediglich niedrige Effektgrößen für WOH (LMRV, LR, LMR und MLR in beiden Nettostichproben) ermitteln, während bei der elf-stufigen Variante neben WOH auch ABW derartige Effektgrößen aufweist. In der Nettostichprobe 2 treten die entsprechenden Mittelwertunterschiede für beide Werte in allen Durchführungsanweisungen außer MR auf, in der Nettostichprobe 1 erreicht davon abweichend nur MLRV bei ABW nicht den erforderlichen Betrag zur Klassifizierung als niedrige Effektgröße.
Insgesamt führen die beiden Vorgehensweisen also durchaus zu vergleichbaren Ergebnissen, die sich allerdings im Detail doch unterscheiden. Letztendlich bleibt das algorithmische Ersetzen nach den vorliegenden Daten näher an den Originalwerten, so dass sich mit der strikten Zuweisung die niedrigsten Mittelwerte und höchsten Standardabweichungen erzielen lassen. Ob diese Daten aber noch den tatsächlichen Verhältnissen entsprechen, lässt kann ohne eine geeignete Validierungsvariable nicht bestimmt werden. Auf die Schwierigkeiten in diesem Zusammenhang wurde in dieser Arbeit bereits mehrfach hingewiesen (siehe Seite 188).
Um auch die relationalen Auswirkungen der unterschiedlichen Behandlungen der Extrem-Werte durch die fokussierten Vorgehensweisen aufzuhellen, werden deren Faktorstrukturen ermittelt und gegeneinander rotiert (siehe Abschnitt 5.4.2.3). Dazu werden Hauptkomponentenanalysen mit anschließender Varimax-Rotation (siehe Abschnitte 5.4.2.1.3 und 5.4.2.1.6) durchgeführt, deren Faktoranzahl sich anhand der Ergebnisse in Abbildung 63 bestimmt.

		Fünf-stufige Antwortskala			Elf-stufige Antwortskala		
	NSP	ERR-ALG	ERR-STZ	ALG-STZ	ERR-ALG	ERR-STZ	ALG-STZ
Alle	1	0,9988	0,9959	0,9954	0,9972	0,9955	0,9889
	2	0,9996	0,9974	0,9957	0,9975	0,9978	0,9912
D3-D8	1	0,9982	0,9917	0,9910	0,9950	0,9913	0,9787
	2	0,9992	0,9940	0,9909	0,9947	0,9952	0,9810
D3	1	0,9950	0,9861	0,9894	0,9903	0,9865	0,9742
	2	0,9984	0,9917	0,9878	0,9917	0,9918	0,9698
D4	1	0,9961	0,9837	0,9815	0,9901	0,9874	0,9604
	2	0,9983	0,9852	0,9841	0,9889	0,9918	0,9642
D5	1	0,9989	0,9993	0,9992	0,9994	0,9994	0,9996
	2	0,9993	0,9999	0,9992	0,9997	0,9999	0,9995
D6	1	0,9955	0,9903	0,9909	0,9884	0,9838	0,9732
	2	0,9987	0,9940	0,9896	0,9924	0,9937	0,9742
D7	1	0,9903	0,9825	0,9942	0,9805	0,9800	0,9543
	2	0,9988	0,9914	0,9914	0,9942	0,9907	0,9750
D8	1	0,9951	0,9814	0,9806	0,9898	0,9680	0,9489
	2	0,9919	0,9901	0,9733	0,9791	0,9853	0,9382

Tabelle 127: Kongruenzkoeffizienten des Vergleichs der Faktorstrukturen von ERR-Techniken, algorithmischem Ersetzen (ALG) und strikter Zuweisung (STZ) unter mehreren durchführungsanweisungsspezifischen Gruppierungen für beide Antwortskalen und Nettostichproben (NSP)

Zuerst muss angemerkt werden, dass sich die jeweiligen Datensätze natürlich nicht so sehr voneinander unterscheiden, da ja immer nur einzelne „Datenpunkte" ausgetauscht werden, wobei die Übereinstimmung unter dem algorithmischen Ersetzen noch etwas höher ist. Insofern liegen hier sehr hohe Kongruenzkoeffizienten vor, die in einer realen Anwendungssituation aber – aus den weiter oben erläuterten Gründen – nicht gegeben sein müssen.
Die niedrigsten Kongruenzkoeffizienten treten ausschließlich für die beiden letzten Durchführungsanweisungen (D7 und D8) auf, so dass sich die Vorgehensweise mit einer relativen Bestimmung des zweiten Extrem-Wertes – insbesondere Most (D8) – hinsichtlich der Ratings der Extrem-Werte unter den drei Prozeduren am stärksten unterscheiden. Dabei darf allerdings nicht verkannt werden, dass die Höhe der Kongruenzkoeffizienten immer noch eine gute Vergleichbarkeit signalisiert, denn der Minimalwert von 0,9382 liegt oberhalb des Grenzwertes von 0,9200 (siehe Seite 419), ab dem nicht mehr von einer guten Übereinstimmung der Faktorstrukturen gesprochen werden kann.
Kaum Unterschiede sind hingegen bei der ausschließlichen Identifikation des bedeutendsten Wertes auszumachen, denn unter D5 treten die höchsten Kongruenzkoeffizienten zutage. Dies dürfte im Wesentlichen dem zugrunde liegende positiven Konstrukt (Werte; siehe Abschnitt 2.1) geschuldet sein, so dass bei der Beurteilung des bedeutendsten Objektes die drei Strukturen kaum voneinander abweichen. Die Fälle, in den die Einstufungen der als Most-Wert identifizierten Listeneinträge divergieren sind rar gesät, so dass die Faktorenanalysen auf nahezu identische Datenmatrizen basieren, was entsprechend hohe Kongruenzkoeffizienten nach sich zieht.
Weiterhin ist auffällig, dass sich sämtliche Konstellationen mit einem Betrag für den Kongruenzkoeffizienten von weniger als 0,9800 – bis auf eine Ausnahme (ALG-STZ in Nettostichprobe 2 bei D8) – auf einer elf-stufigen Antwortskala zeigen, d.h. je mehr Alternativen den Befragten zur Objekteinstufung zur Verfügung stehen, desto mehr weichen die Ratings der Extrem-Werte nach den drei Vorgehensweisen voneinander ab, so dass sich „unterschiedliche" Faktorstrukturen ergeben.
Außerdem dürfte in diesem Zusammenhang auch die Stichprobengröße eine nicht zu unterschätzende Rolle spielen (siehe 5.4.2.1.1), denn wegen der vielen inkonsistenten Antworten ist gerade bei D7 und D8 in Nettostichprobe 2 nur eine vergleichsweise geringe Populationsstärke vorhanden.
Wegen der weitgehenden Übereinstimmungen der Faktorstrukturen bei den drei Prozeduren (ERR, ALG und STZ), ist der Hinweis auf die vorliegend gegebene ideale Ausgangssituation unerlässlich, denn aktuell werden alle Werte einem Rating unterzogen – und für ALG sowie STZ lediglich die Beurteilungen der Extrem-Werte verfahrensgemäß angepasst – was bei der realen Anwendung der beiden letztgenannten Vorgehensweisen nicht der Fall wäre. Dort würden die beiden Extrem-Werte als Kontextreize beim Rating „fehlen", was die Divergenz der resultierenden Faktorstrukturen erhöhen dürfte.
Insofern sind vor einem Einsatz von ALG oder STZ zunächst ausgiebige Praxistests erforderlich, die idealerweise in einem Inner-Subjekt-Design mit der ERR-Technik verwirklicht werden. Im Moment sprechen nur der geringfügig reduzierte Aufwand und die Beachtung der Konversationsmaxime „Redundanz" von Grice (1989; siehe Abschnitt 3.2.2.5) für ihre Anwendung. Welchen Effekt allerdings das um zwei Elemente reduzierte Rating ausübt, müsste erst noch eruiert werden. Diesbezüglich sind viele unterschiedliche Wirkungen denkbar (andere Kontext-Effekte, geringere Stärke des Primings, etc.) so dass die niedrigeren Mittelwerte und höheren Standardabweichungen der ERR-Technik nicht notwendigerweise erhalten bleiben müssen.

5.4.6 Ableitung der Werte-Rangfolge aus den Extrem-Rankings

Ein weiterer Punkt bei dem in dieser Arbeit diskutierten Verfahren – zu dem dessen Urheber McCarty & Shrum (1997, 2000) keine Ausführungen machen – betrifft die Nutzung der Ranking-Ergebnisse. Die Bestimmung der beiden Extrem-Werte erfolgt bei ihnen anscheinend einzig und allein zu dem Zweck, die Differenzierung der Ratings zu erhöhen – jedenfalls tätigen sie keine Aussagen zur Verwendung der entsprechenden Angaben.

Diesbezüglich lassen sich aber durchaus weitere Analysemöglichkeiten denken, von denen vorliegend zwei Ansätze vorgestellt werden, mit denen eine Rangfolge der 17 Werte allein auf Basis der Extrem-Rankings gebildet werden kann. Damit gibt es eine Vergleichsmöglichkeit für die auf dem Rating basierende Sequenz der Werte. Dabei können sowohl die Originaldaten (Häufigkeit des Auftretens einer Extrem-Wert-Kombination), als auch eine daraus abgeleitete Rangreihe (Positionen 1 bis [maximal] 272 der entsprechend sortierten Extrem-Wert-Paare) herangezogen werden. Weil die erstgenannte Vorgehensweise die Verhältnisse genauer abbildet, wird ihr an dieser Stelle der Vorzug eingeräumt.

Zum einen werden die Extrem-Wert-Paare (Least-Most-Kombination) herangezogen, d.h. es werden lediglich die Durchführungsanweisungen berücksichtigt, bei denen sowohl der unbedeutendste als auch bedeutendste Wert zu bestimmen sind (D3, D4, D7 und D8). Um auch die Daten der beiden experimentellen Varianten nutzen zu können, in denen nur einer der beiden Extrem-Werte zu identifizierten ist (D5 und D6), wird zum zweiten eine Konstruktion der Rangfolge vorgestellt, die auf den jeweiligen Häufigkeitsverteilungen der Least- und Most-Wahlen fußt, und somit auch ohne die Berücksichtigung der spezifischen Least-Most-Kombinationen anwendbar ist.

5.4.6.1 Paarweise Extrem-Werte als Datenbasis

Das Vorgehen, aus den Extrem-Wert-Paaren der Befragten eine unidimensionale Rangfolge der Werte zu kreieren, lehnt sich eng an die Vorschläge von Gulliksen (1956) und Clark (1977) an, die eine entsprechende Berechnung aus den Daten unvollständiger Paarvergleiche (siehe dazu Abschnitt 2.2.4.2.1) präsentiert haben. Vorliegend werden allerdings keine Werte-Paare verglichen, sondern die Kombination des unbedeutendsten und bedeutendsten Wertes wird von den Teilnehmern individuell – in zwei separaten Teilaufgaben – bestimmt. Damit liegt jedoch pro Person nur ein einziges Werte-Paar vor, das gleichwohl die extremste (am weitesten auseinander liegende) aller möglichen Konstellationen aus ihrer Sicht darstellt, und insofern eine hervorgehobene Position innehat (siehe dazu die Ausführungen in Abschnitt 2.2.4.2.4), selbst wenn es für andere Listeneinträge Ratings gibt, die mit denjenigen der Extrem-Werte übereinstimmen.[464]

Der unbekannte Abstand zwischen den beiden Extrem-Werten – sowie ihre Distanz zu allen weiteren Listeneinträgen – ist unbekannt und wird über die Häufigkeiten, mit denen die einzelnen Werte-Paare als Least-Most- oder Most-Least-Kombination gewählt werden, abgebildet. Weil damit für jeden Befragten nur auf ein einziges der 272 möglichen Werte-Paare[465] zurückgegriffen wird, lassen sich lediglich Daten auf aggregierter Ebene konstruieren.

Ein wesentlicher zu klärender Aspekt, besteht bei diesen Analysen in der Berücksichtigung der inkonsistenten Fälle (siehe Abschnitt 5.2.1.3), denn prinzipiell können bei der alleinigen Bestimmung der beiden Extrem-Werte, d.h. ohne die sich im Rahmen der ERR-Technik anschließenden Ratings, keine inkonsistenten Antworten auftreten. Diesbezüglich muss natürlich ausgeschlossen sein, dass ein Teilnehmer identische Listeneinträge als Least- und Most-Wert angeben konnte, was vorliegend sichergestellt ist (siehe Abschnitt 4.3). Wären die Ratings der Befragten also unbekannt, könnten sämtliche Fälle für diese Analyse herangezogen

[464] Obwohl also unterschiedliche Paare selektiert werden, ist ihnen eines gemeinsam: sie stellen aus Sicht der beurteilenden Person die beiden Objekte dar, die in der vorgegebenen Stimulus-Liste als am weitesten auseinander liegend angesehen werden – ohne das über die genaue Distanz irgendwelche Angaben gemacht werden mussten. Dementsprechend könnte man als eine weitere Modifikation des Vorgehens auch noch daran denken, diese „Entfernung" explizit von den Teilnehmern einschätzen zu lassen.

[465] Kombinatorik: 17*17-17. Wird die Reihenfolge nicht explizit berücksichtigt, d.h. es wird nur danach gefragt, ob Wert A wichtiger als Wert B ist – und nicht zusätzlich noch ob Wert B wichtiger als Wert A ist – dann reduziert sich die Anzahl der Paarvergleiche auf 136.

werden – weil durch die Beurteilungen auf den Rating-Skalen aber zusätzliche Informationen vorliegen, sollen diese auch genutzt werden, denn es kann im Nachhinein nicht bestimmt werden, wo die Inkonsistenzen bei den Personen zu lokalisieren ist, d.h. ob die Ursache der Widersprüchlichkeiten in einem „Denkfehler" beim Ranking oder beim Rating (vielleicht sogar bei beiden Aufgabenstellungen) zu verorten ist.
Um – wegen der bisherigen weitgehenden Nichtberücksichtigung inkonsistenter Antworten in der Literatur (vgl. Sana & Weinreb 2008, S. 515f) – die Datenbasis in dieser Hinsicht zu erweitern, werden auch an dieser Stelle alle Analysen doppelt ausgeführt, so dass die Ergebnisse beider Nettostichproben einander gegenübergestellt werden können.
Ziel der Berechnungen ist eine lineare Anordnung der 17 Werte (Skalierung) aus den Häufigkeiten der Wahlen als Extrem-Paar, in der sich die Abstände der Werte exakt widerspiegeln. Dabei werden die einzelnen Kombinationen symmetrisch behandelt, d.h. die positive Distanz von x-Skaleneinheiten zwischen Wert A (als Least gewählt) und B (als Most identifiziert) entspricht genau der negativen Entfernung zwischen A (als Most ausgewählt) und B (als Least bestimmt). Es erfolgt dementsprechend eine Verrechnung der beiden alternativen Zustände eines Werte-Paares zu einer „Nettohäufigkeit", welche die Distanz zwischen den beiden Werten repräsentiert, und zusätzlich mit einem entsprechenden Vorzeichen versehen ist, so dass auch ihre Richtung eindeutig festgelegt ist. Als Beispiel: Wenn die Least-Most-Kombination der Werte A und B eine Häufigkeit von „1" aufweist und die komplementäre Konstellation (A ist als Most und B als Least bestimmt worden) beider Werte 28-mal auftritt, dann beträgt die Nettohäufigkeit – und damit die generelle Distanz zwischen beiden Werten – 27 Skaleneinheiten (absoluter Betrag der Differenz der Häufigkeiten für die Konstellationen Least-Most minus Most-Least). Weil A häufiger als B den Status Most zugewiesen bekommen hat (28 gegenüber 1) und sich deshalb weiter rechts auf der Skala (Richtung „wichtig") befinden muss, beträgt die Entfernung zwischen A und B –27 Einheiten und zwischen B und A entsprechend +27 Einheiten. Diese Vorgehensweise stellt sicher, dass die zu konstruierende Rangfolge, die Werte von links nach rechts mit zunehmender Wichtigkeit abbildet. Sind die LM und ML-Kombinationen zweier Werte mit identischen Häufigkeiten gewählt worden, beträgt ihre Distanz null.[466]
Aus den Nettohäufigkeiten der Least-Most- und Most-Least-Kombinationen aller Werte-Paare ist also zunächst eine Matrix aufzustellen, die im Folgenden zur hilfsweisen Operationalisierung der Distanzen genutzt wird. Je öfter dabei eine spezifische Werte-Kombination die beiden adversativsten Elemente der Liste abgebildet hat, desto weiter auseinander liegend werden die beiden Werte angenommen. Die Matrix ist symmetrisch, d.h. die positive Entfernung der Werte A und B entspricht der negativen Entfernung von B zu A. Aus den sich ergebenden Distanzen (e_{ij}) sind jetzt Skalenpunkte so zu bestimmen, dass das Verhältnis der empirisch ermittelten Entfernungen möglichst gut wiedergegeben wird – mit anderen Worten: Die Skalierung sollte so ausfallen, dass der Vorhersagefehler zur Bestimmung der aktuell vorliegenden Entfernungen minimiert wird (vgl. Clark 1977, S. 604f).
Aus theoretischer Sicht lässt sich diese Problemstellung über eine Minimierung der Fehlerquadratsumme (vgl. Bortz 2005, S. 254) bewältigen (vgl. Clark 1977, S. 605). Dementsprechend ist aus der Matrix ein lineares Gleichungssystem aufzustellen und unter einer Zielbedingung zu lösen.[467] Dabei werden zunächst so viele Variablen wie benötigte Skalenpunkte

[466] Dieser Fall ist von einem expliziten Fehlen einer entsprechenden Werte-Kombination zu unterscheiden, denn dann kommt diese Variable in der entsprechenden Normalengleichung nicht vor (in diesem Fall ist die Summe der n_i um „1" reduziert; hier hat n_i den Maximalwert von $[n_i-1]$).
[467] Dieses Vorgehen ist in der Überbestimmtheit des Gleichungssystems begründet, denn die Gleichungen sind nicht unabhängig voneinander (vgl. Meyberg & Vachenauer 2003, S. 254ff). D.h. wenn n-1 Zeilenwerte bestimmt sind, ist der letzte noch verbliebene Zeilenwert determiniert. Deshalb wird als Zielbedingung noch die Forderung aufgestellt, dass die Summe der Skalenpunkte null ergeben soll (vgl. Clark 1977, S. 605f). Es könnte stattdessen auch jeder andere beliebige Betrag eingesetzt werden, jedoch stellt die Verwendung von null sicher, dass die Skalierung um den Nullpunkt fixiert wird (vgl. Clark 1977, S. 606).

(vorliegend: x_1 bis x_{17}) eingeführt. Aus der Distanzmatrix wird sodann eine Gleichungssystemmatrix derart abgeleitet, dass auf der Hauptdiagonale die Summe an Werte-Paaren, zu denen ein Zeilenwert eine Distanz aufweist (n_i), eingetragen wird. Besitzt ein Zeilenwert zu allen übrigen Werten eine entsprechende Entfernung (d.h. eine derartige Least-Most- und/oder Most-Least-Kombination liegt vor) beträgt dieser Summenwert N-1 (hier: 16). Alle übrigen Felder bekommen den Wert eins – wenn ein entsprechender Distanzwert vorliegt – oder null (wenn die spezifische Entfernung fehlt) zugeordnet. Die so genannte rechte Seite (RS_i) jeder Gleichung errechnet sich durch eine Addition aller Distanzen einer Zeile. Dies führt zu folgendem Gleichungssystem:

$$
\begin{array}{lcccccccl}
\text{(G\_01)} & n_1{\bullet}x_1 & -\ a{\bullet}x_2 & -\ a{\bullet}x_3 & -\ a{\bullet}x_4 & \ldots & -\ a{\bullet}x_{15} & -\ a{\bullet}x_{16} & -\ a{\bullet}x_{17} = -RS_1 \\
\text{(G\_02)} & a{\bullet}x_1 & -\ n_2{\bullet}x_2 & -\ a{\bullet}x_3 & -\ a{\bullet}x_4 & \ldots & -\ a{\bullet}x_{15} & -\ a{\bullet}x_{16} & -\ a{\bullet}x_{17} = -RS_2 \\
\text{(G\_03)} & a{\bullet}x_1 & -\ a{\bullet}x_2 & -\ n_3{\bullet}x_3 & -\ a{\bullet}x_4 & \ldots & -\ a{\bullet}x_{15} & -\ a{\bullet}x_{16} & -\ a{\bullet}x_{17} = -RS_3 \\
\vdots & \vdots & \vdots & \vdots & \vdots & & \vdots & \vdots & \vdots \quad \vdots \\
\text{(G\_15)} & a{\bullet}x_1 & -\ a{\bullet}x_2 & -\ a{\bullet}x_3 & -\ a{\bullet}x_4 & \ldots & -\ n_{15}{\bullet}x_{15} & -\ a{\bullet}x_{16} & -\ a{\bullet}x_{17} = -RS_{15} \\
\text{(G\_16)} & a{\bullet}x_1 & -\ a{\bullet}x_2 & -\ a{\bullet}x_3 & -\ a{\bullet}x_4 & \ldots & -\ a{\bullet}x_{15} & -\ n_{16}{\bullet}x_{16} & -\ a{\bullet}x_{17} = -RS_{16} \\
\text{(G\_17)} & a{\bullet}x_1 & -\ a{\bullet}x_2 & -\ a{\bullet}x_3 & -\ a{\bullet}x_4 & \ldots & -\ a{\bullet}x_{15} & -\ a{\bullet}x_{16} & -\ n_{17}{\bullet}x_{17} = -RS_{17} \\
 & & & & & & & & \\
\text{(G\_18)} & x_1 & +\ x_2 & +\ x_3 & +\ X_4 & & +\ x_{15} & +\ x_{16} & +\ x_{17} = 0
\end{array}
$$

$$RS_i = \sum_{j \neq i; j=1}^{N} e_{ij} \qquad e_{ij} = \textit{Entfernung zwischen den Werten i und j}$$

$$n_i = \sum_{i \neq j; j=1}^{N} a \qquad a = \begin{cases} 1, \textit{ wenn } e_{ij} \textit{ vorliegt} \\ 0 \textit{ sonst} \end{cases}$$

x_i = *zu bestimmender Skalenpunkt i*

Wird das aufgestellte System der so genannten „Normalengleichungen" (vgl. Meyberg & Vachenauer2003, S. 39) gelöst,[468] so lässt sich die Rangfolge anhand der sortierten Ausprägungen der Variablen x_1 bis x_{17} ablesen.

Die Skalierung der Objekte wird – durch den Einbezug der Ziel-Bedingung, nach der die Summe der Skalenpunkte null ergeben muss (siehe G_18) – rechnerisch um ihren Nullpunkt konstruiert (vgl. Clark 1977, S. 606), so dass die Ergebnisse unterschiedlicher Ausgangskonstellationen zunächst nicht direkt miteinander verglichen werden können, weil die jeweiligen Skalenweiten ein unterschiedliches Ausmaß zeigen. Diesbezüglich bietet es sich an, die entstandene Skalierung durch eine Lineartransformation[469] so zu modifizieren,[470] dass sämtliche Skalenpunkte im positiven Bereich lokalisiert sind. Wird bei dieser Vorgehensweise sichergestellt, dass der am weitesten links liegende Skalenpunkt immer einen spezifischen Wert aufweist (hier: zehn), können die einzelnen absoluten Skalenpunkte in relative Skalenpunkte überführt werden, indem der Maximalwert auf 100 normiert wird, und die Ausprägungen der übrigen Punkte als prozentuale Anteile ausgedrückt werden. Mit diesen relativen Skalenpunkten lassen sich dann die Ergebnisse unterschiedlicher Ausgangsdaten direkt miteinander in Beziehung setzen, so dass auch die durchführungsanweisungsspezifischen Resultate ohne weiteres gegenübergestellt werden können.

---

[468] Diesbezüglich ist verschiedene Computer-Software verfügbar, wobei vorliegend das Tabellenkalkulationsprogramm Microsoft Excel 2003 zur Berechnung herangezogen wird.

[469] Darunter sind strukturerhaltende Transformationen einer Skala zu verstehen, d.h. die Rangordnung der Zahlendifferenzen zweier Objekte auf dem numerischen Relativ wird nicht tangiert (vgl. Bortz 2005, S. 21).

[470] Zu jedem Skalenpunkt wird der Absolutbetrag des niedrigsten Skalenpunktes zuzüglich einer bestimmten Konstanten (hier: zehn) addiert.

5.4.6.2 Rangfolgebildung auf Grundlage der wertespezifischen Anteile an den Least- und Most-Wahlen

Neben der ausschließlichen Berücksichtigung kombinierter Extrem-Werte (die zwei Werte, die als Least und Most von einer Person ausgewählt werden), kann auch alleine aus den anteilsmäßigen Ausprägungen der Nennungen als (un)bedeutendster Wert, eine Skalierung abgeleitet werden, wenn die Werte in einem Koordinatensystem (Dimension 1 = Most und Dimension 2 =Least) positioniert, und ihre euklidische Distanz (siehe Gl.33) berechnet wird.

Gl.33
$$d_{AB} = \sqrt{(L_A - L_B)^2 + (M_A - M_B)^2}$$
d_{AB} = Euklidische Distanz der Werte A und B
L_A/L_B = Anteil von Wert A/B an den Least-Wahlen
M_A/M_B = Anteil von Wert A/B an den Most-Wahlen

Um zu einer eindimensionalen Skalierung zu gelangen, ist auch in diesem Fall eine Richtungskomponente anzugeben, denn die Entfernung zwischen den Werten A und B entspricht der negativen Distanz zwischen B und A. Je weiter links ein Wert in der zu generierenden Skalierung eingeordnet wird, desto „unwichtiger" wird er in der Stichprobe eingestuft, je weiter rechts er lokalisiert ist, desto „wichtiger" wird er eingeschätzt. Die notwendigen Berechnungsschritte werden jetzt skizziert.
Die Daten, auf denen die folgenden Abbildungen beruhen, sind fiktiv und dienen lediglich zur geeigneten Illustration der Konstellationen. Die in den Fällen 3 bis 6 eingezeichneten Viertelkreise, die ihren Ursprung im absoluten Most-Punkt (Most = 100 % und Least = 0 %) haben, erleichtern die optische Einschätzung darüber, welcher der beiden Werte näher an diesem Referenzpunkt liegt, und somit weiter rechts auf der zu konstruierenden Skala platziert ist.
Die Konstellation, dass beide Werte auf der Viertelkreislinie lokalisiert sind (und somit gleiche Entfernungen zu den Eckpunkten [höchstmögliche Least- und Most-Anteile] aufweisen), kann nur dann auftreten, wenn das Verhältnis der Anteilsdifferenzen gleich eins ist, und wird weiter unten behandelt (siehe Fall 8c in Abbildung 101 auf Seite 511).
Insgesamt sind dabei für die Festlegung der Richtung der Distanz zweier Werte – über ihre jeweiligen Anteile an den gesamten Least- und Most-Nennungen – mehrere Fälle zu unterscheiden. Für die Berechnungen wird davon ausgegangen, dass die Differenzbildung immer so erfolgt, dass von dem in der Liste zuerst aufgeführten Wert, die entsprechenden Daten des zweiten Wertes subtrahiert werden (Least: L_A-L_B und Most: M_A-M_B).

Fall	Anteilsdifferenz		Verhältnis	Wert näher an		Vorzeichen Distanz von	
Nr.	Least	Most	M zu L	unwichtig	wichtig	A nach B	B nach A
1	> 0	< 0		A	B	+	–
2	< 0	> 0		B	A	–	+
3	> 0	> 0	< 1	A	B	+	–
4	> 0	> 0	> 1	B	A	–	+
5	< 0	< 0	< 1	B	A	–	+
6	< 0	< 0	> 1	A	B	+	–

Abbildung 94: Fallkonstellationen zur Bestimmung der Rangfolge zweier Werte aus ihren Anteilen der Wahl als (un)bedeutendster Wert bei einem eindeutigen Verhältnis von Most zu Least

Die einzelnen Fälle werden nachfolgend zum besseren Verständnis optisch aufbereitet, wobei die Konstellationen 1 und 2 (siehe Abbildung 95) deshalb unproblematisch sind, weil dort sowohl aus den Differenzen für den Least-, als auch den Most-Anteil der beteiligten Werte, eine eindeutige Tendenz abgeleitet werden kann. Wenn ein Wert (A) sowohl einen geringeren Least-, als auch einen höheren Most-Anteil als ein zweiter Wert (B) aufweist (Fall 2; siehe rechte Hälfte von Abbildung 95), dann liegt dieser Wert (A) weiter rechts auf der Skalierung (mehr in Richtung „wichtig"), als der zweite Wert (B).

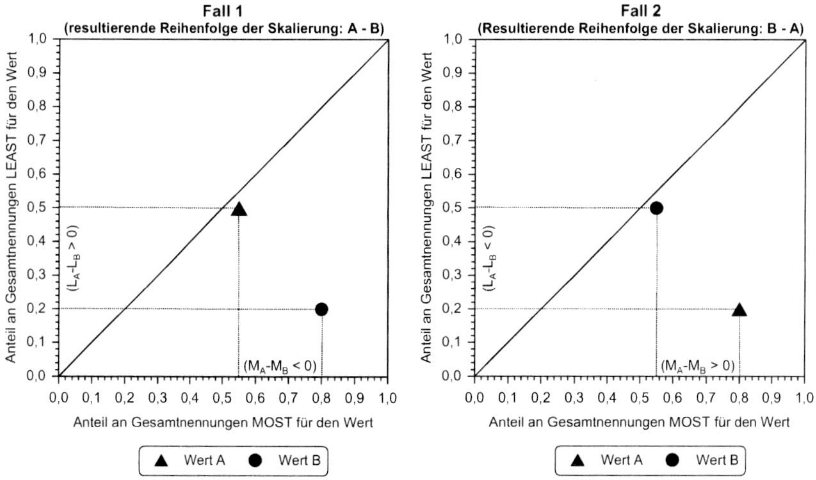

Abbildung 95: Eindeutige Tendenzen bei den Anteilskonstellationen für die Bestimmung als unbedeutendster und bedeutendster Listeneintrag zweier Werte A und B

In den Fällen 3 bis 6 ist neben den Vorzeichen der Differenzen auch deren Verhältnis untereinander zu beachten, um die Sequenz der beiden Werte auf der Skala festzulegen, und damit die Richtung ihrer Distanz bestimmen zu können.

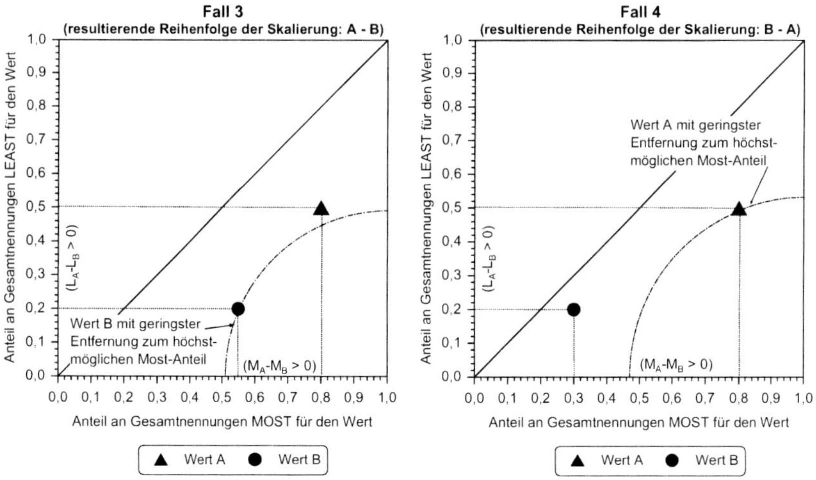

Abbildung 96: Rangfolge zweier Werte A und B, bei denen A sowohl einen höheren Least-, als auch Most-Anteil besitzt, deren Verhältnis von Most- und Least-Differenzen aber unterschiedlich ausfällt

So weist im Fall 3 (linker Teil der Abbildung 96) die Anteilsdifferenz für Least (L_A-L_B) den Wert +0,30 (0,50-0,20) auf, während der entsprechende Wert für Most (M_A-M_B) einen Betrag von 0,25 (0,80-0,55) ausmacht. Das Verhältnis der beiden Anteilsdifferenzen (0,25 / 0,30) ist

mit 0,83 kleiner als eins, so dass der zweite Wert (B) näher am „Wichtig"-Pol der Skala gelegen ist, was durch den in die Grafik eingefügten Viertelkreis bestätigt wird.
Genau entgegengesetzt ist die Konstellation im Fall 4 (rechter Teil der Abbildung 96) zu würdigen, denn hier weisen zwar auch beide Anteilsdifferenzen positive Beträge auf (Least: +0,30 und Most: +0,50), jedoch fällt der Verhältniswert der Anteilsdifferenzen (Most zu Least) diesmal größer als eins (1,67) aus, so dass jetzt der Wert A weiter in Richtung „wichtig" liegt als der Wert B.
Die gleiche Anordnung wie im Fall 4 (siehe rechten Teil der Abbildung 96) resultiert, wenn beide Anteilsdifferenzen negative Werte besitzen, d.h. sowohl Least-, als auch Most-Anteil des zweiten Wertes (B) höher sind als diejenigen von Wert A, und ihr Verhältnis kleiner als eins ist (Fall 5; siehe linke Hälfte von Abbildung 97). Ist bei negativen Least- und Most-Anteilsdifferenzen ihr Verhältnis hingegen größer als eins, so tritt das analoge Ergebnis zu Fall 3 (siehe linke Hälfte von Abbildung 96) ein. In den Datenmustern der Fälle 5 und 6 wird von identischen Anteilen wie in den Fällen 3 und 4 ausgegangen, allerdings mit vertauschten Zuordnungen zu den Werten.

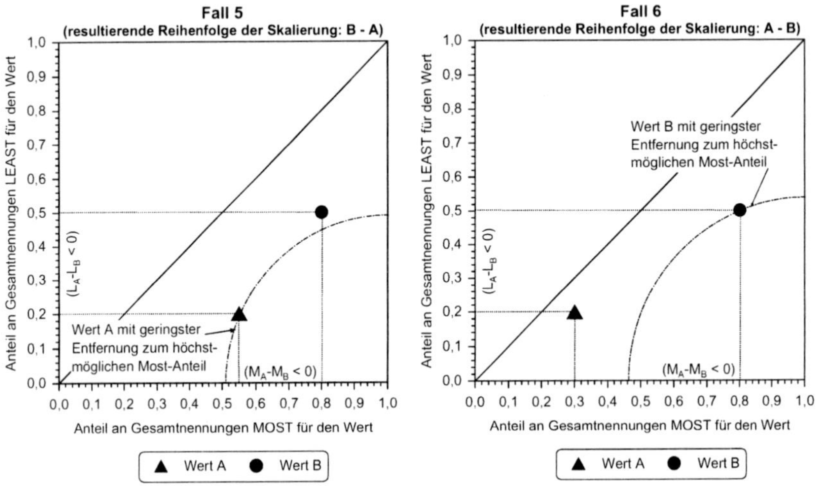

Abbildung 97: Rangfolge zweier Werte A und B, bei denen A sowohl einen geringeren Least-, als auch Most-Anteil besitzt, deren Verhältnis von Most- und Least-Differenzen aber unterschiedlich ausfällt

Weiterhin ist zu berücksichtigen, dass das Verhältnis von Most- zu Least-Anteilsdifferenzen (Spalte 4 der Abbildung 94) in den Fällen 3 bis 6 natürlich auch gleich eins lauten kann, wenn die Anteilsdifferenzen hinsichtlich beider Extrem-Werte identisch ausfallen.[471] So weisen z.B. im Fall 7a (siehe linke Hälfte von Abbildung 99) sowohl die Differenz für den unbedeutendsten (0,8 – 0,5), als auch bedeutendsten (0,6 – 0,3) Wert einen Betrag von 0,3 auf. Unter einer derartigen Konstellation gibt der maximale Anteilswert den Ausschlag. Es ist also zunächst zu eruieren, welchem Extrem-Wert (Least oder Most; hier Least mit 0,8) dieser größte Anteil zugeordnet ist und anschließend anhand des Vorzeichens der Differenz (hier: positiv, und damit Zuordnung zu A) abzulesen, bei welchem Wert (A oder B) der höchste

[471] Bedingt durch die unterschiedlichen Vorzeichen der Anteilsdifferenzen für Least und Most in den obigen Fällen 1 und 2 (siehe Abbildung 94), kann dort das Verhältnis von Most- zu Least-Anteilen nicht (Plus) eins werden, weil das Divisionsergebnis immer einen negativen Wert aufweist.

Anteil vorliegen muss. Dementsprechend muss Wert A links vom Wert B platziert sein, wenn die Skala von unwichtig (links) nach wichtig (rechts) verläuft.

Dabei können manche Kombinationen allerdings logisch nicht auftreten, denn wenn beispielsweise die Anteilsdifferenz[472] negativ ausfällt, folgt aus der Berechnungsvorschrift (Subtraktion des Anteils des in der Liste später platzierten Wertes von demjenigen des dort zuerst auftretenden Wertes: A minus B), dass der Anteil des zweiten Wertes (B) höher sein muss, als derjenige des ersten Wertes (A), denn sonst könnte keine negative Differenz resultieren. Insofern muss der größte Anteil beim zweiten Wert (B) vorzufinden sein (Fälle 8a und 8b). Gleiches gilt für eine positive Differenz der Anteilswerte von A und B – in diesem Fall kann der maximale Anteil nicht beim Wert B vorliegen (Fälle 7a und 7b). Die jetzt zu analysierenden Konstellationen sind in der folgenden Übersicht zusammengefasst.

Fall Nr.	Anteilsdifferenz Least	Most	Verhältnis M zu L	Höchster Abteil bei L oder M	A oder B	Vorzeichen Distanz von A nach B	B nach A
7a	> 0	> 0	= 1	L	A	+	–
7b	> 0	> 0	= 1	M	A	–	+
8a	< 0	< 0	= 1	L	B	–	+
8b	< 0	> 0	= 1	M	B	+	–
9a	= 0	> 0	n. d.		A	–	+
9b	= 0	< 0	n. d.		B	+	–
10a	> 0	= 0	= 0		A	+	–
10b	< 0	= 0	= 0		B	–	+

Abbildung 98: Fallkonstellationen zur Bestimmung der Rangfolge zweier Werte aus ihren Anteilen der Wahl als (un)bedeutendster Wert bei einem unklaren Verhältnis Most zu Least

Anmerkung: n. d. = nicht definiert (wegen Division durch null)

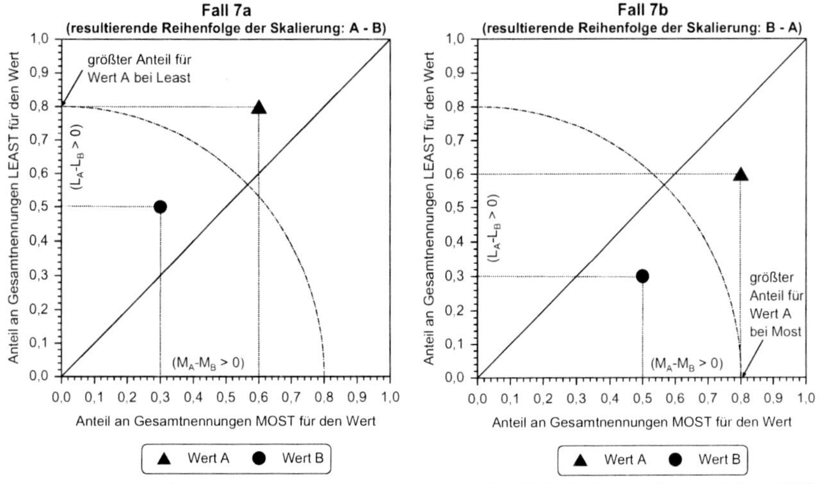

Abbildung 99: Rangfolge zweier Werte A und B, bei denen das Verhältnis von Most- und Least-Differenzen den Betrag von eins annimmt und A den insgesamt höchsten Anteil für einen Extrem-Wert aufweist

[472] Weil die Differenzen identisch sind (nur unter dieser Voraussetzung nimmt das Verhältnis Most zu Least den Betrag eins an), spielt es keine Rolle, welche der beiden Seiten (Least oder Most) betrachtet wird.

Das Vorzeichen der Distanz von Wert A zu Wert B ist positiv (und entsprechend von B nach A negativ), wenn die Anteilsdifferenzen (Spalten 2 und 3 der Abbildung 98) positiv ausfallen und der Least-Anteil bei Wert A der größte der vier betrachteten Prozentsätze ist (Fall 7a; siehe linken Teil der Abbildung 99) oder beide Anteilsdifferenzen ein negatives Vorzeichen besitzen (womit Wert B im Vergleich zu Wert A sowohl öfter als unbedeutendster, als auch bedeutendster Listeneintrag identifiziert wurde), und der Most-Anteil von Wert B den insgesamt höchsten Anteil der beiden Werte ausmacht (Fall 8b; siehe rechte Hälfte der Abbildung 100).

Weist, bei positiven Anteilsdifferenzen zwischen beiden Werten bezüglich der Least- und Most-Anteile und einem Verhältnis der Differenzen von eins, der Least-Anteil von Wert A den höchsten Prozentsatz der vier Größen auf, dann bekommt die Distanz von A nach B ein negatives Vorzeichen (Fall 7b; siehe rechten Teil der Abbildung 99). Gleiches gilt, wenn die Differenzen zwischen den Werten A und B hinsichtlich beider Extrem-Wert-Anteile negativ ausfallen, und gleichzeitig der Least-Anteil des Wertes B seinen Most-Anteil übersteigt (Fall 8a; siehe linke Hälfte der Abbildung 100).

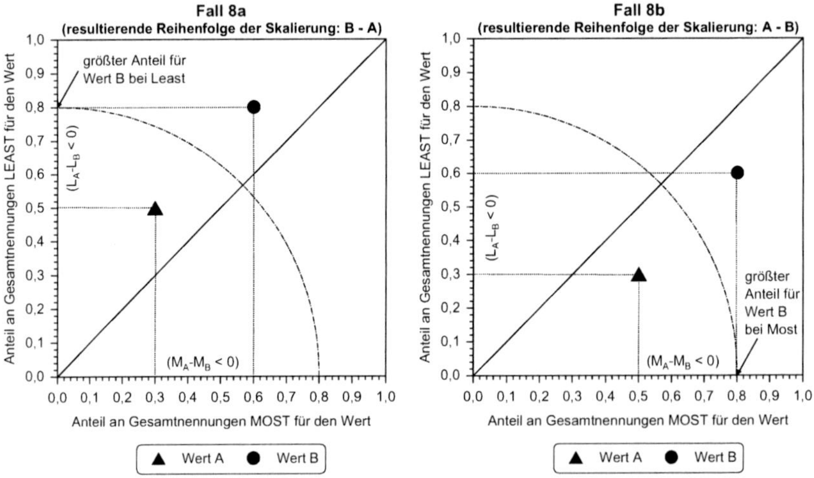

Abbildung 100: Rangfolge zweier Werte A und B, bei denen das Verhältnis von Most- und Least-Differenzen den Betrag von eins annimmt und B den insgesamt höchsten Anteil für einen Extrem-Wert aufweist

Der in Abbildung 101 skizzierte Fall 8c hat keine explizite Entsprechung in der obigen Übersicht (siehe Abbildung 98), sondern stellt lediglich die weiter vorne (siehe Seite 506) angedeutete Konstellation für den Fall 8a dar. Diese Anordnung ist bei der Illustration der Fälle 3 bis 6 bewusst ausgespart worden, weil hier ein alternatives Entscheidungskriterium[473] heranzuziehen ist.

[473] Während in den Fällen 3 bis 6 die geringste Entfernung eines Wertes zum Referenzpunkt des höchstmöglichen Most-Anteils den Ausschlag für die Reihenfolge der Anordnung der Werte gibt, wird diese im Falle der Gleichheit der Least- und Most-Anteilsdifferenzen zweier Werte, durch den insgesamt höchsten Anteil eines Wertes an einer der beiden Dimensionen bestimmt.

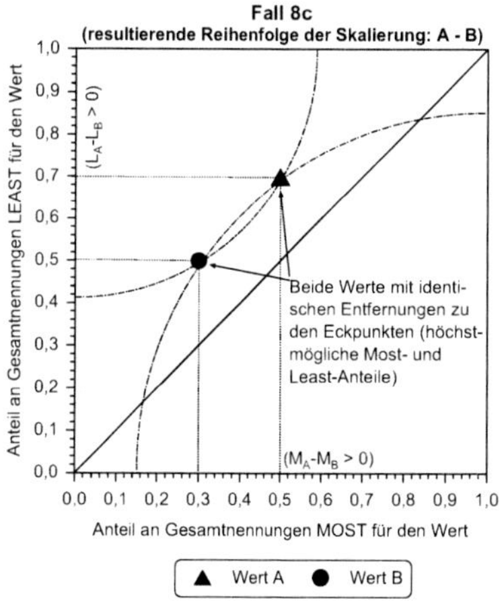

Abbildung 101: Rangfolge zweier Werte A und B, bei denen das Verhältnis von Most- und Least-Differenzen den Betrag von eins annimmt und beide Werte identische Entfernungen zu den höchstmöglichen Least- und Most-Anteilen aufweisen

Sind die Least-Anteile zweier Werte identisch, kann das Verhältnis der Anteilsdifferenzen von Most und Least (Spalte 4 in Abbildung 98) nicht bestimmt werden, weil der Nenner den Wert null annimmt. Dann gibt alleine die Most-Anteilsdifferenz die Richtung für die Distanz zwischen den beiden Werten vor (Fälle 9a und 9b; siehe Abbildung 102).

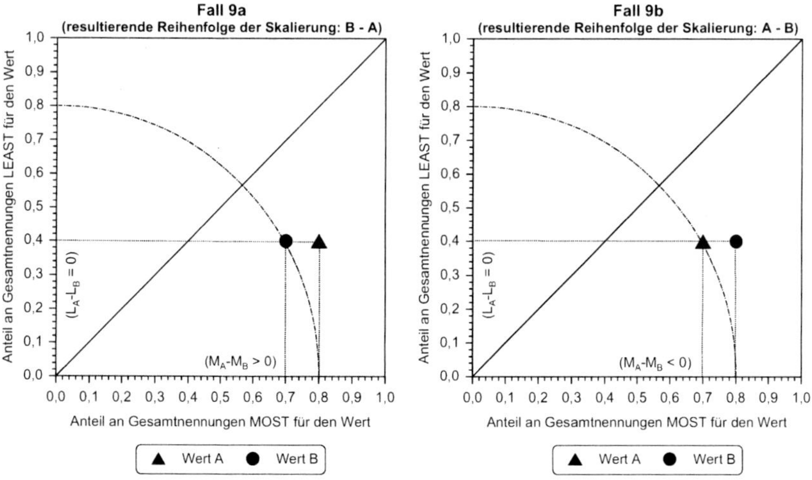

Abbildung 102: Rangfolge zweier Werte A und B, bei denen identische Least-Anteile gegeben sind

Werden beide Werte gleich häufig als bedeutendster Wert ausgewählt, dann nimmt das Verhältnis der Anteilsdifferenzen von Most und Least den Betrag null an.[474] In diesem Fall gibt

[474] Natürlich wäre es auch denkbar, dass zusätzlich noch die Least-Anteilsdifferenz den Betrag null annimmt – in diesem Fall müssen die beiden Werte aber zwangsläufig hinsichtlich ihrer jeweiligen Wahlen als unbedeutendster und bedeutendster Listeneintrag deckungsgleich sein, so dass zwischen ihnen keine Distanz vorliegt, die eine explizite Richtungszuweisung überflüssig macht. Deshalb wird diese Konstellation in der obigen Abbildung 98 auch nicht weiter berücksichtigt.

der Prozentsatz an Wahlen als unbedeutendster Wert den Ausschlag für die Richtungszuweisung. Ist diese Anteilsdifferenz positiv (Wert A wurde im Vergleich zu Wert B öfter der Least-Status zugewiesen), bekommt die Distanz von Wert A nach Wert B ein positives Vorzeichen (Fall 10a; siehe linke Hälfte der Abbildung 103), andernfalls (Anteilsdifferenz der Least-Wahlen zwischen Wert A und Wert B ist negativ) bekommt diese Distanz ein negatives Vorzeichen (Fall 10b; siehe rechten Teil von Abbildung 103), d.h. der Wert A ist weiter rechts auf der Skalierung angeordnet (in Richtung „wichtig"), weil er bei einem identischen Most-Anteil wie Wert B, weniger häufig als unbedeutendster Listeneintrag ausgewählt wurde.

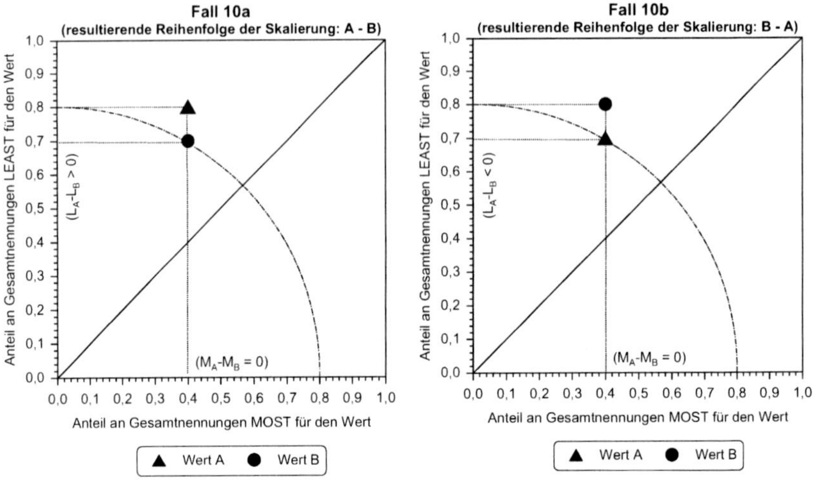

Abbildung 103: Rangfolge zweier Werte A und B mit identischen Most-Anteilen

Mit diesen Vorgaben lassen sich jetzt sowohl die Distanzen, als auch deren Richtungskomponenten zwischen allen Werte-Paaren bestimmen, so dass eine ausschließlich auf den Anteilen der Least und Most-Wahlen basierende Skalierung der Werte-Liste vorgenommen werden kann (ohne dass die explizit gewählten Least-Most-Kombinationen (siehe Abschnitt 5.4.6.1) berücksichtigt werden müssen). Dabei kann in den Fällen, in denen für jeden Wert der Liste mindestens eine Most- und eine Least-Wahl vorliegen (d.h. es liegt eine vollständige Aufstellung aller Objektpaare vor), auf die Formulierung und Lösung eines linearen Gleichungssystems (siehe Seite 505) verzichtet werden, und die Skalierung direkt über eine Division der Summe der Distanzen eines Wertes zu allen übrigen Werten, durch die Gesamtzahl der Werte (hier: 17) bestimmt werden (vgl. Clark 1977, S. 607).
Die endgültige Rangfolge bestimmt sich dann analog zu den Ausführungen in Abschnitt 5.4.6.1.

5.4.6.3 Empirische Umsetzung der Rangfolgebildung in der aktuellen Untersuchung

Nachdem in den beiden vorherigen Unterabschnitten das konzeptionelle Vorgehen zur Ableitung einer Skalierung der 17 Werte allein aus den Extrem-Rankings beschrieben wurde, wird dieses nun auf die vorliegenden Daten angewandt, und mit der ratingbasierten Wichtigkeitssequenz der Werte verglichen. Hintergrund dieser Prozedur ist beispielsweise die mögliche Nutzung der Daten zu Validierungszwecken, denn prinzipiell sollten die beiden Rangfolgen weitgehend identisch ausfallen. Im Extremfall (bei exakter Übereinstimmung der Sequenzen) könnte man – wenn die Stichprobe entsprechend groß ist und keine weiteren Berechnungen (z.B. in Form von Faktorenanalysen zur Aufdeckung der Werte-Strukturen; siehe Ab-

schnitt 5.4.2.1) mehr vorgesehen sind – dann zukünftig eventuell auf das Rating gänzlich verzichten.
Die ausführliche Darstellung der konkreten Ergebnisse für die aktuellen Daten erfolgt lediglich für die Gesamtstichprobe – bei den weiteren analysierten Gruppierungen werden nur noch die Korrelationskoeffizienten zwischen den verschieden basierten Lösungen (Häufigkeit der Extrem-Werte-Paare, Extrem-Werte-Anteile und Rating) und die Anzahl nicht identischer Rangplätze präsentiert.
Zunächst steht die Angleichung der unterschiedlichen Skalenweiten bei den Rangfolgen, die auf den Häufigkeiten der Extrem-Wert-Paare (EWP) und den Extrem-Wert-Anteilen (EWA) beruhen, im Fokus. Durch die Lösung des jeweiligen linearen Gleichungssystems wird ein Resultat erzielt, das die Distanz zwischen den einzelnen Werten widerspiegelt und um den Nullpunkt fixiert ist (siehe Fußnote 467 auf Seite 504). Die Summe der negativen und positiven Beträge addiert sich dabei zu null. Daraus resultieren aber unterschiedliche Minimal- und Maximalbeträge für jede generierte Lösung, wenn diese auf divergenten Gruppierungen beruht. Um die Resultate vergleichbar zu machen, wird jedes durch eine – die interne Struktur nicht angreifende – Lineartransformation so verändert, dass der Minimalwert zehn beträgt. Damit ist sichergestellt, dass alle Rangfolgen einen identischen Startwert besitzen und ausschließlich im positiven Bereich lokalisiert sind. Um jetzt eine Normierung der konstruierten Reihenfolge zu gewährleisten, wird der jeweilige Maximalwert – der nach wie vor bei jeder Lösung einer spezifischen Gruppierung einen anderen Betrag aufweist – auf 100 gesetzt, und die übrigen Skalenpunkte in eine dazu prozentuale Entsprechung umgerechnet. Die Prozedur wird nachfolgend für die Angaben sämtlicher Teilnehmer in der Nettostichprobe 2 illustriert.

	Extrem-Wert-Paare (EWP)				Extrem-Wert-Anteile (EWA)			
Wert	OLW	OLWZ	ZTP	Rang	OLW	OLWZ	ZTP	Rang
LIE	43,2353	160,1765	100,00	1	0,1113	10,4261	100,00	1
FST	34,6471	151,5882	94,64	2	0,0878	10,4026	99,77	2
GES	33,5882	150,5294	93,98	3	0,0806	10,3954	99,70	3
AUS	27,0588	144,0000	89,90	4	0,0726	10,3874	99,63	4
FAM	26,7647	143,7059	89,72	5	0,0723	10,3871	99,63	5
MEN	20,5882	137,5294	85,86	6	0,0538	10,3686	99,45	6
PER	13,4706	130,4118	81,42	7	0,0358	10,3506	99,28	7
SIC	9,8235	126,7647	79,14	8	0,0294	10,3442	99,21	8
UNA	8,0588	125,0000	78,04	9	0,0261	10,3409	99,18	9
FRI	3,4706	120,4118	75,17	10	0,0143	10,3291	99,07	10
BER	-0,5961	116,3451	72,64	11	0,0012	10,3160	98,94	11
ABI	-8,4627	108,4784	67,72	12	-0,0118	10,3030	98,82	12
FRZ	-13,6471	103,2941	64,49	13	-0,0216	10,2932	98,73	13
NAT	-18,5882	98,3529	61,40	14	-0,0346	10,2802	98,60	14
KIN	-21,0000	95,9412	59,90	15	-0,0707	10,2441	98,25	15
ABW	-51,4706	65,4706	40,87	16	-0,1318	10,1830	97,67	16
WOH	-106,9412	10,0000	6,24	17	-0,3148	10,0000	95,91	17

Tabelle 128: Originale (OLW) und transformierte (OLWZ und ZTP) Lösungswerte der linearen Gleichungssysteme zur Ermittlung einer Rangfolge der Werte aus den Extrem-Wert-Bestimmungen (Paare und Anteile) in absteigender Sortierung für die Nettostichprobe 2

Anmerkung: OLW: Originallösungswert; OLWZ: Originallösungswert linear transformiert, so dass das Minimum einen Wert von zehn annimmt; ZTP: Normierung der Skalenweite durch Setzung des Maximalwertes der OLWZ auf 100 Prozent

In der Spalte OLW sind die Lösungswerte der linearen Gleichungssystems dokumentiert, die zum einen auf den Häufigkeiten der Extrem-Wert-Paare basieren (linker Teil der Tabelle 128)

und zum anderen auf den Anteilen der Werte an den Extrem-Wert Wahlen (rechte Hälfte der Tabelle 128) beruhen. Während in der erstgenannten Form (EWP) die Ergebnisse von D5 (MR) und D6 (LR) nicht berücksichtigt werden – dort ist lediglich einer der beiden Extrem-Werte zu identifizieren gewesen, so dass keine personenspezifischen Werte-Paare gebildet werden können – sind diese Daten in den Anteilswerten (EWA) integriert.
Die Lösungswerte werden in der folgenden Spalte (OLWZ) so linear transformiert, dass der Minimalwert der OLW den Betrag zehn annimmt. Dazu wird zu jedem Lösungswert der Absolutbetrag des minimalen Lösungswertes (siehe Eintrag in Spalte OLW der letzten Zeile [WOH] der Tabelle 128) addiert und zu diesem Ergebnis die Konstante zehn[475] hinzugezählt. Die sich ergebenden Koeffizienten werden dann im nächsten Schritt normiert, indem der erstplatzierte Wert den Betrag 100 zugewiesen bekommt und die übrigen Koeffizienten als prozentuale Anteile davon berechnet werden. Dazu wird jeder Eintrag in der Spalte OLWZ durch den Maximalwert dieser Spalte dividiert und dieses Ergebnis mit 100 multipliziert. So ist sichergestellt, dass die unterschiedlichen Spannweiten der Lösungen verschiedener Gruppierungen angeglichen und einander gegenübergestellt werden können. Dies wird nachfolgend für die Häufigkeiten der Extrem-Werte-Paare in beiden Nettostichproben aufgezeigt.

	Nettostichprobe 1				Nettostichprobe 2			
Wert	OLW	OLWZ	ZTP	Rang	OLW	OLWZ	ZTP	Rang
LIE	47,5882	189,2353	100,00	1	43,2353	160,1765	100,00	1
FST	37,0588	178,7059	94,44	3	34,6471	151,5882	94,64	2
GES	37,1176	178,7647	94,47	2	33,5882	150,5294	93,98	3
AUS	34,0000	175,6471	92,82	4	27,0588	144,0000	89,90	4
FAM	32,9412	174,5882	92,26	5	26,7647	143,7059	89,72	5
MEN	23,7647	165,4118	87,41	6	20,5882	137,5294	85,86	6
PER	12,2941	153,9412	81,35	8	13,4706	130,4118	81,42	7
SIC	14,5294	156,1765	82,53	7	9,8235	126,7647	79,14	8
UNA	9,8235	151,4706	80,04	9	8,0588	125,0000	78,04	9
FRI	3,6471	145,2941	76,78	10	3,4706	120,4118	75,17	10
BER	-1,5882	140,0588	74,01	11	-0,5961	116,3451	72,64	11
ABI	-8,0588	133,5882	70,59	12	-8,4627	108,4784	67,72	12
FRZ	-15,8235	125,8235	66,49	13	-13,6471	103,2941	64,49	13
NAT	-19,5882	122,0588	64,50	15	-18,5882	98,3529	61,40	14
KIN	-19,0000	122,6471	64,81	14	-21,0000	95,9412	59,90	15
ABW	-57,0588	84,5882	44,70	16	-51,4706	65,4706	40,87	16
WOH	-131,6471	10,0000	5,28	17	-106,9412	10,0000	6,24	17

Tabelle 129: Originale und transformierte Lösungswerte der linearen Gleichungssysteme zur Ermittlung einer Rangfolge der Werte aus den Extrem-Wert-Paaren für beide Nettostichproben in absteigender Sortierung nach der Rangfolge in Nettostichprobe 2

Anmerkung: OLW: Originallösungswert; OLWZ: Originallösungswert linear transformiert, so dass das Minimum einen Wert von zehn annimmt; ZTP: Normierung der Skalenweite durch Setzung des Maximalwertes der OLWZ auf 100 Prozent

Während die Lösungswerte des Gleichungssystems (Spalte OLW im linken Teil der Tabelle 129) in der Nettostichprobe 1 eine Spannweite von 179,2353 aufweisen, beträgt diese bei einer Beschränkung auf die konsistent antwortenden Befragten nur 150,1765. Über die Prozentsätze (ZTP) der transformierten Originalwerte lassen sich beide Rangfolgen aber dennoch direkt miteinander in Beziehung setzten, wobei diese Gegenüberstellung jetzt sowohl

[475] Dieser Betrag wurde willkürlich bestimmt und dient lediglich dazu, die gesamte Skalierung im positiven Bereich zu verorten, denn ansonsten würde deren Startwert null lauten.

für die Platzziffern (Positionen 1 bis 17), als auch die Beurteilungsobjekte (Werte) erfolgen kann. Daraus ist beispielsweise abzulesen, dass der letztplatzierte Wert WOH in der Nettostichprobe 2 einen geringeren Abstand zu den übrigen Werten aufweist als in Nettostichprobe 1, so dass er bei einer ausschließlichen Berücksichtigung der konsistent antwortenden Befragten, „enger" an den übrigen Werten liegt.
Vergleicht man die in Tabelle 129 dokumentierten Ergebnisse der beiden Nettostichproben, so treten einige Unterschiede in den Positionen der Werte (Spalten: Rang) auf, die auch die Randbereiche der Rangfolgen tangieren. So sind KIN, SIC und GES in der Nettostichprobe 1 um einen Rang besser platziert als in der Nettostichprobe 2. Dementsprechend sind nicht nur die mittleren Positionen der Rangfolge betroffen, sondern auch unter den Plätzen eins bis drei bzw. 15 bis 17 gibt es Divergenzen. Dies ist deshalb von Bedeutung, weil die entsprechend lokalisierten Listeneinträge vielfach zur Ableitung von Maßnahmen herangezogen werden, indem beispielsweise Personalentwicklungsanstrengungen auf die markantesten Schwächen von Führungspersonen abgestellt werden (siehe Abbildung 1).
Trotzdem zeigen beide Rangfolgen einen fast perfekten linearen Zusammenhang, denn der Korrelationskoeffizient (nach Bravais und Pearson; vgl. Bortz 2005, S. 204ff) weist einen Betrag von 0,9975 auf. Werden statt den prozentualen Rangfolgewerten die Ränge analysiert, so fällt der Korrelationskoeffizient (nach Spearman; vgl. Bortz 2005, S. 232ff) mit 0,9926 nur unwesentlich niedriger aus. Die hohen Übereinstimmungen sind im Wesentlichen der geringen Objektzahl geschuldet. Insofern erscheint es hier geboten, neben den Korrelationen auch noch einen anderen Kennwert zur Evaluation des Zusammenhangs heranzuziehen, der vorliegend aus der Anzahl unterschiedlich platzierter Objekte besteht. Damit sollten sich die Konsequenzen der Vorgehensweisen genauer abschätzen lassen, denn die Korrelation ist bei der aktuellen Gruppengröße von lediglich 17 Werten, die zudem aufgrund ihres Charakters eines positives Konstruktes (siehe Abschnitt 2.1), alle eine recht ähnliche Einstufung erfahren haben, ein zu grobes Maß.

	Rankings				Skalenspezifische Ratings					
	EWP		EWA		AG		5		11	
Wert	ZTP	Rang	ZTP	Rang	MW	Rang	MW	Rang	MW	Rang
LIE	100,00	1	100,00	1	4,6398	2	4,6404	2	10,0981	1
FST	94,64	2	99,77	2	4,5725	3	4,5734	3	9,9289	3
GES	93,98	3	99,70	3	4,6399	1	4,6429	1	10,0922	2
AUS	89,90	4	99,63	4	4,1468	7	4,1324	7	8,9041	7
FAM	89,72	5	99,63	5	3,9714	11	3,9548	10	8,4713	11
MEN	85,86	6	99,45	6	4,4081	4	4,3837	4	9,5832	4
PER	81,42	7	99,28	7	4,2435	5	4,2233	5	9,1609	6
SIC	79,14	8	99,21	8	4,0277	8	3,9718	9	8,7136	8
UNA	78,04	9	99,18	9	4,0223	9	3,9868	8	8,6474	9
FRI	75,17	10	99,07	10	4,2355	6	4,2010	6	9,1778	5
BER	72,64	11	98,94	11	3,9891	10	3,9373	11	8,6064	10
ABI	67,72	12	98,82	12	3,9028	12	3,8673	12	8,3486	12
FRZ	64,49	13	98,73	13	3,8107	14	3,7817	14	8,1016	14
NAT	61,40	14	98,60	14	3,8345	13	3,8035	13	8,1663	13
KIN	59,90	15	98,25	15	3,6398	15	3,6277	15	7,6308	15
ABW	40,87	16	97,67	16	3,4235	16	3,3682	16	7,2015	16
WOH	6,24	17	95,91	17	3,0768	17	3,0116	17	6,3605	17

Tabelle 130: **Rangfolge der Werte basierend auf den Rankings (Häufigkeiten der Extrem-Wert Paare [EWP] und Extrem-Wert-Anteile [EWA]) und Ratings (skalenübergreifend [AG], fünfstufige [5] und elf-stufige [11] Antwortskala) in der Nettostichprobe 2 absteigend sortiert nach der Reihenfolge bei den Rankings**

Im nächsten Schritt ist zu eruieren, wie hoch die Übereinstimmungen der auf den Extrem-Rankings basierenden Rangfolgen mit denjenigen der Ratings ausfallen. Für die Nettostichprobe 2 und alle Beurteilungen in den Durchführungsanweisungen drei bis acht[476] ergeben sich die in Tabelle 130 skizzierten Zusammenhänge.
Während sich bei den Extrem-Rankings keine Unterschiede in den Platzierungen der 17 Werte zeigen, treten zwischen den Ratings antwortskalenbezogene Divergenzen auf, die hinsichtlich der skalenübergreifenden Einordnung und den separierten Antwortskalen jeweils vier Werte (fünf-stufig: FAM, SIC, UNA und BER; elf-stufig: LIE, GES, PER und FRI) betreffen. Beim Vergleich der beiden grundsätzlichen Vorgehensweisen sind hingegen wesentlich mehr Rangdifferenzen auszumachen (siehe untere Diagonalmatrix in Tabelle 132; zu der skalenübergreifenden Betrachtung jeweils 11, bezogen auf die fünf-stufige Antwortskala 12 und hinsichtlich der elf-stufigen Variante 10). Besonders ausgeprägt ist der Unterschied für den Wert FAM, der im Zuge der Rankings auf dem fünften Platz geführt wird, bei den skalenübergreifenden sowie auf einer elf-stufigen Antwortskala basierenden Ratings aber erst an elfter Stelle erscheint und bei der Beurteilung auf einer fünf-stufigen Antwortskala auf Position zehn einsortiert ist. In der umgekehrten Richtung ist der Wert FRI zu nennen, dessen zehnter Platz beim Ranking von den Positionen sechs (skalenübergreifend und fünf-stufige Antwortskala) und fünf (elf-stufige Antwortskala) beim Rating übertroffen wird.[477]
Fokussiert man die Korrelationskoeffizienten der abgebildeten Zusammenhänge, so zeigt sich folgendes Bild.

	EWP	EWA	AG	Fünf-stufig	Elf-stufig
EWP		1,0000	0,9044	0,9167	0,9020
EWA	0,9950		0,9044	0,9167	0,9020
AG	0,9234	0,9057		0,9951	0,9951
Fünf-stufig	0,9254	0,9068	0,9995		0,9902
Elf-stufig	0,9200	0,9035	0,9994	0,9977	

Tabelle 131: Korrelationskoeffizienten für den Zusammenhang der Werte-Rangfolgen unter verschiedenen Konstellationen in der Nettostichprobe 2 basierend auf den Rängen (obere Diagonalmatrix) und den originären Ausprägungen (untere Diagonalmatrix)

Die resultierenden Maßzahlen zwischen den Einzelergebnissen ermöglichen eine erste Würdigung der bisher detailliert dargestellten Zusammenhänge. Diese dient hier vor allem als Anhaltspunkt dafür, wie die nachfolgenden Korrelationskoeffizienten einzuordnen sind, denn die Präsentation für die weiteren Gruppierungen (einzelne und kombinierte Durchführungsanweisungen) bleibt weitgehend auf diese Prüfgröße beschränkt.
Keiner der Koeffizienten für die Durchführungsanweisungen drei bis acht der Nettostichprobe 2 weist einen Betrag von weniger als 0,9000 auf, wobei die verfahrensinternen (EWP mit EWA beim Ranking und skalenspezifisch beim Rating) Zusammenhänge höher ausgeprägt sind als die zwischen ihnen möglichen Vergleiche. Die Rating-Daten zeigen dabei eine noch geringfügig höhere Relation an, die wohl hauptsächlich der positiven Konstrukteigenschaft des vorliegenden Untersuchungsgegenstandes geschuldet ist, die in einer relativ restriktiven Ausnutzung des Antwortskalenspektrums mündet, was die Einschätzungsähnlichkeit der Listeneinträge fördert.
Diese Sichtweise wird durch die Daten in Tabelle 132 zu den Rangübereinstimmungen unter den verschiedenen Vorgehensweisen allerdings nur teilweise gestützt, denn die Anzahl

[476] An dieser Stelle nicht alle Durchführungsanweisungen einzubeziehen begründet sich damit, dass auch die auf den Extrem-Werten basierenden Ergebnisse, auf D3 bis D8 beschränkt sind, denn bei RO (D1) und ZD (D2) waren die entsprechenden Objekte nicht zu bestimmen.
[477] Diesbezüglich ist nicht auszuschließen, dass die unterschiedliche Formulierung des Einstufungsrahmens ([un]bedeutend beim Extrem-Ranking und [un]wichtig beim Rating) eine gravierende Rolle spielt. Auch dieser Punkt wäre noch in weiteren (insbesondere qualitativen) Untersuchungen explizit abzuklären.

unterschiedlicher Platzierungen der 17 Werte zwischen den Rankings (EWP und EWA) ist geringer, als diejenige zwischen den Ratings. Hierbei darf aber die – zur Differenzierung der Daten bewusst gesetzte – Heterogenität der Antwortskalen nicht unerwähnt bleiben, denn die Anzahl der Optionen auf der elf-stufigen Variante ist mehr als doppelt so groß als bei der alternativ administrierte fünf-stufige Antwortskala.

	EWP	EWA	AG	Fünf-stufig	Elf-stufig
EWP		6	10	12	11
EWA	0		10	12	11
AG	11	11		8	2
Fünf-stufig	12	12	4		8
Elf-stufig	10	10	4	8	

Tabelle 132: Anzahl nicht übereinstimmender Rangplätze der 17 Werte unter verschiedenen Konstellationen in den Nettostichproben 1 (obere Diagonalmatrix) und 2(untere Diagonalmatrix)

Anmerkung: Die Verhältnisse in der Nettostichprobe 1 sind in diesem Zusammenhang bisher nicht explizit thematisiert worden, so dass die Einträge in der oberen Diagonalmatrix der Tabelle 132 lediglich als zusätzliche Information anzusehen sind, mit der eine bessere Platzausnutzung erreicht wird.

Die größten Divergenzen hinsichtlich der Rangplätze sind für die fünf-stufige Antwortskala zu konstatieren, und zwar sowohl zu den beiden Extrem-Rankings, als auch zu ihrer alternativen elf-stufigen Variante. Dies dürfte in den fehlenden Differenzierungsmöglichkeiten bei lediglich fünf Antwortoptionen begründet sein, die im Falle von 17 einzuordnenden Objekten eines positiven Konstrukts, zu weitgehend ähnlichen Einschätzungen führt, während den Befragten bei zusätzlichen Skalenkategorien die Möglichkeiten offen steht, nuancierte Divergenzen auszudrücken.

	Nettostichprobe 1				Nettostichprobe 2			
	EWP-EWA	EWP-AG	EWA-AG	5-11	EWP-EWA	EWP-AG	EWA-AG	5-11
D3–D8	0,9946	0,8922	0,8834	0,9975	0,9950	0,9234	0,9057	0,9977
D3+D4	0,9889	0,9148	0,8939	0,9959	0,9950	0,9363	0,9189	0,9956
D7+D8	0,9961	0,8714	0,8863	0,9969	0,9950	0,9277	0,9084	0,9979
D5+D6			0,8474	0,9937			0,8649	0,9937
D3+D7	0,9948	0,9047	0,9037	0,9969	0,9953	0,9251	0,9226	0,9963
D4+D8	0,9930	0,8888	0,8758	0,9970	0,9943	0,9411	0,9334	0,9973
D3	0,9706	0,9150	0,8721	0,9956	0,9951	0,9358	0,9373	0,9954
D4	0,9706	0,9108	0,8653	0,9928	0,9951	0,9362	0,9354	0,9931
D7	0,9418	0,8902	0,8269	0,9950	0,9951	0,9051	0,8944	0,9932
D8	0,9864	0,8287	0,8847	0,9959	0,9900	0,9470	0,9370	0,9943

Tabelle 133: Korrelationskoeffizienten für vier Vergleiche der Werte-Rangfolgen auf Basis der Extrem-Rankings und Ratings unter verschiedenen Gruppierungen für beide Nettostichproben

Anmerkung: Die nicht besetzten Zellen resultieren daher, dass unter den beiden Durchführungsanweisungen keine Extrem-Wert-Paare bestimmt werden können.

Nach dieser ausführlichen Darstellung der Verhältnisse in der Nettostichprobe 2 werden die Ergebnisse im Folgenden nur noch aggregiert in Form von Korrelationskoeffizienten (siehe Tabelle 133) und nicht übereinstimmenden Rangplätzen (siehe Tabelle 134) präsentiert. Erstgenannte sind – wie die bisherigen Ausführungen gezeigt haben – aber insofern sehr vorsichtig zu interpretieren, als sich bei lediglich 17 Objekten (die keine besonders große Streuung aufweisen) selbst dann noch sehr hohe Beträge (>0,8000) ergeben, wenn bereits diverse

Einstufungsunterschiede vorliegen. Durch das aktuell zugrunde liegende positive Konstrukt, ist der Skalenbereich bei den Ratings eher eingeschränkt, so dass entsprechend geringe Streuungen die Folge sind, die wiederum für die hohen Korrelationskoeffizienten verantwortlich zeichnen.
Bei den Korrelationen fallen in beiden Nettostichproben die Zusammenhänge zwischen den zwei Antwortskalen (5/11) überwiegend (nicht für D3 und D7 in Nettostichprobe 2) am stärksten aus. Die geringste Verbindung zeigt die Kombination von EWA und den skalenübergreifenden Ratings (AG), die bis auf D7+D8 und D8 in Nettostichprobe 1 sowie D3 in Nettostichprobe 2 immer den niedrigsten der vier aufgeführten Korrelationskoeffizienten einer Gruppierung stellt.
Bis auf die Gegenüberstellung der beiden Antwortskalen (5-11) zeigen die Korrelationskoeffizienten in der Nettostichprobe 1 immer ein geringeres Ausmaß als bei der alleinigen Berücksichtigung konsistent antwortender Personen. Wenn sich durch die Fokussierung auf den letztgenannten Teilnehmerkreis die Kongruenz zwischen beiden Größen erhöht, spricht dies dafür, die Datenbasis entsprechend zu beschränken, denn prinzipiell sollten die Strukturunterschiede zwischen beiden Vorgehensweisen ja nicht zu hoch ausfallen.
Damit wird deutlich, dass die beiden unterschiedlich basierten Werte-Sequenzen trotz der hohen Korrelationskoeffizienten durchaus verschiedene Aspekte des Zusammenhangs abbilden dürften. Auch diesbezüglich würde eine Validierungsstudie gute Dienste leisten, um festlegen zu können, welche der beiden Rangfolgen die „wahren" Verhältnisse genauer repräsentiert. Weil in dieser Hinsicht im vorliegenden Untersuchungsdesign keine entsprechenden Vorkehrungen implementiert werden konnten, sind die Zusammenhänge an dieser Stell nicht weiter aufzuhellen.

	Nettostichprobe 1				Nettostichprobe 2			
	EWP-EWA	EWP-AG	EWA-AG	5-11	EWP-EWA	EWP-AG	EWA-AG	5-11
D3–D8	6	10	10	8	0	11	11	8
D3+D4	4	11	10	8	0	9	9	4
D7+D8	5	12	10	5	0	13	13	6
D5+D6			10	9			10	11
D3+D7	4	13	11	4	6	11	10	5
D4+D8	2	11	11	8	4	11	10	5
D3	9	14	10	7	4	9	9	8
D4	9	12	11	8	4	11	11	6
D7	9	14	11	2	2	11	10	4
D8	9	11	10	6	6	12	11	11

Tabelle 134: Anzahl nicht identischer Rangplätze der 17 Werte für vier Vergleiche der Wichtigkeitssequenz auf Basis der Extrem-Rankings und Ratings unter verschiedenen Gruppierungen für beide Nettostichproben

Anmerkung: Die nicht besetzten Zellen resultieren daher, dass unter den beiden Durchführungsanweisungen keine Extrem-Wert-Paare bestimmt werden können.

Die Ergebnisse zur Übereinstimmung der Rangplätze in Tabelle 134 untermauern die Angaben zu den Korrelationskoeffizienten in Tabelle 133, denn auch hier zeigen sich verfahrensintern die stärksten Kongruenzen. Außerdem lässt sich die Übereinstimmung erhöhen, wenn nur die konsistent antwortenden Befragten berücksichtigt werden. Die Extrem-Rankings führen in diesem Fall sogar unter drei Konstellationen (für alle Teilnehmer, sowie nach absoluter [D3+D4] und relativer [D7+D8] Extrem-Wert-Bestimmung getrennt) zu identischen Rangfolgen bei EWP und EWA.

An dieser Stelle sollte zunächst einmal das Nutzungspotenzial der anfallenden Daten des Extrem-Rankings demonstriert werden. Es spricht einiges dafür, dass mit den Sequenzen unterschiedliche Aspekte der Thematik (Werte-Strukturen) angesprochen sind, so dass es lohnend erscheint, beide Rangfolgen (basierend auf Extrem-Rankings und Ratings) zu berechnen. Wenn verfahrensintern – also zwischen den beiden Rankings (EWP und EWA) sowie den auf unterschiedlichen Antwortskalen basierenden Antwortskalen – jeweils nur Differenzen von maximal einem einzigen Platz auftreten, zwischen den Vorgehensweisen aber auch deutlich höhere Positionsdifferenzen festzustellen sind, dann ist die Wahrscheinlichkeit hoch, dass durch die beiden Erhebungsarten nicht ausschließlich identische Facetten des Konstrukts angesprochen sind, sondern sich divergente Wichtigkeitsstrukturen manifestieren.
Hier besteht weiterer Aufklärungsbedarf, der aber für die Werte-Thematik – wie bereits mehrfach angesprochen (siehe Seite 188) – nur schwer zu realisieren ist. Diesbezüglich könnten andere Bereiche (z.B. Kundenzufriedenheit) einen leichter zu eruierenden Komplex darstellen.
So lässt sich vorliegend lediglich konstatieren, dass auch aus den Extrem-Rankings eine Rangfolge der Werte abgeleitet werden kann, mit der zusätzliche Anhaltspunkte zur Evaluation der Gesamtreihenfolge der abgefragten Objekte zur Verfügung stehen. Deshalb verwundert es, dass McCarty & Shrum (1997; 2000) auf entsprechende Hinweise und Berechnungen verzichtet haben, denn die Daten ergeben sich im Rahmen der Administration der MLR-Technik ohnehin. Mit den vorgestellten Prozeduren (EWP und EWA) wird ein erster Versuch unternommen, diese Lücke zu schließen.
Dabei dürfte die Nutzung der Extrem-Werte-Paare (EWP) den zu präferierenden Ansatz darstellen, weil bei ihm die personenbezogene maximale Distanz zweier Listeneinträge sichergestellt ist. Diese Information ist beim Heranziehen der Häufigkeitsverteilungen der beiden Extrem-Werte nicht mehr gegeben. Vorliegend basiert der Einbezug der letztgenannten Vorgehensweise auf einer Nutzungsmöglichkeit für die Daten der Durchführungsanweisungen fünf (MR) und sechs (LR), bei denen nur einer der beiden Extrem-Werte zu bestimmen war, und somit keine Extrem-Werte-Paare gebildet werden konnten. Außerdem könnte das letztgenannte konzeptionelle Vorgehen dann Vorteile besitzen, wenn die Stichprobengröße bei einer umfangreichen Objekt-Liste nicht sehr hoch ist, und viele Extrem-Wert-Kombinationen nur eine marginale Häufigkeit aufweisen.

6 Schlussbetrachtung

6.1 Zusammenfassung der Ergebnisse

Werte sind ein sehr komplexes positives Konstrukt, das für eine Vielzahl von Entscheidungen in Wirtschaft und Gesellschaft von zentraler Bedeutung ist (vgl. Kap. 2.3), so z.B. für Marketing- und Konsumentscheidungen, Personal- und Karriereentscheidungen, Finanzierungs- und Anlageentscheidungen oder übergreifende Strategieausrichtungen. Wann immer allerdings Werte für eine fundierte Entscheidungsvorbereitung empirisch untersucht werden, gestaltet sich die Ableitung von Handlungsempfehlungen als außerordentlich schwierig. Die Gefahr von Fehlentscheidungen auf der Grundlage empirischer Erhebungen von Werten ist insbesondere deshalb besonders hoch, weil Befragte bei positiven Konstrukten dazu neigen, Antwortskalen nur im oberen (positiven) Bereich oder sogar ausschließlich in der obersten Kategorie zu nutzen. Das Resultat sind wenig oder gar nicht differenzierende Daten, die aus der gewünschten fundierten Entscheidungsvorbereitung möglicherweise eine Fehlinvestition machen.
Zur Messung von Werten steht eine ganze Reihe von Instrumenten zur Verfügung, die überblicksartig in Kapitel 2.2 skizziert wurden. Die vorliegende Arbeit beschäftigt sich mit der Frage, auf welche Weise dem Problem wenig oder nicht differenzierender Daten bei der empirischen Erhebung von Werten begegnet werden kann, und damit Fehlinvestitionen in un-

brauchbare Untersuchungen sowie Fehlentscheidungen auf der Grundlage derart verzerrter Ergebnisse vermieden werden können. Zu diesem Zweck wurde zunächst eine spezielle Vorgehensweise, bei der eine Verbindung zwischen zwei wesentlichen Erhebungsmethoden (Ranking und Rating) in diesem Zusammenhang geschaffen wird, genauer betrachtet und dahingehend überprüft, ob die von den Urhebern McCarty & Shrum (1997; 2000) erzielten Ergebnisse zu dieser Vorgehensweise repliziert werden können.
Dabei standen spezifische Variationen der drei Faktoren Durchführungsanweisung, Sequenz der Werte-Liste und Kategorisierung der Antwortskala im Mittelpunkt. Darüber hinaus wurde das Erhebungsverfahren insofern erweitert, als dass Auswirkungen von weiteren methodischen und auswertungstechnischen Variationen auf die Ergebnisse von Beurteilungen eines Werte-Inventars untersucht, wodurch wesentliche neue Erkenntnisse gewonnen werden konnten.
Grundlegende Rahmenbedingungen wurden über die Diskussion von Antwortmodellen (Kapitel 3.1), Antwort-Tendenzen (Kapitel 3.2) und Kontext-Effekten (Kapitel 3.3) bei Befragungen auf konzeptioneller Ebene diskutiert und in ein drei-faktorielles experimentelles Design mit 32 verschiedenen Anordnungen umgesetzt, das in Form einer Online-Erhebung bei einer Internet-Community mit einer umfangreichen Stichprobe in ganz Deutschland getestet wurde.
Als wichtigstes Ergebnis dieser Arbeit ist zu konstatieren, dass das von McCarty & Shrum (1997; 2000) vorgeschlagene Verfahren zur Erhebung von Werten (positiven Konstrukten allgemein) auch in der aktuellen Untersuchung – die sich in geografischer, stichproben-, verfahrens- und instrumenttechnischer Hinsicht vom Originalansatz unterschied – erfolgreich angewendet werden konnte, d.h. zu geringeren Mittelwerten und höheren Streuungen führte als bei einem reinen Rating.
Bezüglich der vorliegend vorgenommenen Erweiterung in Form von verfahrensinternen Modifikationen (zusätzlich zu McCarty & Shrum 1997; 2000 sechs variierte Durchführungsanweisungen) ergeben sich noch keine eindeutigen Resultate, aber aussagefähige Tendenzen, wobei sich der originäre Ansatz (Most-Least-Rating - MLR) in den meisten Analysen als überlegen herausgestellt hat. Auch die relativen Durchführungsanweisungen (Most-Least-Rating-relatiV - MLRV und Least-Most-Rating-relatiV- LMRV) haben sich als wirkungsvoll erwiesen, jedoch leiden sie in dieser Untersuchung noch unter einer hohen Anzahl inkonsistenter Antworten. Diesem Problem könnte in zukünftigen Untersuchungen durch entsprechend verbesserte Instruktionen begegnet werden.
Ein weiteres neues Ergebnis dieser Studie ist darin zu sehen, dass die Verbindung zwischen dem Extrem-Ranking und dem Rating deutlicher werden muss, damit auch daraus resultierende inkonsistente Antworten weitgehend vermieden werden können. In der hier durchgeführten Online-Untersuchung wurde aus explorativen Gründen, um das Problempotenzial mit dem von McCarty & Shrum (1997; 2000) vorgeschlagenen Verfahren auszuleuchten, das interne Zusammenspiel der Teilaufgaben nicht besonders betont, sondern sie wurden sequenziell mit einer versionsweise gleich sortierten Werte-Liste präsentiert. Beim Rating waren die Angaben des Extrem-Rankings allerdings immer gegenwärtig und es wurden ferner unterschiedliche Skalenanker ([un]bedeutend für das Extrem-Ranking und [un]wichtig für das Rating) verwendet. In der Online-Befragung mag ein medienbedingtes geringeres kognitives Involvement dazu geführt haben, dass den Befragten die Zusammengehörigkeit nicht ausreichend deutlich wurde. Das Problem stellt sich in schriftlichen Befragungen möglicherweise gar nicht – wie die Resultate des Pretests gezeigt haben.
Im direkten Vergleich fallen die Effektgrößen vorliegend geringer aus als bei McCarty & Shrum (1997; 2000). Um bestimmen zu können, an welcher der vorgenommenen Modifikationen dies festzumachen ist, sind weitere Untersuchungen erforderlich. Möglicherweise liegt der Hauptgrund in der (experimentell bedingten) forcierten sequenziellen Bearbeitung.

Anstatt auf einzelne Prüfvariablen zurückzugreifen, wurde als eine der auswertungstechnischen Erweiterungen gegenüber der Untersuchung von McCarty & Shrum vorliegend ein Index entwickelt, der die wesentlichen Parameter simultan berücksichtigt. Damit war es erstmals möglich, das Verfahren in allen Facetten gleichzeitig zu evaluieren. Hier zeigt sich die Tendenz, dass alle ERR-Techniken gegenüber einem alleinigen Rating zu differenzierteren Daten führen, innerhalb der Varianten, bei denen beide Extrem-Werte zu identifizieren sind, aber nur nuancierte Unterschiede auftreten.
In dieser Studie werden auch erste Anhaltspunkte darüber geliefert, welches der beiden Extrem-Rankings den Befragten mehr Mühe bereitet. Dabei stufen etwa ein Drittel der Teilnehmer beide Aufgabenstellungen als gleich schwierig ein, während deutlich mehr Befragte die Identifikation des unbedeutendsten im Vergleich zum bedeutendsten Wert als problematischer eingestuft haben. Es fällt also der überwiegenden Zahl der Befragten schwerer, aus einer Liste positiver Elemente dasjenige zu bestimmen, das den geringsten Erfüllungsgrad hinsichtlich der persönlichen Wichtigkeit aufweist, als unter einer Vielzahl positiver Listeneinträgen den positivsten herauszufischen.
Anders als von McCarty & Shrum (1997; 2000) vermutet, zeigen sich vorliegend im Wesentlichen identische Werte-Strukturen zwischen einem reinen Rating und den ERR-Techniken. Im Detail sind jedoch auch bei diesen Analysen Unterschiede nicht zu negieren. Deren Beurteilung würde aber zusätzliche (qualitative) Überprüfungen erfordern, die nicht Gegenstand der hier als quantitative Online-Erhebung konzipierten Untersuchung waren.
Wie in anderen Untersuchungen zum Thema „Akquieszenz“ konnte auch vorliegend ein Effekt der Bildung und des Geschlechts der Teilnehmer identifiziert werden. Es zeigt sich hier für das reine Rating eine eindeutige Tendenz, da hier durchgängig ein stärkerer Einfluss der Bildung anzutreffen ist. Beim Einsatz der ERR-Techniken ergeben sich jedoch skalenspezifisch unterschiedliche Tendenzen. Während hier beim Einsatz einer fünf-stufigen Antwortskala das Geschlecht die ausschlaggebende Variable zur Erklärung des Zustimmungseffektes ausmacht, wird diese Position auf einer elf-stufigen Antwortskala von der Bildung übernommen. Dies zeigt einmal mehr, dass nicht allein die Erhebungsprozedur an sich (Instruktion), sondern auch die zur Verfügung stehenden Antwortoptionen beim Einsatz der ERR-Techniken beachtet werden müssen.
Hinsichtlich der Assimilations-Kontrast-Effekte konnten vorliegend für die Umgebung (direkte nachfolgende Werte) eines als Extrem-Wert ausgewählten Wertes überwiegend Assimilations-Effekte nachgewiesen werden. Dementsprechend ist bei praktischen Anwendungen der ERR-Technik und einer fixierten Reihenfolge der Elemente in der Objekt-Liste auf diesen Effekt zu achten bzw. von vornherein für eine unterschiedlich (optimalerweise zufällig) sortierte Liste bei jedem Befragten zu achten.
Die Frage, ob eine alternative Administration der ERR-Technik durch einen Verzicht auf das Rating der als Extrem-Werte identifizierten Listeneinträge zu abweichenden Ergebnissen führt, konnte vorliegend zumindest simulativ (durch eine nachträgliche Elimination der entsprechenden Beurteilungen) in Angriff genommen werden. Obwohl die Ergebnisse einigermaßen vergleichbar ausfallen, wird vorliegend für den vollständigen Einsatz der ERR-Technik plädiert, weil sich nur so inkonsistente Strukturen aufdecken lassen. Außerdem sind nur auf diese Weise sämtliche Antworten eindeutig den Befragten zuzuordnen und müssen nicht hilfsweise über Inferenzschlüsse generiert werden.
Ob eventuelle Inkonsistenzen direkt beim Auftreten während der Erhebung kommuniziert werden sollten (durch den Interviewer oder elektronische Rückmeldungen) oder verschwiegen werden bzw. erst nach Beendigung der eigentlichen Datensammlung aufgeklärt werden sollten, müsste noch in weiteren Untersuchungen abgeklärt werden.
Das – von den Autoren bisher vernachlässigte – Heranziehen der Extrem-Rankings zur Skalierung kann dabei gut als Validierungsmöglichkeit für die Resultate der Ratings eingesetzt werden, benötigt aber bei einer Basierung auf den paarweisen Extrem-Werten einen entspre-

chend hohen Stichprobenumfang, vor allem wenn eine umfangreiche Objektliste den Befragungsgegenstand ausmacht, wie sie vorliegend verwendet wurde.
Das Verfahren der kombinierten Ranking-Rating-Erhebung hat sich auch mit den in der vorliegenden Studie entwickelten umfangreichen Varianten zur Messung von Werten (positiven) Konstrukten bewährt. So lange die Instruktionsprobleme bei der relativen Bestimmung des zweiten Extrem-Wertes (D7 und D8 im vorliegenden Design) nicht abschließend geklärt sind, ist von diesem Verfahren nicht gänzlich abzuraten, da sich dadurch der Bezugsrahmen wohl am besten verdeutlichen lässt; die Ergebnisse sind allerdings entsprechend vorsichtig zu interpretieren. Wenn aus bestimmten Restriktionen heraus nur ein einziger Extrem-Wert abgefragt werden kann, so ist unter der Zielsetzung niedriger Mittelwerte und hoher Standardabweichungen ein eindeutiges Votum für die Identifikation des unbedeutendsten Listeneintrags (Least) abzugeben.
Somit konnten durch die vorliegende Arbeit wesentliche neue Erkenntnisse gewonnen werden, die es erlauben, dass in einer spezifischen Anwendungssituation (z.B. bei einer entsprechenden Bildungsverteilung) eine optimale Strategie ausgewählt werden kann. Dazu sollten auch die Erkenntnisse der Antwortmodelle herangezogen werden.
Mit dem hier erstmals durch systematische Variation in einem umfangreichen Experiment grundlegend überarbeiteten und getesteten Verfahren zur Erhebung von positiven Konstrukten wird ein leicht anwendbares und kostengünstiges (sowohl hinsichtlich des Aufwandes für den Umfrageurheber, als auch der interviewten Personen) Verfahren bereitgestellt. Damit sollte es in zukünftigen Erhebungen von Werten möglich sein, nicht nur wahlweise auf die beiden bereits etablierten Vorgehensweisen des Rankings und Ratings zurückzugreifen, sondern auch über deren geeignete Kombination aussagefähige Daten zu erheben. Die erweiterten Auswertungsmöglichkeiten (Feststellen inkonsistenter Antworten und Nutzung der Extrem-Ranking zur Validierung der Rating-Ergebnisse) machen seinen Einsatz zusätzlich attraktiv. Ferner ist zu ergänzen, dass die Aufgabe des Extrem-Rankings eine willkommene Abwechslung bei der ansonsten von Ratings dominierten Bearbeitung von Fragebögen darstellt.
Insgesamt kann das vorliegend überarbeitete Erhebungsverfahren als Prozessinnovation für die empirische Erhebung positiver Konstrukte betrachtet werden, die einen Beitrag zu verbesserter Datenqualität bei effizienter Durchführbarkeit leistet. Auf diese Weise können in einer Vielzahl von Anwendungsbereichen eine wesentlich fundiertere Entscheidungsvorbereitung und gezieltere, effektivere Handlungsanweisungen erreicht werden.
Sollte sich die Vorgehensweise in weiteren Tests und Anwendungskontexten bewähren, steht eine neue attraktive Möglichkeit zur Erhebung von Daten in Bereichen, die sich durch relativ homogene Antworten auszeichnen, zur Verfügung.

6.2 Ausblick – Verwertungszusammenhang

Es gibt noch sehr viel Forschungsbedarf darüber, die Beziehungen zwischen Selbst, Werten und einer Reihe sozialpsychologischer Prozesse näher zu spezifizieren (vgl. Hitlin & Piliavin 2004, S. 383).
Nachfolgend werden einige Gesichtspunkte aufgezeigt, die in der vorliegenden Untersuchung nicht thematisiert werden konnten, aber nichtsdestotrotz lohnenswerte Forschungsrichtungen darstellen könnten. Dazu gehören insbesondere solche Problemstellungen, deren Relevanz sich erst im Laufe der hier referierten Ausführungen gezeigt hat.

- **Emotionale Aspekte bei der Anwendung der ERR-Technik**

In der vorliegenden Untersuchung sind ausschließlich kognitive Aspekte im Rahmen von Erhebungen fokussiert worden, während emotionale Gesichtspunkte vernachlässigt wurden. So dürfte die Beantwortung eines Items (z.B. die Identifikation des bedeutendsten Objektes einer Aufstellung) nicht nur ein kognitiv zu erfassendes Schwierigkeitspotenzial aufweisen, sondern auch Prozesse wie Ärger („Das ist ja ganz schön schwer“) oder sogar Frustration („Das ist viel zu schwierig. Am besten denke ich nicht weiter drüber nach und kreuze einfach irgendetwas an.“) anstoßen. Die Erfassung der emotionalen Aspekte unterblieb vorliegend, könnte aber einen lohnenden Gesichtspunkt in zukünftigen Untersuchungen der ERR-Technik darstellen, mit dem sich möglicherweise auch das Auftreten inkonsistenter Antworten erklären lässt.

Ein diesbezügliches Erhebungsinstrument steht beispielsweise mit den Self Assessment Manikin (vgl. Fischer et al. 2002) zur Verfügung. In der vorliegenden Online-Befragung wurde insbesondere aufgrund von medienspezifischen Restriktionen auf dessen Einsatz verzichtet, da durch den Pop-Up Charakter des Erhebungsinstruments nur ein begrenztes Platzangebot zur Verfügung stand, mit dem eine „lesbare“ sequenzielle Anordnung der fünf Piktogramme einer Skala darstellungstechnisch kaum möglich gewesen wäre. Außerdem ist die Versendung von (gut lesbaren) Grafiken über das Internet sehr datenintensiv und setzt dementsprechend einen Anschluss mit hoher Übertragungsrate voraus.

Die für die vorliegende Untersuchung besonders interessanten Aspekte betreffen allerdings die Vermutungen, dass bei affektivem Antwortverhalten (gefühlsorientiert, anhand subjektiver und emotionaler Bewertungen oder frei assoziiert in Bezug auf symbolträchtige Items) eine höhere Inner-Item-Varianz sowie geringere Durchschnittsratings erzielt werden (vgl. Helgeson & Ursic 1994, S. 495), denn diese beiden Effekte werden ja auch durch den Einsatz der ERR-Technik erwartet. Insofern könnten die bei McCarty & Shrum (1997; 2000) erzielten Wirkungen auch lediglich darauf beruhen, dass affektive Prozesse stärker in die Antwortabgabe integriert werden als beim reinen Rating, und dadurch geringere Mittelwerte und höhere Streuungen auftreten. Unter dieser Annahme wären die Ergebnisse also nur bedingt eine direkte Folge (Konsequenz) der Technik (Anweisung), sondern beruhen vielmehr auf einem Perspektivenwechsel der folgenden Art bei der Antwortabgabe: Während alleinige Ratings vorwiegend kognitiv gesteuert wären, so gewönnen bei einem sich an ein Ranking anschließenden Rating die affektiven Einflüsse an Gewicht, was in den beschriebenen Phänomenen mündete. Eine solche These müsste unter Berücksichtigung der affektiven Ebene, z.B. als intervenierende Variable, genauer untersucht werden.

- **Spezifische Perspektive für den Erhebungskontext**

Weiterhin war die Perspektive bei der Messung der Werte in der Untersuchung allgemein gehalten, so dass zu eruieren wäre, ob sich die ERR-Technik bei konkreteren Abfragen (Relevanz von Werten in einer bestimmten Situation oder einem spezifischen Bereich, z.B. Arbeit) besser oder schlechter eignet. Dies könnte auch im Rahmen ihrer Übertragbarkeit auf ein anderes positives Konstrukt (z.B. Zufriedenheitsmessung) geleistet werden, wenn der zu erhebende Sachverhalt entsprechend spezifisch ausgeformt ist.

- **Anwendung alternativer Erhebungsverfahren zur Evaluation der ERR-Technik**

Generell ist auch daran zu denken, die ERR-Technik in Beobachtungsstudien zu evaluieren, wie dies bereits Feather (1975; siehe Abschnitt 2.1.4.2.4.2) vorgeschlagen hat. Dazu müsste die Herangehensweise der Teilnehmer an bestimmte Aufgabenstellungen näher betrachtet werden. Es wäre im Detail zu studieren, welche Prozeduren die Befragten anwenden, um zu ihren beiden Rangreihen der Werte zu gelangen. Dazu wäre beispielsweise zu beobachten, wie Teilnehmer vorgehen, die schnell zu einer Rangfolge gelangen im Gegensatz zu solchen, die sehr lange brauchen. Auch bestimmte Schwierigkeiten mit einzelnen Werten und die angestellten Vergleichsprozesse ließen sich so aufdecken. Daneben bedarf das Verhalten bei der Rangzuordnung – beginnen sie am Anfang ihrer Rangreihe mit dem wichtigsten oder unwichtigsten Wert oder arbeiten sie die präsentierte Liste von oben nach unten durch und vergeben sukzessive einen Rangplatz; diskriminieren sie besonders zwischen den extremeren Werten und finden die Einordnung der mittleren Werte dann als schwierig – weiterer Aufklärung. Derartige Analysen setzen allerdings einen qualitativen Ansatz voraus, der vorliegend nicht intendiert war. Nichtsdestotrotz deuten die Ergebnisse dieser Arbeit darauf hin, dass die

angesprochenen Punkte von hoher Relevanz sind, um die zugrunde liegenden Prozesse weiter aufzuhellen. Die in Abschnitt 3.1 diskutierten Antwortmodelle können dabei als Leitlinie für mögliche Ansatzpunkte dienen.
Gleiches gilt im Übrigen für die Sequenz beim Rating der Werte-Liste, d.h. es sind noch keine Aussagen darüber möglich, ob nicht vielleicht die als Least und Most identifizierten Werte zuerst eingeordnet werden oder Modifikationen bereits beurteilter Werte vorkommen, um die Konsistenz mit den Antworten beim Extrem-Ranking sicherzustellen.
Neben Beobachtungen ist auch an den Einsatz weiterer qualitativer Erhebungsverfahren (z.B. die von Willis et al. 1991, S. 251ff angesprochenen Think-aloud und Verbal-probing Methoden) zu denken, um die grundlegende Funktionsweise der ERR-Technik zu entschlüsseln, und ihren Einsatz weiter zu optimieren. Dabei könnten durchaus auch die vorliegend vorgenommenen Variationen der Durchführungsanweisungen aufgegriffen werden, denn gerade hinsichtlich der relativen Festlegung des zweiten Extrem-Wertes dürfte noch Verbesserungspotenzial vorhanden sein.
So wäre u.a. zu eruieren, wie die diversen Überlegungen im Kopf eines Befragten in die Wahl einer vorgegebenen Antwortalternative transformiert werden. Hier gäbe es nach Taylor & Fiske (1978) die Möglichkeit, die erste in den Sinn kommende Antwort auszuwählen, nach Tversky & Kahneman (1982) eine dominante Überlegung heranzuziehen oder einen Summen- bzw. Durchschnittswert zu bilden, wie dies beispielsweise Anderson (1974) in seiner Information Integration Theory vorschlägt.

- **Einsatz alternativer Stimuli**

In der aktuellen Studie wurde nur ein einziges Werte-Inventar mit 17 Einträgen eingesetzt, so dass die Funktionalität der ERR-Technik auch bei weiteren Instrumenten und anderen Listenumfängen noch zu eruieren wäre.
Eine zusätzliche Ausweitung in diesem Zusammenhang könnte auch darin bestehen – gerade bei längeren Listen – nicht nur die beiden Extrem-Werte abzufragen, sondern diese Aufgabe in Anlehnung an Bradburn et al. (2004, S. 328f) oder das Vorgehen von Kohn (1969; siehe Abschnitt 2.2.2.1.1) auf zwei oder drei Extrem-Werte an jedem Pol auszubauen. Prinzipiell ließe sich diesbezüglich natürlich auch noch an weitere Variationen denken, indem abwechselnd ein wichtiges und unwichtiges Item auszuwählen sind, wobei die Bewegungsrichtung sowohl von den Extremen zur Mitte, als auch umgekehrt verlaufen könnte.
Diesbezüglich stellt auch die Anzahl an Kategorien der Antwortskala noch eine offene Frage dar, denn bei den vorliegend administrierten Varianten treten teilweise deutliche Einschätzungsunterschiede zutage.
Vorliegend sind Antwortverweigerungen aus methodischen Gründen nicht zulässig gewesen – den Teilnehmern stand lediglich der endgültige Ausstieg (Unit-Nonresponse) offen (siehe Abschnitt 4.3) – jedoch wären auch die diesbezüglichen Verhaltensmuster noch zu analysieren, um das Auftreten von Missing Values bei künftigen Anwendungen des ERR-Verfahrens so gering wie möglich zu halten.

- **Test weiterer Durchführungsalternativen**

Weil mit dem Rating der Extrem-Werte möglicherweise die Redundanzmaxime von Grice (1975) verletzt wird, könnte daran gedacht werden, die beiden Objekte vom Rating auszuschließen. Hier stellt die bereits praktisch erprobte algorithmische Beurteilung der Extrem-Werte (vgl. Wiswede et al. 2004a) eine mögliche Option dar, die vorliegend allerdings nur simuliert werden konnte. Aber auch das Vorgehen, beim Rating zuerst die Extrem-Werte beurteilen zu lassen – dann könnte deren Wirkung (Priming auf Unterschiede) allerdings verblassen, weil man sich anschließend nur noch an der Antwortskala orientiert und nicht mehr (zusätzlich) an den beiden Extrem-Werten – stellt eine diesbezügliche Alternative dar.
Ein mögliche Form könnte dabei in Anlehnung an Russell & Gray (1994, S. 84) bei der Beurteilung von Bildern, lauten: „Vergleichen Sie bitte die Gemälde nur untereinander, d.h.

unabhängig von anderen Bildern, die Sie kennen. Geben Sie dem Gemälde oder den Gemälden, das/ die Ihnen am besten gefällt/ gefallen ein Rating von „5“ und denjenigen, die Ihnen am wenigsten gefallen eine „1“ auf der Antwortskala“.
Bezüglich des Einsatzes alternativer Verfahren – um beispielsweise die Ergebnisse der ERR-Technik zu validieren – ist an einen Vergleich mit den Resultaten einer Conjoint-Analyse (siehe Abschnitt 2.2.4.2.3) und dem Best-Worst-Scaling (siehe Abschnitt 2.2.4.2.4) zu denken.
Bei dem Problem inkonsistenter Antworten sind im Rahmen der ERR-Technik zwei gegenläufige Tendenzen zu optimieren: Eine deutlichere Betonung der Verbindung beider Aufgabenstellungen würde zwar wahrscheinlich das Auftreten widerspruchsbehafteter Angaben merklich vermindern, andererseits aber möglicherweise eine Fokussierung auf ein konsistentes Antwortverhalten bei den Befragten forcieren, das inhaltliche Aspekte in den Hintergrund treten lässt. Insofern sind diesbezüglich noch optimierende Modifikationen in den Anweisungen zur ERR-Technik erforderlich, die aber nicht dazu führen sollten, dass sich die Teilnehmer dann ausschließlich auf widerspruchsfreie Antworten konzentrieren.

- **Prüfung des zugrunde liegenden Antwortmodells**

Mit dem hier postulierten modellhaften Vorgehen der Antwortabgabe im Rahmen der ERR-Techniken ist allerdings noch nicht sehr viel über den eigentlichen Auswahlprozess und das Durchgehen der Werte-Liste gesagt. Es ist nicht klar, ob die Selektion in einem Durchgang online erfolgt und die Personen immer das Objekt parallel zur Durchsicht der übrigen Items im Arbeitsgedächtnis vorhalten, das aktuell die Extrem-Position einnehmen würde. Beim nächsten Stimulus muss dann quasi nur noch entschieden werden, ob er in der Lage ist, das gegenwärtig ausgewählte Extrem-Objekt von seiner Position zu verdrängen. Dann könnten früh in der Liste platzierte Einträge allein deshalb eine höhere Auswahlwahrscheinlichkeit besitzen, weil es späteren Items nur schwer gelingt, sich als Extrem-Objekt zu etablieren. Diesbezüglich könnten aber Toleranzbereiche existieren, so dass eine getroffene Wahl nur noch dann modifiziert wird, wenn das neue Objekt deutlich besser abschneidet. Vielleicht scannt man aber auch erst einmal die Gesamtliste schnell durch, wählt danach den am plausibelsten erscheinenden Eintrag aus, und geht dann – mit diesem im Gedächtnis – die Aufstellung erneut durch. Dieses Vorgehen wäre aber relativ aufwendig (und damit eher unwahrscheinlich), und soll ja gerade durch die ERR-Technik für das anschließende Rating geleistet werden. Außerdem könnte man von Anfang an einen gewissen Schwellenwert annehmen, der zumindest überschritten werden muss, damit ein Objekt als „extremwertfähig“ betrachtet wird. Dann könnte man wahrscheinlich die Liste schneller durchgehen. Ob in diesem Fall aber eine Vorauswahl der potenziellen Kandidaten getroffen wird, die in einem zweiten Schritt auf ein einziges Objekt reduziert wird – oder die Liste wie oben ausgeführt abgearbeitet wird – bleibt ungewiss. Die Annahmen zu den möglichen kognitiven Mechanismen sind noch spekulativ und müssten in qualitativen Untersuchungen weiter aufgehellt werden.
Abschließend ist zu konstatieren, dass es noch viele offene Fragen gibt, deren Beantwortung das Anwendungsspektrum der ERR-Technik merklich ausweiten dürfte. Mit dieser Untersuchung wurde dazu ein erster Ansatz unternommen.

7 Literaturverzeichnis

Aavik, Toivo & Allik, Juri (2006) Principles that people seek to avoid in their lives: Personal values with the opposite sign? Journal of Individual Differences, 27 (4), pp. 185-192.

Abelson, Robert P.; Aronson, Elliot; McGuire, William J.; Newcomb, Theodore M.; Rosenberg, Milton J. & Tannenbaum, Percy H. (1968; eds.) Theories of cognitive consistency: A sourcebook. Chicago: Rand McNally.

Achen, Christopher H. (1975) Mass political attitudes and the survey response. American Political Science Review, 69 (4), pp. 1218-1231.

Adam, Joe & Brown, Donald R. (1953) Values, word frequencies, and perception. Psychological Review, 60 (1), pp. 50-54.

Adler, Franz (1956) The value concept in sociology. American Journal of Sociology, 62 (3), pp. 272-279.

Aiken, Lewis R. (1987) Formulas for equating ratings on different scales. Educational and Psychological Measurement, 47 (1), pp. 51-54.

Ajzen, Icek (1991) The theory of planned behavior. Organizational Behavior and Human Decision Processes, 50 (2), pp. 179-211.

Albaum, Gerald S. (1997) The Likert scale revisited: An alternate version. Journal of the Market Research Society, 30 (2), pp. 331-348.

Albert, Ethel M. (1968) Value systems. In: Sills, David L. (ed.) International encyclopedia of the social sciences (Volume 16). New York: Macmillan, pp. 287-291.

Allen, Michael W. (2001) A practical method for uncovering the direct and indirect relationships between human values and consumer purchases. Journal of Consumer Marketing, 18 (2), pp. 102-120.

Allen, Michael W. & Ng, Sik Hung (1999) The direct and indirect influences of human values on product ownership. Journal of Economic Psychology, 20 (1), pp. 5-39.

Allen, Michael W.; Ng, Sik Hung & Wilson, Marc S. (2002) The functional approach to instrumental and terminal values and the value-attitude-behaviour system. European Journal of Marketing, 36 (1-2), pp. 111-135.

Allen, Stuart J. & Hubbard, Raymond (1986) Regression equations for the latent roots of random data correlation matrices with unities on the diagonal. Multivariate Behavioral Research, 21 (3), pp. 393-398.

Alliger, George M.; Hanges, Paul J. & Alexander, Ralph A. (1988) A method for correcting parameter estimates in samples subject to ceiling. Psychological Bulletin, 103 (3), pp. 424-430.

Allport, Gordon W. (1959) Persönlichkeit, Struktur, Entwicklung und Erfassung der menschlichen Eigenart. Meisenheim: Hain.

Allport, Gordon W. (1961) Pattern and growth in personality. London: Holt, Rinehart and Winston.

Allport, Gordon W.; Vernon, Philip E. & Lindzey, Gardner (1960) Study of values. Boston: Houghton, 3rd edition.

Alwin, Duane F. & Krosnick, Jon A. (1985) The measurement of values in surveys: A comparison of ratings and ranking. Public Opinion Quarterly, 49 (4), pp. 535-552.

American Management Association (2005) Leading into the future. A global study of leadership 2005-2015. New York: American Management Association / Human Resource Institut. (Online unter http://www.amanet.org/research/pdfs/HRILeadership Surv05.pdf; Letzter Zugriff: 11.12.2006)

American Psychological Association (2002) Ethical principles of psychologists and code of conduct. American Psychologist, 57 (12), pp. 1060-1073.

Anastasi, Anne (1976) Psychological testing. New York: Macmillan.

Anderson, Norman H. (1974) Information integration theory: A brief survey. In: Krantz, David H; Atkinson, Richard C.; Luce, R. Duncan & Suppes, Patrick (eds.) Measurement, psychophysics, and neural information processing. San Francisco: Freeman, pp. 236-305.

Anderson, Norman H. (1981) Foundations of information integration theory. New York: Academic Press.

Anderson, Rose G. (1948) Subjective ranking versus score ranking of interest values. Personnel Psychology, 1 (3), pp. 349-355.

Anderson, Traci L. (2005) Relationships among internet attitudes, internet use, romantic beliefs, and perceptions of online romantic relationships. CyberPsychology & Behavior, 8 (6), pp. 521-531.

Andrews, Dorine C. (2002) Audience-specific community design. Communications of the ACM (Association for Computing Machinery]) 45 (4), pp. 64-68.

Andrews, Dorine C.; Preece, Jennifer J. & Turoff, Murray (2002) A conceptual framework for demographic groups resistant to on-line community interaction. International Journal of Electronic Commerce, 6 (3), pp. 9-24.

Armer, Michael & Baldigo, Jeannie (1973) A transitive index to test for acquiescent response style. The Journal of Social Psychology, 90 (2), pp. 185-196.

Armstrong, J. Scott (2007) Significance tests harm progress in forecasting. International Journal of Forecasting 23 (2), pp. 321-327.

Aronson, Elliot & Mills, Judson (1959) The effect of severity of initiation on liking for a group. Journal of Abnormal and Social Psychology, 59 (2), pp. 177-181.

Arrindell, Willem A. & van der Ende, Jan (1985) An empirical test of the utility of the observations-to-variables ratio in factor and components analysis. Applied Psychological Measurement, 9 (2), pp. 165-178.

Arvidsson, Adam (2006) 'Quality singles': Internet dating and the work of fantasy. New Media & Society, 8 (4), pp. 671-690.

Attkisson, C. Clifford; Roberts, Robert E. & Pascoe, Gregory C. (1983) The evaluation ranking scale: Clarification of methodological and procedural issues. Evaluation and Program Planning, 6 (3-4), pp. 349-358.

Bachman, Jerald G. & O'Malley, Patrick M. (1984a) Yea-saying, nay-saying, and going to extremes: Black-White differences in response style. Public-Opinion-Quarterly, 48 (2), pp. 491-509.

Bachman, Jerald G. & O'Malley, Patrick M. (1984b) Black-White differences in self-esteem: Are they affected by response styles? American Journal of Sociology, 90 (3), pp. 624-639.

Backhaus, Klaus; Erichson, Bernd; Plinke, Wulff & Weiber, Rolf (2000) Multivariate Analysemethoden: Eine anwendungsorientierte Einführung. Berlin u.a.: Springer, 9. Auflage.

Bagby, R. Michael & Marshall, Margarita B. (2004) Assessing underreporting response bias on the MMPI-2. Assessment, 11 (2), pp. 115-126.

Bahm, Archie J. (1974) Ethics as behavioral science. Springfield: Charles C. Thomas

Baillet, Susan D. & Keenan, Janice M. (1986) The role of encoding and retrieval processes in the recall of text. Discourse Processes, 9 (3), pp. 247-268.

Baird, Davis (1987) Exploratory factor analysis, instruments and the logic of discovery. The British Journal for the Philosophy of Science, 38 (3), pp. 319-337.

Baker, Andrea (2002) What makes an online relationship successful? Clues from couples who met in cyberspace. CyberPsychology & Behavior, 5 (4), pp. 363-375.

Baker, Bela O.; Hardyck, Curtis D. & Petrinovich, Lewis F. (1966) Weak measurements vs. strong statistics: An empirical critique of S. S. Stevens' proscriptions on statistics. Educational and Psychological Measurement, 26 (2), pp. 291-309.

Baker, Susan; Thompson, Keith E. & Engelken, Julia (2004) Mapping the values driving organic food choice. Germany vs the UK. European Journal of Marketing, 38 (8), pp. 995-1012.

Bales, Robert F. & Couch, Arthur S. (1969) The value profile: A factor analytic study of value statements. Sociological Inquiry, 39 (1), pp. 3-17.

Ball-Rokeach Sandra J. & Loges William E. (1996) Making choices: media roles in the construction of value-choices. In: Seligman, Clive; Olson, James M. & Zanna, Mark P. (eds.) The psychology of values. Mahwah: Erlbaum, pp. 277-298.

Banta, Thomas J. (1961) Social attitudes and response styles. Educational and Psychological Measurement, 21 (3), pp. 543-557.

Bardi, Anat & Schwartz Shalom H. (2003) Values and behavior: Strength and structure of relations. Personality and Social Psychology Bulletin, 29 (10), pp. 1207-1220.

Bargh, John A.; McKenna, Katelyn Y. A. & Fitzsimons, Grainne M. (2002) Can you see the real me? Activation and expression of the true self on the internet. Journal of Social Issues, 58 (1), pp. 33-48.

Bargmann, Rolf (1955) Signifikanzuntersuchungen der einfachen Struktur in der Faktorenanalyse. Mitteilungsblatt für Mathematische Statistik und ihre Anwendungsgebiete, 7 (1), S. 1-24.

Barnard, Neil R. & Ehrenberg, Andrew S. C. (1990) Robust measures of consumer brand beliefs. Journal of Marketing Research, 28 (4), pp. 477-484.

Barnea, Marina F. & Schwartz, Shalom H. (1998) Values and voting. Political Psychology, 19 (1), pp. 17-40.

Baron, Reuben M. & Kenny David A. (1986) The moderator-mediator variable distinction in social psychological research: Conceptual, strategic, and statistical considerations. Journal of Personality and Social Psychology, 51 (6), pp. 1173-1182.

Barrett, Paul (1986) Factor comparison: An examination of three methods. Personality and Individual Differences, 7 (3), pp. 327-340.

Barrett, Paul (2005) Factor similarity analysis – ORTHOSIM-2. Computer-Software (Online unter http://www.pbarrett.net/orthosim2.htm; letzter Zugriff: 09.06.2008)

Barrick, Murray R. & Mount, Michael K. (1996) Effects of impression management and self-deception on the predictive validity of personality constructs. Journal of Applied Psychology, 81 (3), pp. 261-272.

Barth, Steve (2000) Creating online communities. People-powered tools promote knowledge sharing. Knowledge Management, 4 (9), pp. 86-87.

Bartlett, Maurice S. (1951) The effect of standardization on a $\chi 2$ approximation in factor analysis. Biometrika, 38 (3-4), pp. 337-344.

Bass, Bernard M. (1955) Authoritarianism or acquiescence? Journal of Abnormal and Social Psychology 51, (3), pp. 616-623.

Bauer-Kaase, Petra & Kaase, Max (1998) Werte und Wertewandel – ein altes Thema und eine neue Facette. In: Galler, Heinz P. & Wagner, Gerd (Hrsg.) Empirische Forschung und wirtschaftspolitische Beratung. Festschrift für Hans-Jürgen Krupp zum 65. Geburtstag. Frankfurt am Main: Campus, S. 256-274.

Baumeister, Roy F, & Leary, Mark R. (1995). The need to belong: Desire for interpersonal attachments as a fundamental human motivation. Psychological Bulletin, 117 (3), pp. 497-529.

Baumgartner, Hans & Steenkamp, Jan-Benedict E. M. (2001) Response styles in marketing research: A cross national investigation. Journal of Marketing Research, 38 (2), pp. 143-156.

Baym, Nancy K. (1995). The emergence of community in computer-mediated communication. In: Jones, Steven (ed.) CyberSociety: Computer-mediated communication and community. Thousand Oaks: Sage, pp. 138-163.

Bean, Clive & Papadakis, Elim (1994a) Polarized priorities or flexible alternatives? Dimensionality in Inglehart's materialism-postmaterialism scale. International Journal of Public Opinion Research, 6 (3), pp. 264-288.

Bean, Clive & Papadakis, Elim (1994b) Polarized priorities or flexible alternatives: Response to Inglehart and Hellevik. International Journal of Public Opinion Research, 6 (3), pp. 295-297.

Bearden, William O. & Netemeyer, Richard G. (1999) Handbook of marketing scales. Multi-item measures for marketing and consumer behavior research. London u. Neu Delhi: Sage, 2nd edition.

Beatty, Paul; Herrmann, Douglas; Puskar, Cathy & Kerwin, Jeffrey (1998) Don't know responses in surveys: Is what I know what you want to know, and do I want you to know it? Memory, 6 (4), pp. 407-427.

Beatty, Paul & Herrmann, Douglas (2002) To answer or not to answer: Decision processes related to survey item nonresponse. In: Groves, Robert M.; Dillman, Don A.; Eltinge, John L. & Little, Roderick J. A. (eds.) Survey nonresponse. New York: Wiley, pp. 71-85.

Beatty, Sharon E.; Kahle, Lynn R.; Homer, Pamela & Misra, Shekhar (1985) Alternative measurement approaches to consumer values: The list of values and the Rokeach value survey. Psychology and Marketing, 2 (3), pp. 181-200.

Beatty, Sharon E.; Martin, Wendy K.; Yoon, Mahn Hee & Kahle, Lynn R. (1996) Improving value ratings: An assessment of the rank-then-rate approach. Developments in Marketing Science, 19, pp. 101-104.

Becker, Boris W. (1998) Values in advertising research: A methodological caveat. Journal of Advertising Research, 38 (4), pp. 57-60.

Becker, Boris W. & Connor, Patrick E. (1981) Personal values of the heavy user of mass media. Journal of Advertising Research, 21 (5), pp. 37-43.

Becker, Boris W. & Connor, Patrick E. (1982) The influence of personal values on attitude and store choice behavior. In: American Marketing Association (ed.) An assessment of marketing thought and practice. American Marketing Association Educators' Conference Proceeding, Nr. 48: Chicago, pp. 21-24.

Becker, Gilbert & Dileo, Diana T. (1967) Scores on Rokeach's dogmatism scale and the response set to present a positive social and personal image. The Journal of Social Psychology, 71 (2), pp. 287-293.

Becker, Martina (2005) Werterleben im biographischen Rückblick. Eine empirische Untersuchung auf der Basis von Persönlichen Gesprächen. München: Meidenhauer.]

Becker, Sam L. (1954) Why an order effect? Public Opinion Quarterly, 18 (3), pp. 271-278.

Beenen, Gerard; Ling, Kimberly; Wang, Xiaoqing; Chang, Klarissa; Frankowski, Dan; Resnick, Paul & Kraut, Robert E. (2004) Using social psychology to motivate contributions to online communities. Proceedings of the 2004 ACM conference on Computer supported cooperative work (CSW), November 6-10, Chicago, pp. 212-221.

Bejar, Isaac I. (1978) Comment on Dziuban and Shirkey's decision rules for factor analysis. Psychological Bulletin, 85 (2), pp. 325-326.

Beller, Ken; Weiss, Steve & Patler, Louis (2005) The consistent consumer. Predicting future behavior through lasting values. Chicago: Dearborn.

Belson, William A. (1968) Respondent understanding of survey questions. Polls, 3 (4), pp. 1-13.

Belson, William A. (1981) The design and understanding of survey questions. Aldershot: Gower.

Bem, Daryl J. (1970) Beliefs, attitudes, and human affairs. Belmont: Brooks-Cole.

Bem, Sandra L. (1974) The measurement of psychological androgyny. Journal of Consulting and Clinical Psychology, 42 (2), pp. 155-162.

Bentler, Peter M. (1993) EQS structural equations program manual. Los Angeles: BMDP Statistical Software.

Bentler, Peter M.; Jackson, Douglas N. & Messick, Samuel J. (1971) Identification of content and style: A two-dimensional interpretation of acquiescence. Psychological Bulletin 76 (3), pp. 186-204.

Berdie, Douglas R. (1973) Questionnaire length and response rate. Journal of Applied Psychology, 58 (2), pp. 278-280.

Berg, Irwin A. (1967) The deviation hypothesis. In: Berg, Irwin A. (ed.) Response set in personality assessment. Chicago: Aldine, pp. 146-190.]

Berg, Irwin A. & Collier, Joanne S. (1953) Personality and group differences in extreme response sets. Educational and Psychological Measurement, 13 (2), pp. 164-169.

Bergmann, Christian & Eder, Ferdinand (1992) Allgemeiner Interessen-Struktur-Test, Umwelt-Struktur-Test: AIST / UST. Weinheim: Beltz.

Bers, Marina Umaschi (2003) Kaleidostories. Sharing stories across the world in a constructionist virtual community for learning. Convergence – The International Journal of Research into New Media and Technologies, 9 (2), pp. 54-83.

Besozzi, Claudio & Zehnpfennig, Helmut (1976) Methodologische Probleme der Index-Bildung. In: Koolwijk, Jürgen van & Wieken-Mayser, Maria (Hrsg.) Techniken der empirischen Sozialforschung, Band 5. München u. Wien: Oldenbourg, S. 9-55.

Biber, Jodi K.; Doverspike, Dennis; Baznik, Daniel; Cober, Alana & Ritter, Barbara A. (2002) Sexual harassment in online communications: Effects of gender and discourse medium. CyberPsychology & Behavior, 5 (1), pp. 33-42.

Bickart, Barbara A. (1993) Carryover and backfire effects in marketing research. Journal of Marketing Research, 30 (1), pp. 52-62.

Biemann, Torsten (2006) Logik und Kritik des Hypothesentestens. In: Albers, Sönke; Klapper, Daniela; Konradt, Udo; Walter, Achim & Wolf, Joachim (Hrsg.) Methodik der empirischen Forschung. Wiesbadeb: DVU, S. 151-166.

Billiet Jaak B.; Waterplas, Lina & Lossveldt, Geert (1992) Context effects as substantive data in social surveys. In: Schwarz, Norbert & Sudman, Seymour (eds.) Context effects in social and psychological research. New York u.a.: Springer, pp. 131-147.

Billig Michael & Cochrane, Raymond (1979) Values of British political extremists and potential extremists: A discriminant analysis. European Journal of Social Psychology, 9 (2), pp. 205-222.

Bilsky, Wolfgang & Schwartz, Shalom H. (1994) Values and personality. European Journal of Personality, 8 (3), pp. 163-181.

Bintig, Arnfried (1980) The efficiency of various estimations of reliability of rating scales. Educational and Psychological Measurement, 40 (3), pp. 619-643.

Bishop, George F. (1987) Context effects on self-perceptions of interest in government and public affaires. In: Hippler, Hans-Jürgen; Schwarz, Norbert & Sudman, Seymour (eds.) Social information processing and survey methodology. New York u.a.: Springer, pp. 179-199.

Bishop, George F. (1990) Issue involvement and response effects in public opinion surveys. Public Opinion Quarterly, 54 (2), pp. 209-218.

Bishop, George F.; Barclay, Andrew M. & Rokeach Milton (1972) Presidential preferences and freedom-equality value patterns in the 1968 American campaign. The Journal of Social Psychology, 88 (2), pp. 207-212.

Bishop, George F.; Oldendick, Robert W. & Tuchfarber, Alfred J. (1983) Effects of filter questions in public opinion surveys. Public Opinion Quarterly, 47 (4), pp. 528-546.

Bishop, George F.; Tuchfarber, Alfred J. & Oldendick, Robert W. (1986) Opinions on fictitious issues: The pressure to answer survey questions. Public Opinion Quarterly, 50 (2), pp. 240-250.

Blair, Edward & Burton, Scot (1987) Cognitive processes used by survey respondents to answer behavioral frequency questions. Journal of Consumer Research, 14 (2), pp. 280-288.

Blalock, Hubert M., Jr. (1964) Causal inferences in nonexperimental research. Chapel Hill: University of North Carolina Press.

Blanchard Anita L. & Horan, Tom (2000) Virtual communities and social capital. In: Garson, G. David (ed.) Social dimensions of information technology: Issues for the new millennium. Hershey: Idea Group Publishing, pp. 5-20.

Blanchard, Anita L. & Markus, M. Lynne (2007) Technology and community behavior in online environments. In: Steinfield, Charles; Pentland, Brian T.; Ackerman, Mark & Contractor, Noshir (eds.) Communities and technologies 2007. Proceedings of the third Communities and Technologies Conference, Michigan State University. London: Springer, pp. 323-350.

Block, Jack (1965) The challenge of response sets: Unconfounding meaning, acquiescence, and social desirability in the MMPI. New York: Appleton-Century-Crofts.

Block, Jack (1971) On further conjectures regarding acquiescence. Psychological Bulletin, 76 (3), pp. 205-210.

Blumenwitz, Dieter; Gornig, Gilbert H. & Murswiek, Dietrich (2005) Vorwort. In: Blumenwitz, Dieter; Gornig, Gilbert H. & Murswiek, Dietrich (Hrsg.) Die Europäische Union als Wertegemeinschaft. Berlin: Duncker & Humblot, S. 5-7.

Bobko, Philip & Schemmer, F. Mark (1984) Eigenvalue shrinkage in principal component based factor analysis. Applied Psychological Measurement, 8 (4), pp. 439-451.

Bodenhausen, Galen V. (1992) Information-processing functions of generic knowledge structures and their role in context effects in social judgment. In: Schwarz, Norbert & Sudman, Seymour (eds.) Context effects in social and psychological research. New York u.a.: Springer, pp. 267-277.

Bodenhausen, Galen V. & Wyer, Robert S., Jr. (1987) Social cognition and social reality: Information acquisition and use in the laboratory and the real world. In: Hippler, Hans-Jürgen; Schwarz, Norbert & Sudman, Seymour (eds.) Social information processing and survey methodology. New York u.a.: Springer, pp. 6-41.

Booth-Kewley, Stephanie; Edwards, Jack E. & Rosenfeld, Paul (1992). Impression management, social desirability, and computer administration of attitude questionnaires: Does the computer make a difference? Journal of Applied Psychology, 77 (4), pp. 562-566.

Borg, Ingwer & Leutner, Detlev (1985) Measuring the similarity of MDS configurations. Multivariate Behavioral Research, 20 (3), pp. 325-334.

Borg, Ingwer & Noll, Heinz-Herbert (1990) Wie wichtig ist "wichtig"? ZUMA-Nachrichten, 14 (27), S. 36-48.

Borgatta, Edgar F. & Glass, David C. (1961) Personality concomitants of extreme response sets (ERS). The Journal of Social Psychology, 55 (2), pp. 213-221.

Bortz, Jürgen (2005) Statistik für Human- und Sozialwissenschaftler. Heidelberg: Springer, 6. Auflage.

Bortz, Jürgen & Döring, Nicola (2002) Forschungsmethoden und Evaluation für Human- und Sozialwissenschaftler. Berlin u.a.: Springer, 3. Auflage.

Bosetzky, Horst & Heinrich, Peter (1985) Mensch und Organisation. Aspekte bürokratischer Sozialisation. Köln u.a: Deutscher Gemeindeverlag.

Bottomley, Paul A.; Doyle, John R. & Green, Rodney H. (2000) Testing the reliability of weight elicitation methods: Direct rating versus point allocation. Journal of Marketing Research, 37 (4), pp. 508-513.

Bourne, Humphrey & Jenkins, Mark (2005) Eliciting managers' personal values: An adaptation of the laddering interview method. Organizational Research Methods, 8 (4), pp. 410-428.

Bradburn, Norman M. (1982) Question-wording effects in surveys. In: Hogarth, Robin M. (ed.) Question framing and response consistency. San Francisco u.a.: Jossey-Bass, pp. 65-76.

Bradburn, Norman M. (1992) What have we learned? In: Schwarz, Norbert & Sudman, Seymour (eds.) Context effects in social and psychological research. New York u.a.: Springer, pp. 315-323.

Bradburn, Norman M.; Rips, Lance J. & Shevell, Steven K. (1987) Answering autobiographical questions: The impact of memory and inference on surveys. Science, 236 (4798), pp. 157-161.

Bradburn, Norman M.; Sudman, Seymour & Wansink, Brian (2004) Asking questions. The definite guide to questionnaire design for market research, political polls, and social and health questionnaires. San Francisco: Jossey-Bass.

Bradley, Ralph A. & Terry, Milton E. (1952) Rank analysis of incomplete block designs: The method of paired comparisons. Biometrika, 39 (3-4), pp. 324-345.

Brady, Henry E. (1990) Dimensional analysis of ranking data. American Journal of Political Science, 34 (4), pp. 1017-1048.

Braithwaite, Valerie A. (1994) Beyond Rokeach's equality-freedom model: Two-dimensional values in a one-dimensional world. Journal of Social Issues, 50 (4), pp. 67-94.

Braithwaite, Valerie A. & Law, Henry G. (1985) Structure of human values: Testing the adequacy of the Rokeach value survey. Journal of Personality and Social Psychology, 49 (1), pp. 250-263.

Braithwaite, Valerie A. & Scott, William A. (1991) Values. In: Robinson, John P.; Shaver, Phillip R. & Wrightsman, Lawrence S. (eds.) Measures of personality and social psychological attitudes. San Diego: Academic Press, pp. 661-753.

Bransford, John D. & Johnson, Marcia K. (1972) Contextual prerequisites for understanding: Some investigations of comprehension and recall. Journal of Verbal Learning and Verbal Behavior, 11 (6), pp. 717-726.

Brennan, Jerry (1978) Computer program to compute salient variable similarity index and congruence coefficients for matching factor matrices. Educational and Psychological Measurement, 38 (1), pp. 183-185.

Broadbooks, Wendy J. & Elmore, Patricia B. (1987) A Monte Carlo study of the sampling distribution of the congruence coefficient. Educational and Psychological Measurement, 47 (1), pp. 1-11.

Bronfenbrenner, Urie (1977) Toward an experimental ecology of human development. American Psychologist, 32 (7), pp. 513-531.

Broom, Leonard & Selznick, Philip (1968) Sociology. A text with adapted readings. 4th edition, New York: Harper & Row.

Brown, John (1974) Recognition assessed by rating and ranking. British Journal of Psychology, 65 (1), pp. 13-22.

Brown, Norman R.; Rips, Lance J. & Shevell, Steven K. (1985) The subjective dates of natural events in very-long-term memory. Cognitive Psychology, 17 (2), pp. 139-177.

Brown, Norman R.; Shevell, Steven K. & Rips, Lance J. (1986) Public memories and their personal context. In: Rubin, David C. (ed.) Autobiographical memory. Cambridge: Cambridge University Press, pp. 137-158.

Browne, Michael W. (1968) A note on lower bounds for the number of common factors. Psychometrika, 33 (2), pp. 233-236.

Browne, Michael W. (2001) An overview of analytic rotation in exploratory factor analysis. Multivariate Behavioral Research, 36 (1), pp. 111-150.

Bruckman, Amy; Curtis, Pavel; Figallo, Cliff & Laurel, Brenda (1994) Approaches to managing deviant behavior in virtual communities. Conference companion on human factors in computing systems. CHI'94 Boston Massachusetts, April 24-28, pp. 183-184.

Bruhn, John G. (2005) The sociology of community connections. New York u.a.: Springer.

Bruner, Jerome S. & Postman, Leo (1948) An approach to social perception. In: Dennis, Wayne (ed.). Current trends in social psychology. Pittsburgh: University of Pittsburgh Press, pp. 71-118.

Bubeck, Maike & Bilsky, Wolfgang (2004) Value structure at an early age. Swiss Journal of Psychology, 63 (1), pp. 31-41.

Buchanan, Tom & Smith, John L. (1999) Using the Internet for psychological research: Personality testing on the World Wide Web. British Journal of Psychology, 90 (1), pp. 125-144.

Budd, Edward C.; Sigelman, Carol K. & Sigelman, Lee (1981) Exploring the outer limits of response bias. Sociological Focus, 14 (4), pp. 297-307.

Bühler-Ilieva, Evelina (2006). Einen Mausklick von mir entfernt. Auf der Suche nach Liebesbeziehungen im Internet. Marburg: Tectum.

Bürklin, Wilhelm P. & Klein, Markus (1998) Wählen und Wählerverhalten. Eine Einführung. Opladen: Leske + Budrich.

Buja, Andreas & Eyuboglu, Nermin (1992) Remarks on parallel analysis. Multivariate Behavioral Research, 27 (4), pp. 509-540.

Bull, Sheana S. & McFarlane, Mary (2000) Soliciting sex on the internet: What are the risks for sexually transmitted diseases and HIV? Sexually Transmitted Diseases, 27 (9), pp. 545-550.

Bundesministerium für Familien, Senioren, Frauen und Jugend & Statistisches Bundesamt (2003) Wo bleibt die Zeit? Die Zeitverwendung der Bevölkerung in Deutschland 2001/02. Wiesbaden: Statistisches Bundesamt (Online unter www.destatis.de/presse/deutsch/pk/2003/wbdz.pdf; Letzter Zugriff: 15.12.2006).

Burchell, Brendan & Marsh, Catherine (1992) The effect of questionnaire length on survey response. Quality & Quantity, 26 (3), pp. 233-244.

Burgess, Steven M. (1992) Personal values and consumer research: An historical perspective. Research in Marketing, 11, pp. 35-79.

Burkhalter, Byron (1999) Reading race online. Discovering racial identity in usenet discussions. In: Smith, Marc A. & Kollock, Peter (eds.) Communities in cyberspace. London u.a.: Routledge, pp. 59-74.

Butcher, James N.; Graham, John R.; Tellegen, Auke; Dahlstrom, W. Grant & Kaemmer, Beverly (2001) Minnesota Multiphasic Personality Inventory – 2 (MMPI-2): Manual for administration, scoring, and interpretation – Revised Edition. Minneapolis: University of Minnesota Press.

Butkevičienė, Eglė & Rinkevičius, Leonardas (2006) Rethinking the concept of community: Communities in cyberspace. Social Sciences/Socialiniai Moksali, Nr. 3 (53), pp. 33-40.

Callegaro, Mario (2005) Origins and developments of the cognitive models of answering questions in survey research. Working paper, Program in Survey Research and Methodology. Lincoln: University of Nebraska, Gallup Research Center.

Campbell, Donald T. & Fiske, Donald W. (1959) Convergent and discriminant validation by the multitrait-multimethod matrix. Psychological Bulletin, 56 (2), pp. 81-105.

Campbell, John P.; Dunnette, Marvin D.; Arvey, Richard D. & Hellervik, Lowell V. (1973) The development of behaviorally based rating scales. Journal of Applied Psychology, 57 (1), pp. 15-22.

Cannell, Charles F.; Fowler, Floyd J., Jr. & Marquis, Kent H. (1968) The influence of interviewer and respondent psychological and behavioral variables on the reporting in household interviews. In: National center for health statistics (eds.) Vital and health statistics: Series 2, Data evaluation and methods research, Nr. 26. Rockwell: U.S. Department of Health, Education, and Welfare.

Cannell, Charles F.; Marquis, Kent H. & Laurent, André (1977a) A summary of studies in interviewing methodology: 1959-1970. In: National center for health statistics (eds.) Vital and health statistics: Series 2, Data evaluation and methods research, Nr. 69. Rockwell: U.S. Department of Health, Education, and Welfare.

Cannell, Charles F.; Miller, Peter V. & Oksenberg, Lois (1981) Research on interviewing techniques. Sociological Methodology, 12, pp. 389-437.

Cannell, Charles F.; Oksenberg, Lois & Converse, Jean M. (1979) Experiments in interviewing techniques: Field experiments in health reporting, 1971-1977. Ann Arbor: University of Michigan Press.

Cannell, Charles F.; Oksenberg, Lois & Miller, Peter V. (1977b) Striving for response accuracy: Experiments in new interviewing techniques. Journal of Marketing Research, 14 (3), pp. 306-315.

Caplan, Scott E. (2002) Problematic internet use and psychosocial well-being: Development of a theory-based cognitive-behavioral measurement instrument. Computers in Human Behavior, 18 (5), pp. 553-575.

Carlston, Donal E. (1980) The recall and use of traits and events in social inference processes. Journal of Experimental Social Psychology, 16 (4), pp. 303-328.

Carpenter, Edwin H. & Blackwood, Larry G. (1979) The effect of question position on responses to attitudinal questions. Rural Sociology, 44 (1), pp. 56-72.

Carr, Leslie G. (1971) The Srole items and acquiescence. American Sociological Review, 36 (2), pp. 287-293.

Carroll, John B. (1953) An analytical solution for approximating simple structure in factor analysis. Psychometrika, 18 (1), pp. 23-38.

Carter, Denise M. (2004) Living in virtual communities: Making friends online. Journal of Urban Technology, 11 (3), pp. 109-125.

Carter, Denise M. (2005) Living in virtual communities: An ethnography of human relationships in cyberspace. Information, Communication & Society, 8 (2), pp. 148-167.

Castelfranchi, Cristiano & Tan, Yao-Hua (2002) The role of trust and deception in virtual societies. International Journal of Electronic Commerce, 6 (3), pp. 55-70.

Catania, Joseph A.; Gibson, David R.; Marin, Barbara; Coates, Thomas J. & Greenblatt, Ruth M. (1990) Response bias in assessing sexual behaviours relevant to HIV transmission. Evaluation and Program Planning, 13 (1), pp. 19-29.

Cattell, Raymond B. (1958) Extracting the correct number of factors in factor analysis. Educational and Psychological Measurement, 18 (4), pp. 691-738.

Cattell, Raymond B. (1966) The scree test for the number of factors. Multivariate Behavioral Research, 1 (2), pp. 245-276.

Cattell, Raymond B.; Balcar, Karel R.; Horn, John L. & Nesselroade, John R. (1969) Factor matching procedures: An improvement of the s index; with tables. Educational and Psychological Measurement, 29 (4), pp. 781-792.

Cattell, Raymond B. & Gorsuch, Richard L. (1963) The uniqueness and significance of simple structure demonstrated by contrasting organic "natural structure" and "random structure" data. Psychometrika, 28 (1), pp. 55-67.

Cattell, Raymond B. & Jaspers, Joseph (1967) A general plasmode (No. 30-10-5-2) for factor analytic exercises and research. Multivariate Behavioral Research Monographs, 3. Fort Worth: Texas Christian University Press.

Cattell, Raymond B.; Saunders, David R. & Stic, Glen (1957) Handbook for the sixteen personality factor questionnaire. Champaign: Institute for Personality and Ability Testing.

Cattell, Raymond B. & Vogelmann, S. (1977) A comprehensive trial of the scree and KG criteria for determining the number of factors. Multivariate Behavioral Research, 12 (3), pp. 289-325.

Chaiken, Shelly (1980) Heuristic versus systematic information processing and the use of source versus message cues in persuasion. Journal of Personality and Social Psychology, 39 (5), pp. 752-766.

Champion, Cecilia H.; Green, Samuel B. & Sauser, William I. (1988) Development and evaluation of shortcut-derived behaviourally anchored rating scales. Educational and Psychological Measurement, 48 (1), pp. 29-41.

Chatterjee, Sangit; Jamieson, Linda & Wiseman, Frederick (1991) Identifying most influential observations in factor analysis. Marketing Science, 10 (2), pp. 145-160.

Cheng, Grand H. L.; Chan, Darius K. S. & Tong Po Yee (2006) Qualities of online friendships with different gender compositions and durations. CyberPsychology & Behavior (2006), 9 (1), pp. 14-21.

Childers, Terry L. & Ferrell, O. C. (1979) Response rates and perceived questionnaire length in mail surveys. Journal of Marketing Research, 16 (3), pp. 429-431.

Chiu, Chao-Min; Hsu, Meng-Hsiang & Wang, Eric T. G. (2006) Understanding knowledge sharing in virtual communities: An integration of social capital and social cognitive theories. Decision Support Systems 42 (3), pp. 1872-1888.

Chiu, Chi-Kwan & Alliger, George M. (1990) A proposed method to combine ranking and graphic rating in performance appraisal: The quantitative ranking scale. Educational and Psychological Measurement, 50 (3), pp. 493-503.

Cho, Hyunyi & LaRose, Robert (1999) Privacy Issues in Internet Surveys. Social Science Computer Review, 17 (4), pp. 421-434.

Chomsky, Noam (1957) Syntactic structures. The Hague: Mouton.

Chomsky, Noam (1965) Aspects of the theory of syntax. Cambridge: M.I.T. Press.

Chrzan, Keith & Golovashkina, Natalia (2006) An empirical test of six stated importance measures. International Journal of Market Research, 48 (6), pp. 717-740.

Christie, Richard & Cook, Peggy A. (1958) A guide to published literature relating to the authoritarian personality through 1956. Journal of Psychology, 45 (2), pp. 171-199.

Chung, Janne & Monroe, Gary S. (2003) Exploring social desirability bias. Journal of Business Ethics, 44 (4), pp. 291-302.

Clare, Donald A. & Sanford, Donald G. (1979) Mapping personal value space: A study of managers in four organizations. Human Relations, 32 (8), pp. 659-666.

Clark, Herbert H. (1985) Language and language users. In: Lindzey, Gardner & Aronson, Elliot (eds.) The handbook of social psychology, Volume 2: Specific fields and applications. New York: Random House, pp. 179-231.

Clark, Herbert H. & Haviland, Susan E. (1977) Comprehension and the given-new contract. In: Freedle, Roy O. (ed.) Discourse production and comprehension. Norwood: Ablex, pp. 1-40.

Clark, Herbert H. & Schober, Michael F. (1992) Asking questions and influencing answers. In: Tanur, Judith M. (ed.) Questions about questions. Inquiries into the cognitive bases of surveys. New York: Russell Sage Foundation, pp. 15-48.

Clark, James A. (1977) A method of scaling with incomplete pair-comparison data. Educational and Psychological Measurement, 37 (3), pp. 603-611.

Clarke, Irving, III. (2000) Extreme response style in cross-cultural research: An empirical investigation. Journal of Social Behavior and Personality, 15 (1), pp. 137-152.

Clawson, C. Joseph & Vinson, Donald E. (1978) Human values: A historical and interdisciplinary analysis. Advances of Consumer Research, 5, pp. 396-402.

Clemans, William V. (1965) An analytical and empirical examination of some properties of ipsative measures. Richmond: The William Byrd Press.

Cliff, Norman (1966) Orthogonal rotation to congruence. Psychometrika, 31 (1), pp. 33-42.

Cliff, Norman (1988) The eigenvalues-greater-than-one rule and the reliability of components. Psychological Bulletin, 103 (2), pp. 276-279.

Cliff, Norman & Hamburger, Charles D. (1967) The study of sampling errors in factor analysis by means of artificial experiments. Psychological Bulletin, 68 (6), pp. 430-445.

Cochrane, Raymond & Rokeach, Milton (1970) Rokeach's value survey: A methodological note. Journal of Experimental Research in Personality, 4 (2), pp. 159-161.

Cohen, Jacob (1969) Statistical power analysis for the behavioral sciences. New York: Academic Press.

Cohen, Jacob (1988) Statistical power analysis for the behavioral sciences 2nd edition, Hillsdale: Erlbaum.

Cohen, Jacob (1992) A power primer. Psychological Bulletin, 112 (1), pp. 155-159.

Cohen, Jacob (1994) The earth is round ($p < .05$). American Psychologist, 49 (10), pp. 997-1003.

Cohen, Jeffrey R.; Pant, Laurie W. & Sharp, David J. (1998) The effect of gender and academic discipline diversity on the ethical evaluations, ethical intentions and ethical orientation of potential public accounting recruits. Accounting Horizons, 13 (2), pp. 250-270.

Cohen, Jeffrey R.; Pant, Laurie W. & Sharp, David J. (2000) An examination of differences in ethical decision-making between Canadian business students and accounting professionals. Journal of Business Ethics 30 (4), pp. 319-336.

Coleman, James S. (1988) Social capital in the creation of human capital. American Journal of Sociology, 94 (Supplement), pp. S95-S120.

Converse, Philip E. (1964) The nature of belief systems in mass publics. In: Apter, David (ed.) Ideology and discontent. New York: Free Press, pp. 206-261.

Converse, Philip E. (1970) Attitudes and non-attitudes: Continuation of a dialogue. In: Tufte, Edward R. (ed.) The quantitative analysis of social problems. Reading: Addison-Wesley, pp. 168-189.

Converse, Jean M. & Presser, Stanley (1986) Survey questions. Handcrafting the standardized questionnaire. Beverly Hills: Sage

Conway, James M. & Huffcutt, Allen I. (2003) A review and evaluation of exploratory factor analysis practices in organizational research. Organizational Research Methods, 6 (2), pp. 147-168.

Coombs-Richardson, Rita & Tolson, Homer (2005) A comparison of values rankings for selected American and Australian teachers. Journal of Research in International Education, 4 (3), pp. 263-277.

Cornwell, B. & Lundgren, D. C. (2001) Love on the internet: Involvement and misrepresentation in romantic relationships in cyberspace vs. realspace. Computers in Human Behavior, 17 (2), pp. 197-211.

Cota, Albert A.; Longman, R. Stewart; Holden, Ronald R. & Fekken, G. Cynthia (1991) Anomalies in the Allen and Hubbard parallel analysis procedure. Applied Psychological Measurement, 15 (1), pp. 95-97.

Cota, Albert A.; Longman, R. Stewart; Holden, Ronald R. & Fekken, G. Cynthia (1993a) Comparing different methods for implementing parallel analysis: A practical index of accuracy. Educational and Psychological Measurement, 53 (4), pp. 865-876.

Cota, Albert A.; Longman, R. Stewart; Holden, Ronald R.; Fekken, G. Cynthia & Xinaris, Skevoulla (1993b) Interpolating 95th percentile eigenvalues from random data: An empirical example. Educational and Psychological Measurement, 53 (3), pp. 585-596.

Couch, Arthur S. & Keniston, Kenneth (1960) Yeasayers and naysayers: Agreeing response set as a personality variable. Journal of Abnormal Social Psychology, 60 (2), pp. 151-174.

Crandall, James E. (1973) Sex differences in extreme response style: Differences in frequency of use of extreme positive and negative ratings. The Journal of Social Psychology, 89 (2), pp. 281-293.

Crawford, Charles B. (1975) Determining the number of interpretable factors. Psychological Bulletin, 82 (2), pp. 226-237.

Crawford, Charles B. & Ferguson, George A. (1970) A general rotation criterion and its use in orthogonal rotation. Psychometrika, 35 (3), pp. 321-332.

Crawford. Charles B. & Koopman, Penny (1979) Note: Inter-rater reliability of scree test and mean square ratio test of number of factors. Perceptual and Motor Skills, 49 (1), pp. 223-226.

Cronbach, Lee J. (1942) Studies of acquiescence as a factor in the true-false test. Journal of Educational Psychology, 33 (6), pp. 401-415.

Cronbach, Lee J. (1946) Response set and test validity. Educational and Psychological Measurement, 6 (2), pp. 475-494.

Cronbach, Lee J. (1950) Further evidence on response sets and test design. Educational and Psychological Measurement, 10 (1), pp. 3-31.

Cronbach, Lee J. (1965) Review of the survey of interpersonal values. In: Buros, Oscar K. (ed.) Sixth mental measurement yearbook. Highland Park: The Gryphon Press.

Cronbach Lee J. & Gleser Goldine C. (1953) Assessing the similarity between profiles. Psychological Bulletin, 50 (6), pp. 456-473.

Crosby, Lawrence A.; Bitner, Mary Jo & Gill, James D. (1990) Organizational structure of values. Journal of Business Research, 20 (2), pp. 123-134.

Crowne, Douglas P. & Marlowe, David (1964) The approval motive. New York: Wiley.

Cureton, Edward E. (1976) Studies of the promax and optres rotations. Multivariate Behavioral Research, 11 (4), pp. 449-460.

Daamen, Dancker D. L. & de Bie, Steven E. (1992) Serial context effects in survey interviews. In: Schwarz, Norbert & Sudman, Seymour (eds.) Context effects in social and psychological research. New York u.a.: Springer, pp. 97-113.

Daigle, John J.; Hrubes, Daniel & Ajzen, Icek (2002) A comparative study of beliefs, attitudes, and values among hunters, wildlife viewers, and other outdoor recreationists. Human Dimensions of Wildlife, 7 (1), pp. 1-19.

Damarian, Fred & Messick, Samuel J. (1965) Response styles as personality variables: A theoretical integration of multivariate research (Research Bulletin 65-10). Princeton: Educational Testing Service.

Daneback, Kristian; Månsson, Sven-Axel & Ross, Michael W. (2007) Using the internet to find offline sex partners. CyberPsychology & Behavior, 10 (1), pp. 100-107.

Darton, Robin A. (1980) Rotation in factor analysis. The Statistician, 29 (3), pp. 167-194.

Davenport Ernest C., Jr. (1990) Significance testing of congruence coefficients: A good idea? Educational and Psychological Measurement, 50 (2), pp. 289-296.

David, Herbert A. (1969) The method of paired comparisons. (2nd imprint, with minor corrections.) London: Griffin.

DeCasper, Helen S. & Tittle, Carol Kehr (1988) Rankings and ratings of values: Counseling uses suggested by factoring two types of scales for female and male eleventh grade students. Educational and Psychological Measurement, 48 (2), pp. 375-384.

DeCindio, Fiorella; Gentile, Olivero; Grew, Philip & Redolfi, Daniela (2003) Community networks: Rules of behavior and social structure. The Information Society, 19 (5), pp. 395-406.

DeCotiis, Thomas A. (1978) A critique and suggested revision of behaviorally anchored ratings scales developmental procedures. Educational and Psychological Measurement, 38 (3), pp. 681-690.

DeMaio, Theresa J. (1984) Social desirability and survey measurement: A review. In: Turner, Charles F. & Martin, Elizabeth (eds.) Surveying subjective phenomena (Vol. 2). New York: Russell Sage, pp. 257-282.

Dempsey, Paul & Dukes, William F. (1966) Judging complex value stimuli: An examination and revision of Morris's paths of life. Educational and Psychological Measurement, 26 (4), pp. 871-882.

Denz, Hermann (2000) Materialismus – Postmaterialismus. Ranking oder Rating. Österreichische Zeitschrift für Soziologie, 25 (3), pp. 79-93.

Dewey, John (1933) How we think: A restatement of the relation of reflective thinking to the educative process. 2nd edition, Boston: D. C. Heath.

Dicken Charles (1963) Good impression, social desirability, and acquiescence as suppressor variables. Educational and Psychological Measurement, 23 (4), pp. 699-720.

Dickinson, Julie (1991) Values and judgements of wage differentials. British Journal of Social Psychology, 30 (3), pp. 267-270.

Diekmann, Andreas (1995) Empirische Sozialforschung. Grundlagen, Methoden, Anwendungen. Reinbek: Rowohlt.

Dijkstra, Wil (1980) Response bias in the survey interview; an approach from balance theory. Social Networks, 2 (3), pp. 285-304.

Dillehay, Ronald C. & Jernigan, Larry R. (1970) The biased questionnaire as an instrument of opinion change. Journal of Personality and Social Psychology, 15 (2), pp. 144-150.

Dillman, Don A. (1978) Mail and telephone surveys. The total design method. New York: Wiley

Dillman, Don A. (2007) Mail and internet surveys. The tailored design method. 3rd ed, New York u.a.: Wiley.

Dillman, Don A.; Sinclair, Michael D. & Clark, Jon R. (1993) Effects of questionnaire length, respondent-friendly design and a difficult question on response rates for occupant-addressed census mail surveys. Public Opinion Quarterly, 57 (3), pp. 289-304.

DiMaggio, Paul; Hargittai, Eszter; Neuman, W. Russell & Robinson, John P. (2001). Social implications of the Internet. Annual Review of Sociology, 27, pp. 307-336.

Döring, Nicola (2001) Netzwärme im Ausverkauf. Online-Communities zwischen Utopie und Profit. c't Magazin für Computertechnik, 19 (11), S. 92-101.

Döring, Nicola (2003) Sozialpsychologie des Internet. Die Bedeutung des Internet für Kommunikationsprozesse, Identitäten, soziale Beziehungen und Gruppen. Göttingen u.a.: Hogrefe, 2. Auflage.

Dörner, Dietrich (1989) Die Logik des Mißlingens. Strategisches Denken in komplexen Situationen. Reinbek: Rowohlt.

Donn, Jessica E. & Sherman, Richard C. (2002) Attitudes and practices regarding the formation of romantic relationships on the internet. CyberPsychology & Behavior, 5 (2), pp. 107-123.

Driskell, Robin Bateman & Lyon, Larry (2002) Are virtual communities true communities? Examing the environments and elements of community. City & Community, 1 (4), pp. 373-390.

Drolet, Aimee L. & Morrsion, Donald G. (2001) Do we really need multiple-item measures in service research? Journal of Service Research, 3 (3), pp. 196-204

Dukes, William F. (1955) Psychological studies of values. Psychological Bulletin, 52 (1), pp. 24-50.

Duncker, Karl (1935) Zur Psychologie des produktiven Denkens. Berlin u.a.: Springer

Durgee, Jeffrey; Colarelli O'Connor, Gina & Veryzer, Robert W. (1996) Translating values into product wants. Journal of Advertising Research, 36 (6), pp. 90-100.

Durkin, Keith; Forsyth, Craig J. & Quinn, James F. (2006) Pathological internet communities: A new direction for sexual deviance research in a post modern era. Sociological Spectrum, 26 (6), pp. 595-606.

Dwyer, M. G. (1974) Human values in agriculture. Unpublished Master thesis, University of Melbourne.

Dziuban, Charles D. & Harris, Chester W. (1973) On the extraction of components and the applicability of the factor model. American Educational Research Journal, 10 (1), pp. 93-99.

Dziuban, Charles D. & Shirkey, Edwin C. (1974) When is a correlation matrix appropriate for factor analysis? Psychological Bulletin, 81 (6), pp. 358-361.

Edell, Julie A. & Burke, Marian C. (1987) The power of feelings in understanding advertising effects. Journal of Consumer Research, 14 (3), pp. 421-433.

Edwards, Allen L. (1967a) The social desirability variable: A broad statement. In: Berg, Irwin A. (ed.) Response set in personality assessment. Chicago: Aldine, pp. 32-47.

Edwards, Allen L. (1967b) The social desirability variable: A review of the evidence. In: Berg, Irwin A. (ed.) Response set in personality assessment. Chicago: Aldine, pp. 48-70.

Edwards, Jeffrey R. (1993) Problems with the use of profile similarity indices in the study of congruence in organizational research. Personnel Psychology, 46 (3), pp. 641-665.

Edwards, J. D. & Ostrom, Thomas M. (1969) Value-bonded attitudes: Changes in attitude structure as a function of value bonding and type of communication discrepancy. Proceedings of the 77th Annual Convention of the American Psychological Association, pp. 413-414.

Eichner, Klaus (1981) Die Entstehung sozialer Normen. Opladen: Westdeutscher Verlag.

Eisenhower, Donna; Mathiowetz, Nancy A. & Morgenstern, David (1991) Recall error: Sources and bias reduction techniques. In: Biemer, Paul P.; Groves, Robert M.; Lyberg, Lars E.; Mathiowetz, Nancy A. & Sudman, Seymour (eds.) Measurement errors in surveys. New York u.a.: Wiley, pp. 127-144.

Eiser, J. Richard & Gentle, Peter (1988) Health behavior as goal-directed action. Journal of Behavioral Medicine, 11 (6), pp. 523-535.

Elliott, Lois T. (1961) Effects of item construction and respondent aptitude on response acquiescence. Educational and Psychological Measurement, 21 (2), pp. 405-415.

Elmore, Patricia B. (2001) A primer on basic effect size concepts. Paper presented at the annual meeting of the American Educational Research Association, Seattle (10.-14. April).

Emsley, David (2003) Multiple goals and managers' job-related tension and performance. Journal of Managerial Psychology, 18 (4), pp. 345-356.

Enzmann, Dirk (1997) RanEigen: A program to determine the parallel analysis criterion for the number of principal components. Applied Psychological Measurement, 21 (3), pp. 232.

Ericsson, K. Anders & Simon, Herbert A. (1980) Verbal reports as data. Psychological Review, 87 (3), pp. 215-251.

Ericsson, K. Anders & Simon, Herbert A. (1984) Protocol analysis: Verbal reports as data. Cambridge u.a.: MIT Press.

Esposito, James L. & Jobe, Jared B. (1991) A general model of the survey interaction process. Proceedings of the Annual Research Conference of the Bureau of the Census, 7, pp. 537-560.

Esser, Hartmut (1977) Response Set – Methodische Problematik und soziologische Interpretation. Zeitschrift für Soziologie, 6 (3), S. 253-263.

Esser, Hartmut (1983) Fehler bei der Datenerhebung, Kurseinheit 3: Datenerhebung als sozialer Prozeß. Hagen: Studienbrief Fernuniversität Hagen.

Esser, Hartmut (1990) „Habits", „frames" und „rational choice". Die Reichweite von Theorien der rationalen Wahl (am Beispiel der Erklärung des Befragtenverhaltens). Zeitschrift für Soziologie, 19 (4), S. 231-247.

Etzioni, Amitai & Etzioni, Oren (1999) Face-to-face and computer-mediated communities. A comparative analysis. The Information Society, 15 (4), pp. 241-248.

Everett, James E. (1983) Factor comparability as a means of determining the number of factors and their rotation. Multivariate Behavioral Research, 18 (2), pp. 197-218.

Eyferth, Klaus & Sixtl, Friedrich (1965) Bemerkungen zu einem Verfahren zur maximalen Annäherung zweier Faktorstrukturen aneinander. Archiv für die gesamte Psychologie, 117 (1/2), S. 131-138.

Fabrigar, Leandre R.; Wegener, Duane T.; MacCollum, Robert C. & Strahan, Erin J. (1999) Evaluating the use of exploratory factor analysis in psychological research. Psychological Methods, 4 (3), pp. 272-299.

Fahrenberg, Jochen; Selg, Herbert & Hampel, Rainer (1973) Das Freiburger Persönlichkeitsinventar (FPI). Göttingen: Hogrefe, 2. Auflage.

Faira, A. J. (Tony) & Dickinson, John R. (1996) The effect of reassured anonymity and sponsor on mail survey response rate and speed with a business population. Journal of Business & Industrial Marketing, 11 (1), pp. 66-75.

Fava, Joseph L. & Velicer, Wayne F. (1992) The effects of overextraction on factor and component analysis. Multivariate Behavioral Research, 27 (3), pp. 387-415.

Fava, Joseph L. & Velicer, Wayne F. (1996) The effects of underextraction in factor and component analyses. Educational and Psychological Measurement, 56 (6), pp. 907-929.

Fazio, Russell H. & Williams, Carol J. (1986) Attitude accessibility as a moderator of the attitude-perception and attitude-behavior relations: An investigation of the 1984 presidential election. Journal of Personality and Social Psychology, 51 (3), pp. 505-514.

Fazio, Russell H.; Chen, Jeaw-Mei; McDonel, Elizabeth C. & Sherman, Steven J. (1982) Attitude accessibility, attitude-behavior consistency, and the strength of the object-evaluation association. Journal of Experimental Social Psychology, 18 (4), pp. 339-357.

Fazio, Russell H.; Sanbonmatsu, David M.; Powell, Matha C. & Kardes, Frank R. (1986) On the automatic activation of attitudes. Journal of Personality and Social Psychology, 50 (2), pp. 229-238.

Feather, Norman T. (1971) Test-retest reliability of individual values and value systems. Australian Psychologist, 6 (3), pp. 181-188.

Feather, Norman T. (1973) The measurement of values: Effects of different assessment procedures. Australian Journal of Psychology, 25 (3), pp. 221-232.

Feather, Norman T. (1975) Values in education and society. New York: The Free Press.

Feather, Norman T. (1977) Value importance, conservatism and age. European Journal of Social Psychology, 7 (2), pp. 241-245.

Feather, Norman T. (1979) Assimilation of values in migrant groups. In: Rokeach, Milton (ed.) Understanding human values. Individual and societal, New York: The Free Press, pp. 97-128.

Feather, Norman T. (1994) Human values and their relation to justice. Journal of Social Issues, 50 (4), pp. 129-151.

Feather, Norman T. & Dawson, Sara (1998) Judging deservingness and affect in relation to another's employment or unemployment: A test of a justice model. European The Journal of Social Psychology, 28 (3), pp. 361-381.

Feather, Norman T. & Peay, Edmund R. (1975) The structure of terminal and instrumental values: Dimensions and clusters. Australian Journal of Psychology, 27 (2), pp. 151-164.

Feindt, Hans Georg (1987) Wertprobleme. In: Dorsch, Friedrich; Häcker, Hartmut & Stapf, Kurt (eds.) Dorsch Psychologisches Wörterbuch. Bern u.a.: Huber, 11. Auflage, S. 749.

Feldman, Jack M. (1992) Constructive processes as a source of context effects in survey research: Explorations in self-generated validity. In: Schwarz, Norbert & Sudman, Seymour (eds.) Context effects in social and psychological research. New York u.a.: Springer, pp. 49-61.

Feldman, Jack M. & Lynch, John G., Jr. (1988) Self-generated validity and other effects of measurement on belief, attitude, intention, and behavior. Journal of Applied Psychology, 73 (3), pp. 421-435.

Feller, Joseph & Fitzgerald, Brian (2002) Understanding open source software development. London: Addison-Wesley.

Ferguson, George A. (1954) The concept of parsimony in factor analysis. Psychometrika, 19 (4), pp. 281-290.

Fernback, Jan (2007) Beyond the diluted community concept: A symbolic interactionist perspective on online social relations. New Media & Society, 9 (1), pp. 49-69.

Festinger, Leon (1954) A theory of social comparison processes. Human Relations, 7 (2), pp. 117-140.

Festinger, Leon (1957) A theory of cognitive dissonance. Evanston: Row & Peterson.

Fineman, Stephen; Maitlis, Sally & Panteli, Niki (2007) Virtuality and emotion. Human Relations, 60 (4), pp. 555-560.

Finn, Adam & Louviere, Jordan J. (1992) Determining the appropriate response to evidence of public concern: The case of food safety. Journal of Public Policy & Marketing, 11 (1), pp. 12-25.

Fischer, Gerhard & Roppert, Josef (1964) Bemerkungen zu einem Verfahren der Transformationsanalyse. Archiv für die gesamte Psychologie, 116 (1/2), S. 98-100.

Fischer, Gerhard & Roppert, Josef (1966) Ergänzung zu einem iterativen Verfahren der maximalen Annäherung zweier Faktorstrukturen aneinander. Archiv für die gesamte Psychologie, 118 (1/2), S. 93-97.

Fischer, Lorenz, Brauns, Dieter & Belschak, Frank (2002; Hrsg.) Zur Messung von Emotionen in der angewandten Forschung. Analysen mit den SAMs-Self-Assessment-Manikin. Lengerich u.a.: Pabst.

Fischer, Lorenz & Wiswede, Günter (2002) Grundlagen der Sozialpsychologie. München u. Wien: Oldenbourg, 2. Auflage.

Fischhoff, Baruch (1991) Value elicitations: Is there anything in there? American Psychologist, 46 (8), pp. 835-847.

Fishbein, Martin & Ajzen, Icek (1975) Belief, attitude, intention and behaviour: An introduction to theory and research. New York: Addison-Wesley.

Fisher, Robert J. (1993) Social desirability bias and the validity of indirect questions. Journal of Consumer Research, 20 (2), pp. 303-315.

Fisher, Robert J. & Tellis, Gerard J. (1998) Removing social desirability bias with indirect questioning: Is the cure worse than the disease? Advances in Consumer Research, 25, pp. 563-567.

Fisher, Stephen T.; Weiss, David J. & Dawis, René V. (1968) A comparison of Likert and pair comparisons techniques in multivariate attitude scaling. Educational and Psychological Measurement, 28 (1), pp. 81-94.

Flanagan, Scott C. (1982) Changing values in advanced industrial societies. Comparative Political Studies, 14 (4), pp. 403-444.

Flaviàn, Carlos & Guinalíu, Miguel (2005) The influence of virtual communities on distribution strategies in the internet. International Journal of Retail and Distribution Management, 33 (6-7), pp. 405-425.

Flicker, Sarah; Haans, Dave & Skinner, Harvey (2004) Ethical dilemmas in research on internet communities. Qualitative Health Research, 14 (1), pp. 124-134.

Flynn, Terry N.; Louviere, Jordan J.; Peters, Tim J. & Coast, Joanna (2007) Best-worst scaling: What it can do for health care research and how to do it. Journal of Health Economics, 26 (1), pp. 171-189.

Foltz, Franz & Foltz, Frederick (2003) Religion on the internet: Community and virtual existence. Bulletin of Science, Technology & Society, 23 (4), pp. 321-330.

Ford, J. Kevin; MacCallum, Robert C. & Tait, Marianne (1986) The application of exploratory factor analysis in applied psychology: A critical review and analysis. Personnel Psychology, 39 (2), pp. 291-314.

Forschungsgruppe Weltanschauungen in Deutschland (2006) Religionszugehörigkeiten 1950 – 2005. (Online unter http://fowid.de/fileadmin/datenarchiv/Religionszugehoerigkeit_Bevoelkerung__1950-2005.pdf; letzter Zugriff: 18.10.2007).

Forsyth, Barbara H. & Hubbard, Michael L. (1992) A method for identifying cognitive properties of survey items. American Statistical Association – Proceedings of the survey research methods section, 15, pp. 470-475.

Fowler, Floyd J., Jr. (1998) Design and evaluation of survey questions. In: Bickman, Leonard & Rog, Debra J. (eds.) Handbook of applied social research methods. Thousand Oaks u.a.: Sage, pp. 343-374.

Frahm, Lars-Gunnar (2004) Markenbewertung. Ein empirischer Vergleich von Bewertungsmethoden und Markenwertindikatoren. Frankfurt am Main u.a.: Lang.

Frederiksen, Norman & Messick, Samuel J. (1959) Response set as a measure of personality. Educational and Psychological Measurement, 19 (2), pp. 137-157.

Freedman, Jonathan L. (1965) Long-term behavioral effects of cognitive dissonance. Journal of Experimental Social Psychology, 1 (2), pp. 145-155.

Frey, Dieter & Schulz-Hardt, Stefan (1997) Eine Theorie der gelernten Sorglosigkeit. In: Mandl, Heinz (Hrsg.) Bericht über den 40. Kongress der Deutschen Gesellschaft für Psychologie, Göttingen: Hogrefe, S. 604-611.

Frick, Andrea; Bächtiger, Marie-Therese & Reips, Ulf-Dietrich (2001) Financial incentives, personal information, and drop out in online studies. In: Reips, Ulf-Dietrich & Bosnjak, Michael (eds.) Dimensions of internet science. Lengerich u.a.: Pabst, pp. 209-219.

Frick, Robert W. (1999) Defending the statistical status quo. Theory & Psychology, 9 (2), pp. 183-189.

Friedman, Hersey H. & Friedman, Esther M. (1997) A comparison of six overall evaluation rating scales. Journal of International Marketing and Marketing Research, 22 (3), pp. 129-138.

Friedman, Sally and Weisberg, Herbert F. (1981) Interpreting the first eigenvalue of a correlation matrix. Educational and Psychological Measurement, 41 (1), pp. 11-21.

Friedrichs, Jürgen (1968) Werte und soziales Handeln. Ein Beitrag zur soziologischen Theorie. Tübingen: Mohr.

Fries, Ralph (2006) Großumfragen im World Wide Web. Durchführung, Repräsentativität und Bereinigung von Selektionseffekten untersucht am Beispiel von Perspektive-Deutschland 2001/02. Aachen: Shaker.

Fürntratt, Ernst (1969) Zur Bestimmung der Anzahl interpretierbarer gemeinsamer Faktoren in Faktorenanalysen psychologischer Daten. Diagnostica, 15 (2), S. 62-75.

Furnham, Adrian (1986) Response bias, social desirability and dissimulation. Personality and Individual Difference, 7 (3), pp. 385-400.

Gabriel, Matthias (2002) Hochschulausbildung in empirischer Sozialforschung aus Marktforschungssicht. In: Engel, Uwe (Hrsg.) Praxisrelevanz der Methodenausbildung. Bonn: Informationszentrum Sozialwissenschaft, S. 159-170.

Gebhardt, Friedrich (1968) Über die Ähnlichkeit von Faktormatrizen. Psychologische Beiträge, 10 (4), S. 591-599.

Gesellschaft für Konsum-, Markt- und Absatzforschung e.V. (2004) Der Verbraucher im Zeitstress: Bremse oder Motor des Konsums? Bericht der GfK-Tagung vom 9. Juli 2004. Nürnberg: GfK e.V.

Getzels, Jacob W. (1954) The question-answer process: A conceptualization and some derived hypotheses for empirical examination. Public Opinion Quarterly, 18 (1), pp. 80-91.

Giger, Andreas (2005) Werte im Wandel: Vom Wert der Werte in Wirtschaft und Gesellschaft. Kelkheim: Zukunftsinstitut.

Gigerenzer, Gerd (2004) Mindless statistics. Journal of Socio-Economics, 33 (5), pp. 587-606.

Gillett, Raphael (1991) The top-box paradox. Marketing Research, 3 (3), pp. 37-39.

Glass, Gene V. (1976) Primary, secondary, and meta-analysis of research. Educational Researcher, 5 (10), pp. 3-8.

Glöckner-Rist, Andrea (2004) Der Schwartz Value Survey (SVS). In: Glöckner-Rist, Andrea (Hrsg.), ZUMA-Informationssystem. Elektronisches Handbuch sozialwissenschaftlicher Erhebungsinstrumente. ZIS Version 8.00. Mannheim: Zentrum für Umfragen, Methoden und Analysen.

Glorfeld, Louis W. (1995) An improvement on Horn's parallel analysis methodology for selecting the correct number of factors to retain. Educational and Psychological Measurement, 55 (3), pp. 377-393.

Gochenour, Phillip H. (2006) Distributed communities and nodal subjects. New Media & Society, 8 (1), pp. 33-51.

Goffman, Erving (1959) The presentation of self in everyday life. New York: Doubleday.

Gohr, Stefanie (2006) Kundenclubs: Nicht mehr ohne Internet. Direkt Marketing, 42 (10), S. 40-43.

Gold, Bertram & Salkind, William (1974) What do 'top-box' scores measure? Journal of Advertising Research, 14 (2), pp. 19-23.

Goodstadt, Michael S.; Chung, Linda; Kronitz, Reena & Cook, Gaynoll (1977) Mail survey response rates: Their manipulation and impact. Journal of Marketing Research, 14, (3), pp. 391-395.

Gordon, Leonard V. (1960) Survey of interpersonal values. Chicago: Science Research Associates.

Gordon, Leonard V. (1967) Survey of personal values. Chicago: Science Research Associates.

Gordon, Leonard V. & Kakkar, S. B. (1966) A cross-cultural study of Indian and American interpersonal values. Journal of Special Psychology, 69 (2), pp. 339-340.

Gorlow, Leon & Barocas, Ralph (1965) Value preferences and interpersonal behavior. Journal of Social Psychology, 66 (2), pp. 271-280.

Gorsuch, Richard L. (1970a) A comparison of biquartimin, maxplane, promax, and variamax. Educational and Psychological Measurement, 30 (4), pp. 861-872.

Gorsuch, Richard L. (1970b) Rokeach's approach to value systems and social comparison. Review of Religious Research, 11 (2), pp. 139-143.

Gorsuch, Richard L. (1973) Using Bartlett's significance test to determine the number of factors to extract. Educational and Psychological Measurement, 33 (2), pp. 361-364.

Gorsuch, Richard L. (1983) Factor analysis. Hillsdale: Erlbaum, 2nd edition.

Gorsuch, Richard L. (1997) Exploratory factor analysis: Its role in item analysis. Journal of Personality Assessment, 68 (3), pp. 532-560.

Gorsuch, Richard L. & McFarland, Sam G. (1972) Single vs. multiple-item scales for measuring religious values. Journal for the Scientific Study of Religion, 11 (1), pp. 53-64.

Gotved, Stine (2002) Spatial dimensions in online communities. Space & Culture, 5 (4), pp. 405-414.

Gove, Walter R. & Geerken, Michael R. (1977) Response bias in surveys of mental health: An empirical Investigation. American Journal of Sociology, 82 (6), pp. 1289-1317.

Gower, John C. (1971) A general coefficient of similarity and some of its properties. Biometrics, 27 (4), pp. 857-871.

Gower, John C. (1975) Generalized Procrustes analysis. Psychometrika, 40 (1), pp. 33-51.

Graumann, Carl-Friedrich & Willig, Rolf (1983) Wert, Wertung, Werthaltung. In: Thomae, Hans (ed.) Theorien und Formen der Motivation (Themenbereich C, Serie IV). Göttingen: Hogrefe, S. 312-396.

Green, Bert F. (1952) The orthogonal approximation of an oblique structure in factor analysis. Psychometrika, 17 (4), pp. 429-440.

Green, Paul E. & Srinivasan, V. (1978) Conjoint analysis in consumer research: Issues and outlook. Journal of Consumer Research, 5 (2), pp. 103-123.

Green, Paul E. & Srinivasan, V. (1990) Conjoint analysis in marketing: New developments with implications for research and practice. Journal of Marketing, 54 (4), pp. 3-19.

Greenleaf, Eric A. (1992a) Improving rating scale measures by detecting and correcting bias components in some response styles. Journal of Marketing Research, 29 (2), pp. 176-188.

Greenleaf, Eric A. (1992b) Measuring extreme response style. Public Opinion Quarterly, 56 (3), pp. 328-351.

Greenstein, Theodore & Bennett, Richard R. (1974) Order effects in Rokeach's value survey. Journal of Research in Personality, 8 (4), pp. 393-396.

Greenwald, Anthony G.; Gonzalez, Richard; Harris, Richard J. & Guthrie, Donald (1996) Effect size and p values: What should be reported and what should be replicated? Psychophysiology, 33 (2), pp. 175-183.

Grice, Herbert Paul (1975) Logic and conversation. In: Cole, Peter & Morgan, Jerry L. (eds.) Syntax and semantics 3: Speech acts. New York: Academic Press, pp. 41-58.

Grice, Herbert Paul (1989) Studies in the way of words. Cambridge u.a.: Harvard University Press.

Gröppel-Klein, Andrea & Germelmann, Claas Christian (2005) The impact of terminal values and yellow press on consumer behaviour. Discussion Paper Nr. 224 Department of Business Administration and Economics. Frankfurt (Oder): European University Viadrina.

Groves, Robert M. (1989) Survey costs and survey errors. New York: Wiley.

Groves, Robert M.; Cialdini, Robert B. & Couper, Mick P. (1992) Understanding the decision to participate in a survey. Public Opinion Quarterly, 56 (4), pp. 475-495.

Groves, Robert M. & Kahn, R. (1979) Surveys by telephone: A national comparison with personal interviews. New York: Academic Press.

Groves, Robert M.; Fowler, Floyd J., Jr.; Couper, Mick P.; Lepkowski, James M.; Singer, Eleanor & Tourangeau, Roger (2004) Survey methodology. New York: Wiley.

Grube, Joel W.; Weir, Ivan Lee; Getzlaf, Shelly & Rokeach, Milton (1984) Own value system, value images, and cigarette smoking. Personality and Social Psychology Bulletin, 10 (2), pp. 306-313.

Grunert, Klaus G. & Grunert, Susanne C. (1995) Measuring subjective meaning structures by the laddering method: Theoretical considerations and methodological problems. International Journal of Research in Marketing, 12 (3), pp. 209-225.

Grunert, Klaus G.; Grunert, Susanne C. & Beatty, Sharon E. (1989) Cross cultural research on consumer values. Marketing and Research Today, 17 (1), pp. 30-39.

Grunert, Susanne C. & Muller, Thomas E. (1996) Measuring values in international settings: Are respondents thinking "real" life or "ideal" life? Journal of International Consumer Marketing, 8 (3-4), pp. 169-185.

Grunert, Susanne C. & Scherhorn, Gerhard (1990) Consumer values in West Germany. Underlying dimensions and cross-cultural comparison with North America. Journal of Business Research, 20 (2), pp. 97-107.

Guadagnoli, Edward & Velicer, Wayne F. (1988) Relation of sample size to the stability of component patterns. Psychological Bulletin, 103 (2), pp. 265-275.

Guadagnoli, Edward & Velicer, Wayne F. (1991) A comparison of pattern matching indices. Multivariate Behavioral Research, 26 (2), pp. 323-343.

Guilford, J. Paul (1974) Rotation problems in factor analysis. Psychological Bulletin, 81 (8), pp. 498-501.

Gulliksen, Harold (1956) A least squares solution for paired comparisons with incomplete data. Psychometrika, 21 (2), pp. 125-134.

Guo, Baorong; Bricout, John C. & Huang, Jin (2005) A common open space or a digital divide? A social model perspective on the online disability community in China. Disability & Society, 20 (1), pp. 49-66.

Guttman, Louis (1953) Image theory for the structure of quantitative variates. Psychometrika, 18 (4), pp. 277-296.

Guttman, Louis (1954) Some necessary conditions for common-factor analysis. Psychometrika, 19 (2), pp. 149-161.

Guttman, Louis (1968) A general nonmetric technique for finding the smallest coordinate space for a configuration of points. Psychometrika, 33 (4), pp. 469-506.

Hakanen, Ernest A. (2002) Lists as social grid: Ratings and rankings in everyday life. Social Semiotics, 12 (3), pp. 245-254.

Hakstian, A. Ralph & Muller, Victor J. (1973) Some notes on the number of factors problem. Multivariate Behavioral Research, 8 (4), pp. 461-475.

Hakstian, A. Ralph; Rogers, W. Todd & Cattell, Raymond B. (1982) The behavior of number-of-factors rules with simulated data. Multivariate Behavioral Research, 17 (2), pp. 193-219.

Halman, Loek; Inglehart, Ronald; Díez-Medrano, Jaime; Luijkx, Ruud; Moreno, Alejandro & Basáñez, Miguel (2008) Changing values and beliefs in 85 countries. Trends from the values surveys from 1981 to 2004. Leiden and Boston: Brill.

Hamburger, Y. Amichai & Ben-Artzi, Elisheva (2000) The relationship between extraversion and neuroticism and the different uses of the internet. Computers in Human Behavior 16 (4), pp. 441-449.

Hamilton, David L. (1968) Personality attributes associated with extreme response style. Psychological Bulletin, 69 (3), pp. 192-203.

Hamilton, David L. (1981) Cognitive processes in stereotyping and intergroup behavior. Hillsdale: Erlbaum.

Harman, Harry H. (1976) Modern factor analysis. 3rd edition, Chicago u. London: The University of Chicago Press.

Hars, Alexander & Ou, Shaosong (2002) Working for free? Motivations for participating in open-source projects. International Journal of Electronic Commerce, 6 (3), pp. 25-39.

Harshman, Richard A. & Reddon, John R. (1983) Determining the number of factors by comparing real with random data: A serious flaw and some possible corrections. Proceedings of the Classification Society of North America at Philadelphia, pp. 14-15.

Harzing, Anne-Wil (2006) Response styles in cross-national survey research. A 26-country study. International Journal of Cross Cultural Management, 6 (2), pp. 243-266.

Hasher, Lynn & Griffin, Mary (1978) Reconstructive and reproductive processes in memory. Journal of Experimental Psychology: Learning, Memory, & Cognition, 4 (4), pp. 318-330.

Hastie, Reid (1981) Schematic principles in human memory. In: Higgins, E. Tory; Herman, C. Peter & Zanna, Mark P. (eds.) Social cognition. Hillsdale: Erlbaum, pp. 39-88.

Hastie, Reid (1983) Social inference. Annual Review of Psychology, 34, pp. 511-542.

Hastie, Reid & Park, Bernadette (1986) The relationship between memory and judgement depends on whether the judgement is memory-based or on-line. Psychological Review, 93 (3), pp. 258-268.

Hauser, John R. & Shugan, Steven M. (1980) Intensity measures of consumer preference. Operations Research, 28 (2), pp. 278-320.

Hays, Ron D. (1987) Computer program exchange: PARALLEL: A program for performing parallel analysis. Applied Psychological Measurement, 11 (1), pp. 58.

Hayton, James C.; Allen, David G. & Scarpello, Vida (2004) Factor retention decisions in exploratory factor analysis: A tutorial on parallel analysis. Organizational Research Methods, 7 (2), pp. 191-205.

Heath, Robert L. & Fogel, Daniel S. (1978) Terminal and instrumental? An inquiry into Rokeach's value survey. Psychological Reports, 42 (3, Part 2), pp. 1147-1154.

Heaven, Patrick C. L. (1990) Economic values and human values: Further evidence of the two-value model? The Journal of Social Psychology, 130 (5), pp. 583-589.

Hechter, Michael (1993) Values research in the social and behavioural sciences. In: Hechter Michael; Nadel Lynn & Michod Richard E. (eds.) The origin of values. New York: de Gruyter, pp. 1-28.

Heider, Fritz (1958) The psychology of interpersonal relations. New York: Wiley.

Helgeson, James G. & Ursic, Michael L. (1994) The role of affective and cognitive decision-making processes during questionnaire completion. Psychology and Marketing, 11 (5), pp. 493-510.

Helfrich, Hede (1986) On linguistic variables influencing the understanding of questionnaire items. In: Angleitner, Alois A. & Wiggins, Jerry S. (eds.) Personality assessment via questionnaires. Current issues in theory and measurement. Berlin u.a.: Springer, pp. 178-188.

Hellevik, Ottar (1993) Postmaterialism as a dimension of cultural change. International Journal of Public Opinion Research, 5 (3), pp. 211-233.

Hellevik, Ottar (1994) Measuring cultural orientation: Rating versus Ranking. International Journal of Public Opinion Research, 6 (3), pp. 292-295.

Helson, Harry (1964) Adaptation-level theory. An experimental and systematic approach to behavior. New York: Harper & Row.

Hemetsberger, Andrea & Reinhardt, Christian (2006) Learning and knowledge-building in open-source communities. A social-experiential approach. Management Learning, 37 (2), pp. 187-214.

Henning, Bernd & Vorderer, Peter (2001) Psychological escapism: predicting the amount of television viewing by need for cognition. Journal of Communication, 51 (1), pp. 100-120.

Henry, Walter A. (1976) Cultural values do correlate with consumer behaviour. Journal of Marketing Research, 13 (2), pp. 121-127.

Henson, Robin K. & Roberts, J. Kyle (2006) Use of exploratory factor analysis in published research. Common errors and some comment on improved practice. Educational and Psychological Measurement, 66 (3), pp. 393-416.

Henss, Ronald (1989) Zur Vergleichbarkeit von Ratingskalen unterschiedlicher Kategorienzahl. Psychologische Beiträge, 31 (3-4), S. 264-284.

Herbert, Willi (1991) Wandel und Konstanz von Wertestrukturen. Speyer: Forschungsinstitut für öffentliche Verwaltung bei der Hochschule für Verwaltungswissenschaften. (Online unter http://www.foev-speyer.de/publikationen/pubdb.asp?reihen_id=1; Letzter Zugriff: 22.11.2006).

Herkner, Werner (1980; Hrsg.) Attribution. Psychologie der Kausalität. Bern u.a.: Huber.

Herkner, Werner (1991) Lehrbuch Sozialpsychologie. Bern u.a.: Huber, 5. Auflage.

Herr, Paul M.; Sherman, Steven J. & Fazio, Russell H. (1983) On the consequences of priming: Assimilation and contrast effects. Journal of Experimental Social Psychology, 19 (4), pp. 323-340.

Herrero Diez, Fco J.; Cuesta, Marcelino Izquierdo & Fernández, Paula (1997) The congruence coefficients in the factorial analysis: SPSS macro. Report DPAM No. 97.3, Department of Psychology: University of Oviedo (Spain). (Online unter: http://www.psico.uniovi.es/ Dpto_Psicologia/metodos/hardcopy/97_3.html; letzter Zugriff: 09.06.2008).

Herrmann, Andreas & Homburg, Christian (1999) Marktfoschung: Ziele, Vorgehensweise und Methoden. In: Herrmann, Andreas & Homburg, Christian (Hrsg.) Marktforschung: Methoden, Anwendungen, Praxisbeispiele. Wiesbaden: Gabler, S. 13-32.

Herrmann, Douglas J. (1995) Reporting current, past, and changed health status: What we know about distortion. Medical Care, 33 (4; Supplement), pp. AS89-AS94.

Herzberg, Frederick; Mausner, Bernard & Snyderman, Barbara B. (1959) The motivation to work. New York u.a.: Wiley, 2nd edition.

Herzog, A. Regula & Bachman, Jerald G. (1981) Effects of questionnaire length on response quality. Public Opinion Quarterly, 45 (4), pp. 549-559.

Hetsroni, Amir & Asya, Ilan (2002) A comparison of values in infomercials and commercials. Corporate Communications, 7 (1), pp. 34-45.

Hewson, Claire; Yule, Peter; Laurent, Dianna & Vogel, Carl (2003) Internet research methods – a practical guide for the social and behavioural sciences. London: Sage.

Hicks, Lou E. (1970) Some properties of ipsative, normative, and forced-choice normative measures. Psychological Bulletin, 74 (3), pp. 167-184.

Higgins, E. Tory (1987) Self-discrepancy: A theory relating self and affect. Psychological Review, 94 (3), pp. 319-340.

Higgins, E. Tory; Rholes, William S. & Jones, Carl R. (1977) Category accessibility and impression formation. Journal of Experimental Social Psychology, 13 (2), pp. 141-154.

Hillmann, Karl-Heinz (2003) Wertwandel. Ursachen, Tendenzen, Folgen. Würzburg: Carolus.

Hiltz, Starr Roxanne & Turoff, Murray (1993) The networked nation. Human communication via computer. Cambridge: MIT Press, 2nd edition.

Hinz, Andreas; Brahler, Elmar; Schmidt, Peter & Albani, Cornelia (2005) Investigating the circumplex structure of the portrait values questionnaire (PVQ). Journal of Individual Differences, 26 (4), pp. 185-193.

Hippler, Hans-Jürgen & Schwarz, Norbert (1987) Response effects in surveys. In: Hippler, Hans-Jürgen; Schwarz, Norbert & Sudman, Seymour (eds.) Social information processing and survey methodology. New York u.a.: Springer, pp. 102-112.

Hitlin, Steven (2003) Values as the core of personal identity: Drawing links between two theories of the self. Social Psychology Quarterly, 66 (2), pp. 118-137.

Hitlin, Steven & Piliavin, Jane Allyn (2004) Values: Reviving a dormant concept. Annual Review of Sociology, 30, pp. 359-393.

Hoffmeyer-Zlotnik, Jürgen H. P. (1994) Eine deutsche Standarddemografie. ZUMA-Nachrichten, 18 (34), S. 120-127.

Hofstede, Geert (2001) Culture's consequences – Comparing values, behaviors, institutions and organizations across nations. Thousand Oaks u.a.: Sage, 2nd edition.

Hogarth, Robin M. (1982) On the surprise and delight of inconsistent responses. In: Hogarth, Robin M. (ed.) Question framing and response consistency. San Francisco u.a.: Jossey-Bass, pp. 91-103.

Holden, Ronald R.; Longman, R. Stewart; Cota, Albert A. & Fekken, G. Cynthia (1989) Computer program exchange: PAR: Parallel analysis routine for random data eigenvalue estimation. Applied Psychological Measurement, 13 (2), pp. 192.

Hollen, Charles C. (1967) The stability of value systems. MA Thesis, Michigan State University.

Hollerbach, Kerstin (1998) Ranking oder Rating? Die Wahl der Skala in der Werteforschung. In: Häder, Michael & Häder, Sabine (Hrsg.) Sozialer Wandel in Ostdeutschland: Theoretische und methodische Beiträge zur Analyse der Situation seit 1990. Opladen: Westdeutscher Verlag, S. 221-255.

Holyoak, Keith J. & Gordon, Peter C. (1983) Social reference points. Journal of Personality and Social Psychology, 44 (5), pp. 881-887.

Holz, Erlend (2000) Zeitverwendung in Deutschland – Beruf, Familie, Freizeit. Stuttgart: Metzler-Poeschel.

Holz, Stefan (1997) Kundenclubs als Kundenbindungsinstrument: Generelle und situationsbezogene Gestaltungsempfehlungen für ein erfolgreiches Kundenclub-Marketing. Dissertation Universität St. Gallen.

Homant, Robert (1969) Semantic differential ratings and the rank-ordering of values. Educational and Psychological Measurement, 29 (4), pp. 885-889.

Homer, Pamela M. & Kahle, Lynn R. (1988) A structural equation test of the value-attitude-behavior hierarchy. Journal of Personality and Social Psychology, 54 (4), pp. 638-646.

Hondrich, Karl-Otto (1982; Hrsg.) Soziale Differenzierung. Langzeitanalysen zum Wandel von Politik, Arbeit und Familie. Frankfurt am Main: Campus.

Honkanen, Pirjo; Verplanken, Bas & Olsen, Svein Ottar (2006) Ethical values and motives driving organic food choice. Journal of Consumer Behaviour, 5 (5), pp. 420-430.

Horn, John L. (1965) A rationale and test for the number of factors in factor analysis. Psychometrika, 30 (2), pp. 179-185.

Horn, John L. (1967) On subjectivity in factor analysis. Educational and Psychological Measurement, 27 (4), pp. 811-820.

Horn, John L. & Engstrom, Robert (1979) Cattell's scree test in relation to Bartlett's chi-square test and other observations on the number of factors problem. Multivariate Behavioral Research, 14 (3), pp. 283-300.

Hornik, Jacob (1981) Time cue and time perception effect on response to mail surveys. Journal of Marketing Research, 18 (2), pp. 243-248.

Houston, Michael J. & Nevin, John R. (1977) The Effects of source and appeal on mail survey response. Journal of Marketing Research, 14 (3), pp. 374-377.

Howard, John A. & Woodside, Arch G. (1984) Personal values affecting consumer psychology. In: Pitts, Robert E., Jr. & Woodside, Arch G. (eds.) Personal values and consumer psychology. Lexington u.a.: D. C. Heath & Company, pp. 3-12.

Howard, Philip E. N.; Rainie, Lee & Jones, Steve (2001). Days and nights on the Internet: The impact of a diffusing technology. American Behavioral Scientist, 45 (3), pp. 383-404.

Hubbard, Raymond & Ryan, Patricia A. (2000) The historical growth of statistical significance testing in psychology – and its future prospects. Educational and Psychological Measurement, 60 (5), pp. 661-681.

Huberty, Carl J. (2002) A history of effect size indices. Educational and Psychological Measurement, 62 (2), pp. 227-240.

Hughes, G. David (1969) Some confounding effects of forced-choice scales. Journal of Marketing Research, 6 (2), pp. 223-226.

Hui, C. Harry & Triandis, Harry C. (1989) Effects of culture and response format on extreme response style. Journal of Cross-Cultural Psychology, 20 (3), pp. 296-309.

Huismans, S. & Kość, Z. (1980) An evaluation of ranking, rating and paired comparisons as methods for value and value systems measurement. Paper presented at the 5th International conference of the International Association of Cross-Cultural Psychology, India, 28.12.1980-01.01.1981.

Humphreys, Lloyd G.; Ilgen, Daniel R.; McGrath, Diane & Montanelli, Richard G., Jr. (1969) Capitalization on chance in rotation of factors. Educational and Psychological Measurement, 29 (2), pp. 259-271.

Humphreys, Lloyd G. & Montanelli, Richard G., Jr. (1975) An investigation of the parallel analysis criterion for determining the number of common factors. Multivariate Behavioral Research, 10 (2), pp. 193-205.

Hurley, Amy E.; Scandura, Terri A.; Schriesheim, Chester A.; Brannick, Michael T.; Seers, Anson; Vandenberg, Robert J. & Williams, Larry J. (1997) Exploratorya and confirmatory factor analysis: Guidelines, issues, and alternatives. Journal of Organizational Behavior, 18 (6), pp. 667-683.

Hurley, John R. (1998) Timidity as a response style to psychological questionnaires. The Journal of Psychology, 132 (2), pp. 201-210.

Hurley, John R. & Cattell, Raymond B. (1962) The Procrustes program: Producing direct rotation to test a hypothesized factor structure. Behavioral Science, 7 (2), pp. 258-262.

Husek, Theodore R. (1961) Acquiescence as a response set and as a personality characteristic. Educational and Psychological Measurement, 21 (2), pp. 295-307.

Hyman, Herbert H. (1944) Do they tell the truth? Public Opinion Quarterly, 8 (4), pp. 557-559.

Inglehart, Ronald (1977) The silent revolution: Changing values and political styles among western publics. Princeton: Princeton University Press.

Inglehart, Ronald (1979) Value priorities and socio-economic change. In: Barnes, Samuel H. & Kaase, Max (eds.) Political action. Mass participation in five Western democracies. Beverly Hills: Sage, pp. 305-342.

Inglehart, Ronald (1981) Post-materialism in an environment of insecurity. American Political Science Review, 75 (4), pp. 880-900.

Inglehart, Ronald (1982) Changing values in Japan and the west. Comparative Political Studies, 14 (4), pp. 445-479.

Inglehart, Ronald (1983) The persistence of materialist and postmaterialist value orientations. Comments on van Deth's analysis. European Journal of Political Research, 11 (1), pp. 81-91.

Inglehart, Ronald (1985) Aggregate stability and individual-level flux in mass belief systems: The level of analysis paradox. American Political Science Review, 79 (1), pp. 97-116.

Inglehart, Ronald (1994) 'Polarized priorities or flexible alternatives? Dimensionality in Inglehart's materialism-postmaterialism scale'. A comment. International Journal of Public Opinion Research, 6 (3), pp. 289-292.

Inglehart, Ronald; Basañez, Miguel & Moreno, Alejandro (1998) Human values and beliefs: A cross-cultural sourcebook. Political, religious, sexual, and economic norms in 43 societies: Findings from the 1990-1993 world values survey. Ann Arbor: The University of Michigan Press.

Inglehart, Ronald; Basañez, Miguel; Díez-Medrano, Jaime; Halman, Loek & Luijkx, Ruud (eds.; 2004) Human values and beliefs: A cross-cultural sourcebook based on the 1999-2002 value urveys. México, D.F.: Siglo Veintiuno Ed.

Irle, Martin (1975) Lehrbuch der Sozialpsychologie. Göttingen: Hogrefe.

Ishii, Kenichi & Ogasahara, Morihiro (2007) Links between real and virtual networks: A comparative study of online communities in Japan and Korea. CyberPsychology & Behavior, 10 (2), pp. 252-257.

Iyengar, Shanto; Kinder, Donald R.; Peters, Mark D. & Krosnick, Jon A. (1984) The evening news and presidential evaluations. Journal of Personality and Social Psychology, 46 (4), pp. 778-787.

Jackman, Mary R. (1973) Education and prejudice or education and response set? American Sociological Review, 38 (3), pp. 327-339.

Jackson, David J. & Alwin, Duane F. (1980) The factor analysis of ipsative measures. Sociological Methods and Research, 9 (2), pp. 218-238.

Jackson, Douglas N. (1967) Acquiescence response styles: Problems of identification and control. In: Berg, Irwin A. (ed.) Response set in personality assessment. Chicago: Aldine, pp. 71-114.

Jackson, Douglas N. & Messick, Samuel J. (1958) Content and style in personality assessment. Psychological Bulletin, 55 (4), pp. 243-252.

Jackson, Douglas N. & Messick, Samuel J. (1961) Acquiescence and desirability as response determinants on the MMPI. Educational and Psychological Measurement, 21 (4), pp. 771-790.

Jackson, Douglas N. & Messick, Samuel J. (1962) Response styles and the assessment of psychopathology. In: Messick, Samuel J. & Ross, John (eds.) Measurement in personality and cognition. New York: Wiley, pp. 129-155.

Jackson, Douglas N. & Pacine, Leonard (1961) Response styles and academic achievement. Educational and Psychological Measurement, 21 (4), pp. 1015-1028.

Jäckel, Michael (2005) Medienwirkungen. Ein Studienbuch zur Einführung. Wiesbaden: Verlag für Sozialwissenschaften, 3. Auflage.

Jaide, Walter (1983) Wertewandel? Grundfragen zur Diskussion. Opladen: Leske + Budrich.

Japec, Lille (2002) The interview process model and the concept of interviewer burden. American Statistical Association – Proceedings of the survey research methods section, 25, pp. 1620-1625.

Jaruhirunsakul, Pataraporn (2007) The study of love happiness in computer-mediated communication research. Session Paper at the Public Policy Development Office (PPDO) International Conference Happiness and Public Policy, 18.-19.07.2007, Bangkok. (Online unter http://ppdoconference.org/session_papers/session19/J.Pataraporn-The%20Study%20of%20Love%20Happiness%20in%20Computer-MediatedCommunication%20Research.pdf; Letzter Zugriff: 30.11.2007)

Jennrich, Robert I. (1970) Orthogonal rotation algorithms. Psychometrika, 35 (2), pp. 229-235.

Jennrich, Robert I. & Sampson, P. F. (1966) Rotation for simple loadings. Psychometrika, 31 (3), pp. 313-323.

Jensema, Carl (1972) A review of a rotation to obtain maximum similarity and simple structure among factor patterns. Behavioral Science, 17 (2), pp. 235-240.

Jobe, Jared B. & Herrmann, Douglas J. (1996) Implications for moels of survey cognition for memory theory. In: Herrmann, Douglas J.; McEvoy, Cathy; Hertzog, Christopher; Hertel, Paula & Johnson, Marcia K. (eds.) Basic and applied memory research. Vol. 2: Practical applications. Mahwah: Erlbaum, pp. 193-205.

Johanning, Anja; Bliss, Friederike Ruth & Schicke, Hildegard (2005) Berufstätige entdecken Online Communities. Wirtschaft & Weiterbildung, 18 (6), S. 54-55.

Johnson, John M. (2002) In-depth interviewing In: Gubrium, Jaber F. & Holstein, James A. (eds.) Handbook of interview research. Context & method. Thousand Oaks u.a.: Sage, pp. 103-119.

Johnson, Ralph E. (1970) Extramarital sexual intercourse: A methodological note. Journal of Marriage and the Family, 32 (2), pp. 279-282.

Johnson, Timothy P. & Fendrich, Michael (2003) Modeling the cognitive processing of drug use questions. Papers presented at the 58th annual conference of the American Association for Public Opinion Research, Nashville, May 15-18, 2003. American Statistical Association – Proceedings of the survey research methods section, 26, pp. 112-118.

Johnson, Timothy; Kulesa, Patrick; Cho, Young Ik & Shavitt, Sharon (2005) The relation between culture and response styles. Evidence from 19 countries. Journal of Cross-Cultural Psychology, 36 (2), pp. 264-277.

Joinson, Adam N. (1999) Social desirability, anonymity, and internet-based questionnaires. Behavior Research Methods, Instruments and Computers, 31 (3), pp. 433-438.

Joinson, Adam N. (2001) Self-disclosure in computer-mediated communication: The role of self-awareness and visual anonymity. European Journal of Social Psychology, 31 (2), pp. 177-192.

Jolliffe, Ian T. (2002) Principal component analysis. New York u.a.: Springer, 2nd edition.

Jones & Gerard (1967

Jones, Russell A.; Sensenig, John & Ashmore, Richard D. (1978) Systems of values and their multidimensional representations. Multivariate Behavioral Research, 13 (3), pp. 255-270.

Jourard, Sidney M. & Lasakow, Paul (1958) Some factors in self-disclosure. Journal of Abnormal Psychology. 56 (1), pp. 91-98.

Jung, Carl Gustav (1943) Über die Psychologie des Unbewußten. Zürich: Rascher.

Jungermann, Helmut; Pfister, Hans-Rüdiger & Fischer, Katrin (2005) Die Psychologie der Entscheidung. Eine Einführung. Heidelberg: Spektrum Akademischer Verlag, 2. Auflage.

Kahle, Lynn R. (1985) Social values in the eighties: A special issue. Psychology and Marketing, 2 (4), pp. 231-237.

Kahle, Lynn R. (1986) The nine nations of North America and the value basis of geographic segmentation. Journal of Marketing, 50 (2), pp. 37-47.

Kahle, Lynn R. (1996) Social values and consumer behavior: Research from the list of values. In: Seligman, Clive; Olson, James M. & Zanna, Mark P. (eds.) The psychology of values. Mahwah: Erlbaum, pp. 135-151.

Kahle, Lynn R. & Kennedy, Patricia (1988) Using the list of values (LOV) to understand consumers. Journal of Services Marketing, 2 (4), pp. 49-56.

Kahle, Lynn R. & Kennedy, Patricia (1989) Using the list of values (LOV) to understand consumers. Journal of Consumer Marketing, 6 (3), pp. 5-12.

Kahle, Lynn R. & Timmer, Susan Goff (1983) A theory and a method for studying values. In: Kahle, Lynn R. (ed.) Social values and social change. Adaptation to life in America. New York u.a.: Praeger, pp. 43-69.

Kahle, Lynn R.; Beatty, Sharon E. & Homer, Pamela (1986) Alternative measurement approaches to consumer values: The list of values (LOV) and values and life styles (VALS). Journal of Consumer Research, 13 (3), pp. 405-409.

Kahneman, Daniel; Slovic, Paul & Tversky, Amos (1982; eds.) Judgment under uncertainty: Heuristics and biases. New York: Cambridge University Press.

Kaiser, Henry F. (1958) The varimax criterion for analytic rotation in factor analysis. Psychometrika, 23 (3), pp. 187-200.

Kaiser, Henry F. (1960) The application of electronic computers to factor analysis. Educational and Psychological Measurement, 20 (1), pp. 141-151.

Kaiser, Henry F. (1970) A second-generation Little Jiffy. Psychometrika, 35 (4), pp. 401-415.

Kaiser, Henry F. (1974) An index of factorial simplicity. Psychometrika 39 (1), pp. 31-36.

Kaiser, Henry F. & Rice, John (1974) Little Jiffy, Mark IV. Educational and Psychological Measurement, 34 (1), pp. 111-117.

Kamakura, Wagner A. & Mazzon, José Afonso (1991) Value segmentation: A model for the measurement of values and value systems. Journal of Consumer Research, 18 (2), pp. 208-218.

Kamakura, Wagner A. & Novak, Thomas P. (1992) Value-system segmentation: Exploring the meaning of LOV. Journal of Consumer Research, 19 (1), pp. 119-132.

Kammerer, Stephan C. (1999) Rating von Volkswirtschaften mit künstlich-neuronalen Netzen. Wiesbaden: Deutscher Universitäts-Verlag.

Kane, Rosalie A. & Degenholtz, Howard (1997) Assessing values and preferences: Should we, can we? Generations, 21 (1), pp. 19-24.

Karau, Steven J. & Williams, Kipling D. (1997) The effects of group cohesiveness on social loafing and social compensation. Group Dynamics: Theory, Research, & Practice, 1 (2), pp. 156-168.

Karel, Michele J. (2000) The assessment of values in medical decision making. Journal of Aging Studies, 14 (4), pp. 403-422.

Katter, Robert V. (1968) The influence of scale form on relevance judgments. Information Storage and Retrieval, 4 (1), pp. 1-11.

Katz, Daniel (1942) Do interviewers bias poll results? Public Opinion Quarterly, 6 (2), pp. 248-268.

Katz, Daniel (1960) The functional approach to the study of attitudes. Public Opinion Quarterly, 24 (2), pp. 163-204.

Katz, Daniel (1967) The functional approach to the study of attitudes. In: Fishbein, Martin (ed.). Readings in attitude theory and measurement. New York u.a.: Wiley, pp. 457-468.

Kaufman, Jennifer D. & Dunlap, William P. (2000) Determining the number of factors to retain: A windows-based FORTRAN-IMSL program for parallel analysis. Behavior Research Methods, Instruments, & Computers, 32 (3), pp. 389-395.

Kelly, Karen; Silverman, Bernie I. & Cochrane, Raymond (1972) Social desirability and the Rokeach value survey. Journal of Experimental Research in Personality, 6 (1), pp. 84-87.

Kennedy, Patricia F.; Best, Roger J. & Kahle, Lynn R. (1988) An alternative method for measuring value based segmentation and advertising positioning. Current Issues and Research in Advertising, 11 (1), pp. 139-155.

Kiers, Henk A. L. (1997) Techniques for rotating two or more loading matrices to optimal agreement and simple structure: A comparison and some technical details. Psychometrika, 62 (4), pp. 545-568.

Kim, Kwang-Ok & O'Mahony, Michael (1998) A new approach to category scales of intensity I: Traditional versus rank-rating. Journal of Sensory Studies, 13 (3), pp. 241-249.

King, Lynda A. & Klockars, Alan J. (1982) Imposed differences in comparative ratings. Journal of Personality and Social Psychology, 42 (4), pp. 631-636.

King, Storm A. (1996) Researching internet communities: Proposed ethical guidelines for the reporting of result. The Information Society, 12 (2), pp. 119-127.

Kinicki, Angelo J. & Bannister, Brendan D. (1988) A test of the measurement assumptions underlying behaviorally anchored rating scales. Educational and Psychological Measurement, 48 (1), pp. 17-27.

Kinicki Angelo J.; Bannister, Brendan D.; Horn, Peter W. & Denisi, Angelo S. (1985) Behaviorally anchored scales vs. summated rating scales: Psychometric properties and susceptibility of rating bias. Educational and Psychological Measurement, 45 (3), pp. 535-549.

Kistner, Thomas (2007) Bumerang im Anflug. In: Süddeutsche Zeitung, Nr. 213, S. 39.

Kitwood, Tom M. (1976) On values and value-systems: Evidence from interviews with adolescents. Educational Research, 18 (3), pp. 223-231.

Kitwood, Tom M. & Smithers, Alan G. (1975) Measurement of human values: An appraisal of the work of Milton Rokeach. Educational Research, 17 (3), pp. 175-179.

Kivimäki, Anri; Kaupinnen, Kaisa & Robinson, Mike (1998) Identity in virtual communities. SIGGROUP Bulletin, 19 (3), pp. 29-33.

Kladroba, Andreas (2005) Statistische Methoden zur Erstellung und Interpretation von Rankings und Ratings. Berlin: Verlag für Wissenschaft und Forschung.

Klages, Helmut (1984) Werteorientierungen im Wandel. Rückblick, Gegenwartsanalyse, Prognosen. Frankfurt am Main: Campus.

Klein, Markus (1995) Wieviel Platz bleibt im Prokrustesbett? Wertewandel in der Bundesrepublik Deutschland zwischen 1973 und 1992 gemessen anhand des Inglehart-Index. Kölner Zeitschrift für Soziologie und Sozialpsychologie, 47 (2), S. 207-230.

Klein, Markus & Arzheimer, Kai (1999) Ranking- und Rating-Verfahren zur Messung von Wertorientierungen, untersucht am Beispiel des Inglehart-Index. Kölner Zeitschrift für Soziologie und Sozialpsychologie, 51 (3), S. 550-564.

Klein, Markus & Arzheimer, Kai (2000) Einmal mehr: Ranking oder Rating? Über die adäquate Messung von gesellschaftlichen Wertorientierungen. Eine Erwiderung auf Stefan Sacchi. Kölner Zeitschrift für Soziologie und Sozialpsychologie, 52 (3), S. 553-563.

Klein, Markus; Dülmer, Hermann; Ohr, Dieter, Quandt, Markus & Rosar, Ulrich (2004) Response sets in the measurement of values: A comparison of rating and ranking procedures. International Journal of Public Opinion Research, 16 (4), pp. 474-483.

Kluckhohn, Clyde (1951) Values and value orientation in the theory of action: An exploration in definition and classification. In: Parsons, Talcott & Shills, Edward (eds.) Toward a general theory of action. Cambridge: Harvard University Press, pp. 388-433.

Kluckhohn, Florence R. (1953) Dominant and variant value orientation. In: Kluckhohn, Clyde & Murray, Henry A. (eds.) Personality in nature, society, and culture. New York: Knopf, 2nd edition, pp. 342-357.

Kluckhohn, Florence R. & Strodtbeck, Fred (1961) Variations in value orientations. Evanston: Row & Peterson.

Kmieciak, Peter (1976) Wertstrukturen und Wertwandel in der Bundesrepublik Deutschland. Grundlagen einer interdisziplinären Werteforschung mit einer Sekundäranalyse von Umfragedaten. Göttingen: Otto Schwartz & Co.

Kmieciak, Peter (1980) Der gegenwärtige Stand der Wertforschung. In: Hartmann, Klaus-Dieter & Köppler, Karlfritz (Hrsg.) Fortschritte der Marktpsychologie, Band 2. Frankfurt am Main: Fachbuchhandlung für Psychologie, S. 21-51.

Knäuper, Bärbel (1998) Filter questions and question interpretation. Presuppositions at work. Public Opinion Quarterly, 62 (1), pp. 70-78.

Knapp, Thomas R. & Swoyer, Vincent H. (1967) Some empirical results concerning the power of Bartlett's test of the significance of a correlation matrix. American Educational Research Journal, 4 (1), pp. 13-17.

Knowles, Eric S.; Coker, Michelle C.; Cook, Deborah A.; Diercks, Steven R.; Irwin, Mary E.; Lundeen, Edward J.; Neville John W. & Sibicky, Mark E. (1992) Order effects within personality measures. In: Schwarz, Norbert & Sudman, Seymour (eds.) Context effects in social and psychological research. New York u.a.: Springer, pp. 221-236.

Knüsel, Leo (1998) On the accuracy of the statistical distributions in Microsoft Excel 97. Computational Statistics and Data Analysis, 26 (3), pp. 375-377.

Knüsel, Leo (2002) On the reliability of Microsoft Excel XP for statistical purposes. Working paper, University of Munich, Department of Statistics. (Online unter: www.stat.uni-muenchen.de/~knuesel/elv/excelxp.pdf; letzter Zugriff: 16.04.2008).

Köhler, Wolfgang (1938) The place of value in a world of facts. New York: Liveright.

Koh, Joon & Kim, Young-Gul (2003) Sense of virtual community: A conceptual framework and empirical validation. International Journal of Electronic Commerce, 8 (2), pp. 75-93.

Koh, Joon; Kim, Young-Gul; Butler, Brian & Bock, Gee-Woo (2007) Encouraging participation in virtual communities. Communications of the ACM, 50 (2), pp. 69-73.

Kohlberg, L. (1968) Stage and sequence: A cognitive-developmental approach to socialization. In: Goslin, D. (ed.) Handbook of socialisation. Chicago: Rand, pp. 347-480.

Kohn, Melvin M. (1969) Class and conformity. A study in values. Homewood/Illinois: The Dorsey Press.

Kollock, Peter & Smith, Marc A. (1999) Communities in cyberspace. In: Smith, Marc A. & Kollock, Peter (eds.) Communities in cyberspace. London u.a.: Routledge, pp. 3-24.

Kopelman, Richard E.; Rovenpor, Janet L. & Guan, Mingwei (2003) The Study of Values: Construction of the fourth edition. Journal of Vocational Behavior, 62 (2), pp. 203-220.

Korgaonkar, Pradeep & Wolin, Lori D. (1999) A multivariate analysis of web usage. Journal of Advertising Research, 39 (2), pp. 53-68.

Korth, Bruce & Tucker, Ledyard R. (1975) The distribution of chance congruence coefficients from simulated data. Psychometrika, 40 (3), pp. 361-372.

Korth, Bruce & Tucker, Ledyard R. (1976) Procrustes matching by congruence coefficients. Psychometrika, 41 (4), pp. 531-535.

Kozinets, Robert V. (2002) The field behind the screen: Using netnography for marketing research in online communities. Journal of Marketing Research, 39 (1), pp. 61-72.

Kraut, Allen I.; Wolfson, Alan D. & Rothenberg, Alan (1975) Some effects of position on opinion survey items. Journal of Applied Psychology, 60 (6), pp. 774-776.

Kraut, Robert; Kiesler, Sara; Boneva, Bonka; Cummings, Jonathon; Helgeson, Vicki & Crawford, Anne (2002) Internet paradox revisited. Journal of Social Issues, 58 (1), pp. 49-74.

Krebs, Dagmar & Hofrichter, Jürgen (1989) Materialismus-Postmaterialismus: Effekte unterschiedlicher Frageformulierungen bei der Messung des Konzepts von Inglehart. ZUMA-Nachrichten, 13 (24), S. 60-72.

Kreitler, Hans & Kreitler, Shulamith (1972) The model of cognitive orientation: Towards a theory of human behaviour. British Journal of Psychology, 63 (1), pp. 9-30.

Kristiansen, Connie M. & Hotte, Alan M. (1996) Morality and the self: Implications for the when and how of value-attitude-behaviour relations. In: Seligman, Clive; Olson, James M. & Zanna, Mark P. (eds.) The psychology of values. Mahwah: Erlbaum, pp. 77-105.

Kristiansen, Connie M. & Matheson, Kimberly (1990) Value conflict, value justification, and attitudes toward nuclear weapons. The Journal of Social Psychology, 130 (5), pp. 665-675.

Kristiansen, Connie M. & Zanna, Mark P. (1988) Justifying attitudes by appealing to values: A functional perspective. British Journal of Social Psychology, 27 (3), pp. 247-256.

Kristiansen, Connie M. & Zanna, Mark P. (1994) The rhetorical use of values to justify social and intergroup attitudes. Journal of Social Issues, 50 (4), pp. 47-65.

Kroeber-Riel, Werner & Weinberg, Peter (2003) Konsumentenverhalten. München: Vahlen, 8. Auflage.

Krosnick, Jon A. (1991) Response strategies for coping with the cognitive demands of attitude measures in surveys. Applied Cognitive Psychology, 5 (3), pp. 213-236.

Krosnick, Jon A. (1992) The impact of cognitive sophistication and attitude importance on response-order and question-order effects. In: Schwarz, Norbert & Sudman, Seymour (eds.) Social information processing and survey methodology. New York u.a.: Springer, pp. 203-218.

Krosnick, Jon A. & Abelson, Robert P. (1992) The case for measuring attitude strength in surveys. In: Tanur, Judith M. (ed.) Questions about questions: Inquiries into the cognitive bases of surveys. New York: Russell Sage Foundation, pp. 177-203.

Krosnick, Jon A. & Alwin Duane F. (1987) An evaluation of a cognitive theory of response-order effects in survey measurement. Public Opinion Quarterly, 51 (2), pp. 201-219.

Krosnick, Jon A. & Alwin, Duane F. (1988) A test of the form-resistant correlation hypothesis. Ratings, rankings, and the measurement of values. Public Opinion Quarterly, 52 (4), pp. 526-538.

Krosnick, Jon A. & Fabrigar, Leandre R. (1997) Designing rating scales for effective measurement in surveys. In: Lyberg, Lars E.; Biemer, Paul; Collins, Martin; De Leeuw, Edith

D.; Dippo, Cathryn; Schwarz, Norbert & Trewin, Dennis (eds.) Survey measurement and process quality. New York u.a.: Wiley, pp. 141-164.

Krosnick, Jon A. & Schuman, Howard (1988) Attitude intensity, importance, and certainty and susceptibility to response effects. Journal of Personality and Social Psychology, 54 (6), pp. 940-952.

Krosnick, Jon A.; Narayan, Sowmya & Smith, Wendy R. (1996) Satisficing in surveys: Initial evidence. New Directions for Evaluation, Issue 70, pp. 29-44.

Kruger, Louis J.; Maital, Sharone L.; Macklem, Gayle; Shriberg, David; Burgess, Donna M. & Kalinsky, Rachel (2001) Sense of community among school psychologists on an internet site. Professional Psychology: Research & Practice, 32 (6), pp. 642-649.

Kruglanski, Arie W. (1973) Much ado about the "volunteer artifacts". Journal of Personality and Social Psychology, 28 (3), pp. 348-354.

Kruglanski, Arie W. (1980) Lay epistemo-logic-process and contents: Another look at attribution theory. Psychological Review, 87 (1), pp. 70-87.

Küchler, Manfred (1984) Einne sozio-demografische Beschreibung der Träger postmaterialistischer Einstellungen. In: Mayer, Karl Ulrich & Schmidt, Peter (Hrsg.) Allgemeine Bevölkerungsumfrage der Sozialwissenschaften. Frankfurt am Main: Campus, S. 215-232.

Kumar, V. & Gaeth, Gary J. (1991) Attribute order and product familiarity effects in decision tasks using conjoint analysis. International Journal of Research in Marketing, 8 (2), pp. 113-124.

Kuntze, Marcus F.; Stoermer, Robert; Müller-Spahn, Franz & Bullinger, Alex H. (2002) Ethical codes and values in a virtual world. CyberPsychology & Behavior, 5 (3), pp. 203-206.

Kurtines, William M. & Gewirtz, Jacob L. (1984). Morality and certainty: Objective versus relativistic approaches. In: Kurtines, William M. & Gewirtz, Jacob L. (eds.) Morality, moral behavior and moral development. New York: Wiley, pp. 3-23.

La Rue, Asenath & Olejnik, Anthony B. (1980) Cognitive "priming" of principled moral thought. Personality and Social Psychology Bulletin, 6 (3), pp. 413-416.

Lamprecht, Stephan (2007) XING – Das Buch. Netzwerken leicht gemacht. Hannover: Heinz Heise Verlag.

Lance, Charles E.; Butts, Marcus M. & Michels, Lawrence C. (2006) The sources of four commonly reported cutoff criteria. What did they really say? Organizational Research Methods, 9 (3), pp. 202-220.

Landy, Frank J. & Farr, James L. (1980) Performance rating. Psychological Bulletin, 87 (1), pp. 72-107.

Langer, Inghart (2000) Das Persönliche Gespräch als Weg in der psychologischen Forschung. Köln: GwG-Verlag.

Lansing, John B.; Ginsburg, Gerald P. & Braaten, Kaisa (1961) An investigation of response error. Illinois: University of Illinois, Bureau of Economic and Business Research.

Larsen, Daniel L.; Attkisson, C. Clifford; Hargreaves, William A. & Nguyen, Tuan D. (1979) Assessment of client/ patient satisfaction: Development of a general scale. Evaluation and Program Planning, 2 (3), pp. 197-207.

Latham, Gary P. & Wexley, Kenneth N. (1981) Increasing productivity through performance appraisal. Reading: Addison-Wesley.

Lattin, James; Carroll, J. Douglas & Green, Paul E. (2003) Analyzing multivariate data. London: Thompson Learning.

Lau, Richard R.; Sears, David O. & Centers, Richard (1979) The "positivity bias" in evaluations of public figures: Evidence against instrument artefacts. Public Opinion Quarterly, 43 (3), pp. 347-358.

Laurent, André (1972) Effects of length on reporting behavior in survey interviews. Journal of the American Statistical Association 67 (338), pp. 298-305.

Lautenschlager, Gary J. (1989a) A comparison of alternatives to conducting Monte Carlo analyses for determining parallel analysis criteria. Multivariate Behavioral Research, 24 (3), pp. 365-395.

Lautenschlager, Gary J. (1989b) Computer program exchange: PARANAL.TOK: A program for developing parallel analysis criteria. Applied Psychological Measurement, 13 (2), pp. 176.

Lautenschlager, Gary J. & Flaherty, Vicki L. (1990). Computer administration of questions: More desirable or more social desirability? Journal of Applied Psychology, 75 (3), pp. 310-314.

Lautenschlager, Gary J.; Lance, Charles E. & Flaherty, Vicki L. (1989) Parallel analysis criteria: Revised equations for estimating the latent roots of random data correlation matrices. Educational and Psychological Measurement, 49 (2), pp. 339-345.

Lautmann, Rüdiger (1969) Wert und Norm – Begriffsanalysen für die Soziologie. Köln u. Opladen: Westdeutscher Verlag.

Lavarkas, Paul J. (1987) Telephone survey methods: Sampling, selection, and supervision. Newbury Park: Sage.

Lawley, Derrick N. (1956). Tests of significance for the latent roots of covariance and correlation matrices. Biometrika, 43 (1-2), pp. 128-136.

Lawrence, Frank R. & Hancock, Gregory R. (1999) Conditions affecting integrity of a factor solution under varying degrees of overextraction. Educational and Psychological Measurement, 59 (4), pp. 549-579.

Lawson, Helene M. & Leck, Kira (2006) Dynamics of internet dating. Social Science Computer Review, 24 (2), pp. 189-208.

Layton, Pamela & Simpson, Adrian J. (1975) Surface and deep structure in sentence comprehension. Journal of Verbal Learning and Verbal Behavior, 14 (6), pp. 658-664.

Lazar, Jonathan & Preece, Jennifer (1998). Classification schema for online communities. In: Hoadley Ellen D. & Benbasat, Izak (eds.) Proceedings of the 1998 Association for Information Systems, Americas Conference. Atlanta: Association for Information Systems, pp. 84-86.

Lee, Fion S. L.; Vogel, Douglas & Limayem, Moez (2003) Virtual community informatics: A review and research agenda. Journal of Information Technology Theory and Application, 5 (1), pp. 47-61.

Lee, Howard B. & Comrey, Andrew L. (1979) Distortions in a commonly used factor analytic procedure. Multivariate Behavioral Research, 14 (3), pp. 301-321.

Lenartowicz, Tomasz & Roth, Kendall (2001) Does subculture within a country matter? A cross-cultural study of motivational domains and business performance in Brazil. Journal of International Business Studies, 32 (2), pp. 305-325.

Lessler, Judith T. & Forsyth, Barbara H. (1996) A coding system for appraising questionnaires. In: Schwarz, Norbert & Sudman, Seymour (eds.) Answering questions. Methodology for determining cognitive and communicative processes in survey research. San Francisco: Jossey-Bass, pp. 259-291.

Levitin, Teresa (1973) Values. In: Robinson, John P. & Shaver, Phillip R. (eds.) Measures of social-psychological attitudes. Ann Arbor: Institute for Social Research, pp. 489-502.

LeVois, Maurice; Nguyen, Tuan D. & Attkisson, C. Clifford (1981) Artifact in client satisfaction assessment. Experience in community mental health settings. Evaluation and Program Planning, 4 (2), pp. 139-150.

Lewis, David K. (1979) Scorekeeping in a language game. Journal of Philosophical Logic, 8 (3), pp. 339-359.

Liebrand, Wim B. G. & McClintock, Charles G. (1988) The ring measure of social values: A computerized procedure for assessing individual differences in information processing and social value orientation. European Journal of Personality, 2 (3), pp. 217-230.

Lin, Hsiu-Fen (2006) Understanding behavioral intention to participate in virtual communities. CyberPsychology & Behavior, 9 (5), pp. 540-547.

Lin, Hsiu-Fen & Lee, Gwo-Guang (2006) Determinants of success for online communities: An empirical study. Behaviour & Information Technology, 25, (6), pp. 479-488.

Lindenberg, Siegwart (1989) Choice and culture. The behavioral basis of cultural impact on transactions. In: Haferkamp, Hans (ed.) Social structure and culture. Berlin u. New York: de Gruyter, pp. 175-200.

Lingle, John H. & Ostrom, Thomas M. (1979) Retrieval selectivity in memory-based impression judgments. Journal of Personality and Social Psychology, 37 (2), pp. 180-194.

Linn, Robert L. (1968) A Monte Carlo approach to the number of factors problem. Psychometrika, 33 (1), pp. 37-71.

Linton, Marigold (1982) Transformations of memory in everyday life. In: Neisser, Ulric (ed.) Memory observed. Remembering in natural contexts. San Francisco: Freeman, pp. 77-91.

Linville, Patricia W. (1982) The complexity-extremity effect and age-based stereotyping. Journal of Personality and Social Psychology, 42 (2), pp. 193-211.

Linville, Patricia W.; Salovey, Peter & Fischer, Gregory W. (1986) Stereotyping and perceived distributions of social characteristics: An application to ingroup-outgroup perception. In: Dovidio, John F. & Gaertner, Samuel L. (eds.) Prejudice, discrimination, and racism. New York: Academic Press, pp. 165-208.

Lisbach, Bertrand (1999) Werte und Umweltwahrnehmung. Der Einfluß von Werten auf die Wahrnehmung der natürlichen Umwelt. Marburg: Tectum.

Loader, Brian D. (1998) Cyberspace divide. Equality, agency and policy in the information society. In: Loader, Brian D. (ed.) Cyberspace divide. London u. New York: Routledge, pp. 3-16.

Lobel, Thalma E. (1982) Personality variables and cognitive inconsistency. Personality and Individual Differences, 3 (3), pp. 333-334.

Lösenbeck, Hans-Dieter (2003) Stiftung Warentest – Ein Rückblick 1964-2002. Berlin: Stiftung Warentest.

Loftus, Elizabeth F. & Palmer, John C. (1974) Reconstruction of automobile destruction: An example of the interaction between language and memory. Journal of Verbal Learning and Verbal Behavior, 13 (5), pp. 585-589.

Longman, R. Stewart; Cota, Albert A.; Holden, Ronald R. & Fekken, G. Cynthia (1989) A regression equation for the parallel analysis criterion in principal components analysis: Mean and 95th percentile eigenvalues. Multivariate Behavioral Research, 24 (1), pp. 59-69.

Lopes, Lola L. (1982) Toward a procedural theory of judgment. Technical report Nr. 17, Department of Psychology. Madison: University of Wisconsin.

Lorenzo-Seva, Urbano & ten Berge, Jos M. F. (2006) Tucker's congruence coefficient as a meaningful index of factor similarity. Methodology, 2 (2), pp. 57-64.

Lorge, Irving (1937) Gen-like: Halo or reality. Psychological Bulletin, 34 (8), pp. 545-546.

Lorr, Maurice; Suziedelis, Antanas & Tonesek, Xenia (1973) The structure of values. Conceptions of the desirable. Journal of Research in Personality, 7 (2), pp. 139-147.

Louviere, Jordan J. (2006) What you don't know might hurt you: Some unresolved issues in the design and analysis of discrete choice experiments. Environmental & Resource Economics, 34 (1), pp. 173-188.

Louviere, Jordan J. & Woodworth, George G. (1990) Best-worst-scaling: A model for largest difference judgments. Working Paper, Faculty of Business, University of Alberta.

Lovejoy, Arthur O. (1950) Terminal and adjectival values. Journal of Philosophy, 47 (21), pp. 593-608.

Luchins, Abraham S. (1946). Classroom experiments on mental set. American Journal of Psychology, 59 (2), pp. 295-298.

Ludford, Pamela J.; Cosley, Dan; Frankowski, Dan & Terveen, Loren (2004) Think different: Increasing online community participation using uniqueness and group dissimilarity. Proceedings of the SIGCHI conference on human factors in computing systems, April 24-29, Vienna, Austria, 6 (1), pp. 631-638.

Maag, Gisela (1989) Zur Erfassung von Werten in der Umfrageforschung. Ein empirischer Beitrag zur Neukonzeptualisierung und Operationalisierung. Zeitschrift für Soziologie, 18 (4), S. 313-323.

Maag, Gisela (1991) Gesellschaftliche Werte. Strukturen, Stabilität und Funktion. Opladen: Westdeutscher Verlag.

MacCallum, Robert C. (1983) A comparison of factor analysis programs in SPSS, BMDP, and SAS. Psychometrika, 48 (2), pp. 223-231.

MacCallum, Robert C. & Tucker, Ledyard R. (1991) Representing sources of error in the common-factor model: Implications for theory and practice. Psychological Bulletin, 109 (3), pp. 502-511.

MacCallum, Robert C.; Widaman, Keith F.; Preacher, Kristopher J. & Hong, Sehee (2001) Sample size in factor analysis: The role of model error. Multivariate Behavioral Research, 36 (4), pp. 611-637.

MacCallum, Robert C.; Widaman, Keith F.; Zhang, Shaobo & Hong, Sehee (1999) Sample size in factor analysis. Psychological Methods, 4 (1), pp. 84-99.

MacDonald, Alfred P. (1974) Instrumental and terminal values: Some new developments. Journal Supplement Abstract Service (JSAS) Catalog of selected documents in psychology, 4 (4), p. 123.

Maio, Gregory R.; Roese, Neal J.; Seligman, Clive & Katz, Albert (1996) Rankings, ratings, and the measurement of values: Evidence for the superior validity of ratings. Basic and Applied Social Psychology, 18 (2), pp. 171-181.

Malle, Bertram F. (2005) Bedeutung und Ursprung menschlicher Werte. Eine sozial-kognitive Analyse. In: Fruhwirth, Andrea; Reicher, Maria E. & Wilhelmer, Peter (Hrsg.) Markt – Wert – Gefühle. Positionen und Perspektiven einer multidisziplinären Wertedebatte. Wien: Passagen Verlag, S. 117-140.

Manis, Melvin; Biernat, Monica & Nelson, Thomas F. (1991) Comparison and expectancy processes in human judgment. Journal of Personality and Social Psychology, 61 (2), pp. 203-211.

Mantovani, Fabrizia (2001) Cyber-attraction: The emergence of computer-mediated communication in the development of interpersonal relationships. In: Anolli, Luigi; Ciceri, Rita & Riva, Giuseppe (eds.) Say not to say: New perspectives on miscommunication. Amsterdam: IOS Press, pp. 235-252.

Manzer, Lee L. & Miller, Stephen J. (1978) An examination of the value-attitude structure in the study of donor behavior. Proceedings of the American Institute of Decision Sciences, 12, pp. 532-538.

Marder, Eric (1997) The laws of choice: Predicting consumer behavior. New York: Free Press.

Marley, Anthony A. J. & Louviere, Jordan J. (2005) Some probabilistic models of best, worst, and best-worst choices. Journal of Mathematical Psychology, 49 (6), pp. 464-480.

Martin, John (1964) Acquiescence – measurement and theory. British Journal of Social and Clinical Psychology, 3 (3), pp. 216-225.

Martin, Leonard L. (1986) Set/reset: Use and disuse of concepts in impression formation. Journal of Personality and Social Psychology, 51 (3), pp. 493-504.

Martin, Leonard L. & Harlow, Thomas F. (1992) Basking and brooding: The motivating effects of filter questions in surveys. In: Schwarz, Norbert & Sudman, Seymour (eds.) Context effects in social and psychological research. New York: Springer, pp. 81-95.

Martin, Sharon Dezzani & Youngren, Kathleen Berry (2000) The virtual community: Helping patients use internet support groups. Home Healthcare Nurse, 18 (5), pp. 333-335.

Martin, Warren S.; Fruchter, Benjamin & Mathis, William J. (1974) An investigation of the effect of the number of scale intervals on principal components factor analysis. Educational and Psychological Measurement, 34 (3), pp. 527-545.

Maslow Abraham H. (1954) Motivation and personality. New York: Harper & Row.

Matheson, Kimberly & Zanna, Mark P. (1988) The impact of computermediated communication on self-awareness. Computers in Human Behavior, 4 (3), pp. 221-233.

Matsuba, M. Kyle (2006) Searching for self and relationships online. CyberPsychology & Behavior, 9 (3), pp. 275-284.

May, Frederick E. (1979) Evoked set formation and composition. The learning and information processing hypothesis. Advances in Consumer Research, 6, pp. 222-226.

Mayer, Horst O. (2002) Interview und schriftliche Befragung. Entwicklung, Durchführung und Auswertung. München u. Wien: Oldenbourg.

McCarty, John A. & Shrum, L. J. (1997) Measuring the importance of positive constructs: A test of alternative rating procedures. Marketing Letters, 8 (2), pp. 239-250.

McCarty, John A. & Shrum, L. J. (2000) The measurement of personal values in survey research. A test of alternative rating procedures. Public Opinion Quarterly, 64 (3), pp. 271-298.

McClendon, McKee J. (1986) Response-order effects for dichotomous questions. Social Science Quarterly, 67 (1), pp. 205-211.

McClendon, McKee J. & O'Brien, David J. (1988) Question order effects on the determinants of subjective well-being. Public Opinion Quarterly, 52 (3), pp. 351-364.

McCown, Judy A.; Fischer, Diane; Page, Ryan & Homant, Michael (2001) Internet relationships: People who meet people. CyberPsychology & Behavior, 4 (5), pp. 593-596.

McGee, Richard K. (1962) Response style as a personality variable: By what criterion? Psychological Bulletin, 59 (4), pp. 284-295.

McGee, Richard K. (1967) Response set in relation to personality: An orientation. In: Berg, Irwin A. (ed.) Response set in personality assessment. Chicago: Aldine, pp. 1-31.

McGuire, William J. (1960) A syllogistic analysis of cognitive relationships. In: Rosenberg, Milton J.; Hovland, Carl I.; McGuire, William J.; Abelson, Robert P. & Brehm, Jack W. (eds.) Attitude organization and change. An analysis of consistency among attitude components. New Haven: Yale University Press, pp. 65-111.

McKeachie, Wilbert & Guetzkow, Harold (1952) A rating-ranking scale for goals of life. Religious Education, 47 (1), pp. 25-27.

McKenna, David Douglas (1979) Comparative reliability and validity of rating and ranking versions of Rokeach's value survey. Dissertation University of Minnesota. Ann Arbor: University Microfilms International.

McKenna, Katelyn Y. A. & Bargh, J. A. (1998) Coming out in the age of the Internet: Identity "demarginalization" through virtual group participation. Journal of Personality and Social Psychology, 75 (3), pp. 681-694.

McKenna, Katelyn Y. A. & Bargh, John A. (2000) Plan 9 from cyberspace: The implications of the internet for personality and social psychology. Personality and Social Psychology Review, 4 (1), pp. 57-75.

McKenna, Katelyn Y. A.; Green, Amie S. & Gleason, Marci E. J. (2002) Relationship formation on the internet: What's the big sttraction? Journal of Social Issues, 58 (1), pp. 9-31.

McMullen, Matthew N. (1997) Affective contrast and assimilation in counterfactual thinking. Journal of Experimental Social Psychology, 33 (1), pp. 77-100.

McQuarrie, Edward F. & Langmeyer, Daniel (1985) Using values to measure attitudes towards discontinuous innovation. Psychology and Marketing, 2 (4), pp. 239-252.

McWilliam, Gil (2000) Building stronger brands through online communities. Sloan Management Review, 41 (3), pp. 43-54.

Meehl, Paul E. & Hathaway, Starke R. (1946) The K factor as a suppressor variable in the Minnesota Multiphasic Personality Inventory. Journal of Applied Psychology, 30 (5), pp. 525-564.

Meredith, William (1964) Notes on factorial invariance. Psychometrika, 29 (2), pp. 177-185.

Merenda, Peter F. (1997) A guide in the proper use of factor analysis in the conduct and reporting of research: Pitfalls to avoid. Measurement and Evaluation in Counseling and Development, 30 (3), pp. 156-164.

Messick, Samuel J. (1967) The psychology of acquiescence: An interpretation of research evidence. In: Berg, Irwin A. (ed.) Response set in personality assessment. Chicago: Aldine, pp. 115-145.

Messick, Samuel J. (1968) Personality organisation in cognitive controls and intellectual abilities.

Meyberg, Kurt & Vachenauer, Peter (2003) Höhere Mathematik 1: Differential- und Integralrechnung; Vektor- und Matrizenrechnung. Berlin u.a.: Springer, 6. Auflage.

Meyer John C. (2000) Humor as a double-edged sword: Four functions of humor in communication. Communication Theory, 10 (3), pp. 310-331.

Michel, Lothar (1964) Allgemeine Grundlagen psychometrischer Tests. In: Heiss, Robert (Hrsg.) Psychologische Diagnostik. Handbuch der Psychologie, Band 6. Göttingen: Hogrefe, S. 19-70.

Miethe, Terance D. (1985) The validity and reliability of value measurements. The Journal of Psychology, 119 (5), pp. 441-453.

Miller, Delbert C. & Salkind, Neil J. (2002) Handbook of research design and social measurement. 6th edition, Thousand Oaks u.a.: Sage.

Miller, George A. (1956) The magical number seven, plus or minus two: Some limits on our capacity for processing information. Psychological Review, 63 (2), pp. 81-97.

Min, Young; Ghanem, Salma I. & Evatt, Dixie (2007) Using a split-ballot survey to explore the robustness of the 'mip' question in agenda-setting research: A methodological study. International Journal of Public Opinion Research, 19 (2), pp. 221-236.

Miner, John B. (1988) Development and application of the rated ranking technique in performance appraisal. Journal of Occupational Psychology, 61 (4), pp. 291-305.

Mingay, David J. & Greenwell, Michael T. (1989) Memory bias and response-order effects. Journal of Official Statistics, 5 (3), pp. 253-263.

Mitchell, Arnold (1983) The nine American lifestyles. Who we are and where we're going. New York: Macmillan.

Montanelli, Richard G., Jr. & Humphreys, Lloyd G. (1976) Latent roots of random data correlation matrices with squared multiple correlations in the diagonal: A Monte Carlo study. Psychometrika, 41 (3), pp. 341-348.

Moore, Michael (1975) Rating versus ranking in the Rokeach value survey: An Israeli comparison. European Journal of Social Psychology, 5 (3), pp. 405-408.

Moore, Trevor D. & Serva, Mark A. (2007) Understanding member motivation for contributing to different types of virtual communities: A proposed framework. Proceedings of the 2007 ACM SIGMIS (Special Interest Group on Management Information Systems) CPR conference on 2007 computer personnel doctoral consortium and research conference, April 19-21, 2007, St. Louis, pp. 153-158.

Moorman, Robert H. & Podsakoff, Philip M. (1992) A meta-analytic review and empirical test of the potential confounding effects of social desirability response sets in organizational behaviour research. Journal of Occupational and Organizational Psychology, 65 (2), pp. 131-149.

Moors, Guy (2003) Diagnosing response style behavior by means of a latent-class factor approach. Socio-demographic correlates of gender role attitudes and perception of ethnic discrimination re-examined. Quality & Quantity, 37 (3), pp. 277-302.

Morgan, David M. (2002) Focus group interviewing In: Gubrium, Jaber F. & Holstein, James A. (eds.) Handbook of interview research. Context & method. Thousand Oaks u.a.: Sage, pp. 141-159.

Morris, Charles (1956) Varieties of human value. Chicago & London: The University of Chicago Press.

Morwitz, Vicki G. (1997) It seems like only yesterday: The nature and consequences of telescoping errors in marketing research. Journal of Consumer Psychology, 6 (1), pp. 1-29.

Mosier, Charles I. (1939) Determining a simple structure when loadings for certain tests are known. Psychometrika, 4 (2), pp. 149-162.

Mosteller, Frederick & Rourke, Robert E. K. (1973) Sturdy statistics: Nonparametrics and order statistics. Reading: Addison-Wesley.

Mühlbacher, Hans; Füller, Johann & Jawecki, Gregor (2007) Online Communities und Innovation. Wie lässt sich das Wissen von Online Communities für die Entwicklung neuer Leistungen nutzen? In: Bayón, Tomás; Herrmann, Andreas & Huber, Frank (Hrsg.) Vielfalt und Einheit in der Marketingwissenschaft. Ein Spannungsverhältnis. Wiesbaden: Gabler, S. 98-110.

Mueller, Daniel J. (1974) A test of the validity of two scales on Rokeach's value survey. The Journal of Social Psychology, 94 (2), pp. 289-290.

Mueller, John E. (1970) Choosing among 133 candidates. Public Opinion Quarterly, 34 (3), pp. 395-402.

Mulaik, Stanley A. (1987) A brief history of the philosophical foundations of exploratory factor analysis. Multivariate Behavioral Research, 22 (3), pp. 267-305.

Mulligan, Neil W. & Wiesen, Chris (2003) Using the analysis of covariance to increase the power of priming experiments. Canadian Journal of Experimental Psychology, 57 (3), pp. 152-166.

Mullin, Paul A.; Conrad, Frederick G.; Sander, Joan E. & Herrmann, Douglas J. (1994) A cognitive theory of respondent behavior in the survey interview. In: Herrmann, Douglas J. (chair) Contributions of cognitive and social psychology to survey research. Symposium conducted at the meeting of the American Psychological Society. Washington.

Mumford, Michael D.; Connelly, Mary Shane; Helton, Whitney B.; Van Doorn, Judy R. & Osburn, Holly K. (2002) Alternative approaches for measuring values: Direct and indirect assessments in performance prediction. Journal of Vocational Behavior, 61 (2), pp. 348-373.

Muniz, Albert M., Jr. & O'Guinn, Thomas C. (2001) Brand community. Journal of Consumer Research, 27 (4), pp. 412-432.

Muñoz, Caroline Lego (2003) The effect of interpersonal influence within virtual communities. Dissertation University of Auburn (Alabama).

Munson, J. Michael (1977) An investigation of the Rokeach value survey for application to cross cultural research. Proceedings of the American Institute of Decision Sciences, 11, pp. 625-626.

Munson, J. Michael (1984) Personal Values: Considerations on their measurement and application to five areas of research inquiry. In: Pitts, Robert E., Jr. & Woodside, Arch G. (eds.) Personal values and consumer psychology. Lexington u.a.: D. C. Heath & Company, pp. 13-33.

Munson, J. Michael & McIntyre, Shelby H. (1979) Developing practical procedures for the measurement of personal values in cross-cultural marketing. Journal of Marketing Research, 16 (1), pp. 48-52.

Munson, J. Michael & McQuarrie, Edward F. (1988) Shortening the Rokeach value survey for use in consumer research. Advances in Consumer Research, 15, pp. 381-386.

Munson, J. Michael & Posner, Barry Z. (1980) The values of engineers and managing engineers. IEEE Transactions on Engineering Management, 26 (2), pp. 50-60.

Murray, Henry A. (1938) Explorations in personality: A clinical and experimental study of fifty men of college age. New York: Oxford University Press.

Myers, James B. (1979) Methodological issues in evoked set formation and composition. Advances in Consumer Research, 6, pp. 236-237.

Myers, James H. (1999) Measuring customer satisfaction: Hot buttons and other measurement issues. Chicago: American Marketing Association.

Nederhof, Anton J. (1985) Methods of coping with social desirability bias: a review. European Journal of Social Psychology, 15 (3), pp. 263-280.

Nerdinger, Friedmann W. (1984) Stabilität, Zentralität und Verhaltensrelevanz von Werten. In: Psychologisches Institut der Universität München (Hrsg.) Problem und Entscheidung. Arbeiten zur Organisations- und Wirtschaftspsychologie 26. München: Psychologisches Institut, S. 86-110.

Nesselroade, John R. & Baltes, Paul B. (1970) On a dilemma of comparative factor analysis: A study of factor matching based on random data. Educational and Psychological Measurement, 30 (4), pp. 935-948.

Neter, John (1970) Measurement errors in reports of consumer expenditures. Journal of Marketing Research, 7 (1), pp. 11-25.

Neumann, Marco; O'Murchu, Ina; Breslin, John; Decker, Stefan; Hogan, Deirdre & MacDonaill, Ciaran (2005) Semantic social network portal for collaborative online communities. Journal of European Industrial Training, 29 (6), pp. 472-487.

Nevels, Klaas (1986) A direct solution for pairwise rotations in Kaiser's varimax method. Psychometrika, 51 (2), pp. 327-329.

Newcomb, Theodore M. (1956) The prediction of interpersonal attraction. American Psychologist, 11 (11), pp. 575-586.

Ng, Sik Hung (1982) Choosing between the ranking and rating procedures for the comparison of values across cultures. European Journal of Social Psychology, 12 (2), pp. 169-172.

Nickerson, Raymond S. (1998) Confirmation bias: A ubiquitous phenomenon in many guises. Review of General Psychology, 2 (2), pp. 175-220.

Nip, Joyce Y. M. (2004) The relationship between online and offline communities: The case of the Queer Sisters. Media, Culture & Society, 26 (3), pp. 409-428.

Nisbett, Richard E. & Ross, Lee (1980) Human inference: Strategies and shortcomings of social judgment. Englewood Cliff: Prentice Hall.

Nisbett, Richard E. & Wilson, Timothy D. (1977) Telling more than we know: Verbal reports on mental processes. Psychological Review, 84 (3), pp. 231-259.

Nissan, Edward (1994) Rating and ranking metro areas in the United States and Canada for arts and recreation. The Journal of Regional Analysis & Policy, 27 (1), pp. 47-54.

Norris, Pippa (2002) The bridging and bonding role of online communities. The Harvard International Journal of Press/Politics, 7 (3), pp. 3-13.

Novak, Thomas P. & MacEvoy, Bruce (1990) On comparing alternative segmentation schemes: The list of values (LOV) and values and life styles (VALS). Journal of Consumer Research, 17 (1), pp. 105-109.

Nowakowska, Maria (1970) A model of answering to a questionnaire item. Acta Psychologica, 34 (4), pp. 420-439.

Nunnally, Jum C. (1962) The analysis of profile data. Psychological Bulletin, 59 (4), pp. 311-319.

Nunnally, Jum C. (1978) Psychometric theory. New York: McGraw-Hill, 2nd edition.

O. V. (2005) Im Netz der einsamen Herzen. Test, 40 (10), S. 72-77.

O'Connor, Brian P. (2000) SPSS and SAS programs for determining the number of components using parallel analysis and Velicer's MAP test. Behavior Research Methods, Instruments, & Computers, 32 (2), pp. 396-402.

Oksenberg, Lois & Cannell, Charles F. (1977) Some factors underlying the validity of response in self report. International Statistical Bulletin, 48, pp. 324-346.

Onghena, Patrick (1993) A theoretical and empirical comparison of mainframe, microcomputer, and pocket calculator pseudorandom number generators. Behavior Research Methods, Instruments, & Computers, 25 (3), pp. 384-395.

Opp, Karl-Dieter (1983) Die Entstehung sozialer Normen. Tübingen: Mohr.

Orne, Martin T. (1962) On the social psychology of the psychological experiment: With particular reference to demand characteristics and their implications. American Psychologist, 17 (11), pp. 776-783.

Oseas, Leonard (1966) "Give the first natural answer". Journal of Counselling Psychology, 13 (4), pp. 454-458.

Osgood, Charles E.; Suci, George J. & Tannenbaum, Percy H. (1957) The measurement of meaning. Urbana: University of Illinois Press.

Osgood, Charles E. & Tannenbaum, Percy H. (1955) The principle of congruity in the prediction of attitude change. Psychological Review, 62 (1), pp. 42-55.

Ostrom, Thomas M. (1970) Perspective as a determinant of attitude change. Journal of Experimental Social Psychology, 6 (3), pp. 280-292.

Ostrom, Thomas M.; Betz, Andrew L. & Skowronski, John J. (1992) Cognitive representations of bipolar survey items. In: Schwarz, Norbert & Sudman, Seymour (eds.) Context effects in social and psychological research. New York u.a.: Springer, pp. 297-311.

Ostrom, Thomas M. & Brock, Timothy C. (1969) Cognitive bonding to central values and resistance to a communication advocating change in policy orientation. Journal of Experimental Research in Personality, 4 (1), pp. 42-50.

Ottati, Victor C.; Riggle, Ellen J.; Wyer, Robert S., Jr.; Schwarz, Norbert & Kuklinski, James (1989) Cognitive and affective bases of opinion survey responses. Journal of Personality and Social Psychology, 57 (3), pp. 404-415.

Panter, Abigail T.; Tanaka, Jeffrey S. & Wellens, Tracy R. (1992) The psychometrics of order effects. In: Schwarz, Norbert & Sudman, Seymour (eds.) Context effects in social and psychological research. New York u.a.: Springer, pp. 249-264.

Parducci, Allen (1963) The range-frequency compromise in judgment. Psychological Monographs, 77 (2, whole Nr. 565). Washington: American Psychological Association.

Parducci, Allen (1965) Category judgment: A range-frequency model. Psychological Review, 72 (6), pp. 407-418.

Parducci, Allen (1974) Contextual effects: A range-frequency analysis. In: Carterette, Edward C. & Friedman, Morton P. (eds.) Handbook of perception, Vol. 2: Psychophysical judgment and measurement. New York: Academic Press, pp. 127-141.

Parducci, Allen (1982) Category ratings: Still more contextual effects! In: Wegener, Bernd (ed.) Social attitudes and and psychological measurement. Hillsdale: Erlbaum, pp. 89-105.

Parducci, Allen (1983) Category ratings and the relational character of judgment. In: Geissler, Hans-Georg; Buffart, Hans F. J. M.; Leeuwenberg, Emanuel L. J. & Sarris, Viktor (eds.) Modern issues in perception. Amsterdam: North-Holland, pp. 262-282.

Park, Chan Su & Srinivasan, V. (1994) A survey based method for measuring and understanding brand equity and its extendibility. Journal of Marketing Research, 31 (2), pp. 271-288.

Park, Robert E. (1936) Human ecology. American Journal of Sociology, 42 (1), pp. 1-15.

Parry, Hugh H. & Crossley, Helen M. (1950) Validity of responses to survey questions. Public Opinion Quarterly, 14 (1), pp. 61-80.

Pascoe, Gregory C. & Attkisson, C. Clifford (1983) The evaluation ranking scale: A new methodology for assessing satisfaction. Evaluation and Program Planning, 6 (3-4), pp. 335-347.

Patil, Vivek H.; Singh, Surendra N.; Mishra, Sanjay & Donavan, D. Todd (2007) Parallel analysis engine to aid in determining number of factors to retain [Computer software]. (Online unter: http://ires.ku.edu/~smishra/parallelengine.htm; letzter Zugriff: 04.04.2008).

Patil, Vivek H.; Singh, Surendra N.; Mishra, Sanjay & Donavan, D. Todd (2008) Efficient theory development and factor retention criteria: Abandon the 'eigenvalue greater than one' criterion. Journal of Business Research, 61 (2), pp. 162-170.

Paulhus, Delroy L. (1991) Measurement and control of response bias. In: Robinson, John P.; Shaver, Phillip R. & Wrightsman, Lawrence S. (eds.) Measures of personality and social psychological attitudes. San Diego: Academic Press, pp. 17-59.

Paulhus, Delroy L. (2002) Socially desirable responding: The evolution of a construct. In: Braun, Henry I.; Jackson, Douglas N. & Wiley, David E. (eds.) The role of constructs in psychological and educational measurement. Mahwah: Erlbaum, pp. 49-69.

Paunonen, Sampo V. (1997) On chance and factor congruence following orthogonal Procrustes rotation. Educational and Psychological Measurement, 57 (1), pp. 33-59.

Peay, Edmund R. (1988) Multidimensional rotation and scaling of configurations to optimal agreement. Psychometrika, 53 (2), pp. 199-208.

Peltier, James W.; Drago, William & Schibrowsky, John A. (2003) Virtual communities and the assessment of online marketing education. Journal of Marketing Education, 25 (3), pp. 260-276.

Peng, Kaiping; Nisbett, Richard E. & Wong, Nancy Y. C. (1997) Validity problems comparing values across cultures and possible solutions. Psychological Methods, 2 (4), pp. 329-344.

Penner, L.; Homant, Robert & Rokeach, Milton (1968) Comparison of rank-order and paired comparison methods for measuring value systems. Perceptual and Motor Skills, 27 (2), pp. 417-418.

Perry, Jesko (1996) Erhebungsdesign-Effekte bei der Conjoint-Analyse. Marketing, Zeitschrift für Forschung und Praxis, 18 (2), S. 105-116.

Peter, Jochen & Valkenburg, Patti M. (2007) Who looks for casual dates on the internet? A test of the compensation and the recreation hypotheses. New Media & Society, 9 (3), pp. 455-474.

Peter, Jochen; Valkenburg, Patti M. & Schouten, Alexander P. (2005) Developing a model of adolescent friendship formation on the internet. CyberPsychology & Behavior, 8 (5), pp. 423-430.

Peterson, Lloyd & Peterson, Margaret Jean (1959) Short-term retention of individual verbal items. Journal of Experimental Psychology: General, 58 (3), pp. 193-198.

Peterson, Robert A. (2000) A meta-analysis of variance accounted for and factor loadings in exploratory factor analysis. Marketing Letters, 11 (3), pp. 261-275.

Petty, Richard E. & Cacioppo, John T. (1984) The effects of involvement on responses to argument quality and quantity: Central and peripheral routes to persuasion. Journal of Personality and Social Psychology, 46 (1), pp. 69-81.

Petty, Richard E. & Cacioppo, John T. (1986) Communication and persuasion: Central and peripheral routes to attitude change. New York u.a.: Springer.

Pfander, Stefan (1999) Wir entdecken immer neue Anwendungen. Akzente: Consumer & Service Industries, Nr. 14, S. 18-21.

Philip, B. R. (1949) The frame of reference concept. Canadian Journal of Psychology, 3 (2), pp. 73-79.

Phillips, Derek L. (1973) Abandoning method. San Francisco: Jossey-Bass.

Phillips, Derek L. & Clancy, Kevin J. (1972) Some effects of "social desirability" in survey studies. American Journal of Sociology, 77 (5), pp. 921-940.

Phillips, James S. (2005) Face validity. In: Peters, Lawrence; Greer, Charles R. Greer & Youngblood, Stuart (eds.) Blackwell encyclopaedic dictionary of human resource management. Malden: Blackwell, p. 131.

Phippen, Andrew D. (2004) An evaluative methodology for virtual communities using web analytics. Campus-Wide Information Systems, 21 (5), pp. 179-184.

Pinneau, Samuel R. & Newhouse, Albert (1964) Measures of invariance and comparability in factor analysis for fixed variables. Psychometrika, 29 (3), pp. 271-281.

Pitts, Robert E. Jr. & Woodside, Arch G. (1983) Personal value influences on consumer product class and brand preferences. The Journal of Social Psychology, 119 (1), pp. 37-53.

Plant, Robert (2004) Online communities. Technology in Society, 26 (1), pp. 51-65.

Poe, Gail S.; Seeman, Isadore; McLaughlin, Joseph; Mehl, Eric & Dietz, Michael (1988) "Don't know" boxes in factual questions in a mail questionnaire: Effects on level and quality of response. Public Opinion Quarterly, 52 (2), pp. 212-222.

Pötzsch, Olga; Decker, Jörg & Kühnen, Carola (2003a) Private Haushalte in der Informationsgesellschaft. Europäische Pilotstudie zur Nutzung von Informations- und Kommunikationstechnologie 2002. Wirtschaft und Statistik, 22 (2), S. 94-105.

Pötzsch, Olga; Korth, Birgit & Schnorr-Bäcker; Susanne (2003b) Informationstechnologie in Haushalten. Nutzung von Informations- und Kommunikationstechnologien in privaten Haushalten – Ergebnisse einer Pilotstudie für das Jahr 2002. Wiesbaden: Statistisches Bundesamt (Presseexemplar).

Poortinga, Wouter; Steg, Linda & Vlek, Charles (2004) Values, environmental concern, and environmental behavior: A study into household energy use. Environment & Behavior, 36 (1), pp. 70-93.

Posner, Michael I. (1978) Chronometric explorations of the human mind. Hillsdale: Erlbaum

Postman, Leo; Bruner, Jerome S. & McGinnies, Elliott (1948) Personal values as selective factors in perception. Journal of Abnormal and Social Psychology, 43 (2), pp. 142-154.

Poulton, Eustance C. (1989) Bias in quantifying judgments. Hillsdale: Erlbaum.

Powers, Susan M. & Barnes Felicie M. (2001) Alternative routes for teacher professional development and resources: The MERLOT online community. National Association of Secondary School Principals (NASSP) Bulletin, 85 (Nr. 628), pp. 58-63.

Powers, Thomas M. (2003) Real wrongs in virtual communities. Ethics and Information Technology, 5 (4), pp. 191-198.

Preece, Jennifer J. (2001) Sociability and usability in online communities: Determining and measuring success. Behaviour & Information Technology, 20 (5), pp. 347-356.

Preece, Jennifer J., Maloney-Krichmar, Diane & Abras, Chadia (2003) History and emergence of online communities. In: Wellman, Barry (ed.) Encyclopaedia of community. Bergshire: Sage, pp. 1023-1027.

Presser, Stanley & Stinson, Linda (1998) Data collection mode and social desirability bias in self-reported religious attendance. American Sociological Review, 63 (1), pp. 137-145.

Presser, Stanley; Rothgeb, Jennifer M.; Couper, Mick P.; Lessler, Judith T.; Martin, Elizabeth; Martin, Jean & Singer Eleanor (2004; eds.) Methods for testing and evaluating survey questionnaires. Hoboken: Wiley.

Preston, Carolyn C. & Colman, Andrew M. (2002) Optimal number of response categories in rating scales: Reliability, validity, discriminating power, and respondent preferences. Acta Psychologica, 104 (1), pp. 1-15.

Prim, Rolf & Tillmann, Herbert (1997) Grundlagen einer kritisch-rationalen Sozialwissenschaft. Studienbuch zur Wissenschaftstheorie Karl R. Poppers. Heidelberg: Quelle & Meyer, 7. Auflage.

Raajmakers, Quinten A.W.; Hoof, Anne van; Hart, Harm't; Verbogt, Tom F. M. A. & Vollebergh, Wilma A. M. (2000) Adolescents' midpoint responses on Likert-type scale items: Neutral or missing values? International Journal of Public Opinion Research, 12 (2), pp. 208-215.

Raboteg-Šarić, Zora; Šarić, Jandre & Zajc, Marica (1997) A study of values among adolescents: Assessing terminal and instrumental value systems and orientations. Društvena Istraživanja, 6 (6), pp. 775-785.

Rankin, William L. & Grube, Joel W. (1980) A comparison of ranking and rating procedures for value system measurement. European Journal of Social Psychology, 10 (3), pp. 233-246.

Rasinski, Kenneth A.; Mingay, David & Bradburn, Norman M. (1994) Do respondents really "mark all that apply" on self-administered questions? Public Opinion Quarterly, 58 (3), pp. 400-408.

Ray, John J. (1983) Reviving the problem of acquiescence response bias. The Journal of Social Psychology, 121 (1), pp. 81-96.

Ray, John J. (1990) Acquiescence and problems with forced-choice scales. The Journal of Social Psychology, 130 (3), pp. 397-399.

Reddon, John R. (1985). MAPF and MAPS: Subroutines for the number of principal components. Applied Psychological Measurement, 9 (1), 97.

Reder, Lynne M. (1988) Strategic control of retrieval strategies. The Psychology of Learning and Motivation. Advances in Research and Theory, 22, pp. 227-259.

Redline, Cleo D. & Dillman, Don A. (2002) The influence of alternative visual designs on respondents' performance with branching instructions in self-administered questionnaires. In: Groves, Robert M.; Dillman, Don A.; Eltinge, John L. & Little, Roderick J. A. (eds.) Survey nonresponse. New York: Wiley, pp. 179-193.

Rehm, Marsha L. (2000) An aesthetic approach to virtual community. Family and Consumer Sciences Research Journal, 29, (2), pp. 153-172.

Reich, Ben & Adcock, Christine (1976) Values, attitudes, and behaviour change. London: Methuen.

Reinecke, Jost (1991) Interviewer- und Befragtenverhalten. Theoretische Ansätze und methodische Konzepte. Opladen: Westdeutscher Verlag.

Reise, Steven P.; Waller, Niels G. & Comrey, Andrew L. (2000) Factor analysis and scale revision. Psychological Assessment, 12 (3), pp. 287-297.

Renner, Walter (2003a) A German value questionnaire developed on a lexical basis: Construction and steps toward a validation. Review of Psychology, 10 (2), pp. 107-123.

Renner, Walter (2003b) Human values: A lexical perspective. Personality and Individual Differences, 34 (1), pp. 127-141.

Renner, Walter & Salem, Ingrid (2004) Unterschiede zwischen Wertorientierungen nach Geschlecht, Alter, Berufsgruppe, Parteienpräferenz und Bundesland: Ergebnisse der Standardisierung des Österreichischen Wertefragebogens. ZA-Informationen, 54, S. 89-112.

Reynolds, Cecil R. & Harding, Richard E. (1983) Outcome in two large sample studies of factorial similarity under six methods of comparison. Educational and Psychological Measurement, 43 (3), pp. 723-728.

Reynolds, Thomas J. & Gutman, Jonathan (1984) Laddering: Extending the repertory grid methodology to construct attribute-consequence-value hierachies. In: Pitts, Robert E., Jr. & Woodside, Arch G. (eds.) Personal values and consumer psychology. Lexington u.a.: D. C. Heath & Company, pp. 155-167.

Reynolds, Thomas J. & Gutman, Jonathan (1988) Laddering theory, method, analysis, and interpretation. Journal of Advertising Research, 28 (1), pp. 11-31.

Reynolds, Thomas J. & Jolly, James P. (1980) Measuring personal values: An evaluation of alternative methods. Journal of Marketing Research, 17 (4), pp. 531-536.

Rheingold, Howard (1993). The virtual community: Homesteading on the electronic frontier. Reading: Addison Wesley.

Richins, Marsha L. & Dawson, Scott (1992) A consumer values orientation for materialism and its measurement: Scale development and validation. Journal of Consumer Research, 19 (3), pp. 303-316.

Richman, Michael B. (1986) Rotation of principal components. International Journal of Climatology, 6 (3), pp. 293-335.

Ring, Erp (1974) Wie man bei Listenfragen Einflüsse der Reihenfolge ausschalten kann. Psychologie und Praxis, 18 (3), S. 105-113.

Riphahn, Regina T. & Serfling, Oliver (2003) Determinanten von Item-Nonresponse in Umfragen. WWZ Forschungsberichte. Basel: Wirtschaftswissenschaftliches Zentrum.

Rips. Lance C. (1995) The current status of research on concept combination. Mind and Language, 10 (1-2), pp. 72-104.

Riva, Giuseppe & Mantovani, Giuseppe (2000) The need for a socio-cultural perspective in the implementation of virtual environments. Virtual Reality, 5 (1), pp. 32-38.

Roccas, Sonia; Sagive, Lilach; Schwartz, Shalom H. & Knafo, Ariel (2002) The big five personality factors and personal values. Personality and Social Psychology Bulletin, 28 (6), pp. 789-801.

Rodgers, Willard L. & Herzog, A. Regula (1984) Response style characteristics and their relationship to age and item covriation. Ann Arbor: Institute for Social Research, Unpublished manuscript.

Röttgers, Kurt & Koslowski, Peter F. (2002; Hrsg.) Transkulturelle Wertekonflikte. Theorie und wirtschaftsethische Praxis. Berlin u.a.: Springer.

Rogers, Carl R. (1961) On becoming a person. Boston: Houghton Mifflin.

Rogers, Timothy B. (1974a) An analysis of the stages underlying the process of responding to personality items. Acta Psychologica, 38 (3), pp. 205-213.

Rogers, Timothy B. (1974b) An analysis of two central stages underlying responding to personality items: The self-referent decision and response selection. Journal of Research in Personality, 8 (2), pp. 128-138.

Rohan, Meg J. (2000) A rose by any name? The values construct. Personality and Social Psychology Review, 4 (3), pp. 255-277.

Rokeach, Milton (1967) Value Survey. Sunnyvale: Halgren Tests.

Rokeach, Milton (1968a) A theory of organization and change within value-attitude systems. Journal of Social Issues, 24 (1), pp. 13-33.

Rokeach, Milton (1968b) The role of values in public opinion research. Public Opinion Quarterly, 32 (4), pp. 547-559.

Rokeach, Milton (1971) The measurement of values and value systems. In: Abcarian, Gilbert (ed.) Political participation and social psychological processes. Columbus: Merrill, pp. 204-221.

Rokeach, Milton (1973) The nature of human values. New York: Free Press.

Rokeach, Milton (1974) Change and stability in American value systems, 1968-1971. Public Opinion Quarterly, 38 (2), pp. 222-238.

Rokeach, Milton (1979a) Value theory and communication research: Review and commentary. Communication Yearbook, 3, pp. 7-28.

Rokeach, Milton (1979b) From individual to institutional values: With special reference to the value of science. In: Rokeach, Milton (ed.) Understanding human values. Individual and societal, New York: The Free Press, pp. 47-70.]

Rokeach, Milton (1980) Some unresolved issues in theories of beliefs, attitudes, and values. Nebraska Symposium on Motivation 1979, 27, pp. 261-304.

Rokeach, Milton & Ball-Rokeach, Sandra J. (1989) Stability and change in American value priorities, 1968-1981. American Psychologist, 44 (5), pp. 775-784.

Roozen, Irene; De Pelsmacker, Patrick & Bostyn, Frank (2001) The ethical dimensions of decision processes of employees. Journal of Business Ethics, 33 (2), pp. 87-99.

Rorer, Leonard G. (1965) The great response-style myth. Psychological Bulletin, 63 (3), pp. 129-156.

Rosen, Nancy A. & Wyer, Robert S., Jr. (1972) Some further evidence for the "Socratic effect" using a subjective probability model of cognitive organization. Journal of Personality and Social Psychology, 24 (3), pp. 420-424.

Rosenberg, Milton J. & Hovland, Carl I. (1960) Cognitive, affective, and behavioral components of attitudes. In: Rosenberg, Milton J.; Hovland, Carl I.; McGuire, William J.; Abelson, Robert P. & Brehm, Jack W. (eds.) Attitude organization and change: An analysis of consistency among attitude components. New Haven: Yale University Press, pp. 1-14.

Rosenstiel, Lutz von (1984) Wandel der Werte – Zielkonflikte bei Führungskräften? In Blum, Reinhard & Steiner, Manfred (Hrsg.) Aktuelle Probleme der Marktwirtschaft in gesamt- und einzelwirtschaftlicher Sicht. Festgabe zum 65. Geburtstag von Louis Persidon. Berlin: Duncker & Humblot, S. 203-234.

Rosenstiel, Lutz von (1986) Führungskräfte nach dem Wertewandel: Zielkonflikte oder Identifikationskrisen? Zeitschrift Führung und Organisation, 55 (2), S. 89-96.

Rosenstiel, Lutz von & Stengel, Martin (1987a) Manager von morgen: Alternativ und grün? Psychologie Heute, 14 (11), S. 50-55.

Rosenstiel, Lutz von & Stengel, Martin (1987b) Identifikationskrise? Zum Engagement in betrieblichen Führungspositionen. Bern u.a.: Huber.

Rosenthal, Robert & Jacobson, Lenore (1966) Teachers' expectations: Determinants of pupils IQ gains. Psychological Reports, 19 (1), pp. 115-118.

Roszkowski, Michael J. & Bean, Andrew G. (1990) Believe it or not! Longer questionnaires have lower response rates. Journal of Business and Psychology, 4 (4), pp. 495-509.

Roth, Erwin (1972a) Der Werteinstellungstest. Eine Skala zur Messung dominanter Interessen der Persönlichkeit (Handanweisung). Bern u.a.: Huber.

Roth, Erwin (1972b) Der Werteinstellungstest. Eine Skala zur Messung dominanter Interessen der Persönlichkeit (Testheft mit Auswertungsanweisung). Bern u.a.: Huber.

Royston, Patricia & Bercini, Deborah (1987) Questionnaire design research in a laboratory setting: Results of testing cancer risk factor questions. American Statistical Association – Proceedings of the survey research methods section, 10, pp. 829-833.

Rubin, Edgar (1921). Visuell wahrgenommene Figuren: Studien in psychologischer Analyse. Kopenhagen: Gyldendals.

Ruggiero, Thomas E. (2000). Uses and gratifications theory in the 21st century. Mass Communication & Society, 3 (1), pp. 3-37.

Rundt, Manuel A. (2001) Große Online-Umfrage auf den Webpool Communities. Unveröffentlichter Ergebnisbericht. Köln.

Rundt, Manuel A. (2002) Internetwerbung in Online-Communities. Empirische Studie über die Einstellungswirkung von Bannerwerbung und Sponsorenlogos. Unveröffentlichte Diplomarbeit. Köln: Institut für Wirtschafts- und Sozialpsychologie.

Russell, Daniel W. (2002) In search of underlying dimensions: The use (and abuse) of factor analysis in Personality and Social Psychology Bulletin. Personality and Social Psychology Bulletin, 28 (12), pp. 1629-1646.

Russell, Philip A. & George, D. A. (1990) Relationships between aesthetic response scales applied to paintings. Empirical Studies of the Arts, 8 (1), pp. 15-30.

Russell, Philip A. & Gray, Colin D. (1994) Ranking or rating? Some data and their implications for the measurement of evaluative response. British Journal of Psychology, 85 (1), pp. 79-92.

Ryff, Carol D. (1979) Value transition and adult development in women: The instrumentality-terminality sequence hypothesis. In: Rokeach, Milton (ed.) Understanding human values. Individual and societal. New York: The Free Press, pp. 148-153.

Sacchi, Stefan (2000) Messung von Wertorientierungen: Ranking oder Rating? Kritische Anmerkungen zum Beitrag von Klein und Arzheimer. Kölner Zeitschrift für Soziologie und Sozialpsychologie, 52 (3), pp. 541-552.

Sachs, Jacqueline S. (1967) Recognition memory for syntactic and semantic aspects of connected discourse. Perception and Psychophysics, 2 (9), pp. 437-442.

Sagie, Abraham & Elizur, Dov (1996) The structure of personal values: a conical representation of multiple life areas. Journal of Organizational Behavior, 17 (7), pp. 573-586.

Salancik, Gerald R. & Brand, Julianne F. (1992) Context influences on the meaning of work. In: Schwarz, Norbert & Sudman, Seymour (eds.) Context effects in social and psychological research. New York u.a.: Springer, pp. 237-247.

Salancik, Gerald R. & Conway, Mary (1975) Attitude inferences from salient and relevant cognitive content about behaviour. Journal of Personality and Social Psychology, 32 (5), pp. 829-840.

Sana, Mariano & Weinreb, Alexander A. (2008) Insiders, outsiders, and the editing of inconsistent survey data. Sociological Methods & Research, 36 (4), pp. 515-541.

Sanbonmatsu, David M. & Fazio, Russell H. (1990) The role of attitudes in memory-based decision making. Journal of Personality and Social Psychology, 59 (4), pp. 614-622.

Sander, Joan E.; Conrad, Frederick G.; Mullin, Paul A. & Herrmann, Douglas J. (1992) Cognitive modelling of the survey interview. American Statistical Association – Proceedings of the survey research methods section, 15, pp. 818-823.

Sanderson, David W. (1995) Smileys. Bonn: O'Reilly.

Scealy, Marita; Phillips, James G. & Stevenson, Roger (2002) Shyness and anxiety as predictors of patterns of internet usage. CyberPsychology & Behavior, 5 (6), pp. 507-515.

Schachter, Stanley (1959) The psychology of affiliation: Experimental studies of the sources of gregariousness. Stanford: Stanfort University Press.

Schaeffer, Nora Cate & Barker, Kristin (1995) Issues in using bipolar response categories: Numeric labels and the middle category. Paper presented at the annual meeting of the American Association for Public Opinion Research, Fort Lauderdale, May 23.

Schanck, Richard. L. (1932) A study of a community and its groups and institutions conceived of as behaviour of individuals. Psychological Monographs, 43 (2; Nr. 195), pp. 1-133.

Schank, Roger C. (1997) Virtual learning. A revolutionary approach to building a highly skilled workforce. New York u.a.: McGraw-Hill.

Schiller, Wilfried (1988) Vom sinnvollen Aufwand in der Faktorenanalyse. Archiv für Psychologie, 140 (2), S. 73-95.

Schlöder, Bernd (1993) Soziale Werte und Werthaltungen. Eine sozialpsychologische Untersuchung des Konzepts sozialer Werte und des Wertewandels. Opladen: Leske + Budrich.

Schmid, Georg & Schmid, Georg Otto (2003; Hrsg.) Kirchen, Sekten, Religionen. Religiöse Gemeinschaften, weltanschauliche Gruppierungen und Psycho-Organisationen im deutschen Sprachraum. Zürich: Theologischer Verlag Zürich, 7. Auflage.

Schneeweiss, Hans and Mathes, Harald (1995) Factor analysis and principal components. Journal of Multivariate Analysis, 55 (1), pp. 105-124.

Schneewind, Klaus A. & Cattell, Raymond B. (1970) Zum Problem der Faktoridentifikation: Verteilungen und Vertrauensintervalle von Kongruenzkoeffizienten für Persönlichkeitsfaktoren im Bereich objektiv-analytischer Tests. Psychologische Beiträge, 12 (2), S. 214-226.

Schneider-Düker, Marianne & Schneider, Johann F. (1977) Untersuchungen zum Beantwortungsprozeß bei psychodiagnostischen Fragebogen. Zeitschrift für experimentelle und angewandte Psychologie, 24 (2), S. 282-302.

Schnell, Rainer (1986) Missing-Data-Probleme in der empirischen Sozialforschung. Dissertation. Universität Bochum.

Schnell, Rainer; Hill, Paul B. & Esser, Elke (2005) Methoden der empirischen Sozialforschung. München u. Wien: Oldenbourg, 7. Auflage.

Schoderbek, Peter P. & Deshpande, Satish (1996) Impression management, overclaiming, and perceived unethical conduct: The role of male and female managers. Journal of Business Ethics 15 (4), pp. 409-414.

Schönemann, Peter H. (1966) A generalized solution to the orthogonal Procrustes problem. Psychometrika, 31 (1), pp. 1-10.

Schönemann, Peter H. (1990) Facts, fictions, and common sense about factors and components. Multivariate Behavioral Research, 25 (1), pp. 47-51.

Schönpflug, Wolfgang (1972) Ein Problem bei der Arbeit mit Kategorieskalen: Welchen Einfluß hat die Anzahl der Skalenkategorien? Zeitschrift für experimentelle und angewandte Psychologie, 19, S. 141-171.

Scholl-Schaaf, Margret (1975) Werthaltung und Wertsystem. Ein Plädoyer für die Verwendung des Wertkonzepts in der Sozialpsychologie. Bonn: Bouvier.

Schroeckh, Jürgen (1995) Soziologische Forschung und Gütekriterien. Überlegungen zur theoretischen Bestimmung und Aspekten praktisch methodischer Umsetzung. Aachen: Shaker.

Schultz, P. Wesley & Zelezny, Lynnette C. (1998) Values and pro-environmental behavior. Journal of Cross-Cultural Psychology, 29 (4), pp. 540-558.

Schulz von Thun, Friedemann (1987) Miteinander reden: Störungen und Klärungen. Psychologie der zwischenmenschlichen Kommunikation. Reinbek: Rowohlt.

Schuman, Howard (1992) Context effects: State of the past / state of the art. In: Schwarz, Norbert & Sudman, Seymour (eds.) Context effects in social and psychological research. New York u.a.: Springer, pp. 5-20.

Schuman, Howard (1995) Attitudes, beliefs and behavior. In: Cook, Karen S.; Fine, Gary Alan & House, James S. (eds.) Sociological perspectives on social psychology. Needham Hights: Allyn Bacon, pp. 68-89.

Schuman, Howard & Presser, Stanley (1981) Questions and answers in attitude surveys: Experiments on question form, wording, and context. New York: Academic Press.

Schwab, Donald P.; Heneman, Herbert G., III & DeCotiis, Thomas A. (1975) Behaviorally anchored rating scales: A review of the literature. Personnel Psychology, 28 (4), pp. 549-562.

Schwartz, Barry (2004) The paradox of choice. Why more is less. New York: HarperCollins.

Schwartz, Barry; Ward, Andrew; Monterosso, John; Lyubomirsky, Sonja; White, Katherine & Lehman, Darrin R. (2002) Maximizing versus satisficing: Happiness is a matter of choice. Journal of Personality and Social Psychology, 83 (5), pp. 1178-1197.

Schwartz, Shalom H. (1992) Universals in the content and structure of values: Theoretical advances and empirical tests in 20 countries. Advances in Experimental Social Psychology, 25, pp. 1-65.

Schwartz, Shalom H. (1994) Are there universal aspects in the structure and contents of human values? Journal of Social Issues, 50 (4), pp. 19-45.

Schwartz, Shalom H. (1996) Value priorities and behavior: Applying a theory of integrated value systems. In: Seligman, Clive; Olson, James M. & Zanna, Mark P. (eds.) The psychology of values. Mahwah: Erlbaum, pp. 1-24.

Schwartz, Shalom H. (1999) A theory of cultural values and some implications for work. Applied Psychology: An International Review, 48 (1), 23-47.

Schwartz, Shalom H. & Bilsky, Wolfgang (1987) Toward a universal psychological structure of human values. Journal of Personality and Social Psychology, 53 (3), pp. 550-562.

Schwartz, Shalom H. & Bilsky, Wolfgang (1990) Toward a theory of the universal content and structure of values: Extensions and cross-cultural replications. Journal of Personality and Social Psychology, 58 (5), pp. 878-891.

Schwartz, Shalom H. & Boehnke, Klaus (2004) Evaluating the structure of human values with confirmatory factor analysis. Journal of Research in Personality, 38 (3), pp. 230-255.

Schwartz, Shalom H.; Melech, Gila; Lehmann, Arielle; Burgess, Steven; Harris, Mari & Owens, Vicki (2001) Extending the cross-cultural validity of the theory of basic human values with a different method of measurement. Journal of Cross-Cultural Psychology, 32 (5), pp. 519-542.

Schwarz, Norbert (1990) Assessing frequency reports of mundane behaviors. Contributions of cognitive psychology to questionnaire construction. Research Methods in Personality and Social Psychology, 11, pp. 98-119.

Schwarz, Norbert (1991) Assimilation und Kontrast in der Urteilsbildung: Implikationen für Fragereihenfolgeeffekte. ZUMA-Nachrichten, 15 (29), S. 70-86.

Schwarz, Norbert & Bless, Herbert (1992) Constructing reality and its alternatives: Assimilation and contrast effects in social judgment. In: Martin, Leonard L. & Tesser, Abraham (eds.) The construction of social judgments. Hillsdale: Erlbaum, pp. 217-245.

Schwarz, Norbert & Clore, Gerald L. (1983) Mood, misattribution, and judgments of well-being: Informative and directive functions of affective states. Journal of Personality and Social Psychology, 45 (3), pp. 513-523.

Schwarz, Norbert; Hippler, Hans-Jürgen & Noelle-Neumann, Elisabeth (1992) A cognitive model of response-order effects in survey measurement. In: Schwarz, Norbert & Sudman, Seymour (eds.) Context effects in social and psychological research. New York u.a.: Springer, pp. 187-201.

Schwarz, Norbert; Strack, Fritz; Hippler, Hans-Jürgen & Bishop, George F. (1991a) The impact of administration mode on response effects in survey measurement. Applied Cognitive Psychology, 5 (3), pp. 193-212.

Schwarz, Norbert; Strack, Fritz & Mai, Hans-Peter (1991b) Assimilation and contrast effects in part-whole question sequences: A conversational logic analysis. Public Opinion Quarterly, 55 (1), pp. 3-23.

Schwarz, Norbert & Sudman, Seymour (1992; eds.) Context effects in social and psychological research. New York u.a.: Springer.

Schwarz, Norbert & Wyer, Robert S., Jr. (1985) Effects of rank ordering stimuli on magnitude ratings of these and other stimuli. Journal of Experimental Social Psychology, 21 (1), pp. 30-46.

Scott, Elizabeth D. (2000) Moral values: Situational defined individual differences. Business Ethics Quarterly, 10 (2), pp. 497-521.

Scott, Elizabeth D. (2002) Organizational moral values. Business Ethics Quarterly, 12 (1), pp. 33-55.

Scott, John F. (1971) Internalization of norms. Englewood Cliffs: Prentice-Hall.

Scott, James K. & Johnson, Thomas G. (2005) Bowling alone but online together: Social capital in e-communities. Community Development: Journal of the Community Development Society, 36 (1), pp. 1-18.

Scott, Veronica M.; Mottarella, Karen E. & Lavooy, Maria J. (2006) Does virtual intimacy exist? A brief exploration into reported levels of intimacy in online relationships. CyberPsychology & Behavior, 9 (6), pp. 759-761.

Scott, William A. (1965) Values and organizations: A study of fraternities and sororities. Chicago: Rand-McNally.

Scott, William A. (1968) Comparative validities of forced choice and single stimulus tests. Psychological Bulletin, 70 (4), pp. 231-244.

Searing, Donald D. (1979) A study of values in the British House of Commons. In: Rokeach, Milton (ed.) Understanding human values. Individual and societal, New York: The Free Press, pp. 154-178.

Sears, David O. (1967) Social anxiety, opinion structure, and opinion change. Journal of Personality and Social Psychology, 7 (2, Part 1), pp. 142-151.

Sears, David O. (1983) The person-positivity bias. Journal of Personality and Social Psychology, 44 (2), pp. 233-250.

Sears, David O. & Lau, Richard R. (1983) Inducing apparently self-interested political preferences. American Journal of Political Science, 27 (2), pp. 223-252.

Seddon, Kathy; Skinner, Nigel C. & Postlethwaite, Keith C. (2008) Creating a model to examine motivation for sustained engagement in online communities. Education and Information Technologies, 13 (1), pp. 17-34.

Seepersad, Sean (2004) Coping with loneliness: Adolescent online and offline behavior. CyberPsychology & Behavior, 7 (1), pp. 35-39.

Seligman, Clive & Katz Albert N. (1996) The dynamics of value systems. In: Seligman, Clive; Olson, James M. & Zanna, Mark P. (eds.) The psychology of values. Mahwah: Erlbaum, pp. 53-75.

Seligman, Clive; Syme, Geoffrey J. & Gilchrist, Rae (1994) The role of values and ethical principles in judgments of environmental dilemmas. Journal of Social Issues, 50 (3), pp. 105-119.

Shah, James & Higgins, E. Tory (1997) Expectancy × value effects: Regulatory focus as determinant of magnitude and direction. Journal of Personality and Social Psychology, 73 (3), pp. 447-458.

Shamir, Michal & Shamir, Jacob (1995) Competing values in public opinion: A conjoint analysis. Political Behavior, 17 (1), pp. 107-133.

Shaw, Lindsay & Gant, Larry M. (2002) In defense of the internet: The relationship between internet communication and depression, loneliness, self-esteem, and perceived social support. CyberPsychology & Behavior, 5 (2), pp. 157-171.

Shaw, Marvin E. (1961) Some correlates of social acquiescence. The Journal of Social Psychology, 55 (1), pp. 133-141.

Sheeks, Miranda S. & Birchmeier, Zachary P. (2007) Shyness, sociability, and the use of computer-mediated communication in relationship development. CyberPsychology & Behavior, 10 (1), pp. 64-70.

Sherif, Carolyn W.; Sherif, Muzafer & Nebergall, Roger E. (1965) Attitude and attitude change: The social judgment-involvement approach. Philadelphia: Saunders.

Sherif, Muzafer & Cantril, Hadley (1945) The psychology of 'attitudes': Part I. Psychological Review, 52 (6), pp. 295-319.

Sherif, Muzafer & Hovland, Carl I. (1961) Social judgment. Assimilation and contrast effects in communication and attitude change. New Haven: Yale University Press.

Shrum, L. J. & McCarty, John A. (1997) Issues involving the relationship between personal values and consumer behavior: Theory, methodology, and application. In: Kahle, Lynn R. & Chaigouris, Larry (eds.) Values, lifestyles, and psychographics. Mahwah: Erlbaum, pp. 139-159.

Sieber, Joan E. (1998) Planning ethically responsible research. In: Bickman, Leonard & Rog, Debra J. (eds.) Handbook of applied social research methods. Thousand Oaks u.a.: Sage, pp. 127-156.

Simon, Herbert A. (1956) Rational choice and the structure of the environment. Psychological Review, 63 (2), pp. 129-138.

Simon, Herbert A. (1957) Models of man, social and rational. New York: Wiley.

Singer, Eleanor; Hippler, Hans-Jürgen & Schwarz, Norbert (1992) Confidentiality assurances in surveys: Reassurance or threat? International Journal of Public Opinion Research, 4 (3), pp. 256-268.

Sirken, Monroe G.; Herrmann, Douglas J.; Schechter, Susan; Schwarz, Norbert; Tanur, Judith M. & Tourangeau, Roger (1999; eds.) Cognition and survey research. New York u.a.: Wiley.

Six, Bernd (1985) Wert und Werthaltung. In: Herrmann, Theo & Lantermann, Ernst-Dieter (Hrsg.) Persönlichkeitspsychologie in Schlüsselbegriffen, München: Urban & Schwarzenberg, S. 401-425.

Six, Bernd (1992). Neuere Entwicklungen in der Einstellungs-Verhaltens-Forschung. In: Witte, Erich H. (Hrsg.) Einstellung und Verhalten. Braunschweig: Braunschweiger Studien, S. 13-33.

Skog, Daniel (2005) Social interaction in virtual communities: The significance of technology. International Journal of Web Based Communities, 1 (4), pp. 464-474.

Smith, Anna DuVal (1999) Problems of conflict management in virtual communities. In: Smith, Marc A. & Kollock, Peter (eds.) Communities in cyberspace. London u.a.: Routledge, pp.135-164.

Smith, M. Brewster (1949) Personal values as determinants of a political attitude. The Journal of Psychology, 28 (2), pp. 477-486.

Smith, M. Brewster; Bruner, Jerome S. & White, Robert W. (1956) Opinions and personality. New York: Wiley.

Smith M. Brewster (1991) Values, self, and society. Toward a humanist social psychology. New Brunswick: Transaction.

Smith, Patricia C. & Kendall, Lorne M. (1963) Retranslation of expectations: An approach to unambiguous anchors for rating scales. Journal of Applied Psychology, 47 (2), pp. 149-155.

Smith, Peter B. (2004) Acquiescent response bias as an aspect of cultural communication style. Journal of Cross-Cultural Psychology, 35 (1), pp. 50-61.

Smith, Peter B. & Schwartz, Shalom H. (1997) Values. In: Berry, John W.; Segall, Marshall H. & Kagitçibasi, Cigdem (eds.) Handbook of cross-cultural psychology. Part 3: Social behavior and applications. Needham Heights: Allyn & Bacon, 2nd edition, pp. 77-118.

Smith, Tom W. (1984) Non-attitudes: A review and evaluation. In: Turner, Charles F. & Martin, Elizabeth (eds.) Surveying subjective phenomena, Vol. 2. New York: Russell Sage Foundation, pp. 215-255.

Smith, Tom W. (1992) Thoughts on the nature of context effects. In: Schwarz, Norbert & Sudman, Seymour (eds.) Context effects in social and psychological research. New York u.a.: Springer, pp. 163-184.

Snijkers, Geradus J. M. E. (2002) Cognitive laboratory experiences: On pre-testing computerized questionnaires and data quality. Dissertation: University of Utrecht.

Snook, Steven C. & Gorsuch, Richard L. (1989) Component analysis versus common factor analysis: A Monte Carlo study. Psychological Bulletin, 106 (1), pp. 148-154.

Sørensen, Elin Brandi & Askegaard, Søren (2007) Laddering: how (not) to do things with words, Qualitative Market Research, 10 (1), pp. 63-77.

Spates, James L. (1983) The sociology of values. Annual Review of Sociology, 9, pp. 27-49.

Spath, Dieter; Hofmann, Josephine & Fröschle, Norbert (2006) Next Generation Online Communities – Von Webportalen über Business Communities zu Mobile Services im Web 2.0. In: Wojda, Franz & Barth, Alfred (Hrsg.) Innovative Kooperationsnetzwerke. Wiesbaden: DUV, S. 185-203.

Sperber, Dan & Wilson, Deidre (1986) Relevance: Communication and cognition. Cambridge: Harvard University Press.

Spranger, Eduard (1921) Lebensformen. Geisteswissenschaftliche Psychologie und Ethik der Persönlichkeit. Halle: Niemeyer, 2. Auflage.

Srull, Thomas K. & Gaelick, Lisa (1983) General principles and individual differences in the self as a habitual reference point: An examination of self-other judgments of similarity. Social Cognition, 2 (2), pp. 108-121.

Stanton, Jeffrey M. & Rogelberg, Steven G. (2001) Using internet/intranet web pages to collect organizational research data. Organizational Research Methods, 4 (3), pp. 200-217.

Statistisches Bundesamt (2003) Statistisches Jahrbuch 2003 für die Bundesrepublik Deutschland und für das Ausland. Wiesbaden: Statistisches Bundesamt.

Statistisches Bundesamt (2004) Statistisches Jahrbuch 2004 für die Bundesrepublik Deutschland und für das Ausland. Wiesbaden: Statistisches Bundesamt.

Statistisches Bundesamt (2007) Statistisches Jahrbuch 2007 für die Bundesrepublik Deutschland und für das Ausland. Wiesbaden: Statistisches Bundesamt.

Statistisches Bundesamt (2008) Bevölkerung und Erwerbstätigkeit. Bevölkerung mit Migrationshintergrund – Ergebnisse des Mikrozensus 2006 – Wiesbaden: Statistisches Bundesamt.

Stephenson, William (1953) The study of behavior: Q-technique and its methodology. Chicago: University of Chicago Press.

Sternberg, Robert J (1986) A triangular theory of love. Psychological Review, 93 (2), pp. 119-135.

Stewart, David W. (1981) The application and misapplication of factor analysis in marketing research. Journal of Marketing Research, 18 (1), pp. 51-62.

Stewart, David W.; Barnes, James; Cudeck, Robert; Cote, Joseph & Malthouse, Edward (2001) Factor analysis. Journal of Consumer Psychology, 10 (1-2), pp. 75-82.

Stewart, Leland (1987) Hierarchical Bayesian analysis using Monte Carlo integration: Computing posterior distributions when there are many possible models. The Statistician, 36 (2-3), pp. 211-219.

Stiksrud, Hans Arne (1976) Diagnose und Bedeutung individueller Werthierarchien. Bern: Lang.

Stiksrud, Hans Arne (1979) Pragmatische Validierung eines diagnostischen Verfahrens zur Erfassung von Wertpräferenzen. Zeitschrift für experimentelle und angewandte Psychologie, 26 (2), S. 341-354.

Stocké, Volker (2004) Determinants and consequences of survey respondents´ social desirability beliefs about racial attitudes. Mannheim: Working Paper No. 04-39 Sonderforschungsbereich 504.

Stolterman, Erik (1999) Technology matters in virtual communities. SIGGROUP Bulletin, 20 (2), pp. 7-9.

Stone, Brad; Rogers, Adam & Platt, Kevin. (2001) Love online. Newsweek, 137 (8), pp. 46-51.

Stouffer, Samuel A. & DeVinney, Leland C. (1949) How personal adjustment varied in the army – By background characteristics of the soldiers. In: Stouffer, Samuel A.; Suchman, Edward A.; DeVinney, Leland C.; Star, Shirly A. & Williams Robin M., Jr. (eds.) The American soldier: Adjustment during army life. Princeton: Princeton University Press, pp. 82-154.

Stout, David E. & Ruble, Thomas L. (1995) Assessing the practical significance of empirical results in accounting education research: The use of effect size information. Journal of Accounting Education, 13 (3), pp. 281-298.

Strack, Fritz (1992) "Order effects" in survey research: Activation and information functions of preceding questions. In: Schwarz, Norbert & Sudman, Seymour (eds.) Context effects in social and psychological research. New York u.a.: Springer, pp. 23-34.

Strack, Fritz & Martin, Leonard L. (1987) Thinking, judging, and communicating: A process account of context effects in attitude surveys. In: Hippler, Hans-Jürgen; Schwarz, Norbert & Sudman, Seymour (eds.) Social information processing and survey methodology. New York u.a.: Springer, pp. 123-148.

Strack, Fritz; Schwarz, Norbert & Gschneidinger, Elisabeth (1985) Happiness and reminiscing: The role of time perspective, affect, and mode of thinking. Journal of Personality and Social Psychology, 47 (6), pp. 1460-1469.

Strack, Fritz; Schwarz, Norbert & Wänke, Michaela (1991) Semantic and pragmatic aspects of context effects in social and psychological research. Social Cognition, 9 (1), pp. 111-125.

Strube, Gerhard (1987) Answering survey questions: The role of memory. In: Hippler, Hans-Jürgen; Schwarz, Norbert & Sudman, Seymour (eds.) Social information processing and survey methodology. New York u.a.: Springer, pp. 86-101.

Suchman, Lucy & Jordan, Brigitte (1992) Validity and the collaborative construction of meanings in face-to-face surveys. In: Tanur, Judith M. (ed.) Questions about questions. Inquiries into the cognitive bases of surveys. New York: Russell Sage Foundation, pp. 241-267.

Sudman, Seymour & Bradburn, Norman M. (1974) Response effects in surveys. Chicago: Aldine Publishing.

Sudman, Seymour & Bradburn, Norman M. (1983) Asking questions: A practical guide to questionnaire design. San Francisco: Jossey-Bass.

Sudman, Seymour; Bradburn, Norman M. & Schwarz, Norbert (1996) Thinking about answers. The application of cognitive processes to survey methodology. San Francisco: Jossey-Bass.

Suler, John (1996) Cyberspace romances. In: The psychology of cyberspace (Online unter http://users.rider.edu/~suler/psycyber/bvinterview.html; Letzter Zugrff: 29.11.2007).

Szabo, Attila & Frenkl, Robert (1996) Consideration of research on the internet: Guidelines and implications for human movement studies. Clinical Kinesiology, 50 (3), pp. 58-65.

Tabachnick, Barbara G. & Fidell, Linda S. (1996) Using multivariate statistics, 3rd edition, New York: HarperCollins.

Tajfel, Henri & Wilkes, A. L. (1963) Classification and quantitative judgement. British Journal of Psychology, 54 (2), pp. 101-114.

Talamo, Alessandra & Ligorio, Beatrice (2001) Strategic identities in cyberspace. CyberPsychology & Behavior, 4 (1), pp. 109-122.

Tarnai, John & Dillman, Don A. (1992) Questionnaire context as a source of response differences in mail and telephone surveys. In: Schwarz, Norbert & Sudman, Seymour (eds.) Context effects in social and psychological research. New York u.a.: Springer, pp. 115-129.

Tataryn, Douglas J.; Wood, James M. & Gorsuch, Richard L. (1999) Setting the value of k in promax: A Monte Carlo study. Educational and Psychological Measurement, 59 (3), pp. 384-391.

Taylor, Monica J. (2006) The development of values through the school curriculum. In: Cheng, Roger H. M.; Lee, John C. K. & Lo, Leslie N. K. (eds.) Values education for citizens in the new century. Hong Kong: The Chinese University Press, pp. 107-131.

Taylor, Shelley E. & Fiske, Susan (1978) Salience, attention, and attribution: Top of the head phenomena. Advances in Experimental Social Psychology, 11, pp. 249-288.

Tedeschi, James T. (1981) Impression management theory and social psychological research. New York: Academic Press.

Tedeschi, James T.; Lindskold, Svenn & Rosenfeld, Paul (1985) Introduction to social psychology. St. Paul: West Information Publishing Group.

Teichert, Thorsten (1999) Conjoint-Analyse. In: Herrmann, Andreas & Homburg, Christian (Hrsg.) Marktforschung: Methoden, Anwendungen, Praxisbeispiele. Wiesbaden: Gabler, S. 471-511.

ten Berge, Jos M. F. (1977) Orthogonal Procrustes rotation for two or more matrices. Psychometrika, 42 (2), pp. 267-276.

ten Berge, Jos M. F. (1986a) Some relationships between descriptive comparisons of components from different studies. Multivariate Behavioral Research, 21 (1), pp. 29-40.

ten Berge, Jos M. F. (1986b) Rotation to perfect congruence and cross validation of component weights across populations. Multivariate Behavioral Research, 21 (1), pp. 41-64.

ten Berge, Jos M. F. & Knol, Dirk L. (1984) Orthogonal rotations to maximal agreement for two or more matrices of different column orders. Psychometrika, 49 (1), pp. 49-55.

Tetlock, Philip E. (1986) A value pluralism model of ideological reasoning. Journal of Personality and Social Psychology, 50 (4), pp. 819-827.

Tharp, Michael & Marks, Lawrence (1990) An examination of the effects of attribute order and product order biases in conjoint-analysis. Advances in Consumer Research, 17, pp. 563-570.

Thomas, William I. & Znaniecki, Florian W. (1921) The polish peasant in Europe and America. Chicago: University of Chicago Press.

Thompson, Bruce (1997) Editorial policies regarding statistical significance tests: Further comments. Educational Researcher, 26 (5), pp. 29-32.

Thompson, Bruce & Daniel, Larry G. (1996) Factor analytic evidence for the construct validity of scores: A historical overview and some guidelines. Educational and Psychological Measurement, 56 (2), pp. 197-208.

Thurlow Crispin; Lengel, Laura & Tomic, Alice (2004) Computer mediated communication. Social interaction and the internet. London: Sage.

Thurstone, Louis L. (1927) A law of comparative judgment. Psychological Review, 34 (4), pp. 273-286.

Thurstone, Louis L. (1928) Attitudes can be measured. American Journal of Sociology, 33 (4), pp. 529-554.

Thurstone, Louis L. (1947) Multiple-factor analysis. Chicago: University of Chicago Press.

Tian, Robert G. & Wu, Yan (2007) Crafting self identity in a virtual community. Chinese internet users and their political sense form. Multicultural Education & Technology Journal, 1 (4), pp. 238-258.

Tichon, Jennifer G. & Shapiro, Margaret (2003) The process of sharing social support in cyberspace. CyberPsychology & Behavior, 6 (2), pp. 161-170.

Tiede, Manfred (2001) Beschreiben mit Statistik – Verstehen. München u. Wien: Oldenbourg.

Tilley, Donna Scott; Boswell, Carol & Cannon, Sharon (2006) Developing and establishing online student learning communities. CIN: Computers, Informatics, Nursing, 24 (3), pp. 144-149.

Tinsley, Howard E. A. & Tinsley, Diane J. (1987) Uses of factor analysis in counseling psychology research. Journal of Counseling Psychology, 34 (4), pp. 414-424.

TNS Emnid & Initiative D21 (2002; Hrsg.) (N)Onliner Atlas 2002. Eine Topographie des digitalen Grabens durch Deutschland. (Online unter http://www.nonliner-atlas.de/; Letzter Zugriff: 23.10.2007)

Toler, Curt (1975) The personal values of alcoholics and addicts. Journal of Clinical Psychology, 31 (3), pp. 554-557.

Toner, Bill (1987) The impact of agreement bias on the ranking of questionnaire response. The Journal of Social Psychology, 127 (2), pp. 221-222.

Tonn, Bruce; Hemrick, Angela & Conrad, Fred (2006) Cognitive representations of the future: Survey results. Futures, 38 (7), pp. 810-829.

Tourangeau, Roger (1984) Cognitive science and survey methods. In: Jabine, Thomas B.; Straf, Miron L.; Tanur, Judith M. & Tourangeau, Roger (eds.) Cognitive aspects of survey methodology: Building a bridge between disciplines Washington: National Academy Press, pp. 73-100.

Tourangeau, Roger (1987) Attitude measurement: A cognitive perspective. In: Hippler, Hans-Jürgen; Schwarz, Norbert & Sudman, Seymour (eds.) Social information processing and survey methodology. New York u.a.: Springer, pp. 149-162.

Tourangeau, Roger (1992) Context effects on responses to attitude questions: Attitudes as memory structures. In: Schwarz, Norbert & Sudman, Seymour (eds.) Context effects in social and psychological research. New York u.a.: Springer, pp. 35-47.

Tourangeau, Roger; Lessler, Judith & Salter, William (1986) Cognitive aspects of questionnaire design: Part C report. Chicago: National Opinion Research Center.

Tourangeau, Roger & Rasinski, Kenneth A. (1988) Cognitive processes underlying context effects in attitude measurement. Psychological Bulletin, 103 (3), pp. 299-314.

Tourangeau, Roger; Rasinski, Kenneth A. & Bradburn, Norman M. (1991) Measuring happiness in surveys: A test of the subtraction hypothesis. Public Opinion Quarterly, 55 (2), pp. 255-266.

Tourangeau, Roger; Rasinski, Kenneth A.; Bradburn, Norman M. & D'Andrade, Roy (1989a) Belief accessibility and context effects in attitude measurement. Journal of Experimental Social Psychology, 25 (5), pp. 401-412.

Tourangeau, Roger; Rasinski, Kenneth A.; Bradburn, Norman M. & D'Andrade, Roy (1989b) Carryover effects in attitude surveys. Public Opinion Quarterly, 53 (4), pp. 495-524.

Tourangeau, Roger; Rips, Lance J. & Rasinski, Kenneth A. (2000) The psychology of survey response. Cambridge u.a.: Cambridge University Press.

Tourangeau, Roger; Singer, Eleanor & Presser, Stanley (2003) Context effects in attitude surveys: Effects on remote items and impact on predictive validity. Sociological Methods and Research, 31 (4), pp. 486-513.

Tourangeau, Roger; Smith, Tom W. & Rasinski, Kenneth A. (1997) Motivation to report sensitive behaviors in surveys: Evidence from a bogus pipeline experiment. Journal of Applied Social Psychology, 27 (3), pp. 209-222.

Trometer, Reiner (1996) Warum sind Befragte "meinungslos"? Kognitive und kommunikative Prozesse im Interview. Dissertation Universität Mannheim.

Tucker, Ledyard R. (1951) A method for synthesis of factor analysis studies. Personnel Research Section Report No. 984. Washington: Department of the Army.

Tucker, Ledyard R. (1958) An inter-battery method of factor analysis. Psychometrika, 23 (2), pp. 111-136.

Tucker, Ledyard R.; Koopman, Raymond F. & Linn, Robert L. (1969) Evaluation of factor analytic research procedures by means of simulated correlation matrices. Psychometrika, 34 (4), pp. 412-459.

Tulving, Endel (1972) Episodic and semantic memory. In: Tulving, Endel & Donaldson, Wayne (eds.) Organization of memory. New York: Academic Press, pp. 381-403.

Tulving, Endel & Thomson, Donald M. (1971) Retrieval processes in recognition memory: Effects of associative context. Journal of Experimental Psychology: General, 87 (1), pp. 116-124.

Turner, Castellano B. & Fiske, Donald W. (1968) Item quality and appropriateness of response processes. Educational and Psychological Measurement, 28 (2), pp. 297-315.

Turner, Charles F. & Martin, Elizabeth (1984; eds.) Surveying subjective phenomena (Vol. 1). New York u.a.: Russell Sage.

Turner, Nigel E. (1998) The effect of common variance and structure pattern on random data eigenvalues: Implications for the accuracy of parallel analysis. Educational and Psychological Measurement, 58 (4), pp. 541-568.

Turner, Stephen P. (1979) The concept of face validity. Quality & Quantity, 13 (1), pp. 85-90.

Tversky, Amos (1977). Features of similarity. Psychological Review, 84 (4), pp. 327-352.

Tversky, Amos & Kahneman, Daniel (1974) Judgment under uncertainty: Heuristics and biases. Science, 185 (4157), pp. 1124-1131.

Tversky, Amos & Kahneman, Daniel (1982) The framing of decisions and the psychology of choice. In: Hogarth, Robin M. (ed.) Question framing and response consistency. San Francisco u.a.: Jossey-Bass, pp. 3-20.

Tyler, Tom R. (2002) Is the internet changing social life? It seems the more things change, the more they stay the same. Journal of Social Issues, 58 (1), pp. 195-205.

Upshaw, Harry S. (1969) The personal reference scale: An approach to social judgment. Advances in Experimental Social Psychology, 4, pp. 315-371.

Upshaw, Harry S. (1984) Output processes in judgment. In: Wyer, Robert S. & Srull, Thomas K. (eds.) Handbook of social cognition, Volume 3. Hillsdale: Erlbaum, pp. 237-256.

Valette-Florence, P. & Jolibert, Alain (1990) Social values, A.I.O., and consumption patterns. Exploratory findings. Journal of Business Research, 20 (2), pp. 109-122.

Van Deth, Jan W. (1983) Ranking the ratings: The case of materialist and post-materialist value orientations. Political Methodology, 9 (4), pp. 407-431.

Van Herk, Hester & Bijmolt, Tammo H. A. (1999) Rating versus ranking of values in cross-national research. Discussion Paper Nr. 9929. Tilburg: Center for Economic Research.

Van Herk, Hester & Verhallen, Theo M. M. (1995) Response effects in international research in the food area. In: Proceedings of the second international conference on "The cultural dimension of international marketing". Odense: Denmark, pp. 392-402.

Vandenberg, Robert J. (2006) Statistical and methodological myths and urban legends. Where, pray tell, did they get this idea? Organizational Research Methods, 9 (2), pp. 194-201.

Veldman, Donald J. (1974) Simple structure and the number of factors problem. Multivariate Behavioral Research, 9 (2), pp. 191-200.

Velicer, Wayne F. (1976) Determining the number of components from the matrix of partial correlations. Psychometrika, 41 (3), pp. 321-327.

Velicer, Wayne F. & Fava, Joseph L. (1998) Effects of variable and subject sampling on factor pattern recovery. Psychological Methods, 3 (2), pp. 231-251.

Velicer, Wayne F. & Jackson, Douglas N. (1990) Component analysis versus common factor analysis: Some issues in selecting an appropriate procedure. Multivariate Behavioral Research, 25 (1), pp. 1-28.

Velicer, Wayne F.; Peacock, Andrew C. & Jackson, Douglas N. (1982) A comparison of component and factor patterns: A Monte Carlo approach. Multivariate Behavioral Research, 17 (3), pp. 371-388.

Veludo-de-Oliveira, Tânia M.; Ikeda, Ana A & Campomar, Marcos C. (2006) Laddering in the practice of marketing research: Barriers and solutions. Qualitative Market Research, 9 (3), pp. 297-306.

Vernon, Philip E. & Allport, Gordon W. (1931) A test for personal values. Journal of Abnormal and Social Psychology, 26 (3), pp. 231-248.

Veroff, Joseph; Douvan, Elizabeth & Kulka, Richard A. (1981) The inner American: A self-portrait from 1957 to 1976. New York: Basic Books.

Vidich, Arthur J. & Lyman, Stanford M. (1994) Qualitative methods: Their history in sociology and anthropology. In: Denzin, Norman K. & Lincoln, Yvonna S. (eds.) Handbook of qualitative research. Thousand Oaks: Sage, pp. 23-59.

Vierra, Robert K. & Carlson, David L. (1981) Factor analysis, random data, and patterned results. American Antiquity, 46 (2), pp. 272-283.

Vinson, Donald E. & Munson, J. Michael (1976) Personal values: An approach in market segmentation. In: Bernhardt, Kenneth L. (ed.) Marketing: 1877-1976 and beyond. Chicago: American Marketing Association, pp. 313-317.

Vinson, Donald E.; Munson, J. Michael & Nakanishi, Masao (1977a) An investigation of the Rokeach value survey for consumer research applications. Advances in Consumer Research, 4, pp. 247-252.

Vinson, Donald E.; Scott, Jerome E. & Lamont, Lawrence M. (1977b) The role of personal values in marketing and consumer behavior. Journal of Marketing, 41 (2), pp. 44-50.

Walden, Eric (2000) Some value propositions of online communities. Electronic Markets, 10 (4), pp. 244-249.

Walther, Joseph B. (1993). Impression development in computer-mediated interaction. Western Journal of Communication, 57 (4), pp. 381-398.

Wang, Youcheng & Fesenmaier, Daniel R. (2003) Assessing motivation of contribution in online communities: An empirical investigation of an online travel community. Electronic Markets, 13 (1), pp. 33-45.

Wang, Youcheng & Fesenmaier, Daniel R. (2004) Modeling participation in an online travel community. Journal of Travel Research, 42 (3), pp. 261-270.

Wanzer, Melissa B.; Booth-Butterfield, Melanie & Booth-Butterfield, Steve (1996) Are funny people popular? An examination of humour orientation, loneliness and social attraction, Communication Quarterly 44 (1), pp. 42-52.

Waschulewski, Ute (2002) Die Wertpsychologie Eduard Sprangers: Eine Untersuchung zur Aktualität der "Lebensformen". Münster u.a.: Waxmann.

Waskul, Dennis & Douglass, Mark (1997) Cyberself: The emergence of self in on-line chat. The Information Society, 13 (4), pp. 375-397.

Watzlawick, Paul; Beavin, Janet H. & Jackson, Don D. (1968) Pragmatics of human communication – A study of interactional patterns, pathologies, and paradoxes. London: Faber and Faber.

Weber, Max (1904) Die "Objektivität" sozialwissenschaftlicher und sozialpolitischer Erkenntnisse. In: Weber, Max (1973) Gesammelte Aufsätze zur Wissenschaftslehre. Tübingen: Mohr, S. 146-214.

Weber, Stephen J. & Cook, Thomas D. (1972) Subject effects in laboratory research: An examination of subject roles, demand characteristics, and valid inference. Psychological Bulletin, 77 (4), pp. 273-295.

Wedell, Douglas H. & Parducci, Allen (1988) The category effect in social judgment: Experimental ratings of happiness. Journal of Personality and Social Psychology, 55 (3), pp. 341-356.

Wedell, Douglas H.; Parducci, Allen & Geiselman, R. Edward (1987) A formal analysis of ratings of physical attractiveness: Successive contrast and simultaneous assimilation. Journal of Experimental Social Psychology, 23 (3), pp. 230-249.

Weeks, Michael F. (1992) Survey operations. Journal of Official Statistics, 8 (4), pp. 445-465.

Weeks, William A. & Kahle, Lynn R. (1990) Social values and salespeople's effort: Entrepreneurial versus routine selling. Journal of Business Research, 20 (2), pp. 183-190.

Weijters Bert (2006) Response styles in consumer research. Dissertation, Ghent University. (Online unter http://www.feb.ugent.be/fac/research/Proefschriften/Weijters_B_proefschrift.pdf; Letzter Zugriff: 19.06.2007)

Weijters, Bert; Schillewaert, Niels & Geuens, Maggie (2004) Measurement bias due to response styles: A structural equation model assessing the effect of modes of data collection. Gent: Vlerick Leuven Gent Management School, Working Paper Series 2004/20.

Weijters, Bert; Schillewaert, Niels & Geuens, Maggie (2005) Response styles in marketing research : A means and covariance structures comparison of modes of data-collection. Gent : Faculteit Economie en Bedrijfskunde, Working Paper Series 05/349. (Online unter http://www.feb.ugent.be/Fac/Research/WP/Papers/wp_05_349.pdf; Letzter Zugriff: 19.06.2007)

Weis, Robert; Stamm, Keith; Smith, Craig; Nilan, Michael; Clark, Fiona; Weis, Joan & Kennedy, Kate (2003) Communities of care and caring: The case of MSWatch.com®. Journal of Health Psychology, 8 (1), pp. 135-148.

Weiser, Eric B. (2001) The functions of internet use and their social and psychological consequences. CyberPsychology & Behavior, 4 (6), pp. 723-743.

Weiss, David J. (1971) Further considerations in applications of factor analysis. Journal of Counselling Psychology, 18 (1), pp. 85-92.

Wellman, Barry (2001) Physical place and cyberspace: The rise of personalized networking. International Journal of Urban and Regional Research, 22 (2), pp. 227-252.

Wellman, Barry & Gulia, Milena (1999) Virtual communities as communities. Net surfers don't ride alone. In: Smith, Marc A. & Kollock, Peter (eds.) Communities in cyberspace. London u.a.: Routledge, pp. 167-193.

Wellman, Barry; Quan-Haase, Anabel; Witte, James & Hampton, Keith (2001) Does the internet increase, decrease, or supplement social capital? American Behavioral Scientist, 45 (3), pp. 436-455.

Weng, Li-Jen & Cheng, Chung-Ping (2005) Parallel analysis with unidimensional binary data. Educational and Psychological Measurement, 65 (5), pp. 697-716.

West, Stephen G.; Finch, John G. & Curran, Patrick J. (1995) Structural equation models with nonnormal variables: Problems and remedies. In: Hoyle, Rick H. (ed.) Structural equation modeling. Concepts, issues, and applications. Newbury Park: Sage, pp. 56-75.

Whitlock, Janis L.; Powers, Jane L. & Eckenrode, John (2006) The virtual cutting edge: The internet and adolescent self-injury. Developmental Psychology, 42 (3), pp. 407-417.

Widén-Wulff, Gunilla & Ginman, Mariam (2004) Explaining knowledge sharing in organizations through the dimensions of social capital. Journal of Information Science, 30 (5), pp. 448-458.

Wiendieck, Gerd (1997) Führungskräfte im Urteil ihrer Mitarbeiter – Eiin Erfahrungsbericht. In: Bungard, Walter & Jöns, Ingela (Hrsg.) Mitarbeiterbefragung. Ein Instrument des Innovations- und Qualitätsmanagements. Weinheim: Beltz, S. 386-398.

Wiendieck, Gerd (2000) Mitarbeiterbefragung in einem Logistikkonzern. Unveröffentlichter Ergebnisbericht. Köln: gewa-consulting.

Wiggins, Jerry S. (1962) Strategic, method, and stylistic variance in the MMPI. Psychological Bulletin, 59 (3), pp. 224-242.

Wilbur, Shawn P. (2000) An archaeology of cyberspaces: Virtuality, community, identity. In: Bell, David & Kennedy, Barbara M. (eds.) The cybercultures reader. London and New York: Routledge, pp. 45-55.

Williams, Kipling D. & Karau, Steven J. (1991) Social loafing and social compensation: The effects of expectations of co-worker performance. Journal of Personality and Social Psychology, 6 (4), pp. 570-581.

Williams, Robin M., Jr. (1968) The concept of values. In: Sills, David L. (ed.) International encyclopedia of the social sciences (Volume 16). New York: Macmillan, pp. 283-287.

Williams, Robin M., Jr. (1979) Change and stability in values and value systems: A sociological perspective. In: Rokeach, Milton (ed.) Understanding human values. Individual and societal, New York: The Free Press, pp. 15-46.

Willis, Gordon B. (1996) The use of strategic processes by survey respondents. In: Herrmann, Douglas J.; McEvoy, Cathy; Hertzog, Christopher; Hertel, Paula & Johnson,

Marcia K. (eds.) Basic and applied memory research. Vol. 2: Practical applications. Mahwah: Erlbaum, pp. 153-165.

Willis, Gordon B.; Royston, Patricia & Bercini, Deborah (1991) The use of verbal report methods in the development and testing of survey questions. Applied Cognitive Psychology, 5 (3), pp. 251-267.

Willmanns, Rainer; Brachetti, Jürgen; Jansen, Marie-Luise; Morawa, Eberhard & Witzel, Marco (2006) WERteleitfaden für Führungskräfte. Zürich: vdf-Hochschulverlag.

Wilson, Marc Stewart (2005) A social-value analysis of postmaterialism. The Journal of Social Psychology, 145 (2), pp. 209-224.

Wilson, Samuel M. & Peterson, Leighton C. (2002) The anthropology of online communities. Annual Review of Anthropology, 31, pp. 449-467.

Wintermantel, Margret (1973) Soziale Genese von Sprechstilen. Diktionsdistanz. Meisenheim: Hain.

Wirtz, Jochen (2001) Improving the measurement of customer satisfaction: A test of three methods to reduce halo. Managing Service Quality, 11 (2), pp. 99-111.

Wirtz, Markus & Caspar, Jochen (2002) Beurteilerübereinstimmung und Beurteilerreliabilität. Methoden zur Bestimmung und Verbesserung der Zuverlässigkeit von Einschätzungen mittels Kategoriensystemen und Ratingskalen. Göttingen u.a.: Hogrefe.

Wiseman, Frederick (1973) Factor interaction effects in mail survey response rate. Journal of Marketing Research, 10 (3), pp. 330-333.

Wiseman, Michael (1993) An efficient method for computing factor similarity coefficients: A computational note and an algorithm. Computational Statistics & Data Analysis, 15 (1), pp. 111-114.

Wiswede, Günter (1977) Rollentheorie. Stuttgart: Kohlhammer.

Wiswede, Günter (1979) Reaktanz – Zur Anwendung einer sozialwissenschaftlicher Theorie auf Probleme der Werbung und des Verkaufs. Jahrbuch der Absatz- und Verbrauchsforschung, 25 (1), S. 81-110.

Wiswede, Günter (1998) Soziologie. Grundlagen und Perspektiven für den wirtschafts- und sozialwissenschaftlichen Bereich. Landsberg am Lech: Moderne Industrie, 3. Auflage.

Wiswede, Günter (2004) Sozialpsychologie-Lexikon. München u. Wien: Oldenbourg.

Wiswede, Günter (2007) Einführung in die Wirtschaftspsychologie. München u. Basel: Reinhardt, 4. Auflage.

Wiswede, Günter; Dethloff, Claus & Gabriel, Matthias (2003) Wie viel Innovation braucht der Mensch? Unveröffentlichter Ergebnisbericht zur Innovations-Studie der Gesellschaft für Konsum-, Markt- und Absatzforschung Nürnberg e.V. Köln: Institut für Wirtschafts- und Sozialpsychologie.

Wiswede, Günter; Dethloff, Claus & Gabriel, Matthias (2004a) Zeit: Bremse oder Beschleuniger des Konsums? Unveröffentlichter Ergebnisbericht zur Zeit-Studie der Gesellschaft für Konsum-, Markt- und Absatzforschung Nürnberg e.V. Köln: Institut für Wirtschafts- und Sozialpsychologie.

Wiswede, Günter; Gabriel, Matthias & Dethloff, Claus (2004b) Trendsensor Konsum 2004: Zwischen Reformfrust und Konsumfrost – kein Grund zur Resignation. Abschlussbericht für die Gesellschaft für Konsum-, Markt- und Absatzforschung Nürnberg e.V. Köln: Institut für Wirtschafts- und Sozialpsychologie.

Wiszniewski, Dorian & Coyne, Richard (2002) Mask and identity: The hermeneutics of self construction in the information age. In: Renninger, K. Ann (ed.) Building virtual communities. Learning and change in cyberspace. Cambridge: Cambridge University Press, S. 191-214.

Withey, Stephen B. (1965) The U.S. and the U.S.S.R.: A report of the public's perspective on United States-Russian relations in the late 1991. In: Bobrow, Davis B. (ed.) Components of defense policy. Chicago: Rand McNally, pp. 164-174.

Wood, James M.; Tataryn, Douglas J. & Gorsuch, Richard L. (1996) Effects of under- and overextraction on principal axis factor analysis with varimax rotation. Psychological Methods, 1 (4), pp. 354-365.

Wuthnow, Robert (1998) Loose connections: Joining together in America's fragmented communities. Cambridge: Harvard University Press.

Wyer, Robert S., Jr. & Srull, Thomas K. (1981) Category accessibility: Some theoretical and empirical issues concerning the processing of social stimulus information. In: Higgins, E. Tory; Herman, C. Peter & Zanna, Mark P. (eds.) Social cognition. Hillsdale: Erlbaum, pp. 161-197.

Wyer, Robert S., Jr. & Srull, Thomas K. (1986) Human cognition in its social context. Psychological Review, 93 (2), pp. 322-359.

Wyer, Robert S., Jr.; Srull, Thomas K. & Gordon, Sallie E. (1984) The effects of predicting a person's behavior on subsequent trait judgments. Journal of Experimental Social Psychology, 20 (1), pp. 29-46.

Yeomans, Keith A. & Golder, Paul A. (1982) The Guttman-Kaiser criterion as a predictor of the number of common factors. Statistician, 31 (3), pp. 221-229.

Zajonc, Robert B. (1968a) Cognitive theories in social psychology. In: Lindzey, Gardner & Aronson, Elliot (eds.) Handbook of social psychology, Vol. 1, 2nd edition. Reading: Addison-Wesley, pp. 320-411.

Zajonc, Robert B. (1968b) Attitudinal effects of mere exposure. Journal of Personality and Social Psychology, 9 (2, Part 2), pp. 1-27.

Zaller, John R. & Feldman, Stanley (1992) A simple theory of the survey response: Answering questions versus revealing preferences. American Journal of Political Science, 36 (3), pp. 579-616.

Zerbe, Wilfred J. & Paulhus, Delroy L. (1987) Socially desirable responding in organizational behavior: A reconception. Academy of Management Review, 12 (2), pp. 250-264.

Zoppi, Kathleen A. & Epstein, Ronald M. (2002) Interviewing in medical settings. In: Gubrium, Jaber F. & Holstein, James A. (eds.) Handbook of interview research. Context & method. Thousand Oaks u.a.: Sage, pp. 355-383.

Zwick, Rodney R. & Solan, David S. (1996) Value differences between consumptive and nonconsumptive recreationists. In: Kuentzel, Walter F. (ed.), Proceedings of the 1996 Northeastern recreation research symposium. Radnor: Northeastern Forest Experiment Station, pp. 223-226.

Zwick, William R. & Velicer, Wayne F. (1982) Factors influencing four rules for determining the number of components to retain. Multivariate Behavioral Research, 17 (2), pp. 253-269.

Zwick, William R. & Velicer, Wayne F. (1986) Comparison of five rules for determining the number of components to retain. Psychological Bulletin, 99 (3), pp. 432-442.

8 Anhang

Fragebogen - Microsoft Internet Explorer

Ihre Meinung zählt!

Um etwas über die Werte-Orientierungen von Mitgliedern in Online-Communities zu erfahren, führt das Institut für Wirtschafts- und Sozialpsychologie der Universität zu Köln im Zeitraum vom 14.03. bis 24.03.2002 eine wissenschaftliche Untersuchung durch.

Damit ein möglichst umfassendes und aussagekräftiges Bild gewonnen werden kann, ist Ihre Teilnahme an dieser Erhebung sehr wichtig, denn wer könnte besser zu diesem Themenkomplex Stellung beziehen als Sie ?

Helfen Sie uns, indem Sie sich ein paar Minuten Zeit zur Beantwortung einiger Fragen nehmen.

Als kleines Dankeschön erhalten Sie 1000 © für Ihre Mühe.

Alle Ihre Angaben werden streng vertraulich behandelt, nur in aggregierter Form ausgewertet und dienen ausschließlich wissenschaftlichen Zwecken. Ich möchte an dieser Untersuchung

- jetzt teilnehmen
- erst zu einem späteren Zeitpunkt teilnehmen
- nicht teilnehmen

Anhang 1: Seite 00 des Fragebogens

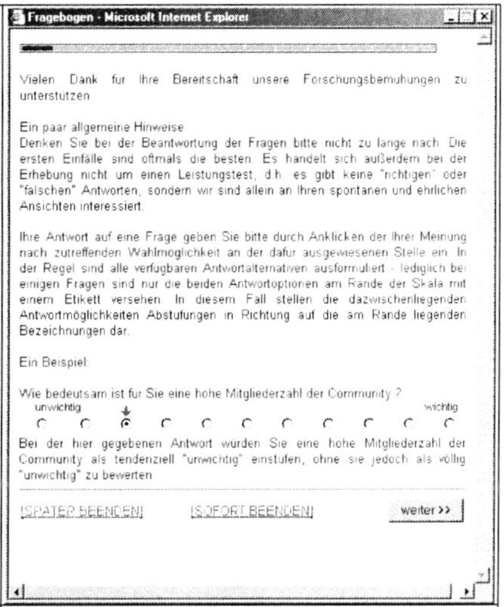

Fragebogen - Microsoft Internet Explorer

Vielen Dank für Ihre Bereitschaft unsere Forschungsbemühungen zu unterstützen.

Ein paar allgemeine Hinweise:
Denken Sie bei der Beantwortung der Fragen bitte nicht zu lange nach. Die ersten Einfälle sind oftmals die besten. Es handelt sich außerdem bei der Erhebung nicht um einen Leistungstest, d.h. es gibt keine "richtigen" oder "falschen" Antworten, sondern wir sind allein an Ihren spontanen und ehrlichen Ansichten interessiert.

Ihre Antwort auf eine Frage geben Sie bitte durch Anklicken der Ihrer Meinung nach zutreffenden Wahlmöglichkeit an der dafür ausgewiesenen Stelle ein. In der Regel sind alle verfügbaren Antwortalternativen ausformuliert - lediglich bei einigen Fragen sind nur die beiden Antwortoptionen am Rande der Skala mit einem Etikett versehen. In diesem Fall stellen die dazwischenliegenden Antwortmöglichkeiten Abstufungen in Richtung auf die am Rande liegenden Bezeichnungen dar.

Ein Beispiel:

Wie bedeutsam ist für Sie eine hohe Mitgliederzahl der Community ?
unwichtig ... wichtig

Bei der hier gegebenen Antwort wurden Sie eine hohe Mitgliederzahl der Community als tendenziell "unwichtig" einstufen, ohne sie jedoch als völlig "unwichtig" zu bewerten.

[SPÄTER BEENDEN] [SOFORT BEENDEN] weiter >>

Anhang 2: Seite 01 des Fragebogens

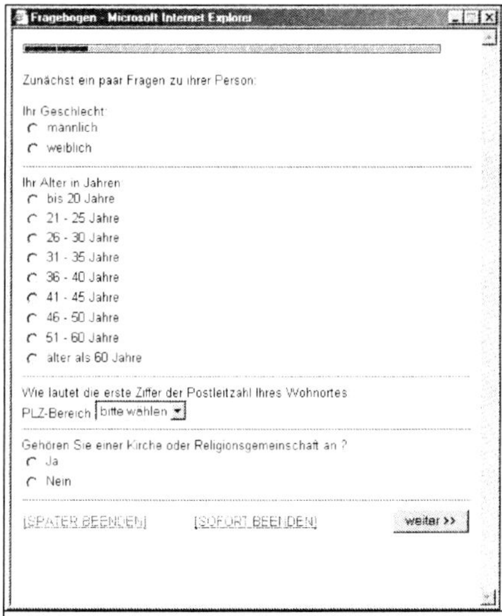

Fragebogen - Microsoft Internet Explorer

Zunächst ein paar Fragen zu Ihrer Person:

Ihr Geschlecht:
- männlich
- weiblich

Ihr Alter in Jahren:
- bis 20 Jahre
- 21 - 25 Jahre
- 26 - 30 Jahre
- 31 - 35 Jahre
- 36 - 40 Jahre
- 41 - 45 Jahre
- 46 - 50 Jahre
- 51 - 60 Jahre
- älter als 60 Jahre

Wie lautet die erste Ziffer der Postleitzahl Ihres Wohnortes
PLZ-Bereich: bitte wählen

Gehören Sie einer Kirche oder Religionsgemeinschaft an ?
- Ja
- Nein

[SPÄTER BEENDEN] [SOFORT BEENDEN] weiter >>

Anhang 3: Seite 02 des Fragebogens

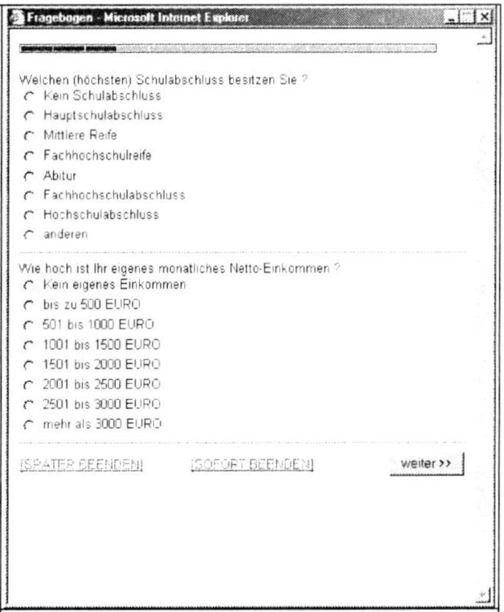

Fragebogen - Microsoft Internet Explorer

Welchen (höchsten) Schulabschluss besitzen Sie ?
- Kein Schulabschluss
- Hauptschulabschluss
- Mittlere Reife
- Fachhochschulreife
- Abitur
- Fachhochschulabschluss
- Hochschulabschluss
- anderen

Wie hoch ist Ihr eigenes monatliches Netto-Einkommen ?
- Kein eigenes Einkommen
- bis zu 500 EURO
- 501 bis 1000 EURO
- 1001 bis 1500 EURO
- 1501 bis 2000 EURO
- 2001 bis 2500 EURO
- 2501 bis 3000 EURO
- mehr als 3000 EURO

[SPÄTER BEENDEN] [SOFORT BEENDEN] weiter >>

Anhang 4: Seite 03 des Fragebogens

Fragebogen - Microsoft Internet Explorer

Bevor es nachfolgend um die Beurteilung der persönlichen Bedeutsamkeit von Werten geht, ein kurze Erläuterung, was genau unter einem "Wert" zu verstehen ist

Ein Wert kann aufgefasst werden als eine relativ konstante Überzeugung, dass eine spezielle Art des Verhaltens (z B Ehrlichkeit) oder ein existenzieller Zielzustand (z B eine gerechte Welt) aus persönlichen oder sozialen Grunden als vorziehenswert gegenüber der Umkehrung (Unehrlichkeit/Lugen) oder dem Gegenteil (eine ungerechte Welt) angesehen wird.

Einzelne Werte werden in der Regel zu sogenannten "Werteinventaren" zusammengefasst, wobei es keine einheitliche Meinung darüber gibt, welche und wie viele Werte eine derartige Aufstellung beinhalten sollte. Für diese Untersuchung haben wir uns entschieden, von einer Liste mit 17 Werten auszugehen, die Ihnen auf der nächsten Seite vorgestellt werden

[SPATER BEENDEN] [SOFORT BEENDEN] weiter >>

Anhang 5: Seite 04 des Fragebogens

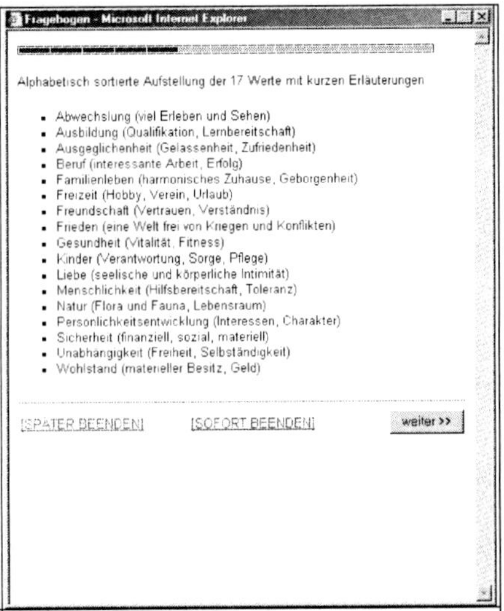

Fragebogen - Microsoft Internet Explorer

Alphabetisch sortierte Aufstellung der 17 Werte mit kurzen Erläuterungen

- Abwechslung (viel Erleben und Sehen)
- Ausbildung (Qualifikation, Lernbereitschaft)
- Ausgeglichenheit (Gelassenheit, Zufriedenheit)
- Beruf (interessante Arbeit, Erfolg)
- Familienleben (harmonisches Zuhause, Geborgenheit)
- Freizeit (Hobby, Verein, Urlaub)
- Freundschaft (Vertrauen, Verständnis)
- Frieden (eine Welt frei von Kriegen und Konflikten)
- Gesundheit (Vitalität, Fitness)
- Kinder (Verantwortung, Sorge, Pflege)
- Liebe (seelische und körperliche Intimität)
- Menschlichkeit (Hilfsbereitschaft, Toleranz)
- Natur (Flora und Fauna, Lebensraum)
- Persönlichkeitsentwicklung (Interessen, Charakter)
- Sicherheit (finanziell, sozial, materiell)
- Unabhängigkeit (Freiheit, Selbständigkeit)
- Wohlstand (materieller Besitz, Geld)

[SPATER BEENDEN] [SOFORT BEENDEN] weiter >>

Anhang 6: Seite 05 des Fragebogens

Fragebogen - Microsoft Internet Explorer

Lesen Sie sich die - nach dem Zufallsprinzip sortierte - Aufstellung der 17 Werte mit den kurzen Erläuterungen bitte durch, und markieren den Begriff durch Anklicken des davor befindlichen Kästchens, der den für Sie persönlich bedeutendsten Wert beschreibt

- Ausgeglichenheit (Gelassenheit, Zufriedenheit)
- Freizeit (Hobby, Verein, Urlaub)
- Unabhängigkeit (Freiheit, Selbständigkeit)
- Familienleben (harmonisches Zuhause, Geborgenheit)
- Sicherheit (finanziell, sozial, materiell)
- Gesundheit (Vitalität, Fitness)
- Wohlstand (materieller Besitz, Geld)
- Liebe (seelische und körperliche Intimität)
- Menschlichkeit (Hilfsbereitschaft, Toleranz)
- Abwechslung (viel Erleben und Sehen)
- Freundschaft (Vertrauen, Verständnis)
- Beruf (interessante Arbeit, Erfolg)
- Frieden (eine Welt frei von Kriegen und Konflikten)
- Natur (Flora und Fauna, Lebensraum)
- Ausbildung (Qualifikation, Lernbereitschaft)
- Persönlichkeitsentwicklung (Interessen, Charakter)
- Kinder (Verantwortung, Sorge, Pflege)

[SPATER BEENDEN] [SOFORT BEENDEN] weiter >>

Anhang 7: Seite 06b des Fragebogens

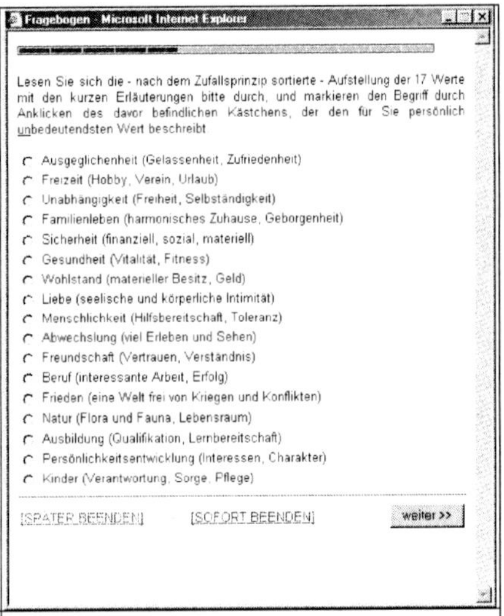

Fragebogen - Microsoft Internet Explorer

Lesen Sie sich die - nach dem Zufallsprinzip sortierte - Aufstellung der 17 Werte mit den kurzen Erläuterungen bitte durch, und markieren den Begriff durch Anklicken des davor befindlichen Kästchens, der den für Sie persönlich unbedeutendsten Wert beschreibt

- Ausgeglichenheit (Gelassenheit, Zufriedenheit)
- Freizeit (Hobby, Verein, Urlaub)
- Unabhängigkeit (Freiheit, Selbständigkeit)
- Familienleben (harmonisches Zuhause, Geborgenheit)
- Sicherheit (finanziell, sozial, materiell)
- Gesundheit (Vitalität, Fitness)
- Wohlstand (materieller Besitz, Geld)
- Liebe (seelische und körperliche Intimität)
- Menschlichkeit (Hilfsbereitschaft, Toleranz)
- Abwechslung (viel Erleben und Sehen)
- Freundschaft (Vertrauen, Verständnis)
- Beruf (interessante Arbeit, Erfolg)
- Frieden (eine Welt frei von Kriegen und Konflikten)
- Natur (Flora und Fauna, Lebensraum)
- Ausbildung (Qualifikation, Lernbereitschaft)
- Persönlichkeitsentwicklung (Interessen, Charakter)
- Kinder (Verantwortung, Sorge, Pflege)

[SPATER BEENDEN] [SOFORT BEENDEN] weiter >>

Anhang 8: Seite 06a des Fragebogens

Fragebogen - Microsoft Internet Explorer

Beurteilen Sie nun bitte jeden einzelnen der 17 aufgeführten Werte danach, wie bedeutsam er Ihnen persönlich ist.

	unwichtig				wichtig
Kinder	○	○	○	○	○
Persönlichkeitsentwicklung	○	○	○	○	○
Ausbildung	○	○	○	○	○
Natur	○	○	○	○	○
Frieden	○	○	○	○	○
Beruf	○	○	○	○	○
Freundschaft	○	○	○	○	○
Abwechslung	○	○	○	○	○
Menschlichkeit	○	○	○	○	○
Liebe	○	○	○	○	○
Wohlstand	○	○	○	○	○
Gesundheit	○	○	○	○	○
Sicherheit	○	○	○	○	○
Familienleben	○	○	○	○	○
Unabhängigkeit	○	○	○	○	○
Freizeit	○	○	○	○	○
Ausgeglichenheit	○	○	○	○	○

[SPÄTER BEENDEN] [SOFORT BEENDEN] weiter >>

Anhang 9: Seite 07 des Fragebogens

Fragebogen - Microsoft Internet Explorer

Bei der gerade bearbeiteten Aufgabe sind Sie gebeten worden, sowohl den für Sie persönlich bedeutendsten Wert als auch den für Sie persönlich unbedeutendsten Wert anzugeben. Ist Ihnen die Beantwortung dieser beiden Fragen eher schwer gefallen oder nicht ?

- ○ Die Erfüllung dieser beiden Anforderungen ist mir eher schwer gefallen.
- ○ Die Erfüllung dieser beiden Anforderungen ist mir nicht schwer gefallen.

Welche dieser beiden Anforderungen war für Sie schwieriger zu bewältigen ?

- ○ Der für mich bedeutendste Wert war schwieriger zu bestimmen.
- ○ Der für mich unbedeutendste Wert war schwieriger zu bestimmen.
- ○ Die Bestimmung der beiden Werte war für mich etwa gleich schwierig.

[SPÄTER BEENDEN] [SOFORT BEENDEN] weiter >>

Anhang 10: Seite 08 des Fragebogens

Fragebogen - Microsoft Internet Explorer

Ist Ihnen die Zuordnung aller Werte zu einer Kategorie der 5 Antwortmöglichkeiten (unwichtig - wichtig) in "angemessener" Zeit und eindeutig gelungen, oder hat sie bei dem einen oder anderen Wert etwas länger gedauert ?

- ○ Die Einstufung aller 17 Werte hat mir einige Schwierigkeiten bereitet.
- ○ Die Einstufung der Mehrzahl der 17 Werte hat mir einige Schwierigkeiten bereitet.
- ○ Schwierige und nicht schwierige Einstufungen haben sich die Waage gehalten.
- ○ Die Einstufung der Mehrzahl der 17 Werte hat mir kaum Schwierigkeiten bereitet.
- ○ Die Einstufung aller 17 Werte hat mir kaum Schwierigkeiten bereitet.

Ihnen standen zur Einordnung der einzelnen Werte 5 Antwortkategorien (unwichtig - wichtig) zur Verfügung. Fanden Sie diese Anzahl angemessen, oder hätten Sie lieber mehr Kategorien - z.B. 11 - zur Auswahl gehabt ?

- ○ Die Anzahl der 5 Einordnungsmöglichkeiten war angemessen.
- ○ Ich hätte lieber 11 Einordnungsmöglichkeiten zur Verfügung gehabt.

[SPÄTER BEENDEN] [SOFORT BEENDEN] weiter >>

Anhang 11: Seite 9 des Fragebogens

Fragebogen - Microsoft Internet Explorer

Angenommen der Bundestagswahlkampf 2002 wird nur von 4 Themen beherrscht, zu denen alle Parteien die gleichen Versprechen abgeben.

- So soll die Arbeitslosigkeit um etwa 25 % durch die Schaffung zukunftsorientierter neuer Stellen reduziert werden.
- Das Gesundheitswesen soll grundlegend reformiert werden, bei Sicherstellung einer umfassenden Grundversorgung zu einem stabilen Beitragssatz auf heutigem Niveau.
- Die Landwirtschaft soll weitestgehend auf ökologisch orientierten Anbau und artgerechte Tierhaltung umgestellt werden.
- Daneben soll auch eine Steuerreform durchgeführt werden, bei der das Regelwerk stark vereinfacht wird und eine spürbare Entlastung kleinerer und mittlerer Einkommen erzielt wird.

Die Priorität der Realisierung der einzelnen Versprechen variiert allerdings bei den Parteien. Gehen Sie davon aus, dass der im jeweiligen Wahlprogramm erstgenannte Aspekt zu fast 100 %, der an zweiter Stelle aufgeführte zu etwa 50 % und der drittplatzierte noch zu knapp 10 % realisiert werden können, während der an Position 4 stehende Aspekt gar nicht (0 %) umgesetzt werden kann. Ordnen Sie nun bitte jedem Ziel die Platzziffer zu, die es im Wahlprogramm einnehmen müsste, damit Sie einer Partei Ihre Stimme geben. Bitte achten Sie darauf, jede Platzziffer nur einmal zu vergeben, d.h. in jeder Zeile darf nur eine Markierung vorgenommen werden.

	Platz 1 Erfüllung: 100%	Platz 2 Erfüllung: 50 %	Platz 3 Erfüllung: 10 %	Platz 4 Erfüllung: 0 %
Arbeitslosigkeit	○	○	○	○
Gesundheitswesen	○	○	○	○
Landwirtschaft	○	○	○	○
Steuerreform	○	○	○	○

[SPÄTER BEENDEN] [SOFORT BEENDEN] weiter >>

Anhang 12: Seite 10 des Fragebogens

Fragebogen - Microsoft Internet Explorer

Stellen Sie sich doch einmal vor, Sie hätten die Möglichkeit in die Zukunft zu blicken, und heute etwas über Ihr Leben in 5 Jahren (also im März 2007) zu erfahren. Für welchen der unten aufgeführten Aspekte würden Sie sich dann entscheiden ? (Bitte einen auswählen)

- Mit welchem Partner / welcher Partnerin Sie zusammen sind
- Wie sich Ihre körperliche Verfassung darstellt
- Die Zusammensetzung Ihres engeren Bekanntenkreises
- Wie Sie Ihren Lebensunterhalt bestreiten

Hätten Sie auch an der Umfrage teilgenommen, wenn sie nicht durch eine wissenschaftliche Institution durchgeführt worden wäre ?

- Nein, auf gar keinen Fall
- Nein, wahrscheinlich nicht
- Ja, wahrscheinlich schon
- Ja, auf jeden Fall

Hätten Sie auch an der Umfrage teilgenommen, wenn keine Poolies für die Bereitschaft zum Mitmachen ausgegeben worden wären ?

- Nein, auf gar keinen Fall
- Nein, wahrscheinlich nicht
- Ja, wahrscheinlich schon
- Ja, auf jeden Fall

[SPÄTER BEENDEN] [SOFORT BEENDEN] weiter >>

Anhang 13: Seite 11 des Fragebogens

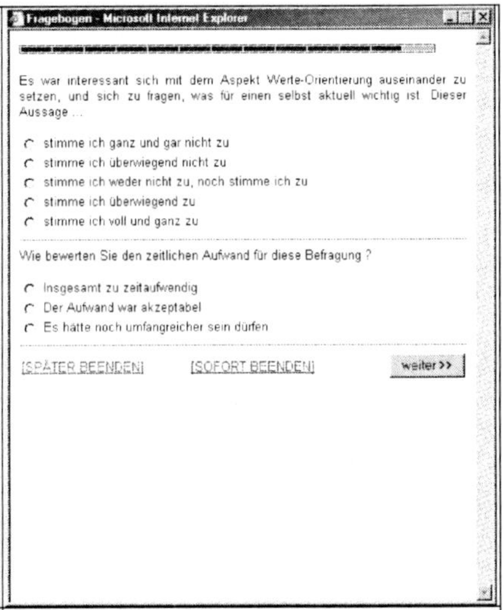

Fragebogen - Microsoft Internet Explorer

Es war interessant sich mit dem Aspekt Werte-Orientierung auseinander zu setzen, und sich zu fragen, was für einen selbst aktuell wichtig ist. Dieser Aussage ...

- stimme ich ganz und gar nicht zu
- stimme ich überwiegend nicht zu
- stimme ich weder nicht zu, noch stimme ich zu
- stimme ich überwiegend zu
- stimme ich voll und ganz zu

Wie bewerten Sie den zeitlichen Aufwand für diese Befragung ?

- Insgesamt zu zeitaufwendig
- Der Aufwand war akzeptabel
- Es hätte noch umfangreicher sein dürfen

[SPÄTER BEENDEN] [SOFORT BEENDEN] weiter >>

Anhang 14: Seite 12 des Fragebogens

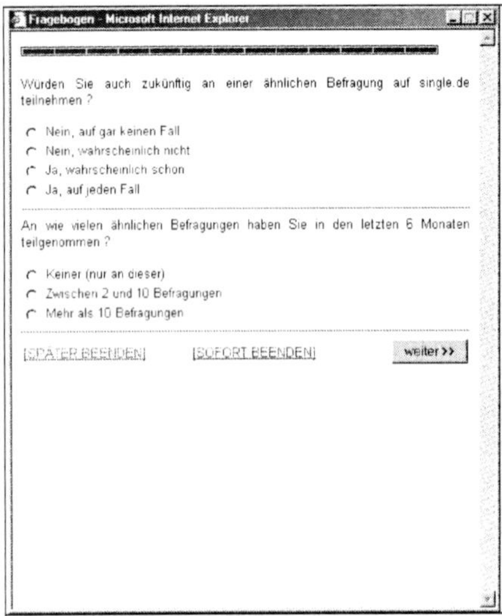

Fragebogen - Microsoft Internet Explorer

Würden Sie auch zukünftig an einer ähnlichen Befragung auf single.de teilnehmen ?

- Nein, auf gar keinen Fall
- Nein, wahrscheinlich nicht
- Ja, wahrscheinlich schon
- Ja, auf jeden Fall

An wie vielen ähnlichen Befragungen haben Sie in den letzten 6 Monaten teilgenommen ?

- Keiner (nur an dieser)
- Zwischen 2 und 10 Befragungen
- Mehr als 10 Befragungen

[SPÄTER BEENDEN] [SOFORT BEENDEN] weiter >>

Anhang 15: Seite 13 des Fragebogens

Fragebogen - Microsoft Internet Explorer

VIELEN DANK FÜR IHRE UNTERSTÜTZUNG

Als kleines Dankeschön wurden 1000 ® auf Ihr Konto überwiesen.

Wenn Sie über die Ergebnisse dieser Studie informiert werden wollen, können Sie hier Ihre Emailadresse angeben. Diese Emailadresse wird selbstverständlich separat von Ihren Umfragedaten gespeichert.

eintragen

Anhang 16: Seite 14 des Fragebogens

Uhrzeit	Wochentag											SU
	FR 15.03	SA 16.03	SO 17.03	MO 18.03	DI 19.03	MI 20.03	DO 21.03	FR 22.03	SA 23.03	SO 24.03	MO 25.03	
0		218	94	65	44	29	23	12	11	12	16	524
1		117	45	38	15	15	14	10	7	10	10	281
2		61	32	13	3	4	7	5	2	7	4	138
3		45	19	6	2	1	1	2	6	5	4	91
4		32	2	2	2	3	0	0	1	0	1	43
5		17	8	3	6	7	1	1	1	3	2	49
6		28	8	23	7	11	3	7	2	2	0	91
7		60	23	51	30	26	12	7	4	3	4	220
8		126	19	106	41	25	11	17	7	3	11	366
9		130	60	94	41	38	32	15	15	12	14	451
10		163	87	102	46	45	34	20	17	23	17	554
11	643	201	110	93	48	34	32	28	19	21		1229
12	1056	173	88	99	61	44	30	33	17	24		1625
13	839	156	109	72	64	32	23	24	18	21		1358
14	687	139	102	83	53	51	23	23	27	15		1203
15	561	128	87	89	53	43	37	19	24	32		1073
16	569	142	98	91	36	52	30	26	14	14		1072
17	602	140	102	79	70	45	30	22	32	20		1142
18	539	189	121	85	60	36	36	30	20	28		1144
19	558	165	132	101	71	40	41	29	23	30		1190
20	471	124	136	101	65	61	39	27	29	23		1076
21	369	119	144	100	52	54	51	30	21	29		969
22	340	100	152	72	51	42	42	25	18	25		867
23	323	96	111	87	39	36	31	20	26	22		791
SU	7557	2869	1889	1655	960	774	583	432	361	384	83	17547

Anhang 17: Tageszeitliche Verteilung der Rückläufe vollständig ausgefüllter Fragebögen

	Wochentag											
Uhrzeit	FR 15.03	SA 16.03	SO 17.03	MO 18.03	DI 19.03	MI 20.03	DO 21.03	FR 22.03	SA 23.03	SO 24.03	MO 25.03	Su
0		7,60	4,98	3,93	4,58	3,75	3,95	2,78	3,05	3,13	19,28	2,99
1		4,08	2,38	2,30	1,56	1,94	2,40	2,31	1,94	2,60	12,05	1,60
2		2,13	1,69	0,79	0,31	0,52	1,20	1,16	0,55	1,82	4,82	0,79
3		1,57	1,01	0,36	0,21	0,13	0,17	0,46	1,66	1,30	4,82	0,52
4		1,12	0,11	0,12	0,21	0,39	0,00	0,00	0,28	0,00	1,20	0,25
5		0,59	0,42	0,18	0,63	0,90	0,17	0,23	0,28	0,78	2,41	0,28
6		0,98	0,42	1,39	0,73	1,42	0,51	1,62	0,55	0,52	0,00	0,52
7		2,09	1,22	3,08	3,13	3,36	2,06	1,62	1,11	0,78	4,82	1,25
8		4,39	1,01	6,40	4,27	3,23	1,89	3,94	1,94	0,78	13,25	2,09
9		4,53	3,18	5,68	4,27	4,91	5,49	3,47	4,16	3,13	16,87	2,57
10		5,68	4,61	6,16	4,79	5,81	5,83	4,63	4,71	5,99	20,48	3,16
11	8,51	7,01	5,82	5,62	5,00	4,39	5,49	6,48	5,26	5,47		7,00
12	13,97	6,03	4,66	5,98	6,35	5,68	5,15	7,64	4,71	6,25		9,26
13	11,10	5,44	5,77	4,35	6,67	4,13	3,95	5,56	4,99	5,47		7,74
14	9,09	4,84	5,40	5,02	5,52	6,59	3,95	5,32	7,48	3,91		6,86
15	7,42	4,46	4,61	5,38	5,52	5,56	6,35	4,40	6,65	8,33		6,12
16	7,53	4,95	5,19	5,50	3,75	6,72	5,15	6,02	3,88	3,65		6,11
17	7,97	4,88	5,40	4,77	7,29	5,81	5,15	5,09	8,86	5,21		6,51
18	7,13	6,59	6,41	5,14	6,25	4,65	6,17	6,94	5,54	7,29		6,52
19	7,38	5,75	6,99	6,10	7,40	5,17	7,03	6,71	6,37	7,81		6,78
20	6,23	4,32	7,20	6,10	6,77	7,88	6,69	6,25	8,03	5,99		6,13
21	4,88	4,15	7,62	6,04	5,42	6,98	8,75	6,94	5,82	7,55		5,52
22	4,50	3,49	8,05	4,35	5,31	5,43	7,20	5,79	4,99	6,51		4,94
23	4,27	3,35	5,88	5,26	4,06	4,65	5,32	4,63	7,20	5,73		4,51

Anhang 18: **Spaltenprozente der obigen Verteilung**

Status	Angezeigt	Später	Abbruch	Unvollständig	Vollständig
Angezeigt		0,9930	0,9652	0,8404	0,9543
Später	0,9981		0,9800	0,8448	0,9378
Abbruch	0,9906	0,9926		0,8778	0,8813
Unvollständig	0,8467	0,8512	0,8825		0,7878
Vollständig	0,9832	0,9725	0,9511	0,7773	

Anhang 19: **Korrelationskoeffizienten zwischen den Verteilungen der Daten in Bezug auf den Expositions- und Bearbeitungsstatus über die 24 Stunden eines Tages. (In der oberen Diagonalmatrix sind die Rangkorrelationen nach Spearman und in der unteren Teilmatrix die Korrelationen nach Bravais-Pearson aufgeführt)**

Zeitspanne	Häufigkeit	Prozent	Rangplatz	Kumulierte Prozente
bis 5 Sekunden	628	4,27	8	4,27
6 - 10 Sekunden	658	4,48	5	8,75
11 - 15 Sekunden	542	3,69	9	12,44
16 - 20 Sekunden	396	2,69	11	15,13
21 - 25 Sekunden	368	2,50	12	17,64
26 - 30 Sekunden	298	2,03	17	19,66
31 - 45 Sekunden	657	4,47	6	24,13
46 - 60 Sekunden	356	2,42	13	26,55
>1 - 1,5 Minuten	452	3,08	10	29,63
>1,5 - 2 Minuten	325	2,21	16	31,84
>2 - 2,5 Minuten	235	1,60	21	33,44
>2,5 - 3 Minuten	192	1,31	24	34,75
>3 - 4 Minuten	265	1,80	18	36,55
>4 - 5 Minuten	226	1,54	22	38,09
>5 - 7,5 Minuten	351	2,39	14	40,47
>7,5 - 10Minuten	245	1,67	19	42,14
>10 - 15 Minuten	331	2,25	15	44,39
>15 - 20 Minuten	190	1,29	25	45,69
>20 - 30 Minuten	242	1,65	20	47,33
>30 - 45 Minuten	169	1,15	28	48,48
>45 - 60 Minuten	125	0,85	31	49,33
>1 - 1,5 Stunden	165	1,12	29	50,46
>1,5 - 2 Stunden	128	0,87	30	51,33
>2 - 3 Stunden	193	1,31	23	52,64
>3 - 4 Stunden	190	1,29	25	53,93
>4 - 5 Stunden	181	1,23	27	55,16
>5 - 12 Stunden	637	4,33	7	59,50
>12 - 24 Stunden	889	6,05	4	65,55
>24 - 48 Stunden	1285	8,74	2	74,29
>48 - 72 Stunden	967	6,58	3	80,87
mehr als 72 Stunden	2812	19,13	1	100,00
Gesamt	14698	100,00		

Anhang 20: **Kategorisierte Zeitspanne zwischen der erstmaligen Kenntnis von der Umfrage und der expliziten Ablehnung der Teilnahme beschränkt auf die Personen, die keine einzige Seite des Fragebogens angezeigt bekommen haben (Abbruch auf Pop-Up-Seite).**

Anmerkung: (1714 Mitglieder haben sich immerhin mindestens eine Seite im Fragebogen angeschaut und erst dann ihre Teilnahme verweigert. Diese Gruppe ist in der obigen Tabelle nicht enthalten, denn die Gesamtzahl der Abbrecher beträgt 16412)

Ausgefüllt bis Seite	Versionsübergreifender Mittelwert (alle Fälle)			Versionsweise Minima (nur Angaben unter 1200 Sekunden [20 Minuten] berücksichtigt)						
	N	MW	SA	N	MW	SA	Min	V	Max	V
2	26	26963	104381	18	28,72	24,52	4	26	100	21
3	20	28973	89484	17	56,18	45,13	18	1	166	23
4	7	47839	97027	4	57,60	26,91	27	5	89	24
5	43	87394	187284	17	71,06	58,11	36	18	119	9
6	10	63082	166339	6	179,50	63,48	108	31	255	27
7	55	23506	84742	24	134,33	84,77	53	1	427	12
8	8	65307	183222	5	373,60	232,51	129	27	659	10
9	26	19611	68396	15	246,80	124,74	60	22	607	28
10	70	49158	158565	27	249,37	108,84	103	6	617	29
11	20	34174	109009	14	296,79	89,94	183	10	474	21
12	5	125166	174541	3	490,33	190,85	270	28	604	12
13	2	272	52	2	271,50	51,62	235	31	308	11
SU	292	44795			168,97					

Anhang 21: **Zeitbedarf der Teilnehmer, die den Fragebogen nur bis zu einer bestimmten Seite ausgefüllt haben. Im linken Teil der Tabelle sind die Daten für alle Personen aufgeführt, während im rechten Teil eine Beschränkung auf die Befragten mit der minimalen Bearbeitungszeit einer Fragebogenversion vorgenommen wurde.**

		Originaldaten				Kategorisierte Angaben (in Sekunden)						
Version	N	MW	SA	SFM	Min	31-45	46-60	61-90	91-120	121-150	151-180	181-210
1	91	143,96	42,70	4,48	61	0	0	14	13	23	19	22
2	94	152,63	46,12	4,76	55	0	2	11	14	13	19	35
3	87	156,40	43,47	4,66	51	0	3	9	5	14	22	34
4	79	152,84	42,30	4,76	45	1	1	7	8	16	22	24
5	80	154,06	44,68	5,00	51	0	3	6	9	13	20	29
6	72	147,43	48,53	5,72	42	2	1	9	12	10	14	24
7	75	147,72	43,78	5,05	43	1	1	5	15	16	13	24
8	89	148,39	44,49	4,72	41	1	2	9	13	15	22	27
9	51	149,90	45,89	6,43	50	0	1	6	9	7	9	19
10	43	141,74	44,62	6,80	60	0	1	6	9	10	4	13
11	50	144,28	45,21	6,39	60	0	1	8	5	12	11	13
12	41	134,66	45,34	7,08	48	0	3	7	5	6	12	8
13	40	142,40	45,90	7,26	64	0	0	8	5	7	10	10
14	47	144,06	43,00	6,27	58	0	1	6	8	11	9	12
15	44	150,59	37,57	5,66	56	0	1	1	8	14	9	11
16	44	135,86	42,91	6,47	52	0	2	6	9	8	11	8
17	52	138,31	43,14	5,98	65	0	0	12	7	10	11	12
18	52	150,77	43,01	5,96	54	0	1	4	9	9	14	15
19	47	149,02	40,71	5,94	64	0	0	6	7	10	9	15
20	58	142,16	43,96	5,77	52	0	4	3	11	13	13	14
21	60	137,40	42,91	5,54	53	0	4	3	14	12	15	12
22	54	138,33	41,04	5,58	44	1	1	4	12	12	15	9
23	54	135,85	43,69	5,95	46	0	3	6	9	14	13	9
24	61	135,56	46,61	5,97	52	0	5	8	13	13	5	17
25	54	138,63	36,58	4,98	65	0	0	5	11	19	11	8
26	36	152,44	35,07	5,85	68	0	0	3	3	10	10	10
27	49	150,10	42,97	6,14	61	0	0	6	8	8	12	15
28	41	135,73	43,32	6,77	61	0	0	8	7	13	5	8
29	57	142,91	38,58	5,11	49	0	1	7	7	12	21	9
30	41	142,34	45,06	7,04	54	0	2	4	10	3	12	10
31	55	131,31	46,04	6,21	48	0	5	8	10	13	9	10
32	45	134,96	45,20	6,74	53	0	1	9	10	3	16	6
D 1	351	151,36	43,80	2,34	45	1	6	41	40	66	82	115
D 2	316	149,45	45,19	2,54	41	4	7	29	49	54	69	104
D 3	185	143,11	45,25	3,33	48	0	6	27	28	35	36	53
D 4	175	143,26	42,34	3,20	52	0	4	21	30	40	39	41
D 5	209	144,89	42,80	2,96	52	0	5	25	34	42	47	56
D 6	229	136,76	43,41	2,87	44	1	13	21	48	51	48	47
D 7	180	143,86	40,00	2,98	61	0	0	22	29	50	38	41
D 8	198	137,76	43,57	3,10	48	0	9	28	37	31	58	35
R 1	830	144,52	43,02	1,49	42	4	17	104	146	184	216	238
R 2	934	144,16	44,44	1,45	41	2	33	110	149	185	201	254
S 1	946	145,11	43,15	1,40	43	1	23	110	142	204	214	252
S 2	897	144,25	44,35	1,48	41	5	27	104	153	165	203	240
Gesamt	1843	144,69	43,73	1,02	41	6	50	214	295	369	417	492

Anhang 22: **Die Bearbeitungszeit der Fragebögen für diejenigen Teilnehmer mit einer Gesamtdauer von weniger als 3 ½ Minuten in originärer und kategorisierter Betrachtung**

Anmerkung: SFM = Standardfehler des Mittelwertes

IK	Fragebogenversion 9	10	11	12	13	14	15	16	17	18	19	20	21	22	23	24	25	26	27	28	29	30	31	32	SU
1	14	26	18	27	21	24	22	28	3	4	0	14	21	21	27	24	22	18	24	20	8	14	7	21	428
2	6	12	10	16	5	7	9	8	3	7	2	3	11	11	13	7	15	14	15	17	9	9	8	13	230
3	3	6	9	12	6	10	7	7	1	6	4	5	6	6	6	4	10	4	9	13	6	9	11	7	167
4	5	7	5	8	4	5	4	8	4	3	3	2	5	6	7	8	5	8	16	8	7	10	5	9	152
5	7	6	5	11	8	7	2	2	4	4	3	1	6	4	3	9	13	15	9	9	8	5	7	5	153
6	10	12	7	7	6	4	4	3	3	3	0	1	2	3	6	7	10	7	11	11	4	11	9	8	149
7	3	6	6	9	4	2	3	7	4	1	1	6	5	1	1	4	8	12	12	10	9	9	5	6	134
8	5	5	8	7	5	2	5	4	4	2	2	1	8	2	6	7	13	6	16	9	6	11	9	7	150
9	5	4	7	4	5	3	4	3	0	4	1	2	1	6	2	4	10	8	9	6	10	8	3	7	116
10	4	6	3	3	4	6	3	6	3	3	1	2	4	4	6	1	18	6	12	14	10	7	6	7	139
11	5	9	1	4	5	4	2	2	0	1	2	2	2	2	1	4	17	9	12	9	12	12	11	5	133
12	5	4	2	3	1	1	2	3	3	3	0	1	3	4	1	3	10	9	8	13	19	8	17	16	139
13	4	6	2	0	6	3	1	5	0	1	2	3	3	4	3	0	11	14	8	7	27	21	11	16	158
14	2	5	0	3	0	2	0	2	1	1	0	0	2	3	0	0	8	14	5	6	23	26	30	24	157
15	3	3	0	5	2	4	4	3	1	0	0	1	0	4	0	1	7	5	4	8	64	93	54	88	354
16	0	0	0	0	0	0	0	0	1	3	1	1	1	1	1	2	0	0	0	0	0	0	0	0	11
17	4	3	4	6	5	3	4	4									7	10	8	10	21	16	13	10	128
18	0	0	0	0	0	0	0	1									0	1	1	1	1	4	1	3	13
19	0	0	0	0	0	0	1	0									1	0	0	0	0	1	0	5	8
20	0	0	0	0	1	0	0	0									0	0	0	0	1	0	2	5	9
21	0	0	0	0	0	0	0	0									1	0	1	3	1	1	1	1	9
22	0	0	1	0	1	0	0	0									0	0	1	0	0	0	0	2	5
23	1	0	0	0	0	0	0	0									0	1	0	2	0	1	0	1	6
24	1	0	1	0	0	0	1	1									0	1	1	0	1	1	2	0	10
25	1	0	0	0	1	1	0	0									1	0	1	1	2	0	1	0	9
26	0	1	0	0	1	1	1	0									0	1	0	2	1	0	0	1	9
27	0	0	1	0	0	1	0	0									1	0	1	0	2	0	0	0	6
28	0	0	0	1	1	0	2	0									0	0	0	4	1	3	1	1	14
29	0	0	0	0	0	1	1	1									0	1	0	0	1	3	1	0	9
30	0	0	0	0	1	0	0	0									0	0	1	0	1	1	1	1	6
31	1	0	0	0	0	0	0	1									1	0	0	0	0	0	2	3	8
32	0	1	0	0	0	1	0	0									0	0	0	1	1	0	0	3	7
SU	89	122	90	126	93	92	82	99	35	46	22	45	80	82	83	85	189	164	185	184	256	284	218	275	3026

Anhang 23: Verteilung der Anzahl an inkonsistenten Antworten in den einzelnen Fragebogenversionen

Anmerkung: IK = Anzahl an Inkonsistenzen; Bei den Versionen 17 bis 24 können maximal 16 inkonsistente Angaben auftreten, weil dort nur jeweils ein Extrem-Wert zu bestimmen war.

IK	Inkonsistenzen nur bei LEAST N	% v. G.	nur bei MOST N	% v. G.	bei LEAST und MOST N	% v. G.	Gesamt
1	372	86,92	56	13,08	0		428
2	160	69,57	64	27,83	6	2,61	230
3	99	59,28	61	36,53	7	4,19	167
4	109	71,71	37	24,34	6	3,95	152
5	101	66,01	43	28,10	9	5,88	153
6	95	63,76	48	32,21	6	4,03	149
7	80	59,70	44	32,84	10	7,46	134
8	95	63,33	41	27,33	14	9,33	150
9	65	56,03	38	32,76	13	11,21	116
10	88	63,31	42	30,22	9	6,47	139
11	73	54,89	48	36,09	12	9,02	133
12	69	49,64	55	39,57	15	10,79	139
13	67	42,41	79	50,00	12	7,59	158
14	46	29,30	103	65,61	8	5,10	157
15	39	11,02	306	86,44	9	2,54	354
16	5	45,45	6	54,55	0		11

Anhang 24: Verteilung der Anzahl an inkonsistenten Antworten in Bezug auf die Extrem-Werte

Anmerkung: % v. G. = Prozentualer Anteil an der Spalte Gesamt (Zeilenprozente)

IK	Skala mit 5 Kategorien N	%	% v. G.	Skala mit 11 Kategorien N	%	% v. G.	Gesamt N	%
1	187	13,15	43,69	241	15,02	56,31	428	14,14
2	106	7,45	46,09	124	7,73	53,91	230	7,60
3	78	5,49	46,71	89	5,55	53,29	167	5,52
4	70	4,92	46,05	82	5,11	53,95	152	5,02
5	75	5,27	49,02	78	4,86	50,98	153	5,06
6	72	5,06	48,32	77	4,80	51,68	149	4,92
7	61	4,29	45,52	73	4,55	54,48	134	4,43
8	87	6,12	58,00	63	3,93	42,00	150	4,96
9	57	4,01	49,14	59	3,68	50,86	116	3,83
10	74	5,20	53,24	65	4,05	46,76	139	4,59
11	70	4,92	52,63	63	3,93	47,37	133	4,40
12	71	4,99	51,08	68	4,24	48,92	139	4,59
13	78	5,49	49,37	80	4,99	50,63	158	5,22
14	71	4,99	45,22	86	5,36	54,78	157	5,19
15	139	9,77	39,27	215	13,40	60,73	354	11,70
16	4	0,28	36,36	7	0,44	63,64	11	0,36
17	66	4,64	51,56	62	3,87	48,44	128	4,23
18	3	0,21	23,08	10	0,62	76,92	13	0,43
19	2	0,14	25,00	6	0,37	75,00	8	0,26
20	4	0,28	44,44	5	0,31	55,56	9	0,30
21	4	0,28	44,44	5	0,31	55,56	9	0,30
22	3	0,21	60,00	2	0,12	40,00	5	0,17
23	1	0,07	16,67	5	0,31	83,33	6	0,20
24	7	0,49	70,00	3	0,19	30,00	10	0,33
25	7	0,49	77,78	2	0,12	22,22	9	0,30
26	3	0,21	33,33	6	0,37	66,67	9	0,30
27	5	0,35	83,33	1	0,06	16,67	6	0,20
28	5	0,35	35,71	9	0,56	64,29	14	0,46
29	3	0,21	33,33	6	0,37	66,67	9	0,30
30	4	0,28	66,67	2	0,12	33,33	6	0,20
31	4	0,28	50,00	4	0,25	50,00	8	0,26
32	1	0,07	14,29	6	0,37	85,71	7	0,23
SU	1422	100,00	46,99	1604	100,00	53,01	3026	100,00

Anhang 25: **Summe der inkonsistenten Antworten unterteilt nach den beiden eingesetzten Skalenweiten (5 und 11 Kategorien)**

Anmerkung: % v. G. = Prozentualer Anteil an der Spalte Gesamt (Zeilenprozente)

IK	Skala mit 5 Optionen			Skala mit 11 Optionen			Gesamt	
	N	%	% v. G.	N	%	% v. G.	N	%
nur bei Least	778	54,71	49,78	785	48,94	50,22	1563	51,65
nur bei Most	471	33,12	43,98	600	37,41	56,02	1071	35,39
bei Least + Most	173	12,17	44,13	219	13,65	55,87	392	12,95
Summe	1422	100,00	46,99	1604	100,00	53,01	3026	100,00

Anhang 26: **Aufteilung der Gesamtzahl der extremwertspezifischen inkonsistenten Antworten auf die beiden eingesetzten Antwortskalen**

IK	Reihenfolge 1			Reihenfolge 2			Gesamt	
	N	%	% v. G.	N	%	% v. G.	N	%
1	196	12,79	45,79	232	15,53	54,21	196	14,14
2	109	7,11	47,39	121	8,10	52,61	109	7,60
3	73	4,77	43,71	94	6,29	56,29	73	5,52
4	69	4,50	45,39	83	5,56	54,61	69	5,02
5	87	5,68	56,86	66	4,42	43,14	87	5,06
6	75	4,90	50,34	74	4,95	49,66	75	4,92
7	64	4,18	47,76	70	4,69	52,24	64	4,43
8	69	4,50	46,00	81	5,42	54,00	69	4,96
9	64	4,18	55,17	52	3,48	44,83	64	3,83
10	75	4,90	53,96	64	4,28	46,04	75	4,59
11	78	5,09	58,65	55	3,68	41,35	78	4,40
12	70	4,57	50,36	69	4,62	49,64	70	4,59
13	100	6,53	63,29	58	3,88	36,71	100	5,22
14	87	5,68	55,41	70	4,69	44,59	87	5,19
15	186	12,14	52,54	168	11,24	47,46	186	11,70
16	6	0,39	54,55	5	0,33	45,45	6	0,36
17	69	4,50	53,91	59	3,95	46,09	69	4,23
18	6	0,39	46,15	7	0,47	53,85	6	0,43
19	2	0,13	25,00	6	0,40	75,00	2	0,26
20	2	0,13	22,22	7	0,47	77,78	2	0,30
21	3	0,20	33,33	6	0,40	66,67	3	0,30
22	1	0,07	20,00	4	0,27	80,00	1	0,17
23	3	0,20	50,00	3	0,20	50,00	3	0,20
24	4	0,26	40,00	6	0,40	60,00	4	0,33
25	6	0,39	66,67	3	0,20	33,33	6	0,30
26	5	0,33	55,56	4	0,27	44,44	5	0,30
27	4	0,26	66,67	2	0,13	33,33	4	0,20
28	5	0,33	35,71	9	0,60	64,29	5	0,46
29	6	0,39	66,67	3	0,20	33,33	6	0,30
30	3	0,20	50,00	3	0,20	50,00	3	0,20
31	2	0,13	25,00	6	0,40	75,00	2	0,26
32	3	0,20	42,86	4	0,27	57,14	3	0,23
SU	1532	100,00	50,63	1494	100,00	49,37	3026	100,00

Anhang 27: **Summe der inkonsistenten Antworten unterteilt nach den beiden unterschiedlichen Sequenzen des Werte-Inventars (RF1 = Ausgeglichenheit bis Kinder; RF2 = umgedreht)**

IK	Reihenfolge 1			Reihenfolge 2			Gesamt	
	N	%	% v. G.	N	%	% v. G.	N	%
nur bei Least	768	50,13	49,14	795	53,21	50,86	1563	51,65
nur bei Most	576	37,60	53,78	495	33,13	46,22	1071	35,39
bei Least + Most	188	12,27	47,96	204	13,65	52,04	392	12,95
Summe	1532	100,00	50,63	1494	100,00	49,37	3026	100,00

Anhang 28: Aufteilung der Gesamtzahl der extremwertspezifischen inkonsistenten Antworten auf die beiden administrierten Reihenfolgen der Werte-Liste

Wert	Alle Fälle		Nur konsistente Fälle		Nur inkonsistente Fälle	
	MW	SA	MW	SA	MW	SA
GES	0,6747	0,5865	0,6840	0,5663	0,6372	0,6607
LIE	0,6579	0,5962	0,6628	0,5795	0,6385	0,6591
FST	0,5708	0,6209	0,5844	0,6043	0,5158	0,6814
MEN	0,3999	0,6417	0,4081	0,6305	0,3668	0,6842
FRI	0,2556	0,8470	0,2621	0,8441	0,2294	0,8580
PER	0,2183	0,7280	0,2365	0,7156	0,1446	0,7715
AUS	0,0847	0,8290	0,0954	0,8166	0,0417	0,8762
SIC	-0,0036	0,7805	-0,0124	0,7799	0,0321	0,7821
UNA	-0,0441	0,8906	-0,0399	0,8864	-0,0609	0,9072
BER	-0,0580	0,8054	-0,0687	0,8027	-0,0150	0,8152
FAM	-0,0747	0,9000	-0,0809	0,8974	-0,0497	0,9104
ABI	-0,1101	0,8439	-0,1011	0,8303	-0,1462	0,8959
NAT	-0,2305	0,9699	-0,2214	0,9677	-0,2675	0,9784
FZT	-0,2508	0,8735	-0,2485	0,8688	-0,2602	0,8923
KIN	-0,4590	1,2782	-0,4613	1,2727	-0,4497	1,3003
ABW	-0,6362	1,0123	-0,6542	1,0174	-0,5635	0,9883
WOH	-0,9950	1,1812	-1,0450	1,1814	-0,7933	1,1589
N	**15243**		**12217**		**3026**	

Anhang 29: Beurteilungsdifferenzen für die 17 Werte unter verschiedenen Konstellationen

Anmerkung: Die Anzahl weicht um 256 Fälle von der insgesamt vorliegenden Fallzahl von 15499 Personen ab. Dies ist darin begründet, dass in denen Fällen, in denen eine Person alle 17 Werte identisch beurteilt hat, eine Standardabweichung von Null vorliegt, so dass der entsprechende Z-Wert nicht berechnet (Division durch Null) werden kann.

Kriterium	Skala	Differenzen zwischen absteigend sortierten Prüfgrößen Identische Werte Anzahl	Prozent	Durch-schnitt	Maximum	Minimum	Erst-platzierte	Letzt-platzierte
M	5	87	73,11	0,0085	0,0323	0	0,0323	0,0323
	11	209	76,00	0,0036	0,0571	0	0,0571	0,0143
T	5	105	88,24	0,0085	0,0769	0	0	0,0769
	11	259	94,18	0,0036	0,0667	0	0	0,0667
S	5	26	21,85	0,0085	0,1652	0	0,0034	0,1652
	11	45	16,36	0,0036	0,0787	0	0,0023	0,0787
P	5	57	47,90	0,0085	0,1391	0	0,0087	0,1391
	11	198	72,00	0,0036	0,1231	0	0,0077	0,1231
A	5	114	95,80	0,0085	0,2500	0	0	0,2500
	11	264	96,00	0,0036	0,1000	0	0	0,1000
MT	5	32	26,89	0,0169	0,1092	0	0,0645	0,1092
	11	78	28,36	0,0073	0,0810	0	0,0571	0,0810
MS	5	3	2,52	0,0169	0,1975	0	0,0691	0,1975
	11	6	2,18	0,0073	0,1188	0	0,1188	0,0930
MP	5	22	18,49	0,0169	0,1714	0	0,0410	0,1714
	11	60	21,82	0,0073	0,1374	0	0,0648	0,1374
MA	5	56	47,06	0,0169	0,2823	0	0,0323	0,2823
	11	155	56,36	0,0073	0,1143	0	0,0714	0,1143
TS	5	2	1,68	0,0169	0,2422	0	0,0714	0,2422
	11	5	1,82	0,0073	0,1454	0	0,1117	0,1454
TP	5	17	14,29	0,0169	0,2161	0	0,0087	0,2161
	11	104	37,82	0,0073	0,1897	0	0,0077	0,1897
TA	5	80	67,23	0,0169	0,3269	0	0,0000	0,3269
	11	221	80,36	0,0073	0,1667	0	0,0667	0,1667
SP	5	1	0,84	0,0169	0,3044	0	0,0382	0,3044
	11	2	0,73	0,0073	0,2018	0	0,0550	0,2018
SA	5	23	19,33	0,0169	0,4152	0	0,0034	0,4152
	11	36	13,09	0,0073	0,1787	0	0,0473	0,1787
PA	5	27	22,69	0,0169	0,3891	0	0,0087	0,3891
	11	116	42,18	0,0073	0,2231	0	0,0077	0,2231
MTS	5	0		0,0254	0,2744	0,0000	0,1390	0,2744
	11	0		0,0109	0,1688	0,0001	0,1688	0,1597
MTP	5	11	9,24	0,0254	0,2483	0	0,0732	0,2483
	11	30	10,91	0,0109	0,2040	0	0,0648	0,2040
MTA	5	8	6,72	0,0254	0,3592	0	0,0645	0,3592
	11	52	18,91	0,0109	0,1810	0	0,1381	0,1810
MSP	5	1	0,84	0,0254	0,3366	0	0,0778	0,3366
	11	2	0,73	0,0109	0,2161	0	0,1265	0,2161
MSA	5	0		0,0254	0,4475	0,0006	0,0691	0,4475
	11	0		0,0109	0,1930	0,0000	0,1188	0,1930
MPA	5	14	11,76	0,0254	0,4214	0	0,0410	0,4214
	11	37	13,45	0,0109	0,2374	0	0,0791	0,2374
TSP	5	0		0,0254	0,3813	0,0001	0,0831	0,3813
	11	0		0,0109	0,2685	0,0000	0,1194	0,2685
TSA	5	1	0,84	0,0254	0,4922	0	0,0744	0,4922
	11	4	1,45	0,0109	0,2454	0	0,1140	0,2454
TPA	5	5	4,20	0,0254	0,4661	0	0,0087	0,4661
	11	16	5,82	0,0109	0,2897	0	0,0744	0,2897

Kriterium	Skala	Differenzen zwischen absteigend sortierten Prüfgrößen Identische Werte Anzahl	 Prozent	 Durch- schnitt	 Maximum	 Minimum	 Erst- platzierte	 Letzt- platzierte
SPA	5	0		0,0254	0,5544	0,0000	0,0382	0,5544
	11	0		0,0109	0,3018	0,0000	0,0550	0,3018
MTSP	5	0		0,0339	0,4136	0,0002	0,1477	0,4136
	11	0		0,0146	0,2828	0,0000	0,1765	0,2828
MTSA	5	0		0,0339	0,5244	0,0000	0,1390	0,5244
	11	0		0,0146	0,2597	0,0000	0,1854	0,2597
MTPA	5	4	3,36	0,0339	0,4983	0	0,0732	0,4983
	11	10	3,64	0,0146	0,3040	0	0,1458	0,3040
MSPA	5	0		0,0339	0,5866	0,0000	0,0778	0,5866
	11	0		0,0146	0,3161	0,0000	0,1265	0,3161
TSPA	5	0		0,0339	0,6313	0,0004	0,0831	0,6313
	11	0		0,0146	0,3685	0,0001	0,1217	0,3685
MTSPA	5	0		0,0424	0,6636	0,0004	0,1477	0,6636
	11	0		0,0182	0,3828	0,0000	0,1931	0,3828

Anhang 30: Die Differenzierung der Prüfgrößen der 119 bzw. 275 Basisverteilungen anhand einzelner und zusammengefasster Beurteilungsmerkmale

Anmerkung:

M = Mittelwert

T = Top-Box Anteil

S = Standardabweichung

P = P_d-Wert

A = Anzahl genutzter Kategorien

Erstplatzierte = Differenz der Prüfwerte zwischen den Verteilungen auf Platz 1 und 2

Letztplatzierte = Differenz der Prüfwerte zwischen der letztplatzierten Verteilung und ihrer Vorgängerin (118-119 bei fünf-stufiger und 274-275 bei elf-stufiger Antwortskala)

Identische Werte = Anzahl an Verteilungen, zwischen deren Prüfwerten keine Differenz auszumachen ist

Die Anzahl identischer Werte gibt die Menge an Verteilungen an, die mit einer oder mehrerer anderer Verteilungen, einen gemeinsamen Indexwert aufweisen. Insofern kann aus dieser Angabe nicht exakt die Anzahl identischer Prüfwerte abgeleitet werden.

Version	Alle				Konsistent				Inkonsistent			
	männlich		weiblich		männlich		weiblich		männlich		weiblich	
	N	%	N	%	N	%	N	%	N	%	N	%
1	288	59,02	200	40,98								
2	297	62,66	177	37,34								
3	312	62,78	185	37,22								
4	281	60,69	182	39,31								
5	282	60,65	183	39,35								
6	288	62,34	174	37,66								
7	285	60,90	183	39,10								
8	290	59,06	201	40,94								
9	297	59,64	201	40,36	234	57,21	175	42,79	63	70,79	26	29,21
10	301	56,16	235	43,84	232	56,04	182	43,96	69	56,56	53	43,44
11	299	63,08	175	36,92	237	61,72	147	38,28	62	68,89	28	31,11
12	323	62,84	191	37,16	246	63,40	142	36,60	77	61,11	49	38,89
13	285	58,76	200	41,24	222	56,63	170	43,37	63	67,74	30	32,26
14	298	61,70	185	38,30	238	60,87	153	39,13	60	65,22	32	34,78
15	306	63,88	173	36,12	252	63,48	145	36,52	54	65,85	28	34,15
16	290	58,70	204	41,30	235	59,49	160	40,51	55	55,56	44	44,44
17	321	61,73	199	38,27	293	60,41	192	39,59	28	80,00	7	20,00
18	277	57,47	205	42,53	241	55,28	195	44,72	36	78,26	10	21,74
19	282	59,87	189	40,13	264	58,80	185	41,20	18	81,82	4	18,18
20	311	64,12	174	35,88	279	63,41	161	36,59	32	71,11	13	28,89
21	286	61,11	182	38,89	237	61,08	151	38,92	49	61,25	31	38,75
22	295	61,59	184	38,41	241	60,71	156	39,29	54	65,85	28	34,15
23	326	63,06	191	36,94	267	61,52	167	38,48	59	71,08	24	28,92
24	324	64,03	182	35,97	268	63,66	153	36,34	56	65,88	29	34,12
25	302	62,01	185	37,99	182	61,07	116	38,93	120	63,49	69	36,51
26	274	62,41	165	37,59	163	59,27	112	40,73	111	67,68	53	32,32
27	297	61,75	184	38,25	178	60,14	118	39,86	119	64,32	66	35,68
28	294	64,05	165	35,95	166	60,36	109	39,64	128	69,57	56	30,43
29	297	60,74	192	39,26	143	61,37	90	38,63	154	60,16	102	39,84
30	297	60,86	191	39,14	119	58,33	85	41,67	178	62,68	106	37,32
31	283	62,20	172	37,80	150	63,29	87	36,71	133	61,01	85	38,99
32	299	59,56	203	40,44	132	58,15	95	41,85	167	60,73	108	39,27
Gesamt	9487	61,21	6012	38,79	7542	60,47	4931	39,53	1945	64,28	1081	35,72

Anhang 31: Die geschlechtsspezifische Aufteilung der Stichprobe (Nettostichprobe 1 = Alle) sowie die konsistent (Nettostichprobe 2) und inkonsistent antwortenden Befragten für die einzelnen Versionen des experimentellen Stimulus

Anmerkung: Inkonsistente Fälle können nur bei den Versionen 9 bis 32 auftreten, weil in den ersten acht Versionen keine Extrem-Werte bestimmt werden.

VK I	V01	V05	V09	V13	V17	V21	V25	V29
V01		0,144	*0,605*	*0,550*	0,281	*0,582*	0,442	*0,612*
V05			0,437	0,392	0,129	0,420	0,290	0,452
V09	*0,642*	0,473	0,043	0,024	0,312	0,001	0,122	0,038
V13	*0,571*	0,408	0,057	0,009	0,273	0,023	0,094	0,059
V17	0,285	0,134	0,341	0,278	0,007	0,300	0,172	0,334
V21	*0,648*	0,484	0,029	0,083	0,357	0,069	0,117	0,037
V25	0,450	0,298	0,147	0,090	0,174	0,167	0,012	0,152
V29	0,495	0,336	0,123	0,064	0,209	0,144	0,028	0,113

Anhang 32: **Effektgrößen der mittleren Standardabweichungen der Ratings bei den Versionen mit einer fünf-stufigen Antwortskala und der ersten Werte-Sequenz für die Nettostichproben 1 (obere Diagonalmatrix) und 2 (untere Diagonalmatrix)**

VK II	V02	V08	V12	V16	V20	V24	V28	V32
V02		0,125	*0,542*	*0,546*	0,187	*0,542*	0,392	*0,608*
V08			0,400	0,403	0,056	0,396	0,256	0,469
V12	*0,619*	0,474	0,079	0,000	0,355	0,015	0,141	0,084
V16	*0,632*	0,485	0,009	0,091	0,359	0,015	0,143	0,085
V20	0,207	0,076	0,413	0,425	0,021	0,352	0,209	0,429
V24	*0,608*	0,459	0,026	0,036	0,398	0,073	0,132	0,101
V28	0,453	0,317	0,148	0,159	0,253	0,127	0,068	0,220
V32	*0,645*	*0,500*	0,046	0,037	0,448	0,074	0,188	0,036

Anhang 33: **Effektgrößen der mittleren Standardabweichungen der Ratings bei den Versionen mit einer elf-stufigen Antwortskala und der zweiten Werte-Sequenz für die Nettostichproben 1 (obere Diagonalmatrix) und 2 (untere Diagonalmatrix)**

VK III	V03	V07	V11	V15	V19	V23	V27	V31
V03		0,131	*0,575*	*0,543*	0,259	*0,640*	0,444	*0,713*
V07			0,447	0,417	0,128	*0,516*	0,319	*0,594*
V11	*0,659*	*0,534*	0,090	0,020	0,325	0,088	0,110	0,182
V15	*0,588*	0,463	0,065	0,043	0,297	0,106	0,088	0,196
V19	0,249	0,119	0,423	0,352	0,009	0,399	0,200	0,482
V23	*0,664*	*0,542*	0,029	0,090	0,434	0,024	0,190	0,092
V27	*0,501*	0,380	0,129	0,065	0,272	0,150	0,062	0,275
V31	*0,587*	0,470	0,024	0,036	0,366	0,050	0,093	0,113

Anhang 34: **Effektgrößen der mittleren Standardabweichungen der Ratings bei den Versionen mit einer fünf-stufigen Antwortskala und der zweiten Werte-Sequenz für die Nettostichproben 1 (obere Diagonalmatrix) und 2 (untere Diagonalmatrix)**

VK IV	V04	V06	V10	V14	V18	V22	V26	V30
V04		0,174	*0,672*	*0,731*	0,313	*0,751*	0,448	*0,734*
V06			0,466	*0,509*	0,126	*0,539*	0,258	*0,524*
V10	*0,762*	*0,545*	0,082	0,021	0,352	0,073	0,203	0,061
V14	*0,779*	*0,549*	0,020	0,048	0,391	0,055	0,234	0,044
V18	0,305	0,119	0,441	0,443	0,007	0,427	0,140	0,412
V22	**0,826**	*0,604*	0,057	0,080	*0,502*	0,067	0,275	0,011
V26	*0,566*	0,367	0,162	0,152	0,262	0,218	0,114	0,262
V30	*0,731*	*0,504*	0,047	0,029	0,402	0,106	0,119	0,026

Anhang 35: **Effektgrößen der mittleren Standardabweichungen der Ratings bei den Versionen mit einer elf-stufigen Antwortskala und der ersten Werte-Sequenz für die Nettostichproben 1 (obere Diagonalmatrix) und 2 (untere Diagonalmatrix)**

VK I	V01	V05	V09	V13	V17	V21	V25	V29
V01		0,088	0,401	0,221	0,318	0,245	0,358	0,321
V05			0,312	0,134	0,229	0,155	0,269	0,231
V09	0,401	0,311	0,002	0,173	0,081	0,162	0,041	0,084
V13	0,252	0,165	0,140	0,031	0,092	0,016	0,132	0,092
V17	0,288	0,199	0,112	0,030	0,031	0,079	0,040	0,001
V21	0,268	0,178	0,139	0,007	0,024	0,024	0,120	0,079
V25	0,385	0,298	0,004	0,132	0,105	0,131	0,034	0,042
V29	0,289	0,202	0,105	0,036	0,007	0,031	0,097	0,023

Anhang 36: **Effektgrößen der Differenz an mittleren Top-Box Anteilen der Ratings bei den Versionen mit einer fünf-stufigen Antwortskala und der ersten Werte-Sequenz für die Nettostichproben 1 (obere Diagonalmatrix) und 2 (untere Diagonalmatrix)**

VK II	V02	V08	V12	V16	V20	V24	V28	V32
V02		0,015	0,247	0,285	0,156	0,218	0,250	0,125
V08			0,234	0,271	0,141	0,204	0,237	0,110
V12	0,280	0,267	0,034	0,044	0,093	0,037	0,010	0,127
V16	0,291	0,278	0,019	0,008	0,134	0,081	0,033	0,168
V20	0,114	0,099	0,171	0,185	0,043	0,059	0,101	0,033
V24	0,224	0,210	0,066	0,084	0,111	0,007	0,046	0,094
V28	0,275	0,263	0,010	0,008	0,172	0,074	0,031	0,134
V32	0,040	0,025	0,255	0,265	0,076	0,197	0,248	0,088

Anhang 37: **Effektgrößen der Differenz an mittleren Top-Box-Anteilen in den Versionen mit einer elf-stufigen Antwortskala und der zweiten Werte-Sequenz für die Nettostichproben 1 (obere Diagonalmatrix) und 2 (untere Diagonalmatrix)**

VK III	V03	V07	V11	V15	V19	V23	V27	V31
V03		0,052	0,303	0,338	0,288	0,182	0,385	0,355
V07			0,256	0,291	0,240	0,133	0,340	0,309
V11	0,396	0,351	0,091	0,034	0,025	0,124	0,078	0,048
V15	0,360	0,315	0,039	0,019	0,060	0,158	0,045	0,014
V19	0,264	0,215	0,145	0,106	0,025	0,103	0,107	0,075
V23	0,200	0,152	0,199	0,161	0,060	0,018	0,205	0,174
V27	0,447	0,405	0,055	0,095	0,202	0,253	0,069	0,031
V31	0,302	0,257	0,091	0,053	0,051	0,107	0,145	0,047

Anhang 38: **Effektgrößen der Differenz an mittleren Top-Box-Anteilen in den Versionen mit einer fünf-stufigen Antwortskala und der zweiten Werte-Sequenz für die Nettostichproben 1 (obere Diagonalmatrix) und 2 (untere Diagonalmatrix)**

VK IV	V04	V06	V10	V14	V18	V22	V26	V30
V04		0,029	0,213	0,249	0,124	0,184	0,242	0,202
V06			0,246	0,282	0,156	0,217	0,275	0,235
V10	0,249	0,283	0,037	0,035	0,091	0,035	0,034	0,016
V14	0,260	0,294	0,012	0,015	0,127	0,071	0,000	0,052
V18	0,077	0,108	0,179	0,190	0,049	0,058	0,124	0,077
V22	0,207	0,240	0,050	0,062	0,133	0,025	0,069	0,020
V26	0,362	0,398	0,124	0,113	0,299	0,177	0,123	0,050
V30	0,158	0,190	0,093	0,104	0,086	0,045	0,214	0,040

Anhang 39: **Effektgrößen der Differenz an mittleren Top-Box-Anteilen in den Versionen mit einer fünf-stufigen Antwortskala und der zweiten Werte-Sequenz für die Nettostichproben 1 (obere Diagonalmatrix) und 2 (untere Diagonalmatrix)**

VK I	V01	V05	V09	V13	V17	V21	V25	V29
V01		0,111	0,466	0,274	0,342	0,368	0,360	0,380
V05			0,364	0,170	0,238	0,265	0,260	0,276
V09	0,478	0,380	0,022	0,180	0,120	0,095	0,080	0,086
V13	0,286	0,184	0,181	0,015	0,061	0,086	0,091	0,096
V17	0,333	0,230	0,146	0,039	0,007	0,026	0,033	0,035
V21	0,400	0,299	0,080	0,104	0,067	0,035	0,009	0,009
V25	0,326	0,230	0,120	0,051	0,016	0,047	0,022	0,000
V29	0,261	0,161	0,205	0,022	0,062	0,128	0,071	0,104

Anhang 40: **Effektgrößen der Differenz der durchschnittlichen P_d-Werte der Ratings in den Versionen mit einer fünf-stufigen Antwortskala und der ersten Werte-Sequenz für die Nettostichproben 1 (obere Diagonalmatrix) und 2 (untere Diagonalmatrix)**

VK II	V02	V08	V12	V16	V20	V24	V28	V32
V02		0,053	0,310	0,281	0,190	0,345	0,272	0,260
V08			0,255	0,228	0,136	0,290	0,219	0,207
V12	0,356	0,302	0,053	0,018	0,119	0,033	0,025	0,039
V16	0,321	0,269	0,019	0,046	0,097	0,050	0,007	0,020
V20	0,170	0,116	0,188	0,160	0,019	0,154	0,089	0,076
V24	0,361	0,307	0,001	0,020	0,192	0,023	0,057	0,071
V28	0,278	0,228	0,054	0,033	0,122	0,056	0,018	0,013
V32	0,173	0,122	0,171	0,141	0,012	0,176	0,103	0,078

Anhang 41: **Effektgrößen der Differenz der durchschnittlichen P_d-Werte der Ratings in den Versionen mit einer elf-stufigen Antwortskala und der zweiten Werte-Sequenz für die Nettostichproben 1 (obere Diagonalmatrix) und 2 (untere Diagonalmatrix)**

VK III	V03	V07	V11	V15	V19	V23	V27	V31
V03		0,117	0,352	0,382	0,342	0,264	0,396	0,419
V07			0,243	0,274	0,231	0,153	0,288	0,313
V11	0,424	0,320	0,075	0,031	0,016	0,086	0,046	0,070
V15	0,424	0,319	0,002	0,045	0,047	0,117	0,015	0,039
V19	0,330	0,220	0,101	0,102	0,010	0,072	0,062	0,087
V23	0,265	0,155	0,156	0,156	0,058	0,003	0,131	0,155
V27	0,414	0,314	0,009	0,007	0,106	0,157	0,037	0,024
V31	0,281	0,177	0,126	0,127	0,031	0,025	0,126	0,121

Anhang 42: **Effektgrößen der Differenz der durchschnittlichen P_d-Werte der Ratings in den Versionen mit einer fünf-stufigen Antwortskala und der zweiten Werte-Sequenz für die Nettostichproben 1 (obere Diagonalmatrix) und 2 (untere Diagonalmatrix)**

VK IV	V04	V06	V10	V14	V18	V22	V26	V30
V04		0,040	0,269	0,274	0,166	0,279	0,204	0,308
V06			0,230	0,234	0,127	0,240	0,166	0,269
V10	0,300	0,262	0,037	0,002	0,106	0,009	0,055	0,037
V14	0,268	0,230	0,038	0,000	0,108	0,011	0,055	0,040
V18	0,140	0,101	0,166	0,131	0,025	0,116	0,046	0,144
V22	0,298	0,260	0,004	0,034	0,163	0,024	0,064	0,028
V26	0,271	0,235	0,012	0,023	0,144	0,009	0,072	0,091
V30	0,226	0,189	0,070	0,034	0,093	0,067	0,052	0,072

Anhang 43: **Effektgrößen der Differenz der durchschnittlichen P_d-Werte der Ratings in den Versionen mit einer elf-stufigen Antwortskala und der ersten Werte-Sequenz für die Nettostichproben 1 (obere Diagonalmatrix) und 2 (untere Diagonalmatrix)**

	N	K1	OD	NV	PO	PN	RA	RO	LA	LC	N	K1	OD	NV	PO	PN	RA	RO	LA	LC
D1_S5	985	4	4	4	4	4	4		4											
D1_S11	937	4	3	3	3	3	3		3											
D2_S5	933	4	3	3	3	3	3		3											
D2_S11	953	4	4	4	4	4	4		4											
D3_S5	972	4	4	4	3	3	3		4		793	5	4	4	4	4	4		4	
D3_S11	1050	5	4	4	4	4			4		802	5	3	3	3	3	3		3	
D4_S5	964	5	3	3	3	3	3		3		789	5	4	4	3	3	3		4	
D4_S11	977	5	3	3	3	3	3		3		786	5	3	3	3	3	3		3	
D5_S5	991	5	3	3	3	3	3		3		934	5	3	3	3	3	3		3	
D5_S11	967	4	3	3	3	3	3		3		876	4	3	3	3	3	3		3	
D6_S5	985	4	4	4	3	3	3		4		822	4	4	4	4	3	4		4	
D6_S11	985	5	4	4	4	3	3		4		818	5	4	4	4	4	4		4	
D7_S5	968	5	4	4	4	4	4		4		594	5	4	4	4	4	4		4	
D7_S11	898	4	3	3	3	3	3		3		550	4	4	4	4	4	4		4	
D8_S5	944	5	3	3	3	3	3		3		470	5	3	3	3	3	3	3	3	3
D8_S11	990	5	4	4	4	4	4		4		431	5	4	4	3	3	4	3	4	3
D1_RF1	951	4	4	4	4	4	4		4											
D1_RF2	971	5	4	4	4	4	3		3											
D2_RF1	927	4	4	4	4	4	4		4											
D2_RF2	959	4	3	3	3	3	3		3											
D3_RF1	1034	5	4	4	4	4			4		823	5	4	4	4	4	4		4	
D3_RF2	988	5	4	4	3	3	3		4		772	5	3	3	3	3	3		3	
D4_RF1	968	5	3	3	3	3	3		3		783	5	3	3	3	3	3		3	
D4_RF2	973	5	4	4	4	4	4		4		792	5	4	4	4	4	4		4	
D5_RF1	1002	4	3	3	3	3			3		921	5	3	3	3	3	3		3	
D5_RF2	956	5	3	3	3	3	3		3		889	5	4	4	3	4	4		4	
D6_RF1	947	4	4	4	4	4	3		4		785	5	4	4	4	4	4		4	
D6_RF2	1023	4	4	4	4	4			4		855	4	4	4	4	4	3		4	
D7_RF1	926	4	4	4	4	4	4		4		573	5	4	4	4	4	4		4	
D7_RF2	940	5	3	3	3	3	3		3		571	5	3	3	3	3	3		3	
D8_RF1	977	5	3	3	3	3	3		3		437	4	3	3	3	3	3	3	3	3
D8_RF2	957	4	4	4	4	4	4		4		464	5	4	4	4	4	5	4	4	4

Anhang 44: **Vorhersage der Anzahl zu extrahierender Faktoren für verschiedene Gruppierungen mittels neun Vorgehensweisen für die Nettostichprobe 1 (alle Teilnehmer; linke Tabellenhälfte) und Nettostichprobe 2 (konsistent antwortende Befragte; rechte Hälfte der Tabelle)**

5er	NSP 1				NSP 2			
	HM	GM	HF	GF	HM	GM	HF	GF
D1	6,0348	9,0957	7,9388	10,3088				
D2	5,6759	8,3696	7,8837	10,2321				
D3	5,0551	6,7753	5,8421	9,5745	5,1415	5,5263	5,8421	9,6000
D4	5,4198	7,4205	8,2642	8,5957	5,1905	7,2969	8,2826	8,5946
D5	5,6370	6,9767	7,0926	9,4464	5,7259	7,2222	7,2308	9,3636
D6	5,7162	6,6700	7,7593	9,6316	5,6718	6,4306	7,2857	9,5909
D7	5,5276	6,6374	7,7200	9,0652	5,3494	6,1842	7,5758	9,5714
D8	4,7581	7,1818	7,7907	9,2131	4,6667	7,2162	8,5455	9,8400

Anhang 45: **Mittlere Anzahl an Top-Box Wahlen auf einer fünf-stufigen Antwortskala in den vier Gruppen bildungs- und geschlechtsspezifischer Kombinationen für alle Durchführungsanweisungen in beiden Nettostichproben**

11er	NSP 1				NSP 2			
	HM	GM	HF	GF	HM	GM	HF	GF
D1	4,3387	6,9412	6,2308	9,5172				
D2	3,9138	6,9659	5,4200	9,5472				
D3	3,3731	5,9615	5,5000	8,1429	3,2273	5,5135	5,8864	7,8718
D4	3,6000	4,4186	4,9091	7,4717	3,5619	4,0333	4,8837	8,2368
D5	3,6241	6,2022	5,4595	9,5273	3,6393	6,7922	5,4595	9,9400
D6	3,8295	6,5806	4,9273	8,0889	3,9712	6,4789	4,5745	8,1622
D7	3,8839	5,4271	3,9412	7,8235	3,4658	5,1163	3,8421	7,2692
D8	3,2823	6,2561	6,4694	8,1228	3,4833	7,5652	7,1200	9,0000

Anhang 46: **Mittlere Anzahl an Top-Box Wahlen auf einer elf-stufigen Antwortskala in den vier Gruppen bildungs- und geschlechtsspezifischer Kombinationen für alle Durchführungsanweisungen in beiden Nettostichproben**

Nr.	Belegung der Kategorie 1	2	3	4	5	MTS	MSA	TSP	SPA	MT SP	MT SA	MT PA	MS PA	TS PA	MT SPA
119	3	3	3	4	4	1	1	1	1	1	1	1	1	1	1
118	2	3	4	4	4	2	3	2	7	2	2	2	3	2	2
116	3	3	3	3	5	3	2	3	3	3	3	3	2	3	3
117	1	4	4	4	4	4	7	5	15	4	4	4	7	5	4
115	2	3	3	4	5	5	4	4	4	5	5	5	4	4	5
114	2	2	4	4	5	6	6	6	8	6	6	6	6	6	6
105	2	3	3	3	6	7	5	8	2	7	7	10	5	8	7
111	2	2	3	5	5	8	8	7	10	8	8	7	8	7	8
113	1	3	4	4	5	9	13	10	16	9	9	7	11	10	9
104	2	2	3	4	6	10	9	9	6	10	10	12	9	9	10
110	1	3	3	5	5	11	15	11	17	11	11	9	14	11	11
100	2	2	2	5	6	12	11	12	11	12	12	15	12	12	12
109	1	2	4	5	5	15	19	13	22	13	14	11	18	13	13
103	1	3	3	4	6	16	16	14	14	15	15	14	15	14	14
89	2	2	3	3	7	13	10	15	5	16	13	18	10	15	15
87	2	2	2	4	7	17	12	16	9	17	16	20	13	16	16
102	1	2	4	4	6	19	20	18	19	18	18	16	19	17	17
107	1	1	5	5	5	18	24	19	30	19	17	13	23	18	18
88	1	3	3	3	7	20	17	21	13	20	19	20	16	20	19
99	1	2	3	5	6	22	21	20	21	22	20	17	20	19	20
70	2	2	2	3	8	23	14	24	12	23	21	30	17	22	21
94	1	2	2	6	6	24	25	23	26	24	22	22	24	21	22
97	1	1	4	5	6	27	28	25	29	27	23	19	27	23	23
86	1	2	3	4	7	28	22	26	20	28	24	25	22	24	24
112	0	4	4	4	5	14	38	17	46	14	26	23	33	33	25
93	1	1	3	6	6	30	32	29	33	30	25	24	30	25	26
82	1	2	2	5	7	31	26	31	24	31	27	27	26	26	27
84	1	1	4	4	7	33	30	32	28	32	29	27	28	27	28
69	1	2	3	3	8	34	23	35	23	34	30	33	25	29	29
53	2	2	2	2	9	32	18	40	18	36	28	40	21	32	30
108	0	3	4	5	5	21	47	22	50	21	33	26	39	36	31
81	1	1	3	5	7	37	33	33	31	37	31	31	31	28	32
67	1	2	2	4	8	38	27	37	25	38	32	36	29	30	33
77	1	1	2	6	7	40	36	39	36	41	34	34	35	31	34
101	0	3	4	4	6	25	48	27	47	25	38	32	40	39	35
106	0	2	5	5	5	26	54	28	55	26	39	29	47	41	36
66	1	1	3	4	8	44	34	42	32	44	35	39	34	34	37
98	0	3	3	5	6	29	50	30	49	29	41	35	44	43	38
52	1	2	2	3	9	45	29	49	27	47	36	46	32	38	39
73	1	1	1	7	7	46	40	46	41	48	37	38	42	35	40
63	1	1	2	5	8	49	37	48	37	49	40	43	38	37	41
96	0	2	4	5	6	35	55	34	54	33	46	37	50	46	42
85	0	3	3	4	7	36	52	36	48	35	47	44	45	47	43
51	1	1	3	3	9	51	35	54	35	53	42	49	37	42	44
59	1	1	1	6	8	53	42	51	39	54	44	48	43	40	45
92	0	2	3	6	6	39	57	38	59	39	48	41	54	49	46
49	1	1	2	4	9	56	39	55	38	56	45	51	41	44	47
38	1	2	2	2	10	52	31	59	34	57	43	57	36	45	48
83	0	2	4	4	7	41	56	41	53	40	50	47	53	50	49

Nr.	Belegung der Kategorie 1	2	3	4	5	MTS	MSA	TSP	SPA	MT SP	MT SA	MT PA	MS PA	TS PA	MT SPA
95	0	1	5	5	6	43	61	43	63	42	52	42	57	52	50
68	0	3	3	3	8	42	53	45	52	43	51	54	49	54	51
80	0	2	3	5	7	47	58	44	56	45	54	50	55	53	52
45	1	1	1	5	9	60	44	60	42	63	49	55	48	48	53
91	0	1	4	6	6	48	64	47	67	46	55	45	60	55	54
37	1	1	2	3	10	64	41	68	40	68	53	62	46	51	55
76	0	2	2	6	7	50	62	50	61	50	57	53	59	57	56
79	0	1	4	5	7	55	66	52	65	51	60	52	64	58	57
65	0	2	3	4	8	54	59	53	57	52	59	58	58	59	58
34	1	1	1	4	10	68	45	70	43	70	56	65	51	56	59
62	0	2	2	5	8	58	63	56	62	58	62	60	63	61	60
75	0	1	3	6	7	59	70	57	69	59	63	56	67	62	61
64	0	1	4	4	8	62	68	61	66	60	65	60	65	64	62
27	1	1	2	2	11	70	43	77	44	75	58	72	52	60	63
50	0	2	3	3	9	61	60	62	60	61	64	67	61	65	64
72	0	1	2	7	7	65	74	64	75	64	66	59	72	66	65
61	0	1	3	5	8	67	71	65	70	65	69	63	68	67	66
25	1	1	1	3	11	76	46	79	45	79	61	74	56	63	67
48	0	2	2	4	9	66	65	66	64	66	68	68	66	68	68
58	0	1	2	6	8	71	75	69	73	69	70	66	73	69	69
90	0	0	5	6	6	57	85	58	86	55	74	64	80	75	70
47	0	1	3	4	9	74	72	72	71	72	73	71	71	70	71
36	0	2	2	3	10	72	67	74	68	74	72	78	70	72	72
18	1	1	1	2	12	83	49	89	51	87	67	83	62	71	73
56	0	1	1	7	8	77	78	75	78	76	75	69	77	73	74
78	0	0	5	5	7	63	87	63	85	62	79	70	81	78	75
44	0	1	2	5	9	78	76	76	76	77	76	75	76	74	76
74	0	0	4	6	7	69	89	67	87	67	82	73	84	82	77
35	0	1	3	3	10	81	73	81	74	81	78	79	75	76	78
42	0	1	1	6	9	84	80	82	79	82	80	77	79	77	79
26	0	2	2	2	11	80	69	86	72	83	77	86	74	81	80
33	0	1	2	4	10	85	77	85	77	86	81	81	78	79	81
71	0	0	3	7	7	73	92	71	92	71	84	76	89	84	82
60	0	0	4	5	8	75	90	73	88	73	85	80	86	85	83
12	1	1	1	1	13	88	51	97	58	96	71	93	69	80	84
31	0	1	1	5	10	89	82	87	81	88	83	84	83	83	85
57	0	0	3	6	8	79	93	78	91	78	87	82	90	87	86
46	0	0	4	4	9	82	91	80	89	80	89	87	88	89	87
24	0	1	2	3	11	91	79	92	80	92	86	90	82	86	88
55	0	0	2	7	8	86	97	83	96	84	91	85	93	90	89
43	0	0	3	5	9	87	94	84	93	85	92	88	92	91	90
22	0	1	1	4	11	94	83	95	82	95	88	92	85	88	91
17	0	1	2	2	12	97	81	99	83	98	90	97	87	92	92
41	0	0	2	6	9	92	98	88	97	89	95	91	96	93	93
54	0	0	1	8	8	90	101	90	101	90	94	89	99	95	94
32	0	0	3	4	10	93	95	91	94	91	96	95	94	96	95
16	0	1	1	3	12	99	84	102	84	102	93	98	91	94	96
40	0	0	1	7	9	95	102	93	102	93	98	94	101	97	97
30	0	0	2	5	10	96	99	94	99	94	99	96	98	98	98
23	0	0	3	3	11	98	96	96	98	97	100	100	97	99	99

Nr.	Belegung der Kategorie 1	2	3	4	5	MTS	MSA	TSP	SPA	MT SP	MT SA	MT PA	MS PA	TS PA	MT SPA
29	0	0	1	6	10	101	104	98	103	99	102	99	103	101	100
11	0	1	1	2	13	103	86	106	90	106	97	103	95	100	101
21	0	0	2	4	11	102	100	100	100	100	103	101	102	102	102
20	0	0	1	5	11	105	106	103	105	103	104	102	105	103	103
15	0	0	2	3	12	106	103	105	104	105	105	105	104	105	104
7	0	1	1	1	14	107	88	111	95	110	101	108	100	104	105
39	0	0	0	8	9	100	111	101	110	101	108	104	109	107	106
14	0	0	1	4	12	108	107	108	106	108	106	106	106	106	107
28	0	0	0	7	10	104	112	104	111	104	110	107	110	109	108
10	0	0	2	2	13	110	105	109	107	109	107	109	107	108	109
9	0	0	1	3	13	111	108	112	108	112	109	111	108	110	110
19	0	0	0	6	11	109	113	107	112	107	112	110	112	111	111
13	0	0	0	5	12	112	114	110	114	111	113	112	113	113	112
6	0	0	1	2	14	113	109	114	109	114	111	113	111	112	113
8	0	0	0	4	13	114	115	113	115	113	115	114	115	114	114
4	0	0	1	1	15	115	110	116	113	116	114	115	114	115	115
5	0	0	0	3	14	116	116	115	116	115	116	116	116	116	116
3	0	0	0	2	15	117	117	117	117	117	117	117	117	117	117
2	0	0	0	1	16	118	118	118	118	118	118	118	118	118	118
1	0	0	0	0	17	119	119	119	119	119	119	119	119	119	119

Anhang 47: **Idealtypische Kategoriebelegungen bei 17 Objekten auf einer fünf-stufigen Antwortskala**

Nr.	Belegung der Kategorie 1	2	3	4	5	6	7	8	9	10	11	MTS	MSA	TSP	SPA	MT SP	MT SA	MT PA	MS PA	TS PA	MT SPA
275	1	1	1	1	1	2	2	2	2	2	2	1	1	1	1	1	1	1	1	1	1
272	1	1	1	1	1	1	2	2	2	2	3	3	2	3	2	3	2	2	2	2	2
268	1	1	1	1	1	1	1	2	2	3	3	4	3	4	3	4	3	4	3	3	3
274	0	1	1	1	2	2	2	2	2	2	2	2	7	2	22	2	4	3	6	5	4
264	1	1	1	1	1	1	1	1	3	3	3	6	4	8	4	6	5	5	4	4	5
254	1	1	1	1	1	1	1	2	2	2	4	9	5	14	5	9	6	6	5	6	6
271	0	1	1	1	1	2	2	2	2	2	3	7	11	6	19	7	7	9	9	8	7
250	1	1	1	1	1	1	1	1	2	3	4	12	6	17	6	12	8	8	7	10	8
267	0	1	1	1	1	1	2	2	2	3	3	8	14	5	17	8	10	11	12	7	9
237	1	1	1	1	1	1	1	1	1	4	4	13	8	21	7	15	9	10	8	11	10
273	0	0	1	2	2	2	2	2	2	2	2	5	25	9	27	5	12	7	21	21	11
263	0	1	1	1	1	1	1	2	3	3	3	10	18	7	20	10	11	13	14	9	12
253	0	1	1	1	1	1	2	2	2	2	4	11	13	13	15	11	14	16	13	15	13
219	1	1	1	1	1	1	1	1	2	2	5	20	9	32	9	20	13	12	10	17	14
249	0	1	1	1	1	1	1	2	2	3	4	15	17	10	11	14	16	17	16	12	15
214	1	1	1	1	1	1	1	1	1	3	5	24	10	34	16	23	15	14	11	20	16
245	0	1	1	1	1	1	1	1	3	3	4	16	19	12	13	16	17	19	18	14	17
236	0	1	1	1	1	1	1	1	2	4	4	17	21	11	12	17	18	21	19	13	18
218	0	1	1	1	1	1	1	2	2	2	5	19	16	18	10	21	19	24	17	18	19
270	0	0	1	1	2	2	2	2	2	2	3	14	28	15	28	13	23	15	26	23	20
213	0	1	1	1	1	1	1	1	2	3	5	21	20	16	8	22	20	27	20	16	21
202	0	1	1	1	1	1	1	1	1	4	5	23	22	19	14	24	21	30	22	19	22
174	1	1	1	1	1	1	1	1	1	2	6	31	12	51	23	31	22	18	15	26	23
266	0	0	1	1	1	2	2	2	2	3	3	22	30	20	32	19	25	20	29	25	24
173	0	1	1	1	1	1	1	1	2	2	6	28	23	30	18	29	24	34	24	22	25
262	0	0	1	1	1	1	2	2	3	3	3	25	33	22	42	25	28	23	31	27	20

	Belegung der Kategorie															MT	MT	MT	MS	TS	MT
Nr.	1	2	3	4	5	6	7	8	9	10	11	MTS	MSA	TSP	SPA	SP	SA	PA	PA	PA	SPA
269	0	0	0	2	2	2	2	2	2	2	3	18	34	23	49	18	30	22	32	35	27
169	0	1	1	1	1	1	1	1	1	3	6	30	24	33	21	32	26	37	25	24	28
252	0	0	1	1	1	2	2	2	2	2	4	26	29	25	29	26	29	26	30	29	29
259	0	0	1	1	1	1	1	3	3	3	3	27	35	24	46	27	31	25	35	28	30
132	1	1	1	1	1	1	1	1	1	1	7	40	15	73	25	45	27	28	23	37	31
248	0	0	1	1	1	1	2	2	2	3	4	32	32	26	31	30	33	31	33	30	32
244	0	0	1	1	1	1	1	2	3	3	4	33	36	29	39	34	34	32	36	32	33
235	0	0	1	1	1	1	1	2	2	4	4	35	39	28	37	35	35	35	37	31	34
131	0	1	1	1	1	1	1	1	1	2	7	39	26	47	24	44	32	46	27	34	35
265	0	0		1	2	2	2	2	2	3	3	29	51	27	51	28	39	29	45	42	36
232	0	0	1	1	1	1	1	1	3	4	4	36	41	31	40	37	36	38	39	33	37
217	0	0	1	1	1	1	2	2	2	2	5	37	31	37	30	38	37	40	34	36	38
212	0	0	1	1	1	1	1	2	2	3	5	41	38	38	33	39	40	41	38	38	39
251	0	0	0	1	2	2	2	2	2	2	4	34	50	36	50	33	44	36	46	47	40
209	0	0	1	1	1	1	1	1	3	3	5	42	40	39	34	43	41	43	40	39	41
201	0	0	1	1	1	1	1	1	2	4	5	43	43	40	36	46	42	45	42	40	42
261	0	0	0	1	1	2	2	2	3	3	3	38	54	35	54	36	46	33	51	46	43
187	0	0	1	1	1	1	1	1	1	5	5	46	45	42	43	47	43	51	44	41	44
94	0	1	1	1	1	1	1	1	1	1	8	49	27	71	26	60	38	61	28	48	45
172	0	0	1	1	1	1	1	2	2	2	6	48	37	48	35	49	45	54	41	43	46
258	0	0	0	1	1	1	2	3	3	3	3	45	55	41	64	41	49	39	55	49	47
168	0	0	1	1	1	1	1	1	2	3	6	51	42	49	38	54	47	57	43	44	48
247	0	0	0	1	1	2	2	2	2	3	4	47	53	43	53	42	50	42	52	50	49
159	0	0	1	1	1	1	1	1	1	4	6	52	46	52	41	56	48	60	47	45	50
243	0	0	0	1	1	1	2	2	3	3	4	54	56	46	58	50	54	47	56	54	51
216	0	0	0	1	1	2	2	2	2	2	5	53	52	55	52	51	53	53	54	57	52
260	0	0	0	0	2	2	2	2	3	3	3	44	72	44	79	40	56	44	63	60	53
234	0	0	0	1	1	1	2	2	2	4	4	55	59	45	57	52	55	49	57	53	54
130	0	0	1	1	1	1	1	1	2	2	7	60	44	65	44	64	51	70	48	51	55
241	0	0	0	1	1	1	1	3	3	3	4	57	60	53	62	55	57	49	59	55	56
126	0	0	1	1	1	1	1	1	1	3	7	62	47	66	45	67	52	73	49	52	57
231	0	0	0	1	1	1	1	2	3	4	4	59	62	54	63	58	59	55	61	56	58
246	0	0	0	0	2	2	2	2	2	3	4	50	70	50	78	48	62	56	64	66	59
211	0	0	0	1	1	1	2	2	2	3	5	64	58	58	55	61	61	59	58	59	60
225	0	0	0	1	1	1	1	1	4	4	4	63	66	57	70	62	60	58	67	58	61
257	0	0	0	0	1	2	2	3	3	3	3	56	81	56	85	53	65	48	76	68	62
208	0	0	0	1	1	1	1	2	3	3	5	68	61	61	59	68	64	63	62	61	63
93	0	0	1	1	1	1	1	1	1	2	8	70	48	84	47	78	58	87	50	63	64
200	0	0	0	1	1	1	1	2	2	4	5	69	64	64	60	69	66	67	65	62	65
215	0	0	0	0	2	2	2	2	2	2	5	58	69	60	76	57	69	66	66	73	66
256	0	0	0	0	1	1	3	3	3	3	3	61	86	59	91	59	71	52	82	71	67
171	0	0	0	1	1	1	2	2	2	2	6	71	57	74	56	70	67	72	60	67	68
197	0	0	0	1	1	1	1	1	3	4	5	72	67	67	65	71	68	69	69	64	69
186	0	0	0	1	1	1	1	1	2	5	5	73	71	68	69	74	70	74	72	65	70
242	0	0	0	0	1	2	2	2	3	3	4	65	82	63	84	63	73	62	78	75	71
233	0	0	0	0	1	2	2	2	2	4	4	67	85	62	83	66	74	64	80	74	72
167	0	0	0	1	1	1	1	2	2	3	6	76	63	76	61	76	72	78	68	69	73
164	0	0	0	1	1	1	1	1	3	3	6	79	68	78	66	80	75	79	70	70	74
65	0	0	1	1	1	1	1	1	1	1	9	78	49	106	48	93	63	106	53	77	75
158	0	0	0	1	1	1	1	1	2	4	6	80	73	79	67	82	76	82	73	72	76

Nr.	Belegung der Kategorie											MTS	MSA	TSP	SPA	MT SP	MT SA	MT PA	MS PA	TS PA	MT SPA
	1	2	3	4	5	6	7	8	9	10	11										
240	0	0	0	0	1	1	2	3	3	3	4	74	87	70	89	72	79	68	86	78	77
210	0	0	0	0	1	2	2	2	2	3	5	75	84	75	81	73	80	76	81	81	78
149	0	0	0	1	1	1	1	1	1	5	6	83	76	83	72	88	77	88	75	76	79
230	0	0	0	0	1	1	2	2	3	4	4	77	89	72	90	75	82	71	87	79	80
255	0	0	0	0	0	2	3	3	3	3	3	66	102	69	118	65	84	65	96	88	81
129	0	0	0	1	1	1	1	2	2	2	7	87	65	91	68	90	78	92	71	80	82
228	0	0	0	0	1	1	1	3	3	4	4	82	94	77	94	79	85	75	92	84	83
125	0	0	0	1	1	1	1	1	2	3	7	91	74	96	71	96	81	98	74	82	84
170	0	0	0	0	1	2	2	2	2	2	6	84	83	88	82	83	86	89	84	89	85
224	0	0	0	0	1	1	1	2	4	4	4	85	95	80	98	84	87	77	94	85	86
207	0	0	0	0	1	1	2	2	3	3	5	88	88	85	86	85	89	81	88	86	87
118	0	0	0	1	1	1	1	1	1	4	7	93	77	100	73	100	83	102	77	83	88
199	0	0	0	0	1	1	2	2	2	4	5	90	92	86	87	87	90	84	89	87	89
205	0	0	0	0	1	1	1	3	3	3	5	92	93	89	93	89	92	84	93	90	90
239	0	0	0	0	0	2	2	3	3	3	4	81	113	81	115	77	93	80	102	98	91
196	0	0	0	0	1	1	1	2	3	4	5	95	96	90	95	94	94	90	97	91	92
229	0	0	0	0	0	2	2	2	3	4	4	86	119	82	119	81	99	86	106	99	93
92	0	0	0	1	1	1	1	1	2	2	8	103	75	114	74	110	88	114	79	93	94
166	0	0	0	0	1	1	2	2	2	3	6	99	90	101	88	97	96	99	91	97	95
185	0	0	0	0	1	1	1	2	2	5	5	98	98	93	99	98	95	93	99	92	96
238	0	0	0	0	0	1	3	3	3	3	4	89	123	87	121	86	101	83	110	102	97
89	0	0	0	1	1	1	1	1	1	3	8	104	78	116	75	112	91	118	83	94	98
192	0	0	0	0	1	1	1	1	4	4	5	100	103	97	102	101	98	93	101	95	99
183	0	0	0	0	1	1	1	1	3	5	5	102	104	98	103	102	100	96	103	96	100
163	0	0	0	0	1	1	1	2	3	3	6	108	97	104	96	107	102	103	98	100	101
206	0	0	0	0	0	2	2	2	3	3	5	94	118	92	114	91	106	100	107	105	102
227	0	0	0	0	0	1	2	3	3	4	4	97	125	94	124	92	109	91	119	106	103
198	0	0	0	0	0	2	2	2	2	4	5	96	122	95	116	95	107	101	111	107	104
157	0	0	0	0	1	1	1	2	2	4	6	110	99	107	97	108	103	105	100	101	105
128	0	0	0	0	1	1	2	2	2	2	7	111	91	117	92	111	104	113	95	108	106
223	0	0	0	0	0	1	2	2	4	4	4	101	126	99	128	99	112	95	122	110	107
155	0	0	0	0	1	1	1	1	3	4	6	112	105	110	101	113	108	108	105	103	108
64	0	0	0	1	1	1	1	1	1	2	9	116	79	137	77	131	97	138	85	109	109
148	0	0	0	0	1	1	1	1	2	5	6	114	107	112	105	118	110	112	109	104	110
204	0	0	0	0	0	1	2	3	3	3	5	109	124	105	123	104	116	104	120	115	111
222	0	0	0	0	0	1	1	3	4	4	4	106	133	102	134	105	114	97	128	113	112
165	0	0	0	0	0	2	2	2	2	3	6	107	120	108	117	106	115	117	114	117	113
124	0	0	0	0	1	1	1	2	2	3	7	122	100	123	100	122	113	122	104	112	114
139	0	0	0	0	1	1	1	1	1	6	6	119	111	119	110	124	111	121	115	111	115
195	0	0	0	0	0	1	2	2	3	4	5	113	128	109	125	109	120	107	124	118	116
122	0	0	0	0	1	1	1	1	3	3	7	125	106	128	104	128	117	126	108	114	117
184	0	0	0	0	0	1	2	2	2	5	5	115	129	111	129	116	122	111	127	119	118
117	0	0	0	0	1	1	1	1	2	4	7	129	108	130	106	130	118	129	113	116	119
194	0	0	0	0	0	1	1	3	3	4	5	121	135	115	132	117	124	110	130	121	120
226	0	0	0	0	0	0	3	3	3	4	4	105	146	103	152	103	126	109	138	129	121
127	0	0	0	0	0	2	2	2	2	2	7	120	121	127	120	119	123	132	116	130	122
44	0	0	0	1	1	1	1	1	1	1	10	130	80	162	80	150	105	157	90	123	123
109	0	0	0	0	1	1	1	1	1	5	7	132	112	134	109	135	119	134	118	120	124
191	0	0	0	0	0	1	1	2	4	4	5	124	100	120	136	120	127	116	134	122	125
162	0	0	0	0	0	1	2	2	3	3	6	126	127	124	126	123	129	125	126	126	126

Nr.	Belegung der Kategorie											MTS	MSA	TSP	SPA	MT SP	MT SA	MT PA	MS PA	TS PA	MT SPA
	1	2	3	4	5	6	7	8	9	10	11										
91	0	0	0	0	1	1	1	2	2	2	8	135	101	143	107	138	121	139	112	125	127
182	0	0	0	0	0	1	1	2	3	5	5	127	137	121	138	125	130	119	135	124	128
156	0	0	0	0	0	1	2	2	2	4	6	128	130	125	127	126	131	127	129	127	129
203	0	0	0	0	0	0	3	3	3	3	5	117	145	118	151	114	134	123	139	137	130
221	0	0	0	0	0	0	2	3	4	4	4	118	159	113	159	115	135	115	146	135	131
161	0	0	0	0	0	1	1	3	3	3	6	133	134	131	133	129	132	127	132	133	132
88	0	0	0	0	1	1	1	1	2	3	8	140	109	146	108	143	125	145	117	128	133
179	0	0	0	0	0	1	1	1	4	5	5	134	144	129	142	133	133	124	142	131	134
82	0	0	0	0	1	1	1	1	1	4	8	144	114	149	111	147	128	149	121	132	135
154	0	0	0	0	0	1	1	2	3	4	6	138	138	135	137	136	138	131	137	134	136
220	0	0	0	0	0	0	1	4	4	4	4	123	165	122	168	121	140	120	156	140	137
123	0	0	0	0	0	1	2	2	2	3	7	139	131	141	130	139	139	142	131	138	138
147	0	0	0	0	0	1	1	2	2	5	6	142	140	136	140	141	141	135	141	136	139
193	0	0	0	0	0	0	2	3	3	4	5	131	162	126	157	127	143	130	149	141	140
190	0	0	0	0	0	0	2	2	4	4	5	136	164	132	160	132	148	133	154	146	141
145	0	0	0	0	0	1	1	1	3	5	6	146	147	142	143	145	142	140	145	139	142
63	0	0	0	0	1	1	1	1	2	2	9	154	110	166	112	161	136	162	123	142	143
181	0	0	0	0	0	0	2	2	3	5	5	137	166	133	163	134	150	136	158	148	144
121	0	0	0	0	0	1	1	2	3	3	7	151	139	151	139	149	146	147	140	145	145
60	0	0	0	0	1	1	1	1	1	3	9	156	115	171	113	165	137	167	125	144	146
138	0	0	0	0	0	1	1	1	2	6	6	148	150	147	148	152	144	146	150	143	147
160	0	0	0	0	0	0	2	3	3	3	6	141	161	139	158	137	151	144	151	152	148
116	0	0	0	0	0	1	1	2	2	4	7	155	141	152	141	153	149	151	144	147	149
189	0	0	0	0	0	0	1	3	4	4	5	143	173	138	169	140	153	136	161	150	150
90	0	0	0	0	0	1	2	2	2	2	8	152	132	158	135	155	147	159	136	151	151
180	0	0	0	0	0	0	1	3	3	5	5	145	174	140	172	142	155	141	166	153	152
114	0	0	0	0	0	1	1	1	3	4	7	159	148	156	145	158	152	153	148	149	153
153	0	0	0	0	0	0	2	2	3	4	6	147	167	144	161	144	159	150	159	155	154
178	0	0	0	0	0	0	1	2	4	5	5	149	177	145	175	146	160	143	172	156	155
108	0	0	0	0	0	1	1	1	2	5	7	162	151	161	146	164	154	157	152	154	156
146	0	0	0	0	0	0	2	2	2	5	6	153	169	148	166	151	161	154	165	158	157
87	0	0	0	0	0	1	1	2	2	3	8	167	142	172	144	168	158	169	147	159	158
152	0	0	0	0	0	0	1	3	3	4	6	158	175	153	170	154	164	152	168	161	159
43	0	0	0	0	1	1	1	1	1	2	10	169	116	190	122	183	145	186	133	160	160
102	0	0	0	0	0	1	1	1	1	6	7	165	155	167	153	171	157	164	160	157	161
176	0	0	0	0	0	0	1	1	5	5	5	157	182	154	184	156	163	148	179	162	162
85	0	0	0	0	0	1	1	1	3	3	8	172	149	176	147	174	162	173	153	163	163
120	0	0	0	0	0	0	2	2	3	3	7	161	168	160	164	159	167	166	162	167	164
151	0	0	0	0	0	0	1	2	4	4	6	163	178	157	174	160	169	155	174	165	165
115	0	0	0	0	0	0	2	2	2	4	7	164	170	163	167	162	170	171	167	169	166
81	0	0	0	0	0	1	1	1	2	4	8	175	152	177	149	177	165	174	157	164	167
144	0	0	0	0	0	0	1	2	3	5	6	166	179	159	177	163	171	160	176	166	168
188	0	0	0	0	0	0	0	4	4	4	5	150	194	150	196	148	172	156	186	173	169
119	0	0	0	0	0	0	1	3	3	3	7	170	176	169	173	167	173	171	170	172	170
76	0	0	0	0	0	1	1	1	1	5	8	179	156	182	154	182	166	180	163	168	171
137	0	0	0	0	0	0	1	2	2	6	6	171	183	165	182	170	174	165	180	170	172
62	0	0	0	0	0	1	1	2	2	2	9	181	143	187	150	184	168	184	155	174	173
142	0	0	0	0	0	0	1	1	4	5	6	174	187	168	183	172	176	163	181	171	174
177	0	0	0	0	0	0	0	3	4	5	5	160	204	155	201	157	180	161	192	178	175
30	0	0	0	0	1	1	1	1	1	1	11	182	117	210	131	202	156	205	143	179	176

Nr.	Belegung der Kategorie 1	2	3	4	5	6	7	8	9	10	11	MTS	MSA	TSP	SPA	MT SP	MT SA	MT PA	MS PA	TS PA	MT SPA
113	0	0	0	0	0	0	1	2	3	4	7	180	180	175	179	175	181	175	178	176	177
136	0	0	0	0	0	0	1	1	3	6	6	177	190	174	188	176	178	170	188	175	178
86	0	0	0	0	0	0	2	2	2	3	8	178	171	180	171	178	179	183	171	181	179
59	0	0	0	0	0	1	1	1	2	3	9	188	153	195	155	191	175	191	164	177	180
175	0	0	0	0	0	0		2	5	5	5	168	212	164	208	166	184	168	199	184	181
107	0	0	0	0	0	0	1	2	2	5	7	183	184	179	181	180	182	177	183	180	182
111	0	0	0	0	0	0	1	1	4	4	7	185	188	181	186	181	185	177	185	183	183
150	0	0	0	0	0	0	0	3	4	4	6	173	205	170	200	169	189	176	193	186	184
55	0	0	0	0	0	1	1	1	1	4	9	193	157	196	156	197	177	195	169	182	185
106	0	0	0	0	0	0	1	1	3	5	7	189	191	184	187	187	187	181	189	185	186
143	0	0	0	0	0	0	0	3	3	5	6	176	208	173	203	173	192	179	197	188	187
84	0	0	0	0	0	0	1	2	3	3	8	192	181	191	180	189	190	189	182	189	188
101	0	0	0	0	0	0	1	1	2	6	7	194	195	188	192	192	191	187	194	187	189
61	0	0	0	0	0	0	2	2	2	2	9	190	172	197	178	194	188	200	177	193	190
80	0	0	0	0	0	0	1	2	2	4	8	196	185	193	185	195	193	193	187	190	191
141	0	0	0	0	0	0	0	2	4	5	6	184	213	178	209	179	196	182	204	191	192
42	0	0	0	0	0	1	1	1	2	2	10	201	154	212	162	209	183	207	173	192	193
135	0	0	0	0	0	0	0	2	3	6	6	186	215	183	212	185	198	185	209	197	194
112	0	0	0	0	0	0	0	3	3	4	7	187	209	185	204	186	200	192	200	198	195
79	0	0	0	0	0	0	1	1	3	4	8	202	192	199	191	199	197	197	191	195	196
40	0	0	0	0	0	1	1	1	1	3	10	205	158	216	165	211	186	210	175	196	197
97	0	0	0	0	0	0	1	1	1	7	7	198	199	198	198	200	194	194	203	194	198
140	0	0	0	0	0	0	0	1	5	5	6	191	219	186	216	188	202	188	212	200	199
75	0	0	0	0	0	0	1	1	2	5	8	206	196	204	193	205	199	199	196	199	200
110	0	0	0	0	0	0	0	2	4	4	7	197	214	192	210	190	205	196	207	202	201
134	0	0	0	0	0	0	0	1	4	6	6	195	223	189	221	193	204	190	216	201	202
58	0	0	0	0	0	0	1	2	2	3	9	208	186	208	190	206	201	208	190	204	203
105	0	0	0	0	0	0	0	2	3	5	7	199	216	194	211	196	208	198	211	205	204
71	0	0	0	0	0	0	1	1	1	6	8	209	200	207	199	210	203	203	205	203	205
83	0	0	0	0	0	0	0	3	3	3	8	200	210	201	206	198	209	206	206	208	206
57	0	0	0	0	0	0	1	1	3	3	9	212	193	214	194	213	207	211	198	206	207
100	0	0	0	0	0	0	0	2	2	6	7	204	220	200	217	201	212	202	215	207	208
104	0	0	0	0	0	0	0	1	4	5	7	207	224	202	220	203	214	201	217	210	209
29	0	0	0	0	0	1	1	1	1	2	11	216	160	231	176	227	195	225	184	211	210
54	0	0	0	0	0	0	1	1	2	4	9	217	197	218	197	217	210	214	202	209	211
78	0	0	0	0	0	0	0	2	3	4	8	211	217	206	214	207	216	212	213	214	212
99	0	0	0	0	0	0	0	1	3	6	7	210	228	205	224	208	215	204	223	212	213
51	0	0	0	0	0	0	1	1	1	5	9	221	202	221	202	221	213	218	208	213	214
41	0	0	0	0	0	0	1	2	2	2	10	219	189	225	195	222	211	222	201	216	215
74	0	0	0	0	0	0	0	2	2	5	8	214	221	209	218	212	218	215	219	215	216
77	0	0	0	0	0	0	0	1	4	4	8	218	226	215	222	215	221	215	221	218	217
133	0	0	0	0	0	0	0	0	5	6	6	203	242	203	238	204	222	209	232	219	218
96	0	0	0	0	0	0	0	1	2	7	7	215	231	213	229	216	219	213	226	217	219
73	0	0	0	0	0	0	0	1	3	5	8	222	229	219	225	219	223	217	225	220	220
39	0	0	0	0	0	0	1	1	2	3	10	228	198	230	205	228	217	228	210	221	221
56	0	0	0	0	0	0	0	2	3	3	9	223	218	222	219	220	224	223	220	223	222
19	0	0	0	0	0	1	1	1	1	1	12	227	163	242	189	238	206	238	195	225	223
37	0	0	0	0	0	0	1	1	1	4	10	231	203	233	207	232	220	230	214	222	224
103	0	0	0	0	0	0	0		5	5	7	213	243	211	237	214	229	219	234	227	225
53	0	0	0	0	0	0	0	2	2	4	9	225	222	224	223	224	226	226	224	226	226

Nr.	Belegung der Kategorie 1	2	3	4	5	6	7	8	9	10	11	MTS	MSA	TSP	SPA	MT SP	MT SA	MT PA	MS PA	TS PA	MT SPA
70	0	0	0	0	0	0	0	1	2	6	8	226	232	223	230	225	227	220	229	224	227
98	0	0	0	0	0	0	0	0	4	6	7	220	246	217	241	218	232	221	239	228	228
52	0	0	0	0	0	0	0	1	3	4	9	232	230	227	228	229	231	229	228	229	229
68	0	0	0	0	0	0	0	1	1	7	8	230	236	228	234	230	230	227	235	230	230
28	0	0	0	0	0	0	1	1	2	2	11	236	201	240	213	239	225	237	218	232	231
95	0	0	0	0	0	0	0	0	3	7	7	224	248	220	244	223	235	224	243	233	232
50	0	0	0	0	0	0	0	1	2	5	9	235	233	232	231	233	234	232	231	231	233
38	0	0	0	0	0	0	0	2	2	3	10	234	225	235	227	234	233	236	227	235	234
26	0	0	0	0	0	0	1	1	1	3	11	239	206	243	215	241	228	239	222	234	235
72	0	0	0	0	0	0	0	0	4	5	8	229	247	226	242	226	238	231	240	236	236
48	0	0	0	0	0	0	0	1	1	6	9	238	237	236	236	236	237	234	237	237	237
69	0	0	0	0	0	0	0	0	3	6	8	233	249	229	245	231	241	233	244	238	238
36	0	0	0	0	0	0	0	1	2	4	10	243	234	239	233	240	240	240	236	239	239
67	0	0	0	0	0	0	0	0	2	7	8	237	253	234	249	235	244	235	248	240	240
27	0	0	0	0	0	0	0	2	2	2	11	242	227	245	232	244	239	245	233	243	241
18	0	0	0	0	0	0	1	1	1	2	12	246	207	251	226	250	236	249	230	242	242
34	0	0	0	0	0	0	0	1	1	5	10	245	239	244	239	245	243	243	241	241	243
49	0	0	0	0	0	0	0	0	3	5	9	240	250	237	247	237	246	241	246	244	244
66	0	0	0	0	0	0	0	0	1	8	8	241	257	238	255	242	247	242	254	245	245
47	0	0	0	0	0	0	0	0	2	6	9	244	254	241	251	243	249	244	250	246	246
25	0	0	0	0	0	0	0	1	2	3	11	249	235	249	240	249	245	248	242	247	247
35	0	0	0	0	0	0	0	0	3	4	10	247	251	246	250	246	251	247	249	249	248
23	0	0	0	0	0	0	0	1	1	4	11	252	240	250	243	251	248	251	245	248	249
46	0	0	0	0	0	0	0	0	1	7	9	248	259	247	256	247	252	246	255	250	250
12	0	0	0	0	0	0	1	1	1	1	13	253	211	260	235	258	242	258	238	252	251
33	0	0	0	0	0	0	0	0	2	5	10	250	255	248	252	248	254	250	252	251	252
17	0	0	0	0	0	0	0	1	2	2	12	256	238	257	246	256	250	255	247	253	253
32	0	0	0	0	0	0	0	0	1	6	10	255	260	253	258	253	256	252	258	254	254
24	0	0	0	0	0	0	0	0	3	3	11	254	252	254	253	254	255	253	253	255	255
16	0	0	0	0	0	0	0	1	1	3	12	258	241	259	248	259	253	257	251	256	256
22	0	0	0	0	0	0	0	0	2	4	11	257	256	255	257	255	258	256	257	257	257
45	0	0	0	0	0	0	0	0	0	8	9	251	267	252	264	252	259	254	264	258	258
21	0	0	0	0	0	0	0	0	1	5	11	260	262	258	259	260	260	259	259	259	259
11	0	0	0	0	0	0	0	1	1	2	13	262	244	264	254	264	257	263	256	260	260
15	0	0	0	0	0	0	0	0	2	3	12	261	258	261	260	261	262	261	260	261	261
31	0	0	0	0	0	0	0	0	0	7	10	259	268	256	266	257	263	260	265	262	262
14	0	0	0	0	0	0	0	0	1	4	12	264	263	263	262	263	264	262	262	263	263
20	0	0	0	0	0	0	0	0	0	6	11	263	269	262	267	262	266	264	267	264	264
7	0	0	0	0	0	0	0	1	1	1	14	266	245	268	261	268	261	268	261	265	265
10	0	0	0	0	0	0	0	0	2	2	13	265	261	266	263	266	265	265	263	266	266
9	0	0	0	0	0	0	0	0	1	3	13	268	264	267	265	267	267	267	266	267	267
13	0	0	0	0	0	0	0	0	0	5	12	267	270	265	269	265	268	266	268	268	268
6	0	0	0	0	0	0	0	0	1	2	14	270	265	270	268	270	269	270	269	269	269
8	0	0	0	0	0	0	0	0	0	4	13	269	271	269	270	269	270	269	270	270	270
5	0	0	0	0	0	0	0	0	0	3	14	271	272	271	272	271	272	271	272	271	271
4	0	0	0	0	0	0	0	0	1	1	15	272	266	272	271	272	271	272	271	272	272
3	0	0	0	0	0	0	0	0	0	2	15	273	273	273	273	273	273	273	273	273	273
2	0	0	0	0	0	0	0	0	0	1	16	274	274	274	274	274	274	274	274	274	274
1	0	0	0	0	0	0	0	0	0	0	17	275	275	275	275	275	275	275	275	275	275

Anhang 48: Idealtypische Kategoriebelegungen von 17 Objekten auf einer elf-stufigen Antwortskala

	EW_ F3	EW_ O_F3	EW_ N_F3	O_ F3	N_ F3				O_ F4	N_ F4				O_ F5	N_ F5
Alle	1,319	1,037	1,038	100	100	1,097	1,030	1,031	100	100	0,969	1,023	1,024	0	0
S5	1,330	1,053	1,054	100	100	1,083	1,042	1,044	100	100	0,976	1,033	1,034	0	0
S11	1,313	1,054	1,054	100	100	1,118	1,043	1,044	100	100	0,981	1,034	1,034	0	0
RF1	1,319	1,055	1,053	100	100	1,096	1,044	1,044	100	100	0,971	1,034	1,034	0	0
RF2	1,330	1,053	1,053	100	100	1,117	1,043	1,044	100	100	0,993	1,035	1,034	0	0
S5RF1	1,356	1,077	1,076	100	100	1,087	1,060	1,060	100	100	0,975	1,047	1,047	0	0
S5RF2	1,316	1,076	1,076	100	100	1,101	1,061	1,062	100	100	0,998	1,048	1,048	0	0
S11RF1	1,283	1,075	1,077	100	100	1,106	1,061	1,061	100	100	0,992	1,047	1,048	0	0
S11RF2	1,355	1,075	1,076	100	100	1,138	1,061	1,062	100	100	0,987	1,047	1,047	0	0
D1	1,256	1,108	1,108	100	100	1,144	1,087	1,087	100	100	0,944	1,069	1,068	0	0
D2	1,271	1,108	1,110	100	100	1,125	1,088	1,088	100	100	0,969	1,068	1,068	0	0
D3	1,344	1,104	1,106	100	100	1,129	1,085	1,085	100	100	0,993	1,065	1,066	0	0
D4	1,317	1,108	1,106	100	100	1,070	1,087	1,086	4	5	1,005	1,067	1,066	0	0
D5	1,343	1,106	1,106	100	100	1,014	1,086	1,086	0	0	0,980	1,066	1,066	0	0
D6	1,444	1,108	1,105	100	100	1,126	1,087	1,085	100	100	0,977	1,068	1,065	0	0
D7	1,332	1,111	1,110	100	100	1,133	1,089	1,087	100	100	0,995	1,068	1,067	0	0
D8	1,394	1,106	1,106	100	100	1,157	1,086	1,087	100	100	0,994	1,066	1,066	0	0
D1S5	1,257	1,151	1,153	100	100	1,178	1,123	1,122	100	100	0,997	1,094	1,093	0	0
D1S11	1,265	1,156	1,157	100	100	1,116	1,125	1,128	33	28	0,932	1,093	1,097	0	0
D2S5	1,260	1,158	1,155	100	100	1,083	1,125	1,124	0	0	0,954	1,098	1,097	0	0
D2S11	1,323	1,156	1,155	100	100	1,166	1,120	1,124	100	98	0,994	1,093	1,095	0	0
D3S5	1,290	1,153	1,152	100	100	1,128	1,122	1,122	63	60	0,997	1,093	1,092	0	0
D3S11	1,438	1,145	1,146	100	100	1,153	1,119	1,119	100	99	1,008	1,092	1,092	0	0
D4S5	1,325	1,153	1,153	100	100	1,113	1,122	1,123	31	23	1,007	1,095	1,094	0	0
D4S11	1,338	1,151	1,153	100	100	1,052	1,123	1,124	0	0	1,035	1,093	1,096	0	0
D5S5	1,325	1,153	1,151	100	100	1,113	1,122	1,121	31	35	1,007	1,095	1,092	0	0
D5S11	1,301	1,155	1,154	100	100	1,036	1,122	1,122	0	0	0,996	1,093	1,097	0	0
D6S5	1,500	1,151	1,153	100	100	1,125	1,122	1,122	57	58	0,996	1,092	1,093	0	0
D6S11	1,381	1,150	1,154	100	100	1,148	1,118	1,120	97	94	1,047	1,091	1,094	0	0
D7S5	1,417	1,153	1,152	100	100	1,172	1,120	1,123	100	100	1,040	1,094	1,095	0	0
D7S11	1,207	1,159	1,159	99	100	1,102	1,127	1,127	4	5	0,943	1,098	1,098	0	0
D8S5	1,406	1,155	1,154	100	100	1,115	1,120	1,123	37	30	1,012	1,095	1,096	0	0
D8S11	1,402	1,153	1,151	100	100	1,223	1,122	1,123	100	100	1,042	1,094	1,094	0	0
D1RF1	1,252	1,153	1,155	100	100	1,202	1,125	1,123	100	100	0,952	1,096	1,094	0	0
D1RF2	1,404	1,151	1,152	100	100	1,153	1,122	1,122	97	98	1,021	1,093	1,094	0	0
D2RF1	1,213	1,155	1,154	100	100	1,207	1,126	1,125	100	100	0,970	1,095	1,096	0	0
D2RF2	1,365	1,156	1,155	100	100	1,100	1,124	1,124	6	6	0,977	1,093	1,093	0	0
D3RF1	1,341	1,148	1,147	100	100	1,172	1,118	1,119	100	100	1,016	1,091	1,093	0	0
D3RF2	1,378	1,151	1,153	100	100	1,141	1,122	1,119	90	93	1,003	1,093	1,094	0	0
D4RF1	1,354	1,153	1,152	100	100	1,050	1,121	1,123	0	0	1,001	1,093	1,095	0	0
D4RF2	1,298	1,153	1,152	100	100	1,187	1,123	1,122	100	100	1,010	1,093	1,095	0	0
D5RF1	1,375	1,148	1,148	100	100	1,023	1,118	1,121	0	0	0,957	1,092	1,093	0	0
D5RF2	1,322	1,159	1,153	100	100	1,119	1,124	1,122	32	43	1,022	1,095	1,094	0	0
D6RF1	1,360	1,158	1,156	100	100	1,212	1,125	1,125	100	100	0,979	1,095	1,096	0	0
D6RF2	1,478	1,149	1,147	100	100	1,155	1,119	1,119	100	100	0,987	1,089	1,092	0	0
D7RF1	1,360	1,156	1,156	100	100	1,212	1,125	1,125	100	100	0,979	1,096	1,096	0	0
D7RF2	1,313	1,155	1,157	100	100	1,056	1,124	1,124	0	0	1,037	1,096	1,095	0	0
D8RF1	1,382	1,153	1,152	100	100	1,103	1,120	1,122	12	12	1,005	1,095	1,094	0	0
D8RF2	1,427	1,153	1,153	100	100	1,224	1,121	1,120	100	100	0,995	1,093	1,093	0	0
V01	1,250	1,221	1,218	88	89	1,172	1,173	1,172	41	54	1,027	1,131	1,131	0	0
V02	1,312	1,213	1,224	100	100	1,101	1,171	1,177	0	0	0,922	1,132	1,136	0	0
V03	1,363	1,215	1,213	100	100	1,154	1,169	1,172	26	23	0,991	1,131	1,131	0	0
V04	1,273	1,224	1,225	96	97	1,156	1,175	1,176	24	17	1,000	1,135	1,137	0	0
V05	1,220	1,222	1,226	43	40	1,101	1,175	1,179	0	0	0,959	1,136	1,134	0	0
V06	1,376	1,222	1,226	100	100	1,206	1,181	1,179	89	86	1,052	1,138	1,138	0	0

	EW_ F3	EW_ O_F3	EW_ N_F3	O_ F3	N_ F3				O_ F4	N_ F4				O_ F5	N_ F5
V07	1,380	1,225	1,223	100	100	1,086	1,179	1,178	0	0	0,982	1,136	1,136	0	0
V08	1,399	1,213	1,216	100	100	1,154	1,173	1,173	14	17	0,991	1,132	1,133	0	0
V09	1,371	1,212	1,212	100	100	1,171	1,168	1,171	58	51	1,040	1,133	1,132	0	0
V10	1,409	1,207	1,207	100	100	1,205	1,165	1,165	98	97	1,092	1,128	1,126	0	6
V11	1,307	1,214	1,222	100	100	1,134	1,173	1,178	4	1	1,008	1,132	1,136	0	0
V12	1,508	1,213	1,212	100	100	1,144	1,168	1,169	11	16	1,008	1,128	1,130	0	0
V13	1,406	1,219	1,218	100	100	1,161	1,175	1,174	34	34	0,972	1,131	1,132	0	0
V14	1,336	1,219	1,222	100	100	1,154	1,171	1,174	17	20	1,025	1,132	1,134	0	0
V15	1,275	1,217	1,220	99	100	1,147	1,173	1,176	13	6	1,037	1,137	1,134	0	0
V16	1,380	1,212	1,216	100	100	1,230	1,169	1,177	100	99	1,006	1,130	1,136	0	0
V17	1,456	1,209	1,208	100	100	1,080	1,165	1,167	0	0	0,996	1,124	1,128	0	0
V18	1,293	1,223	1,222	100	100	1,001	1,177	1,175	0	0	0,953	1,135	1,134	0	0
V19	1,347	1,221	1,222	100	100	1,155	1,175	1,177	14	15	0,971	1,135	1,135	0	0
V20	1,321	1,221	1,220	100	100	1,172	1,177	1,174	36	48	1,064	1,136	1,133	0	0
V21	1,538	1,226	1,223	100	100	1,222	1,177	1,178	97	98	1,083	1,134	1,136	0	0
V22	1,298	1,219	1,221	100	100	1,142	1,173	1,177	3	4	1,097	1,132	1,131	4	4
V23	1,458	1,210	1,210	100	100	1,098	1,166	1,167	0	0	0,989	1,128	1,126	0	0
V24	1,519	1,214	1,213	100	100	1,243	1,171	1,169	100	100	1,032	1,130	1,133	0	0
V25	1,451	1,221	1,217	100	100	1,225	1,171	1,173	99	99	0,958	1,134	1,133	0	0
V26	1,330	1,231	1,230	100	100	1,249	1,182	1,184	100	100	0,994	1,138	1,141	0	0
V27	1,413	1,220	1,220	100	100	1,181	1,175	1,175	65	65	1,093	1,135	1,132	1	1
V28	1,222	1,224	1,224	48	42	1,062	1,177	1,181	0	0	0,899	1,134	1,136	0	0
V29	1,390	1,216	1,216	100	100	1,067	1,173	1,173	0	0	0,994	1,129	1,133	0	0
V30	1,423	1,219	1,218	100	100	1,173	1,174	1,175	44	48	1,084	1,134	1,135	0	1
V31	1,463	1,223	1,222	100	100	1,236	1,180	1,177	100	98	1,061	1,133	1,139	0	0
V32	1,434	1,214	1,212	100	100	1,233	1,166	1,174	99	100	1,098	1,130	1,132	1	5
alle	1,343	1,042	1,042	100	100	1,106	1,034	1,034	100	100	0,990	1,026	1,027	0	0
S5	1,357	1,059	1,059	100	100	1,095	1,048	1,049	100	100	1,001	1,036	1,038	0	0
S11	1,333	1,060	1,060	100	100	1,126	1,049	1,049	100	100	0,989	1,037	1,038	0	0
RF1	1,342	1,061	1,060	100	100	1,114	1,048	1,049	100	100	0,994	1,037	1,038	0	0
RF2	1,353	1,059	1,058	100	100	1,115	1,048	1,048	100	100	1,011	1,038	1,037	0	0
S5RF1	1,395	1,084	1,084	100	100	1,104	1,068	1,068	100	100	0,997	1,052	1,053	0	0
S5RF2	1,333	1,084	1,083	100	100	1,104	1,069	1,067	100	100	1,018	1,053	1,053	0	0
S11RF 1	1,290	1,086	1,086	100	100	1,128	1,070	1,068	100	100	0,994	1,054	1,054	0	0
S11RF 2	1,386	1,086	1,084	100	100	1,137	1,068	1,067	100	100	1,003	1,054	1,053	0	0
D3	1,394	1,120	1,118	100	100	1,129	1,097	1,095	99	100	1,030	1,075	1,073	0	0
D4	1,403	1,119	1,118	100	100	1,096	1,096	1,093	44	62	1,037	1,074	1,073	0	0
D5	1,385	1,112	1,111	100	100	1,041	1,091	1,090	0	0	1,001	1,068	1,069	0	0
D6	1,516	1,118	1,116	100	100	1,144	1,095	1,094	100	100	1,016	1,074	1,073	0	0
D7	1,387	1,140	1,140	100	100	1,203	1,112	1,112	100	100	1,041	1,086	1,087	0	0
D8	1,440	1,158	1,158	100	100	1,101	1,125	1,127	5	6	1,007	1,097	1,093	0	0
D3S5	1,359	1,166	1,169	100	100	1,162	1,135	1,134	95	95	1,040	1,101	1,103	0	0
D3S11	1,477	1,169	1,168	100	100	1,115	1,134	1,137	11	7	1,042	1,104	1,103	0	0
D4S5	1,424	1,171	1,167	100	100	1,147	1,132	1,136	81	78	1,071	1,102	1,103	3	1
D4S11	1,392	1,168	1,170	100	100	1,069	1,131	1,137	0	0	1,050	1,101	1,104	0	0
D5S5	1,424	1,158	1,156	100	100	1,030	1,125	1,125	0	0	1,015	1,094	1,097	0	0
D5S11	1,358	1,160	1,163	100	100	1,095	1,126	1,129	2	2	0,999	1,099	1,100	0	0
D6S5	1,567	1,166	1,168	100	100	1,162	1,133	1,133	95	94	0,983	1,103	1,103	0	0
D6S11	1,457	1,165	1,166	100	100	1,189	1,131	1,135	100	100	1,066	1,103	1,103	1	1
D7_S5	1,445	1,195	1,196	100	100	1,239	1,152	1,156	100	100	1,078	1,118	1,122	1	0
D7S11	1,373	1,205	1,205	100	100	1,211	1,164	1,163	99	99	0,991	1,123	1,124	0	0
D8_S5	1,461	1,220	1,221	100	100	1,133	1,171	1,176	8	3	1,045	1,131	1,136	0	0
D8S11	1,418	1,230	1,232	100	100	1,193	1,181	1,184	75	67	1,107	1,137	1,142	7	6
D3RF1	1,399	1,167	1,166	100	100	1,169	1,133	1,133	96	100	1,045	1,101	1,102	0	0
D3RF2	1,426	1,171	1,175	100	100	1,125	1,136	1,138	22	24	1,048	1,105	1,103	0	0
D4RF1	1,434	1,167	1,170	100	100	1,092	1,131	1,138	0	1	1,040	1,105	1,105	0	0

	EW_ F3	EW_ O_F3	EW_ N_F3	O_ F3	N_ F3				O_ F4	N_ F4				O_ F5	N_ F5
D4RF2	1,400	1,170	1,168	100	100	1,217	1,134	1,133	100	100	1,051	1,107	1,103	0	0
D5RF1	1,429	1,157	1,157	100	100	1,058	1,124	1,124	0	0	1,046	1,097	1,096	0	0
D5RF2	1,351	1,160	1,156	100	100	1,152	1,128	1,126	95	92	1,013	1,097	1,098	0	0
D6RF1	1,481	1,174	1,170	100	100	1,211	1,137	1,137	100	100	1,094	1,103	1,103	28	25
D6RF2	1,511	1,164	1,161	100	100	1,161	1,130	1,132	96	96	0,974	1,100	1,099	0	0
D7RF1	1,421	1,198	1,200	100	100	1,350	1,160	1,161	100	100	1,024	1,120	1,121	0	0
D7RF2	1,366	1,200	1,200	100	100	1,110	1,156	1,158	0	0	1,045	1,120	1,121	0	0
D8RF1	1,486	1,227	1,232	100	100	1,041	1,178	1,180	0	0	0,977	1,139	1,137	0	0
D8RF2	1,404	1,222	1,225	100	100	1,260	1,175	1,178	100	100	1,129	1,134	1,134	41	38
V09	1,486	1,237	1,235	100	100	1,214	1,186	1,191	91	82	1,109	1,146	1,143	5	11
V10	1,456	1,236	1,244	100	100	1,171	1,189	1,191	18	21	1,101	1,143	1,144	1	3
V11	1,363	1,245	1,245	100	100	1,126	1,195	1,194	0	0	1,005	1,147	1,147	0	0
V12	1,568	1,243	1,248	100	100	1,148	1,189	1,192	4	3	1,079	1,143	1,147	0	0
V13	1,526	1,239	1,243	100	100	1,087	1,188	1,189	0	0	1,038	1,143	1,145	0	0
V14	1,438	1,244	1,245	100	100	1,220	1,195	1,195	83	84	1,024	1,148	1,147	0	0
V15	1,381	1,244	1,242	100	100	1,251	1,190	1,194	99	99	1,096	1,144	1,146	1	2
V16	1,445	1,241	1,245	100	100	1,216	1,196	1,192	73	84	1,006	1,146	1,145	0	0
V17	1,478	1,214	1,218	100	100	1,110	1,170	1,174	0	0	1,057	1,134	1,132	0	0
V18	1,375	1,229	1,235	100	100	1,083	1,178	1,184	0	0	1,003	1,135	1,140	0	0
V19	1,380	1,222	1,228	100	100	1,165	1,175	1,180	32	30	0,985	1,137	1,136	0	0
V20	1,346	1,224	1,231	100	100	1,226	1,183	1,181	96	98	1,066	1,137	1,139	0	0
V21	1,594	1,248	1,241	100	100	1,284	1,195	1,192	100	100	1,045	1,147	1,148	0	0
V22	1,375	1,243	1,247	100	100	1,245	1,192	1,189	98	99	1,115	1,144	1,147	12	9
V23	1,517	1,230	1,230	100	100	1,112	1,182	1,182	0	0	0,984	1,137	1,138	0	0
V24	1,579	1,235	1,236	100	100	1,242	1,185	1,187	100	100	1,002	1,140	1,142	0	0
V25	1,579	1,235	1,236	100	100	1,242	1,185	1,187	100	100	1,002	1,140	1,142	0	0
V26	1,532	1,276	1,273	100	100	1,389	1,221	1,221	100	100	1,012	1,167	1,169	0	0
V27	1,451	1,281	1,277	100	100	1,166	1,222	1,219	0	1	1,060	1,169	1,165	0	0
V28	1,358	1,293	1,294	94	95	1,103	1,229	1,230	0	0	0,953	1,171	1,176	0	0
V29	1,411	1,320	1,310	98	100	1,129	1,244	1,249	0	0	1,012	1,185	1,191	0	0
V30	1,572	1,331	1,339	100	100	1,170	1,258	1,268	0	0	1,087	1,195	1,203	0	0
V31	1,461	1,317	1,317	100	100	1,319	1,247	1,248	99	99	1,221	1,187	1,186	87	86
V32	1,374	1,317	1,322	96	93	1,274	1,248	1,256	77	71	1,123	1,194	1,192	1	1

Anhang 49: **100 Durchgänge der Parallelanalysen für die Faktoren 3 bis 5**

Eigenwert	Koeffizient a	Koeffizient b	Koeffizient c	Koeffizient d	Koeffizient e
1	0,5474	-0,1010	0,0719	0,0000	0,8103
2	-0,4311	0,0561	-0,0070	1,2174	-0,1432
3	-0,3154	0,0412	-0,0051	1,1661	-0,1027
4	-0,2643	0,0382	-0,0114	1,2168	-0,1465
5	-0,2187	0,0313	-0,0095	1,1920	-0,1318
6	-0,1899	0,0272	-0,0087	1,1890	-0,1263
7	-0,1676	0,0223	-0,0046	1,1405	-0,0980
8	-0,1602	0,0210	-0,0040	1,1495	-0,0970
9	-0,1218	0,0179	-0,0065	1,1379	-0,0927
10	-0,1160	0,0171	-0,0061	1,1383	-0,0861
11	-0,0978	0,0137	-0,0050	1,1382	-0,0889
12	-0,1002	0,0138	-0,0041	1,1295	-0,0749
13	-0,0992	0,0127	-0,0023	1,1203	-0,0720
14	-0,0679	0,0110	-0,0058	1,1191	-0,0677
15	-0,0618	0,0095	-0,0050	1,1217	-0,0678

Anhang 50: **Die Koeffizienten für die ersten 15 Eigenwerte der Regressionsgleichung von Lautenschlager et al. (1989, S. 343)**

Eigenwert	Koeffizient a	Koeffizient b	Koeffizient c	Koeffizient d
1	0,0316	0,7611	-0,0979	-0,3138
2	0,1162	0,8613	-0,1122	-0,9281
3	0,1835	0,9436	-0,1237	-1,4173
4	0,2578	1,0636	-0,1388	-1,9976
5	0,3171	1,1370	-0,1494	-2,4200
6	0,3809	1,2213	-0,1619	-2,8644
7	0,4492	1,3111	-0,1751	-3,3392
8	0,5309	1,4265	-0,1925	-3,8950
9	0,5734	1,4818	-0,1986	-4,2420
10	0,6460	1,5802	-0,2134	-4,7384
11	0,7315	1,6989	-0,2314	-5,3138
12	0,8203	1,8241	-0,2500	-5,9196
13	0,9376	1,9977	-0,2768	-6,6939
14	0,9457	1,9819	-0,2726	-6,7987
15	1,0405	2,1169	-0,2928	-7,4421

Anhang 51: **Die Koeffizienten für die ersten 15 Eigenwerte der Regressionsgleichung von Longman et al. (1989, S. 66)**

	50	75	100	150	200	300	400	500	750	1000	1500	2000
1	2,173	1,937	1,798	1,630	1,536	1,436	1,378	1,332	1,272	1,231	1,185	1,161
2	1,896	1,716	1,615	1,496	1,420	1,346	1,296	1,263	1,215	1,185	1,149	1,130
3	1,697	1,561	1,484	1,396	1,338	1,273	1,240	1,213	1,175	1,150	1,122	1,105
4	1,524	1,427	1,373	1,302	1,264	1,213	1,190	1,169	1,138	1,119	1,097	1,084
5	1,374	1,311	1,278	1,229	1,196	1,160	1,143	1,130	1,106	1,091	1,076	1,065
6	1,236	1,207	1,186	1,157	1,139	1,112	1,101	1,090	1,076	1,065	1,056	1,047
7	1,116	1,108	1,102	1,090	1,081	1,068	1,063	1,054	1,045	1,042	1,035	1,029
8	1,005	1,020	1,023	1,026	1,029	1,024	1,025	1,022	0,981	1,018	1,015	1,013
9	0,901	0,937	0,944	0,966	0,975	0,982	0,987	0,989	0,991	0,994	1,008	0,997
10	0,802	0,849	0,875	0,908	0,924	0,943	0,949	0,956	0,965	0,970	0,977	0,980
11	0,701	0,773	0,809	0,848	0,872	0,899	0,911	0,923	0,936	0,947	0,958	0,964
12	0,616	0,694	0,739	0,787	0,824	0,857	0,876	0,891	0,910	0,923	0,938	0,946
13	0,533	0,618	0,673	0,735	0,771	0,816	0,836	0,855	0,882	0,898	0,918	0,929
14	0,451	0,545	0,604	0,673	0,719	0,770	0,797	0,819	0,853	0,875	0,898	0,911
15	0,360	0,465	0,524	0,612	0,658	0,722	0,749	0,781	0,818	0,842	0,870	0,888
16	0,332	0,441	0,502	0,592	0,638	0,708	0,737	0,767	0,808	0,833	0,864	0,881
17	0,306	0,416	0,480	0,572	0,621	0,693	0,723	0,755	0,798	0,823	0,856	0,875

Anhang 52: **Die Beträge der 17 Eigenwerte – abgeleitet aus den tabellarischen Vorgaben von Lautenschlager (1989a, S. 373f) für 15 und 20 Eigenwerte – bei verschiedenen Stichprobenumfängen.**

Anmerkung: Für konkrete, in der Aufstellung nicht angegebene, Populationsgrößen müssen die entsprechenden Koeffizienten noch linear interpoliert werden.

	50	75	100	125	150	175	200	300	400	500
1	2,441	2,139	1,962	1,851	1,754	1,703	1,646	1,521	1,442	1,395
2	2,085	1,860	1,737	1,646	1,579	1,548	1,504	1,405	1,349	1,311
3	1,841	1,676	1,584	1,514	1,468	1,432	1,404	1,324	1,283	1,253
4	1,653	1,524	1,451	1,403	1,372	1,345	1,322	1,261	1,227	1,204
5	1,484	1,401	1,349	1,316	1,289	1,268	1,251	1,203	1,178	1,162
6	1,348	1,289	1,260	1,228	1,213	1,201	1,187	1,154	1,134	1,121
7	1,213	1,182	1,167	1,153	1,143	1,134	1,127	1,104	1,093	1,085
8	1,090	1,088	1,088	1,082	1,078	1,074	1,070	1,060	1,054	1,048
9	0,982	1,003	1,006	1,012	1,016	1,015	1,013	1,016	1,017	1,016
10	0,881	0,920	0,936	0,954	0,956	0,962	0,965	0,975	0,980	0,982
11	0,783	0,836	0,866	0,886	0,898	0,906	0,915	0,932	0,941	0,952
12	0,693	0,759	0,800	0,824	0,841	0,854	0,864	0,892	0,907	0,919
13	0,607	0,681	0,730	0,760	0,785	0,802	0,816	0,853	0,871	0,885
14	0,520	0,608	0,665	0,700	0,727	0,746	0,764	0,810	0,835	0,852
15	0,436	0,534	0,594	0,639	0,666	0,690	0,710	0,761	0,792	0,814
16	0,408	0,508	0,569	0,616	0,646	0,671	0,694	0,745	0,779	0,803
17	0,379	0,484	0,544	0,594	0,627	0,653	0,676	0,732	0,765	0,791

Anhang 53: **Die Beträge der 17 Eigenwerte – abgeleitet aus den tabellarischen Vorgaben von Cota et al. (1993b, S. 589) für 15 und 20 Eigenwerte – bei verschiedenen Stichprobenumfängen.**

Anmerkung: Für konkrete, in der Aufstellung nicht angegebene, Populationsgrößen müssen die entsprechenden Koeffizienten noch linear interpoliert werden.

	Matrix	Einzel-Werte						
Gruppe	**MSA**	**Max**	**Wert**	**Min**	**Wert**	**MW**	**SA**	**< 0,80**
Alle	0,8516	0,9203	GES	0,7220	KIN	0,8466	0,0548	3
S5	0,8457	0,9190	GES	0,7307	KIN	0,8415	0,0529	3
S11	0,8565	0,9199	GES	0,7116	KIN	0,8503	0,0575	3
RF1	0,8507	0,9201	GES	0,7122	WOH	0,8438	0,0575	4
RF2	0,8495	0,9185	GES	0,6890	KIN	0,8442	0,0559	3
S5_RF1	0,8491	0,9205	GES	0,6997	WOH	0,8425	0,0573	3
S5_RF2	0,8376	0,9108	GES	0,6897	KIN	0,8336	0,0530	3
S11_RF1	0,8489	0,9163	GES	0,7156	WOH	0,8406	0,0591	5
S11_RF2	0,8597	0,9201	GES	0,6881	KIN	0,8529	0,0592	3
D1	0,8502	0,9013	AUS	0,6874	KIN	0,8482	0,0566	3
D2	0,8606	0,9304	GES	0,7388	KIN	0,8592	0,0486	3
D3	0,8342	0,9191	GES	0,7018	WOH	0,8269	0,0586	5
D4	0,8520	0,9125	FST	0,6665	WOH	0,8389	0,0652	4
D5	0,8533	0,9135	AUS	0,7145	KIN	0,8508	0,0552	3
D6	0,8188	0,9118	GES	0,6483	WOH	0,8075	0,0677	8
D7	0,8528	0,9158	GES	0,7325	KIN	0,8492	0,0491	3
D8	0,8224	0,8910	AUS	0,6353	WOH	0,8128	0,0692	5
D1_S5	0,8318	0,8748	NAT	0,6514	KIN	0,8296	0,0591	3
D1_S11	0,8583	0,9160	GES	0,7187	KIN	0,8549	0,0533	3
D2_S5	0,8635	0,9350	GES	0,7489	KIN	0,8600	0,0498	3
D2_S11	0,8452	0,9132	GES	0,7008	KIN	0,8449	0,0499	3
D3_S5	0,8278	0,9034	GES	0,7231	WOH	0,8226	0,0537	5

Gruppe	Matrix MSA	Einzel-Werte Max	Wert	Min	Wert	MW	SA	< 0,80
D3_S11	0,8284	0,9230	GES	0,6585	WOH	0,8182	0,0683	5
D4_S5	0,8455	0,9038	FST	0,6481	WOH	0,8327	0,0639	4
D4_S11	0,8457	0,9148	GES	0,6589	WOH	0,8314	0,0709	4
D5_S5	0,8327	0,9182	GES	0,7102	KIN	0,8319	0,0594	4
D5_S11	0,8576	0,9116	AUS	0,7047	KIN	0,8541	0,0543	3
D6_S5	0,8007	0,9174	GES	0,6588	WOH	0,7950	0,0612	9
D6_S11	0,8247	0,9009	GES	0,6196	WOH	0,8059	0,0803	7
D7_S5	0,8282	0,8965	GES	0,7311	KIN	0,8253	0,0438	5
D7_S11	0,8705	0,9253	FST	0,7304	KIN	0,8643	0,0580	3
D8_S5	0,8156	0,8887	GES	0,5886	WOH	0,8028	0,0748	9
D8_S11	0,8123	0,8916	AUS	0,6619	WOH	0,8045	0,0682	6
D1_RF1	0,8367	0,8893	NAT	0,7419	KIN	0,8352	0,0470	3
D1_RF2	0,8516	0,9123	GES	0,6204	KIN	0,8471	0,0706	3
D2_RF1	0,8618	0,9205	AUS	0,7715	KIN	0,8600	0,0460	2
D2_RF2	0,8461	0,9126	GES	0,6730	KIN	0,8430	0,0566	3
D3_RF1	0,8310	0,9191	GES	0,6743	WOH	0,8206	0,0636	6
D3_RF2	0,8188	0,9033	GES	0,7220	KIN	0,8131	0,0542	5
D4_RF1	0,8443	0,9087	GES	0,6523	WOH	0,8304	0,0666	5
D4_RF2	0,8496	0,9108	FST	0,6794	WOH	0,8364	0,0628	3
D5_RF1	0,8482	0,9107	NAT	0,7240	WOH	0,8428	0,0603	5
D5_RF2	0,8431	0,9028	GES	0,6190	KIN	0,8363	0,0688	2
D6_RF1	0,8113	0,9085	GES	0,6029	WOH	0,7939	0,0765	7
D6_RF2	0,8113	0,9010	GES	0,6588	KIN	0,8027	0,0677	7
D7_RF1	0,8350	0,9106	GES	0,7327	WOH	0,8304	0,0544	4
D7_RF2	0,8560	0,9191	FST	0,7058	KIN	0,8499	0,0529	3
D8_RF1	0,8163	0,8891	FST	0,5906	WOH	0,8045	0,0762	6
D8_RF2	0,8118	0,8924	GES	0,6805	WOH	0,8041	0,0614	7
V01	0,8097	0,8617	SIC	0,7043	KIN	0,8055	0,0486	4
V02	0,8472	0,9087	MEN	0,6565	KIN	0,8432	0,0686	3
V03	0,8411	0,8960	UNA	0,5908	KIN	0,8356	0,0728	3
V04	0,8417	0,9121	GES	0,7433	WOH	0,8378	0,0473	3
V05	0,8667	0,9176	AUS	0,7728	FAM	0,8577	0,0532	4
V06	0,8270	0,8898	GES	0,7453	KIN	0,8294	0,0453	5
V07	0,8294	0,8936	GES	0,6786	KIN	0,8278	0,0510	3
V08	0,8406	0,9122	AUS	0,6345	KIN	0,8335	0,0671	3
V09	0,8165	0,8932	GES	0,6857	WOH	0,8069	0,0603	7
V10	0,8198	0,9247	GES	0,6310	WOH	0,8053	0,0762	8
V11	0,8079	0,8874	GES	0,6917	KIN	0,8038	0,0491	7
V12	0,8126	0,9059	GES	0,6380	WOH	0,8024	0,0723	6
V13	0,8377	0,8944	FST	0,6171	WOH	0,8255	0,0683	5
V14	0,8299	0,9215	GES	0,6525	WOH	0,8122	0,0751	6
V15	0,8207	0,8756	FST	0,6392	WOH	0,8068	0,0659	6
V16	0,8457	0,8984	GES	0,6664	WOH	0,8322	0,0674	3
V17	0,8227	0,9052	GES	0,7070	WOH	0,8182	0,0627	6
V18	0,8484	0,8963	AUS	0,7343	KIN	0,8431	0,0595	4
V19	0,8102	0,9168	GES	0,5949	KIN	0,8040	0,0759	5

Gruppe	Matrix MSA	Einzel-Werte Max	Wert	Min	Wert	MW	SA	< 0,80
V20	0,8496	0,8975	SIC	0,6381	KIN	0,8418	0,0663	3
V21	0,7753	0,9095	GES	0,6053	WOH	0,7668	0,0690	12
V22	0,8160	0,9058	LIE	0,5799	WOH	0,7878	0,1010	8
V23	0,7927	0,8875	FST	0,6814	WOH	0,7876	0,0603	10
V24	0,8060	0,8782	FST	0,5938	KIN	0,7926	0,0769	9
V25	0,8210	0,9126	GES	0,7191	FAM	0,8178	0,0550	4
V26	0,8355	0,8907	MEN	0,6504	WOH	0,8235	0,0644	6
V27	0,8107	0,8720	FST	0,6945	KIN	0,8055	0,0449	8
V28	0,8800	0,9444	FST	0,7139	KIN	0,8713	0,0587	2
V29	0,8237	0,8962	PER	0,5641	WOH	0,8074	0,0795	6
V30	0,7718	0,8503	AUS	0,6267	WOH	0,7654	0,0669	11
V31	0,7798	0,8709	GES	0,6324	WOH	0,7721	0,0658	12
V32	0,8199	0,8880	GES	0,6634	KIN	0,8094	0,0671	6

Anhang 54: **MSA-Koeffizienten für die gesamte Korrelationsmatrix sowie die 17 einzelnen Werte der gebildeten 81 Gruppierungen in der Nettostichprobe 1**

Anmerkung: Max = maximaler MSA-Koeffizient; Min = minimaler MSA-Koeffizient; MW = mittlerer MSA-Koeffizient; SA = Standardabweichung der 17 MSA-Koeffizienten; < 0,80 = Anzahl von MSA-Koeffizienten mit einem Betrag unter 0,80

Gruppe	Matrix MSA	Einzel-Werte Max	Wert	Min	Wert	MW	SA	< 0,80
Alle	0,8405	0,9163	GES	0,7192	KIN	0,8383	0,0540	3
S5	0,8356	0,9149	GES	0,7248	KIN	0,8337	0,0526	3
S11	0,8439	0,9156	GES	0,7109	KIN	0,8409	0,0560	3
RF1	0,8371	0,9152	GES	0,7123	WOH	0,8327	0,0560	4
RF2	0,8416	0,9139	GES	0,6802	KIN	0,8382	0,0570	3
S5_RF1	0,8361	0,9140	GES	0,6950	WOH	0,8317	0,0569	4
S5_RF2	0,8327	0,9105	GES	0,6810	KIN	0,8302	0,0541	3
S11_RF1	0,8338	0,9115	GES	0,7232	WOH	0,8285	0,0567	5
S11_RF2	0,8493	0,9145	FST	0,6775	KIN	0,8448	0,0609	3
D3	0,8121	0,9057	GES	0,6740	WOH	0,8071	0,0594	7
D4	0,8226	0,9039	FST	0,6413	WOH	0,8140	0,0652	5
D5	0,8289	0,8993	GES	0,7039	KIN	0,8306	0,0537	3
D6	0,8005	0,8909	GES	0,6325	WOH	0,7918	0,0706	9
D7	0,8313	0,9108	GES	0,7090	WOH	0,8272	0,0594	5
D8	0,8100	0,8783	GES	0,6090	WOH	0,7995	0,0708	6
D3_S5	0,8022	0,8874	GES	0,6875	WOH	0,7984	0,0535	9
D3_S11	0,8071	0,9050	GES	0,6504	WOH	0,7999	0,0649	7
D4_S5	0,8028	0,8875	FST	0,6445	WOH	0,7967	0,0576	7
D4_S11	0,8249	0,9104	GES	0,6005	WOH	0,8116	0,0780	6
D5_S5	0,8130	0,9048	GES	0,6999	FAM	0,8171	0,0575	6
D5_S11	0,8280	0,8839	AUS	0,6898	KIN	0,8278	0,0513	3
D6_S5	0,7899	0,8948	GES	0,6431	WOH	0,7845	0,0645	9
D6_S11	0,7931	0,8788	LIE	0,5972	WOH	0,7801	0,0817	9
D7_S5	0,8151	0,8979	GES	0,6804	WOH	0,8089	0,0582	6
D7_S11	0,8346	0,9203	FST	0,7009	KIN	0,8321	0,0645	4

Gruppe	Matrix MSA	Einzel-Werte Max	Wert	Min	Wert	MW	SA	< 0,80
D8_S5	0,8080	0,8896	LIE	0,5787	WOH	0,7938	0,0748	8
D8_S11	0,7885	0,8628	AUS	0,6077	KIN	0,7795	0,0778	7
D3_RF1	0,8024	0,9034	GES	0,6612	WOH	0,7955	0,0632	8
D3_RF2	0,7970	0,8847	GES	0,6731	ABW	0,7915	0,0641	9
D4_RF1	0,8132	0,8930	GES	0,6434	WOH	0,8033	0,0663	5
D4_RF2	0,8222	0,9034	FST	0,6668	WOH	0,8138	0,0601	5
D5_RF1	0,8150	0,8889	NAT	0,7139	WOH	0,8140	0,0559	6
D5_RF2	0,8279	0,9001	GES	0,6039	KIN	0,8232	0,0712	2
D6_RF1	0,7738	0,8669	GES	0,5823	WOH	0,7569	0,0831	10
D6_RF2	0,8053	0,8974	FST	0,6508	KIN	0,7978	0,0724	7
D7_RF1	0,7985	0,9018	GES	0,6038	WOH	0,7890	0,0782	8
D7_RF2	0,8372	0,9164	FST	0,6938	KIN	0,8333	0,0583	3
D8_RF1	0,7958	0,8786	PER	0,5196	WOH	0,7786	0,0850	8
D8_RF2	0,7868	0,8729	GES	0,6115	WOH	0,7788	0,0668	8
V09	0,7821	0,8784	GES	0,6735	ABW	0,7745	0,0630	10
V10	0,7937	0,8877	GES	0,6420	WOH	0,7828	0,0687	9
V11	0,7858	0,8613	GES	0,6915	WOH	0,7810	0,0557	9
V12	0,7788	0,8733	GES	0,5810	ABW	0,7701	0,0793	9
V13	0,8030	0,8913	FST	0,6435	WOH	0,7981	0,0621	5
V14	0,8025	0,9095	GES	0,6058	WOH	0,7853	0,0798	10
V15	0,8025	0,9095	GES	0,6058	WOH	0,7853	0,0798	10
V16	0,7750	0,8549	FST	0,6612	WOH	0,7695	0,0563	11
V17	0,8310	0,8924	GES	0,5889	WOH	0,8167	0,0795	5
V18	0,7939	0,8708	GES	0,6928	WOH	0,7943	0,0554	10
V19	0,8040	0,8552	NAT	0,7289	WOH	0,8026	0,0478	6
V20	0,7989	0,9094	GES	0,5919	KIN	0,7959	0,0763	6
V21	0,8311	0,8848	ABW	0,6207	KIN	0,8248	0,0678	4
V22	0,7539	0,8568	GES	0,5560	WOH	0,7367	0,0856	14
V23	0,7498	0,8734	LIE	0,5627	ABW	0,7340	0,0970	13
V24	0,7869	0,8997	FST	0,6606	KIN	0,7845	0,0648	7
V25	0,8045	0,8862	FST	0,6169	WOH	0,7906	0,0827	9
V26	0,7715	0,8747	GES	0,6090	WOH	0,7605	0,0736	12
V27	0,7965	0,8941	MEN	0,5570	WOH	0,7851	0,0821	8
V28	0,8107	0,8962	GES	0,7133	WOH	0,8045	0,0511	9
V29	0,8367	0,9349	FST	0,6818	KIN	0,8347	0,0632	4
V30	0,7923	0,9136	PER	0,4299	WOH	0,7707	0,1057	10
V31	0,7423	0,8045	BER	0,5862	WOH	0,7331	0,0735	15
V32	0,7532	0,8613	GES	0,5937	WOH	0,7436	0,0737	13

Anhang 55: **MSA-Koeffizienten für die gesamte Korrelationsmatrix sowie die 17 einzelnen Werte der gebildeten 63 Gruppierungen in der Nettostichprobe 2 (nur konsistent antwortende Befragte)**

Erläuterung: Max = maximaler MSA-Koeffizient; Min = minimaler MSA-Koeffizient; MW = mittlerer MSA-Koeffizient; SA = Standardabweichung der 17 MSA-Koeffizienten; < 0,80 = Anzahl von MSA-Koeffizienten mit einem Betrag unter 0,80

	Rotation	SK	AN	FÜ	BA	PSK	PAN	PFÜ	PBA	SU	Gesamt
HK	Varimax	15	2	15	13	93,75	88,24	100,00	59,09	341,08	2
	Quartimax	15	3	15	11	93,75	82,35	100,00	50,00	326,10	10
	Equamax	16	1	14	12	100,00	94,12	93,33	54,55	342,00	1
HA	Varimax	9	4	13	8	56,25	76,47	86,67	36,36	255,75	23
	Quartimax	11	1	15	17	68,75	94,12	100,00	77,27	340,14	3
	Equamax	9	5	12	9	56,25	70,59	80,00	40,91	247,75	24
HK	Oblim(0)	13	4	12	15	81,25	76,47	80,00	68,18	305,90	21
	Oblim(-1)	13	4	13	17	81,25	76,47	86,67	77,27	321,66	15
	Oblim(-2)	13	2	13	16	81,25	88,24	86,67	72,73	328,88	7
	Oblim(-3)	13	2	13	15	81,25	88,24	86,67	68,18	324,33	14
	Oblim(-4)	14	2	13	15	87,50	88,24	86,67	68,18	330,58	4
	Oblim(-5)	14	2	13	15	87,50	88,24	86,67	68,18	330,58	4
	Promax(4)	15	5	13	17	93,75	70,59	86,67	77,27	328,28	8
	Promax(3)	15	6	13	14	93,75	64,71	86,67	63,64	308,76	18
	Promax(2)	14	4	13	17	87,50	76,47	86,67	77,27	327,91	9
HA	Oblim(0)	9	2	12	22	56,25	88,24	80,00	100,00	324,49	12
	Oblim(-1)	9	1	12	21	56,25	94,12	80,00	95,45	325,82	11
	Oblim(-2)	9	1	12	20	56,25	94,12	80,00	90,91	321,28	16
	Oblim(-3)	9	1	12	19	56,25	94,12	80,00	86,36	316,73	17
	Oblim(-4)	9	2	12	17	56,25	88,24	80,00	77,27	301,76	22
	Oblim(-5)	9	2	12	18	56,25	88,24	80,00	81,82	306,30	20
	Promax(4)	9	2	12	22	56,25	88,24	80,00	100,00	324,49	12
	Promax(3)	9	1	12	22	56,25	94,12	80,00	100,00	330,37	6
	Promax(2)	8	2	11	21	50,00	88,24	73,33	95,45	307,02	19
	Max	16	6	15	22						
	Min	8	1	11	8						

Anhang 56: Beurteilungskriterien für die Rotationsverfahren (Daten für Nettostichprobe 1)

HK = Hauptkomponentenanalyse; HA = Hauptachsenanalyse

SK = Betrag des Strukturkoeffizienten größer als 0,50

AN = Anzahl der Variablen ohne Null-Ladung auf einem Faktor

FÜ = Division des quadrierten Strukturkoeffizienten durch Kommunalität größer als 0,50

BA = Quotient aus quadriertem Strukturkoeffizient und Kommunalität kleiner als 0,01

PSK, PFÜ, PBA = Prozentanteil des Kriteriums am Maximalwert

PAN = Anteil am Minimalwert von Null (d.h. alle Variablen besitzen mindestens eine Null-Ladung auf einem der Faktoren – dieser wird bei den vorliegenden Daten nicht erreicht)

SU = Summenwert der vier Kriterien

Gesamt = Rangplatz des Summenwertes der ungewichteten Addition der vier Kriterien

	Rotation	SK	AN	FÜ	BA	PSK	PAN	PFÜ	PBA	SU	Gesamt
HK	Varimax	15	2	15	14	100,00	88,24	100,00	53,85	342,08	1
	Quartimax	15	3	15	12	100,00	82,35	100,00	46,15	328,51	9
	Equamax	14	1	15	13	93,33	94,12	100,00	50,00	337,45	3
HA	Varimax	9	4	12	7	60,00	76,47	80,00	26,92	243,39	24
	Quartimax	8	2	15	16	53,33	88,24	100,00	61,54	303,11	21
	Equamax	9	4	12	9	60,00	76,47	80,00	34,62	251,09	23
HK	Oblim(0)	14	4	13	16	93,33	76,47	86,67	61,54	318,01	14
	Oblim(-1)	14	3	14	17	93,33	82,35	93,33	65,38	334,40	5
	Oblim(-2)	14	3	14	17	93,33	82,35	93,33	65,38	334,40	5
	Oblim(-3)	14	3	14	17	93,33	82,35	93,33	65,38	334,40	5
	Oblim(-4)	15	2	13	16	100,00	88,24	86,67	61,54	336,44	4
	Oblim(-5)	15	2	13	17	100,00	88,24	86,67	65,38	340,29	2
	Promax(4)	15	5	14	16	100,00	70,59	93,33	61,54	325,46	10
	Promax(3)	15	6	14	16	100,00	64,71	93,33	61,54	319,58	12
	Promax(2)	14	4	14	16	93,33	76,47	93,33	61,54	324,68	11
HA	Oblim(0)	9	2	12	20	60,00	88,24	80,00	76,92	305,16	19
	Oblim(-1)	9	1	12	21	60,00	94,12	80,00	80,77	314,89	16
	Oblim(-2)	9	2	12	20	60,00	88,24	80,00	76,92	305,16	19
	Oblim(-3)	9	2	12	19	60,00	88,24	80,00	73,08	301,31	22
	Oblim(-4)	9	2	12	21	60,00	88,24	80,00	80,77	309,00	17
	Oblim(-5)	9	2	12	21	60,00	88,24	80,00	80,77	309,00	17
	Promax(4)	9	1	12	22	60,00	94,12	80,00	84,62	318,73	13
	Promax(3)	9	1	12	26	60,00	94,12	80,00	100,00	334,12	8
	Promax(2)	9	2	12	23	60,00	88,24	80,00	88,46	316,70	15
	Max	15	6	15	26						
	Min	8	1	12	7						

Anhang 57: Beurteilungskriterien für die Rotationsverfahren (Daten für Nettostichprobe 2)

HK = Hauptkomponentenanalyse; HA = Hauptachsenanalyse

SK = Betrag des Strukturkoeffizienten größer als 0,50

AN = Anzahl der Variablen ohne Null-Ladung auf einem Faktor

FÜ = Division des quadrierten Strukturkoeffizienten durch Kommunalität größer als 0,50

BA = Quotient aus quadriertem Strukturkoeffizient und Kommunalität kleiner als 0,01

PSK, PFÜ, PBA = Prozentanteil des Kriteriums am Maximalwert

PAN = Anteil am Minimalwert von Null (d.h. alle Variablen besitzen mindestens eine Null-Ladung auf einem der Faktoren – dieser wird bei den vorliegenden Daten nicht erreicht)

SU = Summenwert der vier Kriterien

Gesamt = Rangplatz des Summenwertes der ungewichteten Addition der vier Kriterien

	HK Varimax	HA Quartimax	HK Oblim (-5)	HA Promax (3)
HK Varimax	**0,9993**	0,9832	0,9865	0,9634
HA Quartimax	0,9831	**0,9993**	0,9527	0,9593
HK Oblim (-5)	0,9874	0,9544	**0,9993**	0,9765
HA Promax (3)	0,9645	0,9612	0,9774	**0,9991**

Anhang 58: **MC-Koeffizienten für den Vergleich unterschiedlicher Kombinationen von Extraktions- und Rotationsverfahren (Obere Diagnoalmatrix: Nettostichprobe 1 / Untere Diagonalmatrix: Nettostichprobe 2 / Diagonale: Gegenüberstellung der beiden Nettostichproben)**

Erläuterung: HK = Hauptkomponentenanalyse

HA = Hauptachsenanalyse

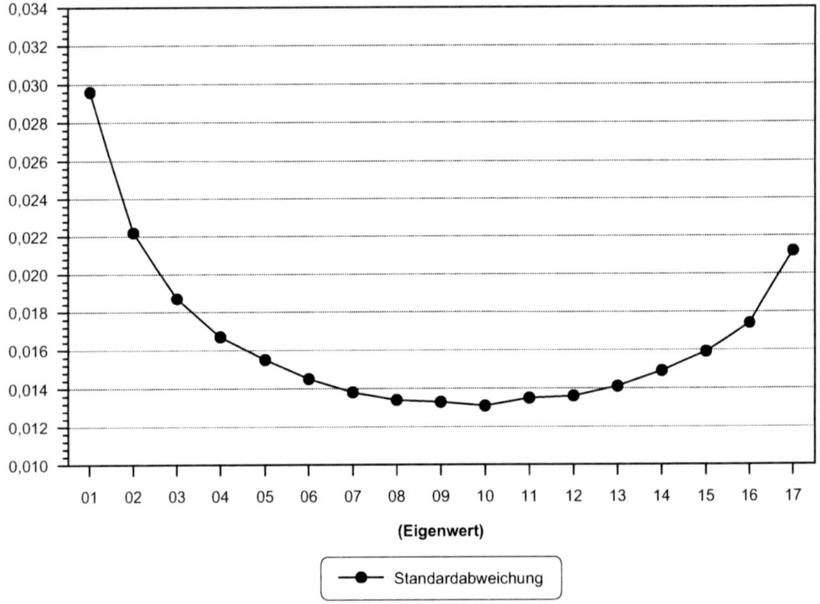

Anhang 59: **Die Standardabweichungen der 17 Eigenwerte bei den zufällig sortierten Originaldaten**

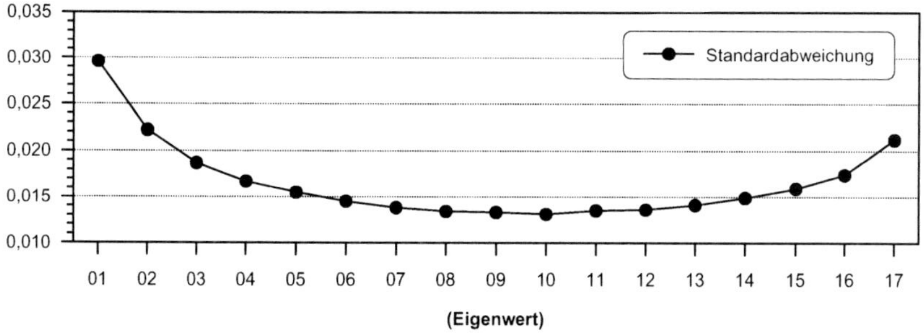

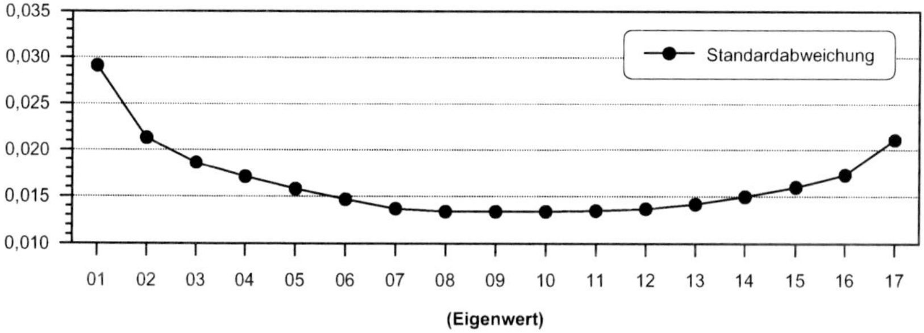

Anhang 60: Die mittleren Standardabweichungen der 17 Eigenwerte in den jeweils 100 Parallelanalysen der 144 gebildeten Gruppierungen auf Basis der zufällig sortierten Originalangaben (obere Grafik) und normalverteilten Zufallsdaten (untere Grafik)

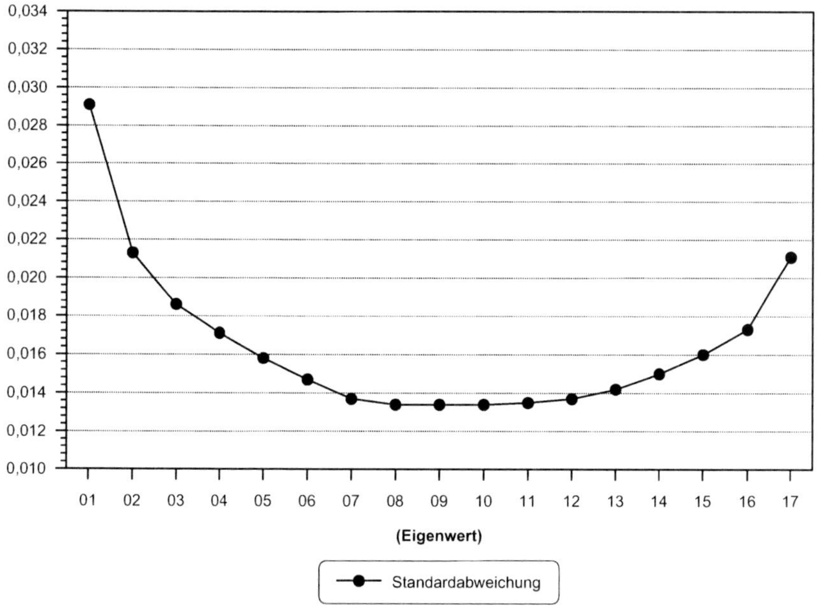

Anhang 61: Die Standardabweichungen der 17 Eigenwerte bei den normalverteilten Zufallsdaten

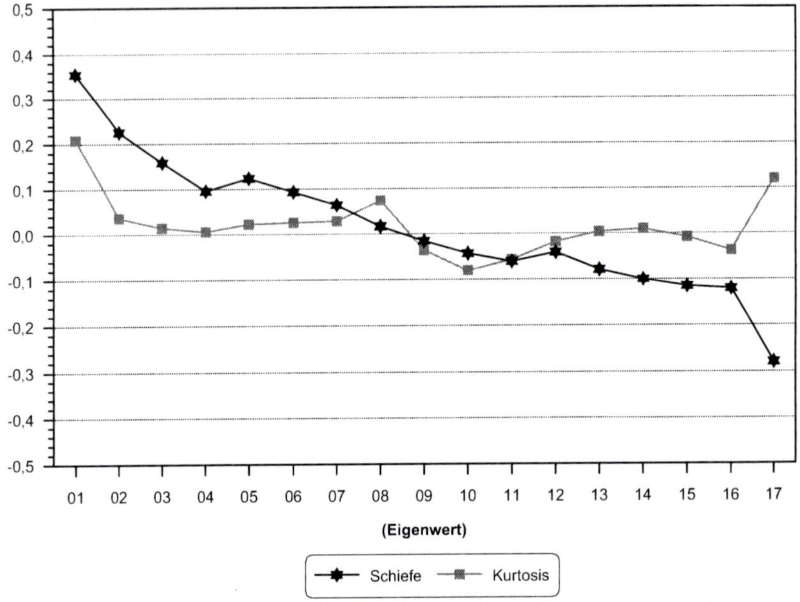

Anhang 62: **Schiefe und Kurtosis der 17 Eigenwerte bei den zufällig sortierten Originaldaten**

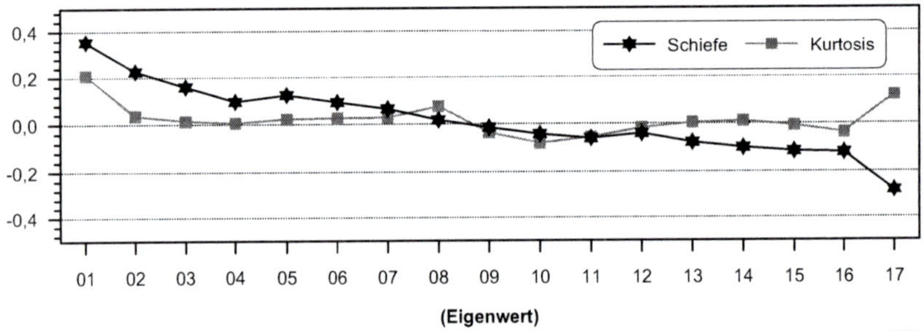

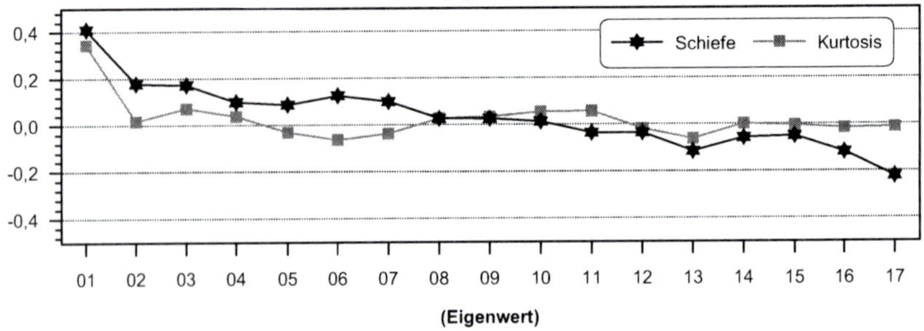

Anhang 63: **Die Mittelwerte für Schiefe und Kurtosis der 17 Eigenwerte in den jeweils 100 Parallelanalysen der 144 gebildeten Gruppierungen auf Basis der zufällig sortierten Originalangaben (obere Grafik) und normalverteilten Zufallsdaten (untere Grafik)**

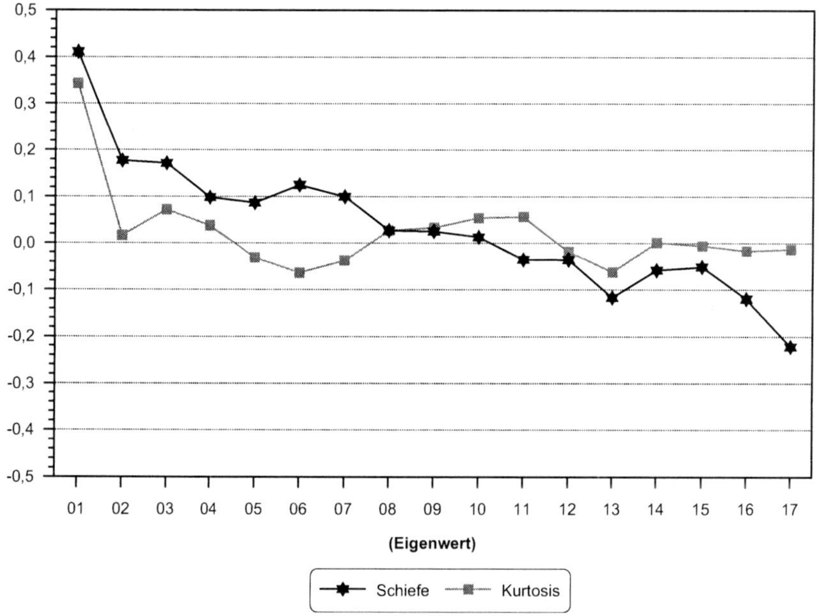

Anhang 64: **Schiefe und Kurtosis der 17 Eigenwerte bei den normalverteilten Zuffalsdaten**

	MC vorher	K vorher	MC nachher	K nachher	g-Koeffizient
D3_S5	0,5380	0,9943	0,9968	0,9969	0,0008
D4_S11	0,9931	0,9933	0,9960	0,9954	0,0013
D5_S5	0,9978	0,9982	0,9983	0,9985	0,0006
D5_S11	0,9451	0,9424	0,9978	0,9980	0,0008
D6_S5	0,6160	0,9971	0,9973	0,9973	0,0007
D6_S11	0,2717	0,9594	0,9851	0,9852	0,0039
D7_S5	0,3750	0,9767	0,9878	0,9876	0,0032
D8_S5	0,9903	0,9902	0,9916	0,9916	0,0025
D8_S11	0,6251	0,9302	0,9842	0,9844	0,0041
D3_RF1	0,7916	0,8910	0,9965	0,9965	0,0009
D4_RF1	0,9920	0,9935	0,9958	0,9960	0,0014
D4_RF2	0,7134	0,9915	0,9948	0,9947	0,0014
D5_RF1	0,9945	0,9948	0,9961	0,9961	0,0013
D6_RF1	0,4018	0,9652	0,9893	0,9899	0,0028
D6_RF2	0,6264	0,9939	0,9958	0,9957	0,0011
D7_RF1	0,9889	0,9884	0,9911	0,9905	0,0024
D7_RF2	0,9920	0,9921	0,9956	0,9955	0,0014
D8_RF1	0,9915	0,9912	0,9921	0,9917	0,0024
D8_RF2	0,6323	0,9779	0,9878	0,9881	0,0032

Anhang 65: **Die über die bereits im Text dokumentierten hinausgehenden Gruppierungen, in denen ein kriteriumsrotierter Vergleich zwischen beiden Nettostichproben möglich ist**

			N1			N2		
Cluster	Skala	RF	Anzahl	MC<0,92	Anteil	Anzahl	MC<0,92	Anteil
I	5	1	7	0	53,33%	6	0	60,00%
II	11	2	4	0	73,33%	6	0	60,00%
III	5	2	7	1	60,00%	5	1	73,33%
IV	11	1	7	0	53,33%	6	3	80,00%

Anhang 66: Anteil divergierender Faktorstrukturen in den vier Clustern bezogen auf die Gegenüberstellung von D3 bis D8 für beide Nettostichproben

Erläuterung: Anzahl = Fälle mit identischer Faktoranzahl

MC<0,92 = Anzahl an Fällen mit einem MC-Koeffizienten von weniger als 0,92

Anteil = Prozentsatz der Gegenüberstellungen mit inkompatiblen Faktorstrukturen

5er	NSP 1				NSP 2			
	HM	GM	HF	GF	HM	GM	HF	GF
D1	13,91	35,65	26,53	52,94				
D2	9,26	31,52	13,95	51,79				
D3	6,30	17,98	7,89	42,55	6,60	5,26	7,89	42,50
D4	8,40	22,73	32,08	25,53	6,67	20,31	30,43	24,32
D5	9,59	17,44	14,81	41,07	9,63	18,06	15,38	40,00
D6	10,14	19,00	20,37	42,11	9,92	16,67	19,05	43,18
D7	5,51	19,78	18,00	32,61	2,41	21,05	12,12	39,29
D8	5,65	18,18	20,93	40,98	6,35	16,22	27,27	48,00

Anhang 67: Anteil akquieszenter Personen bei einer fünf-stufigen Antwortskala in den vier Gruppen bildungs- und geschlechtsspezifischer Kombinationen für alle Durchführungsanweisungen in beiden Nettostichproben

11er	NSP 1				NSP 2			
	HM	GM	HF	GF	HM	GM	HF	GF
D1	7,26	20,59	15,38	41,38				
D2	8,62	23,86	4,00	43,40				
D3	4,48	20,19	11,54	33,93	3,64	16,22	13,64	28,21
D4	5,60	6,98	10,91	28,30	4,76	3,33	9,30	31,58
D5	4,51	17,98	13,51	40,00	4,10	19,48	13,51	44,00
D6	4,65	19,35	9,09	26,67	3,85	18,31	6,38	24,32
D7	6,25	12,50	5,88	33,33	4,11	11,63	2,63	23,08
D8	4,03	21,95	16,33	29,82	3,33	30,43	24,00	37,50

Anhang 68: Anteil akquieszenter Personen bei einer elf-stufigen Antwortskala in den vier Gruppen bildungs- und geschlechtsspezifischer Kombinationen für alle Durchführungsanweisungen in beiden Nettostichproben

MARKETING

Herausgegeben von Prof. Dr. Heribert Gierl, Augsburg, Prof. Dr. Roland Helm, Jena, Prof. Dr. Frank Huber, Mainz, und Prof. Dr. Henrik Sattler, Hamburg

Band 32
Frank Kressmann
Consumer Subjective Well-Being as a Core Concept in Marketing – Theoretical Basis and Application to the Automotive Sector
Lohmar – Köln 2007 • 428 S. • € 57,- (D) • ISBN 978-3-89936-581-8

Band 33
Michaela Ludl
Warenprobenwirkung – Verhaltenswissenschaftliche Erklärung unter Berücksichtigung einer Käufertypologisierung
Lohmar – Köln 2007 • 236 S. • € 46,- (D) • ISBN 978-3-89936-597-9

Band 34
Johannes Vogel und Frank Huber
Co-Branding – Markenstrategie der Zukunft – Eine empirische Studie der Markeneffekte beim Co-Branding
Lohmar – Köln 2007 • 192 S. • € 44,- (D) • ISBN 978-3-89936-634-1

Band 35
Gordon Kaup
Markenerweiterungsstrategien in der Konsumgüterindustrie
Empirische Untersuchung zur Bedeutung der Unternehmensmarke
Lohmar – Köln 2008 • 282 S. • € 58,- (D) • ISBN 978-3-89936-720-1

Band 36
Guido Frank Grunwald
Die Bewältigung von Produktkrisen – Ein Vergleich von Beschwerde-, Reklamations- und Rückrufsituationen
Lohmar – Köln 2008 • 360 S. • € 64,- (D) • ISBN 978-3-89936-749-2

Band 37
Matthias Gabriel
Verbesserte Datenqualität in Umfragen
Lohmar – Köln 2008 • 648 S. • € 83,- (D) • ISBN 978-3-89936-754-6